55.50 / 32.95

DOMUS UNIVERSITATIS 1650

VERÖFFENTLICHUNGEN
DES INSTITUTS FÜR EUROPÄISCHE GESCHICHTE MAINZ
ABTEILUNG FÜR UNIVERSALGESCHICHTE

HERAUSGEGEBEN VON HEINZ DUCHHARDT

BAND 194

HISTORISCHE BEITRÄGE ZUR ELITENFORSCHUNG
NR. 4

VERLAG PHILIPP VON ZABERN · MAINZ
2005

HABSBURGS DIENER IN POST UND POLITIK

DAS »HAUS« THURN UND TAXIS ZWISCHEN 1745 UND 1867

VON

SIEGFRIED GRILLMEYER

VERLAG PHILIPP VON ZABERN · MAINZ
2005

X, 562 Seiten mit 13 Schwarzweißabbildungen

Die vorliegende Arbeit wurde vom Fachbereich III der Universität Regensburg
2000 als Inaugural-Dissertation zur Erlangung des Doktorgrades
der Philosophie angenommen

Die Drucklegung wurde mit Mitteln der
Gerda Henkel Stiftung, Düsseldorf, gefördert

Redaktion: Matthias Schnettger
Bildschirmsatz: Annette Reichardt

Bibliografische Information der Deutschen Bibliothek

Die Deutsche Bibliothek verzeichnet diese Publikation
in der Deutschen Nationalbibliografie; detaillierte bibliografische Daten
sind im Internet über <http://dnb.ddb.de> abrufbar.

Zugl.: Regensburg, Univ., Diss., 2000
© 2005 by Verlag Philipp von Zabern, Mainz am Rhein
ISBN 3-8053-3566-0
Alle Rechte, insbesondere das der Übersetzung in fremde Sprachen, vorbehalten.
Ohne ausdrückliche Genehmigung des Verlages ist es auch nicht gestattet, dieses Buch oder Teile
daraus auf photomechanischem Wege (Photokopie, Mikrokopie) zu vervielfältigen
oder unter Verwendung elektronischer Systeme zu verarbeiten und zu verbreiten.
Printed in Germany by Philipp von Zabern
Printed on fade resistant and archival quality paper (PH 7 neutral) · tcf

INHALT

Vorwort IX

Einleitung und Standortbestimmung 1
1. Zu Fragestellung, Forschungslage, Quellen und Methode 1
1.1. Ausgangspunkt: Revolutionäre Zeiten 1
1.2. Bürgertum, Modernisierungstheorie und Adel 3
1.3. Die Adels- und Elitenforschung und ihre Fragestellungen 5
1.4. Der Adel und das adelige Haus –
    zum Konzept einer kritischen Hausgeschichte 15
1.5. Fragen an ein Haus – Gliederung und Quellenauswahl 21
2. Rückblick und Standortbestimmung 26
2.1. Herkunft und Aufstieg des Hauses Taxis 26
2.2. Zur Thurn und Taxisschen Postgeschichte 39
2.3. Die einschneidende Krise als genutzte Chance 46
2.4. Post und Politik: Zum Profil des Hauses Thurn und Taxis 61

ERSTES KAPITEL
Entwicklungslinien zwischen 1748 und 1789 67
1. Einleitung: Ein Gang durch den Gobelin-Saal 67
2. Die Architektur des Hauses im 18. Jahrhundert 73
2.1. Grundsteinlegung und Richtfest 73
2.2. Verwaltungsorganisation und Behördenstruktur 78
2.3. Personen und Professionen 84
2.4. Postverwaltung, Hofstaat und Landesregierung 95
2.5. Im Namen des Hauses 98
3. »Der Grund, auf dem wir stehen« – ökonomische Verhältnisse 99
3.1. Gesamteinnahmen 99
3.2. Ausgaben 106
3.3. Barocke Verschwendung oder planvolle Investition? 109
4. Postmonopol, Repräsentation und Landesherrschaft 111
4.1. Zwischen Kaiser und Fürsten: Postregal und »Geheimer Dienst« 111
4.2. Ehrenvolle Verdienste und »hochpreisliche« Ämter 125

4.3. Landerwerb und Landesherrlichkeit: Virilstimme und
 aufgeklärter Landesvater 141
5. Adeliges Haus und fürstlicher Hof 163
5.1. Haus und Hof – begriffsgeschichtliche Vorbemerkungen 163
5.2. Höfisches Leben und adelige Kultur 165
5.3. »... um das Haus zu preißen«: Hofgestalten, Panegyrik
 und zeitgenössische Urteile 185
5.4. Familienbande: Ideologie und Illusion 195
6. Zwischenfrage: Ein Exponent der adeligen Elitenschicht
 im 18. Jahrhundert? 206

ZWEITES KAPITEL
»Nie war das Hochfürstl. Hause dem Untergange so nahe« –
das Haus um 1800 213
1. Einleitung: »... durch stürmische Zeiten« 213
2. Die Architektur des Hauses um 1800 216
2.1. Zentrale Gestalten »in unserem theatrum« 216
2.2. Der Einfluß Habsburgs auf die Verwaltungsstrukturen 225
2.3. Zwischen Wien und Paris: Unterhändler und Agenten 232
2.4. »Zugunsten des Hauses« – zur Wirkmächtigkeit einer Metapher 240
3. »Wohlhabend oder ein armer Edelmann«? –
 ökonomische Veränderungen 248
3.1. Die Relativität der Armut 248
3.2. Fürstliches Haushalten: Das Ende eines »glänzenden Hofes«? 251
3.3. Einkommensverhältnisse: Zahlen im Vergleich 255
4. Souveränität – rechtlicher Status und Verhandlungsgeschick 262
4.1. Zwischen Eigentum und Lehen: die Post 262
4.2. Reichstagsgeschehen und Politik des »eigenen Weges« 318
4.3. Verlorene Landeshoheit: Mediatisierung als Trauma 333
5. Metamorphosen von Haus und Hof 356
5.1. Adlige Verbundenheit: »Euer Liebden« und
 »treugehorsamster Unterthan« 356
5.2. Die Abwicklung des Hofstaates als Intermezzo 362
5.3. In guter Nachbarschaft: Zwischen Schwaben und Bayern 372
6. Zwischenfrage: Ein Repräsentant der Mediatisierten
 zwischen 1790 und 1815? 380

DRITTES KAPITEL
Entwicklungslinien im 19. Jahrhundert 385
1. Einleitung: Ein Gang durch den Bildersaal 385

2.	Die Architektur des Hauses im 19. Jahrhundert	389
2.1.	Veränderungen am Fundament	389
2.2.	Freiherr von Dörnberg – Mitglied und Manager des Hauses	390
2.3.	»... das Abschneiden alter Zöpfe« – Strukturierung der Verwaltung	394
3.	Märchenhafter Reichtum: Ökonomische Verhältnisse im 19. Jahrhundert	398
3.1.	Die Finanzen im »Strudel der Ereignisse«	398
3.2.	Gliederung der Gesamteinnahmen	400
3.3.	Geldanlage in Grundbesitz – Motivation und Praxis	407
4.	Sonderrechte und die Trauer um die Souveränität	425
4.1.	Ein »überdauerndes Reichsregal«: die Lehenposten	425
4.2.	Bemühungen um eine »souveräne Stellung«	446
5.	Ein Band zum Hause Österreich	459
6.	Neuer Hofstaat und bürgerliche Tugenden	477
6.1.	»Fürst Taxis bleibt in Bayern« – Regensburg als Zentrum	477
6.2.	»... wie ein regierender Hof« – der Kampf um die Ebenbürtigkeit	485
6.3.	Persönliche Entscheidungen und die Verpflichtung des adeligen Hauses	493
7.	Zwischenfrage: Repräsentant oder Exponent des Adels im 19. Jahrhundert?	508

Schlußbemerkung und Zusammenfassung:
Ein Fürstenhaus im »entzweiten Jahrhundert« 511

1.	Schlußbemerkung: Ein persönlicher Rückblick als Resümee	511
2.	Zusammenfassung: Habsburgs Diener in Post und Politik	513
3.	Begriffsgeschichtliches Ergebnis: Ein erfolgreiches Konzept	520

Abbildungsverzeichnis 522

Abkürzungsverzeichnis 523

Quellen- und Literaturverzeichnis 524

1.	Ungedruckte Quellen	524
2.	Gedruckte Quellen	529
3.	Darstellungen	535

Personenregister 556

VORWORT

Im Vorwort seiner Dissertation *Historische Semantik* schrieb Dietrich Busse: »Als Wissenschaftler sind wir es gewöhnt, das Mitreden-Lassen (durch Zitate und Literaturhinweise) zu einer Technik zu machen. Oft sind es aber gerade nicht die literaturförmigen Anstöße, aus denen wir am meisten lernen. Und um darauf aufmerksam zu machen, hat man die Textform der Vorworte erfunden«. Wenn es diese Textform noch nicht gäbe, müßte sie dringend erfunden werden, denn es ist mir ein aufrichtiges Bedürfnis, an geeigneter Stelle meinen Dank an die Wegbegleiter dieser Arbeit auszusprechen.

Der Weg dieser Arbeit, der im Frühjahr 1996 begann, war lange nicht geradlinig. Mein Doktorvater Professor Albrecht Luttenberger hat durch intensive Diskussion und das Interesse, das er meinen Zwischenergebnissen entgegenbrachte, die Entstehungsgeschichte dieser Arbeit hilfreich begleitet. Er hat gerade in der Anfangsphase nachhaltig geholfen, die oft so widersprüchlichen Bilder, die sich beim Blick durch das archivalische Kaleidoskop ergaben, zu ordnen und zu einem Gesamtbild zu fügen. Seine Betreuung der Arbeit ging weit über das Erwartbare und Übliche hinaus. Dafür sei ihm herzlich gedankt. Viele Anregungen brachte auch Professor Peter Schmid ein, der trotz zahlreicher Belastungen im Herbst 2000 die Mühen der Zweitkorrektur auf sich nahm. Weitere ebenso kompetente wie kritische Wegbegleiter fand diese Arbeit im Regensburger und Mainzer Freundeskreis; namentlich seien Thomas Barth, Christian Heller und Harald Stockert genannt, die immer wieder einzelne Ergebnisse wie auch das Gesamtkonzept in Frage stellten und sie somit nachhaltig befruchteten.

Als ebenso anregend wie weiterführend erwies sich meine Teilnahme am Forschungsprojekt »Kontinuitäten oder revolutionärer Bruch? Eliten im Übergang vom Ancien Régime zur Moderne (1750–1850)« unter der Leitung von Professor Heinz Duchhardt. Als Stipendiat des Instituts für Europäische Geschichte in Mainz, an dem dieses von der Gerda Henkel Stiftung geförderte Projekt angesiedelt war, durfte ich alle Vorteile eines Graduiertenkollegs genießen: eine dreijährige finanzielle Förderung, einen regen Gedankenaustausch mit einigen Mitgliedern des Kollegs und den Kontakt zu anderen Forschergruppen – aus manchen Mainzer Kollegen wurden schließlich Freunde.

Nicht im eigentlichen Sinne Wegbegleiter, sondern vielmehr Wegbereiter waren mir die Mitarbeiterinnen und Mitarbeiter der besuchten Archive. Mein Dank richtet sich vor allem an die Mitarbeiter des Fürst Thurn und Taxisschen

Zentralarchivs in Regensburg, namentlich dessen Leiter Dr. Martin Dallmeier, und des Haus-, Hof- und Staatsarchivs in Wien, die mir während meiner fast zweijährigen Quellenstudien durch freundliches Entgegenkommen die Arbeit erleichterten und eine ebenso anregende wie angenehme Atmosphäre schufen. Herrn Dallmeier danke ich zudem für die Vermittlung und Bereitstellung verschiedener Bildvorlagen zur Drucklegung. Nicht unerwähnt dürfen auch die Mitarbeiterinnen und Mitarbeiter der Archive in München, Stuttgart, Regensburg, Paris, Mainz und Frankfurt bleiben, die mir viele Zugänge eröffneten. Dankbar bin ich auch für die vielfältigen Anregungen, die ich am Rande der Archivaufenthalte mitnehmen durfte, und die Kontakte, die ich dabei knüpfen konnte. Sie führten nicht zuletzt zu einigen Vorträgen in Oberseminaren, Kollegsitzungen etc., in denen meine Interpretationen auf den Prüfstand wissenschaftlicher Diskussion gelangten.

Ebenfalls zu danken gilt es dem Institut für Europäische Geschichte, vertreten durch seinen Direktor Professor Heinz Duchhardt, für die Bereitschaft, die vorliegende, für den Druck leicht überarbeitete Fassung meiner Regensburger Dissertation in die Reihe der Veröffentlichungen des Instituts aufzunehmen. Privatdozent Dr. Matthias Schnettger hat nach einer langwierigen Phase des Lektorats im Frühjahr 2004 die Betreuung des Manuskripts übernommen, das Textcorpus akribisch lektoriert und trotz anderer Aufgaben zügig für die Drucklegung gesorgt. Dafür ein aufrichtiges Danke!

Ein besonderes Anliegen ist es mir, einer Anzahl von Freunden herzlich zu danken, die mir durch immer wieder anregende Gespräche und konstruktive Kritik auf die geistigen Sprünge halfen, mir noch nicht veröffentlichte Manuskripte zur Verfügung stellten und stilistische Hinweise angaben. Ebenso herzlich danke ich aber allen Freunden für manche Ablenkung und Zerstreuung wie auch Aufmunterung – dadurch konnte ich mir stets eines Netzes sicher sein beim psychischen Drahtseilakt eines Promotionsvorhabens.

Ein ganz besonderer Dank gilt schließlich meinen Eltern, die nicht nur während der Promotionsphase stets hilfreich und wohlwollend meinen Weg begleitet haben und ohne deren Unterstützung vieles nicht möglich gewesen wäre. Mit Worten nicht genügend zu würdigen ist die Wegbegleitung durch meine Frau Hildegard, der dieses Buch deshalb gewidmet sei.

Nürnberg, im Dezember 2004   S. G.

EINLEITUNG UND STANDORTBESTIMMUNG

1. Zu Fragestellung, Forschungslage, Quellen und Methode

1.1. Ausgangspunkt: Revolutionäre Zeiten

Diese Arbeit zum Fürstenhaus Thurn und Taxis entstand am Ende eines Jahrhunderts. Der Historiker Eric Hobsbawm hat es vor einigen Jahren als »das kurze 20. Jahrhundert« bezeichnet.[1] Denn für ihn begann es nicht 1900, sondern 1914, als durch den Beginn eines Weltkrieges, dem ein zweiter folgen sollte, eine politische und gesellschaftliche Ordnung zerbrach. Nach den fundamentalen Veränderungen einer Welt, die fortan geteilt war in zwei Einflußsphären, fand dieses »Zeitalter der Extreme« sein Ende 1991 mit dem Zusammenbruch der Sowjetunion. Hobsbawm hat diesen Begriff bewußt als Gegenbegriff zum vorausgehenden »langen 19. Jahrhundert« verwendet, der ebenfalls ungeachtet der üblichen Jahrhunderteinteilung etwas über den Charakter einer historischen Periode aussagen möchte.[2] Dieses Jahrhundert begann 1789, als in der Französischen Revolution die alte Ordnung so grundlegend in Frage gestellt wurde, daß sie sich in den folgenden Jahrzehnten nur noch schwer behaupten konnte und zu vielerlei Kompromissen gezwungen war.

Wenn nun in dieser Arbeit der Blick auf den Beginn dieses langen 19. Jahrhunderts gerichtet wird, sind dafür an erster Stelle jene Gründe zu nennen, die nach Maurice Agulhon ganz allgemein die Beschäftigung mit Vergangenheit faszinierend machen: das Aufsuchen und die Darstellung einer fremden und vergangenen Welt und das Interesse an den historischen Wurzeln und Bedingungen unserer Gegenwart.[3] Die Wahl des Zeitabschnitts, des Gegenstandes sowie die konkreten Fragestellungen und das damit verbundene methodische Vorgehen bedürfen natürlich einer näheren Begründung. Dies soll im folgen-

---

[1] Eric HOBSBAWM, Das Zeitalter der Extreme, München 1995. Hobsbawm führt übrigens an, daß er das Konzept des »kurzen 20. Jahrhunderts« Ivan Berend verdanke. Ebenda, S. 11.

[2] Hobsbawm hat in drei Bänden eine Gesamtdarstellung des »langen 19. Jahrhunderts« vorgelegt: Eric HOBSBAWN, The Age of Revolution 1789–1848, London/New York 1962; ders., The Age of Capital 1848–1875, London/New York 1971; ders., The Age of Empire 1875–1914, London/New York 1987 (jeweils mehrere Neuauflagen und Übersetzungen). Geprägt hat den Begriff indes bereits Franz SCHNABEL, Deutsche Geschichte im 19. Jahrhundert, Bd. 2: Monarchie und Volkssouveränität, Freiburg i. Br. 1933, S. 3–5.

[3] Maurice AGULHON, Der vagabundierende Blick. Für ein neues Verständnis politischer Geschichtsschreibung, Frankfurt a. M. 1995, S. 11.

den versucht werden, wobei auf die Forschungslage und das Quellenmaterial eingegangen wird. Dabei werden, um die Fallstudie in den historischen und historiographischen Kontext einzubetten, Kreise gezogen, die dem mit Epoche und Gegenstand vertrauten Leser sehr weit erscheinen mögen.

»Die Gesellschaft wird nicht hier und da verändert, sie befindet sich als Ganzes in einem Prozeß der Transformation«.[4] Im Frühjahr 1850 beschrieb Alexis de Tocqueville mit diesen Worten das Charakteristikum eines neuen Zeitabschnitts, der für ihn 1789 begann und auch 1849 noch nicht zu einem Abschluß gekommen war. Damit bündelte er in einem knappen Satz ein Stück Lebensgefühl seiner Epoche. Denn das »Revolutionäre«, das »Transformatorische« galt nicht nur ihm als das Kennzeichen der Zeit.[5] Die »große Transformation« (Karl Polanyi) zu etwas genuin »Neuem«, einer »neuen Zeit«, die nicht nur von Theoretikern des 20. Jahrhunderts festgestellt, sondern auch von den Zeitgenossen wahrgenommen wurde, sollte alle Lebensbereiche erfassen. Eine alte Epoche verabschiedete sich, eine neue kündigte sich an, und es ist bezeichnend, daß der nicht nur in der historischen Zunft so geläufige Begriff der »Neuzeit« erst im 19. Jahrhundert explizit auftauchte und ab den dreißiger Jahren des 19. Jahrhunderts in den Wortschatz von Gegenwartsanalysen einging.

Auf den ersten Blick erscheint die Epochengrenze relativ eindeutig.[6] Übergreifende Darstellungen ziehen in allen Bereichen die Umbruchsjahre 1789 oder 1815 zur Gliederung heran.[7] Die Frage, ob besondere Einschnitte wie die Französische Revolution oder Strukturen von »langer Dauer« von größerer Relevanz für die Erklärungsmöglichkeiten der Geschichte sind, ist seit den sechziger Jahren diskutiert worden. Eine gewisse Synthese fanden Ereignisgeschichte und Strukturgeschichte in ihrer Bedeutung für die Grundlegung der Moderne in dem von Reinhart Koselleck und Werner Conze geprägten Begriff der »Sattelzeit«, welcher die entscheidende Übergangsphase von 1750 bis 1850 umfaßt.[8]

---

[4] Auszug aus einem Brief von Alexis de Tocqueville an M. Stoffel vom 28. April 1850: Alexis de TOCQUEVILLE, Memoirs, Bd. 1, London 1861, S. 423. Zitiert nach: Hans-Ulrich WEHLER, Deutsche Gesellschaftsgeschichte, Bd. 2: Von der Reformära bis zur industriellen und politischen Deutschen Doppelrevolution 1815–1848/49, München 1989, S. 3.

[5] Siehe dazu mit zahlreichen Belegen Reinhart KOSELLECK, »Neuzeit«. Zur Semantik moderner Bewegungsbegriffe, in: Ders., Vergangene Zukunft, 2. Aufl. Frankfurt a. M. 1992, S. 300–348, hier: S. 328, und ders., Wie neu ist die Neuzeit?, in: HZ 251 (1990), S. 539–553, hier: S. 541.

[6] Grundlegend dazu Stephan SKALWEIT, Der Beginn der Neuzeit. Epochengrenze und Epochenbegriff, Darmstadt 1982.

[7] Gegen eine »überstarke Zäsur«, wie sie etwa bei Thomas Nipperdey zu finden sei, wendet sich Winfried SCHULZE, Von den Anfängen des großen Welttheaters. Entwicklung, neuere Ansätze und Aufgaben der Frühneuzeitforschung, in: GWU 44 (1993), S. 3–18; dazu auch das etwas polemische Plädoyer von František Graus gegen die Abkapselung von Epochen und Zeitabschnitten: František GRAUS, Die Einheit der Geschichte, in: HZ 213 (1980), S. 631–649, hier: S. 634, 641.

[8] Reinhart Koselleck und Werner Conze favorisierten das Konzept der »Epochenschwelle«, in dessen Rahmen Ereignisse und Strukturen in ihrer Interdependenz gleichrangig bewertet werden. Der spezifische Ausdruck der Epochenschwelle um 1800 wurde zum Begriff

Doch das Konzept der Sattelzeit, das die Bedeutung von Zäsuren zu Recht relativierte, hielt an der bestimmenden Kategorisierung der beiden Epochen, die es verbindet, fest. Der Begriff »Sattelzeit« bezieht sich auf den Übergang einer alteuropäischen zu einer neuen Gesellschaftsordnung, also mit anderen Worten auf den Transformationsprozeß »von der ständischen zur bürgerlichen Gesellschaft«, wie Lothar Gall zusammenfassend formulierte.[9] Dieser Prozeß wurde unter verschiedenen Blickwinkeln beleuchtet, wobei ein Wort zum Schlüsselbegriff avancierte: Seit Franz Schnabel wird der Begriff des »bürgerlichen Zeitalters« für das 19. Jahrhundert favorisiert.[10] Inwieweit »das Bürgerliche« als Signum der Zeit gelten kann, wurde im Rahmen der »Bürgertumsforschung« in vielen Einzeluntersuchungen und übergreifenden Darstellungen hinterfragt.[11]

1.2. Bürgertum, Modernisierungstheorie und Adel

Unter dem Vorbehalt der »Gleichzeitigkeit des Ungleichzeitigen« hat sich die Bürgertumsforschung dem fortschrittsweisenden oder dominierenden Moment zugewandt. Die Überschneidung bzw. Gleichsetzung des Begriffs der »modernen« mit der »bürgerlichen« Gesellschaft hat den Bürger somit zum Gestalter und Vorreiter der historischen Entwicklung erhoben.[12] So galt es vielfach, das Feudale vom Bürgerlichen, das Vorindustrielle vom Industriellen abzugrenzen und die Statik der ständischen Ordnung der Dynamik der bürgerlichen Gesellschaft gegenüberzustellen. Diese Dichotomien bestimmten allenthalben die Bürgertumsforschung, die dadurch in die stark von der Modernisierungstheorie beeinflußten Versuche, eine »Gesellschaftsgeschichte« zu schreiben, eingebettet war.[13] Die Probleme, welche diese Blickrichtung beinhaltete, blieben lange

---

der Sattelzeit. Das Konzept der Epochenschwelle geht auf Hans FREYER, Weltgeschichte Europas, Wiesbaden 1948, zurück, der von »Zeitschwellen« sprach, die um 1600 und um 1800 den Geschichtsverlauf charakterisierten. Siehe SCHULZE, Anfänge, S. 7. Konkreter zum Begriff der Sattelzeit: Reinhart KOSELLECK, Einleitung, in: GGr, Bd. 3, 1982, S. XIII-XXVII, hier: S. XIII; ders., Das 18. Jahrhundert als Beginn der Neuzeit, in: Reinhart KOSELLECK/Reinhart HERZOG (Hrsg.), Epochenschwelle und Epochenbewußtsein, München 1987, S. 269–282.

[9] Lothar GALL, Von der ständischen zur bürgerlichen Gesellschaft, München 1993.

[10] SCHNABEL, Deutsche Geschichte, S. 3–5.

[11] M. Rainer LEPSIUS, Bürgertum als Gegenstand der Sozialgeschichtsschreibung, in: Wolfgang SCHIEDER/Volker SELLIN, Soziale Gruppen in der Geschichte, Göttingen 1987, S. 61–80. Einen Literaturüberblick gibt u. a. Utz HALTERN, Die Gesellschaft der Bürger, in: GuG 19 (1993), S. 100–134.

[12] Siehe dazu die Artikel von Manfred RIEDEL, Art. »Bürger, Staatsbürger, Bürgertum«, in: GGr, Bd. 1, 1972, S. 672–725, und ders., Art. »Gesellschaft, bürgerliche«, in: GGr, Bd. 2, 1975, S. 719–800.

[13] Diese Richtung der Geschichtswissenschaft, die Erforschung der Wandlungsprozesse von Wirtschaft und Sozialem, von Individuen und Staat, ist erst in den dreißiger beziehungsweise fünfziger Jahren – namentlich von der Heidelberger/Bielefelder Schule – intensiviert worden. Siehe dazu Willi OBERKROME, Volksgeschichte. Methodische Innovation und völkische Ideologisierung in der deutschen Geschichtswissenschaft 1918–1945, Göttingen 1993. Ausgewählte Beispiele auch bei Winfried SCHULZE, Deutsche Geschichtswissenschaft nach

Zeit verdeckt[14] und wurden erst seit Mitte der achtziger Jahre breiter wahrgenommen.[15] In der Ausrichtung auf die in die Moderne weisenden Kräfte der Gesellschaft wurde der Adel als Überrest der alteuropäischen Gesellschaft gerade nicht berücksichtigt. Die Repräsentanten der alten Ordnung, die von den Trägern der neuen (bürgerlichen) Ordnung sukzessive abgelöst wurden, standen somit in der Forschungsdiskussion im großen und ganzen im Abseits.

Den Adel in Deutschland unter verschiedenen Fragestellungen zu untersuchen, versucht an einem Fallbeispiel die vorliegende Arbeit. Dabei soll er jedoch nicht als »ungleichzeitiges« Phänomen, als zunehmender Anachronismus, betrachtet werden. Vielmehr gilt es, nach seiner Funktion im Veränderungsprozeß zwischen 1750 und 1850 zu fragen. Der Verweis auf die griffige Formel von der »Gleichzeitigkeit des Ungleichzeitigen« ist dabei wenig hilfreich.[16] Denn jede Epoche kennt »Anachronismen«, die erst zu solchen werden durch den Glauben an einen linearen Fortschritt.[17] Werner Hofmann hat in Anlehnung an ein Hegelzitat die Zeit zwischen 1770 und 1830 als »das entzweite Jahrhundert« bezeichnet und damit aus kunsthistorischer Richtung den Blick geschärft für die Widersprüchlichkeiten dieser Epoche zwischen »ruptures et prologues«.[18] Die Anregungen, welche Hofmann bietet, mahnen eindringlich, die Eigenart dieser Zeit, die gerade in der Entzweiung, in ihren Brü-

---

1945, Göttingen 1996. Zur neueren Bestimmung siehe Manfred HETTLING (Hrsg.), Was ist Gesellschaftsgeschichte? Positionen, Themen, Analysen. Hans-Ulrich Wehler zum 60. Geburtstag, München 1991.

[14] Die Bürgertumsforschung Bielefelder Provenienz stand mit ihrer sozialgeschichtlichen Perspektive anfangs in Konfrontation zu konservativen Vertretern der historischen Zunft. Diese Polemik verdeckte lange die Defizite der Modernisierungstheoretiker und ihres gesellschaftsgeschichtlichen Ansatzes. Es gab jedoch auch Ausnahmen wie Thomas Nipperdey, der schon früh festgestellt hatte, daß neue, völlig veränderte Problemstellungen nicht mehr mit dem Konzept der streng an der Modernisierungstheorie orientierten historischen Sozialforschung erfaßbar seien: Thomas NIPPERDEY, Wehlers »Kaiserreich«. Eine kritische Auseinandersetzung, in: Ders., Gesellschaft, Kultur, Theorie, Gesammelte Aufsätze zur neueren Geschichte, Göttingen 1976, S. 360–389; außerdem ders., Probleme der Modernisierung in Deutschland, in: Saeculum 30 (1979), S. 292–303.

[15] Die Defizite der »Modernisierungstheoretiker und ihrer geschichtswissenschaftlichen Konstruktionen« wurden nach Günther SCHÄFER, Modernisierung der Vergangenheit. Geschichtswissenschaft in der Industriegesellschaft, Hamburg 1990, S. 14, »erst neuerdings – im Rahmen der Polemik zwischen Alltagshistorikern und Vertretern des Konzepts der historischen Sozialforschung –« stärker aufgedeckt und zur breiteren Diskussion gestellt.

[16] Siehe Wolfgang HARDTWIG, Der deutsche Weg in die Moderne. Die Gleichzeitigkeit des Ungleichzeitigen als Grundproblem der deutschen Geschichte 1789–1871, in: Wolfgang HARDTWIG/Harm-Hinrich BRANDT (Hrsg.), Deutschlands Weg in die Moderne, München 1993, S. 9–31, zur Elite: S. 11.

[17] Siehe zu diesem Komplex nochmals G. SCHÄFER, Modernisierung; dort die ältere Literatur. Außerdem kritisch dazu Wolf SCHÄFER, Ungleichzeitigkeit als Ideologie. Beiträge zur historischen Aufklärung, Frankfurt a. M. 1994, besonders S. 113–115.

[18] So der vorgesehene französische Arbeitstitel, der ebenso pointiert die Zwischenlage des Jahrhunderts beschreibt. Werner HOFMANN, Das entzweite Jahrhundert. Kunst zwischen 1750 und 1830, München 1995.

chen und Vorwegnahmen liegt, nicht zu verengen durch die Fixierung auf die vermeintlichen Gewinner der Entwicklung. Zukunftsweisendes und Retardierendes, Tradition und Modernität vermischten sich in vielfältiger Weise. Auf diese Mischungsverhältnisse möchte die vorliegende Fallstudie zum neuzeitlichen Adel eingehen.

1.3. Die Adels- und Elitenforschung und ihre Fragestellungen

Adel – dieser Begriff kennt viele Facetten, und es scheint daher unmöglich, eine für das 18. wie für das 19. Jahrhundert gleichermaßen gültige Definition zu geben.[19] Der kleinste gemeinsame Nenner, auf den sich eine Gesamtbeschreibung der Adelsschicht bringen läßt, ist ihre Vorrangstellung, ihre exklusive Position innerhalb der Gesamtgesellschaft. Diese Vorrangstellung beruhte auf Vererbung. Die einmal durch militärische Fähigkeiten oder besondere Verdienste einer Gründerfigur erworbene außergewöhnliche Position wird somit nicht einem Individuum, sondern in der Folgezeit der adeligen Familie, der Dynastie, dem »Blut« zugeschrieben und von Erbe zu Erbe weitergegeben. Diese Exponiertheit kann sich in verschiedenen Bereichen, also politisch-rechtlich ebenso wie ökonomisch und kulturell, zeigen. Adel bedeutet eben nicht nur das Anrecht auf Machtausübung, das heißt »die bevorrechtete Handhabung der Macht auf der Grundlage einer materiellen Versorgung durch Unterworfene oder Untergebene«.[20] Viel wesentlicher erscheint das soziokulturelle Moment, das darin besteht, die permanente Demonstration der eigenen Exklusivität zu betreiben, um sie im Bewußtsein der eigenen Schicht wie der Gesamtbevölkerung zu verankern.[21] Außen- und Selbstwahrnehmung können dabei die privilegierte Stellung stärken, um so wirkungsvoller natürlich dann, wenn sie deckungsgleich sind.

Im Untersuchungszeitraum dieser Arbeit haben sich für den Adel wesentliche Veränderungen ergeben. Mit dem Untergang des Heiligen Römischen Reiches versanken zahlreiche Privilegien, welche die exklusive Position adeliger Familien gestützt hatten. Eine Vielzahl verlor ihre Herrschaftsrechte, ausgenommen nur jene Dynastien, welche auf dem Wiener Kongreß die Souveränität für sich und ihr Land retten konnten. Diese regierenden Adelsfamilien gehörten weiter-

---

[19] Siehe zu der hier entwickelten Position die verschiedenen Definitionsversuche zum Adel. Sie alle versuchen mehr oder weniger in Einklang zu bringen, daß die Adelsschicht zwar vielfach fragmentiert war und man daher sehr Verschiedenes unter dem Begriff Adel zusammenfaßt, es jedoch einige übergreifende und charakteristische Grundmerkmale des Adels gab. Werner CONZE, Art. »Adel, Aristokratie«, in: GGr, Bd. 1, 1972, S. 1–48. Mit weiterführender Literatur: Heinz REIF, Der Adel in der Sozialgeschichte, in: Wolfgang SCHIEDER/Volker SELLIN (Hrsg.), Sozialgeschichte in Deutschland, Bd. 4, Göttingen 1987, S. 34–60.

[20] Darin sieht Kuchenbuch das Hauptmerkmal des Adels, wie er sich in verschiedensten Kulturen ausgebildet hatte. Ludolf KUCHENBUCH, Art. »Adel«, in: Richard VAN DÜLMEN (Hrsg.), Fischer Lexikon Geschichte, Frankfurt a. M. 1991, S. 105–120.

[21] Diesen Zusammenhang hebt besonders hervor Pierre SERNA, Der Adlige, in: Michel VOVELLE (Hrsg.), Der Mensch der Aufklärung, Frankfurt a. M. 1996, S. 42–97.

hin der Spitze des europäischen Hochadels an, ihnen folgten die mediatisierten Häuser. Allein durch das in der Wiener Schlußakte besiegelte Recht der Ebenbürtigkeit mit den regierenden Häusern wurde die Verbundenheit dieser Adelsschicht, der sogenannten Standesherren, mit dem regierenden Hochadel ins 19. Jahrhundert hineingetragen.

Neben der Schicht des hohen Adels kann man in nahezu allen Adelsgesellschaften die davon abgegrenzte Schicht des niederen Adels ausmachen.[22] Zu ihm gehörten der Landadel und der jüngere Verdienstadel. Zumeist nur mit geringem Landbesitz ausgestattet, oftmals angewiesen auf den Dienst in Militär oder am Hofe eines höheren Herrn, gab es zwischen ihm und dem hohen Adel eine unverkennbare Trennungslinie. Dies lag weniger an äußeren Zeichen, auch weniger an ökonomischer Potenz, sondern vor allem auch an den internen Abgrenzungsvorgängen des Adels.[23] Darauf wird am Rande der Arbeit hinzuweisen und vor allem am Ende zurückzukommen sein. In der vorliegenden Arbeit wird der Blick auf den hohen Adel gerichtet, konkret auf die Gruppe der Standesherren.

Die Standesherren sind eine kleine, abgrenzbare Gruppe innerhalb des Adels.[24] Der Begriff wird seit der Rheinbundzeit als Synonym für den mediatisierten Hochadel gebraucht, also für jene Familien, welche im Jahr 1806 ihre Landeshoheit verloren und zu Untertanen Österreichs, Preußens oder der größeren deutschen Mittelstaaten wurden.[25] Beim Prozeß der Mediatisierung spielten einige Zufälle eine wesentliche Rolle. Die Fürsten von Fürstenberg beispielsweise hatten über etwa 80 000 Untertanen und einen ansehnlichen Länderkomplex geherrscht, womit sie sich an Größe und Bedeutung mit ihren Nachbarn durchaus messen konnten, ungeachtet dessen wurden sie jedoch zu Untertanen unter der Herrschaft Badens, Württembergs und des kleinen Hohenzollern-Sigmaringen.[26] Bei der großen politischen Flurbereinigung hatte Napoleon zwar

---

[22] Siehe dazu die Belege bei CONZE, Adel.

[23] Zahlreiche Landadelige, beispielsweise die Grafen von Arco oder Preysing in Bayern, konnten sich hinsichtlich Einfluß und Besitz ohne Zweifel mit reichsunmittelbaren Grafen und Herren messen. Über die rechtliche Trennlinie siehe bereits die zeitgenössische Diskussion bei Johann Stephan PÜTTER, Über den Unterschied der Stände, besonders des hohen und niederen Adels in Deutschland. Zur Grundlage einer Abhandlung von Mißheiraten Teutscher Fürsten und Grafen, Göttingen 1795, ND Königstein 1979.

[24] Es handelt sich um insgesamt mehr als 80 Familien. Eine Liste ist zu entnehmen: Verzeichnis der Standesherren, [Frankfurt a. M.] 1843; außerdem Heinz GOLLWITZER, Die Standesherren. Die politische und gesellschaftliche Stellung der Mediatisierten 1815–1918. Ein Beitrag zur deutschen Sozialgeschichte, 2. Aufl. Göttingen 1964, S. 353 f.

[25] Die Belege des Quellenbegriffs zur Rheinbundzeit bei GOLLWITZER, Standesherren, S. 20. Die Bezeichnungen Standesherren und Mediatisierte können synonym verstanden werden, sofern man eine ältere Variante des Begriffs, die »schlesischen Standesherrschaften«, außer acht läßt.

[26] Zu den Fürstenberg siehe, die ältere Literatur zusammenfassend, Albrecht P. LUTTENBERGER, Das Haus Fürstenberg vom frühen Mittelalter bis ins 19. Jahrhundert, in: Erwein ELTZ/Arno STROHMEIER (Hrsg.), Die Fürstenberger, Korneuburg 1994, S. 1–38.

auf Mittelstaaten gesetzt und damit der Mediatisierung, also der Unterwerfung regierender Fürsten unter größere Staaten, zugestimmt, aber andererseits auch auf einige verwandtschaftliche Beziehungen Rücksicht genommen. Hohenzollern-Sigmaringen konnte durch ein Heiratsprojekt und die enge Freundschaft zwischen der Fürstin und Josephine Bonaparte »la plénitude de la souveraineté« durch die Rheinbundakte sichern, während viele ihre Selbständigkeit verloren.[27] Auch andere Fürstenhäuser profitierten vom Ehrgeiz des Korsen, mit seiner Familie in den europäischen Hochadel einzuheiraten.[28] Es trifft daher für einige Familien zu, was der leitende Minister der Fürstenberger lakonisch feststellte: Man werde Fürstenbergs Souveränität nicht erhalten können, da man »zur Zeit keine heiratsfähige Prinzessin zur Verfügung« habe.[29] Aber auch wenn die Souveränität gefährdet und schließlich verloren war, blieb für den mediatisierten Hochadel eine Vorrangstellung in verschiedenen Bereichen auf Dauer bestehen.

Die Standesherren sind zweifellos »eine Eigentümlichkeit der deutschen Geschichte«[30], denn sie konnten nach ihrer Mediatisierung eine herausgehobene Position in den Staaten und der Gesamtgesellschaft einnehmen, sie befanden sich durch rechtliche Privilegien und ökonomische Potenz in einer Zwischenstellung zwischen einfachen Untertanen und Landesherren. So nimmt es nicht wunder, daß diese Gruppe der standesherrlichen Familien in den letzten Jahren verstärkt die Aufmerksamkeit der historischen Zunft gefunden hat.[31] Das Interesse an der Umbruchszeit um 1800 führte dazu, daß der Blick auch auf die lange Zeit vernachlässigten standesherrlichen Adeligen gerichtet wurde, um durch die Erforschung dieser »Eigentümlichkeit« Charakteristika des Umbruchs beschreiben zu können. Zumindest stand bei den meisten Arbeiten die Fragestellung im Vordergrund, wie sich die Integration der Standesherren in die sich etablierenden Mittelstaaten vollzog.[32] Bevor nun auf das Fallbeispiel

---

[27] Fritz KALLENBERG, Hohenzollern im Alten Reich, in: Ders. (Hrsg.), Hohenzollern, Stuttgart 1996, S. 48–125, hier: S. 119–121.

[28] Paul SAUER, Heiraten aus Staatsraison. Napoleon und seine Beziehungen zu den Regentenhäusern Badens, Württembergs und Hohenzollerns, in: Baden und Württemberg im Zeitalter Napoleons, Stuttgart 1987, Bd. 2, S. 55–80.

[29] Siehe allgemeiner zur Mediatisierung bei den Fürstenberg: Georg TUMBÜLT, Das Fürstentum Fürstenberg von seinen Anfängen bis zur Mediatisierung im Jahre 1806, Freiburg i. Br. 1908. Von Fürstenberger Seite versuchte man Talleyrand und Napoleon für den Plan zu gewinnen, mit einem vergrößerten Fürstentum einen weiteren Mittelstaat im Südwesten zu schaffen. Siehe ebenda, S. 220–223.

[30] Auch wenn man den Blick auf außereuropäische Vorgänge weitet, »sind Rechtslage und Sozialstatus der deutschen Mediatisierten einmalig«. GOLLWITZER, Standesherren, S. 10.

[31] Mittlerweile wurden außer Arbeiten mit Überblickscharakter (Gollwitzer, Schier) auch Monographien zu den badischen Standesherren als Gruppe (Furtwängler) und zu den Fürsten von Waldburg-Zeil (Mössle, Dornheim), Leiningen (Kell) sowie Löwenstein-Wertheim (Stockert) vorgelegt.

[32] Es bleibt bereits hier anzumerken, daß einige Arbeiten auch ohne explizite Fragestellung auskamen und in positivistischer Manier Daten und Anekdoten zu Monographien

eingegangen und ein eigenes Forschungskonzept vorgestellt wird, soll der Blick auf Forschungsfragen bisheriger Arbeiten zum neuzeitlichen Adel und zur Elite gerichtet werden.

Die Bezeichnung Adelsforschung scheint sich wie so viele andere entsprechende Komposita im wissenschaftlichen Sprachgebrauch eingebürgert zu haben. Aber außer dem Gegenstand, also der Beschäftigung mit dem Adel, ist dabei über Forschungsfragen und methodisches Vorgehen zumeist nichts ausgesagt.[33] Daher sollen in einem resümierenden Überblick zur Adelsforschung vor allem ihre Fragestellungen und Richtungen kurz vorgestellt werden.

In den Veröffentlichungen der letzten Jahre zur Geschichte des Adels im Übergang zur Moderne wird durchweg konstatiert, wie sehr die Adelsforschung in den letzten Jahrzehnten vernachlässigt worden sei. Die Klage vom Schattendasein der Adelsforschung unter der Hegemonie attraktiverer Gebiete wie der Bürgertumsforschung[34] kann aber mittlerweile in verschiedener Hinsicht relativiert werden. Die eine Einschränkung betrifft die erste Historikergeneration, die sich in den fünfziger Jahren mit dem Adel der Neuzeit beschäftigte und wegweisende Arbeiten vorlegte. In ihrem methodischen Zugriff und den Leitfragen wurde diese »Adelsgeschichtsschreibung« vor allem durch die Arbeiten von Otto Brunner und Heinz Gollwitzer auf ein Niveau gehoben, das sich durch Integration von wirtschafts-, kultur-, ideen- sowie auch politik- und rechtsgeschichtlichen Aspekten mit dem der englischen und französischen Werke durchaus messen lassen kann.[35] Brunner schrieb keineswegs bloß eine Biogra-

---

kompilierten. Nicht zuletzt fanden manche Standesherren ihre Bearbeiter, weil sie auch im 20. Jahrhundert den Kulturbereich als Mittel der Selbstdarstellung erkannten und in ihren Angestellten in Archiv und Bibliothek auch ihre Historiographen zur Verfügung hatten. Außerdem darf der forschungspragmatische Hintergrund nicht übersehen werden: Bei den standesherrlichen Familien liegen zumeist erschlossene Archivbestände vor, welche eine Bearbeitung im Vergleich zu anderen Adelsgruppen bedeutend erleichtern.

[33] Im Vergleich zur Wirtschafts- und Kulturgeschichte bietet die Adelsgeschichte keinen näheren Hinweis auf Fragestellung, Quellen und Methode, sondern bezeichnet ausschließlich die untersuchte Personengruppe. Gerade die in den letzten Jahren intensiv geführte Diskussion zum Standort der Sozial- und Kulturgeschichte muß bei der Beschäftigung mit dem Adel, also der Adelsgeschichte, berücksichtigt werden. »Adelsgeschichte« bildet ohne Rekurs auf diese selbstvergewissernde Methodendiskussion des Fachs kein Forschungskonzept. Siehe dazu Siegfried GRILLMEYER, Eine Prinzessin als Bäuerin? Bemerkungen zum Adel im frühen 19. Jahrhundert. Ein ungewöhnlicher Pachtvertrag im Fürstlich Thurn und Taxisschen Zentralarchiv, in: VHVO 137 (1997), S. 105–123.

[34] In übereinstimmender Weise stellen das Schattendasein der Adelsforschung heraus: Hans-Ulrich WEHLER (Hrsg.), Europäischer Adel 1750–1850, Göttingen 1990, Einleitung, S. 9; REIF, Adel; GALL, Gesellschaft, S. 81, und auch hinsichtlich der österreichischen Geschichtsschreibung Hannes STEKL/Marija WAKOUNIG, Windisch-Grätz, Wien 1992, S. 9–19.

[35] Die beiden Arbeiten von GOLLWITZER, Standesherren, und Otto BRUNNER, Adeliges Landleben und europäischer Geist, Leben und Werk Wolf Helmhards von Hohberg 1612–1688, Salzburg 1949, können wohl mit Recht als Klassiker einer modernen Adelsforschung in Deutschland bezeichnet werden. Für die englische Forschung war von großer Nachwirkung Lawrence STONE, The Crisis of the Aristocracy 1558–1641, London 1965, für die fran-

phie, es ging ihm nicht allein um einen »Beitrag zur Geschichte der deutschen Literatur und der Agrar- und Wirtschaftswissenschaften«, sondern es sollte »an Leben und Werk eines niederösterreichischen Adeligen [...] das Ganze adeligen Daseins erfaßt werden«.[36] Diese Arbeit zum Adel steht in direktem Zusammenhang mit Brunners übrigen Forschungen, die sich mit der Konfiguration Alteuropas beschäftigen, die um 1800 von der industriellen, modernen Gesellschaft verdrängt wurde.[37] Inwieweit seine Ergebnisse gerade für die Untergangszeit dieser von ihm beschriebenen Adelswelt zutreffen, wird zu prüfen sein. Dies gilt im verstärkten Maß für die Beurteilungen von Gollwitzer, dessen Monographie weiterhin als ein Referenzwerk zum mediatisierten Adel zu betrachten ist. Gollwitzer versteht seine Arbeit als »Beitrag zur deutschen Sozialgeschichte«, indem sie »das historisch-soziologische Röntgenbild einer gesellschaftlichen Spitzengruppe zu ermitteln« versucht.[38] Da sich seine Arbeit hauptsächlich auf das Archiv der Standesherren und gedrucktes Material bezog, wird es sich als reizvoll erweisen, seine Ergebnisse an einem weiteren Exempel zu prüfen.[39]

Neben Brunner und Gollwitzer sind in der ersten Generation der Adelsgeschichtsschreibung besonders die Arbeiten von Hanns Hubert Hofmann zu nennen, der ähnlichen Fragestellungen im bayerisch-fränkischen Raum nachging[40], und ergänzend auch die Forschungsrichtung, welche von Norbert Elias angeregt wurde.[41] Hofmann, der ein ganzes Panorama adeligen Lebens im Übergang

---

zösische die Arbeiten von Jean MEYER, vor allem: La noblesse bretonne au XVIIIe siècle, Bde. 1–2, Paris 1966.

[36] BRUNNER, Landleben, S. 9.

[37] Ähnliche Argumentationen tauchen bereits in Otto BRUNNER, Land und Herrschaft, Grundfragen der territorialen Verfassungsgeschichte Südostdeutschlands im Mittelalter, 3. Aufl. Brünn 1943, auf und werden vor allem in seinen programmatischen Aufsätzen fortgeführt, hier vor allem in ders., Das »ganze Haus« und die alteuropäische »Ökonomik«, in: Ders., Neue Wege der Sozialgeschichte, 2. Aufl. Göttingen 1965, S. 33–61. Auf diesen Zusammenhang wird weiter unten noch näher eingegangen.

[38] So bereits im Untertitel und in der Einleitung GOLLWITZER, Standesherren, S. 9.

[39] In diesem Zusammenhang gilt es natürlich auch, vergleichend auf die bereits genannten Arbeiten zu standesherrlichen Häusern hinzuweisen. Dies soll im Lauf der Arbeit geleistet werden.

[40] Siehe Hanns Hubert HOFMANN, Adelige Herrschaft und souveräner Staat. Studien über Staat und Gesellschaft in Franken und Bayern im 18. und 19. Jahrhundert, München 1962; ders. (Hrsg.), Die Entstehung des modernen souveränen Staates, Köln 1967. Als Klassiker – wenn auch nicht als exklusive Adelsstudie – kann außerdem für Preußen gelten: Reinhart KOSELLECK, Preußen zwischen Reform und Revolution, 2. Aufl. Stuttgart 1975.

[41] Ausgangspunkt einer ganzen Forschungstradition war Norbert ELIAS, Die höfische Gesellschaft. Untersuchungen zur Soziologie des Königtums und der höfischen Aristokratie, Darmstadt 1969. Als Nachfolgearbeit ist zu nennen Jürgen von KRUEDENER, Die Rolle des Hofes im Absolutismus, Stuttgart 1973. Aus diesem Interesse an höfischen Umgangsformen und Verhaltensnormen hat sich ein Bereich der Adelsgeschichte herausgebildet, der sich verstärkt dem Hofleben zuwendet und als Hofgeschichte oder zum Teil auch in spezifischer Ausprägung als Residenzengeschichte bezeichnet werden kann. Siehe z. B. Volker BAUER, Die höfische Gesellschaft in Deutschland von der Mitte des 17. bis zum Ausgang des 19.

vom 18. zum 19. Jahrhundert entwarf, zielte auf die Frage nach der Integration der adeligen Kleingebiete in die modernen Mittelstaaten, und er bezog sich dabei nicht nur auf den standesherrlichen Adel.

Elias war als Soziologe in erster Linie an dem Sozialnetz »Fürstenhof« interessiert und eröffnete dadurch gerade Historikern einen wesentlichen Zugang zu Fragen der Klientelverhältnisse, des Zeremoniells und nicht zuletzt zum Themenkomplex der Entwicklung von Umgangsformen allgemein, wie er ihn bereits früher entworfen hatte.[42] Mittlerweile haben zahlreiche Arbeiten diese Forschungsfragen aufgenommen und dadurch den soziologischen Ansatz durch empirische Studien überprüft.

Aber im Gegensatz zur Entwicklung der Forschung in anderen Ländern hat sich im deutschsprachigen Raum in den folgenden Jahren »kein Spektrum sich fortentwickelnder Fragestellungen und auch keine Gruppe von Wissenschaftlern, die langfristig an der sozialgeschichtlichen Erforschung des Adels arbeitet«[43], herausgebildet. Diese Feststellung führt zur zweiten Einschränkung. Auch wenn die Anzahl der verschiedenen Fallstudien zum Adel in Deutschland im Gegensatz zu Arbeiten innerhalb der Bürgertumsforschung äußerst gering blieb, kam es gegen Ende der siebziger Jahre dennoch zu einer Hinwendung zu diesem Forschungsgebiet. Wirft man einen Blick auf die Publikationen der letzten Jahre, bestätigt sich endgültig, was Karl-Georg Faber bereits 1981 feststellte: »Man kann, mit gewissen Einschränkungen, von einer Konjunktur in der Erforschung des neuzeitlichen Adels sprechen«.[44] Zum einen ist hier die Erforschung des Junkertums zu nennen, eine vor allem von ostdeutschen Historikern über längere Zeit favorisierte Disziplin, die aber auch bei westdeutschen Fachvertretern Interessen fand.[45] Vor allem aber im Rahmen der Diskussion um die Sattelzeit und damit verbunden »der Relativierung der Zäsur zwischen ›Mittelalter und Neuzeit‹, [ist] das Interesse an den Gründen für die offensichtliche Resistenz des Adels gegenüber dem doppelten Druck des modernen Staates und der modernen bürgerlichen Gesellschaft gewach-

---

Jahrhundert. Versuch einer Typologie, Tübingen 1993; Karl MÖCKL (Hrsg.), Hof und Hofgesellschaft in den deutschen Staaten im 19. und beginnenden 20. Jahrhundert, Boppard 1990. Zur Residenzengeschichte siehe den Überblick bei Peter JOHANEK (Hrsg.), Vorträge und Forschungen zur Residenzenfrage, Sigmaringen 1990.

[42] Siehe Norbert ELIAS, Über den Prozeß der Zivilisation. Soziogenetische und psychogenetische Untersuchungen, Bde. 1–2, 16. Aufl. Frankfurt a. M. 1991, hier vor allem Bd. 1: Wandlungen des Verhaltens in den weltlichen Oberschichten des Abendlandes.

[43] Dieses Resümee bei Heinz REIF, Westfälischer Adel 1770–1860. Vom Herrschaftsstand zur regionalen Elite, Göttingen 1979, S. 37.

[44] Karl-Georg FABER, Literaturbericht. Mitteleuropäischer Adel im Wandel der Neuzeit, in: GuG 7 (1981), S. 276–296, hier: S. 277.

[45] Siehe dazu die Bewertung von Heinz Reif: »Die lange Tradition dieser Junkerforschung und die große Aufmerksamkeit, die diese schon seit vielen Jahrzehnten in der Öffentlichkeit findet, hat zum einen zu einer einseitig auf den ostelbischen Adel fixierten Forschung und zu einer perspektivischen Verengung des Adelsbegriffs auf die Gruppe der großen Rittergutsbesitzer geführt«. REIF, Adel, S. 49.

sen«.⁴⁶ Nach dieser Beurteilung stellt Faber drei Bereiche heraus, die noch gegenwärtig aktuelle Forschungsprobleme umschreiben: erstens die nötige Korrektur der Gegenüberstellung der Statik der Ständegesellschaft und der Dynamik der modernen Gesellschaft, zweitens die regionale Einbettung und Bedeutung des Adels und drittens die soziale Schichtung innerhalb des Adels.

Konsequent ging Heinz Reif diesen drei Untersuchungsbereichen in seiner Studie über den münsterländischen Adel nach und entwarf das Bild einer Gesellschaftsschicht im Wandel.⁴⁷ Einige, auch jüngere, Arbeiten wurden dem von Gollwitzer und Reif gewiesenen Weg, das Sozialprofil einer Gruppe zu entwerfen und damit Adelsgeschichte als Beitrag zur Sozialgeschichte zu verstehen, jedoch nicht gerecht.⁴⁸ Vielmehr konnte sich die Beschäftigung mit dem Adel aus zweierlei Begrenzungen nicht lösen: Zum einen scheint es zuweilen, als habe sich der Adel aufgrund seiner Exponiertheit weiterhin das Recht gesichert, zum Gegenstand historischer Forschung zu werden. Auch wenn es sich dabei um Anekdotensammlungen handelt, die oft in wenig reflektierter Weise die Spuren adeligen Lebens nachzeichnen, scheint dies der nicht nur populärwissenschaftlichen Akzeptanz derartiger Adelsforschung keinen Abbruch zu tun. Zum anderen wirkt, wie bereits ausgeführt, die Modernisierungstheorie mit ihrer einseitigen Konzentration auf das Fortschrittshemmende – das bedeutet: Adelsgeschichte wird vorwiegend als Fortsetzung der Bürgertumsforschung unter negativen Vorzeichen, das heißt als Verlierergeschichte, geschrieben. Diese Blickrichtung wurde auch nicht entscheidend korrigiert durch die Rezeption eines weiteren »Klassikers«.⁴⁹ Die Rede ist von Arno Mayer, der in seinem Buch »The Persistence of the Old Regime« die These aufstellte, daß sich im 19. Jahrhundert das Bürgertum stark feudalisierte und der Adel sich nur in geringem Maß verbürgerlichte und sich somit über die Jahre 1815 und 1848 hinaus als bestimmende Elite behaupten konnte.⁵⁰ Eine Vielzahl von Tagungen hat

---

⁴⁶ FABER, Literaturbericht, S. 277.
⁴⁷ REIF, Westfälischer Adel.
⁴⁸ Eine Studie mit Betonung rechtsgeschichtlicher Aspekte bietet: Rolf SCHIER, Standesherren. Zur Auflösung der Adelsvorherrschaft in Deutschland 1815–1918, Heidelberg 1977; dem marxistischen Ansatz – wenn auch nicht in orthodoxer Ausprägung – verpflichtet: Klaus VETTER, Kurmärkischer Adel und preußische Reformen, Weimar 1979; unter dem Einfluß des soziologischen Ansatzes von Elias: Hannes STEKL, Österreichs Aristokratie. Herrschaftsstil und Lebensformen der Fürstenhäuser Liechtenstein und Schwarzenberg, München 1973. Aus dem großen Spektrum der im Lauf der letzten Jahre erschienenen Einzelstudien sei verwiesen auf: Andreas DORNHEIM, Adel in der bürgerlich-industrialisierten Gesellschaft. Eine sozialwissenschaftlich-historische Fallstudie über die Familie Waldburg-Zeil, Frankfurt a. M. 1993, die jedoch hinsichtlich Quellengrundlage (das entsprechende Adelsarchiv war nicht zugänglich) und Methode (einer Mischung aus Oral History und Orientierung an soziologischen Gesellschaftsmodellen) problematisch ist.
⁴⁹ Zur Rezeption der Feudalisierungsthese im Rahmen der Bürgertumsforschung siehe Jürgen KOCKA, Bürgertum und bürgerliche Gesellschaft im 19. Jahrhundert. Europäische Entwicklungen und deutsche Eigenarten, in: Ders. (Hrsg.), Bürgertum im 19. Jahrhundert. Deutschland im europäischen Vergleich, Bd. 1, München 1988, S. 1–65, hier: S. 65.
⁵⁰ Arno MAYER, Adelsmacht und Bürgertum. Die Krise der europäischen Gesellschaft

sich unterdessen dieser Fragestellung, die sich zwischen der These der Feudalisierung des Bürgertums und der ihr gegenüberstehenden und korrelierenden These von der Verbürgerlichung des Adels spannt, angenommen.[51]

Dabei wurde mehr oder weniger die Eigenart dieser Elitenformation um 1800 gesehen, ohne den Adel von vornherein auf die Verliererposition und auf Rückzugsgefechte festzulegen. Das heißt, es wurde auch nach der spezifischen Rolle des Adels in der Transformations- oder auch Modernisierungsepoche in Deutschland gefragt, also nicht nur als Objekt, sondern auch als Subjekt im historischen Prozeß. Gerade die neueren Tagungsbände tragen dem Rechnung und behandeln verstärkt die Inhaber von Spitzenpositionen, um differenzierte Aussagen treffen zu können. Bereits Jürgen Kocka hatte resümierend festgestellt, daß von einer Verschmelzung der adelig-bürgerlichen Elite ausgegangen werden müsse.[52] Bei der Suche nach dem Verhältnis, den Wandlungen und Symbiosen zwischen alten und neuen Eliten öffnete sich der Blick auf Nachbarwissenschaften. Sich zur Schärfung der eigenen Fragestellungen den Elitentheorien und Modellen der Elitenforschung zu widmen drängt sich nahezu auf.

Die Mitglieder des hohen Adels zur Elite des Alten Reichs zu zählen scheint zunächst wenig Probleme zu bereiten.[53] Schließlich gehörte in einer Gesellschaft, die geburtsständisch gegliedert war, der Adel sozusagen *per definitionem* zur Führungsschicht.[54] Jedoch sagt diese Zuordnung noch wenig über ihre Qualität und Reichweite aus: Auch wenn der Adel zur Elite gezählt werden kann, so muß nach spezifischen Kriterien differenziert werden, beispielsweise nach seiner politisch-rechtlichen oder wirtschaftlichen, nach seiner regionalen

---

1848–1914, München 1984, Einleitung.

[51] Zu nennen sind die Büdinger Vorträge zu »Führungsschichten in der frühen Neuzeit«, die ihrem Schwerpunkt gemäß aber hauptsächlich den Adel bis 1800 untersuchen, der Tagungsband unter der Leitung von Ralph Melville und Armgard von Reden-Dohna, welcher regionale Besonderheiten untersucht, der komparatistische Versuch mit dem Titel »Europäischer Adel« unter der Regie von Hans-Ulrich Wehler und erst kürzlich die Tagung unter Leitung von Elisabeth Fehrenbach: Armgard von REDEN-DOHNA/Ralph MELVILLE (Hrsg.), Der Adel an der Schwelle des bürgerlichen Zeitalters 1780–1860, Stuttgart 1988; Elisabeth FEHRENBACH (Hrsg.), Adel und Bürgertum in Deutschland 1770–1848, München 1994; Helmuth FEIGL/Willibald ROSNER (Hrsg.), Adel im Wandel, Wien 1991. Tagungen zu angrenzenden Forschungsgebieten haben diese Frage nur gestreift, so zum Beispiel Eberhard WEIS (Hrsg.), Reformen im rheinbündischen Deutschland, München 1984, und Rudolf VIERHAUS/Kurt KLUXEN (Hrsg.), Der Adel vor der Revolution. Zur sozialen und politischen Funktion des Adels im vorrevolutionären Europa, Göttingen 1971.

[52] KOCKA, Bürgertum, S. 25.

[53] Es bleibt nur einzuräumen, daß es sich dabei nicht um einen Quellenbegriff handelt. Der Adel wurde nie als »Elite« bezeichnet, vielmehr findet sich diese Bezeichnung als Gegenbegriff zum Adel.

[54] Allerdings gab es einige Stimmen innerhalb der Elitenforschung, die den Begriff Elite auf industrielle Gesellschaften beschränken wollten. Siehe den Hinweis bei Klaus von BEYME, Art. »Elite«, in: Sowjetsystem und demokratische Gesellschaft, Bd. 2, Freiburg i. Br. 1968, Sp. 103–128, hier: Sp. 106. Siehe dazu auch als Gegenbeispiel Nikolaus von PRERADOVICH, Die Führungsschichten in Österreich und Preußen (1804–1918), Wiesbaden 1955, S. 3–7.

oder gesamtgesellschaftlichen Elitenposition. Schwieriger wird diese Zuschreibung für eine Gesellschaft im Wandel, die allmählich das geburtsständische zugunsten des berufsständischen Prinzips zur gesellschaftlichen Positionierung zurückdrängte.[55] Aber immerhin, so darf man einräumen, blieben gerade die Standesherren, wiewohl politisch abgewertet, von erheblicher Bedeutung in verschiedenen gesellschaftlichen Bereichen, nahmen also gemeinhin Elitenpositionen ein. Diese Vorüberlegungen führen bereits zu einigen vieldiskutierten Problemen der Elitenforschung.[56]

Im Rahmen der vorliegenden Arbeit kann ein wesentlicher Komplex dieser Forschungstradition ausgeklammert bleiben, nämlich die Frage nach der Elitenzugehörigkeit bzw. dem Elitenstatus der zu untersuchenden Sozialgruppe.[57] Denn als Ausgangspunkt wird die Hypothese aufgestellt, daß der hohe Adel bzw. die Gruppe der Standesherren aufgrund rechtlicher Privilegierung und ökonomischer Potenz zur Elite gezählt werden kann. Die Bereiche, welche die Elitenposition ausmachen, müssen bestimmt und analysiert werden, um abschließend die allgemein gehaltene Arbeitshypothese nicht nur bestätigen oder falsifizieren, sondern vor allem differenzieren zu können. Diese offene Herangehensweise zur Untersuchung der (Eliten-)Position im ökonomischen, rechtlich-politischen und kulturellen Bereich erscheint erfolgversprechender als der Versuch einer definitorischen Bestimmung.[58]

---

[55] Gall sieht als Kennzeichen des Übergangs nicht zuletzt den Wechsel vom geburtsständischen zum berufsständischen Prinzip der Gesellschaftsgliederung, auch wenn er einräumt, »daß sich die von jenem ständischen Prinzip bestimmte hierarchische Struktur der Gesellschaft weit weniger rasch änderte, als die zeitgenössischen und die späteren Theoretiker [...] meinten«. Lothar GALL, Vom Stand zur Klasse? Zu Entstehung und Struktur der modernen Gesellschaft, in: HZ 261 (1995), S. 1–21, hier: S. 5.

[56] Zur ersten Orientierung bietet sich der kurze Überblick bei BEYME, Elite, und vor allem Günter ENDRUWEIT, Elitebegriffe in den Sozialwissenschaften, in: Zeitschrift für Politik 26 (1979), S. 30–46, an. Zur Positionierung der Elitendiskussion im Rahmen des Forschungsprojekts »Kontinuitäten oder revolutionärer Bruch? Eliten im Übergang vom Ancien Régime zur Moderne (1750–1850)« am Institut für Europäische Geschichte siehe Heinz DUCHHARDT/Anja HARTMANN/Małgorzata MORAWIEC/Peter VOSS, Kontinuitäten und Wandel in der »Sattelzeit«. Ein Projekt des Instituts für europäische Geschichte, in: Jahrbuch der historischen Forschung in der Bundesrepublik Deutschland. Berichtsjahr 1997, München 1998, S. 24–29.

[57] Die Elitenforschung entstand aus der Beschäftigung mit modernen (Industrie-)Gesellschaften. Über die Frage nach Elitenzirkulation, Elitenlegitimierung etc. kam es in den folgenden empirischen Arbeiten zumeist darauf an, Ermittlungsgrößen für die Zugehörigkeit und Formierung einer Elite zu finden. Zur älteren Forschungstradition und Begriffsbildung siehe Hans Peter DREITZEL, Elitebegriff und Sozialstruktur. Eine soziologische Begriffsanalyse, Stuttgart 1962; eine kritische Wertung dazu liefert ENDRUWEIT, Elitebegriffe.

[58] Inwieweit man die konkrete Gruppe als Geburtselite, Wertelite, Funktionselite oder mit anderen Eliten-Komposita bezeichnen kann, erscheint wenig aussagekräftig. Es bleibt natürlich einzuräumen, daß viele der Arbeiten der Elitenforschung nicht von einer a priori gesetzten Gruppe ausgehen können, sondern die Frage nach Bestimmungselementen der Elitenzugehörigkeit an den Anfang ihrer Arbeit stellen müssen, damit die Definitionsangebote natürlich stärker zu prüfen haben und keinen eklektischen Umgang erlauben.

Trotz dieser Vorwegannahme kann ein Blick auf die Diskussion über die Definitionen des Elitebegriffes, wo ein »beinah schrankenloser Wirrwarr«[59] herrscht, zur Präzisierung der Fragen an den Adel zwischen 1750 und 1850 genutzt werden. Die Zugehörigkeit des Adels zur Elite steht auch in der vom ständischen Prinzip her strukturierten Gesellschaft in Abhängigkeit von verschiedenen Faktoren. Es sind Bestimmungselemente wie »Herrschaft, Qualifikation, Reputation« (Dreitzel) oder anders konnotiert »Blut, Besitz, Leistung« (Mannheim), welche die Elitenposition ausmachen und deren jeweiliges Mischungsverhältnis Aufschluß über die Binnenstruktur einer Führungsschicht geben kann.[60] Begriffe wie Positions-, Macht- oder Funktionselite lassen sich zwar auf den Hochadel anwenden, sagen jedoch wenig aus, wenn nicht der durch eine konkrete Position eröffnete Handlungsraum und seine Wahrnehmung untersucht werden. Das Recht eines Fürsten auf Sitz und Stimme im Reichsfürstenrat oder des Standesherrn auf ein Mandat in der Ersten Kammer des bayerischen Landtags mögen zwar erlauben, den Inhaber dieser Position als Elite zu bezeichnen, geben allein jedoch kein Bewertungskriterium ab.

Auch ein anderes Definitionsmerkmal kann zum Erkenntnisgewinn herangezogen werden: die Außen- oder Selbstwahrnehmung als Elite. Gerade beim Adel ist die Einbeziehung dieses Ansatzes von besonderem Interesse. Denn nicht zuletzt der Vorsprung an Reputation oder Ehre, manifestiert durch Tradition und versinnbildlicht in Symbolen, hat den Adel gegenüber den anderen Ständen und Schichten attraktiv erscheinen lassen und ihm eine exklusive Position eingeräumt. In diesem Sinne könnte man den Adel auch als Wertelite bezeichnen, denn er verkörperte zweifellos gesellschaftliche Leitwerte. Inwieweit diese Leitwerte jedoch ab einem bestimmten Zeitpunkt stärker von einer anderen Gruppe geprägt wurden oder zumindest eine Symbiose (zwischen adeligem Selbstverständnis und bürgerlichen Tugenden) eingingen, führt zur Ausgangsfrage zurück, zur Geschichte des Adels und seiner vermeintlichen Verliererposition zwischen Ancien Régime und bürgerlicher Gesellschaft. Stand nun im Bürgertum eine potentielle gegen die aktuelle Elite bereit, kann man von Gegen-, Reserve- oder Kontrollelite sprechen? Zumindest erhöhen diese Ergebnisse soziologischer Begriffsbildung die Aufmerksamkeit; ein Analyseraster zur Interpretation historischer Vorgänge bieten sie jedoch nicht ohne weiteres.

Außer den hier vorgeführten Anregungen können die Definitionsbemühungen m. E. wenig Substantielles zur Präzisierung der eigenen Fragestellung er-

---

[59] Urs JAEGGI, Die gesellschaftliche Elite, 2. Aufl. Bern 1967, S. 12.

[60] Vielfach wird betont, daß auch in vormodernen Gesellschaften der Elitestatus nicht nur durch adeligen Stand gegeben war, wenn er auch gute Ausgangsbedingungen dazu schuf. Vehement vertritt dies Wolfgang SCHLUCHTER, Der Elitebegriff als soziologische Kategorie, in: KZSS 15 (1963), S. 233–256. PRERADOVICH, Führungsschichten, hat gerade für die Zeit nach 1800 herausarbeiten können, daß sich innerhalb der adelig bestimmten Machtelite immer auch die Kriterien von Qualifikation etc. fanden. Siehe zu den zitierten Hinweisen außerdem DREITZEL, Elitebegriff.

bringen. Hier ist vielmehr auf einen Ansatz zurückzugreifen, den Günter Endruweit in die Elitendiskussion eingebracht hat. Er verknüpft die Frage nach der Elitenposition mit der Frage nach den Prozessen gesellschaftlichen Wandels.[61] Seiner Meinung nach führt eine Untersuchung erst dann zu aussagekräftigen Ergebnissen, wenn gleichzeitig mit der Bestimmung und Darstellung von Eliten der soziale Prozeß beschrieben und analysiert wird, den diese gestalten und der sie erst durch die Mitgestaltung zur Elite werden läßt. Dieser Ansatz läßt sich auf die bisher dargestellten Probleme einer »Adelsgeschichte« anwenden, und damit ist es möglich, zu einer konkreten Fragestellung zu gelangen.[62]

In Anlehnung an die Forderung von Endruweit läßt sich formulieren: Wie sieht der Weg des Adels vom Ancien Régime über die revolutionären Umbrüche um 1800 in die bürgerliche Gesellschaft aus, und welche Rolle spielt er dabei im gesellschaftlichen Wandlungsprozeß? Mit dieser Fragestellung wird der Blick geschärft, den Adel sowohl als gestaltende Kraft wie als betroffenes Objekt der gesellschaftlichen Veränderung zu sehen. Zugleich kann der Versuchung entgangen werden, ihn retrospektiv als Verlierer und traditionales Überbleibsel im Modernisierungsprozeß einzuordnen, und damit auch der Gefahr, das Spezifische dieses Prozesses nicht differenziert genug wahrzunehmen.

1.4. Der Adel und das adelige Haus – zum Konzept einer kritischen Hausgeschichte

Der skizzierten Fragestellung soll anhand eines Fallbeispiels nachgegangen werden, um so den Weg eines Reichsfürsten zum Standesherrn und die Spuren, die er im Prozeß gesellschaftlicher Veränderung hinterließ, aufzudecken. Die Person des Fürsten wird dazu in einen personalen Kontext eingebettet, um damit einen erweiterten Untersuchungsgegenstand zu finden, der Aussagen zum Anteil des Adels an den Veränderungsprozessen um 1800 zuläßt.

---

[61] Vorgestellt wurde dieses Konzept in dem bereits zitierten Aufsatz; dort formulierte Endruweit folgende Definition: »Eine Elite ist ein soziales Subjekt (d. h. Individuen, Gruppe, Schicht, Klasse), dessen Mitglieder für das Sozialsystem charakteristische soziale Prozesse entscheidend beeinflussen und dadurch den anderen Mitgliedern des Systems überlegen sind«. ENDRUWEIT, Elitebegriffe, S. 43. Eingehender ausgeführt und auf breiter Basis diskutiert wurde dieser Ansatz in seiner Habilitationsschrift: Günter ENDRUWEIT, Elite und Entwicklung. Theorie und Empirie zum Einfluß von Eliten auf Entwicklungsprozesse, Frankfurt a. M. 1986.

[62] Daher ist es weder nötig, den Elitebegriff aufgrund negativer Konnotationen und definitorischer Schwierigkeiten als wesentlichen Begriff abzulehnen und ihn strikt durch »Führungsschicht« oder »Führungsgruppe« zu ersetzen noch die Fragestellungen der Elitendiskussion als Interpretament der neuzeitlichen Adelsgeschichte zu verwenden. Eine eher ablehnende Haltung vertreten sowohl Hanns Hubert HOFMANN, Eliten und Elitentransformation in Deutschland zwischen der französischen und der deutschen Revolution, in: ZBLG 41 (1978), S. 607–631, als auch Theodor SCHIEDER, Zur Theorie der Führungsschichten in der Neuzeit, in: Günther FRANZ/Hanns Hubert HOFMANN (Hrsg.), Deutsche Führungsschichten in der Neuzeit, Boppard 1980, S. 13–28.

Auch hier erweist sich eine Anregung der Elitenforschung als hilfreich, nämlich der von C. Mills vorgeschlagene Begriff der »middle elites«.[63] Damit sind nicht »graue Eminenzen« gemeint, die hinter Positionsinhabern die Fäden ziehen, sondern die Entscheidungsträger auf mittlerer Ebene, die zu den wesentlichen Gestaltern eines sozialen Prozesses gehören, ohne direkt in den Vordergrund zu treten und die Elite zu ersetzen. Gerade für die Untersuchung eines standesherrlichen Hauses ist dieser Aspekt bedeutsam, denn oft waren es eben nicht die Fürsten, sondern das oberste bzw. mittlere Verwaltungs- und Beratungspersonal, welches die eigentliche Gestaltung der Politik bestimmte. Das Problem, diese Gruppe zu fassen und damit Aussagen zum gesellschaftlichen Wandel um 1800 treffen zu können, welche über das Erklärungspotential einiger biographischer Skizzen zu Fürsten auf ihrem Weg vom Landesherrn zum Standesherrn hinausreichen, läßt sich durch einen zentralen Quellenbegriff lösen: den des »Hauses«.

Wenn Fürsten wie die Thurn und Taxis, Oettingen-Wallerstein oder Fürstenberg einen Staatsvertrag unterzeichnen, sich an einen »geliebden Vetter« wenden oder ihre Testamente schreiben, aber auch wenn die oberen Verwaltungsgremien wie »Geheimer Rat« und »Regierung« Korrespondenzen vorbereiten, Pensionen bewilligen und Gesuche ablehnen, selbst dann, wenn Untertanen und Bedienstete um Hilfe bitten, ist immer wieder ein Begriff zu finden, nämlich der des »Hochfürstlichen Hauses«. Im Namen des Hauses »müssen Opfer gebracht« werden, um es »zu höchstem Glanz zu führen und es darin zu erhalten«. Zum »Lustre des Hauses« wird in Grund und Boden investiert, und jeder neue Orden trägt »zur Erhöhung des Hauses« bei. Aber nicht nur quantitativ, sondern auch qualitativ kommt diesem Quellenbegriff eine hohe Bedeutung zu: Der Begriff des »Hauses« ist in unterschiedlichsten Zusammenhängen immer wieder zentraler Bezugspunkt. Und er ist dabei vielfältig und vielschichtig, wird manchmal nur als umschreibendes Synonym, oft aber auch als Argument verwendet.

Damit läßt sich der Untersuchungsgegenstand, der über die Person des Fürsten hinausgehen soll, im zentralen Quellenbegriff »Haus« fassen. Denn das Haus umfaßt den Mikrokosmos einer Landesherrschaft, überwölbt dabei so unterschiedliche Dinge wie die Familie des Fürsten und die Verwaltungsorganisation und Regierung der reichsunmittelbaren Lande bzw. standesherrlichen Gebiete. Entscheidungsträger des fürstlichen Hauses sind dabei die regierenden Fürsten, ihre Familie und die Räte der einzelnen Verwaltungseinheiten. Selbst- und Außenwahrnehmung konstituieren eine soziale Gruppe, die unter

---

[63] Siehe zu dem Bereich der »middle elites« ENDRUWEIT, Elite, S. 43 f. Er betont, daß die Mittelelite nicht nur die Eigenschaft eines Transmissionsriemens hat, sondern »soziale Prozesse beeinflußt, daß es [das Subjekt der Mittelelite; S. G.] aber in der Gestaltung des Einflusses durch die Elite begrenzt wird, während die echten grauen Eminenzen diese Beschränkung nicht haben«.

dem Begriff des Hauses eine exponierte – wenn man so will, auch elitäre – Stellung innerhalb der Gesamtgesellschaft einnimmt.

Daher plädiere ich für eine kritische Hausgeschichte, denn sie scheint einen wesentlichen Beitrag zur Struktur und Eigenart des Adels während des langen 19. Jahrhunderts geben zu können.[64] Allerdings ist es nötig, dem Konzept einer Hausgeschichte einen Exkurs zur Geschichte dieses Begriffes vorauszuschicken. Denn eine kritische Hausgeschichte darf zum einen nicht verwechselt werden mit adeliger Haus- und Familienhistoriographie, wie sie zahlreiche Apologeten adeliger Dynastien verfaßt haben.[65] Zum anderen muß deutlich werden, daß es sich nicht um ein Fallbeispiel zum sogenannten »ganzen Haus« handelt. Denn wenn ein Historiker vom Haus spricht, denkt man zwangsläufig an das »ganze Haus«, das Otto Brunner in der Geschichtsschreibung etabliert hat und das seither nicht mehr aus ihr verschwunden ist.

Das Haus, dessen Bauplan von Brunner 1956 auf dem geschichtswissenschaftlichen Reißbrett entworfen wurde, sieht etwa so aus:[66] Es ist ein komplexes Gebäude, eben ein »ganzes Haus«, das eine Einheit bildet von wirtschaftlichen, rechtlichen und sozialen Verhältnissen unter einem Dach. Dieses Haus ist fest gegründet, unzerstörbar in seiner Geschlossenheit – bis zum Anbruch der modernen Welt, wo fortan diese Einheit zerfällt in getrennte Bereiche wie Arbeit und Wohnen, Wirtschaft und Familie. Somit ist dieses Haus entworfen als Sinnbild einer ganzen Epoche, nämlich Alteuropas. Überdies steht dieses Haus für die Einheit eines Weltbildes. Denn mit dem Verfall der Lehre vom ganzen Haus, der alteuropäischen Ökonomik, bilden sich die segmentierten Lehren von Wirtschaft, Sozialem und Recht, also die modernen Wissenschaften, heraus.

Dieses Haus hat viele Bewunderer gefunden, denn auf den ersten Blick scheint das Architekturprinzip, nach dem es entworfen wurde, einzuleuchten. In der griffigen Formel von der »ganzheitlichen Grundform alteuropäischer Ökonomik« erschließt sich damit ein Kennzeichen vorindustrieller Arbeits- und

---

[64] Dieses Plädoyer mit einigen Schlußfolgerungen wurde bereits in einem Artikel vorgestellt: Siegfried GRILLMEYER, Der Adel und sein Haus. Die Geschichte eines Begriffes und eines erfolgreichen Konzeptes, in: Anja Victorine HARTMANN/Małgorzata MORAWIEC/Peter VOSS (Hrsg.), Eliten um 1800. Erfahrungshorizonte – Verhaltensweisen – Handlungsmöglichkeiten, Mainz 2000, S. 355–370.

[65] Dabei wird oftmals die Absicht, eine Hausgeschichte als Familien- und Dynastiegeschichte zu schreiben, auch klar herausgestellt. So gibt z. B. Haupt Graf zu Pappenheim dezidiert an, daß »die Arbeit in erster Linie zur Orientierung der jetzt lebenden jüngeren Generation und ihrer Descendenz gedacht ist«. Haupt Graf zu PAPPENHEIM, Geschichte des Hauses, München 1940.

[66] Der bekannte Artikel entstand übrigens bereits 1950, wurde aber vor allem durch die (Wieder-)Veröffentlichung in Brunners Aufsatzsammlung bekannt, nach deren zweiter Auflage zumeist auch zitiert wird. BRUNNER, Das »ganze Haus«. Bleibt anzumerken, daß Brunner wesentlich auf W. H. Riehl zurückgreift und man daher das Brunnersche Haus eigentlich als Riehlsches Haus bezeichnen müßte. Siehe dazu Wilhelm Heinrich RIEHL, Die Naturgeschichte des Volkes als Grundlage einer deutschen Social-Politik, Bd. 3: Die Familie, Stuttgart/Augsburg 1856.

Lebensweise. Und da das ganze Haus außerdem nach Brunner ein »Grundelement der Verfassung im weitesten Sinn« darstellt, eröffnet sich durch diese Struktur ein Hilfsmittel, um »neue Wege der Verfassungs- und Sozialgeschichte« zu betreten.[67]

Seit einigen Jahren häuft sich allerdings massiv die Kritik an diesem Konzept. Werner Troßbach hat 1993 die Frage aufgeworfen, inwieweit das »ganze Haus« eine methodische Basiskategorie abgeben könne.[68] Brunner habe, so Troßbach, aus der Hausväterliteratur eine Kategorie abgeleitet, die als Realform nicht existiert habe. Die »Kernidee des ganzen Hauses als Einheit von Leben, Wohnen, Arbeiten« verkürze die »enorme Variationsbreite«[69] des Hausbegriffes, der eine dynamische, nicht wie im Brunnerschen Sinne eine statische Kategorie bilde.[70] Interessant ist indes eine weitere Akzentuierung, die Troßbach vornimmt: Der moderne Staat habe nicht, wie von Brunner ausgeführt, das Haus durch eine Funktionsentlastung seiner »Ganzheit« beraubt, sondern einen seiner wesentlichen Bausteine gebildet: Das Haus sei staatstragend geworden, indem es in den Anstaltsstaat integriert wurde. Nicht zuletzt habe sich dies in der sprachlichen Analogisierung von bäuerlichem, adeligem und fürstlichem Haus gezeigt, wobei schließlich sogar der frühmoderne Staat semantisch einbezogen worden sei. Troßbach betont, daß sich dieser Bedeutungsinhalt schon seit der Reformation ergeben habe: Die Übernahme des Begriffs aus der Ökonomik in die Fürsten-

---

[67] Auf die unterschiedlichen Implikationen des historiographischen Konzeptes und seines Schöpfers kann hier nicht eingegangen werden. Daher einige weiterführende Literaturverweise: Wie eng verzahnt verschiedene historiographische Zugriffe Brunners miteinander sind, hat herausgestellt Otto Gerhard OEXLE, Sozialgeschichte – Begriffsgeschichte – Wissenschaftsgeschichte. Anmerkungen zum Werk Otto Brunners, in: VSWG 71 (1984), S. 305–341. Kritischer zu Brunners Begriffsbildung Reinhart KOSELLECK, Begriffsgeschichtliche Probleme der Verfassungsgeschichtsschreibung, in: Helmut QUARITSCH (Red.), Gegenstand und Begriffe der Verfassungsgeschichtsschreibung, Berlin 1983, S. 7–21. Zur Traditionsbildung durch Brunner siehe OBERKROME, Volksgeschichte. Neben wissenschaftsgeschichtlicher Beurteilung gehen auf den biographischen Hintergrund Brunners stärker ein Robert JÜTTE, Zwischen Ständestaat und Austrofaschismus. Der Beitrag Otto Brunners zur Geschichtsschreibung, in: Tel Aviver Jahrbuch des Instituts für deutsche Geschichte 13 (1984), S. 237–262, und Christof DIPPER, Otto Brunner, in: Annali dell'Istituto storico italogermanico in Trento 13 (1987), S. 73–96.

[68] Werner TROSSBACH, Das »ganze Haus« – Basiskategorie für das Verständnis ländlicher Gesellschaften in der frühen Neuzeit?, in: BDLG 129 (1993), S. 277–314.

[69] Troßbach verweist auf die Formulierung bei Richard VAN DÜLMEN, Kultur und Alltag in der Frühen Neuzeit, Bd. 1: Das Haus und seine Menschen, 16. bis 18. Jahrhundert, 2. Aufl. München 1995. Dülmen hält am Konzept jedoch fest, und seine Kritik in diesem Zusammenhang ist sehr milde: »Das reale ganze Haus finden wir in der bekannten Hausväterliteratur nur idealisiert wieder«. Ebenda, S. 23.

[70] Auf zahlreiche Arbeiten der Familien- und Haushaltsforschung gestützt, wird schließlich die Ausgangsfrage verneint: Eine Basiskategorie für das Verständnis ländlicher Gesellschaften in der Frühen Neuzeit könne das ganze Haus nicht abgeben. TROSSBACH, Das »ganze Haus«, S. 280 f. Siehe dazu vor allem Irmintraut RICHARZ, Oikos, Haus und Haushalt. Ursprung und Geschichte der Haushaltsökonomik, Göttingen 1991.

lehren und -spiegel könne dies hinreichend belegen.[71] Dem ist sicher zuzustimmen, denn wer denkt nicht an all die Landesväter, die seit der Reformation beschworen wurden, ihr Haus gut zu bestellen?

Aber die große Bedeutungsvielfalt war nicht erst seit der Herausbildung des frühmodernen Staates gegeben. In einem interessanten Aufsatz mit dem Titel »Was heißt ›Haus Österreich‹?« hat Alphons Lhotsky in den fünfziger Jahren darauf verwiesen, daß »Haus« bereits im Mittelalter unterschiedliche Bedeutungsinhalte vereinte.[72] Die Bezeichnung »Haus Österreich« konnte manchmal synonym zu »Haus Habsburg« als Dynastie, Geschlecht, Familie gebraucht werden, aber sie konnte auch, ohne Bezug auf Person und Dynastie, nur das Herzogtum bzw. den österreichischen Länderkomplex meinen. Der Begriff konnte also versachlicht werden, er konnte aber ebenso durch Subsumierung verschiedener Bedeutungsinhalte eine andere, wenn nicht höhere Wertigkeit gewinnen. Es ist dementsprechend eine Notwendigkeit, darauf zu achten, welche Bedeutungsebene gemeint ist, wenn vom Haus gesprochen wird; erst dann ist interpretierend festzustellen, warum jemand vom Haus spricht.

Auf die verschiedenen Ebenen dieses Begriffs hat auch der niederländische Historiker Hans Derks hingewiesen[73], womit er eine Art Ehrenrettung des historiographischen »Hauses« vollzog, nachdem es von anderer Seite als analytischer Begriff abgelehnt worden war.[74] Derks plädiert dafür, den Begriff des Hauses nicht aufgrund der Kritik an dem sentimentalen, dem Nationalsozialismus zeitweise nicht fern stehenden Brunner völlig über Bord zu werfen, sondern versucht eine m. E. sinnvolle Problemdefinition. Am Anfang einer Beschäftigung müsse die Kategorisierung der Bereiche erfolgen, die zu beachten seien, wenn man auf das Haus stoße. Dann müsse die Wertigkeit der verschie-

---

[71] Hier folgt er u. a. der Argumentation von Paul MÜNCH, Die »Obrigkeit im Vaterstand« – zu Definition und Kritik des »Landesvaters« in der frühen Neuzeit, in: Daphnis 11 (1982), S. 15–40. Siehe TROSSBACH, Das »ganze Haus«, S. 278, und mit weiteren Literaturverweisen ebenda, S. 288.

[72] Alphons LHOTSKY, Was heißt »Haus Österreich«?, in: Anzeiger der österreichischen Akademie der Wissenschaften, Phil.-hist. Klasse 93 (1956), S. 155–174. Siehe hierzu außerdem Heinz-Dieter HEIMANN, Hausordnung und Staatsbildung. Innerdynastische Konflikte als Wirkungsfaktoren der Herrschaftsverfestigung bei den wittelsbachischen Rheinpfalzgrafen und den Herzögen von Bayern. Ein Beitrag zum Normenwandel in der Krise des Spätmittelalters, Paderborn [u. a.] 1993.

[73] Hans DERKS, Über die Faszination des »Ganzen Hauses«, in: GuG 22 (1996), S. 221–242.

[74] Ein Jahr nach Werner Troßbach nahm sich – ebenfalls in einem gedruckten Habilitationsvortrag – C. Opitz des »ganzen Hauses« an: Claudia OPITZ, Neue Wege der Sozialgeschichte? Ein kritischer Blick auf Otto Brunners Konzept des »ganzen Hauses«, in: GuG 20 (1994), S. 88–98. Ihr Angriff auf das Haus als historiographisches Konzept war wesentlich schärfer und endete nicht nur in einer Erschütterung, sondern in einer Zerstörung. Wieder ein Jahr später nahm V. Groebner den Faden auf und wies auf den Trümmern des Hauses, die Troßbach und Opitz hinterlassen hatten, auf die wissenschaftsgeschichtliche Bedeutung des Konzeptes hin: Valentin GROEBNER, Außer Haus. Otto Brunner und die »alteuropäische Ökonomik«, in: GWU 46 (1995), S. 69–80.

denen Ebenen zueinander herausgefiltert werden. Derks nennt, in Anlehnung an den altgriechischen *oikos*-Begriff, vier Elemente: Erstens das Haus als räumliches Element, also die real-räumliche Erscheinung als Gebäude, Wohnort, Tempel. Zweitens das ökonomische Element. Dieses umfasse Haushalt, Besitz, Vermögen, man möchte hinzufügen: Verwaltung im Sinne von Haushalten. Drittens das Haus als soziales Element, die Familie, die Hausgenossen, die Gruppe. Und viertens das Haus als politisches Element, hier also als Hausherrschaft und Staat.

Wenn nun der Blick wieder zurückgeht zum Konzept einer kritischen Hausgeschichte, das auf dem um 1800 vermehrt vorkommenden Quellenbegriff des Hauses basiert, so soll die erfolgte Problematisierung des Begriffs nicht als Selbstzweck erscheinen. Denn dieser – unvollständige – Exkurs über das »ganze Haus« und seine Tradition sollte lediglich deutlich machen, daß der Brunnersche Ansatz die Bedeutungsvielfalt verengt und möglicherweise eine Begriffsgeschichte und damit auch die Sozialgeschichte des »Hauses« eher behindert als gefördert hat. Deshalb muß eine Hausgeschichte, wie sie hier als Beitrag zur Sozialgeschichte des Adels verstanden wird, immer auch den verschiedenen Bedeutungsdimensionen des Begriffs Beachtung schenken. Das heißt, eine begriffsgeschichtliche Erweiterung der sozialgeschichtlichen Fragestellung wird angestrebt, nicht zuletzt um zu vermeiden, eine der verschiedenen Ebenen überzubetonen. Grete Klingenstein hat sich beispielsweise in ihrer Monographie zum Aufstieg des Staatskanzlers Kaunitz auf das Konzept »Haus« gestützt.[75] Damit wollte sie der Fragwürdigkeit einer biographischen Darstellung entgehen und gerade für die Herkunft des Staatskanzlers einen erweiterten Erklärungsrahmen finden.[76] Haus ist für sie in Anlehnung an Brunner eine »sozialhistorische Einheit«, hier jedoch auf die dynastische Ebene beschränkt, daher könnte man ohne Sinnveränderung auch die Vokabel Dynastie oder Familie einsetzen.[77] Zweifellos hat Klingenstein in ihrer Arbeit die sozialen, wirtschaftlichen und kulturellen Beziehungsgeflechte des Familienverbandes vorgestellt und damit die dynastische »Physiognomie des Hauses Kaunitz im Zeitalter von Absolutismus und Frühaufklärung« entworfen, aber damit wurde nur eine Ebene des

---

[75] Grete KLINGENSTEIN, Der Aufstieg des Hauses Kaunitz. Studien zur Herkunft und Bildung des Staatskanzlers Wenzel Anton, Göttingen 1975.

[76] Klingenstein betont die Fragwürdigkeit der biographischen Methode und Darstellungsform (KLINGENSTEIN, Kaunitz, S. 20). Dieser Gefahr könne jedoch durch die Ausweitung auf das adelige Haus entgangen werden, wobei sie definiert: »›Haus‹ soll hier als eine sozialhistorische Einheit verstanden werden, deren Besonderheit im Bestand über mehrere Generationen liegt, nämlich im bewußt Dauerhaften«. Ebenda, S. 21. Damit bleibt sie aber den Ansprüchen einer Sozial- oder Gruppenbiographie verhaftet, das Spezifikum »Haus« bleibt unbeachtet.

[77] Dem Begriff des adeligen »Hauses« wird dementsprechend eine besondere Qualität zugesprochen: »Der individuelle Charakter seiner Mitglieder, deren Glück und Unglück, Miterleben und Mitleiden der großen »Weltläufte« geben dem »Haus« im Lauf der Zeit das ihm eigene Gesicht, das meist verschüttet, vom Historiker neu zu entdecken ist«. KLINGENSTEIN, Kaunitz, S. 21.

Hausbegriffes ausgeschöpft. Die Bedeutung des Hauses als eigenständige Größe und als Argument im wirtschaftlichen und politisch-rechtlichen Gefüge bleibt ausgeklammert.

Die Suche nach dem, was das Spezifikum »adeliges Haus« als Begriff und Konzept ausmacht, soll einen Teil der vorliegenden Arbeit bestimmen. Die leitende Fragestellung heißt daher: Wie sah der Weg des Adels vom Ancien Régime in die Moderne im Fokus eines adeligen Hauses aus, und welchen Beitrag leistete er zum Wandel des gesellschaftlichen Profils? Diese Problemstellung bedarf konkreter Forschungsfragen, die in vier die Arbeit strukturierende Komplexe gebündelt werden.

1.5. Fragen an ein Haus – Gliederung und Quellenauswahl

Erstens geht es um das Profil des Hauses. Das Interesse an der privilegierten Stellung im Alten Reich und dem politisch-rechtlichen Sonderstatus der Standesherren mit ihren Implikationen für die Wirtschafts- und Gesellschaftsstruktur darf den Blick nicht auf die Fürsten, das heißt die Oberhäupter bzw. Familienvorstände, verengen. Vielmehr gilt es, den Mikrokosmos der Reichsherrschaft, dessen Metamorphosen zwischen 1790 und 1815 und den der Standesherrschaft in den Blick zu nehmen. Einleitend geht es daher um eine Fixierung des Untersuchungsgegenstands. Da nicht die Fürsten allein im Zentrum stehen sollen, sondern eine Dynastie und deren Management, welche eine Landesherrschaft und späterhin eine Standesherrschaft repräsentieren, müssen das personale und strukturelle Profil des Fürstenhauses und dessen Verwaltung herausgearbeitet werden. Folgende Fragen sollen dies ermöglichen: Wer wird intern als Mitglied oder Bestandteil des Fürstenhauses angesehen, wie sieht demgegenüber die Außenwahrnehmung aus? Welche Strukturen der Entscheidungsfindung liegen vor, und wie sind dazu organisatorische Reglements bzw. Einheiten (wie Regierung, Rat, Ökonomieverwaltung etc.) eingerichtet? Wer hat formal und wer real die Entscheidungskompetenz und Einflußmöglichkeiten auf herrschaftliche, ökonomische und kulturelle Weichenstellungen?

Nach diesen einleitenden Fragen zum Untersuchungsgegenstand werden, zweitens, die Kategorien Wirtschaft, Herrschaft und Kultur genutzt, um einen Zugriff auf die »ungeordnete Masse Realität« (M. Weber) im Spiegel der Archivalien zu gewinnen. Natürlich handelt es sich dabei nur um ein analytisches Hilfsmittel. Denn bereits bei einem kurzen Blick auf die Forschung über Zeremonialwissenschaft und Zeremoniell wird deutlich, wie eng verflochten kulturelle Gesellschaftsformen, politischer Einfluß und ökonomischer Handlungsspielraum sind.

Sodann wird die Frage nach den ökonomischen Möglichkeiten des Fürstenhauses aufgeworfen. Es geht dabei nicht um quantitative Erhebungen zur Wirtschaftsgeschichte, sondern vielmehr um die Prinzipien und handlungsleitenden Maximen bei Entscheidungen im ökonomischen Bereich. Zuerst ist eine Bestandsaufnahme der ökonomischen Ressourcen zu erstellen. Wie verändert sich der Zugriff darauf, welche externen und welche internen Faktoren bedingen dies? Welcher finanzielle Handlungsspielraum ist gegeben, vor allem im Vergleich zu anderen Personen und Institutionen in der Region und gesamtgesellschaftlich?

Drittens geht es um die rechtlich-politischen Bezüge der Fürstenfamilie und die Verfassung der Landes- bzw. Standesherrschaft. Dabei wird von einem weiten Verfassungsbegriff ausgegangen, der nicht nur nach »politischen Machtstrukturen in ihrer rechtlichen Ausformung« (R. Zippelius) fragt, sondern auch nach Bestimmungselementen und Entscheidungsstrukturen in Bereichen wie Wirtschaft und Kultur und damit eher nach der »Verfaßtheit« einer politisch-gesellschaftlichen Formation. Neben der inneren Verfassung muß freilich die äußere, das heißt die personelle wie organisatorische Eingebundenheit in größere Einheiten und Entwicklungen, berücksichtigt werden. Sie stellt sogar einen Angelpunkt dar, da »Adel« nicht zuletzt eine rechtlich-juristische Kategorie ist und im Untersuchungszeitraum der Veränderung gerade dieser Ebene eine wesentliche Rolle zukommt. Folgende Fragen prägen diesen Komplex: Wie sieht die politisch-rechtliche Basis aus, wie verändert sie sich, und wie reagieren die Akteure darauf? Welche Auswirkungen haben politische Veränderungen auf die internen Verwaltungs- bzw. Regierungsstrukturen? Wo befindet sich das konkrete adelige Haus in der Hierarchie des Adels, der regionalen Gesellschaft und der Gesamtgesellschaft? Welche Klientelsysteme sind auszumachen? Wie sieht »politisches Verhalten« aus, und welches Politikverständnis begründet dies?

Viertens soll kulturellen Formen individuellen und kollektiven Verhaltens nachgegangen werden. Dieser Bereich umfaßt die materielle Alltagskultur ebenso wie die spezifische Ausprägung einer Hofkultur. Wie sind Umgangsformen einzelner Mitglieder von Fürstenfamilie, Verwaltung und Personal untereinander und nach außen beschreibbar? Welche Modeströmungen werden aufgenommen? Gibt es ein »Hofleben«, und welche Dimensionen bestimmen es? Kann man – zumindest regional – von einer kulturellen Sogwirkung oder Hegemonie sprechen, und welche Determinanten machen sie aus?

Diese Fragen sind m. E. geeignet, um sie an unterschiedliche Adelshäuser heranzutragen.[78] Sie alle einigermaßen befriedigend beantworten zu können setzt jedoch eine ergiebige Quellensituation und einige Grundlagenforschungen voraus. Diese beiden Voraussetzungen sind bei den Fürsten von Thurn und Taxis gegeben. Ein gut erschlossener Archivbestand und die bereits vorliegenden Überblicksdarstellungen und Detailforschungen erlauben es, eine breit angelegte Hausgeschichte im skizzierten Sinn zu wagen.[79] Neben diesen pragmatischen

---

[78] Mit dem hier entwickelten Frageraster wurde daher auch versucht, einen möglichst vergleichbaren Zugriff auf verschiedene »Adelsgeschichten« zu eröffnen. Am Fallbeispiel muß sich zeigen, ob es als Grundlage hierfür geeignet ist.

[79] Auf einen Überblick zur bisherigen Forschungslage zur Geschichte des Hauses Thurn

Überlegungen liegt aber noch ein weiterer Grund vor, welcher dieses Fallbeispiel besonders interessant und reizvoll macht. Die Geschichte dieses Hauses hebt sich von anderen durch ein spezifisches Merkmal ab: Das Haus Thurn und Taxis hatte das Postmonopol inne und übte es auch über die Umbrüche um 1800 hinweg aus. Damit nimmt es eine herausragende Rolle unter den fürstlichen Häusern des Alten Reichs und des Deutschen Bundes ein. Natürlich gewinnt dieses Haus seine Konturen, auch seine unterstellte Besonderheit erst durch den Vergleich. Dieser wird daher immer wieder gesucht, um beantworten zu können, inwieweit gerade das ausgewählte Fürstenhaus als Repräsentant oder Exponent der adeligen Elitenschicht gelten kann. Vor allem beim zusammenfassenden Blick auf die Entwicklung in den folgenden vier Bereichen wird darauf zurückzukommen sein.

Die »Architektur des Hauses« konnte in einem ersten Schritt über Personal- und Verhandlungsakten erarbeitet werden.[80] In den folgenden Archivstudien erweiterten sich die daraus gewonnenen Beobachtungen.[81] Vor allem wurde durch die Frage nach den führenden Kräften der Hauspolitik das bisher vorherrschende Bild von den Fürsten als den Gestaltern des Hauses ganz wesentlich korrigiert. Zum anderen erbrachten die begriffsgeschichtlich motivierten Ansätze zur semantischen Ausleuchtung des »Hauses« auch Rückschlüsse auf sozialgeschichtliche Veränderungen.

Zum wirtschaftlichen Bereich lagen glücklicherweise einige Vorarbeiten vor; so konnten nach stichprobenartigen Recherchen Aussagen zur wirtschaftlichen Gesamtlage des Hauses getroffen werden, ohne mühsame Einzelauswertungen zahlreicher Quellenreihen leisten zu müssen.[82] Von besonderem

---

und Taxis wird an dieser Stelle verzichtet. Für einen schnellen Einstieg bieten sich die im Hause geschriebenen Arbeiten von Piendl, Dallmeier/Schad und Behringer an. Eine Auseinandersetzung auch mit den Detailforschungen findet im Lauf der Arbeit an gegebener Stelle statt.

[80] Ab dem letzten Drittel des 18. Jahrhunderts liegen zu allen Bediensteten »Personalakten« vor. Ergiebiger sind jedoch die Verhandlungsakten der führenden Geheimen Räte, sie befinden sich im Sammelbestand »Haus- und Familien Sachen«, künftig FZA Regensburg, HFS.

[81] Hier kamen vor allem die verwaltungstechnischen Archivalien der entsprechenden Jahre aus den Beständen »Hofmarschallamt«, »Immediatbureau« und auch aus den »Haus- und Familien Sachen« in Frage. Vor allem das im kaiserlichen Wien und den (königlichen) Verwaltungssitzen von Württemberg und Bayern angefallene Schriftgut ermöglichte, die Außenwahrnehmung und Geschäftsführung des Hauses Thurn und Taxis nachzuvollziehen. Nicht zu unterschätzen in ihrem Aussagewert sind für diesen Bereich auch die »Postakten« und »Posturkunden«, welche zu einzelnen Vorgängen herangezogen wurden. Unentbehrlich in diesem Zusammenhang die Quellenedition von Martin DALLMEIER (Hrsg.), Quellen zur Geschichte des europäischen Postwesens 1501–1806, Bde. 1–3, Kallmünz 1977.

[82] Hier sind vor allem zu nennen die »Unternehmensgeschichte« von Wolfgang BEHRINGER, Thurn und Taxis. Die Geschichte ihrer Post und ihrer Unternehmen, München 1990, der zahlreiche serielle Auswertungen vornahm, und die wirtschaftsgeschichtlichen Angaben bei Claus ZERNETSCHKY, Die Stadt Regensburg und das fürstliche Haus Thurn und Taxis unter wirtschaftlichen Aspekten in den ersten sieben Jahrzehnten des 19. Jahrhunderts, Diss. phil.

Interesse war der Umgang mit Grund und Boden.[83] Gerade im Vergleich mit anderen Standesherren zeigten sich Unterschiede weniger in der Motivation als in der Größenordnung von wirtschaftlichen Überlegungen und Aktivitäten. Die Finanzpolitik des Hauses konnte dabei auch als Indikator für Entwicklungen der allgemeinen Wirtschaftsgeschichte erkannt werden.

Der dritte Bereich, der rechtlich-politische, nimmt einen breiten Raum ein. Die Veränderung um 1800 lag für den Adel und sein Haus vor allem in der rechtlich-politischen Degradierung durch die souveränen Staaten. Das adelige Haus verlor sein rechtliches Fundament. Gerade in der Argumentation zur Rettung dieser Grundfeste adeligen Selbstverständnisses werden unterschiedliche Politikkonzepte sichtbar.[84] Die Neubewertungen, die in diesem Bereich vorgelegt werden können, beruhen auf diversen Quellenstudien. Zum ersten Mal wurden die Wiener Archivbestände zur Geschichte des Hauses Thurn und Taxis ausgiebig herangezogen, was sich gerade für die Position der Postdynastie im Alten Reich als aufschlußreich erwies. Ähnlich ergiebig für die Zeit nach 1800 waren Archivstudien in den Hauptstaatsarchiven in München und Stuttgart. Hier konnte gerade die Außenperspektive zu Fragen der Integration in die politisch wie gesellschaftlich modernisierenden Staatsgebilde erfaßt werden. Eine Durchsicht der internen Überlegungen und der Gegenüberlieferung zu den genannten Beständen spielte natürlich ebenso eine Rolle.

Für den vierten, den gesellschaftlich-kulturellen Bereich wurden verschiedene Quellengattungen herangezogen. Wirtschaftliche Ausgabenverzeichnisse fanden ebenso Berücksichtigung wie fürstlicher Briefwechsel, bürgerliches Lob und untertänige Bittschreiben.[85] Diese Vielfalt unterschiedlicher Aspekte, vom aufklärerischen Gedankengut bis zum Huldigungszeremoniell, hat jedoch nicht aus den Augen verlieren lassen, daß es um kulturelle Formen der Selbstbehauptung und Profilierung eines adeligen Hauses in Selbst- und Fremdwahrnehmung ging.

Universität Regensburg 1995. Stichprobenartig wurden einzelne Bestände der »Generalkassen-Rechnungen« ergänzend herangezogen.

[83] Anhand des Bestandes »Besitzungen, Urkunden« und den dazugehörigen Verhandlungsakten konnten hier Ergänzungen zu wirtschaftsgeschichtlichen Aussagen, wie beispielsweise der Arbeit von Harald WINKEL, Die Ablösekapitalien aus der Bauernbefreiung in West- und Süddeutschland. Höhe und Verwendung bei Standes- und Grundherren, Stuttgart 1968, erbracht werden.

[84] Die Bedeutung der damit verbundenen Auseinandersetzungen wird allein aus dem in diesem Zusammenhang entstandenen Aktenmaterial deutlich. Die Verhandlungsakten zu rechtlichen Fragen füllen im FZA Regensburg und auch in den entsprechenden Gegenüberlieferungen in Wien, Stuttgart und München ganze Regalmeter.

[85] Neben den bereits erwähnten Archivbeständen wurde hier namentlich auch gedrucktes Material herangezogen. Neben der Thurn und Taxisschen Hofbibliothek kamen hier vor allem die Buch- und Schriftenbestände der früheren reichsstädtischen Bibliothek, jetzt Staatliche Bibliothek Regensburg, in Frage. Siehe dazu die gesonderte Ausweisung dieser Bestände im Verzeichnis der verwendeten Literatur im Anhang.

Am Ende dieser kurzen Darstellung des herangezogenen Quellenmaterials bleibt darauf hinzuweisen, daß notgedrungen eine Auswahl und in manchen Teilen ein stichprobenartiges Vorgehen nötig war – wobei hoffentlich das Ziel nicht verfehlt wurde, eine repräsentative Auswahl aus dem bunten Kaleidoskop archivalischer und literarischer Lesefrüchte zu treffen.[86]

Ihre Gliederung erfährt die vorliegende Arbeit durch die oben dargestellten Bereiche mit ihren Fragen. Jedes der drei Hauptkapitel beginnt mit einer kurzen Einbettung in größere Zusammenhänge und schließt mit einem Zwischenresümee. Zeitlich stellen diese Hauptkapitel drei chronologische Längsschnitte dar, wobei aufgrund der konsequenten Gliederung in Wirtschaft, Politik/Recht sowie Kultur die entsprechenden Unterkapitel miteinander verglichen werden können und somit einen direkten Zugriff auf Veränderungen innerhalb eines Bereiches zulassen.

Im ersten Kapitel werden Entwicklungslinien von 1748 bis etwa 1790 gezogen. Reichsfürstenstand und Prinzipalkommissariat gaben die Möglichkeit, das Haus auch mit Sitz und Stimme auf dem Reichstag zu verankern. Die wirtschaftliche Potenz stellte dazu die Möglichkeiten bereit. Hier lassen sich einige der Spielregeln und konkrete Spielzüge vorführen, wie sich eine Elitenposition im Alten Reich ausbauen und festigen ließ.

Ein breiter Raum wurde dem zweiten Kapitel und damit den Jahren um 1800, in denen »das Hochfürstliche Hause dem Untergang so nahe« war, zugemessen. Schließlich spiegeln sich hier im Rahmen der zentralen Auseinandersetzungen dieses »entzweiten Jahrhunderts« die Veränderungen zwischen dem 18. und dem 19. Jahrhundert wie in einem Brennglas wider.

Im dritten Kapitel wird schließlich der Blick auf die Zeit zwischen 1815 und 1867 gerichtet. Die turbulenten Jahre um 1800 hatten im politisch-rechtlichen Bereich für das Fürstenhaus die Weichen gestellt, auch wenn der »Griff nach der Souveränität« immer wieder versucht wurde. Vergleicht man gerade in diesen Jahren das Verhältnis vermeintlich traditionaler und moderner Elemente, so zeigen sich die Spannungen, welche dieses Jahrhundert ausmachen. Der große Einschnitt erfolgte für die Thurn und Taxis weniger 1848 als vielmehr im Jahr 1867, als die habsburgtreuen Postvasallen ihr »postalisches Königgrätz« (H. Stephan) erlebten.

Vor dem Einstieg in den Hauptteil wird nunmehr eine Standortbestimmung des Hauses Thurn und Taxis versucht. Dabei geht es um mehr als die übliche »Vorgeschichte«. Gerade in den Jahren vor der Mitte des 18. Jahrhunderts wurden noch einmal ganz wesentlich die Bahnen abgesteckt, in denen sich das Haus als Dynastie ebenso wie als Wirtschaftsunternehmen bewegen konnte.

---

[86] Allein auf die Wiener Bestände bezogen hatte der Resident des Hauses Taxis am 12. August 1807 nach Regensburg geschrieben: »Übrigens sind die hiesigen, das hochfürstliche Haus betreffenden Akten [...] so zahlreich und voluminös, daß man zu deren Transportierung ganz füglich zweier Schiffe benötigt sein würde«. FZA Regensburg, HFS, Akten 457, fol. 313.

Beide Aspekte sind natürlich untrennbar miteinander verbunden. Eine Untersuchung zum Haus Thurn und Taxis ist immer auch ein Teil Postgeschichte, denn das macht schließlich sein Spezifikum aus. Der Besitz der Postanstalt im Reich und die Stellung als Prinzipalkommissare über drei Generationen hinweg bieten bereits genügend Anhaltspunkte für die außergewöhnliche Stellung der Thurn und Taxis in der Adelslandschaft des 18. und 19. Jahrhunderts. Dennoch gilt hier, daß Ausnahmen die Regel und damit Rahmenbedingungen adeliger Existenzweisen erklären, und so gewährt die Geschichte dieses Hauses besondere Einblicke in das Gefüge des Alten Reiches und der neu etablierten Staatenwelt des Deutschen Bundes. Dies wird insbesondere der Schlußteil erweisen; vorerst aber mag es lohnend sein, den Spuren einer aufsteigenden Postdynastie nachzugehen, um Einblicke in die Struktur dieses »entzweiten Jahrhunderts« zu erhalten.

2. Rückblick und Standortbestimmung

2.1. Herkunft und Aufstieg des Hauses Taxis

Betritt der Besucher die Prunkräume des fürstlichen Schlosses Thurn und Taxis in Regensburg, so fällt sein Blick auf beeindruckende Wandteppiche. Ein großer Teil dieser insgesamt 45 Tapisserien ist der Geschichte des fürstlichen Hauses gewidmet.[87]

In besonderer Weise dürften sich die Schlachtendarstellungen dem Betrachter einprägen. Auf jeweils mehr als drei mal vier Meter werden Kämpfe zweier Reitergruppen inszeniert. Speere und Schwerter dominieren die Darstellungen, Schlachtengetümmel wird detailgetreu wiedergegeben, und auf den Schilden ist die Identität der siegreichen Helden abzulesen: Ein roter Turm auf silbernem Feld verweist auf die Angehörigen der Adelsfamilie »de la torre«. Die Gegner dieser Helden sind die Visconti, erkennbar durch die Schlange auf Schild und Fahne.

Die dramatische Geschichte, welche auf diesen Tapisserien verewigt wurde, kann in wenigen Sätzen zusammengefaßt werden. Es handelt sich um den über zwei Jahrhunderte andauernden Kampf um die Stadt Mailand zwischen den Adelsgeschlechtern der Torriani und der Visconti.[88] Der erste aus dem Ge-

---

[87] Eine Beschreibung der Räumlichkeiten bieten Max PIENDL, Schloß Thurn und Taxis Regensburg, 4. Aufl. München/Berlin 1991, S. 26–28, und neuerdings Martin DALLMEIER/ Clemens MAYER, Fürstliche Museen Thurn und Taxis Regensburg, Schloßmuseum, Kreuzgang, Regensburg 1998. Eine kurze Beschreibung der Wirkteppiche mit Katalog liefert Max PIENDL, Die fürstlichen Wirkteppiche und ihre Geschichte, in: Ders. (Hrsg.), Beiträge zur Geschichte, Kunst und Kulturpflege im Hause Thurn und Taxis, Regensburg 1978, S. 1–107.

[88] Siehe zur legendären Geschichte des Kampfes um die Stadt Mailand Anton LOHNER, Geschichte und Rechtsverhältnisse des Fürstenhauses Thurn und Taxis, Regensburg 1895, S. 1–5. Dort auch ausführliche Auszüge aus den im folgenden genannten Werken zur Geschichte der »Torriani«.

schlecht der Torriani war Martin, Graf und Herr von Valsássina und Nachfahre Karls des Großen[89], der auf einem Kreuzzug 1147 den Tod fand.[90] Nach der Schlacht von Cortenuova nahm einer seiner Neffen – Pagano della Torre – die aus ihrer Heimatstadt geflohenen Mailänder in seiner Grafschaft Valsássina auf und ermöglichte ihre Rückkehr. Zum Dank dafür wählten sie ihn zum Oberhaupt der Stadt.[91] Diese Ernennung brachte das Adelsgeschlecht in Gegnerschaft zur einflußreichsten Familie der Lombardei, den Visconti. Der Kampf um die Herrschaft über Mailand dauerte bis 1311 und war gekennzeichnet von einem Wechsel zwischen Sieg und Niederlage, Fehden, blutigen Schlachten, Intrigen und Verrat. Am Ende stand die durch Hinterlist herbeigeführte Flucht der Torriani aus Mailand. Die Nachfahren zogen sich in das Gebiet von Bergamo zurück und nannten sich nach einem dortigen Berg Tasso fortan »de Tassis«.

So spannend die Geschichten um die Torriani und Visconti auch sind, sie lassen sich quellenmäßig nicht nachweisen.[92] Aber so wenig diese Geschichtslegende, welche den Wandteppichen zugrunde liegt, auch über die belegbaren Ursprünge der Adelsfamilie (Thurn und) Taxis aussagt, so erhellend ist der Einblick in die Manifestierung und Pflege einer dynastischen Tradition, den sie gewährt.[93] Der Zusammenhang von Legende und Tapisserien führt in das 17. Jahrhundert.

Der Auftraggeber der Wandteppiche war Graf Lamoral Claudius von Thurn und Taxis, der von einem Rubensschüler die Frühgeschichte der Familie in Bilder fassen ließ. Eine Generation früher hatte man einen wichtigen Schritt zur

---

[89] Zedler zitiert ausführlich das Werk von Engelbert FLACCHIO, Généalogie de la très-illustre, très-ancienne et autrefois souveraine maison de la Tour, Bde. 1–3, Brüssel 1709, der von der Einheiratung zweier Männer, »die von dem Kayser Carln dem Grossen abgestammet, und deren Voreltern Könige in Italien gewesen«, berichtet. Zedler bemerkt aber bereits kritisch, daß vom Ursprung des Hauses »andere Scribenten ganz andere und unterschiedliche Meynungen haben«. Art. »Thurn und Taxis«, in: Johann Heinrich ZEDLER, Grosses vollständiges Universal Lexikon aller Wissenschaften und Künste, Bde. 1–64, Leipzig 1732–1754, Bd. 43, 1745, Sp. 2010–2025, hier: Sp. 2011.

[90] LOHNER, Geschichte, S. 1–5, nach Francesco ZAZZERA, Della nobiltà dell'Italia, Napoli 1628.

[91] LOHNER, Geschichte, S. 1–5, nach Giorgio conte di GIULINI, Memorie spettanti alla storia, al governo ed alla descrizione della città e della campagna di Milano nei secoli bassi, Milano 1760, ND ebenda 1973.

[92] Die Möglichkeit einer Abstammung der Taxis von den Torriani ist nach der neueren Literatur gänzlich auszuschließen; siehe Max PIENDL, Das fürstliche Haus Thurn und Taxis. Zur Geschichte des Hauses und der Thurn und Taxis Post, Regensburg 1980, S. 7; BEHRINGER, Thurn und Taxis, S. 192; außerdem Erwin PROBST, Art. »Thurn und Taxis«, in: Karl BOSL/Gustav FRANZ (Hrsg.), Biographisches Wörterbuch zur deutschen Geschichte, Bd. 3, 2. Aufl. München 1975, Sp. 2898–2905.

[93] Zum Folgenden PIENDL, Wirkteppiche, S. 1–15; Luise Hager hat besonders darauf hingewiesen, wie beliebt »die Verherrlichung von Waffentaten von Personen und Geschlechtern« zur Zeit der Renaissance war und wie sie zu einer Hebung des dynastischen Bewußtseins benützt wurde. Luise HAGER, Die dynastischen Wirkteppiche des Hauses Thurn und Taxis, in: Max PIENDL (Hrsg.), Beiträge zur Kunst- und Kulturpflege im Hause Thurn und Taxis, Kallmünz 1963, S. 1–39, hier: S. 12.

Hebung des Prestiges der Adelsfamilie getan. Nachdem zu Anfang des 17. Jahrhunderts Genealogen die Vermutung einer Abstammung der Taxis von den Torriani geäußert hatten, wurde der Kanoniker Julius Chifletius beauftragt, eine Genealogie zu erstellen.[94] Diese Genealogie erbrachte 1645 den Befund, daß die Adelsfamilie von den Torriani (it. della Torre, frz. de la Tour, dt. von Thurn) abstamme.[95] Damit war die Grundlage geschaffen, die Erweiterung des Namens »von Taxis« zu »von Thurn und Taxis« zu legitimieren. Durch König Philipp IV. von Spanien 1649 und durch Kaiser Ferdinand III. 1650 wurde die Namensänderung anerkannt und die Erlaubnis erteilt, den Turm in das Wappen aufzunehmen.[96] Eine zusätzliche Genealogie, unter Lamoral Claudius in Auftrag gegeben, ergab eine weitere Bestätigung der Ahnenreihe bis in das 12. Jahrhundert.[97] Die von ihm und seinem Sohn in Auftrag gegebenen Wandteppiche, in seinem Testament zum unveräußerlichen Familienbesitz erklärt, sollten die Geschichte der erst entdeckten Vorfahren in der Erinnerung seiner Nachfahren präsent halten.[98]

Die Genealogien wie auch die Wandteppiche sind somit Zeugnis eines gelungenen Versuchs, die in einer Adelsgesellschaft so wichtige Ahnenreihe zu verlängern und den Namen um einen klingenden Bestandteil zu erweitern. Darüber hinaus stellt diese Namenserweiterung eine Station des gesellschaftlichen Aufstiegs der Familie (Thurn und) Taxis dar, der vom 16. bis zum ausgehenden 18. Jahrhundert, vom einfachen Hofbediensteten zum Vertreter des Kaisers am Reichstag, von überraschender Kontinuität war.

Die ersten nachweisbaren Spuren der Taxis sind weniger sensationell. Der Ursprung der Familie liegt in dem kleinen Ort Cornello bei Bergamo in Norditalien.[99] Bereits im Mittelalter war diese weitverzweigte Familie in der Nachrichtenübermittlung und im Bankgewerbe tätig. Beim Ausbau eines Nachrichtenwesens sind Familienmitglieder der Taxis als venezianische Botenmeister, päpstliche Postmeister und in ähnlichen Ämtern zu finden.

---

[94] Es handelt sich um die Spanier beziehungsweise Italiener Alonso Lopez de Hara, Francesco Zazzera und Pietro Crescenzi. Zu weiterer darauf rekurrierender Literatur siehe LOHNER, Geschichte, S. XI–XVI.

[95] Julius CHIFLETIUS, Les marques d'honneur de la maison de Tassis, Antwerpen 1645. Mit dieser Apologie des »altadeligen« Standes wurde kein geringerer als Jules Chiflet[ius] in Besançon, der spätere Kanzler des Ordens vom Goldenen Vlies, beauftragt. Siehe dazu Fried LÜBBECKE, Das Palais Thurn und Taxis zu Frankfurt am Main, Frankfurt a. M. 1955, S. 284, und ausführlicher Kapitel I.1.

[96] Dazu Max PIENDL, Das fürstliche Wappen, in: Ders., Beiträge [1978], S. 108–123, hier: S. 113.

[97] FLACCHIO, Généalogie.

[98] Siehe FZA Regensburg, HFS, Urkunden 1387; PIENDL, Wirkteppiche, S. 3.

[99] Hier lassen sich die Abstammungslinien zurückführen auf einen 1251 genannten Homodeus de Tasso. Siehe Detlev SCHWENNICKE (Hrsg.), Europäische Stammtafeln. Stammtafeln zur Geschichte der europäischen Staaten, N. F., Bd. 5, Marburg 1988, Tafel 121–145b, hier: Tafel 121 beziehungsweise 124. Siehe dazu, die ältere Literatur zusammenfassend, BEHRINGER, Thurn und Taxis, S. 194 f.

Abb. 1: Doppelwappen der Torriani und Visconti. Wandteppich.
Sign. Brüssel, François Van den Hecke. Regensburg, Fürstliches Schloß

Die reichspolitische Entwicklung um 1500 schuf schließlich ein Betätigungsfeld nördlich der Alpen, welches den wirtschaftlichen wie gesellschaftlichen Aufstieg der Familie ermöglichte.[100] Vielleicht waren schon früher Familienmitglieder in kaiserliche Dienste getreten und hatten ihr Wissen über Nachrichtenorganisation angeboten; nachweisbar sind jedoch erst ein gewisser Janetto de Tassis[101] und sein Bruder Franz, der zum Begründer des Postwesens im Reich werden sollte.[102]

Die Taxis richteten für den Kaiser Postlinien ein und wurden dafür anfangs direkt von der Hofkammer bezahlt. Bereits sehr früh zeichnete sich dabei eine Grundkonstellation ab, welche sich in der Entwicklungslinie des Hauses Taxis bis zum Ende der europäischen Adelswelt wiederfinden sollte, nämlich die enge Verbindung zum kaiserlichen Haus Habsburg und zugleich die Verknüpfung eines innovativen Unternehmens[103] mit dem gesellschaftlichen Aufstieg. Denn zum einen waren die Habsburger Kaiser auf ein funktionierendes Nachrichtensystem immer dringender angewiesen, zum anderen konnten sie die Kosten für die Aufrechterhaltung eines Postsystems – vor allem in Krisenzeiten – nicht aufbringen. Die führenden Köpfe des Hauses Taxis waren hingegen an einem Ausbau des Unternehmens aus Eigenmitteln nur dann interessiert, wenn sich die Sicherheit bot, daß die Investition in das aufzubauende Postsystem auch in Zukunft dem eigenen Haus zugute kam.

Durch verschiedene Verträge wurde Franz von Taxis zum Hauptverantwortlichen des habsburgischen Postwesens. Bereits 1501 wurde er zum »capitaine et maître de nos postes« in den Niederlanden und Burgund ernannt und verlegte fast gleichzeitig seinen Wohnsitz nach Brüssel.

[100] Die Verwaltung und Verteidigung des expandierenden Territoriums der Habsburger, der Versuch einer Zentralisierung der österreichischen Erblande auf Innsbruck hin und die Sicherung der kaiserlichen Position innerhalb des Reiches bedurften der schnellen Verfügbarkeit von Informationen. Zum ersten Kontakt des Kaiserhauses Habsburg mit den Taxis siehe BEHRINGER, Thurn und Taxis, S. 25–33, allgemeiner Hermann WIESFLECKER, Kaiser Maximilian I. Das Reich, Österreich und Europa an der Wende zur Neuzeit, Bde. 1–5, München 1971–1986, hier: Bd. 5: Der Kaiser und seine Umwelt, Hof, Staat, Wirtschaft, Gesellschaft und Kultur, S. 293–296.

[101] Dieser Einrichtung ging wohl um 1488 ein Vertrag zwischen dem Vater Maximilians, Kaiser Friedrich III., und Janetto de Tassis, der in den Innsbrucker Raitbüchern als »Johanetten Daxen obrist Postmaister« genannt wird, voraus. Zur Unwahrscheinlichkeit früherer Verbindungen zum Haus Habsburg siehe BEHRINGER, Thurn und Taxis, S. 192; dort auch die ältere Literatur; zum Nachweis der ersten Nennung siehe PIENDL, Das fürstliche Haus, S. 8; ausführlicher: Angelika WIESFLECKER, Die ›oberösterreichischen‹ Kammerraitbücher zu Innsbruck 1493–1519. Ein Beitrag zur Wirtschafts-, Finanz- und Kulturgeschichte der oberösterreichischen Ländergruppe, Graz 1987, S. 67–74.

[102] Hier ist nochmals grundsätzlich zu betonen, daß eine Hausgeschichte der Brüsseler/Regensburger Linie verfolgt wird. Die italienischen Tassis finden hier keine Erwähnung, auf den späten Zweig der böhmischen Linie wird noch einzugehen sein.

[103] Zur Problematik, den Begriff »Unternehmer, Unternehmen« vor dem 19. Jahrhundert zu gebrauchen, siehe BEHRINGER, Thurn und Taxis, S. 297. Behringer schließt sich der Definition von Joseph A. SCHUMPETER, Business Cycles, New York 1939, S. 87–89, an, der den Unternehmer epochenunabhängig durch seine wirtschaftliche Innovationsleistung definiert.

Von dort aus gelang es, die Etablierung der Taxis sowohl als Postunternehmer wie auch als Dynastie voranzutreiben. Brüssel wurde unter der Leitung der Familie Taxis die Schaltstelle für ein sich entfaltendes europäisches Postnetz. Der Ausbau des Postwesens ging mit gesellschaftlichem Aufstieg einher. Kaiser Maximilian I. ernannte 1512 Franz und seine Brüder zu Hofpfalzgrafen.[104]

Die erfolgreiche Etablierung des Franz von Taxis und somit der Brüsseler Linie, die später über Frankfurt nach Regensburg ziehen sollte, wird auch in seiner Nachfolge sichtbar. In der »Magna Charta des modernen Postwesens« von 1516 wurde neben Franz sein Neffe Johannes Baptista genannt, der ihm nach seinem Tod an der Spitze der Brüsseler Linie folgte.[105] Franz sowie sein Neffe vereinbarten darin mit Karl I. von Spanien, dem späteren Kaiser Karl V., die Modalitäten für den weiteren Ausbau der Post. Der »Unternehmenscharakter« zeigt sich deutlich darin, daß die Taxis zum einen für ihre Dienste bezahlt wurden, die Gesamtfinanzierung jedoch auf einer Mischkalkulation zwischen dieser Einnahme und der erlaubten Erhebung von Beförderungstaxen anderer Kunden beruhte.[106]

Johann Baptista konnte die erfolgreiche Wirtschafts- und Familienpolitik im ersten Drittel des 16. Jahrhunderts fortführen: Die Bindung an das Kaiserhaus wurde ausgebaut, die Hegemonie der Brüsseler Linie gefestigt und das Unternehmen effektiver gestaltet. Getragen wurde dieser Aufstieg durch die Nähe zum Haus Habsburg allgemein und zu den einzelnen Kaisern im besonderen: Am 14. Juni 1520 ernannte Karl V. Johannes Baptista zum Generalpostmeister. 1530 gab der Kaiser die Grafschaft La Roche in den Ardennen seinem Postmeister zum Lehen, und 1534 wurde der (doppelköpfige) Reichsadler ins Familienwappen der Taxis eingegliedert.[107] Mit Generalpostmeisteramt und Belehnung war ein vorläufiger Schlußstrich unter die Aufstiegsgeschichte der kleinen und unbedeutenden oberitalienischen Familie gezogen.[108] In der Folgezeit wurden

---

[104] Diese Ernennung zu Hofpfalzgrafen (*comites palatii Lateranensis*) war nur der erste Schritt zur Integration in das Reich. Zu den Nobilitierungen zu Beginn des 16. Jahrhunderts siehe, auf die ältere Literatur rekurrierend, BEHRINGER, Thurn und Taxis, S. 200, außerdem Joseph RÜBSAM, Art. »Franz von Taxis«, in: ADB, Bd. 38, 1894, S. 477–523, hier: S. 490. Das Palatinat haben die Thurn und Taxis jedoch – nach meiner Quellenkenntnis – nie ausgeübt.

[105] Siehe bei DALLMEIER, Quellen, Bd. 2, Vertrag vom 12. November 1516, S. 3; siehe auch Vertrag vom 30. November 1517, S. 6. Zur Bedeutung des Vertrags siehe BEHRINGER, Thurn und Taxis, S. 39, dort wird auf die Bezeichnung als »Magna Charta« des Postwesens in der älteren Literatur verwiesen.

[106] Zur Mischkalkulation und der Inanspruchnahme anderer Kunden wie Handelshäuser etc. siehe zusammenfassend DALLMEIER, Quellen, Bd. 1, S. 54. Auf die Beförderung privater Briefe durch die Reichspost wies bereits Ernst KIESSKALT, Die Entstehung der Post, Bamberg 1930, S. 140–143, hin.

[107] Zur Wappenmehrung siehe mit Abbildungen PIENDL, Wappen, S. 110 f.

[108] Zwar sollte es in den folgenden Jahren noch zu Streitigkeiten zwischen den einzelnen Linien der Familie Taxis kommen, sie konnten die hervorgehobene Stellung der Brüsseler Linie aber nicht mehr grundlegend gefährden. Zur Beilegung des großen Streites zwischen den verschiedenen Linien 1534 siehe PIENDL, Das fürstliche Haus, S. 14; zur Bedeutung der

durch die Nachfolger Karls V. die Nachfahren Leonhards von Taxis im Amt des Generalpostmeisters des Reichs und der Niederlande bestätigt. *De facto* wurde das Postmeisteramt, das *de jure* jederzeit einem anderen Untertan übertragen werden konnte, allmählich ein erbliches Amt in den Händen der Familie Taxis. Das bedeutete, daß sich der Briefverkehr allmählich zum Monopol entwickelte, das die Taxis innehatten, wodurch sie ökonomisch wie gesellschaftlich zu einem Faktor im habsburgischen Organisationsnetz wurden.

Gegen Ende des 16. Jahrhunderts wurde die Post schließlich zum »hochbefreiten kaiserlichen Regal« und damit endgültig zur »Reichspost« erhoben, mit der das Haus Taxis belehnt wurde. Das Haus Habsburg hatte damit entscheidend dazu beigetragen, die Machtbasis des Postunternehmens zu festigen. Dem folgte schließlich ein weiterer gesellschaftlicher Aufstieg der Taxis. Am 16. Januar 1608 erhob Kaiser Rudolf II. die Familie in den erblichen Reichsfreiherrnstand. Einen weiteren Markstein stellt das Jahr 1615 dar, als Kaiser Matthias das Generalpostmeisteramt zu einem Erbmannlehen erhob.[109] Dieses Privileg stellte für die Zukunft die Familie Taxis mit ihrem Unternehmen auf sicherste Füße. Erst jetzt kann man, wie Martin Dallmeier betont hat, »von Taxisscher Reichspost« sprechen; und erst jetzt wurden Investitionen in das Unternehmen Post endgültig auch Investitionen für das eigene Haus.[110] Am 27. Oktober 1621 erfuhr dies seine letzte Absicherung, indem Kaiser Ferdinand II. das Erbmannlehen zu einem Weiberlehen erweiterte, was besagte, daß die Verwaltung der Post auch dann beim Haus Taxis blieb, wenn keine männlichen Nachfolger vorhanden waren. Den vorläufigen Abschluß des gesellschaftlichen Aufstiegs erreichte das Haus am 8. Juni 1624 durch die von Kaiser Ferdinand vollzogene Erhebung in den erblichen Grafenstand.

Der Dreißigjährige Krieg wurde zum Prüfstein für die Postorganisation und die sie verantwortenden Taxis. Doch die Leitung des Hauses verstand es, die Post und somit die Dynastie über die Wirren dieser Zeit zu retten. Der Kaiser stand dabei, was die rechtliche Seite betraf, immer wieder helfend zur Seite.[111]

In der zweiten Hälfte des 17. Jahrhunderts wurde die Erfolgsgeschichte der Postdynastie Taxis fortgeschrieben, und das auf allen Gebieten. Ökonomisch zeichnete sich bereits ab, was sich im 18. Jahrhundert voll entfalten sollte: Die Zunahme des Briefverkehrs ermöglichte ungeahnte Gewinne und erwies sich

---

Familienstruktur und dem Aufstieg der Brüsseler Linie siehe BEHRINGER, Thurn und Taxis, S. 41–47. In den ersten Jahrzehnten des 16. Jahrhunderts war die Stellung der Brüsseler Linie unangefochten, da Johann Baptista als »procuratore generale della famiglia e società di Tassi« von seinen Verwandten anerkannt wurde. Fritz OHMANN, Die Anfänge des Postwesens und die Taxis, Leipzig 1909, S. 242. Zu einzelnen Streitpunkten siehe DALLMEIER, Quellen, Bd. 1, S. 55 f.

[109] Dazu PIENDL, Das fürstliche Haus, S. 21. Siehe zur Erhebung des Generalpostmeisteramtes zu einem Erbmannlehen und dem Lehensrevers DALLMEIER, Quellen, Bd. 1, S. 70 f.

[110] Ebenda, S. 72.

[111] Siehe dazu ausführlicher Kapitel I.2; sowie DALLMEIER, Quellen, Bd. 1, S. 77–79.

als »ein Brunnen, dahin alle Quellen zusammen liefen«.[112] Soziokulturell unterstrich man den erworbenen Rang durch entsprechende Prachtentfaltung und verstand es, durch geschickte Heiratspolitik in den Kreis hochadeliger Häuser integriert zu werden. Im Zusammenhang mit einer Heirat kam es erstmals zum Erwerb eines wirtschaftlich erwähnenswerten Grundbesitzes. Seit 1670 befand sich das Haus im Besitz der brabantischen Gebiete Braine-le-Château und Haut-Ittre. Diese Besitzungen spielten gegen Ende des 17. Jahrhunderts als Basis einer Standeserhöhung unter der Krone Spaniens eine wesentliche Rolle.[113] Prägender jedoch waren die direkten Beziehungen zur deutschen Linie des Hauses Habsburg. Denn der Kaiser half nicht nur bei der Konsolidierung der Postverhältnisse[114], sondern er führte im letzten Jahrzehnt des 17. Jahrhunderts die Postdynastie durch eine Standeserhebung zum Zenit ihres gesellschaftlichen Aufstiegs.

Nachdem Graf Eugen Alexander 1681 durch König Karl II. zum Fürsten unter der Krone Spanien gemacht worden war, wurde er am 4. Oktober 1695 durch Kaiser Leopold I. zum Reichsfürsten ernannt.[115] In der Bekanntmachung der Fürstenstandserhebung für das Haus Thurn und Taxis »in der sämtlich männlich und weiblich Deszendenz mit dem Titel Hochgebohren, Lieber Oheim und Euer Liebden« führt der Kaiser gegenüber der Hofkammer und den Kanzleien zur Begründung folgendes an: Der Graf und sein Haus werde erhoben »sowohl in Betrachtung seines uralten von viel saeculis herrührenden ansehentlichen Geschlechts und Herkommens, als den glorwürdigsten Vorfahren und Ihro selbst dann dem heyl[igen] Römisch[en] Reich, den löbl[ichen] Erzhauß Österreich und dem gemeinen Wesen von seinen Voreltern und ihm zu Kriegs- und Friedenszeiten beständig geleistete sehr auf und ersprießlich dienst«.[116] Mit der Erhebung in den Fürstenstand hatte das Haus eine der ranghöchsten Positionen im Reich erlangt, welche es sich fortan – zumindest dem Titel nach – mit »altehrwürdigen Geschlechtern« teilte. Im Gegensatz zu diesen beruhte aber die ge-

---

[112] So bereits Leonhard von Taxis in der ersten Hälfte des Jahrhunderts nach der Überlieferung des Postmeisters Johannes von den Birghden, der 1646 berichtet, es »hat das Generalat noch einen solchen Überschuß aus den Ämtern, daß auch der verstorbene Graf Leonhard mir selbsten gesagt, er hätte jährlich über 100 000 Ducaten Überschuß, und es wäre ein solcher Brunnen«. Zitiert nach Joachim Ernst von BEUST, Des Versuchs einer ausführlichen Erklärung des Post-Regals und was deme anhängig, überhaupt und ins besondere in Ansehung Des Heil. Röm. Reichs Teutscher Nation Zweyter Theil, Jena 1748, S. 567–597, hier: S. 585.

[113] Die Herrschaft Braine-le-Château wurde 1681 unter dem Titel einer »Principauté de la Tour et Tassis« zum Fürstentum unter der Krone Spanien erhoben. Siehe dazu LOHNER, Geschichte, S. 11.

[114] Siehe dazu den folgenden Abschnitt (2.2.) zur Thurn und Taxisschen Postgeschichte.

[115] Nur sehr knapp und über den Forschungsstand bei Lohner nicht hinausgreifend: Thomas KLEIN, Die Erhebungen in den weltlichen Reichsfürstenstand 1550–1806, in: BDLG 122 (1986), S. 137–192, hier vor allem S. 161 f. Auf den derzeitigen Forschungsstand verweist BEHRINGER, Thurn und Taxis, S. 211 f.

[116] ÖStA AVA Wien, RA (Reichsadel) Eugen Alexander 1695, fol. 40. Das Original in FZA Regensburg, HFS, Urkunden 33.

sellschaftliche Position nicht auf der Herrschaft über Land und Leute, sondern auf dem Besitz eines Unternehmens. Auch war das junge fürstliche Haus nicht einmal in den Grenzen des Deutschen Reichs beheimatet. Diese Charakteristika waren wesentliche Kritikpunkte, welche die mit der Fürstenwürde angestrebte Erlangung von Sitz und Stimme auf der Fürstenbank des Reichstags behindern sollten. Und erst durch die Aufnahme eines vom Kaiser erhobenen Fürsten in den Fürstenrat erfolgte sozusagen die reichsrechtliche Anerkennung des Fürstenrangs.[117] In diesem Sinne war die Stellung eines »Fürsten ohne Land«[118] äußerst prekär, auf Dauer sogar unhaltbar, wollte man eine breitere Akzeptanz der erklommenen Ranghöhe erreichen. Erwerb von reichsunmittelbarem Land und Niederlassung im Reich wurden deshalb unabdingbar, und diese Forderungen kamen nicht nur von seiten der Reichsfürsten, sondern auch vom Kaiser. Zumindest in einer Hinsicht erfüllten die Fürsten von Thurn und Taxis aufgrund der politischen Entwicklungen um die Jahrhundertwende diese Ansprüche sehr bald. 1701 begann durch den Ausbruch des Spanischen Erbfolgekrieges eine verhängnisvolle Zeit für das spanische Postgeneralat und dessen Zentrale in den Niederlanden. Die Franzosen besetzten Brüssel, und der Zugang zur dortigen Residenz der Taxis war verwehrt. Durch die zeitweise Vertreibung aus der Thurn und Taxisschen Residenzstadt war Anlaß gegeben, den bereits seit der Erhebung in den Fürstenstand erwogenen Schritt der Verlegung der Residenz von Brüssel nach Frankfurt zu vollziehen.[119]

Frankfurt war im 18. Jahrhundert nicht nur eine bedeutende Handelsstadt, in der wichtige Handelswege zusammenliefen und bedeutende Messen abgehalten wurden. Es war ebenso eine mit zahlreichen Privilegien ausgestattete Reichsstadt wie auch Wahl- und Krönungsort der deutschen Könige, somit von besonderer politischer Bedeutung für das Alte Reich. Dieser Bedeutung entsprach auch das Selbstbewußtsein der Frankfurter Bürger, allen voran das der vornehmen Patrizierfamilien, welche den Rat der Stadt dominierten.[120] Vor diesem Hintergrund ist es verständlich, daß der Rat der Niederlassung eines Reichsfür-

---

[117] Zu dieser Problematik siehe Th. KLEIN, Erhebungen, und Harry SCHLIP, Die neuen Fürsten. Zur Erhebung in den Reichsfürstenstand und zur Aufnahme in den Reichsfürstenrat im 17. und 18. Jahrhundert, in: Volker PRESS/Dietmar WILLOWEIT (Hrsg.), Liechtenstein – Fürstliches Haus und staatliche Ordnung. Geschichtliche Grundlagen und moderne Perspektiven, München 1987, S. 249–292. Ausführlicher dazu Kapitel I.4.

[118] Dieser Terminus unter anderem bei Dallmeier: »Der Adelsfamilie Thurn und Taxis eilte von jeher [...] der Ruf voraus, ein ›Fürst ohne Land‹ zu sein«. Martin DALLMEIER, Die Grunderwerbspolitik des Hauses Thurn und Taxis in und um Regensburg bis zur Mitte des 19. Jahrhunderts, in: Winfried BECKER/Werner CHROBACK (Hrsg.), Staat, Kultur, Politik. Beiträge zur Geschichte Bayerns und des Katholizismus. Festschrift für Dieter Albrecht zum 65. Geburtstag, Kallmünz 1992, S. 219–235, hier: S. 219.

[119] Zur Verlegung der Residenz, die nicht schlagartig, sondern sukzessive erfolgte, siehe PIENDL, Das fürstliche Haus, S. 64–68, und vor allem LÜBBECKE, Palais.

[120] Goethe sprach bspw. – rückblickend in *Dichtung und Wahrheit* – von »reichsbürgerlicher Gesinnung« seines Vaters, wodurch dieser adeliges Leben ganz allgemein, vor allem aber alles »Höfische« ablehnte. Siehe LÜBBECKE, Palais, S. 404.

sten in seinen Mauern völlig ablehnend gegenüberstand. Man wollte keine fürstliche Residenz in den Mauern eines stadtbürgerlichen Gemeinwesens. Als der Erbfolgekrieg die Brüsseler Residenz in Mitleidenschaft zog, ließ sich daher Fürst Eugen Alexander von 1702–1714 nur mietweise im Haus »Zu den drei Königen« in Frankfurt nieder.[121] Aber der Gedanke, sich hier ein Stadtpalais zu erbauen, hatte für das Haus Thurn und Taxis großen Reiz: Zum einen war man an einem wichtigen Knotenpunkt der Reichspost, eine Koordination von Postkursen und die Verhandlungen mit verschiedenen auswärtigen Postanstalten waren von hier aus zweckmäßig zu organisieren. Zum anderen war man hier auch an einem politischen Knotenpunkt des Alten Reiches. Aus diesem Grund war nicht zuletzt das Haus Habsburg daran interessiert, einen Mann seines Vertrauens am Ort der Kaiserwahl und -krönung zu haben. Beide Gründe dürften für die Errichtung eines Thurn und Taxisschen Stadtpalais in Frankfurt ausschlaggebend gewesen sein.

Fürst Anselm erwarb Haus und Grundbesitz über einen Strohmann, den Frankfurter Bürger Georg Friedrich Lind, der am 25. Juli 1724 das Haus »Zum weißen Hof« in der Eschenheimer Gasse kaufte.[122] Am 19. September 1724 benachrichtigte Karl VI. den Rat der Reichsstadt Frankfurt persönlich von der Absicht des Fürsten, den Wohnsitz von Brüssel nach Frankfurt zu verlegen. Obwohl der Kaiser in diesem Schreiben betonte, dies geschehe auch auf seinen Wunsch, ließ der Protest der Stadt nicht lange auf sich warten. Mit verschiedenen Eingaben versuchte man diesen Schritt, der durch den heimlichen Ankauf ermöglicht worden war, abzuwenden. Beim Reichshofrat, beim Reichstag und beim Kaiser legte man Beschwerde ein. Der Fürst werde »die allergnädigst verliehenen Privilegia« der reichsfreien Stadt nicht achten, außerdem sei er katholisch. Bestärkt wurde der Rat der Stadt in seinen Befürchtungen, als Karl VI. am 19. Dezember 1724 schrieb, man möge den Fürsten »von allen bürgerlichen Real- Personaloneribus zu befreyen« geruhen. Erst ein umfangreicher Vertrag, der im März 1729 vom Rat und dem Fürsten unterzeichnet wurde, ebnete die Bahn, so daß mit dem Bau einer Stadtresidenz begonnen werden konnte.[123]

---

[121] Siehe zur Niederlassung der Thurn und Taxis in Frankfurt im folgenden ebenda, S. 161–163. Lübbeckes Arbeit ist vor allem deshalb von großer Bedeutung, da die von ihm zitierten Bestände im Stadtarchiv Frankfurt a. M. nicht mehr zur Verfügung stehen. Eine Recherche im Institut für Stadtgeschichte/Stadtarchiv Frankfurt a. M., ergab, daß sowohl der Bestand Thurn und Taxissches Postamt (Ugb. E 51 und Ugb. E 33) als auch der Bestand Bauamt 1944 verbrannt sind. Ergänzend können zur Baugeschichte jedoch herangezogen werden: FZA Regensburg, Frankfurter Akten 1–6.

[122] Der Weinhändler Lind bekam für sein verstecktes Spiel für den Fürsten einen Verweis vom Rat der Stadt, »daß er sich hatte unterfangen mögen, wider seine bürgerlichen Pflichten zu diesem Kauff seinen Namen zu spendieren«. Zitiert nach LÜBBECKE, Palais, S. 163.

[123] Der Rat war über die Niederlassung in der Stadt ziemlich erbost. Aber zum einen mußte man sich der hohen Protektion des Fürsten beugen, zum anderen versuchte man mit dem erwähnten Vertrag vom 25. März 1729, der »zur Bezeugung einer gegen allerhöchste ksl. und kgl. Majestät allerunterthänigsten Devotion« geschlossen wurde, die Situation so gut als nur möglich für die Stadt zu gestalten. Siehe LÜBBECKE, Palais, S. 164.

Allein die hier nur kurz gestreiften Auseinandersetzungen zwischen einer reichsfreien Stadt und einem Reichsfürsten geben einen Einblick in die reichspolitische Verortung des Hauses Taxis als habsburgischem Juniorpartner in der ersten Hälfte des 18. Jahrhunderts. Die Art und Weise jedoch, wie man beim Ausbau der Residenz vorging, zeigt überdeutlich die ökonomischen Möglichkeiten und die gesellschaftliche Position des jungen Fürstenhauses. Denn der Fürst hatte sich nicht irgendeinen Architekten ausgewählt, sondern er ließ sein Palais entwerfen und planen von Robert de Cotte, dem »ersten Architekten Frankreichs«.[124]

Aber nicht nur in Frankreich prägte de Cotte die Architekturlandschaft wesentlich. Die Kurfürsten von Trier ließen sich von ihm ihre Residenzen bauen, auch das Mannheimer Schloß stand unter seiner Bauleitung. Natürlich war Frankreich für all diese Bauvorhaben prägendes Vorbild. Abgesehen von Versailles kannte der französische Hochadel vor allem zwei Formen der Repräsentativbauten: zum einen das Landschloß, in gut erreichbarer Distanz zu den Machtzentren, das jedoch leichtere Umgangs- und Lebensformen ermöglichte, zum anderen die Stadtresidenz, im Französischen als *hôtel* oder *palais* bezeichnet. In der *Encyclopédie* findet man den Grundriß eines prototypischen *hôtel*.[125] Norbert Elias hat eingehend bezüglich derartiger Adelsbauten auf den Zusammenhang zwischen der Architektur und der spezifischen politisch-kulturellen Lebensform hingewiesen.[126] Für den Pariser Stararchitekten de Cotte muß es nicht wenig verwunderlich gewesen sein, als ein ihm unbekannter Fürst um Pläne für ein derartiges Adelspalais in der Handelsstadt Frankfurt bat. In einem sehr ausführlichen *Mémoire* antwortete Robert de Cotte dem Fürsten von Thurn und Taxis auf seine Anfrage und legte detaillierte Pläne zum Bau eines großen »Hôtel in der Stadt Frankfurt für Seine Durchlaucht den Herrn Fürsten de la Tour« vor.[127] Interessant an diesem ausführlichen Schreiben ist die Lektion in

---

[124] Ebenda, S. 81; allgemein zu Biographie und Bedeutung: S. 81–90. Ausführlicher Ulrich THIEME, Art. »Cotte«, in: Allgemeines Lexikon der bildenden Künstler von der Antike bis zur Gegenwart, begr. von Ulrich Thieme und Felix Becker, Bd. 7, Leipzig 1912, S. 560–562. Robert de Cotte (1656–1735), geboren als Sohn des Hofarchitekten Charles de Cotte, war eine zentrale Gestalt des Pariser Bauwesens an der Wende vom 17. zum 18. Jahrhundert. Er hatte an der *Académie Royale d'Architecture* studiert, die er später selbst leiten sollte. Danach wurde er Mitarbeiter im Architekturbüro von Jules Hardouin-Mansart, dessen Nachfolge als »premier architect du Roy« er später antrat. Er gilt als bedeutendster Vertreter des *Style Régence* und hat in Paris die Architektur durch den Bau zahlreicher Stadtpalais beeinflußt.

[125] Vgl. ELIAS, Die höfische Gesellschaft, S. 71

[126] »Die Stadthäuser des Adels, die ›Hôtels‹, zeigen zunächst einmal in einer relativ klaren und einfachen Form jene soziologisch relevanten Wohnbedürfnisse dieser Gesellschaft, welche vervielfacht, ineinandergeschachtelt und durch die besonderen Herrschafts- und Repräsentationsfunktionen der Könige kompliziert, zugleich die Gestalt des Königspalastes bestimmen, der die Gesellschaft als Ganzes beherbergen soll«. Ebenda, S. 71 f.

[127] Schreiben Robert de Cottes, Versailles 8. September 1727. Eine Edition dieses kultur- und architekturgeschichtlich bedeutsamen Schreibens liegt vor bei LÜBBECKE, Palais, S. 167–173.

Sachen Architektur und Repräsentation, die er dabei gab. »Da man mich um meine Meinung fragt, glaube ich, mein Nachdenken darauf richten zu müssen, daß dieses Haus für einen Grandseigneur bestimmt ist. Es wäre deshalb richtig, ein großes Appartement im Erdgeschoß zu schaffen, wo sich gewöhnlich die höheren Herrschaften und der Adel versammeln«, so beginnt Cotte, bevor er auf die einzelnen Räume und deren herrschaftlich-repräsentative Bedeutung und Aufgabe eingeht.

Fried Lübbecke hat in detektivischer Arbeit die Baugeschichte des Thurn und Taxisschen Palais rekonstruiert und konnte nachweisen, wie sehr dieser Bau einem Pariser Stadtpalais gleichkommt. Eine erhaltene Inventarliste aus dem Jahr 1756 gibt einen Eindruck von der Pracht, die man hier entfaltete.[128]

Neben Frankfurt blieb Brüssel jedoch weiterhin ein Wohnort der Thurn und Taxis, da man die ältere Residenz nicht aufgeben wollte.[129] Und natürlich bedeutete die Niederlassung in der Metropole am Main nicht die Preisgabe des niederländischen Postgebiets, eines Bereichs, der, verglichen mit den weiteren Postgebieten im Reich, einen erheblichen Anteil am Gesamtgewinn erbrachte. Im Jahr 1709 zeigte sich, wieviel diese Einnahmequelle dem fürstlichen Haus wert war: Fürst Eugen Alexander zahlte allein für die Anwartschaft auf die durch den Krieg verlorene, ökonomisch so bedeutende niederländische Post 300 000 fl. Die Wiedererlangung, die unter großen finanziellen Einbußen und nur auf Pachtbasis vonstatten ging, sollte der Fürst nicht mehr erleben. Am 21. Februar 1714 starb Eugen Alexander, und sein Sohn Anselm Franz hatte die Bemühungen um das verlorene niederländische Generalat fortzusetzen. 1725 konnte er diese zum Erfolg führen, indem es zu einem Pachtvertrag mit Habsburg kam.[130]

Zwar stand am Beginn des 18. Jahrhunderts ein finanzieller Einbruch, hervorgerufen durch den Kriegsverlauf und die veränderten Rechtsverhältnisse bezüglich der niederländischen Posten. Aber insgesamt wurde das Unternehmen Post bereits in den ersten Jahrzehnten des Jahrhunderts zur Goldgrube für das Haus Thurn und Taxis.[131] Eine Durchsicht des Aktenbestandes »Generalkasse, Rech-

---

[128] Siehe das vom Frankfurter Schloßverwalter Duché im Jahr 1756 abgefaßte »Inventaire de l'Hôtel des Princes de la Tour et Tassis à Francfort«. Insgesamt finden sich in dieser Liste über 100 möblierte Zimmer aufgelistet. Ausgewertet bei LÜBBECKE, Palais, S. 91–101; siehe auch zur Hofhaltung S. 395–404 und ergänzend dazu FZA Regensburg, Frankfurter Akten 1–6.

[129] »Der Hochfürstl[iche] Tour und Taxis'sche Hof-Sitz, ist seit einiger Zeit beständig hier in dieser Stadt gewesen, weil der Fürst als General-Reichs-Postmeister, sich nicht leicht einen bequemeren Orth zu seinem Aufenthalt wehlen kann. So hat derselbe auch einen Pallast in Brüssel, wo er ehedem sich Wechsel-Weise, bald da bald hier aufgehalten hat«. Johann Bernhard MÜLLER, Beschreibung des gegenwärtigen Zustands der Freien Reichs-, Wahl- und Handels-Stadt Frankfurt am Mayn, Frankfurt a. M. 1747, S. 69.

[130] Siehe zu den Auswirkungen des Spanischen Erbfolgekrieges auf das niederländische Postgeneralat DALLMEIER, Quellen, Bd. 1, S. 130–136.

[131] Von einer Blütezeit der Taxispost im 18. Jahrhundert spricht (die ältere Literatur zusammenfassend) DALLMEIER, Quellen, Bd. 1, S. 128 f.

nungen«, das heißt der Gesamteinnahmen des Hauses, gibt die Antwort darauf, woher die riesigen Geldsummen für bedeutende Investitionen im Lauf des Jahrhunderts kamen: aus einem florierenden und expandierenden Postsystem.[132]

In der Art und Weise, wie das vorhandene Kapital investiert wurde, zeigt sich wieder eine Konstante, die in der Geschichte dieser Adelsfamilie besonders hervortritt: die Wechselwirkung von ökonomischer und gesellschaftlicher Potenz. Ein Teil des Reingewinns aus dem Postbetrieb wurde zum Ausbau der neuen Residenz in Frankfurt verwendet.[133] Angesichts der dort entwickelten Pracht verwundert es nicht, daß hier zahlreiche Könige und Kaiser zu Gast waren. Allein der Rohbau hatte 90 000 fl. verschlungen, und der von Fried Lübbecke eingesehene »Etat des mises pour une anneé entière auf das Jahr 1744« weist eine Summe von über einer Viertelmillion Gulden aus.[134]

Beachtliche Beträge investierte man auch in den Bereich der politisch-rechtlichen Untermauerung der fürstlichen Stellung. Dies bedeutete vor allem den Erwerb von reichsunmittelbaren Grundbesitz. Denn die politische Mitsprache und Einflußnahme war in der politischen Ordnung des Alten Reichs untrennbar verbunden mit Grundbesitz. Der Erwerb eines noch so kleinen Stückchens Land, das den Charakter einer Reichsherrschaft hatte, konnte beispielsweise der erste Schritt sein, um den Käufer zur Aufnahme in Reichsinstitutionen zu legitimieren. Ohne Grundbesitz war dies nahezu undenkbar. Von Johann Jacob Moser ist zu erfahren, daß der Fürst von Taxis »als Mitglied des kurrheinischen Kreises und als fünfter im ordo votantium« verzeichnet sei. Außerdem fügt er erklärend hinzu: »Der Fürst von Taxis besitzet keine unmittelbaren Güter in diesem Crays, und ist gegen Übernehmung eines gewissen quanti matricularis zum Craysstand recipirt worden«.[135] Die geglückte Aufnahme des Hauses in einen der verfassungsmäßig verankerten Reichskreise ohne Grundbesitz war zweifellos eine Ausnahme und Überraschung – vor allem deshalb, weil die Mitglieder des Kreises einer Aufnahme zustimmen mußten und üblicherweise sorgfältig über die geringe Zahl und damit die Exklusivität der Kreisstände wachten.[136]

---

[132] Siehe dazu ausführlicher Kapitel I.3.

[133] Siehe, wie bereits oben ausführlich herangezogen, LÜBBECKE, Palais. Der Aspekt der Prachtentfaltung an einem geschichtsträchtigen Ort wird bereits bei J. B. MÜLLER, Beschreibung, S. 69, anläßlich der Schilderung der Residenz angeschnitten: »Das hießige Fürsten-Hauß ist sehr schön, und würcklich ein solcher Pallast, dergleichen man nach der neuen Bau-Arth, wenn man die innerliche als äußerliche Schönheit davon betrachtet, an wenigen Orten antreffen wird [...]. Dieser Herr machet in unserer Stadt einen großen Aufwand, und ist dessen Hoff-Staat einer der ansehnlichsten unter denen Fürsten des Reichs«.

[134] Zu den Baukosten siehe FZA Regensburg, Frankfurter Akten 1–6, außerdem LÜBBECKE, Palais, S. 181–183. Zur Hofhaltung und den Ausgaben dafür siehe ebenda, S. 397–399 f. Der französische Bevollmächtigte Blondel war, so zitiert LÜBBECKE, Palais, S. 399, der Meinung, die Hofhaltung könne sich mit den besten Europas messen.

[135] Zur Aufnahme unter die Kurrheinischen Kreisstände siehe LOHNER, Geschichte, S. 13; die Belegstelle über Modalitäten und Aufnahmebedingungen dort zitiert nach Johann Jacob MOSER, Von der teutschen Craysverfassung, Frankfurt a. M./Leipzig 1773, S. 86–88.

[136] Zur Bedeutung der Kreise siehe ausführlicher Kapitel I.4.3.

Über die Integration der Thurn und Taxis in den Kreis des alteingesessenen rheinischen Adels kann man bisher wenig aussagen. Aber es liegt die Vermutung nahe, daß seit der anfangs noch provisorischen Niederlassung in Frankfurt die Beziehungen zum Adel des weiteren Umlands ausgebaut wurden. Dafür sprechen auch einige verstreute Hinweise, wie beispielsweise der Ankauf eines Hauses in Koblenz. Aber welche Faktoren auch immer zum Erfolg geführt hatten: Ohne Grundbesitz konnte es noch gelingen, in den Kurrheinischen Reichskreis aufgenommen zu werden, aber das Ziel, Sitz und Stimme im Reichsfürstenrat zu bekommen, war damit nicht zu erreichen. Fürst Anselm Franz verfolgte dieses Ziel in den ersten Jahrzehnten des 18. Jahrhunderts und erwarb während seiner Regierungszeit kleinere Herrschaften in Schwaben, die er testamentarisch zu einem Fideikommiß zusammenfaßte.[137]

Sein Nachfolger sollte diese Politik der Landbesitzerweiterung fortsetzen, nachdem in den ersten Jahren seiner Regentschaft wesentliche Probleme auf politischer Ebene gelöst waren. Erst zwei Jahre nach dem Tod seines Vaters, am 5. September 1741, erneuerten die Reichsvikare das Lehen des Erbgeneralpostmeisteramtes für Alexander Ferdinand. Während der Thronvakanz kam es zum ersten Mal in der Beziehung Habsburg – Thurn und Taxis zu einer gravierenden Verstimmung, ein völliges Novum in der Geschichte der Postdynastie. Im Rahmen der Vorbereitung zur Kaiserwahl des Jahres 1742 unterstützte Alexander Ferdinand nicht, wie es den »altgewohnten Sitten« entsprochen hätte, die Habsburger, sondern den Wittelsbacher Karl Albrecht, vor allem in finanzieller Hinsicht. Dieses *renversement des alliances* läßt sich nur mit dem Blick auf die Postgeschichte, vor allem auf die reichsrechtlichen Bezüge derselben, erklären. Daher gilt es, in die Standortbeschreibung des Hauses Thurn und Taxis einen Exkurs zur Postgeschichte einzubinden.

2.2. Zur Thurn und Taxisschen Postgeschichte

Wer sich mit dem Beginn des Postwesens in Deutschland befaßt, der stößt unvermeidlich auf den Namen Taxis. Johann Jacob Moser nannte Franz von Taxis in seinem »Teutschen Staatsrecht« von 1742 sogar den »Erfinder« der Post.[138]

---

[137] Die bedeutendste Erwerbung war dabei der Markt Dischingen mit dem Schloß Trugenhofen, das in den folgenden Jahrzehnten zur beliebten Sommerresidenz der Familie wurde. Siehe zum Ankauf der Herrschaften und den damit erworbenen Rechten Kapitel I.3 dieser Arbeit, grundlegend dazu LOHNER, Geschichte, S. 13 f.; zur Erwerbung der schwäbischen Besitzungen siehe PIENDL, Das fürstliche Haus, S. 55, und ders., Die fürstliche Hofhaltung in Schloß Trugenhofen, in: Ders., Beiträge, S. 125–139.

[138] So die vielzitierten Worte bei Johann Jacob MOSER, Teutsches Staatsrecht, Bde. 1–53, Nürnberg 1737–1754, hier: Bd. 5, 1741, S. 262: »Es bleibt also das formliche Postwesen eine taxische Erfindung, welche ganz erstaunliche Folgen nach sich gezogen hat und die Welt in manchen Sachen fast in einen andern Model gegossen hat. [...] und ist es zwar jezo so leicht nachzumachen wie die Schiffahrt dem Columbo; wer weiß aber, ob die Welt nicht noch eben so lang als zuvor würde gestanden seyn, ohne von den Posten oder America etwas zu erfahren, wenn kein Taxis und kein Columbus gekommen wäre«.

Auch wenn dies andere zeitgenössische Autoren weitaus nüchterner sahen, so wurde ihm doch auch von Kritikern des Hauses Taxis zuerkannt, als erster Postverbindungen in Deutschland aufgebaut zu haben.[139] Im Deutschen Reich kannte man im Mittelalter nur Boten, die eine Nachricht von A nach B brachten. Die »Erfindung« des Franz von Taxis bestand nun darin, daß feste Postrouten aufgebaut wurden. Durch diese Routen, die sich aus einer Kette von Relaisstationen (Poststationen) zusammensetzten, an denen Pferde und Reiter gewechselt wurden, konnte eine immense Beschleunigung der Beförderungszeiten erreicht werden.[140] Das Jahr 1490 wird als Geburtsjahr der europäischen Post betrachtet, da zu dieser Zeit die erste regelmäßige Postverbindung installiert wurde.[141] Im Lauf des nächsten Jahrzehnts kam es zum zügigen Ausbau von Poststationen. Die Effektivität dieses Systems wurde vom Kaiser geschätzt, die Unterhaltung und Finanzierung erwies sich jedoch schon in den Anfangsjahren aufgrund der Finanzknappheit des kaiserlichen Hauses als schwierig. So ist zu erklären, daß die Posten zu einem delegierten Staatsbetrieb und die Familie Taxis zu Großunternehmern in kaiserlichen Diensten wurden.[142] Die Habsburger Kaiser ernannten die (Thurn und) Taxis zu ihren Generalpostmeistern und übergaben ihnen das ausschließliche Recht, den Postverkehr zu betreiben.

Dieses Privileg und die damit erfolgte Monopolisierung des Postwesens im Reich blieben nicht unangefochten. Zum einen versuchten auf kommunaler Ebene Stadtboten und einige fahrende Handwerker ihre Briefbeförderung selbst zu betreiben, zum anderen meldeten die Landesherren gegenüber dem Kaiser

---

[139] Beispielsweise Justi, dem in der Argumentation Johann H. BERGIUS, Von dem Postwesen, in: Polizey- und Cameralmagazin 7 (1773), S. 142–180, hier: S. 171, und Jacob Friedrich DÖHLER, Kurzgefaßte Abhandlung von den Regalien oder Rechten der obersten Gewalt, Nürnberg 1775, folgen: »Es ist auch sehr wahrscheinlich, daß der erste des Hauses Taxis, dem wir die Erfindung der Posten in Deutschland zu danken haben, von der Einrichtung der Universität zu Paris großen Anlaß genommen hat«. Johann Heinrich Gottlob von JUSTI, System des Finanzwesens, Halle 1766, Kapitel »Von dem Postregal«, S. 98 f. Siehe dazu auch Auszüge in FZA Regensburg, HB, Collectanea von dem Postwesen 99.

[140] Auch noch weit in die Frühe Neuzeit hinein war das Botenwesen üblich, das nur eingeschränkt zu optimieren war. Siehe DALLMEIER, Quellen, Bd. 1, S. 51. Dallmeier betont, daß durch die Einführung des Relaissystems eine Verkürzung der Beförderungszeiten um ein Sechstel möglich wurde.

[141] Es handelt sich um die erste fest installierte Postlinie von Innsbruck nach Mecheln in den Niederlanden im Jahr 1490. Dieses Datum gab den Anlaß, in zahlreichen Ausstellungen und Publikationen 1990 der Anfänge der Post zu gedenken. Siehe die Literaturschau bei Heinz-Dieter HEIMANN, Postgeschichte und Geschichtswissenschaft. Ein Rückblick auf das »Postjubiläum 1490–1990« als Ausblick, in: Archiv für deutsche Postgeschichte 1993/1, S. 91–98, und in erweiterter Form ders., Neue Perspektiven für die Geschichte der Post. Zur Methode der Postgeschichte und ihrem operativen Verhältnis zur allgemeinen Geschichtswissenschaft in Verbindung mit einem Literaturbericht zum »Postjubiläum 1490–1990«, in: HZ 253 (1991), S. 661–674.

[142] Der Terminus »delegierter Staatsbetrieb« bei PIENDL, Das fürstliche Haus, S. 10, dazu ausführliche Literaturverweise bei BEHRINGER, Thurn und Taxis, S. 34–42. In ähnlicher Bewertung bei Konrad SCHWARZ, Die Entwicklung der deutschen Post, Ein Überblick, Berlin 1931, S. 26 f.

ihr Recht an, Posten anzulegen. Die Versuche des Kaisers, die Post zu monopolisieren, gipfelten in der Ernennung der Post zum »hochbefreiten kaiserlichen Regal« im Jahr 1597. Mit diesem Regal wurde das Haus Thurn und Taxis belehnt. Dieser Vorgang, die Klassifikation eines eher privaten Dienstleistungsbereichs als reichsrechtlich verankertes Privileg, das nur der Kaiser als Oberhaupt des Heiligen Römischen Reiches verleihen konnte, war von weitreichender Bedeutung für die Entwicklung des Hauses und »seiner« Post bis ins 19. Jahrhundert hinein. Daher können einige Sätze zum Rechtsbegriff des Regals sehr erhellend für die Post- und Hausgeschichte der Thurn und Taxis sein.

Im Mittelalter taucht der Begriff der Regalien (*iura regalia*) auf, der anfangs alle Hoheitsrechte des Königs bzw. Kaisers umfaßte.[143] Allmählich fand jedoch eine Übertragung bzw. Aneignung dieser königlichen Regierungs- und Nutzungsrechte zugunsten der Landesherren statt.[144] Dieser Prozeß läßt sich seit dem 13. Jahrhundert im Zuge des Ausbaus der Landesherrschaften ausmachen: Bereits in der Goldenen Bulle wurde den Kurfürsten das Salz-, Zoll- und Münzregal zuerkannt. Aus ehemals kaiserlichen Regalien waren landesherrliche geworden. In den kaiserlichen Wahlkapitulationen wurden ab dem 16. Jahrhundert den Reichsständen ihre Regalien, das heißt ihre Hoheitsrechte, zugesichert; eine endgültige Regelung zugunsten der Landesherren erbrachte schließlich der Westfälische Frieden.[145]

Diese Auseinandersetzung um die Qualität von Rechten, vor allem inwiefern sie kaiserlicher oder landesherrlicher Natur seien, wurde durch die Post neu belebt. Denn mit der erst im 16. Jahrhundert entstandenen Post war auch ein neues Regal entstanden, das sehr bald Kaiser und Landesherren gleichermaßen beanspruchten.[146] Der Weg, den Postverkehr zum Reichsregal zu erklären und dann als Reichslehen an Taxis zu vergeben, wurde bereits von Konrad Schwarz als ein Meisterstück kaiserlicher Politik angesehen.[147] Denn damit

---

[143] Siehe mit weiterführender Literatur W. WEGENER, der bereits eingangs feststellt: »Begriff und Funktion der Regalien sind von jeher in der juristischen Literatur umstritten. Ihr Wesen ist vielschichtig«. W. WEGENER, Art. »Regalien«, in: HRG, Bd. 4, 1990, Sp. 472–478.

[144] Besonders schwierig war auch, daß der Begriff im Mittelalter noch keine Unterscheidung von öffentlichen und privaten Rechten, damit auch nicht von eigentlichen Hoheitsrechten (wie Gerichtsbarkeit) und Nutzungsrechten beziehungsweise fiskalischen Rechten (wie Bergbau) kannte. Gerade bei der Diskussion um das Postregal sollte diese Unterscheidung eine wichtige Rolle spielen. Grundlegend dazu und zu den folgenden Ausführungen Hans Joachim ALTMANNSPERGER, Die rechtlichen Gesichtspunkte des Streites um das Postregal in den Schriften des 17. und 18. Jahrhunderts, Diss. jur. Frankfurt 1954.

[145] Im Westfälischen Frieden wurden den Landesherren ihre Rechte bestätigt, IPO Artikel VIII § 4. Siehe im Kontext der Post ALTMANNSPERGER, Postregal.

[146] Zusammenfassend zu den rechtlichen Bezügen siehe Adalbert ERLER, Art. »Post«, in: HRG, Bd. 3, 1984, Sp. 1834–1840. Grundlegend weiterhin ALTMANNSPERGER, Postregal, und komprimiert dazu ders., Ursprung und Entwicklung der staatlichen Alleinrechte auf dem Gebiet des Postwesens. Eine postrechtsgeschichtliche Betrachtung, in: Jahrbuch des Postwesens 19 (1969), S. 236–266.

[147] SCHWARZ, Entwicklung, S. 41.

waren die Interessen des Kaiserhauses Habsburg mit denen der Taxis aufs erfolgreichste miteinander verknüpft: Erstens war eine Staatspost, ausgeübt durch besoldete »Staatsbeamte«, wie sie sich in Frankreich etablieren konnte, aufgrund der Verfassungsstruktur des Reiches nicht vorstellbar. So aber wurde die Post zu einer reichsrechtlich legitimierten Institution erhoben, welche in kaiserlichen Mandaten und Wahlkapitulationen verankert war und auch unter dem Schutz des Reichserzkanzlers als *protector postarum* stand. Da man zweitens die Post »Ausländern«, den bereits als Postunternehmer bewährten Taxis, übergab, konnte man gewiß sein, daß diese weiterhin von der Gunst des Kaisers abhängig blieben und sich nicht auf die Seite einer möglichen antihabsburgischen Koalition der Landesfürsten schlagen würden. Außerdem hatte man die Postanstalten in den Erblanden der Habsburger vom Postregal ausgenommen; damit sicherte man sich die postalische Unabhängigkeit von der Reichspost, falls einmal ein Nicht-Habsburger Kaiser werden sollte. Drittens war die Übergabe eines Nutzungslehens für beide Seiten höchst vorteilhaft. Der Kaiser mitsamt seinem Regierungsstab hatte Anspruch auf die kostenfreie Brief- und Stafettenbeförderung, ohne sich um Erhalt und Ausbau des Postnetzes kümmern zu müssen. Der Generalpostmeister konnte bei geschickter Handhabung des Postverkehrs immense Gewinne abschöpfen und hatte dadurch Anreiz genug, die Postlinien weiter auszubauen. Zusammenfassend kann gesagt werden, daß es mit der Definition der Postanstalt als kaiserliches Regal und Lehen gelungen war, eine Reichsinstitution gegenüber den kommunal-städtischen Botensystemen und gegen landesherrliche Posten zu installieren. Das Ziel, eine allgemeine und ausschließliche kaiserliche Post zu etablieren und somit das Postmonopol im ganzen Reich auszuüben, ist indes nie erzielt worden. Städtische Botenkurse existierten weiterhin, und zahlreiche Reichsstände schufen ihre eigenen Landesposten oder versuchten dies zumindest immer wieder. Am Ende des Dreißigjährigen Krieges wurden verstärkt das kaiserliche Postmonopol und damit auch die Taxis als dessen Inhaber in Frage gestellt. Im Frieden von Osnabrück wurde noch keine Entscheidung gefällt. Die Regelung der Postverhältnisse blieb aber durchgängiges Thema der folgenden Wahlkapitulationen. Die einzige einschlägige Bestimmung des Westfälischen Friedens, »Immoderata postarum onera penitus tollantur«, rief weiterhin Widerspruch von landesfürstlicher Seite hervor. Kurfürst Friedrich Wilhelm von Brandenburg zum Beispiel begann, eine eigene Post zu betreiben.[148] Faktisch kam es ab den sechziger Jahren des 17. Jahrhunderts zu einem »Nebeneinander von Reichs- und Landesposten«.[149] Dabei entstanden

---

[148] Preußen konnte sich darauf berufen, in den Ländern außerhalb des Reichsverbands das Recht zu besitzen, Posten anzulegen. Eine dezidert propreußische Darstellung der rechtlichen Stellung und Schilderungen der Auseinandersetzung bietet Heinrich STEPHAN, Geschichte der preußischen Post: Von ihrem Ursprunge bis auf die Gegenwart; nach amtlichen Quellen, Berlin 1859.

[149] Die Landstände entnahmen dem Westfälischen Frieden, der die Postfrage offenließ,

verschiedene Postbereiche: Im Süden und Südwesten des Reichs dominierten die Thurn und Taxisschen Reichsposten. Außerdem hatte die Dynastie die finanziell und für den Transfer so wichtigen niederländischen Posten inne.[150] Ausgeschlossen vom Reichspostgeneralat und dem niederländischen Postgeneralat blieben jedoch die Posten in den habsburgischen Erblanden, die auch als Hofpost bezeichnet wurden.[151] Daneben dominierte im Norden die brandenburgische Post. Die Spannung zwischen Reichspost und Landesposten blieb ein Dauerthema in der Auseinandersetzung zwischen kaiserlicher und landesfürstlicher Macht.[152] Inmitten dieser Auseinandersetzungen stand das Haus Thurn und Taxis, denn schließlich war die kaiserliche Reichspost immer auch Thurn und Taxissche Post.

Mit dieser Feststellung ist jedoch wenig gewonnen, denn über das Verhältnis dieser beiden Bestimmungsmerkmale zueinander kann noch nichts ausgesagt werden. Aber gerade darin liegt der Schlüssel zur Charakterisierung dieser fürstlichen Familie und zur Darstellung des Handlungsraumes, den sie im Gefüge des Alten Reiches einnehmen konnte. Waren die Thurn und Taxis nur Befehlsempfänger Habsburgs und damit weisungsgebundene Verwalter der kaiserlichen Reichspost, oder waren sie selbständige Unternehmer, die ihre Thurn und Taxissche Postanstalt in den Dienst des Reiches gestellt hatten?

Um dieser Frage nachzugehen, gilt es, einen Blick auf die Organisation des Postbetriebs zu werfen.[153] Grundsätzlich war die Post durch ein dreistufiges

---

das Recht, den Postbetrieb zu übernehmen. Siehe Johann Stephan PÜTTER, Erörterungen und Beyspiele des Teutschen Staats- und Fürstenrechts, Erstes Heft: Vom Reichspostwesen, Göttingen 1790, S. 40–42, und zusammenfassend BEHRINGER, Thurn und Taxis, S. 96 f.

[150] Diese sogenannten niederländischen Posten oder auch das niederländische Postgeneralat blieben bis zu den Revolutionskriegen in den Händen der Thurn und Taxis. Zwar wurde es bei einem Herrscherwechsel zumeist gleichzeitig mit dem Reichspostgeneralat verliehen, blieb von diesem jedoch stets getrennt. Im Gegensatz zum Rechtscharakter der Reichspost wurden diese Posten in Pacht an den Fürsten gegeben.

[151] Auch in den Erblanden war der Postverkehr als delegierter Staatsbetrieb organisiert. Während der Frühen Neuzeit befand sich die habsburgische Hofpost hauptsächlich in den Händen der Grafen und Fürsten von Paar, wenngleich einzelne Linien (wie die Innsbrucker) auch von Mitgliedern der weitverzweigten Taxisschen Familie verwaltet wurden. Siehe dazu Rüdiger WURTH, Die Erblandpostmeister Paar. Drei Jahrhunderte postalisches Wirken, Familienwappen und Münzprägungen, Klingenbach 1987; und ders., Die Tiroler Taxis. Das Postlehen der Thurn und Taxis in Tirol und Vorderösterreich, Klingenbach 1990.

[152] Einzelne Landesherren versuchten jedoch auch noch im 18. Jahrhundert immer wieder, eigene Posten zu installieren und die Reichspost aus ihrem Gebiet zu verdrängen. Die reichspublizistische Auseinandersetzung hat detailliert nachgezeichnet ALTMANNSPERGER, Postregal.

[153] Über die Organisation der Reichspost sind wir nur sehr eingeschränkt informiert, vor allem was die Unternehmensstruktur betrifft. Hier wird die Habilitationsschrift von Wolfgang Behringer Wesentliches erbringen. Einen ersten zaghaften Versuch hat unter Zusammenfassung der älteren Literatur unternommen Richard NEU, Die Organisation der Thurn und Taxis Post. Eine Dokumentenanalyse, Diplomarbeit BWL Universität München 1985. Einzelne Bereiche schildert zusammenfassend BEHRINGER, Thurn und Taxis, in seinem Postkapitel. Weiterhin dazu unentbehrlich DALLMEIER, Quellen, und als Überblick Ernst SCHIL-

Organisationsmodell geprägt. Die oberste Leitung und Verantwortung lag beim jeweiligen Oberhaupt, dem Grafen bzw. seit 1695 dem Fürsten von Thurn und Taxis. Er hatte sozusagen die Richtlinienkompetenz zur Ausgestaltung des Postwesens inne und zeichnete damit auch für alle Postbelange verantwortlich, wie beispielsweise für bilaterale Verträge mit anderen Ländern und Postbereichen.[154] Natürlich hatte er auch den reibungslosen Ablauf des Postverkehrs zu verantworten, und aufgrund des lehenrechtlichen Verhältnisses übte er nicht nur die Aufsicht über seine Postbediensteten aus, sondern war auch ihr Gerichtsherr. Als Reichsgeneralpostmeister hatte er dementsprechend auch die Oberaufsicht über die sogenannten Oberpost- und Immediatpostämter und damit über die zweite Ebene der Postorganisation inne. Diese wichtigen Postämter bildeten die eigentlichen Schaltstellen des gesamten Postwesens. Ihre leitenden Direktoren waren dadurch die konkreten Gestalter und Organisatoren der Reichspost, sorgten für ihren Erhalt und Ausbau und hatten die Aufsicht über die untere Ebene, die einzelnen Poststationen und nachgeordneten Postexpeditionen. Einzelne Postämter waren über Generationen hinweg in den Händen einer Familie. Dies lag durchaus im Interesse des Fürsten von Thurn und Taxis wie auch des Kaisers. Denn somit war die Kontinuität im Postbetrieb gewährleistet, und es konnte schwerlich zu größeren Auseinandersetzungen bei der Ämterbesetzung kommen. Denn sowohl dem Kaiser als auch dem Reichserzkanzler als *protector postarum* war die Mitsprache bei der Personalbesetzung dieser wichtigen Postverwaltungen zugesichert. Dieses Mitspracherecht legitimierte sich durch den Rechtscharakter der Post als Reichsinstitution, eben als kaiserliche Reichspost. Auf der mittleren Verwaltungsebene zeigt sich am deutlichsten die Verschränkung bzw. Zwitterstellung von kaiserlicher und Thurn und Taxisscher Post. Denn die Reichspostmeister waren sowohl ihrem Dienstherrn, dem Fürsten von Thurn und Taxis, als auch dem Kaiser als oberstem Lehensherrn der Reichspost verpflichtet.[155] Vielfach waren darüber hinaus die Inhaber von wichtigen Postämtern, wie beispielsweise der Freiherr von Somigliano oder Mitglieder der Familie von Vrints, nicht nur Reichspostmeister, sondern gleichzeitig Residenten und damit bevollmächtigte Vertreter des Kaisers an ihrem Dienstort.[156]

LY, Verkehrs- und Nachrichtenwesen, in: Kurt JESERICH/Hans POHL/Georg-Christoph VON UNRUH (Hrsg.), Deutsche Verwaltungsgeschichte, Bd. 1, Stuttgart 1983, S. 448–467.

[154] Nachvollziehbar über die umfangreiche Edition bei DALLMEIER, Quellen, Bd. 2. Diese Kompetenz des Erbgeneralpostmeisters hat in der älteren (Thurn und Taxisschen) Postgeschichtsschreibung sehr häufig zu einer Verengung des Blickwinkels auf die regierenden Fürsten als Handlungsträger geführt.

[155] In ihren Korrespondenzen bezeichnen sich die verschiedenen Inhaber auch ausschließlich als »kaiserliche Postmeister«. Ebenso taucht, zumindest nach meiner Quellenkenntnis, die Bezeichnung »Thurn und Taxissche Post« vor 1806 äußerst selten auf, im Gegensatz zu Bezeichnungen wie »kaiserliche Reichspost«, »kaiserliche Poststation« etc.

[156] Rudolf FREYTAG, Die Postmeisterfamilie Somigliano. Ein Beitrag zur Postgeschichte Hamburgs und Nürnbergs, in: APT 50 (1922), S. 217–226. Dort zur Genealogie der Vrints,

Wie diese Organisationsstruktur zeigt, war die Post weder privates Unternehmen noch Staatsanstalt. In der Mischform eines »delegierten Staatsbetriebes« mußte sich seit der Verleihung des Postlehens immer wieder erweisen, ob entweder die Thurn und Taxissche oder die kaiserliche Seite das Postwesen hinsichtlich der Einfluß- und Entscheidungsmöglichkeiten dominieren konnte.

Die Post bot die finanzielle Grundlage, um der Dynastie Taxis auch außerhalb des Postbereichs einen Handlungsraum zu eröffnen. Der Versuch, nach der Erhebung in den Fürstenstand Grund und Boden zu erwerben, um die erreichte politische Stellung zu untermauern, macht dies deutlich. Die Inhaberschaft der Reichspost hatte zwar zur Rangerhöhung geführt, nicht jedoch zur Anerkennung durch die Mitstände. Die Post war, in der Logik einer Feudalgesellschaft, schließlich keine Basis für eine der ranghöchsten Positionen im Reich, auch wenn sie bedeutend mehr Revenuen abwarf als umfangreiche Ländereien. In diesem Zusammenhang lohnt es, auf einen weiteren Versuch einzugehen, das Wesen der Post zu definieren: Die Konstellation einer Thurn und Taxisschen-kaiserlichen Reichspost, so betonte im 19. Jahrhundert der Jurist Ulrichs, sei am ehesten zu greifen, wenn man die Post als Fürstentum verstehe, dessen Inhaber die Dynastie Taxis sei.[157] Im Gegensatz zu anderen Fürsten handle es sich im Fall Thurn und Taxis um ein freischwebendes, extraterritoriales Fürstentum. Denn ihr Fürstentum bestehe aus dem Recht, das Postwesen zu betreiben; ihnen gehörten verstreut im ganzen Reichsgebiet einzelne Posthäuser, und die Postmitarbeiter seien ihre Untertanen, denen gegenüber sie alle Justiz- und Disziplinargewalt innehätten. Ein Blick auf die staatsrechtliche Situation in manch einem Dorf des Heiligen Römischen Reiches, wo oftmals auf kleinstem Raum zahlreiche Oberherren verschiedene Rechte wie Justizgewalt, Besitzrechte, Zehntgerechtigkeit etc. besaßen, relativiert die Verwunderung über das Bestehen eines freischwebenden Fürstentums.[158] Außerdem enthält diese Definition einiges an Erklärungspotential, um das Reichspostlehen verstehen und vergleichen zu können. Beim Vergleich sind jedoch zwei wesentliche Einschränkungen zu machen. Im Gegensatz zu anderen Fürstentümern, auch kleineren wie im Südwesten des Reiches, hatte der kaiserliche Hof bei der Post vielfach direkte

---

S. 221. Ausführlicher zu den Somigliano im folgenden Kapitel; zu den anderen Postmeisterdynastien siehe Kapitel I.2.2.

[157] In dieser Beurteilung bei Karl ULRICHS, Das Deutsche Postfürstenthum, sonst reichsunmittelbar: jetzt bundesunmittelbar. Gemeinrechtliche Darstellung des öffentlichen Rechts des Fürsten von Thurn und Taxis als Inhaber der gemeinen Deutschen Post, Gießen 1861. Der Jurist Ulrichs hat hier eine beachtliche Analyse und zugleich ein Interpretationsschema zum Rechtscharakter der Reichspost geliefert, auf das in Kapitel I.4 beziehungsweise II.4 noch näher einzugehen sein wird. Ähnlich wird übrigens auch innerhalb der Wiener Ministerialkorrespondenz argumentiert: HHStA Wien, RK, Kleinere Reichsstände 519–520.

[158] Essayistisch anhand des fürstenbergischen Beispiels Thomas FRÖSCHL, »Das organisierte Chaos«. Lehnswesen und Feudalstruktur als Ordnungsprinzipien im Heiligen Römischen Reich, in: ELTZ/STROHMEYER, Fürstenberger, S. 39–44; außerdem André HOLENSTEIN, Die Huldigung der Untertanen. Rechtskultur und Herrschaftsordnung (800–1800), Stuttgart 1991.

Einflußmöglichkeiten. Allein schon die Personalpolitik wurde von Wien aus mitbestimmt. Und am Kaiser lag es, das Postmonopol immer wieder in Privilegien und Mandaten zu sichern. Die Thurn und Taxis waren damit in viel stärkerem Maße dem Haus Habsburg verpflichtet als andere Fürsten im Südwesten des Reichs, welche auch zur habsburgischen Klientel zählten. Im Gegensatz zu den durch die Reichsverfassung gesicherten Rechten der Landesfürsten war das Postfürstentum immer wieder realen Bedrohungen ausgesetzt. Hannover beispielsweise zählte seit dem Westfälischen Frieden zu den traditionellen Gegnern der Reichspost und versuchte, einzelne Postämter aus seinem Hoheitsgebiet zu verdrängen. Ähnliches gilt hinsichtlich einzelner Strecken auch für die städtischen Botenanstalten. Allein deshalb konnten sich die habsburgischen Kaiser der »Treue und Anhänglichkeit«[159] ihrer Postfürsten gewiß sein, denn es bedurfte sehr oft des kaiserlichen Schutzes gegen Konkurrenten, um zumindest in großen Teilen des Reiches das erklärte Postmonopol durchzusetzen. Um so überraschter wird man nicht nur in Wien reagiert haben, als sich der Generalpostmeister in der österreichischen Erbfolgekrise auf die antihabsburgische Seite schlug. Aber gerade in dieser Neuorientierung zeigt sich der Handlungsspielraum, den die Fürsten von Thurn und Taxis wahrnehmen konnten und mußten, dessen Wahrnehmung sie aber auch in eine gefährliche und existentielle Krise brachte.

2.3. Die einschneidende Krise als genutzte Chance

Im Mächtespiel der Dynastien Europas hatte das Haus Habsburg im Jahr 1740 keine guten Karten. Karl VI. war am 20. Oktober gestorben, und es war kein männlicher Nachfolger vorhanden, der die Herrschaft in den Erblanden hätte antreten und die Nachfolge auf dem Kaiserthron hätte anstreben können. Der Österreichische Erbfolgekrieg ließ naturgemäß auch das Reich und mit diesem das Reichspostamt nicht unberührt.[160]

Ebenso überraschend wie der Kaiser war ein Jahr zuvor der zweite Fürst von Thurn und Taxis gestorben. Sein Sohn Alexander Ferdinand übernahm die Nachfolge und bezog nun endgültig mit seiner Familie und seinem Personal das neuerrichtete Palais in Frankfurt.[161] Da noch kein neuer Kaiser gewählt war, bat der Fürst die Reichsvikare, ihm das Lehen des Generalerbpostmeisteramtes zu

---

[159] So eine der zahlreich vorkommenden Devotionsformeln, mit denen das Haus Taxis seine Verbundenheit und Dankbarkeit gegenüber dem Kaiserhaus ausdrückte. Vor allem häufig wiederkehrend in HHStA Wien, RK, Kleinere Reichsstände 520 und Reichsakten in specie 21–26.

[160] Zusammenfassend zur Person und Politik des wittelsbachischen Kaisers Karl VII. siehe Peter Claus HARTMANN, Karl Albrecht. Glücklicher Kurfürst, unglücklicher Kaiser, Regensburg 1995.

[161] LÜBBECKE, Palais, S. 397, betont, daß unter Alexander Ferdinand ein Einstellungswandel zu verzeichnen sei: »Zum ersten Mal beteiligte sich durch ihn das Haus Thurn und Taxis am großen politischen Spiel«.

verleihen. Als »fürsehere und vicarii« des Reiches bestätigten die Kurfürsten Karl Albrecht von Bayern und Karl Philipp von der Pfalz mit Urkunde vom 5. September 1741 dem Fürsten Alexander Ferdinand das Lehen des Generalerbpostmeisteramts in der Form, wie es von Kaiser Matthias 1615 erstmals vergeben und jüngst vom letzten Kaiser Karl VI. bestätigt worden war.[162] Spätestens bei diesem Anlaß war der Fürst von Thurn und Taxis mit dem bayerischen Kurfürsten Karl Albrecht in Berührung gekommen, der sich um die Kaiserkrone bewarb. Der Fürst mußte sich nun entscheiden, ob er sich auf dessen oder auf die Seite der Habsburger stellte. Einerseits war das Haus Habsburg von Beginn an der Förderer und Seniorpartner des Hauses Taxis gewesen. Durch die Verbindung mit der *Casa d'Austria* war man vom einfachen Hofbediensteten zur Fürstenwürde aufgestiegen. Außerdem hatte man das niederländische Postgebiet aus den Händen Habsburgs zur Pacht empfangen. Andererseits aber war das Generalpostmeisteramt ein kaiserliches, nicht ein habsburgisches Lehen, und somit war man kaiserlicher, nicht habsburgischer Postmeister. Spätestens jetzt mußte das Haus Thurn und Taxis beweisen, was es so oft im publizistischen Kampf gegen Postanstalten der Reichsstädte und Landesherren betont hatte: Die Reichspost war in erster Linie eine Institution des Reiches.[163] Daher kann letztlich die Entscheidung, sich auf die Seite des künftigen Kaisers zu schlagen, trotz aller »Anhänglichkeit an das Erzhaus Österreich« nicht verwundern. Im Gegensatz zu vielen kleineren Reichsfürsten, die sich sehr vorsichtig und abwartend verhielten, hat sich Thurn und Taxis frühzeitig und eindeutig auf die Seite des wittelsbachischen Anwärters auf den Kaiserthron begeben. Der unter größtem finanziellen Druck stehende Karl Albrecht nahm die Hilfe des Postfürsten gerne an.[164] Fürst Alexander Ferdinand hat aller Wahrscheinlichkeit nach ganz wesentlich die Wahl des Wittelsbacher finanziell unterstützt; in welchem

---

[162] Lehenbestätigung durch die Reichsvikare vom 5. September 1741. FZA Regensburg, Posturkunden 241. In einer gesonderten Urkunde bestätigte für die sächsischen Reichsteile Friedrich August von Sachsen am 13. November 1741 das Lehen, siehe FZA Regensburg, Posturkunden 242.

[163] Dieser Koalitionswechsel des Hauses Taxis wurde bisher noch nicht eingehend untersucht. Damit fehlt auch eine Analyse des Selbstverständnisses und der Fremdwahrnehmung der Post als Reichsinstitution. Da jedoch Rechtsgelehrte wie Johann Jacob Moser im Wechsel der Kaiserkrone ein Zeichen für das reale Fortbestehen der Wahlfreiheit sahen, darf angenommen werden, daß gerade diesem Argument für die Thurn und Taxis hohe Bedeutung zukam. Siehe dazu Volker PRESS, Das Wittelsbachische Kaisertum Karls VII. Voraussetzungen von Entstehung und Scheitern, in: Andreas KRAUS (Hrsg.), Land und Reich, Stamm und Nation. Probleme und Perspektiven bayerischer Geschichte. Festschrift Max Spindler, Bd. 2: Frühe Neuzeit, München 1984, S. 201–234, hier: S. 201 f. Zum publizistischen Kampf siehe weiterhin ALTMANNSPERGER, Postregal.

[164] Zur bedrängten Lage des Kurfürsten und Kaisers siehe PRESS, Kaisertum Karls VII., außerdem die Tagebuchaufzeichnungen Karls VII.: Karl Theodor von HEIGEL, Das Tagebuch Kaiser Karl's VII. aus der Zeit des österreichischen Erbfolgekriegs, nach dem Autograf herausgegeben, München 1883. Der Kaiser berichtet vor allem von der militärisch wie finanziell ruinösen Lage und wie er trotzdem beim Einzug in Frankfurt, bei dem ihn der Fürst von Taxis begleitete, frohe Miene zum aussichtslosen Spiel machen mußte. Ebenda, S. 48 f.

Umfang, ließ sich bisher nicht ausmachen, auch wenn über eine Summe in Millionenhöhe spekuliert wurde.[165] Zumindest sprechen die hohen Schuldzinsen, wie sie zur Mitte des Jahrhunderts in den Rechnungsbüchern auftauchen, dafür.[166] Natürlich hoffte man dabei auch auf die Konsolidierung der eigenen Position und ließ sich in der Folge im Gegenzug die Postrechte und darüber hinaus weitere Unterstützung zusichern.

Am 24. Januar 1742 wurde der Wittelsbacher Karl Albrecht einstimmig zum römisch-deutschen Kaiser gewählt. Als er bald darauf seinen Krönungszug nach Frankfurt antrat, begleitete ihn der Reichspostmeister nebst einer Reihe von Postillionen höchstpersönlich.[167] Karl Albrecht bat den Fürsten, als sein persönlicher Begleiter voranzureiten, um seine Ankunft der Stadt Frankfurt anzuzeigen, wo auf dem Römerberg bereits zum Einzug 40 Postillone und mehrere Postmeister »in der kaiserlichen gelben Livrée mit schwarzen Aufschlägen« postiert waren.[168] Deutlicher hätte die gute Beziehung zum neuen Kaiser nicht veranschaulicht werden können als in diesem Akt. Vor allem war dies ein Zeichen zeremonieller Kontinuität, da dieser Einzug auch von den Habsburgern anläßlich der Krönungsfeier praktiziert worden war. Thurn und Taxis unterstützte den Wittelsbacher aber nicht nur in seiner Funktion als Reichsoberhaupt. Es ging ganz konkret um die Hausinteressen des neuen Kaisers, als ihm der Fürst ein Dragonerregiment finanzierte und zur Verfügung stellte, eine sowohl ökonomisch als auch militärisch nicht unbedeutende Unterstützung.[169] Das gu-

---

[165] Siehe dazu das ausführliche Zitat bei Martin DALLMEIER/Martha SCHAD, Das Fürstliche Haus Thurn und Taxis. 300 Jahre Geschichte in Bildern, Regensburg 1996, S. 44, aus dem historischen Roman *Concordia* von Hermann SCHMID: »Vielleicht holt Carl VII. sein Geld aus dem gewissen Palais in der Eschenheimergasse! Was meint der Herr damit? Meint er das Palais vom Fürsten Taxis? Was sonst! Der Fürst hilft nun aus, sagen sie, der hat den Namen nicht umsonst, der weiß, was die Tax' ist!«.

[166] LÜBBECKE, Palais, S. 397–399, geht davon aus, daß die Aufwendungen für Zinsendienst in Höhe von 60 000 fl. im Jahr 1744 wohl hauptsächlich als Abtragung der Wahlhilfe für Karl VII. zu verstehen sind.

[167] »Es hatten hochdieselbe [fürstliche Durchlaucht] zum Zeichen dero Reichs-Erb-Amts-Verrichtung ein Posthorn anhangen, und von dero Suite waren die Postofficianten und Posthaler in der Reichsmontur, nemlich einem gelben Rock mit schwarz-sammetnen mit Gold bordirten Aufschlägen und einer schwarzen sammetnen Weste [...] gekleidet«. Bericht über den Einzug des Kaisers Karl VII. Zitiert nach Bernhard FAULHABER, Geschichte des Postwesens in Frankfurt am Main nach archivalischen Quellen, Frankfurt a. M. 1883, ND Leipzig 1973, S. 114–116. Zu diesem Werk ist dasselbe anzumerken wie oben zu LÜBBECKE, Palais. Da zahlreiche Bestände im Stadtarchiv Frankfurt im Jahr 1944 untergegangen sind, können die dort vorgelegten Quellenzitate noch einiges zur Thurn und Taxisschen Geschichte in Frankfurt vermitteln. Ein weiterer Beleg bei HEIGEL, Tagebuch, S. 48.

[168] FAULHABER, Geschichte, S. 114–116, betont in diesem Zusammenhang, daß Postillione im 18. Jahrhundert gerne zur Gestaltung von feierlichen Einzügen und dergleichen herangezogen wurden.

[169] Dieses Dragonerregiment blieb über das Intermezzo des Wittelsbachers auf dem Kaiserthron hinaus bestehen. Siehe dazu »Gehorsamster kurzer Vortrag, was es mit dem fürstlich taxischen Kavallerie-Regiment für einen Ursprung, und welche Verhältnisse habe« von Re-

te Verhältnis des Postfürsten zu Karl VII. und somit zur antihabsburgischen Partei wurde verständlicherweise in Wien mit Verärgerung aufgenommen. Auf einen Tiefpunkt gelangte das Verhältnis Alexander Ferdinands zu Österreich schließlich im Sommer des Jahres 1742. Als Karl VII. einen Prinzipalkommissar, das heißt einen Vertreter am aufgrund der Kriegswirren von Regensburg nach Frankfurt verlegten Reichstag suchte, fiel seine Wahl auf den Fürsten Thurn und Taxis. Als Maria Theresia von der mündlichen Zusage Alexander Ferdinands erfuhr, gab sie, maßlos verärgert, dem Gouverneur der Niederlande den Auftrag, den gerade in Brüssel befindlichen Fürsten zu inhaftieren.[170] Erst diplomatische Verhandlungen und vor allem die Intervention des Mainzer Erzkanzlers halfen, die Wogen allmählich zu glätten; außerdem hatte man in Wien andere Sorgen, als sich um den ehemals treuen Postfürsten und Postpächter zu kümmern.

Die Koalition mit dem Haus Wittelsbach brachte den Thurn und Taxis zahlreiche Vorteile, die zweifelsohne alle finanziellen Zuwendungen aufwogen. Mehrfach unterstützte Karl VII. mit kaiserlicher Autorität seinen Postfürsten. Im Oktober 1742 versicherte er anläßlich einer Regelung der kostenfreien Beförderung aller kaiserlichen Korrespondenz, daß er den Generalpostmeister nicht entgegen der Reichskonstitution belasten, sondern im »unabbrüchigen genuß« der Freiheiten und Rechte belassen wolle.[171] Nachdem der wittelsbachische Kaiser in Art. 28 § 4 seiner Wahlkapitulation zugesichert hatte, den Fürsten von Taxis in seinem Amt als Generalpostmeister zu bestätigen, stellte er am 19. Februar 1743 offiziell den Lehenbrief aus. Ganz in der kaiserlichen Tradition stehend, nahm er dabei Bezug auf die erste Investitur von 1615 und bestätigte das Lehen in der Form, »wie es Carl VI. an Anselm Franz von Thurn und Taxis verliehen« hatte.[172] Ebenfalls in der kaiserlichen Tradition stand Karl VII., als er verschiedene kaiserliche Mandate zugunsten der kaiserlichen Post erneuerte, so das Patent zur Unterstützung der Post durch Unterhalt der Straßen und Wege, die Reichspostordnung, die Verbote von Übergriffen auf das Postpersonal und des Nebenbotenwesens.[173] Ein weiterer Schritt zur Presti-

---

ferendar Krenner vom 4. Juli 1799. BHStA München, MA 5558. Außerdem Josef OBPACHER, Das königlich bayerische Chevaulegers-Regiment Taxis, München/Regensburg 1926.

[170] In ähnlicher Weise erfuhr Fürst Joseph (Wilhelm Ernst) von Fürstenberg (-Stühlingen den Zorn der Kaiserin. Als sich der Prinzipalkommissar unter Karl VI. während des Interregnums dem Wittelsbacher zur Verfügung stellte, ließ Maria Theresia die Güter seiner Frau in Böhmen kurzerhand unter Sequester stellen. Zur Inhaftierung des Fürsten Taxis siehe Rudolf FREYTAG, Das Prinzipalkommissariat des Fürsten Alexander Ferdinand von Thurn und Taxis, in: Jahrbuch des Historischen Vereins Dillingen 25 (1912), S. 250–274, vor allem S. 256 f. In gleicher Bewertung bei Claudia HELBOK, Die Reichspost zur Zeit Kaiser Karls VII, in: APB 16 (1940), S. 61–68. Unter Inhaftierung ist hier zu verstehen, daß es durch den Statthalter untersagt wurde, die Stadt zu verlassen.

[171] Erlaß Karls VII., das Brieffreitum betreffend, 17. Oktober 1742, mit einer Liste als Anlage, welche Personen dies umfaßt. FZA Regensburg, Posturkunden 243.

[172] Lehenbrief vom 19. Februar 1743. FZA Regensburg, Posturkunden 244.

[173] Bestätigung der Reichspostordnung und Erneuerung verschiedener Mandate zum

gesteigerung war die offizielle Übernahme des Prinzipalkommissariats, denn mit diesem Amt war der Fürst Vertreter des Reichsoberhaupts. Auch gegenüber der Stadt Frankfurt, welche lange Zeit gegen die Niederlassung der Thurn und Taxis opponiert hatte, konnte man nun dieses Amt ins Spiel bringen.[174] Am 2. Juli 1744 erfüllte Karl VII. schließlich sein Wahlversprechen noch in einer weiteren Hinsicht. Er erhob das Lehen des Reichsgeneralpostamtes zu einem fürstlichen Reichs- und Thronlehen (*feudum regale majus et coram throno caesareo*) und verlieh es Alexander Ferdinand und dessen »männlichen Leibeserben und seinem gesamten fürstlichen Haus auf ewige Zeiten«. Damit war das Lehen, das zuvor nur vom Reichshofrat verliehen wurde, gleichgestellt mit den höchsten Reichslehen und war »fürohin throno caesareo zu empfangen«, also direkt vom Kaiser in Empfang zu nehmen. Der Fürst hatte selbst um diese Aufwertung seines Lehens gebeten und führte als Argumente die vornehme Herkunft, die Verdienste um das Reichspostwesen und die bisherigen Rangerhöhungen an.[175] Die Aufstiegsgeschichte der Familie Thurn und Taxis unter den Fittichen des kaiserlichen Doppeladlers war um ein weiteres Kapitel ergänzt worden. Als ein kaiserliches Thronlehen war das Postinstitut nunmehr Lehen gleichgestellt, die umfangreiche Fürstentümer umfaßten. Damit und nicht zuletzt auch mit dem ehrenvollen Amt des Prinzipalkommissars war das Haus Taxis ein Stückchen weiter aufgerückt zu den vornehmsten Geschlechtern des Reiches.

Im Jahr der Erhebung zum Thronlehen folgten weitere wesentliche Unterstützungen, die vor allem die Postbereiche betrafen. Übergriffe auf das kaiserliche Postgebiet waren weiterhin vorgekommen. Beispielsweise versuchten einige Landesposten an zentralen Stellen eigene Postämter zu errichten, um damit auf ähnlichen Routen ihre Post betreiben zu können. Längerfristiges Ziel war dabei natürlich, das Thurn und Taxissche Postmonopol zurückzudrängen. Hier half der Kaiser mit vehementer Kritik und konkretem Einschreiten. Sogar langgehegte Pläne des Generalpostmeisters konnten verwirklicht werden, so beispielsweise die Errichtung einer eigenen Poststation in Rom, welche die alte Nebenlinie der Thurn und Taxis ausschalten wollte. Vielleicht wäre auch ein weiteres Unternehmen geglückt, nämlich der Gewinn von Teilen der Post in den österreichischen Gebieten.[176] Aber da starb der Wittelsbacher auf dem Kaiserthron.

Schutz der kaiserlichen Reichspost, 24. April 1744. FZA Regensburg, Posturkunden 245–250.

[174] Zu dieser Auseinandersetzung siehe mit verschiedenen Beispielen FAULHABER, Geschichte, S. 116–127. Der Kaiser griff auch hier selbst ein und warf seine Autorität zugunsten des Postfürsten in die Waagschale.

[175] Der Fürst hatte bei seiner Bitte angefügt, »daß sein geschlecht [...] aus einem derer ältesten italiänischen häußern abstamme, [...] nach Teutschland gekommen und allda um das reichspostwesen mittels aufwendung großer kosten aus ihrem eigenen vermögen sich dergestalt verdient gemacht«. FZA Regensburg, Posturkunden 251. In Kopie in HHStA Wien, RK, Kleinere Reichsstände 519. Siehe dazu ausführlicher Kapitel I.1.

[176] Neben der römischen Postlinie hatte man weitere Ziele ins Auge gefaßt, um das Post-

Der Frontenwechsel der Thurn und Taxis war in Wien natürlich nicht vergessen, als sich abzeichnete, daß Franz Stephan von Lothringen, der Gemahl Maria Theresias den Kaiserthron einnehmen würde. Daher konnte man sich der Unterstützung durch den künftigen Kaiser nicht sicher sein, obwohl man sie dringend benötigte. Denn zahlreiche Reichsstädte und verschiedene Landesherren witterten sofort eine Möglichkeit, die Auseinandersetzungen um das Postmonopol für sich zu entscheiden, als die schützende Hand des Kaisers überraschend weggefallen war. Daher galt es vor allem, bei den Verhandlungen um die Wahlkapitulation das Postmonopol zu sichern.

Am 20. August 1745 wandte sich der Fürst von Thurn und Taxis in diesem Zusammenhang an den designierten Kaiser und verwies bereits eingangs auf die Unterstützung des Hauses Habsburg seit Angedenken: »Euer Königl[ichen] Majestät Allerglorwürdigsten VorEltern in dem Kayserthumb hat meine Familie lediglich allerunterthänigst zu danken, daß das Kays[erliche] GeneralReichs-PostmeisterAmbt derselben als ein Kayserl[iches] Reichslehen aufgetragen« und »nicht allein belehnet, sondern auch solches als Ein der Kayserl[ichen] Majestät angehöriges fürnehmbstes Kleynodt, so Viel nur immer möglich war [...] aufrecht [...] erhalten« worden sei. Deshalb bat der Fürst eindringlich, um die »Conservation des General-Reichs-Postmeister-Ambts« durch einen entsprechenden Passus in der nunmehr zu beratenden Wahlkapitulation.[177] Die Wahlbotschafter, so entnimmt man der Überlieferung der Reichskanzlei, hatten wieder einiges zu tun, um die Angriffe von landesherrlicher und reichsstädtischer Seite abzuwehren.[178] Diese Angriffe verstummten auch nach der Verankerung der Post in der neuen Wahlkapitulation nicht, und nur dank der massiven Unterstützung durch den kaiserlichen Hof konnte das Reichspostgeneralat »in seinem esse« erhalten bleiben.[179] Habsburg leistete vielfach Konsolidierungshilfe: Bereits ab 1746 erfuhr das Reichspostwesen eine Absicherung durch die Erneuerung all der Patente, Ordnungen etc. zum Schutz der Reichspost, welche den Generalpostmeister seit der Regierung Leopolds I. gegen Konkurrenz schützten.[180] Der kaiserliche Hof begnügte sich jedoch nicht mit einem Passus in der Wahlkapitulation und kaiserlichen Mandaten. Der Postverkehr wurde im-

---

monopol auszubauen. Ihre Verwirklichung scheiterte nach der Interpretation Helboks am frühen Tod des Kaisers. HELBOK, Reichspost, S. 61–68.

[177] HHStA Wien, Reichsakten in specie 21, Konv. 1, fol. 83.

[178] Zu den zum Teil massiven Forderungen der Stände nach Beteiligung am Postverkehr siehe beispielsweise einen »Summarische[n] Extract«, dem zu entnehmen ist, wie die Forderungen der Stände aussahen: Vorschlagsrecht für Postbedienstete, Oberaufsicht bei Postämtern, Beteiligung am Überschuß etc. HHStA Wien, Reichsakten in specie 21, Konv. 2, fol. 143 f. Siehe auch exemplarisch die Beschwerden der freien Reichsstadt Köln. HHStA Wien, Reichsakten in specie 21, Konv. 1, fol. 90–93.

[179] So die immer wiederkehrende Formel zum Postwesen in den Wahlkapitulationen.

[180] Dazu zählen wie immer die Anordnungen, die Straßen für die Posten bereitzustellen, das Verbot von Übergriffen gegen Postbedienstete, ebenso gegen Nebenboten etc., ausgestellt von Kaiser Franz I. am 3. Mai 1746. FZA Regensburg, Posturkunden 252–258.

mer wieder zur »Chefsache« erhoben. Die direkte Einflußnahme auf die Reichspost wird durch verschiedene Aktionen greifbar, so als Staatskanzler Ulfeld sich in einem Zirkular von 1746 direkt an alle Postmeister in den »Städten unter kaiserlicher Herrschaft« wandte und ihnen unter Androhung der Entlassung verbot, Rechnungen oder Einnahmen an französische Delegierte auszuhändigen.[181] Allgemein kann in diesem Zusammenhang gesagt werden, daß es zu einer stärkeren Zusammenarbeit zwischen Staatskanzlei und Reichskanzlei in Postsachen kam.[182] Das verstärkte Interesse des kaiserlichen Hofes an einem funktionierenden Brief- und Nachrichtensystem ließ das Interesse an der Reichspost und deren Inhaber Thurn und Taxis neu aufleben, worauf noch einzugehen sein wird. Die offizielle und sichtbare Aussöhnung zwischen Habsburg und Thurn und Taxis war abzulesen an der Belehnung mit dem Reichsgeneralpostmeisteramt. Kaiser Franz knüpfte bezüglich Form und Inhalt an die Tradition der früheren Belehnungen, von der ersten unter Kaiser Matthias 1615 bis zur jüngsten unter dem Wittelsbacher Karl VII., an. Als Vertreter des Fürsten von Thurn und Taxis leistete dabei »der bevollmächtigte Gewalthaber Franz Michael Florens Fr[eiherr] von Lilien« den Eid bei der Belehnung mit dem Generalerbpostmeisteramt im Reich und in den Niederlanden am 20. Mai 1747. Bereits im Januar war von ihm der Lehenrevers ausgestellt worden, und sein Name taucht ebenfalls bei zentralen Postverhandlungen auf.[183] Damit fällt der Blick auf einen Mann, der die Thurn und Taxissche Geschichte im 18. Jahrhundert ganz wesentlich bestimmte und der an dieser Stelle kurz vorgestellt werden soll.[184]

Franz Michael Florenz Freiherr von Lilien (1696–1776) entstammte einer alteingesessenen Ratsherrenfamilie, die aufgrund des »Erbsälzeramtes« zu Werl über weitreichende Beziehungen verfügte. Darin mag wohl der Grund liegen, daß der älteste Sohn Eingang beim Fürstenhaus Thurn und Taxis fand und dadurch der Kontakt zur Reichspost aufgebaut werden konnte.[185] Möglicherweise

---

[181] Staatskanzler Ulfeld an die Postmeister im Reich, 12. März 1746. FZA Regensburg, Posturkunden 252.

[182] Dies läßt sich sehr gut aus dem Bestand HHStA Wien, Reichsakten in specie 21–26 (darin der umfangreiche Briefwechsel zwischen Staatskanzler Kaunitz und Reichsvizekanzler Colloredo) ersehen. Darauf wird noch näher eingegangen in Kapitel I.4.1.

[183] Die Belehnungsurkunde in FZA Regensburg, Posturkunden 259, der Lehenrevers dazu ebenda, Postakten 2259. Außerdem die Nachweise zu der Tätigkeit Liliens bei DALLMEIER, Quellen, in den entsprechenden Regesten zur Mitte des 18. Jahrhunderts.

[184] Eine ausführlichere Würdigung folgt in Kapitel I.2. Aber auch wenn Lilien vor allem in der zweiten Hälfte des 18. Jahrhunderts für die Reichspost wichtig sein sollte, war sein wichtigstes Verdienst, das Haus Thurn und Taxis nach 1745 konsolidiert und mit Habsburg ausgesöhnt zu haben.

[185] Siehe zu dieser Familie Heinrich Mathias KRUCHEM, Die Freiherrn von Lilien und die Post des Heiligen Römischen Reiches Deutscher Nation. in: Ders., Die Brücke der Erbsälzer. Europäische und westfälische Postdokumentation 1600–1900, Werl 1975, S. 9–77. Leider lassen sich nur in eingeschränktem Umfang einige Angaben zu den Personalia in den Akten finden. Siehe aber grundsätzlich FZA Regensburg, PA 5531–5533.

kam er bereits als Page an den Hof der Fürsten von Thurn und Taxis.[186] Sicher ist jedoch, daß er schon in jungen Jahren in die Dienste des Oberpostamts Nürnberg eintrat. Dort erwarb er sich sein postalisches und wohl auch juristisches Wissen, das zum Aufstieg in der Postverwaltungshierarchie und schließlich zur Leitung des Postamts führte. Bereits ab den dreißiger Jahren des 17. Jahrhunderts wird er in Verhandlungsakten als »Oberpostamtsdirektor zu Nürnberg« bezeichnet. Lilien erwies sich als so geschickt in der Organisation dieses wichtigen Postamts, daß er über seinen eigentlichen Aufgabenbereich hinaus häufig zu Missionen im Auftrag der Reichspost herangezogen wurde. Ende der dreißiger Jahre verhandelte er wegen diverser Postlinien als Bevollmächtigter des Fürsten, so z. B. zu Maaseik und mit den Fürsten von Nassau.[187] Kurze Zeit später unterzeichnete Lilien Verträge zwischen Amsterdam und dem niederländischen Postgeneralat, außerdem zwischen Frankreich und der Reichspost zur Regelung der gegenseitigen Postverhältnisse.[188]

Seine Ernennung zum Thurn und Taxisschen Geheimen Rat war daher nur konsequent. Denn es läßt sich erkennen, daß er nicht nur zu Verhandlungen berufen wurde, die postalischer Natur im engeren Sinne waren, sondern mehr und mehr auch als Vertreter in hauspolitischen Angelegenheiten fungierte. Neben zahlreichen Postgeschäften[189] dürfte auch die Annäherung an Bayern unter Karl Albrecht zum guten Teil sein Werk gewesen sein.[190] Auch während des wittelsbachischen Intermezzos wurden einige Pläne Liliens verwirklicht, der damit die Politik des Fürstenhauses Thurn und Taxis wesentlich bestimmte. Und schließlich war es zweifellos nicht zuletzt jener Lilien, der eine

---

[186] Nach Angaben Klockes war er als Page und später als Hofmarschall am Hof des Fürsten tätig. Zumindest in den Manuskripten zur Pagerie finden sich keine Hinweise darauf. Siehe FZA Regensburg, Freytagiana 126. Friedrich von KLOCKE, Das Patriziatsproblem und die Werler Erbsälzer, Münster 1965.

[187] Siehe dazu die Übereinkunft vom 4. September 1738 zwischen den Postämtern Maaseik beziehungsweise Dordrecht (FZA Regensburg, Postakten 5105) und die Klärung der Stellung der Reichspost in den nassauischen Landen im Vertrag vom 5. November 1740 (ebenda, Posturkunden 388).

[188] Hier ging es jeweils um die gegenseitigen Postverhältnisse, vor allem um finanziell wichtige Transitwege beziehungsweise die Übergabe der Felleisen. Vertrag mit Amsterdam vom 1. Oktober 1740 (FZA Regensburg, Posturkunden 930) und mit Frankreich vom 18. November 1740 (ebenda, Posturkunden 828).

[189] Folgende Verhandlungen mit Vertragsabschlüssen (und den Überlieferungen im FZA Regensburg) sind zu erwähnen: Vertrag zwischen Frankfurt und Brandenburg(-Ansbach) (10. November 1742, Posturkunden 570), Postvertrag mit Kurpfalz (31. Oktober 1743, Posturkunden 677) und mit Baden-Baden (26. November 1743, Posturkunden 490), Vertrag zwischen der Reichspost und der Fischerpost zu Bern (26. November 1743, Postakten 4817), außerdem Verträge wegen Postverbindungen zwischen Nürnberg und Brandenburg-(Ansbach) (20. April 1744, Posturkunden 571) und mit Hessen-Darmstadt (21. Mai 1744, Posturkunden 320).

[190] So bei HELBOCK, Reichspost, S. 61–68, welche sich der Interpretation anschließt, die Heinrich HARTMANN, Über schwarze Kabinette und ihren Zusammenhang mit der Taxisschen Post in Bayern, in: APG 1 (1925), S. 68–78, vorgelegt hatte. Siehe auch die Hinweise bei FREYTAG, Prinzipalkommissariat, S. 250–274, vor allem S. 258.

Aussöhnung zwischen dem habsburgischen Kaiserhaus und dem Haus Thurn und Taxis bewerkstelligte, wie dies sein Sohn und Nachfolger in Postgeschäften zu Recht betonte.[191] Aufgrund dieser Verdienste gelang es ihm, seine Position auszubauen, er wurde zum Scharnier zwischen Thurn und Taxis und Habsburg und leitete somit auch in der zweiten Hälfte des Jahrhunderts die Geschicke der Reichspost.

Zur Profilbestimmung des Fürstenhauses Thurn und Taxis interessiert Freiherr von Lilien jedoch vor allem im Gefüge der Verwaltungsorganisation. Denn in seinem bisher skizzierten Lebenslauf spiegeln sich einige grundlegende Strukturmerkmale: Der Einstieg in den höheren Postdienst wurde üblicherweise schon von der Elterngeneration vorbereitet, sofern nicht durch Vererbung, so doch durch gute Beziehungen. Die Bewährung in Organisation und Ausbau eines Oberpostamtes, zuerst als Offiziant, dann als Direktor bzw. Postmeister, führte nicht selten zum näheren Kontakt zur Fürstenfamilie und bisweilen schließlich gar zur obersten Leitung des gesamten Postwesens. Eine völlige Trennung zwischen den eigentlichen Postgeschäften und den eher inneren Angelegenheiten des Hauses läßt sich dabei zur Mitte des 18. Jahrhundert nicht ausmachen. Dies zeigen exemplarisch die verschiedenen Tätigkeitsbereiche und Ämter des Freiherrn von Lilien. Er war mit Hausangelegenheiten betraut, übte eine gewisse Zeit auch das Amt des Hofmarschalls aus, war aber gleichzeitig in Postangelegenheiten, im Namen seines Postbereiches oder auch allgemein im Interesse der Reichspost, unterwegs. Schließlich agierte er sehr selbständig am Wiener Hof, um die Bande zwischen den Thurn und Taxis und dem alten, seit 1745 auch wieder neuen Kaiserhaus Habsburg zu knüpfen. Das war kein einfaches Unterfangen für den Freiherrn, denn die Aussöhnung mit der Hofburg war sicherlich schwieriger, als es rückblickend erscheint. Sein Name taucht dabei vor allem in einem Zusammenhang auf, der bezüglich der Geschichte des Hauses Thurn und Taxis um 1745 bisher völlig vernachlässigt wurde, nämlich beim Aufbau eines österreichischen Spionagesystems.

Die Geschichte der Briefspionage oder auch Briefüberwachung ist so alt wie die des Brieftransports selbst.[192] Die Jagd nach Informationen und geheimem

---

[191] Lilien verweist auf seinen Vater als »author classicus im Postwesen« und führt dabei an, daß dieser »nach dem Tode des Kaisers Karl 7ten nach Wien kam, um das fürstl[ich] taxissche Haus mit dem kaiserl[ichen] Hofe auszusöhnen, worinn er auch über alle Erwartung reussiert hat«. Schreiben Liliens an Imhof, 11. Januar 1798. HHStA Wien, Staatskanzlei, Kleinere Betreffe 18, Konv. 1, fol. 233.

[192] Verschiedene Bezeichnungen (Briefspionage; Briefüberwachung, Kontrolle etc.) werden zumeist synonym verwendet. Es gilt, unabhängig vom Terminus darauf zu achten, ob es sich um die gezielte, singuläre Kontrolle des Briefverkehrs einzelner Personen(gruppen) handelt oder ob von permanenter und systematischer Briefüberwachung gesprochen werden kann. Außerdem ist anzumerken, daß es im vorliegenden Zusammenhang vor allem um die politisch motivierte Briefspionage geht und nicht um Einzelfälle, denen eine private Motivation, zumeist die – leicht nachvollziehbare – menschliche Neugier zugrunde liegt, wie Hans-Christian Täubrich in einem Essay meint. Hans-Christian TÄUBRICH, Wissen ist Macht. Der heimliche Griff nach Brief und Siegel, in: Klaus BEYRER/Hans-Christian TÄUBRICH (Hrsg.),

Wissen hat gerade im politisch-diplomatischen Bereich keinen Halt vor dem Briefsiegel gemacht. Leider liegt bisher kein zusammenhängendes Werk über diesen hochinteressanten Spionagebereich vor; dies betrifft, verglichen mit den Forschungen zur Zeitgeschichte, zumal die Frühe Neuzeit.[193] Der Grund dafür ist in der schwierigen Archivlage zu finden; denn es leuchtet natürlich ein, daß man geheime Instruktionen und Briefabschriften nach einiger Zeit und vor allem bei Kriegsgefahr zumeist vernichtete.[194] Auch im Rahmen dieser Arbeit kann natürlich keine Geschichte der Briefspionage geleistet werden, sondern es wurde der Komplex »Briefüberwachung im Alten Reich« nur in seiner Bedeutung für das Haus Thurn und Taxis untersucht. Im konkreten Zusammenhang erwies er sich dabei als unentbehrlich für eine Standortbestimmung des Hauses um 1750.[195]

Bereits im 16. Jahrhundert war es mit der Sicherheit der Briefe nicht zum Besten bestellt. Bestes Indiz dafür ist die verstärkt vorkommende Verwendung von Chiffren. Bereits in der Kanzlei Karls V. wurden alle wichtigen Briefe entweder zum Teil oder komplett verschlüsselt.[196] Die Auseinandersetzungen

---

Der Brief. Eine Kulturgeschichte der schriftlichen Kommunikation, Frankfurt a. M. 1996, S. 46–53.

[193] Einen ersten Versuch hat für den österreichischen Raum Harald Hubatschke in einer unveröffentlichten Dissertation unternommen, auf die mich freundlicherweise Stefan Sienell aufmerksam gemacht hat. Harald HUBATSCHKE, Ferdinand Prantner. Die Anfänge des politischen Romans sowie die Geschichte der Briefspionage und des geheimen Chiffrendienstes in Österreich, Diss. phil. (masch.), Bde. 1–6, Wien 1975. Leicht greifbar sind seine Ergebnisse in der komprimierten Fassung Harald HUBATSCHKE, Die amtliche Organisation der geheimen Briefüberwachung und des diplomatischen Chiffrendienstes in Österreich. (Von den Anfängen bis etwa 1870), in: MIÖG 83 (1975), S. 352–413. Grundlegend bereits für Hubatschke: Josef Karl MAYR, Metternichs Geheimer Briefdienst, Postlogen und Postkurse, Wien 1935, und unter anderen die Arbeiten von August FOURNIER, Die Geheimpolizei auf dem Wiener Kongreß. Eine Auswahl aus ihren Papieren, Wien/Leipzig 1931, und Heinrich HARTMANN, Metternichs geheimer Briefdienst, Postlogen und Postkurse, in: APB 1 (1925), S. 392–394, auf die noch einzugehen sein wird. Weiterhin unverzichtbar zu diesem Themenbereich das ausgewogene Urteil bei Ludwig KALMUS, Weltgeschichte der Post. Mit besonderer Berücksichtigung der des deutschen Sprachgebietes, Wien 1937, hier vor allem der Abschnitt »Die Post als Hilfsmittel der Diplomatie und der Staatspolizei«, S. 404–425.

[194] Hubatschke betont – in Übereinstimmung mit MAYR, Briefdienst – die Schwierigkeiten im Umgang mit einer ungünstigen Quellenlage und berichtet, daß grundsätzlich die Interzepte nicht lange archiviert wurden und beispielsweise vor dem Einzug der Franzosen in Wien eine Unmenge an Interzepten verbrannt wurde. HUBATSCHKE, Briefüberwachung, S. 377; MAYR, Briefdienst, S. 20–22. Im Rahmen der vorliegenden Arbeit wurden archivalisch einzelne Bereiche – neu – erschlossen, vor allem die bereits von Kalmus verwendeten »Reichsakten in specie 21–26« im HHStA Wien, welche Material zum Geheimen Dienst ab der Mitte des 18. Jahrhunderts enthalten, und einige einzelne Bestände der Reichskanzlei, außerdem die zumeist versteckt vorliegenden Hinweise in den Akten des FZA Regensburg.

[195] Die während der Literatur- und Archivrecherchen zur technischen Seite der Briefspionage angefallenen Ergebnisse wurden an anderer Stelle zusammengefaßt. Siehe Siegfried GRILLMEYER, Habsburgs langer Arm ins Reich – Briefspionage in der Frühen Neuzeit, in: Klaus BEYRER (Hrsg.), Geschichte der Briefspionage, Frankfurt a. M. 1999, S. 55–66.

[196] Siehe dazu Wilhelm BAUER, Die Taxis'sche Post und die Beförderung der Briefe Karls V. in den Jahren 1523 bis 1525, in: MIÖG 27 (1906), S. 436–459, hier: S. 450, und

um eigene Postwege, auch durch fremdes Hoheitsgebiet, während und nach dem Dreißigjährigen Krieg hingen sicher auch mit der Sicherheit der Korrespondenz zusammen. Zu einer Organisation der Briefspionage im eigentlichen Sinne kam es indes erst in der zweiten Hälfte des 17. Jahrhunderts. Prägendes Vorbild war dabei Frankreich, wo unter Ludwig XIV. ein eigenes Amt zur Briefüberwachung eingerichtet wurde, das wegen seiner geheimnisvollen Tätigkeit als »cabinet noir« bezeichnet wurde.[197] Allmählich ließ der König an allen wichtigen Schnittstellen der französischen Post derartige Schwarze Kabinette zur Briefspionage errichten. Jenseits des Rheins scheint diese Kunst in einer derart systematischen Weise noch nicht betrieben worden zu sein.

Über die Praxis der Briefüberwachung im Reich lassen sich bisher nur anhand eher zufälliger Quellenfunde Aussagen treffen. Dabei handelt es sich jeweils um konkrete Anweisungen des Kaisers, von einem Spionagesystem kann hier nicht die Rede sein.[198] Als sich der Krieg zwischen Frankreich und Holland zum Reichskrieg weitete, teilte beispielsweise Leopold I. dem Reichserbpostmeister Thurn und Taxis mit, daß er zu Hamburg verschiedene »correspondenzen erbrechen lasse«, die zwischen dem Reich, Frankreich und Holland einerseits und Schweden andererseits gewechselt wurden. Er befahl außerdem, daß die diesbezügliche Anordnung auch an die anderen Postämter zu erteilen sei, um die »schädliche correspondenz« mit der Krone Schweden einzustellen.[199] Ein ähnlicher Befehl folgte knapp zwei Jahre später, im Juli 1677: Der Kaiser erteilte seinem Reichspostmeister die Anordnung, sein untergebenes Postpersonal von seinem Interesse an »novalien« bezüglich der Kronen Frankreich und Schweden zu unterrichten.[200] Die Anzeigen von Gesetzesübertretungen und

---

grundlegend Franz STIX, Die Geheimschlüssel der Kabinettskanzlei des Kaisers, in: Berichte und Studien zur Geschichte Karls V., Bd. 1, Göttingen 1936, S. 208–226; Bd. 2, Göttingen 1937, S. 62–70. Übrigens dürfte auch die Regelung des Reichskammergerichts, die Korrespondenz nicht der kaiserlichen Post anzuvertrauen, sondern durch eigene Boten zu bestellen, mit Spionageabwehr zu tun gehabt haben. Siehe Adolf LAUFS [u. a.] (Hrsg.), Die Reichskammergerichtsordnung von 1555, Köln/Wien 1976, hier § 2 und § 8, S. 124 und 126.

[197] Siehe KALMUS, Weltgeschichte, S. 405, der sich auf Alexis BELLOC, Les postes françaises: recherches historiques sur leur origine, leur développement, leur législation, Paris 1886, bezieht, dagegen zu Recht vor der Arbeit Königs warnt. In beidem folgt ihm HUBATSCHKE, Briefüberwachung. Der Publizist König verstand sich als Verfechter des Briefgeheimnisses, und so wurde seine historische Darstellung in vielen Zügen eine Streitschrift, welche Anekdoten und historisches Material vermengt, dennoch amüsant zu lesen ist: Bruno Emil KÖNIG, Schwarze Cabinette. Eine Geschichte der Briefgeheimniß-Entheiligungen, Perlustrationen und Briefbogen, des postalischen Seqet-dienstes, des »kleinen Cabinets«, der »Briefrezisionsbureaus« und sonstiger Briefgeheimnißverletzungen, 2. Aufl. Berlin/Leipzig 1899; ders., Geschichte der Briefgeheimnißverletzungen. Supplementband zu Schwarze Cabinette, 2. Aufl. Berlin 1878.

[198] Siehe im folgenden zur Briefspionage unter Leopold I. die Ausführungen bei DALLMEIER, Quellen, Bd. 1, S. 86.

[199] Anordnung Kaiser Leopolds I. an Graf Lamoral Claudius von Thurn und Taxis, 11. September 1675. FZA Regensburg, Postakten 2256.

[200] Anordnung Kaiser Leopolds I. an Generalpostmeister Eugen Alexander von Thurn und Taxis, 9. Juli 1677. FZA Regensburg, Postakten 2257.

Neuigkeiten sollten »ein- bis zweimal wöchentlich« einlaufen, und bei größerem Erfolg wurde »ein gewisses Quantum« als Lohn ausgesetzt. Das Interesse an »novalien« blieb durch die Reunionskriege Ludwigs XIV. bestehen, und die Anordnung von 1677 wurde von Leopold I. fast wortgetreu 1681 wiederholt.[201] Auch während des Pfälzer Krieges wurden per Dekret die Postbediensteten autorisiert, verdächtige Boten und Fuhrleute aufzuhalten und zu untersuchen. Die Ergebnisse dieser Untersuchungen, allen voran beschlagnahmte Briefe, sollten nach Wien gesandt werden.[202] Leider fehlen zumeist die Quellen, um die konkreten Erfolge dieser Anweisungen zur Briefspionage ermessen zu können. Aber in der Korrespondenz des kaiserlichen Postmeisters in Nürnberg Giovanni Abondio Freiherr von Somigliano (1617–1677) mit dem Kaiser läßt sich ein derartiger Vorgang nachvollziehen.[203]

Im Jahr 1677 erhielt der Postmeister direkt vom Kaiser den Auftrag, Esaias Pufendorf nach Möglichkeit in Arest zu nehmen und seine Korrespondenz »aus dem Weg zu räumen«.[204] Zwar gelang es nicht, den Bruder des bekannten Samuel Pufendorf zu verhaften, aber man kam durch Briefkontrolle auf zwei Informanten der französischen Partei, die vor allem mit Hannover in Austausch standen.[205] Trotz der Verwendung von Deckadressen konnten weitere Korrespondenten ausfindig gemacht werden. Die zum Teil chiffrierten Schreiben wurden nach Wien gesandt; dort, so der Oberpostmeister, werde man sie bestimmt entschlüsseln können.[206] Dies ist sehr wahrscheinlich auch geschehen,

---

[201] Dasselbe, 13. Februar 1681. Ebenda.

[202] Ersuchen Kaiser Leopolds I. an die Reichsstände und Reichsuntertanen, 6. November 1690. FZA Regensburg, Posturkunden 188.

[203] Erstmals hat auf diesen Vorgang aufmerksam gemacht Anton ERNSTBERGER, Post und Politik. Zum Abwehrkampf Kaiser Leopolds I. gegen König Ludwig XIV., München 1960. Außer dem bereits von Ernstberger angesprochenen Quellenbestand, dem ich im HHStA Wien nachgegangen bin, ließ sich aber nichts Weiteres in Wien oder im FZA Regensburg dazu finden. Ernstberger (ebenda, S. 12, Fußnote 20) ging zu Recht davon aus, daß wohl alle Abschriften vernichtet wurden. Siehe zum Folgenden HHStA Wien, Reichskanzlei, Kleinere Reichsstände 377.

[204] Der Postmeister bestätigte den Auftrag des Kaisers, wonach er Pufendorf »undt also eine solche dem heyl[igen] Röm[ischen] Reich höchst schädliche Persohn und Correspondenz aus dem weeg zuräumen, trachten solle«. Giovanni Abondio von Somigliano an Kaiser Leopold I., Nürnberg 26. Juli 1677. Ebenda, fol. 268–270, hier: fol. 268r.

[205] Es handelte sich um Paul Heustein und Georg Franz Gugler. Beide waren Informanten für Hannover und Mittelsmänner der französischen Partei. Schließlich gelang es sogar, den französischen Gesandten in München, Monsieur de la Haye, als politischen Postschmuggler zu entlarven, der sich des Namens Georg Franz Gugler bediente. Giovanni Abondio von Somigliano an Kaiser Leopold I., 2. August 1677. Ebenda, fol. 271r.

[206] Der eifrige Postmeister hatte dreimal interzepierte beziehungsweise unterschlagene Briefe eingesendet: »Dieß ist das dridt mahl, daß Eur[er] Kay[ser]l[ichen] Maj[estät] ich einige verdächtige Correspondenz Schreiben allerunterthänigst einschicke«. Und er fragte an, ob man damit »continuieren« solle. Freiherr von Somigliano an Kaiser Leopold I. am 9. August 1677. Ebenda, fol. 273r.

denn in Wien hatte man in ersten Ansätzen damit begonnen, ein Schwarzes Kabinett aufzubauen.[207]

Den Durchbruch hin zu einem regelrechten System der Postüberwachung brachte jedoch erst der Spanische Erbfolgekrieg. Während der militärischen Auseinandersetzungen lernte der Wiener Hof, wie lange Zeit vor ihm schon der französische, die Möglichkeiten einer systematischen Briefspionage schätzen. In Wien wurde ein »geheimes Ziffernkabinett« eingerichtet, in dem die gesamte durch Wien laufende Post durchgesehen und die verdächtigen bzw. interessanten Briefe aufgebrochen, nötigenfalls dechiffriert, abgeschrieben, wieder neu versiegelt und weitergeschickt wurden.[208] Natürlich war eine effektive Überwachung der europäischen Korrespondenz nur möglich, wenn man die Reichspost in das habsburgisch-österreichische Spionagesystem integrierte, denn über sie liefen alle wichtigen Postverbindungen Mitteleuropas. Der Kaiser konnte als Lehensherr der Fürsten von Taxis verlangen, daß Korrespondenzen »zur Sicherheit der Religion und des Reiches« überwacht wurden.[209] Zu Anfang des 18. Jahrhunderts ergingen noch einzelne Befehle an Fürst Eugen Alexander von Thurn und Taxis, im kaiserlichen Auftrag Briefspionage zu betreiben.[210] Unter seinem Nachfolger Fürst Anselm Franz genügten bereits die Anordnungen der Reichskanzlei, konkret des Reichsvizekanzlers, damit gezielt Korrespondenz überwacht wurde. Allmählich verzichtete man, wie auch schon im oben geschilderten Fall in Nürnberg, darauf, den Fürsten von den Anweisungen in Kenntnis zu setzen. Die Abwicklung des »Geheimen Dienstes« lief direkt über den Postbeamten vor Ort, der dafür selbstverständlich auch direkt vom kaiserlichen Hof bezahlt wurde. Unter Reichsvizekanzler Graf Schönborn kann man schließlich von einem System der geheimen Briefüberwachung sprechen. Nachzuweisen sind in der ersten Hälfte des 18. Jahrhunderts Postlogen, wie man die Schwarzen Kabinette auch nannte, in den Städten Frankfurt, Augsburg und Nürnberg.[211] Die dortigen Mitarbeiter des Geheimen Dienstes, auch Logisten ge-

---

[207] Über die Briefspionage und deren Zentrale in Wien wissen wir für die Zeit vor 1716, dem vermutlichen Gründungsdatum der geheimen Ziffernkanzlei, recht wenig. HUBATSCHKE, Briefüberwachung, S. 364–366. Siehe ergänzend dazu den Hinweis aus dem Jahr 1721 bei Hugo HANTSCH, Reichsvizekanzler Friedrich Karl Graf von Schönborn (1674–1746). Einige Kapitel zur politischen Geschichte Kaiser Josefs I. und Karls VI., Augsburg 1929, S. 266 beziehungsweise 416.

[208] Siehe zusammenfassend zum Ausbau der Briefspionage und zur geheimen Ziffernkanzlei HUBATSCHKE, Briefüberwachung, S. 357.

[209] Diese Formulierung zur Rechtfertigung der Briefüberwachung findet sich häufig bei den führenden Postlogisten, beispielsweise bei Lilien und Blanck. HHStA Wien, Reichsakten in specie 24, Konv. 2, fol. 339–344.

[210] Dies schildert rückblickend Lilien in einem *Mémoire* zur Aufrechterhaltung eines Briefüberwachungssystems. Siehe Promemoria vom 29. Dezember 1756: »Sancta sanctorum, ou secret des tous les secrets«. HHStA Wien, Reichsakten in specie 23.

[211] Besonders interessant war dabei die Postloge in Frankfurt, da durch sie die wichtigsten Routen der Reichspost und somit die Korrespondenzen zahlreicher Höfe des Alten Reiches liefen. Siehe KALMUS, Weltgeschichte, S. 409. Verschiedene Hinweise im HHStA Wien und

nannt, waren offiziell Postbedienstete (Officiale oder Postmeister) und hatten ihren Diensteid dem Fürsten von Thurn und Taxis geleistet; inoffiziell fungierten sie, zumeist in den Nachtstunden, als Briefspione und fühlten sich den Wiener Behörden verpflichtet. Dieses Doppelleben und die direkte Kontrolle verschiedener Postbediensteter durch die Reichskanzlei führten zu Auseinandersetzungen. Denn die Postbeamten, allen voran der Frankfurter Oberpostmeister Freiherr von Wetzel, gehorchten eher den Wiener Anweisungen als denen ihres eigentlichen Dienstherrn.[212] Fürst Anselm Franz wandte sich daher an Reichsvizekanzler Schönborn mit dem Hinweis, er könne den Geheimen Dienst im Rahmen »seiner« Reichspost nicht dulden, sofern er nicht selbst davon unterrichtet werde. So blieb nichts anderes übrig, als die Postloge vorerst einzustellen, sie jedoch bald wieder insgeheim in Gang zu setzen. Gerade Karl VI. hat dem Geheimen Dienst als Fortsetzung der Politik mit anderen Mitteln große Bedeutung zugemessen.[213] Unter ihm wurden die Reichspostlogen zügig ausgebaut. Dabei taucht neben anderen einflußreichen Personen der Thurn und Taxisschen Post- und Hausverwaltung bereits der Name des Freiherrn von Lilien auf.[214]

Äußerst schmerzlich muß bei dieser Zusammenarbeit zwischen Reichspostämtern und dem Wiener Hof der Koalitionswechsel des Hauses Taxis gewesen sein. Denn durch die Annäherung der Taxis an die Wittelsbacher verlor das Haus Habsburg nicht nur einen »getreuen Diener«, sondern auch die Einflußnahme auf die Briefspionage im Reich. Wichtige Informationskanäle waren damit verstopft, und Wien war einige Jahre der Zugriff auf fast alle Korrespondenzwege versperrt: Denn der Verlust Schlesiens brachte das Ende der möglichen Kontrolle der böhmisch-nordischen Korrespondenz, die noch einen kleinen Ausgleich für die fehlende Kontrolle der wichtigen Reichsposten dargestellt hatte.[215] Die Kriegswirren erhöhten unweigerlich das Interesse an geheimen Informationen. Natürlich benutzten gerade die Landesposten in Preußen, Sachsen und Hannover die Postämter ebenfalls zur Briefspionage. Und in

---

im FZA Regensburg belegen die Existenz der Logen ab der ersten Hälfte des 18. Jahrhunderts. Der Hinweis bei HANTSCH, Schönborn, S. 266 beziehungsweise 416, bietet einen zusätzlichen Beleg. Der Thurn und Taxissche Geheime Rat Kirchmaier resümierte in einem Brief an den Kabinettssekretär Koch vom 23. Februar 1760 beispielsweise: »Da ich im Jahr 1735 [...] zur Mitarbeit in dem Geheimen Dienst zur Francfort aufgenommen zu werden die Gnad [...] gehabt«. HHStA Wien, Reichsakten in specie 24, Konv. 2, fol. 339–344.

[212] Siehe dazu KALMUS, Weltgeschichte, S. 409.

[213] So Helbock aufgrund einer Durchsicht verschiedener Postalakten im Mainzer Erzkanzlerarchiv. HELBOCK, Reichspost, S. 61–68. Siehe außerdem HUBATSCHKE, Organisation.

[214] Dazu wieder verschiedene Belege in HHStA Wien, Reichsakten in spec. 21–26. Zu nennen sind Mitglieder der Postdynastien Haysdorff, Vrints oder auch Adami, Kirchmayer etc. Siehe den Brief des Logenmitarbeiters Kirchmaier an den Kabinettssekretär Koch vom 23. Februar 1760, der rückblickend auf das Jahr 1740 angibt: »weil fast zu gleicher Zeit der Herr B[aron] v. Lilien zu Kenntniß des Geheimen Dienstes, recht zum Glück der Gemeinsache gezogen worden«. HHStA Wien, Reichsakten in specie 24, Konv. 2, fol. 339–344.

[215] Siehe dazu KALMUS, Weltgeschichte, S. 411–414.

Kriegszeiten war eine Korrespondenz über fremde Postanstalten grundsätzlich der Gefahr von Mißbrauch ausgesetzt.

Die erwähnte Aussöhnung zwischen Thurn und Taxis und Habsburg, welche der Freiherr von Lilien eingefädelt hatte, beruhte daher nicht zuletzt auf dessen Angebot, im Reich einen Geheimen Dienst für Österreich zu installieren, sofern Wien die Thurn und Taxissche Reichspost gegen ihre Konkurrenten unterstützen würde. Dieser von Ludwig Kalmus und auch Claudia Helbock gewonnenen Einschätzung ist nach Lage der Akten zuzustimmen. Lilien verhandelte bereits 1745 mit der Wiener Staatskanzlei bzw. direkt mit Maria Theresia.[216] Nachdem das Versprechen, Postlogen einzurichten, gegeben war, wurde ein Ausgleich möglich. Neben den früheren Logen in Frankfurt, Augsburg und Nürnberg entstanden in der Folgezeit weitere. Aber auch der Kaiser als Lehensherr des Postvasallen zeigte sich erkenntlich, als er die Reichspost wieder gegen Übergriffe ihrer Gegner schützte.

Bereits wenige Monate, nachdem dank der Bemühungen Liliens Lehensrevers und Lehensbrief ausgestellt worden waren[217], konnte man auf dieser Grundlage einige bereinigende Verträge mit den konkurrierenden Landesherren erreichen, so beispielsweise 1748 einen Ausgleich mit Hannover.[218] Auch hier bewährte sich wieder die glückliche Hand, aber auch der unermüdliche Arbeitseifer des Unterhändlers Lilien. Die Versöhnung und wieder erfolgte Annäherung der Häuser Habsburg und Thurn und Taxis wurde schließlich besonders deutlich in der Pachtverlängerung des niederländischen Postgeneralats, um das man schon gebangt hatte.[219]

Bei der Bewertung der Faktoren, welche zur Erhaltung des Hauses Thurn und Taxis als Postfürsten im kritischen Jahr 1745 geführt haben, kommt der (Wieder-)Errichtung der Postlogen im Gebiet des Reiches zweifellos ein großes Gewicht zu. Dennoch kann der Schlußfolgerung des ausgewiesenen Kenners der Wiener Archivbestände Kalmus in seiner Ausschließlichkeit nicht gefolgt werden.[220] Das gute Verhältnis zwischen Habsburg und seinem Post-

---

[216] Lilien hat bei dieser Gelegenheit eine regelrechte Flut von Denkschriften vorgelegt. Dabei ging es um die generelle Verbesserung des Postwesens, ein besonderer Teil dieser Verbesserungen betraf dabei jedoch den effektiven (Wieder-)Aufbau der Reichspostlogen. Siehe HHStA Wien, Reichsakten in specie 23.

[217] Lehenbrief Kaiser Franz' I. vom 20. Mai 1747. FZA Regensburg, Posturkunden 259; der Lehenrevers vom 25. Januar 1747 in Postakten 2259.

[218] Vertrag vom 25. Juni 1748, Wien. FZA Regensburg, Posturkunden 609.

[219] Kaiserin Maria Theresia verlängerte den Pachtvertrag über das niederländische Postgeneralat am 10. Februar 1753 um weitere 20 Jahre. FZA Regensburg, Posturkunden 261.

[220] Sowohl KALMUS, Weltgeschichte, S. 413 f., als auch HELBOCK, Reichspost, S. 67, welche übrigens beide allein die Wiener Bestände ausgewertet haben, geben für die Aussöhnung zwischen Thurn und Taxis und dem Kaiserhaus die Schwarzen Kabinette als ausschließlichen Grund an. Mit Blick auf die reichsrechtliche Situation des Postlehens und der Position der Fürsten von Thurn und Taxis muß diese Einschätzung meines Erachtens relativiert werden. Siehe resümierend dazu DALLMEIER, Quellen, Bd. 1, S. 140.

fürsten hatte noch andere Gründe, welche schließlich »das Lustre und den Flor« des Hauses erhöhen sollten.[221]

Das habsburgische Interesse an der Post lag auch darin, eines der wenigen kaiserlichen Reservatrechte und damit eine Institution des Reiches zu sichern. Eine Aufgabe der bisherigen Politik, welche in der Unterstützung der Thurn und Taxisschen Reichspost bestand, wäre einer Aufgabe dieser Reichsinstitution gleichgekommen. Schließlich hätte eine grundlegende Veränderung auch an den Grundfesten der politisch-rechtlichen Ordnung gerüttelt. Wie Justi treffend bemerkte, beruhte das Recht der Thurn und Taxis auf das Postmonopol auf dem »Herkommen«. Und auch wenn dies eine schwache Basis sei, so werde dennoch niemand daran rütteln, da schließlich auch alle anderen Herrschaftsrechte »auf dem Herkommen« beruhten.[222]

Solche Vermutungen über Gründe und Charakteristik der gefestigten Beziehung zwischen dem Kaiserhaus Habsburg und den Postfürsten Taxis sind an dieser Stelle noch spekulativ und können sich nur durch die Betrachtung der weiteren Geschichte des Hauses im 18. Jahrhundert zu Thesen erhärten.[223] Mit einem zusammenfassenden Blick auf den Standort des Fürstenhauses soll abschließend ein Status quo beschrieben werden, bevor nach den Entwicklungsprozessen zwischen Ancien Régime und Moderne gefragt wird.

2.4. Post und Politik: Zum Profil des Hauses Thurn und Taxis

Vielleicht war Franz von Taxis anfangs noch selbst Postrouten abgeritten und hatte sich um Pferde, Streckenführung und dergleichen gekümmert. Aber im 18. Jahrhundert hatten weder das Unternehmen Post noch die Familie (Thurn und) Taxis viel mit ihren Anfängen gemein. Der Postbetrieb war ein Großunternehmen geworden, an dessen Spitze das Oberhaupt der Familie Taxis stand. Organisatorisch lag es in den Händen der leitenden Oberpostamtsdirektoren, welche im Rahmen eng gezogener Heiratskreise eigene Verwaltungsdynastien aufbauten. Das Postmonopol konnte gesichert werden, indem man die Interessen des Hauses Habsburg mit den eigenen dauerhaft verknüpfte und somit eine

---

[221] In dieser Formulierung und Bewertung in zahlreichen Denkschriften der zweiten Hälfte des 18. Jahrhunderts, etwa bei Eberstein (FZA Regensburg, HFS, Akten 261) und Lilien (HHStA Wien, Staatskanzlei, Kleinere Betreffe 18). In ähnlicher Beurteilung und auch in gleichen Bildern und Metaphern bei den Räten Vrints-Berberich, Lilien und Fürst Alexander Ferdinand. Siehe dazu vor allem die Briefe des Fürsten an Lilien. FZA Regensburg, HFS 155–166.

[222] In dieser prononcierten Feststellung bei Johann Heinrich Gottlob von JUSTI, System des Finanzwesens, Halle 1766, Kapitel »Von dem Postregal«. Zitiert nach Aktenexzerpt in FZA Regensburg, HB, Collectanea von dem Postwesen 85.

[223] Die Belehnung mit dem Postgeneralat und die ab 1745 einsetzende Unterstützung durch Habsburg war schließlich nur der Anfang einer intensivierten Partnerschaft zwischen Kaiser und Postfürst. Neben der sicheren Korrespondenz und der Briefspionage spielte sicher auch die Tatsache eine Rolle, daß man den finanziell potenten Fürsten für andere kaiserliche Ämter (als Prinzipalkommissar) vorsah; dazu ausführlicher in Kapitel I.4.2.

reichsrechtliche Verankerung durch Lehenvergabe, Wahlkapitulationen und kaiserliche Mandate erreichen konnte. »Perpetua fide« – dieser Wahl- und Wappenspruch des Hauses Taxis bewährte sich als Richtlinie und Schlüssel des Aufstiegs.[224] Der Frontenwechsel zu Karl VII. hatte gezeigt, daß sich diese »immerwährende Treue« gemäß der rechtlichen Grundlage des Postmonopols primär auf das Kaisertum und nicht auf das Haus Habsburg beziehen mußte. Die Schwierigkeiten und Gefahren, die sich daraus ergaben und zu einem andauernden Verlust der kaiserlich-habsburgischen Unterstützung hätten führen können, zeigen recht deutlich, daß man sozusagen nur Juniorpartner im Reich war oder, in zeitgenössischen Worten ausgedrückt, als »ein unterthänigster Vasall [...] den starken kaiserlichen Arm« benötigte.[225] Aber all die Bemühungen um die Sicherung des Postmonopols gegenüber konkurrierenden Landesposten und Botenanstalten einerseits und um Ausbau und Effektivierung der Postverbindungen andererseits zahlten sich in klingender Münze aus. Das Postunternehmen stellte bereits in der zweiten Hälfte des 17. Jahrhunderts und in noch verstärktem Maß im 18. Jahrhundert gewaltige finanzielle Ressourcen bereit. Außer den wirklich großen Landesherren verfügte im gesamten Alten Reich niemand über derartige Finanzmittel.[226] Da diese Gewinne nur zu einem zu vernachlässigenden Teil reinvestiert werden mußten, standen sie für Investitionen im kulturellen und politischen Bereich zur Verfügung.

Natürlich können wirtschaftliche, politisch-rechtliche und kulturelle Faktoren zur »Aufnahme« und zur Profilbildung eines adeligen Hauses, das, aus dem Nichts kommend, zu höchsten Würden aufstieg, nicht voneinander getrennt betrachtet werden. Dies soll in einem Blick auf die Jahre vor und nach 1700 exemplarisch vorgeführt werden.

Die kurz aufeinanderfolgenden Ereignisse mögen es erlauben, hier einen gedrängten, telegrammartigen Stil zu wählen: 1677 wird das Lehen des Erbgeneralpostmeisteramts für Eugen Alexander mit allen Rechten erneuert. 1678 heiratet dieser Graf in Wien die Tochter eines Reichsfürsten, nämlich Anna

---

[224] Zum Wahlspruch des Hauses siehe LOHNER, Geschichte, S. 9, und CHIFLETIUS, Les marques d'honneur, S. 37. PIENDL, Wappen, S. 122, zitiert nur diese älteren Arbeiten. Die Devise des Hauses Thurn und Taxis: »Perpetua fide« soll auf eine Äußerung König Philipps II. von Spanien zurückgehen, der damit die erwiesene Treue des Hauses Taxis lobend hervorhob. Sie wurde von den Taxis fortan als Wahlspruch übernommen.

[225] Diese Formulierungen finden sich wiederholt in den Bittschreiben der Fürsten Alexander Ferdinand beziehungsweise Carl Anselm an den Kaiser, vor allem natürlich in kritischen Jahren. Besonders prägnant in einem Brief Fürst Carl Anselm an Kaiser Joseph II. vom 11. Mai 1774. HHStA Wien, Reichsakten in specie 21 (1583–1783), Konv. 3, fol. 79–87.

[226] Siehe dazu im Vergleich die Angaben bei Hans SCHMELZLE, Der Staatshaushalt des Herzogtums Bayern im 18. Jahrhundert. Mit besonderer Berücksichtigung der wirtschaftlichen, politischen und sozialen Verhältnisse des Lands, Stuttgart 1900, und Peter Claus HARTMANN, Zur Entwicklung der Staatsschulden in Baden und Bayern im 18. und im ersten Drittel des 19. Jahrhunderts, in: Hans-Peter BECHT/Jörg SCHADT (Hrsg.), Wirtschaft – Gesellschaft – Städte. Festschrift für Bernhard Kirchgässner, Ubstadt-Weiher 1998, S. 201–208. Darauf wird in Kapitel I.2 näher eingegangen.

Adelheid von Fürstenberg-Heiligenberg. 1680 stützt und sichert der Kaiser die Reichspost durch verschiedene Mandate. 1681 wird Graf Eugen Alexander mitsamt seinen Nachkommen in den erblichen Fürstenstand Spaniens erhoben. Grundlage dafür ist die Investition erheblicher Finanzmittel in den Ankauf größerer Gebiete in Brabant, die unter dem Titel »Principauté de la Tour et Tassis« zum Fürstentum unter der Krone Spanien zusammengefaßt werden. 1686 wird die prachtvolle Residenz in Brüssel durch wertvolle Wandteppiche ergänzt. 1687 bekommt das Oberhaupt des Hauses erstmals den Orden vom Goldenen Vlies verliehen. 1695 erhebt Kaiser Leopold I. das Haus Thurn und Taxis in den erblichen Reichsfürstenstand. 1698 baut Leopold die rechtliche Basis des Postmonopols nochmals grundlegend aus, indem er eine Reichspostordnung und verschiedene Mandate erläßt. 1700 werden 180 000 fl. in den Ankauf weiterer Gebiete investiert. 1702 läßt sich das Haus erstmals, wenn auch nur mietweise, im engeren Reichsgebiet, in Frankfurt, nieder. 1702 wird eine Reitpost erstmals in eine permanente Fahrpost umgewandelt, das »Jahrhundert der Postkutsche« beginnt. 1709 wird eine weitere Genealogie fertiggestellt, welche den Namen des Hauses Thurn und Taxis belegen soll.[227] 1704 erfolgt die Aufnahme unter die Kurrheinischen Kreisstände. 1713 legt der Fürst in seinem Testament die Fideikomiß-Regelung verbindlich für alle Nachfahren des fürstlichen Hauses fest.

Durch all diese Stationen des Aufstiegs und der Konsolidierung war das fürstliche Haus gut gerüstet für die weiteren Entwicklungen im 18. Jahrhundert. Inwieweit nun die ökonomische Potenz, welche die wichtigen Grunderwerbungen möglich machte, die politisch-rechtliche Stellung eines Grafen, spanischen Granden etc. und die rechtliche Absicherung des Postmonopols oder eben gesellschaftlich-kulturelle Momente wie die Prachtentfaltung in Brüssel, die Heirat mit einer Reichsfürstentochter den Verlauf einer Erfolgsgeschichte bestimmten, ist hier nicht zu entscheiden – aber zweifellos von hohem Interesse. Ob man nun von »kultureller Hegemonie«, von »sozialem Kapital« oder dem »System des Tausches« spricht – jeweils handelt es sich um theoretische Versuche, dieses wichtige Moment der Interdependenzen zwischen verschiedenen Bereichen adeliger Lebensgestaltung zu erfassen.[228] Darauf wird noch mehrmals zurückzukommen sein bei dem Versuch, Entwicklungslinien eines Hauses zwischen 1745 und 1867 nachzuzeichnen. Einige Weichen waren – vor allem

---

[227] Es handelt sich um die *Généalogie* keines Geringeren als des luxemburgischen Wappenheroldes Engelbert Flacchio. Damit wurden im Auftrag des Fürsten die Ergebnisse des Besançoner Genealogen Chifletius auf eine zeitgenössisch anerkannte Basis gestellt.

[228] Hiermit wurden einige Theorien angedeutet, die versuchen, diese Interdependenzen in gewisse Erklärungsraster zu überführen. Antonio Gramsci sprach von »kultureller Hegemonie«, welche die Vorrangstellung auch in anderen Bereichen bestimme. Pierre Bordieu hat den Kapitalbegriff aus seiner Verengung gelöst und ihn auch auf soziale Verhältnisse anzuwenden versucht. DeMausse war meines Erachtens der erste, der sich eingehend mit dem System des Tausches als gesellschaftsstabilisierendem Moment beschäftigt hat. Auf diese Erklärungskonzepte wird im Verlauf des Hauptteils näher eingegangen.

mit der erfolgreichen Wiederannäherung an Habsburg – gestellt. Ob die Fahrt in den vorgegebenen Bahnen verlief, was die Formel »fürstliches Haus« bedeutete und wie die führenden Köpfe dieses Hauses die Fahrt und das Ziel bestimmten, das gilt es im ersten der drei Hauptkapitel zu untersuchen.

Abb. 2: Fürst Carl Anselm von Thurn und Taxis im spanischen Mantelkleid.
Gemälde von Johann Wilhelm Hoffnas

ERSTES KAPITEL

ENTWICKLUNGSLINIEN ZWISCHEN 1748 UND 1789

1. Einleitung: Ein Gang durch den Gobelin-Saal

Wem die Ehre zuteil wurde, von dem Fürstenpaar Thurn und Taxis im oberen *grande appartement* des Frankfurter Palais empfangen zu werden, der gehörte dem hohen Adel, auf jeden Fall der obersten Gesellschaftsschicht im Ancien Régime an. Auf dem Weg dorthin, entweder über das große Appartement im Erdgeschoß, »wo sich gewöhnlich die höheren Herrschaften und der Adel versammeln«[1], oder direkt über das Vestibül und die breite Treppe, konnte er bereits all die Pracht wahrnehmen, die ein fürstlicher Bauherr nach der Mode der Zeit entfaltet hatte.[2] Schließlich angelangt in einem großen Saal voller Stuck, Intarsien und Spiegel, sah der Besucher Wandteppiche[3], welche für den zeitgenössischen Betrachter eine überaus deutliche Sprache führten. Denn wenn ein jugendlicher Kaiser in römischer Rüstung vor einem Kriegszelt dem Grafen Taxis eine Turnierfahne mit dem Sinnbild der Torriani überreichte, wenn Minerva, die kluge Tochter Jupiters, oder auch Herakles die Wappen des Geschlechtes »la tour« verherrlichten, so prägte sich dem Betrachter ein, daß man hier in den Räumen des ehrwürdigen Geschlechtes Thurn und Taxis stand, das

---

[1] Eine zeitgenössische Beschreibung des durch den zweiten Weltkrieg zerstörten Gebäudes liefert das *Mémoire* des Architekten Robert de Cotte in LÜBBECKE, Palais, S. 167 f.

[2] Der Publizist und Historiker Hüsgen schilderte 1780 seine Eindrücke: »So wie nun ein einfach großer Plan beym äußern herrscht, so erblickt man beym Innern eine sehr gute Eintheilung, wo ausgewehlter Geschmack mit Pracht vermischet ist. [...] Das Holtzwerk ist in allen Zimmern durchaus weis und reich verguldet, die Fußböden von schön eingelegtem nußbaumen Holtz, und die Pfeiler sind mit sehr großen Spiegeln versehen, die Wände aber wechselweise mit Stuckatur-Arbeit, Gips-Marmor oder kostbaren Tapeten behängt«. Heinrich Sebastian HÜSGEN, Nachrichten von Franckfurter Künstlern und Kunst-Sachen, Frankfurt a. M. 1780, S. 304. Seine Ausführungen werden wortgetreu bei Johann H. FABER, Topographische, politische und historische Beschreibung der Reichs-, Wahl- und Handelsstadt Frankfurt am Mayn, Frankfurt a. M. 1788, S. 63–66, wiedergegeben.

[3] Nach dem Hinweis bei HÜSGEN, Nachrichten, S. 304 f., ist wahrscheinlich, daß man diese Wandteppiche im »großen Saal« arrangierte. Hier handelte es sich nicht um die Gruppe der Torriani-Teppiche, die eingangs in Kapitel I.2.1 beschrieben wurden, sondern um die sogenannte Ruhmes-Folge, sechs Wandteppiche, welche die Ruhmestaten und die Verbindung der Häuser Thurn und Taxis versinnbildlichen. Siehe dazu LÜBBECKE, Palais, S. 373–378; außerdem HAGER, Wirkteppiche, und PIENDL, Wirkteppiche.

von Urzeiten an zur Spitze der Gesellschaft zählte und dadurch berufen war, auch weiterhin einen vornehmen Platz einzunehmen.

In diesem Zusammenhang läßt sich auf ein prägnantes Kennzeichen jener Schicht hinweisen, zu der die Thurn und Taxis aufgestiegen waren: Adel hat Geschichte. Das bedeutet, die adeligen Familien haben sich der Vergangenheit bemächtigt, um ihre eigene Exklusivität zu rechtfertigen. Denn der Bauer, der Handwerker überblickt vielleicht zwei, drei Generationen, über mehr Geschichte verfügt er zumeist nicht. Der Adel kann jedoch auf Ahnenreihen verweisen, die über Jahrhunderte zurückführen und ihn in Verbindung treten lassen zu den Großen der Vergangenheit. Und je weiter die Geschichte der Dynastie reicht, um so dichter werden die Verästelungen zu anderen angesehenen Adelsfamilien und um so bedeutender werden die gemeinsamen Vorfahren. Karl der Große ist daher nicht umsonst begehrtes Ziel auf der Suche nach einem bedeutenden Stammbaum. Und so verwundert es nicht, ihn auch als einen Urahnen der Thurn und Taxis anzutreffen; denn die Familie stellt dabei im 17. Jahrhundert keine Ausnahme dar.[4] Bereits im *Magazin für Aufklärung* wurde 1785 die Entdeckung einer karolingischen Abstammung durch Taxissche Ahnenforscher als zeittypisches Phänomen kritisch bewertet: »Man weiß aber, daß im vorigen Jahrhundert ieder Edelmann von Carl dem Großen abstammen wollte; es wurde so lang in den alten Zeiten gewühlt, bis sich ein ähnlicher fand, und dieser allgemeine Gang der Fabel ist auch hier beobachtet worden«. Eigentlich, so fuhr der Autor Ernst L. Posselt fort, hätte das Haus Taxis dieses Vorgehen nicht nötig gehabt, denn: »Seine wahre und ietzige Größe bedarf ja solcher Stüzen nicht«![5] Dies sahen andere Zeitgenossen wie der Professor des Staatsrechts Ahlheimer in Bamberg ähnlich: »Den Ursprung von Thurn und Taxis weis man nicht; es ist aber auch nichts daran gelegen: Ihre Schmeichler leiten sie von der römischen curiis u. fabiis her; Andere aber wollen wißen, sie seyen Murmel Thierträger gewesen; daß sie aus Italien gekommen, ist gewis«.[6] Die Einschätzung der beiden Publizisten, daß an der vornehmen Herkunft der Thurn und Taxis zu zweifeln sei und ihre jetzige Größe diesen Bezugspunkt nicht nötig habe, berücksichtigte zu wenig die Bedeutung des dynastischen Bewußtseins im 18. Jahrhundert.[7] Zumindest im politischen Bereich blieb die Ahnenreihe ein ge-

---

[4] Die Verbindung zu den Karolingern wird hergestellt bei FLACCHIO, Généalogie, der die vorhergehende Ahnengeschichte der Thurn und Taxis von CHIFLETIUS, Les marques d'honneur, erweitert. Siehe dazu auch ZEDLER, Art. »Thurn und Taxis«, Bd. 20, Sp. 2010–2025, der Flacchio ausgiebig heranzieht.

[5] Ernst Ludwig POSSELT, Ueber das Postwesen, besonders in Teutschland, in: Wissenschaftliches Magazin für Aufklärung, Bd. 1,3 (1785), S. 298–321, beide Zitate S. 309. Ein Exzerpt dazu befindet sich in FZA Regensburg, HB, Collectaneae von dem Postwesen 148.

[6] Ebenda, Nr. 139: »Erläuterungen des 3. Capitels im 8. Buche von Pütters Inst. Jur. publ. germ. de iure postarum. Nach dem Vortrag des Hofraths Ahlheimer, Professor des Staatsrechts in Bamberg, Itzt K. G. Assess. dd. 16. Nov. 1789 Caput III.«

[7] Hier bleibt natürlich die Frage offen, inwieweit die »adelige« Ideologiebasis von einer räsonnierenden »Öffentlichkeit« zwar durchschaut, aber als Argumentation dennoch ver-

wichtiges Argument. Bereits bei der Erhebung in den Fürstenstand 1695 führte der Kaiser die »glorwürdigsten Vorfahren« als einen der Gründe für diesen Schritt an.[8] Bei den Verhandlungen um die Umwandlung des Postmeisterlehens zu einem Fahnenlehen traten die »uralten und von vielen saeculis herrührenden« Geschlechter an zentraler Stelle wieder auf, und mit ihnen die gesamte Argumentation, welche erst ein halbes bzw. ein Jahrhundert zuvor von den beauftragten Ahnenforschern entdeckt worden war.[9]

Zur Anerkennung und Integration des fürstlichen Hauses führte außer den zum engeren politisch-rechtlichen Bereich zu zählenden Standeserhebungen auch die gezielte Heiratspolitik, die im 18. Jahrhundert keine Mesalliance kannte.[10] Damit war die vornehme Herkunft, die zum Eintritt in die erhabene und daher auch zur Herrschaft legitimierte Gesellschaftsschicht berechtigte, von deren Mitgliedern immer stärker besiegelt worden. Das Argument, daß man von »edler Herkunft« und mit »altfürstlichen Häusern anverwandt« sei, tauchte im 18. Jahrhundert immer wieder auf und scheint im Selbstverständnis des Fürstenhauses überaus präsent gewesen zu sein.[11] Verschiedene Mittel dienten dieser Selbstvergewisserung, die auch zur Positionierung innerhalb der Adelsgesellschaft nötig war. »Denn die Bedeutung eines adeligen Geschlechtes liegt ganz in den Traditionen, das heißt in den lebenskräftigen Erinnerungen«.[12] Die Thurn und Taxis hatten im Aufbau und in der Pflege derartiger Erinnerungen spätestens zur Mitte des 18. Jahrhunderts keine Nachhilfestunden mehr nötig. Der Glanz und die Taten der Vorfahren verpflichteten: »Noblesse oblige« oder, viel konkreter: »maison oblige«. Daran erinnerten sowohl Geschichte und

wendet oder zumindest anerkannt wurde.

[8] Die Fürstenerhebung erfolgte unter anderem »in Betrachtung seines uralten von viel saeculis herrührenden ansehentlichen Geschlechts und Herkommens, als den glorwürdigsten Vorfahren«. ÖstA, AVA, Wien, RA (Reichsadel), Eugen Alexander 1695, fol. 40. Das Original des fürstlichen Hauses in FZA Regensburg, HFS, Urkunden 33.

[9] In der Ernennungsurkunde zum kaiserlichen Thron- und Fahnenlehen wurde vermerkt, daß Eugen Alexander, »auch lieber Oheim und Fürst, in Unterthänigkeit vorgestellet, was maßen Seiner Liebden Geschlecht nach Zeugnüs der bewährtesten Geschichts-Schreiberen und vermög glaubwürdiger Urkunden aus einem derer ältesten Italiänischen Häuseren abstamme, maßen dero Voreltern vor etlichen Jahr-Hunderten wegen damahlig widriger Zeitläufen mit einsweiliger Zurücksetzung des fürstlichen Stands nach Teutschland gekommen und allda um das Reichs-Postweesen mittelst Aufwendung großer Kosten aus ihrem eigenen Vermögen sich dergestalt verdient gemacht, daß sie [...], bald nachher aber in den Teutschen Reichs-Graffen- und vorherigen Fürsten Stand wiederum erhoben worden«. FZA Regensburg, Posturkunden 251. Kopie in HHStA Wien, RK, Kleinere Reichsstände 519.

[10] Siehe dazu Kapitel I.5.4. Lobkowitz, Brandenburg-Bayreuth, Lothringen, Fürstenberg-Stühlingen, Württemberg, Mecklenburg-Strelitz waren allesamt klingende, alte Namen der mitteleuropäischen Adelsgesellschaft.

[11] Siehe dazu die Ausführungen im folgenden Kapitel. Die Zitate sehr häufig in HHStA Wien, RK, Kleinere Reichsstände 519–520.

[12] Mit diesen Worten kennzeichnete Lampedusa diesen Zusammenhang. Giuseppe Tomasi di LAMPEDUSA, Der Leopard, Bergisch-Gladbach 1994, S. 292.

Geschichten der Vorfahren als auch sichtbare Zeichen wie Residenzen oder etwa Wandteppiche.

Fürst Eugen Alexander hat die eingangs beschriebenen Teppiche, die noch heute verstreut in der fürstlichen Residenz in Regensburg an die »erfundenen« Vorfahren erinnern, in seinem Testament zum unveräußerlichen Familienbesitz erklärt.[13] Damit wird deutlich erkennbar, welche Bedeutung dieser kunstvollen Apologie der Adelswürde zugesprochen wurde. Aber dies ist nur ein Aspekt der erfolgreichen Begründung und Befestigung eines adeligen Hauses an der Wende vom 17. zum 18. Jahrhundert, der in diesem Testament zur Sprache kam.[14] Hier wurden die Gesetze, welche einer Aufsteigerfamilie das Aufrücken und die Integration in den Kreis der adeligen Familien ermöglichten und ihren Status befestigten, deutlich ausgesprochen: zum einen die Primogenitur und zum anderen die Begründung eines Fideikommisses. Beide Ordnungen verpflichteten alle Mitglieder eines adeligen Hauses gegenüber einer übergeordneten, die Individualität des Einzelnen überwölbenden Größe. Der Gesamtbesitz gehörte »zum Haus« und war dem regierenden Fürsten nur zur Verwaltung übertragen; bei größeren Veränderungen mußten die nächsten Familienmitglieder zustimmen. Die nichtregierenden Mitglieder waren standesgemäß zu versorgen, ohne natürlich das Hausvermögen zu gefährden. Diese Versorgung sollte nicht zuletzt dazu führen, daß sie ihrem Stand gemäß lebten und damit dem Namen des Hauses zur Ehre gereichten. In den Testamenten der folgenden Fürsten sollte dieser Aspekt, der hier bereits anklingt, noch stärker betont werden. Der Name des Hauses und damit auch seine Ehre stand über allen Mitgliedern, war Determinante und Verpflichtung zugleich. Als Fürstenhaus in Postdiensten entstammte man »alten und fürnehmen Geschlechtern« und hatte sich »um Kaiser und Reich« Verdienste erworben.[15] Die Darstellungen an den Wänden erinnerten täglich daran.[16]

---

[13] Hinsichtlich der Gründungslegende des Hauses (Thurn und Taxis) läßt sich zweifellos auf die Beschreibung von »invented traditions« durch Eric Hobsbawm verweisen. Mittlerweile zu einem gängigen Schlagwort geworden, hat Hobsbawm erstmals auf die Wirkungsmächtigkeit neu geschaffener Traditionen und deren Verselbständigung hingewiesen. Eric J. HOBSBAWM, Introduction: Inventing Traditions, in: Ders. (Hrsg.), The Invention of Tradition, Cambridge 1984, S. 1–14.

[14] Siehe zur Bedeutung dieses Testamentes als »erstes Hausgesetz« der Familie Thurn und Taxis das folgende Kapitel I.2.1.

[15] Beide Formulierungen finden sich beispielsweise in der Urkunde zur Fürstenerhebung. Diese beiden Aspekte treten jedoch auch bei jeder der folgenden Standeserhöhungen des Hauses sowie der Erhebung zum Thronlehen oder der Ernennung zum Prinzipalkommissar auf.

[16] So ist es keineswegs verwunderlich, daß die Wandteppiche ebenso zum unveräußerlichen Besitz der Gesamtfamilie erhoben wurden. Beliebt war auch, das ist noch nachzutragen, die Darstellung von Allianzwappen, welche zur Hochzeit die Verbindung der Geschlechter heraldisch ausdrückten. Siehe LÜBBECKE, Palais, S. 367–370.

Abb. 3: Hochzeits- bzw. Reiterdarstellung. Wandteppich. Regensburg, Fürstliches Schloß

Abb. 4: Allegorie: Gräfin Alexandrine von Thurn und Taxis als Witwe. Wandteppich. Regensburg, Fürstliches Schloß

2. Die Architektur des Hauses im 18. Jahrhundert

2.1. Grundsteinlegung und Richtfest

Spätestens mit der Verleihung des Postwesens als Erbmannslehen an Lamoral von Taxis, »seinen Sohn und allen ihren ehelichen männlichen Leibeserben absteigender Linie« war der Grundstein für das Haus (Thurn und) Taxis gelegt worden.[17] Denn ab diesem Zeitpunkt war der Dynastie das Postregal über alle Generationen hinweg zugesichert. Als der Kaiser dieses Lehen einige Jahre später zum »Weiberlehen« erweiterte, war es sogar für den Fall gesichert, daß ein direkter männlicher Nachkomme fehlen sollte. Damit war die Dynastie im Sinne der Geschlechterfolge vollends zum Rechtssubjekt aufgestiegen. Der adelige Familienverband war Träger verschiedener Rechte wie hier des Postregals, wofür sich synonym der Begriff des Hauses einbürgerte. Im politisch-rechtlichen Bereich umfaßt der Hausbegriff vor allem herrschaftliche Rechte und die Position einer Familie. Adelige Existenz bedeutete wohl immer, an einem Haus zu bauen. Denn jede politisch-rechtliche Rangerhöhung war nie die Karrierestufe eines Einzelnen, sondern immer ein Beitrag zum Aufstieg der Gesamtfamilie. Ob es nun konkrete Rangerhebungen waren wie der Aufstieg zum Freiherrn, Grafen, Fürsten oder indirekte wie der Erwerb von Land und Leuten oder besondere Auszeichnungen: sie alle betrafen nicht nur den Einzelnen, sondern das adelige Haus als ganzes. Daher galt es, diese erworbenen Rechte auch zu sichern. Als Mittel dazu diente die schriftlich fixierte Verpflichtung aller Mitglieder gegenüber den Gesetzen des Hauses.

Natürlich sind diese »Hausgesetze« eigentlich keine Gesetze, sondern Ordnungen oder Satzungen. Der Begriff als solcher taucht auch relativ spät, dezidiert erst im Jahr 1803 innerhalb des Hauses Württemberg, auf.[18] Zuvor überwogen unterschiedlichste Namen für derartige Familienübereinkommen, wie beispielsweise »Vertrag«, »pactum«, »teylung«, »Hauß-Vertrag«, »pactum gentilicium«, »testament«, »positio«, »ordnung«, »verordnung«, »verrichtung«, »statutum familiae«, »sanctio pragmatica«, »Geschlechtsrecess«, »Patent« etc. Bereits gegen Ende des 16. Jahrhundert verpflichtete der Graf von Hohenzollern mit Hinweis auf die Namensverwirrung seine Söhne darauf, »unsere vätterliche disposition, testament, erbainigung, statuta hereditaria und wie das

---

[17] Urkunde vom 27. Juli 1615. FZA Regensburg, Posturkunden 73.

[18] Im Rahmen der Erbfolgeordnung wird hier für einen gesamten Vertragstext der Begriff »Hausgesetz« verwendet. Ediert bei Hermann SCHULZE (Hrsg.), Die Hausgesetze der regierenden deutschen Fürstenhäuser, Bde. 1–3, Jena 1862–1883. Siehe dazu den sehr erhellenden Beitrag von Jürgen WEITZEL, Die Hausnormen deutscher Dynastien im Rahmen der Entwicklungen von Recht und Gesetz, in: Johannes KUNISCH (Hrsg.), Der dynastische Fürstenstaat. Zur Bedeutung von Sukzessionsordnungen für die Entstehung des frühmodernen Staates, Berlin 1982, S. 35–48, hier und im folgenden S. 35.

immer genanndt werden möge« zur Regelung der Erbverhältnisse seines Hauses einzuhalten.[19]

Bei aller Begriffsvielfalt ist diesen Erbfolgeregelungen eines gemein: Sie gehören nicht in den Bereich rein privatrechtlicher Abkommen, sondern sind Teil des »ius publicum« bzw. des »innerstaatlichen Verfassungsrechtes«.[20] Die dynastischen Elemente spielen gerade bei den größeren Territorien für das staatsrechtliche Ordnungsgefüge eine wesentliche Rolle.[21] Dynastie und frühmoderner Staat sind hier aufeinander bezogene und einander bedingende Größen, letztlich zwei Seiten einer Medaille. Hauspolitik war immer auch Staatspolitik, Hausmacht die Grundlage staatlicher Macht.[22] Jedoch waren Dynastie und frühmoderner Staat auch Größen, die einzeln betrachtet werden konnten. Besonders deutlich wurde dieser Zusammenhang bei der Errichtung der Pragmatischen Sanktion durch Kaiser Karl VI. Da die dynastische Legitimation durch das Fehlen männlicher Nachfolger im Schwinden begriffen war, betonte man die Staatsidee, den Gedanken der unzertrennbaren Einheit der Monarchie. Andererseits war deutlich, daß damit nur die eine Seite der Medaille ins Blickfeld gerückt war. Denn neben der Staatseinheit des Hauses Österreichs auf der Vorderseite war die dynastische Rückseite der Medaille, die Sicherung des Übergangs vom Haus Habsburg auf das Haus Lothringen, überdeutlich erkennbar.[23]

Hausordnungen oder auch Hausgesetze wurden jedoch nicht nur von den Dynastien erlassen, welche in der Frühen Neuzeit den Rang von Groß- und Mittelmächten einnahmen und damit im Brennpunkt europäischer Machtpolitik standen. Der Wunsch nach Sicherung der Dynastie und ihres Besitzstands führte auch bei den einzelnen reichsständischen Territorien zu Hausgesetzen. Zentral war dafür die grundlegende Festsetzung der Primogeniturordnung und die Fideikommißregelung. Beide Bestandteile sind auch in dem Testament Fürst Eugen Alexanders vom Jahr 1713 wiederzufinden. Diese Bestimmungen ließen sein Testament zum »ersten Hausgesetz«[24] der Thurn und Taxis wer-

---

[19] Väterliche Verordnung des Grafen Karl I. von Hohenzollern vom 24. Januar 1575, ediert bei SCHULZE, Hausgesetze, Bd. 3, S. 691 f. Zitiert bei WEITZEL, Hausnormen, S. 35.

[20] Siehe dazu und zum Folgenden Heinz MOHNHAUPT, Die Lehre von der »Lex Fundamentalis« und die Hausgesetzgebung europäischer Dynastien, in: KUNISCH, Fürstenstaat, S. 3–33.

[21] Dies ist nicht zuletzt das Ergebnis einer Tagung zum dynastischen Fürstenstaat, die implizit zur Bedeutung des »Hauses« als verfassungsrechtliches Moment Entscheidendes geleistet hat: KUNISCH, Fürstenstaat. Hervorzuheben sind die Beiträge von Kunisch, Mohnhaupt und Weitzel.

[22] Grundlegend dazu die Arbeiten von Johannes KUNISCH, Hausgesetzgebung und Mächtesystem. Zur Einbeziehung hausvertraglicher Erbfolgeregelungen in die Staatenpolitik des ancien régime, in: Ders., Fürstenstaat, S. 49–80; außerdem ders., Staatsverfassung und Mächtepolitik. Zur Genesis von Staatenkonflikten im Zeitalter des Absolutismus, Berlin 1979.

[23] Zur Pragmatischen Sanktion siehe KUNISCH, Staatsverfassung. Zur Tradition des Hausbegriffes im Mittelalter siehe LHOTSKY, »Haus Österreich«, S. 344–364, und mit Bezug auf Bayern Heinz-Dieter HEIMANN, Hausordnung.

[24] So wird dieses Testament später immer wieder im Zusammenhang mit Haus- und Fami-

den. Nachdem der große Aufstieg (bis hin zur Fürstenerhebung und Sicherung des Postmonopols) erreicht war und damit auch die Konturen des Hauses geschaffen waren, ging der Fürst daran, das Erreichte für die Dynastie zu sichern und den weiteren Ausbau des Hauses festzulegen. Damit bildet das Testament nicht die Grundsteinlegung, sondern recht eigentlich das Richtfest des Hauses Thurn und Taxis: Der Rohbau war durch die Vorfahren errichtet worden, und gemäß den im Testament festgelegten Richtlinien sollten Erhaltung und weiterer Ausbau durch die Nachfahren erfolgen.

Nachdem der Fürst zu Beginn seiner »letztwilligen Verfügung« ausführlich auf die Endlichkeit des Lebens und die Anempfehlung seiner Seele an den Herrn verwiesen sowie Anordnungen zu seiner Bestattung erteilte hat, will er dem Bibelzitat folgen: »Je trouve avec le Prophète, qui nous exhorte: Dispose de la Maison, car tu mourras«.[25] Demnach wird das Haus bestellt und gesichert, indem der erstgeborene Sohn Anselm Franz zum »Universalerben« eingesetzt wird. Er habe jedoch die Verpflichtung, den näheren Verwandten einen standesgemäßen Unterhalt – in festgelegten Apanagen und einmaligen Zuwendungen – zu gewähren. Allein dafür stehen – bezeichnend für die finanziellen Ressourcen des Hauses – eine knappe Viertelmillion Gulden zur Verfügung. Aber diese Unterstützungen dürfen bei aller Verbundenheit mit den Familienmitgliedern das Haus als ganzes nicht gefährden: »Und gleich wie ich in diesem gegenwärtigen Testament nun große Affection sowohl gegen meine Kindern als gegen meine Enkel an Tag gelegt habe, so denke ich nicht weniger auch an die Erhaltung und Aufnahme meines Hauses«.[26] Deshalb solle alles, was geschaffen wurde, »die Eigenschaft eines Majorats oder die Natur perpetuae substitutionis haben«. Der gegenwärtige Hausbesitz dürfe somit von den Nachfolgern in keiner Weise geschmälert werden; man solle im Gegenteil um seine Vermehrung bemüht sein. Im letzten Willen wird ausdrücklich betont, daß der Vermögensstand »jederzeit naturam fideicommissi behalte. Und aus eben dieser Ursache verordne ich und will ich, daß alle meine Güter zur Ehre und Glanz meiner Familie in einer massa beisammen bleiben«. Es folgt eine ausführliche Liste aller Dinge, die zum Fideikommiß, also zum unveräußerlichen Familienbesitz, gehören: neben den Immobilien auch – wie bereits erwähnt – die Wandteppiche, das Silbergeschirr, der Hausschmuck etc.

liengesetzen wie der Begründung der Primogeniturordnung 1776 oder des Familienvergleichs von 1831 genannt. Ebenso taucht es als solches in den Testamenten der folgenden Fürsten immer wieder auf. Siehe FZA Regensburg, HFS, Akten 2170, HFS, Urkunden 1397, 1399, 1404, und LOHNER, Geschichte, S. 195–213.

[25] In der zeitgenössischen beglaubigten Übersetzung: »mit den Worten des Propheten, der uns ermahnt: ›Ordne Dein Haus, denn Du mußt sterben‹«. Im folgenden wird stets nach dieser Übersetzung zitiert. Französisches Original nebst Übersetzung und Beilagen zum Testament Eugen Alexanders vom 17. November 1713 in FZA Regensburg, HFS, Urkunden 1387.

[26] Siehe zu diesem zentralen Begriff der »Aufnahme« die Ausführungen bei KLINGENSTEIN, Aufstieg, Kapitel »Aufnahme des Hauses«.

Eine Orientierung der ehemals Brüsseler Familie hin zum Reich zeigt sich in einzelnen Bestimmungen. Zwar sind Veräußerung, Verpfändung etc. strengstens verboten, aber nicht für den Fall, daß sich »eine günstige Gelegenheit finden könnte[,] mit den in den Niederlanden gelegenen Gütern und Herrschaften einen vortheilhaften Tausch gegen andere im R[ömischen] Reich gelegen, zu machen«.

Das Haus ist in diesem Testament nicht nur als Familie, sondern auch als Sozialgemeinschaft zu finden. Die Bestimmungen für die »Diener des Hauses« weisen darauf hin: Natürlich bleiben bestehende Arbeitsverträge über den Tod des Fürsten hinaus gültig, und langjährige Bedienstete haben sich einen Versorgungsanspruch erworben. Im engeren Sinne ist das Haus jedoch vor allem ein Synonym für Dynastie. Abschließend werden alle weiteren Nachfolger nochmals ausdrücklich auf das Erstgeborenenrecht eingeschworen.

Man kann hier von der Fixierung einer Primogeniturordnung per Testament sprechen.[27] Und damit kann dieses Testament zu Recht auch als »erstes Hausgesetz« bezeichnet werden. Obwohl es wie alle anderen »Hausgesetze« kein Gesetz im engeren Sinn darstellt, scheint der Begriff dennoch im Sinne von Ordnungsgesetz zulässig und daher verwendbar.[28] Zeitgleich finden sich ähnliche Hausgesetze bei zahlreichen Standesgenossen. Vorbild und Vorlage für die Errichtung von Hausgesetzen kleinerer Fürsten war zweifellos das Vorgehen ihrer mächtigeren und bedeutenderen Standesgenossen.[29] Durch die umfassende Sammlung des Juristen Schulte und einige wenige neuere Arbeiten lassen sich aus vergleichender Perspektive dieselben Bestimmungselemente herausfiltern.[30] Die rechtliche Qualität und Reichweite dieser erbrechtlichen Verfügun-

---

[27] Die weiteren Fürsten haben dieses Testament als Begründung einer definitiven »Primogenitur-Constitution« gesehen, wie sie Carl Anselm nannte und als solche offiziell, das heißt vom Kaiser, bestätigen ließ. HHStA Wien, RK, Kleinere Reichsstände 520, fol. 32–34.

[28] Damit schließe ich mich Jürgen Weitzel an, der sich an eine Definition des Begriffs gewagt hat: »Die auf einseitiger Verfügung des regierenden Fürsten und Hausvaters beruhenden Hausregeln sind Ordnungsgebote. Da das Gebot in diesen Fällen selbsttragend Inhalte befiehlt, kann man diese Hausnormen auch als Ordnungs- oder Policeygesetze und in diesem Sinne als Haus-Gesetze bezeichnen«. Diese Definition ist äußerst differenziert, denn sie läßt den Begriff Hausgesetz zwar zu, aber nur unter der Voraussetzung, daß hier nicht »Gesetz« im allgemeineren Sinne gemeint ist, sondern lediglich im Sinne einer Ordnung, welche »durch den Sieg der Ordnung über das Recht« die Norm zum Gesetz werden läßt. WEITZEL, Hausnormen, S. 35–48, hier: S. 46.

[29] Siehe zusammenfassend MOHNHAUPT, Lehre, S. 28: »Form und Inhalt der Erbfolgeregelungen sowie deren rechtliche Qualifizierungen und das gebrauchte Begriffsarsenal verraten zum Teil die bewußte Anlehnung an andere Vorbilder, aber auch die zweckrationale Absicherung eines wie auch immer zu bewertenden Anspruchs auf Staatsqualität entsprechend der zeitgenössischen Theorie und Praxis«.

[30] Eine bisher wenig genutzte Sammlung, die vor allem darauf wartet, begriffsgeschichtlich nach Leitworten und Wortfeldern untersucht zu werden, bietet SCHULZE, Hausgesetze. Siehe außerdem W. BARFUSS, Hausverträge und Hausgesetze fränkischer reichsgräflicher Familien (Castell, Löwenstein-Wertheim), Diss. jur. Würzburg 1972, und Rudolf RAUH, Das Hausrecht der Reichserbtruchsessen Fürsten von Waldburg, Bde. 1–2, Kempten 1971–1972.

gen sind jedoch äußerst unterschiedlich.[31] Auch wenn beispielsweise kein Geringerer als der anerkannte Publizist Moser derartigen Bestimmungen den Charakter von Gesetzen zubilligte[32], bemühte man sich, die Hausgesetze durch verschiedene Mittel zu schützen. Besonders beliebt war dabei seit dem 16. Jahrhundert das Nachsuchen der Fürsten um die Bestätigung ihrer Hausgesetze durch den Kaiser. Zwar war es im 18. Jahrhundert umstritten, ob eine kaiserliche Bestätigung nötig sei.[33] »Jedes Mittel, die Bestandskraft und Unverbrüchlichkeit der Sukzessionsordnungen zu erhöhen – wenn auch in rechtlich überflüssiger Weise, wurde jedoch genutzt, um den hohen Anspruch dieser Normen zu unterstreichen und zu dokumentieren«.[34] Die letzte kaiserliche Bestätigung erfolgte übrigens 1802, also noch während der sich bereits vollziehenden Umgestaltung der Reichsverfassung durch die Reichsdeputation.[35]

Ganz in dieser Tradition stand das fürstliche Haus Thurn und Taxis. Gemäß dem ersten Hausgesetz von 1713 wurde die Nachfolge und Vermögensverteilung durchgeführt. Der »Universalerbe« kam nicht nur den Verpflichtungen seines Vaters nach, sondern übernahm dessen Bestimmungen wortgetreu in sein eigenes Testament.[36] Auch der Enkel folgte dem Testament und Hausgesetz seines Großvaters.[37] Er bestätigte nicht nur, wie bereits sein Vorgänger, »das Fideicomiss und Primogenitur Recht ratione Successionis«, sondern wollte es noch stärker verankert wissen. Er verpflichtete in seinem Testament seinen Nachfolger, um die kaiserliche Bestätigung zu bitten. Bereits kurz nach dem Tod des Vaters am 17. September 1776 errichtete Carl Anselm eine »Primoge-

---

[31] »Ihre rechtliche Qualifizierung ist uneinheitlich, die Begriffsverwendung und Terminologie sind sehr vielgestaltig«. Deshalb bleibt für MOHNHAUPT, Lehre, S. 27, die Frage nach dem rechtlichen Charakter dieser »Gesetze« relativ offen.

[32] »Daß auch manche Testamente und andere solche Verordnungen bey denen Nachkommen und von denen Unterthanen würcklich als Familien- und Land-Grund-Geseze respectieret werden, davon haben wir Exempel in denen Häusern Oesterreich, Sachsen, Brandenburg, Pfalz, Würtemberg, Lippe, Witgenstein, und vilen anderen«. Johann Jacob MOSER, Persönliches Staats-Recht derer teutschen Reichs-Stände: Nach denen Reichs-Gesezen u. d. Reichs-Herkommen, wie auch aus denen Teutschen Staats-Rechts-Lehrern, u. eigener Erfahrung [...], Frankfurt a. M. 1775, S. 351 f.

[33] Moser sah sie nicht als unbedingt nötig an, und Pütter lehnte die kaiserliche Konfirmation völlig ab. Siehe dazu MOSER, Teutsches Staats-Recht, Bd. 23, S. 164 f. Außerdem die Ablehnung bei Johann Stephan PÜTTER, Ob es als eine allgemeine Regel angenommen werden könne, daß Erbverträge reichsständischer Häuser ohne kaiserliche Bestätigung nicht zu Recht beständig seyen?, in: Ders., Beyträge zum Teutschen Staats- und Fürsten-Rechte, Bd. 2, Göttingen 1779, ND Hildesheim 2001, S. 179–219, hier: S. 179 f.

[34] In dieser Bewertung bei MOHNHAUPT, Lehre, S. 30.

[35] Siehe ebenda, S. 30; außerdem Hermann Josef Friedrich von SCHULZE-GÄVERNITZ, Das Recht der Erstgeburt in den deutschen Fürstenhäusern und seine Bedeutung für die deutsche Staatsentwicklung, Leipzig 1851, S. 444.

[36] Er erneuerte damit das Hausgesetz in seinem eigenen Testament. Verschiedene Erwerbungen im Schwäbischen werden ausdrücklich zum Fideikommiß hinzugezählt. Testament Fürst Anselm Franz' vom 7. November 1739. FZA Regensburg, HFS, Urkunden 1387.

[37] Testament Fürst Alexander Ferdinands vom 6. März 1770. Siehe FZA Regensburg, HFS, Akten 2170.

nitur-Constitution« für das Haus Thurn und Taxis und bemühte sich, die kaiserliche Bestätigung dieser Ordnung einzuholen.[38] Nachdem noch verschiedene Unterlagen nachgereicht worden waren, wurde die Anfrage am 17. Oktober 1776 offiziell an den Kaiser gerichtet. Carl Anselm bat »sowohl nach dem Exempel der mehresten fürstlichen Häußer, als auch nach der in meinem Hauße von jeher gewöhnlich gewesenen [...] Successions-Ordnung, zu Aufrechthaltung der fürstlichen Würde, auch zu besserer Bestreitung der obliegenden Schuldigkeiten das Recht der Primogenitur« bestätigt zu bekommen.

Der Kaiser reichte die Bitte um Bestätigung an den Reichshofrat weiter. Fast zwei Jahre später, im Mai 1778, lag schließlich dessen Gutachten vor.[39] Der Reichshofrat sah keine Bedenken gegen eine derartige Bestätigung, da grundsätzlich »durch Einführung der Primogenitur der fürstlichen Häuser Wohlstand und Flor umso mehr befördert wird, da die Güter dadurch zusammen, und zu Leistung der reichs-ständischen Schuldigkeiten besser im stande gehalten werden, als bei wiederholten Divisionen«. Die »Majestät und das Reichs-Interesse« profitierten daher von dieser Regelung.

Das Reich bestand eben nicht nur aus reichsständischen Territorien, sondern auch aus einer Anzahl von Häusern, die miteinander in Verbindung standen. Neben den rechtlich-politischen Elementen des Hausbegriffs gab es dabei auch soziale Elemente, die zu Wesensmerkmalen erhoben wurden. So zeichnete sich beispielsweise »das fürstliche Haus Thurn und Taxis« durch die »Anhänglichkeit an das allerdurchleuchtigste Erzhaus Österreich« aus.[40] Die Orientierung an Habsburg zeigte sich damit nicht am Verhalten des Einzelnen, sondern der ganzen Familie, war somit Wesensmerkmal des gesamten Hauses. Wenn vom Haus die Rede war, konnten aber auch ganz andere Zusammenhänge gemeint sein, beispielsweise die wirtschaftlichen Bezüge: Das Haus Thurn und Taxis war dann vor allem das Unternehmen Post. Es ging, und das soll hier ein weiteres Mal zur Sprache kommen, nicht nur um die Dynastie oder die Familie Thurn und Taxis, wenn vom Haus die Rede war. Und es war oft davon die Rede, vor allem bei den Beamten an der Verwaltungsspitze.

2.2. Verwaltungsorganisation und Behördenstruktur

Kein Fürst regiert allein. So banal diese Aussage erscheint, so kompliziert ist es, die einzelnen Mitwirkenden und ihre Bedeutung am konkreten Entscheidungsprozeß auszumachen. Zwar tragen die wesentlichen Urkunden, Direktiven,

---

[38] Lohner hat diese Primogeniturordnung als erstes Stück seines Anhangs »Das fürstliche Hausgesetz« ediert. LOHNER, Geschichte, S. 195–198. Zum Schriftverkehr bezüglich der kaiserlichen Bestätigung siehe HHStA Wien, RK, Kleinere Reichsstände 520, fol. 32 f.

[39] Gutachten des Reichshofrats. Ebenda fol. 34–40. In gleicher Bewertung bei Karl Otmar Freiherr von ARETIN, Heiliges Römisches Reich 1776–1806. Reichsverfassung und Staatssouveränität, Bde. 1–2, Wiesbaden 1967, hier: Bd. 1, S. 69.

[40] So einer der stets wiederkehrenden Topoi im Notenwechsel zwischen Habsburg und Thurn und Taxis. Siehe HHStA Wien, RK, Kleinere Reichsstände 520.

Verträge etc. selbstverständlich jeweils die Unterschrift des regierenden Fürsten, aber die vorangegangenen Verhandlungen und Überlegungen der beteiligten Kräfte lassen sich in ihrer Gewichtung und ihrem Einfluß auf das vorliegende Resultat oft nur schwer aus dem Aktenmaterial rekonstruieren. Derartige Probleme führen zur Verwaltungsgeschichte des Hauses Thurn und Taxis.[41] Die Zeit, als Franz von Taxis seine Postwege noch selbst verwaltete und die ihm anvertrauten Briefe bei Karl V. ablieferte, beschränkte sich nur auf die Anfangsjahre oder gehört sogar in den Bereich der Fiktion. Schon im 16. Jahrhundert lag die Verwaltung der Posten auf den Schultern einer Vielzahl von Verwandten, wobei Franz und seine Nachfolger nurmehr den organisatorischen Kopf einer »compagnia de tassis« ausmachten. Die familiäre Komponente kann für den Erfolg des Unternehmens nicht hoch genug eingeschätzt werden, und man hat mit Recht von einem »dynastischen Postsystem« gesprochen.[42] Mit der Expansion der Post wurde diese »Compagnia-Struktur«[43] zwangsläufig gesprengt, obwohl weiterhin zahlreiche Mitglieder der verzweigten Thurn und Taxisschen Familie in verschiedenen Postämtern tätig waren.[44]

Die oberste Leitung war gezwungen, an den Schaltstellen der Post, den Oberpostämtern, Vertreter einzusetzen. Diese Verwalter einzelner Postlinien wurden Hauptbevollmächtigte und selbstverantwortliche Subunternehmer, die wesentlich die Entwicklung des (Thurn und) Taxisschen Unternehmens mitbestimmten. Sie konnten aber sehr schnell zu Konkurrenten werden, indem sie ihre Entscheidungsfreiheit ausbauten und sich vom eigentlichen Unternehmen abkoppelten.[45] Diese Erfahrung und die weitere Expansion des Unternehmens

---

[41] Eine Verwaltungsgeschichte des Hauses Thurn und Taxis liegt nicht vor, obwohl Erwin Probst dazu eine wesentliche Vorarbeit geleistet hat. Siehe Erwin PROBST, Die Entwicklung der fürstlichen Verwaltungsstellen seit dem 18. Jahrhundert, in: PIENDL, Beiträge [1978], S. 267–386.

[42] Der Begriff des »dynastischen Postsystems« bei PIENDL, Das fürstliche Haus, S. 10.

[43] Diesen Zusammenhang betont resümierend Martin DALLMEIER, Die kaiserliche Reichspost und das fürstliche Haus Thurn und Taxis, in: Ders. (Hrsg.), 500 Jahre Post – Thurn und Taxis. Ausstellung anläßlich der 500jährigen Wiederkehr der Anfänge der Post in Mitteleuropa 1490–1990, Regensburg 1990, S. 75, und ders., Il casato principesco dei Thurn und Taxis e le poste in Europa, in: Le Poste dei Tasso, un'impresa in Europa. Bergamo 1984, S. 2–12; ders., Quellen, S. 55–61.

[44] Zu nennen sind hier neben der Brüsseler Hauptlinie des Hauses die österreichischen und italienischen Taxis. Hampe zählt insgesamt 15 europäische Städte, in denen Mitglieder der Familie tätig waren: Heinrich HAMPE, Postgeschichtliche Sippenkunde?, in: DPG 3 (1941/42), S. 34–46, hier: S. 35.

[45] Im 16. Jahrhundert wurden einzelne Postabschnitte z. B. als »Afterlehen« vergeben, wodurch die direkte Einflußnahme der Thurn und Taxis manchmal eingeschränkt wurde. Wie gefährlich manche »Subunternehmer« für die Thurn und Taxissche Post werden konnten, zeigte sich vor allem während des Dreißigjährigen Krieges, als unter von der Birgdhen eine Gegenpost errichtet wurde. Der Übergang von der »Compagnia-Struktur« zu einer bürokratischen Organisationsform wurde ebenso bei großen Handelshäusern festgestellt. Siehe Wolfgang BEHRINGER, Fugger und Taxis. Der Anteil Augsburger Kaufleute an der Entstehung des europäischen Kommunikationssystems, in: Johannes BURKHARDT (Hrsg.), Augsburger Handelshäuser im Wandel des historischen Urteils, Berlin 1996, S. 241–248; Rein-

Post führte nicht zuletzt durch den Einfluß der Wiener Bürokratie im 17. Jahrhundert zum Ausbau eines straff organisierten Verwaltungssystems, das sich mit den Staatsverwaltungen der Zeit durchaus vergleichen läßt.[46] Ab sofort wurden in ihrem Bereich eigenverantwortliche Postmeister eingesetzt, die mit einem festen Gehalt rechnen konnten und die Gewinne an die Zentrale abliefern mußten.[47] Sie waren verpflichtet, Rechenschaftsberichte abzulegen und die Verwaltung und den Betrieb ihres Postbereichs mit der Zentrale zu koordinieren. Dennoch blieben eine erhebliche Verantwortung und große Freiräume, welche die Oberpostmeister ausfüllen konnten. Bereits einleitend wurde auf das dreistufige Organisationsmodell der Reichspost hingewiesen, in welchem den Oberpostmeistern und damit auch einer erfolgreichen Personalpolitik auf dieser Ebene eine zentrale Rolle zukam.[48] Allein aus diesen Gründen heraus ist erklärbar, daß es bereits in der zweiten Hälfte des 17. Jahrhunderts zu einer regelrechten Dynastiebildung der höchsten Postbeamten kam. Denn die Familienverbindungen waren der beste Garant für Kontinuität und Sicherheit innerhalb der Thurn und Taxisschen Reichspost. Die Oberpostämter befanden sich zum Teil über Generationen hinweg in den Händen einer Familie. Außerdem traten diese Postmeisterfamilien, welche durchweg den Aufstieg in den Reichsadel schafften, auch untereinander in Verbindung, bis »fast alle miteinander verschwägert und verwandt waren«.[49] Man kann dementsprechend auch für das 18. Jahrhun-

---

hard HILDEBRANDT, Die »Georg Fuggerischen Erben«. Kaufmännische Tätigkeit und sozialer Status 1550–1600, Berlin 1966, S. 85 f.

[46] Die Anlehnung an die Organisationsform des frühmodernen Staates war naheliegend, da es außer der Post und den großen Handelshäusern keine vergleichbaren Unternehmensstrukturen gab. Einführend dazu der essayistisch gehaltene Klassiker von Jacoby, der die Forschungen von Oestreich und Tilly eingearbeitet hat: Henry JACOBY, Die Bürokratisierung der Welt, 2. Aufl. Frankfurt a. M. 1984, hier: S. 23–65. Grundlegend weiterhin SCHILLY, Verkehrs- und Nachrichtenwesen. Interessant wäre es, den Vergleich der sich entwickelnden bürokratischen Strukturen bei staatlichen und standesherrlichen Verwaltungen eingehender zu ziehen. Viele Merkmale, die Bernd Wunder herausgearbeitet hat, lassen sich in gleicher Weise bei der Verwaltung des Hauses Thurn und Taxis finden. Siehe Bernd WUNDER, Privilegierung und Disziplinierung. Die Entstehung des Berufsbeamtentums in Bayern und Württemberg 1780–1825, München 1978; ders., Geschichte der Bürokratie in Deutschland, Frankfurt a. M. 1986.

[47] Zu den Einnahmen und Nebeneinnahmen der Oberpostmeister gibt einige Hinweise BEHRINGER, Thurn und Taxis, für Lindau: S. 93 f., für Nürnberg: S. 108 f., allgemein: S. 130–133. Zum sogenannten Zeitungsdebit siehe Klaus BEYRER/Martin DALLMEIER (Hrsg.), Als die Post noch Zeitung machte. Eine Pressegeschichte, Frankfurt a. M. 1994.

[48] Außerdem standen die Inhaber dieser Ämter oft im direkten Kontakt mit Wien und damit in einer Doppelpflicht gegenüber dem Generalpostmeister Thurn und Taxis und dem Kaiser als oberstem Lehensherrn der Reichspost. Siehe dazu die einführenden Hinweise in Abschnitt 2.2 der Einleitung. Das dreistufige Modell bestand aus der obersten Leitung durch Thurn und Taxis, den Inhabern der Postmeisterstellen und den ihnen unterstellten Posthaltereien, Postexpeditionen etc. Bei der Personalpolitik des Thurn und Taxisschen Postunternehmens hatten der Kaiser und der Reichserzkanzler als *protector postarum* ein Mitspracherecht.

[49] Zur Vernetzung der Thurn und Taxisschen Geschichte mit einer Vielzahl von adeligen Familienbiographien liegen Monographien und Aufsätze vor. Dabei wird zumeist der Schwerpunkt der Betrachtung auf die Postverwaltung gelegt, obwohl ab der Mitte des 18.

Die Architektur des Hauses im 18. Jahrhundert

dert von einem »dynastischen Postsystem« sprechen, das aus einem engmaschigen Netz der Postmeisterdynastien bestand.

Die Mitglieder dieser Postmeisterfamilien waren jedoch nicht nur um ihre jeweils eigenen Dynastien bemüht. Ihr Interesse galt auch den Belangen des Hauses Thurn und Taxis. Sie waren als Reichspostmeister dessen Vertreter vor Ort. Der Professor für Staatsrecht Häberlin hat diesen Zusammenhang gegen Ende des 18. Jahrhunderts in einem hübschen Vergleich erläutert: Trotz vieler berechtigter Angriffe gegen das Haus Thurn und Taxis müsse doch eingeräumt werden, daß der Fürst nicht für alle Vorwürfe verantwortlich sei. Denn man könne ihn mit dem Papst vergleichen, der froh sein könne, wenn vor Ort alle seine Minister in seinem Sinn handelten.[50] Viel konkreter traten die Reichspostmeister auch in anderen Zusammenhängen als Vertreter der Hausinteressen ihres Generalerbpostmeisters auf. Denn sie waren vielfach im Auftrag des Fürsten von Thurn und Taxis unterwegs, um in seinem Namen Verträge mit anderen Postanstalten auszuhandeln. So prägte diese Verwaltungsschicht direkt wie indirekt die Konturen des Fürstenhauses Taxis.

Das Unternehmen Post konnte lange Zeit nahezu als Synonym für die Familie (Thurn und) Taxis gelten. Aber spätestens mit der Erhebung in den Fürstenstand gehörte auch ein anderer Bereich dazu, der das gewachsene adelige Selbstverständnis der Postdynastie ausdrückte: die Hofhaltung. Bereits die Hofhaltung in Brüssel, über die man relativ schlecht unterrichtet ist, muß zahlreiches Personal erfordert haben. Zum Aufbau eines regelrechten Hofstaates kam es jedoch erst im Verlauf des 18. Jahrhunderts. Es waren gleichzeitig die Residenzen in Brüssel, Frankfurt und am Sommeraufenthaltsort Trugenhofen in Schwaben zu organisieren und standesgemäß zu unterhalten.[51] Vom Hofmarschall über adelige Kavaliere bis hin zum Leibkutscher der Familie spannte sich der Bogen dieses Verwaltungsbereichs. In den Spitzenpositionen finden sich dabei auch einige Namen wichtiger Postmeisterdynastien. Es waren aber nicht nur die Söhne und Verwandten, sondern auch die Postmeister selbst, die zum Teil in Personalunion ein Oberpostamt versorgten und im Hofdienst tätig waren. Die Erweiterung der verschiedenen Geschäftsbereiche führte zu zahlreichen Veränderungen im Verwaltungsgefüge.

Jahrhunderts die Nachkommen von Postmeisterfamilien auch in anderen Bereichen wie Hofökonomie, Domänenverwaltung etc. tätig waren. Siehe einführend HAMPE, Sippenkunde, S. 35. Von den älteren Arbeiten ist zu nennen: Rudolf FREYTAG, Über Postmeisterfamilien mit besonderer Berücksichtigung der Familie Kees, in: Familiengeschichtliche Blätter 13 (1915), S. 1–6; von den neueren Arbeiten: KRUCHEM, Lilien, S. 7–49, außerdem Edmund G. von JUNGENFELD, Das Thurn und Taxissche Erbgeneralpostmeisteramt und sein Verhältnis zum Postamt Mainz. Die Freiherren von Jungenfeld und ihre Vorfahren als Mainzer Postbeamte, in: Quellen und Studien zur Postgeschichte 4 (1981), S. 1–39.

[50] FZA Regensburg, HB, Collectanea von dem Postwesen 156: »Pragmatische Geschichte der neuesten kaiserlichen Wahlkapitulation. Von Hofrat und Professor Häberlin zu Helmstadt; Art XXIX: Von Post und Botenwesen«.

[51] Zum Personalbestand siehe die Hinweise bei PIENDL, Hofhaltung.

Im 18. Jahrhundert kam es vor allem bezüglich der konkreten Geschäftsordnung zu durchgreifenden Verwaltungsreformen.[52] In einem ersten »Règlement général« von 1719 wurden einzelne Administrationsbereiche festgelegt, die in einem zweiten *Règlement* von 1723 ergänzt wurden. Grundsätzlich waren zwei oberste Verwaltungseinheiten vorgesehen, die durch Ordnungen in ihrem Geschäftsbereich definiert waren: der Ordnung des »Conseil privé« (später »Geheime Kanzlei«) und der Ordnung des »Conseil des affaires des postes« (später: »Generalpostdirektion«). Daneben fungierten auf höchster Ebene noch die Kanzlei »Chancelerie«, die Einnahmeverwaltung »Administration de nos revenus« und die Hausökonomie (Hofhaltung), die jedoch alle dem »Conseil privé« untergeordnet waren.[53] Die Angelegenheiten des »Conseil des postes« wurden zum Teil auch integriert im »Conseil privé« behandelt, wobei einer der zwei dirigierenden Räte dieser Oberbehörde in Personalunion auch Generalpostdirektor war. In diesem höchsten Gremium wurden gemeinsam von den Räten und dem Fürstenpaar alle wichtigen Entscheidungen getroffen. Das Amt des »Generalintendanten der Post« bzw. des »dirigierenden Rates« war die Schaltstelle des gesamten Managements und übernahm die Funktion des Transmissionsriemens zwischen dem Verwaltungsapparat und dem Fürsten. Über ihn liefen Projektentwürfe, Haushaltsplanungen, Eingaben und Anordnungen aller Verwaltungsbereiche wie der – an erster Stelle zu nennenden – Postverwaltung, der Kanzlei, der Domänenverwaltung und der Hofverwaltung. Den Inhabern dieses Amts waren zur Erledigung ihrer Geschäfte Geheime Räte in wechselnder Anzahl beigegeben.

Das Bild der realen Zustände wird allerdings verzerrt, wenn man nur den Blick auf die Verwaltungsstruktur richtet. Vor allem die Metapher vom Transmissionsriemen, welche schon die Faszination der Industrialisierung in sich birgt, nach der durch ein maschinelles Kräftezentrum verschiedene Teilbereiche angetrieben werden, verschleiert, daß es dabei bedeutende Reibungsverluste geben konnte und der Anteil der Teile an der Produktivität des Ganzen sehr unterschiedlich war. Nach dem Idealbild stand der Fürst an der Spitze einer Verwaltungspyramide, diesem folgten seine Geheimen Räte, konkret die Mitglieder der obersten Behörde, diesen untergeordnet waren weitere Verwaltungsbeamte, also Räte und Offizianten, welche mit ihren Befugnissen und Rechten verschiedenen Bereichen der Herrschaftsorganisation und -ausübung vorstanden; den Fuß der Pyramide bildeten schließlich die Untertanen. Diese Struktur läßt sich

---

[52] Zumeist gaben dazu konkrete wirtschaftliche und politische Veränderungen den Anstoß, etwa der Aufbau eines Hofstaates in Frankfurt beziehungsweise Regensburg, die immens anwachsende Poststruktur und die beginnende Entfaltung eines ausgedehnten Grundbesitzes. Die Verwaltungsreformen des 18. Jahrhunderts sind ausführlich aufgelistet bei PROBST, Verwaltungsstellen, S. 268–274. Grundlegend dazu FZA Regensburg, HMA 3.

[53] Gegen Ende des 18. Jahrhunderts wurde die gesamte Verwaltungssprache endgültig von französisch auf deutsch umgestellt. Ab dieser Zeit entwickelte sich aus dem »Conseil privé« begrifflich der »Geheime Rat« beziehungsweise später die »Geheime Kanzlei«.

Die Architektur des Hauses im 18. Jahrhundert

sowohl in den territorialstaatlichen Behörden wie auch bei der Thurn und Taxisschen Post finden, wobei einzuräumen bleibt, daß hier die Untertanen bis ins 18. Jahrhundert hinein überwiegend aus Postbediensteten bestanden.[54]

Dessen ungeachtet lassen sich jedoch hinsichtlich der Verwaltungsstruktur einige Vergleiche ziehen. Denn sowohl bei der Postverwaltung als auch bei der Landesverwaltung finden sich im 18. Jahrhundert neben relativ stark bürokratisierten Strukturen gleichzeitig Momente des »persönlichen Regiments«.[55] Man hat versucht, die Verwaltungsgliederung mit bestimmten Begriffen zu umschreiben.[56] Aber die Identifikation des Kollegialprinzips als Organisationsmodell des Ancien Régime und des Ressortprinzips als Signum der Moderne ist nicht zutreffend, was der Blick auf den Postbereich allenthalben beweist.[57] Vielmehr überschneiden sich Zuständigkeitsbereiche und konkretes Agieren immer wieder. Vor allem auf der mittleren Ebene wird dies deutlich. Die Oberpostmeister waren zwar grundsätzlich für den Postverkehr ihres Bereichs zuständig, konnten aber auch andere Funktionen vor Ort für den Fürsten übernehmen. Als Honorationen in einer Stadt waren sie auch für andere Aufgaben prädestiniert, nicht zuletzt auch als direkte Funktionsträger des kaiserlichen Hofs.[58] Einzelne Oberpostamtsdirektoren standen immer wieder in direktem

---

[54] Eine Übersicht der allgemeinen Verwaltungsgeschichte bietet Wulf DAMKOWSKI, Die Entstehung des Verwaltungsbegriffes. Eine Wortstudie, Köln/Berlin 1969.

[55] Grundlegend dazu: Hans HAUSSHERR, Verwaltungseinheit und Ressorttrennung vom Ende des 17. bis zum Beginn des 19. Jahrhunderts, Berlin (Ost) 1953; Gerhard OESTREICH, Das persönliche Regiment der deutschen Fürsten am Beginn der Neuzeit, in: Ders., Geist und Gestalt des frühmodernen Staates. Ausgewählte Aufsätze, Berlin 1969, S. 201–234, siehe dazu auch Hans-Peter ULLMANN, Staatsverwaltung an der Wende vom 18. zum 19. Jahrhundert, in: Reinhard MUSSGNUG (Red.), Wendemarken in der deutschen Verfassungsgeschichte. Tagung der Vereinigung für Verfassungsgeschichte in Hofgeismar vom 11. 3.–13. 3. 1991, Berlin 1993, S. 123–138.

[56] Man unterscheidet zwischen Kollegial- und Ressortprinzip beziehungsweise zwischen Territorial- und Ministerialprinzip. Das bedeutet, die Mitglieder der Geheimen Kanzlei oder auch des Geheimen Rates wurden je nach Bedarf mit einzelnen Aufgaben betreut oder ihnen wurde von vornherein ein gewisses Ressort zugeteilt. Die Oberpostamtsverwalter waren grundsätzlich auch Mitglieder im *Conseil privé* beziehungsweise später der Geheimen Kanzlei. Siehe dazu PROBST, Verwaltungsstellen, S. 270; FZA Regensburg, HFS, Akten 1; HMA 3.

[57] Siehe dazu DAMKOWSKI, Entstehung, S. 20.

[58] In diesem Zusammenhang muß nochmals betont werden, daß es sich bei der Postverwaltung um eine Organisation handelte, die sozusagen der Oberaufsicht des Kaisers unterstellt war. Damit liegt ein wesentlicher Unterschied zur Verwaltung anderer kleiner Fürstenhäuser vor. Der kaiserliche Verwaltungsapparat hätte beispielsweise wohl schwerlich in die Güterverwaltung oder auch Ämterbesetzungen des Hauses Fürstenberg eingreifen können. Ausnahmen bilden hier nur die Debitkommissionen, welche aber erst dann eingesetzt wurden, wenn Reichsstände nahezu nicht mehr handlungsfähig waren. In bezug auf Fürstenberg sind wir unterrichtet durch Richard LINK, Verwaltung und Rechtsprechung im Fürstentum Fürstenberg in den letzten Jahrzehnten vor der Mediatisierung 1744–1806, Freiburg i. Br. 1942. Grundlegend dazu Volker PRESS, Reichsgrafenstand und Reich. Zur Sozial- und Verfassungsgeschichte des deutschen Hochadels in der Neuzeit, in: Jürgen HEIDEKING/Gerhard

Kontakt mit Wien. Bislang läßt sich wenig aussagen über die Zwitterstellung als kaiserliche Postmeister und Thurn und Taxissche Untertanen. Zwar liegt, wie angedeutet, für diesen interessanten Aspekt der Verwaltungsgeschichte zu wenig Grundlagenforschung vor, allerdings kann man doch anhand der Aktendurchsicht die Hypothese wagen, daß sich aufgrund von Differenzierung und Funktionsteilung bereits um die Jahrhundertmitte das Unternehmen Post ohne den Fürsten denken ließ, daß die Post, im wahrsten Sinne des Wortes, auch ohne den Fürsten lief. Besonders deutlich wird dies durch ein Promemoria, das die Wiener Staatskanzlei um 1750 ausarbeitete. In diesem Schriftstück wird der Gedanke durchgespielt, inwiefern die Reichspost ohne das Fürstenhaus Thurn und Taxis geführt werden könnte[59] – ein Gedanke, der, zu Ende gedacht, diesem Haus die Existenzgrundlagen entzogen hätte. Unter anderem wird als Gegenargument angeführt, daß die Reichspostmeister eine derartige Umwandlung nicht mitmachen, sondern das Fürstenhaus stützen würden. Die Verwaltungsgeschichte des Hauses Thurn und Taxis muß daher den Blick auf die Inhaber der Oberpostämter richten, da sie es waren, welche dem Fürstenhaus seine Konturen gaben.

2.3. Personen und Professionen

Im Verlauf des 18. Jahrhunderts gab es im Raum des Deutschen Reiches eine Struktur von insgesamt 21 zentralen Oberpostämtern.[60] Die Bedeutung dieser Knotenpunkte der Postlinien wird durch einen Blick auf die Landkarte und nicht zuletzt die Anzahl der jeweils untergeordneten Postämter sichtbar. Zentral aufgrund der Lage zwischen Nord und Süd war Frankfurt, das sich als Schaltstelle des gesamten Reichspostwesens erwies. Ähnliche Knotenpunkte waren Hamburg im Norden und Nürnberg bzw. Augsburg im Südwesten des Reiches. Gerade diese zentralen Postämter waren über Generationen hinweg in den Händen weniger Familien, die, wie bereits angedeutet, auch noch untereinander verschwägert waren. Einige Linien sollen im folgenden nachgezeichnet werden, um das dichte Netz zu verstehen, das die Hauptgestalter der Thurn und Taxisschen Postorganisation miteinander verband. Anhand dreier von ihrer Genese her parallelen Familiengeschichten (Haysdorff, Vrints, Lilien) kön-

---

HUFNAGEL/Franz KNIPPING (Hrsg.), Wege in die Zeitgeschichte. Festschrift zum 65. Geburtstag von Gerhard Schulz, Berlin/New York 1989, S. 3–29.

[59] Siehe zum Folgenden die Denkschrift mit dem Titel »Unmaaßvorschreibliche Gedanken« in HHStA Wien, Reichsakten in specie 22, (1616–1804), Konv. 1, fol. 43–53. Zwar ist die Denkschrift undatiert, sie muß aber nach der Wahlkapitulation Franz' I. geschrieben worden sein, da diese im Text erwähnt wird. Ausführlicher zu dieser Denkschrift Kapitel I.4.

[60] Siehe zur Gliederung der einzelnen Postgebiete PROBST, Verwaltungsstellen; DALLMEIER, 500 Jahre Post. Die ältere Literatur ist bei NEU, Organisation, zusammengestellt. Eine Ortsübersicht der Oberpostämter mit subordinierten Stellen von 1793 bei Rudolf FREYTAG, Die fürstlich Thurn und Taxisschen Expektanzdekrete. Eine Quelle der deutschen Post- und Familiengeschichte, in: APB 9 (1933), S. 52–80, hier: S. 53 f.

nen auch die Postorganisation und die Spielregeln des sozialen Aufstiegs verdeutlicht werden.

Ab der Mitte des 17. Jahrhunderts läßt sich die Familie Haysdorff im süddeutschen Raum nachweisen.[61] Möglicherweise war der urkundlich bezeugte Heinrich Hansen Haysdorff (1658–1735) der erste, der den Weg aus dem Norden nach Süddeutschland fand. Hier war er in kaiserlichen Diensten tätig und kam wohl dadurch in Kontakt zum Augsburger Reichspostamt. Alle seine drei Söhne traten in den Postdienst ein. Der älteste, Johann Heinrich (* 1688), arbeitete als Postoffizial bzw. Postsekretär beim Postamt Augsburg und stieg dort zu Einfluß und Ansehen, schließlich zum Leiter des Postamtes auf. Sein jüngster Bruder Lorenz Robert (* 1706) arbeitete in untergeordneter Stelle beim gleichen Oberpostamt. Der mittlere Sohn Georg Franz (* 1698) wurde Postmeister von Bamberg. Damit waren zu Beginn des 18. Jahrhunderts zwei Familienlinien der Haysdorff geschaffen, welche über das ganze Jahrhundert hinweg die beiden Postämter leiten sollten. Als die Oberpostmeisterstelle in Augsburg am 1. April 1734 durch den Tod des Amtsinhabers Buch frei geworden war, übernahm der erste Haysdorff die Leitung des wichtigen Postamtes.[62] Nach seinem Tod folgte ihm 1756 sein Sohn auf die Stelle, 1786 schließlich dann sein Enkel.[63] Ein wichtiges Mittel zur Planung und Festigung derartiger Karrieren waren einerseits die Expektanzdekrete und andererseits der Ausbildungsweg. Durch sogenannte Expektanz- oder auch Anwartschaftsdekrete des Fürsten von Thurn und Taxis ließen sich die Inhaber wichtiger Oberpostämter ihre Stellen frühzeitig für die Söhne reservieren.[64] Diese traten sehr oft in untergeordneter Stelle ein, als Postschreiber oder Postoffiziant, und hospitierten beim Vater. Auch wenn sich ein Studium der Rechtswissenschaften bei vielen der Postverwalter in gehobener Stellung nachweisen läßt – die Haysdorffs studierten alle Jurisprudenz in Bamberg –, waren die eigentliche Grundlage des Dienstes die Ausbildung in der Praxis und die Einführung in alle Bereiche des Postwesens durch die väterlichen Vorgesetzten. Die Postmeister kamen bereits während ihrer Lehr- und Wanderjahre auch in Kontakt mit den Inhabern anderer Oberpostämter. Die Einrichtung bzw. Effektivierung von Postlinien und damit der reibungslose Ablauf der Reichspost machten dies unumgänglich. So ist es auch

---

[61] Zur Geschichte dieser Familie siehe einführend Robert STAUDENRAUS, Die Postmeisterfamilie Haysdorff, in: APB 16 (1940), S. 20–26.

[62] Augsburg bildete gerade für die Fernkorrespondenz eine wichtige Schaltstelle, weshalb auch Wien und der Reichserzkanzler immer ein aufmerksames Auge auf das dortige Postamt hatten. Siehe dazu das Konv. »Haysdorffsche Sache« in HHStA Wien, MEA, RTA 717.

[63] Zur Augsburger Linie siehe STAUDENRAUS, Haysdorff S. 25 f. Siehe allgemein zu Augsburg auch Otto LANKES, Die Geschichte der Post in Augsburg von ihren Anfängen bis zum Jahre 1808, Diss. TH München 1914.

[64] Besonders zahlreich und vor allem auch systematisch greifbar liegen diese Dekrete für die zweite Hälfte des 18. Jahrhunderts vor. Ein Teil wurde erschlossen durch Rudolf Freytag, darüber hinaus befinden sich derartige Schreiben in allen Personalakten des gehobenen Postdienstes. FREYTAG, Expektanzdekrete, S. 52–80.

erklärlich, wie es zu verschiedenen Heiratsprojekten innerhalb dieser Oberpostamtsschicht kam. Die organisatorisch-dienstlichen Verbindungen zwischen Augsburg und München waren zweifellos Anlaß zu einer familiären Verbindung: Heinrich Hansen Haysdorff heiratete eine Tochter aus der Münchner Postdynastie Öxle.[65]

Johann Jakob Öxle, der Begründer dieser Postmeisterdynastie, wird im Diplom seiner Erhebung in den rittermäßigen Adelsstand als Überbringer der Vertragsurkunden des Westfälischen Friedens nach Wien genannt.[66] Außerdem wird gewürdigt, daß er »dem löblichen Haus Österreich« schon einige Jahre »ersprießliche Dienste« geleistet habe. Soweit dies nach der knappen Quellenlage zu den Anfängen dieser Familie erkennbar ist, war er in österreichischen Diensten im Nachrichtenwesen tätig. Damit erklärt sich auch, daß ihm 1651 das Postamt in Regensburg anvertraut wurde, um vor allem einige neue Postlinien einzurichten und den Postverkehr nach den Wirren des Dreißigjährigen Krieges wiederzubeleben. Seine Arbeit bewährte sich, und als ausgezeichneter Organisator wurde er beauftragt, in Personalunion neben dem Regensburger auch das Münchner Postamt zu übernehmen. In dieser Funktion stand er im Austausch mit dem Generalerbpostmeister, dem Fürsten von Thurn und Taxis.[67] Nicht nur Öxle, sondern auch die Mitglieder der Familie Haysdorff hatten häufig mehr als nur dienstliche Beziehungen zum Fürstenhaus; zahlreiche Briefwechsel belegen den oft sehr vertraulich-freundschaftlichen Umgang.[68]

Wie seinen anderen Kollegen, wurden auch dem kaiserlichen Reichspostmeister Öxle von Taxisscher Seite zahlreiche und umfangreiche Vollmachten übertragen. Er hatte zeitweise die Oberaufsicht über andere Postämter oder wurde mit deren Visitation betraut. Deshalb finden sich in seinem Briefverkehr unterschiedliche Aufenthaltsorte. Öxle verhandelte und visitierte in Augsburg, Mainz, Nürnberg, Regensburg, München und Wien. Als das wichtige Postamt Nürnberg zu besetzen war, übertrug es der Fürst von Thurn und Taxis nicht dem Neffen des verstorbenen Postmeisters Abondio Somigliano, der bereits mit einer Expektanz darauf ausgestattet war, sondern dem bewährten Organisator und Unterhändler Öxle. Dieser führte bis zu seinem Tod die beiden Postämter München und Nürnberg in Personalunion weiter. Seine beiden Söhne übernahmen die Nachfolge beim Regensburger Postamt, das ihnen bereits frühzeitig vom Fürsten zugesichert worden war. Hier bewährte sich einmal mehr das Hin-

---

[65] Zu den folgenden Ausführungen siehe grundlegend Josef LENTNER, Die Taxisschen Postmeister aus dem Hause Oexle, in: APB 14 (1970/72), S. 263–283.

[66] ÖstA, AVA, Wien (Adel), Johann Jakob Öxle, 19. März 1654.

[67] Gefestigt haben mag sich der Austausch zwischen Öxle und dem Fürsten auch durch die Verheiratung seiner Tochter mit dem persönlichen Sekretär des Fürsten, Georg Ignaz von Sickenhausen, später Postmeister von Köln. Siehe dazu LENTNER, Postmeister, S. 268.

[68] Einzelne derartige Verbindungen lassen sich sehr ausführlich belegen, so beispielsweise die Beziehungen Haysdorffs zum Erbprinzen Karl Alexander. Siehe FZA Regensburg, HFS, Akten 1476.

einwachsen der nächsten Generation in den Postdienst. Es war daher naheliegend, daß nach Johann Jakobs Tod auch das Nürnberger Postamt an den Sohn Wolfgang Anton Öxle überging. Nach dessen Tod im Jahr 1701 konnte seine Witwe zwar nicht erreichen, daß dieses Oberpostamt in den Händen der Familie blieb, da der Sohn noch nicht volljährig war. Aber einige Jahre später konnte dieser doch das Postamt München für sich gewinnen, das nach seinem frühen Tod noch einige Jahre von seiner Gattin als Oberpostmeisterin fortgeführt wurde. Es zeigt sich auch, daß es durchaus möglich war, offiziell die Stelle eines Oberpostmeisters einzunehmen, ohne sich viel um dessen Belange zu kümmern, geschweige denn am Ort zu wohnen. Man konnte ebenso einen Verwalter des Postamtes bestellen, der die eigentliche Arbeit leistete. Weniger häufig kam dies jedoch bei den zentralen Postämtern wie Nürnberg vor, da hier stärker auf eine Besetzung mit qualifizierten Leuten geachtet wurde. Dies war schon beim Übergang des Postamtes von Somigliano auf Öxle der Fall gewesen. Man nahm hier keine Rücksicht auf das Expektanzdekret, sondern entschied zugunsten des tatkräftigen Postorganisators. Dies bedeutet natürlich nicht, daß es hier ausschließlich um Leistung ging, sondern daß im Zusammenklang von Familie, Qualifikation und Reputation dem zweiten Faktor durchaus Gewicht zukam.

Der bereits genannte Abondio Somigliano stand ebenso wie der Begründer der Postmeisterfamilie Öxle anfangs in kaiserlichen Diensten, genauer gesagt: in Militärdiensten. Ihm wurden Aufbau und Organisation des Hamburger Postamts übertragen. Als er sich bewährt hatte, übernahm er außerdem die Verwaltung des Postamts in Nürnberg, das nach seinem Tod – wie erwähnt – nicht an seinen Neffen, sondern an Öxle ging. Das Hamburger Postamt verblieb jedoch in der Familie, indem es sein Schwiegersohn Vrints verliehen bekam. Damit trat das Erbe der Somigliano in Hamburg eine Familie an, die vom 17. bis ins 19. Jahrhundert eine ganz wesentliche Rolle in der Thurn und Taxisschen Postgeschichte spielen sollte.[69]

Die Familie Vrints (auch Vrinz, Vrintz etc.) stammte aus den Spanischen Niederlanden. Zwei Linien fanden durch ihren Dienst für den Kaiser den Weg ins Reich. Als erster tritt im Zusammenhang mit der Reichspost ein gewisser Jean Baptiste Vrints auf, der sich mit der Tochter des Postmeisters Somigliano verheiratete und nach dessen Tod das Hamburger Postamt übernahm.[70] Zur massiven Besetzung wichtiger Postämter durch die Familie Vrints kam es durch die Wirren des Dreißigjährigen Krieges. Dabei spielten die Religionszugehörigkeit und die Nähe zum Kaiserhaus eine wesentliche Rolle. 1627 befahl Kaiser Fer-

---

[69] Zum Folgenden siehe FREYTAG, Somigliano, zur Genealogie der Vrints S. 221. Grundsätzlich aufschlußreich die sehr ausführlichen Verweise auf Mitglieder der Familie mit Stammbaum in Constantin von WURZBACH, Genealogisches Lexikon des Kaiserthums Oesterreich, Bde. 1–60, Wien 1856–1923, hier: Bd. 52, 1891, S. 6–8.

[70] Auch unter dem Doppelnamen Vrints-Treuenfeld bekannt. Er war der Sohn eines königlich spanischen Rates in Antwerpen namens Johann Vrints (Vrinz).

dinand II. Leonhard von Taxis, den Frankfurter Postmeister seines Amtes zu entheben und durch ein »katholisches subject« zu besetzen.[71] Als geeigneten Mann fand man schließlich Gerard Vrints, der das wichtige Postamt am Main organisierte. Einige Jahre später waren zwei seiner Verwandten erfolgreich in den Diensten der Reichspost tätig, die Brüder Johann Baptista (als Reichspostmeister in Hamburg) und Johann Gerhard Vrints (als Reichspostmeister in Bremen). Gegen Ende der sechziger Jahre des 17. Jahrhunderts lassen sie sich gemeinsam in einigen wichtigen Verträgen zur Sicherung der Postrechte nachweisen.[72] Deutlich wird das Dreiecksverhältnis zwischen dem Kaiser, den Taxis und den Reichspostmeistern in der Übertragung verschiedener Ämter und Würden. Im Jahr 1670 teilte beispielsweise Kaiser Leopold dem Reichsgeneralerbpostmeister Lamoral von Thurn und Taxis mit, daß er »Johann Gerhard Vrinzen«, der den Titel eines kaiserlichen Rats führe und Postmeister in Bremen sei, zu seinem Residenten ernannt habe. Dies geschehe, um das katholische *exercitium religionis* in der Reichsstadt zu sichern. Der Kaiser legte seinem obersten Postmeister grundsätzlich nahe, immer zuzustimmen, wenn er Personen im Verwaltungsdienst der Reichsposten auch zu öffentlichen Funktionen berief.[73] Der genannte Bremer Postmeister Johann Gerhard Vrints begründete eine Dynastie: Sohn, Enkel und Urenkel sollten Reichspostmeister zu Bremen und gleichzeitig kaiserliche Räte und Residenten in der Stadt werden. Der Sohn Theobald Georg garantierte Kontinuität, indem er die vom Vater getroffenen Postabkommen, beispielsweise mit Braunschweig-Lüneburg, erneuerte bzw. fortsetzte.[74] In einem Vertrag zwischen ihm und dem Herzog von Braunschweig wurde dann bereits vereinbart, daß die verpachtete Post nach Bremen beim Tode des Reichspostmeisters an seinen »beim kaiserl[ichen] Postwesen adjungierten Sohn Conrad Alexander« übergehen sollte.[75] Dessen Sohn schließlich, Theobald Max Heinrich, gehörte zu den prägenden Postgestaltern in der zweiten Hälfte des 18. Jahrhunderts. Dabei verhandelte dieser aber nicht nur in Postsachen, sondern vertrat beispielsweise auch den Fürsten von Thurn und Taxis bei Verhandlungen um dessen Gerichtsbarkeit.[76]

---

[71] Dem großen Postorganisator von der Birghden wurde zur Last gelegt, für den Pfalzgrafen Friedrich spioniert zu haben. Siehe dazu das Schreiben Ferdinands II. vom 3. März 1627. FZA Regensburg, Posturkunden 98.

[72] Siehe dazu die Verträge mit Braunschweig-Lüneburg in FZA Regensburg, Posturkunden 576.

[73] Reskript Leopolds I. vom 8. Juli 1670. FZA Regensburg, Posturkunden 166.

[74] Vertrag zwischen Theobald Georg Vrintz von Treuenfeldt, kaiserlichem Rat und Postmeister zu Bremen, und dem braunschweig-lüneburgischen Generalpostdirektor in Postsachen, 10. Dezember 1703. FZA Regensburg, Posturkunden 577.

[75] Vertrag vom 27. Mai 1738. FZA Regensburg, Posturkunden 608.

[76] Zu den Tätigkeiten des Theobald Max Heinrich von Vrints siehe FZA Regensburg, Postakten 5351, Posturkunden 611, 613. Zum Ausgleich zwischen Kurtrier und Thurn und Taxis über die Gerichtsbarkeit siehe FZA Regensburg, Posturkunden 767.

Neben dieser Bremer Linie der Vrints standen bis weit ins 19. Jahrhundert noch andere Mitglieder der weitverzweigten Familie in Postdiensten. Vor allem die beiden Brüder Karl Optatus Freiherr Vrints-Treuenfeld (* 1765) und Alexander Konrad Freiherr von Vrints-Berberich (* 1764) prägten die Geschicke der Post und der Thurn und Taxis.[77] Vor allem letzter, der bereits mit 21 Jahren das Amt des Oberpostamtsdirektors zu Frankfurt übernahm, gehörte zu den einflußreichsten Gestalten der Postpolitik um 1800.

Mit diesem Zweig der Vrints wird der Blick auf das zentrale Reichspostamt Frankfurt gelenkt. Dieses Postamt war nicht nur aufgrund seiner geographischen Lage von großem Interesse. Es war auch Sitz der sogenannten Oberpostamtszeitung und damit Schaltstelle eines wesentlichen Kommunikationsorgans des Alten Reiches.

Hier ist kurz auf die enge Verbindung von Zeitungswesen und Postorganisation einzugehen.[78] Die Postmeister waren oftmals auch Informationslieferanten für Kaiser und Fürst und bildeten mit ihren Postämtern auch sehr früh regelrechte Knotenpunkte der Information. Auch wenn sich die Behauptung nicht aufrechterhalten läßt, daß die Post die »Mutter aller Zeitungen«[79] war, so gingen doch einige Zeitungsgründungen auf Postmeister zurück. Die *Frankfurter Oberpostamtszeitung* gehörte dabei zu den frühesten Gründungen und entwickelte sich zu einem wichtigen Presseorgan im Alten Reich.[80] Ihr folgten ähnliche Unternehmen in anderen Städten wie Hamburg und später auch Augsburg und Regensburg. Interessant war der Zeitungsdienst vor allem auch finanziell, denn die Reinerträge aus dem Vertrieb kamen direkt den Inhabern der Oberpostämter als abgabefreie Sondereinnahmen zu, die oftmals einen großen Teil des Gesamtgehalts der Postmeister ausmachten.[81] Außerdem blieben diese Einnahmen selbst dann beim Inhaber des entsprechenden Postamtes, wenn er die eigentliche Tätigkeit nicht ausübte, sondern einen Vertreter bestellt hatte.

---

[77] Zu diesen beiden Gestaltern, allen voran dem Generalpostdirektor und dirigierenden Geheimen Rat Alexander von Vrints-Berberich, siehe Kapitel II.2 und II.3.

[78] Ausführlicher dazu die Beiträge in BEYRER/DALLMEIER, Zeitung.

[79] Vgl. aber Kaspar STIELER, Zeitungs Lust und Nutz. Oder derer so genanten Novellen oder Zeitungen wirckende Ergetzlichkeit [...], Hamburg 1695, ND Bremen 1969, S. 17 f. Siehe zur Gründungslegende der Zeitungen Wolfgang BEHRINGER, Post, Zeitung, Reichsverfassung. Machtkämpfe zu Beginn des Zeitungswesens, in: BEYRER/DALLMEIER, Zeitung, S. 40–63, hier: S. 40.

[80] Siehe zur Bedeutung der Zeitungen gerade auch für die zweite Hälfte des 18. Jahrhunderts den folgenden Abschnitt II.1.4. Zur rechtlichen Seite siehe ebenda.

[81] Einige Angaben dazu bei R. KAMM, Die Gehaltsverhältnisse des ehemaligen Taxischen Postbeamtenpersonals in Bayern (1665–1808), in: APT 38 (1910), S. 430–441. Siehe dazu auch die Ausführungen zur Münchner beziehungsweise Regensburger Zeitung und deren Gewinnspannen bei LENTNER, Postmeister, S. 263–283. Intern äußerten sich manche sehr kritisch zu dieser Einnahmequelle, beispielsweise der Rat Grub, der diese Zusatzversorgung von Vrints-Berberich als ungerechtfertigt ansah. Siehe FZA Regensburg, HFS, Akten 201–202, außerdem HHStA Wien, RK, Kleinere Reichsstände 520.

Die verantwortlichen Oberpostmeister zeichneten sich, wie die Beispiele belegen, durch hohe Mobilität aus. Einen Vertreter im Amt zu bestellen war nichts Außergewöhnliches, sondern Voraussetzung für die mannigfaltigen Aufgaben, mit denen sie betraut waren. Dabei war es nicht immer nötig, einen offiziellen Stellvertreter einzusetzen. Denn in den größeren Postämtern waren dem Leiter immer einige Offiziale oder Offizianten beigeordnet, welche verschiedene Bereiche der Postverwaltung selbständig führten. Außerdem konnte man grundsätzliche Dinge wie neue Kurse, Taxen etc. auch von anderen Orten aus dirigieren. Die Internationalität der Postkurse und die oft verworrenen politischen Verhältnisse machten es vielfach nötig, die Verhandlungen an den verschiedenen Höfen zu führen.[82] Außerdem waren ein wesentlicher Bezugspunkt aller dieser Familien und der von ihnen verwalteten Postämter die jeweiligen Residenzorte des Hauses Thurn und Taxis: Brüssel, Frankfurt, Trugenhofen bzw. ab 1748 Regensburg. Es kann nicht genug betont werden, daß die Reichspostmeister nicht nur dem Kaiser, sondern vor allem auch dem Fürsten von Thurn und Taxis verpflichtet waren, und die von ihnen verantwortete Postpolitik war ganz wesentlich auch ein Stück Hauspolitik der Postdynastie. So verwundert es nicht, daß der Übergang vom Postdienst in den Hofdienst bei den Thurn und Taxis reibungslos vonstatten gehen konnte. Mitglieder der Familie Vrints finden sich beispielsweise als Hofmarschälle, das heißt als Leiter der Thurn und Taxisschen Hofangelegenheiten, wieder. Überdies standen die Postmeister oft – wie erwähnt – nicht nur in einem dienstlichen Verhältnis zur fürstlichen Familie. Der Briefwechsel zwischen Öxle und Fürst Alexander Ferdinand zeugt davon.[83] Auch sind die Schreiben in Postangelegenheiten oft in Trugenhofen, der Sommerresidenz des Fürsten von Thurn und Taxis, abgefaßt worden, was auf eine Nähe der Postmeister zum Hof schließen läßt.

Besonders häufig taucht dabei in der zweiten Hälfte des 18. Jahrhunderts eine Familie auf, die Freiherrn von Lilien. Bereits im Zusammenhang mit der Thurn und Taxisschen Geschichte in den Krisenjahren um 1740 wurde auf den bedeutenden Postpolitiker Franz Michael Florenz Freiherr von Lilien eingegangen.[84] Er war zweifellos »der alles überragende Postmann des 18. Jahrhunderts«[85], gleichzeitig aber auch der Begründer einer wichtigen Postdynastie. Bereits in den dreißiger Jahren hatte er sich in der Verwaltung des Postamts Nürnberg so bewährt, daß er bei Postverhandlungen und politisch heiklen Missionen allen

---

[82] Siehe dazu allein die Orte der Vertragsabschlüsse bei den zahlreichen Postverträgen bei DALLMEIER, Quellen, Bd. 2.

[83] Vgl. auch den späteren Briefwechsel Haysdorffs mit Erbprinz und Prinzipalkommissar Karl Alexander, dem er zum Beispiel eine neuartige Jagdbüchse übersendet und dabei humorig vermerkt, der Erbprinz solle warten, bis er ihm die Handhabung selbst erkläre. FZA Regensburg, HFS, Akten 1475–1478.

[84] Siehe die Ausführungen in der Einleitung (Abschnitt 2.3) zum Aufstieg des Freiherrn von Lilien bis zum Jahr 1748.

[85] KRUCHEM, Lilien, S. 11. In gleicher Bewertung bei KALMUS, Weltgeschichte, S. 408–415.

anderen Oberpostmeistern und Vertrauten des Fürsten von Thurn und Taxis vorgezogen wurde. Der Fürst hatte in seiner Wahl, diesem Postmeister die Aussöhnung mit Habsburg zu übertragen, Weitblick bewiesen. Denn von Wien aus organisierte Lilien ab den fünfziger Jahren nahezu alle Belange der Reichspost und des Hauses Thurn und Taxis. Er war es, der Postlinien, Tarife etc. neu strukturierte und in Zusammenarbeit mit den anderen Oberpostmeistern koordinierte. Er verhandelte mit den wichtigen Landesherren und am Reichstag über Postrechte. Er kann außerdem als Begründer eines organisierten Postkutschenwesens bezeichnet werden. Und er war es, der den Geheimen Dienst für die Habsburger organisierte.[86] Viel wichtiger für das Haus Thurn und Taxis war jedoch, daß er die Thurn und Taxisschen Interessen mit denjenigen des Kaiserhauses in Wien untrennbar verband, und das nicht nur in Postsachen. Als Thurn und Taxisscher Resident in Wien kümmerte sich Lilien um alle Belange des Fürstenhauses. Äußeres Zeichen seiner herausragenden Stellung war seine »Beförderung« im Jahr 1755, welche ihm eine außerordentliche Machtstellung verschaffte, wie sie außer ihm nur noch sein Sohn einnehmen sollte: Fürst Alexander Ferdinand ernannte Franz Michael Florenz von Lilien aufgrund seiner außergewöhnlichen Dienste »zum GeneralIntendanten und Oberhaupt aller unsrer Geschäfte und deren darin einschlagenden sowohl das Post- als auch das Hauswesen betreffende Stellen«. Im Ernennungsdekret führte er außerdem an, daß »derselbe über sonstige alle unsere Bedienten zu erheben« sei und dieses Amt dem Ministerposten bei höheren Höfen entspreche.[87] Mit diesem Amt wurde das erste Mal innerhalb der Oberpostamtsschicht sozusagen ein »primus inter pares« geschaffen. Es ist faszinierend, mit welcher Energie und Tatkraft der Generalintendant die verschiedenen Aufgabenbereiche ausfüllte. Er war nicht nur Hauptverantwortlicher der niederländischen und Reichspost, sondern auch Organisator des Geheimen Dienstes und Gestalter der Hauspolitik durch Lenkung der Reichstagspolitik sowie Verhandlungsführer beim Ankauf von Herrschaften und bei der Regelung von Heiratsprojekten. Für einige Jahre wurde er überdies von Kaiserin Maria Theresia auch noch in Personalunion zum Chef der österreichischen Post erhoben. Somit war es möglich, die Belange der unterschiedlichen Postanstalten »von einem Meer zum anderen« zu koordinieren und damit effektiver zu gestalten.[88]

---

[86] Siehe allgemein die Aktenbelege im HHStA Wien; vor allem Reichsakten in specie 21–26; Kleinere Reichsstände 519, 520 etc. Nähere Belege und Ausführungen siehe in Kapitel I.4. Grundlegend dazu das ausgewogene Urteil bei KALMUS, Weltgeschichte, S. 414–422.

[87] Ernennungsdekret vom 21. November 1755. FZA Regensburg, Personalakten 5531, Konv. »Ernennung« 1755.

[88] Siehe dazu auch die Hinweise bei MAYR, Briefdienst, sowie weiterhin KALMUS, Weltgeschichte, und HUBATSCHKE, Briefüberwachung. Einen Hinweis auf die Integration Liliens am Hof bieten die besonderen Missionen, mit welchen er von Maria Theresia (wohl nicht zuletzt als Schwiegersohn Bartensteins) betraut wurde. Siehe Alfred Ritter von ARNETH,

Zahllose Denkschriften zu den unterschiedlichsten Projekten aus seiner Feder haben sich erhalten.[89] Besonders deutlich tritt die Bedeutung Liliens für das Haus Thurn und Taxis im persönlichen Schriftwechsel zwischen ihm und dem Fürsten hervor.[90] Wo immer sich Lilien aufhielt, ob am Kaiserhof in Wien, beim Fürsten auf dessen Sommerresidenz, am Regensburger Reichstag, an auswärtigen Höfen oder einzelnen Postämtern, er war und blieb der Ansprechpartner und Koordinator für alle Belange. Dabei konnte er sich auf das durch familiäre Bindungen tragfähige Netz der Reichspostmeister verlassen. Er verstand es, dieses Netz immer dichter zu knüpfen und auch zu erweitern. Neben den Postmeisterdynastien stand er in Kontakt mit den Konkommissaren, dem Reichsvizekanzler und dem Staatskanzler in Wien. Erstaunlich ist dabei der durch zahlreiche Verhandlungsakten nachvollziehbare Grad an Information, den Lilien in seiner Person zu bündeln verstand. Er legte nicht nur ein kleines »Archiv« mit Abschriften der wichtigen Postverträge an, sondern er organisierte ein regelrechtes Nachrichtensystem für sich. So erhielten einzelne Unterhändler vom Fürsten den Befehl, von wichtigen Verhandlungsakten Kopien direkt an den Generalintendanten zu senden.[91] Durch dieses Beziehungsnetz wurde das Haus Thurn und Taxis zusammengehalten und auch getragen. Natürlich verwob Lilien auch seine Söhne im Thurn und Taxisschen Netz. Sein ältester Sohn Alexander Ferdinand bekam bereits als Jugendlicher ein Anwartschaftsdekret auf die Oberpostmeisterstelle zu Maaseik, später folgte er dem Vater im Amt des Generalintendanten der Posten in den Niederlanden und im Reich. Die guten Beziehungen zum Fürstenhaus zeigten sich übrigens auch in anderer Hinsicht: Der dritte Fürst von Thurn und Taxis übernahm die Patenschaft für den Erstgeborenen seines Generalintendanten. Die beiden nachfolgenden Söhne wurden in kaiserlichen Militärdiensten untergebracht. Der vierte Sohn Christoph erhielt eine Anwartschaft auf das Postamt Lüttich, später war er dort und beim Postamt Düsseldorf tätig. Der fünfte und jüngste Sohn trat die Nachfolge des Vaters beim Oberpostamt in Nürnberg an. Auch der Sohn der Schwester stand übrigens in Thurn und Taxisschen Diensten.[92]

Geschichte Maria Theresias, Bd. 4: Maria Theresia's letzte Regierungszeit 1763–1780, Wien 1879, S. 281 f.

[89] Zur Reorganisation des Geheimen Dienstes siehe HHStA Wien, Reichsakten in specie 21, dieselben außerdem zum Aufbau der Post in den Erblanden. Zur Organisation innerhalb der Reichspost siehe FZA Regensburg, HFS, Akten 155–168.

[90] Die Geschäftskorrespondenz der Freiherren von Lilien, Vater und Sohn, liegt in zwölf umfangreichen Faszikeln vor – Korrespondenz der Jahre 1739–1789 – und harrt gerade in bezug auf postgeschichtliche Fragestellungen einer eingehenden Auswertung. FZA Regensburg, HFS, Akten 155–166.

[91] Zahlreiche Vermerke wie der folgende lassen sich finden: »haben höchstdieselbe befohlen, Ihro General Intendanten Freiherrn von Lilien Hochwohlgebohren eine Abschrift hievon zur geschwinden Wissenschaft [...] mitzutheilen«. Schreiben vom 6. September 1761. FZA Regensburg, HFS, Akten 156 (1757–1762). Ähnliche Vermerke in den Postakten.

[92] Es handelt sich um Johann Caspar Dietrich Theodor, siehe KRUCHEM, Lilien, S. 19 f.

Natürlich war der Aufstieg des Hauses Lilien auch von Mißgunst und Streit innerhalb der Postmeisterschicht begleitet. Durch »Verfolgungen, Haß, Neidt und Intriquen« zermürbt, bat Franz Michael von Lilien 1761 sogar um seine Entlassung.[93] Der Fürst war sich jedoch der hohen Leistungen seines Generalintendanten für des »Hauses Lustre«[94] bewußt und wollte den »Ausstreuungen, sie mögen herkommen, woher sie wollen«, keinen Glauben schenken. Außerdem fügte der Fürst in seinem Antwortschreiben an, dürfte kein anderer, »so geschätzt und einsichtig derßelbe auch immer seyn könnte, das von dem Herrn Baron so glücklich eingeleitete bey dem kayserl[ichen] Hof, so vielen auswärtigen Mächten und einem guthen Theil des Reiches in würklicher Bewegung sich befindende Haubtgeschäft zu einer gedeylichen Endschaft zu bringen im standt seyn«. Auch an anderer Stelle wird deutlich, daß jenes Großunternehmen Reichspost einer koordinierend leitenden Stelle bedurfte, um sich in den politischen Auseinandersetzungen zu behaupten. Über Jahrzehnte hinweg nahm diese Position Franz Michael von Lilien ein. Nach seinem Tod übernahm sein Sohn Alexander Ferdinand zwar offiziell die Stelle eines »Generalintendanten«, konnte die Fäden zwischen Postmeisterfamilien und Fürstenfamilie jedoch nicht mehr zusammenhalten. Gegen Ende des Jahrhunderts übernahm der junge Frankfurter Oberpostmeister Vrints-Berberich die Leitung der Gesamtgeschäfte.[95]

Alexander Ferdinand von Lilien verdanken wir einen resümierenden Einblick in die Ausbildungs- und Verwaltungsstrukturen des höchsten Postdienstes.[96] Nach den beschriebenen Familienbiographien liegt es auf der Hand, wie wichtig das dynastische Moment bei der Besetzung von Spitzenpositionen war. Lilien hat gegen Ende des Jahrhunderts in verschiedenen Schreiben diese Grundlinie mit ihren Vor- und Nachteilen hervorgehoben.[97] Selbst von Vrints-Berberich entmachtet und daher Gegner dieser Postmeisterfamilie, erkannte er die Gefahren der dynastischen Komponente. Denn die Besetzung wichtiger Stellen sollte nicht (allein) auf familiäre Bindungen und den persönlichen Zugang zum Fürsten Rücksicht nehmen müssen. Andererseits gewährte gerade

---

[93] Der Schriftverkehr dazu befindet sich in einem eigenen Konvolut: »Antrag um Entlassung. 1761-1774«. FZA Regensburg, PA 5531.

[94] Schreiben Fürst Alexander Ferdinands, 23. November 1761. Ebenda: »Erkennen auch den Werth dero unß von dem Herrn Baron so Viele Jahre hindurch theils zu unsres Fürst.-Hauses Lustre, theils gar zum beträchtlichen zuwachs unßrer revenuen geleistete undt noch würklich leistend befindliche Diensten«.

[95] Vrints-Berberich scheute dabei, wie noch zu zeigen sein wird, nicht vor Intrigen zurück. Siehe dazu Kapitel II.2 und HHStA Wien, StK, Kleinere Betreffe 18.

[96] Siehe Lilien an Imhof, 11. Januar 1798. HHStA Wien, StK, Kleinere Betreffe 18, Konv. a, fol. 233. In diesem Schreiben geht Lilien streckenweise auf seinen eigenen Ausbildungsweg ein.

[97] Lilien war in Auseinandersetzungen zwischen rivalisierenden Gruppen um den Fürsten hineingeraten. Rekonstruierbar durch HHStA Wien, StK, Kleinere Betreffe 18. Siehe dazu auch das folgende Kapitel.

diese personale Verschränkung auch eine inhaltliche Kohärenz. Vor allem die nötige Ausbildung als Grundlage für effektive Gestaltung des Postdienstes war damit gewährleistet. Dafür diente ihm sein eigenes Leben als Exempel.[98] Er selbst, so beginnt er ein ausführliches Statement zur Postverwaltung, stehe mittlerweile seit 30 Jahren in Taxisschen Diensten. Auch nach der Absetzung als Generalintendant sei er weiter für das Postgeneralat und das Fürstenhaus tätig gewesen. Die derzeitigen Probleme ergaben sich seines Erachtens daraus, daß keiner der Postverwalter den komplexen Aufgaben gewachsen sei. Denn »Postkenntnisse lernt man nicht auf Universitäten, da gehört eine besondere Schule dazu«. Die einzige Möglichkeit, ihre Spielregeln zu erfassen, bestehe darin, in langjährigen Praktika sowohl das organisatorisch-technische wie auch das politisch-rechtliche Element kennenzulernen. Vor allem letzteres sei von ebenso großer Wichtigkeit wie von anfangs undurchschaubar großer Komplexität. Denn die Post sei in ihren rechtlichen Bezügen kein System, sondern nur »eine vage Bestimmung«. Das Postgeneralat entspreche keinen mathematischen Gesetzen. Er selbst habe bei einem Postamt, das unter der Oberaufsicht seines Vaters stand, angefangen. Danach sei er durch den Vater und die Praktika in verschiedene Bereiche eingeführt worden. Wichtig war ihm immer auch der Bezug zu den Höfen, vor allem und konkret zum Wiener Hof. Am Hof des Kaisers und an anderen Höfen, so seine Quintessenz, werde die Politik gemacht, welche die organisatorische Entfaltung des Postwesens ermögliche. Dienst für die Post aber war immer auch Dienst für das Haus Thurn und Taxis.

In den Briefen des Freiherrn von Lilien werden einige Grundlagen des Postsystems klar herausgestellt, wobei deutlich wird, daß dies zugleich die Grundlagen für »Ansehen und Lustre des Hauses Taxis« waren. Eine davon war zweifellos auch die Kenntnis des Lebens am Hof mit allen seinen Spielregeln.

Rationale Organisation und höfisches Zeremoniell scheinen auf den ersten Blick in einem Verhältnis zueinander zu stehen wie Feuer und Wasser. Aber dieser Eindruck bleibt nur bestehen, wenn man Zeremoniell als leere, überflüssige Form des gesellschaftlichen Verkehrs versteht und ihm die rationale Organisation des geschäftlichen Umgangs gegenüberstellt. Die Oberpostmeister mußten beides miteinander verbinden. Zum einen sollten sie die Organisation der Posten beherrschen. Außer der Kontrolle und Oberaufsicht bestehender Verbindungen hinsichtlich ihrer Effizienz ging es ebenso darum, neue Linien zu eröffnen, Posttaxen zu bestimmen und, vor allem im 18. Jahrhundert, die Postkutsche zu etablieren. Zum anderen war es gerade für Verhandlungen über die Postverträge, Transitbedingungen etc. notwendig, Eingang bei Hof zu finden und damit die Spielregeln zu kennen, nach denen man beim Fürsten Gehör fand.

---

[98] Lilien an Imhof, 11. Januar 1798. In HHStA Wien, StK, Kleinere Betreffe 18, Konv. a, fol. 233–235. Siehe dazu auch weitere Schreiben in diesem Zusammenhang ebenda, fol. 220–298.

Alle Postmeister in gehobenen Diensten waren spätestens im Verlauf des 18. Jahrhunderts in diese adelige Welt hineingewachsen. Rationales Organisieren und höfisches Leben lassen sich dabei nicht trennen. Wie sie auch immer hießen, die Haysdorff, Öxle, Vrints oder Lilien, ihre Familien wurden aufgrund ihrer Verdienste um das Postwesen früher oder später in den Adelsstand erhoben, außerdem mit Ehrentiteln geradezu überhäuft.[99] Dieser soziale Aufstieg war grundlegende Voraussetzung für den Erfolg in Postsachen, denn er ermöglichte oftmals erst den Zugang zum Hof und die Aufnahme informeller Kontakte. Eine Durchsicht der wichtigen Posturkunden beweist, daß die Verhandlungspartner überwiegend dem Adelsstand angehörten. Vor allem bei Missionen an größeren Höfen war es unabdingbar, ein Adelsdiplom zu besitzen. Besonders deutlich läßt sich dieser Umstand auch in der Dominanz des Adels im politischen und gesellschaftlichen Leben Regensburgs ablesen. In der Stadt des Immerwährenden Reichstages war der Adelstitel eine Eintrittskarte zu Diners, Assembleen, Jagdeinladungen und ähnlichem mehr. Auf dieser höfischen Plattform kam es nicht nur zur Repräsentation und zum Austausch von Höflichkeiten, sondern es konnten auch Geschäfte eingeleitet werden.[100] Die Spitze des Postwesens, der Fürst von Thurn und Taxis, konnte sich hauptsächlich auf diesen Bereich konzentrieren. Das Verhältnis der einzelnen Postverwalter zum fürstlichen Haus läßt sich bisher nur aus wenigen Hinweisen herausfiltern. Grundsätzlich, das gilt es nochmals zu betonen, war der Fürst natürlich ihr Dienstherr und Vorgesetzter, aber durch ihre Position als Vorsteher eines kaiserlichen Postamtes hatte immer auch Wien ein wenig mitzureden. Gegenüber anderen Verhandlungspartnern wurden die Oberpostmeister immer als Vertreter der Interessen des Hauses Thurn und Taxis ausgewiesen. In den Akten finden sich zahlreiche Vollmachten, mit denen der regierende Fürst die Postverwalter ausstattete. Diese Fäden mußten am Hof des Fürsten zusammenlaufen und in manchen Momenten auch zusammengezogen werden. Mit der Zunahme des einflußreichen Personals im Hofbereich kamen aber im Umkreis der Fürstenfamilie weitere Fädenzieher hinzu, die alle das »Interesse des Hauses« wahren wollten.

2.4. Postverwaltung, Hofstaat und Landesregierung

Wie bereits am Ende des 17., waren auch im 18. Jahrhundert im obersten Verwaltungsgremium des Hauses Männer vertreten, welche aus jenen prägenden Postmeisterfamilien kamen, deren Profil mit wenigen Strichen familienbiogra-

---

[99] Neben den fast schon üblichen Verleihungen der Ratstitel von Höfen, mit denen man zu tun hatte, gab es verschiedene Ernennungen und Dankadressen bei konkreten Verhandlungen. So war Öxle beispielsweise nicht nur Thurn und Taxisscher, sondern unter anderem auch kurfürstlicher Rat, und Lilien führte neben dem kaiserlichen auch den Thurn und Taxisschen Ratstitel.
[100] Zu diesem Bereich siehe die folgenden Ausführungen in den Kapiteln I.4.2 und I.5.2.

phisch nachgezeichnet wurde. Auch der nach dem ersten »règlement général« eingesetzte »Intendant de la maison« Eugène de Bors stammte aus einer alten Postmeisterdynastie.[101] Das verwundert nicht, da – wie gezeigt – Postangelegenheiten und innere wie äußere Angelegenheiten des Hauses untrennbar miteinander verwoben waren.

Diese Dominanz der Postmeisterfamilien in allen Bereichen der Verwaltung blieb weiterhin bestehen, obwohl die immer stärker ausgebaute Hofhaltung zur Zunahme des Personals beitrug, das aus anderen Bereichen rekrutiert wurde.[102] Der stetig an Bedeutung wachsende Hofstaat ermöglichte es Adelskreisen, die bisher nicht im Kontakt zum Fürstenhaus gestanden hatten, Eingang zu finden. Nicht zuletzt die von den Thurn und Taxis eingerichtete Pagenschule bot dafür eine Grundlage.[103] So konnte es im Verlauf des 18. Jahrhunderts vereinzelt dazu kommen, daß ein Rat, der sich in Hofdiensten verdient gemacht hatte, in die höchsten Verwaltungsgremien aufstieg. In nachgeordneten Positionen war die Zahl der Hofbediensteten, die niemals etwas mit der Postverwaltung zu tun hatten, ohnehin sehr groß.

Neben den Belangen der Post und des Hofes drängten durch den Ankauf der verschiedenen Herrschaften in Schwaben im 18. Jahrhundert außerdem die Bedürfnisse der Verwaltung und Organisation des Grundbesitzes immer stärker auf die Agenda. Wichtig war dabei das Jahr 1786. Erstmals wurde von der Postdynastie Thurn und Taxis mit der Grafschaft Friedberg-Scheer ein wirklich umfangreicher reichsunmittelbarer Grundbesitz angekauft. Es bedurfte natürlich geeigneter »Cameral-Beamter«, um die Verwaltung dieser Herrschaft zu gewährleisten. Hier griff man auf bewährte Kräfte vor Ort zurück und beauftragte sie, die Verwaltung im Namen des neuen Landesherrn weiter zu betreiben. Oder man ließ sich von anderen Fürsten des Reichs geeignete Fachleute vermitteln.[104] Auch wenn noch keine einschlägigen Arbeiten zu den Thurn und Taxis

---

[101] Sein Diensteid in FZA Regensburg, HFS, Akten 4, dort nähere Angaben zu seiner Person. Zur Verwaltungsgliederung HFS, Akten 1.

[102] Bereits durch die erstmalige Übernahme des Prinzipalkommissariats unter Kaiser Karl VII. kam es zu geringfügigen Veränderungen innerhalb der fürstlichen Verwaltung. Im Zusammenhang mit dem Amt des Prinzipalkommissars waren vor allem im Bereich der Hofverwaltung Änderungen nötig, wozu eine eigene Hofökonomiekommission eingesetzt wurde. Siehe dazu PROBST, Verwaltungsstellen, S. 272 f.

[103] Siehe dazu Sammlung zu einer Geschichte der fürstlichen Pagerie durch den Archivar Rudolf Freytag. FZA Regensburg, Freytagiana 126.

[104] Von besonderer Bedeutung war hier der Scheerer Oberamtmann und Kanzleiverwalter Franz Xaver Clavel. Neben ihm spielten von Epplen und von Eberstein – beide hatten im Bereich des Hofstaates und der Landesverwaltung Karriere gemacht – eine wesentliche Rolle. Epplen wurde als leitender Archivar der Truchsessen von Waldburg zur Verwaltung der von Waldburg an Thurn und Taxis verkauften Herrschaften herangezogen. Eberstein war als bayerischer Kämmerer an den Thurn und Taxisschen Hof gekommen, um die Prinzenerziehung zu übernehmen. Siehe dazu die biographischen Skizzen bei Jürgen NORDMANN, Kodifikationsbestrebungen in der Grafschaft Friedberg-Scheer am Ende des 18. Jahrhunderts, in: ZWLG 28 (1969), S. 265–342, hier: S. 277–284. Grundlage dafür und auch Ausgangspunkt

als Landesherren vorliegen, so ist doch bereits erkennbar, daß Landesherrschaft immer eine nachgeordnete Rolle spielte: Die neu gegründete »Regierung der thurn und taxisschen Lande« blieb als Mittelbehörde den zentralen Behörden nicht nur an politisch-rechtlicher Einflußnahme, sondern auch an wirtschaftlicher Bedeutung für das Gesamthaus untergeordnet. Und damit rangierten auch die »Landesbeamten« nicht an erster Stelle.[105]

In der Geheimen Kanzlei und der Generalpostdirektion überwogen weiterhin die Mitglieder der Postmeisterdynastien. Sie und einige Personen, welche direkt im Hofstaat ihre Karriere begonnen hatten, bestimmten in Absprache mit dem Fürsten die Politik des Hauses. Spätestens mit der Verleihung von Sitz und Stimme im Reichsfürstenrat 1754 bedurfte es dafür kompetenter Männer. Auch hier konnte man auf die reichspolitisch versierten Kräfte aus dem Postbereich, konkret die Familie Vrints, zurückgreifen. Außerdem blieb man als Juniorpartner des Hauses Habsburg immer stark (auch personell) mit den Vertretern Habsburgs in Tuchfühlung. Lange Zeit wurde zum Beispiel die Reichstagsstimme von den österreichischen Gesandten mitversehen.[106]

Zusammenfassend kann man von einem zweigliedrigen Verwaltungsgefüge sprechen: An erster Stelle steht dabei der eigentliche Postbereich. Hier blieb bis gegen Ende des Jahrhunderts der jeweilige Generalintendant, das heißt die beiden Freiherrn von Lilien, tonangebend. An zweiter Stelle sind die Haus- und Hofangelegenheiten zu nennen. Soweit dieser Bereich die äußeren Verhältnisse betraf, blieb er ebenso in den Händen der untereinander in Kontakt stehenden Postverwalter. Signifikant war dabei auch die stete Verbindung zum Haus Habsburg, die nicht zuletzt dadurch abgesichert wurde, daß man über das ganze Jahrhundert hinweg einen eigenen Agenten, also einen diplomatischen Vertreter, in Wien bestellte. Insofern dieser Bereich die innere Verwaltung betraf, gab es hier verschiedene Stäbe, welche den gesamten Hofstaat gemäß den Anforderungen eines Fürsten und Prinzipalkommissars organisierten. In diesem Verwaltungszweig finden sich einige Adelige, die hier aufstiegen oder aus dem eigentlichen diplomatischen Bereich übernommen wurden. Ein dritter Sektor könnte noch benannt werden, obwohl er verwaltungstechnisch unter dem zweiten Bereich subsumiert wurde: Der Grundbesitz nahm zwar aufgrund der Be-

---

für weitere Untersuchungen zu Clavel und Eberstein bietet der »Nachlaß Freiherr von Eberstein« im Stadtarchiv Mainz, vor allem Nr. 20 (Biographie Clavels) und Nr. 11–19.

[105] Grundlegend dazu die Arbeit von NORDMANN, Kodifikationsbestrebungen. Einzelne Hinweise, die ältere Literatur verzeichnend, gibt BEHRINGER, Thurn und Taxis, S. 256–260.

[106] Der Konkomissar stand bereits qua Amt im direkten Kontakt mit dem Fürsten von Thurn und Taxis. Außerdem wurde die Thurn und Taxissche Virilstimme lange Zeit vom österreichischen Gesandten Egid Valentin Felix Freiherr von Borié mitversehen. Erst im Januar 1803 übernahm sie bis zum Ende des Reichs Vrints-Berberich. Siehe die Übersicht bei Karl HÄRTER, Reichstag und Revolution 1789–1806. Die Auseinandersetzungen des Immerwährenden Reichstags zu Regensburg mit den Auswirkungen der Französischen Revolution auf das Alte Reich, Göttingen 1991, S. 659–666.

sitzerwerbungen kontinuierlich zu, blieb jedoch bis zu Beginn des 19. Jahrhunderts eher zweitrangig.

Allein ein Blick auf die Größe dieser Verwaltungsorganisation wie auch des Hofstaats läßt deutlich werden, daß man es hier mit einem Gefüge innerhalb des Alten Reiches zu tun hat, das den Vergleich mit anderen Fürstentümern nicht zu scheuen braucht. Hier stellt sich erneut die Frage, was die Klammer war, die diesen gesamten Mikrokosmos zusammenhielt. Ein Begriff taucht in den Quellen in einer solchen Häufung auf, daß ihm hier eine zentrale Bedeutung zuzukommen scheint: das fürstliche Haus.

2.5. Im Namen des Hauses

Als im Jahr 1739 der zweite Fürst von Thurn und Taxis starb, befanden sich die Finanzen und auch die Verwaltungsstruktur in einem für die Verhältnisse des Hauses desolaten Zustand. Die immensen Mittel, die man zum Ankauf der Herrschaft Eglingen und zum Aufbau des Frankfurter Palais verwendet hatte, sowie die Bemühungen um das niederländische Postgeneralat, das das Haus etwa 1,5 Mio. fl. gekostet hatte, schlugen nachdrücklich zu Buche. Mit dem Ziel, die Lage des Hauses wieder zu konsolidieren, entwarfen am 7. Dezember 1739 folgende Herren eine Denkschrift: Freiherr von Bors, Freiherr von Berberich, die beiden Lilien, Generalintendant Michael Florenz und dessen Sohn Alexander Ferdinand sowie von Haysdorff – allesamt Thurn und Taxissche Räte und Inhaber von Oberpostmeisterstellen bzw. deren nächste Verwandten.[107] In diesem Promemoria ging es jedoch nicht um die Konsolidierung der Postanstalt, sondern in erster Linie um die ureigensten Hausinteressen der Fürsten von Thurn und Taxis. So wurde über die Mittel und Wege nachgedacht, die Unverletzbarkeit des Hausfideikommisses zu schützen. Außerdem ging es darum, die Prinzen des Hauses standesgemäß zu versorgen und die Hausfinanzen auf eine solide Grundlage zu stellen. In diesem Zusammenhang tauchte das Haus semantisch vor allem als »Familie«, im erweiterten Sinn als Sozialgemeinschaft eines Großunternehmens, auf.

Aber nicht nur in dieser Denkschrift sprachen die Spitzenkräfte der Thurn und Taxisschen Reichspost und des Hofstaates vom »Haus«. Jedesmal, wenn Verträge im Auftrag des Fürsten vorbereitet wurden, waren sie im Auftrag der Reichspost und somit des Hauses Thurn und Taxis tätig. Damit überlappen sich immer wieder die verschiedenen Begriffsdimensionen bzw. werden untrennbar miteinander verschränkt. Das Haus kann in Verträgen als politisch-rechtliches Synonym für Dynastie stehen. Denn Verträge, die »für den Fürsten und seine Nachfahren« oder für »Seine Durchlaucht und das hochfürstliche Haus« abgeschlossen werden, sind auf die Geschlechterfolge der Dynastie ausgerichtet. Die Rechte haften am Haus Taxis, an der Dynastie, und gehen von dem einen

---

[107] FZA Regensburg, HFS, Akten 1, »Bericht über die Finanzlage des f. Hauses [...]«; sowie eine Übersicht dazu in HMA 3.

auf den anderen Fürsten als deren Repräsentanten über. Aber es taucht auch die soziale Bedeutung auf, wenn sich die Geheimen Räte als Vertreter des Hauses fühlen. Hier umgreift das Haus alle Teilhabenden am Gesamtgefüge, die Fürsten, ihre Familie, die Geheimen Räte, die Oberpostamtsdirektoren bis hinunter zum kleinen Postoffizianten. In dieser Konnotation wird der Fürst zum Hausvater, der Disziplinargewalt ausüben kann und darf, aber ebenso seine Gnade und Hilfe in besonderen Zuwendungen, wie Neujahrsgaben, und Hilfen, wie Pensionen, Gnadengehälter etc., austeilt. Dabei darf aber nicht übersehen werden, daß der Fürst bzw. die fürstliche Familie auch in diesen Bereichen von den einflußreichen Räten mehr oder weniger stark beeinflußt wird.[108]

Die Mitarbeiter der Reichspost, des Hofstaats und auch der Landesverwaltung stehen zum Fürsten und dessen Familie in vielfachen Beziehungen. Damit wird weniger vom Fürsten als vielmehr von den leitenden Verwaltungskräften ein dichtes Netz begründet und aufrechterhalten. In dieses dichte Netz aber ist ein Begriff zu dessen Erklärung eingewoben, der jedoch vieles gleichzeitig und vieles Unterschiedliche meinen kann, der des Hauses Thurn und Taxis.

3. »Der Grund, auf dem wir stehen« – ökonomische Verhältnisse

3.1. Gesamteinnahmen

Die literarische Gattung des Briefromans erlebte ihre Blüte, wenn nicht sogar ihre eigentliche Erfindung, im 18. Jahrhundert. Der Brief, hier aneinandergereiht zum Roman, wurde zum zentralen Medium der Selbsterkenntnis und deren Offenbarung im Zeitalter der Empfindsamkeit. Damit war eine literarische Gattung sowohl Spiegelbild als auch Motor einer gesellschaftlichen Mode geworden. Freundschaftskult und Briefkultur bedingten und verstärkten einander. Der alte Geheimrat Goethe, der mit seinen frühen Werken dieser Entwicklung weiteren Auftrieb gegeben hatte, beschrieb die Briefleidenschaft einer ganzen Generation ausführlich in seinem Alterswerk.[109] Briefeschreiben gehörte zum wesentlichen Bestandteil des Tagesablaufs eines jeden Angehörigen der ge-

---

[108] Das Verhältnis zwischen Eigeninitiative des Fürsten, seinem »persönlichen Regiment« und dem Einfluß seiner Räte ist dabei natürlich auch abhängig von der jeweiligen Person des Fürsten. Aufgrund der Aktenlage kann festgehalten werden, daß Alexander Ferdinand noch stark selbst in einzelne Verhandlungen eingriff. Bei seinen Nachfolgern, vor allem bei Carl Anselm, verlagerte sich das Gewicht indes mehr auf die Seite der Räte.

[109] Er gibt als Gründe für diese Briefleidenschaft neben dem erhöhten Mitteilungsbedürfnis auch ganz praktische Gründe an: »Man spähte sein eigen Herz aus und das Herz der andern, und bei der Gleichgültigkeit der Regierungen gegen eine solche Mitteilung, bei der durchgreifenden Schnelligkeit der Taxis'schen Posten, die Sicherheit des Siegels, dem leidlichen Porto, griff dieser sittliche und literarische Verkehr bald weiter um sich«. Johann Wolfgang von GOETHE, Aus meinem Leben. Dichtung und Wahrheit, Frankfurt a. M. 1993, S. 504. Das Geburtshaus Goethes stand übrigens ganz in der Nähe des Thurn und Taxisschen Palais in Frankfurt.

bildeten Schichten. Nicht umsonst wurde das 18. Jahrhundert als das »Jahrhundert des Briefes«[110] bezeichnet. Von Lessing über Klopstock, von Goethe bis Schiller, sie alle ließen keinen Posttag aus, um zu schreiben, und füllten damit nicht nur die Taschen der Postreiter, sondern auch die der Fürsten von Thurn und Taxis.

Aber nicht nur der private Briefverkehr nahm zu. Auch im wirtschaftlichen und im politischen Bereich, aufgrund der Ausweitung des Verwaltungsapparats der Fürstenhöfe, stieg das Postvolumen kontinuierlich an. Durch die Mittellage des Deutschen Reiches profitierten die Reichspostinhaber außerdem von der Zunahme der Beförderungsmengen bei Transitbriefen.[111]

So wurde das Unternehmen Post in diesem Jahrhundert zu einer wahrhaften Goldgrube. Eine Durchsicht des Aktenbestandes »Generalkasse, Rechnungen«, das heißt der Gesamteinnahmen des Hauses Thurn und Taxis, gibt die Antwort darauf, woher die riesigen Geldsummen für all die bedeutenden Investitionen im Lauf des Jahrhunderts kamen: aus einem florierenden und expandierenden Postsystem. Dieser Aktenbestand gehört zu den wenigen zugleich aussagekräftigen und seriellen Quellenbeständen zur frühneuzeitlichen Wirtschaftsgeschichte im deutschsprachigen Raum. Neben einzelnen Kassenbüchern aus den Jahren 1733 bis 1737 und 1740/41 liegen die »Generalkassen-Rechnungen« ab 1749 ohne Unterbrechung bis ins 20. Jahrhundert vor.[112] Aus ihnen lassen sich die Reingewinne ablesen, welche die Dynastie Thurn und Taxis aus ihrem Postfürstentum ziehen konnte: Die Reichspost und die niederländische Post erbrachten zwischen 1749 und 1793 einen Reingewinn von insgesamt 24,5 Millionen Gulden.[113] Dabei stieg der jährliche Ertrag kontinuierlich und parallel zum steigenden Postverkehr an: Zur Jahrhundertmitte lag der jährliche Reingewinn bei etwa 300 000 fl., um 1760 war er bereits auf

---

[110] Diese Bezeichnung schuf Georg Steinhausen, der in seinem zweibändigen Werk eine interessante Fülle von literarischen Beispielen dafür anführt. Siehe Georg STEINHAUSEN, Geschichte des deutschen Briefes. Zur Kulturgeschichte des deutschen Volkes, Bde. 1–2, Berlin 1889–1891, hier: Bd. 2, S. 245 f., und Reinhard WITTMANN (Hrsg), »Die Post will fort, ich muß schließen«. Briefe aus dem 18. Jahrhundert, München 1985.

[111] Von einer Blütezeit der Taxispost im 18. Jahrhundert spricht zusammenfassend DALLMEIER, Quellen, Bd. 2, S. 128.

[112] BEHRINGER, Thurn und Taxis, S. 129, hat in seiner Unternehmensgeschichte auf diese außergewöhnliche Quelle hingewiesen und sie im Rahmen seiner Arbeit ausführlich herangezogen. Während der Vorbereitungen zu seiner Monographie und dem Jubiläum »500 Jahre Post – Thurn und Taxis« wurden die Daten zur Einnahmenentwicklung der Post computergestützt erfaßt und grafisch ausgewertet. Im FZA Regensburg liegen diese Grafiken unter der Sigle »Laufende Registratur, Wolfgang Behringer: Grafiken zur Unternehmensentwicklung, Regensburg 1988« vor. Auf diese Arbeiten konnte hier zurückgegriffen werden, wobei ergänzend zu einzelnen Stichjahren auch der archivalische Aktenbestand »Generalkasse, Rechnungen« benützt wurde.

[113] Der Anteil der niederländischen Post macht geringe 16 % aus. Der Grund liegt darin, daß die relativ hohen Pachtsummen einen Teil des Gewinns verschlangen und wichtige Postämter wie Maaseik und Lüttich über die Reichspost abgerechnet wurden. Siehe dazu F. DOHR, Das Postwesen am linken Niederrhein 1550–1900, Viersen 1972.

etwa 400 000 fl. gestiegen, bis schließlich gegen Ende dieser ungetrübten Prosperitätsphase um 1790 der Reingewinn eine Rekordhöhe von einer knappen Million Gulden pro Jahr erreichte.[114]

Die Post als wirtschaftliche Basis
Einnahmen Thurn und Taxis 1733–1806

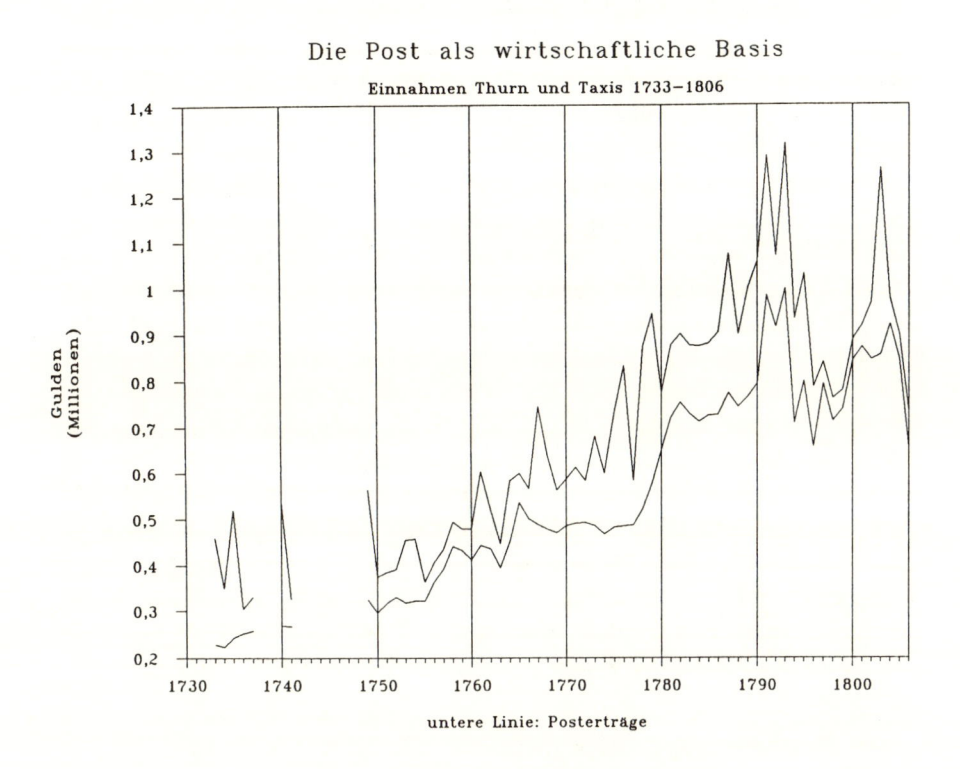

untere Linie: Posterträge

Abb. 5: Einnahmen Thurn und Taxis 1733–1806

Es ist zu betonen, daß es sich bei diesen geradezu märchenhaften Kapitalmengen um Reinerträge handelte. Denn die Postämter verrechneten zuerst die Ausgaben und Einnahmen und lieferten dann ihre Gewinne an die Generalkasse ab.[115] Das heißt, die Reinvestitionen in den Ausbau der Postlinien, die in die-

---

[114] Im folgenden werden die Werte jeweils in Gulden angegeben, wobei man verallgemeinernd davon ausgehen kann, daß der Reichstaler 1,5 fl. und der preußische Taler 1,75 fl. wert waren. Siehe H. HALKE, Handwörterbuch der Münzkunde und ihrer Hilfswissenschaften, Berlin 1909, S. 221–231, 350–356.

[115] Zum Kassenwesen und dessen Genese siehe Harald WINKEL, Die Entwicklung des Kassen- und Rechnungswesens im Fürstlichen Haus Thurn und Taxis im 19. Jahrhundert, in: ScrM 7 (1973), S. 3–19.

sem Jahrhundert nicht unwesentlich waren, wurden von den Postämtern getragen. So bedingte die Expansion des Nachrichtenwesens die Einführung des täglichen Postverkehrs auf einigen Linien und den Ausbau der Fahrpost. Bereits 1702 wurde zum Beispiel die Reitpost Coburg-Nürnberg in eine Fahrpost umgewandelt. In bezug auf die Beförderungsdauer profitierten diese täglichen Verbindungen außerdem von der allmählichen Verbesserung der Straßenverhältnisse. Die Postkutsche – Symbol einer neuen Mobilität – gewann während des Jahrhunderts stetig an Attraktivität. Die Personenbeförderung expandierte sowohl hinsichtlich der Anzahl der Reisenden als auch in bezug auf den Ausbau des Streckensystems und erbrachte ebenso einen Teil der finanziellen Rendite.[116] Die Post, zumal die Reichspost, war immer die Haupteinnahmequelle des Hauses Taxis, im 18. Jahrhundert machte sie 4/5 der Gesamteinnahmen aus. Das restliche Fünftel entfiel hauptsächlich auf Kapitalerträge, wobei das Grundkapital für verschiedene Geldgeschäfte ebenfalls aus dem Postbereich stammte. Der Entschädigungsaufwand für das Amt des Prinzipalkommissars etwa stellte dagegen einen verschwindend kleinen Posten dar, natürlich immer gemessen an der Relation des Gesamthaushaltes – denn diese Zahlen bieten nur einen geringen Aussagewert für die Einschätzung der ökonomischen Potenz dieser Familie, wenn sie nicht mit vorstellbaren Größen verglichen werden.[117]

Es sagt wenig aus, wenn man beim Versuch, den durchschnittlichen Reingewinn von etwa 800 000 fl. pro Jahr umzurechnen, feststellt, daß man bereits für einen Gulden etwa 10 kg Weizen bekam oder 4 kg Fleisch.[118] Auch die Schätzung, daß man bereits mit einem Jahreseinkommen von 800 fl. eine Familie gut ernähren konnte, hilft da noch wenig weiter.[119] Interessanter ist der Blick auf die finanziellen Verhältnisse der Landesherren ansehnlicher Territorien.

---

[116] Hier bleibt aber einzuräumen, daß die Erträge der Fahrposten in ihrem Anteil an den Gesamteinnahmen immer unter 10 % blieben. Siehe FZA Regensburg, Generalkasse, Rechnungen. Der ertragreichste Bereich war und blieb die reitende Briefpost. Zum Ausbau der täglichen Linien und der Fahrpost siehe BEHRINGER, Thurn und Taxis, S. 123–128.

[117] Der Kaiser sicherte dem Prinzipalkommissar eine jährliche Entschädigung von 20 000 beziehungsweise 24 000 fl. zu, wobei die Teilzahlungen dieser Summe oftmals sehr spät oder überhaupt nicht eintrafen. FZA Regensburg, Generalkasse, Rechnungen 1, 1749–1806.

[118] Bei den angegebenen Preiswerten handelt es sich nur um Näherungen. Die Feststellung von Lebensmittelpreisen ist ein schwieriges Unterfangen. Zwar liegen einige Monographien mit Daten und Tabellen zur Preisentwicklung vor, aber sie variieren nach den Erhebungsorten so stark, daß eine vergleichbare Basis schwer zu schaffen ist. Siehe zum Raum Regensburg Roland SCHÖNFELD, Studien zur Wirtschaftsgeschichte der Reichsstadt Regensburg im 18. Jahrhundert, in: VHVO 100 (1959), S. 5–147, hier: S. 106, Anm. 76. Zu den Veränderungen der Preisverhältnisse gegen Ende des 18. und in der ersten Hälfte des 19. Jahrhunderts siehe Harald WINKEL, Zur Preisentwicklung landwirtschaftlicher Grundstücke in Niederbayern 1830–1850, in: Wirtschaftliche und soziale Strukturen im säkularen Wandel. Festschrift für Wilhelm Abel zum 70. Geburtstag, Hannover 1974, S. 565–577, und allgemeiner dazu – am Raum Göttingen vorgeführt – Diedrich SAALFELD, Lebensstandard in Deutschland. Einkommensverhältnisse und Lebenshaltungskosten städtischer Populationen in der Übergangsperiode zum Industriezeitalter, ebenda, S. 417–443.

[119] Dieser Schätzungswert beruht auf der Durchsicht zahlreicher Personalakten im FZA

»Der Grund, auf dem wir stehen« – ökonomische Verhältnisse

Im ganzen gesehen war die Haushaltsplanung mittlerer und größerer Fürstenhäuser im 18. Jahrhundert auf Schuldenpolitik aufgebaut. Nicht nur kleine Fürsten wie die Oettingen-Wallerstein, sondern auch die Kurfürsten von Bayern häuften bis zum Umbruch um 1800 riesige Schuldenberge auf – ganz zu schweigen von kleineren Herrschaften und reichsritterschaftlichen Besitzungen! Kaiserliche Debitkommissionen, also besondere Abordnungen mit Finanzexperten, waren an der Tagesordnung, um die Landesfinanzen kleinerer Adelsherrschaften zu konsolidieren und sie somit dem habsburgischen Einflußbereich zu erhalten. Unmengen von Archivmaterial legen Zeugnis davon ab.[120] Klement Baader hat im Jahr 1792 daher zu Recht festgestellt: »Überhaupt macht der fürstliche Taxische Hof einen außerordentlichen Aufwand, der aber nicht, wie dieß der leidige Fall bey vielen Großen und Kleinen großen Herren ist, durch immerwährende Aufnahme neuer Kapitalien, nämlich blos durch Schulden bestritten, sondern bey einer vortrefflichen Ökonomie, von den reinen Einkünften unterhalten wird«.[121]

Angesichts der schieren Unmöglichkeit, exakte Vergleichszahlen für das 18. Jahrhundert präsentieren zu können, mögen einige Daten wenigstens die Größenordnungen deutlich machen. Dabei darf nicht vergessen werden, daß im Jahrhundert der Schulden die Thurn und Taxis über jährliche Nettoeinnahmen verfügten, die ab den sechziger Jahren nicht mehr unter 500 000 fl. fielen. Die Gesamteinnahmen aus den fürstlichen Domänen betrugen in den achziger Jahren des 18. Jahrhunderts für das Fürstentum Lippe, nicht gerade eines der kleinsten Fürstentümer im Alten Reich, etwa 220 000 fl.[122] Hier handelt es sich jedoch nicht um die Nettoeinnahmen, also nicht um den Ertrag oder Gewinn, den die Herrschaftsgebiete abwarfen, sondern davon waren zahlreiche Ausgabeposten zu bestreiten. Noch deutlicher wird der Unterschied, wenn der Blick auf kleinere Fürstenhäuser des Reiches gelenkt wird. Harald Stockert hat für die Fürsten von Löwenstein-Wertheim-Rochefort errechnet, daß sich die jährlichen Nettoeinnahmen in den achziger Jahren des 18. Jahrhunderts auf durchschnittlich 70 000 fl. und in den neunziger Jahren auf rund 120 000 fl. beliefen.[123] Die

---

Regensburg. Siehe außerdem: Beyträge zur Kenntniß des Salariatszustands der Reichsstadt Regensburg, [Regensburg] 1801. Dort genaue Angaben der einzelnen Besoldungen, welche sich auch für frühere Jahrzehnte verwenden lassen. Eine Auswertung erfolgte in meinem Aufsatz: Siegfried GRILLMEYER, »... bei der Theuerung aller Verhältnisse«. Ein kleiner Beitrag zur Wirtschafts- und Sozialgeschichte Regensburgs um 1800, in: Peter STYRA/Thilo BAUER (Hrsg.), Aus Stadt und Land. Festschrift Dünninger, Regensburg 1999, S. 12–32.

[120] Im HHStA Wien liegen in den Reichshofratsakten zahllose Berichte von Debitkommissionen vor.

[121] Klement Alois BAADER, Reisen durch verschiedene Gegenden Deutschlands in Briefen, Bde. 1–2, Augsburg 1808, hier: Bd. 2, S. 444 f.

[122] Johannes ARNDT, Das Fürstentum Lippe im Zeitalter der Französischen Revolution. 1770–1820, Münster 1992, S. 203, gibt für das Jahr 1783 den Betrag von 147 375 Rtl. und für 1815 den Betrag von 243 883 Rtl. mit dem Hinweis an, daß die Werte zwischen diesen beiden Jahren Schwankungen unterliegen.

[123] Harald STOCKERT, Adel im Übergang. Die Fürsten und Grafen von Löwenstein-Wert-

Gesamteinnahmen der Fürsten von Leiningen betrugen in den achziger Jahren durchschnittlich 170 000 fl. pro Jahr. Diesen Einnahmen standen jedoch Ausgaben in beträchtlicher Höhe und vor allem eine jährliche Neuverschuldung gegenüber, welche die gesamten Einnahmen bei weitem überstiegen.[124] Die Fürsten von Waldburg-Zeil konnten pro Jahr über Revenuen in Höhe von 56 000 fl. verfügen. Wen wundert es, daß man gegen Ende des Jahrhunderts einen Schuldenberg von fast einer halben Million angehäuft hatte und immer wieder besorgt war, einem völligen Bankrott entgegenzugehen?[125] Aber wie angedeutet, befanden sich die kleinen Fürsten damit in guter Gesellschaft: Auch beim Regierungsantritt des neuen Kurfürsten Max IV. Joseph in Bayern 1799 wurde – zumindest auf dem Papier – die Frage erörtert: »Soll die neue Regierung die alten Unordnungen von sich ablehnen und einen Staatsbankrott erklären?«[126] Hans Schmelzle hat errechnet, daß man bei durchschnittlichen Gesamtausgaben in Bayern in Höhe von 3,8 Mio. fl. allein 1 Mio. fl. pro Jahr für das Schuldenwesen aufbringen mußte. Insgesamt scheinen sich damit zeitgenössische Schätzungen zu bestätigen, die von einem jährlichen Staatsdefizit Bayerns von mehr als 500 000 fl. ausgingen.[127] Die Thurn und Taxis verfügten dagegen mit Nettoeinnahmen von bis zu einer Million Gulden pro Jahr über ein geradezu unerhörtes Vermögen.

Erst durch diese Vergleiche wird verständlich, daß viele Reichsfürsten mit Neid auf den Reichtum der Postfürsten blickten und gleichzeitig über Möglichkeiten sannen, selbst diese Einnahmequelle zu nützen. Schließlich waren die Länder im Norden des Reichs mit ihren eigenen Postanstalten das beste Beispiel dafür, daß der Postverkehr auch in Eigenregie übernommen werden konnte und gute Gewinne abwarf.[128] Im Mittelpunkt der Auseinandersetzungen stand zwar weiterhin die Frage nach dem Rechtscharakter der Post[129],

---

heim zwischen Landesherrschaft und Standesherrschaft (1780 bis 1850), Diss. phil. Mannheim 1999, S. 57; weitere Angaben im Kapitel »Finanzielle und wirtschaftliche Möglichkeiten«, ebenda, S. 55–64.

[124] Eine Aufstellung von Haushaltsposten bietet Eva KELL, Das Fürstentum Leiningen. Umbruchserfahrungen einer Adelsherrschaft zur Zeit der Französischen Revolution, Kaiserslautern 1993, S. 31.

[125] Zur Finanzlage des Hauses mit einer Auflistung der Passiva siehe Wilhelm MÖSSLE, Fürst Maximilian Wunibald von Waldburg-Zeil-Trauchburg, 1750–1818. Geist und Politik des oberschwäbischen Adels vom 18. zum 19. Jahrhundert, Stuttgart 1968, S. 166 f.

[126] Zitiert nach SCHMELZLE, Staatshaushalt, S. 248. Siehe dazu auch HARTMANN, Staatsschulden, S. 201–208.

[127] Zu den Zahlen SCHMELZLE, Staatshaushalt, S. 249. Siehe zur Einschätzung des Defizits Privatmeinung des Churf. geheimen Referendars in landschaftlichen Angelegenheiten über den gegenwärtigen Zustand der bayerischen Staatswirtschaft, [München] 1799.

[128] Gustav SCHAEFER, Geschichte des Sächsischen Postwesens vom Ursprunge bis zum Übergang in die Verwaltung des Norddeutschen Bundes, Dresden 1879, S. 101–111, 193–198, gibt ebenfalls eine Steigerung von 20 000 fl. (um 1700) auf 200 000 fl. (um 1800) an. Auch die preußische Post erwirtschaftete immense Gewinne, welche der große Postpolitiker STEPHAN, Geschichte, S. 127, 500, auf 700 000 Taler schätzt.

[129] Darauf wird in Kapitel II.1.4 noch näher eingegangen.

aber ab der Mitte des 18. Jahrhunderts traten auch Stimmen auf, die vermehrt aus wirtschaftlichen Gesichtspunkten die Postinhaberschaft des Hauses Thurn und Taxis kritisierten. Aus dem Blickwinkel der Kameralisten schien es unhaltbar, die Einkünfte aus einem Betrieb, der dem Allgemeinwesen und dem öffentlichen Interesse diente, sozusagen einem Privatmann zu überlassen. Am schärfsten in seiner Kritik war dabei Justi. In seinem *System des Finanzwesens* legt er im Kapitel »Von dem Postregal« seine diesbezüglichen »Cameralistische[n] Betrachtungen« dar.[130] »Ehedem«, so führt Justi aus, »als man die Wichtigkeit des Postwesens noch nicht einsah, und mit den guten Regierungsgrundsätzen noch nicht bekannt war, so pflegte man nicht selten die Generalpostmeister Stelle zu vererben, und einer gewissen Familie in Lehen zu reichen, welche denn zugleich alle Einkünfte aus den Posten zu geniessen hatte. [...] Allein heutigen Tages sieht man die guten Regierungs- und Finanzgrundsätze besser ein, alß das sich ein Staat einfallen lassen wird, eine solche Verwaltung des Postwesens, die allen vernünftigen Begriffen zuwider ist, wieder einzuführen«. Denn eine derartige Regelung »ist wider alle gesunde Begriffe von dem Wesen der bürgerlichen Verfassungen, eine Art der Einkünfte des Staates, sie sey auch, welche sie wolle, an eine Familie erblich zu überlassen, und durch solche dem gemeinschaftlichen Besten in nichts zu Nuzen gereichende Verminderung der Einkünfte denen Unterthanen mehrere Lasten aufzulegen«. Kein Monarch könne sich das erlauben, müßte er doch zur Entschädigung das Geld aus »dem Beutel der Unterthanen« nehmen. »Überhaupt aber ist es fast unbillig, daß Fürsten und Stände zu Unterhaltung des Cammergerichtes, der ReichsFestungen, und dergleichen so ansehnlichen Beitrag thun müssen, und doch eine einzige Familie vor nichts und wider nichts so ansehnliche Einkünfte aus dem Reich ziehen soll, die sich gewis weit über eine halbe Million jährlich erstrecken«.[131]

Mit dieser Schätzung lag, wie man den »Generalkassen-Rechnungen« entnehmen kann, Justi gar nicht so weit von den realen Einkünften entfernt. Seine Argumentation, man sollte die Einnahmen aus der Reichspost zur Finanzierung von übergeordneten Reichsaufgaben verwenden, tauchte in den folgenden Jahren immer wieder als Argument auf. Aber an den Verhältnissen änderte sich

---

[130] Dabei betont er eingangs, daß die Post »sowohl zur Policey wie zur Finanzwissenschaft« gehöre und daher unter verschiedenen Richtungen untersucht werden müsse. Siehe zum Folgenden JUSTI, System, zitiert nach FZA Regensburg, HB, Collectanea von dem Postwesen 99.

[131] Der adelskritische Justi war grundsätzlich der Ansicht, daß die Erfindung beziehungsweise Nachahmung des Postsystems in Deutschland genügend vergolten worden sei. »Dasjenige aber, was dieses Hauß seit 200 Jahren aus den Posten gezogen, und das erstaunliche Glück, das es dadurch gemacht hat, ist eine so ausschweifende Belohnung für diese Nachahmung, daß ich in der ganzen Geschichte kein einziges Beyspiel weiß, daß die allernüzlichste und wichtigste Erfindung verschwenderischer wäre vergolten worden«. JUSTI, System, Nr. 99. Zur Kritik des Adels bei Justi siehe Horst DREITZEL, Absolutismus und ständische Verfassung in Deutschland. Ein Beitrag zu Kontinuität und Diskontinuität der politischen Theorie in der Frühen Neuzeit, Mainz 1992, S. 107.

nichts: Die Einkünfte, insgesamt über 25 Millionen Gulden allein in der zweiten Hälfte des 18. Jahrhunderts, standen ausschließlich dem Fürsten von Thurn und Taxis zur Verfügung. Zumindest kursorisch soll deshalb dargestellt werden, welche Investitionen und größeren Ausgaben man damit bestritt.

3.2. Ausgaben

Man kann nicht genügend betonen, daß dem Haus Thurn und Taxis mit seinen gewaltigen Einkünften ein gigantischer ökonomischer Spielraum gegeben war, der in unterschiedlichster Weise genutzt werden konnte. Natürlich können hier nicht alle Ausgabeposten einer näheren Analyse unterzogen werden, aber es lassen sich doch die Hauptausgaben in den drei Bereichen Besitzstandssicherung, Hofhaltung und Landerwerb ausmachen.

Unter Besitzstandssicherung soll der Einsatz finanzieller Mittel mit dem Ziel, die eigenen Rechtstitel zu behaupten, verstanden werden. Die wichtigsten Rechtstitel waren für das Haus Taxis die Inhaberschaft der Postanstalt und die Prärogativen aufgrund der fürstlichen Stellung. Als durch den Spanischen Erbfolgekrieg das niederländische Postgebiet kurzfristig verlorenging, zahlte man allein als Anwartschaft 300 000 fl. an die Habsburger. Weitere Zahlungen folgten, und die schließlich erfolgreiche Sicherung des niederländischen Postgeneralats kostete insgesamt über eine Million Gulden an Zuwendungen.[132] Mehr als eine Million dürfte auch die Wahlhilfe für den Wittelsbacher betragen haben, wodurch man in den bedrängten Zeiten des Österreichischen Erbfolgekrieges die Unterstützung der Reichspost gegen konkurrierende Anstalten sicherte.[133] Finanzielle Zuwendungen, vom recht bescheidenen Neujahrsgeld oder der Abschlußgabe nach Vertragsverhandlungen bis hin zu immensen Summen, beispielsweise an den Reichsvizekanzler, waren wichtige Bausteine, um die eigene Stellung auszubauen.[134] Und das gilt nicht nur für die Postangelegenheiten. Nicht unwesentlich waren in diesem Rahmen auch die Ausgaben zur Festigung der fürstlichen Position. Besonders hervorzuheben ist die Verleihung von Sitz und Stimme im Reichsfürstenrat 1754, wozu die Zustimmung der Reichsstände nötig war. Ebenso war das Amt des Prinzipalkommissars am Reichstag in Regensburg nicht ohne finanzielle Aufwendungen zu sichern. Nur selten lassen sich konkrete Maßnahmen zur indirekten Einflußnahme aus-

---

[132] Siehe dazu DALLMEIER, Quellen, Bd. 1, S. 130–136.

[133] Für diese Jahre liegen leider keine geschlossenen Bestände der »Generalkassen-Rechnungen« vor. Aber die oben ausgeführten indirekten Hinweise auf eine Wahlhilfe und die Schuldentilgung in den vierziger Jahren lassen darauf schließen. LÜBBECKE, Palais, S. 397–399, geht davon aus, daß die Zinsaufwendungen in Höhe von 60 000 fl. im Jahr 1744 wohl hauptsächlich als Abtragung der Wahlhilfe für Karl VII. zu verstehen sind.

[134] Es war üblich, nach Vertragsverhandlungen den gegenseitigen Verhandlungspartnern Geschenke zu überreichen. Ebenso waren die Neujahrsgeschenke obligatorisch und wurden nach einem festen Schlüssel verteilt. Zum Teil erschließbar über FZA Regensburg, Generalkasse, Rechnungen.

»Der Grund, auf dem wir stehen« – ökonomische Verhältnisse 107

machen. Als Bayern beispielsweise wieder einmal in Betracht zog, die Posten selbst zu verwalten, kam man den Wittelsbachern mit einer Kreditvergabe in beachtlicher Höhe entgegen.[135] Natürlich kann man derartige Zuwendungen nicht genauer fassen, es liegen manche derartiger »Sustentationen« im Dunkeln, und das Kapital, das dem Fürsten zur freien Disposition stand, wurde nirgends in seiner Verwendung aufgeschlüsselt. Aber diese Zuwendungen machten nur einen Teil der Strategie zur Besitzstandssicherung aus. Die gewaltigen Kosten, welche man beispielsweise aufwendete, wenn das Frankfurter Palais bei Krönungsfeierlichkeiten den Kaisern aus dem Haus Habsburg zur Verfügung gestellt wurde, dienten zweifellos auch der Postsicherung, da Habsburg aufgrund derartiger Annehmlichkeiten an der Erhaltung dieses Postfürsten interessiert war.

So läßt sich der zweite Bereich, der Bereich der Hofhaltung, nur schwer vom ersten abgrenzen und keinesfalls auf den Bereich des kulturellen Lebens einschränken. Die Aufrechterhaltung und Gestaltung des Thurn und Taxisschen Hofes machte zweifellos den Hauptausgabeposten aus. Er umfaßte die Grundversorgung aller zum Hof gehörenden Personen, damit auch die Personalkosten vom Stallburschen bis zum Leibdiener. Allein Küche und Keller verschlangen eine Unmenge an Kapital. Dann folgte der kulturelle Bereich des Hofes: Hofbibliothek, Hoftheater und Hofmusik; weiterhin die Kosten für höfische Großveranstaltungen wie Jagden, Galadiners zu besonderen Anlässen etc.; und schließlich die bauliche Substanz des Hofes, die Residenz und deren Ausstattung. Bereits der Brüsseler Sitz der Familie Tour et Tassis war bekannt, hier feierte man Siege der kaiserlichen Armee, hier erinnerte man sich später noch gerne an rauschende Feste. Allein Bau und Ausstattung des Frankfurter Palais hatten etwa eine halbe Million Gulden verschlungen.[136] Ein nachvollziehbarer Preis, wenn man sich nur in Erinnerung ruft, daß zahlreiche Wandteppiche angeschafft wurden, von denen ein einziger einen fünfstelligen Betrag kostete. Aber auch wenn die Palais in Brüssel und Frankfurt bereits prächtige Orte höfischer Repräsentationskultur waren, erst mit dem Antritt des Prinzipalkommissariats und dem deshalb nötigen Umzug nach Regensburg im Jahr 1748 kam es zu einem Quantensprung der Prachtentfaltung. Versucht man eine Schätzung aller Ausgaben, welche man mehr oder weniger den Repräsentationskosten zuordnen kann, so ergeben sich schwindelerregende Beträge. Allein für die Hofhaltung gab man zwischen 1750 und 1850 etwa 15 Millionen Gulden aus. Rech-

---

[135] Es handelte sich um einen Kredit in Höhe von 250 000 fl., der gemeinsam an Herzog Karl von Zweibrücken und Kurfürst Karl Theodor vergeben worden war. Siehe dazu die Verhandlungen um Rückzahlung des Kredits ab dem Jahr 1800 in BHStA München, MA 8040. Ein Verweis auf diesen Vorgang und die Bemühungen Vrints-Berberichs findet sich auch in FZA Regensburg, HMA 18.
[136] Diese Zahl bei Fried Lübbecke, der auch verschiedene Aufstellungen einzelner Posten bietet. LÜBBECKE, Palais, S. 91–101, und ihm folgend DALLMEIER, Quellen, Bd. 1, S. 130.

net man zur Hofhaltung noch alles hinzu, was im weitesten Sinne zum Leben und Repräsentieren gehört, wie Hofmusik, Theater, Residenzausbau, Jagden etc., verdoppelt sich die Summe im gleichen Zeitraum auf etwa 30 Millionen Gulden.[137] Nun könnte man hier ebenso den Erwerb von Grund und Boden und den meist damit verbundenen Aufbau von Residenzen anführen. Aber dabei ging es nicht nur um den Ausbau einer Sommerresidenz, sondern um den Aufbau einer Landesherrschaft.

Die Motivation und die Hintergründe des Landerwerbs gilt es noch näher zu untersuchen, an dieser Stelle mag nur auf die bedeutenden finanziellen Investitionen hingewiesen werden. Fürst Carl Anselm erwarb im Jahre 1786 die Grafschaft Friedberg, zusammen mit den Herrschaften Scheer, Dürmentingen und Bussen. Es handelte sich um eine Grafschaft von 190 km² Fläche, in der etwa 8 800 Untertanen lebten und die einen Reinertrag von jährlich 29 000 fl. erbrachte. Dieser Reinertrag wurde während der Kaufverhandlungen sogar auf 26 564 fl. nach unten korrigiert. Wenn man den damals üblichen Faktor von 20 oder auch den etwas höheren von 25 (da Allod und Reichslehen) nimmt, so wäre diese Herrschaft bestenfalls eine dreiviertel Million Gulden wert gewesen. Zudem verfügten Dritte noch über einige Rechte innerhalb der Herrschaft, so daß der fürstliche Rat Moser später erklärte, man könne »eine Grafschaft in der Grafschaft selbst erwerben«.[138] Dennoch zahlte das Haus Thurn und Taxis dafür 2 100 000 fl. Die Verkäufer sprachen nicht zu Unrecht von einem »die scheerischen Einkünfte in so großem Übermaß vergütenden Preis«.[139] Aber dieser Erwerb war und blieb nicht die einzige Ausgabe für Landbesitz im 18. Jahrhundert. Bereits vor diesem großen Ankauf hatte man Grundbesitz für eine dreiviertel Million Gulden erworben, und der Erwerbung Friedberg-Scheers folgten bis zum Ende des 18. Jahrhunderts Ankäufe weiterer Besitzungen für noch einmal 1,5 Millionen Gulden.[140]

---

[137] Grundlage dieser Kalkulation sind die »Generalkassen-Rechnungen«, wobei eine genauere Unterscheidung durch eine wirtschaftshistorische Untersuchung nötig wäre. Auch die eingehenden und akribischen Darstellungen bei BEHRINGER, Thurn und Taxis, differenzieren zu wenig innerhalb einzelner Ausgabeposten.

[138] Promemoria des Geheimen Rates Müller zum Ankauf verschiedener Herrschaften. FZA Regensburg, IB 380. Dort auch ein weiteres Gutachten des Regierungspräsidenten von Eberstein, der die »scharfsinnige Bemerkung Mosers« lobte und nur bestätigen konnte, daß »eine Grafschaft in der Grafschaft selbst zu erwerben sei«.

[139] Das Zitat nach Franz HERBERHOLD, Das fürstliche Haus Thurn und Taxis in Oberschwaben. Ein Beitrag zur Besitz-, Verwaltungs- und Archivgeschichte, in: ZWLG 13 (1954), S. 262–300.

[140] Neben kleineren Ankäufen und der Erwerbung des Frankfurter Grundstücks sind vor allem die Herrschaften in Schwaben zu nennen: die Erwerbung im Jahr 1700 der Herrschaft Impden (180 000 fl.); 1723 der Reichsherrschaft Eglingen (191 500 fl.); 1734 des Marktes Dischingen und von Schloß Trugenhofen (150 000 fl.); 1741 des Dorfes Trugenhofen (38 000 fl.); und 1749 des Rittergutes und der Herrschaft Ballmertshofen (72 000 fl.). Siehe auch die folgenden Kapitel zum Landerwerb; Quellengrundlage: FZA Regensburg, Besitzungen, Urkunden.

»Der Grund, auf dem wir stehen« – ökonomische Verhältnisse

Nicht nur die Fürsten von Thurn und Taxis bemühten sich im 18. Jahrhundert um Grundbesitz. Auch ihre Standesgenossen waren zum Teil eifrig auf der Suche nach geeigneten Gütern. Die Löwenstein-Wertheimer beispielsweise arrondierten ihre Stammgüter durch kleinere Ankäufe.[141] Dazu mußten jedoch Kredite aufgenommen werden, die den Gesamthaushalt zum Teil schwer belasteten. Verglichen mit dem Postfürsten, blieben es jedoch Kleinbeträge, mit denen hier operiert wurde. Es waren, zusammenfassend gesagt, beachtliche Größenordnungen, in welchen sich das fürstliche Haus Thurn und Taxis finanziell bewegen konnte.

3.3. Barocke Verschwendung oder planvolle Investition?

Bereits beim Versuch, die Ausgaben in verschiedene Gruppen einzuteilen, hat sich gezeigt, wie stark hier Überschneidungen zu verzeichnen sind. Investitionen im Bereich der Hofhaltung dienten auch politischen Zwecken. Denn Macht und Pracht waren nötig, um die politisch-rechtliche Position in der Adelsgesellschaft zu behaupten. Ohne dem 18. Jahrhundert eine eigene Rationalität zusprechen zu wollen, lassen sich doch Verhaltensweisen ausmachen, die auf eine spezifische Ökonomie des Adels im Ancien Régime hinweisen. Der mittlerweile zu einer gängigen Formel gewordene Begriff des symbolischen Kapitals kann hilfreich sein, dieses vermeintlich Spezifische zu erfassen.[142] Dazu muß gemäß Bourdieu dem Umgang mit dem ökonomischen Kapital, also dem im Sprachgebrauch gängigen Begriff für Finanzressourcen, der Umgang mit dem symbolischen Kapital gegenübergestellt werden.[143]

Dem französischen Soziologen Bourdieu kommt das Verdienst zu, den Marxschen Kapitalbegriff aus seiner wirtschaftlichen Verengung gelöst und zur umfassenden Erklärungsmatrix sozialer Phänomene erweitert zu haben. Neben dem ökonomischen Kapital, das dem traditionellen Begriff Kapital entspricht, führt er demnach drei weitere Definitionen an: Zum ersten das Konzept des kulturellen Kapitals. Dieses umfaßt Bildung und Wissen (inkorporiertes kulturelles

---

[141] Siehe dazu beispielsweise die Angaben zu Löwenstein-Wertheim bei STOCKERT, Adel, Teil 1, Kapitel 1.

[142] Mittlerweile taucht der Begriff »symbolisches Kapital« in zahlreichen Arbeiten, oft ohne begriffliche Klärung, auf. Selbst der Vater dieses analytischen Begriffes hat davor gewarnt, ihn ohne weiteres auf moderne Gesellschaften anzuwenden. Siehe dazu Pierre BOURDIEU/Lutz RAPHAEL, Über die Beziehungen zwischen Geschichte und Soziologie in Frankreich und Deutschland. Pierre Bourdieu und Lutz Raphael im Gespräch, in: GuG 22 (1996), S. 62–89.

[143] Zu den folgenden Ausführungen siehe die zusammenfassende Darstellung bei Ludgera VOGT/Arnold ZINGERLE, Zur Aktualität des Themas Ehre und zu seinem Stellenwert in der Theorie, in: Dies. (Hrsg.), Ehre. Archaische Momente in der Moderne, Frankfurt a. M. 1994, S. 9–34, besonders S. 24–27. Der Begriff des »symbolischen Kapitals« wurde geprägt in Pierre BOURDIEU, Entwurf einer Theorie der Praxis auf der ethnologischen Grundlage der kabylischen Gesellschaft, Frankfurt a. M. 1976. Komprimiert und in verallgemeinerter Form in ders., Ökonomisches Kapital, kulturelles Kapital, soziales Kapital, in: Reinhard KRECKEL (Hrsg.), Soziale Ungleichheiten, Göttingen 1983, S. 183–198.

Kapital) und Diplome und Titel (institutionelles kulturelles Kapital). Zum zweiten das Konzept des sozialen Kapitals. Dieses umfaßt Beziehungen, Bekanntschaften, sowie die Zugehörigkeit zu Seilschaften, Klubs und Korporationen unterschiedlichster Art.[144] Ein dritter Begriff schließlich bildet die übergeordnete Klammer als der sichtbare Ausdruck der beiden Konzepte von kulturellem und sozialem Kapital: das symbolische Kapital. Damit können Phänomene wie das Mäzenatentum und die Mitgliedschaft eines Fürsten in der Freimaurerloge oder im »Kunstverein« ebenso gedeutet werden wie das Recht des Hauses Thurn und Taxis auf Sitz und Stimme im Reichsfürstenrat. Bourdieu hat in einem erweiterten Modell der »Ökonomie der Praxisformen« betont, daß der Bereich des symbolischen Kapitals den gleichen Spielregeln unterworfen ist wie die wirtschaftlichen Kapitalbewegungen. Auch dort kann man Investitionen, Akkumulation und Profitmaximierung vorfinden.[145] Nur lassen sich diese Spielregeln und Wirkungszusammenhänge nicht so einfach erklären: Wesentliches Kennzeichen des symbolischen Kapitals ist es nämlich, daß seine Nutzenorientierung nicht offen zutage tritt und einer größeren Labilität unterworfen ist als das ökonomische Kapital.[146] Ist zum Beispiel die Subvention der Regensburger Armenkasse oder der prächtige Ausbau der neuen Residenz noch relativ unzweifelhaft als Mehrung des Ansehens, also des symbolischen Kapitals, zu bezeichnen, so konnte sich die Unterhaltung einer Oper zum Vergnügen der Gesandten und eines Hatztheaters zur Belustigung der Stadtbevölkerung als Fehlinvestition erweisen, wenn derartige Vergnügungen von der stadtbürgerlichen Bevölkerung abgelehnt wurden und der Fürst als Veranstalter barbarischer Spiele der Kritik anheimfiel.

Auf der übergeordneten Suche nach dem Spezifischen, das Adel auszeichnet, finden sich derartige Formen von symbolischem Kapital. Sie bündeln sich vor allem in den Quellenbegriffen »Ehre« und »Reputation« bzw. »Aufnahme« und »Lustre«.[147] Dazu gehören etwa die Hofhaltung, Stiftungen und die Pflege der dynastischen Tradition. Im Zusammenhang dieser Arbeit interessieren vor allem die Konvertierbarkeit und die Interdependenzen von symbolischem und ökonomischem Kapital und ihre unterschiedlichen Ausprägungen im Übergang vom 18. zum 19. Jahrhundert.[148] Denn das Zusammenwirken von ökonomi-

---

[144] Zusammengefaßt bei VOGT/ZINGERLE, Aktualität, S. 24 f.

[145] »Ehre« zum Beispiel kann erworben werden, manifestiert sich in besonderen Auszeichnungen, kann als Vorschuß oder Kredit vergeben und auch wieder eingefordert werden. Diesen Wirkungszusammenhang hat Bourdieu als die Konstruktion des »sozialen Sinns« bezeichnet. Siehe Pierre BOURDIEU, Sozialer Sinn. Kritik der theoretischen Vernunft, Frankfurt a. M. 1987, S. 220 f.

[146] Siehe dazu BOURDIEU, Entwurf, S. 376.

[147] Siehe dazu auch Friedrich ZUNKEL, Art. »Ehre, Reputation«, in: GGr, Bd 2, 1975, S. 1–64.

[148] Der Frage des Verhältnisses zwischen »Geld und Ehre«, also dem Wirkungszusammenhang von ökonomischem und symbolischem Kapital, ist Ludgera Vogt nachgegangen. Siehe Ludgera VOGT, Ehre in traditionalen und modernen Gesellschaften. Eine soziologi-

schem und symbolischem Kapital kann als Erklärungsraster der Entscheidungen im Haus Thurn und Taxis gute Dienste leisten. Die Verschwendung von ökonomischem Kapital erwies sich zum Beispiel beim Ankauf der Herrschaft Friedberg-Scheer als gelungene Investition im Bereich des symbolischen Kapitals: Der völlig überteuerte Ankauf dieser Grafschaft ermöglichte die rechtsgültige Anerkennung der Virilstimme im Reichsfürstenrat.

Eine umfassende Applikation der Bourdieuschen Theorie auf die Lebenswelt des Adels wurde bisher noch nicht unternommen. Sie kann und soll auch im begrenzten Rahmen dieser Arbeit nicht geleistet werden.[149] Eine geschärfte Begrifflichkeit ermöglicht es allerdings, diese Interdependenzen, von denen im folgenden die Rede sein wird, zu erfassen.

4. Postmonopol, Repräsentation und Landesherrschaft

4.1. Zwischen Kaiser und Fürsten: Postregal und »Geheimer Dienst«

Seit dem Beginn des Österreichischen Erbfolgekrieges zeichnete sich eine Konstante ab, welche mehr als ein Jahrhundert die deutsche Geschichte bestimmen sollte: der Dualismus zwischen den beiden Großmächten Österreich und Preußen. Beide Mächte waren zwar deutsche Reichsstände, aber wesentliche Bestandteile ihrer Herrschaftsgebiete und zunehmend auch ihres Herrschaftsverständnisses lagen außerhalb des Reiches. Hausmachtinteressen, das sollte sich allenthalben zeigen, lagen ihnen näher als die Aufrechterhaltung und Achtung des Reiches als einer übergeordneten politischen Instanz. Die Monarchen an der Spree und an der Donau sahen die Reichsverfassung immer wieder als Schachbrett, auf dem man einzelne Figuren gut plazierte und auch bereit war, sie zu opfern, wenn es um die Interessen ihrer Häuser ging. Aber dieses Spiel hatte auch seine eigenen Regeln, die sogar glänzende Spieler wie König Friedrich II. oder Staatskanzler Kaunitz anerkennen mußten und aus denen sich immer wieder eine gewisse Eigendynamik entwickeln konnte. Denn auch wenn das Reich deutliche Einflußbereiche, den protestantischen Norden für Preußen und den katholischen Süden für Österreich, kannte, blieb es doch für die mindermächtigen Reichsstände der Garant ihres eigenen Fortbestehens. Im Dualismus zwischen Preußen und Österreich spielten sie daher immer wieder eine nicht zu unterschätzende Rolle.[150]

---

sche Analyse des ›Imaginären‹ am Beispiel zweier literarischer Texte, in: VOGT/ZINGERLE, Ehre, S. 291–314.

[149] Die Bourdieusche Theorie wurde von A. Griessinger auf die Gesellschicht in der Frühen Neuzeit angewandt. In die Adelsforschung fand sie bis jetzt noch keinen Eingang. Siehe Andreas GRIESSINGER, Das symbolische Kapital der Ehre. Streikbewegungen und kollektives Bewußtsein deutscher Handwerksgesellen im 18. Jahrhundert, Frankfurt a. M. 1981.

[150] Siehe zu diesem Themenbereich die Überblicksdarstellungen und Literaturhinweise bei Rudolf ENDRES, Adel in der frühen Neuzeit, München 1993, S. 6 f., und Helmut NEU-

Zur Klientel Habsburgs zählten zweifellos die Fürsten von Thurn und Taxis. Unter den Fittichen des Doppeladlers waren die Vertreter dieses Hauses schließlich vom einfachen Hofbediensteten zum Reichsfürsten aufgestiegen. Nicht umsonst wurden im Fürstendiplom als einer der Gründe der Erhebung die »dem löbl[ichen] Erzhauß Österreich und dem gemeinen Wesen von seinen Voreltern und ihm zu Kriegs- und Friedenszeiten beständig geleistete sehr auf und ersprießlich dienst« genannt.[151] Die schnelle Orientierung zurück zur habsburg-lothringischen Kaiserdynastie nach dem wittelsbachischen Intermezzo war eine unabdingbare Voraussetzung für den Erhalt der eigenen Stellung. Denn das Fürstentum, das dieses Haus besaß, war besonders anfällig für Angriffe anderer, vor allem größerer Reichsstände. Von diesem Fürstentum, das allein aus der Postanstalt bestand, konnten leicht einzelne Teile abhanden kommen, wenn der kaiserliche Schutz fehlte bzw. nachließ. Der Frontenwechsel der Thurn und Taxis vom Haus Habsburg zum Haus Wittelsbach war, wie geschildert, begründet in der Nähe zum Kaisertum, dem man als Inhaber der Reichspost verpflichtet war. Außerdem, so wäre noch anzufügen, konnte man nicht ahnen, daß der wittelsbachische Stern so überraschend sinken und der habsburgische ebenso schnell wieder aufsteigen würde.

Natürlich waren die Weichen nicht so einfach wieder umzustellen. Denn Habsburg, allen voran die politisch so bedrängte Maria Theresia, war maßlos verärgert über die eindeutige Anlehnung des Postfürsten an die wittelsbachische Seite.[152] Nun hätte ein habsburgischer Nachfolgers Karls VII. die Reichspost nicht einfach dem Fürstenhaus Thurn und Taxis entziehen können, wohl aber die grundlegende und weitreichende Unterstützung. Den Preis, den man von seiten der Reichspost für die kaiserlich-habsburgische Unterstützung zahlen mußte, war die Wiederherstellung des Geheimen Dienstes, der zu einer Stütze der österreichischen Reichspolitik werden sollte. So war es für die Geschicke der Reichspost wie für das Fortbestehen des Hauses Thurn und Taxis von entscheidender Bedeutung, daß der Fürst seinen besten Mann und intimen Kenner der Postverhältnisse nach Wien schickte. Der Generalintendant der Posten Freiherr von »Lilien war es, der die Geschicke der Reichspost und des Hauses Thurn und Taxis endgültig mit jenen des Hauses Habsburgs im Deutschen Reich verband«.[153] In unzähligen Denkschriften[154] legte Lilien Kaiserin

HAUS, Das Reich in der frühen Neuzeit, München 1997, S. 32 f.

[151] ÖstA, AVA Wien, RA, Eugen Alexander 1695, fol. 40.

[152] Hier ist vor allem an die Verhaftung oder auch Festhaltung des Fürsten in Brüssel zu erinnern, die nur aufgrund der Intervention des Mainzer Kurfürsten rückgängig gemacht wurde. Siehe Abschnitt 2.3 der Einleitung mit den entsprechenden Quellenangaben.

[153] Dieser prägnanten Beurteilung Liliens durch KALMUS, Weltgeschichte, S. 413, ist nach der Quellenlage im Wiener Hauptstaatsarchiv völlig zuzustimmen. In der neueren Literatur wurde die Person Liliens durch den verengten Blickwinkel auf das Wirken der Fürsten zumeist nicht angemessen gewürdigt.

[154] HHStA Wien, Reichsakten in specie 21–26, hier vor allem 23. Kleinere Verweise zur Reorganisation der Post von Wien aus in FZA Regensburg, HFS, Akten 155.

Maria Theresia und vor allem ihrem Kabinettsekretär Ignaz von Koch die Vorteile der Aufrechterhaltung der Thurn und Taxisschen Reichspost dar. Die Sicherung des Postmonopols gegen Landespostanstalten und Stadtboten einerseits und der Informationsvorsprung durch ein Spionagenetz im Reich andererseits waren dabei die wichtigsten Beweggründe für die Festigung der dauerhaften Liaison. Wie begründet das stete Bemühen des Unterhändlers Lilien um die Aufrechterhaltung der Thurn und Taxisschen Reichspost war, zeigen einige Denkschriften, die sich auch noch zur Mitte der fünfziger Jahre des 18. Jahrhunderts gegen die Perpetuierung des Postmonopols in den Händen der Thurn und Taxis aussprachen. Einem ausführlichen Memorandum kann entnommen werden, welche Gründe für die Beibehaltung der bisherigen Lösung angegeben wurden.[155]

Der Autor möchte mit seinen »Unmaaßvorschreibliche[n] Gedanken« eine Gegendarstellung zum Promemoria leisten, das behauptet, der Kaiser könne die Reichspost selbst verwalten. Grundsätzlich sei vorab daran zu erinnern, daß das Generalpostamt seit 1615 ein erbliches Lehen sei, worüber man sich nicht so einfach hinwegsetzen könne. Aber neben dieser grundsätzlichen Hürde könnten drei weitere Gründe angeführt werden, welche für ein Fortbestehen der jetzigen Regelung sprächen: Erstens sei »dieses Privilegium der Taxischen Familie in dero Wahl-capitulation neuerdingen feuerligst beschworen« worden. Zweitens sei das Lehen immerhin zu einem Thronlehen erhoben worden, und drittens sollte

> »höchst deroselben zartes Gewissen nebst der Consideration deren gleichwohlen von dem dermahligen Fürsten von Taxis leistenden verschiedenen ersprießlichen diensten nicht leichtlich zulassen [...] diesem herrn in vivis dasjenige entziehen zu wollen, was so viele Römische Kayser, dero glorwürdigsten Vorfahren diesem Hauß versichert, und bestättiget haben, ungeachtet ihnen derjenige Nutzen, welcher aus solchen Lehn der Taxiss[chen] Familie zuflüsset, nicht undbekandt gewesen seyn kann«.

Aber es gebe schließlich noch weitere Gründe für ein Fortbestehen des Lehenverhältnisses, welche für das Erzhaus Österreich sehr vorteilhaft seien. Zu bedenken gelte es nämlich, daß das Kaisertum und damit auch die Kontrolle der Reichspost nicht erblich sei. Sollte ein anderes Fürstenhaus die Kaiserkrone erlangen, so wäre die gesamte Korrespondenz des Hauses Habsburg gefährdet. Ein Taxis würde jedoch auch dann Rücksicht auf Österreich nehmen, denn das Pachtverhältnis der niederländischen Post und seine Affinität zum Erzhaus garantierten dies. So bliebe zumindest die Sicherheit der Korrespondenz erhalten und vielleicht auch der Geheime Dienst. Seit dem letzten Promemoria in dieser

---

[155] Siehe zum Folgenden die Denkschrift mit dem Titel »Unmaaßvorschreibliche Gedanken« in HHStA Wien, Reichsakten in specie 22 (1616–1804), Konv. 1, fol. 43–53. Zwar ist die Denkschrift undatiert, sie muß aber nach der Wahlkapitulation Franz' I. geschrieben worden sein, da diese im Text erwähnt wird. Als Verfasser kommt ein enger Vertrauter in Postsachen innerhalb der Staatskanzlei in Betracht.

Sache habe der Postverkehr und damit auch der Ertrag gewaltig zugenommen. Deshalb solle man sich »in proportionierter Weise schadlos halten«. Das bedeute, man könne von dem erwirtschafteten Überschuß auf geeignete Weise profitieren. Es sprächen außerdem noch praktische Überlegungen gegen eine Übernahme der Post in kaiserliche Regie. »Der dermahlige Fürst v. Taxis hat sich durch seine liberalitaet die Liebe der ihm untergebenen Oberpostmeister [...] auf einen solchen Grad erworben, daß diese Persohnen von deren Aufsicht doch alles abhänget«, eine kaiserliche Reichspost nicht unterstützen würden.[156] Auch wenn argumentiert werde, diese Personen seien zu ersetzen, sollte nicht unterschätzt werden, wie nötig und unersetzlich das Organisationswissen dieser Direktoren sei. Es bleibe außerdem eine weitere Möglichkeit zu beachten: »Dahingegen existiert die Fürstl[ich] Taxisch[e] Familie nur in 4 Augen«, und wenn also der jetzt regierende Fürst stürbe, könnte man den Erbprinzen überreden, das Lehen abzulösen. Denn dieser scheine gegenüber Post und Personal nicht so gute Neigungen zu haben. Man könnte ihn also überreden, gegen einen einmaligen Betrag oder eine Rente vom Lehen abzustehen. Ein Erzherzog könnte dann mit dem Postregal belehnt werden, »wodurch dieses allerdurchlauchtigste Erzhauß zu ewigen Zeiten meister der Correspondenz von einem Meer zu dem anderen verbliebe, und mittels des Zusammenhangs der Erbländ[ischen] mit der Reichs-Correspondenz« eine immense Vermehrung »ad effectum« erbringen würde.[157]

Zur Verwirklichung dieser Idee ist es nie gekommen, die Thurn und Taxis behielten ihr Reichspostlehen bis zum Ende des Alten Reiches. Aber immerhin war eine andere Konstellation denkbar. Die finanzielle Nutzung der Posterträge folgte, soweit dies ersichtlich ist, nie auf direktem Wege. Aber in späteren Überlegungen wird eine indirekte Nutzung angesprochen, die natürlich auf der Hand liegt. Die Postfürsten wurden von 1748 bis zum Ende des Reiches Prinzipalkommissare, also Stellvertreter des Kaisers am Reichstag, ein Amt, das durch die Repräsentation kaiserlicher Würde ungeheure Summen verschlang, die wohl niemand im Reich auf Dauer zu leisten im Stande war als der reiche Postfürst, den man deshalb auch nicht als Prinzipalkommissar verlieren wollte.[158] So partizipierte Wien durchaus »in proportionierter Weise« an den steigenden Posterträgen. Es bleibt noch anzumerken, daß die Vergabe des Reichspostamts an einen Erzherzog wohl nicht die Zustimmung der Reichsstände gefunden hätte. Nicht nur Preußen hätte hier opponiert, sondern

---

[156] Dabei werden als Oberpostmeister sehr bekannte Namen genannt: »als da seyend, zu Nürnberg des Freiherrn v. Lilien; zu Hamburg des Freiherrn von Kurzrock; zu Frankfurth des von Berberich; derer von Boors, Sickenhausen, Veolinghowen, und so vieler anderer«. Ebenda, fol. 44v.

[157] Ebenda, fol. 52v.

[158] In der internen Korrespondenz der Staatskanzlei argumentierte man – beispielsweise in einem Schreiben vom 23. November 1797 –, daß es vor allem darauf ankomme, die Post und den Hofstaat des Prinzipalkommissars zu erhalten. HHStA Wien, StK, Kleinere Betreffe 18, Konvolut A, fol. 17 f. Siehe auch HHStA Wien, RK, Kleinere Reichsstände 520.

Postmonopol, Repräsentation und Landesherrschaft 115

Taxissche Postbezirke in Europa um 1650

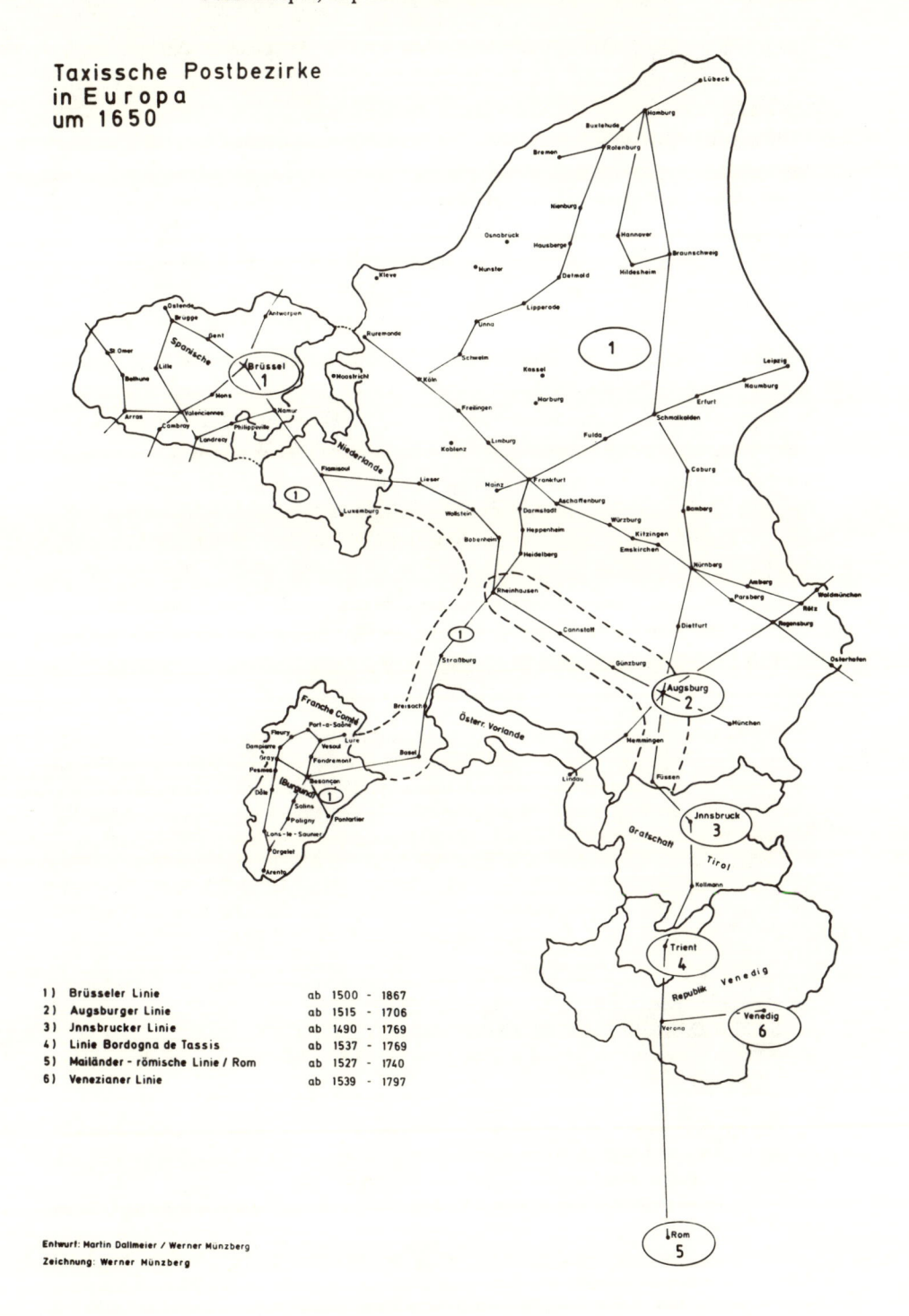

1) Brüsseler Linie	ab 1500 – 1867
2) Augsburger Linie	ab 1515 – 1706
3) Jnnsbrucker Linie	ab 1490 – 1769
4) Linie Bordogna de Tassis	ab 1537 – 1769
5) Mailänder – römische Linie / Rom	ab 1527 – 1740
6) Venezianer Linie	ab 1539 – 1797

Entwurf: Martin Dallmeier / Werner Münzberg
Zeichnung: Werner Münzberg

Abb. 6: Postbezirke Thurn und Taxis um 1650

auch andere Reichsstände hätten sicher ein habsburgisches Ausgreifen im Reich verhindern wollen. So war es vorteilhafter, einen Juniorpartner des Hauses Habsburg mit dem Reichspostregal zu belehnen.

Bald nach der Aussöhnung zwischen Maria Theresia und den Thurn und Taxis zeigte sich, wie wertvoll die Hilfe Österreichs für die Reichspost war.[159] Der alte Gegner in Postsachen – Hannover – begann, die Reichspost aus seinem Territorium zu verdrängen und eigene Postanstalten zu betreiben.[160] Aber nicht nur in Hannover überlegte man, wie man die Thurn und Taxisschen Reichsposten zurückdrängen könnte.[161] Damit war nicht zuletzt auch die ökonomische Basis des Hauses Thurn und Taxis gefährdet. Nur durch den massiven Einfluß der Staats- und der Reichskanzlei und vor allem dadurch, daß man die kaiserliche Autorität aufbot, konnten die Rechte des Generalerbpostmeisters gesichert werden.[162] Dabei wurde immer argumentiert, daß aufgrund der reichsrechtlichen Verankerung des Postmonopols in Satzungen und Wahlkapitulationen die Angriffe auf das Postregal ebenso gegen die Reichsmitglieder gerichtet seien und »der Religion, und innerlichen ReichsRuhe zu äußersten Schaden« gereichten.[163] In der Verknüpfung von reichsrechtlicher Argumentation mit Thurn und Taxisschen Interessen scheint über das 18. Jahrhundert hinweg das Charakteristische der Reichspost immer wieder auf. Besonders deutlich wird es in einem Vorstoß zur reichsrechtlichen Sicherung der Post zu Beginn der sechziger Jahre. Der Fürst von Thurn und Taxis hatte sich mit der Bitte um Unterstützung an

---

[159] Die Aussöhnung ist auch an verschiedenen Ehrenämtern abzulesen, die der Fürst in diesen Jahren verliehen bekam. Siehe beispielsweise die Ernennungsurkunde zum wirklichen kaiserlichen Geheimen Rat vom 26. Dezember 1745, ausgestellt durch Maria Theresia, welche die Verdienste des Fürsten in prächtigen Farben schilderte. HHStA Wien, RK, Geheime Räte, Fasz. 6.

[160] Siehe die eindringlichen Bitten an den Kaiser um Unterstützung: HHStA Wien, Reichsakten in specie 21, Konv. 2, fol. 126 f.; 139 f. (8. März 1746; 9. Juli 1746, verschiedene Schreiben Liliens wegen Hannover); HHStA Wien, Reichsakten in specie 23, Konv. 1, fol. 60 f. (Bitte des Fürsten Alexander Ferdinand als »eines allergetreuesten Vasallen« um Hilfe gegen Hannover). Zu den Kämpfen zwischen Reichspost und Landesposten mit der diesbezüglichen Rechtslage siehe die zeitgenössischen Flugschriften zusammengefaßt bei Friedrich von OMPTEDA, Neue Vaterländische Literatur. Eine Fortsetzung älterer historisch-statistischer Bibliotheken der Hannoverschen Lande bis zum Jahr 1807, Hannover 1807, Lemma Postwesen, S. 511–514. Zur Auseinandersetzung zwischen der Reichspost und Hannover siehe DALLMEIER, Quellen, Bd. 1, S. 152–155.

[161] An geheimen Verhandlungen über eigene Postanstalten waren ebenso Hessen-Kassel, Bayern, Kurpfalz, Brandenburg-Bayreuth/-Ansbach beteiligt. Siehe dazu auch KALMUS, Weltgeschichte und HHStA Wien, Reichsakten in specie 21. Eine Auflistung und Würdigung der Postgegner auch in HHStA Wien, Reichsakten in specie 23, Konv. 1, fol. 67 f.

[162] 1748 kam es schließlich zu einem Vertrag mit Hannover. Siehe DALLMEIER, Quellen, Bd. 1, S. 152–155.

[163] Diese Argumente treten immer wieder auf, besonders markant zusammengefaßt in Liliens »Gehorsamste[r] Anzeige verschiedener Attentaten, wodurch zu Nachtheil der Religion, wie auch innerlicher Ruhe Teutschland das Kays. ReichsPostwesen in mehr Orten und Landen völlig zergliederet wird«, Wien 30. Juni 1757. HHStA Wien, Reichsakten in specie 23, Konv. 1, fol. 67–73.

die Kurfürsten und den Kaiser – wieder einmal gegen Hannover – gewandt.[164] Der Kaiser machte schließlich die Thurn und Taxissche Angelegenheit zu seiner eigenen, als er am 16. September 1763 an den Kurerzkanzler schrieb: »Unser kaiserliches Postregal ist beeinträchtigt«[165]; es laufe Gefahr, verdrängt zu werden. Deshalb habe »Thurn und Taxis die Kurfürsten und Fürsten um Fürsprache gebeten«. Als Ergebnis ist zu verzeichnen, daß »dermahlen von dem kurfürstl[ichen] Collegio 7, von den fürstl[ichen] aber 72 günstige Vota bey Uns zur Stelle eingelanget sind, oder als würklich eingegangen betrachtet werden können, folglich die Anzahl deren Gutgesinnten« in der Mehrheit sei. Zwar verlief dieses Projekt zur Sicherung der Thurn und Taxisschen Post durch einen Reichstagsbeschluß trotz weiterer Bemühungen im Sande.[166] Aber es verdeutlicht die Protektion aus Wien, welche sich der Fürst von Thurn und Taxis im Verlauf des 18. Jahrhunderts immer wieder sichern konnte.

Sozusagen als Gegenleistung begann man bereits 1746 mit der Reorganisation der Logen. Neben den alten Briefüberwachungsstationen Frankfurt, Augsburg und Nürnberg wurden neue eingerichtet, so in Duderstadt zur Kontrolle der Briefwechsel von Hessen-Kassel und Hannover sowie in Regensburg zur Überwachung der Reichstagskorrespondenz.[167] Leitender Kopf all dieser Unternehmungen, sowohl im Rahmen des Geheimen Dienstes als auch der politischen Auseinandersetzungen, war und blieb Freiherr von Lilien, der von seinem Sohn immer mehr unterstützt wurde.[168] Lilien, der rastlos zwischen Wien, einzelnen Poststationen und der Residenz des Fürsten von Thurn und Taxis in Trugenhofen unterwegs war, kann aber nicht nur als der überragende Politiker der Reichspost bezeichnet werden. Er spielte auch eine zentrale Rolle beim Ausbau der österreichischen Landespost.[169] Im Zuge der Postverwaltungsreform in den Erblanden wurde er an deren Spitze berufen und nahm für einige Zeit in Per-

---

[164] Der Schriftwechsel in dieser Sache ist zusammengefaßt in HHStA Wien, Reichsakten in specie 24, Konv. 3. In der Bitte um Unterstützung wird auf die Hilfe im Jahr 1694 verwiesen, als Mainz, Köln, Trier, Bayern und Pfalz gemeinsam Thurn und Taxis gegen Braunschweig-Lüneburg unterstützt hatten (fol. 637). Als Argumente dienen der »Reichspatriotismus« und das »Herkommen« (fol. 648–652).

[165] Schreiben des Kaisers an Kurmainz, 16. September 1763. HHStA Wien, Reichsakten in specie 25, fol. 9–12.

[166] Die Vorbereitungen, um eine Verhandlung am Reichstag einzuleiten, waren relativ weit gediehen. Siehe den Entwurf eines Reichsabschieds in 11 Artikeln (fol. 13–16) und die Anmerkungen dazu (fol. 17–23) in HHStA Wien, Reichsakten in specie 25.

[167] Eine Übersicht der Logen kann den verschiedenen Anweisungen zur Logenorganisation entnommen werden (HHStA Wien, Reichsakten in specie 24). Auf die innere Organisation der Briefüberwachung kann hier nicht näher eingegangen werden. Siehe dazu GRILLMEYER, Briefspionage.

[168] Besonders deutlich tritt dies in dem ausführlichen Briefwechsel des Generalintendanten hervor. Lilien erwies sich in unterschiedlichsten Angelegenheiten des Fürstenhauses als die treibende Kraft. Siehe FZA Regensburg, HFS 155–166.

[169] Zur österreichischen Post siehe Eduard EFFENBERGER, Die österreichische Post und ihre Reformen unter Kaiserin Maria Theresia und Kaiser Josef II., Wien 1915.

sonalunion die Leitung der österreichischen Post und der Reichspost wahr. Überdeutlich zeigt sich in seiner Person die Vernetzung beider Interessensphären des Hauses Habsburg. So ist es auch nicht weiter verwunderlich, daß in den Denkschriften des führenden Postgestalters ab der Mitte des Jahrhunderts eine antipreußische Grundhaltung auszumachen ist. Im Reich zeichnete sich immer deutlicher ab, daß es auch in Postangelegenheiten zwei Einflußbereiche, um nicht zu sagen zwei rivalisierende Kräfte gab.[170] Das Haus Thurn und Taxis stand dabei mit seinen Postrechten immer auf der Seite der Habsburger. Eine Vormachtstellung der Reichspost konnte nur gegen Preußen erreicht werden, das war Lilien klar und bestimmte seine Postpolitik über einige Jahrzehnte hinweg. Dabei ging es vor allem um die Durchsetzung gegenüber konkurrierenden Postlinien und die geheime Briefüberwachung.[171] Allerdings mußte er auch Rücksicht auf anderweitige Interessen des Hauses Thurn und Taxis nehmen. Denn gerade in den fünfziger Jahren war man von Taxisscher Seite auf die Unterstützung Preußens am Reichstag angewiesen, um die seit der Fürstenernennung angestrebte Aufnahme in den Reichsfürstenrat zu erreichen. Deshalb mußte sich Lilien mäßigen bei seinen Versuchen, die sogenannte nordische Korrespondenz und damit eine der ertragreichsten Transitlinien völlig unter seine Kontrolle zu bringen. Der »Kampf um den Auslandsbrief«, wie dies Karl Mayr so treffend bezeichnet hat, mußte mit verdeckten Mitteln geführt werden.[172] Offiziell war man aufgrund der reichspolitischen Bemühungen gezwungen, gute Verhältnisse zwischen der Thurn und Taxisschen und der preußischen Post herzustellen. Fürst Alexander Ferdinand sicherte Preußen am 2. Mai 1754 schriftlich zu, nichts gegen dessen Postinteressen zu unternehmen.[173] Außerdem bot er an, Verhandlungen zu führen, um das gegenseitige gute Verhältnis wiederherzustellen. Die Auseinandersetzungen zwischen den Postanstalten seit dem Vertrag von Wesel sollten ausgeräumt werden, wozu man als Unterhändler den Postmeister Georg Franz Haysdorff nach Berlin schickte. Im Vertrag von

---

[170] Zu erinnern ist hier nur an die permanente Gefahr eines Bedeutungsverlustes, die im gesamten 18. Jahrhundert vorhanden war, sich in der Auseinandersetzung mit Preußen phasenweise steigerte und stete Wachsamkeit erforderte. Zum einen mußte es ein Ziel sein, weiterhin die gewonnene Machtposition auszubauen und das Beförderungsmonopol gegen kleinere – propreußische – Landesposten und Botenanstalten zu sichern. Zum anderen ging es vor allem auch darum, die wichtigen Transitwege, allen voran die sogenannte nordische Korrespondenz, für die Reichspost zu gewinnen und sie aus dem preußischen Einflußbereich herauszubekommen.

[171] Beide Momente waren natürlich aufs engste miteinander verbunden. Der vehemente Kampf um Postlinien und Beförderungsmengen hatte nur in zweiter Linie finanzielle Beweggründe, in erster Linie ging es darum, alle wichtige Korrespondenz auch der habsburgischen Briefspionage zuzuführen.

[172] So zum Beispiel durch die Errichtung einer Postloge in Lüttich, um dort die Korrespondenz von Belgien, Frankreich und Spanien nach Preußen kontrollieren zu können. Siehe in diesem Zusammenhang MAYR, Briefdienst.

[173] Schreiben des Fürsten als Beilage zum Postvertrag in FZA Regensburg, Posturkunden 696. Siehe dazu STEPHAN, Geschichte, S. 246.

Wesel hatte man 1722 einen »Freundschafts-, Nichtangriffs- und gegenseitigen Beistandspakt« (Kalmus) geschlossen und damit den »Friedensschluß der preußischen mit der Reichspost« (Stephan) zustande gebracht.[174] Der Friede währte jedoch nie lange. Sehr bald kam es wieder zu Auseinandersetzungen, die vor allem im Siebenjährigen Krieg eskalieren sollten. Vorerst aber gelang es in Verhandlungen der Jahre 1754 und 1755, den Vertrag von Wesel noch einmal zu bestätigen.[175] Am 30. Mai 1754 erfolgte, wohl nicht zuletzt begünstigt durch diese Verhandlungen, die Aufnahme der Thurn und Taxis mit Sitz und Stimme in den Reichsfürstenrat, wofür auch Preußen stimmte.

Trotz des 1755 unterzeichneten Zusatzvertrags von Wesel ging es Lilien weiterhin um die nordische Korrespondenz. Sein Ziel war es, gemeinsam mit Sachsen in Postsachen gegen Preußen vorzugehen und damit konkurrierende Postwege aufzubauen. Der Siebenjährige Krieg wurde der »Entscheidungskampf um das deutsche Postwesen« zwischen Österreich und Preußen.[176] Nach dem Einrücken der französisch-österreichischen Truppen in die klevischen Lande ging man sofort gegen die preußische Verwaltung der Post vor. Eine Klage am Reichstag war die Folge, konnte jedoch nichts ändern.[177] Mit Hilfe kaiserlicher Truppen nahm Oberpostmeister von Becker die klevischen Postämter in Besitz. Damit hatte die Thurn und Taxissche Seite offenkundig den Zusatzvertrag von Wesel gebrochen.[178] Außerdem war nun überdeutlich zu Tage getreten, auf welcher Seite die Reichspostanstalt stand. Hinzu kam, daß durch das Einrücken der Preußen in Sachsen und damit durch die Besetzung von Poststationen die Reichspostpläne gegen Preußen offengelegt werden konnten und man somit die einseitige Parteinahme der Reichspost für Habsburg bestätigt bekam. Zur Rechtfertigung bemühte Lilien den Reichshofrat, der wie ein halbes Jahrhundert zuvor wieder von »verbotenen Nebenposten« sprach.[179] Das alte Vokabu-

---

[174] Grundsätzlich zum Verhältnis der beiden Postanstalten DALLMEIER, Quellen, Bd. 1, S. 148–151. Siehe KALMUS, Weltgeschichte, S. 389, und STEPHAN, Geschichte, S. 177.

[175] Fast ein Jahr nach der Eröffnung der Verhandlungen kam es am 12. April 1755 beziehungsweise durch Ratifikation am 6. Mai 1755 zum Zusatzvertrag zu Wesel, in dem beide Teile zusicherten, nichts gegen den anderen zu unternehmen. FZA Regensburg, Posturkunden 696.

[176] KALMUS, Weltgeschichte, S. 418.

[177] »Kurbrandenburgisches Pro memoria ad aedes Legatorum«, 13. Juli 1757. Der anonyme Autor erhebt gegen den Taxisschen Geheimen Rat und Oberpostmeister von Köln Herrn von Becker Klage. Im »Auftrag der Kaiserin-Königin« nehme er die Postämter im niederrheinisch-westfälischen Kreis in Besitz. Deshalb werden die Stände des Reiches ersucht, dagegen vorzugehen. Eintrag vom 14. Juli 1757, Lit. B in FZA Regensburg, Comitialia 21. Siehe dazu den Hinweis bei Thomas EBEN, Der Beginn des Siebenjährigen Krieges, dargestellt anhand der Komitialberichte des Hauses Thurn und Taxis, Magisterarbeit (masch.) Regensburg 1998, S. 133.

[178] DALLMEIER, Quellen, Bd. 1, S. 151.

[179] Zu dieser Zeit hatte sich Lilien – übrigens nicht ganz freiwillig – aus Wien zurückgezogen und kümmerte sich nur noch um die Reichspost. Siehe EFFENBERGER, Die österreichische Post, S. 4 f.

lar wurde abermals verwendet, um die Rechtmäßigkeit des kaiserlichen Postregals zu betonen und die Landesposten in Preußen, Hannover, Braunschweig und Hessen-Kassel als rechtswidrige Unternehmen hinzustellen.[180]

Als die Preußen nach mehreren siegreichen Schlachten wieder gegen Süden vorrückten, konnten sie sich an der Reichspost rächen und ihrerseits Postämter beschlagnahmen. Die preußischen Offizialen entdeckten dabei auch Hinweise auf Briefspionage.[181] Nach der Schlacht von Krefeld trat zwischen den beiden Postanstalten vorerst eine Atempause ein. Lilien arbeitete währenddessen mit Hochdruck am Wiederaufbau und der Reorganisation des Geheimen Dienstes.[182] Denn im Verlauf des Krieges war immer wieder deutlich geworden, wie wichtig ein funktionierendes Spionagesystem war. Natürlich war die Gegenseite ebenso an diesem Spiel beteiligt, und es kam darauf an, neben der eigenen Briefüberwachung auch Spionageabwehr zu betreiben. Vor allem mußte der gute Ruf der Reichspost gesichert bleiben. Im Frühjahr 1759 häuften sich die Beschwerden wegen Unsicherheit der Briefe.[183] Ziel war es nun, das gefährdete Ansehen der Reichspost wiederherzustellen. Auf der einen Seite konnte man darauf verweisen, daß die preußische Feldpost nachweislich Briefe erbrochen hatte.[184] Zum anderen mußte man sich jedoch um die Sicherung von Postlinien vor dem Zugriff der Gegner bemühen und Verspätungen einschränken. Denn nicht zuletzt diese nährten Gerüchte, daß es bei der Reichspost »zur Briefmanipulation« komme. Manche Beschwerden wurden auch direkt an den Generalerbpostmeister gesandt. Im November 1759 beantwortete Fürst Alexander Ferdinand von Thurn und Taxis eine Beschwerde des Fürstbischofs zu Bamberg.[185] Er werde sich persönlich darum bemühen, »daß die so heilig und unverletzt zu haltende Sicherheit des Briefwechsels wiederhergestellt wird«. Vor allem gebe er die Zusicherung, »zur Beruhigung des publici wegen Erhaltung des öffentlich Zutrauens, Treu und Glaubens« den Vorwürfen gegen einzelne

---

[180] Siehe dazu die Übersicht bei ALTMANNSPERGER, Postregal.

[181] Daher schrieb König Friedrich II. an Alexander Ferdinand, er werde schlimmste Repressalien folgen lassen, wenn sich dieser Vorwurf bestätige. Dieser Brief, zitiert bei Kalmus, konnte leider archivalisch nicht nachgewiesen werden. KALMUS, Weltgeschichte, S. 420.

[182] Dabei hatte er mit vielen Problemen zu kämpfen. Zu den externen Schwierigkeiten aufgrund der Kursumleitungen kamen interne wie Organisationsschwäche und mangelnde Nachwuchsförderung hinzu. Der Postspion Blanck stellte am 18. Januar 1760 in einem Schreiben an Lilien resümierend fest: Durch die Kriegswirren sei es zu vielerlei Stockungen im Logendienst gekommen, die so schnell auch nicht behoben werden könnten. Außerdem fehlten qualifizierte Mitarbeiter: »Die Arbeit des Hauptdienstes ist viel zu groß, und gestattet denen Logisten die erforderliche Zeit nicht [...] In Erlernung der angefangenen Wissenschaften fortfahren zu können«. HHStA Wien, Reichsakten in specie 24, fol. 181.

[183] Siehe dazu und zum Folgenden HHStA Wien, Reichsakten in specie 24, fol. 16–18.

[184] Hinweise auf diesen Vorwurf ebenda. Außerdem findet sich ein Hinweis auch innerhalb der Reichstagspublizistik. Siehe Eintrag zum 19. September 1757, Lit. B. in FZA Regensburg, Comitialia 23.

[185] Schreiben vom 12. November 1759 (Abschrift). HHStA Wien, Reichsakten in specie 24, fol. 64.

Postbedienstete aufs entschiedenste nachzugehen. Konkret ging es um den Postoffizianten Ivo Welz, dem Veruntreuung vorgeworfen wurde und der die habsburgische Briefspionage in große Probleme gestürzt hatte.

Lilien schob anfangs Klagen über verspätete Postlieferungen und manipulierte Briefe den postalischen Gegnern Preußen und Hannover in die Schuhe.[186] Aber bald erhärteten sich gewisse Verdachtsmomente, die bewiesen, daß man auch in den eigenen Reihen einen unzuverlässigen Mann hatte.[187] Am 12. September 1759 erhielt Lilien einen Brief des Nürnberger Postverwalters Handel. Er berichtete darin, daß ihm das Verhalten des ihm zugeteilten Ivo Welz aufgefallen sei. Dieser habe höchstwahrscheinlich Estaffetten an den Kaiser und an Kaunitz abgeschrieben und gegen Bezahlung an französische Führungskräfte, vor allem Armeeangehörige, weitergegeben. Zwar waren die Franzosen zu dieser Zeit Verbündete, aber nichts konnte schlimmer sein, als einen Doppelagenten in einer der wichtigsten Postlogen sitzen zu haben. Lilien zog sofort Erkundigungen über Welz ein, die seine Bestechlichkeit immer wahrscheinlicher machten. Seine Laufbahn hatte er in der Postloge zu Maastricht begonnen. Dort war er aber wegen seines prahlerischen und ausschweifenden Lebensstils aufgefallen, und da der Leiter der Loge befürchtete, der junge Welz könnte für seinen Dienst zu gesprächig werden, wurde er nach Regensburg versetzt. Von dort ging es über Duderstadt und Frankfurt schließlich nach Nürnberg, wo er wieder als Logenmitarbeiter tätig war. Lilien ließ weiter ermitteln und sammelte Belastungsmaterial, das letztlich zum Geständnis führte. Welz wurde unter einem Vorwand nach Regensburg gelockt, dort verhaftet und im geheimen nach Wien gebracht, wo er zu lebenslanger Haft verurteilt wurde.

Aber damit war die Angelegenheit noch nicht abgeschlossen. Denn der französische Hof intervenierte beim Fürsten von Thurn und Taxis, der jedoch vom Fall Welz nicht unterrichtet worden war. Daher fragte dieser beim Reichsvizekanzler Colloredo-Mansfeld nach und ließ eine Kopie seines Schreibens dem französischen Botschafter in Regensburg zukommen.[188] In Wien geriet man durch die Intervention des französischen Hofs »nicht in geringe Verlegenheit«. Es war dadurch der Erfolg »durch frühzeitige Entdeckung, und dadurch veranlaßte Vereitelung der feindlich Absicht« dahin. Schließlich sicherte Fürst Alexander Ferdinand, der die »in der That warhaffte Unwissenheit dieses ganzen Vorganges freymütig zu erkennen gegeben« hatte, dem französischen Botschafter zu, den Fall einer Untersuchung zuzuführen. In Wien war man schließlich

---

[186] Siehe zur unermüdlichen Tätigkeit des Freiherrn von Lilien in der Wiederaufbauarbeit des Geheimen Dienstes: HHStA Wien, Reichsakten in specie 21–23.

[187] Zum Fall Welz siehe KALMUS, Weltgeschichte, S. 420 f. Dazu der umfangreiche Briefwechsel mit zahlreichen Beilagen zwischen Lilien, Koch und Kaunitz zwischen 1750 und 1760. HHStA Wien, Reichsakten in specie 24–25.

[188] HHStA Wien, Reichsakten in specie 22, fol. 9–10, 80. Zur Diskussion in Wien siehe das Schreiben an Graf Starhemberg, 22. Februar 1760. Ebenda, fol. 19–22.

der Meinung, die Angelegenheit habe vor allem Lilien zu bereinigen. Er müsse den Fürsten von den konkreten Vorgängen bei der Reichspost und dem Geheimen Dienst unterrichten und sich vor allem darum kümmern, daß die Affäre in Regensburg nicht weiter publik werde. Vor allem dürfe auf keinen Fall die Aufmerksamkeit des preußischen Gesandten Görtz geweckt werden, damit dieser nicht die österreichische Politik in Verruf bringe.

In dieser Problemstellung spiegelte sich die seltsam anmutende Stellung des Geheimen Dienstes wider. Denn die Fürsten von Thurn und Taxis, Alexander Ferdinand und Carl Anselm, waren von den Machenschaften der Briefspionage nicht oder zumindest in nur sehr eingeschränktem Maß unterrichtet.[189] In den verschiedenen Denkschriften zur Reorganisation der Logen wurde ausdrücklich auf die Verschwiegenheit der Logenmitarbeiter auch ihrem Dienstherren, dem Generalerbpostmeister gegenüber, hingewiesen.[190] Die Generalintendanten in Postsachen hingegen waren die wesentlichen Gestalter dieses Bereichs und koordinierten ihn, sozusagen hinter dem Rücken ihres Chefs, mit den Vertretern der Reichskanzlei, welche wiederum in Kontakt mit der habsburgischen Staatskanzlei standen. Ging es um die Gründe für eine Unterstützung des Hauses Thurn und Taxis, so wurde von den Fürsten auf das »Herkommen«, die »ersprießlichen Dienste« und die »unterthänige Verbundenheit« eines »allergetreuesten Vasallen« mit dem Kaiser- und Erzhause Habsburg verwiesen. In der internen Argumentation hingegen, wie sie vor allem in den Postverhandlungsakten in Wien dokumentiert ist, führte gerade Lilien die Bedeutung des Geheimen Dienstes für Habsburg an. Diese Bedeutung wurde von Habsburg auch immer anerkannt, nur wollte man zuweilen den Geheimen Dienst völlig unabhängig vom Einfluß des Generalintendanten und damit des Hauses Thurn und Taxis gestalten. Aber auch hier mußten die Wiener Behörden einsehen, daß man bei der Reichspost einer vermittelnden Person zwischen den Bedürfnissen des Geheimen Dienstes und der Thurn und Taxisschen Poststruktur bedurfte. Freiherr von Lilien war nach den Worten des einflußreichen Kabinettssekretärs Koch nicht ersetzbar und sicherte dadurch auch die Interessen des Hauses Thurn und Taxis – selbst ohne das Wissen des Fürsten.

Die Causa Welz hatte jedoch auf längere Sicht nicht nur das Vertrauen Maria Theresias in den Geheimen Dienst erschüttert, sondern auch das Ansehen und die Stellung des großen Postgestalters Lilien gefährdet. Zwar war er weiterhin

---

[189] Trotz der Durchsicht des zahlreichen Aktenmaterials bin ich nirgends auf derartige Hinweise gestoßen. In dem sehr ausführlichen Briefwechsel Fürst Alexander Ferdinands mit seinem Generalintendanten findet sich beispielsweise nichts außer kleinen Andeutungen. Die Geschichte der Briefspionage der Reichspost läßt sich daher fast ausschließlich aus Wiener Archivalien zusammenfassen, kleine Ergänzungen geben Personal- und Verhandlungsakten Thurn und Taxisscher Bediensteter.

[190] Diese Ansicht vertrat vor allem Koch, der im Austausch mit Lilien ein Dienst-Reglement für Logenmitarbeiter entwarf. Darin wurde die Verpflichtung auf Verschwiegenheit mehrmals betont, explizit auch in bezug auf den Fürsten. HHStA Wien, Reichsakten in specie 24, fol. 130–133.

tätig, um die Briefspionage zu organisieren und vor allem um gegen Preußen vorzugehen, aber ein größerer Erfolg war ihm vorerst nicht mehr beschieden. Frankreich lehnte beispielsweise eine engere Zusammenarbeit, die Lilien bei Verhandlungen in Paris 1760 erreichen wollte, kategorisch ab.[191] Gegen Ende des Siebenjährigen Krieges war die Zeit für die großen Pläne Liliens endgültig dahin.[192] Niemand hatte Interesse, die Reichspost gegen Preußen zu unterstützen, da absehbar war, daß Friedrich II. siegreich aus den Auseinandersetzungen hervorgehen würde. Es war klar, daß Lilien aufgrund seines Vorgehens in den Augen Preußens völlig kompromittiert war. Wohl aus diesem Grund schickte Fürst Alexander Ferdinand nicht ihn, sondern wieder den Bamberger Postmeister von Haysdorff nach Berlin, um dort über die Anknüpfung guter Beziehungen zu unterhandeln.[193] Aber Haysdorff erhielt eine völlige Abfuhr, da ihm die preußischen Unterhändler deutlich zu verstehen gaben, daß man der Reichspost und deren Verträgen nicht viel Vertrauen schenke.[194] Die antipreußische Postpolitik des Hauses Thurn und Taxis, die vor allem Lilien vorangetrieben hatte, zeitigte negative Folgen. Auch in Wien standen die Karten für die Taxissche Post und besonders für Lilien vorübergehend schlecht. Der bevollmächtigte Minister der Kaiserin war dem Generalintendanten nicht gerade wohlgesonnen. Als es dann zu einer weiteren Affäre im Geheimen Dienst kam, geriet er vollends in die Kritik. Die beiden Postlogisten Diez und Gumbert hatten bei ihrer Arbeit Wertgegenstände, vor allem Geld, aus Briefsendungen entwendet.[195] Verschiedene Beschwerden trafen daraufhin beim Fürsten von Thurn und Taxis ein. Dieser beauftragte über Lilien den Thurn und Taxisschen Bediensteten Müller, die Sache zu untersuchen. Zahlreiche Verhörprotokolle geben einen Einblick in diesen Ermittlungsprozeß in Postsachen. Für Thurn und Taxis war es unabdingbar, Veruntreuungen aufzudecken, um das Ansehen der Post nicht zu gefährden. Der Diebstahl von Wertgegenständen aus Briefen durch Postbedienstete war dabei ein Kardinaldelikt. In Wien sah man die Sache etwas anders: Dort hatte der Geheime Dienst stets absoluten Vorrang, und da die beiden Postoffizianten in geheimer Personalunion auch Briefspione waren, spielte man die Entwendung als ein zwar schwerwiegendes, aber doch

---

[191] Nicht zuletzt wußte man gerade in Frankreich, daß die Reichspost, was die Sicherheit der Briefe anging, nicht besser war als die preußische Post. Denn Welz hatte ja für französische Kreise gearbeitet, und dem späteren Außenminister Rohan war bewußt, daß Logen in Brüssel, Lüttich, Frankfurt und Regensburg bestanden. Vgl. KALMUS, Weltgeschichte, S. 421.

[192] In dieser Beurteilung bei KALMUS, Weltgeschichte, S. 422, und dazu entsprechend die Hinweise bei STEPHAN, Geschichte.

[193] Einige Anmerkungen zu Haysdorff bei STAUDENRAUS, Haysdorff, S. 20–26.

[194] KALMUS, Weltgeschichte, S. 422; STEPHAN, Geschichte, S. 260 f.

[195] Zu diesem Vorgang liegt ein umfangreicher Briefwechsel vor in: HHStA Wien, Reichsakten in specie 25–26. Hier vor allem die Untersuchungsprotokolle in Faszikel 26. Die Stimmung gegen Lilien läßt sich aus dem Briefwechsel Liliens mit Cobenzl und Kaunitz herauslesen.

verzeihliches Kavaliersdelikt herunter. In einem Brief an Maria Theresia plädierte Graf Cobenzl für eine milde Strafe. Vor allem war der Reichsvizekanzler über das Vorgehen Liliens verärgert, da er selbst die Angelegenheit als Wiener Chefsache behandeln wollte. Zwar sollten die von Lilien getroffenen Anordnungen befolgt, aber seine weitere Einmischung verhindert werden. »Dieses waren des Liliens letzterer Versuch, die hiesige Inquisition abzubrechen, und sich oder dem Fürsten von Taxis andurch die Jurisdiction gegen die Logisten anzumaßen: hierdurch wäre das ganze Geschäft ins Stocken geraten«.[196] Dieses Ziel, die Briefspionage über das Thurn und Taxissche Postsystem im Reich wahrzunehmen, wurde auch in den folgenden Jahrzehnten mit höchster Priorität verfolgt. Größere Auseinandersetzungen mit dem Fürstenhaus und dem Generalintendanten kamen anscheinend nicht mehr vor, sie sind zumindest nicht nachweisbar.

Konflikte zwischen Wien und Regensburg gab es dagegen immer wieder bei der Zusammenarbeit zwischen der Reichspost und der Post in den Erblanden.[197] Nach Maria Theresia erkannte vor allem Joseph II. die finanziellen Möglichkeiten des Postunternehmens und wollte sie stärker abschöpfen. Auseinandersetzungen, vor allem hinsichtlich der Wege und der Transitportokosten, waren daher zahlreich. Fürst Alexander Ferdinand erwies sich jedoch als geschickter Verhandlungsführer. Das Haus bekam sogar einen Teil der österreichischen Post in Pacht verliehen.[198] Da die Postbereiche damit relativ klar abgesteckt waren, verebbten die Auseinandersetzungen in den letzten Jahrzehnten des Jahrhunderts.

Auch auf reichspolitischem Terrain kam es ab der Mitte der sechziger Jahre zu einem Ausgleich der verschiedenen Interessen- und Einflußbereiche. Im Verhältnis zu Preußen, das nach dem Frieden von Hubertusburg noch als angespannt bezeichnet werden kann, erfolgte eine Annäherung. Sie wurde vor allem möglich und allmählich auch gefestigt unter Fürst Carl Anselm, der 1773 die Nachfolge seines Vaters antrat und durch die Querelen unter seinem Vorgänger nicht kompromittiert war. Die Entspannung gegen Ende des Jahrhunderts mag auch damit zusammenhängen, daß man über die Erbprinzessin mit dem preußischen Königshaus verschwägert war.[199] Außerdem verstarb der große Postpolitiker Lilien, und sein Sohn scheint den Einflußbereich der Thurn und Taxisschen Reichspost weniger forsch erweitert zu haben. Trotz dieser perso-

---

[196] Vor allem könne man dem Geheimen Rat Müller, so Cobenzl, obwohl er von Fürst Alexander Ferdinand von Thurn und Taxis mit den Ermittlungen beauftragt worden war, keinen Einblick in die Zusammenhänge des Geheimen Dienstes gewähren. HHStA Wien, Reichsakten in specie 26, konkret fol. 128.

[197] Siehe dazu die Arbeiten von Rüdiger Wurth, der auch die konkreten Streitpunkte benennt: WURTH, Paar; ders., Tiroler Taxis.

[198] Siehe WURTH, Tiroler Taxis, S. 48 f. Außerdem siehe dazu HHStA Wien, Reichsakten in specie 21, Konv. 2, fol. 1–178, und Konv. 3, vor allem fol. 79–87.

[199] Mathilde Therese von Mecklenburg-Strelitz war die Schwester der preußischen Königin Luise.

nellen Veränderungen blieb aber auch zur Zeit Carl Anselms die wichtigste Konstante bestehen: die Unterstützung der Reichspost durch kaiserliche Mandate gegenüber den Übergriffen der kleineren Landesposten und der Beförderung durch Stadtboten.[200] Habsburgs Schutz und Schirm für seinen Juniorpartner im Reich blieb stets erhalten.

4.2. Ehrenvolle Verdienste und »hochpreisliche« Ämter

Die Untersuchung der postpolitischen Unternehmungen beleuchtet natürlich nur einen Aspekt der rechtlichen und gesellschaftlichen Stellung des Fürstenhauses Thurn und Taxis im Alten Reich. Dem Rechtsgelehrten war der Name Thurn und Taxis nicht nur als Inhaber der Post vertraut, sondern auch als Vertreter des Kaisers am Immerwährenden Reichstag zu Regensburg. Die Position am Reichstag spielte zweifellos eine große Rolle für das Selbstverständnis und die Fremdwahrnehmung des Fürstenhauses.

Am 1. März des Jahres 1748 traf zum ersten Mal, so berichtet der reichsstädtische Chronist Plato-Wild, »der General Reichs Erb Postmeister H[err] Fürst von Thurn und Taxis als Prinzipal Commissarius, in Begleitung der bis an die Gräntze des Burgfriedens entgegen gegangenen Bürgerlichen Cavallerie, unter 3maliger Abfeuerung der Canonen hier ein«.[201] Die Ehrenbezeugungen, die ihm zuteil wurden, waren nicht durch seine Person oder seine Stellung als Fürst des Reiches, sondern in seinem Amt begründet. Für den Magistrat der Stadt verkörperte er als Vertreter des Kaisers die Würde des Reichsoberhaupts und wurde daher mit den höchsten Ehren empfangen. Dieser erste Besuch, der dazu diente, sich als Prinzipalkommissar beim Reichstag zu legitimieren, währte jedoch nur fünf Tage. Zu einer regelrechten Niederlassung in Regensburg kam es dann nach Fertigstellung einer geeigneten Residenz, die erst ab den Wintermonaten zur Verfügung stand.

Die Übersiedlung von Frankfurt nach Regensburg, so erkannten es sowohl die Zeitgenossen als auch spätere Vertreter der Thurn und Taxisschen Verwaltung, erfolgte ausschließlich aufgrund der Ernennung Alexander Ferdinands zum Prinzipalkommissar.[202] Der Fürst scheute keine Opfer, weder die Verle-

---

[200] HHStA Wien, Reichsakten in specie 21–23. Zu den entsprechenden Verordnungen siehe DALLMEIER, Quellen, Bd. 2: Regesten.

[201] Georg G. PLATO-WILD, Chronik der kayserlichen Freyen Reichsstadt Regensburg, [Regensburg] 1748, Nr. 19, fol. r. Zitiert nach Gabriele ADLHOCH, Die Ankunft von Alexander Ferdinand von Thurn und Taxis mit seiner Mutter in Regensburg 1748, in: Karl MÖSENEDER (Hrsg.), Feste in Regensburg. Von der Reformation bis in die Gegenwart, Regensburg 1986, S. 351 f. Die ältere Literatur zum Themenkomplex Thurn und Taxis in Regensburg ist verzeichnet in Martin DALLMEIER [u. a.] (Hrsg.), Reichsstadt und Immerwährender Reichstag 1663–1806. 250 Jahre Thurn und Taxis in Regensburg, Regensburg 2001.

[202] Siehe Max PIENDL, Das Prinzipalkommissariat der Fürsten von Thurn und Taxis, in: Andreas KRAUS/Wolfgang PFEIFFER (Hrsg.), Regensburg. Geschichte in Bilddokumenten, 2. Aufl. München 1986, S. 126–129, hier: S. 127. In dieser Bewertung im Promemoria vom 29. August 1861. FZA Regensburg, IB 1866. In gleicher Bewertung auch bei Johann Bapti-

gung des Wohnsitzes noch den finanziellen Aufwand, den das Amt mit sich brachte. Frankfurt wurde als Hauptwohnsitz der Familie und als zentraler Knotenpunkt der Post zugunsten der Stadt an der Donau aufgegeben. Zahlreiche Schilderungen vermitteln einen Eindruck, mit welchem Aufwand dieser Fürst und seine Nachfolger ihr Amt in Regensburg ausfüllten.[203] Bereits zum Jahr 1748 schrieb der Chronist Gumpelzhaimer: »Man wurde bald gewahr, welch fürstlichen Aufwand der neue Prinzipal-Commissarius machen und wie vieles zu seinem Etablissement erfordert sein würde«.[204] Zwar hatten auch die früheren Prinzipalkommissare verschiedene Feierlichkeiten im Namen des Kaisers veranstaltet und auch finanziert. Eine ganz neue Qualität erreichte die Prachtentfaltung jedoch unter den Prinzipalkommissaren aus dem Hause Thurn und Taxis. Dieses Amt sollte von der Ernennung Alexander Ferdinands 1748 ohne Unterbrechung bis zum Ende des Reichstages beim Haus Thurn und Taxis bleiben. Nach dem Tod Alexander Ferdinands begab sich dessen Sohn zur Bestätigung dieser Funktion sogar persönlich nach Wien.[205] Er bat Kaiserin Maria Theresia um die Verleihung der »PrinzipalkommissariatsStelle« als eine weitere jener huldreichen Gnadenbezeugungen, mit welchen das Haus Habsburg »mein fürstliches Hauß, und noch in neueren Zeiten meines Hochseeligen Herrn Vaters Gnaden, zu beehren allermildreichest gefällig gewesen«. Die Erfüllung dieses Amtes möge dazu dienen, dem »Allerdurchlauchtigsten Erzhauße Österreich die vorhin schon zugeschwohrene allertreueste Devotion, noch thätiger zu bestättigen«. Staatskanzler Kaunitz wurde die Bitte um Amtsbestätigung ebenso eindringlich vorgetragen.[206] Auch als dieser zweite Prinzipalkommissar aus dem Hause Taxis nach 25 Jahren Amtsführung, mit Krankheit und Überdruß geschlagen, zurücktreten wollte, war ihm sehr an der Übertragung der Würde auf seinen Sohn gelegen. Auch dessen Bemühungen waren 1797 mit Erfolg gekrönt, als er zum Vertreter des Kaisers bestellt wurde. Vor der Ära Taxis hatte es zahlreiche Wechsel auf diesem Posten gegeben, was sicher im kostspieligen Aufwand begründet lag. Denn dieses Amt war zweifellos vorwiegend repräsentativer Natur. Schon allein die Feiern zum Namenstag und Geburtstag des Kaisers verschlangen immense

---

sta MEHLER, Das fürstliche Haus Thurn und Taxis in Regensburg. Zum 150jährigen Residenzjubiläum, Regensburg 1898, S. 54, und Walter FÜRNROHR, Die Vertreter des habsburgischen Kaisertums auf dem Immerwährenden Reichstag, in: VHVO 123 (1983), S. 71–139; 124 (1984), S. 99–148, hier: 1. Teil, S. 104 f.

[203] Siehe dazu die einzelnen Schilderungen mit weiteren Literaturangaben bei MÖSENEDER, Feste.

[204] Christian Gottlieb GUMPELZHAIMER: Regensburg's Geschichte, Sagen und Merkwürdigkeiten von den ältesten bis auf die neuesten Zeiten in einem Abriß aus den besten Chroniken, Geschichtsbüchern, und Urkundensammlungen, Bde. 1–4, Regensburg 1830–1838, hier: Bd. 3, S. 1611.

[205] Siehe dazu den Hinweis ebenda, S. 1672.

[206] Schreiben an Kaiserin Maria Theresia und Staatskanzler Kaunitz, 24. März 1773. HHStA Wien, RK, Kleinere Reichsstände 520, fol. 8 f.

Summen. Und damit sind noch nicht die regulären Ausgaben erfaßt, welche die standesgemäße Hofhaltung eines Prinzipalkommissars erforderte. Die Aufwandsentschädigung aus Wien war dagegen lächerlich gering: insgesamt 20 000 fl. pro Jahr, die jedoch oftmals nur in Teilzahlungen und mit erheblicher Verspätung eingingen.[207]

In der älteren Literatur wurde bei der Beurteilung des Prinzipalkommissariats zumeist auf den Kostenfaktor und auf den Charakter als Repräsentationsamt abgehoben.[208] Doch dieser verengte Blick auf die kostspielige zeremonielle Seite des Amtes konnte die Verbindung von Zeremoniell und Politik oder des Politischen im Zeremoniell nicht erfassen.[209] Deshalb soll nach einigen Vorüberlegungen zum Zeremoniell im 18. Jahrhundert anhand der zeitgenössischen Publizistik und einigen archivalischen Beispielen ein Bild entworfen werden, das jenes Amt und seine Bedeutung für das Haus Thurn und Taxis deutlicher charakterisiert. Dabei geht es erstens um die Bedeutung und Aufgaben des Prinzipalkommissars innerhalb des Reichstags, zum einen um die Reichstagsgeschäfte im engeren Sinne, zum anderen um die Zeremonialaufgaben. Zweitens geht es um die Wahrnehmung der Repräsentationsfunktionen, vor allem als Vertreter des Kaisers gegenüber der reichsfreien Stadt, und drittens schließlich um die Bedeutung des Prinzipalkommissars für das gesellschaftliche Leben in der Stadt des Immerwährenden Reichstages.

Bereits gegen Ende des Mittelalters kam es vor, daß der Kaiser nicht selbst auf einem Reichstag erschien, sondern einen Vertreter schickte, der in seinem Namen die Verhandlungen führte. Mit der Verfestigung des Reichstags zu einer permanenten Institution entwickelte sich diese Ausnahme zur Regel.[210] Der »Prinzipal Commisarius« war somit der Stellvertreter des Kaisers am Immerwährenden Reichstag in Regensburg. Er hatte grundsätzlich für die Aufrechterhaltung des Geschäftsgangs zwischen den Reichsständen bzw. deren Vertretern und dem Kaiser zu sorgen. Neben der Gewährleistung des reibungslosen Austauschs zwischen Ständen und Kaiser konnten aber auch besondere Aufgaben an ihn herangetragen werden.[211] Die relativ offene Definition von Johann Jacob

---

[207] An mancher Stelle ist von 24 000 fl. die Rede. Siehe FZA Regensburg, Generalkasse, Rechnungen. Die Summe wurde sogar nach dem Ende des Alten Reiches bis zum Tod Fürst Karl Alexanders weiterbezahlt. Siehe Schreiben an Freiherrn v. Wunsch, 1. Juli 1807: Jährlich werden nach Abzug der Quartiersgelder 17 850 fl. ausbezahlt. HHStA, StK, Kleinere Betreffe 18, Konv. B, 1807–1831, fol. 30.

[208] Leider liegen bisher zum Amt des Prinzipalkommissars keine neueren und erschöpfenden Arbeiten vor. Einen verengten Blickwinkel liefert FREYTAG, Prinzipalkommissariat. Sogar FÜRNROHR, Vertreter, geht nur kursorisch auf das Amt ein.

[209] In dieser Bewertung vor allem bei FREYTAG, Prinzipalkommissariat.

[210] FÜRNROHR, Vertreter, 1. Teil, S. 86. Zu den Anfängen des »immerwährenden Reichstages« Anton SCHINDLING, Die Anfänge des Immerwährenden Reichstags zu Regensburg. Ständevertretung und Staatskunst nach dem Westfälischen Frieden, Mainz 1991, dort die ältere Literatur.

[211] Siehe zu den Aufgaben des Prinzipalkommissars ARETIN, Heiliges Römisches Reich, Bd. 1, S. 58, und Karl-Heinz HELLWIG, Die Rechtsstellung des kaiserlichen Prinzipal- und

Moser aus dem Jahr 1774 steckt das Feld ab, das der Prinzipalkommissar am Reichstag zu bestellen hatte: »Des kayserlichen Prinzipal-Commissarii Amt bestehet darinn, des Kaysers Stelle bey dem Reichsconvent zu vertretten, mithin dem Reichsconvent allerley zu proponiren und zu notificiren, [...] die Reichsschlüsse anzunehmen und dem Kaiser einzuschicken, wie auch dessen darauf erfolgende Entschliessung dem Reich mitzutheilen, u. s. w.«.[212] An dieser Definition läßt sich ablesen, wie sehr es auf die Person des jeweiligen Fürsten ankam, dieses Amt auch reichspolitisch auszufüllen. Zwar bot der offizielle Geschäftsgang keine Einwirkungsmöglichkeiten auf die Geschäfte der Reichstagspolitik, aber indirekt gab es einige Möglichkeiten, das Gewicht einer hervorgehobenen Stellung einzubringen.

Die Prinzipalkommission bestand aus dem Prinzipalkommissar, dem Konkommissar und ihnen untergeordneten Schreibern.[213] Der eigentliche Geschäftsbereich wurde von den Konkommissaren ausgefüllt, die deshalb als erfahrene Reichspolitiker qualifiziert sein mußten.[214] Durch eine Biographie des Freiherrn von Hügel, der zwischen 1794 bis 1806 das Amt des Konkommissars ausfüllte, ergeben sich manche Einblicke in die Bedeutung dieser Position.[215] In kritischen Situationen konnte ihm die Rolle des Vermittlers zwischen einzelnen Parteien zukommen. Natürlich ging es dabei nicht zuletzt darum, die Auseinandersetzung zwischen der preußischen und der habsburgischen Klientel zu entschärfen. Grundsätzlich war es dem Konkommissar als Wahrer der kaiserlichen Interessen jedoch ein Anliegen, die verschiedenen Vertreter des habsburgischen Kaisertums am Reichstag in ihrem Vorgehen zu koordinieren, um der kaiserlichen Position zu nützen.[216]

Zwar hätte auch der Prinzipalkommissar eine aktive, vermittelnde Rolle im Reichstagsgeschehen ausfüllen können, denn auch er war in rechtlicher Hin-

Konkommissars am Reichstag, München o. J., S. 91.

[212] Johann Jacob MOSER, Von denen Teutschen Reichs-Taegen: Nach denen Reichsgesezen und dem Reichsherkommen, wie auch aus denen Teutschen Staats-Rechts-Lehren und eigener Erfahrung, Frankfurt a. M. 1774, S. 134, § 35.

[213] Nach »Unterricht vom Reichstage«. FZA Regensburg, HFS, Akten 937: »Die kaiserlich Commission bestehet hauptsächlich in der hohen Person deß Principal Commisary. Diesem pflegen aber kaiserlich Majestät gemeiniglich zur Erleichter- und Betreibung deren Geschäften einen Concommissarium beyzugeben. Ingleichen befinden sich bey der höchstansehnlichen kaiserlich Commission ein Kanzlei Direktor, Commissionssekretarius und zwey Cancellisten«.

[214] Eine Auflistung und eingehende Würdigung der Konkommissare bei FÜRNROHR, Vertreter, 1. Teil, S. 111–138.

[215] Siehe zur Biographie konkret Ulrike M. DORDA, Johann Aloys Joseph Reichsfreiherr von Hügel, 1754–1825. Ein Leben zwischen Kaiser und Reich im napoleonischen Deutschland, Würzburg 1969. Allgemeiner zur Stellung der Konkommissare siehe auch die Hinweise bei ARETIN, Heiliges Römisches Reich, Bd. 1, und bezüglich der letzten Phase des Reiches HÄRTER, Reichstag und Revolution.

[216] In dieser Bewertung auch bei HÄRTER, Reichstag und Revolution, S. 52, wie auch bei FÜRNROHR, Vertreter.

sicht ein kaiserlicher Gesandter.[217] Im Revers zum Ernennungsdekret verpflichtete er sich, zum Wohl des Kaisers tätig zu sein, und Karl Alexander, Prinzipalkommissar von 1797 bis 1806, bezeichnete sich selbst als »erster Gesandter Eurer K[aiserlichen] Majestät«.[218] Aber wie schon Johann Jacob Moser vermerkte: »Ein Kayserlicher Principal-Commissarius ist nicht nur ein Ambassadeur, sondern noch mehr«[219] – und dieses »mehr« war nicht nur in seiner Würde als unmittelbarer Vertreter des Reichsoberhauptes, sondern auch im »Herkommen« des Amtes begründet: Denn die Reichsstandschaft und damit eine unabhängige Position war vorausgesetzt; nicht zuletzt trat man die Nachfolge würdiger Vorgänger in diesem Amt an. Somit konnte der Prinzipalkommissar sich nicht nur als besonderer Gesandter des Kaisers verstehen.[220] Neben den Reichstagsgeschäften, welche die Abwicklung des offiziellen Verkehrs zwischen Reichsständen und Kaiser betrafen, eröffnete sich jedoch das weite Feld des Reichstagszeremoniells. Moser hat geurteilt, der Prinzipalkommissar könne seine Geschäfte hauptsächlich dem Konkommissar übertragen und sich auf »Ceremoniel und Lustre« beschränken. Die Gesandten der einzelnen Reichsstände hatten sich beim Prinzipalkommissar zu akkreditieren und zu bestimmten Anlässen um Audienz zu bitten, wie beispielsweise zum Überbringen des alljährlichen Neujahrswunsches. Diese Aufwartungen nahmen natürlich einige Zeit im Wochenplan eines Prinzipalkommissars in Anspruch. Fürst Carl Anselm führte bei seinem Rücktrittsgesuch vor allem dieses »mühselige Ceremonialgeschäft«, das so viel Kraft koste, als Grund dafür an, daß er zugunsten seines Sohnes resignieren wolle.[221] Im Thurn und Taxisschen Zentralarchiv lassen sich anhand der »Reichstags-Ceremonial-Protokollbücher«[222] diese Audienzen nachvollziehen, ein Quellenbestand übrigens, der bisher keine gebührende Beachtung gefunden hat.

Wer über das aufwendige Zeremonialwesen am Reichstag und dessen genaue Beobachtung und peinliche Einhaltung verständnislos den Kopf schüttelt, der

---

[217] In dieser Bewertung ebenda, 1. Teil, S. 76 f.

[218] Siehe beispielsweise verschiedene Schreiben des Fürsten in HHStA Wien, StK, Kleinere Betreffe 18.

[219] MOSER, Von denen Teutschen Reichs-Taegen; »6. Capitel: Von dem Kayserlichen Principal-Commissario«, S. 78–144, hier: S. 128, § 26.

[220] Ralph RUHNAU, Die Fürstlich Thurn und Taxissche Privatgerichtsbarkeit in Regensburg 1748–1900. Ein Kuriosum der deutschen Rechtsgeschichte, Diss. jur. Regensburg 1998, S. 7, sieht durchaus die Grenzen ähnlich wie bei anderen Gesandten gezogen, auch wenn der Prinzipalkommissar eine hervorgehobene Stellung genoß: »Dennoch war das Innenverhältnis zwischen Kaiser und Prinzipalkommissar dasselbe wie das vom ständischen Prinzipalen zu dessen Gesandten«. Diese Beurteilung, mit der sich Ruhnau der Einschätzung bei HELLWIG, Rechtsstellung, S. 91, anschließt, scheint mir zu formal gegriffen, auch wenn diese Vermutung einer näheren Überprüfung bedarf.

[221] Zur Ernennung des Erbprinzen Karl Alexander siehe FZA Regensburg, HFS, Urkunden 57. Weitere Urkunden und Akten zum Prinzipalkommissariat ebenda, HFS, Akten 925, 927, 928.

[222] FZA Regensburg, HMA 139–146 »Reichstags-Ceremonial-Protokollbücher«.

verkennt die Bedeutung dieser zeremoniellen Formen für das Herrschaftsgefüge des Alten Reiches.[223] Die richtige Sitzordnung im Reichstag, die Ehrenbeweise und -vorzüge bei Empfängen und dergleichen waren eben nicht nur Beiwerk, Staffage, sondern wesentlicher Bestandteil des Reichstags als Organ des hierarchisch gegliederten Reichs.[224] Zeremoniell bedeutete dabei, »daß man nach Proportion der Hoheit und Würde einem mehr oder weniger Ehre erweisen müsse«[225]. Dabei galt die Gerechtigkeitsformel »suum cuique«, und durch die Einübung dieser Formen reproduzierte sich die gesellschaftlich-rechtliche Ordnung immer wieder. Daher erlauben diese Formen wichtige Rückschlüsse auf die politischen und sozialen Strukturen. Diese Einschätzung konnte sich allerdings erst in den letzten Jahrzehnten, nicht zuletzt angeregt durch die Hof- und Residenzenforschung, allmählich durchsetzen.[226]

Empirische Studien zu diesem Themenbereich sind indes selten, und somit bleiben einige interessante Fragen weiterhin unbeantwortet. Der reale Einfluß des Zeremoniells auf die Ausgestaltung politischer Handlungsräume bleibt

---

[223] Die Bedeutung zeremonieller Formen neuerdings zusammenfassend gewürdigt durch Barbara STOLLBERG-RILINGER, Zeremoniell als politisches Verfahren. Rangordnung und Rangstreit als Strukturmerkmale des frühneuzeitlichen Reichstags, in: Johannes KUNISCH (Hrsg.), Neue Studien zur frühneuzeitlichen Reichsgeschichte, Berlin 1997, S. 91–132. Weiterhin argumentativ grundlegend Albrecht P. LUTTENBERGER, Pracht und Ehre. Gesellschaftliche Repräsentation und Zeremoniell auf dem Reichstag, in: Alfred KOHLER/Heinrich LUTZ (Hrsg.), Alltag im 16. Jahrhundert, München 1987, S. 290–326. Siehe außerdem zu diesem Themenbereich Albrecht P. LUTTENBERGER, Reichspolitik und Reichstag unter Karl V. Formen zentralen politischen Handelns, in: Alfred KOHLER/Heinrich LUTZ (Hrsg.), Aus der Arbeit an den Reichstagen Karls V., Göttingen 1986, S. 18–68.

[224] Eindeutig verkannt und damit völlig verkürzt dargestellt bei Rudolf REISER, Adeliges Stadtleben im Barockzeitalter. Internationales Gesandtenleben auf dem Immerwährenden Reichstag zu Regensburg. Ein Beitrag zur Kultur- und Gesellschaftsgeschichte der Barockzeit, München 1969. Reiser scheint es hauptsächlich um »erotisches Treibhausklima« zu gehen. Aufgrund der eklektischen Materialsammlungen kommt er zu einer Bewertung des Reichstags, welche dem wohlabgewogenen Urteil bei ARETIN, Heiliges Römisches Reich, und HÄRTER, Reichstag und Revolution, völlig widerspricht.

[225] Johann Christian LÜNIG, Theatrum ceremoniale historico-politicum, oder historisch und politischer Schau-Platz aller Ceremonien, Bde. 1–2, Leipzig 1719–1720, hier: Bd. 1, S. 2 f. Zur Zeremonialwissenschaft bei Stieve, Lünig, Rohr und Friedrich Carl Moser siehe Miloš VEC, Zeremonialwissenschaft im Fürstenstaat. Studien zur juristischen und politischen Theorie absolutistischer Herrschaftsrepräsentation, Franfurt a. M. 1998.

[226] Der große Verteidiger des Reichstags, Fürnrohr, der ihn als Vorläufer des Parlamentarismus in Deutschland sehen möchte, hat deswegen stark darauf gedrängt, die Fragen des Zeremoniells beiseite zu schieben, um »statt dessen die nüchtern-klärende Untersuchung der Vorgänge am Reichstag einsetzen« zu lassen. FÜRNROHR, Vertreter, S. 5. In dieser Trennung von Zeremoniell und sachlicher Politik bereits Bernhard ERDMANNSDÖRFFER, Deutsche Geschichte vom Westfälischen Frieden bis zum Regierungsantritt Friedrich des Großen 1648–1740, Bde. 1–2, Berlin 1892–1893, hier: Bd. 1, S. 377, der sich für eine Erforschung der Reichstagsverhandlungen in einer Form aussprach«, die einiges andere zu bieten vermöge, als die auf der Oberfläche liegenden vielgescholtenen Kleinlichkeiten der Silbenstecherei und des Rang- und Zeremonialgezänks«. Nunmehr neu bewertet bei STOLLBERG-RILINGER, Zeremoniell, und Werner PARAVICINI (Hrsg.), Zeremoniell und Raum. 4. Symposium der Residenzen-Kommission der Akademie der Wissenschaften zu Göttingen, Sigmaringen 1997.

ziemlich offen. Die Veränderungen im Lauf des 18. Jahrhunderts sind kaum einzuschätzen, hier würde vor allem interessieren, welche Rolle das Reichstagszeremoniell im Denken der Menschen eingenommen hat. Zwar liegen bis zum Ende des Reichs zahllose Streitschriften vor, welche die vielen Rangstreitigkeiten belegen und deutlich zu machen scheinen, wieviel Wert dem Reichstagszeremoniell beigemessen wurde. Andererseits gab es immer auch Stimmen, die das Zeremoniell als Verhinderungsgrund für effektives Arbeiten ablehnten.[227]

Billigt man dem Zeremoniell grundsätzlich eine Funktion zu, so ist es wertvoll, den »Ceremonial-Protokoll-Büchern« der Prinzipalkommissare aus dem Haus Thurn und Taxis nachzugehen.[228] Diese Ceremonialbücher liegen von Beginn der Übernahme des Prinzipalkommissariats durch den Fürsten Thurn und Taxis vor. Entsprechend ihrer Funktion wurden sie dem Aktenbereich »Staatsrechtliche Verhältnisse – Prinzipalkommissariat« zugeordnet.[229] Allein diese Zuordnung weist auf die Besonderheit dieser Formen hin, denen so der Charakter eines Staatszeremoniells des Reichs zugesprochen wird. Der Reichstag war für das Alte Reich die zeremonielle Schnittstelle schlechthin, welche in Permanenz das Reich in Zeremonien widerspiegelte, im Gegensatz zu den zeitlich befristeten und einmaligen Wahltagen, Krönungsfeierlichkeiten etc.

Dabei darf nicht vergessen werden, daß der Fürst von Thurn und Taxis hier in seiner Funktion als Stellvertreter des Kaisers auftrat. Besonders deutlich wird dies, wenn immer wieder in strittigen Zeremonialfragen in Wien um Rat gefragt wurde oder man bei der Vorbereitung von Feierlichkeiten erst Instruktionen über das einzuhaltende Zeremoniell einholte, nach denen man sich dann genauestens richtete. Auch in Einzelfragen wurde immer wieder die Entscheidung in der Hofburg gefällt.[230]

---

[227] Siehe die Generalinstruktion für Trauttmansdorff als kurböhmischer Gesandter am Reichstag, 2. Mai 1780, ediert in: ARETIN, Heiliges Römisches Reich, Bd. 2, S. 29–37. Außerdem Trauttmansdorffs Schilderung des Reichstags bei seinem Abgang von Regensburg, Schreiben an Kaunitz, 20. Mai 1785. Ebenda, S. 107–119.

[228] Kurze Passagen der Protokollbücher von 1773 zitiert bei Max PIENDL, Prinzipalkommissariat und Prinzipalkommissare am Immerwährenden Reichstag, in: Dieter ALBRECHT (Hrsg.), Regensburg – Stadt der Reichstage, Regensburg 1980, S. 131–150.

[229] FZA Regensburg, HMA 139–146. Insgesamt sind diese »Reichstags-Ceremonial-Protokollbücher« in 8 Bänden, und zwar für die Jahre 1773 bis 1805, vorhanden. Außer den kleinen Hinweisen und Auszügen bei PIENDL, Prinzipalkommissariat und Prinzipalkommissare, und Rudolf FREYTAG, Vom Sterben des Immerwährenden Reichstags, in: VHVO 84 (1934), S. 185–235, liegt bisher keine Auswertung vor. Auch hier ist die Arbeit von REISER, Stadtleben, der weitgehend auf Freytag fußt, wenig brauchbar.

[230] Eines von unzähligen Beispielen: Am 16. März 1788 vermerkt das Ceremonialbuch verschiedene Differenzen zwischen dem französischen Gesandten von Berenger und dessen Landsmann de Bray. Der Gesandte wurde zweimal zur Tafel geladen, entschuldigte sich aber jedesmal. Das lag wohl an dem Fehlen eines offiziellen Kreditivs, das ihm den Zutritt zu Reichstagsfeierlichkeiten erst gestattete. Auf die Frage nach Wien, wie man hierbei verfahren könne, erfolgte die Antwort, der besagte Gesandte solle niemals mehr zur Tafel geladen werden. FZA Regensburg, HMA 144.

Den Kern der eigentlichen Reichstagszeremonien bildeten die Audienzen der Gesandten. Zum einen mußte sich jeder Reichstagsgesandte beim Prinzipalkommissar akkreditieren. Zu diesem offiziellen Akt bat er um Audienz, um sein Beglaubigungsschreiben, das seine Stellung als Gesandter auswies, zu übergeben. Zum anderen brachten die Gesandten in Audienzen ihre Glückwünsche dar, wie beispielsweise die »Neuen-Jahrs-Compliment« oder die Glückwünsche zu besonderen Ereignissen. Das zu beobachtende Zeremoniell bei diesen Audienzen war bis in die kleinsten Details geregelt. Und beide Seiten achteten mit größter Akribie auf jedes Moment, das den jeweiligen Rang möglicherweise nicht adäquat berücksichtigte. Wie detailreich diese Audienzen beschrieben werden, sollen einige Auszüge aus den »Ceremonial-Protokollbüchern« darlegen. Dem kurmainzischen Gesandten als Vertreter des Reichserzkanzlers kam das aufwendigste Zeremoniell zu. Dieser erschien zur Audienz in einer mit sechs Pferden bespannten Kutsche in Begleitung seines »Hausofficiers und sämtlicher Livrée«. Der Hof des Prinzipalkommissars war für den Empfang des Gesandten genaustens instruiert: »Es wurde zu dieser Audienz der sämtl[iche] Hof-Staat beordert«, der eine ausgefeilte Choreographie auszuführen hatte.

> »Der Portier hatte den Befehl, bei S[einer] Excellenz Ankunft zweimal zu läuten; der Truchseß nebst 6 Pagen und 5 Cavaliers, gingen S[einer] Excellenz bis an den letzten Staffel der Treppen entgegen, wo sie vor S[einer] Excellenz voran herauf gingen. Seine Hochf[ürstliche] Durchl[aucht] der H[err] Principal-Commissarius empfingen S[eine] Excellenz drei Schritte vor dem 3ten Zimmer in dem Ritter-Saal, führten vorbemeldten Herrn Gesandten in das AudienzZimmer, behilten jedoch allezeit die rechte Hand und einen halben Schritt vorwärts. Bei Ankunft S[einer] Hochf[ürstlichen] Durchl[aucht] des H[errn] Principal-Commissarius und des H[errn] Abgesandten vor dem Audienzzimmer eröffneten die 2 dahin gestellten Kammerdiener beede Flügeln der Thüre des Audienz Saals. Der diensthabende Cavalier stund hinter dem Stul S[einer] Hochfürstl[ichen] Durchlaucht und der Freiherr von Jett hinter dem Stul des Herrn Abgesandten; beede Stüle wurden gegeneinander übergesetzt, doch so, daß der Stul S[einer] Hochfürstl[ichen] Durchlaucht des H[errn] Principal-Commissarii nicht mehr zu rechten stunde, wo jedoch des Herrn Abgesandten sein Stul so gesetzt wurde, daß solcher mit beeden Füßen auf dem Teppich zu stehen kam. Nachdem sich S[eine] Hochfürstl[iche] Durchlaucht und der Herr Abgesandte gesetzt hatten, tratten die beeden Hofcavaliers ab und beede Kammerdiener machten beede Flügel der Thür des AudienzZimmers zu. Nach geendigtem Neuen-Jahrs-Compliment und da S[eine] Hochf[ürstliche] Durchlaucht der H[err] Principal-Commissarius aufgestanden waren, eröffneten beede Kammerdiener die beeden Flüel der Thür des AudienzZimmers, der Truchseß, 6 Pagen und 5 Cavaliers traten voraus und begleiteten S[eine] Excellenz den Herrn Abgesandten bis unter den letzten Staffel der Treppen am Wagen, blieben so lange stehen, bis S[eine] Excellenz wieder abfuhren«.[231]

---

[231] Zitiert nach dem Empfang vom 31. Dezember 1773. FZA Regensburg, HMA 139, hier ab fol. 6r. Die in den folgenden Jahren abgehaltenen Mainzer Audienzen entsprechen sich dabei immer wieder. Siehe auch PIENDL, Prinzipalkommission und Prinzipalkommissare.

Bereits dem Gesandten des Kurfürsten von Trier kamen weniger Ehrenrechte zu. Im Gegensatz zu Kurmainz wurde er nur »von vier Cavaliers und vier Pagen« begleitet. Der Prinzipalkommissar ging ihnen nur bis zur Tür des Vorzimmers zum Audienzraum entgegen, und schließlich war der Stuhl so gestellt, daß »er nur mit einem Fuß den Teppich berühren konnte«.[232] Fürstliche Gesandte erhielten sogar nur die »Begleitung von drei Cavaliers und vier Pagen«. Der Prinzipalkommissar ging ihm nur bis zur Mitte des Raumes entgegen, und der Stuhl wurde so gestellt, daß kein Fuß den Teppich berühren konnte. Reichsstädtische Gesandte mußten sich noch mit weniger Zeremoniell begnügen. Bei ihrer Ankunft wurde gar nur einmal geläutet. Ein Hoffourier und dann der Truchseß geleiteten sie direkt ins Audienzzimmer, wo sie der Prinzipalkommissar stehend empfing.

Neben diesen offiziellen Audienzen beim Prinzipalkommissar machten die Gesandten auch Antrittsbesuche untereinander sowie natürlich beim Magistrat der Stadt Regensburg. Dem Prinzipalkommissar stand jedoch dabei immer die erste Visite zu. Falls ein Gesandter sich nicht daran hielt, wurde dies beim Prinzipalkommissar sofort negativ vermerkt und nach Wien gemeldet. Als beispielsweise am 24. April 1787 die »Legitimation des königlich Schwedischen Herrn Gesandten Baron von Oxenstierna zu dem vorpommerschen Voto« stattfand, und zwar in der Form »wie bei üblichen fürstl[ichen] Gesandten«, wurde vermerkt: »tags zuvor war der Herr schon beim Rat der Stadt«! Gleichzeitig wurde hervorgehoben, daß Oxenstierna »in deutscher Tracht« und in einer Kutsche mit 6 Pferden zur Audienz erschienen war.[233] Hier wird exemplarisch deutlich, wie sehr man auf kleine Symbole und auch Veränderungen im Zeremoniell achtete. Dieses penible Beobachten der »Reichs-Etiquette« zeigt sich, zumindest in dieser Quellengattung, als eine Konstante bis zum Ende des Alten Reichs.

Neben den Audienzen zur Legitimation sind in den »Ceremonial-Protokollbücher« zahlreiche Notifikationsbesuche verzeichnet. Fürsten gaben die Vermählungen ihrer Prinzen und Prinzessinnen bekannt, Gesandtschaften informierten den Prinzipalkommissar über Ereignisse im Leben bzw. den Tod ihrer Mitglieder sowie ihrer vorgesetzten Herren. Dabei wurde, wie den Protokollbüchern zu entnehmen ist, oftmals auf die »Reichs-Ceremonien« verzichtet. Vor allem bei sogenannten »Gesellschaftsvisiten« ist mehrmals vermerkt worden: »S[eine] hochfürstliche Gnaden erschienen in der Gesellschaft ohne alles

---

[232] Zu den Audienzen des Kölner Gesandten siehe FZA Regensburg, HMA 139 und in gleicher Schilderung zahllose mehr. Siehe FZA Regensburg, HMA 139–146 und mit Ergänzungen HMA 147.

[233] Zur Legitimation Oxenstiernas FZA Regensburg, HMA 144. Natürlich liegen auch zahlreiche Beschreibungen von Legitimationen vor, welche ganz nach dem »herkömlichen Ceremoniel« gehalten waren. Besondere Einträge und Schilderungen sind meines Erachtens eher die Ausnahmen.

Ceremoniel und begaben sich auf die nämliche Art anwiederum hinweg«.[234] Aber dies blieben Ausnahmen, grundsätzlich war man darauf bedacht, das angemessene Zeremoniell zu wählen und anzuwenden. Besondere Vorsicht mußte naturgemäß vorwalten, wenn mehrere Gesandtschaften zusammentrafen. Das stets fragile Gleichgewicht der Rangordnung kam gerade bei der Frage des Vortritts immer wieder ins Wanken. Und das unvorsichtige oder aber auch bewußt provozierende Auftreten bzw. Eintreten eines fürstlichen Gesandten vor einem kurfürstlichen konnte eine Lawine von Protesten, Denkschriften und Flugschriften auslösen, die in der grundlegenden Frage nach der Vorrangstellung der Kurfürsten gegenüber den Fürsten endete.[235] Die politische Brisanz, die diese zeremoniellen Formen annehmen konnten, mußte immer von Fall zu Fall geklärt werden. Denn verschiedene Momente konnten hier ineinandergreifen, die in den multiplen Repräsentationsformen eines jeden Reichstagsgesandten lagen. Wurde einem Gesandten die Ehre, wie sie sich in einem Bereich des Zeremoniells widerspiegelte, verweigert, so konnte seine Person damit gemeint sein, außer seiner Person natürlich auch seine Familie, sein Haus. Er konnte jedoch auch als Vertreter seines Herrn und dessen Dynastie zurückgesetzt werden, was in aller Regel politische Verwicklungen nach sich zog. Außerdem konnte es sich grundsätzlich um den Rang des Vertretenden handeln.[236]

Im Rahmen der »Ceremonialbücher« erscheint der Fürst von Thurn und Taxis ausschließlich als Repräsentant des Kaisers. Dies betrifft nicht nur die Audienzen und gegenseitigen Notifications-Visiten, sondern auch die zahlreichen Tafeln, welche der Prinzipalkommissar vorwiegend für Mitglieder der Reichstagsgesandtschaften gab. Bei diesen regelmäßig stattfindenden Zeremonialtafeln versammelten sich Teile des Reichstags, und es mußte, ähnlich wie bei den Audienzen, eine genau festgelegte Ordnung eingehalten werden. Diese reichte von Fragen der Choreographie – Geleit, Vortritt und Sitzordnung – bis hin zur Staffage. Beim Besuch eines fürstlichen Gesandten wurden beispielsweise die goldenen Salzstreuer verwendet, ansonsten konnten auch die silbernen genügen.[237] Dem Fürsten von Thurn und Taxis, oder besser: dessen Zeremonienmeistern, war sehr bewußt, welche Folgen eine Unachtsamkeit im Zeremoniell haben konnte, sogar dann, wenn sie nachweislich unbeabsichtigt unterlief. Für den 12. November 1788 wird beispielsweise von einem besonderen Vorfall bei

---

[234] Zitiert ist das Beispiel einer Gesellschaftsvisite des Fürstbischofs von Regensburg am 17. Dezember 1787. FZA Regensburg, HMA 144.

[235] Neben den Hinweisen in den »Ceremonial-Protokoll-Büchern« siehe im FZA Regensburg auch den Bestand Comitialia und im HHStA Wien die Berichte der Prinzipalkommission.

[236] Bei der neuerlichen Aktualität des Zeremonialwesens darf meines Erachtens nicht überschätzt werden, wie groß die Reichweite zeremonieller Formen für politische Entscheidungen war. Eine direkte Verbindung ist nach meiner Aktenkenntnis in den seltensten Fällen nachweisbar und darf daher auch nicht a priori angenommen werden.

[237] Siehe dazu die vielfachen Hinweise in FZA Regensburg, HMA 139–146.

der Mittagstafel berichtet. Fürst und Fürstin von Oettingen-Wallerstein waren zur Tafel geladen worden, an der auch einige Gesandtschaftsmitglieder teilnahmen. Der Prinzipalkommissar wollte die Gräfin von Seilern zur Tafel führen, diese überließ jedoch der Fürstin den Vorzug. Damit ergaben sich nicht unwesentliche Probleme bei der Rangfolge, da ihr als Gattin eines kurfürstlichen Gesandten der Vorrang zustand. Außerdem mußte man durch die veränderte Sitzordnung ein ungleiches Dekor eingestehen.[238] So blieb nichts anderes übrig, als gegenüber Wien zuzugeben: Das Vorgehen »widersprach der Reichs-Etiquette«. Falls es deswegen zu Komplikationen kommen sollte, so könne aber der Vorfall gerechtfertigt werden. Scheinbar gaben sich die Beteiligten aber mit dieser eher spontanen Ordnung zufrieden, zumindest findet sich kein Hinweis auf einen Zeremonialstreit in dieser Sache.

Der Prinzipalkommissar gab verschiedene Arten von Tafeln. Essen, so lassen es zumindest die Akten erscheinen, war für Thurn und Taxis in Regensburg überwiegend eine Dienstpflicht. Zu den »gewöhnlichen Mittagstafeln« war neben den Personen, »welche die Ehre des Hauses« ausmachten, also den Hofdamen und Hofkavalieren am Hof des Prinzipalkommissars, eine feste Anzahl von Mitgliedern der Reichstagsgesandtschaften geladen.[239] Daneben gab es jedoch die besonders aufwendigen Galatafeln, welche im Rahmen von größeren und außergewöhnlichen Feierlichkeiten stattfanden. Vor allem die Feiern anläßlich der Geburts- und Namenstage des Kaiserpaares gehörten zu jenen Repräsentationsaufgaben, bei denen sich der Prinzipalkommissar als Vertreter des Reichsoberhaupts einem größeren Publikum zeigte. Hier bestätigt sich wieder die Bewertung seines Amtes als »erster Ambassadeur« (Moser) des Kaisers. Denn große Feierlichkeiten zu besonderen Anlässen zu veranstalten, war ein Recht und eine Pflicht aller Gesandten größerer Höfe am Ort des Immerwährenden Reichstags.

Im Jahr 1688 beispielsweise kam der Abt des Schottenklosters St. Jakob ziemlich aufgeregt zum englischen Gesandten am Reichstag, Sir Etherege, um mit ihm zu besprechen, wie man die Geburt des Thronfolgers, des Prince of Wales, angemessen feiern sollte.[240] Bevor die beiden sich über den konkreten Verlauf der Feier einigten, schickten sie einige Vorüberlegungen voraus:

»Wir gingen davon aus, daß wir uns in einer Stadt befanden, die den allgemeinen Reichstag des Imperium beherbergte, eine Institution, die sozusagen im

---

[238] So beispielsweise folgende Ordnung: Gedeck für Thurn und Taxis in Gold und je ein eigener Page zur Bedienung; die anderen kein goldenes. Diese Einzelheiten wurden immer wieder, wiewohl standardisiert, beschrieben. Siehe ebenda und dazu mit weiteren Beispielen auch Kapitel I.5.

[239] Besonders Fürst Carl Anselm kam es sehr auf die Beachtung zeremonieller Formen im Rahmen der Mittagstafeln und Spielpartien an. Siehe dazu u. a. FZA Regensburg, HMA 17–18.

[240] Ausführlich dazu Karl Heinz GÖLLER, Sir George Etherege und Hugh Hughes als englische Gesandte am Reichstag, in: ALBRECHT, Stadt der Reichstage, S. 143–166. Außerdem die Schilderungen des Festes durch Elisabeth Fendl in: MÖSENEDER, Feste, S. 259–262.

> Herzen der Christenheit ihren Sitz hat, wo Feste und öffentliche Feiern anläßlich der Krönung von Kaisern und der Wahl römischer Könige stattfanden; wo es mehr Gesandte als an den Höfen der größten Monarchen gab, die Nachrichtendienste in allen Teilen der Welt unterhalten, und daß der französische Gesandte erst vor ein paar Jahren sie und die ganze Stadt anläßlich der Geburt des Duc de Bourgogne sehr aufwendig bewirtet hatte«.[241]

Schließlich entschloß man sich, ein dreitägiges Fest auszurichten; der Abt sollte für die angemessene kirchliche Feier sorgen, der Gesandte sich einiges für die weltliche Freudenfeier einfallen lassen, wie es auch der Comte de Crecy anläßlich der erwähnten Geburt des Duc de Bourgogne zur »Ehre und dem Ruhm seines Herrn« einige Jahre vorher getan hatte.[242] Böllerschüsse eröffneten das dreitägige Fest, zahlreiche Reichstagsgesandten kamen zu den liturgischen Feiern in der Jakobskirche, und insgesamt 400 Leute wurden anschließend im Haus des Gesandten bewirtet: Wildbret und Geflügel für die geladenen Gäste, ein gebratener Ochse und Brot für das Volk. Vor dem Haus war eine Triumphpyramide aufgebaut, welche das frohe Ereignis verkündete und durch besondere Illuminationen feierlich umrahmt wurde.

Derartige Feiern, wie sie Sir George Etherege veranstaltete, sollte die Stadt des Immerwährenden Reichstags im 18. Jahrhundert noch viele sehen. Entsprechend des Rangs ihrer Höfe und Regenten entfalteten die Gesandten mehr oder weniger Pracht, was von den Zeitgenossen auch genauestens wahrgenommen und, wie aus den Aufzeichnungen des englischen Gesandten erkennbar ist, auch dementsprechend kalkuliert wurde. Besonders prächtig wurden daher jene Feste begangen, die von den Fürsten von Thurn und Taxis zu Ehren des kaiserlichen Hauses Habsburg ausgerichtet wurden. Das »allerdurchlauchtigste Erzhaus Österreich« regierte eben nicht nur erblich die Königreiche Ungarn und Böhmen sowie eine Vielzahl weiterer Territorien inner- und außerhalb des Reichs, was allein Grund genug gewesen wäre, eine besondere Pracht am Reichstag zu entfalten, sondern es war vor allem auch die herrschende Kaiserdynastie, welche an Pracht und Ehre allen Reichsständen vorranging. Diese Vorrangstellung mußte augenfällig bei Feierlichkeiten ihren Niederschlag finden. Darum waren die Fürsten von Thurn und Taxis als Prinzipalkommissare und damit »erste Ambassadeure« bzw. »erste Diener« des kaiser-

---

[241] Sir George ETHEREGE, Letterbook, hrsg. von S. Rosenfeld, London 1928, vor allem S. 368–376, das Zitat S. 369, hier in der von E. Fendl benützten Übersetzung Göllers.

[242] »Monsieur Verjus Comte de Crecy, Gesandter seiner Majestät auf dem in Regensburg zusammengerufenen Reichstag, glaubte, daß er es der Ehre und dem Ruhm seines Herrn schuldete, nichts zu vergessen, was dazu beitragen könnte, dieses Fest geziemend zu feiern. Denn wie im Zentrum Europas, so befand er sich in Regensburg auch in der Mitte so vieler Minister, ausgewählt von den verschiedensten Interessen aller souveränen Staaten, die eine Verbindung mit den Angelegenheiten Deutschlands hatten«. C. F. MENESTRIER, Les Rejouissances faites à Ratisbonne pour la naissance de Monsieur Du de Bourgogne par M. le Comte de Crecy, Plénipotentiaire por S. M. à la Diete generale de l'Empire, Paris 1682, S. 4. Zitiert nach Elisabeth FENDL, Volksbelustigungen in Regensburg im 18. Jahrhundert. Das »Curiöse« in der Chronik des Christian Gottlieb Dimpfel, Vilseck 1988, S. 250.

lichen Hauses Habsburg mit besonderer Sorgfalt und hohem finanziellen Aufwand bestrebt, die Würde des Kaiserhauses gebührend zu inszenieren. Zweifellos fiel in den Augen der Zeitgenossen dabei vom Glanz Habsburgs auch ein nicht unbeträchtlicher Schimmer auf das Haus Thurn und Taxis, welches die beachtlichen Feiern ausrichtete. Von den Feierlichkeiten der Gesandten im allgemeinen und den Feiern der Prinzipalkommissare im besonderen sind wir nicht nur durch den beachtenswerten Band *Feste in Regensburg* informiert, sondern vor allem durch zahlreiche zeitgenössische Festbroschüren.[243] Diese literarische Gattung entwickelte sich bereits im 16. Jahrhundert. Ziel war es, nach einem bedeutenden Fest den Zeitgenossen und Nachfahren ein bleibendes Zeugnis zu hinterlassen und somit zum Ruhm des gefeierten Herrschers beizutragen. Es wird dabei der zeremonielle Verlauf meist bis in alle Einzelheiten ausführlich geschildert, ebenso der Wortlaut von Festreden und die verwendete Dekoration mit all ihren emblematischen Sinngehalten.[244] Dabei lassen sich hinsichtlich der Anlässe drei Gruppen ausmachen. An erster Stelle stehen die Feiern zu Ehren des Kaisers. Alljährlich wurde – wie bereits erwähnt – sein Geburts- und Namenstag mit einem besonderen Fest in Regensburg begangen.[245] Herausragende Höhepunkte waren jedoch vor allem die Feierlichkeiten anläßlich des Todes bzw. der Wahl eines neuen Reichsoberhaupts.[246] Reichstag und Reichsstadt wurden zu diesen Feiern geladen.[247] Der jeweilige Fürst von Thurn und Taxis fungierte dabei als alter ego des Reichsoberhaupts. Er nahm als »principal commissarius den Platz Seiner Majestät ein«, hinter ihm war das Bild des Kaisers angebracht. Zum zweiten zelebrierte man besondere Ereignisse der kaiserlichen Familie. Mit geringerem Aufwand als beim Kaiser gedachte man des Geburts- und des Namensfestes der Kaiserin. Auch Geburten und Todesfälle innerhalb des Hauses Habsburg

---

[243] Im Rahmen eines kunsthistorischen Seminars an der Universität Regensburg wurden zahlreiche Feierlichkeiten in Regensburg erforscht. Somit kommt dem daraus entstandenen Sammelband das große Verdienst zu, erstmals auf das reiche Quellenmaterial zur Gestaltung besonderer Festlichkeiten in Regensburg hingewiesen und es damit auch erschlossen zu haben. MÖSENEDER, Feste.

[244] Siehe zu dieser Quellengattung allgemein und zu den Regensburger Verhältnissen die Zusammenfassung durch Wolfgang BAUMANN/Elisabeth FENDL/Burgi KNORR, Barocke Feste, in: MÖSENEDER, Feste, S. 68–77, hier besonders S. 68 f. Außerdem die dazu grundlegenden Hinweise bei Karl MÖSENEDER, Zeremoniell und monumentale Poesie. Die »Entrée solennelle« Ludwigs XIV. 1660 in Paris, Berlin 1983, S. 14.

[245] Der Chronist Gumpelzhaimer vermerkt die entsprechenden Feiern, wenn auch zum Teil nur sehr knapp: »Auf diese Weise wurde auch in allen folgenden Jahren das Namensfest des Kaisers gefeyert«. GUMPELZHAIMER, Regensburg's Geschichte, Bd. 3, S. 1619. Siehe außerdem die Nennungen der Feierlichkeiten ebenda, S. 1656, 1659, 1697, 1703, 1716, 1745.

[246] Siehe beispielsweise dazu die Trauerfeier anläßlich des Todes von Kaiser Franz I. im Jahr 1765: MÖSENEDER, Feste, S. 369.

[247] Hier ist wohl auch der Grund zu finden, warum die Festbroschüren in großem Umfang in der Staatlichen Bibliothek Regensburg, die aus der reichsstädtischen Bibliothek hervorging, zu finden sind.

wurden von seinem Vertreter Thurn und Taxis in Regensburg feierlich gewürdigt. Vergleichbar mit den Feiern anläßlich der Geburt des Duc de Bourgogne 1751, des russischen Großfürsten Alexander Pawlowitsch 1778 oder des Dauphin 1782 zelebrierten die Fürsten von Thurn und Taxis beispielsweise die Geburt des Erzherzogs Ferdinand Joseph 1754 am Sitz des Immerwährenden Reichstages.[248] Es ist überflüssig zu betonen, daß man zur Gestaltung dieser Feierlichkeiten stets Anweisungen aus Wien einholte. Interessant ist jedoch, daß man auch Feierlichkeiten der »eigenen Familie« nach den Ordnungen des kaiserlichen Hofs ausrichtete. Beim Tod des Fürsten Alexander Ferdinand organisierte die »Trauer-Commission« das »Leichenbegängnis« beispielsweise völlig nach der in Wien geltenden Trauerordnung.[249]

An dritter Stelle sind schließlich die Huldigungsfeiern zu nennen. Hier fungierte der Prinzipalkommissar im eigentlichen Sinne als Stellvertreter. Denn im Namen des Kaisers nahm er die Huldigung der Reichsstadt entgegen. Der Huldigungseid der Untertanen gegenüber einem neuen Herrscher blieb auch im 18. Jahrhundert, trotz Verschriftlichung und Rationalisierung der Rechtsverhältnisse, ein konstitutives Element des verfassungsrechtlichen Ordnungsgefüges.[250] Dies läßt sich auch an den Huldigungsfeierlichkeiten in Regensburg ablesen.[251] Das Heilige Römische Reich deutscher Nation wurde in der Huldigungszeremonie gegenwärtig: Der Magistrat und danach die Bürger der Reichsstadt Regensburg leisteten dem neugewählten Römischen Kaiser ihren Treueid, wobei sich in Anordnung und Zeremoniell die ständische Ordnung widerspiegelte. Jeder Einzelne wurde, wie es J. B. Rohr allgemein für das Zeremoniell formulierte, an seine Pflicht erinnert, die er gegenüber dem Staatswesen hatte.[252] Dieses Staatswesen beruhte auf der unmittelbaren Verbindung zum Reichsoberhaupt. Der Magistrat nahm dabei nur eine intermediäre Position ein; dies wurde nicht zuletzt deutlich durch die Ermahnungen des Kaisers an den Magistrat der Stadt, ein »gutes Regiment« zu führen.[253]

---

[248] Siehe zu den einzelnen Feiern MÖSENEDER, Feste.

[249] Siehe dazu ausführlicher Kapitel I.6. Ein »Extractus Kaiserlich Königlicher Verordnung d. d. Wien, den 22ten Deccmb. 1767« in FZA Regensburg, HMA 283.

[250] Darauf verweist mit Diskussion der älteren Literatur HOLENSTEIN, Huldigung.

[251] Die Regensburger Huldigungsfeierlichkeiten hat, eingebettet in größere Zusammenhänge, dargestellt Ulrike STAUDINGER, Bilder vom idealen Reich: Die Huldigungen, in: MÖSENEDER, Feste, S. 47–56, und in erweiterter Form dies., Bilder vom idealen Reich – Das Verhältnis einer Reichsstadt zu ihrem Kaiser, in: Regensburg im Licht seines geschichtlichen Selbstverständnisses, Regensburg 1997, S. 109–118, hier: S. 115.

[252] »Eine Ceremonie ist eine gewisse Handlung, dadurch, als Zeichen etwas angedeutet wird, und entweder denjenigen selbst, der die Ceremonie vornimmt oder mit denen sie vorgenommen wird, oder auch wohl nach Gelegenheit die Zuschauer und Zuhörer einer gewissen Pflicht erinnern soll«. Julius Bernhard von ROHR, Einleitung zur Ceremoniel-Wissenschafft der großen Herren, Berlin 1729, hier: S. 7.

[253] Siehe dazu die zahlreichen Festbroschüren, in: Staatliche Bibliothek Regensburg, Rat. civ. 82b; 124; 125, 1687.

Deutlicher als im Rahmen der Huldigungsfeiern konnte den Bewohnern der Stadt Regensburg nicht vor Augen geführt werden, welch hohen Rang der Fürst von Thurn und Taxis einnahm. Als Prinzipalkommissar wurde er vom Kaiser für würdig erachtet, einer der zentralen herrscherlichen Befugnisse des Reichsoberhauptes wahrzunehmen. Auch wenn er dies nur als Vertreter, also im Namen des Kaisers tat, so war dennoch eine Verbindung zu der beauftragten Person und dessen Familie vorhanden. Nicht umsonst führte Pater Passy in seiner Trauerrede auf den Fürsten Alexander Ferdinand an, daß es diesem gelungen sei, das »Amt des principal commisarius zum Lobe und zur Erhebung seiner Familie« auszuüben.[254] Das Amt des Prinzipalkommissars hatte für dieses Haus zweifellos eine herausragende Bedeutung. Der Thurn und Taxissche Hof in Regensburg war so etwas wie eine habsburgische Filiale im Reich. Hier verkehrten die Reichstagsgesandtschaften, trafen sich bei der Tafel oder einer der vielen Belustigungen, welche der Fürst veranstaltete. Hier wurde die kaiserliche Macht der Habsburger durch die Prachtentfaltung ihrer Vertreter aus dem Haus Thurn und Taxis vielfältig demonstriert. In der zweiten Hälfte des 18. Jahrhunderts wurde diese Hoffiliale zum Mittelpunkt des geselligen und gesellschaftlichen Lebens in der Stadt des Immerwährenden Reichstags. Auf die verschiedenen Facetten dieses Hoflebens wird im folgenden Kapitel näher eingegangen.[255] Aber diese Trennung in der Darstellung darf nicht den Eindruck erwecken, als sei die Dominanz im kulturellen Bereich nicht ebenso ein außerordentlich erfolgreiches Mittel der Politik gewesen.

Auch wenn man die Relevanz des Reichstags und damit auch die Bedeutung der Stadt Regensburg als Tagungsort für die große Politik der europäischen Mächte gering erachten sollte, so bot sie auf alle Fälle eine Plattform für die Fürsten Thurn und Taxis, um die Interessen ihres Hauses ins Spiel zu bringen und sich präsent zu halten.[256] Zum einen war offenkundig, daß dieses Haus unter dem Schutz und Schirm des Kaiserhauses stand, nicht nur als Inhaber des kaiserlichen Reichspostwesens, sondern auch als Vertreter des Reichsoberhaupts am Reichstag. Zum anderen hatte man mit der Übernahme des kostspieligen Amtes die »ersprießlichen Dienste für Eure Majestät und das al-

---

[254] Bernhard PASSY, Trauerrede auf den Durchleuchtigsten Fürsten und Herrn, Herrn Alexander Ferdinand, des heiligen Römischen Reichs Fürsten von Thurn und Taxis, Regensburg 1773.

[255] Siehe dazu Kapitel I.5.2. Grundlagen bieten dazu neben den herangezogenen Quellen vor allem Sigfrid FÄRBER, Das Regensburger Thurn und Taxissche Hoftheater und seine Oper 1760–1786, in: VHVO 86 (1936), S. 3–155 und MÖSENEDER, Feste, sowie die einschlägigen Arbeiten innerhalb der Reihe »Thurn und Taxis Studien«.

[256] Soweit ich sehe, kann diese Frage als noch offen bezeichnet werden. Zwar wurde die Bedeutung des Reichstags für das Gesamtgefüge des Alten Reiches aus der ehemaligen Verdammung durch die borussische Geschichtsschreibung befreit, aber inwieweit die einzelnen Reichsstände in erster Linie nach Wien und Berlin oder nach Regensburg blickten, wird sich erst aufgrund von detaillierten Studien zum Gesandtschaftswesen und zur Informationspolitik auch der kleineren Glieder des Reiches sagen lassen. Siehe dazu ARETIN, Das Reich; ders., Heiliges Römisches Reich, mit einer Bibliographie der älteren Literatur.

lerdurchleuchtigste Erzhauß Österreich«[257] neben der Post und dem damit verbundenen Geheimen Dienst um einiges vermehrt, war also als Juniorpartner im Reich noch unentbehrlicher für das Kaiserhaus Habsburg geworden.

Durch die Anwesenheit der Fürsten von Thurn und Taxis am Ort des Immerwährenden Reichstags war ein wesentlicher Knotenpunkt geschaffen, der das bereits im frühen 18. Jahrhundert dicht geknüpfte Netzwerk politisch-sozialer Beziehungen erweiterte. Da waren zum einen die Oberpostämter, welche – sofern sie mit politisch geschickten Köpfen besetzt waren – als Thurn und Taxissche Botschaften und Nachrichtenagenturen in den Ländern des Reichs dienen konnten. Da war zum anderen seit der Übersiedlung 1748 die Regensburger Residenz als Kommunikationszentrum, das im kontinuierlichen Kontakt mit dem Wiener Hof stand.[258] Überdies war in Wien zur Besorgung der Thurn und Taxisschen Angelegenheiten ein permanenter Resident tätig.[259] Eine Erwähnung verdienen darüber hinaus die dynastischen Verbindungen, welche ebenfalls politisch aktivierbare Beziehungen zu anderen Höfen schufen. Dadurch gelang vor allem auch eine Integration in die Reihen des schwäbischen Adels, wobei das Schloß zu Trugenhofen eine gewichtige Rolle spielte.[260] Neben der habsburgischen Hoffiliale in Regensburg war dort der eher »typische« Hof eines kleineren Landesfürsten angesiedelt. Die Fäden dieses Kommunikationsnetzes mit den verschiedenen Knotenpunkten liefen hauptsächlich beim Generalintendanten der Post und dem dirigierenden Geheimen Rat am Hof zusammen.[261]

---

[257] So die immer wiederkehrende Formel in Bittschreiben in verschiedenen Angelegenheiten des Fürsten von Thurn und Taxis an den Kaiser in der zweiten Hälfte des 18. und den Anfangsjahren des 19. Jahrhunderts. Siehe vor allem HHStA Wien, RK, Kleinere Reichsstände 519–520.

[258] Der Mittler war hier vor allem der Konkommissar, der nicht nur die offiziellen Berichte der Prinzipalkommission nach Wien schickte, sondern ebenso Schreiben zwischen Thurn und Taxis und den Wiener Stellen vermittelte beziehungsweise weiterleitete. Siehe HHStA Wien, Berichte der Prinzipalkommission, die auch auf Mikrofiche vorliegen. Siehe Leopold KAMMERHOFER, Die kaiserliche Prinzipalkommission und der Immerwährende Reichstag in Regensburg 1663 bis 1806, in: Österreichisches Staatsarchiv (Hrsg.), Akten der Prinzipalkommission des Immerwährenden Reichstages zu Regensburg 1663 bis 1806. Berichte – Weisungen – Instruktionen. Begleitband zur Microfiche-Edition, München 1993, S. 11–20.

[259] Der Begriff Resident wird jedoch selten verwendet, zumeist wird der dortige Vertreter des Hauses als Agent bezeichnet. Er stand in der Würde eines Geheimen Rates und hatte die Aufgabe, das fürstliche Haus in Wien zu vertreten. Die äußerst umfangreichen Berichte der Agenten liegen im FZA Regensburg komplett vor. Ausgewertet wurden hier »nur« die Agentenberichte des Freiherrn von Wunsch. FZA Regensburg, HFS, Akten 455–457 (Korrespondenz); 460–483 (Manualacten). Vor Wunsch hatte die Stelle Michael Florenz Lilien bis zu seinem Tod 1776 eingenommen. HFS, Akten 440–441.

[260] Heiratsverbindungen bestanden mit Württemberg, Fürstenberg und Oettingen-Wallerstein. Natürlich spielte die Hofhaltung auf dem schwäbischen Schloß Trugenhofen ebenso eine nicht zu unterschätzende, bisher aber kaum untersuchte Rolle. Dazu siehe ausführlicher Kapitel II.5.

[261] Einen guten Einblick gibt dazu die in 12 umfangreichen Faszikeln überlieferte Korrespondenz des Generalintendanten von Lilien. Siehe FZA Regensburg, HFS, Akten 155–166.

Dabei kam es natürlich auch zu Unterbrechungen und Stockungen, welche die Wiener Behörden veranlaßten, vom »Intriquengeist« und der »Hof-Cabale« bei Thurn und Taxis zu sprechen.[262] Insgesamt aber verstanden es die obersten Verwaltungsbeamten der Thurn und Taxis, die Fäden immer wieder erfolgreich zu ziehen, um »zum Flor und zum Lustre des Hauses« beizutragen. Diese Fähigkeit war auch dringend nötig, da man zur Absicherung der gesellschaftlich-politischen Position im Alten Reich Mitte des 18. Jahrhunderts noch wichtige Stationen vor sich hatte. Das Lehen der kaiserlichen Reichspost und das Amt des Prinzipalkommissars waren nicht genug, um in den Augen der Standesgenossen die Würde eines Reichsfürsten auszufüllen.

4.3. Landerwerb und Landesherrlichkeit: Virilstimme und aufgeklärter Landesvater

Die Erhebung in den Fürstenstand 1695 war nur ein erster Schritt, um von den »alten und vornehmen Geschlechtern« des Reiches als ebenbürtig und damit mehr als nur dem Titel nach als gleichrangig anerkannt zu werden.[263] Gerade bei der Fürstung des Hauses Taxis war offenkundig, daß es sich hier um jungen »Verdienstadel« und trotz zahlreicher Genealogien keineswegs um ein »altes italienisches Fürstengeschlecht« handelte.[264] Noch knapp dreißig Jahre nach der Fürstenerhebung schrieb Liselotte von der Pfalz an ihre Schwester: »Ich dancke Euch, mir rechenschafft zu geben, was denen Taxis ahnbelangt; der name lautt nicht gar fürstlich«.[265] Die geschickte Heiratspolitik war eine Strategie, diesen Makel der Emporgestiegenen auszugleichen, das ehrenvolle Amt des Prinzipalkommissars eine weitere. Aber dies darf nicht darüber hinwegtäuschen, daß die wesentliche Grundlage der fürstlichen Statuslegitimation Grundbesitz war.[266] Im Gegensatz zur Erhebung in den spanischen Fürstenstand konnte man den Reichsfürstentitel an keine deutsche Herrschaft knüpfen. Der Fürst von Thurn und Taxis verfügte zu Beginn des Jahrhunderts über keine

---

[262] Siehe die Bemerkungen in HHStA Wien, StK, Kleinere Betreffe 18.

[263] Die Verwandtschaft mit »alten und vornehmen Geschlechtern« des Reiches wird bei verschiedenen Bitten der Fürsten von Thurn und Taxis an den Kaiser als Argument verwendet. Siehe HHStA Wien, RK, Kleinere Reichsstände 519–520.

[264] Siehe dazu Kapitel I.1. Der Verweis auf die ehemals fürstliche Herkunft, die man beim Gang über die Alpen aufgegeben habe, taucht an verschiedenen Stellen auf. Siehe HHStA Wien, RK, Kleinere Reichsstände 519; FZA Regensburg, Posturkunden 251.

[265] Das »Fräulein Taxis«, eine später gefürstete Dame aus der gräflichen Nebenlinie der Taxis, wurde aufgrund ihrer Stellung als Mätresse am Mannheimer Hof zum Gesprächsthema zwischen Liselotte von der Pfalz und ihrer Schwester Luise. Im Briefwechsel zwischen 1718 und 1721 tauchen diesbezügliche Gerüchte immer wieder auf. Siehe LÜBBECKE, Palais, S. 164–166, hier: S. 165. Zu Liselotte siehe mit weiterführender Literatur Klaus J. MATTHEIER, Madame als Briefschreiberin, in: Sigrun PAAS (Hrsg.), Liselotte von der Pfalz. Madame am Hofe des Sonnenkönigs, Heidelberg 1996, S. 95–97.

[266] Auf die ersten Stationen einer Niederlassung auf Reichsboden wurde bereits in der Einleitung (siehe Abschnitt 2.1 der Einleitung) hingewiesen. Aufgrund der Bedeutung für die weitere Geschichte des Hauses Taxis sei hier nochmals darauf eingegangen.

Quadratmeile Land innerhalb der engeren Grenzen des Reiches.[267] Gleichzeitig mit der Erhebung in den Reichsfürstenstand erfolgte daher auch der Protest von seiten der Reichsstände gegenüber den ersten Versuchen, mit Sitz und Stimme im Reichsfürstenrat die hohe gesellschaftliche Stellung auch politisch in Anspruch nehmen zu können. Somit waren durch die Erhebung die Weichen gestellt für die weitere Hauspolitik der neuen Fürsten von Thurn und Taxis. Ein Fürst in der Ordnung des Heiligen Römischen Reiches zu sein bedeutete, höchsten politischen Einfluß – vor allem im Reichsfürstenrat – ausüben zu können. Ein Fürst zu sein bedeutete aber auch, ein Lehen zu besitzen, das die Macht begründete, über Land und Leute Herrschaft auszuüben. Bereits 1767 beklagte Johann Jacob Moser in seinem zentralen Verfassungswerk *Von den teutschen Reichsständen*, daß die Zunahme von »Titularfürsten oder Standes-Personen, welche den fürstlichen Titel geführt und doch keine Fürstenthümer besessen«[268], sehr zum Ansehensverlust des Reichsfürstenrates geführt habe. Hier zeigt sich der »Hiat zwischen ein[em] vom Kaiser [...] ausgeübten Erhebungsrecht mit ausgestelltem Diplom und dem Kooptationsrecht für den Reichsfürstenrat für seine Mitglieder«.[269] Diese Problematik, wie auch die Kritik Mosers, betraf in besonderer Weise den Fürsten von Thurn und Taxis, der zwar über »Leute« verfügte, da er Hoheitsrechte über die Postangestellten ausüben konnte, aber über kein »Land« – schon gar nicht im Reich. Die relativ geringen Besitzungen lagen im Niederländischen. Sein eigentliches Fürstentum war die Post, und das Postfürstentum war die Grundlage der Standeserhöhung. Das Ziel mußte nun sein, Land zu erwerben. Denn bereits 1654 war in Artikel 45 des Jüngsten Reichstagsabschieds festgelegt worden, daß einem Fürsten Sitz und Stimme im Reichsfürstenrat nur dann zu verleihen waren, wenn er im Reich begütert und die Anhörung von seiten der aufnehmenden Bank erfolgt war.[270] Diese Regelung erfuhr in den folgenden Wahlkapitulationen ihre zum Teil noch erweiterte Bestätigung.[271]

Thomas Klein hat die Probleme eines jungen Fürstenhauses bei den Bemühungen um Aufnahme in den Reichsfürstenrat in allgemeinen Zügen beschrieben. Das Beispiel des Fürsten von Liechtenstein verdeutlicht die Situation, in

---

[267] Die niederländischen Besitzungen des Hauses wurden nie in der Argumentation als »Reichsgebiet« herangezogen, wiewohl sie eigentlich zum Burgundischen Reichskreis gehörten. Diese Eigentümlichkeit taucht leider auch in der Sekundärliteratur nirgends auf.

[268] Johann Jacob MOSER, Von den teutschen Reichsständen, Leipzig/Frankfurt a. M. 1767, S. 524.

[269] Th. KLEIN, Erhebungen, S. 137; siehe außerdem SCHLIP, Die neuen Fürsten.

[270] Die Verknüpfung zwischen der Aufnahme in den Reichsfürstenrat und der Inhaberschaft von Landeshoheit wurde ausdrücklich festgelegt im Jüngsten Reichstagsabschied von 1654, § 197. Ediert in: Karl ZEUMER (Hrsg.), Quellensammlung zur Geschichte der Deutschen Reichsverfassung in Mittelalter und Neuzeit, Leipzig 1904, S. 398.

[271] Siehe zur Auseinandersetzung der neuen Fürsten mit den Reichsständen, um Stimme und Sitz im Reichsfürstenrat zu erlangen, die zusammenfassenden Ausführungen bei Th. KLEIN, Erhebungen, S. 137–140, und SCHLIP, Die neuen Fürsten.

der sich auch das Fürstenhaus Thurn und Taxis befand: Lange waren die Liechtenstein auf der Suche nach einem geeigneten Kaufobjekt, um durch »fürstenmäßiges Land« die verfassungsrechtliche Legitimation für die exponierte gesellschaftliche Stellung aufgrund der Erhebung in den Reichsfürstenstand zu erreichen. Als die Herrschaft Schellenberg zum Verkauf stand, »griff der Liechtensteiner zu und erwarb das zu großen Hoffnungen berechtigende Fleckchen Reichsunmittelbarkeit zu dem völlig überzogenen Preis von 115 000 Gulden«. Das Resümee, das Thomas Klein im Hinblick auf das Beispiel Liechtenstein zieht, gilt auch für Thurn und Taxis: »Jetzt war es geschafft, doch hatte die Metamorphose vom reinen Titular- zum ›wirklichen‹, im Reichsfürstenrat mit Sitz und Virilstimme versehenen erblichen Reichsfürsten über ein Jahrhundert gedauert«.[272] Die Fürsten von Thurn und Taxis benötigten allerdings »nur« ein knappes halbes Jahrhundert, um diese »Metamorphose« zu durchlaufen.

Die ersten Schritte auf das Ziel hin, Sitz und Stimme im Reichsfürstenrat zu erreichen, waren bald getan: Die Niederlassung im Reich und die Aufnahme auf die Fürstenbank des Kurrheinischen Kreises gingen – wie eingangs dargestellt – relativ früh vonstatten. Aber gerade bei der Aufnahme zeigte sich deutlich, daß Kapital allein nur eine Notlösung war. Denn wie der Staatsrechtler Johann Jacob Moser zusammenfaßte: »Der Fürst von Taxis besitzet keine unmittelbaren Güter in diesem Crays, und ist gegen Übernehmung eines gewissen quanti matricularis zum Craysstand recipirt worden«.[273] Übrigens wurde Thurn und Taxis bis zum Ende der Reichsverfassung als Kreisstand geführt, hat aber niemals in Verhandlungen des rheinischen Kreises aktiv eingegriffen.[274] Der Ausweg, den fehlenden Grundbesitz durch »quanti matriculari« aufzuwiegen, war bei der Aufnahme auf die kurrheinische Fürstenbank noch möglich. Sitz und Stimme im Reichsfürstenrat war über diesen Weg nicht zu bekommen, das hatten auch andere Beispiele gezeigt.[275]

---

[272] Th. KLEIN, Erhebungen, S. 137–192, das Beispiel der Herren von Liechtenstein, S. 140–143. PÜTTER, Unterschied der Stände, S. 141 nennt beide »Fürstungen«, sowohl die Herrschaft Liechtenstein wie Friedberg-Scheer.

[273] Zur Aufnahme auf die Kurrheinische Fürstenbank siehe MOSER, Craysverfassung, S. 86; LOHNER, Geschichte, S. 13.

[274] Zumindest soweit dies aus der Aktenlage ersichtlich ist. In HHStA Wien, MEA, RTA 649 liegt eine Übersicht der Kreismitglieder vor: »Verzeichniß, was des Heiligen Römischen Reichs Churfürsten, Fürsten und Stände an des Kaiserlichen und Reichs Kammer-Gerichts Unterhaltung« bezahlen. Im Jahr 1785 ist nach diesem Verzeichnis der Fürst von Thurn und Taxis weiterhin Mitglied des Kurrheinischen Kreises. Zur Kreisstandschaft beim Kurrheinischen Kreis siehe den Vermerk bei Peter Claus HARTMANN, Der bayerische Reichskreis (1500–1803). Strukturen, Geschichte und Bedeutung im Rahmen der Kreisverfassungen und der allgemeinen institutionellen Entwicklung des Heiligen Römischen Reiches, Berlin 1997, S. 74.

[275] Auch wenn es zweifelsohne eine Ausnahme war, sich in einen Kreis »einzukaufen«. Als Grund für die Aufnahme in den Kurrheinischen Kreis wird lapidar angegeben: »Darlehen von 80 000 rtlr an den Kreis«. Wallner fügt jedoch in einer Fußnote erklärend hinzu, daß Thurn und Taxis aufgrund des Reichspostgeneralats einen Sitz hatte, allerdings unter fortdauerndem Widerspruch der altfürstlichen Häuser. Emil WALLNER, Die kreissässigen

»Mit der Regierung des Fürsten Anselm Franz beginnt die Periode der großen Landeserwerbungen des fürstlich thurn und taxisschen Hauses auf deutschem Boden«, resümiert Joseph Rübsam in seinen biographischen Arbeiten den neuen Zug in der Geschichte des fürstlichen Hauses.[276] Tatsächlich kam es unter seiner Ägide zu einer stattlichen Anzahl von Grunderwerbungen. Die Prosperität der Postverwaltung stellte das Kapital zur Verfügung, um auch größere Ankäufe tätigen zu können.[277] Die Suche nach geeigneten Kaufobjekten führte in das politisch zersplitterte Gebiet im deutschen Südwesten.[278] Eine Reihe von verschuldeten Herrschaften im nordöstlichen Schwaben boten sich zum Kauf an. Der Anfang dieser schwäbischen Erwerbungen wurde 1723 mit dem Kauf der Reichsherrschaft Eglingen für 191 500 fl. gemacht.[279] Die diesbezüglichen Verhandlungen führte der aus einer alten Postmeisterfamilie stammende kurmainzische Rat Christoph von Berberich.[280] Mit dem Kaufvertrag gingen auch Herrschaftsrechte wie die hohe und niedere Gerichtsbarkeit an den Fürsten über. Aufgrund dieser Erwerbung erfolgte am 28. März 1726 die Aufnahme auf die Grafen- und Herrenbank des Schwäbischen Kreises.[281]

Von einer »Kreispolitik« der Fürsten von Thurn und Taxis kann, das sei nur am Rande vermerkt, keine Rede sein. Zwar hätte gerade der Schwäbische als einer der aktivsten Reichskreise dazu durchaus die Möglichkeit geboten, aber Thurn und Taxis verhielt sich überwiegend passiv.[282] Soweit dies aus den »Kreistags-Acten« ersichtlich ist, begnügte man sich mit der Rolle des teilnehmenden Beobachters.[283] Dies änderte sich nur einmal, als es darum ging, den nötigen Konsens der Kreismitglieder für die Veränderung von Herrschafts-

---

Reichsterritorien am Vorabend des Luneviller Friedens, Innsbruck 1929, S. 700. Siehe zusammenfassend dazu Th. KLEIN, Erhebungen, sowie ergänzend SCHLIP, Die neuen Fürsten.

[276] In dieser Bewertung bei RÜBSAM, Art. »Anselm Franz«, in: ADB, Bd. 3, S. 481, und im gleichen Wortlaut bei PIENDL, Hofhaltung, S. 125.

[277] Interessant ist dabei, daß die nicht unerheblichen Ankäufe unter Anselm Franz und seinem Nachfolger die Finanzdecke des Hauses nicht übermäßig belasteten. Siehe FZA Regensburg, Generalkasse, Rechnungen 1, 1733–1806.

[278] Aber nicht nur die Thurn und Taxis suchten in diesem Gebiet nach geeignetem Grund und Boden. Sie befanden sich in guter Gesellschaft mit Standesgenossen, die ebenfalls im 17. Jahrhundert zu Fürsten erhoben worden waren, ohne über entsprechendes Grundeigentum zu verfügen. Siehe Th. KLEIN, Erhebungen, S. 156.

[279] Kaufvertrag zwischen Thurn und Taxis und Graf Gottfried Anton Dominik von Grafenegg, 14. Mai 1723. FZA Regensburg, Besitzungen, Urkunden, Eglingen.

[280] Siehe zur Postmeisterfamilie von Berberich und der Tätigkeit des kurmainzischen Rates FREYTAG, Postmeisterfamilien, S. 3.

[281] Siehe HERBERHOLD, Das fürstliche Haus, S. 264.

[282] Einführend dazu Winfried DOTZAUER, Die deutschen Reichskreise in der Verfassung des Alten Reiches und ihr Eigenleben (1500–1806), Darmstadt 1989.

[283] Dies ergab eine kursorische Durchsicht des Aktenbestandes FZA Regensburg, HFS, Akten 1013–1088 (Staatsrechtliche Verhältnisse, Kreistags-Acten). Natürlich wäre eine eingehende Auswertung dieses Quellenbestandes wünschenswert, sie war hier jedoch nicht möglich.

rechten einzuholen. Aber auch in diesem Zusammenhang lag der Schwerpunkt bei Einzelverhandlungen. Man brachte den offiziellen Antrag erst dann auf Kreisebene ein, als die Vorgespräche mit den verwandten Häusern und dem Kaiserhof erfolgversprechend eingeleitet waren.[284] Bereits hier ist zu sehen, daß sich die Integration in den Kreis des Hochadels im Südwesten des Reiches weniger über politische Institutionen als vielmehr über soziokulturelle Momente wie Heiratsverhalten und informelle Kontakte vollzog, auf die im folgenden Kapitel näher eingegangen wird.

Dennoch waren sich die Postfürsten der Bedeutung des Grundbesitzes als Legitimationsbasis bewußt und daher auch darauf bedacht, Herrschaftsrechte wie die Rechtsprechung (vor allem den »Blutbann«) beim Güterkauf in Schwaben mitzuerwerben.[285] So auch 1734 beim Ankauf des Marktes Dischingen mit dem Schloß Trugenhofen, mit »allen Rechten und Gerechtigkeiten« für 150 000 fl.[286] Diesem Kaufvertrag folgte von kaiserlicher Seite am 12. September 1735 die Belehnung mit dem Blutbann zu Dorf und Markt Dischingen.[287] Die Suche nach einem Besitz, der dem Stand eines deutschen Reichsfürsten gerecht wurde, führte zu weiteren Erwerbungen.[288] Weiterhin bot das prosperierende Postwesen die nötigen finanziellen Ressourcen. Die Annahme, daß es bei den Ankäufen in erster Linie darum ging, nach und nach zu ansehnlichem Grundbesitz zu kommen, wird durch die Tatsache bestätigt, daß die Herrschaften keine hohen Renditen abwarfen. Eine Übersicht der Einnahmen und Ausgaben der Domänen aus dem Jahr 1776 zeigt, daß zum Teil der Aufwand für die Bewirtschaftung den Ertrag überstieg.[289] Im Vergleich zu den größeren Erwerbungen seines Vorgängers konnte Fürst Alexander Ferdinand nur kleinere Ankäufe tätigen: zur Ergänzung des Schlosses das nahegelegene Dorf Trugenhofen sowie das Rittergut und die Herrschaft Ballmertshofen.[290]

---

[284] Siehe dazu die näheren Ausführungen weiter unten. HHStA Wien, RK, Kleinere Reichsstände 520; FZA Regensburg, HFS, Akten 1013–1088 (Kreistags-Acten).

[285] Diese Herrschaftsrechte wurden bei Herrscherwechseln stets neu verliehen beziehungsweise bestätigt. Siehe dazu den Bestand HHStA Wien, Lehenbuch »S–T«, K 221–223.

[286] Kaufvertrag zwischen Thurn und Taxis und Marquard Willibald Graf Schenk von Castell, 19. August 1734. FZA Regensburg, Besitzungen, Urkunden, Dischingen-Trugenhofen. Ab 1819 wurde das Schloß mit Genehmigung des Königs von Württemberg als Schloß Taxis bezeichnet. Siehe LOHNER, Geschichte, S. 14; bei PIENDL, Das fürstliche Haus, S. 42, wird als weiterer Grund der Erwerbung die Suche nach einem Sommersitz angegeben.

[287] Siehe LOHNER, Geschichte, S. 14. Die zum Teil schwer beschädigten Akten dazu in HHStA Wien, Lehenbuch »S–T«, K 221.

[288] Die letzte Erwerbung des Fürsten war 1735 die Herrschaft Duttenstein mit den Dörfern Demmingen und Wagenhofen vom Grafen Eustachius Maria von Fugger zu Kirchberg. FZA Regensburg, Besitzungen, Urkunden, Duttenstein; siehe LOHNER, Geschichte, S. 14.

[289] Doch aufgrund der starken Finanzdecke der Postdynastie stellte dieser Tatbestand kein Problem für die Bilanz des Hauses dar. Die Auswertung bei BEHRINGER, Thurn und Taxis, S. 251, nach: Übersicht über die Einnahmen und Ausgaben 1776. FZA Regensburg, Generalkasse, Rechnungen. Weitere Belege dazu in diversen Korrespondenzakten; beispielsweise in HHStA Wien, RK, Kleinere Reichsstände 519 und FZA Regensburg, HFS, Akten 201.

[290] Kaufvertrag über das Dorf Trugenhofen zwischen Thurn und Taxis und Freiherrn Al-

Nicht uninteressant ist es, einen Blick auf die Bedeutung der Ländereien zu werfen. Zum einen sind die älteren niederländischen Besitzungen zu nennen. Sie wurden von einem Administrator verwaltet. Aufgrund der Übersiedlung ins Reich und auch der Verlagerung sämtlicher Interessen dorthin waren diese Besitzungen ohne größeren Nutzen für das Haus. Dies zeigt sich auch daran, daß bereits im Fürstentestament von 1713 die Veräußerung gegen entsprechenden Besitz im Reich in Erwägung gezogen wurde.[291] Neben vielleicht vorhandenen Pietätsgründen, nicht die älteren »Stammlande« der Familie zu veräußern und somit endgültig die Bande zu den habsburgischen Niederlanden abzuschneiden – noch lagen die Residenz und die Familiengrablege dort –, war vor allem die hohe Finanzkraft für den Erhalt ausschlaggebend. Die neuen Gebiete im Schwäbischen wurden von der »Domänenoberadministration« verwaltet. Diese Verwaltungseinheit spielte trotz der erweiterten Aufgabenbereiche durch die diversen Ankäufe nur eine marginale Rolle innerhalb der fürstlichen Verwaltung. Die Besitzungen waren immer noch kein zentraler Bereich für die Wirtschaft des Hauses. Vielmehr können sie als Anhängsel des expandierenden Postunternehmens angesehen werden. Der Umfang des bis zur Mitte des 18. Jahrhunderts erworbenen Grundbesitzes, der zusammengenommen den eines durchschnittlichen Landadeligen weit übertraf, darf nicht darüber hinwegtäuschen, daß es sich immer noch um kein Gebiet handelte, das der Größe eines Fürstentums entsprochen hätte. Weder ökonomisch – die Einnahmen aus den Herrschaften machten weniger als zehn Prozent der Gesamteinnahmen des Hauses aus – noch hinsichtlich des Ansehens waren die Besitzungen von Bedeutung.[292] Der große »Besitz« der Thurn und Taxis, die ökonomische wie auch die gesellschaftliche Fundierung ihrer Stellung war immer noch die Post, hier lag ihr Fürstentum. Nur die Anforderungen, welche den weiteren verfassungsrechtlichen Aufstieg in Form von Sitz und Stimme im Reichsfürstenrat bestimmten, zwangen den Fürsten in die Rolle des Grundbesitzers, der Ausschau hielt nach einem Fürstentum oder zumindest »einem Fleckchen Reichsunmitelbarkeit« (Klein). Ansonsten waren die Erwerbungen nicht besonders von Interesse. Ein stärkeres Augenmerk wurde nur Schloß Trugenhofen zuteil. Seit dem Erwerb entwickelte es sich zum beliebten Sommersitz, stellte

---

bert Sebastian von St. Vincent für 38 000 fl., 3. Oktober 1741. FZA Regensburg, Besitzungen, Urkunden. Siehe LOHNER, Geschichte, S. 14. Kaufvertrag zur Erwerbung des Rittergutes und der Herrschaft Ballmertshofen von Johann Rupert Freiherrn von St. Vincent für 72 000 fl., 20. Mai 1749. FZA Regensburg, Besitzungen, Urkunden, Dischingen/Trugenhofen. Wieder ging es dem Haus Taxis darum, auch die Herrschaftsrechte, hier nach längeren Verhandlungen, beim Kauf zu sichern. Die Belehnung mit dem Blutbann zu Ballmertshofen erfolgte erst am 30. Januar 1770. HHStA Wien, Lehenbuch »S–T«, K 221; siehe LOHNER, Geschichte, S. 14.

[291] FZA Regensburg, HFS, Urkunden 1387.

[292] Siehe zur finanziellen Situation FZA Regensburg, Generalkasse, Rechnungen 1, 1733–1806.

bis 1812 sogar die eigentliche Residenz der Familie dar und wurde zu diesem Zweck ausgebaut.[293]

Trotz des mangelnden Grundbesitzes bedeuteten die reichspolitischen Erfolge, die Erhöhung des Reichspostlehens zum kaiserlichen Thron- und Fahnenlehen und die Ernennung zum Prinzipalkommissar am Reichstag, wesentliche Impulse, um die weitere Grundlage für Sitz und Stimme im Reichsfürstenrat zu schaffen.[294] Langwierige Verhandlungen sollten schließlich 1754 zum Erfolg führen. Zuvor hatten die Verhandlungsführer auf den verschiedenen Ebenen der politischen Bühne jedoch große Widerstände und Hindernisse auszuräumen. Zum einen fürchteten manche Reichsstände, durch die Aufnahme eines »Neu Fürstlichen Hauses« Einschränkungen ihrer alten Rechte hinnehmen zu müssen, zum anderen warteten Standesgenossen, wie beispielsweise die Fürsten von Löwenstein-Wertheim, schon lange auf ihre Aufnahme in den Fürstanrat und beobachteten argwöhnisch alle Fortschritte der Thurn und Taxis.[295]

Als die beiden Männer an der Spitze des Thurn und Taxisschen Verwaltungsapparats ihre Bemühungen im Jahr 1753 verstärkten, wies einer ihrer Ansprechpartner in Wien deutlich auf die zu erwartenden Widerstände hin. Zwar habe Reichsvizekanzler Colloredo die Introduktionssache unmittelbar vor den Kaiser gebracht, aber trotz der kaiserlichen Unterstützung gebe es noch viele Hindernisse auszuräumen, denn: »Bekannt ist es, was diejenige Stände in deren Collegio die Introduction geschehen soll, hierunter für principia heegen, und wird das

---

[293] Diese Inanspruchnahme war sehr von örtlichen Gegebenheiten bestimmt. Trugenhofen beispielsweise erzwang nahezu nach den Worten des Bibliothekars Krämer einen Residenzausbau. Das kleine Schlößchen Ballmertshofen hingegen, das man 1749 miterworben hatte, war für fürstliche Ansprüche uninteressant. Ungenutzt wurde es schließlich ab dem 21. Januar 1875 für 6 300 fl. der Gemeinde Ballmertshofen überlassen. Zum Ausbau des Schlosses Trugenhofen siehe ausführlich PIENDL, Schloß Trugenhofen, S. 125, außerdem August KRÄMER, Taxis Ehre oder die Umwandlung des Namens: Schloss Trugenhofen in Schloss Taxis. Eine Dichtung mit beigefügten Erläuterungen zur Geschichte des Hochfürstlichen Hauses Thurn und Taxis, Regensburg 1823. Zum Verkauf des Schlößchens siehe LOHNER, Geschichte, S. 14.

[294] Natürlich war offenkundig, daß Sitz und Stimme auf dem Besitz der Post basierte. In einem kaiserlichen Kommissariatsdekret von 1753 wurde auch darauf Bezug genommen. Das Thronlehen wurde hier als »fürstenmäßiges Reichsgut« bezeichnet, auf das dem Fürsten Sitz und Stimme gestattet werden könnte. HHStA Wien, RK, Kleinere Reichsstände 519, fol. 218 f. Siehe dazu ULRICHS, Postfürstenthum, S. 85.

[295] Grundlegend dazu HHStA Wien, RK, Kleinere Reichsstände 519, fol. 169 f.; außerdem die »Introductions-Acten« in FZA Regensburg, HFS, Akten 870–899. STOCKERT, Adel, S. 83 f., berichtet von den Bemühungen der Fürsten von Löwenstein-Wertheim. Diese konnten mit Recht darauf verweisen, daß sie einen viel besser begründeten Anspruch hätten. Ihnen war Sitz- und Stimmrecht seit langem versprochen, sie waren ebenfalls Prinzipalkommissare gewesen und verfügten über reichsunmittelbare Fürstengüter. Aber gegen höchste Protektion in Wien konnten sie dennoch nichts ausrichten. Reichsvizekanzler Colloredo-Waldsee drohte, die kaiserliche Unterstützung in einem Reichshofratsprozeß zu entziehen, sollte sich Löwenstein-Wertheim weiterhin um eine Virilstimme bewerben und die Einführung von Thurn und Taxis damit blockieren. Löwenstein-Wertheim resignierte.

Werck allemahl Difficultät finden«.[296] Doch nicht nur in postpolitischen Angelegenheiten, sondern auch in dieser reichspolitischen Frage erwiesen sich die Nähe des Generalintendanten Freiherrn von Lilien zur Wiener Herrschaftszentrale und sein Einfluß als hilfreich. In zahlreichen Promemorien warb er bei Reichsvizekanzler, Staatskanzler und Kaiser für die Thurn und Taxissche Sache. Neben der wiederholten allgemeinen Bitte um Unterstützung ging es dabei auch um konkrete Handlungsanweisungen.[297] Da sich als besonderer Gegner der Introduktion »der Fürstlich Heßen-Darmstädtischer, und Baden-Durlachischer Gesandter von Schwarzenau« erwies, versuchte Lilien in Wien deutlich zu machen, »wie hochnöthig es seye, gegen derley überhäufende Ausstreuungen dem Herrn Landt- und Marggraffen zu Heßen-Darmstadt und Baden-Durlach« einzuschreiten, damit andere »fürstliche Höfe und Gesandschafften dardurch am Ende nicht irre gemacht« würden. Der Gesandte hatte nämlich das Gerücht verbreitet, der Kaiser werde das nötige Kommissionsdekret am Regensburger Reichstag nicht ausstellen. Zum einen sollten deshalb Schreiben an die durch Schwarzenau vertretenen Höfe abgefaßt werden, um diesen zur »Räson« zu bringen, zum anderen wollte man den österreichischen Gesandten Seilern in Regensburg einschalten, um gegen derartige Gerüchte vorzugehen.

Bevor dieses Kommissionsdekret im Dezember 1753 ausgestellt wurde, hatte der Wiener Hof durch zahlreiche Schreiben die Thurn und Taxissche Introduktion vorbereitet.[298] Dennoch sollte sie noch für Aufregung sorgen. Das »Kayserlich Allergnädigste Commissions-Decret« eröffnete den Reichsständen durch deren Vertreter am Reichstag offiziell die Bitte des Fürsten von Thurn und Taxis, mit Sitz und Stimme in den Reichsfürstenrat aufgenommen zu werden.[299] Der Kaiser gab darin seine Unterstützung und Befürwortung bekannt und empfahl dem Fürstenrat eine wohlwollende Behandlung des Gesuchs. Neben den Verdiensten des Hauses Taxis für das Reich wurde als Grund genannt, »daß durch die vor einigen Jahren erfolgte Erhebung des Erb-General- und Obrist-Postmeister-Amts i[m] H[eiligen] R[ömischen] Reich zu einem Thron-

---

[296] Siehe zum Folgenden HHStA Wien, RK, Kleinere Reichsstände 519. Das Zitat ebenda, fol. 178: Extract Schreiben Baron von Beer an Baron Schneid, 27. September 1753. Auch die »Prinzeßin Statthalterin« schrieb an den Reichserzkanzler, daß die Reichsstände sich auf »verschiedene Reichs-Grund-Gesätzen« beziehen würden. Und es sei deutlich: »Diese Gesätze stünden dem Fürst Taxis entgegen«. Ebenda, fol. 188.

[297] HHStA Wien, RK, Kleinere Reichsstände 519, fol. 169–177. Das folgende Zitat, Schwarzenau betreffend, fol. 169 f.

[298] Die Vorlagen dazu hatte zumeist Lilien entworfen. HHStA Wien, RK, Kleinere Reichsstände 519: »Schreiben an die königl[ichen] Majestäten in G[roß] Britannien, Preußen, Schweden und Dänemark«, fol. 181–184; »Les differents des Protestans, sui l'affaire du Prince de la Tour voulent sur deux Points«, fol. 185–187.

[299] »Kayserlich Allergnädigstes Commissions-Decret, An eine hochlöblich-allgemeine Reichs-Versammlung zu Regenspurg / de dato Regenspurg, den 17. Dezember 1753. Die von S[eine]r Hochf[fürstlichen] Gnaden zu Thurn und Taxis angesuchte Sitz- und Stimmführung im Reichs-Fürstlichen Collegio betreffend«. HHStA Wien, RK, Kleinere Reichsstände 519, fol. 225–227v.

Lehen, das ansuchende Sitz- und Stimm-Recht hierauf, als auf ein ohnmittelbar Fürsten-mäßiges Reichs-Gut radiciret werden könne«. Durch dieses Reichsgut sei die Leistung eines »proportionirten Fürstlichen Anschlags«, also eines angemessenen Matrikularbeitrags, gewährleistet. Gerade dieser Absatz, der im Grunde das Thronlehen eines Fürstentums mit dem Besitz der Reichspost gleichstellte, führte zu massiven Protesten. Der Fürst von Taxis gab einige Wochen später eine Erklärung ab, um die Wogen wieder zu glätten: Da altfürstliche Häuser an der Stelle des Kommissionsdekrets, »wo dem General- und Obrist-Postmeister im Heiligen Römischen Reich die Eigenschafft eines ohnmittelbaren fürstenmäßigen Reichs-Guts, beygelegt wird, sich gestossen, und besagte Stelle dahin ausgedeutet werden wolle, als ob anmit der Landes-Fürstl[ichen] Hoheit zu nahe zu tretten, und gleichsam Statum in Statu zu formiren die Absicht geheget werden dörffte«, wurde »hiemit auf das feyerlichste und bündigste erkläret«, daß weder der Kaiser noch das Haus Thurn und Taxis etwas derartiges intendierten. Der Fürst betonte, daß er keinerlei Nebenabsichten im Schilde führe und »von denen Höchst- und Hohen Ständen die Aufnahm in dem Reichs-Fürsten-Rath, als eine blosse Gnade und Gefälligkeit geziemend« erbitte.[300]

Der Fürst ließ diese Erklärung drucken und sowohl in Regensburg als auch in Wien verbreiten. Im Begleitbrief schrieb Alexander Ferdinand, er sei sich sicher, daß der von den Reichsständen vorgebrachte »Anstand gänzlich gehoben, und dadurch mein Introduktions Gesuch, welches Ihro Kays[erliche] Majestät als Ihr eigenes Geschäft allergnädigst ansehen und betreiben lassen, zu baldig glücklicher Endschaft gebracht werden«.[301] Mit dieser Bewertung sollte der Fürst Recht behalten. Der Kaiser unterstützte seinen Postfürsten gegen die Widerstände zahlreicher Reichsstände, die zum Teil wie er zur habsburgischen Klientel zählten.[302]

---

[300] Erklärung Fürst Alexander Ferdinands vom 31. Januar 1754 (Einblattdruck). HHStA Wien, RK, Kleinere Reichsstände 519, fol. 219.

[301] Schreiben Fürst Alexander Ferdinands an Graf Puebla in Wien, 1. Februar 1754. Ebenda, fol. 218.

[302] Sehr ausführlich hatte sich Graf von Wied gegen das Introduktionsgesuch neuer Fürsten, konkret gegen dasjenige, das »von den Herrn Fürsten von Taxis mit vielem Eyfer betrieben werde«, gewandt. Er verstand sich dabei als Vertreter aller reichsgräflichen Kollegien auf dem Reichstag. In einem »Allerunterthänigsten VorstellungsSchreibens ad Imperatorem« verwies er eindringlich darauf, daß den gräflichen Kuriatstimmen aufgrund neuer Virilstimmen »einiges an Nachtheil und Verkürtzung zu gefüget werde [...]: Eine billige Achtung wird hiebey verdienen, daß mehrgemelten Reichs-Fürst- und gräflichen Collegiis nicht allein verschiedene große Könige, Chur- und Fürsten des Reichs in Ansehung gewisser Graffschafften zu gethan, sondern auch verschiedene andere blos als solche zu betrachtende Mit-Glieder derselben eben so wohl mit der persöhnlichen FürstenWürde bekleidet erscheinen, und was die in ihrer Alt-Reichs-Gräflichen Würde gebliebenen übrigen Collegial-MitGlieder betrifft, so wird auch denenselben ihre viele Vorzüglichkeit vor manchen Neuen-Fürsten, so viel so wohl das Alterthum ihres Hauses und ihres Reichsstandschafftlichen Ansehens, als auch den Umfang ihrer Lande belanget, nicht in Widerspruch gezogen werden können«. Außerdem gehörten zu vielen Lehen, welche auch Thron-Lehen oder sehr alte Lehen sind, »welche gro-

Die Machtbasis der Postdynastie erwies sich als stark genug, um die Hindernisse aus dem Weg zu räumen.[303] Durch eine offizielle Erklärung mußte jedoch der Fürst schließlich die grundlegenden Vorbehalte beilegen.[304] In diesem Reskript verpflichtete sich Alexander Ferdinand am 7. Mai 1754, darauf bedacht zu sein, so bald als möglich »zu fürstenmäßigen Land und Leuten« zu gelangen und bis dahin »zu denen gemeinen Reichs-Anlagen drey zu Pferd und zehen zu Fuß, macht zu Geld 76 fl. auf einen einfachen Römer-Monat zu übernehmen«.[305] Erst danach erfolgte die Einführung in den Reichsfürstenrat am 30. Mai 1754. Der Besitz der Post allein hatte nicht genügt, aber das Ziel, Sitz und Stimme zu erhalten, war erreicht. Trotzdem wurde in den nächsten Jahren von verschiedenen Reichsständen gegen den Aufruf und die Teilnahme des Fürsten an der Abstimmung im Reichstag protestiert.[306]

Allein diese Demonstration altfürstlicher Häuser zeigte eindringlich, daß die Anerkennung des Hauses Thurn und Taxis im Reichsfürstenrat ohne umfangreichen Territorialbesitz nicht vollständig war. Deshalb machte man sich bald auf die Suche nach »fürstenmäßigen Land und Leuten«. Gegen Ende der sechziger Jahre schien man dem Ziel bereits sehr nahe zu sein. Da man einige Besitzungen im Schwäbischen angekauft hatte, schien es möglich, diese zur Qualifikation heranzuziehen. Da sie zum Teil unter bayerischer Lehenshoheit standen, war der Konsens des bayerischen Kurfürsten nötig. Pfalzbayern verlangte einen hohen Preis für die Zustimmung zu diesem Geschäft; schließlich wußte man, daß es bei dem Vertrag dem Fürstenhaus Taxis darum ging, daß »jene künftig lehnrührige Besitzungen in einem darstellenden corpore von Kays[erlicher] Majestät zu einer gefürsteten Grafschaft erhoben, und so dann ihr bereits in Comitiis erworbenes Sitz- und Stimmrecht auf sothaner gefürsteter Grafschaft für beständig festgestellt werde«.[307] Zwar wurden sich Bayern und

---

ße und besondere Vorzüge hingegen manches Neu-Fürstliches Hauß vonn sich nicht anzuführen weiß«. Schreiben des Grafen Wied, 1. November 1753 mit umfangreicher Denkschrift in Entwurf und Original. HHStA Wien, RK, Kleinere Reichsstände 520, fol. 190–215. Das längere Zitat fol. 194 f.

[303] Siehe dazu eingehend die »Introductionsacten« in FZA Regensburg, HFS, Akten 870–899.

[304] Eine sehr ausführliche Darstellung, welche die Ausführungen bei Th. KLEIN, Erhebungen, ergänzen würde, die hier aber nicht referiert werden kann, findet sich auch bei den Thurn und Taxisschen Akten. HHStA Wien, RK, Kleinere Reichsstände 519, fol. 505–533.

[305] Siehe die Verhandlungen des Fürstenrates im Zusammenhang mit der mittels Lehensrevers gemachten Zusage, »zu fürstenmäßigen Land und Leuten zu kommen«. Dort auch Vorüberlegungen zu möglichen Kaufobjekten. FZA Regensburg, Schwäbische Akten 570. Eine breite Quellenauswertung bietet der Thurn und Taxissche Archivar Freytag, leider ohne Belegstellenangabe. FREYTAG, Prinzipalkommissariat, S. 1–26, hier vor allem S. 19–21.

[306] Dies begann bereits damit, daß bei der feierlichen Introduktion der Gesandte von Hessen-Kassel seinen Protest gegen Sitz und Stimme des Hauses Thurn und Taxis im Reichsfürstenrat zu Protokoll gab. Siehe Th. KLEIN, Erhebungen, S. 144. Ausführlicher dazu MOSER, Von den teutschen Reichsständen, S. 92–171.

[307] Vertrag beziehungsweise »Vergleich« mit Pfalzbayern vom 19. Februar 1769.

Thurn und Taxis handelseinig, aber die Prüfung der ganzen Angelegenheit in Wien erbrachte ein negatives Urteil. Der Verwaltungschef des Hauses Taxis mußte nach seiner Korrespondenz mit dem Reichsvizekanzler Colloredo ihr Scheitern eingestehen. Leider müsse man, »da aber hierbey solche bedenklichkeiten bemerket worden«, zu dem Schluß kommen, die Sache »annoch erliegen zu lassen«.[308] Die Besitzungen im Schwäbischen reichten nicht aus, um eine »gefürstete Grafschaft« zu kreieren und damit die übernommene Verpflichtung für die Virilstimme zu erfüllen. Diese Verpflichtung, zu »fürstenmäßigen Land und Leuten zu gelangen«, wurde zum Vermächtnis des Fürsten, zu einem Vermächtnis, das Grundstrukturen der feudalen Verfassungsordnung widerspiegelt und an die nachfolgende Generation überging, die an der Schwelle vom 18. zum 19. Jahrhundert stand.[309]

Es ist nicht nur für den Historiker unklar, was als »fürstenmäßiger Besitz« zu bezeichnen ist. Auch manche Zeitgenossen des Fürsten Carl Anselm, dem sein Vater die Aufgabe vererbt hatte, einen solchen Besitz zu erwerben, waren sich der Problematik dieser Formulierung bewußt. Im Sinn des Lehensrechts war »fürstenmäßiger Besitz« eine Herrschaft, die den Titel »Fürstentum« trug und daher die Fürstenwürde begründete. Aber im Verlauf der Frühen Neuzeit hatten sich Auflösungserscheinungen dieser Verbindung von Fürstenwürde und Fürstentum ergeben.[310] Durch Ersatzlösungen, zum Beispiel die Erhebung von Grafschaften zu Fürstentümern, versuchte man diese Problematik zu überwinden. Die Diskussion, was denn nun ein »Fürstentum« sei, blieb übrigens bis zum Ende des Alten Reiches aktuell.[311]

Die relativ geringen Besitzungen des Hauses Thurn und Taxis in Schwaben konnten dieses Attribut jedenfalls nicht für sich beanspruchen. Die rechtliche Verpflichtung, die man mit der Aufnahme in das Reichsfürstenkollegium eingegangen war, konnte nicht so leicht erfüllt werden. Denn: »Fürstenmäßiger

---

HHStA Wien, RK, Kleinere Reichsstände 519, fol. 534 f.

[308] Promemoria Schneids vom 29. Mai 1769. Ebenda, fol. 539. Man hatte zuvor die Sache in Wien ausführlich in einem Gutachten geprüft. Siehe fol. 540–546.

[309] Dieses Vermächtnis war auch niedergelegt in dem am 6. März 1770 errichteten Testament Alexander Ferdinands. Außerdem enthielt es die Bestimmung, zur Sicherung des Hauses »das Fideicomiss und primogenitur Recht ratione successionis« aufzustellen und diesbezüglich die Bestätigung des Kaisers einzuholen. FZA Regensburg, HFS, Urkunden 1399. Siehe LOHNER, Geschichte, S. 16.

[310] Bereits 1767 hatte der Staatsrechtler Moser die zahlenmäßige Zunahme von »Titularfürsten oder Standes-Personen, welche den fürstlichen Titel geführt und doch keine Fürstenthümer besessen haben«, kritisiert. MOSER, Von den teutschen Reichsständen, S. 524.

[311] Treffend charakterisiert Klein aufgrund einer überblicksartigen Zusammenstellung der einzelnen Erhebungen die Entwicklung: »In der Tat kennzeichnete eine zunehmende Lockerung der Verbindung von standesmäßiger Qualität und realem Substrat, von Fürstenwürde und Fürstentum, die Jahrhunderte der frühen Neuzeit, ohne sie indessen grundsätzlich aufzugeben. Dies wiederum führte zu dem Versuch von Ersatzlösungen [...]. So stellt sich nicht nur die Frage, was ein ›Fürst‹, sondern auch, was ein ›Fürstentum‹ sei, in der Neuzeit weiterhin«. Th. KLEIN, Erhebungen, S. 139 f.

Besitz war nicht alle Tage feil, und man mußte volle drei Jahrzehnte danach suchen«.[312] Bereits in den siebziger Jahren hatten intensive Bemühungen begonnen, ein entsprechendes Territorium zu finden. Welche Bedeutung man diesem Unternehmen beimaß, zeigt der Umstand, daß die Verhandlungen dem obersten Beamten, dem dirigierenden Geheimen Rat Schneid, übertragen wurden. Zwar tauchten einige Projekte auf, eine Realisierung des Kaufwunsches rückte jedoch erst durch die Verhandlungen zum Erwerb der Grafschaft Friedberg mit den Herrschaften Scheer, Dürmentingen und Bussen in greifbare Nähe.[313] Aber auch hier gestalteten sich die Vorgespräche sehr langwierig. Der Grund dafür lag in den Besitzverhältnissen: Die Herrschaft unterstand einem Kondominat der Reichserbtruchsessen von Waldburg. Der potentielle Verkäufer bestand aus drei truchsessischen Linien, und zum endgültigen Vertragsabschluß mußte außerdem noch die Zustimmung der preußischen Linie in Königsberg eingeholt werden. Obwohl erste Verhandlungen bereits in den siebziger Jahren begonnen hatten, gelang der Durchbruch erst 1784 durch das hohe Angebot von 2 100 000 fl., das der dirigierende Rat von Schneid dem Verkäufer vorlegte. Die immense Summe führte schließlich zum Erfolg, die Verhandlungen zogen sich aber noch ein ganzes Jahr in die Länge.[314]

Die Summe ist nur durch die Zwangslage des Fürstenhauses und das gleichzeitige geringe Angebot an geeigneten Kaufobjekten zu erklären. Vergleicht man das Vorgehen bei anderen Ankäufen, wird deutlich, daß es sich bei diesem Kauf in keiner Weise um eine »gut rentierliche« Geldanlage in Grundbesitz handelte. Die Verkäufer waren sich dieses Tatbestandes bewußt, und man befürchtete, daß der Fürst sein hohes Angebot von über zwei Millionen Gulden zurückziehen könnte, wenn er die wahren rechtlichen und finanziellen Verhältnisse der Grafschaft erführe. Doch dem Fürsten ging es bei diesem Kauf nicht um 100 000 fl. mehr oder weniger. Zu lange hatte man schon gesucht und verhandelt, um ein entsprechendes Gebiet zu finden. Es blieb bei dem Angebot von 2 100 000 fl. Die Verkäufer sprachen deshalb nicht umsonst von einem »die scheerischen Einkünfte in so großem Übermaß vergütenden Kauf«.[315]

Beim Kauf der schwäbischen Grafschaft hatte man indes immer das politische Ziel vor Augen. Eine Durchsicht der Wiener Aktenbestände zeigt überdeutlich,

---

[312] HERBERHOLD, Das fürstliche Haus, S. 264. Siehe auch zu den folgenden Ausführungen über die Verhandlungen, die zum Ankauf der Herrschaft Friedberg-Scheer führten, ebenda, S. 264 f.

[313] Außer der einschlägigen Darstellung, ebenda, geht auch Jürgen Nordmann auf die Kaufverhandlungen und den Erwerb der Grafschaft ein. NORDMANN, Kodifikationsbestrebungen, S. 273–277.

[314] Zum Verhandlungsgang siehe HERBERHOLD, Das fürstliche Haus, S. 264 f. Siehe RAUH, Hausrecht, S. 199 und Kapitel I.3.

[315] Die Verkaufsverhandlungen hat in groben Zügen HERBERHOLD, Das fürstliche Haus, S. 265, zusammengefaßt. Das Zitat entstammt einen Reskript aus den schwäbischen Akten (Rep. II., Friedberg-Scheer, K. I. F. 1, Nr. 5), das leider nicht eingesehen werden konnte.

wie sehr man sich absicherte, um das Geschäft zum Erfolg zu führen.[316] Bereits am 22. Januar 1785 wandte sich der Thurn und Taxissche Rat Lilien an den Kaiser. Er berichtete von der Absicht des Hauses Thurn und Taxis, die Grafschaft zu erwerben. Erstens seien genügend finanzielle Mittel vorhanden, und zwetens bestehe der Hauptgrund darin, »sich zu den Voto in dem fürstlichen Collegio auf dem Reichstag dergestalten zu qualifizieren«.[317] Aber der Kauf habe nur dann Sinn, wenn der Kaiser »den lehensherrlichen Konsens« zu diesem Kauf erteile und die Reichsstände ihn als Erfüllung der Auflage ansähen. Falls dies nicht zu erreichen sei, so versuchte Lilien dem Fürsten vor Augen zu führen, »so würden Euer [Durchlaucht] gar kein neues Lüstre dadurch für höchst dero fürstliches Hause erwirken«. In einem äußerst ausführlichen Gutachten wurden in Wien alle »Archival-Nachrichten und beyfällige Gedanken über die von dem Hochfürstlichen Haus Thurn und Taxis aufgestellte Fragstücke in Ansehung Scheer und Dürmetingen« zusammengetragen.[318]

Die darin verwendeten Argumente und Überlegungen geben einen guten Einblick in die verwickelten Rechtsverhältnisse des Alten Reiches. Auch wenn man der Herrschaft, die nur zu einem Teil ein Reichslehen war, die Qualität eines Fürstentums zuerkannte, blieben einige Probleme, vor allem die Anerkennung durch die Schwäbischen Kreis- und die Reichsstände, bestehen. Denn sollte man Thurn und Taxis durch den Kauf einer Herrschaft zubilligen, als Reichsfürst mit Sitz und Stimme qualifiziert zu sein, so mußte man zum einen diesen Rechtstitel dem Verkäufer »wegnehmen«, und zum anderen rief man andere Fürsten auf den Plan, die längst derartige »Translocationen« wünschten. So hatte man in Wien und Ulm genügend zu tun, um die rechtliche Seite des Geschäfts abzuwickeln. Von kaiserlicher Seite war man bereit, den Verkäufer reichsrechtlich zu entschädigen, indem man ihm eine neue Stimme als Ersatz für die mit der Herrschaft verkaufte Stimme im Fürstenrat verlieh.[319] Konkom-

---

[316] Zu den folgenden Ausführungen siehe Konv. »Ankauf der Herrschaft Friedberg Scheer 1785–1787«. HHStA Wien, RK, Kleinere Reichsstände 520, fol. 153–299. Eine Karte des Gebietes ebenda, fol. 155. PÜTTER, Unterschied der Stände, S. 141, vermerkt, daß diese Fürstung im Gegensatz zu Sternstein (Lobkowitz) und Vaduz-Schellenberg (Liechtenstein) immerhin einer adäquaten Größe entsprach.

[317] Zwar erwähnt Lilien auch die finanzielle Seite: Durch den Ankauf könne man »Die nunmehro totliegenden Kapitalien benutzen«; da schließlich durch Nichtverwendung des Kapitals bisher etwa 100 000 fl. Zinsen verlorengegangen seien. Aber Hauptgrund ist die politische Qualifikation. Darauf ist zu achten, denn: »Die Reue kommt zuweilen zu spät«. Ebenda, fol. 156–159.

[318] Titel der Beantwortung vom 3. April 1785 auf die Anfrage, »ob der in Angriff genommene Ankauf der Herrschaft Friedberg-Scheer den Anforderungen entsprechen würde«. Zu Beginn der Anfrage wird auf die zu erfüllende Verpflichtung verwiesen, zu fürstenmäßigen Land und Leuten zu kommen. In einzelnen Fragen werden die damit verbundenen Probleme aufgelistet. Insgesamt handelt es sich um Gutachten in Form Frage/Antwort auf 55 Seiten (ebenda, fol. 162–191) und mit zahlreichen archivalischen Beilagen, fol. 192–221.

[319] Eigentlich ging es darum, die Stimme im Fürstenrat, die auf die Herrschaften Friedberg *und* Trauchburg vergeben war, in zwei Stimmen aufzuteilen. Um diese Regelung hatte der Fürst von Thurn und Taxis in einem Schreiben an den Kaiser gebeten. HHStA Wien,

missar Lehrbach konnte aus Ulm an Reichsvizekanzler Colloredo berichten, daß beim Schwäbischen Kreis die Übertragung des gräflichen Votums »einen günstigen Schluß genommen hat«. Jedoch habe das Haus Thurn und Taxis einige Zugeständnisse schriftlich in einem Promemoria den anderen Mitgliedern des Kreises zu bestätigen. Sterbe beispielsweise das Haus Thurn und Taxis im Mannesstamm aus, fielen die Stimmen wieder in ihre alte Ordnung zurück. Außerdem sei bei einer weiteren Bevorzugung Oettingen an der Reihe und habe Thurn und Taxis einen erhöhten Matrikularanschlag zu übernehmen.[320]

Die relativ reibungslose Einigung mit dem Schwäbischen Kreis war nur möglich, weil Thurn und Taxis die volle Unterstützung des Kaisers hatte, der dieses Geschäft »sehr gerne sehen würde«.[321] Dies zeigt sich auch in verschiedenen Schreiben, welche vorab an die Stände des Schwäbischen Kreises, allen voran an Württemberg und Oettingen, zwecks Unterstützung des Thurn und Taxisschen Antrags gingen; außerdem hatte der Geheime Rat Lilien in Ulm bereits vorverhandelt.[322]

Eine letzte Auseinandersetzung entspann sich schließlich noch um eine sozusagen »habsburginterne« Frage. Durch die völlig verwirrten Lehn- und Besitzverhältnisse des Gebiets kam es zu einer Diskussion zwischen der Hofkammer und der Reichskanzlei, ob ein Teil der Herrschaft, der österreichisches Lehen war, zum Reichsfürstentum erhoben werden könne. Der Kaiser stellte als Erzherzog die Bedingung, daß das österreichische Lehen nicht belastet werden dürfe. Intern war man jedoch der Ansicht, daß es ein Vorteil für Habsburg sei, wenn man dem österreichischen Lehen – ohne finanzielle Minderung – einen reichsständischen Charakter verleihe. Denn falls Thurn und Taxis aussterbe, könne man die Herrschaft besser verkaufen. Daher mußte ein Verpflichtungs-Revers ausgestellt werden, »das die Erhöhung des Matrikularquanti nicht auf das Lehen, sondern auf des Fürsten Taxis eigener Kammerrevenüen genommen werden solle«. Grundsätzlich stand damit der kaiserlichen Konfirmation »über den Ankauf deren großen Theils von durchläuchtigsten Erzhaus lehenrührigen, jedoch mit Allodien und Reichsstandschaft versehenen Graf- und Herrschaften errichteten, von allerhöchst Ihro als Lehenherrn bereits bewilligten Kaufcontracts« nichts mehr im Wege.[323] Der Kaufvertrag vom 22. Oktober 1785 bestätigt nochmals den zentralen Grund für die hohe Investition:

RK, Kleinere Reichsstände 520, fol. 222 f. Siehe auch die Rückantwort und die Korrespondenz dazu zwischen Colloredo und Lehrbach ebenda, fol. 235 f.

[320] Dieses Promemoria wurde durch den Thurn und Taxisschen Unterhändler am 29. Mai 1786 bestätigt.

[321] Zitat nach Promemoria vom 27. April 1786. HHStA Wien, RK, Kleinere Reichsstände 520, fol. 116.

[322] Ebenda, fol. 243–258.

[323] Die ganzen Fragen wurden außerdem dem Reichshofrat vorgelegt, der schließlich am 8. Juni 1787 zu einem Ergebnis kam. Siehe dazu das Reichshofratsgutachten ebenda, fol. 288–299.

»Gleichwie Uns dem Fürsten von Thurn und Taxis bey diesem Kaufs Geschäfte es hauptsächlich darum zu thun ist, damit Unser in dem Reichs-Fürstenrath erworbenes Sitz- und Stimmrecht, der an kaiserl[iche] Majestät und das Reich aufgenommenen Reversmäßigen Verbindlichkeit zu Folge, durch Erwerbung eines hirzu geeigneten Fundi mehr befestiget und gesichert werde, und hirzu die Erlangung eines fürstl[ichen] Voti wegen der in dem Schwäbischen Kraise allschon habenden und obermeltermassen an erwerbenden Besitzungen diensam und erklecklich seyn mag«.[324]

Am 27. Juli 1786 wurde die Herrschaftsübergabe von der »Condominats-Commission« an die »Thurn und Taxis Commission« offiziell vollzogen.[325] Zwei Jahre später bestätigte schließlich Kaiser Josef II. den Kauf und erhob die bisher als Grafschaft titulierte Herrschaft Friedberg, gemeinsam mit den angrenzenden Herrschaften, »zu einer des heiligen römischen Reiches freien, unmittelbaren, gefürsteten Grafschaft unter dem Namen und Prädikat Friedberg-Scheer«.[326] Am 5. November 1787 erfolgte die offizielle Belehnung.[327] Damit gaben sich schließlich auch die zuvor permanent bei Legitimation und Stimmabgabe des Fürsten protestierenden Reichsstände zufrieden. Diese Proteste hatten nie aufgehört, obwohl das Haus Thurn und Taxis 1754 die Virilstimme im Reichsfürstenrat errungen hatte, bereits seit 1742 das Amt des Prinzipalkommissariats bekleidete und schon zehn Jahre zuvor die Post in ein Reichsthronlehen umgewandelt worden war. Am Beispiel dieses nicht versiegenden Protests kann die Bedeutung des Makels, der dem Fürstenrang des Hauses Thurn und Taxis bis 1785 anhaftete, abgelesen werden: Trotz aller Auszeichnungen fehlte die Herrschaft über Land und Leute. Die Reichsstände pochten durch ihren Protest auf Einlösung des Versprechens von 1754. Mit dem Kauf war die Verpflichtung, »sich nach Zeit und umbständig mit immediaten reichsfürstenmäßigen Gütern und Herrschaften besser zu qualifizieren«, erfüllt.[328] Daher wurde die Legitimation erst ab dem Zeitpunkt der Lehensvergabe der »gefürsteten Grafschaft« von den Reichsständen ohne Beanstandung angenommen.[329]

---

[324] »Kaufspunktation« vom 22. Oktober 1785, § 8. FZA Regensburg, Besitzungen, Urkunden, Friedberg-Scheer. Die Ratifikation wurde übrigens vom »lehenherrlichen Konsens« abhängig gemacht; damit hatte man sich sogar im Kaufvertrag gegen reichspolitische Eventualitäten abgesichert.
[325] Einen Einblick in Verhandlungen und Übergabe der Grafschaft gibt ebenfalls Eugen SCHNELL, Festschrift zur 100jährigen Jubelfeier der Stiftung des Landschaftlichen Hausarmen- und Schulfonds zu Scheer vom Jahre 1775, Sigmaringen 1874.
[326] Die Erhebung und Zusammenfassung der Herrschaften zu einer gefürsteten Grafschaft wurde in einer Urkunde vom 16. Juli 1787 bestätigt. FZA Regensburg, Besitzungen, Urkunden, Friedberg-Scheer.
[327] Die Belehnung erfolgte durch Kaiser Joseph II. Ebenda, Urkunde vom 5. November 1787.
[328] Diese Verpflichtung wurde im Rahmen der Verhandlungen des Fürstenrates eingegangen. FZA Regensburg, Schwäbische Akten 570.
[329] Siehe LOHNER, Geschichte, S. 17.

Gegen Ende des 18. Jahrhunderts war der Fürst von Thurn und Taxis Landesherr geworden. Drei Jahre vor der Französischen Revolution, die – aus der Retrospektive betrachtet – das Ende des Ancien Régime einläutete, zelebrierte man den Einzug des Fürsten in seine neue Besitzung. Aus den Akten des Rathauses Scheer hat Jürgen Nordmann die feierliche Übergabe der Herrschaft rekonstruiert. Am Übergabetag traten sämtliche Bediensteten der ehemaligen Besitzer an, um ihren Huldigungseid vor dem neuen Landesherrn abzulegen.[330] Der dirigierende Geheime Rat und erste Regierungspräsident Baron von Schneid und der Scheerer Oberamtmann Franz Xaver Clavel hielten anschließend Reden, die allen, »die ein empfindsames Herz hatten, die Tränen aus den Augen preßten«.[331] Die nachfolgende Begrüßung des neuen Landesherrn in den einzelnen Gemeinden war nicht weniger anrührend. Um die Begrüßung auch fürstlich gestalten zu können, wurde eigens für das Salutschießen eine Kanone von Überlingen am Bodensee nach Scheer transportiert. Die Bevölkerung empfing Carl Anselm mit Chorgesängen und geschmückten Häusern. Zu den Feierlichkeiten gehörte die Bewirtung der neuen Untertanen durch den Fürsten. Nach den ausgiebigen Festveranstaltungen besuchte der Regent seine Untertanen und erkundigte sich nach ihren Wünschen und Lebensumständen. Dabei soll er auch »vor der ärmlichsten Hütte« haltgemacht haben. Der Fürst residierte die ersten Wochen nach der Herrschaftsübernahme im Schloß zu Scheer.[332] Seine Herrschaftsausübung in dieser Zeit läßt ihn wie den Prototypen eines aufgeklärt absolutistischen Herrschers *en miniature* erscheinen. Ohne hier den Terminus des »aufgeklärten Absolutismus« als zentralen Begriff überstrapazieren zu wollen[333], sollen im folgenden drei zentrale Bereiche dargestellt werden, in denen sich das »Aufklärerische« in Bestimmungselementen des impliziten Regierungsprogrammes der Thurn und Taxisschen Lande ausdrückt. Es handelt sich um den Aufbau einer Regierung der gefürsteten Grafschaft, die Kodifikationsbestrebungen und die kameralistischen Züge der Landesherrschaft.[334]

---

[330] Zur Bedeutung des Lehenseides siehe mit weiterführender Literatur HOLENSTEIN, Huldigung.

[331] NORDMANN, Kodifikationsbestrebungen, S. 276.

[332] Die Feierlichkeiten werden ausführlich geschildert in: Rathaus Scheer, »Rothes Buch«. Ein Teilabdruck davon befindet sich in: Blätter des schwäbischen Albvereins 20 (1908), S. 193 f. Einen Auszug daraus enthält die Darstellung bei A. SCHILLING, Wie man vor 100 Jahren einen neuen Landesfürsten empfing, in: Literarische Beilage des Staatsanzeigers für Württemberg, 1888, S. 31 f.; zusammenfassend dazu NORDMANN, Kodifikationsbestrebungen, S. 276.

[333] Als Einführung dazu Fritz HARTUNG: Der aufgeklärte Absolutismus, in: HZ 180 (1955), S. 15–42; siehe grundlegend Karl Otmar von ARETIN (Hrsg.), Der aufgeklärte Absolutismus, Köln 1974. Zu der in unserem Zusammenhang interessanten Frage, inwieweit es zu einer Adaption des Regierungsprogramms eines Friedrich oder Joseph II. durch »kleine« Landesherren gekommen ist, siehe eingehender Franklin KOPITZSCH, Aufklärung, Absolutismus und Bürgertum in Deutschland, München 1976.

[334] Diese Ausführungen zu Regierungsbildung, Kodifikationsbestrebungen und Kamera-

Mit der Herrschaftsübernahme begannen in den höchsten Gremien des fürstlichen Hauses die Überlegungen, wie man die neuerworbene Herrschaft verwalten sollte. Anstatt die Verwaltung der Domänenoberadministration zu überlassen, wurde eine selbständige Regierung gebildet. Als Unterbehörde der Geheimen Kanzlei, dem zentralen Verwaltungsorgan der fürstlichen Verwaltungsstruktur, entstand 1786 ein »Regierungsdepartement« und zur besseren Übersicht über die Domäneneinkünfte 1787 eine Regierungskasse. Die Struktur dieser Regierung läßt sich, bis hin zu den einzelnen Bezeichnungen, mit der spätabsolutistischer Monarchien vergleichen. Die Administrationsaufgaben waren durch Dekrete des Fürsten geregelt und nach einer 1789 erlassenen Oberamtsordnung in die Sachgebiete »Publica«, »Civilia«, »Forestalia«, »Cameralia« und »Criminalia« eingeteilt.[335] Nachdem anfangs der dirigierende Geheime Rat von Schneid als Regierungspräsident an der Spitze der Landesverwaltung gestanden hatte, übernahm nunmehr Freiherr von Eberstein dieses Amt.[336] Mit ihm hatte der Fürst einen tatkräftigen Juristen und Verwaltungsbeamten gewonnen. Durch die Zusammenarbeit des Freiherrn von Eberstein mit Franz Xaver Clavel und Josef Xaver von Epplen stand ein »Verwaltungstriumvirat« an der Spitze der Thurn und Taxisschen Reichslande, das, durchdrungen von einem aufklärerischen Impetus, auf dem Gebiet der Legislative innerhalb weniger Jahre Entscheidendes leistete. Ziel war es, ein Landrecht zu schaffen, das die Wohlfahrt der Untertanen befördern würde. Der Geist der Aufklärung wird lebendig, wenn man die Vielzahl von Ordnungen liest, welche in kurzer Zeit für das Thurn und Taxissche Reichsfürstentum erlassen wurden. Der Regent wurde in einer 1790 erlassenen *Kommun-Ordnung* darauf verpflichtet, »die Wohlfahrt getreuer Untertanen auch dadurch zu befördern, daß die unter ihnen bestehenden gesellschaftlichen Verfassungen so geleitet werden, daß das Wohl der Individuen desto gewisser erzielet und erhalten werden möge«.[337]

Doch die gesetzgeberische Tätigkeit des Fürsten, vorbereitet von drei Vertretern der Aufklärung in seinen Diensten, erschöpfte sich nicht im Erlassen von Ordnungen. Den Höhepunkt und die größte legislative Leistung Ebersteins,

---

listik knüpfen hauptsächlich an die Forschung von NORDMANN, Kodifikationsbestrebungen, PROBST, Verwaltungsstellen, und HERBERHOLD, Das fürstliche Haus, an. Sehr grob werden die Bereiche Regierungsbildung und Gesetzgebung bei BEHRINGER, Thurn und Taxis, S. 254 f. und S. 256–260, zusammengefaßt.

[335] Dargestellt bei Gerhard HEBERLE, Der Übergang der Grafschaft Friedberg-Scheer vom Hause Waldburg an das Haus Thurn und Taxis, Iserlohn 1969, S. 61 f. Siehe dazu auch Josef Franz Xaver von Epplens »Unmaßgebliche Gedanken, Wie bei Verbesserung der Friedberg-Scheerischen Statuten verfahren werden könne?«, ausgewertet bei NORDMANN, Kodifikationsbestrebungen, S. 283 f.

[336] Zu Eberstein siehe Kapitel II.2.2. Zahlreiche Aufschlüsse dazu, die hier nicht näher ausgebreitet werden können, bieten die Entwürfe zu Gesetzestexten und die sozialpolitischen Überlegungen beziehungsweise Reglements in StA Mainz, Nachlaß Eberstein Nr. 11-19.

[337] Kommun-Ordnung für die Gefürstete Reichsgrafschaft Friedberg-Scheer vom 9. July 1790, Riedlingen 1790, S. 3 f.

Clavels und Epplens stellt das *Allgemeine Bürgerliche Gesätzbuch für die Reichsgefürstete Grafschaft Friedberg-Scheer* aus dem Jahr 1792 dar. Der Jurist Jürgen Nordmann hat diese Leistung nach eingehenden Vergleichen mit den Vorarbeiten zum *Allgemeinen Landrecht für die preußischen Staaten* folgendermaßen gewürdigt: »Immerhin hat die Aufgeschlossenheit der Redaktoren für das preußische Recht bewirkt, daß die unbekannte Grafschaft Friedberg-Scheer noch vor den großen Staaten Europas ein Gesetzbuch erhielt, in dem weite Teile des bürgerlichen Rechts im modernen Geist geordnet sind«.[338]

Auch wenn es hier nicht möglich ist, den legislativen Bestrebungen im Haus Thurn und Taxis erschöpfend nachzugehen, sei kurz auf die weiteren Verordnungen verwiesen. Bereits 1786 erschien eine Forst- und Jagd-Ordnung für das neuerworbene Ländchen. Einige Jahre später wurde die »Brandversicherungs-Ordnung«, welche Teile der »allgemeinen Policey« regelte, erarbeitet. Besonders in der Brandversicherungsordnung finden sich deutliche Anlehnungen an das seit dem 18. Jahrhundert auf breiter Basis diskutierte Gedankengut der Kameralistik.[339] Das Gebiet Friedberg-Scheer war ausgesprochen agrarisch geprägt. Eine Hebung des Landes und damit auch der »Staatsfinanzen« war unter diesen Rahmenbedingungen nur zu erreichen, wenn man den Bereich Landwirtschaft optimierte. In der Brandversicherungsordnung wurden hinsichtlich dieser Zielvorstellung zahlreiche Verordnungen geschaffen, um durch Brandverhütung eine kontinuierliche landwirtschaftliche Tätigkeit zu gewährleisten. Die führenden Gestalter der Verordnungen waren durch Studium und spätere Verwaltungstätigkeit mit der kameralistischen Literatur vertraut. Da sich die Regierung des Thurn und Taxisschen Territoriums in den Anfangsjahren immer in der Nähe des Fürsten aufhielt, konnten die Vertreter auf den reichhaltigen Bestand zur Kameralistik zurückgreifen, der den größten Teil der fürstlichen Hofbibliothek ausmachte.[340] Zwei weitere Ordnungen wurden über die bereits erwähnten hinaus noch erlassen: eine Schulordnung und ein Strafrecht.[341] Das

---

[338] Schlußbemerkung bei NORDMANN, Kodifikationsbestrebungen, S. 324. Siehe dazu auch den Überblick über legislative Bestrebungen gegen Ende des 18. Jahrhunderts bei KOSELLECK, Preußen.

[339] Siehe dazu grundlegend Marcus SANDL, Ökonomie des Raumes. Ökonomisches Wissen zwischen Alteuropa und Moderne, Diss. phil. Gießen 1997.

[340] Auch heute noch bieten diese Altbestände der Bibliothek eine reichhaltige Schatzkammer für jeden Erforscher kameralistischer Fragestellungen. Siehe zum Bestand der Bibliothek: Erwin PROBST, Fürstliche Bibliotheken und ihre Bibliothekare 1770–1834, in: Max PIENDL (Hrsg.), Beiträge zu Kunst- und Kulturpflege im Hause Thurn und Taxis, Kallmünz 1963, S. 127–228. Probst ist in seiner Arbeit den einzelnen Ankäufen nachgegangen, obwohl der Schwerpunkt auf dem Wirken der Bibliothekare liegt. Außerdem in kurzer Zusammenfassung: Max PIENDL, Bibliotheken zu St. Emmeram in Regensburg. Klosterbibliothek – Hofbibliothek des Fürsten Thurn und Taxis, in: Hans-Joachim GENGE/Max PAUER (Hrsg.), Wissenschaftliche Bibliotheken in Regensburg. Geschichte und Gegenwart, Wiesbaden 1981, S. 5–76.

[341] Siehe Schulordnung für die Jugend der reichsgefürsteten Grafschaft Friedberg-Scheer und der andern dazugewandten Reichsherrschaften, Stadtamhof 1798; Entwurf eines Sitten- und Straf-Gesätzbuchs für einen deutschen Staat, Ulm 1793.

Strafrecht wurde aber nicht mehr in Kraft gesetzt, da der Fürst von Thurn und Taxis bereits nach zwei Jahrzehnten seine Landeshoheit wieder verlor.

Die bis 1806 ausgeübte Landeshoheit erstreckte sich nicht nur auf den Kern der schwäbischen Besitzungen, die seit 1785 die gefürstete Grafschaft ausmachten. Die Landesherrschaft in Schwaben wurde aufgrund einer gezielten Grunderwerbsplanung ausgedehnt. Seit der Erwerbung von Friedberg-Scheer 1785 arrondierte das Haus Thurn und Taxis die Besitzungen in Schwaben erheblich. Bereits ein Jahr später wurden die Lehen- und Allodialgüter zu Dunstelkingen und vier Jahre später die Herrschaft Grunzheim mit Willenhofen erworben.[342] Zwei weitere Ankäufe setzten 1790 den Schlußstrich unter die schwäbischen Arrondierungen.[343] Erst durch den Reichsdeputationshauptschluß sollte das fürstliche Haus eine letzte Gebietserweiterung in Schwaben erfahren.

Die Motive, Hintergründe und Prämissen des Grundbesitzerwerbs lassen sich bei den Erwerbungen am Ende des Jahrhunderts besonders gut recherchieren und nachvollziehen. Die bereits dargestellten Verhandlungen zum Ankauf von Friedberg-Scheer haben deutlich gezeigt, daß das Ziel des Grunderwerbs die Schaffung eines »fürstenmäßigen Besitzes« gewesen war. Aufgrund einer günstigen Aktenlage kann im folgenden aber auch dargelegt werden, welche Handlungsprämissen den weiteren Grundbesitzerwerbungen in Schwaben zugrunde lagen. Der Geheime Rat von Eberstein – als Regierungspräsident einer der höchsten Beamten des Fürsten – legte in einem Promemoria ein System dar, wie man bei weiteren Grunderwebungen vorgehen solle.[344] Aufgrund des sehr umfangreichen und detaillierten Briefwechsels zu diesem Themenbereich kann auf die Übereinstimmung aller Beamten und der Fürstenfamilie in der Frage des Grunderwerbs geschlossen werden.[345] Darauf deutet auch, daß Carl Anselm

---

[342] Mit Kaufvertrag vom 18. Mai 1786 gingen die Herrschaften Dunstelkingen für 27 000 fl. in den Besitz des Fürsten über. Die Belehnung folgte am 5. Januar 1787 durch Markgraf Christian Friedrich von Brandenburg. Siehe LOHNER, Geschichte, S. 18. Mit Kaufvertrag vom 4. September 1789 erfolgte die Erwerbung der Herrschaft Grunzheim für 150 000 fl. FZA Regensburg, Besitzungen, Urkunden, Grunzheim.

[343] Es handelt sich zum einen um die reichsritterschaftliche Herrschaft Heudorf des Freiherrn Wilhelm von Stolzingen; sie wurde für 405 000 fl. erworben (FZA Regensburg, Besitzungen Urkunden, Heudorf); Belehnung am 6. Januar 1793 durch Franz II., siehe LOHNER, Geschichte, S. 18. Zum anderen um die Reichsherrschaft Göffingen des Freiherrn Marquart von Hornstein. FZA Regensburg, Besitzungen, Urkunden, Göffingen. Die Herrschaft wurde für 275 000 fl. erworben.

[344] Bereits vor diesem Schreiben hatte der ihm zur Seite stehende Geheime Rat von Moser ein Promemoria ähnlichen Inhalts vorgelegt. Die beiden Schriften, das Promemoria des Barons von Eberstein sowie des Geheimen Rates Moser, liegen sowohl in Endfassungen vor, die sich in den Akten des Immediatbüros befinden, als auch in Konzeptform (FZA Regensburg, HFS, Akten 261). BEHRINGER, Thurn und Taxis, verweist ebenfalls auf das Promemoria des Freiherrn von Eberstein, gibt aber die Faszikelnummer IB 381 an. Dabei muß ein Druckfehler unterlaufen sein, da Faszikel IB 381 bereits bei einer Inventur in den sechziger Jahren mit einem f[ehlt] versehen worden ist; Behringers Angaben müssen sich demnach auf IB 380 beziehen.

[345] Über die sehr ausführlichen und interessanten Denkschriften hinaus befinden sich in

einzelne Ratschläge der beiden Promemorien, deren Hauptgedanken im folgenden referiert werden, in den nächsten Jahren befolgte.[346]

Das bestimmende Element der künftigen Hauspolitik des Fürsten müsse in der Erweiterung des Grundbesitzes liegen – so das eindringliche Credo zu Beginn der beiden Schriften.[347] Ausgangspunkt der Überlegungen ist dabei die gefürstete Grafschaft Friedberg-Scheer, denn wie sich erwiesen habe: »Land allein macht einen ererbten Fürst zum Fürst« und verleiht dem »Haus einen Glanz, der unauslöschlich ist, die Zeiten mögen kommen, wie sie wollen«.[348] Der vorhandene Besitzstand müsse also in Zukunft erweitert werden.

> »Keiner der Diener des Hochfürstlichen Hauses wird die Notwendigkeit solcher Erwerbungen verkennen. Die Hauptstütze des Glanzes dieses Hauses, das Reichspostgeneralat, wird täglich schwankender und vielleicht sind die leidigen Zeiten nur gar zu nahe, wo seine Rechte von weniger Wichtigkeit sein werden! Um sich also auf dem Punkt zu erhalten, worauf wir stehen, und unsere Pracht zu konsolidieren, und um womöglich höher zu steigen, müssen wir suchen durch allmähliche Erwerbungen zu den schon vorhandenen Besitzungen uns eine eigene, von fremdem Willen unabhängige Existenz zu verschaffen, und diesen alle jene Vorteile zu gewähren, die reichsständischen Territorien wesentlich und nützlich sein können. Der Satz – Solle das fürstliche Haus Länder acquiriren – wäre demnach ohne Widerspruch bejahet. Es frägt sich aber, was und wie es aquiriren [...] solle«.

Auf das »was und wie« wurde in den letzten Paragraphen bzw. Teilen der Denkschriften eingegangen. Bemerkenswert ist die Feststellung Ebersteins, das Postgeneralat könne seine zentrale Bedeutung verlieren, denn er machte sie zu einer Zeit, in der die Post in voller Blüte stand und höchste Gewinne abwarf.[349] Ungeachtet dieser Tatsache wurde für einen Ausbau der Domänen als weiteres

---

den Korrespondenz-Akten des Geheimen Rats von Eberstein zahlreiche Hinweise darauf, in welcher Weise derartige Fragen diskutiert und entschieden wurden. Siehe vor allem FZA Regensburg, HFS, Akten 261, Vol. 1, Konv. 19.

[346] Der konkrete Ausgangspunkt der Überlegungen waren Ankaufspläne der Herrschaft Grunzheim und weiterer kleinerer Gebiete, die bis 1790 nach den vorgelegten Plänen auch umgesetzt wurden.

[347] Die beiden Schriften befinden sich als Konzept und Endfassung in FZA Regensburg, IB 380 und HFS, Akten 261. Die Schrift des Geheimen Rats Moser wurde im Januar 1789 zu Ulm verfaßt, unter dem Titel: »Pro Memoria. Über die weiteren Länder Erwerbungen des Hochfürstlichen Hauses Thurn und Taxis« (künftig zitiert als MOSER). Die Schrift ist gegliedert in »Allgemeine Sätze«, »Specialiorum« und »Resultate hieraus«. Die Denkschrift des Regierungspräsidenten und Geheimen Rates von Eberstein wurde zu Trugenhofen am 20. Juni 1789 niedergelegt und führt den Titel: »Über die Vergrößerungen des Hochfürstlichen Thurn und Taxisschen Hauses durch weitere Erwerbungen an Ländern nach einen festgesetzten zweckmäßigen Plan« (künftig zitiert als EBERSTEIN). Diese Schrift ist in Paragraphen untergliedert, wobei §§ 1–3 allgemeine Grundsätze ansprechen.

[348] MOSER, Allgemeine Sätze; das folgende Zitat EBERSTEIN, § 1.

[349] Siehe zum Höhepunkt der Post hinsichtlich Ausdehnung und Ertrag in den beiden Jahrzehnten vor 1800 Kapitel I.3. Einzuwenden wäre, daß die Angriffe auf das Postmonopol publizistisch wie real nie aufhörten. Aber von einer grundsätzlichen Gefährdung kann gerade am Ende des Jahrhunderts keine Rede sein.

Standbein plädiert. Hier zeigt sich deutlich, wie hoch der Stellenwert war, den man dem Grundbesitz zur Entfaltung und Aufrechterhaltung der Größe und Bedeutung eines fürstlichen Hauses zuschrieb. Um eine effektive Erwerbungspolitik kontinuierlich betreiben zu können, bedürfe es, so die Promemorien, eines Systems. Ein derartiger Erwerbungsplan sei bisher, wie Eberstein bedauernd feststellte, ein Desiderat in der fürstlichen Verwaltung.[350] Der vorgelegte Plan zur weiteren Erwerbungsstrategie enthält drei Bestimmungselemente, die mit den Schlagwörtern Arrondierung, Tausch und Verwaltungsinnovation umschrieben werden können. »Friedberg-Scheer ist der Kern der Hochfürstlich Taxisschen Ländereien Besitzungen. Das Hochfürstliche Haus wird sich also um denselben ferner erweitern und arrondieren wollen«.[351] Im Mittelpunkt aller Überlegungen stand die Politik der Arrondierung. Nur diese gewähre politisch wie ökonomisch die größten Vorteile: »Zerstreute Lande und Herrschaften vermindern das Ansehen derselben, vermehren die Administrationskosten, und machen dadurch ihren Ertrag geringer. Schwarzenberg wird nie ein großes Haus werden, weil seine Lande in Böhmen, Franken und Schwaben, umher zerstreut sind«.

In diesen Arrondierungsbestrebungen solle es aber nicht nur um kleine Ankäufe gehen, sondern um eine deutliche Grundbesitzerweiterung, um die Größe des Hauses zu steigern.[352] Es sei zwar nicht einfach, passende Anbieter zu finden. Einen Ausweg biete jedoch der Ankauf von Tauschobjekten, die man den angrenzenden Herrschaftsträgern zu einem günstigen Zeitpunkt anbieten könne. Zusammengefaßt wird daher auch in den beiden Denkschriften formuliert:

> »Man muß kaufen, wenn feil ist – ex post occasio calua pecunia tempore negligere – ist hier eine große Weisheit. Der Fürst, der heut zu großen Betrag außerhalb der Grenzen seines Landes nicht viel kaufen will, bekommt nichts. [...] Wenn ein Edelmann Güter zu 1 pct. [%] Ertrag kaufen, und das Geld dazu borgen, so ist [töricht], aber nicht so bei den Fürsten von Thurn und Taxis, der hat zu viel Ressourcen. Güter oder Länder zum Austausch gegen angrenzende muß man suchen. Sie werden nicht angebothen«.[353]

Der Kauf von Gütern wurde also zur Maxime der Hauspolitik erhoben. Um zum Ziel der Arrondierung zu gelangen, mußte auch der Umweg des Ankaufs

---

[350] Eberstein läßt es bei der Feststellung dieses Sachverhalts nicht an Deutlichkeit fehlen: »In jedem Geschäft ist Plan und System schlechterdings notwendig, am meisten bei unseren Erwerbungen. Allein hier muß ich mit Wehmut bedauern, daß System namentlich bei Erwerbungen nicht immer die Stärke unseres Hochfürstlichen Hauses war, ja das noch heute unter dem guten Vorsatz Zweck und Mittel auf die Seite gesetzt und oft falschen Größen aufgeopfert werden« (EBERSTEIN, § 2).

[351] Dieses wie auch das folgende Zitat in MOSER, Allgemeine Sätze.

[352] Er fährt fort: »Bald hie, bald dort unbedeutende oder doch Stücke von geringeren Betrag auch um wolfeile Preise erwerben taugt nicht für uns, es sei denn das sie für einen wahrscheinlichen Tausch geeignet, oder sonst überhaupt auf Spekulation zu aquirieren wären« (EBERSTEIN, § 3).

[353] MOSER, Allgemeine Sätze.

von Tauschobjekten gegangen werden. Besonders betont wurde, wie erwähnt, daß der rein ökonomische Gewinn dabei zurückstehen müsse, denn selbst wenn dafür Schulden gemacht werden müßten, seien systematische Erwerbungen ein Gewinn für das fürstliche Thurn und Taxissche Haus.[354] Ein derartiges Vorgehen sei aber nur nach einem festgesetzten Plan möglich, der einige verwaltungstechnische Innovationen erforderte. Zuerst müßten besondere Akten über in Frage kommende Herrschaften, die sich zur Arrondierung oder als Tauschobjekt eigneten, angelegt werden. Wenn möglich, sollten dabei auch nähere Angaben wie Ertrag, Rechtsverhältnisse etc. eruiert werden. »Zu diesen Sachen gehört also planen, so dann ein geheimer Habacht und Kundschafter«, um im konkreten Fall »schon einigermaßen präpariert zu sein«.[355] Dazu gehörte auch, daß man für den gegebenen Fall genügend Geld zurückgelegt habe, am besten in einer besonderen Kasse.[356] Solch ein Plan könne nicht in kurzer Zeit ausgeführt werden, sondern »vielleicht erst in 60 – 100 – 200 und mehreren Jahren zur Vollkommenheit gedeihen; alles nach Maßgabe der Umstände und Gelegenheit«.[357]

Interessant sind die beachtlich weiten Zeiträume, in denen hier gedacht wird. Diese Einstellung verweist darauf, daß man von einer unveränderlich hohen Bedeutung des Grundbesitzes für die Stellung in der Gesellschaft und im staatlichen Gefüge ausging, obwohl man doch die Veränderung der Postrechte und Postverhältnisse einkalkulierte. Landbesitz blieb, dies führten die Geheimen Räte sehr eindringlich aus, der Garant für die adelige Selbstbehauptung.

An die grundlegenden Überlegungen schließen sich die konkreten Handlungsvorschläge der beiden fürstlichen Beamten an.[358] Die beiden Schriften erhellen Argumentationslinien, die man einige Jahre später im Testament des Fürsten wiederfinden kann. Die zentrale Forderung, sich um Ausdehnung des eigenen Herrschaftsbereichs der Postdynastie zu bemühen, taucht dort sehr eindringlich auf.[359] Entsprechend dem Ratschlag des Freiherrn von Eberstein errichtete der Fürst mit seinem Testament außerdem eine besondere Kasse zum Ankauf von Herrschaften. Weitere Vorschläge der Denkschriften wurden umgesetzt: Sämtliche Herrschaften, die nach der Niederschrift der beiden Promemorien von 1789 von Carl Anselm angekauft wurden, tauchten bereits in

---

[354] EBERSTEIN, § 2.

[355] MOSER, Allgemeine Sätze und Specialiorum.

[356] Dieser Ratschlag wurde auch ausgeführt. Siehe allgemein WINKEL, Entwicklung, und – besonders interessant – das Testament des Fürsten, der dieser Kasse einen besonderen Stellenwert einräumte und sie dem Fideikommiß zuordnete. FZA Regensburg, HFS, Urkunden 1397. Seine beiden Nachfolger Karl Alexander und Maximilian Karl bestätigten diese Einrichtung in ihren Testamenten. FZA Regensburg, HFS, Urkunden 1399 (Testament Karl Alexanders); HFS, Urkunden 1404 (Testament Maximilian Karls).

[357] EBERSTEIN, § 2. In gleicher Bewertung bei MOSER, Allgemeine Sätze.

[358] Siehe zu den konkreten Vorschlägen die abschließenden Paragraphen bei EBERSTEIN und die »Specialiorum und Resultate hieraus« bei MOSER.

[359] FZA Regenburg, HFS, Urkunden 1397, sowie HFS, Akten 2164.

diesen Schriften als mögliche Arrondierungsobjekte auf. Bis 1803 hatte man mit den oben erwähnten Zukäufen den schwäbischen Besitz bedeutend vergrößert. Auch hinsichtlich der Erweiterung des Grundbesitzes bildete der Reichsdeputationshauptschluß die letzte große Zäsur während der Regierungszeit Carl Anselms. Er erbrachte vor allem die erwünschten Arrondierungen und verlieh dadurch dem geographischen Raum Oberschwaben besondere Bedeutung für die Thurn und Taxis. Neben den Besitzungen in Schwaben, vor allem auch der Sommerresidenz in Trugenhofen, blieben aber noch zwei weitere Lebensräume für das Haus Thurn und Taxis von Bedeutung: Regensburg als Sitz der Prinzipalkommission und Frankfurt als wichtiger Schnittpunkt der Reichspost. Das Leben der Mitglieder des Hauses Thurn und Taxis spielte sich nicht zuletzt am jeweiligen Residenzort und damit am fürstlichen Hof ab.

5. Adeliges Haus und fürstlicher Hof

5.1. Haus und Hof – begriffsgeschichtliche Vorbemerkungen

Haus und Hof, die beiden Wörter haben einige Gemeinsamkeiten. Beide sind Zentralbegriffe zur Beschreibung von Strukturprinzipien der europäischen Geschichte. Beide beschreiben historische Lebensformen, die je nach Epoche und Region in ihrer Ausformung äußerst unterschiedlich sein können. Beide Begriffe haben verschiedene Bedeutungsebenen, können je nach Kontext mehr einen politisch-rechtlichen, sozialen oder ökonomischen Zusammenhang bezeichnen, und sie stehen in einem inneren Zusammenhang zueinander. Ähnlich wie bei der bereits erfolgten »Problemdefinition Haus« hinsichtlich des Adels sind auch für den Begriff »Hof« verschiedene Bedeutungsebenen zu nennen:[360] Erstens der real-räumliche Bezug, der Aufenthaltsort, die Residenz eines Herrschers. Zweitens der soziale Bezug, das Gefolge eines Herrschers, die Personen seiner engeren und weiteren Umgebung. Drittens der kommunikativ-kulturelle Bezug, die besonderen Lebens- und Umgangsformen, die vor allem durch Anwesenheit und Teilhabe dieses spezifische Sozialgefüge konstituieren. Und schließlich viertens der politische Bezug, die Regierung, die Politik einer Herrschaft oder eines Landes; ein Abgesandter des Hofes gilt somit als Vertreter der Staatspolitik. Darüber hinaus wird der Hof auch verstanden als Zentrum und Abbild des Staates.

---

[360] Siehe dazu die oben erfolgte Problemdefinition in Abschnitt 1.4 der Einleitung, die in Anlehnung an DERKS, Faszination, entwickelt wurde. Zu den folgenden Definitionsversuchen siehe Aloys WINTERLING, »Hof« – Versuch einer idealtypischen Bestimmung anhand der mittelalterlichen und frühneuzeitlichen Geschichte, in: Mitteilungen der Residenzen-Kommission der Akademie der Wissenschaften zu Göttingen 5 (1995), S. 16–21, auch in: Ders. (Hrsg.), Zwischen »Haus« und »Staat«. Antike Höfe im Vergleich, München 1997, S. 11–25 (ergänzt um einen wissenschaftlichen Apparat), hier: S. 13 f.

Beim Hofbegriff spielt im Vergleich zum Hausbegriff die ökonomische Seite eine marginale Rolle, die kommunikativ-kulturelle dagegen eine herausragende. Die Nähe der Begriffe ist jedoch auffällig, wodurch sich unter Berücksichtigung verschiedener Bedeutungsebenen mit Alois Winterling zusammenfassen läßt: »Ausgehend von dieser Begrifflichkeit läßt sich ›Hof‹ definieren als das erweiterte ›Haus‹ eines Monarchen«.[361] Im Gegensatz zu dieser Definition muß allerdings betont bzw. ergänzt werden, daß dieses »Haus« keine statische, wie dies Otto Brunner wahrzunehmen glaubte, sondern eine dynamische Größe darstellt. Daher gilt es zu wiederholen, wofür bereits hinsichtlich des Hausbegriffs plädiert wurde: Bei der zeitgenössischen Verwendung des Begriffes »Hof« wie bei der Beschreibung des damit zeitgenössisch wie historiographisch bezeichneten Zusammenhangs dürfen die verschiedenen Begriffsebenen nicht aus den Augen verloren, sondern sie müssen immer wieder benannt und in ihrer Beziehung zueinander herausgearbeitet werden. Erst dann kann eine »Haus- und Hofgeschichte« auch kleiner Adelshäuser ihre Existenzberechtigung behaupten.

In der politisch-rechtlichen Argumentation, wie sie im vorhergehenden Kapitel ausgebreitet wurde, taucht der Begriff des Hauses immer wieder an zentraler und exponierter Stelle auf. Die »Rechte des Hauses« galt es zu sichern, vor allem aber den »Lustre und Flor« des Hauses zu befestigen und wenn möglich zu erhöhen. Dazu gehörte zweifellos auch eine standesgemäße Hofhaltung. Haus und Hof erscheinen hier als sich gegenseitig bedingende wie stützende Größen, die adelige Existenz grundlegend ausmachen. Adel, vor allem hoher Adel, bedeutet nicht nur zu einem Haus, sondern auch zu einem Hof zu gehören, indem man, im Mittelpunkt stehend, »Hof hält« oder als Mitglied »Zutritt zum Hofe hat«. Der Hof ist somit in all seinen Facetten und Bezügen nicht nur allgemein ein erweitertes Haus, sondern vor allem auch die Schauseite, der Repräsentationsbereich des Hauses nach außen.

Mit einem Blick auf den fürstlichen Hof läßt sich die bisher entworfene Physiognomie des Hauses Thurn und Taxis wesentlich ergänzen. Daher werden im folgenden einzelne Bereiche dessen dargestellt, was den Thurn und Taxisschen Hof im 18. Jahrhundert bestimmt hat. Abgerundet werden diese Skizzen zur Hofkultur durch einen Blick auf zeitgenössische Urteile über die Hofhaltung der Fürsten von Thurn und Taxis. Am Ende dieses Kapitels wird der Faden nochmals aufgenommen, der Begriffe und Vorstellungen von »Haus« und »Hof« der Thurn und Taxis miteinander verknüpft.

---

[361] Ebenda, S. 14. Winterling fährt in seiner (oben zitierten) Definition fort: »Dabei meint ›Haus‹ eine räumlich-sachliche, soziale, wirtschaftliche und herrschaftliche Einheit im Sinne von Otto Brunners ›ganzem Haus‹ «.

5.2. Höfisches Leben und adelige Kultur

Zum Hof eines Fürsten gehört unabdingbar eine Residenz. Als geographisches Zentrum ermöglicht sie erst den Hof als sozial-kommunikatives und kulturelles Gebilde. Vom 16. bis zum Anfang des 18. Jahrhunderts residierten die Thurn und Taxis in Brüssel. Danach verlagerte sich ihr Interesse und damit ihr Wohnsitz ins Reich: In Frankfurt wurde das Stadtpalais errichtet, und auf den Besitzungen in Schwaben baute man die angekauften Herrschaftssitze zu repräsentativen Sommerresidenzen aus. Mit der Übersiedlung nach Regensburg im Jahr 1748 verlor Frankfurt sehr schnell seine Bedeutung als Wohnsitz, und es bildete sich die für das Fürstenhaus prägende Achse Regensburg – Schwaben heraus. In Regensburg residierte man in den Wintermonaten und erfüllte vor allem die gesellschaftlichen Verpflichtungen als Prinzipalkommissar. In Schwaben verbrachte man den Sommer und führte das exklusive Leben im Stil eines Grandseigneur.[362]

Mit den ersten Ankäufen in Schwaben hatte Fürst Anselm Franz für sein Haus auch die darauf befindlichen kleinen Landadelssitze erworben. Von Größe und Anlage her war vor allem das Schloß Trugenhofen interessant, das bald nach der Erwerbung im Jahr 1734 zum Sommersitz ausgebaut wurde.[363] Nimmt man die Aufenthaltsdauer zum Maßstab, kann man sogar von der Hauptresidenz der Thurn und Taxisschen Familie im 18. Jahrhundert sprechen. Denn obwohl die Prinzipalkommission und die Hauptverwaltung des Hauses in Regensburg angesiedelt waren, verbrachte man die meiste Zeit des Jahres auf Schloß Trugenhofen. Nicht nur in den Sommermonaten von Mai bis September, sondern auch in der übrigen Zeit wurden wichtige Verhandlungen von dort aus geführt, und die leitenden Beamten waren gezwungen, immer wieder den beschwerlichen Weg ins Schwäbische anzutreten.[364] Neben Schloß Trugenhofen gab es noch einige weitere Schlößchen, die man als Nebenresidenzen und hauptsächlich als Ausgangspunkt für Jagd- und Landpartien verwendete. So vor allem der Land- und Verwaltungssitz Marchthal und das Schloß Duttenstein, wo ein großes Wildgehege angelegt wurde, das für den Erbprinzen Karl Alexander einer der Lieblingsaufenthaltsorte werden soll-

---

[362] Mit dieser Zweiteilung des »Wohnsitzes«, Stadtpalais und Landschloß, zeigt sich deutlich, daß die Thurn und Taxis von ihrer ökonomischen Potenz und der damit möglichen Prachtentfaltung eher mit den großen regierenden Dynastien als den kleineren Fürstenhäusern vergleichbar sind. Siehe dazu mit weiterführender Literatur die Ergebnisse der Residenzenforschung, wie etwa PARAVICINI, Zeremoniell.

[363] Bereits von Frankfurt aus besuchte man diesen neuen Landsitz gerne und häufig. Zur Beschreibung der Schloßbauten siehe FZA Regensburg, Besitzungen, Urkunden, Trugenhofen. Allgemein siehe PIENDL, Hofhaltung.

[364] Natürlich nicht mit großem Vergnügen, wie einzelne Beamte auch hin und wieder anmerkten beziehungsweise auch als Grund für Gehaltszulagen in den Personalakten anführten.

te.³⁶⁵ Die Ausgestaltung der Herrschaftssitze in Schwaben entsprach den Moden der Zeit. Barocker Glanz entstand und entfaltete sich, durchwoben von den avantgardistischen Strömungen des 18. Jahrhunderts. Der vorgefundenen Bausubstanz wurden Räumlichkeiten ein- und angefügt, die noch stark das Vorbild Versailles erkennen lassen.³⁶⁶ Die Umgebung wurde jedoch nach einem neuartigen Prinzip gestaltet: Ein »Englischer Garten« wurde angelegt, der keine klaren Linien, keine »widernatürlichen Arrangements« mehr duldete, sondern der Forderung nach Natur und Natürlichkeit entsprechen sollte.³⁶⁷ Auch die kleineren Residenzen mit angeschlossenen Jagdhütten entsprachen dieser Forderung. Von hier aus wurden die beliebten »Landparthien« unternommen, auf denen die strengen zeremoniellen Formen nicht eingehalten werden mußten. Vor allem Fürst Carl Anselm, insgesamt kein umgänglicher Charakter, versuchte der höfischen Etikette so weit als möglich (und damit von Regensburg nach Schwaben) zu entfliehen.³⁶⁸

Die Regensburger Zeit bedeutete vor allem, die Funktionen des Prinzipalkommissars wahrzunehmen. Dieser Aufgabe war auch die Residenz untergeordnet. Die Macht und der Glanz des Kaiserhauses Habsburg sollten auch in der Pracht des Hofes seiner Stellvertreter sichtbar sein. Wie sehr man auf die standesgemäße Ausstattung der Residenz Wert legte, zeigt sich nicht nur in dem großen finanziellen Aufwand, den man dafür trieb, sondern auch in sehr direkten Vorkehrungen: Der erste Prinzipalkommissar aus dem Haus Thurn und Taxis weigerte sich beispielsweise nach seinem Amtsantritt, länger in Regensburg zu bleiben, da man noch über keine entsprechende Residenz verfüge.³⁶⁹ Auch die Huldigungsfeier der Stadt Regensburg gegenüber dem Prinzipalkommissar als Vertreter des Kaisers wurde so lange verschoben, bis das neue Palais fertiggestellt war. Der Regensburger Chronist vermerkte bereits in diesem Zusammenhang, »daß man bald Gewahr wurde, welche Pracht die Fürsten entfal-

---

³⁶⁵ Siehe dazu die zahlreichen Hinweise im privaten Schriftwechsel des Erbprinzen und Prinzipalkommissars in FZA Regensburg, HFS, Akten 1474–1476.

³⁶⁶ Einen Eindruck vermittelt PIENDL, Hofhaltung. Zum Garten siehe Christine ANDRÄ, »Im Park muß alles Ideal sein...«. Englischer Wald und Karlsbrunnen bei Schloß Taxis (Trugenhofen), in: Franz KARG (Hrsg.), Regensburg und Ostbayern. Max Piendl zum Gedächtnis, Kallmünz 1991, S. 127–166, hier: S. 129, Anm. 8.

³⁶⁷ Siehe zur Verdrängung des klassischen französischen Ideals aus der Gartenarchitektur des 18. Jahrhunderts Clemens Alexander WIMMER, Geschichte der Gartentheorie, Darmstadt 1989, und Sieghild BOGUMIL, Die Parkkonzeption bei Rousseau oder die Natur als Lenkung und Ablenkung, in: Park und Garten im 18. Jahrhundert, Heidelberg 1978, S. 100–112, im folgenden S. 109.

³⁶⁸ Im Gegensatz zur Hofhistoriographie, die ihn hauptsächlich als barocken – und damit eigentlich liebenswürdigen – Reichsfürsten und gütigen Landesvater darstellt, verweisen zahlreiche zeitgenössische Urteile auf seinen »wechselhaften Charakter«, »sein hitziges Gemüt« und ähnliches. HHStA Wien, StK, Kleinere Betreffe 18, Konv. a, fol. 7 f. Zu seinen Versuchen, dem Regensburger Reichstagsleben zu entkommen, siehe beispielsweise FZA Regensburg, HMA 279.

³⁶⁹ Siehe zur ersten Niederlassung DALLMEIER [u. a.], Reichsstadt.

teten«.³⁷⁰ Es war indes nicht einfach, eine entsprechende Residenz in Regensburg aufzubauen. Der Magistrat der Stadt wachte sorgfältig darüber, daß kein Grund innerhalb der Stadtmauern an Nichtbürger vergeben wurde.³⁷¹ Natürlich wäre es auch städtebaulich nicht einfach gewesen, innerhalb der verwinkelten und mittelalterlich geprägten Stadttopographie Platz zu schaffen für ein Palais von fürstlichem Format.³⁷² So kam man auf den Ausweg, sich vorerst eine residenzartige Niederlassung zu mieten. Das Stadtpalais der Bischöfe von Freising, der sogenannte Freisinger Hof, war dazu bestens geeignet. Als der Platz nicht ausreichte, mietete man außerdem Teile der gegenüberliegenden Klosteranlage St. Emmeram, später als Äußeres Palais bezeichnet, an.³⁷³ Weitere Gebäude zur Unterbringung des Hofstaats verteilten sich auf das Stadtgebiet, so war das Archiv ebenso wie die Wagenremise anfangs in der Gesandtenstraße untergebracht. Dazu kamen im Lauf des Jahrhunderts noch weitere Gebäude wie das Ballhaus der Stadt oder im nahegelegenen Stadtamhof ein Platz zur Errichtung eines Hatztheaters. Die Gebäude waren also geeignet, um barockem Glanz und höfischem Zeremoniell Raum zu geben.

Ziemlich verärgert wandte sich Fürst Carl Anselm am 27. Januar 1786 an seinen Hofmarschall:

> »Wir haben noch vor einigen Tagen den Beweis gehabt, daß die Damen, welche Wir unser Hauß-Ehre zu machen bestimmet, wie auch die Unsern Hofstaat ausmachende Chefs der Departements und HofCavaliers sich bey Hofe nicht in rechter Zeit einfinden, um die Fremde[n] aldort zu empfangen, und die Ehre Unseres Hofes zu machen. Da dieses gegen den Anstand eines Hofes überhaupt streitet, besonders aber in der Lage, in der Wir uns hier in Regensburg befinden, unangenehme Folgen daraus entstehen könnten, so wollen Wir hiermit nachstehendes Reglement eingeführt wissen«.³⁷⁴

Nicht nur dieses eine Mal beschwerte sich der Fürst beim verantwortlichen Hofmarschall über Unregelmäßigkeiten und nachlässiges Verhalten seines Hofstaates beim Zeremoniell. Unter Zeremoniell wurde dabei das gesamte Leben

---

³⁷⁰ GUMPELZHAIMER, Regensburg's Geschichte, Bd. 3, S. 1611, berichtet bereits anläßlich der Vorbereitungen für die Niederlassung in Regensburg: »Man wurde bald gewahr, welch fürstlichen Aufwand der neue Prinzipal-Commissarius machen und wie vieles zu seinem Etablissement erfordert würde«.

³⁷¹ Bereits am 2. Februar 1662 erließ der Rat der Stadt ein Verbot an Nichtbürger, Grund und Boden innerhalb des Stadtgebietes zu erwerben. Walter FÜRNROHR, Das Patriziat der Freien Reichsstadt Regensburg zur Zeit des Immerwährenden Reichstags. Eine sozialgeschichtliche Studie über das Bürgertum der Barockzeit, in: VHVO 93 (1952), S. 153–308, hier: S. 268.

³⁷² Einen guten Einblick vermittelt dazu Heinz STOOB (Hrsg.), Deutscher Städteatlas, Blatt Regensburg, Größchen 1973.

³⁷³ Siehe dazu auch Hermann REIDEL, Mauritio Pedettis Neubauprojekt für das fürstliche »Äußere Palais« am Emmeramsplatz in Regensburg von 1794, in: Max PIENDL (Hrsg.), Beiträge zur Baugeschichte des Reichsstiftes St. Emmeram und des Fürstlichen Hauses in Regensburg, Kallmünz 1986, S. 79–98.

³⁷⁴ Schreiben Fürst Carl Anselms an den Hofmarschall Baron von Westerholt, 27. Januar 1786. FZA Regensburg, HMA 147.

am Hof verstanden. Denn im gesellschaftlichen Umgang mußte sich durch diese Summe der richtigen Verhaltensweisen, also des angemessenen Umgangs entsprechend den Rangverhältnissen, das gesellschaftliche System selbst widerspiegeln und in der ständigen Wiederholung bekräftigen. Bereits im vorhergehenden Kapitel wurde an einigen Beispielen vorgeführt, welche Bedeutung das Zeremoniell bei den Empfängen der Reichstagsgesandten, bei Huldigungsfeiern und dergleichen hatte. Der Fürst blieb aber auch außerhalb dieser Amtsgeschäfte Prinzipalkommissar. Eine Trennung zwischen Amt und Privatleben kannten die Fürsten von Thurn und Taxis in Regensburg nicht. Der Fürst berücksichtigte stets die besondere »Lage, in der Wir uns hier in Regensburg befinden«. Der Thurn und Taxissche Hof mußte als »Filiale« des kaiserlichen Hofes stets bemüht sein, in allen Lebensbezügen das angemessene Verhalten »nach gewohnten Ceremoniel und herkommen« zu beachten. Mit den umfangreichen »Ceremonial Protocoll Büchern« und dem Schriftwechsel in »Ceremonialsachen« lassen sich Bereiche und Art des Zeremoniells am Hof des Prinzipalkommissars beschreiben, welche an einigen Beispielen vorgeführt werden sollen.

Das Zeremoniell begann natürlich bei der Kleidung. Immer wieder ermahnte der Fürst seinen Hofstaat, in der »angemessenen Kleidung zu erscheinen«. Dies mache schließlich schon »die Ehre des Hauses aus«. Über die Bedeutung der angemessenen Kleidung in der Ständehierarchie müssen nicht viele Worte gemacht werden. Hier soll Hermann Hauff, der aufmerksame Beobachter der Mode zwischen Ancien Régime und bürgerlicher Gesellschaft, angeführt werden, der rückblickend ihre Bedeutung umreißt:

> »Noch vor 50 Jahren trug der Mann die Abzeichen seiner Qualität mehr und weniger deutlich an sich herum: Ordenszeichen, Tressen, Spitzen, Westenflor, Farbe, Schnitt und Fülle des Kleides und der Perücke, Höhe und Anmuth der Hutspitze waren Barometer des wirklichen oder angemaßten Standes, und die lange Scala zwischen einem Minister- und einem Magisterhaarbeutel erlaubte, den Mann auf 100 Schritte zu recognoscieren«.[375]

Gerade bei Hof spielte die richtige Perücke, der richtige Schnitt eine wichtige Rolle. Neben der Kleidung war die richtige, das heißt angemessene Choreographie von Bedeutung. Es mußte immer die richtige Anzahl von Personen des Hofstaats anwesend sein. Dies wies deutlich die gesellschaftliche Stellung der betreffenden Person aus. Ein fehlender Page zur Bedienung an der fürstlichen Tafel konnte beispielsweise als höchst ehrenrührig erscheinen. Essen war ohnehin eines der offiziellen Ereignisse schlechthin. Nicht umsonst füllen Fragen bezüglich der Tafelanordnung, der geladenen Gäste, der Ausstattung der Tafel etc. ganze Bände.[376] Essen war eine politische Veranstaltung. Einige Beispiele

---

[375] Hermann HAUFF, Moden und Trachten. Fragmente zur Geschichte des Costüms, Stuttgart 1840, S. 36.

[376] Daher rührt letztlich auch die Anlage der Ceremonial-Protokollbücher, worin das zu beobachtende Zeremoniell genauestens vermerkt wurde.

mögen dies belegen. Zum einen gab es jeden Mittag die fürstliche Tafel; daran teilzunehmen war eine besondere Ehre, worüber auch genauestens gewacht wurde.[377] Empfang zum Essen, Geleit, Sitzordnung waren höchst diffizile Angelegenheiten, und ein etwas abseits stehender Stuhl konnte größte Auseinandersetzungen zur Folge haben. Es war nahezu alles geregelt, beispielsweise auch das entsprechende Gedeck: Ein Fürstbischof erhielt »goldenes Service und goldenes Salzfaß«, außerdem einen Pagen zur Seite, seine Gesandten mußten sich dagegen mit dem gewöhnlichen Gedeck zufrieden geben.[378] Auch in den kleinsten Belangen richtete sich die Filiale nach den Ordnungen des Wiener Hofes. Neben diesen »gewöhnlichen Tafeln« gab es zu besonderen Anlässen die »große Tafel« mit über 40 Gedecken. Natürlich waren die Tafeln zumeist eingebettet in ein weiteres Umfeld des gesellschaftlichen Verkehrs. An die großen Tafeln, die mittags stattfanden, schlossen sich Spiele und Vergnügen an, die bis zur großen Abendtafel dauerten. Außerdem gab es feste Vergnügungen im Wochenplan. Im oben zitierten Reglement wurde verfügt: Die Hofdamen, Departementschefs und Hofkavaliere hatten sich immer »am Sonntag, als an Unserem Gesellschaftstag« um sechs Uhr abends und »Am Donnerstag, als an Unserem Concert-Tag« um fünf Uhr bei Hof einzufinden. »An anderen Tagen wird die Dame, welche die Haus-Ehre machet, mit dem Fräulein von Loos und dem bey Uns Dienst machenden Hof-Cavalier sich in gleicher Absicht um halbe sieben Uhr bey Hofe einfinden«.[379]

Vor allem, so betonte der Fürst in zahlreichen Schreiben, sei es wichtig, daß sowohl bei den festen Veranstaltungen als auch bei den allgemeinen fürstlichen Tafeln immer genügend Hofdamen und Hofkavaliere anwesend seien, »die die Ehre des Hauses ausmachen«. Es dürfe nicht mehr vorkommen, daß sich diese zu früh entfernten und es daher den Gästen »an Spielpartnern nach dem Essen fehlt«. Kartenspiele waren übrigens als Zeitvertreib sehr beliebt.[380] Vor allem Fürst Carl Anselm lag viel daran, daß den Gästen an seinem Hof immer ein Spiel zu ihrer Unterhaltung angeboten wurde. Besonders gereizt reagierte er, als

---

[377] Neben der fürstlichen Tafel existierte die im Rang untergeordnete sogenannte Kanzleitafel. Vermerke in den Personalakten der höheren Bediensteten spiegeln immer wieder die Bedeutung dieser Tafeln für das Ansehen des Einzelnen wider. Umstritten war beispielsweise die Berechtigung der Hofmedici, an den Tafeln teilzunehmen. Siehe dazu FZA Regensburg, HMA 17–18.

[378] Beispielsweise vermerkt anläßlich der Audienz des Fürstbischofs Törring am 20. Dezember 1787. FZA Regensburg, HMA 144, fol. 14.

[379] Schreiben Fürst Carl Anselms an Westerholt, 27. Januar 1786. FZA Regensburg, HMA 147. Siehe dazu auch die Hinweise des Thurn und Taxisschen Bibliothekars Albrecht Christoph KAYSER, Versuch einer kurzen Beschreibung der Kaiserlichen freyen Reichsstadt Regensburg. Reprint der Auflage von 1797. Mit einem Vorwort von Peter Styra, Regensburg 1995, S. 51.

[380] Einen Überblick und eine Charakterisierung der beliebtesten Spiele bietet Manfred ZOLLINGER, Banquiers und Pointeurs. Geschichte des Glücksspiels zwischen Integration und Ausgrenzung vom 18. bis zum 20. Jahrhundert, Diss. phil. Wien 1990, hier vor allem Abschnitt 4.1. Adelsspiel – »diese hohe Kunst«, S. 37–46.

ihm zugetragen wurde, daß Hofchargen zuweilen ein Spiel ablehnten. »Da dieses nicht allein der Lebensart, sondern auch dem Anstand Unsers Hofes entgegen streitet«, befahl er unter Androhung fürstlicher Sanktionen, daß jene, »welche die Ehre des Hauses ausmachen, Spiele den Fremden und Hausgenossen anbieten sollen«.[381] Zweifellos war das Kartenspiel auch eine standesgemäße Unterhaltung. Nicht nur die nötige freie Zeit, sondern auch ausreichende Finanzmittel waren unabdingbar, um einer Beschäftigung nachzugehen, die dadurch nur einem exquisiten Kreis vorbehalten war.[382] Unterhaltung, Zeitvertreib, Vergnügung oder Rahmenprogramm zum Reichstagsgeschehen – wie man diesen Bereich auch umschreiben mag, er war das Metier des Prinzipalkommissars in Regensburg. Dazu zählten die unterschiedlichsten Dinge, auf die noch näher einzugehen sein wird: Hoftheater, Hoforchester, Schlittenfahrten und Landpartien, Jagden, Einrichtung von Bibliothek und Allee. Hierüber wissen wir außer einigen Schilderungen wenig, vor allem zu wenig, um Bewertungen zu treffen, welche Bedeutung dieses Amusement im Rahmen der politischen Reichweite des Immerwährenden Reichstages hatte. Ob nun die Vergnügungen nur Zeitvertreib waren oder Möglichkeiten des informellen Austauschs boten, ist nicht einfach zu entscheiden. Bei der Hinwendung der historischen Zunft zum Zeremoniell ist bisher der Weg ins Archiv zumeist nicht eingeschlagen worden. Auch im Rahmen der vorliegenden Arbeit werden dazu nur einige Bruchstücke zusammengetragen. Zumindest kann jedoch ersehen werden, daß die Prinzipalkommissare aus dem Haus Thurn und Taxis ab 1748 sehr viel Wert auf diesen Bereich legten. Immer wieder taucht, eben auch an zentraler Stelle, der Verweis auf »die Ehre des Hauses« auf. So konnte sich der Prinzipalkommissar, wie bereits der Staatsrechtler Moser schrieb, mit dem »Ceremoniel und Lustre« begnügen, die Politik im engeren Sinn hatte der Konkommissar zu übernehmen.[383] Der Fürst verstand sich dabei immer als Juniorpartner Habsburgs. Kein Schritt wurde unternommen, ohne sich vorher die Wiener Bestätigung einzuholen. Immer, wenn etwas nicht »nach der Reichs-Etiquette« oder nach dem »üblichen Ceremoniel« abgehalten wurde, war man bemüht, in Wien nachzufragen. Schaltstelle war dabei wieder der Konkommissar. Dies fing bei den Einladungen zur einfachen fürstlichen Tafel an und wurde erst recht augenfällig bei herausragenden Veranstaltungen.

---

[381] Hinweise und Ermahnungen hinsichtlich der Spiele finden sich immer wieder. Die Zitate entnommen aus einem Schreiben Fürst Carl Anselms an Westerholt, 18. November 1786. FZA Regensburg, HMA 147. Die angedrohten Sanktionen reichen von der Äußerung des »Misvergnügens« bis zum Entzug von Sondergratifikationen.

[382] Nicht zuletzt wird diese gesellschaftlich distinguierende Funktion des Kartenspiels deutlich durch die Verfügung des Fürsten, seiner Tochter, verheirateter Fürstin von Radziwill, bei ihrer Anwesenheit in Regensburg monatlich 100 fl. »Spielgeld« zur Verfügung zu stellen, damit es ihr möglich sei, diesem Zeitvertreib gebührend nachzugehen. FZA Regensburg, HMA 147.

[383] Siehe dazu PIENDL, Prinzipalkommissariat und Prinzipalkommissare.

Das Zauberwort war hier »Gala«. Dieses Wort war für die Eingeweihten Hinweis und Programm zugleich, um durch Feierlichkeiten auf die Bedeutung mancher Tage hinzuweisen. Das Wort ist spanischen Ursprungs und gelangte um 1700 über Wien an die deutschen Höfe.[384] Gala konnte sich sowohl auf ein Fest bzw. eine Feierlichkeit beziehen als auch auf die Festkleidung bzw. Festdekoration. Krünitz erklärt 1778 in seiner Enzyklopädie diese verschiedenen Bedeutungen: »Zu der Galla erscheint jedermann, der die Entrée bey Hofe hat, nach Maßgabe des Ansagens, in prächtiger Kleidung für sich, seine Equipage und Bedienten und machet bey den höchsten Herrschaften Cour«.[385] Entsprechend der Feierlichkeit, zu der »Gala angesagt« wurde, unterschied man zwischen kleiner und großer Gala, zwischen Trauer- und Ordens-Gala. Zur kleinen Gala genügte es dabei, sich »in simpeln seidenen oder sammtenen Röcken mit reichen Westen« zu kleiden, zur großen Gala jedoch mußte man »schweres von Gold und Silber durchwirktes Zeug« anlegen.[386] In Regensburg war es wieder der Prinzipalkommissar, der »Gala-Tage« ansagte. Zu den ordentlichen Galatagen zählten die Geburts- und Namenstage sowie Krönungs- und Regierungsantritte der Kaiser. Außerdem gab es die »außerordentlichen Galatage«, wie beispielsweise anläßlich der Geburt eines Erzherzogs, aber auch beim Tod eines Mitglieds der kaiserlichen Familie. Die zeitgenössischen Chronisten vermerkten die Ankündigung von Gala und gingen dabei auf die besondere Prachtentfaltung am Hof des Fürsten von Thurn und Taxis ein.[387] Für diese besonderen Anlässe gab es Galawagen, Galaanzüge etc.[388] Die Prachtentfaltung gab dabei die Möglichkeit, in der Hervorhebung eines besonderen Tages gegenüber dem Alltag den besonderen Rang des Kaisers und seines Prinzipalkommissars gegenüber allen anderen Reichsgliedern vor Augen zu führen und damit immer wieder ins Bewußtsein einzuprägen. Gerade an diesen Gala-

---

[384] Wolfgang PFEIFER (Hrsg.), Etymologisches Wörterbuch des Deutschen, Bde. 1–3, Berlin (Ost) 1989, hier: Bd. 1, S. 495; Friedrich KLUGE, Etymologisches Wörterbuch, Berlin 1989, S. 228. Johann Georg KRÜNITZ, Oekonomische Encyclopädie, oder allgemeines System der Staats-, Stadt-, Haus- u. Landwirthschaft: in alphabetischer Ordnung, Bde. 1–242, Berlin 1782–1858, hier: Bd. 15, S. 713 f., datiert die Übernahme des Wortes aus dem Spanischen dagegen schon auf die Zeit Kaiser Karls V. Siehe die Ausführungen dazu bei BAUMANN/FENDL/KNORR, Barocke Feste, S. 75 f.

[385] KRÜNITZ, Encyklopädie, Bd. 15, S. 713.

[386] Ebenda, S. 714.

[387] Siehe dazu beispielsweise GUMPELZHAIMER, Regensburg's Geschichte. Bei diesen Schilderungen wurde auch auf die entsprechende Gala-Ausstattung detailliert eingegangen. Dies findet sich sogar noch rückblickend bei Ernst Wilhelm MARTIUS, Erinnerungen aus meinem neunzigjährigen Leben, Leipzig 1847, S. 32, siehe auch S. 41 f.: »Am Namenstage des Kaisers Joseph hielt Fürst Carl Anselm eine feierliche Auffahrt in den Dom. Er trug bei diesem Anlasse die prächtige Tracht eines Granden von Spanien, schwarz-seidenen Mantel, Agraffe und Knöpfe reich von Brillanten«.

[388] Siehe zur Bedeutung dieser Staatskarossen mit weiterführender Literatur: Max PIENDL, Der fürstliche Marstall in Regensburg, Kallmünz 1966; Martin DALLMEIER, Fürstliches Marstallmuseum, Regensburg 1996.

tagen spiegelte sich die Struktur des Alten Reiches in all den Abstufungen, Ehrenvorzügen und damit dem personalen Element im politischen Gefüge wider. Daher nimmt es nicht wunder, daß bei diesen Anlässen ganz besonders auf das »Reichs-Ceremoniel« geachtet wurde und es zu zahlreichen Streitigkeiten kam. Rangstreitigkeiten waren ein Grundelement politischer Auseinandersetzungen und persönlicher Fehden am Ort des Immerwährenden Reichstags. Wien war dabei für den Prinzipalkommissar immer der Schiedsrichter. Man hatte sich an den Konkommissar zu wenden »und deren zur Richtschnur dienende Meinung einzuholen«. Grundsätzlich zeigt sich die klare Ausrichtung in den Anweisungen zur Rangordnung, die den Fürsten an den Hofmarschall schreiben ließen, daß »Wir [...] wie in allen Gelegenheiten also auch hierin, eine besondere Rücksicht für die kaiserlichen Herren Gesandten zu nehmen, dem Herrn besonders anempfehlen«.[389] Dem Wiener Hof blieb immer ein Ehrenvorzug eingeräumt, auch um allen Präjudizierungen vorzubeugen. Zahlreiche Rangordnungen von Höfen sind überliefert, so auch der Fürsten von Thurn und Taxis.[390] Der Streit um die Bedeutung dieser Rangkonflikte ist alt. In der Kritik standen sie nicht erst in der historiographischen Darstellung des 19. Jahrhunderts. Am Hof des Fürsten von Thurn und Taxis blieb das Zeremoniell auch gegen Ende des 18. Jahrhundert unangefochten aufrechterhalten, obwohl gleichzeitig die Kritik an diesen Formen lauter wurde. Im gleichen Jahr wie das oben erwähnte Reglement des Fürsten Carl Anselm erschien ein kleiner Aufsatz über Rangstreitigkeiten im *Magazin für Aufklärung*. Der Autor Johann Friedrich Klüber bemerkte:

> »Rang und Titel sind noch in unsern Zeiten oft eine Quelle von Zänkereien und Thorheiten, welche auch Männer von aufgeklärtem Geiste, die den Werth der Dinge richtig zu schätzen wissen, nicht immer vermeiden können. Sie sind eine Klippe, an welcher nicht selten die heilsamsten Rathschläge scheitern, und welche, laut der Geschichte, schon einigemal sogar das Wohl ganzer Nationen mit Mühe umschifft hat. Rangstolz ist oft schädlich und gefährlich, auf jedem Falle aber Vorurtheil«.[391]

Aber, so fährt der Autor fort, auf ein Ende wird man so schnell nicht hoffen dürfen: Zeremoniell wird trotz aller Aufklärung in den Köpfen weiterhin Politik bestimmen. Beide Pole und Kulturen schlossen sich jedoch nicht aus. Ganz im Gegenteil: Die Spannung zwischen diesen kulturellen Gegensätzen prägte gerade die zweite Hälfte des 18. Jahrhunderts. Hier mag nochmals der scharfe Beobachter Hauff als rückblickender Zeitzeuge zitiert werden:

---

[389] Schreiben Fürst Carl Anselms an Westerholt, 13. Januar 1787. FZA Regensburg, HMA 147.

[390] Siehe allgemein die Ceremonialbücher; als Beispiel möge die Rangordnung vom 14. Oktober 1786, gegeben zu Duttenstein, dienen, welche vorhergehende Bestimmungen zusammenfaßte und wiederholte. FZA Regensburg, HMA 147.

[391] Johann Ludwig KLÜBER, Merkwürdiger Rangstreit zwischen einem teutschen Reichsfürsten und einem päpstlichen Nuntius, in: Ernst Ludwig POSSELT (Hrsg.), Wissenschaftliches Magazin für Aufklärung, Bd. 2, H. 1, Leipzig 1786, S. 143–148, hier: S. 143.

»Dieses wunderliche Gemisch von Freigeisterei und Pedantismus, von mimisch stark ausgeprägter Demuth und Würde, diese leichtfertige, selbstgenügsame, die Welt in eine Formel einschließende Philosophie neben unendlichem Ceremoniel, das die in höchstes Wissen und in gute Lebensart gleich Eingeweihte befolgten, ohne einander, gleich den römischen Auguren, ins Gesicht zu lachen – dies Alles rückt eine Zeit, welche die ältern des jetzigen Geschlechts doch noch erlebt haben, für uns jüngere in tiefen Hintergrund«.[392]

So waren eigentlich weit auseinanderliegende Dinge möglich: Hofhaltung mit all ihren zeremoniellen Formen und barockem Amusement und die gleichzeitige Mitgliedschaft in Freimaurerlogen und die Hinwendung zu aufgeklärter Literatur und Kunst.[393] Diesen verschiedenartigen Facetten adeligen Lebens soll noch in kleinen Ausschnitten nachgegangen werden.

Auch ein nur kursorischer Blick auf das kulturelle Engagement der Fürsten von Thurn und Taxis zeigt, daß ihre Hofhaltung den Vergleich mit größeren Landesherren nicht zu scheuen brauchte. Besonders deutlich wird dies durch einen Exkurs zur Geschichte des Hoftheaters und den Aufbau der Hofbibliothek. Bereits der erste Prinzipalkommissar aus dem Haus Thurn und Taxis wandte sich dem Hoftheater zu. Anfangs unterstützte er fahrende Schauspielertruppen, die in Regensburg gastierten, bis es ihm gelang, das Ballhaus der Stadt Regensburg »zum nutzen des französischen Spectacle« anzumieten.[394] Außerdem begann er, ein Schauspielensemble aufzubauen. Im Gegensatz zu den meisten kleineren Residenzstädten wurde somit eine feste Truppe besoldet, welche den Rang von »Staatsschauspielern« einnahm.[395] Die verpflichteten Schauspieler wurden auf längere Zeit angestellt und gewährleisteten einen steten Schauspielbetrieb. Die Vorliebe des ersten Prinzipalkommissars galt der »opéra comique«. Dreimal pro Woche wurden französische Klassiker

---

[392] HAUFF, Moden, S. 36 f. Siehe auch die zeitgenössisch kritischen bis zynischen Bemerkungen zu zeremoniellen Formen in den Memoiren des Ritters von Lang: Karl Heinrich Ritter von LANG, Die Memoiren des Ritters von Lang. 1764–1835, hrsg. von Hans Haussherr, Stuttgart 1957.

[393] Da seine Beschreibung so pointiert den Zusammenhang beleuchtet, mag hier nochmals Hauff zitiert werden: »Die conventionelle Welt war von der idealen rein geschieden: in jener spielte man wie im Carneval die übernommene Rolle, im Maskencostüm sich schmiegend und brüstend, complimentirend und salutirend; in dieser schwärmte man nur in der Schlafmütze und am Schreibtisch. [...] Die aufgeklärte Gesinnung vertrug sich mit dem schuldigen Respekt gegen die Obern und der Amts- oder Gönnermiene gegen die Niedrigern; der Kosmopolitismus verminderte nicht die Tiefe des Bücklings nach oben, und der Philanthropismus brachte das sich in die Brust Werfen und den gnädigen Knick nach unten keineswegs aus der Uebung«. Ebenda, S. 37 f.

[394] Zur Geschichte des Hoftheaters siehe grundlegend S. FÄRBER, Hoftheater, und neuerdings zusammenfassend Manfred KNEDLIK, Das fürstliche Hoftheater, in: Martin DALLMEIER/Martin KNEDLIK/Peter STYRA, »Dieser glänzende deutsche Hof«. 250 Jahre Thurn und Taxis in Regensburg, Regensburg 1998, S. 42–44, sowie Helmut PIGGE, Theater in Regensburg, vom fürstlichen Hoftheater zu den Städtischen Bühnen, Regensburg 1998.

[395] Zur Entwicklung des Theaters im allgemeinen siehe Eike PIES, Prinzipale. Zur Genealogie des deutschsprachigen Berufstheaters vom 17. bis 19. Jahrhundert, Ratingen 1973.

der Zeit gespielt.³⁹⁶ Ausgenommen blieben dabei allerdings die Sommermonate, in welchen die Schauspielertruppe dem Fürsten auf seinen Sommersitz in Schwaben folgte. In den übrigen Monaten jedoch waren die Aufführungen ganz bewußt als Unterhaltungsprogramm für die Reichstagsgesandten gedacht. Ankündigungszettel sollten dieses Angebot bekanntmachen.³⁹⁷

Einen Einschnitt brachte der Generationswechsel: Der zweite Prinzipalkommissar aus dem Hause Taxis beendete das französische Hoftheater und befahl, nach dem Vorbild des Wiener Hofs eine italienische Oper einzurichten. Unter der Leitung des Musikintendanten Freiherrn Theodor von Schacht erlangten die Inszenierungen der italienischen Oper weitverbreiteten Ruhm. Unter den Mitgliedern des Hoftheaters und der Hofmusik ragen einige Größen der damaligen europäischen Theater- und Musikszene heraus.³⁹⁸ Sie bemühten sich nicht nur, einen hochkarätigen Spielplan, der von der »opera buffa« beherrscht wurde, zusammenzustellen, sondern einzelne von ihnen traten auch als Komponisten hervor, die über die Grenzen von Regensburg hinaus bekannt wurden.

Interessant ist in unserem Zusammenhang das Schreiben, mit dem der Prinzipalkommissar den Spielbetrieb ankündigte und die Modalitäten des Besuchs bestimmte.³⁹⁹ Grundsätzlich, so versprach das Ankündigungsschreiben, sollte der Besuch allen kostenlos möglich sein. Die näheren Bestimmungen führten jedoch aus, daß die Hauptanzahl von Plätzen »denen hohen Gesandschafften und Noblesse« eingeräumt waren. Und es wurde gewarnt, »sich nicht unter falscher Vorgebung einzuschleichen«. Somit wurden die Rangunterschiede auch beim Theater- und Opernbesuch strengstens eingehalten. Und noch 1797 berichtete der Thurn und Taxissche Beamte Kayser, daß im Theatersaal Logen entstanden, »welche sich die Gesandtschaften bauen ließen, als Bürgerliche das Nobleparterre zu besuchen anfiengen«.⁴⁰⁰

---

³⁹⁶ Eine Übersicht der gespielten Stücke gibt die »Liste des Musiques appartenantes à S: A: S: Monsgr. Le Prince de la Tour et Tassis«. FZA Regensburg, HFS 2441.

³⁹⁷ Siehe dazu die Ankündigungen in Staatliche Bibliothek Regensburg, StB Rat. civ. 14.

³⁹⁸ An erster Stelle ist dabei der Musikintendant Schacht zu nennen. Siehe Sigfrid FÄRBER, Der Fürstlich Thurn und Taxissche Hofkomponist Theodor von Schacht und seine Opernwerke, in: Hermann BECK (Hrsg.), Studien zur Musikgeschichte der Stadt Regensburg, Bd. 1, Regensburg 1979, S. 11–22. Außerdem dazu ders., Hoftheater. Färber liefert überdies eine Liste der mit der Geschichte der Hofmusik in Verbindung stehenden Personen. Da die Mitglieder der Ensemble den Status von fürstlichen Bediensteten erhielten, liegen gerade ab dem letzten Drittel des 18. Jahrhunderts außerdem die Personalakten vor.

³⁹⁹ Nachricht, demnach Seine Hochfürstliche Durchlaucht der Herr Prinzipal-Kommissarius [...] eine italiänische Opera frey und unentgeldlich geben werde, [Regensburg] 1783. Staatliche Bibliothek Regensburg, StB Rat. civ. 262u.

⁴⁰⁰ Eine Trennung der bürgerlichen von den adeligen Kreisen war bereits in der Ankündigung des Prinzipalkommissars ausgesprochen worden: »Haben sich seine Hochfürstliche Durchlaucht erklärt: Daß das ganze Parterre Höchstdero Person, denen hohen Gesandschaften und Noblesse, als übrigen – in öffentlichen und anderen angesehenen Privat-Charakteren stehenden – auch sonstigen Honoratioribus gänzlich gewidmet seyn sollte [...] welche den herkömmlichen Zutritt in die öffentlichen Gesellschaften bey Hofe haben«. Nachricht, demnach Seine Hochfürstliche Durchlaucht [...], Ankündigungsschreiben vom 12. April 1784.

Wie sehr man den Modetrends der Zeit aufgeschlossen war, zeigt, daß man schon einige Jahre später die italienische Oper wieder absetzte und nunmehr eine deutsche Nationalbühne errichtete[401] – die Lessingsche Idee, ein Nationaltheater zu gründen, fiel auch in Regensburg auf fruchtbaren Boden. Ab 1778 standen deutschsprachige Werke wie die frühen Dramen Lessings und die populären Erfolgsstücke von Iffland auf dem Programm. Neben dem Sprechtheater wurden zur Unterhaltung des Publikums zahlreiche Singspiele inszeniert.[402] Sehr bald genoß die Regensburger »Nationalschaubühne« weit über die Stadt hinaus großes Ansehen. Belege dafür sind die positiven Besprechungen in den renommierten Theaterzeitschriften und Überlegungen wie die des Verlegers von Schiller, die Erstaufführung der *Räuber* gerade auf dieser Bühne zu inszenieren.[403] In den achtziger Jahren kam es trotz dieser Erfolge zu einer Wiederbelebung der italienischen Oper. Fürst Carl Anselm beauftragte damit den bereits erprobten Freiherrn von Schacht. Von fürstlicher Seite war man bereit, für den Opernbetrieb die stolze Summe von jährlich 24 900 fl. auszugeben. Dies entsprach den Einnahmen einer recht ansehnlichen Herrschaft.[404] Neben den laufenden Kosten für Personal, Unterhaltung, Requisite etc. baute man darüber hinaus die Theatergebäude am Ägidienplatz aus. Jedoch entsprach der Geschmack des Fürsten nicht mehr dem herrschenden Zeitgeschmack. Daher wurde das kostspielige Vergnügen einer italienischen Bühne immer weniger von den Reichstagsgesandten genutzt. Aufgrund dieser fehlenden Akzeptanz gab schließlich Carl Anselm das Unternehmen eines fürstlichen Hoftheaters auf und subventionierte in Zukunft wechselnde Schauspieltruppen. Auch dieses Ende der eigenständigen Unterhaltung einer gesamten Schauspieltruppe zeigt die Abhängigkeit und die Ausrichtung des fürstlichen Engagements: Ziel war es, die Reichstagsgesandtschaften zu unterhalten. Das städtische Bürgertum, soweit man überhaupt davon sprechen kann, war dabei integriert. Schließlich waren gerade Mitglieder des Rats oft auch Vertreter von

---

Ebenda. Siehe auch KAYSER, Versuch, S. 91: »Der Theatersaal ist klein, mit einer einzigen Galerie und etlichen Logen versehen, welche sich die Gesandtschaften bauen ließen, als Bürgerliche das Nobleparterre zu besuchen anfingen«.

[401] Auch bei diesem Schritt war man bemüht, nicht irgendeine, sondern eine bereits erfolgreiche und geachtete Truppe zu engagieren. Siehe dazu Promemoria, den mit dem Directeur einer Teutschen SchauSpieler-Gesellschaft abzuschließenden Contract. FZA Regensburg, HFS, Akten 2440. Siehe allgemeiner dazu HFS, Akten 2443; außerdem S. FÄRBER, Hoftheater.

[402] Das Repertoire läßt sich u. a. erschließen aus dem »Verzeichniß der Theater Musicalien« in FZA Regensburg, HFS, Akten 2440. Siehe außerdem KNEDLIK, Hoftheater, hier S. 65; S. FÄRBER, Hoftheater.

[403] Positive Besprechungen folgten beispielsweise in der *Berliner Litteratur- und Theaterzeitung* und dem *Theater-Journal für Deutschland*. Der Hinweis auf die fast erfolgte Erstaufführung der *Räuber* in Regensburg bei KNEDLIK, Hoftheater, S. 43.

[404] Siehe beispielsweise die Angaben zur Einnahmenstruktur der Waldburg-Zeil, die über Gesamtrevenuen von 56 000 fl. verfügten. Zur Finanzlage mit einer Auflistung der Passiva siehe MÖSSLE, Maximilian Wunibald, S. 166 f.

auswärtigen Reichsstädten oder standen mit den Gesandten anderer Reichsstände in Kontakt.

Ebenso auf die Reichstagsgesandten und die Regensburger Bürger zugeschnitten war ein weiteres fürstliches Projekt: die Begründung einer Hofbibliothek, die man im Hinblick auf die Stadt des Immerwährenden Reichstags als »öffentlich« bezeichnen kann: »Wie S[eine] Durchlaucht angenehm gefallen sein und auch ferner in Zukunft gern geschehen lassen, daß S[eine]r Durchlaucht ansehnliche und täglich sich vermehrende Büchersammlung einem jeden ehrbaren, lesebegierigen Mann zum Gebrauch, jedoch nicht anders als in der Bibliotheque selbst, offen stehe«.[405] Diese Sätze stammen aus einem ersten Entwurf zu einer Bibliotheksordnung im Frühjahr 1782. Die fürstliche Hofbibliothek war aber bereits vor diesem Reskript unter Carl Anselm der Öffentlichkeit des Reichstags zugänglich gemacht worden. Im Lauf der Zeit hatten die Ausleihen jedoch ein erträgliches Maß überstiegen, und man ging deshalb zum System der »Präsenz-Bibliothek« über. 1787 legte der Fürst endgültig eine verbindliche Benützerordnung fest.[406] Außerdem ließ er die Räumlichkeiten für die Benützer ausbauen, »um dadurch denselben mehr Erleichterung und Bequemlichkeit« zu verschaffen, und im Dezember desselben Jahres befahl er auf Anraten seines Bibliothekars Westerholt, durch eine Zeitungsannonce die Öffnungszeiten der Bibliothek bekannt zu geben.[407] Erst ab diesem Schritt kann man ohne Einschränkung von einer »öffentlichen« Bibliothek im heutigen Sinne sprechen. Ab 1789 wurden Besucher- oder Benützerbücher geführt, die in den ersten Jahren noch vielfach die Gesandten am Immerwährenden Reichstag verzeichnen. Seit der Bekanntmachung des uneingeschränkten, öffentlichen Zugangs und der festen Öffnungszeiten war es nicht mehr nur der kleine Personenkreis von Angehörigen des fürstlichen Hauses und seiner Beamtenschaft, welche die Bestände der Bibliothek nutzten. Grundsätzlich stand die Bibliothek jedem »lesebegierigen Mann« zur Verfügung. In seinem *Versuch einer Beschreibung sehenswürdiger Bibliotheken Teutschlands* räumte Hirsching der fürstlichen Bibliothek 46 Seiten ein.[408] Nicht nur aus seiner Schilderung, sondern unter anderem aus dem Briefnachlaß des Bibliothekars Kayser läßt sich ersehen, daß die Bibliothek von der reichsstädtischen Bürgerschaft frequentiert wurde. Probst widerspricht bezüglich der Regensburger Hofbibliothek auch

---

[405] Entwurf einer Bibliotheksordnung vom 9. April 1782. FZA Regensburg, HFS, Akten 2371. Siehe dazu PROBST, Fürstliche Bibliotheken, S. 143. Zur Einführung eignet sich PIENDL, Bibliotheken.

[406] Siehe PROBST, Fürstliche Bibliotheken, S. 185–188, Der Entwurf des Bibliotheksdirektors Westerholt wurde von Probst ediert. Ebenda, S. 159.

[407] »Einem geehrten Publico wird anmit bekannt gemacht, daß von heute an in Zukunft der Zutritt zur hochfürstlichen Thurn und Taxisschen Bibliothek Montag, Mittwochs und Freitags von 10 bis 12 Uhr vor- und von 2 bis 5 Uhr nachmittags verstattet werden wird«. Zitiert nach PROBST, Fürstliche Bibliotheken, S. 163.

[408] Friedrich C. HIRSCHING, Versuch einer Beschreibung sehenswürdiger Bibliotheken Teutschlands, Bd. 3, Erlangen 1788, ND Hildesheim 1971, S. 670–716.

den Bewertungen in der älteren Literatur, daß sich die »Öffentlichkeit« von herrschaftlichen Bibliotheken im 17. und 18. Jahrhundert auf bloße Besichtigungen beschränkt und es keinen festen Benutzerkreis gegeben habe.[409] Eine detaillierte Auswertung der Benützerbücher könnte zu den anders gelagerten Verhältnissen in Regensburg nähere Auskunft geben. Fürst Carl Anselm kommt mit den weitreichenden Befugnissen, welche er den Benützern einräumte, zweifellos eine Vorreiterrolle für die Öffnung herrschaftlicher Bibliotheken zu. Natürlich muß dieser Aufbau einer mehr als außergewöhnlichen Bibliothek im deutschen Sprachraum wieder im direkten Zusammenhang mit dem Amt des Prinzipalkommissars gesehen werden. Hier wurde einem weiteren Bedürfnis der Reichstagsgesandten nach Unterhaltung und Bildung Rechnung getragen und damit ein weiterer Baustein dazu geliefert, um dem »ersten Amt« des Kaisers gerecht zu werden.

Einer weiteren interessanten Fragestellung kann in diesem Zusammenhang nur in groben Zügen nachgegangen werden. Es handelt sich um die Benutzung, das Interesse und allgemein den Umgang mit den vorhandenen Buchbeständen durch die Fürsten von Thurn und Taxis und ihre engsten Familienmitglieder.[410] Den Grundstock zu einer fürstlichen Bibliothek hatte Fürst Alexander Ferdinand geschaffen. Ein Katalog seiner Büchersammlung aus dem Jahr 1771 ergibt einen guten Überblick über den Buchbestand des Hauses im Jahr des Regierungswechsels. Insgesamt umfaßte die Bibliothek etwa 1 200 selbständige Werke in annähernd 2 330 Bänden. Der überwiegende Teil des Buchbestandes war in französischer Sprache geschrieben und im 17. und 18. Jahrhundert erschienen; nur vier Werke stammten aus dem 16. Jahrhundert.[411] Damit kann man der Bibliothek den gleichen Stellenwert einräumen, wie er in anderen fürstlichen Häusern üblich war. Erst Carl Anselm strebte das Ziel an, eine Universalbibliothek aufzubauen. Seit 1773 befahl er, systematische Ankäufe vorzunehmen. Zum einen richteten sie sich auf Neuerscheinungen, um die Bibliothek auf einen aktuellen Stand zu bringen. Zum anderen steigerte man die Bedeutung und den Umfang durch die Erwerbung von kompletten Nachlässen bedeutender Wissenschaftler. Generell wurde ein jährlicher Etat von 500 fl. für die Erweiterung des Buchbestandes bereitgestellt, der einige Jahre später auf 800 fl. erhöht wurde. Darüber hinaus wies der Fürst zu Sonderanschaffungen erhebliche Mittel an, so beim Ankauf der Privatbibliothek des Ingolstädter Professors Johann Adam Freiherrn von Ickstadt, des Mediziners Kiepcke und später der Druckschriftensammlung des Historikers und Staatsrechtlers Häberlin.[412] Bereits 1782 war der

---

[409] Siehe PROBST, Fürstliche Bibliotheken, S. 162; mit Verweisen auf die ältere Literatur.

[410] An dieser Stelle ist auf das Fehlen einer wissenssoziologischen Auswertung der Bücherankaufslisten und des Aktenmaterials zur Bibliotheksgeschichte hinzuweisen. Zwar hat Erwin Probst dazu eine wesentliche Vorarbeit geleistet, aber sein Hauptinteresse galt den Bibliothekaren und ihrem Wirken.

[411] Siehe zu den folgenden Ausführungen PROBST, Fürstliche Bibliotheken, S. 131.

[412] Siehe die Beschreibung dieses umfangreichen Bestandes bei Maria PFEFFER, Flug-

Bücherbestand auf 25 048 Bände, 21 311 Dissertationen und 7 317 in Buchform gebundene Kupferstiche angewachsen.

Carl Anselm maß während seiner gesamten Regierungszeit der Bibliothek einen hohen Stellenwert bei.[413] Bis 1806 war einer der Gründe für die Investition in diese Form der Kultur die Schaffung eines neuen Anziehungspunktes für die Reichstagsgesandten.[414] Vor allem im Ziel, eine Universalbibliothek aufzubauen, und in der Öffnung der Bibliothek spiegeln sich aber auch Ideale der Aufklärung wider, nämlich jedem wißbegierigen Menschen zur geistigen Vervollkommnung zu verhelfen.[415] Nur am Rande sei vermerkt, daß die Werke sämtlicher Vertreter der französischen und deutschen Aufklärung zum Bestand der Hofbibliothek des Fürsten zählten. In welchem Umfang der Fürst selbst seine Bibliothek in Anspruch nahm, läßt sich nicht nachweisen. Eins jedoch kann als sicher gelten: Seine Beamten zogen die reichhaltige Fachliteratur heran. Dies wird am Beispiel der Kodifikationsbestrebungen in der gefürsteten Grafschaft Friedberg-Scheer deutlich. Die Sekundärliteratur, auf welche die Ordnungen und das »Gesätzbuch« aufbauten, befinden sich in der Hofbibliothek.[416] Ähnliches gilt für die Verwaltung der Domänen. Neben der rein juristischen Fachliteratur nimmt einen großen Teil innerhalb des Buchbestandes der Bereich Kameralistik ein.[417] In diesem Zusammenhang muß jedoch eingeräumt werden, daß gerade die höheren Beamten des Fürsten selbst über einschlägige Literatur verfügten und die zu ihren Dienstaufgaben nötigen Fachbücher auch vor Ort in den Rentkammern und vor allem bei den Oberpostamtsdirektionen vorhanden waren. Gleiches gilt übrigens für die bescheidene Fachbibliothek der Prinzipalkommission.[418] Der Aufbau einer beachtlichen Universalbibliothek

---

schriften zum Dreißigjährigen Krieg. Aus der Häberlin-Sammlung der Thurn und Taxis Hofbibliothek, Frankfurt a. M. 1993.

[413] Außer den erheblichen finanziellen Mitteln, die Carl Anselm für die Erweiterung des Buchbestandes anwies, zeigt sich dies auch in der personellen Ausstattung der Bibliothek. Zu ihrer Verwaltung wurden durchgehend zwei Bibliothekare bestellt. Eine besondere Rolle nahm dabei der Bibliothekar Kayser ein. Durch seine Schriften zur Bibliothekswissenschaft wurde er über die Grenzen Regensburgs hinaus bekannt. Siehe Albrecht Christoph KAYSER, Über die Manipulation bey der Einrichtung einer Bibliothek und der Verfertigung der Bücherverzeichnisse, Bayreuth 1790.

[414] Zumindest legen die Namen von Reichstagsgesandten, die in den zeitgenössischen Benutzerbüchern der Hofbibliothek auftauchen, dies nahe. Eine eingehende Untersuchung dieses Quellenbestandes steht jedoch noch aus.

[415] Siehe allgemein Rolf ENGELSING, Analphabetentum und Lektüre. Zur Sozialgeschichte des Lesens in Deutschland zwischen feudaler und industrieller Gesellschaft, Stuttgart 1973; spezieller und weniger ergiebig Marlies PRÜSENER, Lesegesellschaften im 18. Jahrhundert. Ein Beitrag zur Lesergeschichte, München 1971. Einen Forschungsüberblick bietet Wolfgang ADAM, Privatbibliotheken im 17. und 18. Jahrhundert. Fortschrittsberichte 1975–1988, in: IASL 15 (1990), S. 123–173.

[416] Siehe dazu die Ausführungen bei NORDMANN, Kodifikationsbestrebungen.

[417] Nur sehr allgemein dazu PROBST, Fürstliche Bibliotheken.

[418] Der Buchbestand dieser Fachbibliothek läßt sich aus einem Register erschließen, das sich in den Akten der Prinzipalkommission erhalten hat. HHStA Wien, MEA, RTA 716.

war zweifellos auf die Bedürfnisse der Reichstagsgesandten zugeschnitten. Sie führte eben nicht nur juridisch-historische Literatur und sonstige Fachbücher, sondern bot durch zahlreiche Journale, Zeitungen und einen immensen Bestand an Belletristik unterschiedlicher Güte einen bunten Reigen an Unterhaltungsliteratur, und das in größerem Umfang als die ebenfalls beachtliche Bibliothek der Reichsstadt Regensburg.

Die Prinzipalkommissare boten jedoch auf vielfache Weise nicht nur dem gebildeten Publikum einige Möglichkeiten der Erholung und des Vergnügens. »Dem Ersten Stifter der Anlagen Carl Anselm Fürsten von Thurn und Taxis MDCCCVI« – diese Inschrift trägt ein Obelisk in der Nähe des Hauptbahnhofs von Regensburg. Die parkähnliche Anlage, in der sich das Monument befindet, verweist durch den Namen »Carl Anselm Allee« ebenfalls auf diesen Fürsten. Somit ging der Wunsch, den Carl Anselm in den achziger Jahren äußerte, »ein dauerndes Denkmal zu hinterlassen«, in Erfüllung.[419] Das Ziel, sich durch eine Stiftung über den eigenen Tod hinaus im kollektiven Gedächtnis präsent zu halten, war aber nicht der einzige Grund, der ihn veranlaßt hatte, eine Allee zu errichten. Dies läßt sich aus einem Beschluß zur Einleitung des Vorhabens erschließen, der am 12. April 1779 dem Magistrat von Regensburg mitgeteilt wurde:

> »Demnach [...] Herrn Fürsten von Thurn und Taxis H[ochf[ür]stl[iche] Durchlaucht an hiesigen Magistrat einen gnädigsten Antrag dahin gemacht haben, daß Höchstdieselbe zum Nutzen und Vergnügen der hiesigen Inwohnerschaft auf dero eigene Kosten eine Baum-Allee um die Stadtgräben anzulegen und zu Stande zu bringen entschlossen seyen, hierauf auf Seiten des wohllöbl[ichen] Magistrats zu Bethätigung der dankbarsten Willfährigkeit wegen des andurch dem gemeinen Wesen und Nachkommenschaft zugehenden Geschenkes [...] erforderliche Einleitungen [...] zu treffen«.[420]

Die Schaffung des eigenen Nachruhms hatte ab der Mitte des 18. Jahrhunderts neue Formen angenommen. Herrscherdenkmäler oder Bauwerke, welche die Größe des fürstlichen Hauses dem Betrachter vor Augen führten, waren dazu nicht mehr geeignet. Dasjenige, was die Erinnerung wachhalten sollte, mußte nützlich sein und der Bevölkerung dienen[421] – mit der Errichtung einer Allee

---

[419] FZA Regensburg, HFS, Akten 2331, zitiert bei Richard STROBEL, Die Allee des Fürsten Carl Anselm in Regensburg, in: PIENDL, Beiträge [1963], S. 229–267, hier: S. 229.

[420] FZA Regensburg, HFS, Akten 2331. Der Text dieser Entschließung ediert bei STROBEL, Allee, S. 229.

[421] Die Stiftungsabsicht ist in etwas anderem Wortlaut bei Gemeiner ohne Angabe der Quelle überliefert: »Eingedenk mancher mir erwiesenen Gefälligkeiten, die mir von Seiten der Stadt erwiesen worden sind, wünsche ich ein dauerndes Denkmal zu hinterlassen, wenn Gott über mich gebiethen solle; ich habe die Idee gefaßt eine Allee von Bäumen vom Jakobstor bis zum Ostentor zur Zierde der Stadt und zur Gesundheit der Einwohnerschaft anlegen zu lassen. Diese Allee will ich auf meine Kosten machen lassen, und verlange nur, daß dieselbe zu meinem Andenken Carl-Taxische Allee genannt werden möge«. Carl Theodor GEMEINER, Regensburgische Chronik, Bde. 1–4, Regensburg 1800–1824, bearb. und neu hrsg. von Heinz Angermeier, München 1971, hier: Bd. 4, S. 174.

zum Wohl der Bürgerschaft konnte dieser Vorgabe Rechnung getragen werden. Damit befand sich Carl Anselm innerhalb einer neuen Zeitströmung. Zum einen wurde das Öffnen der fürstlichen Hofgärten im letzten Drittel des 18. Jahrhundert eine typische Geste der Mildtätigkeit und der aufklärerischen Gesinnung eines Monarchen gegenüber der Öffentlichkeit. Bereits 1766 hatte Josef II. den Prater für die Allgemeinheit geöffnet; in München wurde der Hofgarten 1790 dem einfachen Volk zugänglich.[422] Zum anderen wurde »die grüne Umgürtung der Städte«[423] ab 1800 ein bestimmender Gestaltungsfaktor in der städtischen Gartenarchitektur. Die Errichtung einer derartigen Allee bereits um 1780 nahm, wie dies Jörg Traeger im Vergleich mit derartigen Aktivitäten in den Staaten des späteren Deutschen Bundes feststellte, eine Vorreiterrolle ein und kann als beispielhaft gelten.[424] Besonders auffallend ist nach Traeger auch die gartenarchitektonische Nähe zu den allmählich dominierenden Elementen des »Englischen Gartens«. Die Feststellung, daß diese auch die Gestaltung der Allee beeinflußten, verwundert bei Carl Anselm nicht, denn auch auf Schloß Taxis (Trugenhofen) begann man fast zeitgleich mit dem Anlegen eines Gartens im »englischen Stil«.[425] Auch dieser wurde zum Teil den Einwohnern der umliegenden Dörfer zugänglich gemacht.

Zwar sind bereits im 16. und 17. Jahrhundert kleine Stiftungen von Alleen in Regensburg bekannt, aber hinsichtlich Größe und auch Ausstattung können diese nicht den Anspruch erheben, die Vorläufer des Großprojekts darzustellen, das unter Carl Anselm in Angriff genommen wurde.[426] Nachdem der Magistrat das Vorhaben gebilligt hatte, wurde im Mai 1779 mit den Grabungs- und Planierarbeiten begonnen. Nicht einmal drei Jahre dauerte die Errichtung der Allee vom Jakobstor im Westen entlang der mittelalterlichen Stadtmauer bis zum Ostentor, also auf der ganzen Landseite der Stadt. Nachdem die ersten Vorarbeiten 1779 geleistet waren, begann man mit der Pflanzung von 900 Bäumen und vollendete das Werk mit einigen Accessoires wie Sitzbänken etc. Die Gesamtkosten beliefen sich gegen Ende 1781 auf 10 172 fl. und 14 kr.[427] Außerdem gewährte Carl Anselm für die nächsten zehn Jahre zum Unterhalt der Anlage einen Zuschuß von 150 fl. jährlich. Das Geschenk, das der Fürst der

---

[422] Siehe STROBEL, Allee, S. 230; dort Verweise auf die ältere Literatur.

[423] Zusammenfassend zur Entwicklung der Gartenarchitektur und Landschaftsplanung siehe Jörg TRAEGER, Der Weg nach Walhalla. Denkmallandschaft und Bildungsreise im 19. Jahrhundert, Regensburg 1987, hier zur »grünen Umgürtung der Städte« S. 118.

[424] Ebenda, S. 121.

[425] Siehe zur Ausgestaltung eines fürstlichen Gartens auf den schwäbischen Besitzungen ANDRÄ, Englischer Wald, S. 164 f. Zwar kam es früh zur Öffnung des Gartens für die Bevölkerung, aber die fürstliche Tat wurde kaum angenommen, da »eine deutliche Diskrepanz zwischen dem Naturverständis des Hofes und der ländlichen Bevölkerung bestand«.

[426] Zu einzelnen Baumpflanzungen im 16./17. Jahrhundert siehe Karl BAUER, Regensburg. Aus Kunst, Kultur- und Sittengeschichte, 4. Aufl. Regensburg 1988, S. 480, außerdem mit Plänen und Ansichten der Parkanlagen STROBEL, Allee, S. 231 f.

[427] Siehe zu den einzelnen Bauabschnitten ebenda, S. 234–240.

Bürgerschaft von Regensburg gemacht hatte, wurde nach zeitgenössischen Berichten als »Naherholungsgebiet« angenommen. Verschiedene Pläne gediehen, dem Stifter ein Denkmal zu setzen, und bereits 1779 ließ der Magistrat von Regensburg eine Gedenkmedaille zur Errichtung der Allee prägen.[428] Aber erst unter Fürstprimas Carl von Dalberg wurde das oben erwähnte Stiftungsdenkmal in Form eines Obelisken errichtet.[429]

Der Obelisk war das erste von sieben Denkmälern, die in der Folgezeit innerhalb der Allee aufgestellt wurden. Überraschend ist dabei das verbindende Moment dieser Denkmäler, denn die Ikonographie sämtlicher Alleemonumente war freimaurerisch geprägt.[430] Die Form des Obelisken war durch die gesteigerte Bedeutung altorientalischer und ägyptischer Mysterien neben anderen in das Symbolrepertoire der Freimaurerei aufgenommen worden.[431] Aber nicht nur die Monumente, welche ab 1806 in der Allee aufgestellt wurden, sondern auch die Anlage der Allee, deren Nutzung als öffentlicher Spazierweg von vornherein geplant und zum allgemeinen »Nutzen der hiesigen Inwohnerschaft« bestimmt war, weisen auf freimaurerisches Gedankengut hin.[432] Es war, wie eingangs dargestellt, nicht nur der Wunsch, ein bleibendes Denkmal zu setzen, der am Anfang der Alleestiftung stand.[433] Das Nützlichkeitsdenken, das aufklärerische Menschenbild und das Verständnis vom Fürsten als Wohltäter seiner Untertanen entsprachen als Leitlinien der Alleeschenkung den Bestimmungselementen des freimaurerischen Gedankenguts, wie sie in der Regensburger Loge unter Mitwirkung Fürst Carl Anselms diskutiert wurden.[434]

Bereits 1762 war Carl Anselm Lehrling und Geselle der Bayreuther Freimaurerloge geworden. Drei Jahre später trug er wesentlich zur Gründung einer Loge in Regensburg mit dem Namen »Saint Charles de la Constance« bei. Erst mit Beginn der Amtsübernahme als Prinzipalkommissar erfolgte der Rückzug aus

---

[428] Ebenda, S. 246 f. Dort auch eine Abbildung der Gedenkmedaille, S. 247. Zwei eigenständige Schriften zum Lob des Stifters sind erhalten: Die Carl-Taxische Allee oder Gedanken über ein Denkmal, Regensburg 1780; Wilhelm ROTHAMMER, Der Hochfürstlich Thurn und Taxische Spaziergang um die freie Reichstadt Regensburg, ein Denkmal der Freuden für Regensburg, [Regensburg] 1784.

[429] Der Magistrat hatte sich verpflichtet, »die ehrerbietigste Dankbarkeit durch eine Inscription an einem schicklichen Orte oder andre angemessene Weise auf die Nachkommenschaft fortzupflanzen«. FZA Regensburg, HFS, Akten 2331. Siehe STROBEL, Allee, S. 265–267.

[430] Siehe Wolfgang KELSCH, Die Emblematik der Barockzeit und ihr Einfluß auf die Ikonographie der Freimaurer, in: Quatuor Coronati Jahrbuch 16 (1979), S. 245–253.

[431] Siehe James Stevens CURL, The Art and Architecture of Freemasonry, London 1991, S. 145 f.

[432] Siehe zu dieser Bewertung TRAEGER, Walhalla, S. 122 f., 242.

[433] In dieser Bewertung bei K. BAUER, Regensburg, S. 480.

[434] Siehe dazu das ausführliche Kapitel »Die Freimaurerloge«, in: Edmund NEUBAUER, Das geistig-kulturelle Leben der Reichsstadt Regensburg 1750–1806, München 1978, S. 123–131; zum Menschenbild der Logenmitglieder siehe ebenda, S. 128 f.

der Freimaurerkultur in Regensburg.[435] Noch viel stärker engagiert war dann der Sohn und Nachfolger des Fürsten: Karl Alexander wurde zur zentralen Gestalt des Logengeschehens in Regensburg. Erst 1790 in die Regensburger Loge der »Wachsenden zu den drei Schlüsseln« eingetreten, bemühte sich der Erbprinz um personellen Ausbau und organisatorische Verbesserungen. Ihm zu Ehren wurde die Loge 1799 in »Carl zu den drei Schlüsseln« umbenannt und er zum Großmeister erhoben.[436]

Diese Momente aufklärerischen Denkens scheinen auf den ersten Blick im Widerspruch zu stehen zu der barocken Prachtentfaltung und Lebensfreude, die gleichzeitig vorzufinden ist. Aber beide Seiten gesellschaftlichen Lebens machen erst zusammengenommen Regensburg im 18. Jahrhundert aus.[437] Dem Hof des Prinzipalkommissars kam dabei zentrale Bedeutung zu, vergleichbar mit den landesherrlichen Höfen in einer Residenzstadt. Die gesellschaftlichen Moden der Zeit, wie die bereits genannte Alleestiftung, die Bibliothekseinrichtung und die Theaterförderung, wurden in Regensburg hauptsächlich von den Thurn und Taxis initiiert. Ihr fürstlicher Hof inmitten der reichsfreien Stadt war ein Zentrum und ein Hauptanbieter von Unterhaltung und Vergnügen.

Zu den wöchentlichen Tafeln, Theatervorstellungen, Assembleen kamen zahlreiche saisonale und außerordentliche Veranstaltungen hinzu. Während der Faschingszeit vergnügte man sich mit Maskeraden und veranstaltete nicht nur große Bälle, sondern auch Umzüge durch die Stadt. Im Winter lud der Prinzipalkommissar zu Schlittenfahrten mit angeschlossener Bewirtung im Freien ein. Der Schlitten des Fürsten war dabei besonders prächtig und führte das Feld an.[438] Auch im Frühling entfloh die Reichstagsgesellschaft gerne dem Leben in der Stadt. Der Fürst lud zu »Landparthien«, gab am Rande der Stadt Pferderennen und ging in kleiner oder großer Gesellschaft auf die Jagd. Die Jagd als zentrale und exquisite Unterhaltung des Adels war natürlich immer auch Bezugspunkt des höfischen Lebens bei den Thurn und Taxis. In Regensburg war dies jedoch nicht so einfach zu bewerkstelligen, denn für die Jagdgesellschaften

---

[435] Siehe neben NEUBAUER, Leben, S. 126–131, hier besonders S. 127, außerdem Hans GATTERMEYER, Die Mutterloge »Carl zu den drei Schlüsseln« im Orient Regensburg, in: Quatuor Coronati Jahrbuch 25 (1988), S. 245–253, hier: S. 245–247.

[436] Die ältere Literatur und zahlreiches Aktenmaterial der Loge ausgewertet bei Thilo BAUER, Freimaurerei in Regensburg. Ein Beitrag zum literarischen und geistig-kulturellen Leben Regensburgs im 18. und 19. Jahrhundert, Staatsexamensarbeit (masch.) Universität Regensburg 1997.

[437] Siehe NEUBAUER, Leben. Zur Lebensweise der Gesandten in Regensburg, zu barocken Vergnügungen allgemein oder zu einzelnen Aspekten liegen für die Reichsstadt keine ernstzunehmenden Arbeiten vor. Einige Hinweise bei MÖSENEDER, Feste, und K. BAUER, Regensburg. Ein völlig verzeichnetes Bild liefert REISER, Stadtleben, S. 4, der sogar den Grund für die dauerhafte Niederlassung des Reichstages in Regensburg im vielfältigen Amusementangebot sieht und pauschalisierend feststellt, daß in Regensburg die Aufklärung erst ab 1790 zum Zuge gekommen sei.

[438] DALLMEIER, Marstallmuseum.

mußten Gebiete in den Wäldern bei Regensburg von anderen Standesgenossen angemietet werden. Besonders beliebt waren die Wälder bei Donaustauf, die der Bischof von Freising zur Verfügung stellte.[439]

Die größten Jagdveranstaltungen hielten die Thurn und Taxis allerdings während der Sitzungspause des Reichstags in den Gebieten um ihre Sommerresidenz in Schwaben ab.[440] Zwischen diesen beiden Residenzen fand übrigens hinsichtlich der Unterhaltungen ein reger Austausch statt. So wurden die Mitglieder der Hofkapelle mit auf die Sommerresidenz genommen, und auch manche kuriose Gestalten tauchten sowohl in Regensburg als auch auf Schloß Trugenhofen im Unterhaltungsprogramm auf. Eine besonders markante Persönlichkeit war der Baron von Lütgendorf. Wie an vielen anderen Höfen, unterstützte man in ihm den großen Erfinder und »technicus«. Lütgendorf baute einen »physikalischen electricitäts apparatus«, kündigte Luftmaschinen und Ballonfahrten an und konstruierte Seenotausrüstungen und Schwimmmaschinen.[441] Natürlich herrschte Interesse an derartigen Erfindungen, und der Unterhaltungswert ist sicher nicht nur für die Reichstagsgesandten als hoch einzuschätzen.

Inwieweit an all den Veranstaltungen nur die adeligen Gesandtschaften teilnahmen, müßte noch genauer geprüft werden. Natürlich war das Hauptaugenmerk des Prinzipalkommissars auf das Amusement der Mitglieder des Reichstags gerichtet. Aber am Beispiel des Theaters zeigte sich bereits die Absicht, nicht nur dem adeligen Bestandteil der Regensburger Gesellschaft fürstliche Unterhaltung zuteil werden zu lassen. Waren auf den Plätzen des fürstlichen Theaters neben den Reichstagsgesandten nur die reichsstädtischen Bürger zu finden, so kam es unter Carl Anselm zu einer Reihe von Aktivitäten, die auch dem einfachen Volk zugänglich waren. Zu nennen sind die klassischen Begleitveranstaltungen, welche die großen Feierlichkeiten umrahmten. Besondere Illuminationen auf den großen Plätzen der Stadt und Feuerwerke gehören dazu.[442] Ein besonderes Kuriosum, das Carl Anselm in Regensburg errichten ließ, ist das

---

[439] Siehe dazu mit ausführlicher Übersicht DALLMEIER, Grunderwerbspolitik.

[440] Ein umfangreicher Briefwechsel belegt die hohe Bedeutung, welche die Jagd und deren Organisation bei den Thurn und Taxis einnahmen. Siehe FZA Regensburg, HFS, Akten 1474–1478, außerdem die entsprechenden Akten im Bestand HMA (Hofmarschallamt).

[441] Hans Jürgen HÖLLER, Ballonflieger und Bibliothekare, in: Gelehrtes Regensburg. Stadt der Wissenschaft. Stätten der Forschung im Wandel der Zeit, Regensburg 1995, S. 149–153; Rudolf FREYTAG, Max Freiherr von Lütgendorf. Ein Beitrag zur Geschichte der Luftschiffahrt, in: Das Bayerland 28 (1915), S. 12–18.

[442] Siehe zu den folgenden Ausführungen FENDL, Volksbelustigungen. Elisabeth Fendl hat die Volksbelustigungen in Regensburg vor allem unter Auswertung zeitgenössischer Chroniken, insbesondere der von Dimpfel, untersucht. Dabei nimmt als Veranstalter der Fürst von Thurn und Taxis die zentrale Rolle ein. Siehe zur Veranstaltung von Feuerwerken ebenda S. 84; außerdem noch einige Besonderheiten, wie der erste Heißluftballonflug, ebenda, S. 88. Zum Einsatz von »Illuminationstechnik« innerhalb eines Festprogramms siehe zusammenfassend Karl MÖSENEDER, »Das Heraustreten des Festlichen kann nur geschehen durch Kunst«, in: Ders., Feste, S. 11–24, hier: S. 12 f.

Hatztheater am Steinweg. Anschaulich und ausführlich hat Elisabeth Fendl die Errichtung und den Betrieb dieser Einrichtung aufgrund ausgiebiger Quellenstudien dargestellt.[443] 1776 erhielt ein gewisser Johann Lingauer die Erlaubnis, ein Hatztheater am Steinweg zu errichten.[444] Frühzeitig nahm er Kontakt mit Carl Anselm auf, und als er das Hatztheater nicht finanzieren konnte, übernahm der Fürst das gesamte Unternehmen und stellte Lingauer als fürstlichen »Hatzmeister« ein.[445] In einem Holzgebäude in Form eines antiken Amphitheaters wurden dort in den folgenden Jahren an den meisten Sonntagen etwa zwei Stunden lang Tiere (Hunde, Hirsche, Bären, Wölfe) entweder in Form eines spanischen Stierkampfes oder in etwas unblutigeren Varianten gehetzt und gejagt.[446] Der Zulauf aus den Reihen des einfachen Volkes war groß. Aber in der Ehrenloge, von der aus der Fürst das Treiben verfolgte, sowie auf den besseren Rängen waren ebenso Zuschauer aus adeligen Kreisen zu finden. Das überwiegend aufgeklärt-protestantisch gesinnte Bürgertum hielt sich diesen Veranstaltungen fern und verpönte sie als barbarisch. Aber das Ende der Hatz kam nicht durch die bürgerliche Kritik, sondern durch einen starken Eiseinbruch im Frühjahr 1784, wodurch die in der Anlage untergebrachten Tiere ertranken und das Gebäude einstürzte.

All die verschiedenen Aspekte des Hoflebens im weitesten Sinne übersteigen die Dimension eines kleinen Duodezfürstentums bei weitem. Natürlich findet man auch eine Hofbibliothek bei den Fürstenbergern, und die Wallersteiner spielten gerne Theater; ganz zu schweigen von den Fürsten von Schwarzenberg, die in Böhmen eine königsgleiche Stellung einnahmen.[447] Aber dennoch: Der finanzielle Aufwand, den man zur Hofhaltung betrieb, und allein ihr Umfang in zwei vollausgestatteten Residenzen, ist beeindruckend. Und so läßt sich der Thurn und Taxissche Hof in der zweiten Hälfte des 18.

---

[443] Zu den folgenden Ausführungen siehe FENDL, Volksbelustigungen, S. 120–138.

[444] Der »Steinweg« ist sowohl eine Straßen- als auch eine Stadtteilbezeichnung. Die Besonderheit bestand darin, daß dieses Gebiet nicht mehr zum reichsstädtischen Territorium gehörte, sondern zu Stadtamhof, und somit im bayerischen Einflußbereich lag. In dieser Besonderheit liegt die Machtlosigkeit des städtischen Magistrats, der das Theater verbieten wollte, begründet.

[445] Zu den folgenden Ausführungen siehe FENDL, Volksbelustigungen, S. 123 f. Grundlage des Schriftwechsels FZA Regensburg, HFS, Akten 2461. Im fürstlichen Archiv befindet sich darüber hinaus eine Sammlung der sogenannten Hatzzettel. Diese »Ankündigungsschreiben«, mit denen die Hatzgehilfen wie Bänkelsänger durch Regensburg zogen, geben einen Einblick in die verschiedenen Spielarten der Hatz. Siehe: FZA Regensburg, Hofbibliothek, FK, Misc. 3

[446] Eine Auflistung der verschiedenen beim Hatztheater verwendeten Tiere in FZA Regensburg, HFS, Akten 2461, fol. 39 f.

[447] Zum Vergleich siehe die einschlägige Literatur zu den entsprechenden Fürstenhäusern, vor allem STEKL, Aristokratie; Karl zu SCHWARZENBERG, Geschichte des reichsständischen Hauses Schwarzenberg, Neustadt a. d. Aisch 1963; ELTZ/STROHMEYER, Fürstenberger; STOCKERT, Adel.

Jahrhunderts in dieser Hinsicht durchaus mit den Höfen zu München, Mannheim und Ludwigsburg vergleichen.

5.3. »... um das Haus zu preißen«: Hofgestalten, Panegyrik und zeitgenössische Urteile

Das bisher entworfene Bild höfischer Lebensformen darf nicht von der wichtigen sozialen Komponente des Hofbegriffs ablenken. Der Hof konstituierte sich durch die beteiligten Personen. Sie bestimmten ihn nach innen und repräsentierten ihn nach außen. Deshalb geht es nicht nur um den Umfang, die Anzahl aller Diener, Mitglieder und Gäste des Hofes, sondern auch um deren gesellschaftliche Reputation. Der Hof des Prinzipalkommissars war in zweierlei Hinsicht besonders exquisit: Erstens durch seine Diener und Bedienstete. Ein großer Anteil des Hofstabes bestand aus Adeligen, die hohen Positionen wurden nahezu vollständig von ihnen besetzt.[448] Für langjährige »treue Dienste« unterstützten die Fürsten von Thurn und Taxis auch die Standeserhebungen ihrer Bediensteten am Kaiserhof. Vor allem die Postmeisterdynastien hatten bis zur Mitte des 18. Jahrhunderts vielfach mit Unterstützung ihres Dienstherren den Aufstieg in den Reichsadel geschafft, die Söhne und Enkel waren dann häufig auch im Hofdienst des Fürsten anzutreffen. Um stets über »klingende Namen« unter den Bediensteten zu verfügen, welche überdies die Spielregeln eines Hofes kannten, war es wichtig, für die notwendige Rekrutierung zu sorgen; konkret durch eine Pagerie. Die Fürsten von Thurn und Taxis bauten seit der Mitte des 18. Jahrhunderts eine derartige adelige Erziehungsinstitution aus.[449] Neben dem Pagenmeister waren mehrere Lehrer fest angestellt, um die adeligen Zöglinge zu unterweisen.[450]

Nur am Rande sei vermerkt, daß man durch die Pagerie und die zu besetzenden Hofstellen eine wichtige Versorgungsinstitution zur Verfügung hatte. Im Sinn des »do ut des« nahm man Zöglinge auf Empfehlung anderer Höfe in die Pagerie auf oder versorgte Söhne und Verwandte einflußreicher Persönlichkeiten durch eine Hofstelle. Des öfteren wurden auch am Hof Stellen in der Postverwaltung vermittelt. Einige Beispiele seien genannt: In der Pagenliste tauchen einige Namen auf, die auch in den Diensten von Wittelsbach und Württemberg standen, zum Teil wurden sie nachweislich durch die Vermitt-

---

[448] Da das Haus Thurn und Taxis nicht über das Palatinat verfügte, wie beispielsweise Fürstenberg, wurden die meisten Bediensteten in den Reichsfreiherrnstand erhoben. Zur Ausübung des Palatinats siehe Karl Siegfried BADER, Zur Lage und Haltung des schwäbischen Adels am Ende des Alten Reiches, in: ZWLG 5 (1941), S. 335–389.

[449] Zur Geschichte der Pagerie siehe das Manuskript von Rudolf Freytag, Die Thurn und Taxissche Pagerie. Entwürfe und Vorarbeiten zu einer Geschichte der Pagerie. FZA Regensburg, Freytagiana 126.

[450] Der Umfang dieser Pagerie war zweifellos beachtlich. Siehe ebenda, Teil 2: Pagenlehrer.

lung des Kurfürsten bzw. Herzogs aufgenommen.[451] Natürlich funktionierten diese Wege auch in die andere Richtung, falls nötig über Umleitungen. Beispielsweise bat Fürst Carl Anselm von Thurn und Taxis den bayerischen Kurfürsten, er möge sich für Baron von Imsland einsetzen, der als Page bei seinem Schwiegersohn Radziwill in Diensten stehe.[452] Auch die Söhne der verdienten Postmeister fanden in der Pagerie eine weitere Aufstiegsmöglichkeit, wie Freytag resümierend feststellt: »So kann man von einem eigentlichen Postadel sprechen, der dann wieder seine Söhne am fürstlichen Hofe in hohen Beamten- und Hofstellen z. T. auf Grund der Erziehung in der fürstlichen Pagerie« unterbrachte.[453] Aber auch Gesandte anderer Höfe, allen voran Wiens, konnten ihren Einfluß geltend machen. Der österreichische Direktorialgesandte Fahnenberg besaß in der Person seines Neffen, des Hofmarschalls Imhof, einen wichtigen Ansprechpartner am Thurn und Taxisschen Hof. Noch nach Ende seines Dienstes in Regensburg versuchte er außerdem, seinen Schwiegersohn am Taxisschen Hofe unterzubringen.[454] Ein weiteres sehr interessantes Beispiel von Patronage und Klientelstiftung erfahren wir aus den Lebenserinnerungen des Freiherrn von Maucler: Die russische Großfürstin Maria Feodorowna und ihre Mutter, die Herzogin von Württemberg, wandten sich

> »an den Fürsten von Thurn und Taxis, um mir die Leitung eines kaiserlichen Postamtes zu verschaffen. Da jedoch keines frei war und der Fürst von Thurn und Taxis die Fürstinnen hinsichtlich ihrer Fürsprache nicht auf eine unbestimmte Zukunft vertrösten wollte, zahlte er aus seiner Schatulle dem Baron von Weitersheim die Summe von 8 000 oder 9 000 fl. um ihm die Leitung des Postamtes Cannstatt abzutreten. Aus diesem Amt wies er mir, erstmals 1783, jährliche Einkünfte in Höhe von 559 fl. an«.[455]

Außerdem übernahm Fürst Carl Anselm die Patenschaft eines Sohnes des ihm anempfohlenen Freiherrn, den er nur als Bedienten des Hauses Württemberg kannte. Die Übernahme der Patenschaft Maucler war keineswegs eine Ausnahme, dabei beschränkte sich der Kreis der Patenkinder eben nicht nur auf

---

[451] Siehe ebenda, Teil 3: Pagenliste.

[452] Schreiben vom 28. Juli 1782. BHStA München, Personenselect, Carton 451. Derartige Vermittlungen sind indes keine Besonderheit. Siehe auch den Schriftwechsel der Fürsten beziehungsweise Erbprinzen von Thurn und Taxis in FZA Regensburg.

[453] Freytag, Pagerie, Teil 1: Geschichtliche Einleitung, S. 8. FZA Regensburg, Freytagiana 126.

[454] HHStA Wien, StK, Kleinere Betreffe 18. Verschiedene Hinweise und Vermittlungsversuche Fahnenbergs für Imhof in Konv. 1; zur Versorgung seines Schwiegersohns siehe Empfehlungsschreiben vom 30. Januar 1814. Ebenda, Konv. 2, fol. 112.

[455] Maucler fährt fort: »Meine hohen Protektorinnen, die damit gerechnet hatten, daß mir hieraus wenigstens 1 000 fl. zuflößen, waren damit nicht zufrieden, aber ich bin um so mehr von dem großzügigen Entgegenkommen des Fürsten von Thurn und Taxis mir gegenüber beeindruckt, weil ich mich ihm nie durch einen Dienst habe würdig erweisen können«. Paul SAUER (Hrsg.), Im Dienst des Fürstenhauses und des Landes Württemberg. Die Lebenserinnerung der Freiherrn Friedrich und Eugen von Maucler 1735–1816, Stuttgart 1985, S. 52.

adelige Verwandte oder Kinder von Bediensteten des Hauses, sondern schloß auch Personen im Umkreis des Hofes und deren Klientel ein. Wer bei Thurn und Taxis die Unterstützung der engeren oder weiteren Hofkreise erhielt, der konnte sowohl finanziell wie sozial Erfolge verbuchen, konnte Empfehlungen und Meriten sammeln, oder, zusammenfassend gesagt: am und durch den Hof konnte man Karriere machen.

Zweitens handelt es sich beim Thurn und Taxisschen Hof um eine außerordentliche Einrichtung aufgrund seiner Gäste. Vor allem in Regensburg hatten zum Hof alle Reichstagsgesandten Zutritt. Bei den großen Festveranstaltungen waren deswegen zumeist auch glänzende Namen vertreten. In zahlreichen und unterschiedlichen Zusammenhängen wurde immer wieder betont, daß es sich um den Hof des Prinzipalkommissars handle, der die Reichsstände und deren Gesandte versammle. Der Glanz des kaiserlichen Hofs fiel damit auch auf die Filiale im Reich, und deren Besucher erhellten ihn zusätzlich. Im Mittelpunkt dieses Hofes standen der Fürst und sein fürstliches Haus. Er war der Gravitationspunkt, um den sich das Hofleben drehte. Auch wenn die weiteren Mitglieder und die Gäste des Hofes seine Bedeutung erhöhten, kam es darauf an, die herausgehobene Position des Fürsten immer wieder zu betonen und zu begründen. Dazu bedurfte es zahlreicher Demonstrationen: Das Außergewöhnliche war zu zeigen in Kleidung, Mode, Feiern, Stiftungen und Almosengaben. Bei den bereits dargestellten Formen höfischer Repräsentation und adeliger Selbstdarstellung darf nicht übersehen werden, daß der eigentliche Träger des Hofes die für Fürstenlob und Organisation zuständige Dienerschaft war. Die Bediensteten waren sozusagen Choreographen, Drehbuchautoren und Intendanten. Sie setzten den Hof in Szene. Durch sie erhielten der Hof seine Pracht und der Fürst und seine Familie eine besondere Weihe. Verschiedene Nachweise lassen sich anführen, wie sich Mitglieder des Hofs um dessen Reputation sorgten.[456] Die Begriffe Hof und fürstliches Haus nehmen dabei eine zentrale Stelle ein und beschreiben das spezifisch Adelige. Die Diener des Hauses sind es auch, die ihren Hof und dessen Kristallisationspunkt, den Fürsten, besingen.

Panegyrik ist für den Historiker wie den Literaturwissenschaftler ein schwer einzuordnender Untersuchungsgegenstand. Vor allem in Hinblick auf den Verwendungskontext und die Rezeption bleiben manche Fragen offen. Manches Herrscherlob ist aus heutiger Sicht unbeschreiblich schwülstig und wirkt durch manche Unterwürfigkeit geradezu widerlich, vor allem wenn Mitglieder der privilegierten Adelsschicht zu »Erdengöttern« erhoben werden.[457] Dennoch wur-

---

[456] So wurde von den Hofmarschällen, Hofbibliothekaren, Hofbildhauern etc. die Ausgestaltung der großen Feierlichkeiten am Hof des Fürsten übernommen. Siehe dazu die Veröffentlichungen von Rothammer, Kayser u. a. und die Vorbereitungen zu Feierlichkeiten, wie sie sich aus dem Bestand Hofmarschallamt ablesen lassen, beispielsweise zur Krönungsfeierlichkeit, in FZA Regensburg, HMA 148.

[457] Eine reiche Auswahl bieten Jörg-Jochen BERNS [u. a.] (Hrsg.), Erdengötter. Fürst und Hofstaat in der frühen Neuzeit im Spiegel von Marburger Bibliotheks- und Archivbeständen, Marburg 1997.

den diese Hymnen, Lieder, Sinngedichte nicht nur als stiller Zeitvertreib oder als Dankbarkeitsadressen an Mäzene verfaßt. Sie waren wesentlicher Bestandteil öffentlicher Feierlichkeiten, wurden vorgetragen und erreichten gedruckt als »verbreitungsfähige Monumente« eine größere Schicht.[458] Die Frage, wie groß der Kreis der Rezipienten war und wie unkritisch sie Lob und Preis aufnahmen, kann hier nicht beantwortet werden. Interessant im Rahmen der hier übergeordneten Fragestellung ist jedoch, wie häufig, wie zentral und mit welcher Selbstverständlichkeit die Begriffe Haus und Hof verwendet werden. Neben Gedicht und Gesang auf den Fürsten und dessen Tugenden, also dem eher klassischen Herrscherlob, wird immer wieder – soviel sei bereits vorweggenommen – eine größere Sozialeinheit gefeiert.

Die Familienfeiern einer Dynastie wie Hochzeit, Taufe, Bestattung führten zwangsläufig zu panegyrischem Schriftgut. Denn im Rahmen der Feierlichkeiten wurden sowohl im sakralen als auch im weltlichen Teil zur »solennen Gestaltung« Texte vorgetragen. In den Gedichten und Beschreibungen der Hochzeiten werden die Ehepartner zunächst als Vertreter ihrer Dynastien, weniger als Persönlichkeiten geschildert. Selbst aus »hohem Haus« oder »von hoher Abstammung«, begründen sie eine neue Allianz, versinnbildlicht des öfteren bereits emblematisch durch ein Allianzwappen zur Hochzeit, das dem Druck vorausgestellt wird.[459] Besonders fröhlich und metaphernreich werden neben den Hochzeitspaaren die neuen Erdenkinder besungen: »Durchlauchtigs Fürsten-Haus, gleichwie ein Oelbaum gruent/ Wie edle Reben stolz mit süssen Trauben prangen/ Wie an dem Palmenbaum die schönsten Früchte hangen/ So ziert auch Jehovah den Stamm deß, der Ihm dient«. Schließlich garantiert Kindersegen den Fortbestand der Dynastie, und man kann frohgemut aussprechen: »Mein Herze wünscht und fleht: Es blühe Taxis Haus, so lang die Welt besteht«.[460] Außerdem handelt es sich um die Geburt eines adeligen Kindes und nicht um des »Pöbels niedre Wigenfeyer«.[461]

---

[458] Wie bereits in Kapitel I.4.2 vorgestellt, liegt eine ganze Reihe von Festbeschreibungen vor, auf welche hier zurückgegriffen werden kann. Außer diesen finden sich weitere Gedichte etc. als Einblattdrucke verstreut in den Akten. Neben der bereits erwähnten Literatur siehe Helen WATANABE-O'KELLY, Festival books in Europe from Renaissance to Rococo, in: The Seventeenth Century 3 (1987), S. 181–201; Gerd Rüdiger KORETZKI, Leichenpredigten und ihre Druckherstellung. Ein Beitrag zur Untersuchung der materiellen Voraussetzungen einer gesellschaftlichen Modeerscheinung, in: Leichenpredigten als Quelle historischer Wissenschaften, Bd. 2, Marburg 1979, S. 333–359, hier: S. 333.

[459] Siehe dazu: Sinngedichte Bey dem [...] In Höchstfeyerlichster Pracht vollzogenen Vermählungsfeste Des Durchlauchtigsten Fürsten und Herrn Herr Alexander Ferdinand [...] Mit Der Durchlauchtigsten Fürstin und Frau Frauen Maria Henrica Des H. R. R. Fürstin zu Fürstenberg, o. O. 1750; [Albrecht Christoph KAYSER], Beschreibung der Feierlichkeiten welche des Regierenden Herrn Reichsfürsten Carl Anselm von Thurn und Taxis [...] bey Ankunft des Neuvermählten Ehepaars [...] auf dem Schloße Trugenhofen zu geben geruhten, [Regensburg] 1789.

[460] Carl Anton MARTINI, Da Thurn und Taxis Hof ob einem Enkel lacht, So hat dieß schlechte Blat in Demuth dargebracht C A. Martini, Regensburg 1759.

[461] »Schweigt Dichter! von des Pöbels Freude. Ihr, die Ihr selbst von Göttern stammt./

Interessant ist indes, daß nicht nur in den Liedern zu den engeren Familienfeiern das Haus gefeiert wird, sondern auch bei den Verwandten erinnert man sich lobend der Herkunftsdynastie. Als 1783 der frischvermählte Fürst von Oettingen-Oettingen die Regierung seiner Lande antritt, wird auch an den Schwiegervater gedacht: »Dort, wo an der Donau milden Ufern Regensburg sein Haupt erhebt, lebt Karl Anselm, des hohen, glanzvollen Fürstenhauses Thurn und Taxis würdiger Erbe, der Weise, Milde, Gute, lange schon durch Bande des Bluts und der engsten Freundschaft mit Oettingens hohen Fürstenhäusern verbunden«.[462] Als nur kurze Zeit darauf die Fürstin von Oettingen, geborne Thurn und Taxis stirbt, wird anläßlich der Trauerfeier nochmals auf ihre Geburt und damit das außergewöhnliche Haus Thurn und Taxis eingegangen. Dabei soll nicht nur »das glanzvolle Geschlecht der Höchstseeligen« beschrieben werden.[463] Vielmehr geht es den Verfassern der Leichenpredigten darum, den »Adel der Gesinnung« der Verstorbenen zu würdigen, der jedoch auch vererbt wurde:

> »Das Gefühl, ein Mensch zu seyn, mit Menschen umzugehen, sich an ihrem Glück zu freuen, ist in diesem erhabenen Haus von dem Gefühl des Rangs, der Titeln, und berühmter Ahnen noch nicht erstickt worden; es pflanzt sich von einem Geschlecht zum anderen unvermischt fort; unsre Fürstin hat es mit dem Blut Ihres Durchlauchtigsten Vaters geerbt, und es durch die sanften Gefühle Ihres Geschlechts noch mehr veredelt«.[464]

Und geht allein im Feyerkleide, Wann Euch der grossen Lust entflammt/ Das Glück der Götter dieser Erden, das zu der Völker Wonne blüht/ Nur dieß verdient gerühmt zu werden, Nur dieß erfordert Euer Lied./ Des Pöbels niedre Wiegenfeyer zeigt keinen so erhabenen Werth,/ daß sich des Dichters hohe Leyer für sie mit vielen Ruhm erklärt«. Christoph Ludwig PFEIFFER, Ode an Seine Hochfürstliche Durchlaucht Herrn Herrn Alexander Ferdinand des H. R. R. Fürsten zu Thurn und Taxis etc. bey der höchsterfreulichen Gebuhrt ihres Durchlauchtigsten Enkels, Regensburg 1759.

[462] Empfindungen der reinsten Freude und tiefsten Unterwürfigkeit am frohen Tage des Regierungsantritts des Durchlauchtigsten Fürsten und Herrn Herrn Johann Aloys, des Zweyten, des heil. Röm. Reichs Fürsten zu Oettingen-Oettingen und Oettingen-Spielberg und Höchstdero in Regensburg feyerlichst vollzogenen Vermählung mit der Durchlauchtigsten Fürstin und Frau, Frau Henriette Dorothea Karoline, des heil. Röm. Reichs gebohrnen Fürstin zu Thurn und Taxis Sr. regierenden Hochfürstl. Durchlaucht geweiht von Höchstdero Regierungs- und Rentkammerkollegien und übrigen Departements, Oettingen 1783, S. 14.

[463] »Wäre hier der Ort, mit erhabenen Titeln zu prangen, einen weit hinaufreichenden Stammbaum aufzustellen, die väterlichen Thurn und Taxisschen, und die mütterlichen Württembergischen uralten hohen Vorfahren zu nennen, und das glanzvolle Geschlecht der Höchstseeligen näher zu beschreiben«. Georg Jakob SCHÄBLEN, Trauerrede, über den schmerzlichstbetrübenden frühen Tod der Durchlauchtigsten Fürstin und Frau, Frau Henriette Dorothea Karoline, des Heil. Röm. Reichs regierenden Fürstin zu Oettingen-Oettingen und Oettingen-Spielberg, gebohrner Reichsfürstin von Thurn und Taxis den 13. May bey höchster Gegenwart der Hochfürstl. gnädigsten Herrschaft in der evangelischen St. Jakobskirche zu Oettingen gehalten, Oettingen 1784, S. 6.

[464] Benedikt Maria WERKMEISTER, Trauerrede, zum Gedächtnis weyland der Durchlauchtigsten Fürstin und Frau, Frau Henriette Dorothea Karoline, des Heil. Röm. Reichs regierenden Fürstin zu Oettingen-Oettingen, Oettingen-Spielberg, gebohrne Reichsfürstinn von Thurn und Taxis den 10. May 1784 bey höchster Gegenwart der Hochfürstl. gnädigsten

Natürlich wurde nicht nur im entfernten Oettingen bei Trauerfeierlichkeiten an das Haus Thurn und Taxis gedacht, sondern erst recht in Regensburg beim Tod des regierenden Fürsten, »der in die Verwandtschaft nicht nur hoher, sondern auch höchster Häuser trat« und nicht nur »dadurch dem Hochfürstlichen Hause den größten Glanz und Schimmer verschuf«.[465]

Aber auch schon zu Lebzeiten ergriffen manche »froh die Leyer«, um die ehrenvollen Ämter und gnadenvollen Taten der Fürsten zu besingen. Bei seiner Rückkehr nach Regensburg nach Sommeraufenthalten in Schwaben begrüßte man den Fürsten und sein Haus mit Gedichten. Besonders freuten sich die Gewerbetreibenden über die Ankunft des fürstlichen Hofes und schickten ein Dankgebet zum Himmel: »Karl Anselm erreiche das längste Lebensziel in ungetrübter Heiterkeit und Sein erhabner Fürstenstamm wurzle stets tiefer unter uns und breite sich immer mächtiger aus, damit der Späteste unserer Nachkommen unter Seinem Schatten sich freue«.[466] Auch der Antritt der Prinzipalkommissarsstelle wurde bis zur letzten Verleihung des Amtes an Karl Alexander in Gedichten gewürdigt: »Es hat dich zu glänzenden Ehren, Prinz Taxis! der Kaiser erhöht. [...] Willkommen den Herren Gesandten der höchsten Reichsstände bist Du«.[467] Die Dienstpflichten als Prinzipalkommissar, Namenstagsfeiern des Kaisers, Huldigungen etc. fanden ebenfalls ihren Niederschlag in panegyrischen Werken: »Dein Werkh verrät Dich selbst/ Du führst den Namen Taxis, der die wahre Fürstenwürde/ Gepriesen überall zu unsers Kaisers Zierde/ In jeder Tat verbreitet und vermehrt«.[468] Der Fürst und sein Hof werden dabei als würdige Vertreter des Hauses Habsburg beschrieben; so folgt nach dem Lobgesang auf den Kaiser: »Und Du, o Fürst deß Gegenwart/ So oftmals uns zur Wohlthat ward/ Du erst beseelst durch Deinen Glanz/ Die Scene unsrer Huld'gung ganz/ Nimm unsern Dank für Deine Huld/ Wir bleiben stets bei Dir in Schuld«.[469] Aber auch die Organisatoren werden dankend erwähnt, wie bei-

---

Herrschaft, in der katholischen Pfarrkirche zu St. Sebastian in Oettingen gehalten, Oettingen 1784, S. 8.

[465] PASSY, Trauerrede, S. 4. Eine ausführlichere Auswertung der Trauerreden zum Tode Alexander Ferdinands und Carl Anselms erfolgt im folgenden Kapitel.

[466] An seine Hochfürstliche Durchlaucht Herrn Karl Anselm des H. R. R. regierenden Fürsten von Thurn und Taxis [...] am Abend HöchstIhres feyerlichen Einzuges in Regensburg den 26. October 1790 von den Höchstdieselben bedienenden Handelsleuten, Gewerben und Lieferanten, [Regensburg] 1790.

[467] Georg Christoph SCHMIDTER, Dem feyerlichen Einzug Sr. Durchlaucht des Herrn Erbprinzen von Thurn und Taxis Carl Alexander als neuen und aus diesem Hochfürstlichen Hause dritten höchst ansehnlichen Kaiserlichen Prinzipal-Kommissär, Regensburg 1797. Siehe außerdem Franz SCHWEIGER, Devoteste, und innigste Theilnahme an dem Jubel und der Freude über die glückliche Ankunft und Antritt der höchst Kais. Königl. Prinzipal-Kommissariats-Würde des Durchlauchtigsten Herrn Herrn Karl Alexander, des heil. röm. Reichsfürsten von Thurn und Taxis. Gegeben den 4ten April 1797, Regensburg 1797.

[468] Wilhelm ROTHAMMER, Josef der Zweete Germaniens grosser Kaiser gesungen von Wilhelm Rothammer den 19ten im Märzmonde 1781, [Regensburg 1781].

[469] Bei der in der kaiserl. freien Reichsstadt Regensburg am 31. März im Namen Sr. itzt

spielsweise anläßlich der Huldigungsfeier für Franz II., die »unter Direction des um den Glanz des hochfürstlichen Hauses so verdienten geheimen Raths und Hofmarschall Westerholt« stand.[470]

Besonders glorreich gestalteten zwei Literaten ihr Fürstenlob, die auch in Diensten des Fürstenhauses standen: Wilhelm Rothammer und Albrecht Christoph Kayser.[471] Beide begleiteten Familienfeiern und große Taten des Fürstenhauses mit ihren Arbeiten, immer mit dem Ziel vor Augen, wie es Rothammer ausdrückte, »die geringe Masse meiner Talente noch mehr zur Ehre des Hochfürstlichen Hauses« einzusetzen.[472] Beide Panegyriker knüpften an ihre Beschreibungen von Feierlichkeiten und Taten des Fürstenhauses allgemeine Überlegungen, was einen guten Fürsten bzw. den Adel allgemein ausmache. Kayser zeichnet sich dabei als Meister der Emblematik aus. Er erklärt ausführlich die Bedeutung von Emblemen und der Staffage bei Feierlichkeiten.[473] Rothammer verwendet dagegen vielfach die indirekte Rede und schildert die besonderen Taten des Fürsten. Im Kontext eines Spaziergangs um die von Carl Anselm geschaffene Allee stellt er fest: »Fürstlicher Reichtum zu keinen Fürstlichen Thaten verwendet, was bist du anders als eitle Prahlerei, mit welcher sich nur der bewappnete Thor zur Bewunderung des kurzsichtigen Pöbels bloßstellt?« Jedoch treffe dies nicht auf den Fürsten zu: »Stets sinnreich im woltun, mehr Mensch als Fürst, lässest Du dich von den höchsten Stufen deiner Würde bis in das Haus des Bürgers, bis zur Hütte herab«.[474] Im Angesicht der Bäume denkt das epische Ich auch an die Familie des Fürsten: »und so seh ich euch gleich disen jungen Bäumchen emporreifen ihr zween Sprößlinge aus dem uralten Taxisschen Stamme – seh euch emportreiben auf den Stufen des Verdien-

---

glorwürdigst regierenden Kaiserlichen Majestät Leopold II. von Ihre hochfürstl. Durchlaucht dem regierenden Fürsten Karl Anselm von Thurn und Taxis eingenommenen Huldigung. Allen Einwohnern Regensburgs, hohen und niedern Standes gewidmet, [Regensburg] 1791.

[470] Albrecht Christoph KAYSER, Beschreibung der im allerhöchsten Namen Ihro Römisch Kayserlichen Majestät Herrn Franz des Zweyten durch Se. Hochfürstliche Durchlaucht Karl Anselm des H. R. R. Fürsten von Thurn und Taxis c. c. von der des H. R. R. Stadt Regensburg am 11. April 1793 eingenommenen Huldigung, [Regensburg] 1793, S. 13. Die Beschreibungen der Huldigungsfeiern gleichen sich streckenweise wörtlich. Siehe die weiteren Beschreibungen von KAYSER: Beschreibung der im allerhöchsten Namen [...] Leopold des Zweyten [...] am 31. März 1791 eingenommenen Huldigung, [Regensburg] 1791. Siehe dazu auch die Ausführungen und Literaturhinweise in Kapitel I.4.2.

[471] Siehe dazu Manfred KNEDLIK, Bürgerliche Lebenswelt und Hofkultur. Die fürstlichen Bibliothekare Wilhelm Rothammer und Albrecht Christoph Kayser als Schriftsteller, in: DALLMEIER [u. a.], Reichsstadt, S. 95–107.

[472] ROTHAMMER, Spaziergang, S. 23.

[473] KAYSER, Beschreibung der Feierlichkeiten. Zur Person des Geheimen Hofrats und Bibliothekars Kayser siehe die Kurzbiographie von Peter Styra, in: KAYSER, Versuch. Ebenfalls erklärende Hinweise zu den Sinnbildern gibt Kayser in: Ders., Beschreibung der im allerhöchsten Namen Ihro Römisch-Kaiserlichen Majestät am 31. März 1791 eingenommenen Huldigung. Siehe dazu auch die Überlegungen in FZA Regensburg, HMA 148.

[474] ROTHAMMER, Spaziergang, S. 10 f.

stes und der Tugend – diser einzigen Kennzeichen des wahren Adels – zur verehrungswürdigsten Höhe«. Schließlich werden auch die Bediensteten in den Dank mit einbezogen: »Euch aber (den tit. ersten Herrn Geheimen Räten Freiherrn v. Schneid, und Freih[errn] v. Lilien), die ihr das Fürstliche Ruder zu führen, das Herz des Fürsten mit euerm weisen Rat zu lenken habt, Euch weis ich öffentlichen Dank; Ihr beweiset durch eure Werke die Wahrheit, daß rechtschafene und einsichtige Räte der rechte Arm eines Fürsten sind«.[475]

Die »huldreichen Gesten« und »mildreichen Spenden« des guten Fürsten werden auch anläßlich einer Naturkatastrophe geschildert. Wieder zeigt sich »Adel« in den Taten des Herrschers, der den Vergleich mit dem Kurfürsten von Mainz und dem Kaiser nicht zu scheuen braucht.[476] Sämtliche Topoi werden schließlich bemüht, um den Fürsten als »gerechten Herrscher« über seine schwäbischen Untertanen zu feiern.[477]

Die Frage bleibt relativ offen, inwieweit diese panegyrischen Beschreibungen mit ihrem manchmal recht überladenen Pathos von den Zeitgenossen ernstgenommen wurden. Zumindest spricht dafür, daß verschiedene Bittschreiben an den Fürsten um besondere Vergünstigungen wie Gehaltszulagen dieselben Versatzstücke vom »gütigen Vater« und »huldvollen Fürsten« übernehmen.[478] Auch der öffentliche Vortrag der Gedichte dürfte dazu beigetragen haben, die Außergewöhnlichkeit der Herrschaften und ihrer Dynastie immer wieder ins Bewußtsein zu rufen. So kann doch die Folgerung gewagt werden, daß mit panegyrischem Schrifttum auch immer wieder Haus und Hof nach außen konstituiert wurden. Aber nicht nur die Diener, sondern auch andere berichteten vom Hof der Fürsten von Thurn und Taxis. Dabei überwogen

---

[475] Die beiden Zitate ebenda, S. 20, 22.

[476] Es wird die Hochwasserkatastrophe von 1784 geschildert: »Auch der liebevollste Fürst würdigt sich unter der Menge zu mischen so ganz Mensch mit Menschen – ohne Prunk, und mit freundschaftliche Geselligkeit – Er, der sich mit wahrhaft fürstlicher Größe zur niedrigsten Dürfigkeit herabläßt. [...] Wer verkennt den besten Fürsten – Milde und Menschenliebe im Auge – den woltätigen Karl Anselm?« Wilhelm ROTHAMMER, Das gräßliche Bild der Verwüstung bei dem schrecklichen Eisgange 1784: ein Denkmal für Regensburg und die Menschheit, Augsburg 1784, S. 12. Der Vergleich wird mit den Regenten in Straubing, Wien (»dort hilft der weise Josef«) und Mainz gezogen. Ebenda, S. 13. Siehe dazu: Günter BIRTSCH, Der Idealtyp des aufgeklärten Herrschers. Friedrich der Große, Karl Friedrich von Baden und Joseph II. im Vergleich, in: Aufklärung 2 (1987), S. 9–47.

[477] Wilhelm ROTHAMMER, Karl Anselms von Turntaxis Sommerreise nach dem neuen Fürstentum Scheer. Eine Ode von Wilhelm Rothammer, [Regensburg] 1787. In extremer Panegyrik wird der Fürst besungen, als »guter Vater«, »erster Freund«, »bester Fürst« gegenüber seinen »geliebten Kindern«, Untertanen und Vasallen. Dieses Herrscherlob wird auch im 19. Jahrhundert unverändert fortgeführt, vor allem in den Arbeiten von August Krämer.

[478] Sogar ein eher nüchternes Schreiben wie das Bittschreiben des Registrators Franz Xaver Klein bedient sich dieser Topoi: »Von Euer Hochfürstlichen Durchlaucht angestammten Fürstenmilde, u. allgemein bekannter Gerechtigkeitsliebe darf ich getrost die Erhörung meiner submissesten nothgedrungenen Bitte erwarten«. Verschiedene Bittschreiben, weitergereicht an den leitenden Kanzleidirektor Müller, in FZA Regensburg, PA 6366, Konv. »Leitung des Postwesens«.

die positiven Urteile über das Fürstenhaus und seine Stellung innerhalb der Reichsstadt Regensburg.

Die Übersiedlung von Frankfurt nach Regensburg wirkte sich für die Stadt des Immerwährenden Reichstages nicht nur in ökonomischer Hinsicht vorteilhaft aus. Denn der Fürst brachte die ihm bekannten Formen der Unterhaltung und die nötigen Mittel für einen Repräsentationsaufwand mit, von dem das gesellige Leben und die Attraktivität der Reichstadt nachhaltig profitierten.

> »Von Freysingen reißte ich weiter nach Regensburg, einer finstern, melankolischen und sehr großen Reichstadt [...]. Wäre der Fürst von Thurn und Taxis, kaiserlicher Prinzipalkommißarius und Oberreichspostmeister nicht da, so wüßte man gar nicht, daß der Reichstag in dieser Stadt sässe. Aber dieser Herr, dessen Einkünfte sich auf ohngefähr 400 000 fl. belaufen, giebt Opern, Komödien, Hetzen, Bälle und Feuerwerke. Er ist ein herzguter Mann, der durch sein edles Betragen und seine Großmuth seinem Stand, seinem Souverän und seinem Vaterland Ehre macht. Er macht im eigentlichsten Verstand die Honneurs des Reichstages aus«.[479]

In ähnlicher Weise wie Johann Riesbeck äußerten sich andere Reisende wie Johann Pezzl oder Karl Julius Weber. Der letztere war zusammenfassend der Ansicht: »Ohne Taxis wäre die Centralstadt Deutschlands gleich einem Landstädtchen«.[480] Und auch Nicolai, einer der prominentesten Autoren von Reisebeschreibungen im 18. Jahrhundert, schließt sich diesem Urteil an: »Der kaiserliche Principal-Kommissarius, Fürst von Thurn und Taxis hat einen prächtigen Hofstaat, und macht hier einen sehr ansehnlichen Aufwand, welcher der Stadt gewiß zu Gute kommt; und Regenspurg würde diesen Aufwand, wenn er nicht da wäre, sehr vermissen«.[481]

Aber gerade der Aufklärer Friedrich Nicolai machte auch die Grenzen seiner Begeisterung für die Hofhaltung des Fürsten deutlich. Die vom Fürsten veranstalteten Tierhatzen kritisierte er als ein barbarisches Relikt feudaler Provenienz. Stephan Oettermann sieht die Kritik an den Hatzen bei Nicolai und anderen als versteckte Kritik am feudalen Lebensstil, in dem sich die Frontstellung »Aufgeklärtes Bürgertum versus Adel« zeige.[482] Mit seiner Kritik stand Nicolai

---

[479] [Johann Kaspar RIESBECK], Briefe eines reisenden Franzosen durch Bayern, Pfalz und einen Theil von Schwaben, Zürich 1783, S. 158 f.

[480] Karl Julius WEBER, Reise durch Bayern, o. O., o. J., ND München 1980, S. 134. In ähnlicher Bewertung auch bei Johann Pezzl, der besonders die Person und das standesgemäße Verhalten des Fürsten hervorhebt: »Der Fürst von Thurn und Taxis ist notorisch einer der liebenswürdigsten deutschen Fürsten. Er macht eigentlich die Honneurs des Reichstages und der Stadt. [...], er wendet sein großes Vermögen auf eine eines Fürsten würdige Art an; er läßt das Publikum mit genüßen: Verunglückte und Nothleidende finden bei ihm sichere Hilfe«. Johann PEZZL, Reise durch den Baierischen Kreis, Salzburg/Leipzig 1784, S. 50 f.

[481] Friedrich NICOLAI, Beschreibung einer Reise durch Deutschland und die Schweiz im Jahre 1781. Nebst Bemerkungen über Gelehrsamkeit, Industrie, Religion und Sitten, Bde. 1–12, Berlin 1783–1796, hier: Bd. 2, S. 393.

[482] Stephan OETTERMANN, Vor seinem Löwengarten das Kampfspiel erwarten. Tierhatzen im 17. und 18. Jahrhundert, in: Journal für Geschichte 1982/6, S. 28–47, hier mit den Belegstellen der Kritik Nicolais, S. 46 f.

in Regensburg nicht allein. Das Hatztheater war auch dem Regensburger Magistrat ein Dorn im Auge. Aber aufgrund der Lage auf bayerischem Boden konnten die Stadtherren nichts dagegen unternehmen.[483] Christian Gottlieb Dimpfel, Geistlicher und Chronist des 18. Jahrhunderts in Regensburg, verdammte die Hatz als ein Anzeichen der Verrohung der Gesellschaft.[484] Mit diesem Urteil reihte sich der Pastor in die allgemeine Kritik von protestantischer Seite ein.[485] Aber Dimpfel wandte sich nicht nur gegen die Hatzveranstaltungen des Fürsten. Der protestantische Chronist sah im Fürsten als Vermittler von Lustbarkeiten wie Redouten, Komödien, Bällen etc. den Zerstörer der Moral überhaupt in Regensburg. Der Fürst bringe dem Bürgertum höfische Formen der Repräsentation und Feierlichkeiten nahe, die bisher in der Stadt unbekannt gewesen seien, so sein Vorwurf. Außerdem sei sein Lebensgang sündig, sein »galantes Christentum« und die »feine Religion«, die er pflege, nur zur Schau getragen.[486] »So wolte es nemlichen das feine Christenthum Serenissimi haben, welcher sehr viele Sünden und Greuel in unserer Stadt gehäufet; anbey auch sehr viele, seinem character zu wider lauffende dinge vorgenomen«.[487] Die Beurteilung des Fürsten durch den Regensburger Chronisten ist jedoch zwiespältig. Zwar seien neben der Hatz und dem Komödienspiel auch die Masqueraden zu verurteilen, denn damit verführe der Fürst das Volk dazu, Zeit und Geld zu verschwenden, andererseits hatte Dimpfel gegen einige Festlichkeiten zum »Lustre« der Stadt, wie z. B. Feuerwerke, nichts einzuwenden, und eine glanzvolle fürstliche Hochzeit wurde ohne Kritik beschrieben.[488] So ist möglicherweise die Kritik des protestantischen Geistlichen weniger ernst zu nehmen, als sie auf den ersten Blick aufgrund ihrer Härte scheint.[489] Nun lassen sich zwar auch ironisch-kritische Beurteilungen des Fürsten und seines Hofs beispielsweise bei Schubart finden, aber über die Reisebeschreibungen hinaus kann man keine zeitgenössischen Urteile der Bewohner Regensburgs über

---

[483] Siehe FENDL, Volksbelustigungen, S. 132.

[484] Christian Gottlieb DIMPFEL, RatisBona Nov-Antiqua: Kurtze, wiewohlen gründliche Beschreibung Des H. Römisch. Reichs Teutscher Nation Freyen Stadt Regenspurg in XIV. Theilen, unpartheyisch entworfen und aufgesetzet von Christian Gottlieb Dimpfel, Bde. 1–4, [Regensburg] 1740–1774, hier: Bd. 4, S. 620.

[485] Siehe FENDL, Volksbelustigungen, S. 134.

[486] Siehe dazu ebenda das Kapitel »Dimpfel und der Fürst«, S. 116–119.

[487] DIMPFEL, Chronik, Bd. 4, S. 694. Der zitierten Stelle lag als Auslöser eine Komödienaufführung in der Adventszeit zugrunde, was den Mann der Kirche besonders erboste. Siehe FENDL, Volksbelustigungen, S. 117.

[488] Ebenda, nach DIMPFEL, RatisBona, Bd. 4, S. 716.

[489] In dieser Einschränkung übrigens auch Fendl, wenn sie selbstironisch anmerkt, daß Dimpfel nicht einsehen wolle, »daß seine Chronik trotz aller sprachlichen Brillanz und trotz der liebevollen Ausgestaltung halt doch kaum in jemands Hände gerät, es sei denn in die von Volkskundlern – und das zweihundert Jahre später«. Elisabeth FENDL, »Alhier sehr übel unter Babeles einfältigen Knechten zu leben«. Der Protestant Christian Gottlieb Dimpfel und die »Römisch-Catholischen«, in: VHVO 133 (1993), S. 99–104.

»ihren Prinzipalkommissar« ausmachen.[490] Vielleicht liegt dies nicht nur an der Quellenarmut, sondern auch an der versöhnlichen und gutmütigen Art der Regensburger, die jeden leben ließen, wie er gerade mochte. Zumindest beschrieb der Regensburger Arzt Jakob Schäffer im Jahr 1787 so seine Landsleute: »Ueberhaupt ist der Umgang in Regensburg, der aus so manchfaltigen Gliedern besteht, eben nicht steif, und ieder kann ungezwungen und nach seinem Geschmack leben. Die Verschiedenheit der Religion hat auf das Gesellschaftliche nicht den geringsten Einfluß. Wir leben und weben auf das Freundschaftlichste mit einander«.[491]

5.4. Familienbande: Ideologie und Illusion

Adel hat Verwandtschaft. In dieser auf den ersten Blick lapidar und seltsam klingenden Aussage ist ein wesentliches Spezifikum des »Adels« auszumachen. Ähnlich wie bei der eingangs getroffenen Feststellung (»Adel hat Geschichte«) geht es hier nicht um den biologisch-realen Kern der Aussage. Ebenso wie der einzelne Adelige nicht über »mehr Geschichte« verfügt, sondern sich der Erinnerung nur über längere Zeiten bemächtigen und sie ausführlicher pflegen kann, ebenso verfügt er nicht über »mehr Verwandte« im engeren Sinn.[492]

Aber verwandtschaftliche Beziehungen nahmen über ihren biologischen Kern hinaus für den Adel eine ganz wesentliche und spezifische Bedeutung ein: erstens eine rechtliche und zweitens eine soziokulturelle. Rechtlich reglementierte die Verwandtschaft den Stand in der Gesellschaft und damit die Zugehörigkeit einer Person und einer Familie zur politischen Führungsschicht. Natürlich wurde darüber streng gewacht: Mißheiraten konnten zum Verlust von Rechten bis hin zum Ausschluß aus dem Familienverband führen. Der Staatsrechtler Johann Stephan Pütter widmete sich daher ausführlich der Bedeutung von Mißheiraten für die ständestaatliche Ordnung. Sein kleines Werk *Über den Unterschied der Stände* stellte noch 1795 ganz klar heraus, wie grundlegend die ver-

---

[490] Schubart ging im Rahmen musikkritischer Angaben auf den fürstlichen Hof ein: »Dieser glänzende deutsche Hof hat auch in neueren Zeiten durch die Tonkunst Aufsehen erregt. [...] Regelmäßige Anordnung eines Orchesters muß man von einem solchen Hofe nicht erwarten, wo das Vergnügen als letzter Endzweck betrachtet wird«. Im Rahmen der Thurn und Taxisschen Hofgeschichtsschreibung wurde verständlicherweise nicht auf die eher kritischen Stimmen zur Bedeutung des Hauses Taxis eingegangen. Eine Auseinandersetzung mit zeitgenössischer und moderner Panegyrik im Bannkreis der Thurn und Taxis kann als Desiderat bezeichnet werden. Die Reisebeschreibungen zu Regensburg und damit zum Teil auch zum Taxisschen Hof hat bisher zusammengestellt Eberhard DÜNNINGER, Regensburg. Das Bild der Stadt im Wandel der Jahrhunderte, Amberg 1995.
[491] Jakob Christian Gottlieb SCHÄFFER, Versuch einer medicinischen Ortsbeschreibung der Stadt Regensburg, Regensburg 1787.
[492] Siehe die einleitenden Bemerkungen in Kapitel I.1. Zur Untermauerung weiterhin Maurice HALBWACHS, Das kollektive Gedächtnis, Stuttgart 1967; ders., Les cadres sociaux de la mémoire, Paris 1976.

wandtschaftlichen Verbindungen für das Herrschaftsgefüge waren und wie schwer Mißheiraten wogen.[493]

Umgekehrt war auch die Aufnahme ins »Familienkartell« (Engelmann) nicht einfach zu erlangen, denn damit waren weitreichende Möglichkeiten eröffnet.[494] Nicht umsonst führten die Familienvorstände von Thurn und Taxis die »Verwandtschaft mit hohen und alten Familien im Reich« als Argument an, um auch politische Rechte wie Sitz und Stimme im Fürstenrat oder das Amt des Prinzipalkommissars erreichen zu können. Die Verwandtschaft, das heißt die Anerkennung der etablierten Elite durch Heiratsverbindungen, war mindestens ebenso wichtig wie ehrenvolle Standeserhebungen oder andere Formen der adelsinternen Qualifikation wie Ordensverleihungen.[495]

»Verwandt zu sein« kann aber auch eine andere Konnotation annehmen. Es kann auch »von gleicher Art, ähnlich« oder »in Verbindung stehend« meinen.[496] Damit bedeutet Verwandtschaft auch die Verbundenheit über die adelige Blutsverwandtschaft hinaus. Die Zugehörigkeit zum europäischen Hochadel konnte sich demnach auch definieren über Verhaltensweisen, Einstellungen, Lebensformen, die eben »von gleicher Art« waren, und das nicht nur in Versailles, Wien und St. Petersburg. Auch in diesem Sinn fühlte man sich »verwandt«, zugehörig zur großen Adelsfamilie. Mit diesem Hinweis soll nun keinesfalls die hohe Bedeutung unterschätzt werden, die gerade dem Blut als symbolischem Bedeutungsträger zukam. Schließlich wurde es über Jahrhunderte als bestimmender Faktor für Wesen und Fähigkeiten der Person und ihrer Familie angesehen.[497] Und damit konnte vor allem auch Exklusivität, nicht zuletzt im sprichwörtlich blauen, also besonderen Blut der Adeligen, transportiert werden.

Verwandtschaft bedarf aber der Pflege. Vor allem dann, wenn sie von so hoher Bedeutung für die Selbstwahrnehmung und Außenwirkung einer Gesellschaftsschicht ist. Die Familienbande mußten stets ins Gedächtnis gerufen, die damit gegebene Verbundenheit vergegenwärtigt und dadurch die rechtliche

---

[493] PÜTTER, Unterschied der Stände. Siehe dazu Emil ABT, Mißheiraten in den deutschen Fürstenhäusern unter besonderer Berücksichtigung der standesherrlichen Familien, Heidelberg 1911.

[494] In dieser negativ konnotierten Bezeichnung mehrfach bei Bernt ENGELMANN, Wir Untertanen. Ein deutsches Anti-Geschichtsbuch, München 1974.

[495] Die Verleihung von Orden spielte natürlich ebenfalls eine außerordentliche Rolle bei der adeligen Distinktion. Darauf soll in Kapitel II.2.4 noch näher eingegangen werden. Seit dem Ende des 17. Jahrhunderts waren alle Fürsten von Thurn und Taxis Träger des Goldenen Vlieses, außerdem wurden ihnen zahlreiche Orden größerer Dynastien, wie der pfalzbayerische Hubertusorden, verliehen.

[496] Ein kurzer Blick auf die Etymologie mag diesen Zusammenhang belegen. Im Frühneuhochdeutschen taucht der Begriff bereits ohne die Verengung auf Blutsverwandtschaft auf, im Sinne von Zugehörigkeit zur gleichen Familie, gleiche Abstammung, Gleichartigkeit, Ähnlichkeit. PFEIFER, Etymologisches Wörterbuch, Bd. 3, S. 1906.

[497] Siehe dazu beispielsweise die Ausführungen in Manfred LURKER (Hrsg.), Wörterbuch der Symbolik, 5. Aufl. Stuttgart 1991.

Adeliges Haus und fürstlicher Hof

wie kulturelle Exklusivität demonstriert werden. Einige Beispiele dieser »Verwandtschaftspflege« bei Thurn und Taxis sollen die hohe Bedeutung und die Ausdrucksformen dieses Zusammenhangs illustrieren.

Die hohe Bedeutung der eigenen Geschichte war eng verwoben mit der Pflege der verwandtschaftlichen Beziehungen. Denn neben den glorreichen und außergewöhnlichen Leistungen der Vorfahren gehören zur Bedeutung und Charakteristik einer adeligen Familie auch die genealogischen Beziehungen.[498] Durch das Erlernen der Hausgeschichte wurde ein Adeliger auch bekannt gemacht mit dem personellen Netzwerk des Adels. Neben diesem kognitiven Zugang führten die Kontakte, das heißt die »Familientreffen« im weitesten Sinn des Wortes, zur Vertiefung dieses Wissensbereichs. Nicht zuletzt die Kavalierstour war diesem Erfahrungsbereich gewidmet. Besonders gut ist man über die Reisen des Prinzen Karl Alexander unterrichtet, obwohl auch sein Vater und sein Sohn Kavalierstouren unternahmen. 1770 geboren, wurde der kleine Erbprinz zuerst durch Privatlehrer in Regensburg unterrichtet, dann wurde die Ausbildung in Straßburg und an den Universitäten Würzburg und Mainz fortgesetzt, bis er schließlich 1787 und 1788 eine umfangreiche Bildungsreise unternahm.[499] Der Thurn und Taxissche Rat Schäffer hat als sein Begleiter die Stationen der Reise ausführlich festgehalten.[500] Neben dem Kennenlernen von »Land und Leuten« sollte man vor allem die Höfe bereisen, bei denen man aufgrund verwandtschaftlicher Beziehungen Eingang fand.[501] Neben Paris wird dabei der Aufenthalt »am Königlich Grosbrittanischen Hofe zu London« besonders ausführlich geschildert.[502] Natürlich dienten diese Reisen außer dem Kennenlernen der europäischen Adelsschicht auch der Eröffnung neuer Hei-

---

[498] Auf diesen Zusammenhang wurde bereits in Kapitel I.1 verwiesen. Die in Auftrag gegebenen Genealogien, die damit zusammenhängenden Wandteppiche und Gemälde waren wesentlicher Bestandteil dieser Geschichtspflege, die durchaus als Vorbereitung für die Integration in den Reichsadel angesehen werden kann.

[499] Siehe den Überblick dazu bei August KRÄMER, Rückblick auf das Leben Karl Alexanders von Thurn und Taxis, Regensburg 1828, S. 8–24.

[500] »Die Reise begann im Oktober 1787 in Mainz, ging am Rhein entlang durch die Niederlande nach Paris, von da im Frühling 1788 nach London, im Sommer durch Holland, die Niederlande, wieder einen Theil durch Frankreich und Savoyen nach Italien, wo der Herbst zugebracht wurde, von da im November nach Regensburg«. Jakob Christian Gottlieb SCHÄFFER, Briefe auf einer Reise durch Frankreich, England, Holland und Italien in den Jahren 1787 und 1788 geschrieben, Bde. 1–2, Regensburg 1794.

[501] »Wohl sind Reisen die wahren praktischen Schulen des Lebens für junge Fürstensöhne, denn die Mannigfaltigkeit der Staatseinrichtungen anderer Länder, die persönlichen Anschauungen und Wahrnehmungen [...] bieten einen reichen Schatz von Erfahrungen für einen künftigen Regenten«. KRÄMER, Rückblick, S. 23 f. Ein weiteres handschriftliches Dokument liegt vor, das im Umkreis des Erbprinzen oder vielleicht von ihm selbst geschrieben worden ist. Im Mittelpunkt stehen dabei vor allem die Beschreibungen der Höfe, ihre bauliche Substanz und Wirkung etc. FZA Regensburg, HFS, Akten 1905.

[502] KRÄMER, Rückblick S. 25; SCHÄFFER, Briefe; und außerdem die Reisebeschreibungen des Prinzenerziehers Eberstein in StA Mainz, Nr. 22 (Schweiz, England), und Nr. 23 (Frankreich, Paris).

ratsverbindungen. Der Biograph Krämer berichtet in diesem Zusammenhang, daß dem Erbprinzen das Angebot gemacht wurde, »eine Prinzessin Doria aus dem berühmten Italienischen Fürstengeschlechte dieses Namens mit einer halben Million Gulden Brautschatz zu ehelichen; allein das Herz« hatte jedoch »nach Neigung gewählt«, was den Eltern nur recht war, denn: »man zog auch fürstlicher Seits eine Deutsche Prinzessin aus einem erhabenen Fürsten-Stamme jeder andern Beziehung vor«.[503]

Eheanbahnung und Verwandtenbesuche fanden jedoch nicht nur während der Kavalierstour statt. Bereits während der Studienaufenthalte besuchten die Prinzen zahlreiche Höfe und Residenzen.[504] Ein besonderes Zentrum bildete auch das Thurn und Taxissche Schloß Trugenhofen im Schwäbischen. Spätestens ab dem ersten Drittel des 18. Jahrhunderts kann man dort von einer etablierten Hofhaltung sprechen. Und dazu gehörte auch der Kontakt zu den umliegenden Höfen. Neben kürzeren Besuchen umfaßte dies den Austausch von Dienstpersonal ebenso wie das Zusammentreffen des regional ansässigen Hochadels bei Großveranstaltungen.[505]

Ein Familientreffen der ganz besonderen Art, auch wenn es mehrmals im Jahr abgehalten wurde, war die Jagd.[506] Dieses »adelige Vergnügen« par excellence war in allen seinen Erscheinungsformen geeignet, die Zugehörigkeit zur Adelsschicht zu demonstrieren. Es gab kleinere Jagdgesellschaften, wo nur einige Jäger sich auf die Pirsch machten. Für den Erbprinzen Karl Alexander beispielsweise waren das Jagdschloß in Duttenstein und der dort angelegte Wildpark der beliebteste Ausgangspunkt für derartige Unternehmungen.[507] Dort traf man sich mit gleichaltrigen Standesgenossen wie dem Prinzen aus Stuttgart. Der Württemberger Hof zeigte sich gegenüber seinen Nachbarn in dieser Hinsicht

---

[503] KRÄMER, Rückblick, S. 29.

[504] Dazu war ihnen vom Vater, dem regierenden Fürsten und Prinzipalkommissar, zumeist ein Empfehlungsschreiben ausgestellt worden. Nachweislich wurden besucht die Residenzen beziehungsweise Höfe von Würzburg, Mainz, Darmstadt, Heidelberg, Mannheim, Schwetzingen, Zweibrücken. Natürlich traf man an den Höfen weitere Mitglieder des Adels, wie nachweisbar den Kurfürsten zu Köln, einen österreichischen Erzherzog etc. Siehe die Tagebuchaufzeichnungen und den Überblick dazu bei KRÄMER, Rückblick, S. 18 f.

[505] Zahlreiche Austauschbeziehungen gab es auch in personeller Hinsicht. Beispielsweise war der Privatlehrer Abbé Devaux zuvor im Fürstentum Oettingen-Wallerstein tätig (KRÄMER, Rückblick, S. 12), und der württembergische Leibarzt Breyer machte des öfteren seine Besuche beim Fürsten von Thurn und Taxis, bis er dessen Leibmedicus wurde. FZA Regensburg, PA 942. Einen Hinweis zur Größe der fürstlichen Hofhaltung liefert zeitgenössisch auch Peter PROSCH, Leben und Ereignisse des Peter Prosch, eines Tyrolers von Ried im Zillerthal, oder Das wunderbare Schicksal. Geschrieben in den Zeiten der Aufklärung, München 1789, Neuausgabe, hrsg. von Karl Pörnbacher, ebenda 1964, S. 23–34.

[506] Einführend dazu mit weiteren Literaturhinweisen Hans Wilhelm ECKHARDT, Herrschaftliche Jagd, bäuerliche Not und bürgerliche Kritik. Zur Geschichte der fürstlichen und adeligen Jagdprivilegien vornehmlich im südwestdeutschen Raum, Göttingen 1976.

[507] Nachzuvollziehen vor allem in der »Privat-Correspondenz« des Erbprinzen und Fürsten. FZA Regensburg, HFS, Akten 1473–1476.

auch sehr großzügig und überließ ihnen einen großen Waldbereich zur Jagd.[508] Natürlich wurden auch zu den großen Jagdveranstaltungen derartige Gnadenbezeigungen erwiesen, wenn man beispielsweise Rotwild über große Entfernungen antransportieren ließ. Verlauf, Organisation und hierarchische Struktur einer großen Jagdgesellschaft waren Manifestationen adeligen Selbstverständnisses. Die zur Jagd Berechtigten waren auch die zur Herrschaft Berechtigten. Und nach der nicht nur im Zeremoniell geltenden Formel »suum cuique« kamen auch hier den einen mehr, den anderen weniger Rechte zu. Grundsätzlich aber gehörten die Mitglieder der Jagdgesellschaft einer sozialen Schicht an, waren von »einer Art«.

Aber nicht nur am Hof in Schwaben, sondern auch in der angemieteten Residenz zu Regensburg pflegte man die verwandtschaftlichen Bande. Wenngleich der Ort des Immerwährenden Reichstags für das Haus Thurn und Taxis vorwiegend in Verbindung gebracht wird mit den zeremoniellen Aufgaben, bot das Amt des Prinzipalkommissars doch auch die Möglichkeit, die dynastischen Beziehungen zu pflegen. Eine gründlichere – das heißt leider auch sehr zeitaufwendige – Analyse der Zeremonialprotokollbücher könnte erbringen, inwieweit und wie diese Netze hier geknüpft wurden.[509] Aber selbst ohne diese Analyse bleibt festzuhalten, daß es genügend Anlässe gab, um die Zugehörigkeit zur Führungsschicht des Alten Reiches zu vergegenwärtigen. War dies nicht durch persönliche Treffen möglich, so griff man zur Feder. Eine riesige Menge sogenannter »Notifikationsschreiben« hat sich in den einzelnen Archiven des Hochadels erhalten.[510] Die besonderen Familienereignisse wie Geburt, Hochzeit und Tod wurden darin notifiziert, also den Verwandten angezeigt. Auch der Fürst von Thurn und Taxis schrieb zu den verschiedenen Anlässen nicht als Prinzipalkommissar, sondern als Verwandter unter Verwandten. Eine Durchsicht dieser Gattung in unterschiedlichen Aktenbeständen zeigt deutlich, daß es sich um eine standardisierte Form der Kommunikation handelt. Darüber dürfen die scheinbar vertrauten Anreden wie »geehrter Vet-

---

[508] Siehe u. a. den Schriftwechsel ebenda. In gleicher Weise gab es Jagdüberlassungen auch von Bayern, siehe BHStA München, MA 74680; MA 5557, PersS 454.

[509] FZA Regensburg, HFS, Ceremonialbücher. Eine prosopographische Auswertung könnte hier Umfang und Art der Sozialbeziehungen offenlegen. Vor allem müßte man dabei auch die Nuancen wahrnehmen, inwiefern man sich beispielsweise »ohne alles Zeremoniell« oder nach ganzer »Reichsetiquette« traf. Hilfreich als Fragenkatalog waren für meine kursorische Durchsicht die einleitenden Überlegungen in Wolfgang REINHARD, Freunde und Kreaturen. Verflechtung als Konzept zur Erforschung historischer Führungsgruppen. Römische Oligarchie um 1600, München 1979; außerdem Antoni MĄCZAK (Hrsg.), Klientelsysteme im Europa der Frühen Neuzeit, München 1988.

[510] Die folgenden Aussagen beruhen auf der Aktendurchsicht folgender Bestände: HHStA Wien, RK, Kleinere Reichsstände 120 (Fürstenberg), 121–123 (Fugger), 391 (Oettingen-Wallerstein), 489 (Schönborn), 502 (Schwarzenberg), 519–520 (Thurn und Taxis); SOA Krummau, RAS, FF 13 (Fürstenberg); FF 55 (Thurn und Taxis); FZA Regensburg, HFS, Akten 1595–1733 (Notifikationsschreiben, alphabetisch geordnet in fast vierzig Faszikeln); BHStA München, MA 5136 (Oettingen-Wallerstein), 5554 (Thurn und Taxis).

ter«, »Euer Liebden«, »mon cher oncle« etc. nicht hinwegtäuschen. Selten werden die Mitteilungen eigenhändig abgefaßt, in der Regel vervielfältigen sie Kanzleischreiber, oder man greift sogar zum Druck: Der Brief wird zum Anzeigenformular, in das nur noch Anrede und Absender eingesetzt werden. Daher bilden persönliche, individuelle Schreiben die Ausnahme.[511] Aber das war auch nicht das Ziel dieser Kommunikation. Man blieb durch diese Schreiben »im Gespräch«, und es handelte sich um eine sehr direkte und effiziente Art, das familiäre Netz auf keinen Fall reißen zu lassen, sondern in der Erinnerung und Wiederholung immer dichter zu knüpfen. Selbst wenn die familiäre Komponente dieser Schreiben längst zur Floskel erstarrt war, so war doch die Erinnerung wachgehalten, zu der großen Gruppe regierender, d. h. herrschaftsberechtigter Eliten im Alten Reich zu gehören. Wen wird es wundern, daß auch in diesen Schreiben sehr häufig vom adeligen Haus die Rede ist? Denn bei den Notifikationen ging es nicht eigentlich um die Personen und deren Geburt, Hochzeit oder Tod, sondern um deren Bedeutung für den adeligen Sozialverband und dessen Netzwerk.[512] Vor allem die folgende Generation wurde miteingewoben, wenn bei der Traueranzeige zum Tod des regierenden Fürsten fast immer gleichzeitig der Regierungsantritt des Erbprinzen und Nachfolgers bekanntgegeben wurde. Und natürlich vergaß man nicht, die »Verbundenheit«, die »aufrichtige Theilnahme« und das »gegenseitige Wohlwollen« der Familien bzw. der adeligen Häuser zu beschwören. Übrigens standen bei den Fürsten des Reiches nicht nur ihre Standesgenossen, sondern vor allem auch der Kaiser auf der Liste der Notifikationsadressaten.[513] Mitgeteilt wurden natürlich auch bzw. vor allem die ganz besonderen Feiern des Adels: die Hochzeiten. Im folgenden sollen die Eheverbindungen des Hauses Thurn und Taxis chronologisch aufgelistet werden.

Die Heiratspolitik des Hauses paßte sich nahtlos in die gesellschaftliche Aufstiegsbewegung ein.[514] Im 16. und beginnenden 17. Jahrhundert fand man Ge-

---

[511] Zwar sind auch sehr individuelle und persönliche Schreiben im Rahmen der »Notificationen« zu finden, doch bilden sie singuläre Ausnahmen und tauchen erst gegen Ende des Jahrhunderts auf. Siehe beispielsweise FZA Regensburg, HFS, Akten 1628 (Fugger-Babenhausen) und 1653 (Kaunitz-Rietberg).

[512] Dementsprechend wurden auch Standeserhebungen mitgeteilt, Siehe beispielsweise die Fürstenerhebung von Metternich-Winneburg. FZA Regensburg, HFS, Akten 1666.

[513] Nachzuvollziehen über die oben ausführlich belegten Faszikel 120–123, 391, 489, 502, 519–520 aus dem Bestand HHStA Wien, RK, Kleinere Reichsstände. Darüber hinaus liegen, wie beispielsweise bei Thurn und Taxis, weitere Notifikationen über das Ende des Reiches im Bestand HHStA Wien, Aktuelle Registratur, vor.

[514] Siehe zu den folgenden genealogischen Ausführungen »Stammtafeln und Stammbaum« bei LOHNER, Geschichte, Anhang IV. Einige allgemeine Anmerkungen bei Gerhard DILCHER, Der alteuropäische Adel – ein verfassungsgeschichtlicher Typus?, in: WEHLER, Adel, S. 57–86, und, über das Beispiel Liechtenstein hinausgehend, Hans Jürgen JÜNGLING, Die Heiraten des Hauses Liechtenstein im 17. und 18. Jahrhundert. Konnubium und soziale Verflechtungen am Beispiel der habsburgischen Hocharistokratie, in: Volker PRESS/Dietmar WILLOWEIT (Hrsg.), Liechtenstein – Fürstliches Haus und staatliche Ordnung. Geschichtliche Grundlagen und moderne Perspektiven, 2. Aufl. München 1988, S. 329–345. Sehr deut-

mahlinnen aus dem Kreis des spanisch-niederländischen Adels, dem das Haus seit einigen Jahrzehnten selbst zugehörte. Der Erhebung in den Grafenstand 1628 ging eine Heirat mit einer Frau aus gräflichem Haus, Alexandrine von Rye, voraus. Ab 1695 wurde – wie bereits ausgeführt – dem Versuch, in den deutschen Reichsfürstenstand nicht nur dem Titel nach, sondern durch Besitzerwerb und Niederlassung in das Deutsche Reich integriert zu werden, auch auf heiratspolitischem Gebiet entsprochen. Bereits vor der Erhebung zum Reichsfürsten hatte Eugen Alexander am 24. März 1678 Anna Adelheid von Fürstenberg-Heiligenberg geheiratet. In zweiter Ehe vermählte er sich im November 1703 mit Anna Augusta von Hohenlohe-Langenburg-Schillingsfürst. Seine Nachfolger wählten ebenfalls Frauen aus diesem Adelskreis. Anselm Franz war mit Maria Ludovica Herzogin in Schlesien und Fürstin von Lobkowitz vermählt. Dessen Sohn Alexander Ferdinand war mit Sophie Markgräfin von Bayreuth in erster Ehe, mit Charlotte von Lothringen in zweiter und mit Maria von Fürstenberg-Stühlingen in dritter Ehe verheiratet. Sein Nachfolger Carl Anselm ehelichte Auguste Elisabeth Herzogin von Württemberg. Inwieweit diese Heirat mit der Perspektive, zu einem anerkannten Landesherrn in Schwaben zu werden, verknüpft war, kann nur Spekulation sein, ist aber durchaus denkbar. Übrigens heiratete nicht nur das jeweilige Oberhaupt standesgemäß, auch die weiteren Kinder wurden fast ausnahmslos in den Reihen des europäischen Hochadels untergebracht.[515]

Bis zur Mitte des 18. Jahrhunderts ist über das Verhältnis des jeweiligen Ehepaars an der Spitze des Hauses (Thurn und) Taxis nur wenig in Erfahrung zu bringen. Nur aus der Wahl der jeweiligen Gemahlin läßt sich auf die zugrundeliegende Heiratspolitik schließen; ansonsten beschränkt sich das Wissen um das Eheverhältnis auf das Heiratsdatum und die Lebensdaten der gemeinsamen Kinder. Dies ändert sich mit dem Fürstenpaar Carl Anselm und Augusta Elisabeth. Hier kann in einigen Skizzen der turbulenten Geschichte dieser Beziehung nachgegangen werden, die sich wie das Drehbuch eines spannenden Dramas liest.[516] Scheinbar gestalteten sich die ersten Jahre der Ehe sehr

---

lich hat Elias auf die alles dominierende Bedeutung der Eheschließung für Bildung und Sicherung des fürstlichen Hauses hingewiesen: »Es kommt faktisch bei der Eheschließung in diesem Kreise in erster Linie auf ein dem Rang des Mannes entsprechendes, möglichst sein Prestige und seine Beziehungen vergrößerndes ›Aufmachen‹ und ›Fortführen‹ seines ›Hauses‹ an, auf den Rang und Ansehensgewinn oder mindestens auf die Rang- und Ansehensbehauptung der Eheschließenden als den gegenwärtigen Repräsentanten dieses Hauses«. ELIAS, Die höfische Gesellschaft, S. 80–84.

515 Folgende Namen sind – in chronologischer Reihenfolge der Heiraten – zu nennen: Salm-Reifferscheid; Manderscheid-Falkenstein; Lannoy-Wignacourt; Württemberg; Ahlefeld-Langeland-Rixingen; Fürstenberg; Lobkowitz; Oettingen-Wallerstein; Radziwill; Oettingen-Spielberg.

516 Ausdrücklich gewarnt werden muß hier vor den voyeuristischen Arbeiten des Journalisten Rudolf Reiser, dem es immer wieder darum ging, die »pikanten Geschichten« auszuschlachten, ohne eine Analyse zu leisten. Siehe Rudolf REISER, Die Thurn und Taxis: das Privatleben einer Fürsten-Dynastie, Regensburg 1998; ders., Stadtleben, S. 127–134.

glücklich. Augusta Elisabeth bezog mit ihrem Gemahl das Erbprinzenpalais in den angemieteten Räumen in Regensburg und brachte in den ersten 15 Jahren ihrer Ehe acht Kinder zur Welt. Doch gegen Ende der 1770er Jahre muß es zu tiefgreifenden Brüchen in der Beziehung gekommen sein. Reiser sieht die Gründe in der Verschwendungssucht der Erbprinzessin und den ausgeprägten außerehelichen Aktivitäten des Erbprinzen.[517] Der seit 1773 an der Spitze des Hauses stehende Carl Anselm schrieb seiner Gemahlin am 15. März 1774 einen Versöhnungsbrief, wodurch er die Beziehung wieder festigen wollte.[518] Die Adressatin dieses Schreibens willigte in das Versöhnungsangebot ein, stellte aber die Bedingung, daß der Fürst seine außerehelichen Aktivitäten einstelle.[519] Dies wiederum wollte Carl Anselm einhalten, sofern im fürstlichen Schlafgemach alles nach seinem Willen gehe.[520] Aber dieser gegenseitige Notenaustausch läßt bereits erahnen, daß die Beziehung auch später nicht ohne Spannungen bleiben sollte.[521] Die Ehekrise kulminierte bei einem Aufenthalt der Fürstin in Paris, wo sie aufgrund der Beziehung zu einem »galanten Franzosen« ein uneheliches Kind zur Welt brachte und den Plan faßte, ihren Gemahl zu ermorden.[522] Bei der Jagd in Donaustauf zielte die Fürstin statt auf das Wild auf ihren Gemahl und verfehlte ihn nur knapp. Die Begleiter suchten dies mit der mangelnden Schießerfahrung der Fürstin zu entschuldigen. Wenig später bat Augusta Elisabeth ihre Kammerfrau, einen Mörder zu engagieren, der Carl Anselm auf einem Spazierritt erschießen sollte. Aber die Briefe an den vermeintlichen Attentäter wurden an den Fürsten selbst umgeleitet. In gleicher Weise wurde ein geplanter Giftanschlag auf den Fürsten aufgedeckt. Aufgrund der offenkundig gewordenen Mordabsichten der Fürstin entschloß sich Carl Anselm, sie aus seiner Umgebung zu entfernen und in Festungshaft zu setzen.[523]

---

[517] Siehe – mit aller Vorsicht – REISER, Stadtleben, S. 128. Siehe, ergänzend zu den Ausführungen Reisers, im folgenden auch DALLMEIER/SCHAD, Das Fürstliche Haus, S. 58 f.

[518] »Gedencke ich, derjenigen Gebühr und Ordnung wie christliche, tugendsame und vernünftige Ehegatten sich gegeneinander zu betragen gewöhnt und schuldig sind, ebenfalls mit meiner Gemahlin fortan in Freundschaft, wahrer Zuneigung und Vertrauen zu leben und also aus Liebe zum Frieden und zu Befestigung mehrerer Einigkeit alles dasjenige, was etwa in Ruckerinnerung vormaliger Ergebenheit, unter andern die betrübte Grundlage und Hauptveranlassung zur jetzigen leidigen Mißverständnis gegeben haben dürfte, an seinen Ort der Vergessenheit gestellet seyn zu lassen«. FZA Regensburg, HFS, Akten 189.

[519] Reskript der Fürstin an den Fürsten. Ebenda.

[520] Der Fürst nahm die Bedingungen an, sofern »weder vor noch in der Handlung selbsten das mindeste in dem Weg gelegt werde«. Ebenda. Siehe dazu auch die Bewertung bei REISER, Stadtleben, S. 129.

[521] Siehe FZA Regensburg, HFS, Akten 189.

[522] Siehe zu den im folgenden dargestellten Mordversuchen REISER, Stadtleben, S. 129; DALLMEIER/SCHAD, Das Fürstliche Haus, S. 58 f.

[523] Der österreichische Diplomat Borié unterrichtete den Kaiser von den Machenschaften der Fürstin: »Die eigen händigen Billets der Frau Fürstin und dem selbstigen bekenntniß geben nebst Jenen andern Personen, welche zu diesen Verbrechen haben mitwürken

Augusta Elisabeth wurde nach Schloß Hornberg gebracht, wo sie ihre letzten Jahre verlebte. Diese Zusammenhänge erklären die hohe Anzahl von Testamenten, die Carl Anselm ab den siebziger Jahren anfertigte und in denen er die Erbschaft seiner Gemahlin immer wieder neu regelte.[524] Der Fürst ging in den folgenden Jahren mit der Bürgerstochter Elisabeth Hillebrand eine Beziehung ein.[525] Nachdem seine Gemahlin 1787 auf Schloß Hornberg verstorben war, heiratete Carl Anselm heimlich 1787 *ad morganaticam* seine ehemalige Bedienstete Hillebrand.[526]

Schon vor der Eheschließung und noch zu Lebzeiten Augusta Elisabeths hatte ihm seine zweite Frau einen Sohn geboren. Er erhielt den Namen Nicolaus Joseph und wurde später der Stammvater der Adelsfamilie von Train. Denn Carl Anselm konnte für seine frühere Mätresse ein Adelsdiplom des bayerischen Kurfürsten Carl Theodor erlangen. Als er kurz darauf der Beziehung zu seiner Frau *ad morganaticam* anscheinend überdrüssig geworden war, fand er sie mit dem Gut Train bei Abensberg ab.

Nun wären diese Geschichten um das Eheleben Carl Anselms nicht sonderlich von Interesse, würden daraus nicht einige Grundlagen adeligen Lebens deutlich. Eine Heirat war vor allem eine politische Veranstaltung. Sie sicherte, erhöhte oder gefährdete den Stand der adeligen Familie. Um letzteres zu verhindern, gab es das Mittel der Trauung »zur linken Hand«, und über außereheliche Aktivitäten wurde geflissentlich hinweggesehen. Grundsätzlich war das Familienleben des Adels nämlich Staats- und nicht Privatsache. Dies galt nicht nur für die jeweiligen Fürsten, sondern für alle Familienmitglieder. Aber zunehmend war diese Ansicht nicht mehr unumstritten. Zwar fand sie weiterhin Verteidiger, wie den oben zitierten Staatsrat Pütter, aber es melden sich auch andere Stimmen zu Wort. Besonders deutlich ist die unterschiedliche Einschätzung abzulesen aus dem Schriftverkehr zu zwei kleinen »Staatsaffären« im Hause Thurn und Taxis.

Am 25. Juli 1780 wandte sich der Thurn und Taxissche Unterhändler Vrints-Berberich an Baron von Büchler wegen eines »höchstverdrüssige[n] Ereignuß in dem fürstlichen Hause«.[527] Die Stiefschwester des Fürsten habe ein Verhältnis mit dem Kammerherrn und Obristleutnant Grafen von Ahlfeld. Nach eini-

---

sollen [...] den vollen beweiß dieser attentirten Mordthaten«. Zitiert nach REISER, Stadtleben, S. 131.

[524] FZA Regensburg, HFS, Akten 2164. Mehr als ein Dutzend unterschiedlicher Fassungen liegen vor. An einer Stelle geht er auf die Vorkommnisse, die »auf Unser eigenes Leben fürgehabte[n] boshafte[n] Anschläge« seiner Gemahlin, ein.

[525] Zur Person der Bürgerstochter Hillebrand siehe REISER, Stadtleben, S. 132 f. Einen aktenkundigen Nachklang fand die Geschichte in BHStA München, MA 5562.

[526] »Nachdem ich der regierende Fürst Carl Anselm von Thurn und Taxis mich entschlossen habe, zu Beruhigung meines Gewissens eine Ehe ad morganaticam einzugehen, so habe ich Elisabeth Hillebrandin dazu ausersehen«. Ehevertrag vom 18. August 1787. FZA Regensburg, HFS, Akten 2081. Siehe dazu auch BHStA München, MA 5562.

[527] HHStA Wien, RK, Kleinere Reichsstände 520, fol. 64 f.

gen Auseinandersetzungen mit dem Familienoberhaupt habe sie sich zuerst zum Lustschloß des Regensburger Bischofs und später in das Ursulinenkloster in Stadtamhof geflüchtet. Da alle Versuche und »Vorstellungen der Ungleichheit des Standes wegen« keine Wirkung gezeigt hätten, bleibe nur der Ausweg, den Kaiser zu bitten, in dieser Sache zu intervenieren. Er wage den Kaiser »umso zuversichtlicher anzurufen als die reichsväterliche welt-gepriesene Sorge des allerhöchsten Ober-Haupts allerdings auch dahingehet, daß der Glanz eines mit so vielen altfürstlichen Häusern in anverwandtschaftlicher Verbindung stehenden Hauses, durch ungleiche Heurathen nicht verdunklet« werden dürfe.[528] Vrints-Berberich kam in seinen Brief auch auf die mißliche Situation des Fürsten von Thurn und Taxis zu sprechen: »daß die mancherlei Drangsalen, welche Serissimum persönlich, theils durch die notorische niederträchtige Aufführung der in Hornberg befindlichen Gemahlin betroffen haben, theils durch das Vorhaben einer mittellos ungleichen Standes-Veränderung der Frauen Stief-Schwester neuerdings niederdrücken«. Nicht nur der Thurn und Taxissche Rat, sondern auch der kurböhmische Gesandte Trautmansdorff berichtete über die Verwicklungen nach Wien. Es sei zum Affront gekommen, als Prinzessin Therese während einer Tafel nur Augen für ihren Geliebten gehabt habe und sich dadurch die anderen Kavaliere zurückgesetzt gefühlt hätten. Der Fürst von Thurn und Taxis habe ihr wegen ihrer Liaison Vorhaltungen gemachet, »worauf dann auch verschiedene Vorwürfe von der Prinzess über die conduit ihres Herrn Brudern mit deren Kömodiantinnen gemachet wurden«. Aufgrund dieser Auseinandersetzungen flüchtete Therese vom Hof, was zu weiteren Verwicklungen führte. Vor allem wurden verschiedene Gesandte involviert, wie beispielsweise der Gesandte Frankreichs Marquis de Bombelles, der kein Problem in einer Vermählung sah, da »die Prinzess keine Erbprinzessin, und der Ahlefeld von einem viel ältern Haus als Taxis wäre«. Weitere Schreiben in dieser Sache nach Wien folgten. Als Hauptproblem wurde weniger der Geburtsstand angesehen als die fehlenden Mittel für das standesgemäße Leben einer Taxis und die Religionszugehörigkeit. Das Ziel, Wien zum Eingreifen zu bringen, erübrigte sich, da die Prinzessin ihrer Verwandtschaft ein *fait accompli* lieferte und ihren Geliebten heiratete.[529]

Ähnliche Verwicklungen brachten die Jahre 1785 und 1788. Die Tochter des Erbprinzen war von ihrem Ehemann, dem Fürsten von Radziwill, geflohen.[530] Da sie in Hamburg Unterschlupf gefunden hatte, sollten die dortigen Postmeister eingreifen. Auch dieser Fall verursachte zahlreiche Verwicklungen, wobei der Kaiser höchstpersönlich eingeschaltet wurde. Reichsvizekanzler

---

[528] Ebenda. In der Anlage werden die einzelnen Briefe in der Sache beigelegt, fol. 67 f. Das weitere Zitat ebenda, fol. 71.

[529] Prinzessin Maria Theresia, älteste Tochter aus der dritten Ehe Fürst Alexander Ferdinands mit Maria Henriette von Fürstenberg-Stühlingen, heiratete schließlich Ferdinand Graf von Ahlfeld-Langeland-Rixingen.

[530] Siehe dazu HHStA Wien, RK, Kleinere Reichsstände 520, fol. 100–135.

Colloredo berichtete Joseph II. und bat um diskrete Unterstützung, »da gedachter Fürst wegen diesem ihm, und seinem Haus unangenehmen Vorfall eine große Verlegenheit bezeiget«. Aber der Reichsvizekanzler bezog eine andere Position, hier war nach seiner Meinung eine Überschneidung von Privat- und Dienstangelegenheiten festzustellen. Colloredo befürwortete zwar, daß man »Fürst von Taxis als ein Euer Kaiserlicher Majestät devoter und in allerhöchstdero Dienst befindlicher Reichsfürst« helfen sollte, aber es könne nicht angehen, den Postmeister Vrints in dieser Sache nach Warschau zu schicken. »Der Gegenstand ist immer eine Privat-Familien-und Haus-Sache des Fürsten von Taxis, und der von Vrints ist von Eurer Kaiserlichen Majestät angestellter Resident in Bremen«. Colloredo hielt also hier, im Gegensatz zu Vertretern des Thurn und Taxisschen Hofs, eine Trennung zwischen Staats- und Familiensachen für angemessen und befürchtete, daß es durch den Einsatz des in »Dienst und publiquen Characteur stehenden Manne[s]« zu einigen Verwicklungen kommen könne. Daher vertrat er vehement die Meinung, man müsse hier staatliche und private Angelegenheiten trennen.[531]

Insgesamt scheint jedoch die Verbindung von Staats- und Privatangelegenheiten für den damaligen Adel nicht aufgehoben zu sein. Der Staat war ohne Adel, ohne die herrschenden Dynastien nicht denkbar. Nur sollte der Geburtsadel auch dem Anspruch, ein exklusiver Stand der Gesellschaft zu sein, in vielerlei Hinsicht entsprechen. Die Kritik richtete sich somit eher gegen die Charaktereigenschaften und Defizite einzelner Adeliger als gegen den Adelsstand an sich. Damit war die Legitimation des Adels als herrschende Schicht zu einem guten Teil weiterhin gewährleistet: Die Verwandtschaft der herrschaftsberechtigten Elite sicherte sich ihre Position. Rechtliche und soziokulturelle Exklusivität gingen dabei Hand in Hand. Um sie zu sichern, bediente man sich verschiedener Formen der gesellschaftlichen Distinktion. Natürlich könnten hier noch viele Beispiele genannt werden, welche die Vorrangstellung und damit auch die Vorbildfunktion des Adels begründeten. Es war nicht nur – wie ausgeführt – die Pflege der Geschichte, der verwandtschaftlichen und sonstigen Netzwerke mit ihren besonderen Kommunikationsformen, sondern es waren auch besondere Formen der Mode, der Geselligkeit, zusammengenommen der »Lebensformen«, einer Schicht, welche zur Abgrenzung nach außen und Selbstvergewisserung nach innen verwendet werden konnten.

Diese verschiedenen Aspekte adeliger Kultur ergeben zusammen eine in sich stimmige »Adelswelt« oder, mit einer literarischen Anleihe gesagt, ein »ganz besonderes Universum«.[532] Sie bilden einen gemeinsamen Wissensbestand, ein

---

[531] Weitere Bitten um Unterstützung erfolgten durch Lilien; aber der Reichsvizekanzler bestand auf der Trennung der verschiedenen Bereiche. Ebenda, fol. 142–150.

[532] Der Pater des Hauses Salina charakterisiert im Roman *Der Leopard* seinem Freund Pietro gegenüber diese adelige Welt, in der er sich tagtäglich bewegt, folgendermaßen: »Seht, Don Pietro, die ›Herren‹, wie Ihr sagt, sind nicht leicht zu verstehen. Sie leben in einem besonderen Universum, das nicht gerade von Gott geschaffen ist, wohl aber von ihnen selbst in

kollektives Gedächtnis des Adels. Interessanterweise sehen so unterschiedliche Beiträge wie die von Oswalt von Nostitz und Georg Simmel dies übereinstimmend als besonderes Charakteristikum des Adels: die effektive Tradierung, Verfügbarkeit und Mobilisierung kollektiver Wissensbestände einer Gruppe.[533] Diese Wissensbestände, vermittelt durch Familie und Erziehung, regulieren Einstellungen, Verhaltensweisen, Qualifikationen und damit die Möglichkeit, sich in bestimmter Weise gesellschaftlich zu positionieren.[534] Ein Adeliger, so die Überzeugung und recht eigentlich auch die Forderung und Hoffnung von Nostitz, bleibt Adeliger, was immer er für einer Beschäftigung nachgeht, solange »der innere Zusammenhang mit dem Erbe«, dieses Wissen und seine Verfügbarkeit also, erhalten bleibt.[535] Der Adel, so sahen es zumindest seine Vertreter, kann also seine Exklusivität und Eigenart behaupten, auch wenn er sich Zeitströmungen anzupassen hat.[536] Ob diese adelige Ideologie den gesellschaftlichen Erschütterungen und bürgerlichen Herausforderungen standhalten würde, war Ende des 18. Jahrhunderts allerdings nicht abzusehen.

6. Zwischenfrage:
Ein Exponent der adeligen Elitenschicht im 18. Jahrhundert?

Am Anfang war die Post. Sie war der Ausgangspunkt eines kometenhaften Aufstiegs, der vielleicht mit dem des Hauses Fugger vergleichbar ist.[537] Jedoch sollten die Taxis mit ihrer Erfolgsgeschichte sogar die Augsburger Handelsdynastie überflügeln. Fünf Jahre vor Beginn des 18. Jahrhunderts in den Reichsfürstenstand erhoben, gelang es in diesem Jahrhundert über einige Stationen und Hürden hinweg, endgültig an die Spitze der Gesellschaft im Alten Reich aufzurücken. Durch den Besitz des Postmonopols nahmen sie zwar eine

---

Jahrhunderten eigener, ganz besonderer Erfahrungen, Mühen und Freuden; sie besitzen ein ziemlich gutes kollektives Gedächtnis«. LAMPEDUSA, Der Leopard, S. 228.

[533] Oswalt von NOSTITZ, Versuch über den Adel. Ein Vortrag, in: Ders., Präsenzen. Kritische Beiträge zur europäischen Geistesgeschichte, Nürnberg 1967, S. 218–244, hier: S. 222, 238 f.; Georg SIMMEL, Exkurs über den Adel, in: Ders., Soziologie. Untersuchungen über die Formen von Vergesellschaftung, Frankfurt a. M. 1992, S. 816–831, hier: S. 827 f.

[534] Siehe dazu den Klassiker Halbwachs, der vorerst lohnender erscheint als die neueren Beiträge der Wissenssoziologie. HALBWACHS, Gedächtnis; ders., Les cadres sociaux. Siehe dazu auch OEXLE, Aspekte.

[535] Nostitz gibt das Beispiel der vertriebenen Adeligen, die sich als Kutscher verdingen müssen und sich trotzdem gegenüber den nicht-adeligen Kollegen abheben. NOSTITZ, Versuch, S. 231 f.

[536] Ebenda. Der Fürst Salina drückte es so aus: »Wir sind nicht blind, lieber Pater, wir sind nur Menschen. Wir leben in einer beweglichen Wirklichkeit, der wir uns anzugleichen suchen, so wie die Algen dem Druck des Meeres nachgeben«. LAMPEDUSA, Der Leopard, S. 49.

[537] Übrigens waren die Ahnherren der beiden Geschlechter, Jakob Fugger und Franz de Tassis, zufällig im gleichen Jahr geboren. BEHRINGER, Fugger und Taxis, S. 241–248.

außergewöhnliche Position innerhalb einer adeligen Elitenschicht ein, deren Grundlage weiterhin der Grundbesitz war. Aber davon abgesehen hatten sie am Ende des Jahrhunderts ihren Platz innerhalb des Hochadels gefunden und waren damit zur Spitze der gesellschaftlichen Pyramide vorgerückt.

Als Beleg für diese Beurteilung können zwei Leichenpredigten dienen. Sie sollen den Reigen einiger zeitgenössischer Dokumente eröffnen, die ein Zwischenresümee um 1800 ermöglichen. Es handelt sich um Trauerreden zum Tod Fürst Alexander Ferdinands, der von 1733 bis 1773 das Haus Thurn und Taxis leitete, und seines Sohnes Carl Anselm, der von 1773 bis 1805 als regierender Fürst der Dynastie vorstand. Gemäß barocker Rhetorik möchte der Benediktiner Passy über Alexander Ferdinand eigentlich nicht berichten,

> »was Höchstdenselben in der Ordnung der Natur vor den Augen der Welt groß und ansehnlich machen konnte. Ich würde sonst anpreisen seine hohe Geburt, kraft deren ein Hochfürstlich-Taxisches und Hochfürstlich-Lobkowitzisches Blut in seinen Adern floß: ich würde loben das Glück seiner dreymaligen Eheverbündnissen, durch die Er in die Freund- und Verwandtschaft nicht nur hoher, sondern auch höchster Häuser trat. Ich würde nicht mit Stillschweigen umgehen die Hoheit seines Ansehens, welche Höchstdenselben nicht nur das in dem Jahre 1747 zu einem f[ür]stl[ichen] Thronlehen erhobenes kaiserliches Reichs-Postgeneralat, sondern auch ein zweyfacher Orden, jener des goldenen Vliesses, und dann dieser k[önig]gl[ich]-Ungarische des Hl. Stephans, und eben dadurch dem Hochfürstlichen Hause den größten Glanz und Schimmer verschaffen: ich würde endlich der Größe seiner Würde gedenken, durch die Er in den 1754ten Jahre in das Reichsfürsten-Collegium aufgenommen ward, und schon in den 1745ten Jahre zum erstenmal die hohe Stelle eines Principal-Commissarius bei der höchstansehnlichen, allhier fortblühenden, Reichsversammlung vertrat und solche Würde nach der Hande bis auf die letzte Zeit seiner Lebenstage unter dreyen glorwürdigst regierenden kays[erlichen] Majestäten mit ebenso preiswürdigem als einsichtsvollem und belebtem Eifer bekleidete«.[538]

Auch eine Generation später verweist der Geistliche in der Trauerrede zuerst auf die außerweltlichen Bezüge des Fürsten, die ihn als gläubigen Menschen und guten Christen auf das Jenseits vorbereiteten. Anschließend wird Carl Anselm als »liebender Fürst« gegenüber seinem Haus und seinen Untertanen geschildert:

> »Aber noch deutlicher zeigte der hochseelige Fürst seine Liebe zu seinem Durchlauchtigsten Hause dadurch, daß er auf eine recht große, wahrhaft fürstliche Weise für den Wachsthum und Ruhm desselben sorgte. Ja dieses Haus, das schon frühe in der mayländischen Geschichte glänzet, das sich in den deutschen Annalen durch die erste Begründung des Reichspostwesens verewiget, strahlet am schönsten unter Carl Anselm, welcher gleichsam der zweyte Stifter desselben genannt werden kann. Höchstderselbe hat durch die Erwerbung der gefürsteten Grafschaft Friedberg Scheer die Grundlage des erhabenen Fürsten-

---

[538] PASSY, Trauerrede, S. 4.

hauses befestiget, und dasselbe durch geschickte Negotiationen mit neuen großen Besitzungen ansehnlich vergrößert«.[539]

Auch wenn die Trauerreden nicht geschrieben wurden, um ein kritisches Resümee zu ziehen, so können sie doch einiges über die Dynastie Thurn und Taxis aussagen, vor allem über die Zugehörigkeit des »hochfürstlichen Hauses« zur Eliteschicht im Alten Reich, und das sowohl in wirtschaftlicher als auch in politisch-rechtlicher und soziokultureller Hinsicht.

Erstens gehörten die Reichsgeneralerbpostmeister in wirtschaftlicher Hinsicht zweifellos zur Spitze der Gesellschaft. Auch wenn die wirtschaftlichen Verhältnisse in den Leichenpredigten nicht direkt angesprochen wurden, mußte jedem Zeitgenossen allein durch die feierliche und aufwendige Beisetzungszeremonie klar sein, daß es sich um ein ökonomisch potentes Fürstenhaus handelte.[540] Auch war offensichtlich, daß die in den Predigten beschriebenen Ämterbesetzungen und Besitzerwerbungen nur mit entsprechendem Kapital möglich waren. Unter all den erwähnten Investitionen ragte der Ankauf einer gefürsteten Grafschaft besonders heraus. Daß aufmerksame Beobachter den Reichtum des Hauses richtig einschätzten, beweisen die Vermutungen über wahrhaft unerhörte Einnahmequellen durch Justi.[541] Andere Fürstenhäuser konnten von einem derartigen Reichtum nur träumen, manche Zeitgenossen wie Klement Baader haben die Gründe dafür deutlich benannt.[542]

---

[539] Cölestin WEINZIERL, Trauerrede auf den Durchlauchtigsten Herrn Herrn Karl Anselm, des Heil. Röm. Reichs Fürsten von Thurn und Taxis [...] bey dem ersten Trauergottesdienste in der fürstlichen Stiftskirche zu St. Emmeram in Regensburg den 21. November 1805, Regensburg 1805. Siehe auch Benedikt HOLLAND, Trauerrede zum Gedächtniß weyland des durchlauchtigsten Fürsten und Herrn Herrn Karl Anselm, des heil. röm. Reichs regierenden Fürsten von Thurn und Taxis, gehalten am 28ten November 1805 als das Herz des Höchstseeligen in der Kirche zu Neresheim beigesetzt wurde, Dillingen 1806.

[540] Insgesamt gab man beispielsweise für die Beisetzungsfeierlichkeiten des Fürsten Carl Anselm die stolze Summe von 14 594 fl. aus. FZA Regensburg, HFS, Akten 1977. Grundlegend dazu mit weiteren Quellenangaben Armin RUHLAND, Das Leichenbegängnis von Alexander Ferdinand, Fürst von Thurn und Taxis, in: MÖSENEDER, Feste, S. 383–385, und ders., Das Leichenbegängnis von Fürst Karl Anselm von Thurn und Taxis 1805, in: Ebenda, S. 441 f.

[541] Johann Heinrich G. Justi hat 1766 sehr gut geschätzt: Thurn und Taxis verfügen über »so ansehnliche Einkünfte [...], die sich gewis weit über eine halbe Million jährlich erstrecken«. Wahrscheinlich, so fährt er fort, nähern sie sich sogar eher einer Million. JUSTI, System, Kapitel »Von dem Postregal«. Siehe dazu auch Auszüge in FZA Regensburg, HB, Collectanea von dem Postwesen 99. Auch der Reisende Baader berichtet im Jahr 1792: »Man hat mir die reinen Einkünfte des Fürsten, das Familienvermögen, und die Erträgnisse von den Gütern ungerechnet, blos von dem Postwesen, auf jährliche 600 000 fl. angegeben; ich kann freylich nicht bestimmen, ob diese Summe zu hoch oder zu gering angesetzt ist«. BAADER, Reisen, Bd. 2, S. 444 f.

[542] »Er braucht keine Armee zu unterhalten, hat zur Eintreibung der Gefälle keine Exekutionstruppen nöthig, und bey den Steuern, die ihm jeder liefert, der durch das Taxische Postwesen Briefe und Pakete erhält und versendet, giebt es keine Ausstände, oder Nachlässe wie bey andern Steuern, sondern sie werden baar, gleich und gerne bezahlt«. Ebenda.

Zweitens war das Haus politisch-rechtlich ein akzeptiertes Mitglied der Reichsfürstenschicht geworden. Thronlehenerhebung, Sitz und Stimme im Reichsfürstenrat und die Legitimation durch Grundbesitz legen Zeugnis davon ab. Natürlich wußten nicht nur die Fürsten von Thurn und Taxis, wem sie diesen Aufstieg zu verdanken hatten. Ihre Stellung als »Diener und Vasallen des allerdurchlauchtigsten Erzhauses Österreichs« war offenkundig. Am deutlichsten hat dies Freiherr von Lilien, der Generalintendant der Posten und damit einer der intimsten Kenner des Hauses Thurn und Taxis, ausgedrückt: Das Haus verdankt Habsburg alles, und ohne dessen Unterstützung ist es nichts![543]

Drittens hatte man in kultureller Hinsicht all jene Formen adaptiert, die als Kennzeichen des Adels gelten können: die Pflege der Zugehörigkeit zur großen adeligen Familie durch die Bande des Blutes, die Übernahme adeliger Auszeichnungen, seine inszenierte Würde und auch deren äußerliche Zeichen durch die Verleihung höchster Orden. Einige Symbole zur Manifestation des Außergewöhnlichen wurden in den Leichenpredigten genannt, deutlicher jedoch traten sie bei den Leichenzügen hervor. Hier zelebrierte man die Größe und Würde eines außergewöhnlichen Fürsten, eines außergewöhnlichen Amtes und eines außergewöhnlichen Hauses. Im Leichenzug spiegelte sich die ständisch gegliederte Gesellschaft wider: In insgesamt 79 »Ordnungen« traten Adel, Geistlichkeit und Bürgerliche in die Reihe hinter dem Leichnam des Prinzipalkommissars.[544] Die gesamten Trauerfeierlichkeiten waren angefüllt mit Symbolen und Verweisen auf den Adel als berechtigten Träger besonderer Funktionen und Fähigkeiten. Aber neben all den wichtigen Bestandteilen adeliger Ideolo-

---

[543] Lilien hat immer wieder auf diesen Sachverhalt hingewiesen, sehr komprimiert findet sich seine Argumentation in einem Brief an Imhof vom 11. Januar 1798, in dem er rückblickend schreibt: »Wem ist das fürstliche Haus die FürstenWürde schuldig als k[ai]s[er]l[icher] M[ajestät]? Wem ist das fürstl[iche] Haus die höchst ansehnliche Würde eines Kaiserl[ichen] Principal Commissarii schuldig als k[ai]s[er]l[icher] M[ajestät]: eine Würde, durch welche das fürstl[iche] Haus sowohl Ansehen als Einfluß in das Reich gewinnet? Wem ist das Haus die Erhebung des K[aiserlichen] Post Generalats in ein Thronlehen schuldig als k[ai]s[er]l[icher] M[ajestät]? Wem ist das fürstl[iche] Haus das Sitz- und Stimmrecht auf dem Reichstage schuldig als k[ai]s[er]l[icher] M[ajestät]? Wem ist das fürstl[iche] Haus die für dasselbe so wichtige Aquisition der Grafschaft Friedberg-Scheer schuldig als k[ai]s[er]l[icher] M[ajestät] durch Höchst Ihro lehensherrliche Einwilligung. Wem ist das fürstl[iche] Haus schuldig die Erhebung der Grafschaft Friedberg-Scheer in ein Fürstenthum als k[ai]s[er]l[icher] M[ajestät]? Wem ist das fürstl[iche] Haus das Sitz- und Stimm-Recht auf der Fürstenbank beym Schwäbischen Kreise schuldig als k[ai]s[er]l[icher] M[ajestät]? Niemand kann dieses besser wissen als ich, da ich den größten Theil davon negociret habe. Wem ist das fürstl[iche] Haus endlich den glücklichen Ausgang der Verträge mit den Kur- und Fürsten des Reichs schuldig, als der allmögenden Verwendung von k[ai]s[er]l[icher] M[ajestät]?« HHStA Wien, StK, Kleinere Betreffe 18, fol. 242v–243r.

[544] Die Trauerzüge sind in aller Ausführlichkeit in zahlreichen Beschreibungen überliefert: FZA Regensburg, HMA 283, 1472; HFS, Akten 1969, 1977. Auch GUMPELZHAIMER, Regensburg's Geschichte, Bd. 3, S. 1671, gibt sie anläßlich des Todes Alexander Ferdinands wieder; jedoch unter dem kritischen Zusatz: »Es dünkt mich zur Sitte der damaligen Zeit zu gehören, den feyerlichen Zug zu beschreiben«. Siehe auch die Zusammenfassungen bei RUHLAND, Alexander Ferdinand.

gie, welche die Elitenposition im Alten Reich festigten, gehörten diese Fürsten vor allem einem Familienverband an.[545] Sie waren Repräsentanten eines adeligen Hauses.[546] Auch wenn dieses adelige Haus in der Adelslandschaft ein noch recht junges Bauwerk war, so hatte es die Anerkennung und Integration doch erreicht und nicht zuletzt den Habitus »altfürstlicher Häuser« übernommen. Die Vertreter des Hauses Thurn und Taxis hatten die Spielregeln zum Aufstieg und zum »Obenbleiben« im Ancien Régime verstanden und beherrschten sie. Und damit zurück zu den Trägern dieses Hauses: Denn nicht allein die Fürsten waren es, die das Spiel gestalteten und damit all die Leistungen für ihr Haus erbrachten. Vielmehr waren es die fürstlichen Diener, die dem Haus seine Konturen gaben und die Erfolgsgeschichte gestalteten. Der Bezug zu einer überindividuellen Größe, die Trägerin besonderer Rechte war, die ganz spezifische Charakterzüge hatte, konnte ganz wesentlich dazu beitragen, eine Elitenposition zu erreichen und zu sichern. Der Adel mit seinem Haus war gut gerüstet auch für »stürmische Zeiten«.

---

[545] Familienverband bedeutet hier mehr als nur den generationsübergreifenden Zusammenhang der Familie, auch wenn der als Garant der Kontinuität gesehen wurde. Siehe auch FRIDERICH, Trauerkantate auf das tödliche Hinscheiden des Durchlauchtigsten Fürsten und Herrn Herrn Karl Anselm von Thurn und Taxis den 13ten November 1805, Regensburg 1805: »Ist ein helles Licht erloschen zeigt ein anderes in den Sprossen Das erhabne Fürstenhaus«.

[546] Für Norbert Elias ist der Begriff der Repräsentation ein Schlüsselbegriff schlechthin, und er betont, daß den einzelnen Personen einer Dynastie alles angerechnet wurde »als den gegenwärtigen Repräsentanten dieses Hauses«. ELIAS, Die höfische Gesellschaft, S. 68–86, hier: S. 80.

Abb. 7: Fürst Karl Alexander von Thurn und Taxis (1805–1827).
FZA, HMA 638

ZWEITES KAPITEL

»NIE WAR DAS HOCHFÜRSTL. HAUSE DEM UNTERGANGE SO NAHE« – DAS HAUS UM 1800

1. Einleitung: »... durch stürmische Zeiten«

Im Februar des Jahres 1809 warnte der Geheime Rat Grub Fürstin Therese eindringlich vor den Gefahren, welche das derzeitige politische Klima in Europa für das Fürstenhaus mit sich bringen könnte: »HöchstIhr Haus befindet sich in der Mitte der zwei großen kriegführenden Mächte; wenn seine künftige Existenz nicht dem blinden ohngefähr überlaß[en] werd[en] soll, so ist der höchste Aufwand von Klugheit erforderlich, auf keiner Seite weder zu viel noch zu wenig zu thun, und mit weißer Vorsicht zwisch[en] den Klippen durchzusegeln«.[1] Bei seiner Schilderung verwandte der Geheime Rat die Schiffahrtsmetapher: Das Haus Thurn und Taxis sei auf dem Meer der Zeit unterwegs, bedroht von den Klippen und – wie er an anderer Stelle immer wieder betonte – bedroht auch vom endgültigen Untergang.[2] Aber nicht nur Grub bemühte diese Metapher und ähnliche Vergleiche, auch andere Mitglieder des Hauses sprachen von den »stürmischen Zeiten«, »dem drohenden Untergang«, dem »Einschlagen des Ungewitters«. Die Welt wurde vielfach wahrgenommen als ein Kampf gegen Naturgewalten, denen man letztlich ohnmächtig ausgeliefert war.

Nun ist diese Daseinsmetapher nicht neu, die Seefahrt als Sinnbild des menschlichen Lebens gehört seit der Antike zum Motivrepertoire der Literatur und der bildenden Künste.[3] Sie begegnet uns als *navigatio vitae* ebenso in der christlichen Kunst des Mittelalters wie in der Emblematik des Barock. Aber um 1800 wird diese Metapher sowohl quantitativ wie qualitativ neu entdeckt und zur Beschreibung der Gegenwart verwendet. Stürme, Naturgewalten und die durch sie Gefährdeten (Schiffe, Seefahrer oder Schiffbrüchige) tauchen nicht nur in Literatur und Malerei, sondern auch in Briefen, Autobiographien und sogar im Aktenmaterial eines Fürstenhauses auf. Die Schiffahrt und mit ihr in

---

[1] Grub an Fürstin Therese, 26. Februar 1809. FZA Regensburg, HFS, Akten 202, fol. 273.
[2] Zur Beschreibung der aktuellen Verhältnisse verwandte Grub immer wieder und an exponierter Stelle diese Metaphern. Siehe z. B. FZA Regensburg, HFS, Akten 201–202.
[3] Siehe dazu Eduard HÜTTINGER, Der Schiffbruch. Deutungen eines Bildmotivs im 19. Jahrhundert, in: Ludwig GROTHE (Hrsg.), Beiträge zur Motivkunde des 19. Jahrhunderts, München 1970, S. 211–244, hier: S. 217.

stärkerem Maße als jemals zuvor auch der Schiffbruch wird zur zentralen Schicksalsmetapher des 19. Jahrhunderts.[4] Inhaltlich zeichnet sich dabei eine deutliche Verschiebung ab. Die religiöse Komponente verschwindet weitgehend, die Metapher wird wie die Realität, die sie beschreibt, säkularisiert. Und damit tritt auch das Ziel der irdischen Schiffahrt immer mehr in den Hintergrund. Zentral hingegen wird die Navigation, die Bestimmung und Ausrichtung des Kurses. Erst kürzlich wurde in diesem Zusammenhang auf die Bedeutung und Ausformung eines gemeinsamen »Wertehimmels« durch das Bürgertum hingewiesen: »Werte und Überzeugungen werden damit zu einem Kompaß, mit dem die Bürger des 19. Jahrhunderts versuchten, die Turbulenzen des Lebens zu meistern, sich in einer Welt zurechtzufinden, die übernatürliche Gewißheiten nicht mehr zu bieten hatte«.[5] Mit der beschleunigten Infragestellung der ständischen Ordnung um 1800 war die Verantwortung für den richtigen Kurs und damit die Zielbestimmung der menschlichen Seefahrt mehr und mehr dem Individuum übertragen worden. Die beruhigende Gewißheit, daß man »von der Geburt an gleichsam in ein Schiff gesetzt« sei und durch die Zugehörigkeit zu einem privilegierten Stand auch der Lebensweg bestimmt werde, wie es noch Wilhelm Meister formulierte, galt nicht mehr. Vielmehr sahen sich nun alle Individuen mit den Gefahren konfrontiert, die zuvor nur jene Schichten betrafen, die kein Schiff hatten, die »nur für ihre Person schwimmend, sich abarbeiten, vom günstigen Winde wenig Vorteil genießen, und im Sturme mit bald erschöpften Kräften untergehen«.[6]

Natürlich konnte die Metapher auch auf eine größere Sozialeinheit wie die Gesellschaft, die Nation, oder eben im Fall Thurn und Taxis auf das Haus bezogen werden.[7] Das Haus im wirtschaftlichen und dynastischen Sinn schien immer wieder bedroht, vor allem in den Jahren um 1800: Fürstliche Diener und ihre Herren sprachen vom Untergang, vom Zugrundegehen des Hauses. Der eingangs genannte Hofrat Grub konnte im Jahr 1807 darauf verweisen, daß es seit zwei Jahren sein Ziel gewesen sei, durch unermüdliche Verhandlungen das Haus vor dem bedrohenden Untergang zu retten, was ihm »troz

---

[4] Hans BLUMENBERG, Schiffbruch mit Zuschauer. Paradigma einer Daseinsmetapher, Frankfurt a. M. 1979; zum 19. Jahrhundert auch Dolf STERNBERGER, Hohe See und Schiffbruch, in: Ders. (Hrsg.), Gerechtigkeit für das 19. Jahrhundert, Frankfurt a. M. 1975, S. 151–164.

[5] Manfred HETTLING/Stefan-Ludwig HOFFMANN, Der bürgerliche Wertehimmel. Zum Problem individueller Lebensführung im 19. Jahrhundert, in: GuG 23 (1997), S. 333–359, hier: S. 337.

[6] Johann Wolfgang von GOETHE, Wilhelm Meisters Lehrjahre, in: Ders., Werke, 1, 21–1, 23, Weimar 1899–1901, hier: Buch 3, Cap. 2, S. 247 f. Siehe dazu HETTLING/HOFFMANN, Wertehimmel, S. 334.

[7] So wurde beispielsweise Géricaults »Floß der Medusa« von 1818 als Sinnbild des »ohnmächtigen Vaterlandes« und der »steuerlosen Gesellschaft« betrachtet. Siehe HÜTTINGER, Schiffbruch, S. 213; Werner HOFMANN, Das irdische Paradies. Kunst im 19. Jahrhundert, München 1960, S. 259.

dem gewaltigen Sturm aller politischen Elemente Gottlob so zimlich gelungen« sei.[8] Nicht nur Grub, sondern auch anderen Vertretern des Hauses Thurn und Taxis ging es bei ihren Bemühungen nicht um die Rettung eines Individuums, auch nicht um die fürstliche Familie allein, sondern immer um den Erhalt des gesamten Hauses in den stürmischen Jahren. Freilich dürfte es den Mitgliedern, allen voran den einflußreichen Beamten, klar gewesen sein, daß der Untergang des Hauses Taxis auch ihren eigenen, zumindest wirtschaftlichen Ruin bedeutet hätte. Die Fürsten hingegen fürchteten natürlich nicht nur die ökonomische, sondern vor allem die politische und gesellschaftliche Bedrohung der exklusiven Stellung ihrer Dynastie.

Besonders stürmisch für das Haus Thurn und Taxis wurde es erst mit der Mediatisierung im Jahr 1806. Auch wenn im Rückblick bereits bei den Zeitgenossen die Zäsur in das Jahr 1789 gelegt wurde, erfaßte »der Sturm der französischen Staatsumwälzung« erst mit den Koalitionskriegen die deutschen Fürstenhäuser.[9] Fürst Carl Anselm konnte im Jahr 1804 noch getrost auf die weitere Entwicklung blicken und verfügte in seinem Testament, daß der Sohn die bisherige Politik des Hauses als Richtschnur in politischer und wirtschaftlicher Hinsicht beachten solle, »die unter dem Segen des Himmels zu einem glücklichen Überstehen der schwierigen Zeiten geholfen« habe.[10]

Bedeutend mehr Raum nahm der Rückblick auf die gefahrvollen Zeiten im Testament seines Sohnes ein, der zwei Jahrzehnte später schrieb:

> »Wir haben in diesen Jahren [vom Jahr 1805 bis jetzt; S. G.] die schröcklichsten und gefahrvollesten Zeiten erlebt; Mehr als einmal waren wir mit Zugrunderichtung Unseres fürstlichen Hauses, und mit Vernichtung Unserer ganzen Existenz bedroht; – Wir haben es bloß der göttlichen Vorsehung, und nächst dieser der Befolgung Unseres politischen und finanz Systems zu verdanken, daß wir diesen schrecklichen Zeiten noch so glücklich entronnen sind, und Unser fürstliches Haus wieder zu den jetzigen Ansehen, Wohlstand und Einfluß gebracht haben. – Aus reinstem Selbst-Gefühl und Überzeugung setzen wir noch bey, daß sich Unsere, mit der Haupt Leitung der Geschäfte vorzüglich beauftragt gewuste, dirigierende und geimen Räthe in dieser Schröckens Zeit mit solcher Einsicht, Klugheit, Muth und Diensteifer benommen, daß Wir ihnen noch erkenntlich seyn müssen«.

---

[8] Grub an Freiherrn von Wunsch in Wien, Weimar 28. Dezember 1807. FZA Regensburg, HFS, Akten 201.

[9] Im Jahr 1828 legte beispielsweise der Thurn und Taxissche Bibliothekar August Krämer eine biographische Denkschrift zum Leben des Fürsten Karl Alexander vor, in der er auch auf die Zeitereignisse seit dem Geburtsjahr 1770 einging: »Wohl hätte der neugeborne jugendliche Prinz Carl Alexander nicht geahndet, [...] wie er dereinst als Fürst in seinen männlichen Jahren Staats-Einrichtungen zusammenstürzen sehen würde, die die Weisheit unserer Vorfahren für eine Ewigkeit erbaut zu seyn glaubte, und zu glauben berechtigt war«. KRÄMER, Rückblick, S. 4.

[10] Testament vom 19. August 1804. FZA Regensburg, HFS, Urkunden 1397, § 12.

Daher sollte sein Nachfolger den eingeschlagenen Weg fortsetzen.[11] Wie im Testament des Vaters, tauchten neben den dynastischen Momenten auch im Letzten Willen des Fürsten Karl Alexander die Bediensteten als integraler Bestandteil des Hauses auf; ihnen gebührte Dank und Anerkennung, da sie in stürmischen Zeiten geholfen hatten, das Haus vor dem Untergang zu retten.

Auch Karl Alexanders Sohn Maximilian Karl nannte in seinem Testament von 1870 dynastische, ökonomische und soziale Bezüge des bedrohten Hauses:

> »Wenn Unser fürstliches Haus unter dem Schutz und Segen des Allmächtigen an Ansehen und Wohlstand besonders schnell emporgestiegen ist und auch in neuerer Zeit trotz sovieler Stürme sich stark und kräftig zu erhalten vermochte, so hat es dieses seltene Glück nur dem Umstande zu verdanken, daß Seine Mitglieder stets mehr das Wohl der Gesamtheit wie das Interesse des Einzelnen vor Augen hatten und den vorelterlichen Anordnungen und Satzungen stets mit der größten Pietät ergeben haben. Schwere Stürme brachen einst über unseren durchlauchtigen in Gott ruhenden Vater, den Fürsten Carl Alexander, ein; und auch unter Unserer Regierung wurden harte Prüfungen zu gelassen, welche dem Vermögen Unseres Hauses Verlust bereiteten, die nur durch eine weise und sparsame Verwaltung allmählig vollkommen wieder ausgeglichen werden können. Größere und gefährlichere Stürme aber scheinen noch bevorzustehen und Unserem Nachfolger in der Regierung vorbehalten zu sein«.[12]

Auch im Jahr 1870 sah Fürst Maximilian Karl weitere Stürme aufziehen, die das Haus gefährden konnten. Vergleicht man die Testamente der Fürsten, so kann man aus deren Blickwinkel das gesamte Jahrhundert als ein »stürmisches« bezeichnen. Bezugspunkt, das heißt Rettungsanker und Navigationshilfe zugleich, war, um »in den Stürmen der Zeit« zu bestehen, und zur »Rettung vor dem Untergang« das Haus. Das hatte sich vor allem in den kritischen Jahren um 1800 zu beweisen, als nicht abzusehen war, ob das fürstliche Haus »wieder zu [...] Ansehen, Wohlstand und Einfluß gebracht« werden könne.

2. Die Architektur des Hauses um 1800

2.1. Zentrale Gestalten »in unserem theatrum«

Der Verwaltungsgeschichte eilt zuweilen der Ruf voraus, eine recht trockene Materie zum Gegenstand zu haben. Der Wechsel von Regierungseinheiten, die Veränderungen im Organisationsaufbau und die wechselnden Besetzungen einzelner Verwaltungsstellen scheinen auch im Fall Thurn und Taxis nicht gerade geeignet, ein spannendes Kapitel in der Geschichte des Hauses abzugeben. Jedoch gilt auch hier, was N. Schwarzkopf ganz allgemein über die Auflistung verwaltungstechnischer Daten im Jahr 1792 vermerkte:

---

[11] Testament vom 2. Oktober 1822, Artikel 16. FZA Regensburg, HFS, Urkunden 1399.
[12] Testament vom 28. Juni 1870, Artikel 8. FZA Regensburg, HFS, Urkunden 1404.

»Die Folge sämmtlicher unter einem Fürsten herausgekommenen Staatscalender giebt einen Commentar zu seiner Regierung, ein Bild seines Geistes und untrügliche Belege zur Schilderung seines Charakters. Die Dauer oder die Abwechslung, die Vermehrung oder Verminderung der Departements und Aemter, es sey dem Titel, der Form oder dem Wesen nach, zeigt wie viel Plan, Consistenz und Grundsatz in seiner Regierung war, und besonders ob sein Beförderungssystem sich auf Geld, Herkunft oder Dienstalter, auf Plan oder Willkühr gründete«.[13]

Der hohe Wert, den Schwarzkopf den Staatskalendern zuwies, trifft erst recht zu, wenn man versucht, ein gesamtes Haus und nicht nur einen Herrscher zu portraitieren. Zwar liegen bei Thurn und Taxis keine gedruckten Übersichten über die Behördenstruktur und deren Besetzung vor, aber aus vereinzelten Manuskripten zur Verwaltungsgeschichte und dem reichen Fundus an Personalakten lassen sich die einem Staatskalender entsprechenden Daten erheben.[14]

Seit dem Beginn des 18. Jahrhunderts kann man, wie bereits ausgeführt, von einem zweigliedrigen Verwaltungsgefüge sprechen.[15] Es bestand zum einen aus der Generalpostdirektion, welche alle Postangelegenheiten unter der Oberaufsicht eines »Generalintendanten« bzw. »Generalpostdirektors« leitete, und zum anderen aus der Geheimen Kanzlei, welche alle Hausangelegenheiten unter der Führung eines »dirigierenden Geheimen Rates« bzw. »ersten dirigierenden Ministers« regelte. Trotz dieser Zweiteilung gab es immer wieder Versuche, auch die Postangelegenheiten in der Geheimen Konferenz bzw. in der Geheimen Kanzlei zu behandeln, dieses Gremium also zum übergeordneten und obersten Verwaltungsinstrument der Thurn und Taxis werden zu lassen. Wie auch immer die Bezeichnungen der verschiedenen Verwaltungseinheiten variierten, diese Zweiteilung blieb bis ins 19. Jahrhundert erhalten und mit ihr ein bedeutendes Spannungsfeld. Denn die Trennung zwischen Haus- und Postangelegenheiten ergab zwar auf den unteren Ebenen der verschiedenen »Stäbe«, »Departements« und »Postamtsdistricte« durchaus einen Sinn (was hatte schließlich die Verwaltung des Postamts in Augsburg mit dem Hofmarschallamt zu tun?), nicht aber auf der höchsten Verwaltungsstufe: Dafür waren die Haus- und Postangelegenheiten des Gesamthauses Thurn und Taxis viel zu sehr miteinander verwoben. Solange sich zwischen den Inhabern der beiden Spitzenämter und ihren zugeordneten Räten keine Probleme ergaben, war diese Trennung von Haus- und Postangelegenheiten relativ nebensächlich. Denn ausschlaggebend war nur, daß es zwischen den »inneren« Hausangelegenheiten und der Reichspostleitung zur Absprache eines gemeinsamen Vorgehens kam. Ob dies nun auf dem informellen Weg, bei Treffen oder durch den Briefwechsel zwischen den beiden Spitzenbeamten (Generalpostdirektor und dirigierender

---

[13] Joachim von SCHWARZKOPF, Über Staats- und Adress-Calender. Ein Beytrag zur Staatenkunde, Berlin 1792, Kapitel »Übersicht und Anleitung zur Verfassung von Staats-Calendern«, S. 55.

[14] Weiterhin unentbehrlich PROBST, Verwaltungsstellen. Grundlegend FZA Regensburg, HMA 1–2 (teilweise handschriftliche Aktenauszüge durch den Archivar Freytag).

[15] Siehe dazu die Ausführungen in Kapitel I.4.

Rat) und dem Fürsten geschah oder durch die offizielle Vorlage und Diskussion im Rahmen der Konferenz bzw. der Kanzleisitzungen, war zweitrangig.[16] Doch genau diese Abstimmung der beiden Verwaltungseinheiten zu einer gemeinsamen Politik scheiterte in den Jahrzehnten um 1800 ganz grundsätzlich. Es gab eine Vielzahl von Personen und Parteien, die zwar allesamt »für das Wohle des Hauses« tätig sein wollten, ohne jedoch ihre eigene Macht teilen, geschweige denn abgeben zu wollen.[17] Die Akteure dieses Spiels sollen nun vorgestellt werden, und zwar in chronologischer Folge: zuerst für das Ende des 18. und danach für das erste Jahrzehnt des 19. Jahrhunderts. Dazwischen kann im nächsten Unterkapitel deutlich gemacht werden, warum im Gefüge des Hauses Thurn und Taxis immer auch Wien ein gewaltiges Wort mitzureden hatte.

Die zentrale Gestalt im Verwaltungsgefüge war seit der Mitte des Jahrhunderts der Freiherr von Lilien. Er hielt im wesentlichen die Fäden zusammen, welche alle Belange des Hauses Thurn und Taxis – auf welchen Ebenen auch immer – verbanden.[18] Die Spitzenposition teilte er sich in der zweiten Jahrhunderthälfte mit dem Freiherrn Johann Jakob Heinrich von Schneid.[19] Dieser war, auch wenn er zuweilen in Postverträgen als Mitunterzeichnender auftauchte, hauptsächlich für den Hofbereich und die Hausangelegenheiten zuständig.[20]

Freiherr von Schneid kam durch die Vermittlung seines Vaters in Thurn und Taxissche Dienste. Sein Vater Heinrich Joseph Schneid, ein gebürtiger Mainzer, trat als »Reichsreferendar« unter Karl VII., später als Komitialgesandter Kurbayerns am Regensburger Reichstag in Kontakt mit dem Thurn und Taxisschen Hof. Alle wichtigen Verträge zwischen dem wittelsbachischen Kaiser und dem Fürstenhaus Thurn und Taxis, die Erhebung der Post zum Thronlehen eingeschlossen, wurden von ihm ausgearbeitet.[21] Auch bei der Introduktionsangelegenheit scheint er dem Haus vermittelnde Dienste geleistet zu haben. Am 7.

---

[16] Deutlich zeichnet sich ein recht dichtes Informationsnetz zwischen dem Generalintendanten der Post von Lilien, dem Leiter der Hausangelegenheiten von Schneid und Fürst Alexander Ferdinand in ihren Briefwechseln ab. Siehe FZA Regensburg, HFS, Akten 155–166, 169–183.

[17] Es kann nicht genügend betont werden, daß der Bezug zum Haus in vielfacher Weise (in Formulierungen wie »zum Besten des Hauses«, »zum Lustre des Hauses« etc.) in den zahlreichen Verwaltungsakten vorkommt.

[18] Zu Lilien siehe Kapitel I.1.2; grundlegend: KRUCHEM, Lilien. Neben den Personalakten sind vor allem die Lilienschen »Manualacten« äußerst ergiebig. Siehe FZA Regensburg, PA 5531–5533; HFS, Akten 155–166; und die entsprechenden Postakten 969–975.

[19] Zu Schneid siehe die 15 Bände »Manualacten« sowie die weniger ergiebigen Personalakten. FZA Regensburg, HFS, Akten 169–183; PA 8498–8499.

[20] Natürlich lassen sich Haus- und Postbereich nicht trennen. Auch Schneid zeichnete zum Teil als Kommissär für Postverträge verantwortlich, im Gegensatz zu Lilien und den beiden Vrints jedoch in sehr geringem Umfang. FZA Regensburg, Postakten 4363; Posturkunden 530, 758, 767, 954.

[21] Einige Hinweise und Dokumente zu Heinrich Joseph in FZA Regensburg, HFS, Akten 169, Konv. »Privat-Papiere«. Zu den Verhandlungen, an denen er zwischen 1742 und 1744 als Reichskanzleisekretär mitwirkte, siehe Posturkunden 43–244, 246–247, 251.

Juni 1743 hatte Fürst Alexander Ferdinand, wohl nicht zuletzt in Anerkennung der geleisteten Dienste, ein Expektanzdekret auf die Übernahme des wichtigen Postamtes Hamburg für den Sohn des Reichsreferendars ausgestellt. Johann Jakob sollte jedoch die Postmeisterstelle nie antreten, sondern widmete sich als Jurist den Problemen der Reichspost.[22] Nachdem er in Ingolstadt beide Rechte studiert hatte, qualifizierte er sich durch Übersetzungen postrechtlicher Werke ins Deutsche. Beeindruckend waren vor allem seine akribischen Zusammenstellungen, wie das »Mémoire Historique, Sur la Régale Impériale des Postes«, die ihn bald als Kenner der Materie auswiesen und wohl zu einer festen Anstellung bei Thurn und Taxis führten.[23] Diese Arbeiten stellten auch den Kontakt zu Lilien her, mit dem er in den folgenden Jahren zusammenarbeitete.

Franz Michael Florenz Freiherr von Lilien blieb als »Generalintendant der Posten im Reich und in den Niederlanden« bis zu seinem Tod im Jahr 1774 relativ unangefochten an der Spitze der Verwaltung.[24] Diese Position konnte er seinem Sohn Alexander Ferdinand anfangs vererben. Schneid hingegen übernahm den zweiten Part im Führungsduo: Er arbeitete mit den Freiherrn von Lilien, zuerst mit dem Vater, dann mit dem Sohn zusammen.[25] Vor allem die Verwaltung des wachsenden Grundbesitzes fiel in sein Ressort der »Hausangelegenheiten«. Kurzfristig verwaltete Schneid sogar nur diesen Bereich, während Alexander Ferdinand von Lilien in Personalunion nicht nur Chef in Postfragen war, sondern auch die Hausangelegenheiten übernahm.[26] Diese Arbeitsteilung fiel in das Jahr 1786, als durch den Erwerb der Grafschaft Friedberg-Scheer mit der »Regierung der thurn und taxisschen Lande« neue Strukturen geschaffen wurden. Beiden Spitzenbeamten waren einige Hofräte unterstellt, welche nachgeordnete Verwaltungseinheiten leiteten. Es konnte bei diesen nicht klar und konsequent abgesteckten Kompetenzbereichen nicht ausbleiben, daß es innerhalb der Verwaltung zu Streitigkeiten und Eifersüchteleien kam. Dabei ging es aber nicht nur um Zuständigkeitsbereiche, sondern auch um gesellschaftliche Vorrechte.[27] Fast gleichzeitig mit der Aufteilung der Amtsgeschäfte zwischen Schneid und Lilien wurde auch der Rang aller Beamten des fürstlichen Hauses

---

[22] Die reale Besetzung der Hamburger Postmeisterstelle, welche der wichtige Postmeister Kurzrock innehatte, durch Schneid war illusorisch. Auch Versuche, statt dessen das Postamt Lübeck zu erhalten, scheiterten trotz mehrfacher Anläufe. FZA Regensburg, HFS, Akten 167.

[23] FZA Regensburg, HFS, Akten 169, Konv. »Acta privata in postalibus«.

[24] Zu seiner Person siehe die Ausführungen in Kapitel I.2.

[25] Auch in der äußerst verdienstvollen Arbeit von Erwin Probst wird zwischen Vater und Sohn »Baron Lilien« nicht unterschieden. Dies liegt wohl nicht zuletzt an dem Aktenbestand »Manualacten Lilien«, der das Material der beiden Generalintendanten vereint.

[26] Nach einem fürstlichen Reskript vom 21. Januar 1786 sollten sich Schneid und Lilien die Leitung aller Geschäfte wie folgt teilen. Siehe FZA Regensburg, HFS, Akten 1; sowie in Abschrift und Zusammenstellung einschlägiger Akten HFS, Akten 15; HMA 1, 3.

[27] Siehe zum Folgenden FZA Regensburg, HFS, Akten 1, Konv. »Act Die Rangordnung bei Hof betreffend«.

geklärt. »Aufgrund erheblicher Ursachen« sah sich Fürst Carl Anselm veranlaßt, folgende Rangordnung für seinen Hof aufzustellen:

> »1. Generalintendant und Regierungspräsident [...], 2. Wirklich adelichen in der Conferenz Sitz und Stimme habenden geheimen Räte, 3. Hofchargen nach ihren bei allen Höfen eingenommenen Rang, 4. adeliche titular geh. Räte, 5. Hofcavaliers, adelige Hofräte, Commandant der Garde, Hauptmann und Rittmeister unseres Kreiskontingents, 5. nicht adelichen Räte, 6. titular unadeligen Räte, Geh[eime] Referendäre, Truchseß, 7. Offiziere der Garde und des Kreiskontingents, Weiteres der Beichtvater, endlich die nicht adeligen Hofräte, Kanzleidirektor und Leibmedici und schlüßlich die nicht adeligen Räte und Hofmedici«.[28]

Diese Ordnung regulierte nicht nur den Zutritt zum Fürsten, sondern auch die Rangfolge bei Empfängen, Galadiners und anderen gesellschaftlichen Ereignissen. Bei den verschiedenen Versuchen, durch Geschäftsordnungen die Verwaltung zu effektivieren und veränderten Bedingungen anzupassen, spielten die gesellschaftlichen Vorzüge und die persönlichen Beziehungen zum Fürsten eine nicht zu unterschätzende Rolle.[29] Trotz mancher Rivalitäten zwischen den beiden Verwaltungsspitzen und ihren beigeordneten Räten kam es bis in die neunziger Jahre nicht zu einschneidenden Auseinandersetzungen, welche die Politik des Hauses nachhaltig belasteten.[30] Die Verteilung des Einflusses und der Gewichte erscheint relativ ausgewogen. Eine Durchsicht der wichtigsten Aktenbestände beweist dies hinlänglich: Lilien und Schneid bildeten die Gravitationszentren, um welche sich die weiteren Mitarbeiter bewegten. Im Postbereich agierten Jacob Heinrich von Haysdorff, Vicomte de Becker, Theobald von Vrints-Treuenfeld und im Haus- und Hofbereich der Hofmarschall Johann Jakob Freiherr von Westerholt, Freiherr Werner von Leykam und Karl Valentin von Welz, um nur die wichtigsten zu nennen.[31] Lilien und Schneid koordinierten die Verwaltungsabläufe zusammen mit dem Fürsten. Bei wichtigen Verhandlungen trat das Verwaltungsduo grundsätzlich gemeinsam auf, ansonsten war man weitgehend von den Aktivitäten des anderen unterrichtet. Seit den achtziger Jahren verloren jedoch die »bekanntermaßen verdienten Männer« des Hauses zunehmend an Einfluß. Nach dem Tod Fürst Alexander Ferdinands

---

[28] Fürst Carl Anselm an Hofmarschall Westerholt, Duttenstein 14. Oktober 1786. Ebenda.

[29] Bereits zwei Jahre nach dieser Rangliste wurden weitere ergänzende Hinweise dazu von Carl Anselm erlassen. Es war zu Auseinandersetzungen zwischen Präsident und Hofmarschall gekommen, welche »gleichen Rang haben, also und dergestalten, daß beyde unter sich zu Vermeidung aller Anstände wechselweise Rang nehmen, und sich hierunter freundschaftlich zu verstehen haben sollen.« Fürst Carl Anselm per Reskript vom 5. Februar 1788. FZA Regensburg, HFS, Akten 1.

[30] Zumindest erscheinen die Auseinandersetzungen, die es gab, äußerst gering und vor allem zeitlich begrenzt gegenüber den Intrigen und Konfrontationen, die ab den neunziger Jahren des 18. Jahrhunderts folgten.

[31] Zu den weiteren einflußreichen Gestalten siehe die Archiv-Hinweise bei PROBST, Verwaltungsstellen. Auf die einzelnen Personen wird an gegebener Stelle mit Quellenangaben näher eingegangen.

1773 und dem Tod des älteren Lilien ging allmählich der innere Zusammenhalt der Gesamtverwaltung verloren. Zum Teil lag dies an einer neuen – aufgrund der schwierigen Charaktere stets fragilen – Konstellation innerhalb der Fürstenfamilie, zum Teil aber an einem Generationenkonflikt innerhalb der Beamtenschaft. Vor allem zwei Persönlichkeiten mit alten und doch neuen Namen schickten sich an, die Thurn und Taxissche Hausgeschichte entscheidend mitzugestalten: Vrints-Berberich und Westerholt.

Alexander Conrad Freiherr von Vrints(-Berberich) wurde als Sproß der weitverzweigten Postmeisterdynastie Vrints der Weg in die Thurn und Taxissche Reichspostverwaltung geebnet. Als Sohn des Freiherrn Theobald Maximilian von Vrints-Treuenfeld, der, aus der Bremer Oberpostmeisterlinie stammend, am Hof des Fürsten den Rang eines Hofmarschalls einnahm, lernte er in Regensburg und Trugenhofen den Hof und dessen Umfeld von Kindheit an kennen. Nach dem Studium mit Schwerpunkt Rechtswissenschaft in Straßburg und Göttingen arbeitete er am Reichskammergericht in Wetzlar. Zwischenzeitlich nahm er auch Kontakt zu einzelnen Reichspostämtern auf, was aufgrund der weitverzweigten Familienverbindungen kein Problem darstellte. Im Jahr 1785 ernannte ihn der Fürst zum Oberpostamtsdirektor in Frankfurt – ohne Zweifel ein riesiger Sprung auf der Karriereleiter! Denn im wahrhaft jugendlichen Alter von 21 Jahren war er zum Leiter der eigentlichen Schaltstelle des gesamten Reichspostwesens berufen worden. Dem Vorstand des Frankfurter Oberpostamtes unterstanden als *primus inter pares* immerhin alle wichtigen Oberpostämter im Reich.[32] Ein Jahr später ehelichte er Henriette von Berberich, die Tochter des Thurn und Taxisschen Geheimen Rats Franz Ludwig von Berberich. Damit taucht der Name einer weiteren Postmeisterdynastie auf, den er wohl deshalb sogar als Bestandteil seines eigenen Namens übernahm. Vrints-Berberich saß Ende der achtziger Jahre sozusagen in den Startlöchern, um das Rennen um die Macht im Haus Thurn und Taxis anzutreten. Durch die Familiennetzwerke war er dafür bestens gerüstet.[33]

Der gleichaltrige Alexander Freiherr von Westerholt stand ebenfalls bereit, um Karriere in Hofdiensten zu machen. Im Gegensatz zu allen seinen Vorgängern in zentralen Hofämtern hatte er sich in seiner beruflichen Laufbahn nie

---

[32] DALLMEIER, Quellen, Bd. 1, S. 214, nennt insgesamt 22 untergeordnete Oberpostämter. Ob man von einer regelrechten Unterordnung sprechen kann, ist m. E. noch ungeklärt. Siehe dazu die Übersicht der Postämter bei FREYTAG, Expektanzdekrete, S. 52–80, hier: S. 53 f.

[33] Nur als Ausblick seien bereits hier Stationen seiner Laufbahn genannt: 1797 dirigierender Geheimer Rat, 1797 bis 1799 Bevollmächtigter am Rastatter Kongreß, 1803 bis 1806 Reichstagsgesandter, 1811 Generalpostdirektor zu Frankfurt, 1814–1815 Vertreter am Wiener Kongreß. Eine zeitgenössische, panegyrische Lebensbeschreibung findet sich bei Franz Lothar HANDEL, Das Jubelfest der fünfzigjährigen Amts-Wirksamkeit Seiner Excellenz des Fürstlich Thurn und Taxis'schen wirklichen Geheimen Raths und General-Post-Directors Herrn Alexander Freiherrn von Vrints-Berberich. Als Manuscript für Post-Beamte und zum Besten der Postillons Hilfs-Kasse zusammengestellt, Frankfurt a. M. 1835.

eingehender um Postangelegenheiten gekümmert. Der Weg in den Hofdienst wurde ihm von seinem Vater Johann Jakob Freiherr von Westerholt geebnet, der die Stelle eines Hofmarschalls einnahm.[34] Nach dem Studium an der Universität Straßburg trat der zwanzigjährige Alexander 1783 in Thurn und Taxissche Dienste. 1786 wurde er zum Leiter der fürstlichen Hofbibliothek bestellt. Im Zuge der Neuorganisation der Ländereienverwaltung übernahm er 1788 das Amt des Oberamtmanns zu Dischingen und hatte außerdem die Oberaufsicht über weitere Regierungsdepartements inne.[35] Westerholt gewann vor allem das Vertrauen des jungen Erbprinzen und späteren Chefs des Hauses und avancierte so nach dessen Regierungsübernahme zur rechten Hand des nunmehrigen Fürsten Karl Alexander.

Wie wichtig die familiären, persönlichen Beziehungen im Spiel um Macht und Einfluß waren, zeigt sich bei einer weiteren Gestalt in der Thurn und Taxisschen Verwaltungsgeschichte. Josef Karl Theodor Eberstein kam 1784 als Prinzenerzieher an den Hof.[36] In dieser Funktion gewann er das Vertrauen des Fürsten Carl Anselm und vor allem das seiner Söhne, deren Erziehung er nicht nur überwachte, sondern die er auch zu Studienaufenthalten und auf der Kavalierstour begleitete.[37] Seine Ernennung zum Geheimen Rat 1788 und die Übernahme weiterer Hofämter ergaben sich fast zwangsläufig. Nach Volljährigkeit der beiden Prinzen war er vor allem in der Landesverwaltung tätig, ein besonderes Augenmerk legte er in diesem Zusammenhang auf die Kodifikationsbestrebungen in der noch jungen Grafschaft Friedberg-Scheer.[38] Als von Schneid aus Altersgründen die Länderverwaltung abtreten wollte, übernahmen diesen Aufgabenbereich Karl Theodor von Eberstein (als Regierungspräsident) und Karl Alexander von Westerholt (als Vizepräsident).

---

[34] Im Jahr 1790 wurde der Hofmarschall aufgrund seiner Verdienste in den Grafenstand erhoben. FZA Regensburg, PA 10190.

[35] Ebenfalls als Ausblick sei erwähnt, daß er 1798 Leiter der Pagerie, fast gleichzeitig Regierungs- und Hofgerichtspräsident wurde und schließlich von 1808 bis zu seinem Tod 1827 die Oberaufsicht der fürstlichen Gesamtverwaltung innehatte. Siehe zu Westerholt neben den Personalakten einige Hinweise bei Rudolf FREYTAG, Aus der Geschichte der Fürstlich Thurn und Taxisschen Hofbibliothek in Regensburg, in: Zentralblatt für Bibliothekswesen 40 (1923), S. 323–350, hier: S. 332 f.; außerdem PROBST, Fürstliche Bibliotheken.

[36] Ein Jahr zuvor war Eberstein (12. August 1761–29. April 1833) von seinem Paten Karl Theodor zum pfalz-neuburgischen Regierungsrat ernannt worden. Über Bayern scheint schließlich auch seine Vermittlung zu Thurn und Taxis vonstatten gegangen zu sein. Siehe FZA Regensburg, PA 1708–1709 und die Hinweise bei Karl Otmar von ARETIN, Art. »Eberstein«, in: NDB, Bd. 4, 1959, S. 252.

[37] Davon sind wir ausführlich unterrichtet durch SCHÄFFER, Briefe. Interessante Einblicke dazu auch in StA Mainz, Nachlaß Eberstein 22–23.

[38] Siehe die Charakteristik Ebersteins und die Schilderung seines Einflusses bei NORDMANN, Kodifikationsbestrebungen, S. 277–281. Manuskripte und Vorarbeiten zu den Gesetzestexten in StA Mainz, Nachlaß Eberstein, 11–14 (Gesetzesentwürfe), 15–19 (Sozialpolitisches).

Gut befreundet mit Eberstein war Ludwig Friedrich Grub, den es hier noch kurz zu erwähnen gilt. Denn gerade um 1800 kam ihm eine bisher unterschätzte Rolle im Personalkarussell des Fürstenhauses Thurn und Taxis zu.[39] Grub gelangte direkt aus dem Postdienst in den höheren Verwaltungskreis. Im Bereich des Oberpostamts Nürnberg hatte er sich gründlich in die Materie eingearbeitet und die nötige Praxis erworben. Vom »CommissionsActuar« beim Oberpostamt Nürnberg wechselte er 1785 zum Postamt Köln als »Officiale beim Postkommissariat«, wo er schließlich »zum adjungierten Commissarium« aufstieg. Neben der Betrauung mit wichtigen Postverhandlungen dürften verschiedene Ämter wie die »herzoglich Württembergischen Residentenstelle in Cölln« zu seiner weiteren Karriere beigetragen haben, die schließlich in die Ernennung zum »würklichen fürstlichen Hofrat; referrierender Rat bei der Oberpostamtsdirektion« mündete. Als Mann der Praxis trat Grub mehrmals in Opposition zu Vrints-Berberich, als dessen Gegenspieler wurde er zeitweise ein wichtiger Informationspartner für die Erbprinzessin bzw. spätere Fürstin Therese. Durch die guten Beziehungen zum Erbprinzen- bzw. Fürstenpaar konnten sowohl Grub wie Eberstein vor allem auf indirekten Wegen die politischen Ziele des Hauses Thurn und Taxis beeinflussen.

Informelle Wege können innerhalb einer Verwaltung zweifellos wie Öl für einen Motor sein: Sie machen einen oft starren Verhandlungsgang geschmeidiger, vermindern Reibungsverluste und erhöhen somit den Wirkungsgrad. Ein großer Verwaltungsapparat mit festgelegten Strukturen bedarf zur eigenen Effektivierung dieser Kommunikationsmöglichkeiten. Jedoch können die informellen Wege zur Einflußnahme und Entscheidungsfindung auch zum Sand im Getriebe der Verwaltung werden. In dem Augenblick, in dem externe Absprachen und Übereinkünfte nicht mehr in die formellen Verwaltungsprozesse eingebracht werden, verlagert sich das Geschehen immer stärker in die undurchsichtigen informellen Wege außerhalb der eigentlichen Bürokratie. Vollends undurchschaubar und unberechenbar wird es schließlich, wenn dabei Personen an Einfluß gewinnen, die dazu durch keinerlei Amt berechtigt sind. Zu einer solchen Entwicklung kam es im Haus Thurn und Taxis. Die Konkurrenzkämpfe zwischen älteren (Lilien und Schneid) und jüngeren Beamten (Vrints-Berberich und Westerholt) hätten bereits genügt, um die Thurn und Taxissche Verwaltung zu belasten. Nun kam jedoch der Faktor »Fürstenfamilie« hinzu, der das Gesamtgefüge aus dem Ruder laufen ließ. Die oberste Leitung des Hauses mitsamt des Hof- und Postbereichs hatte der jeweilige Fürst von Thurn und Taxis inne. Alexander Ferdinand nahm diese Funktion durchaus wahr, obwohl er seinem Generalintendanten einen sehr weitreichenden Handlungsspielraum einräumte, ihm streckenweise sogar völlig die Richtlinienkompetenz abtrat. Nach seinem Tod übernahm 1773 Carl Anselm die Führung des Hauses Thurn und Taxis. Er war eine »barocke« Fürstengestalt, die sich hauptsächlich um Jagd und höfische

---

[39] Zu Grub siehe FZA Regensburg, PA 2819–2820; außerdem HFS, Akten 201, 206–242.

Vergnügungen kümmerte, auch wenn er zuweilen zum gütigen Landesvater stilisiert wurde. Nun wäre es nicht weiter problematisch gewesen, wenn sich das Oberhaupt des Hauses auf das Repräsentieren beschränkt und die Politik fähigen Beamten überlassen hätte. Aber seit den achtziger Jahren fehlte es an derartigen Männern – oder sie waren mit internen Grabenkämpfen beschäftigt. In den Wiener Quellen wird immer wieder vom »Intriquengeiste«, den »Cabalen« am Hof und dem »schwierigen, jähzornigen Charakter« des Fürsten berichtet.[40] Eine komprimierte Darstellung der Verhältnisse bei Hofe unter Carl Anselm findet sich im Schlußbericht des kurböhmischen Reichstagsgesandten Trauttmansdorff an Staatskanzler Kaunitz vom Jahr 1785. Er charakterisierte die einzelnen Personen hinsichtlich einer möglichen Zusammenarbeit, auf die sich sein Nachfolger einstellen sollte:

> »Der Kaiserliche Prinzipalkommissar Fürst von Taxis, welcher sich im gesellschaftlichen Umgang jederzeit äußerst höflich bezeigt und gewiß den besten Willen hat, kommt für sein Persönliches hier in keine Betrachtung, da er an den Geschäften nicht den mindesten Anteil nimmt. Weil sich aber dieser Herr hauptsächlich durch seine sich immerfort mit Intrigen beschäftigenden Hofräte führen läßt und solche von verschiedenen meistens abgeneigten Ministern als Zuträger und Werkzeug ihrer Absichten gebraucht werden, so glaube ich, hier gleichwohl bemerken zu sollen, daß es immer rätlicher sein dürfte, solche so viel möglich von sich entfernt zu halten, um alle Teilnehmung an den verschiedenen – ohnehin nichts bedeutenden und in der Gesellschaft meistens nur Verbitterung verursachenden Kabalen – zu vermeiden«.[41]

Im Jahr 1789 heiratete Erbprinz Karl Alexander, und damit vervielfachten sich die Schwierigkeiten.[42] Denn nicht nur er, sondern vor allem die junge Erbprinzessin griff ab diesem Zeitpunkt immer tatkräftiger in die Politik des Hauses ein. Mit Therese Mathilde von Mecklenburg-Strelitz betrat eine äußerst schillernde Persönlichkeit die Bühne Thurn und Taxis. Durch ihre Schwester war sie mit dem preußischen König verwandt, eine Beziehung, die sie immer wieder zur Hebung ihrer eigenen Position und als Informationskanal nutzte. Im Gegensatz zu vielen weiblichen Zeitgenossen erkannte sie vor allem das Politische als ihr Metier. Auch wenn ihr Weitblick und die Kenntnis mancher Spielregeln fehlten, war doch sie es, welche die politischen Geschicke des Hauses um die Jahrhundertwende ganz wesentlich mitgestaltete. Um ihre Ziele durchzusetzen, ging sie immer wieder wechselnde Koalitionen innerhalb der Verwaltung ein. Neben ihrem Mann konnte sie zeitweise auch den Schwiegervater für sich gewinnen. Längere Zeit gehörte Eberstein, kurzfristig Vrints-Berberich und auch Westerholt zu ihren Koalitionspartnern. Auch innerhalb der Postverwaltung

---

[40] Siehe dazu die ausführlichen Schilderungen im folgenden Unterkapitel. Grundlegend: HHStA Wien, StK, Kleinere Betreffe 18.

[41] Trauttmansdorff an Kaunitz, Regensburg 20. Mai 1785, in: ARETIN, Heiliges Römisches Reich, Bd. 2, S. 109 f.

[42] Bis dahin hatte er sich recht wenig in die Politik des Hauses eingemischt. Auch sein Briefwechsel setzt erst zu Beginn der 90er Jahre ein. FZA Regensburg, HFS, Akten 1476.

fand sie sich mit einigen Postmeistern zusammen, um gegen andere zu opponieren. Nicht selten vertrat sie auch nach außen das Haus Thurn und Taxis, ohne die konkreten Aktionen mit den anderen Verwaltungsbeamten und dem Fürsten abgesprochen zu haben. Ihr Mann Karl Alexander, der im Jahr 1805 an die Spitze des Hauses treten sollte, blieb zumeist im politischen Windschatten seiner Frau und überließ die Politik hauptsächlich seinem Vertrauten Westerholt. Die Charakterisierung des Fürsten durch seinen Biographen als unpolitischer Mensch, der eher musischen Dingen aufgeschlossen war, findet in den Verhandlungsakten durchaus ihre Bestätigung.[43]

Verschiedene Personen bzw. um die Macht rivalisierende Parteien hatten divergierende Vorstellungen, wie das Haus Thurn und Taxis zu leiten sei. Innerhalb dieser internen Machtspiele, die nach außen auch Richtungskämpfe der Hauspolitik wurden, griff jedoch auf sehr direkte Weise Wien ein. Der österreichische Staatskanzler und der Reichsvizekanzler machten keinen Hehl daraus, daß der Fürst von Thurn und Taxis und sein Haus vor allem eins waren: Habsburgs Diener in Post und Politik. Die Auseinandersetzungen, welche dies widerspiegeln, sollen nachfolgend wiedergegeben werden: Sie bilden in scharfen Konturen das Charakteristische des Hauses Thurn und Taxis ab.

2.2. Der Einfluß Habsburgs auf die Verwaltungsstrukturen

Aus der Wiener Perspektive blieb das Haus Thurn und Taxis nichts anderes als ein von der Zentrale abhängiger Juniorpartner. Das Kaiserhaus Habsburg hatte durch die zahlreichen Standeserhebungen und den permanenten Schutz der Reichspost dafür gesorgt, daß die Postfürsten ihm stets verpflichtet waren. Sollte das fürstliche Haus – in welcher Weise auch immer – einmal zu eigenmächtig handeln, so schreckte man in Wien nicht vor deutlichen Worten zurück. Jedoch reichte der Verweis auf die vielfältigen Unterstützungen zumeist aus, um den Fürsten gefügig zu machen, und man mußte nicht zu Drohungen wie dem Entzug der niederländischen Post greifen. Vor allem wollte sich Wien den Einfluß auf die Personalpolitik des Hauses Thurn und Taxis sichern. Wie sorgfältig man darauf achtete, ist dem umfangreichen Aktenmaterial der Wiener Staats- und der Reichskanzlei zu entnehmen. Solange der ältere Lilien die Interessen des Hauses Taxis mit dem Kaiserhaus verband, kam es diesbezüglich zu keinen Auseinandersetzungen. Jedoch bereits bei der ersten größeren Neubesetzung innerhalb der Thurn und Taxisschen Administration nach dessen Tod legte Wien sein Veto ein. Im Jahr 1786 wollte Fürst Carl Anselm die Verwaltungsstruktur verändern und dabei den »jüngeren Freiherrn Westerholt« in der Postverwaltung unterbringen.[44] Wien drängte jedoch darauf, daß der jüngere Lilien die Stelle seines Vaters als »Generalintendant der Kayserli-

---

[43] KRÄMER, Rückblick.
[44] Zu den Verhandlungen im Jahr 1786 siehe HHStA Wien, StK, Kleinere Betreffe 18, fol. 158 f. Der Brief des Fürsten in Kopie ebenda, fol. 159.

chen ReichsPost« übernehmen solle und Westerholt nicht im Postbereich eingestellt werde. Auch eine Reise Westerholts nach Wien änderte an der ablehnenden Haltung nichts. Der Fürst betonte in seinem Antwortschreiben schließlich: »Diesem Allerhöchsten obristlehnherrlichen Befehl bin ich pflichtschuldig nachgekommen«. Dennoch bemühte er sich noch drei Jahre später, die Zustimmung des Wiener Hofs für die Anstellung seines Rates zu erreichen. In Wien verließ man sich jedoch auf die Beurteilung des Konkommissars: Lehrbach hatte dezidiert gegen eine Anstellung Westerholts im Postdienst plädiert, da er nicht absolut zuverlässig und proösterreichisch sei und daher keinen Einblick in die Poststruktur erhalten dürfe.[45] Ausdrücklich ließ sich Wien von Fürst und Erbprinz anläßlich der Anfrage in Sachen Westerholt zusichern, daß im Rahmen der Generalpostdirektion keine Veränderung ohne die Zustimmung des Kaiserhofs vorgenommen werde. Trotz dieser Zusicherung blieb man in der Hofburg, so ist den Akten zu entnehmen, wachsam und beobachtete die Entwicklungen im Verwaltungsgefüge des Hauses Thurn und Taxis aufmerksam. Anlässe zu Veränderungen gab es allenthalben: Das revolutionäre Frankreich beschlagnahmte die niederländischen Posten, und auch die Reichspost wurde durch die Koalitionskriege schwer in Mitleidenschaft gezogen. Es hätte tatkräftiger Organisatoren bedurft, um die Post in ihrer Struktur zu sichern und über diese Krisen hinwegzuretten, statt dessen bot die Thurn und Taxissche Verwaltung ein Bild der »Trägheit, Indolenz, Unordnung, Lücken, Willkür oder wohl gar an absichtlich herbeigeführter Unordnung und Verwirrung«, so zumindest eine zeitgenössische Schilderung.[46]

Im Sommer 1797 lag den Wiener Behörden, vermittelt durch den in Regensburg tätigen Konkommissar Freiherrn von Hügel, ein 50seitiger Bericht über das Chaos im Fürstenhaus Thurn und Taxis vor, in dem rückblickend alle Schwächen der Verwaltung benannt wurden. Das Urteil über Strukturen und Personen war vernichtend:[47] In den Oberpostämtern herrsche »eine große Stockung der Geschäfte [, und das] nicht erst seit Kriegszeiten«.[48] Auch hinsichtlich

---

[45] In einem Schreiben vom 20. Dezember 1797 wies der Reichsvizekanzler gegenüber dem Konkommissar Hügel auf diesen Vorgang hin. HHStA Wien, StK, Kleinere Betreffe 18, fol. 138. Kopien zu der Angelegenheit Westerholt ebenda, fol. 149–157. Am 21. Februar 1789 hatte der Reichsvizekanzler den damaligen Konkommissar um eine Beurteilung Westerholts und der Lage bei Thurn und Taxis gebeten; Lehrbach pochte in einem Antwortschreiben vom 2. März 1789 auf die nötige Diskretion innerhalb der Postverwaltung, weswegen Westerholt zu gefährlich sei.

[46] HHStA Wien, StK, Kleinere Betreffe 18, Konv. a, fol. 42–63: Denkschrift zur Lage der Verwaltung des fürstlichen Hauses, überschrieben mit »Avant Propos«, mit Vorschlägen zur Neuorganisation und einer Personalübersicht als Beilagen, dort der Vermerk »den 12. August 97«, das Zitat fol. 42.

[47] Ebenda. Die Denkschrift liegt anonym vor. Aufgrund der Beschreibung der Personen, welche der Autor zur Neugliederung der Verwaltung vorsieht, ist *ex negativo* jedoch Imhof als Autor auszumachen.

[48] »An wem liegt die Schuld? wahrlich nur, daß man in den Directorio aus Indolenz, aus Nebenrücksichten, aus Confusion, aus müssiger und herrschsüchtiger Geschäftigkeit für

der Kanzlei könne man nur von unhaltbaren Zuständen berichten: Die Sitzungen seien Satire, die Protokolle ein Witz, Geschäftsbereiche seien nicht getrennt, Registratur, Archivierung und Rechnungswesen gänzlich unorganisiert, und stets träten Personalrücksichten vor Sachzwänge. Aber auch alle anderen Verwaltungszweige wie Justizwesen, Hofhaltung und die Ökonomiekommission lägen im argen. Vor allem kümmerten sich die einzelnen Beamte nicht um das »Ansehen des Hauses«, sondern um »das Beste ihrer familien Clique«. Man blicke nur auf Gunst und Glanz im Lichte des Hofs, anstatt sich um die Arbeit zu kümmern: »Baron Vrinz hat viel guten Willen und Eifer, aber zu wenig wißenschaftliche Bildung und Staatspraxis. Baron Wunsch arrangirt beßer seine diners als die Geschäfte«. Intrigen und nutzlose Kabalen bestimmten, so das Gutachten weiter, die Szenerie. Vor allem buhlten alle um die Gunst des Fürsten, und sei es nur, um »trübe Tropfen von Gnade erbetteln« zu können. Die Beschreibung der Personalverhältnisse und Beamtenpolitik mündet schließlich in die Frage: »Ist dieses nicht ein characteristischer Zug der Despotie«? Die Denkschrift blieb jedoch nicht bei der ausführlichen Kritik der Zustände stehen, sondern machte auch konkrete Verbesserungsvorschläge. Das Ressortprinzip sei wieder einzuhalten, ein geregeltes Geschäftsverfahren zu gewährleisten, und die mehrfachen Personalunionen seien abzuschaffen. Vor allem, so das Schlußplädoyer, dürfe nichts vernachlässigt werden, »was zu größeren Wohl, Ordnung, Solidität und Glanz der Verfassung des Hauses und der Angehörigen gehört«.[49] Schließlich wurden konkrete Besetzungsvorschläge gemacht: Die Regierung und das Justizwesen sollten Westerholt, Dollé, Hofmann, Otto, Heyer und Wunsch verwalten.[50] Den Ökonomiebereich und eine zu errichtende Kameraldeputation sollten Jett und Schacht übernehmen. Die Postverwaltung schließlich sollte in den Händen der Geheimen Räte Grund, Ditterich, Schönhammer, des Autors der Denkschrift Imhof und weiterer Beamter liegen.[51] Die alte Garde in der Leitung der Geschäfte sollte damit vollständig abgelöst werden. Der Generalintendant der Postverwaltung Lilien wurde nicht einmal explizit erwähnt. Das mag auch daran liegen, daß sich Imhof weniger um die Post-

---

fremde Dinge die Zügel fallen läßt, welches denn auch draußen wohl bemerkt, und zum unersetzlichen Schaden des höchsten Dienstes, diesen vom ordinari Jungen bis auf die Herrn Oberpostmeisters ganz vernachläßiget wird«. Ebenda, fol. 43.

[49] Ebenda, fol. 51v. Darauf folgt: »Beilage O zu dem Aufsatz des Hauptvorschlags einer Organisation«, welche eine detaillierte Personalstruktur vorlegt. Siehe außerdem ebenda fol. 67: »Tabellarische Übersicht des Personals Namenliste«.

[50] Als Chef der »Hofgerichts- und Justizstelle« sei der junge Westerholt geeignet, obwohl der Autor Imhof selbst an dieser Stelle Interesse hätte und er auch Freiherrn von Schacht als befähigt erachte. Als Sekretäre im Regierungsbereich sollten Schmid, Kleinschmidt und Zoll fungieren. Der Verweis, »ich muß sogar bekennen, daß ich selbst lüstern wäre, dieser Justiz Deputation vorzustehen«, weist ebenfalls auf Imhof als Autor des Schreibens hin.

[51] Weiterhin sollten zur obersten Postleitung der Official Schedel, der Kassier Herrfeldt und die Sekretäre Hofmaier, Stürz und Blanck gehören. Die Registratur sollten Schwachmüller, Klein und Geiger übernehmen, die Rechnungsrevision schließlich bei Hofrat Schürstel (auch Schierstel), Prechtl und Siffer liegen. Ebenda, fol. 53.

angelegenheiten kümmerte, sie sogar der Gesamtverwaltung unterordnen wollte. Im Gegensatz zu Lilien wurden Leykam und Welz ausführlich charakterisiert und der Untätigkeit und Unfähigkeit bezichtigt. Auch ein weiterer wichtiger Mann an der Spitze der Verwaltung, Freiherr von Schneid, verfiel der Kritik und sollte aufs bürokratische Abstellgleis abgeschoben werden. Die Macht im Haus Thurn und Taxis sollte fortan gebündelt werden im »geheimen Raths Collegium«, bestehend aus »einem Chef Ministre, einen Referenten für Staats- und Regierungssachen, einen in Hof- und Oeconomiesachen, zwei in Postsachen, ferners einen tüchtigen Konzipisten oder Secretaire«.[52]

Da in der Regensburger Überlieferung ausführliche Akten fehlen, kann man nur mutmaßen, daß die hier zitierte Denkschrift den Rahmen für die Reorganisation der fürstlichen Verwaltung im Herbst 1797 vorgegeben hat.[53] Bezeichnenderweise ist der gesamte Vorgang in den Akten der Wiener Staats- und der Reichskanzlei ausführlich belegt: Wien betrachtete die Veränderungen im Verwaltungsgefüge des Postfürsten im Kontext der ureigensten Interessen des Kaiserhauses. Bereits am 4. September 1797 berichtete Konkommissar Hügel dem Reichsvizekanzler Colloredo von einer Änderung im Verwaltungsapparat des Hauses Taxis.[54] Diese Mitteilung löste in Wien Bestürzung und zahlreiche Korrespondenzen zwischen Reichskanzlei und Staatskanzlei aus. Kabinettsminister Colloredo berichtete Fürst Carl Anselm in einem Schreiben vom 27. September, »daß Ihre zum Theil schon unternommenen, und zum Theil noch vorhabenden Veränderungen in der Generalpostdirection, und der damit genau verbundenen Finanzverwaltung, viele Verwunderung und Aufsehen bey kaiserl[icher] Majestät erweket haben«. Er legte ihm ohne Umschweife nahe, daß es »für das Wohl des fürstlichen Hauses« besser wäre, alle Veränderungen einstweilen einzustellen. Aber die implizite Drohung fand bei Thurn und Taxis kein Gehör. Carl Anselm zeigte sich in einem Antwortschreiben verwundert über die Verärgerung am Wiener Hof. Er werde sich natürlich nie, »so wie bisher, das geringste, ohne die allerhöchste lehnherrliche Erlaubnis und Mitwirkung erhalten zu haben, erlauben«. Er verstehe sich »als allerhöchst Ihr treuer Vasall«, aber die Organisation seiner Hausverwaltung stehe ihm zu, und der Kaiser werde sich wohl nicht in die Auswahl seines Dienstpersonals einmischen wollen.[55]

---

[52] Alle Belange des Hauses, sowohl Post wie Regierungs- und Hofangelegenheiten, wurden künftig in diesem geheimen Ratskollegium verhandelt. Die Entscheidung, wer »ministre en chef« werden solle, fiel zugunsten Ebersteins, da Vrints-Berberich noch zu jung und unerfahren sei. Schließlich wurde noch eine neue Geschäftsordnung vorgelegt. Ebenda, fol. 63.
[53] Leider konnten die entsprechenden Akten im FZA Regensburg nicht ausfindig gemacht werden. Im Repertorium werden die einschlägigen Faszikel HFS, Akten 4–6 als »fehlend« vermerkt.
[54] HHStA Wien, StK, Kleinere Betreffe 18, Konv. a, fol. 70. Das im folgenden zitierte Schreiben Colloredos an Fürst Carl Anselm ebenda, fol. 71.
[55] Fürst Carl Anselm an Kabinettsminister Colloredo, 21. Oktober 1797. Ebenda, fol. 73. Zum Folgenden siehe Reichsvizekanzler Colloredo an Kabinettsminister Colloredo, 28.

Aus den internen Schreiben der Wiener Behörden wird klar, warum sich der Fürst hier entschieden irrte und warum Wien so sehr daran gelegen war, über die Organisationsstruktur des Hauses Thurn und Taxis zu verfügen. Reichsvizekanzler Colloredo wandte sich am 28. Oktober 1797 mit der Bitte um Vorschläge für ein weiteres Vorgehen »bzgl. der Thurn und Taxisschen Dienstveränderungen« an den Kabinettsminister. Darin betonte er, daß die Selbständigkeit des Postwesens als »einer so wichtigen Staatsanstalt« unter allen Umständen gewahrt bleiben müsse. Der Fürst von Thurn und Taxis sei hier in seine Schranken zu weisen, da feststehe: »Das Reichspostwesen ist nach der klaren Sprache der Gesetze ein kaiserliches Hoheitsrecht«. Außerdem habe der Fürst in verschiedenen Reversen niedergelegt, daß er keine Veränderung ohne die Zustimmung des Kaisers vornehmen werde. Ein Mahnschreiben sei jedoch wenig erfolgversprechend, »da es nicht der Fürst selbsten ist, der hier handelt, sondern die Frau Erbprinzessin und einige fürstliche Räte, [...] die aber zugleich bei der vorhabenden neuen Ordnung der Dinge theils auf geheimen politischen Plane, theils auf pecuniarische Vortheile calculiere«. Besser sei es, Konkommissar Hügel zum Fürsten zu schicken und ihm eine Regelung seiner Dienstverhältnisse im Sinn des Kaisers vorzuschlagen. Auf alle Fälle habe der Wiener Hof die Sache selbst in die Hand zu nehmen und nicht den Protagonisten des Hauses Taxis zu überlassen.[56] Abschließend listete der Reichsvizekanzler die kaiserlichen Prämissen auf: Erstens sei zu jeder Veränderung die kaiserliche Zustimmung nötig, zweitens dürften keine unbekannten Individuen angestellt werden, und drittens müsse unter allen Umständen verhindert werden, daß weitere Personen Kenntnis vom Geheimen Dienst erhielten.

Konkommissar Hügel unterstrich in zahlreichen Schreiben nach Wien die erste und zweite Prämisse:[57] Eine Umgestaltung der Generalpostdirektion sei nun einmal ohne Rückfrage und Genehmigung nicht erlaubt. Außerdem möge man bedenken, daß von drei neuen Hofräten zwei protestantisch seien, was nicht im Sinn des kaiserlichen Hofs sein könne. Aufgrund der gegebenen Verpflichtungen sei Thurn und Taxis gegen den Lehensherrn wortbrüchig geworden. Fürst und Erbprinz müßten die Veränderungen daher zurücknehmen. Da sie dem kaiserlichen Hof ergeben seien, stellten diese beiden – trotz ihres schwierigen Charakters – kein Problem dar. Dagegen sei die Schwiegertochter des Fürsten der größte Gefahrenherd, und es gelte, gegen sie und ihre Partei

Oktober 1797. Ebenda, fol. 74 f.

[56] Die Sache müsse man selbst übernehmen, »nicht aber dem Fürsten und eine zweckmäßige Systematisierung dem politischen Intrigen-Geiste der Frau Erbprinzessin und ihrer Ratgeber, oder der eigennützigen und leidenschaftlichen Cabale der f[ü]rstl[ichen] Räte aufs Neue überlassen«. Ebenda; die abschließende Beurteilung fol. 82v.

[57] Ausführlicher Bericht Hügels an Reichsvizekanzler Colloredo vom 6. November 1797. Die Akten liegen nicht chronologisch geordnet vor, daher finden sich die folgenden Berichte Hügels an den Reichsvizekanzler ebenda, fol. 2 f. Reichsvizekanzler und Konkommissar standen in permanenter Korrespondenz, und ihr Verhältnis war über das Geschäftliche hinaus von gegenseitiger Achtung und Wohlwollen geprägt. Siehe DORDA, Hügel.

vorzugehen.⁵⁸ In den Briefen und Gutachten Liliens, Kronenfels' und des Kabinettsministers wird aber die dritte Prämisse als eigentlicher Grund herausgestellt. Durch die Neubesetzungen könnte der Geheime Dienst zur Kenntnis unzuverlässiger Personen gelangen und damit nachhaltig gefährdet werden. Lilien bezeichnete die neuangestellten Räte sogar als »Spione«, durch welche Preußen, Hannover und Sachsen einen Einblick in die Postanstalt erhielten. Damit ergebe sich ein dreifacher Schaden: Drei protestantische Höfe gewännen an Einfluß, die Leitung (Eberstein) stehe in guter Beziehung zu Mainz (konkret zu Dalberg) und dem Fürstenbund, und schließlich könnte der Geheime Dienst entdeckt werden – und das sei der gefährlichste Punkt: Denn der Geheime Dienst sei wichtiger als die gesamte Postdirektion, und es müsse vorrangiges Ziel sein, ihn zu erhalten.⁵⁹ Offiziell, so betonte Lilien, dürfe man natürlich den Geheimen Dienst nicht erwähnen, sondern müsse die lehensherrlichen Rechte ins Spiel bringen. Man könne darauf verweisen, daß das allgemeine Interesse unter der Veränderung leide und Eberstein noch zu unerfahren sei. In gleicher Weise argumentierten in zahlreichen Schreiben der Kabinettsekretär Kronenfels und der Thurn und Taxissche Geheime Rat Welz: Die Gefahr, daß der Geheime Dienst beeinträchtigt und vor allem von der Gegenseite entdeckt werde, sei von Tag zu Tag größer geworden. Daher werde es immer dringender, daß der kaiserliche Hof endlich eingreife. In der Korrespondenz zwischen Konkommissar, Reichsvizekanzler und Kabinettsminister stieg die Nervosität und dadurch auch die Bereitschaft zu massiven Drohungen. Dem Fürsten, so schlug Hügel vor, solle gedroht werden, dem Haus die vorderösterreichische Post zu entziehen, damit er »in die Grenzen der gebührenden Devotion gegen den allerhöchsten Hof zurückkehren werde«. Es solle allgemein »eine ernstliche Sprache« geführt werden.⁶⁰ Auch der Kabinettsminister drängte gegenüber dem Reichsvizekanzler darauf, daß nunmehr Drohungen nötig seien, um die unge-

---

⁵⁸ Vor allem, so Hügel weiter, müsse man vorsichtig vorgehen. Die ganze Geschichte habe nämlich schon großes Aufsehen in Regensburg verursacht, was übrigens typisch für diese Stadt sei. Leykam werde von Gesandten unterstützt, die auch für ihn am Reichshofrat klagen würden. Aber es gehe nicht um Leykam, »sondern um Ansehen und Gerechtsame des allerhöchsten Lehnsherrn«. HHStA Wien, StK, Kleinere Betreffe 18, Konv. a, fol. 7 f. Am besten wäre es, Schneid, Wels sowie Leykam wieder einzusetzen und Eberstein als Gesandten nach Rastatt zu schicken. Ähnlich wie Hügel argumentierte der Taxissche Rat Schneid, der wohl auch inoffiziell Kontakt mit ihm aufgenommen hatte: Den Grund für die Zerrüttung sieht er darin, daß der Fürst Therese verfallen sei und dadurch die Gegenpartei an Einfluß gewinne. Wichtig sei es daher, die Macht dieser Partei zu brechen und die Post sowie den Hof des Prinzipalkommissars zu retten. Letztlich sei das Ziel dieser Gruppe, das Haus Thurn und Taxis völlig zu zerstören: »man geht jakobinisch zu Werk«. Ebenda, fol. 17 f.
⁵⁹ Die Probleme zeigten sich, so berichtete Lilien schon im Herbst 1797, bereits jetzt, da der Geheime Dienst durch Personalveränderungen in Nürnberg ins Stocken geraten sei. Lilien an Kabinettsekretär Hofrat Kronenfels, Essen 23. November 1797. Ebenda, fol. 13 f.
⁶⁰ Konkommissar Hügel an Reichsvizekanzler Colloredo, 1. November 1797. Ebenda, fol. 102.

störte Fortsetzung des Geheimen Dienstes zu sichern.⁶¹ Die Konsequenzen bei Nichtbefolgung wurden deutlich benannt: »dann, wenn am Ende der kais[erliche] Hof dies einzige Band, was ihn noch an das fürstliche Haus hält, auflösen und den Geheimen Dienst im Römischen Reich ganz aufgeben wollte, würde dem fürstlichen Hause selbst gewiß übel geraten sein«. Schließlich wurde Hügel mit einer »ausführlichen Weisung« zu Carl Anselm geschickt.⁶² Diese Weisung diktierte dem Fürsten die verwaltungstechnische Organisation seines Hauses: Die entlassenen Beamten seien wiedereinzustellen, die neuen Räte hingegen zur Wiederherstellung der »glücklichen Harmonie« zwischen Wien und Regensburg aus der Postorganisation zu entfernen. Außerdem müßten Postverwaltung und sonstige Verwaltungsbereiche des Hauses in Zukunft stets getrennt bleiben. Bei der Postverwaltung sei es unabdingbar, ansonsten äußerst ratsam, stets die Meinung Wiens zu Personalveränderungen einzuholen. Werde an der konkreten Entscheidung einer Verwaltungsänderung festgehalten, so müsse der Plan dazu in den nächsten Monaten dem Kaiser vorgelegt werden.⁶³ Falls sich der Fürst weigere, werde »alles bisherige zu seinem und seines fürstl[ichen] Hauses eigenen Besten bestandene Geschäftsvertrauen aufgehoben«. Diese und weitere Worte waren deutlich genug, um dem Fürsten klar zu machen, daß er nur Juniorpartner des Kaiserhauses war und daß die feierliche Beschwörung, ein »treuer Diener des allerdurchlauchtigsten Erzhauses Habsburg« zu sein, keine leere Formel darstellte.⁶⁴ Einige Beamte hatten die Gefahr, in die der Fürst sein Haus durch die Verwaltungsänderung manövriert hatte, klar erkannt. Habsburgs Unterstützung erschien ihnen als unabdingbar für die Erhaltung des gesamten Hauses »in den stürmischen Zeiten« ab 1789. Welz befürchtete beispielsweise, daß der Fürst weiterhin von der antikaiserlichen Partei und der Erbprinzessin bestimmt werde und es ihm trotz der zugespitzten Situation an »einer Festigkeit [fehle], die stark genug sein muß, um allen weiblichen Künsten zu widerstehen, nicht mehr nachzugeben, und zu zeigen, daß er und nicht sie zu regieren und zu befehlen habe«! Auch Oberpostmeister Vrints-Berberich sah die Rechte des Hauses durch die fehlende Unterstützung Habsburgs ele-

---

⁶¹ Kabinettsminister Colloredo an Reichsvizekanzler Colloredo, 8. November 1797. Ebenda.
⁶² Reichsvizekanzler Colloredo an Hügel, Wien 20. Dezember 1797. Ebenda, fol. 138–182. Colloredo betonte in seinem Anschreiben, daß die »ausführliche Weisung« als Verhandlungsbasis dienen möge.
⁶³ In aller Deutlichkeit wird dabei auf die Grundlagen des Hauses Thurn und Taxis hingewiesen: »aus der Geschichte ist bekannt, daß das Generalerbpostmeisteramt der wahre Grund von dem heutigen Ansehen des f[ür]stl[ichen] Hauses Taxis sei und daß die Herren bei diesem Hause erst späterhin Reichsstände und Landesherren geworden seien«. Ebenda.
⁶⁴ Der Reichsvizekanzler betonte in seinen Schreiben an Hügel, daß die Formeln der Devotion mittlerweile »in einem so auffallenden Widerspruche« zum Betragen des Fürsten und des Erbprinzen stünden. Dies solle Hügel zur Sprache bringen und darauf verweisen, daß die kaiserlichen Rechte gesichert werden müßten, wenn dadurch auch eine Schmälerung der Post »zum eigenen größten Unglücke des fürstlich Taxischen Hauses unausbleiblich sein würde«. Ebenda, fol. 158 f.

mentar gefährdet und hoffte, daß »dem Fürsten die Augen eröffnet, und er vor unwiederbringlichen Schaden gewarnt werde«.[65] Carl Anselm scheint auf seine Geheimen Räte gehört zu haben: Am 1. Februar 1798 konnte Reichsvizekanzler Colloredo dem Kabinettsminister von der erfolgreichen Mission Hügels berichten und feststellen: »Der kais[erliche] Hof hat nunmehr das Heft in den Händen«. Der Fürst habe die Verwaltungsänderungen zurückgenommen und sich völlig dem Willen des Kaiserhauses gebeugt. Auch wenn das Ziel erreicht sei, müsse man jedoch weiterhin ein Auge auf das Haus Thurn und Taxis haben. Der Kabinettsminister bedankte sich bei Colloredo für den erfreulichen Bericht, den er dem Kaiser vorlegen werde.[66] Der Fürst hatte sich am 19. Januar 1798 an den Reichsvizekanzler gewandt, um seinen Dank für die Entsendung Hügels auszusprechen: Ihm sei nichts wichtiger als die allerhöchste kaiserliche Zufriedenheit. Er werde alles wieder in die »alte Ordnung« setzen und bitte, beim »Reichsfriedensschluß die Angelegenheiten des kais[erlichen] Reichspostgeneralats sowohl als meines fürstl[ichen] Hauses durch allerhöchste Protection und Anempfehlung der kais[erlichen] bevollmächtigten Minister die kräftigste Unterstützung« zukommen zu lassen. Diese möge sich nicht zuletzt in der Vermittlung einer angemessenen Entschädigung für die verlorenen Postbesitzungen zeigen. Allein mit diesen Sätzen des Fürsten war klar, daß die »alte Ordnung« wiederhergestellt war: Habsburg schützte seinen Juniorpartner im Reich in vielerlei Zusammenhängen, vorausgesetzt, dieser akzeptierte seine Rolle.

2.3. Zwischen Wien und Paris: Unterhändler und Agenten

Nun sah man während der Jahre um 1800 nicht allein und in erster Linie nach Wien, wenn es um die große europäische Politik und deren Auswirkungen im deutschsprachigen Raum ging. Paris wurde zum Mittelpunkt des europäischen Geschehens, zum Auge im Sturm der politischen Veränderung. Das wurde spätestens bei den Verhandlungen zu Rastatt deutlich. Zu diesem Kongreß hatte der Fürst den Frankfurter Oberpostmeister Vrints-Berberich entsandt. Diese Wahl fand auch bei den Wiener Behörden Zustimmung. Nach den großen Auseinandersetzungen zwischen Wien und Regensburg in der Frage der Personalpolitik war man nun vorsichtiger geworden: Weder Eberstein noch Lilien sollten sich am Kongreßort um die Belange der Reichspost kümmern.[67] Ebersteins Einfluß wurde durch die strikte Ablehnung Wiens immer mehr zurückgedrängt, bis er

---

[65] Siehe Welz an Kronenfels, 24. Dezember 1797. Ebenda, fol. 187 f.. Dazu die Beilage: Vrints-Berberich an Welz, 16. Dezember 1797. Ebenda, fol. 191.

[66] Reichsvizekanzler Colloredo an Kabinettsminister Colloredo, 1. Februar 1798. Ebenda, fol. 194. Dessen Antwortschreiben vom 3. Februar 1798 ebenda, fol. 196. Zum folgenden Dankschreiben an den Reichsvizekanzler vom 19. Januar 1798 siehe fol. 198–200 (Kopie mit Beilagen).

[67] In den entsprechenden Verhandlungsakten taucht Lilien vor allem als Organisator des Geheimen Dienstes und der Post auf. Eberstein hingegen soll durch diplomatische Aufträge nur vom Hof entfernt werden. HHStA Wien, StK, Kleinere Betreffe 18; MEA, RTA 718.

schließlich seinen Abschied vom Thurn und Taxisschen Hof nahm.[68] Lilien hatte die Kontakte zum Hof, konkret zu den einflußreichen Hofräten Schneid und Leykam, zu wenig gepflegt, um seine ehemals einflußreiche Position behaupten zu können. Vrints-Berberich war hingegen der geeignete Kandidat: Er galt in Wien als geschickter und untadeliger Postverwalter, und bei Thurn und Taxis hoffte man, er werde zwischen den verschiedenen Parteien vermitteln können. So wurde er nicht nur Gesandter in Rastatt, sondern am 12. April 1798 mit Zustimmung Wiens zum »mitdirigierenden Geheimen Rat« des Hauses ernannt. Als Begründung für diese Ernennung wurde die zunehmende Gebrechlichkeit der älteren Räte Schneid und Welz angeführt.

Vorerst hatte sich somit nach allen Auseinandersetzungen Vrints-Berberich und damit der Vertreter einer gemäßigten Position durchgesetzt. Im guten Einvernehmen mit dem Wiener Hof agierte er am Rastatter Kongreß, wo er besonders von Lehrbach unterstützt wurde und erste Beziehungen zur französischen Regierung knüpfte. Ihm gelang das Kunststück, die enge Verbindung mit Habsburg aufrechtzuerhalten und gleichzeitig erfolgversprechende Verhandlungen mit Frankreich einzuleiten. Dies war aber nur möglich, da es ihm gelang, Lilien endgültig zu entmachten und gleichzeitig den Einfluß der eher frankreichfreundlichen Kräfte einzudämmen. Lilien hatte sich seit langem die Sympathien der maßgeblichen Personen im Haus Thurn und Taxis verscherzt oder zumindest nicht sichern können – seine eigentlichen Stützen waren der Staatskanzler und der Reichsvizekanzler. Als nun Vrints-Berberich mit konkreten Verbesserungsvorschlägen in Wien anbot, den Geheimen Dienst besser zu organisieren als der bisherige Leiter der Logen, ließ der Staatskanzler Lilien schließlich fallen und protegierte fortan Vrints-Berberich.[69] Durch diese Rückendeckung aus Wien konnte der anfangs nur »mitdirigierende Geheime Rat« bei Thurn und Taxis seine Machtbasis erheblich ausbauen und es auch wagen, eine offenere Haltung gegenüber Frankreich einzunehmen.

In Rastatt hatte sich überdeutlich gezeigt, daß Paris die europäische Politik bestimmte. Daher gab es auch Kräfte, allen voran Erbprinzessin Therese, die eine stärkere Anlehnung an die französische Regierung, im Zweifelsfall auch gegen den alten Partner Wien, anstrebten. Immerhin könnte dies auch ein grö-

---

[68] Am 28. Oktober 1797 hatte Carl Anselm Eberstein noch zugesichert, daß er sich für ihn einsetzen werde, »da es den Anschein habe, als hätten gewisse Personen gewußt, ihn an dem k. k. allerhöchsten Hofe anzuschwärzen«. Falls dies nicht erfolgreich sein sollte, werde er trotzdem sein Gehalt weiterhin beziehen. Eberstein war zwischenzeitlich in der Länderverwaltung tätig. Er widmete sich immer stärker der Publizistik und trat schließlich 1806 in die Dienste Dalbergs. FZA Regensburg, PA 1708–1709, vor allem Konv. »Vorstellung wegen Neujahrs- und Pensionsabzüge«. Siehe allgemeiner ARETIN, Art. »Eberstein« und die Korrespondenzakten in StA Mainz, Nachlaß Eberstein 24–31.
[69] Eines der wohl ausschlaggebenden Schreiben in HHStA Wien, RK, Kleinere Reichsstände 520 (Thurn und Taxis 1773–1806), fol. 98–104: Promemoria zum Geheimen Dienst, 20. Juni 1799. Ab welchem Zeitpunkt Vrints-Berberich zum Geheimen Dienst hinzugezogen wurde, läßt sich nicht mit Bestimmtheit sagen, sicher schon Ende der 1780er Jahre.

ßeres Maß an Unabhängigkeit und Handlungsfähigkeit gewährleisten – so hoffte man zumindest. Obwohl die Erbprinzessin immer wieder mit nicht abgesprochenen Verhandlungen und Aktionen für Verwirrung in der Politik des Hauses sorgte, konnte sich Vrints-Berberich doch einigermaßen behaupten. Er verhandelte als Sondervermittler zwischen 1799 und 1801 in Paris und sicherte dem Haus die Postrechte und den Entschädigungsanspruch bei den Verhandlungen der Reichsdeputation.[70] Sowohl in Wien als auch in Paris verfügte man ergänzend dazu über sogenannte »Agenten«, welche für das Haus Thurn und Taxis tätig waren. In Wien hatte diese Position nach dem Ausscheiden Liliens Freiherr von Wunsch inne, in Paris Freiherr von Treitlinger. Sie handelten in verstärktem Maß nach den Richtlinien Vrints-Berberichs, wodurch er sich zusätzlichen Einfluß und Informationen sichern konnte. Denn die Spitzenkräfte der Verwaltung in Regensburg, allen voran die altgedienten Räte Schneid und Imhof, waren zunehmend kränklich und nicht mehr im aktiven Dienst. Den Bereich der Hofverwaltung übernahm mehr und mehr der Vertraute des Fürsten und des Erbprinzen, Graf Alexander von Westerholt. Die Hauptverhandlungen und vor allem das Postgeschäft hatte jedoch Vrints-Berberich konsequent in seinen Händen gebündelt. Allerdings hielt diese Machtkonzentration nicht lange an. Zwar war seine Position nie unangefochten, der Sturz des Ministers kam jedoch von außen. Bayern hatte erfahren, daß die Thurn und Taxissche Reichspost den Geheimen Dienst für Österreich organisiert hatte.[71] Staatsminister Montgelas stellte in den Verhandlungen über die Neuregelung der Postrukturen auf dem Gebiet des bayerischen Staats die Bedingung, daß Vrints-Berberich als Organisator der Briefspionage zurücktreten müsse, ansonsten werde man jegliche Gespräche mit dem Fürstenhaus einstellen. Fürst Karl Alexander, der gerade erst die Regierung von seinem 1805 verstorbenen Vater Carl Anselm übernommen hatte, mußte dieser Forderung nachkommen und ernannte den mittlerweile in Hofdiensten erfahrenen Westerholt zum alleinigen Verwaltungschef, der vor allem Kontinuität sichern sollte. Damit gewann Westerholt aber auch die Oberaufsicht über den Postbereich, was zu heftigen Auseinandersetzungen führte. Denn die führenden Räte in Postsachen, Leykam und Grub, waren nicht bereit, Kompetenzen abzutreten und mit Westerholt zusammenzuarbeiten. Diese Spannungen wurden durch das undurchschaubare Spiel der Fürstin verstärkt und führten schließlich 1809 zum Rücktrittsgesuch des dirigierenden Rats Westerholt. Damit war die Führung nicht nur ohne Konzept, sondern auch ohne Lotsen.[72] Westerholt gab als

---

[70] Zu den Verhandlungen ausführlicher Kapitel II.2.4. Grundlage dafür neben den Überlieferungen im FZA Regensburg die Bestände in AMAÉ Paris (Corr. pol., Petites principautés 83; Mém. et doc., Allemagne 97).

[71] Spätestens um 1800 war Vrints-Berberich der Leiter der Briefspionage. Dazu ausführlicher Kapitel II.2.4. Zur »Entdeckung« des Geheimen Dienstes siehe Anton HEUT, Die Übernahme der Taxischen Reichsposten in Bayern durch den Staat, München 1925.

[72] Zu den Auseinandersetzungen siehe FZA Regensburg, HFS, Akten 20, zum Rück-

Begründung an, er sei – obwohl er an der Spitze der Verwaltung stehe – völlig isoliert. Vor allem von der Fürstin seien keinerlei Informationen über ihre Verhandlungen und Pläne zu bekommen, obwohl doch die Abstimmung des gemeinsamen Handelns für das fürstliche Haus in diesen schwierigen Zeiten äußerst wichtig wäre. Gleiches gelte für die beiden Räte Grub und Leykam, die gemeinsam die »politische Section« der Hausangelegenheiten betreuen sollten. Aber nicht nur zwischen den Räten, sondern auch zwischen dem Fürstenpaar herrschte keinerlei Absprache. In einer Sitzung der Geheimen Kanzlei hatte man sich sogar Gedanken gemacht, ob der Fürst oder die Fürstin das Haus vertreten sollte: »Der H[er]r geh[eime] Rat Fr[eiherr] von Leykam machte mir den Einwurf, daß er nicht einsehe, warum man immer die Frau Fürstin voraus schiebe und Ser[enissi]mum hinter dem Vorhang lassen solle«. Westerholt antwortete, daß dies wohl nicht so sei, jedoch festgestellt werden müsse, daß Seine Durchlaucht »an Ihrer gewöhnlichen Lebensweise hiengen, hingegen erklärt hätten, daß sie immer bereits seien, alles zu thun, was zum Wohle des Hauses erforderlich seyn könnte«.[73]

Das Rücktrittsgesuch riß den Fürsten schließlich aus seiner »gewöhnlichen Lebensweise«. Mit deutlichen Worten forderte er die Räte Grub und Leykam auf, zu den Gründen der fehlenden Zusammenarbeit Stellung zu nehmen und ab sofort Westerholt als Chef der Verwaltung anzuerkennen. Die Räte reagierten gekränkt und forderten eine unabhängige Untersuchungskommission, wodurch deutlich wurde, daß man nicht bereit war, auf Befehl »aufs Vertraulichste« zusammenzuarbeiten.[74] Aber der Fürst blieb bei seiner Entscheidung und griff damit zum ersten Mal in die Verwaltungsstruktur ein. Drei Jahre zuvor hatte er bei seinem Regierungsantritt als oberste Regierungsbehörde die »Geheime Kanzlei« mit den entsprechenden Beamten bestehen lassen und damit die Verwaltungsstruktur seines Vaters unverändert übernommen.[75] Mit dem Organi-

trittsgesuch fol. 2–4.
[73] »Registratur über die Berathschlagung der politischen Section« (Grub, Leykam, Westerholt), 16. Januar 1809. Ebenda, fol. 10.
[74] So Fürst Karl Alexander in einem Antwortschreiben an Grub vom 27. März 1809: »Mein Rescript an meine beyden Herrn Directoren ist weniger ein Verweis als eine Aufforderung zu wechselseitigen Vertrauen. Mein dirig[ierender] Geh[eimer] Rath [Westerholt] hat bey Vorlesung seiner Registratur keine Clage erhoben, sondern seine Demission begehrt, und dieß hauptsächlich nur wegen des Mangels an Zutrauen das er bey meiner Frau zu verspüren glaubte«. Ebenda, fol. 51.
[75] Der reibungslose Übergang der Verwaltungsbeamten von Carl Anselm auf Karl Alexander läßt sich eindeutig aus den Personalakten ermitteln. Nach dem Tod Carl Anselms wurde von den Beamten der Diensteid auf den neuen Fürsten abgelegt. Daraufhin erfolgte die Bestätigung ihrer Stellung und Privilegien. Der dirigierende Rat und Generalpostdirektor Freiherr von Vrints-Berberich zum Beispiel hatte per Reskript niedergelegt, weiterhin für das »hochfürstliche Haus nach besten Wissen und Gewissen« tätig sein zu wollen und den Diensteid mit der Formel »Zu Urkund dessen habe ich gegenwärtigen Eid in die Hänt S[einer]r Hochfürstlichen Durchlaucht geschworen« geleistet. Reskript vom 14. November 1805. FZA Regensburg, PA 9795. Mit kurz darauf folgenden Reskripten bestätigte der Fürst alle Ämter und Privilegien seines Generalpostdirektors. Ebenda.

sationsreskript vom 4. Mai 1808 schuf er nun eine neue, zentralisierte Verwaltungsgliederung, die in den folgenden zwei Jahrzehnten bestimmend blieb: »Der dirigierende Geheime Rat ist der Mittelpunkt, in dem sich alle Abteilungen konzentrieren; die Chefs sämtlicher Büros bilden unter der Bezeichnung Conferenz das Conseil, das die Entscheidungen des Fürsten vorzubereiten hat«.[76] Der bisherige Regierungspräsident Graf Alexander von Westerholt wurde zum dirigierenden Geheimen Rat und – nachdem die zweite wichtige Person an der Verwaltungsspitze, Vrints-Berberich, von dieser Funktion zurückgetreten war – zum alleinigen Chef der Gesamtverwaltung. Damit standen die untergeordneten Büros, aufgegliedert in das Domänenbüro, das Büro für Finanzen- und Rechnungswesen und die beiden Büros für Postsachen und Hofsachen, unter seiner Leitung. Für alle vier Büros bestand eine gemeinsame Kanzlei.[77]

Seit 1808 stand nach dieser Neuregelung offiziell Alexander Graf von Westerholt an der Spitze der Verwaltung und wurde, nachdem er bereits unter Carl Anselm zur obersten Verwaltungsebene aufgestiegen war, zur rechten Hand des Fürsten Karl Alexander.[78] Der Fürst und sein dirigierender Rat bildeten ein über verwaltungstechnische Dinge hinaus prägendes Kontinuum der Hauspolitik.

Nun darf trotz dieser strukturellen Veränderung und damit der größeren Machtbefugnisse Westerholts nicht übersehen werden, daß weiterhin erhebliche Unstimmigkeiten innerhalb der Führungsgruppe bestehenblieben – die Auseinandersetzungen im Frühjahr 1808 hatten dies überdeutlich gezeigt. Dem Fürsten war außerdem klar geworden, daß hauptsächlich seine Frau an der Misere Schuld war. Sie hatte zwischen den einzelnen Räten Mißtrauen gesät, Unwissenheit walten lassen und war ihre eigenen Wege gegangen. Auch wenn sich schließlich alle Beteiligten den Anordnungen fügten und Westerholt (wieder) als Spitze der Verwaltung bestätigt wurde, waren die grundlegenden Meinungsverschiedenheiten nicht beigelegt. Die Spannungen im Verwaltungsgefüge waren somit 1808 weder eine neue Erscheinung, noch waren sie für die Zukunft beseitigt, sie hatten sich durch das Rücktrittsgesuch nur in aller Offenheit gezeigt.

---

[76] Zusammenfassung des Organisationsreskripts vom 4. Mai 1808 nach FZA Regensburg, HFS, Akten 11; siehe PROBST, Verwaltungsstellen, S. 282.

[77] Als mit dem Ende der Souveränität die »Regierung« endgültig aufgelöst wurde, kam dieser Verwaltungsbereich zum Domänenbüro, auch »Domänenoberadministration« genannt. Aus diesem Grund und wegen der Gebietsvermehrung durch Entschädigungslande und den Ankauf zahlreicher Herrschaften nahm der Bereich dieser Domänenverwaltung stetig an Bedeutung zu. Siehe dazu eingehender Kapitel II.4.3.

[78] Die Verhandlungen der ersten Jahrzehnte des 19. Jahrhunderts liefen alle über seinen Schreibtisch, ob es sich dabei um Postangelegenheiten und Postentschädigungen (unter der Leitung von Vrints-Berberichs), um Gebietsankäufe (zumeist durch Domänenrat von Dollé, von Seyfried unter Zuziehung von Justizrat Dr. Liebel und Kanzleidirektor von Müller in die Wege geleitet) oder um die politisch-rechtlichen Verhandlungen am Wiener Kongreß handelte.

Vor allem der Geheime Rat Grub war mehr als überrascht, als die Fürstin bei den konkreten Auseinandersetzungen um Westerholt mangelndes Vertrauen gegenüber Vrints-Berberich äußerte[79] – immerhin hatte er doch lange Zeit die Überzeugungen der Fürstin geteilt. Demnach habe Vrints-Berberich seit Jahren eine falsche Politik betrieben, indem er in verhängnisvoller Weise an der Partnerschaft mit dem Hause Habsburg festgehalten habe. Mit dem Ende des Alten Reiches und damit auch der kaiserlichen Reichspost war jedoch längst der Weg frei, die endgültige Annäherung an den Kaiser der Franzosen zu vollziehen. Dies war eines der langgehegten Ziele der Erbprinzessin und nunmehrigen Fürstin Therese gewesen. Sie und ihr Vertrauter Grub hatten lange Zeit in diesem Sinn gegen Vrints-Berberich opponiert. In ihrem Briefwechsel wird deutlich, welch unterschiedliche Vorstellungen sie gegenüber anderen Mitgliedern der Verwaltung hatten. Beseelt von der Überzeugung, um die richtige Politik zum Besten des Hauses zu wissen, spannen sie einige Intrigen und entwickelten weitreichende Pläne.

Der Geheime Rat Ludwig Friedrich Grub war seit langem auf höchster Ebene mit Postgeschäften betraut und verfügte daher über vielfache Erfahrungen. Bereits zum Jahreswechsel 1807 konnte er zu Recht betonen, daß er in den letzten zwei Jahren unentwegt bemüht gewesen sei, die Rechte des Hauses zu sichern, und daß ihm dies »von München an biß an den Rhein [...] so zimlich gelungen« sei.[80] Er war federführend bei den Verhandlungen zu einigen wichtigen Postverträgen und stand dadurch auch in Kontakt zu einflußreichen Verwaltungskräften des Hauses Taxis. Durch seine Gegnerschaft zu Vrints-Berberich fand er in der Fürstin eine Komplizin, mit der er einige Jahre einen recht intensiven Briefwechsel führte. Darin erlaubte er sich, trotz aller eingehaltenen Devotion, sehr offene Worte. »Höchstihr Haus«, so schrieb er an die Fürstin, »befindet sich in der Mitte der zwei großen kriegführenden Mächte; wenn seine künftige Existenz nicht dem blinden ohngefähr überlaß[en] werd[en] soll, so ist der höchste Aufwand von Klugheit erforderlich«.[81] Dabei dürfe man nicht zu große Rücksichten auf alte Verpflichtungen und Gewohnheiten nehmen. Gerade im gegenwärtigen Moment der Bedrohung sei es wichtig, so der Geheime Rat wei-

---

[79] Siehe dazu die Rechtfertigung von Grub. FZA Regensburg, HFS, Akten 202, fol. 85–90 (Verbalnote, März 1809): »Ihre Durchlaucht die Frau Fürstin fordert Beweise zur Rechtfertigung unseres Mangels an Vertrauen auf den Herrn Baron v. Vrints-Berberich und den Herrn Treitlinger. Dieses ist eigentlich eine verkehrte Ordnung der Dinge; Ihre Durchlaucht die Frau Fürstin sollte eigentlich geruhen, uns Gründe mitzutheilen, die im Stande wären, S[eine]r Durchlaucht dem Fürsten das Vertrauen gegen diese beiden Herren wieder einzuflößen, das die eigne Insinuationen der Durchlauchtigsten Frau Fürstin zuerst und am tiefsten untergraben haben«.

[80] Grub an Agent Wunsch in Wien, Weimar 28. Dezember 1807. FZA Regensburg, HFS, Akten 201. Zur Person des Geheimen Rats Grub siehe FZA Regensburg, PA 2819–2820. Vgl. auch PROBST, Verwaltungsstellen, S. 283 f.

[81] Siehe die zahlreichen Ratschläge Grubs an die Fürstin, die zuweilen in durchaus belehrendem Ton gehalten sind, in FZA Regensburg, HFS, Akten 202, hier das Schreiben vom 26. Februar 1809.

ter, tatkräftig in die Politik einzugreifen, und man müsse sich dabei an die jeweils stärkste Macht halten. Er habe versucht, dies auch Westerholt deutlich zu machen: Zur Zeit führe kein Weg an Frankreich vorbei.[82] Er war außer sich, als sich die Situation ab 1806 immer mehr zuspitzte und der Fürst nach seiner Meinung den politischen Gefährdungen seines Hauses tatenlos zusah, da doch augenscheinlich sei, daß die derzeitigen Vorgänge über »die Existenz oder die Auflösung des taxischen Hauses« entscheiden würden.[83] Vor allem die Tatsache, daß Karl Alexander nicht nur Westerholt, sondern auch Vrints-Berberich freie Hand ließ, trieb Grub in den offenen Widerstand. Als der Fürst schließlich auch seine Frau aus dem politischen Geschäft heraushalten wollte, bat diese Grub um Unterstützung. Darauf der Geheimrat an die Fürstin: Es stehe außer Frage, »daß ich jedem Plan zustimme, sofern er das Haus erhalte, dabei müsse ich nicht nur dem Ehegemahl allein, sondern dem Fürsten und Vater raten und die Bemerkung ans Herz legen, daß Eure [Durchlaucht] zur Erhaltung des Hauses schlechterdings unentbehrlich seyen«.[84] Jedoch – so urteilte der Taxissche Rat über seinen Dienstherrn – verfüge Karl Alexander über keinen Weitblick und könne sich nicht einmal entscheiden, seinen Generaldirektor Vrints-Berberich zu entlassen, obwohl durch dessen Indiskretion »das taxische Haus, das nun völlig ins Wanken kam«, auch bei den Mächten in Mißkredit falle, »die an dem Fortbestehen des Hauses interessiert sind«.[85] Auch Freiherr von Eberstein als »ein Freund des Hauses« stimme mit seiner Beurteilung überein, da er bemerkt habe, daß Vrints-Berberich »die eigentliche Schande des Hauses« sei. »Wie kann der Fürst noch überlegen, ob er die Existenz des Hauses Taxis oder Vrints-Berberich retten soll«.[86]

[82] Aber auch der dirigierende Rat teilte die Grundhaltung: »[...] dagegen sieht Er selbst ein, daß die Politik des Hauses es erfordert, sich immer aufrichtig an den <u>mächtigsten</u> Staat, in gegenwärtigen Augenblick an Frankreich anzuschließen«. Grub über ein Gespräch mit Hofmarschall Westerholt am 14. April 1808. FZA Regensburg, HFS, Akten 202.

[83] Siehe FZA Regensburg, HFS, Akten 202. Derartige Formulierungen finden sich zuhauf: »Allein, wenn es dazu kommen sollte, so ist leyder! das fürstl[iche] Haus zu Grunde gerichtet«, oder in anderer Wendung: »so ist leyder! das Haus so gut wie verlohren«. Siehe auch FZA Regensburg, HFS, Akten 201 u. v. a.

[84] Grub an Fürstin Therese, 7. März 1809. FZA Regensburg, HFS, Akten 202. Grund der Auseinandersetzung war die Uneinigkeit über die richtige Politik des Hauses, wobei Geheimrat Grub die Fürstin, der leitende Rat Westerholt den Fürsten unterstützte. Grub berichtet im oben zitierten Kontext weiter: »Er – der Fürst – habe zwar nicht die Gabe der Rede, wohl aber die – des Nachdenkens. Er hätte bereits selbst einen Plan entworfen, von dem er, auf diesem Fall nicht abgehen würde«. Grub zweifelte aber vehement an der Nützlichkeit dieses Plans für den Erhalt des Hauses Taxis: »So weit geht also das luftige Gebäude des Schwachsinns und der Guthmüthigkeit, das der Herr Gr[af] v[on] Westerh[olt] gerne aufführen möchte«.

[85] Grub an Fürstin Therese, 7. April 1808. FZA Regensburg, HFS, Akten 202.

[86] Grub spann gegen den Generaldirektor einige Intrigen, die schließlich auf ihn selbst zurückfielen. Nachweisbar ist jedoch, daß am zeitweiligen herben Ton zwischen Bayern und Thurn und Taxis hauptsächlich Vrints-Berberich durch eine ungewollte Indiskretion Schuld war. Auch bei einem Scheitern der Verhandlungen hätte sich der Generalpostdirektor – zumindest finanziell – retten können, und daher war das Verdikt Grubs zutreffend:

Grub und der Fürstin blieben jedoch weitgehend die Hände gebunden, ihre Konzepte zur »Erhaltung des Hauses« konnten sich gegenüber Westerholt und auch Vrints-Berberich nicht durchsetzen, der trotz des Rücktritts vom Amt des dirigierenden Rats weiterhin Postmeister blieb und ein gutes Wörtchen mitzureden hatte. Interessant in der umfangreichen Korrespondenz des Konferenzrats Grub ist seine Argumentation hinsichtlich der Belange des Hauses. Das Haus nahm für ihn eine übergeordnete Bedeutung ein, dem sich auch die Fürstenfamilie unterzuordnen hatte. Deshalb war es für ihn besonders bitter, daß der Fürst als Oberhaupt des Hauses nichts für den Erhalt des Ganzen bewirkte, sondern stets passiv blieb. Anläßlich des Erfurter Fürstentags schrieb Grub an seinen ehemaligen Kollegen in Regensburg: »Am besten wäre es, die Fürstin würde den Fürsten abholen und nach Erfurt bringen, damit er sozusagen gezwungen wird, für das Wohl des Hauses etwas zu tun«.[87] Erst als er allmählich erkannte, daß auch die Fürstin ihre eigenen Wege ging, resignierte der überzeugte Anwalt des Hauses allmählich. Wieder schrieb er seinem vertrauten Kollegen: »Die ganz eigene Nonchalance des Herrn Fürsten u[nd] die dagegen mit persönlichen Verhältnißen beschäftigte Frau Fürstin verdienen zwar freilich nicht, wohl aber die Erhaltung des Hauses u[nd] das damit offenbar fürs Ganze erzielt werdende Gute verdinet, daß sich Euer [Hochwohlgeboren] dafür intereßieren«.[88] Das Haus figurierte schließlich als völlig vom Fürstenpaar getrennte Größe, als Grub dem neuen leitenden Direktor gegenüber äußerte, »auch wenn das Haus und der Fürst ginge, könnte sich die Fürstin erhalten«.[89]

Die aus der Retrospektive seltsam anmutenden Pläne des Konferenzministers Grub und der Fürstin wurden nicht realisiert. Dies lag weniger an der völlig desolaten Gegenpartei, sondern vielmehr am abwartenden Verhalten Napoleons. Grub überlegte sogar, ob es hilfreich sein könnte, den Fürsten als Parteigänger Österreichs in Paris zu verleumden, damit dieser zugunsten sei-

---

»V[rints-Berberich] wird auf den Trümmern des Hauses sein Reich errichten«. Grub an Fürstin Therese, 21. März 1808. FZA Regensburg, HFS, Akten 202.

[87] Vertrauliche Nachricht Grubs an Eberstein, 12. Februar 1809. FZA Regensburg, HFS, Akten 202. Dort auch die ausführliche Schilderung des Erfurter Kongresses und der Bemühungen der Fürstin, die dorthin gereist war.

[88] Grub an Eberstein in Paris, Weimar 7. März 1809. FZA Regensburg, HFS, Akten 202, pag. 229.

[89] Vor allem Grub wurde nicht müde zu betonen, »daß in diesen Zeiten das Haus Freunde braucht«, sowohl innerhalb wie außerhalb des Fürstenhauses. Der ehemalige Mitarbeiter Eberstein beispielsweise, der in fürstprimatische Dienste übergetreten war, bildete eine gute Möglichkeit zur informellen Einflußnahme. Daher überlegte man, ihn wieder einzustellen. Grub fand seine Anstellung wiederum nicht zwingend, »wenn er nur der Freund des Hauses und der neuen Administration bleibt«. Eberstein bestätigte dies indirekt mit den Worten: »Haben sie die Güte mich der Fürstin zu empfehlen und versichern sie ihr, daß ich immer für sie tätig sein werde, ob wie früher innerhalb oder nunmehr außerhalb den Diensten ihres Hauses«. FZA Regensburg, Eberstein, PA 1708; außerdem die Korrespondenz mit Grub in HFS, Akten 202.

ner Frau von der Gesamtführung des Hauses zurücktreten müßte.[90] Napoleon sollte überredet werden, eine Rheinbundpost unter der Leitung des Hauses Thurn und Taxis zu installieren. Zur Erreichung dieses Zieles war man sogar bereit, nach Paris umzusiedeln. Westerholt und mit ihm der eher unpolitische Fürst hatten trotz aller Versuche, sich auf die Seite Napoleons zu schlagen, den Kontakt zum Wiener Kaiserhaus jedoch nie abbrechen lassen. Daran konnte man wieder anknüpfen, als die politische Macht des Korsen gebrochen war. In den Befreiungskriegen hatten sich die Thurn und Taxisschen Posten bewährt, und Vrints-Berberich wurde wieder als Generaldirektor an die Spitze der Postverwaltung berufen. Gemeinsam mit der Fürstin verteidigte er schließlich die Rechte des Hauses Thurn und Taxis auf dem Wiener Kongreß, wie zu zeigen sein wird, recht erfolgreich.

Weder die Sicherung der verschiedenen Rechte des Hauses Thurn und Taxis im Reichsdeputationshauptschluß und in der Rheinbundakte noch der Erfolg auf dem Wiener Kongreß können als Ergebnis einer geschickten und zielgerichteten Hauspolitik bezeichnet werden. Vielmehr war es in diesen kritischen Jahren zwischen 1790 und 1815 einzelnen Personen trotz interner Widerstände zuweilen zwar vergönnt, die Weichen zu stellen; die Fahrtrichtung jedoch wurde von anderen bestimmt, hauptsächlich von Paris und Wien.

2.4. »Zugunsten des Hauses« – zur Wirkmächtigkeit einer Metapher

Ein Blick in die Verwaltungsakten zeigt überdeutlich, daß zahlreiche Personen mit unterschiedlichsten Konzepten am Ringen um die Leitung des Hauses beteiligt waren. Eine zentrale Rolle nahm dabei Fürstin Therese ein, die es durch Launenhaftigkeit und Intrigen schaffte, »daß in der fürstlichen Zentralverwaltung in Regensburg ein Kampf aller gegen alle entbrannte«.[91] Vrints-Berberich hatte weder die Macht noch die Fähigkeiten, den Kurs zu bestimmen. »Alles in allem glichen die Reichspost und das Haus Thurn und Taxis in den entscheidenden Jahren zu Ende des 18. und zu Beginn des 19. Jahrhunderts einem Schiff im Sturm mit einem unfähigem Kapitän und einem betrunkenen Steuermann«. Der Historiker Kalmus fällte dieses Urteil aus seiner genauen Kenntnis der Wiener Aktenbestände. Ihm ist aufgrund eigener Archivstudien durchaus zuzustimmen.[92] Unerklärlich ist hingegen, daß lange Zeit die Ent-

---

[90] Siehe zu diesem Komplex Kapitel II.4.1 und die Ausführungen bei Otto VEH, Bayern und die Bemühungen des Hauses Thurn und Taxis um die Rückgewinnung der deutschen Reichsposten. 1806–1815, in: APB 15 (1939), S. 337–353, hier: S. 339–341.

[91] In dieser Beurteilung bei KALMUS, Weltgeschichte, S. 430: »Während die Erbprinzessin in ihrer Weiberlaune bald den einen Beamten bevorzugte, bald den anderen beleidigte und damit nichts anderes erreichte, als daß in der fürstlichen Zentralverwaltung in Regensburg ein Kampf aller gegen alle entbrannte, fehlte es an einem tatkräftigen Mann wie Lilien [...]. Freiherr Alexander von Vrints-Berberich, der Generalintendant der fürstlichen Posten, war jedoch nur ein Mann von beschränktem Gesichtskreis und geringen Fähigkeiten«.

[92] Ebenda. Allein die Auseinandersetzungen, die sich die Fürstin mit Grub leistete, den sie anfangs als vertrauten Komplizen, später als zu verfolgenden Feind ansah, geben dazu

wicklungen als Erfolgsgeschichte des Hauses Thurn und Taxis beschrieben wurden, deren Hauptakteure Gestalten wie Vrints-Berberich und Therese waren.[93] Aber wie negativ das Urteil auch über die bestimmenden Kräfte ausfallen mag, sie alle waren überzeugt, »zum Besten des Hauses« tätig zu sein. Wie unterschiedlich die Ansichten auch waren, wie sie beispielsweise der Geheime Rat Grub, der Agent Treitlinger, der Postmeister Haysdorff und der dirigierende Rat Westerholt vertraten, sie alle betonten, ein Ziel zu verfolgen: die »Erhaltung«, die »Rettung« des »Hauses«. Das Haus war immer wieder ein zentraler Bezugspunkt und ein wichtiges Argument in zahlreichen Auseinandersetzungen. Einige Beispiele mögen dies belegen, an denen deutlich wird, daß je nach Kontext unterschiedliche Komponenten des Hausbegriffs im Vordergrund stehen konnten.

Während seiner Verhandlungen auf dem Rastatter Kongreß ging es Vrints-Berberich darum, das Postgeneralat als ein lehenrechtlich fixiertes Monopol für das Haus zu retten. Falls es einige Verluste hinzunehmen galt, so sollte für diese wenigstens auch wie für den verlorenen Grundbesitz anderer fürstlicher Häuser eine Entschädigung geleistet werden. Der französische Gesandte Treilhard verstand jedoch überhaupt nicht, wie es sich mit dem Rechtscharakter der Post verhielt. Er sah die Reichspost als ein privates Unternehmen der Familie Taxis an.[94] Vrints-Berberich mußte viel Überzeugungsarbeit leisten, um die juristische Analogie des Postmonopols zum Grundbesitz im »positiven Recht des deutschen Reiches« verständlich zu machen; das Haus als Träger besonderer Rechte stand dabei immer im Mittelpunkt.[95]

Sehr differenziert argumentierte der dirigierende Rat Westerholt mit dem Begriff des Hauses. Bei ihm blieb die Dynastie stets integraler Bestandteil, auch wenn das »Hochfürstliche Haus Thurn und Taxis« als eine von ihr unabhängige Größe in verfassungsrechtlicher, aber auch in sozialer und wirtschaftlicher Hinsicht gesehen wurde.[96] Andere sahen das Haus Thurn und Taxis

genügend Material an die Hand. Zu der Causa Grub siehe FZA Regensburg, HFS, Akten 201–202; BHStA München, MA 9754; HStA Stuttgart, Bestand E 9, Büschel 124.

[93] Auch bei Wolfgang VOLLRATH, Das Haus Thurn und Taxis, die Reichspost und das Ende des Heiligen Römischen Reiches 1790–1806, Diss. phil. Münster 1940, wird Vrints-Berberich als fähiger Postunterhändler geschildert, obwohl er an die einschlägige Arbeit von Kalmus angeknüpft hat. In positiver Beurteilung auch in der Hofhistoriographie bis hin zu PIENDL, Das fürstliche Haus.

[94] Vrints-Berberich berichtete über Treilhard aus Rastatt: »Il a battu la campagne d'une manière aussi palpable qu'ignorante, mais comme on m'assure que c'est du premier abord sa manière ordinaire, c'est-à-dire celle d'un avocat dont la première phrase est celle de la réfutation et objection«. Siehe die zahlreichen Berichte der Jahre 1797 und 1798, hier das Schreiben aus Rastatt vom 6. Januar 1798. FZA Regensburg, Postakten 2218.

[95] Die entsprechenden Denkschriften wurden anfangs nicht nur nach Paris, sondern auch in Abschrift nach Wien gesandt. Siehe AMAÉ Paris, Mémoires et documents, Allemagne 97; HHStA Wien, StK, Kleinere Betreffe 18.

[96] Besonders ausgeprägt argumentierte er in den zahlreichen und zu verschiedenen Betreffen entstandenen Denkschriften mit dem »Haus«, sehr prägnant beispielsweise in

ausschließlich als Unternehmen, das nicht zwingend mit dem Fürstenpaar verbunden sein mußte. Die Dynastie spielte damit eine deutlich untergeordnete Rolle. Vor allem Grub vertrat zeitweilig diese Ansicht. Im Sinne einer Schicksalsgemeinschaft waren alle Mitglieder des Hauses vom einfachen Postreiter und Stallburschen bis hin zum obersten Verwaltungsbeamten und Fürsten aufgerufen, zugunsten der übergeordneten Größe Opfer zu bringen. Das »Haus« galt es zu retten. Dies konnte natürlich auch ganz konkret als Argument eingesetzt werden, um individuelle Opfer für das übergeordnete Ganze zu fordern. Weitere Beispiele können dies belegen.

Im Jahr 1806 waren die Einnahmen aus dem Postbetrieb dramatisch zurückgegangen. Die Geheime Kanzlei beschloß, eine allgemeine Direktive zu erlassen. Alle fürstlichen Diener wurden darin »zur Erhaltung des Hauses« zum Verzicht auf Zulagen und einen Teil ihres Gehalts verpflichtet. Auch den Pensionsempfängern wurde durch eine gedruckte Mitteilung die Kürzung ihrer Bezüge mitgeteilt; darin hieß es: Die Entwicklungen im Jahr 1803 »ließen dem Fürstlichen Hause die angenehme Hoffnung einer ruhigen und glücklichen Zukunft, an deren milden Früchten das Fürstliche Haus Thurn und Taxis seine angehörige Diener und Unterthanen jederzeit so gerne und reichlich Theil nehmen ließ. Die eingetretene neuere Zeitverhältnisse haben diese süsse Hoffnung vereitelt«, und daher müßten die Bezüge gekürzt werden.[97]

Federführend war bei diesen Haushaltskürzungen der dirigierende Rat Westerholt. Er und sein Vorgänger Freiherr von Schneid argumentierten oft und gerne »im Namen des Hauses«.[98] Vor allem in den zahlreichen Personalakten um 1800 taucht diese Formel recht häufig auf. Obwohl die Bittschriften um Gehalts- und Pensionszulagen überwiegend an den Fürsten als Vater, der »mit Fürstenmilde« auf die Seinen sehe, gerichtet waren, gelangten die Schreiben nicht auf den Tisch des Fürsten, sondern wurden von den führenden Räten entschieden.[99] Das Haus Taxis wurde hier als Unternehmen verstanden, das

---

FZA Regensburg, HFS, Akten 9, 194.

[97] Siehe zu diesem Komplex vor allem FZA Regensburg, HFS, Akten 9, das Zitat in Konv. 1. Der leitende Geheime Rat Westerholt hatte in verschiedenen Denkschriften Überlegungen angestellt, wie das Haus ökonomisch gesichert werden könne. Zu seinen Lösungsvorschlägen zählten Personalabbau, Kürzung von Personalkosten und Reduzierung der Pensionen und Sondergratifikationen. Als der vertraglich bezugsberechtigte Freiherr von Eberstein auf die volle Auszahlung seiner Sondergratifikationen drängte, wurde dies wie folgt abgelehnt: Auch die Dienerschaft müsse sich »schwer fallende Abzüge und Einschränkungen gefallen lassen, und nicht nur die dabey vorwaltende möglichste Mäßigung mit Danke anerkennen, sondern mehrere ihren Beytrag als ein freywilliges Opfer zu Erhaltung Unseres fürstlichen Hauses selbst anerbotten haben«. FZA Regensburg, PA 1708–1709. Aber auch in anderen Faszikeln sind Verweise auf derartige Formulierungen wie: »So bringe ich das Opfer für das fürstliche Haus«, zu finden. Siehe z. B. HFS, Akten 457.

[98] Siehe dazu FZA Regensburg, HFS, Akten 41–78, Konferenzprotokolle (1760–1815).

[99] Sogar ein eher nüchternes Schreiben wie das Bittschreiben des Registrators Franz Xaver Klein bediente sich dieser zahlreich vorkommenden Topoi: »Von Euer Hochfürstlichen Durchlaucht angestammten Fürstenmilde, u. allgemein bekannter Gerechtigkeitsliebe darf ich getrost die Erhörung meiner submissesten nothgedrungenen Bitte erwarten«. Verschie-

ökonomisch nicht zu sehr mit Personalkosten belastet werden durfte. Das paternalistische Moment, wonach der Hausvater einer Verpflichtung gegenüber seinen in Not geratenen Hausgenossen nachzukommen hatte, trat hierbei in den Hintergrund. Wie stark unterschiedliche Komponenten des Hausbegriffs als Argument verwendet wurden, um das entsprechende Selbstverständnis eines »fürstlichen Hauses« zu unterstreichen, zeigt sich in der Auseinandersetzung zwischen Geheimer Kanzlei und Thurn und Taxisscher Landesregierung um 1799, der im folgenden nachgegangen werden soll.

Am 24. Juli 1799 wandte sich die fürstliche Regierung in Schwaben an die Zentralverwaltung in Regensburg: »Der überhand nehmende Druck der Requisitionen aller Art für die kaiserliche und ReichsArmee, die dadurch veranlaßte Erschöpfung der hochfürstlichen Reichslande«, außerdem die wahrscheinliche Bewilligung weiterer Römermonate ließen es angeraten sein, mit der »geheimen Kanzley in vertrauliche Communication zu tretten, und mit hochdenselben die Mittel und Wege zu überlegen«, die drückende Last zu mildern.[100] Die Regierung beschrieb in einem Promemoria ausführlich und in drastischen Worten die völlige Erschöpfung der Landbevölkerung, die in keiner Weise mehr fähig sei, die Kriegskontributionen aufzubringen.[101] Besonders wußte die Regierung hervorzuheben, daß sich die Forderungen der Militärbehörden nach den Matrikularanschlägen richteten. Diese seien jedoch völlig überhöht, da sie nur deshalb so hoch angesetzt worden seien, um für das fürstliche Haus das Sitz- und Stimmrecht im Schwäbischen Kreis zu bekommen. Die damalige Schätzung entspreche jedoch in keiner Weise den realen Zuständen. Als Beispiel wurde Eglingen angeführt, das entsprechend dem Rang einer Reichsherrschaft verhältnismäßig viel zu den Kriegskosten beisteuern mußte. Die Regierung wies demgegenüber darauf hin: »Die Reichsherrschaft Eglingen besteht nur in dem Orte dieses Namens, und dem Weiler Osterhofen und zählt nicht mehr als 84 Bürger«. Außerdem sei der Ort schwer heimgesucht worden: Wetterschlag, Kuhpest, die Plünderung des Dorfes durch die Franzosen und eine Feuersbrunst, die zwanzig Häuser in Asche gelegt habe, hätten das Dorf ruiniert.[102]

---

dene Bittschreiben, weitergereicht an den leitenden Kanzleidirektor Müller. FZA Regensburg, PA 6366, Konv. »Leitung des Postwesens«.

[100] Siehe zum Folgenden FZA Regensburg, HMA 15. Das Zitat aus »Promemoria. Belastungen aufgrund des Krieges betreffend«.

[101] Insgesamt würden die »Prästationen – in Geld angeschlagen – die Summe von 130 000 fl. weit überschreiten«. Jedoch konnte man im Scheerischen aufgrund höchster Anstrengung immer noch die Forderungen erfüllen. In dem Oberamt Dischingen aber, wo einige Dörfer bereits von Landplagen heimgesucht worden waren, »sanken die Kräfte bis zur völligen Ohnmacht herab, nachdem der Natural Vorrath gänzlich erschöpft war, und die Gemeinden selbst gegen die besten und ganz unbekümmerten Hypotheker kein Geld auftreiben konnte«. Da es ihnen nicht gelang, »mit den Lieferungen gehörig nachzukommen«, drohte nun eine Exekutionsmannschaft.

[102] Trotz dieser Probleme forderte das Militär »von Eglingen 300 Zentner Mehl, 3 000 Metzen Haber, 1 800 Zentner Heu« und anderes. Siehe dazu ebenda, Lit. B.

Die einzige Hilfe, die der Fürst bisher gewährt habe, seien verschiedene Schreiben an die militärischen Befehlshaber gewesen, wodurch eine Minderung der Forderungen erreicht worden sei. Ansonsten seien die Untertanen alleingelassen worden. Als Anlage wurde der gesamte Schriftverkehr zwischen dem Oberbefehlshaber Erzherzog Karl, den Militärstellen, den Rentämtern und Fürst Carl Anselm beigegeben, der deutlich macht, wie sich die Situation im Lauf des Jahres 1799 zuspitzte. Anfangs wurden dem Fürsten für seine Herrschaften einige Nachlässe gewährt. Er hatte angeführt, daß die Militärlieferungen seine Rentämter so geschwächt hätten, daß er auf alle Einnahmen aus ihnen verzichten müsse, und »eine Unterstützung meiner Unterthanen ist mir eine traurige Unmöglichkeit geworden«. Allmählich war die Stimmung jedoch gekippt, und der Oberstleutnant Heinrich hatte bereits deutlich gemacht, daß man die Kriegskosten nicht mehr von den Untertanen, sondern von den Herrschaften selbst eintreiben sollte.[103] Die Regierung bat nun in diesem Promemoria abschließend um eine weitreichende Unterstützung, vor allem sollten die ausstehenden Militärforderungen von 7 025 fl. in irgendeiner Weise vorgestreckt werden. Als Soforthilfe bat man darum, die im Amt Dischingen bereitgelegten 2 000 fl. verwenden zu dürfen.

Die Geheime Kanzlei, vertreten durch Vrints-Berberich, reagierte ablehnend: Da die Gesamteinnahmen des Hauses zurückgingen, man aber weiterhin zwei Hofhaltungen zu finanzieren habe, könne man den Rentämtern und den Untertanen nicht helfen.[104] Jedoch biete die Geheime Kanzlei an, daß die »bey dem Amte Dischingen hinterlegten, zwar bereits zu einer anderen Verwendung bestimmten, und angewiesenen 2 000 fl.« als Kredit zur Verfügung gestellt werden könnten. Zwar sollte er innerhalb von zwei Jahren zurückgezahlt werden, aber »den fürstl[ichen] Unterthanen wird während dieses Zeitraums sogar noch die Wohlthat zugehen, daß sie diese beträchtliche Summe nicht verzinsen« müßten. Falls die Regierung zustimme, werde man diesen

---

[103] »Man muß übrigens Einen p[unct] noch dabey bemerken, daß man, wenn bis Ende dieses Monaths nicht ein beträchtlicher Theil auf das rückständige Lieferungs-Quantum abgestattet seyn wird, dem bereits dahin beorderten Executions-Commando den Befehl zusenden werde, sich am 1 (d. M) July nicht bey den herrschaftlichen Unterthanen, die alles genau beitragen würden, von der Herrschaft aber zur Erleichterung ihrer Bürde keineswegs unterstützt werden wollen, sondern bey der Herrschaft selbst, um deren Existenz sich es bei gegenwärtigen Kriege allein handelt, oder bey denen herrschaftlichen Beamten, welche zur Unterstützung der Unterthanen bey der Herrschaft kein Vorwort führen zu wollen scheinen, einzuquartieren, und die Exekutionsgebühr nicht von der Gemeinde, sondern von der Herrschaft selbst und derer Beamten einzuheben«. Oberstleutnant Heinrich an das Amt Dischingen, 24. Juni 1799. Ebenda, Lit. K.
[104] Geheime Kanzlei an die fürstliche Regierung, 31. Juli 1799. FZA Regensburg, HMA 15: »So augenfallend und unverkennbar der Druck der unverhältnismäßigen Requisitionen ist [...]. Eben so einleuchtend und überzeugend muß die schon öfters wiederholte Wahrheit seyn, daß es der dießseitigen Aufsicht und Leitung anvertrauter General Cassa von Tag zu Tag unmöglicher werde, bey der sichtbaren Abnahme ihrer Einkünfte den großen, unverhältnismäßigen Aufwand zweyer zahlreich und glänzender Hofhaltungen, nebst der übrigen sehr beträchtlichen und außerordentlichen Ausgaben zu erschwingen und aufzubringen«.

Vorschlag dem »gnädigsten Herrn« zur Genehmigung unterbreiten. Mehr Unterstützung sei nicht möglich.

Nach diesem Schreiben platzte der Regierung, man kann es nicht anders ausdrücken, endgültig der Kragen. In den folgenden Auseinandersetzungen prallten unterschiedliche Einschätzungen und Erfahrungen aufeinander. Vrints-Berberich war aus den Reihen der Postverwalter in den Thurn und Taxisschen Dienst getreten. Aus der Sicht der Reichspost war der Grundbesitz letztlich ein Appendix, der die politische Stellung der Postfürsten absicherte und ergänzte. Er verstand sich als Vertreter und Sachwalter des Hauses Thurn und Taxis, und das bestand vor allem aus den Mitgliedern der Dynastie mit ihrem Postunternehmen und nicht aus den Untertanen. Die Regierung betrachtete sich hingegen als Vertreter der Untertanen, wiewohl sie sich damit auch als Sachwalter Thurn und Taxisscher Interessen sah. Für sie umschloß das Haus Thurn und Taxis auch die Untertanen, zumindest konnten Dynastie und Untertanen nicht voneinander getrennt betrachtet werden. In einem ausführlichen Rückschreiben an die Geheime Kanzlei wird deutlich, daß sie ihre Einschätzung mit größter Vehemenz zu verteten bereit war. Zu der Schärfe ihrer Argumentation dürfte beigetragen haben, daß Vrints-Berberich gerade jene – als Hilfe lächerliche – Summe von 2 000 fl. anbot, welche die Geheime Kanzlei als Bestechungsgelder für die französische Armee bereitgestellt und damit bereits abgeschrieben hatte.[105]

Die Vertreter der Regierung, Westerholt und Epplen, machten keinen Hehl daraus, daß sie sich falsch verstanden fühlten.[106] Es gehe nicht um »eine blos augenblickliche Unterstützung« der einzelnen Gemeinden, »sondern man wollte Hochdieselbe auf die ganze Lage der gegenwärtigen dringenden Bedürfniße aufmerksam machen«. In dem angebotenen Vorschlag könne man, »man muß es mit Freymüthigkeit gestehen, nicht die geringste Unterstützung finden«.[107] Man könnte sogar auf die Idee kommen, die Geheime Kanzlei

---

[105] Siehe dazu die in Anlage, Lit L. beigefügte Abschrift eines Berichtes des Amtes Dischingen an die Regierung vom 10. Juli 1799: »Es wurde mir von der Hochfürstl[ichen] Hochlöbl[ichen] geheimen Kanzlei bei Abreise des hochfürstl[ichen] Hofes von einer Summe von 2 000 fl. zu dem Endzwecke eingehändigt, daß ich im Falle einer abermaligen feindlichen Invasion hiervon die Sicherheit des hochfürstl[ichen] Eigenthums insbesondere dessen zu Schloß Trugenhofen durch Gewinnung der feindlichen Commandierenden bewürken könnte. Nach dem Vorrücken der siegreichen k[aiserlich] k[öniglichen] und R[eichs] Armee ist kein Überfall der Franzosen mehr zu besorgen; die Bestimmung der mir anvertrauten 2 000 fl. hat auf die glücklichste und freudigste Art aufgehört, diese gleichsam aufgeopferte Geldsumme liegt zu einer anderen wohlthätigen und selbst dem hochfürstl[ichen] Interesse angemessenen Bestimmung bereit«.

[106] Regierung an die Geheime Kanzlei, 15. August 1799. Ebenda, Anlage zu Lit. L. Die Zitate im folgenden alle aus diesem umfangreichen Promemoria.

[107] Sogar andere Geldgeber hätten – so die Regierung – hinsichtlich ihrer Rückzahlungsforderungen mehr Rücksicht bewiesen: »Auswärtige Kreditoren haben bisher den Drang der Zeitumstände beherziget und dießseitige Stelle mit Rückzahlungsforderungen verschont; nach dem Antrage Einer hochfürstlich hochlöblichen geheimen Kanzley soll aber die Rückzahlung schon im nächsten Jahre anfangen!! Eine allerdings betrübende Wahrnehmung«.

»betrachtete etwa die Unterstützung der dießseitigen Unterthanen bey ihren enormen Lasten, und die Theilnahme an den gegenwärtigen außerordentlichen Prästationen als eine blos willkührliche Gnaden Ausspendung deren man sich nach eigenem Gefallen entschlagen könne«; daher wage es die Regierung, einige Anmerkungen zu machen:

> »So ist z. B. nicht zu [ver]kennen, daß der gegenwärtige Krieg von den vorhergehenden wesentlich unterschieden ist. – Es ist dermalen nicht von streitigen Gränzen oder von Eroberung von Provinzen, sondern von Seyn oder nicht-Seyn, von Erhaltung der Religion, des Eigenthums, der teutschen ReichsVerfassung die Rede – und welches fürstliche Haus in Deutschland würde bey dem wills Gott! nun auf immer abgewendeten Umsturz derselben schrecklicher als das hochfürstliche Haus Thurn und Taxis betroffen werden«.[108]

Alle gutgesinnten Reichsstände beherzigten diese Tatsache, denn eine Trennung zwischen den Interessen der Untertanen und der Herrschaften könne nicht mehr festgestellt werden. Zweifelsfrei würde der Fürst seiner Pflicht zur Unterstützung »seiner treuen Unterhanen« auch nachkommen, wenn dies die Geheime Kanzlei beantragen würde. Außerdem verwies die Regierung auf den besonderen Grund für »höchstübertriebenen« Matrikularanschlag für Friedberg-Scheer und Eglingen, der durch die Fürsten reduziert werden sollte.[109]

> »Es würde übrigens ein nicht schwer aufzulösender Irrthum seyn, wenn man etwa meynen wollte, die gegenwärtigen Prästationen aller Art giengen blos den gefürsteten Grafen von Friedberg-Scheer an – Nein!, sie berühren ebenfalls den durchlauchtigsten Fürsten von Thurn und Taxis.– Es ist bekannt, daß nach den Grundsätzen des hochfürstlichen Hauses, die fürstliche Qualifikation nicht allein aus dem Besitz von Land und Leuten radizirt wird«.

Als Beweis wurde folgender Fall angeführt: »Als vor einigen Jahren nach dem Eglinger Brand der Versuch gemacht wurde, für Eglingen eine temporäre Exemtion von den ordinario und dem extraordinario zu erlangen, antwortete das Kreisausschreibamt, alle die Kreisprästationen hafteten nicht allein auf diesen oder jenen Theil der hochfürstlichen Reichslande, sondern auf das ganze hochfürstliche Haus«. Momentan gehe es jedoch nicht um vorübergehende

---

[108] Auch wenn im Moment die »Revolutions Sucht« gestoppt sei, »so ist es doch immer eine nicht zu verneinende Thatsache daß Deutschlands Fürsten bey dem jetzigen Kriege wesentlich betheiliget sind, und daß sie also eine nicht zu verkennende Pflicht haben, einen Theil der niederdrückenden Last von den Schultern ihrer zu Grund gerichteten Unterthanen abzunehmen«.

[109] Allgemeiner und deutlicher argumentierte die Regierung wie folgt: »Nebst diesen hat das hochfürstliche Haus Thurn und Taxis sich es aus mancherley politischen Rücksichten bisher zum Grundsatz gemacht, bey Erfüllung seiner Reichs- und Kreisverbandmäßigen Obliegenheiten immer die äußerste Pünktlichkeit zu beobachten. Sollte es also jetzt – wo es darauf ankömmt das Vaterland, die deutsche Constitution vom Untergange zu retten – die bisher bezeugte Thätigkeit ins Stocken gerathen? Möchte man sich jetzt so etwas nur nachsagen laßen? – Ob übrigens die Erfüllung so dringender Pflichten der Sorgfalt für die Unterhaltung zweyer glänzenden Hofhaltungen nachstehen müsse, ist eine Sache die man der jenseitigen erleuchteten Prüfung mit völliger Beruhigung anheimgibt«.

Zahlungen, sondern um die gewaltsame Eintreibung der Gelder, die übrigens wie erwähnt,

> »nicht nur den Unterthanen, sondern auch den Herrschaften angekündigt ist; und da Eine Hochfürstl[iche] Hochlöbliche geheime Kanzley so rühmlich bedacht ist, den übrigen HofDepartemens, wenn ihre Kaßen lich werden auszuhelfen, so wird hochdieselbe in dem edlen Gefühle, daß Erfüllung der Pflicht die Erste Bedingung aller Gesellschaftlicher Verbindung ist, dießseitige Stelle gewiß nicht an den Klippen des Unglücks Schiffbruch erleiden lassen wollen«.

Abschließend schlugen die Regierungsmitglieder konkrete Modalitäten zur Hilfe vor.

Im Antwortschreiben auf dieses Promemoria zeigte sich die Geheime Kanzlei verständnisvoller.[110] Sie versuchte sogar, die Kosten für Hofhaltungen auf die Verfügbarkeit des Fürsten abzuwälzen. Zwar mußte eingestanden werden: »Die fürstl[iche] General-Kassa ist nicht in der Lage die Regierung und die [fürstlichen] Unterthanen mit Vorschuß-Capitalien zu unterstützen«.[111] Aber immerhin bemühte man sich um eine konkrete Lösung: Die erwähnten 2 000 fl. wurden auf längere Zeit zur Verfügung gestellt, außerdem vermittelte man einen großen Kredit durch schwäbische Geldgeber. Obwohl damit den Herrschaften nur vorübergehend geholfen wurde und die Hauptkasse nichts zur Bestreitung der Kriegskosten beitrug, sondern ganz im Gegenteil die Kosten völlig den Untertanen aufbürdete, zeigte sich die Regierung höchst erfreut über das Verständnis und Entgegenkommen.

Wahrscheinlich, so liest man zumindest zwischen den Zeilen, war der Regierung bewußt, daß sie zugunsten der Landbevölkerung nicht mehr erreichen konnte. Aus der Sicht des Generalpostdirektors und dirigierenden Rates Vrints-Berberich hatten die entsprechenden Güter des Hauses auch die auf ihnen lastenden Verpflichtungen zu erbringen. Daß diese Verpflichtungen deshalb so hoch waren, weil dadurch die Dynastie Thurn und Taxis eine Rangerhöhung (durch Sitz und Stimme im Reichsfürstenrat) erreicht hatte, wurde geflissentlich übersehen, eine Verpflichtung der Dynastie gegenüber den »Fürstlichen Untertanen« sogar völlig geleugnet. In der Außenperspektive wurde dies zum Teil anders beurteilt. Die Untertanen des Hauses handelten beispielsweise immer auch für ihre Herrschaften, wenn sie ihren Beitrag abführten. So berichtete Regierungsrat Westerholt, daß »der kaiserliche Hof in Wien wünscht, daß die Römermonate unzertrennt und in Kürze eingezahlt werden von denen Ständen, die besonders ihre Anhänglichkeit beweisen wollen. Man wird wohl von Seiten des Fürsten von Thurn und Taxis nicht umhinkommen diesen Wunsch zu entsprechen«.[112]

---

[110] »Pro memoria (Ms.) An die Hochfürstl. Regierung, Rgbg, 4. Septbr. 1799«. Ebenda.

[111] Das Adjektiv »fürstlich« wurde im Antwortschreiben erst nachträglich eingefügt. »Oefters mögen freylich auch außerordentliche Ausgaben von den höchsten Herrschaften veranlaßt werden, welche in jetzigen Zeiten, und bey gegenwärtiger Lage des fürstl[ichen] Hauses unterbleiben könnten«.

[112] Regierung an die Kanzlei, Promemoria, 20. Juli 1799. Ebenda. In einem Gespräch

Die Geheime Kanzlei und die fürstliche Regierung äußerten nicht nur bei dieser Auseinandersetzung ihre unterschiedlichen Vorstellungen davon, was nach ihrer Meinung das »Hochfürstliche Haus« bestimmte – und es darf nicht übersehen werden, daß gerade die Geheimen Räte die Konturen des Hauses definierten. Aber nicht nur sie, auch Fürst und Fürstin, Postmeister und Untertanen wußten, was für sie diese Formel bedeutete. Stets traten verschiedene Konnotationen auf, wenn in diesen Zeiten vom Haus Thurn und Taxis gesprochen wurde: Es war die Dynastie, die Post, die Landesherrschaft, eine Schicksalsgemeinschaft in »diesen stürmischen Zeiten« und vieles mehr und vieles zugleich.

3. »Wohlhabend oder ein armer Edelmann«? – ökonomische Veränderungen

3.1. Die Relativität der Armut

Am 29. April 1810 schrieb Fürst Karl Alexander an seine Gattin: »Die Zeit der Beschönigungen ist vorüber. Es handelt sich um unsere Existenz. Jetzt muß bestimmt werden, ob unsere Familie wohlhabend bleiben oder ob ich ein armer Edelmann werden solle«.[113] Die Fürstin erhielt diesen Brief in Paris, wo sie sich in Verhandlungen mit Napoleon um die Zusicherung der Postrechte bemühte. Der zum Teil recht nervöse Grundton in der Korrespondenz zwischen Regensburg und Paris während der Verhandlungen ist leicht verständlich.[114] Denn wieder einmal stand für das Fürstenhaus vieles auf dem Spiel. Bis zum Jahr 1806 hatte der Fürst als Prinzipalkommissar am Immerwährenden Reichstag eine Schaltstelle innerhalb des politischen Gefüges des Alten Reiches innegehabt, als Landesherr der erst 1785 erworbenen reichsgefürsteten Grafschaft Friedberg-Scheer regierte er bis dahin über etwa neuntausend Untertanen, und als Inhaber des Reichspostgeneralats verfügte er über wohl eine der größten monetären Einnahmequellen innerhalb der Reichsgrenzen. Zum Zeitpunkt der Niederschrift des Briefs hatte sich all dies geändert: Mit dem Ende des Alten Reiches war das exponierte Amt des Prinzipalkommissars erloschen; durch die Mediatisierung wurde der Fürst vom Landesherrn zum Standesherrn unter den Kronen Württemberg und Bayern; und auch die Postrechte als wirtschaftliche Basis der Familie wurden von den Mittelstaaten in Anspruch genommen.

Es ging also nicht erst bei den Pariser Verhandlungen im Jahr 1810 um die politische Existenz des Hauses Thurn und Taxis. Die vorhergehenden Gefahren waren sogar größer, und dennoch wurden erfolgreiche Schritte zur politi-

---

mit Konkommissar Freiherr von Hügel mit dem unterzeichneten Westerholt berichtete dieser jenen Wunsch vertraulich.

[113] Zitiert nach PIENDL, Das fürstliche Haus, S. 85.

[114] Der Schriftwechsel zwischen Regensburg und Paris in FZA Regensburg, HFS, Akten 196–197; Postakten 2224–2225.

»Wohlhabend oder ein armer Edelmann«?   249

schen Existenzsicherung unternommen. Natürlich konnten mit den politischen Veränderungen auch finanzielle Verluste einhergehen, aber um die ökonomische Existenz ging es auf keinen Fall. Auch wenn der Fürst von Thurn und Taxis ab 1810 alle verbliebenen Postrechte verloren hätte, so wäre er weiterhin ein bedeutender Grundbesitzer im Südwesten Deutschlands – und damit zweifellos wohlhabend – geblieben.

Im Haus Thurn und Taxis sah man die ökonomische Situation jedoch anders. Die Angst vor dem politischen »Untergang«, der »Zugrunderichtung« und dem »Schiffbruch des Hauses« wurde mit dem ökonomischen vermengt. Die führenden Räte erarbeiteten zahlreiche »Einsparungspläne«, die vom Fürsten allesamt genehmigt und befürwortet wurden. Natürlich hatte die Sparsamkeit nichts mit der gleichnamigen bürgerlichen Tugend gemein, sondern ihr lag – wie überraschend dies auch angesichts des realen Vermögens klingen mag – die Angst vor Verarmung zugrunde. In den Worten des Fürsten: Man befürchtete, »ein armer Edelmann« zu werden.

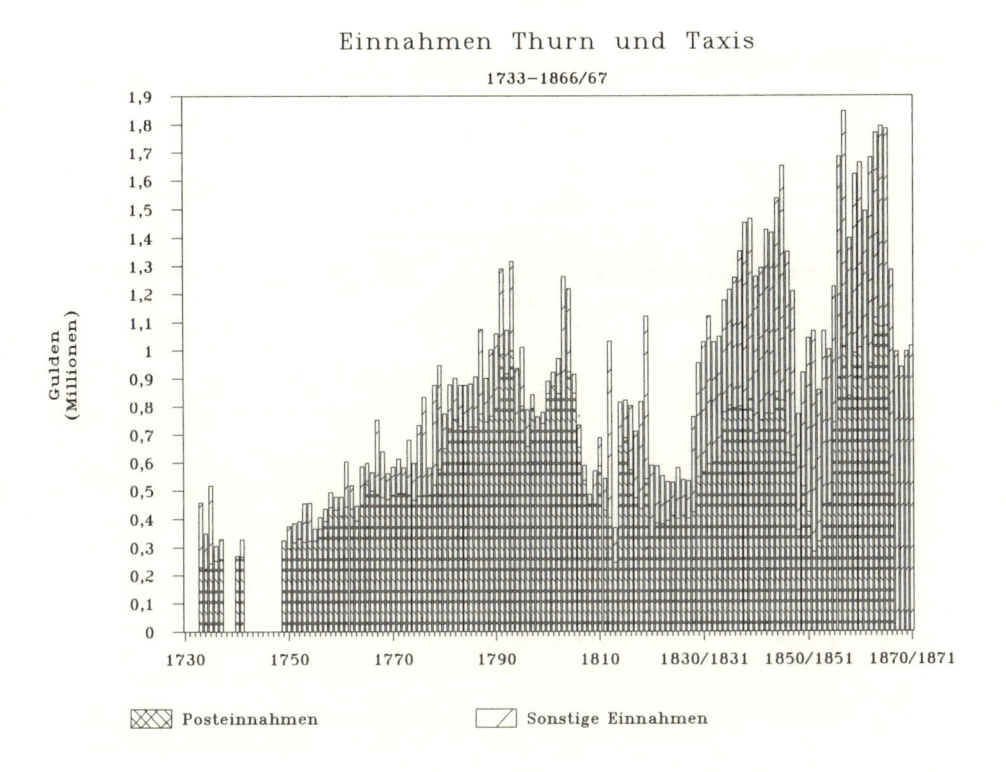

Abb. 8: Einnahmen Thurn und Taxis 1733–1866/67

In diesem Zusammenhang muß auf die Unterscheidung zwischen primärer und sekundärer Armut hingewiesen werden, denn primär arm waren die Fürsten von Thurn und Taxis zu keiner Zeit. Der Historiker Wolfram Fischer unterscheidet zwei Arten von Armut. Die primäre Armut ist gekennzeichnet durch den objektiven Mangel an Nahrungsmitteln, der dazu führt, daß Menschen letztlich hungern. Sekundäre Armut bezeichnet einen Zustand, der es den Betroffenen nicht mehr erlaubt, dem gesellschaftlichen Anspruch gerecht zu werden, der aufgrund ihrer Standeszugehörigkeit von ihnen erwartet wird, so z. B. bei der adäquaten, das heißt standesgemäßen Kleidung.[115] Wenn man sich vor Augen führt, auf welch hohem gesellschaftlichen Niveau sich die Fürsten von Thurn und Taxis über Jahrzehnte hinweg bewegten, wird verständlich, warum die Angst vor Verarmung um 1800 immer wieder zum Thema interner Korrespondenzen wurde.

Die Angst vor Verarmung war damit letztlich die Angst vor einem Bedeutungsverlust. Denn ökonomisches Kapital war nötig, um die verschiedenen Investitionen im Bereich des sozialen Kapitals tätigen und damit die gesellschaftliche Position sichern zu können. Oder anders ausgedrückt: die verschiedenen Formen »hegemonialer Selbstdarstellung« (Thompson), beispielsweise die umfangreiche Hofhaltung, verschlangen zwar immense Summen, sicherten aber die exponierte Stellung.[116] Durch den gewaltigen Spielraum, über den das Fürstenhaus durch Posterträge von einer knappen Million Gulden pro Jahr zu Anfang der neunziger Jahren verfügte, war in der gesellschaftlichen Selbstdarstellung eine hohe Fallhöhe gegeben. Dies zeigte sich, als die Einnahmen kurzfristig um mehr als die Hälfte fielen. Unter anderem wurde den verminderten Einnahmen Rechnung getragen, indem das fürstliche Haus die Hofhaltungskosten einschränkte.[117] Aufgegeben wurde der aufwendige Hofstaat mit Residenzen an mehreren Orten natürlich nicht, dies hätte dem Anspruch, »standesgemäß zu leben«, nicht entsprochen.

Mit der Formel eines »standesgemäßen Lebens« ist eine zentrale Kategorie adeligen Lebens und adeligen Selbstverständnisses beschrieben.[118] Sie forderte, daß genügend Reichtum vorhanden sein mußte, um einen großzügigen und aufwendigen Lebensstil führen zu können. In dieser vagen Bestimmung

---

[115] Wolfram FISCHER, Armut in der Geschichte. Erscheinungsformen und Lösungsversuche der ›sozialen Frage‹ in Europa seit dem Mittelalter, Göttingen 1982, S. 40 f.

[116] Diese Beurteilung »hegemonialer Selbstdarstellung« in der Frühen Neuzeit bei Edward P. THOMPSON, Patrizische Kultur, plebeische Kultur, in: Ders., Plebeische Kultur und moralische Ökonomie, Frankfurt a. M. 1980, S. 168–202.

[117] Die Feststellung bei PIENDL, Das fürstliche Haus, S. 84, daß »man zu den einschneidendsten Mitteln der Sparsamkeit gezwungen [sei], die auch vor dem unmittelbaren Haushalt der Familie nicht halt machen können«, erscheint angesichts der weiterhin immensen Einnahmen nur im Vergleich zu den Hofhaltungskosten vor 1789 gerechtfertigt. Siehe dazu weitere Ausführungen im folgenden Unterkapitel.

[118] Siehe beispielsweise Rudolf ENDRES, Adel in der frühen Neuzeit, München 1993, S. 37 f.; Jonathan POWIS, Der Adel, München 1986, S. 39.

der »Standesgemäßheit« zeigt sich aber auch, wie relativ die Begriffe »wohlhabend« und »arm« waren. Fürst Pückler vermerkte daher angesichts des Reichtums, den er beim englischen Adel vorfand: »Was man bei uns Wohlhabenheit nennt, findet man hier als das Notwendige angesehen und durch alle Klassen verbreitet«.[119] Reichtum ist somit nicht zuletzt eine Größe der Wahrnehmung. Der Fürst von Thurn und Taxis gehörte auch in den Zeiten des Umbruchs zu den reichsten Männern im deutschsprachigen Raum. Jedoch waren seine Einnahmen gesunken, und daher war es aus seiner Sicht nötig, sorgsam mit den verfügbaren Ressourcen hauszuhalten.

3.2. Fürstliches Haushalten: Das Ende eines »glänzenden Hofes«?

Einsparungsmaßnahmen im Hause Thurn und Taxis waren nicht erst eine Erfindung der Zeit um 1800. Zumeist standen sie jedoch in Zusammenhang mit allgemeinen Bemühungen um einen geordneten Gesamthaushalt. Bereits um die Mitte des 18. Jahrhunderts formierte die Verwaltung verschiedene Kommissionen »zur Einführung einer dauerhaften Ordnung oder zur besseren Ökonomie und Ersparnis«.[120] In etlichen Verordnungen und konkreten Reglements wurden beispielsweise Ausgaberichtlinien für verschiedene Departements wie das »Küchendepartement« festgelegt und die einzelnen Ausgabeposten wie die »Tafeln« hinsichtlich Umfang und Besetzung bestimmt. Die Ordnungen waren jedoch nie von langer Dauer und mußten immer wieder nachgebessert werden.[121] Der Grund für einen fehlenden Überblick der Ein- und Ausgaben lag auch am etwas desorganisierten Kassenwesen. Dies führte dazu, daß man beispielsweise 1773 einen »Sparsamkeitsplan« aufstellte, in dem verschiedene Möglichkeiten zur Erschließung weiterer Geldquellen erörtert wurden, obwohl ein Überschuß von über 300 000 fl. in der Generalkasse vorhanden war.[122] Der Ankauf der Herrschaft Friedberg-Scheer machte schließlich eine Neuorganisation im Kassen- und Verwaltungsbereich nötig. Generalintendant Freiherr von Lilien forderte die Trennung einzelner Kassen

---

[119] Hermann von PÜCKLER-MUSKAU, Briefe eines Verstorbenen: Ein fragmentarisches Tagebuch aus England, Wales, Irland und Frankreich. 1828–1829, Bde. 1–4, Stuttgart 1988, hier: Bd. 2, S. 40.

[120] So die Bezeichnung einer Kommission, welche 1767 ins Leben gerufen wurde. Sie bestand aus Vicomte de Becker, Baron von Schneid, Freiherrn von Schuster und Freiherrn von Berberich und sollte die Arbeit der Hofökonomiekommission fortsetzen, welche bereits 1755 unter der Leitung des Generalintendanten Freiherrn von Lilien eingerichtet worden war. FZA Regensburg, HFS, Akten 2355.

[121] Eine neue »Hofmarschallamts-Commission« wurde bereits 1771 formiert. Allgemeiner zum Haushalt der fürstlichen Hofökonomie FZA Regensburg, HFS, Akten 2358–2362.

[122] Generalintendant Lilien erwog sogar, den niederländischen Besitz des Hauses abzustoßen, um Geldmittel frei zu machen. Siehe grundlegend dazu FZA Regensburg, HMA 1. Weitere Einsparungen wurden im Jahr 1777 in ausführlichen Gutachten besprochen. Das Beispiel von 1773 auch bei PROBST, Verwaltungsstellen, S. 273.

und die Erstellung einer ordentlichen Bilanz.[123] In Zukunft sollte außerdem in jährlichen Abständen ein »Generalplan« aufgestellt werden, der unvorhergesehene (und ungenehmigte) Ausgabenposten einzelner Departements verhindern sollte. Eine wirkliche Erneuerung in der Finanzverwaltung und damit mehr Übersichtlichkeit über den konkreten Stand der fürstlichen Finanzen trat erst 1797 ein. Der neue »Obereinnehmer« von Herrfeldt regte an, daß nun jedes Jahr mit einer Jahresbilanz abgeschlossen werden sollte. Der Sinn dieser Veränderung, so Herrfeldt, liege darin, daß nunmehr ersichtlich sei, »ob jedes Jahr die Einnahmen die Ausgaben decken«.[124] Die Überschüsse sollten nicht mehr – wie bisher üblich – als Überschuß in die nächste Jahresrechnung übernommen, sondern in eine neue Kasse abgeführt werden. Die Gründung dieser besonderen »Reserve-Kasse« hatte nicht zuletzt mit den rückläufigen Einnahmen zu tun. Man wollte mit ihr ein besonderes Instrument zur Kapitalakkumulation schaffen, das unabhängig von den üblichen Ein- und Ausgaben im Jahresverlauf das Hausvermögen langfristig durch Rücklagen sichern sollte. Später wurde diese Kasse in die sogenannte »Fideikommißkasse« überführt, die ausschließlich zum Erwerb von Grundbesitz und damit zur Vermehrung des Majorats bestimmt war.

Die Neuorganisation des Kassenwesens und die Aufstellung verschiedener Etats waren einzelne Anläufe gewesen, um mit den vorhandenen Ressourcen gut zu wirtschaften. Zu nennenswerten Einsparungen kam es schließlich erst 1798, die jedoch zu den späteren Maßnahmen um 1806 nur ein Vorspiel darstellten. Auch wenn die Sondergratifikationen und Gehaltszulagen eingeschränkt wurden und einzelne Departements Abzüge ihrer Etats hinzunehmen hatten, befanden sich die Ausgaben im Jahr 1798 noch annähernd auf dem Durchschnittsniveau der achziger und neunziger Jahre. Trotz Einschränkungen gab es für die Bediensteten 1798 beispielsweise Neujahrsgeschenke in Höhe von 14 000 fl., und die Gesamtausgaben für die Hofhaltung machten in den letzten beiden Jahren des Jahrhunderts weiterhin rund 300 000 fl. aus.[125] Obwohl man von seiten der Hofökonomiekommission bereits einzelne Reformmaßnahmen, wie beispielsweise die Auflösung der Hofmusik, ins Auge faßte, kann man der Übersicht »Departements der vereinigten Trugenhofener und Regensburger Hofstaaten« entnehmen, daß der gesamte Bereich der Hofhaltung mitsamt seinen Ausgaben bis zum Jahr 1806 relativ unverändert fortbestand.[126]

---

[123] Außerdem könne man einzelne Bereiche der Hofhaltung einschränken, um die Gesamtfinanzen zu konsolidieren. Promemoria des Freiherrn von Lilien, 10. August 1786. FZA Regensburg, HFS, Akten 2355.

[124] Zur Neuorganisation des Kassenwesens siehe FZA Regensburg, IB 654. Grundlegend dazu WINKEL, Entwicklung, S. 3–19.

[125] Siehe zu den Verwaltungsänderungen ab 1798 FZA Regensburg, HMA 362, zum Teil ausgewertet bei PROBST, Verwaltungsstellen, S. 278. Zur Situation der Einnahmen siehe die detaillierten Übersichten in FZA Regensburg, Generalkasse, Rechnungen.

[126] Die Übersicht in FZA Regensburg, HMA 362. Insgesamt gehörten 350 Personen dem Hofstaat an, inklusive der Schlösserverwaltung in Regensburg, Trugenhofen und den

Im Jahr 1806 gelangte die Hofökonomiekommission endgültig zur Überzeugung, daß nun wesentliche Einsparungen nötig seien, um den veränderten Verhältnissen Rechnung zu tragen.[127] Nach einzelnen Sparmaßnahmen nahm Westerholt die Überprüfung der Gesamtlage in Angriff.[128] Er legte eine äußerst umfangreiche Analyse der politischen und wirtschaftlichen Situation des Hauses vor.[129] Gemeinsam mit der Geheimen Kanzlei, vor allem mit Vrints-Berberich, sollten aufgrund dieser Analyse und eines Fragenkataloges Grundsätze des politischen und wirtschaftlichen Handelns entwickelt werden, denn »Grundsätze sichern den Gang, und sind vielleicht der einzige Faden, der das fürstl[iche] Haus aus dem schreckl[ichen] Labyrinth der Zeitumstände erretten kann«. Westerholt betonte eingangs die Dringlichkeit grundsätzlicher Überlegungen:

> »Das edle Fürsten Haus von Thurn und Taxis wird durch den gegenwärtigen politischen harten Kampf zwischen Übermacht und Ohnmacht, und den daraus sich ergebenen Umsturz der teutschen Verfassung in eine so traurige und gefahrvolle Lage versetzt, daß es hohe Pflicht und dringende Nothwendigkeit ist, vorbereitlich auf Maaßregeln und Einrichtungen zu denken, die Lasten des hochf[ürstlichen] Hauses zu vermindern und seinen äußeren Glanz seinen so sehr geschwächten Kräften anzupassen«.

Aufgrund der veränderten politischen Situation sagte Westerholt voraus, »daß das hochfürstl[iche] Haus einen starken dritten Theil seiner Landes Einkünfte – vielleicht auch die Hälfte einbüßen wird«. Auch hinsichtlich der Posterträge sei festzustellen, »daß diese schöne und ergiebige Quelle lange nicht mehr so reichlich fließen wird als es in vorigen Zeiten geschah«.

An erster Stelle galt es für Westerholt der Frage nachzugehen, wie man die »Geschäfts Verwaltung besser concentrieren und vereinfachen« könne. Vorab müsse natürlich geklärt werden, welchen Ort sich der Fürst als Hauptwohnsitz erwähle. Im Bereich der Verwaltung und des Hofstaats ließen sich ohne Zweifel immense Einsparungen erreichen; die Regierung als eigenständiges Organ könne nach seiner Meinung sogar völlig aufgehoben werden.[130] Ähnliches gelte für die Pagerie, das Lycäum und die Schloßgarde. Allein die Garde habe pro Jahr etwa 5 000 fl. gekostet, die man ohne großen Aufwand einsparen könne. Nach diesen Bereichen müsse man sich als zweitem Hauptpunkt den Personalausgaben zuwenden: »Hierauf wäre sich meines Ermessens an den

---

Nebenresidenzen Marchtal, Heudorf und Scheer.

[127] Bereits im Frühsommer hatte man einzelne Personalveränderungen unter dieser Zielsetzung vorgenommen. Siehe dazu ausführliche Belege in FZA Regensburg, HMA 362.

[128] Siehe zum Folgenden das Konvolut »Vorarbeiten des geheimen Raths Grafen von Westerholt über die wegen der eingetretenen Mediatisierung notwendig gewordenen Änderungen in der fürstlichen Verwaltung. 1806«. FZA Regensburg, HFS, Akten 9.

[129] Ebenda: »Überlegungen, Ansichten und Vorschläge durch die gegenwärtigen Lage des hochf[ürstlichen] Hauses erzeugt. Im August 1806«.

[130] Westerholt sah keinerlei Gründe für ein Fortbestehen: »Ich sehe nicht ein, wie unter solchen Verhältnissen eine Regierung – die in der That keine Regierung wäre – fortbestehen könnte«. Ebenda.

Pensionsstand zu wenden, und diesen einer genauen Sichtung zu unterwerfen, denn primum est esse – dann erst kann man wohltätig sein«. Gleiches wurde für den »Besoldungsstand« empfohlen, da unnötiges Personal unter Vermeidung sozialer Härten zu entlassen sei.[131]

Westerholt hoffte mit seinen Vorschlägen »die traurigen Folgen des erlittenen Sturms wieder« zu mindern und dadurch »die Lage des hochf[ürstlichen] Hauses« zu konsolidieren. Vor allem ging es ihm darum, daß gemeinsam mit dem dirigierenden Rat Vrints-Berberich endlich Ordnung in die Finanzen gebracht werde, denn er mußte eingestehen: »Da ich – mein ceterum censio – nichts genaues über die Finanzlage weiß, kann ich nicht ermessen, ob meine Vorschläge der Situation entsprechen«.[132] Vrints-Berberich, das hatte sich bereits in anderen Zusammenhängen gezeigt, hatte sich hauptsächlich um die Postangelegenheiten zu kümmern und vernachlässigte daher die internen Verwaltungsbereiche. Ein Hinweis auf die fehlende Übersicht in Finanzsachen ergibt sich auch aus dem Umstand, daß man zwar immer lauter über Einsparungen nachdachte, gleichzeitig aber verschiedene Herrschaften gekauft wurden.[133] Neben kleineren Ankäufen wurden beispielsweise für die Herrschaft Ober- und Unter-Sulmentingen trotz anderweitiger Einsparungen allein 410 000 fl. ausgegeben.[134]

Trotz dieser Unübersichtlichkeit setzte die Geheime Kanzlei die Vorschläge Westerholts in den folgenden Monaten um: Die fürstliche Pagerie wurde zum 1. Oktober 1806 aufgehoben.[135] Ebenso löste man die Hofmusik und schließlich das gesamte Musikdepartement auf, und der Marstall wurde im Personalbestand verkleinert. Die betroffenen Bediensteten erhielten jedoch Abfindungszahlungen bzw. Pensionen in nicht unbeträchtlicher Höhe.[136] Gleichzeitig erließ die Geheime Kanzlei eine allgemeine Direktive, die alle Bediensteten und Pensionisten auf einen prozentualen Abzug ihrer Bezüge (der bis zu 30 % betragen

---

[131] »Ich seze voraus, das überall das hochfürstl[iche] Haus nach seinen angestammten milden und humanen Grundsäzen möglichst schonend verfahren werde. Wer kennt den edeln Fürsten und könnte daran zweifeln«! Ebenda. Siehe dazu ausführlich ZERNETSCHKY, Regensburg, S. 36 f.

[132] Anmerkungen Westerholts, Regensburg 29. August 1806. FZA Regensburg, HFS, Akten 9.

[133] Am 28. Februar 1805 gingen die Herrschaften Ober- und Untersulmetingen in den Besitz des Hauses über, und gegen Ende des Jahres erfolgte noch der Ankauf der Herrschaft Öpfingen (Äpfingen) mit Vertrag vom 11. November 1805. FZA Regensburg, Besitzungen, Urkunden 5681.

[134] Im Raum Regensburg wurden außerdem einzelne Immobilien wie der Vormundamtszwinger, das Emmeramer Torwerk, der Kriegszwinger und die Emmeramer Bastei im Wert von 9 692 fl. von der Regensburger Stadtkämmerei erstanden. FZA Regensburg, Besitzungen, Urkunden 2625–2626

[135] Zur Pagerie siehe FZA Regensburg, HFS, Akten 2365–2368, zur Auflösung ebenda, 2369.

[136] Allein für fünf Hofmusiker beliefen sich die Abfindungen auf 2 400 fl.; die Pensionen für 18 Hofmusiker machten jährlich 7 715 fl. aus.

konnte) verpflichtete.[137] Im Januar des darauffolgenden Jahres wurden durch fürstliches Reskript erstmals die Hofausgaben auf feste Etats beschränkt.[138] Insgesamt sollte eine maximale Höhe von 110 000 fl. nicht mehr überschritten werden. Ruft man sich in Erinnerung, daß nur wenige Jahre vorher die Ausgaben für die Hofhaltung nie unter 300 000 fl. pro Jahr gelegen hatten, wird deutlich, wie stark man den fürstlichen Haushalt einschränkte. In zahlreichen Schreiben an den österreichischen Kaiser bat der Fürst sogar um die weitere Überlassung der Prinzipalkommissariatsentschädigung. Sie sei zur Versorgung des ehemaligen Hofstaats dringend nötig, »zumal da die Lage des hochfürstlich Thurn und Taxisschen Haußes leider! von Tag zu Tag bedenklicher wird«.[139] Kurzfristig wurde sogar erwogen, die Hofhaltung in der bisherigen Form gänzlich einzustellen.[140] Zu derart radikalen Veränderungen kam es jedoch nicht. Dies lag nicht zuletzt daran, daß sich die finanzielle Lage des Hauses relativ zügig konsolidierte.[141] Zur Zeit des Wiener Kongresses dürfte die Frage, ob man »wohlhabend bleiben oder [...] ein armer Edelmann werden« würde, endgültig nicht mehr auf der Tagesordnung gestanden haben. Die Versuche, den Zeitumständen gemäß zu haushalten, hatten dazu beigetragen; hauptsächlich waren es allerdings die politischen Erfolge, die auch finanzielle Gewinne mit sich brachten. Bevor jedoch auf die politischen Veränderungen zwischen 1790 und 1815 eingegangen wird, folgen noch einige Zahlen.

3.3. Einkommensverhältnisse: Zahlen im Vergleich

Aus dem Blickwinkel des Fürsten war die Angst vor Verarmung durchaus berechtigt, und damit auch die Bemühungen der Bediensteten, durch Einsparun-

---

[137] FZA Regensburg, HFS, Akten 9, Konv. 1 »Gedruckte Bekanntmachung der Geheimen Kanzlei betreffend die durch die neueren Zeitverhältnisse bedingte Notwendigkeit Einschränkungen in der f[ürstlichen] Familie und im Dienstpersonal zu machen, Pensionen einzuziehen und mit Abzügen zu belegen« (dreiseitiger Druck). Außerdem in FZA Regensburg, HMA 2, Bd. 2. Siehe dazu auch die Ausführungen in Kapitel II.4.
[138] Reskript vom 24. Januar 1807. FZA Regensburg, HMA 2. Den größten Posten machten dabei (trotz zahlreicher Ruhestandsversetzungen etc.) naturgemäß die Besoldungen in Höhe von 42 000 fl. aus.
[139] Zahlreiche Schreiben in dieser Sache in HHStA Wien, StK, Kleinere Betreffe 18, Konv. B, fol. 2–30. Bereits am 30. Oktober 1806 hatte Karl Alexander den Kaiser an sein Versprechen, die kaiserlichen Diener zu besolden, erinnert. Ebenda, fol. 2. Das obige Zitat aus einem Schreiben vom 9. März 1807. Ebenda, fol. 24.
[140] Das beste wäre es wohl, so der Fürst in einem Schreiben vom 24. Januar 1807, »den ungeeigneten bisherigen Hofstaat sogleich abzuschaffen«. Als Hauptgrund wurde das Ende des Prinzipalkommissariats genannt, das die Hofhaltung überflüssig mache. FZA Regensburg, HMA 362.
[141] Dies lag vor allem an der rechtlichen Absicherung der Thurn und Taxisschen Lehenposten, wodurch sich auch die finanzielle Lage recht schnell verbesserte. Immense Summen erbrachten bereits die ersten Entschädigungen für eingezogene Posten. Außerdem warf auch der Grundbesitz nach den unruhigen Zeiten wieder Erträge ab. Exaktere Zahlenwerte dazu im folgenden Unterkapitel II.3.3.

gen den fürstlichen Haushalt zu konsolidieren. Dies war die hausinterne Sicht der Dinge. Ihr sollen einige Zahlen gegenübergestellt werden, um eine fundierte und vergleichende Abschätzung der Finanzlage vorzunehmen.

Das Thurn und Taxissche Postwesen stand in finanzieller Hinsicht beim Ausbruch der Französischen Revolution im Zenit: Ein Reinertrag von einer Million Gulden pro Jahr war vorher nie erwirtschaftet worden. Ein Vergleich mit anderen Fürstenhäusern kann nur die außergewöhnliche Höhe dieser Summe verdeutlichen.[142] Bereits 1790 waren jedoch Einnahmeverluste in Höhe von etwa 200 000 fl. zu verzeichnen: Kurhannover und Braunschweig hoben die Reichspostämter in ihrem Gebiet auf, und der Aufruhr in den Provinzen Brabant und Flandern beeinträchtigte den Postverkehr in den Niederlanden. Das Jahr 1794 brachte schließlich den endgültigen Verlust des niederländischen Postgeneralats. Eine finanziell wesentliche Folge war der damit verbundene Verlust wichtiger Transitgebiete für den Verkehr nach England, Frankreich, Spanien. Durch die Koalitionskriege waren zwischenzeitlich Mainz, vorübergehend auch Frankfurt und Köln in die Hände der Franzosen gefallen. Im Frieden von Basel bzw. dem von Campo Formio gingen durch die Abtretung linksrheinischer Gebiete die wichtigen Oberpostämter Koblenz, Köln, Lüttich, Aachen, Maaseik, Mainz, Mannheim (soweit linksrheinisch) und Teile des Oberpostamts Frankfurt verloren. Insgesamt machten diese Verluste zusammen mit dem enteigneten niederländischen Postgeneralat etwa 330 000 fl. p. a. aus.[143] Die Einnahmen aus dem Postbereich fielen dadurch innerhalb weniger Jahre um die Hälfte auf etwa 500 000 fl.[144] Ab 1797 waren keine Kassenüberschüsse mehr vorhanden – ein absolutes Novum in der Finanzgeschichte des Hauses Thurn und Taxis: Man schrieb keine schwarzen Zahlen mehr! Im Vergleich mit anderen Fürstentümern klingen derartige Feststellungen lächerlich, hatten doch fast alle Standesgenossen um die Jahrhundertwende riesige Schuldenberge angehäuft. Trotz zahlreicher Einsparungsversuche

---

[142] Siehe dazu die Ausführungen in Kapitel I.3. Dort auch diverse Vergleichszahlen. Die Daten wurden stets den entsprechenden Jahrgängen in FZA Regensburg, Generalkasse, Rechnungen entnommen.

[143] Diese Zahlen entsprechen den Einschätzungen durch Westerholt und Fürstin Therese, die vom Verlust eines Drittels der Posteinnahmen sprachen. Diese Schätzung scheint realistisch, da allein das Oberpostamt Köln 180 000 fl. im Jahr erwirtschaftete. In FZA Regensburg, HFS, Akten 196, Konv. »Postentschädigungsangelegenheit 1805/1806« befindet sich ein »Übersichtsertrag der niederländischen Post über 10 Jahre«. Er gibt für die Jahre zwischen 1781 und 1790 einen durchschnittlichen Ertrag von knapp 150 000 fl. an. Dies ist aber nur der jährliche »inländische Ertrag« der niederländischen Posten, hinzu kommen »Transiterträge, die geschätzt wenigstens 200 000 fl.« ausmachen, wodurch sich der jährliche Gesamtertrag allein aus dem niederländischen Postgeneralat auf mindestens 168 806 fl. summiert.

[144] Siehe dazu die grafische Auswertung der Rechnungsbücher in FZA Regensburg, »Laufende Registratur, Wolfgang Behringer: Grafiken zur Unternehmensentwicklung, Regensburg 1988«; eine Gesamtübersicht in BEHRINGER, Thurn und Taxis, S. 368, 371. Nähere Daten entnommen aus FZA Regensburg, Generalkasse, Rechnungen.

gelang es ihnen nicht, die Verschuldung aufzuhalten, und die politischen Entwicklungen beschleunigten diesen Prozeß natürlich.[145]

Ein Blick in die Rechnungsbücher des Hauses Thurn und Taxis belegt, daß auch in den kritischen und für manche Reichsstände sogar existenzbedrohenden Zeiten immense Kapitalmengen zur Verfügung standen.[146] Zwischen 1800 und 1805 beliefen sich die jährlichen Gesamteinnahmen aus Post-, Grundbesitz- und sonstigen Erträgen auf durchschnittlich 929 000 fl., die Posteinnahmen hatten daran einen Anteil von jeweils weit über 800 000 fl. Mehr als ein Drittel davon wurde allein für die Hofhaltung ausgegeben.[147] Die Gesamtausgaben bewegten sich pro Jahr mit steigender Tendenz zwischen etwa einer halben und einer dreiviertel Million Gulden. Im Jahr 1804 betrug die Negativseite der Bilanz sogar 1 219 013 fl. Jedoch kann bereits an der Bilanz dieses Jahres deutlich gemacht werden, daß die Zahlen für sich allein genommen wenig aussagen. Denn 1804 schlugen allein für den Ankauf weiterer Güter eine Viertelmillion Gulden zu Buche, und für das eben erworbene Schloß Marchthal gab man 124 234 fl. zur Instandsetzung aus. Noch wichtiger sind die Veränderungen im Jahre 1803: Zwar wurde der Verlust verschiedener Postgebiete und damit dauerhafter Einkommenswerte durch den Reichsdeputationshauptschluß besiegelt. Dieser brachte jedoch zugleich einen ansehnlichen Gebietszuwachs, der neue Einkommensquellen erschloß.[148] Zudem gingen als Sondereinnahmen in diesem Jahr 356 496 fl. als preußische Postentschädigung ein. 1803 konnte man daher nach Lage der Rechnungsbücher mehr als getrost in die Zukunft blicken.

---

[145] Bereits für das 18. Jahrhundert lag es nach der Schätzung Kleins im Durchschnitt, wenn im Haushalt eine Verschuldung in vierfacher Höhe der jährlichen Einnahmen vorhanden war. Siehe Ernst KLEIN, Der Staatshaushalt des Fürstentums Nassau-Saarbrücken unter der Regierung Wilhelm Heinrichs (1741–1768), in: Jahrbuch für westdeutsche Landesgeschichte 3 (1977), S. 237–276, hier: S. 269. Dadurch stiegen Jahr für Jahr die Ausgaben für den Schuldendienst in schwindelerregende Höhen. STOCKERT, Adel, S. 61, hat für Löwenstein-Wertheim einen Anteil von 30 % errechnet, der jedoch noch deutlich unter dem ihrer Standesgenossen Leiningen lag. Siehe dazu KELL, Leiningen, S. 29 f., außerdem zum Vergleich Josef SAUER, Finanzgeschäfte der Landgrafen von Hessen-Kassel. Ein Beitrag zur Geschichte des kurhessischen Haus- und Staatsschatzes und zur Entwicklungsgeschichte des Hauses Rothschild, Fulda 1930, und P. C. HARTMANN, Staatsschulden.

[146] Sämtliche folgenden Daten zusammengestellt aus den »Generalkassen-Rechnungen« der entsprechenden Jahre. FZA Regensburg, Generalkasse, Rechnungen 1800–1815. Bei den Zahlen wird weitgehend gerundet. Bei den Aufnahmekriterien habe ich mich angelehnt an ZERNETSCHKY, Regensburg, der jeweils die Einnahmeposten aufaddiert, jedoch die Posterträge als Reinerträge (nach Abzug der Pensionen) angibt.

[147] Die Ausgaben für die Hofhaltung nahmen in den Jahren von 1800 (263 170 fl.) bis 1804 (447 345 fl.) kontinuierlich zu. Erst ab 1805 (404 534 fl.) wurden diese Ausgaben entschieden gesenkt.

[148] Christian von STRAMBERG, Denkwürdiger und nützlicher Rheinischer Antiquarius, Abt. 3, Bd. 13: Das Rheinufer von Coblenz bis Bonn, Coblenz 1867, S. 775, gibt als jährliches Einkommen der neuen Besitzungen 234 000 fl. an. Diese Schätzung dürfte einigermaßen zutreffen, schließlich hatte man in Paris die Bitte um Entschädigungsgebiete mit einem jährlichen Ertrag von 174 499 fl. angegeben. AMAÉ Paris, Corr. pol., Petites principautés 83, fol. 85–90. Ausführlicher dazu in Kapitel II.4.3.

Aber auch in den folgenden Jahren, die einen rapiden Verfall der Einnahmen sahen, verfügte das Haus im Vergleich zu den meisten Kommunen, Standesgenossen und Kleinstaaten über immense Kapitalmengen. Auch im Vergleich zu einem der Mittelstaaten wird die hohe Finanzkraft des Hauses Thurn und Taxis deutlich. In Bayern verfügte man im Jahr 1802 über sechs Millionen Gulden Einnahmen, denen neun Millionen Gulden an Ausgaben und Schulden in Höhe von 30 Millionen Gulden gegenüberstanden.[149]

Durch die Mediatisierung, die auch die Postgebiete unter die Oberhoheit einzelner Landesherren stellte, sanken die Posteinnahmen und damit die Gesamteinnahmen rasant und kontinuierlich auf ein Rekordtief von 486 892 fl. im Jahr 1808.[150] Zwischen 1804 und 1808 kann man somit fast exakt eine Halbierung der Einnahmen feststellen. Trotz massiver Einschränkungen, vor allem im Bereich des Hofstaats, den man stetig auf das Minimum von »nur« 155 206 fl. (im Jahr 1809) reduzierte, wurden in diesen Jahren ausschließlich rote Zahlen geschrieben. Insgesamt wuchsen die Defizite zwischen 1804 und 1809 auf 686 637 fl. an. Damit war allerdings die Talfahrt der fürstlichen Finanzen beendet. Ab 1810 ging es wieder zügig bergauf. Außerdem darf nicht übersehen werden, daß eine Schuldenlast von rund 690 000 fl. absolut gesehen zwar gewaltig war, daß dies mit Blick auf das Gesamtvermögen jedoch stark relativiert werden muß. Denn das Haus Thurn und Taxis verfügte noch über ein akkumuliertes Kapital von rund einer Million Gulden, das zur Deckung herangezogen werden konnte. Kommunen wie Regensburg oder Nürnberg und natürlich auch größere Landesherren waren dagegen hochgradig verschuldet.[151]

Trotz einiger Schwankungen, beispielsweise durch die Postunterbrechungen während der Freiheitskriege, konsolidierte sich ab 1810 die Finanzlage kontinuierlich. Die beiden Mittelstaaten Baden und Bayern waren bereit, für die eingezogenen Postrechte ansehnliche Entschädigungen zu entrichten: Baden zahlte bis ins 20. Jahrhundert eine jährliche Summe von 35 000 fl., und Bay-

---

[149] Diese Daten wurden zur Aufstellung eines ersten Staatsbudgets im Jahr 1802 erhoben. Siehe zusammenfassend dazu Eberhard WEIS, Das neue Bayern – Max I. Joseph, Montgelas und die Entstehung und Ausgestaltung des Königreichs 1799 bis 1825, in: Hubert GLASER (Hrsg.), Krone und Verfassung. König Max I. Joseph und der neue Staat. Beiträge zur bayerischen Geschichte und Kunst, München 1992, S. 49–64, hier: S. 51.

[150] Waren es 1805 noch rund 914 000 fl. gewesen, so gab es durch die Mediatisierung einen regelrechten Erdrutsch. Die Einnahmen fielen von rund 732 000 fl. (davon 616 000 fl. Posteinnahmen) im Jahr 1806 über 588 000 fl. (500 000 fl. Post) im Jahr 1807 auf 487 000 fl. (440 000 fl. Post) im Jahr 1808.

[151] Allein Regensburg hatte Passivkapitalien in Höhe von 1,5 Mio. fl. angehäuft. Diesen Vergleich zur Finanzlage der Stadt Regensburg zieht mit Verweis auf die ältere Literatur ZERNETSCHKY, Regensburg, S. 12: Die Stadt hatte 1793 einen Schuldenberg von 1 441 964 fl., der sich über 400 Jahre angesammelt hatte und bis zum Ende des Reiches nicht vermindert werden konnte. Dieser Betrag ist, gemessen an den Schulden der Reichsstadt Nürnberg in Höhe von 12 Mio. fl., die Bayern zu übernehmen hatte, recht gering. Wilhelm SCHWEMMER, Die Schulden der Reichsstadt Nürnberg und ihre Übernahme durch den bayerischen Staat, Nürnberg 1967, S. 12 f.

ern erklärte sich bereit, Entschädigungen im Ertragswert von 100 000 fl. pro Jahr (durch Grundbesitz und Rente) bereitzustellen.[152] Auch die Einnahmen aus den noch bestehenden Thurn und Taxisschen Postgebieten nahmen zu, bereits 1814 konnte die stolze Summe von rund 637 500 fl. als Postertrag verzeichnet werden.

Nur 1812 taucht ein größeres Defizit in der Gesamtbilanz auf. Dies lag jedoch an immensen Ausgaben: Mehr als eine halbe Million Gulden wurde für den Ankauf verschiedener Herrschaften ausgegeben, außerdem schlug die Hochzeit der Prinzessin Therese mit 85 000 fl. zu Buche. Insgesamt blieb man bei der Hofhaltung im Vergleich zu den Zeiten der Prinzipalkommission jedoch relativ bescheiden, die Ausgaben lagen nun bei etwa 200 000 fl. jährlich, allerdings mit steigender Tendenz.

Ein höchst interessanter Ausgabenbereich in diesen politisch turbulenten Jahren verdient noch einer Erwähnung: die »besonderen Zuwendungen«. Diese bestanden aus Geschenken, Einladungen und Aufmerksamkeiten; man könnte sie auch gemeinhin als Bestechungen bezeichnen.[153] Leider können diese Ausgaben nicht exakt aufgeschlüsselt werden, denn sie wurden zum Teil in verschiedenen Etats, wie beispielsweise im Privatetat des Erbprinzen, oder mit den Reisespesen verrechnet. Der Weg, über Bestechungsgelder Politik zu machen, wurde bereits bei den Verhandlungen in Rastatt eingeschlagen, obwohl man vom Erfolg nicht völlig überzeugt war.[154] Im Rahmen der Verhandlungen zum Reichsdeputationshauptschluß wurden Bestechungen zu einem Spiel ohne Grenzen. Eberhard Weis stellt resümierend dazu fest: »Die Entschädigungsverhandlungen waren mit einem für die Begriffe des späteren Rechtsstaates unvorstellbaren Maß an Korruption verbunden«.[155] Das Haus Thurn und Taxis befand sich dementsprechend, wie noch näher auszuführen sein wird, hinsichtlich der Bestechungsgelder in guter Gesellschaft. Die »Generalkassen-Rechnungen« verzeichnen Ausgaben für Geschenke in Höhe von 30 000 fl. allein im Jahr 1803.[156] Insgesamt variierten die Ausgaben für diplo-

---

[152] Wie der Reichsdeputationshauptschluß, brachten auch die Postentschädigungen dem Haus nur zum Teil Finanzmittel und damit keine Einnahmenverbesserung, jedoch einen immensen Gebietszuwachs und damit die Zunahme von Immobilienkapitalien. Zum Teil ließen die Postentschädigungen jedoch auch bares Geld in die Thurn und Taxisschen Kassen fließen. Zum Fall Baden gibt im Jahr 1895 LOHNER, Geschichte, S. 44, an, daß dieser Betrag von 35 000 fl. nunmehr 42 857 Mark ausmache und jährlich an das Haus entrichtet werde.

[153] Siehe dazu die ausführlichen Belege und damit auch die Auswertung des Bestandes FZA Regensburg, Generalkasse, Rechnungen im folgenden Kapitel II.4.2.

[154] Vor allem Vrints-Berberich war der Meinung, daß die Bestechungen wenig hilfreich seien, da sie von allen Seiten flössen. Allein im Herbst 1802 wurden ihm fast 70 000 Livres für Bestechungen zur Verfügung gestellt. Siehe die entsprechenden Belege in FZA Regensburg, Postakten 2226 und die Auswertung bei VOLLRATH, Thurn und Taxis, S. 25.

[155] Eberhard WEIS, Bayern und Frankreich in der Zeit des Konsulates und des Ersten Empire (1799–1815), München 1984, S. 21. Ausführlicher zu diesem Komplex im folgenden Kapitel II.4.2.

[156] FZA Regensburg, Generalkasse, Rechnungen 1803. Siehe auch zu den folgenden

matische Aufenthalte zwischen 1790 und 1815 stark, sie befanden sich jedoch allezeit auf schwindelerregender Höhe. Machte dieser Haushaltsposten im Jahr 1804 bescheidene 23 792 fl. aus, so waren es beispielsweise 1807 stolze 72 467 fl., in den Jahren 1810 und 1811 insgesamt sogar fast 150 000 fl. Der Parisaufenthalt der Fürstin im Jahr 1810 kostete allein 60 000 fl., der des Chefunterhändlers Vrints-Berberich ein Jahr später rund 38 000 fl. Die größte Summe, die für einen diplomatischen Aufenthalt ausgegeben wurde, waren die 136 224 fl. während des Wiener Kongresses. Eine Verwandte wie Fürstin Elisabeth von Fürstenberg schaute daher nicht zu Unrecht mit Neid auf die finanziellen Mittel, derer sich Therese von Thurn und Taxis, für »die 10 bis 20 000 Gulden auf oder ob« keine Rolle spielten, bedienen konnte.[157] Im Gegensatz zu ihrer Standesgenossin war es der Fürstenbergerin nicht möglich, »cour zu halten« in Wien, sondern sie mußte sich mit einer bescheidenen Unterkunft an der Kärntner Straße zufrieden geben.

Aber nicht nur während des Wiener Kongresses verfügten die Mitglieder des Hauses Thurn und Taxis über erstaunliche finanzielle Ressourcen. Über die gesamten »stürmischen Zeiten« um die Jahrhundertwende hinweg erfreute man sich durch die akkumulierten und verfügbaren Kapitalmengen eines beachtlichen Handlungsspielraums.

Bisher wurden die Vergleichszahlen vor allem aus dem Bereich anderer Herrschaften genommen. Die Einnahmen der Thurn und Taxis konnten sich durchaus mit Reichsstädten, Grafen, Fürsten und Herzögen messen lassen. Auch wenn es wenig aussagekräftig erscheinen mag, sollen abschließend noch einige Zahlen vom anderen Ende der sozialen Skala aufgeführt werden.[158] Im Jahr 1802 wurden innerhalb der städtischen Verwaltung in Regensburg folgende Jahresgehälter (inklusive Sonderzulagen und Naturalien) ausbezahlt: Beim Steueramt erhielten der Direktor für seine Tätigkeit 522 fl., die Steuerschreiber und Assessoren zwischen 300 und 450 fl., die Steuerdiener 150 fl. Der Direktor des Almosenamtes mußte sich für seine Tätigkeit mit 325 fl. zufrieden geben, seine Assessoren mit rund 150 fl. im Jahr. Der Bruderhausmeister verfügte immerhin über 513 fl., ein Stadtknecht hatte pro Arbeitswoche einen Gulden und ein Festgehalt von 7 fl. im Quartal zur Verfügung.[159] Die Inhaber gehobener Stellen, wie der »Herr Consulent und Stadtschultheiß Dieterichs« und der »Herr Syndikus und nunmehriger Stadtschreiber Gemeiner«,

---

Angaben die Rechnungen der entsprechenden Jahre.

[157] Fürstin Elisabeth von Fürstenberg in einem Brief an ihre Tochter Fürstin Leopoldine von Hohenlohe, 4. August 1814. Zitiert nach Monica KURZEL-RUNTSCHEINER, Ein Leben zwischen Politik und Liebe – Fürstin Elisabeth von Fürstenberg als Frau und als Kämpferin für die Rechte ihres mediatisierten Hauses, in: ELTZ/STROHMEYER, Fürstenberger, S. 78–89, hier: S. 86. Zahlreiche Hinweise auch bei FOURNIER, Geheimpolizei. Näheres dazu in Kapitel II.4.2.

[158] Siehe dazu die von mir zusammengetragenen Daten in GRILLMEYER, Theuerung.

[159] Alle Angaben aus Beyträge zur Kenntniß des Salariatszustands.

»Wohlhabend oder ein armer Edelmann«? 261

konnten mit einem Jahresgehalt von rund 800 fl. rechnen. Diese Größenordnung entspricht der Besoldung mittlerer Verwaltungsfachleute im Hause Thurn und Taxis. Jedoch konnten diese rund 800 fl. zum Lebensunterhalt einer Familie recht knapp werden. Einen guten Einblick ergibt dazu die »Designation der nothwendigsten Bedürfnißen durchs ganze Jahr«, welche der Sekretär und Registrator Carl Franz Xaver Klein am 14. September 1802 zusammenstellte. Er wollte damit beweisen, daß sein Gehalt bei der »enormen stets steigenden Theuerung aller menschlichen Bedürfnisse« nicht ausreiche, um seine Familie zu ernähren.[160] Allein die Miete mache 100 fl., das Holz über 60 fl. und das Nachtessen für 3 Personen 108 fl. pro Jahr aus. Insgesamt errechnete er eine Summe von 941 Gulden »für alle nöthigen Bedürfnisse«.[161] Dies entspricht einer ähnlichen Liste des ehemaligen Postofficianten Nikolaus Amya vom 15. Mai 1802.[162] Solange er beim Postamt Aachen angestellt war, reichte die Besoldung einigermaßen aus, »bis der unglückliche französische Krieg unter seine Menge Schlachtopfer auch mich dazu bezeichnet hatte«. Mit dem Gehalt von 600 fl., das er nun als Sekretär in Regensburg verdiene, könne er auf keinen Fall auskommen, für seinen Lebensunterhalt seien 735 fl. nötig.

Nun dürfen die zahlreich vorkommenden Klagen und Bitten um Gehaltszulagen in den Personalakten der Thurn und Taxisschen Bediensteten nicht überbewertet werden. Die beiden zitierten Sekretäre Klein und Amya pflegten durchaus einen gehobenen Lebensstil, schließlich tauchen in ihren Ausgabenlisten auch knapp 30 fl. im Jahr für »Magdlohn«, knapp 10 fl. für »Coffee und Toback« und – wohl entsprechend ihren Arbeitsverhältnissen – auch einige Gulden für »Pomade und Zopfbänder« und einen »Hut mit Zugehör« auf. Mit 800 fl. war ein mittlerer bis gehobener Lebensstandard durchaus zu finanzieren. Eine weitaus größere Zahl von Bediensteten und Pensionisten hatte mit bedeutend weniger auszukommen. Nach den einschlägigen Aufstellungen der Stadtfinanzen und den Angaben in den Personalakten im Fürstlichen Zentralarchiv konnte eine Person mit etwa 250 bis 300 fl. einen durchschnittlichen Lebensstandard finanzieren. Vergleicht man die Zahlen mit den oben genannten, so werden gewisse Relationen deutlich: Allein die Ausgaben für Geschenke an Gesandte anderer Höfe betrugen im Jahr 1803 30 000 fl., und allein mit dem Präsent, das Erbprinz Karl Alexander an Napoleon schickte –, ein Kuchenreuther Gewehr im Wert von 609 fl. 6 kr. – hätten mindestens zwei Personen ihren jährlichen Lebensunterhalt bestreiten können.[163]

---

[160] FZA Regensburg, PA 6366, Konv. »Allgemeine Leitung des Postwesens«.
[161] Ebenda. Im Anschluß sei noch angemerkt, daß bei der Aufstellung noch nichts eingerechnet ist »für meine Frau an Wasch, Kleidung und Schuster; für einen Braten an Festtagen; für ein Glas Wein; für eine erlaubte Ergötzlichkeit als z. B. Theater; für beßere Kost in Krankheiten; für Doctor und Apotheke meiner Frau; für An- und Nachschaffung von Hausrath, u. 100 kleinen nicht zu benennenden Artikeln«.
[162] FZA Regensburg, PA 97.
[163] Zur Bezahlung der Kuchenreuther Gewehre siehe FZA Regensburg, HMA 16; außer-

Wie auch immer – es waren »stürmische Zeiten« für die Menschen aller Schichten um 1800.[164] Krieg, Hungersnöte, Arbeitslosigkeit und Versorgungsengpässe kennzeichneten die wirtschaftliche Szenerie, und Angst, Unsicherheit und das Bewußtsein, in einer Zeit der Veränderung zu leben, bestimmten vielfach die Wahrnehmung. Je höher die soziale und wirtschaftliche Ranghöhe war, um so tiefer konnte der Sturz sein – und das Haus Thurn und Taxis stand an hoher Stelle.

4. Souveränität – rechtlicher Status und Verhandlungsgeschick

4.1. Zwischen Eigentum und Lehen: die Post

Die Französische Revolution wirkte auf die politischen Verhältnisse in Europa wie ein heftiger Stoß gegen ein instabiles Kartenhaus. Anfänglich hatten zwar die wenigsten geahnt, daß man durch den »Sturm der französischen Staatsumwälzung [...] Staats-Einrichtungen zusammenstürzen sehen würde, die die Weisheit unserer Vorfahren für eine Ewigkeit erbaut zu seyn glaubte, und zu glauben berechtigt war«.[165]. Doch spätestens mit dem Zusammenbruch des »altehrwürdigen«, aber »baufälligen« Reiches wurde klar, daß die Karten neu verteilt und die Veränderungen am Haus Europa grundlegend waren.[166] Auch nach 1806 war längst kein Ende der Veränderungen abzusehen, im Jahr 1807 stellte Ernst Moritz Arndt zu Recht fest: »Ungeheueres wird geschehen, Größeres wird verwandelt werden«.[167] Eine gewisse Atempause trat erst mit dem Wiener Kongreß ein, der Europa wieder eine dauerhaftere Ordnung gab.

In diesen stürmischen Jahren um 1800 wurden auch die Grundfesten des Hauses Thurn und Taxis erschüttert. Denn was für das Reich als Ganzes galt, das traf auch auf die Thurn und Taxissche Reichspost zu, wie der Chef der bayerischen Post 1805 treffend feststellte:

---

dem die Hinweise bei Dirk GÖTSCHMANN, Die Kuchenreuter und ihre Zunftgenossen: Das Oberpfälzer Büchsenmacherhandwerk von seinen Anfängen bis um 1850, Regensburg 1991.

[164] Siehe zum Themenkomplex Krisenzeit, Umbruchszeit etc. grundlegend Reinhart KOSELLECK, »Neuzeit« und Werner K. BLESSING, Umbruchkrise und ›Verstörung‹. Die ›Napoleonische‹ Erschütterung und ihre sozialpsychologische Bedeutung. Bayern als Beispiel, in: ZBLG 42 (1979), S. 75–106.

[165] KRÄMER, Rückblick, S. 4 f. Dieses Zitat, entnommen aus der Biographie des Fürsten Karl Alexander (1770–1828), steht nicht für sich allein. Hinweise auf das Bewußtsein, in einer »bewegten Zeit«, in einer »Zeit der Veränderung« und Bewegung zu leben, tauchen immer wieder auf, nicht nur bei dem sehr produktiven Krämer und nicht nur im literarischen Bereich.

[166] Siehe zur Charakterisierung des Reichs beispielsweise Adam Christian GASPARI, Der Französisch-Russische Entschädigungs-Plan mit historischen, geographischen und statistischen Erläuterungen und einer Vergleichungstafel, Regensburg 1802, S. 189.

[167] Ernst Moritz ARNDT, Geist der Zeit, 6. Aufl. Altona 1877, S. 55. Siehe dazu KOSELLECK, »Neuzeit«, S. 328.

Souveränität – rechtlicher Status und Verhandlungsgeschick 263

Taxissche Postbezirke in Europa um 1800

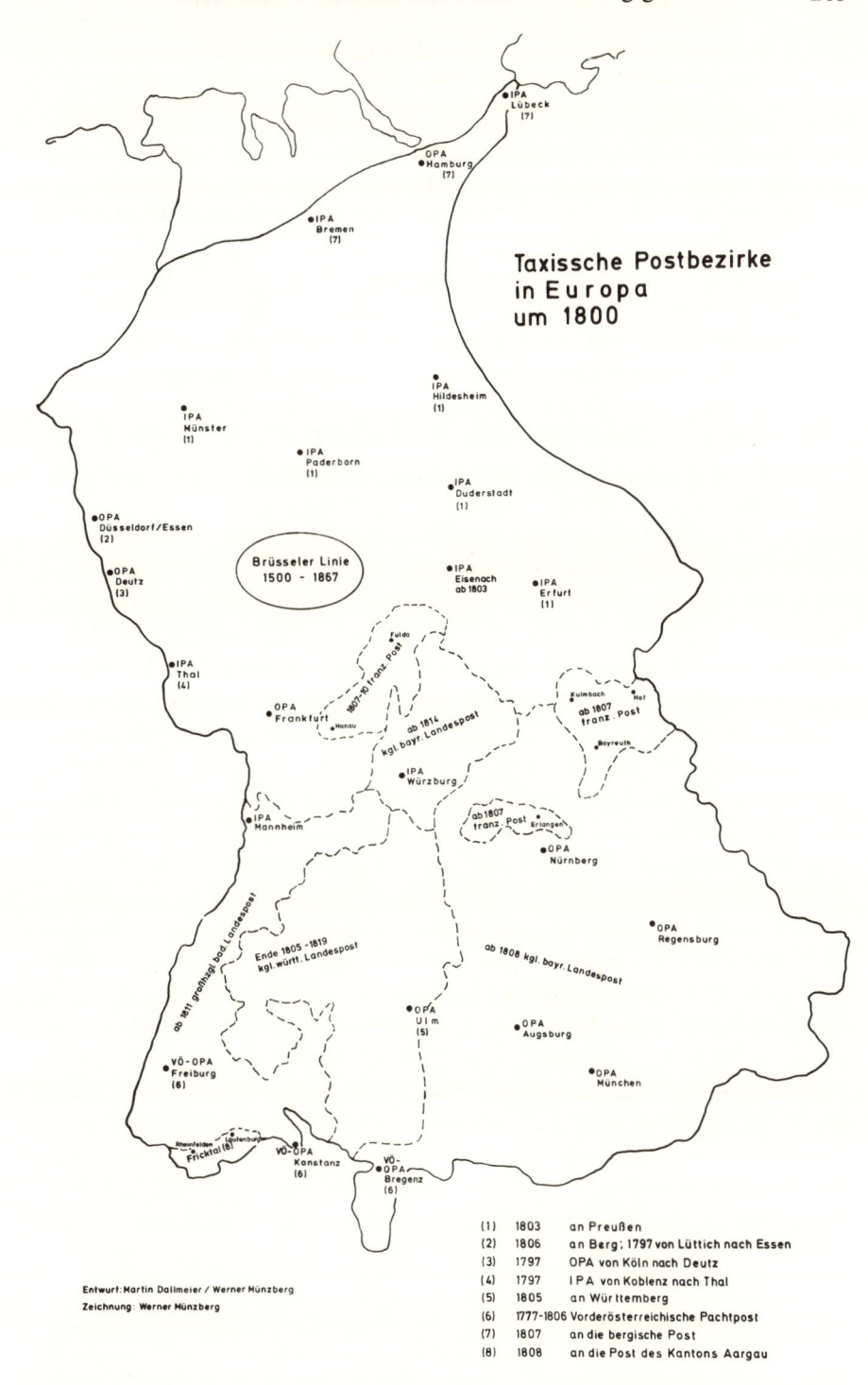

- IPA Lübeck (7)
- OPA Hamburg (7)
- IPA Bremen (7)
- IPA Hildesheim (1)
- IPA Münster (1)
- IPA Paderborn (1)
- IPA Duderstadt (1)
- OPA Düsseldorf/Essen (2)
- OPA Deutz (3)
- Brüsseler Linie 1500 – 1867
- IPA Eisenach ab 1803
- IPA Erfurt (1)
- IPA Thal (4)
- 1807-10 franz. Post Fulda
- OPA Frankfurt
- Hanau
- ab 1814 kgl. bayr. Landespost
- Kulmbach, Hof ab 1807 franz. Post
- Bayreuth
- IPA Mannheim
- IPA Würzburg
- ab 1807 franz. Post Erlangen
- OPA Nürnberg
- ab 1811 großherzgl. bad. Landespost
- Ende 1805-1819 kgl. württ. Landespost
- ab 1808 kgl. bayr. Landespost
- OPA Regensburg
- OPA Ulm (5)
- OPA Augsburg
- OPA München
- VÖ-OPA Freiburg (6)
- Rheinfelden, Laufenburg, Fricktal (8)
- VÖ-OPA Konstanz (6)
- VÖ-OPA Bregenz (6)

(1) 1803 an Preußen
(2) 1806 an Berg; 1797 von Lüttich nach Essen
(3) 1797 OPA von Köln nach Deutz
(4) 1797 IPA von Koblenz nach Thal
(5) 1805 an Württemberg
(6) 1777-1806 Vorderösterreichische Pachtpost
(7) 1807 an die bergische Post
(8) 1808 an die Post des Kantons Aargau

Entwurf: Martin Dallmeier / Werner Münzberg
Zeichnung: Werner Münzberg

Abb. 9: Postbezirke Thurn und Taxis um 1800

»Die Einheit des Postinstituts hat durch die deutsche Reichsverbindung seine Konsistenz erhalten. Diese Bande sind so lose geworden, daß es etwa nur noch, wenn man es nicht dem alltäglichen Rütteln der Zeit überlassen will, eines Stoßes bedarf, um die morschen Balken des Gebäudes zusammenstürzen zu machen. In diesen Trümmern wird auch die Einheit des Postinstituts begraben: ein solches allgemeines Institut paßt nicht für getrennte monarchische Staaten, nicht einmal in ein Föderationssystem, wenn es nicht einen der deutschen Reichsverbindung ähnlichen Vereinigungspunkt durch ein gemeinschaftliches Oberhaupt hat«.[168]

Für die Thurn und Taxis kam neben allen anderen und tiefgreifenden Veränderungen gerade der unsicheren Situation der Post die höchste Bedeutung zu. Denn die Post war und blieb wirtschaftliche Basis, Fundament der politischen Bedeutung und Charakteristikum des Hauses. Sie soll deshalb auch an erster Stelle in den Blick genommen werden, ohne damit leugnen zu wollen, daß die Postbezüge des Hauses nie getrennt gesehen werden dürfen von anderen politischen Handlungsfeldern, die anschließend behandelt werden.

Wohl nie zuvor und in dieser Schärfe auch nie danach wurde die Eigenartigkeit der Thurn und Taxisschen Postanstalt deutlicher als in den Jahren zwischen 1789 und 1815. Zweifellos war die Postanstalt um 1790 zum einen ein Großunternehmen oder mit den Worten Sombarts eine »kapitalistische Unternehmung größten Stils«.[169] Zum anderen war sie als delegierter Staatsbetrieb in der rechtlichen Form eines Lehens ein außergewöhnliches Spezifikum des Reiches. Als nun Napoleon als Vollstrecker und Überwinder der Revolution den gordischen Knoten der Reichsverfassung, wie er sich über Jahrhunderte gebildet hatte, zerschlug, war völlig offen, wie es mit der Postanstalt weitergehen würde und vor allem wie sie rechtlich zu definieren war. Sollte das Lehen angesehen werden als ein Besitz der Familie Thurn und Taxis, sollten die Feudalrechte also in Eigentumsrechte überführt werden? Konnten die neuen Souveräne, da mit dem Reich auch die Reichspost untergegangen war, die Postanstalt unter ihre Regie nehmen, oder hatten sie dafür dem ehemaligen Inhaber wenigstens eine Entschädigung zu zahlen? Oder sollte die Reichspost – weiterhin als Lehen oder in Pacht – zur Bundespost des Rheinischen bzw. des Deutschen Bundes werden? Alle diese Möglichkeiten wurden auf der staatsrechtlichen und diplomatischen Ebene durchgespielt. Dabei zeigte sich immer wieder, daß die Postanstalt nicht so einfach auf einen Nenner zu bringen war.

Noch im Jahr 1789 blickte man von Regensburg weniger nach Paris, sondern vielmehr sorgenvoll nach Wien. Denn es vermehrten sich die Nachrichten, daß es um die Gesundheit Josefs II. nicht gut stehe. Vorsorglich sichtete

---

[168] Gutachten Aretins vom 10. Januar 1806. StA OPD München, Verzeichnis 7. Ediert findet sich das Gutachten als Beilage in APB 12 (1925) und bei Joachim HELBIG, Bayrische Postgeschichte 1806–1870. Grundlagen zur Interpretation altdeutscher Briefe, Nürnberg/München 1991, Anlage, S. 2 f.

[169] Werner SOMBART, Der moderne Kapitalismus. Bd. 2.1, München/Leipzig 1917, S. 263.

man bereits die Akten, um bei einem Ableben des Kaisers auf die neue Situation reagieren zu können.[170] Die kaiserlose Zeit bis zur Neuwahl eines Reichsoberhauptes war stets höchst gefährlich für das Haus Thurn und Taxis. Da das Reichspostgeneralat bezüglich der Rechte und des Umfangs in keinem »Reichsfundamentalgesetz«, sondern allein in eher unverbindlicher Form als Passus in Wahlkapitulationen und kaiserlichen Verfügungen verankert war, mußten alle diplomatischen Hebel in Bewegung gesetzt werden, um das »Kays[erliche] Post Generalat in seinem Esse zu erhalten«, wie es bisher immer in den Wahlkapitulationen hieß.[171] Nachdem der Kaiser am 20. Februar 1790 verstorben war, zögerten Hannover und Braunschweig-Wolfenbüttel nicht lang, die Reichspost in ihren Landen aufzuheben. Nun hatte man von Thurn und Taxisscher Seite alle Hände voll zu tun, um die einflußreichen Akteure des Reiches zum Eingreifen zugunsten der Postanstalt zu bewegen. Fürst Carl Anselm bat Staatskanzler Kaunitz, Staatsvizekanzler Graf Cobenzl und Reichsvizekanzler Colloredo-Mansfeld persönlich um Unterstützung »seines Hauses« und der »kaiserlichen Reichspost«.[172] Vor allem sollten sie die kurböhmischen Wahlbotschafter in seinem Sinne instruieren, um die Reichspostanstalt zu sichern.[173] Die beiden Geheimen Räte Freiherr von Schneid und Baron von Leykam reisten schließlich als Unterhändler zum Wahltag nach Frankfurt. Unterwegs machten sie dem Mainzer Kurfürsten in Aschaffenburg ihre Aufwartung und baten ihn als »protector postarum« um Unterstützung.[174]

---

[170] Siehe dazu die Korrespondenz zwischen dem Thurn und Taxisschen Residenten Wunsch in Wien, dem dirigierenden Rat Schneid und Vrints-Berberich in FZA Regensburg, Postakten 2124.

[171] Diese Formulierung kehrt stets in den Wahlkapitulationen wieder. Den Status der Rechtsunsicherheit betonte eindringlich einige Jahre später Lilien in einem Schreiben an Imhof vom 11. Januar 1798: »[...] ein eigenes Postal System [...] findet man weder in Reichs Gesetzen noch in den Büchern, ja was noch mehr ist, wir haben kein einziges Reichs Fundamental Gesetz, welches bestimmte Grundsätze für das Postgeneralat giebt, das einzige Fundamental Reichs Gesätz, nämlich die Kays[erliche] Wahlcapitulation, spricht zwar von dem Kays[erlichen] Postgeneralat, aber erklärt zugleich den Bestand desselben precaire, da es sagt, das Kays[erliche] Post Generalat soll in seinem Esse erhalten werden, bis von Kaiser und Reich ein anderes wird bestimmet werden«. HHStA Wien, StK, Kleinere Betreffe 18, Konv. 1797–1802, fol. 235.

[172] Zu den Verhandlungen siehe FZA Regensburg, Postakten 2126. Außerdem zum Folgenden grundlegend die Ausführungen bei VOLLRATH, Thurn und Taxis, S. 14 f.

[173] Zur gleichen Zeit erließ Generalpostdirektor Freiherr von Vrints-Berberich an alle Postämter eine allgemeine Direktive, daß vorhandene Mißstände und Beschwerden zu melden seien und daß auf die zuvorkommende Behandlung des Publikums ganz besonders zu achten sei. Es war klar, daß bei den Verhandlungen um die Postrechte gerade die Mißstände benannt werden und als Argument gegen die Thurn und Taxissche Post Verwendung finden würden; dem sollte auf alle Fälle vorgebeugt werden. Siehe Zirkular des Generalpostdirektors Vrints-Berberich vom 20. März 1790. FZA Regensburg, Postakten 2124.

[174] Eine ausführliche Darstellung dieser Funktion brachte August Franz de CUNIBERT, Dissertatio de iuribus Electori Moguntino intuito postarum imperialium, qua S. R. J. per Germaniam Archicancellario, titulo protectionis, directionis, inspectionis, aliundeque competentibus, Mainz 1784 (deutsch: Regensburg 1785). Siehe ergänzend auch FZA Regensburg,

In Frankfurt ließ der Fürst schließlich ein Memorandum überreichen, in dem er um die unveränderte Übernahme des Artikels 29 der Wahlkapitulation Josefs II. in den Entwurf der neuen Kapitulation bat. Zur gleichen Zeit waren jedoch die Auseinandersetzungen mit Hannover und vor allem mit Braunschweig an einem Höhepunkt angekommen, was sich negativ auf die Verhandlungen auswirken konnte. Der alte Kampf um die Post zwischen einzelnen Landesherren einerseits und dem Kaiser mitsamt seinem »getreuen Diener« Thurn und Taxis andererseits wiederholte sich um 1790 noch einmal. Vor allem wurde er in verstärktem Maße auf einem besonderen Kampfplatz ausgetragen: auf dem Gebiet der Publizistik.

Nun waren schriftliche Äußerungen zum umstrittenen Thema der Postrechte bzw. des Postregals nichts Neues.[175] Die folgende Äußerung Mosers von 1748 galt gleichermaßen für das 17. wie auch für das gesamte 18. Jahrhundert: »Bey diesem kayserlichen Reservat seynd der Kaiser und die Stände, wie auch die Rechtsgelehrten, sehr unterschiedener Meinung«.[176] Im Gegensatz zu früheren Auseinandersetzungen wurden die Argumente gegen die Thurn und Taxisschen Posten jedoch erstens nicht nur unter Rechtsgelehrten diskutiert, sondern durch Periodika einem weiteren Kreis vorgelegt, zweitens griffen die politisch Verantwortlichen diese Diskussion auch in der Verhandlungsführung auf, und drittens wurden neue Argumente in den bekannten Streit eingebracht.

Zwei Konflikte setzten die Auseinandersetzung in Gang. Zum einen wurden die Streitigkeiten um die Jurisdiktionsrechte über die Frankfurter Postofficianten 1778 und 1785 in die Öffentlichkeit getragen.[177] Zwar ging der Streit für Thurn und Taxis sehr vorteilhaft aus, aber der Frankfurter Syndikus Seger hatte Material über die rechtlichen Probleme des Postgeneralats zusammengetragen, das schwer zu widerlegen war »und mehreren die Augen öffnete«, wie der Rechtsprofessor Häberlin schrieb.[178] Der Streit mit Braunschweig führte schließlich zur Schrift des Rechtsgelehrten Johann Stephan Pütter *Erörterun-*

Postakten 950 »Unpartheische Gedanken des Joseph Kraft in Regensburg über den Ursprung und Begriff des Chur-Maynzischen Protektorats über das kaiserl. Reichspostwesen«.

[175] Siehe dazu die Ausführungen in Abschnitt 2.2 der Einleitung und Kapitel 1.4, außerdem grundlegend die Arbeiten von ALTMANNSPERGER, Postregal.

[176] Johann Jacob MOSER, Grundriß der heutigen Staats-Verfassung des teutschen Reichs, Tübingen 1748, 3. Buch, 6. Kapitel: »Von des römischen Kaisers Gewalt in weltlich Sachen in dem deutschen Reich«. Zitiert nach FZA Regensburg, HB, Collectanea von dem Postwesen 58. Siehe zum Folgenden die zahlreichen Denkschriften in FZA Regensburg, Postakten 949–954.

[177] Durch einen sehr umfangreichen Quellenanhang läßt sich diese Auseinandersetzung nachvollziehen in: Volständige Darstellung der Gründe, womit in Sachen Herrn Fürsten von Thurn und Taxis, als Kayserlichen Reichserbgeneralpostmeisters Hochf. Durchlaucht wider Herrn Bürgermeister und Rath der kayserlichen und des heil. Reichsstadt Frankfurt am Mayn, praetensi mandati S. C. die Ausübung der Civil- und Territorialgerichtsbarkeit über die Kayserl. Postofficianten in causis non officialibus betreffend, Frankfurt a. M. 1786.

[178] Siehe die Übersicht in ebenda; außerdem FZA Regensburg, HB, Collectanea von dem Postwesen 156.

gen und Beyspiele des Teutschen Staats- und Fürstenrechts. Erstes Heft: Vom Reichspostwesen.[179] Mit Pütter hatte nicht irgendwer die Feder ergriffen. Als bedeutendster Rechtsgelehrter der Zeit konnte er damit rechnen, daß seine Werke von einer größeren Öffentlichkeit wahrgenommen wurden, und deshalb wog es um so schwerer, daß kurz vor den Verhandlungen über die Wahlkapitulation sein Plädoyer zugunsten der Landespostanstalten erschien. Freiherr von Lilien beschwor deshalb wiederholt den Fürsten, man dürfe den Einfluß des Professors in Göttingen nicht unterschätzen, der den Regierungen in Braunschweig und Hessen-Kassel die Argumente gegen die Postrechte des Hauses Thurn und Taxis lieferte.[180] Lilien sollte damit recht behalten, denn die »Deduktionen« Pütters wurden sowohl von den Landesregierungen aufgegriffen als auch auf breiter Basis rezipiert. Der Professor für Staatsrecht in Bamberg Ahlheimer schloß sich ihnen beispielsweise an und resümierte im Jahr 1789: »Die Posten sind ihrer Natur nach kein Regale; die Posthistorie in Deutschland zeigt dieses: denn anfänglich war sie nur ein Privat Unternehmen; der Fürst aber bekam sie wegen öfentlichen Vortheil zu einem Regale accidentale«.[181] Die alte Frage nach dem Rechtscharakter stand also wieder auf der Tagesordnung der publizistischen Diskussion, an der sich viele beteiligten.[182] Aber wie bereits angedeutet, nahm sich auch eine weitere Öffentlichkeit dieses Themas an. Zwischen 1788 und 1792 erschienen zahlreiche Beiträge in Zeitungen und Journalen.[183] Entsprechend dem größeren Leser-

---

[179] Zuerst erschien diese Schrift in lateinischer Sprache (Elementa Juris publici germanici Lib. VII, Cap. IV: »De Jure Postarum« und wurde bereits breit rezipiert, bis schließlich 1790 die deutsche Übersetzung erschien. PÜTTER, Erörterungen.

[180] So unter anderem in einem Schreiben vom 30. Januar 1792 an Fürst Carl Anselm: »Auch ist Euer Durchlaucht bekannt, daß der berühmte Professor Pütter, welcher der Verfasser der bedenklichen Schrift gegen das Kayserl[iche] PostGeneralat ist, welche kurz vor der letzten Krönung erschien, in dieser Schrift zu Gunsten von Hessen-Kaßel vieles angeführt hat, und allem Anschein nach von diesem Hof salariret worden«. HHStA Wien, RK, Kleinere Reichsstände 520, Konv. 1773–1806, fol. 63.

[181] »Erläuterungen des 3. Capitels im 8. Buche von Pütters Inst. Jur. publ. germ. de iure postarum. Nach dem Vortrag des Hofraths Ahlheimer, Professor des Staatsrechts in Bamberg, Itzt K. G. Assess. dd. 16. Nov. 1789 Caput III«. FZA Regensburg, HB, Collectanea von dem Postwesen 139.

[182] An der Diskussion nahmen u. a. teil oder wurden als wissenschaftliche Kronzeugen bemüht: Johann von Justi, Johann H. Bergius, Jacob Friedrich Döhler, Johann Jacob Schmauss, Johann Jacob Moser, Nicolaus Hieronimus Gundling, Carl Renatus Hausen, Heinrich Gottfried Scheidemantel, Anton Faber, Traugott Groot, Johann August Reuss, Tobias Ludwig, Christoph Kramer, Johann Max Günderode, Friedrich Christoph Jonathan Fischer, Johann Ludwig Klüber, Heinrich Wilhelm von Bülow, Franz Dominikus Häberlin.

[183] In folgenden Organen wurden Beiträge zum Themenbereich »Thurn und Taxissches Postwesen« veröffentlicht (Auswahl): Wissenschaftliches Magazin für Aufklärung, Deutscher Zuschauer, Schlözers Staatsanzeiger, Gothaische gelehrte Zeitung, Erfurter gelehrte Zeitung, Neuer Deutscher Merkur, Wiener Zeitschrift, Grossings Damen-Journal, Der deutsche Zuschauer, Straßburger Zeitschrift, Geschichte und Kritik des Theaters von Europa, Ankündigungs Herold, Neues Deutsches Museum, Journal von und für Franken, Chronologen. Siehe dazu FZA Regensburg, HB, Collectanea von dem Postwesen.

kreis standen dabei die »Gebrechen bey der kaiserlichen Reichspost« im Vordergrund. Häberlin betonte, daß durch die Diskussionen in der Öffentlichkeit gerade am Ende der achziger Jahre eine negative Stimmung gegenüber der Thurn und Taxisschen Post herrschte.[184] Er räumte jedoch ein, daß die Vorwürfe gegen die Reichspost ebenso gegen die Landesposten erhoben werden könnten. Natürlich ging es dabei immer wieder auch um die hohen Einkünfte, welche das Fürstenhaus Thurn und Taxis aus dieser dem Allgemeinwohl dienenden Institution zog. Interessant ist indes eine weitere Schwerpunktsetzung: Erstmals tauchten vermehrt und in dieser Schärfe völlig neuartig Vorwürfe wegen Veruntreuung und Briefspionage auf. Das Briefgeheimnis wurde zum Thema.[185] Zwar billigte man dem Staat bzw. dem Landesherren diesen Eingriff zu, jedoch nur um gegen Umstürzler vorzugehen.[186] Und für welchen anderen Staat, so betonte die antikaiserliche Seite im Reich, sollte Thurn und Taxis das Briefgeheimnis brechen als für Österreich? In einem Artikel des Damenjournals von Grossing hieß es sogar plakativ: Der Reichshofrat in Wien und das Thurn und Taxissche Postamt »sind die zwei vorzüglichste[n] Werkstätte[n], wo Deutschlands Fesseln geschmiedet werden«.[187]

Auf verschiedenen Ebenen stand das Postmonopol gerade zu jener Zeit in der Kritik, als sich die Wahlbotschafter um die Ausgestaltung einer neuen kaiserlichen Wahlkapitulation bemühten. Der Staatsrechtler Häberlin, der die Verhandlungen detailliert nachzeichnete, traf daher ins Schwarze, als er schrieb: »Bey dem neuesten Capitulationsgeschäft sah es indessen wieder gefährlich für Taxis aus«.[188] Die Kritik am Postmonopol traf die Vertreter des Hauses Thurn und Taxis jedoch weder in der Publizistik noch bei den konkreten Verhandlungen unvorbereitet. Ganz im Gegenteil: es ist faszinierend nachzuvollziehen, wie gut einzelne Verhandlungsführer sowohl vom politischen Tagesgeschehen als auch von den zugrundeliegenden Rechtsverhältnissen unterrichtet waren. Besonders hervorzuheben sind hierbei die beiden führenden Akteure Schneid und Lilien. Allein in ihren Personalakten und Briefwechseln finden sich hinreichend Belege über ihren hohen Wissensstand im

---

[184] Zitiert nach FZA Regensburg, HB, Collectanea von dem Postwesen 156.

[185] Bereits im 17. Jahrhundert wurde in einem zeitgenössischen Lehrbuch der Kryptographie die Behauptung aufgestellt, daß »nunmehr kein Brieff so wol verpitschieret ist/ der nicht durch eine listige Hand/ ohne des Siegels oder Papiers allergeringste Verletzung/ gantz unvermerckt könne auff- und wieder zugemacht werden«. Siehe Johann B. FRIDERICI, Cryptographia oder Geheime schrifft-, münd- und würckliche Correspondentz [...], Hamburg 1685, Vorrede. Zahlreiche Schriften in dieser Tradition folgten, bibliographische Angaben liefert dazu Johann Ludwig KLÜBER, Kryptographik. Lehrbuch der Geheimschreibekunst (Chiffrir- und Dechiffrirkunst) in Staats- und Privatgeschäften, Tübingen 1809, S. 3–19.

[186] Siehe ebenda und die anonyme Schrift: Wie sichert man sich vor Brief-Erbrechung und deren Verfälschung? In drey verschiedenen Abhandlungen. Nebst Siegel- und Schrift-Cabinetten für den Liebhaber, Lübeck/Leipzig 1797.

[187] Zitiert nach FZA Regensburg, HB, Collectanea von dem Postwesen 167.

[188] Zitiert nach FZA Regensburg, HB, Collectanea von dem Postwesen 156.

»Postrecht«. In ihrem Umkreis dürfte wohl auch die beachtliche Sammlung von Exzerpten entstanden sein, die als ein Rechtskompendium in Postsachen bezeichnet werden kann. Im letzten Drittel des 18. Jahrhunderts wurden zu fast allen einschlägigen Schriften der Staatspublizistik, zu Gesetzestexten und sonstigen Beiträgen Auszüge zusammengestellt. Es handelt sich um insgesamt 183 Exzerpte, die gebunden unter der Sammelbezeichnung »Collectanea von dem Postwesen« in zehn Bänden vorliegen.[189] Neben den Reichsabschieden, dem Westfälischen Frieden und den kaiserlichen Wahlkapitulationen finden sich immer auch die darauf bezugnehmenden publizistischen Schriften, außerdem zahlreiche Gutachten, kaiserliche Verfügungen und Reichshofratsprotokolle. Darüber hinaus wurden auch Journale und die Tagespresse ausgewertet. Zum Teil ist am Rande der Exzerpte auch bemerkt worden, in welchem Verhältnis der jeweilige Schreiber zum Haus Thurn und Taxis und dessen Rechten stand.

Die umfangreichen Collectanea beweisen, daß man das nötige Rüstzeug zur Verfügung hatte, um den Kampf mit den Gegnern der Reichspost aufzunehmen. Am massivsten hatte Braunschweig die Rechte des Generalpostmeisters beschnitten, indem es nach dem Tod des Kaisers die Reichsposten einfach aufgehoben hatte. Auf der Suche nach Bundesgenossen in seinem Vorgehen gegen das Haus Thurn und Taxis stieß der Herzog jedoch auf Widerstand. Sachsen und andere benachbarte Landesherren waren nicht für seine Pläne zu gewinnen. Vor allem die Beurteilung des braunschweigischen Vorgehens als Bruch der Reichsgesetze durch Sachsen war von Gewicht, da es als Reichsvikar besonderen Einfluß geltend machen konnte. Wichtige Unterstützung kam natürlich, wie so oft, aus Wien. Schon zu Beginn des Konfliktes hatte der Reichsvizekanzler dem Fürsten von Thurn und Taxis geraten, sich mit dem Herzog von Braunschweig baldmöglichst zu vergleichen und dazu die Hilfe von Kurmainz und Kursachsen in Anspruch zu nehmen. Er selbst wolle sich bei anderen Reichsständen für die Thurn und Taxissche Sache einsetzen.[190] Bald zeigte sich, daß Braunschweig isoliert war und deshalb die Bereitschaft wuchs, in Verhandlungen mit dem Fürsten von Thurn und Taxis zu treten. Ähnlich sah das Verhältnis zu Hessen-Kassel aus. Freiherr von Lilien und der hessische Unterhändler von Wittorff kamen sich bezüglich eines Postabkommens noch im Frühjahr des Jahres 1789 ein gutes Stück näher. Zumindest belasteten diese Postverhandlungen nicht mehr das Wahlgeschäft.

Beim Wahltag in Frankfurt, der am 1. Juni 1790 eröffnet worden war, zeigten sich noch einmal die Wege und Möglichkeiten, wie die verschiedenen Interessen im Reich ausgemittelt wurden. Von fürstlicher Seite erhob man die bekann-

---

[189] Es handelt sich hierbei um einen sehr ausführlichen und ergiebigen Bestand zur Rechtsgeschichte der Post im FZA Regensburg, Hofbibliothek, Sigle: 4 Z 1525. Siehe ergänzend dazu: FZA Regensburg, HFS, Akten 937.

[190] Siehe dazu den Briefwechsel in FZA Regensburg, Postakten 2126, konkret das Schreiben vom 23. März 1790.

ten Monita: Die Landesposten dürften grundsätzlich nicht gegenüber der Reichspost benachteiligt werden, und einzelne Mißstände seien abzustellen. Außerdem sollten Rechtsstreitigkeiten um die Post nicht vor dem Reichshofrat und dem Reichskammergericht, sondern in Zukunft allein vor dem Reichstag verhandelt werden.[191] Die beiden Unterhändler Leykam und Schneid hatten alle Hände voll zu tun, um die einzelnen fürstlichen Gesandten auf die Thurn und Taxisschen Interessen einzustimmen. Zum einen sagten sie in einigen Fällen zu, strittige Punkte zwischen Reichspost und Landesherren durch bilaterale Vereinbarungen auszugleichen. Zum anderen verwiesen sie, vor allem gegenüber der habsburgischen Klientel, nachdrücklich auf die Rechte und Vorteile einer kaiserlichen Postanstalt, setzten außerdem die Protektion der habsburgischen Wahlbotschafter geschickt ein und halfen, wenn es sein mußte, auch mit »une dose de poudre d'or« nach.[192] Ziel war es, den Artikel 29 aus dem Jahr 1764 unverändert in die neue Wahlkapitulation übernehmen zu lassen.[193] Die Reichsstädte, einzelne Fürsten und Kurbrandenburg legten dagegen Verwahrung ein. Letzteres wog besonders schwer, denn schließlich kam es auf den Kurfürstenrat an, in welcher Form die Wahlkapitulation verabschiedet wurde. Hier war es nicht zuletzt das persönliche Verhältnis des Barons von Schneid zum kurbrandenburgischen Wahlbotschafter Graf Görtz, das den Ausschlag gab. Schneid stand mit dem preußischen Gesandten am Regensburger Reichstag im regen Austausch, und man war sich immer wieder gegenseitig einen Gefallen schuldig. So erklärte sich Kurbrandenburg schließlich bereit, seine Eingaben fallen zu lassen, sofern auch Kurtrier alle Ansprüche gegenüber der Reichspost aufgab.[194] Kurböhmen griff vermittelnd ein und versuchte einen Vergleich außer-

---

[191] Dieses Monitum wurde bereits in die Wahlkapitulation von 1764 aufgenommen, um den Einfluß des Kaisers auf die Post zurückzudrängen. Siehe ebenda, außerdem weiterhin die Ausführungen bei VOLLRATH, Thurn und Taxis.

[192] Bei den Bestechungen handelte es sich durchaus um übliche Verfahrensweisen auf dem politischen Parkett des 18. Jahrhunderts. Konkret erkaufte man sich bei den Verhandlungen die Unterstützung des pfälzischen Gesandten, der kurzfristig das Projekt einer eigenen Landespost einbrachte. Siehe dazu die zahlreichen Berichte Schneids nach Regensburg, zum genannten Vorgang die Berichte vom 29. August und 12. September. FZA Regensburg, Postakten 2128.

[193] Denn bei den Verhandlungen zur Wahlkapitulation Josephs II. hatten die Fürsten der Reichspost recht umfangreiche Rechte eingeräumt, um dadurch zu verhindern, daß die habsburgische Hofpost – so das damalige Ziel der Wiener Staatskanzlei – auch auf das Reich ausgedehnt werde. Aber nicht nur die Fürsten, sondern auch die Reichsstädte erinnerten sich an diesen Zusammenhang. In einem umfangreichen Promemoria brachten die schwäbischen Reichsstädte ihre Forderungen gegenüber der Reichspost aus den Jahren 1745 und 1765 erneut vor. Dieser Verwahrung konnten die Thurn und Taxisschen Vertreter jedoch einigermaßen ruhig entgegensehen. Denn aufgrund ihres geringen reichspolitischen Gewichts stellten die Städte keine große Gefahr dar. Ganz anders sah es dagegen mit der förmlichen Verwahrung gegen den Artikel 29 durch Brandenburg aus.

[194] Der Antrag Triers war besonders gefährlich, denn er sah vor, daß Thurn und Taxis jegliche Gerichtsbarkeit über die Postbeamten an die Landesherren abtreten sollte. Hier hatten sich durch die Publizistik die oben erwähnten Auseinandersetzungen mit Frankfurt über die Jurisdiktionsrechte negativ ausgewirkt. Der Vertrag war gleichzeitig mit Verlauf des

halb der Wahlkapitulation herbeizuführen. Letztlich ging es auch in diesem Zusammenhang um das Austarieren der preußischen und habsburgischen Interessen im Reich. Baron Schneid war deshalb glücklich, seinem Dienstherrn am 17. September nach Regensburg berichten zu können, daß Kurbrandenburg seine Monita fallengelassen habe und der Artikel 29 unverändert in die Wahlkapitulation übernommen worden sei.[195] Die Rechte des Hauses Thurn und Taxis waren wieder einmal gesichert und alle Angriffe gegen die kaiserliche Postanstalt und ihren Inhaber abgeschmettert worden.

Unter Habsburgs Schutz und Schirm hatten es die Thurn und Taxisschen Unterhändler geschafft, das Postmonopol reichsrechtlich abzusichern. Im Jahr der Französischen Revolution sah die Bilanz daher sehr gut aus: Die kaiserlich Taxissche Post versorgte innerhalb des Reiches ein Gebiet von 222 524 km² mit rund 11,3 Mio. Einwohnern, dem insgesamt 12 landesherrliche Postanstalten mit einer Fläche von 448 309 km² und etwa 16,7 Mio. Einwohnern gegenüberstanden.[196] Das Haus Thurn und Taxis stand damit nicht nur wirtschaftlich, sondern auch rechtlich auf sicherem Boden. Als nur eineinhalb Jahre nach der Kaiserkrönung von 1790 Leopold II. verstarb, einigte man sich rasch auf einen verkürzten Wahltermin und die Übernahme der letzten Wahlkapitulation ohne jegliche Änderung. Auch wenn dadurch die Postrechte nochmals festgeschrieben wurden, so verhieß doch die Eile nichts Gutes. Die Kaiserkrönung von 1792 stand schon ganz im Zeichen der beginnenden kriegerischen Auseinandersetzung mit dem revolutionären Frankreich.

Im Zuge der Revolution war in Frankreich die Nation zu einer politischen Größe geworden. Sie sollte als Vorkämpferin gegen Absolutismus und Feudalherrschaft auch anderen Nationen den Weg weisen, sozusagen die Heilsbotschaft von Freiheit und Gleichheit verkünden. Gleichzeitig wurden in ihrem Namen die natürlichen Grenzen von Alpen und Rhein beansprucht. Beide Motive, das missionarische wie das expansionistische, entwickelten eine Dynamik, welche die politische Landkarte in Europa nachhaltig veränderte und mit ihr selbstverständlich auch die »Post-Charten« mit all ihren Linien und Knotenpunkten:[197] Zum einen ging das Thurn und Taxissche Postgeneralat in den

---

Wahltages zustande gekommen. Vertrag vom 11. Juli 1789. FZA Regensburg, Posturkunden 305. Mit Kurtrier einigte man sich schließlich im September 1790. FZA Regensburg, Posturkunden 767.

[195] Auszüge aus dem Reichsfürstenratsprotokoll bei Johann A. MERTENS, Beleuchtung der in dem ersten Hefte der Erörterungen und Beispiele des deutschen Staats- und Fürstenrechtes von dem Herrn geheimen Justizrath Pütter enthaltenen Abhandlung von dem Reichspostwesen, [Jena] 1792, S. 201–207.

[196] Diese Berechnung bei Alfred KOCH, Die deutschen Postverwaltungen im Zeitalter Napoleons I. (1798–1815). Der Kampf um das Postregal in Deutschland und die Politik Napoleons, in: ADP 15 (1967), S. 1–38, hier: S. 4.

[197] Bereits im 18. Jahrhundert gab es sehr ausführliche und detaillierte »Post-Charten« und Itinerare, welche die Verflechtungen der Postlinien deutlich aufzeigen. Siehe dazu Dietrich PFAEHLER, Orientierung vor und auf der Reise. Gedruckte kartographische Hilfsmittel zur Reiseplanung vom 16. bis zum 18. Jahrhundert, in: Heli IHLEFELD/Wolfgang LOTZ

Österreichischen Niederlanden durch die Eroberungen der Franzosen unter. Damit verlor das Gesamtunternehmen eine wesentliche Stütze, denn über Postämter wie Lüttich und Maaseik verliefen die wichtigen Transite nach England, Frankreich, Spanien und in die Vereinigten Niederlande. Zum anderen fielen die linksrheinisch gelegenen Postämter an Frankreich. Der Verlust so wichtiger und zentraler Städte wie Köln, Koblenz und Mainz traf die Reichspost geographisch gesehen ins Herz. Während des ersten Koalitionskriegs versuchten die Unterhändler des Fürsten von Thurn und Taxis den Postverkehr wenigstens notdürftig aufrecht zu erhalten. Anfangs gelang es sogar, vom französischen Oberbefehlshaber einen Schutzbrief für die Reichsposten zu erhalten.[198] Aber bald zeichnete sich ab, daß der Verlust des linksrheinischen Gebietes an Frankreich nicht mehr rückgängig gemacht werden würde. Preußen erkannte die Abtretung dieser Gebiete bereits im Sonderfrieden zu Basel 1795 an, Österreich folgte im Frieden von Campo Formio zwei Jahre später. In geheimen Zusatzartikeln hatte man in diesen bilateralen Friedensverträgen vereinbart, daß die Gebietsverluste durch eine Umverteilung des rechtsrheinischen Reichsterritoriums ausgeglichen würden. Eine Neuordnung der politischen Verhältnisse im Reich sollte jedoch dem Friedenskongreß zu Rastatt vorbehalten bleiben.

Im Haus Thurn und Taxis war man über diese Entwicklungen durch den Wiener Residenten Freiherrn von Wunsch informiert. Unter den Mitgliedern der Geheimen Kanzlei herrschte Einstimmigkeit darüber, daß man zur Wahrung der Interessen und Rechte des Hauses einen Vertreter nach Rastatt entsenden sollte.[199] Natürlich ging es dabei in erster Linie um die Post. Zwar sollte der Gesandte auch die Besitzungen in den (Österreichischen) Niederlanden bei den Verhandlungen im Auge behalten, aber letztlich war dies nur zweitrangig.[200] Sogar den Verlust des niederländischen Postgeneralats hatte man bereits resigniert als unabänderliche Tatsache hingenommen.[201] In erster

---

(Hrsg.), Deutsche Postgeschichte. Essays und Bilder, Berlin 1989, S. 105–122; außerdem zahlreiche Beispiele in Hans HÜBNER/Mirjam KASPERL (Hrsg.), Postgeschichte auf Landkarten. Kartographische Dokumente zur deutschen Postgeschichte 1704–1993, Berlin 1996.

[198] Zum ersten Koalitionskrieg in seiner Auswirkung auf die Reichspost siehe die ausführliche Darstellung bei Guido SAUTTER, Die Reichspost beim Einbruch der Franzosen in das Reich 1792 bis 1793, in: APT 41 (1913), S. 1–16, 43–53, 85–92. Der Schutzbrief des Generals Custine ebenda, S. 11.

[199] Siehe FZA Regensburg, Postakten 2217. Zum Rastatter Kongreß liegt sehr umfangreiches Aktenmaterial vor (Postakten 2217–2223), außerdem zahlreiche Promemorien wie die »Denkschrift des Postkommissärs Grub über die Grundsätze der Entschädigung 1798« (Postakten 957) und die »Denkschrift über das Postwesen in den an Frankreich gefallenen Ländern 1799« (Postakten 958).

[200] Die niederländischen Besitzungen waren unter Sequester gestellt worden. Siehe dazu ausführlicher den folgenden Abschnitt 4.3.

[201] Dieses Postgebiet versorgten seit 1794 französische Bevollmächtigte, und da es zuvor aufgrund eines Pachtvertrags mit dem Haus Habsburg ausgeübt worden war, konnte an ein Wiedererlangen oder eine Entschädigung zum gegenwärtigen Zeitpunkt – so Vrints-Berberich – nicht gedacht werden.

Linie ging es darum, die Reichspost in ihrem bisherigen Umfang zu sichern. Mit diesem Auftrag begab sich Freiherr Alexander von Vrints-Berberich noch vor Beginn des Kongresses nach Rastatt. Nachdem bis zum 20. November 1797 allmählich die Gesandten aller wichtigen Mächte eingetroffen waren, überreichte er ihnen am 23. November ein ausführliches Promemoria, das die Bedeutung und Nützlichkeit der Reichspost herausstellte und um die Unterstützung der Reichsinstitution warb.[202] Die Gesandten verhielten sich jedoch alle recht zurückhaltend, nicht zuletzt, weil mittlerweile die eigentliche Verhandlungsbasis immer deutlicher wurde. Bisher hatte man – auch in der Geheimen Kanzlei in Regensburg – daran geglaubt, daß nicht nur die politische, sondern auch die geographische Integrität des Reiches gewahrt werden würde. Nun sickerte immer deutlicher durch, daß die linksrheinischen Gebiete dauerhaft an Frankreich fallen sollten und als Entschädigung eine Säkularisation im Reich stattfinden würde, das heißt die Gebiete und Herrschaftsrechte geistlicher Herrschaften an die weltlichen Reichsstände übertragen werden sollten. Freiherr von Eberstein erfuhr dies im Dezember vom preußischen Reichstagsgesandten Grafen Görtz in Regensburg und berichtete es umgehend nach Rastatt. Seiner Meinung nach müsse sich Vrints-Berberich unter diesen Umständen vor allem an Frankreich halten. Zum einen gehe es um Zusicherung entsprechender Entschädigungsleistungen für die verlorenen Postgebiete links des Rheins. Zweitens um die Festschreibung einer Thurn und Taxisschen Reichspost in einem Reichsfriedensschluß. Denn falls die bisher relativ kleinen Landesherrschaften durch die Entschädigungen zu großen und geschlossenen Gebieten arrondiert würden, so könnten die Fürsten leicht auf die Idee kommen, eigene Landesposten zu errichten und die Reichspost zu verdrängen. In den Schreiben aus Regensburg wird erkennbar, daß man immer mehr bereit war, alles auf die französische Karte zu setzen. Vor allem Eberstein zögerte keinen Augenblick, im Zweifelsfall auch gegen Österreich auf die Seite Frankreichs zu wechseln. Doch sein Einfluß wurde von Wien aus eingedämmt. Wie bereits dargestellt, war gerade am Ende des Jahres 1797 eine völlige Desorganisation innerhalb der Thurn und Taxisschen Führungsschicht auszumachen. Vrints-Berberich war auch nicht, wie dies Vollrath aufgrund der Regensburger Quellenlage fälschlicherweise behauptet, durch den dirigierenden Geheimen Rat Eberstein nach Rastatt geschickt worden, sondern vor allem durch den Vorschlag und die Vermittlung Wiens.[203] Am Verhandlungsort trat er jedoch nicht in Begleitung der habsburgischen Delegation, sondern als selbständiger Vertreter des Fürsten von Thurn und Taxis auf. Da zeitweise nicht durchschaubar war, wer im Haus Thurn und Taxis die politischen Richtlinien festlegte, konnte Vrints-Berberich in Rastatt sehr frei operieren, auch wenn er

---

[202] Siehe das Promemoria an die Rastatter Gesandten vom 23. November 1797. FZA Regensburg, Postakten 2217.
[203] VOLLRATH, Thurn und Taxis, S. 22.

stets von seinen Unternehmungen nach Regensburg berichtete.[204] Vor allem gelang es ihm, sich gleichzeitig Frankreich und Österreich »zu empfehlen«. In umfangreichen Memoranden schilderte er sowohl den habsburgischen Gesandten Cobenzl und Lehrbach wie den französischen Unterhändlern die Vorteile einer Reichspost und beschwor die Gründe, die für deren Erhalt sprachen.[205] Schwierig war es dabei, den französischen Bevollmächtigten die Eigenart des Reichs und der Reichspost klarzumachen. Treilhard beispielsweise hatte die Postanstalt als ein privates Unternehmen des Fürsten angesehen und mußte sich die reichsrechtlichen Bezüge erst von Vrints-Berberich erklären lassen.[206] Als hilfreich erwies sich, daß sich Napoleon bei einer Audienz positiv über die Thurn und Taxissche Post äußerte. Zweifellos war es außerdem von nicht zu unterschätzender Bedeutung, daß Vrints-Berberich auch Kontakte zu den Sekretären der französischen Delegation aufbauen konnte. Natürlich spielten dabei Bestechungen aller Art eine wesentliche Rolle.[207]

Vrints-Berberich gelangte sehr früh zu der Überzeugung, daß man Verhandlungen zur Sicherung der Post direkt in Paris mit Napoleon bzw. Außenminister Talleyrand führen müßte und die Gespräche in Rastatt auf keinen Fall genügen würden. In Regensburg zweifelte man anfangs am Erfolg einer derartigen Mission. Der dirigierende Rat Schneid war der Meinung, im Zweifelsfall solle man Freiherrn von Lilien in die französische Metropole schicken – dies jedoch nicht, weil er den »Generaldirektor der Posten« für geschickt und fähig hielt, sondern um ihn durch eine eigentlich unsinnige Aktion aus den Geschäften herauszuhalten. Lilien hatte einen Plan ausgearbeitet, wie man die Reichspost für die Zukunft schützen sollte. Dabei baute er jedoch vor allem auf den weiteren Einfluß der österreichischen Kaiserdynastie. In Regensburg war man ziemlich verärgert über dieses »Belehrungsschreiben«, das nach den Worten Schneids nur altbekannte Dinge zusammenfaßte, ohne konstruktive Vorschläge zu unterbreiten.[208] Die Frage, wie es denn mit dem Thurn und Taxisschen Postinstitut weitergehen sollte, beschäftigte indes die Angehörigen des Hauses

---

[204] Siehe dazu und im folgenden FZA Regensburg, Postakten 2217–2221.

[205] Siehe ebenda (Postakten 2218) und das *Mémoire* des Postdirektors Vrints-Berberich, Rastatt 28. Juni 1798. AMAÉ Paris, Corr. pol., Petites principautés 83, fol. 29–33.

[206] Vrints-Berberich wies auf die besondere Stellung der Reichspost gleich zu Beginn seines ersten großen *Mémoires* hin: »L'Etablissement des Postes Impériales, dont la possession a été assurée depuis plusieurs siècles jusqu'à ce moment ci à la Maison de la Tour et Tassis, qui l'a fondé, est basé sur des Lois positives de la constitution germanique et reconnu commun fief relevant de Sa Majesté Impériale et de l'Empire«. AMAÉ Paris, Mém. et doc., Allemagne 97, fol. 20–25, hier: fol. 20r.

[207] Vrints-Berberich war jedoch der Meinung, daß die Bestechungen allein kein Weg zum Erfolg der Verhandlungen waren. Da alle Anwesenden in unglaublichen Mengen Bestechungen austeilten, sei es wichtiger, die Verhandlungspartner zu überzeugen. Siehe seinen Bericht vom 9. Januar 1798. FZA Regensburg, Postakten 2218.

[208] Einige Schriftstücke dazu in Kopie in HHStA Wien, StK, Kleinere Betreffe 18; grundlegend FZA Regensburg, Postakten 2217–2223, dort auch die Schreiben Liliens. Siehe aber auch die zahlreichen Denkschriften in Postakten 950–951.

nicht nur intern. Bereits im Herbst des Jahres 1798 erschien unter dem Titel *Ueber die deutsche Postwelt* eine Schrift, die vorschlug, die Post als »Erzamt« einzurichten und es unter der Oberaufsicht der Kurfürsten dem Fürsten von Thurn und Taxis weiterhin zu verleihen.[209] Die Übernahme der Postrechte durch die einzelnen Länder würde der Einheit des Reiches, aber auch dem öffentlichen Verkehr und der Wirtschaft schaden, so das Resümee der Schrift. Die Diskussion um das Postmonopol, die erst ein paar Jahre zuvor einen Höhepunkt erlebt hatte, ging weiter.

Die konkreten Gefahren für das Postinstitut waren viel bedeutender, als die allgemeine Diskussion über den Fortbestand der Reichspost unter den veränderten politischen Rahmenbedingungen vermuten ließ. Der definitive Verlust des niederländischen Postgebiets und die Übergabe der linksrheinischen Posten an die Franzosen hatte die Reichspost bereits schwer getroffen. Sollte nun der Hauptaustausch des Briefverkehrs zwischen Frankreich und dem Reich über Preußen, das seit dem Sonderfrieden relativ gute Beziehungen zu Frankreich pflegte, verlaufen, so wäre die Reichspost auf ein Minimum reduziert und damit die Verhandlungsbasis gegenüber anderen Landespostanstalten äußerst schwach geworden. Erstes Ziel mußte es also sein, einen Postvertrag mit Frankreich auszuhandeln, um eine gute Basis für weitere Verhandlungen mit den Reichsständen zu gewinnen. Darauf aufbauend, ging es zweitens um das Fortbestehen der Thurn und Taxisschen Postanstalt im Reich. Auch dazu benötigte man die Unterstützung der französischen Regierung, denn es war klar geworden, daß die europäische Politik von Frankreich bestimmt wurde. Am besten erschien es, die Reichspost *expressis verbis* in einem künftigen Vertragstext zu verankern, konkret in einem Reichsfrieden. Dazu sollten selbstverständlich auch andere Mächte wie Österreich und Preußen ihre Zustimmung und Unterstützung geben. Drittens galt es, eine Entschädigung für die verlorenen linksrheinischen Postgebiete zu erhalten. An diesem Punkt zeigte sich überdeutlich die Eigentümlichkeit der Reichspost. Bekanntlich war vorgesehen, den Landesherren ihren Gebietsverlust auf dem linken Rheinufer durch säkularisierte Güter im Rechtsrheinischen zu entschädigen. Nun waren die Posten natürlich kein Reichsgebiet, sondern, wiewohl Teile eines lehensrechtlichen Besitzes, nur punktuelle Stationen. Daher war die Frage, ob sie denn entschädigungswürdig seien, durchaus berechtigt. Von Taxisscher Seite wollte man die Postanstalten durchaus wie einen Herrschaftsbesitz gewertet wissen. Ähnlich wie dieser – so argumentierte man – warfen sie Gewinn ab, der ebenso durch Gebietsentschädigung ausgeglichen werden müsse. Von dieser Sachlage waren vor allem die Vertreter der französischen Regierung zu überzeugen. Natürlich wäre es noch besser gewesen, für die verlorenen Postbereiche andere Postgebiete zu erhalten.

---

[209] [Alexander von IMHOF-SPIELBERG], Germania II. Über die deutsche Postwelt; nebst allerley Adressen. Als ein Noth- und Hülfsbüchlein für die zum ewigen Frieden versammelten Nationen in Rastatt, Hamburg 1798.

Daran war jedoch am allerwenigsten zu denken, da Frankreich in den besetzten Gebieten sehr schnell eine eigene Post installierte. Und schließlich waren da viertens noch die Besitzungen in den habsburgischen Niederlanden, die immer noch unter französischem Sequester standen.[210]

Mit all diesen Fragen und Problemkreisen beladen, machte sich Vrints-Berberich schließlich selbst auf den Weg nach Paris. Die Gespräche in Rastatt hatten bisher wenig erbracht, und es schien, als werde auf dem Weg der Verhandlungen unter den Bevollmächtigten auch weiterhin wenig zu erreichen sein. Außerdem konnte ihn sein Vater, der ihm seit einiger Zeit assistiert hatte, am Verhandlungsort vertreten. Ritter von Lang, der selbst Kongreßteilnehmer war und den Verhandlungen in seinen Memoiren wenig Effektivität bescheinigte, karikierte auch das Verhältnis zwischen dem handlungsbevollmächtigten Generalpostdirektor Vrints-Berberich und dem Bremer Oberpostmeister Vrints-Treuenfeld: »Ein drolliges Verhältnis tat sich in der Taxisschen Gesellschaft kund, wo der junge kleingestaltete Sohn, ein Graf Vrints Berberich, als erster, sein alter, stämmiger und himmellanger Papa aber als untergeordneter zweiter Gesandter auftrat, und zwar mit solcher pünktlichen Beobachtung des Ranges, daß der Herr Papa immer ein paar Schritte seitwärts hinter dem Herrn Sohn ging«.[211] Die Verhandlungen in Paris verliefen jedoch schleppender, als Vrints-Berberich erhofft hatte. Auf französischer Seite war man selbst beschäftigt, einen Plan zur Organisation des Postwesens, der auch die Transit- und Auslandsbeziehungen regeln sollte, aufzustellen. Gegenüber den Wünschen des Reichspostvertreters verhielt man sich dementsprechend erst einmal eher zurückhaltend. Vor allem war im Mai 1798 bereits deutlich abzusehen, daß es zum Ausbruch militärischer Auseinandersetzungen kommen würde, die schließlich ab dem Frühsommer in den zweiten Koalitionskrieg münden sollten. Es war also geraten, definitive Entscheidungen auf die lange Bank zu schieben. Auf den ersten Blick hatte die erste Parisreise daher scheinbar wenig erbracht: Ohne konkrete Ergebnisse trat Vrints-Berberich die Rückreise nach Regensburg an.[212] Aber es war dem Taxisschen Unterhändler gelungen, die Aufmerksamkeit der französischen Staatsverwaltung auf die Reichspost zu lenken. Vor allem Talleyrand, der als Außenminister und rechte Hand Napoleons eine zunehmend wichtige Rolle spielte, stand ihr wohlgesonnen gegenüber. Scheinbar hatten die zahlreichen *Mémoires*, die heute sowohl unter dem Betreff »Postes de l'Empire« als unter dem Betreff »Tour et Tassis« in den Archives Du Ministère des Affaires Étrangères vorliegen, ihre Wirkung nicht

---

[210] Die Verhandlungen und Überlegungen zum Vorgehen in den politischen Veränderungen der Zeit füllen verständlicherweise umfangreiche Faszikel. Siehe allgemein dazu die Aktenreihen FZA Regensburg, HFS, Akten 200–230 sowie Postakten 2217–2223.

[211] LANG, Memoiren, S. 167.

[212] Siehe die Berichte Vrints-Berberichs in FZA Regensburg, Postakten 2222–2223. Nach Rastatt konnte er nicht mehr zurückkehren, denn der Kongreß war mit dem Beginn der Kriegshandlungen aufgelöst worden.

verfehlt.[213] Eine Post im Reich, die unter der Leitung der erfahrenen Postdynastie stand, konnte recht vorteilhaft für die Interessen der französischen Staatspost sein.[214] Die Bedeutung des Hauses Thurn und Taxis und der Reichspost wurden in der Argumentation immer wieder synonym verwendet und den französischen Verhandlungspartnern nähergebracht.

An dieses Wissen um die Reichspost und die Interessen des Hauses Taxis konnte wieder angeknüpft werden, als der Pulverdampf auf den Schlachtfeldern des zweiten Koalitionskrieges im Sommer des Jahres 1800 allmählich verraucht war. Aus Wien war zu erfahren, daß zu Lunéville ein Frieden zwischen Österreich und Frankreich beschlossen worden war, der Reichsfriedensverhandlungen vorsah. Diese Meldungen führten zur Verstärkung der diplomatischen Bemühungen. Auf die Nachfrage aus Regensburg informierte der Reichsvizekanzler den Generalpostdirektor Vrints-Berberich durch den Konkommissar Freiherrn von Hügel über Einzelheiten. Vrints-Berberich setzte alle Hebel in Bewegung, um zum einen die kaiserliche Unterstützung zu bekommen und zum anderen so bald als möglich nach Paris reisen zu können, um die kriegsbedingt abgebrochenen Verhandlungen wieder aufzunehmen. Die Fäden nach Wien knüpfte er durch zahlreiche Schreiben selbst, im übrigen war Freiherr von Wunsch als Taxisscher Resident ein wichtiger Ansprechpartner. Wien, das war abzusehen, würde die Reichspost unterstützen. Natürlich mußte man auch Preußen für ein Weiterbestehen der Reichspost gewinnen. Bei den Verhandlungen mit Berlin setzte man vor allem auf verwandtschaftliche Beziehungen und überließ es der Erbprinzessin Therese als Schwester der Königin von Preußen, für eine wohlwollende Beobachtung der Verhandlungen zu sorgen. Thereses Einfluß nahm in den Jahren um 1800 stetig zu. Der Fürst hingegen zog sich mehr und mehr aus der aktiven Politik zurück, sogar die Repräsentationsaufgaben übertrug er fast vollständig seinem Sohn, dem Erbprinzen Karl Alexander. Aufgrund ihres hohen Alters spielten Schneid und Leykam nur eine untergeordnete Rolle, und Eberstein war aufgrund der Wiener Intervention endgültig in die zweite Linie zurückgetreten. In dieses Macht- und Handlungsvakuum traten vor allem Vrints-Berberich und die Fürstin. Erstgenannter übernahm schließlich die Hauptverhandlungen in Paris.

In der französischen Metropole zeigte sich nun, daß sich die erste Reise doch noch auszahlte. Talleyrand war sowohl der Person als auch der Sache wohlgesonnen und sagte sehr früh zu, die Reichspost in einem besonderen Artikel im Reichsfrieden zu berücksichtigen. Die konkreten Postverhandlungen

---

[213] Es handelt sich um die recht umfangreichen Bestände AMAÉ Paris, Mém. et doc., Allemagne 97 sowie Corr. pol., Petites principautés 83.

[214] Untrennbar damit verbunden war natürlich auch die Zukunft des Hauses Thurn und Taxis: »Un autre Intérêt lié intimement à l'Etablissement même du Postes, et dont dépend l'existence future de la maison de La Tour et Tassis«, so betonte daher Vrints-Berberich. *Mémoire* Vrints-Berberichs zur Erklärung des Postwesens im Reich. AMAÉ Paris, Mém. et doc., Allemagne 97, fol. 20–25, hier: fol. 24r.

führte Vrints-Berberich mit dem neuernannten »Commissaire du Gouvernement près des postes« La Forest.[215] Bereits im August 1800 wurde eine Übereinkunft getroffen, die nach zahlreichen Verhandlungen im Dezember schließlich zum Postvertrag zwischen der Generalpostverwaltung der französischen Republik und der Reichspost führte. Beide Postanstalten vereinbarten darin den Austausch aller nationalen und ausländischen Postsendungen und regelten die diesbezüglichen Modalitäten.[216] So wurden die Postgebiete in einzelne Abschnitte (»Rayons«) eingeteilt, nach denen ein gestuftes Portosystem entwickelt wurde. Einen größeren Erfolg hätte der Thurn und Taxissche Unterhändler nicht erreichen können. Mit diesem Vertrag erhielt die Reichspost die gesamten Korrespondenzen aus Frankreich, Italien, Portugal und Spanien, außerdem lief die gesamte Korrespondenz des Reiches nach Frankreich über die Thurn und Taxisschen Postlinien.[217] Darüber hinaus war das vereinfachte Verrechnungsverfahren für beide Seiten sehr vorteilhaft. Österreich hingegen protestierte heftig gegen diesen Postvertrag, da nunmehr alle Auslandsbriefe verteuert wurden, die früher portofrei über Transitwege verlaufen waren. Vor allem aber Preußen war sehr getroffen. In Berlin hatte man sich kurzfristig sogar Hoffnungen gemacht, den gesamten Westtransit des Reichs mit Frankreich abwickeln zu können. Nun war das Haus Thurn und Taxis zuvorgekommen, und Preußen hatte sogar die gesamte Korrespondenz nach Westen der Thurn und Taxisschen Zentrale in Frankfurt am Main zu übergeben.

Viel wichtiger als der Triumph über die preußische Postanstalt war die gesicherte Basis, die der Postvertrag für das Fortbestehen der Thurn und Taxisschen Post schuf. Nach dem Frieden von Lunéville wurde bald bekannt, daß eine Deputation zur Neuordnung des Reiches eingesetzt werden sollte. Fast gleichzeitig mit dem Postvertrag wurde vereinbart, daß Regensburg Tagungsort dieser Versammlung werden würde. Da es sich um eine Reichsdeputation handelte, war es nötig, für das Fortbestehen der Reichspost genügend Befürworter aus dem Kreis der Reichsfürsten zu finden. Auf Kurböhmen und Kurmainz hoffte man dabei rechnen zu können. Einige Reichsstände wie Hessen-Kassel würden – so befürchtete Vrints-Berberich – sicher wieder Protest einlegen und vielleicht sogar von Kurbrandenburg unterstützt werden. Vor allem aber hatte man in Erfahrung

---

[215] Es bedurfte einiger Überzeugungsarbeit, um diesen maßgeblichen französischen Unterhändler für die Reichspost zu gewinnen, was jedoch aufgrund der Unterstützung durch Talleyrand und namentlich durch Napoleon beschleunigt wurde. Siehe zu diesen Verhandlungen die Berichte des Unterhändlers Vrints-Berberich in FZA Regensburg, Postakten 2224.

[216] Vertrag zwischen Antoine René Charles Mathurin La Forest als Vertreter der Postverwaltung der französischen Republik und Freiherr Alexander von Vrints Berberich für das Posterbgeneralat des Deutschen Reiches, Paris 14. Dezember 1801. FZA Regensburg, Posturkunden 840.

[217] Zum Teil abgedruckt bei Rudolf FREYTAG, Das Aufkommen der Aufgabestempel und die Postkonvention zwischen zwischen Thurn und Taxis und Frankreich vom 14. Dezember 1801, in: APT 54 (1926), S. 29–39.

bringen können, daß die südlichen Mittelstaaten des Reiches wie Württemberg, Baden und auch Bayern die Postrechte lieber selbst verwalten würden und einer Aufrechterhaltung der Reichspost ablehnend gegenüberstanden. Die Frage, inwieweit man für die verlorenen Posten im Linksrheinischen Entschädigungen bekommen würde, war demgegenüber – wenn auch von großer finanzieller Bedeutung – doch eher zweitrangig. Im Vorfeld der Verhandlungen war daher der Postvertrag mit Frankreich von höchster Relevanz. Denn die Reichspost konnte, da Frankreich sie als Partner anerkannt hatte, niemand umgehen. Über den Postvertrag hinaus schlossen die beiden Unterhändler am gleichen Tag noch einen Separatartikel.[218] In ihm sicherte La Forest dem Fürsten von Thurn und Taxis zu, die Reichspost zu unterstützen: Konkret versprach er, sich im Namen der französischen Postverwaltung bei Napoleon dafür einzusetzen, daß in den nach Lunéville auszuhandelnden Vertrag ein Passus aufgenommen werde, der den Reichsposten den Status quo hinsichtlich ihrer rechtlichen Existenz zusprechen sollte.

Eine bessere Sicherheit hätte man für die Verhandlungen der Reichsdeputation nicht haben können, es war schließlich ein französisch-russischer Entschädigungsplan, der dem späteren Reichsdeputationshauptschluß zugrunde liegen sollte. Frankreich und in zweiter Linie auch Rußland sollten die Neuordnung Deutschlands zu wesentlichen Teilen diktieren.[219] Nun war es zwar geschickt, sich unter Frankreichs Schutz und Schirm zu begeben, aber die Post des Reiches war weiterhin eine Reichsinstitution, die unter der Oberhoheit des Kaisers stand. Die guten Beziehungen nach Wien durften also ebensowenig gemindert, erst recht nicht aufs Spiel gesetzt werden. Während der gesamten Verhandlungen mit Frankreich hatte man daher immer auch Österreich über den Stand der Dinge informiert.

Die gleichzeitige Unterstützung zweier gegnerischer Mächte erhalten zu haben kann durchaus als diplomatische Meisterleistung bezeichnet werden. Jedoch manövrierte sich Vrints-Berberich als wichtigster Kopf im Haus Thurn und Taxis dabei auch in ein gefährliches Doppelspiel hinein. In den Schreiben an den Postdirektor La Forest, den Außenminister Talleyrand und den ersten Konsul Bonaparte betonte sowohl der Fürst als auch mit gleichem Wortlaut Vrints-Berberich, daß die Reichspost als übergeordnetes Dienstleistungsunternehmen große Vorteile für Frankreich biete. Sollte die Post daher nicht in ihrem gegenwärtigen Bestand erhalten bleiben, sondern in viele einzelne territoriale Posten aufgeteilt werden, wäre diese auch für Frankreich so günstige Regelung

---

[218] Separatartikel zum gleichzeitig abgeschlossenen Postvertrag vom 14. Dezember 1801. FZA Regensburg, Posturkunden 840. Siehe zu Verhandlungen und Vertrag FZA Regensburg, Postakten 2224 und AMAÉ Paris, Mém. et doc., Allemagne 97, fol. 80 f.

[219] Auch bei Rußland hatte man taxisscherseits um Unterstützung gebeten. Neben direkten Empfehlungsschreiben an den Zaren pflegte man vor allem ein gutes Verhältnis zum russischen Unterhändler Bühler. Siehe FZA Regensburg, HFS, Akten 194 und die zahlreichen Verhandlungsakten.

dahin.[220] Gegenüber Österreich argumentierte er selbstverständlich anders. Besonders faszinierend ist die Gleichzeitigkeit, mit der man sich in beide Richtungen empfahl. Am 28. März 1801 übergab Vrints-Berberich ein Memorandum an La Forest, in dem er alle Gründe zusammengestellt hatte, die für die Aufrechterhaltung der Reichspost sprachen. Gleichzeitig überreichte er Talleyrand ein »Prémis au ministre des Relations extérieures par Vrints-Berberich«, in dem er ebenso auf die Vorteile verwies und besonders die loyale Haltung der Reichspost im vergangenen Krieg herausstellte.[221] Nur wenige Tage nach den *Mémoires* an die französischen Verhandlungspartner, am 5. April 1801, schrieb Vrints-Berberich an den österreichischen Staatsvizekanzler Cobenzl und legte in einer Denkschrift dar, welche Gründe für die Unterstützung der Reichspost sprachen.[222] Sollte die Reichspost zugunsten verschiedener Territorialposten eingeschränkt werden, könne der Geheime Dienst nicht aufrechterhalten bleiben. Die Briefspionage in Frankfurt am Main, Augsburg und Nürnberg war in letzter Zeit nicht zuletzt durch die Kriegswirren bereits Gefährdungen ausgesetzt gewesen. Aber beim Erhalt des Status quo könnten nicht nur diese Logen weiterarbeiten, sondern auch als Ersatz für die verlorenen linksrheinischen entsprechende Logen im Rechtsrheinischen aufgebaut werden.

Das Argument, die Thurn und Taxissche Reichspost um der Briefspionage willen zu erhalten, war im Grunde nicht neu; es taucht seit dem ersten Drittel des 18. Jahrhunderts immer wieder auf.[223] Aber in den kriegerischen Zeiten um 1800 erlangte es höchste Bedeutung. Als Ende der achtziger Jahre Aufstände die Österreichischen Niederlande erschütterten, befürchtete man in Wien bereits, die wichtigen Postlogen dort zu verlieren. In einem Schreiben vom 20. Juli 1787 erteilte die Hofburg dem Leiter der Logen, Freiherrn von Lilien, zugleich Generalintendant der Posten im Reich und in den Niederlanden, Anweisungen, wie er sich bei weiteren Unruhen zu verhalten habe.[224] Zwar habe der Fürst von Thurn und Taxis schon Vorsorge für die Postbeamten getroffen und auch der »an das Postamt Lüttich ergangene Befehl wegen directer Abschickung der den Geheimen Dienst betreffenden Depeschen an

---

[220] Zahlreiche Schreiben dazu in AMAÉ Paris, Mém. et doc., Allemagne 97.

[221] Siehe ebenda; außerdem in Konzeptform FZA Regensburg, Postakten 2224.

[222] Vrints-Berberich argumentierte in seinem *Mémoire* wie folgt: »Dans les différents mémoires où le Soussigné exposa à Son Excellence Monsieur le Vice Chancelier Comte de Cobenzl la nécessité de statuer le maintien constitutionnel des Postes de l'Empire, dans le Concert qui va être pris, pour les Objets de l'Allemagne, je n'ai pu faire mention du point de Vue le plus essentiel pour les Interêts de la Monarchie Autrichienne, celui du Service secret: ayant actuellement le Bonheur de l'approcher Elle même, le Soussigné ne hésite plus de toucher cette Corde, il s'y serait même obligé en qualité de Chef de ce Service en Empire«. FZA Regensburg, Postakten 2224, fol. 138.

[223] Siehe dazu Einleitung, Abschnitt 2.3 und Kapitel I.4.1 mit den dortigen Literaturhinweisen.

[224] HHStA Wien, RK, Kleinere Reichsstände 520, Konvolut betreffend Lilien und Wunsch, fol. 55–57. Das Schreiben dürfte vom Reichsvizekanzler persönlich abgefaßt worden sein, zumindest entstammt es der Reichskanzlei.

den H[errn] KabinetsSecretarius von Kronenfels« werde befolgt. Sollte es jedoch zu weiteren Übergriffen kommen, so müßten sich die Postlogisten »an die Gränzen zurückbegeben, wobey es sich von selbst verstehet, daß alles, was irgend eine Beziehung auf den Geheimen Dienst hat, sorgfältigst verwahrt mitgenommen, und davon nicht die geringste Spur zurückgelassen werden müßte«. Ähnliches gelte für die Logen in Antwerpen und Brüssel. Noch hoffe man aber, daß dies nicht eintreten werde. Diese Hoffnungen sollten sich mit dem ersten Koalitionskrieg endgültig zerschlagen. Die Österreichischen Niederlande fielen an Frankreich, einzelne Postämter wurden aufgelöst, das Oberpostamt Lüttich (mitsamt den Mitarbeitern im Spionagebereich) nach Düsseldorf verlegt. Wie sehr man in Wien auf die Informationen der verbliebenen Postlogen im Reich angewiesen war, beweisen die massiven Auseinandersetzungen um die Stellenpolitik im Haus Thurn und Taxis im Jahr 1797.[225] Die Wiener Behörden ließen es an Deutlichkeit nicht fehlen, um den Thurn und Taxisschen Vertretern klar zu machen, daß sie keinerlei Gefährdungen des Geheimen Dienstes wünschten. Vor allem der Reichsvizekanzler ließ keinen Zweifel daran, daß die Unterstützung für das Haus Thurn und Taxis ohne Aufrechterhaltung des Geheimen Dienstes nicht zu haben war.[226]

Ein kurzer Blick auf die sogenannten »Post-Charten« des 18. Jahrhunderts und auf die Organisation der habsburgischen Briefüberwachung erklärt sehr schnell die hohe Bedeutung der Reichspostlogen.[227] Über Oberpostämter wie Frankfurt, Augsburg und Nürnberg verliefen wichtige europäische Postrouten, vor allem die wichtige Nord-Süd-Korrespondenz wurde über diese Stationen transportiert. Solange es möglich war, an diesen Orten systematisch Briefspionage zu betreiben, verfügte man über einen immensen Informationsvorsprung im Reich. Daher bemühten sich die Wiener Behörden über das ganze 18. Jahrhundert hinweg, die Reichspostämter wie auch die niederländische und vorderösterreichische Post in das österreichische Briefspionagesystem einzubinden. Die Zentralisierung auf Wien hin erhöhte die Effektivität. Zum einen wurde jeweils das Postamt zur Briefspionage herangezogen, das der Zentrale am nächsten lag. Um mehrfaches »Interzipieren« zu vermeiden, kennzeichnete man die bereits untersuchten Briefe mit kleinen Zeichen. Zum anderen mußte man sich

---

[225] Siehe dazu die ausführlichen Schilderungen in Kapitel II.2.2 (»Der Einfluß Habsburgs auf die Verwaltungsstrukturen«). Hauptsächlich nachvollziehbar aus den Wiener Aktenbeständen, vor allem aus HHStA Wien, StK, Kleinere Betreffe 18, Konv. A.
[226] Siehe die zahlreichen Schreiben in dieser Sache in ebenda, fol. 68–198, komprimiert in dem Zitat: »dann, wenn am Ende der k[ai]s[er]l[iche] Hof dies einzige Band, was ihn noch an das fürstliche Haus hält, auflösen und den Geheimen Dienst im Römischen Reich ganz aufgeben wollte, würde dem fürstlichen Hause selbst gewiß übel geraten sein«. Korrespondenz zwischen Kabinettsminister und Reichsvizekanzler, Schreiben vom 8. November 1797. Ebenda, fol. 107r.
[227] Ausführlicher dazu in anderem Zusammenhang GRILLMEYER, Habsburgs langer Arm. Verschiedene »Post-Charten«, welche die zentrale Lage der Reichspostämter belegen, sind reproduziert in HÜBNER/KASPERL, Postgeschichte.

in den einzelnen Postlogen – eindeutig nachweisbar sind sie für die zweite Hälfte des 18. Jahrhunderts in Frankfurt, Augsburg, Nürnberg, Duderstadt, Regensburg, Hamburg, Hildesheim, Brüssel, Lüttich, Antwerpen, Maaseick, Innsbruck, Bregenz und Konstanz – nicht mit dem Auflösen schwieriger Geheimschriften beschäftigen.[228] Verdächtige Briefe wurden einfach abgeschrieben und nach Wien geschickt. Dort kümmerte sich die »geheime Ziffernkanzlei« um die Auswertung. Unter Kaiser Joseph II. arbeiteten mehr als zehn Dechiffreure an der Auflösung der immer komplizierteren Schlüssel. Die »Codebreakers« der Habsburgmetropole galten als die besten in ganz Europa.[229] Von 1786 bis 1812 stand, offiziell im Rang eines Kabinettsekretärs, Joseph Franz Stephan von Kronenfels an der Spitze der Ziffernkanzlei und damit der gesamten Briefspionage. Zeitweise erhob jedoch sein Vorgesetzter, Kabinettsminister Franz de Paula Graf Colloredo-Wallsee, die Briefspionage zur Chefsache.[230] Ihr Ansprechpartner auf der Thurn und Taxisschen Seite war Freiherr von Lilien. In den zahlreichen Korrespondenzen wird deutlich, wie nervös man in Wien auf jede Einschränkung der Logentätigkeit im Reich reagierte. Als nämlich Lilien, obgleich nominell der Generalintendant der Reichsposten, immer mehr seine Machtbasis innerhalb der Thurn und Taxisschen Verwaltung verlor, war der Geheime Dienst massiv gefährdet. Baron von Schneid, dirigierender Rat bei Thurn und Taxis, würde nie die Sache unterstützen, denn es sei offensichtlich, »daß er niemals ein Freund des Geheimen Dienstes und des k[ai]s[er]l[ichen] Kabinetts gewesen« sei.[231] Noch gefährlicher waren die Neubesetzungspläne des Fürsten, denn dadurch wären an die Spitze der Postverwaltung Männer gesetzt worden, die antikaiserlich eingestellt waren und Kontakte zu den »Postfeinden« Preußen und Sachsen hatten.[232] Der Taxissche Rat von Welz, Mitarbeiter im Geheimen Dienst, betonte gegenüber Kronenfels daher nicht umsonst, daß um der Geheimhaltung willen bei einer Neubesetzung die Logentätigkeit sogar aufgegeben werden müsse. Denn Erkenntnisse über den Geheimen Dienst »sind aus denen Acten möglich«, und es sei »der Nachtheil groß, der dem Geheimen Dienst geschieht, wenn die Directoren nicht wissen, was sie wissen soll-

---

[228] Diese Orte werden als Sitz einer Loge im Briefwechsel zwischen Lilien, Kronenfels, Colloredo-Mansfeld, Kaunitz u. a. genannt. Besonders wichtig waren aufgrund ihrer zentralen Lage die drei Reichslogen in Frankfurt, Augsburg und Nürnberg. HHStA Wien, StK, Kleinere Betreffe 18; RK, Kleinere Reichsstände 520; Reichsakten in specie 21–25.

[229] So übereinstimmend HUBATSCHKE, Briefüberwachung, S. 386, und David KAHN, Codebreakers. The story of secret writing. London 1966, S. 163 f.

[230] Siehe ebenda zur Struktur der Wiener Ziffernkanzlei und zur Kompetenz der Kabinettskanzlei. Colloredo-Wallsee war von 1792 bis 1805 Leiter der Kabinettskanzlei.

[231] Lilien an Welz, Beilage des Berichtes Liliens an Kronenfels vom 30. November 1797. HHStA Wien, StK, Kleinere Betreffe 18, fol. 137.

[232] Siehe dazu ausführlicher Kapitel II.2.2. Eberstein, der die Leitung übernehmen sollte, galt in dreifacher Hinsicht als gefährlich: Erstens galt er als »Postspion«, da er in Kontakt zu Preußen, Sachsen, Hannover und damit zu traditionellen Feinden der Reichspost stand, zweitens hatte er über Dalberg Kontakte zum antihabsburgischen Fürstenbund, und drittens hatte er keine Kenntnis von den Machenschaften des Geheimen Dienstes.

ten«.²³³ Vorsorglich wurden daher durch Welz verschiedene Papiere vernichtet, außerdem wurde die Logentätigkeit in Nürnberg zur größten Verärgerung Wiens vorübergehend eingestellt. Lilien war hingegen nicht nur über die Einschränkung der Briefspionage verärgert, sondern vor allem über personelle Veränderungen, die Welz nur mit Wien abgesprochen hatte. Er schrieb:

> »Allein warum haben sie den Herrfeld abberufen ohne mein Vorwissen, und ohne mir nur ein Wort davon zu schreiben, da sie doch wußten, daß ich zum Director des Geheimen Dienstes ernannt bin, daß mir bei dieser Gelegenheit vor meiner Anreise von Regensburg schriftlich von dem Fürsten versprochen wurde, keine Personen so im Geheimen Dienst arbeiten, von den Postämtern entfernen oder dort anstellen zu wollen, ohne mein Gutachten zuvor eingeholt zu haben«.²³⁴

Die internen Auseinandersetzungen im Haus Thurn und Taxis interessierten Kronenfels, Colloredo-Waldsee und – wie dieser immer wieder betonte – auch den Kaiser hauptsächlich in ihren Auswirkungen auf den Geheimen Dienst. Daher war man in Wien überglücklich, als der Reichsvizekanzler dem Kabinettsminister mitteilen konnte, der Fürst habe alle Verwaltungsveränderungen zurückgezogen.²³⁵ Neben der alten Garde wurde Vrints-Berberich, anfangs nur »mitdirigierender Geheimer Rat«, zum Ansprechpartner Wiens, und dies auf Kosten des Freiherrn von Lilien. Auch wenn dieser immer wieder betonte, daß er »nichts als das Beste des geheimen Dienstes, wie auch des Fürsten suche«, war klar geworden, daß er über keine Hausmacht bei Thurn und Taxis mehr verfügte.²³⁶ Seit wann Vrints-Berberich Kenntnis der Briefspionage erhielt, läßt sich nicht genau ausmachen, scheinbar handelte es sich jedoch um tradiertes Familienwissen.²³⁷ Am 20. Juni 1799 legte Vrints-Berberich den Wiener Behörden ein ausführliches Promemoria vor, in dem er sich als intimer Kenner der Logentätigkeit empfahl.²³⁸ Einführend stellte er die Grundsätze zur Effektivierung des Spionagesystems vor: Erstens sei künftig auf die Besetzungspolitik stärker zu achten. Zweitens sollten, »in der dermaligen wechselnden politischen und kriegerischen Lage« noch verstärkt, Mechanismen entwik-

---

²³³ HHStA Wien, StK, Kleinere Betreffe 18, fol. 85.
²³⁴ Beilage des Schreibens Lilien an Kronenfels vom 30. November 1797. Ebenda, fol. 135 f.
²³⁵ Schreiben vom 1. Februar 1798. Ebenda, fol. 194: Der Reichsvizekanzler berichtet von der erfolgreichen Mission Hügels: »Der k[ai]s[er]l[iche] Hof hat nunmehr das Heft in den Händen«.
²³⁶ Zitat aus einem Schreiben Liliens an Kronenfels vom 11. Februar 1798. Ebenda, fol. 298 f.
²³⁷ Der Name Vrints taucht in diesem Zusammenhang schon seit der Mitte des Jahrhunderts auf. Auch bei einem Fall von Briefspionage in Würzburg 1786 war der entsprechende Postsekretär Heger in Diensten der Familie Vrints gestanden. Genaueres läßt sich indes nicht aussagen. Zum Fall Heger siehe das Promemoria Liliens vom 25. Juni 1784. HHStA Wien, RK, Kleinere Reichsstände 520, fol. 49 f.
²³⁸ Promemoria zum Geheimen Dienst, Wien 20. Juni 1799. HHStA Wien, RK, Kleinere Reichsstände 520, Konv. betreffend Lilien und Wunsch, fol. 98–104.

kelt werden, die den Schutz des Geheimnisses unter allen Umständen gewährleisteten. Drittens müsse zwar bei Gefahr der Entdeckung der Logendienst in einzelnen Städten eingestellt werden, dies könne jedoch über Kursumleitungen ausgeglichen werden. Dazu sei es von Vorteil, wenn in Zukunft er selbst als Direktor der Reichspost auch die Leitung des Geheimen Dienstes übernehme und in direktem Kontakt zu Spionagechef Kronenfels stehe. Vrints-Berberich bot sich also an, den Mittler zwischen dem Postfürsten und dem Kaiserhaus abzugeben: Ohne Lilien ausschalten zu wollen, so betonte er zumindest, »strebe ich nach der Vervollkommnung des mir, als einer der ersten Diener meines Fürsten und des Kais[erlichen] ReichsPostwesens, dann auch als einer der treusten Anhänger der österr[eichischen] Monarchie, so sehr am Herzen liegenden Geheimen Dienstes«. Konkrete Vorschläge zur kurzfristigen Reorganisation der Logen rundeten das Promemoria ab.[239]

In Wien war man über die Vorschläge des Geheimen Rates begeistert. Der Reichsvizekanzler bedankte sich daher beim Fürsten von Thurn und Taxis über die Entsendung Vrints-Berberichs, »der sich auch ganz besonders die Zufriedenheit S[eine]r Majestät sowie allgemeinen Beifall und Achtung erworben hat«.[240] Mit dem Geheimen Dienst hatte Wien allemal einen wichtigen Grund, das Haus Thurn und Taxis und sein Postmonopol zu unterstützen, und dies nicht nur in Rastatt, sondern auch bei den Verhandlungen zum Reichsdeputationshauptschluß.

Vrints-Berberich befand sich noch in Paris, als sich in der Stadt des Immerwährenden Reichstags eine Deputation zur Neuregelung der Verhältnisse im Reich formierte. In Briefen nach Regensburg betonte er die Bedeutung dieser Kommission für das Haus Thurn und Taxis, man solle sich deshalb bereits im Vorfeld bemühen, das Wohlwollen der Deputationsmitglieder zu erwerben.[241] Die Grundlage für einen positiven Verlauf dieser Verhandlungen wurde jedoch bereits in Paris gelegt. Die französische Regierung hatte sich längst entschieden, die Aufrechterhaltung des Status quo der Reichspost zu unterstützen, und in dem Postdirektor La Forest hatte Vrints-Berberich einen wesentlichen Befürworter gefunden. Letzteres war von weitreichender Bedeutung, denn La Forest wurde Mitglied derjenigen Kommission, welche den maßgeblichen Entschädigungsplan aufstellen sollte, und er wurde als Unterhändler zur Reichsdeputation nach Regensburg geschickt. Am 18. August 1802 legten die beiden Mächte

---

[239] In der Frankfurter Loge müsse ein neuer Chef eingesetzt werden, da er dieses Amt in Zukunft nicht mehr selbst ausüben könne. In Nürnberg müsse das Personal vermehrt werden, jedoch gelte es in der Reichsstadt besonders vorsichtig vorzugehen: »... nur scheint mir die Localität und das besondere politische Verhältniß der Stadt eine ganz besondere Vorsicht in der Auswahl des Subjecten so wohl, als des öffentlich anzugebenden Beweggrundes seiner Anstellung zu erfordern«. Gleiches gelte übrigens für den Logendienst in Augsburg. In Regensburg sei es hingegen zur Zeit zu gefährlich, die Loge wieder voll in Gang zu setzen, hier müsse man weitere Überlegungen anstellen. Ebenda, fol. 101–104.
[240] Schreiben vom 21. August 1799. Ebenda fol. 105.
[241] VOLLRATH, Thurn und Taxis, S. 34, nach FZA Regensburg, Postakten 2225–2226.

Souveränität – rechtlicher Status und Verhandlungsgeschick 285

Frankreich und Rußland einen Entschädigungsplan, den sogenannten »plan général« vor, den die Reichsdeputation als Grundlage eines Verfassungswerks annehmen sollte.[242] Der Artikel 13 beschäftigte sich mit dem Fürstenhaus Thurn und Taxis: Zum einen wurden dem Fürsten als Entschädigung für die verlorenen Posteinkünfte auf linksrheinischem Gebiet umfangreiche Gebiete in Schwaben zugesprochen, und zum zweiten sollte der Bestand der Reichspost gesichert bleiben. Nach Bekanntmachung dieses Plans erhob sich heftiger Protest gegen diesen Artikel. Niemand hatte vorausgesehen, daß der Fürst für Posteinkünfte mit Territorien entschädigt werden sollte und damit den Kreis der Entschädigungsempfänger vergrößern würde. Das Feilschen um die Gebiete begann, das aufgrund der hohen Protektion recht positiv für Thurn und Taxis ausfallen sollte.[243] Viel wichtiger war es jedoch, den zweiten Absatz des Artikels zu verteidigen. Natürlich wollten sich die deutschen Reichsfürsten in Postsachen wenig vorschreiben lassen. So mußte sich La Forest schließlich den Protesten beugen. Am Rande eines Diners eröffnete er Vrints-Berberich, der Artikel könne nicht wie geplant durchgesetzt werden. Statt Reichsposten (»postes de l'empire«) werde man gezwungenermaßen den Begriff Thurn und Taxissche Posten (»postes du prince de la tour et tassis«) verwenden. Außerdem müsse man dem kurfürstlichen Kollegium eine Protektion und Überwachung (»protection et surveillance«) und den einzelnen Landesherren die Gerichtsbarkeit über die Postbeamten zuerkennen. Vrints-Berberich war zutiefst schockiert; diese Veränderungen gefährdeten schließlich den Fortbestand der Post mehr, als sie ihn schützten. In zahlreichen Schreiben und Gesprächen versuchte er die beiden wichtigen Unterhändler La Forest und Bühler für eine andere Lösung zu gewinnen. Wenigstens sollte doch das Wort »surveillance« und damit der Einfluß der Kurfürsten auf das Postwesen gestrichen, der Einfluß des Kaisers jedoch hervorgehoben werden.[244] Außerdem dürfe auf keinen Fall an den Gerichtsbefugnissen gerüttelt werden. Zwar konnten in Gesprächen, vornehmlich am Rande der eigentlichen Verhandlungen geführt und unterstützt mit viel Geld, Fortschritte wie die Streichung der Einfügung über die Gerichtsbarkeit gemacht werden.[245] Die preußischen Gesandten Görtz und Hänlein ließen jedoch keinen

---

[242] Adam Christian GASPARI, Der Deputations-Recess mit historischen, geographischen und statistischen Erläuterungen und einer Vergleichungs-Tafel, Bde. 1–2, Hamburg 1803.

[243] Dem Bereich der Gebietsveränderungen wird im folgenden Unterkapitel II.4.3 nachgegangen.

[244] La Forest bot vermittelnd an, man könne die Posten umschreiben mit »telles qu'elles sont constituées actuellement«, um dadurch den Rechtscharakter und den Status quo festzuschreiben. Siehe FZA Regensburg, Postakten 2225.

[245] Natürlich wurden während der Verhandlungen zum Reichsdeputationshauptschluß immense Summen für Geschenke eingesetzt, um die Verhandlungen positiv zu beeinflussen. Am 2. Oktober 1802 hatte Fürst Carl Anselm allein 66 800 Livres für Geschenke an die französischen Unterhändler bewilligt. Davon erhielten La Forest 30 000 Livres und das weitere Kommissionsmitglied Mathieu 20 000 Livres. FZA Regensburg, Postakten 2226. Siehe dazu auch weitere Angaben in FZA Regensburg, Generalkasse, Rechnungen 70 (1803), Blatt 57: Ausgaben für »Geschenke und Gelegenheitszahlungen [...], dem französi-

Zweifel daran, daß man der Festschreibung eines kaiserlichen Postregals, wie es Vrints-Berberich weiterhin vorschwebte, nie zustimmen werde. Trotz des Wohlwollens der französischen Gesandten und der Vermittlungsbemühungen der österreichischen Vertreter in Regensburg, wobei vor allem der geschickt verhandelnde Konkommissar Freiherr von Hügel zu nennen ist, wurde Vrints-Berberich bald klar, daß man um die Zustimmung der preußischen Gesandten nicht herum kam. Diese hatten in einem Schreiben an den Thurn und Taxisschen Chefunterhändler erklärt, man würde dem Artikel 13 zustimmen, sofern die Post in den preußischen Entschädigungslanden davon ausgenommen werde. Auf Taxisscher Seite verhielt man sich jedoch abwartend, was bereits kurz nach der Verabschiedung des Vertrages zu einem Konflikt führen sollte.

Am 25. Februar 1803 hatte die Reichsdeputation in Regensburg ihre Arbeit beendet und legte in einem Hauptschluß ihre Ergebnisse vor. Thurn und Taxis erhielt im ersten Absatz des 13. Artikels für die Verluste im Linksrheinischen, wie gesagt, territoriale Entschädigungen zugesprochen – darauf wird noch näher einzugehen sein. Im zweiten Absatz wurde dem Fürsten von Thurn und Taxis der der rechtliche wie territoriale Bestand der Posten garantiert. Damit hatte das Fürstenhaus erreicht, was es seit über einem Jahrhundert verfolgte: Das Postmonopol war in einem Reichsgesetz verankert worden. Diese Reichsgarantie wurde im Vergleich zum französischen Text in der deutschen Fassung sogar in verallgemeinernder Weise ausgesprochen – nun mußte sich beweisen, welche Tragfähigkeit dieses Gesetzeswerk hatte.[246]

Mit dem Reichsdeputationshauptschluß war für das Staatsgefüge in der Mitte Europas eine neue Form gefunden worden. Sehr bald sollte sich jedoch zeigen, daß die »legale Revolution« (E. R. Huber) nicht zu einem gefestigten Staatsgebilde geführt hatte, sondern eher einem Provisorium glich, das nur so lange Bestand hatte, bis Napoleon eine neue Konzeption der europäischen Verhältnisse schuf. Die Dynamik der Veränderung, die seit 1789 Europa in Atem hielt, war 1803 noch nicht zu einem Ende gekommen. Die zentrifugalen

---

schen Legatsecretaire Marandel 2 226 fl. [...], für ein paar Ohrgehänge, welche die Frau des franz[ösischen] Ministers La Forest verehrt worden 6 556 fl.«.

[246] Der Artikel in den beiden Fassungen: »La conservation des postes du prince de la Tour et Taxis, telles qu'elles sont constituées, lui est d'ailleurs garantie. En conséquence les dites postes sont maintenues in statu quo, pour l'étendue et l'exercice, qu'elles conservaient lors du traité de Lunéville; et pour en assurer d'autant plus l'établissement dans toute son intégrité, tel qu'il se trouvait à la dite époque, elles sont mises sous la protection spéciale de l'empereur et du collège électoral«. – »Übrigens wird die Erhaltung der Posten des Fürsten Thurn und Taxis, so wie sie konstituiert sind, garantiert. Demzufolge sollen die gedachten Posten in dem Zustande erhalten werden, in welchem sie sich ihrer Ausdehnung und Ausübung nach zur Zeit des Lunéviller Friedens befanden. Um diese Anstalt in ihrer ganzen Vollständigkeit, wie sie sich im besagten Zeitpunkte befand, desto mehr zu sichern, wird sie dem besonderen Schutze des Kaisers und des kurfürstlichen Kollegiums übergeben«. Reichsdeputationshauptschluß, § 13, abgedruckt bei Ernst Rudolf HUBER (Hrsg.), Dokumente zur deutschen Verfassungsgeschichte, Bd. 1: Deutsche Verfassungsdokumente 1803–1850, Stuttgart 1961, S. 1–26, hier: S. 6.

Kräfte, vor allem die vergrößerten Mittelstaaten, nahmen in den folgenden Jahren keine Rücksicht auf das Reich und nutzten die Möglichkeiten, die Napoleon ihnen bot, auf Kosten des »alten Herkommens« und der »Reichsfundamentalgesetze« eine andere Form von »Staatlichkeit« umzusetzen. Es sollte sich sehr bald zeigen, daß viele Bestimmungen des Reichsdeputationshauptschlusses nicht das Papier wert waren, auf dem sie geschrieben standen. Besonders deutlich trat dies bei der Existenz der Posten zutage. Denn nur wenige Tage, nachdem der Text vorlag, in dem der Bestandsschutz der Postanstalt zugesichert wurde, kündigte König Friedrich Wilhelm III. von Preußen die Aufhebung der Thurn und Taxisschen Posten an.[247] Dies geschehe innerhalb der ihm zugesprochenen Entschädigungslande auf der Grundlage seiner Souveränitätsrechte. Als Unterhändler war bereits einige Wochen vorher Vrints-Treuenfeld nach Berlin geschickt worden, der die Situation richtig einschätzte und auf einen Präliminarvertrag drängte, um wenigstens einige Rechte wie den Transitverkehr erhalten zu können. Carl Anselm verweigerte jedoch die Ratifikation des für Preußen so vorteilhaften Vertrags, was zur angedrohten Okkupation der Posten führte. Es blieb nach langen Verhandlungen nichts anderes übrig, als den Generaldirektor der Posten, Vrints-Berberich, im Herbst 1803 nach Berlin zu senden, der in einem Vertrag die Abtretung der Postrechte unter Abfindung von 200 000 Talern anerkannte und für Thurn und Taxis immerhin eingeschränkte Transitverbindungen sicherte.[248] In Regensburg mußte man erkennen, daß der Reichsdeputationshauptschluß nicht die Basis geschaffen hatte, die man sich zur Sicherheit des Postmonopols erhofft hatte. Vor allem aber war auch klar geworden, daß die Unterstützung Frankreichs keine Generalversicherung war, derer man sich auf Dauer bedienen konnte. Bei den Verhandlungen mit Preußen hatte sich Frankreich deutlich zurückgehalten, um nicht zugunsten der Postanstalten einen potentiellen Verbündeten zu verärgern. Außerdem war es zu einem Personalwechsel gekommen, der für Thurn und Taxis wenig vorteilhaft war. Bereits im Juni 1803 trat bei der Postverwaltung der neue Zentralkommissar Marie Chamans La Valette die Nachfolge von La Forest an, der Thurn und Taxis nicht sonderlich gewogen war.[249]

Aber nicht nur Preußen hatte die Souveränität mit großen Lettern auf die Fahnen der Politik geschrieben. Auch die Mittelstaaten, allen voran Bayern, Württemberg und Baden, entwickelten ein staatliches Selbstverständnis, in dem ein

---

[247] Kabinettsordre vom 8. März 1803. Siehe STEPHAN, Geschichte, S. 327 f.

[248] Postvertrag vom 1. November 1803. FZA Regensburg, Posturkunden 697. Grundlage dafür waren die Verhandlungen unter Vrints-Treuenfeld und dessen »Präliminarkonvention« vom 14. April 1803.

[249] Die ergänzenden Postverträge zwischen der Republik Frankreich und Thurn und Taxis wurden bereits von ihm verhandelt. Siehe den Postvertrag vom 25. Juni (Paris)/6. Juli (Regensburg) 1803. FZA Regensburg, Posturkunden 841.

nichtstaatliches Postmonopol keinen Platz mehr hatte.[250] Ab dem Augenblick, in dem sich diese Territorien endgültig aus den Bedingungen des Reiches und damit auch der Reichsgesetze lösen konnten, würden sie auch das Postmonopol des Reichsgeneralerbpostmeisters für sich in Anspruch nehmen. Das war natürlich den Unterhändlern im Hause Thurn und Taxis auch klar, zumindest einigen. Unsicher war hingegen, welche Wege man einschlagen sollte, um die Postanstalt des Hauses über diese Gefahr hinwegzuretten. Sollte man sich noch stärker an Frankreich anlehnen? Ein Weg, den die Fürstin und Freiherr von Grub befürworteten. Sollte man weiterhin auf Österreich vertrauen? Freiherr von Lilien war allmählich der einzige, der diese Ansicht mit Vehemenz vertrat. Und die kleineren und Mittelstaaten? Sollte man bereits vorsorglich Verträge aushandeln, um wenigstens in den einzelnen Ländern eine Sicherheit für die Zukunft zu schaffen? Dies gelang zumindest mit einzelnen Reichsständen wie Aremberg, Salm, Nassau und Hessen-Darmstadt.[251] Die etwas größeren Staaten verhielten sich vorerst abwartend.

Diese unsichere und unruhige Zeit im Haus Thurn und Taxis gestaltete sich durch eine Aufforderung aus Wien noch schwieriger. In einem Brief vom 13. Oktober 1804 forderte Reichsvizekanzler Colloredo-Mansfeld den Generalpostdirektor Vrints-Berberich auf, den Geheimen Dienst zu reorganisieren:

> »Die in dem deutschen Reiche nunmehr eingetretenen ruhigeren Verhältniße, und zumalen die glückliche Abwendung der Stürme welche das Reichs Postwesen erlitten hat, erwecken in mir die Hofnung, daß sich auch mit der Zeit, durch Klugheit und Eifer, ein und anderes wieder für die Aufnahme des durch so viele Länder Verluste beschränkt[en] geheimen Dienstes versuchen lassen dürfte. Seine M[ajestät] setzen in dieser Hinsicht Ihr zuversichtliches Vertrauen in die fortwährende freundschaftlich beygethane Gesinnung des hochfürstl[ichen] Hauses und in den erprobten Diensteifer Eurer E[xcellenz]«.

Um dies zu erreichen, werde Konkommissar von Hügel wie sein Vorgänger Lehrbach mit Leykam nun das gemeinsame Vorgehen bezüglich der Verbesserung der Briefspionage mit Vrints-Berberich absprechen,

> »da hievon einzig sowohl das beste des geheimen Dienstes als auch die enge Vereinigung des Kais[erlich] König[lichen] und der hochfürstl[ichen] taxischen Intereßen abhängen. Seyen Eure E[xcellenz] versichert, [daß] der allerhöchste Hof bei verspürender gleich[er] Gesinnungsbereitwilligkeit in keiner Gelegenheit mit den Thatbeweisen seiner freundschaftl[ichen] Geneigt-

---

[250] Weiterhin grundlegend dazu Wolfgang QUINDT, Souveränitätsbegriff und Souveränitätspolitik in Bayern. Von der Mitte des 17. zur ersten Hälfte des 19. Jahrhunderts, Berlin 1971.

[251] Vertrag mit den Fürsten von Salm-Salm bzw. Salm-Kyrburg (1. Mai 1803). FZA Regensburg, Posturkunden 754; Vertrag mit dem Herzog von Arenberg (16. Mai 1803), Postakten 2292; Vertrag mit den Fürsten von Nassau-Usingen/-Weilburg (6. Januar 1804), Posturkunden 395; Vertrag mit Hessen-Darmstadt (28. April 1804), Posturkunden 322; Postvertrag bez. einzelner Postrouten mit dem Herzog von Oldenburg (18. April 1805), Posturkunden, Kopialbuch C, 399–400; Postverträge mit Baden betreffend Kutschen- und Postwesen (10./11. Mai 1805), Posturkunden 523, 493.

heit für das hochfürstliche Haus zurückbl[eiben] und desto auch eben so bereit seyn werd[en] Eure Pers[on] Seiner gnädigsten Zufriedenheit zu ertheilen«.[252]

Die letzten Sätze in diesem Brief machen überdeutlich, daß man die Unterstützung Österreichs nur um den Preis der Briefspionage haben konnte. Ein hoher Preis, denn gegenüber anderen Verhandlungspartnern betonte man gerade die Unabhängigkeit und Sicherheit der Thurn und Taxisschen Postanstalt als wesentlichen Vorteil gegenüber einer Landespostlösung im Reich. Dennoch ließ sich Vrints-Berberich auf dieses Spiel ein, in diesen unsicheren Zeiten wollte man keinen Bündnispartner, vor allem nicht das österreichische Kaiserhaus, verlieren.[253] Jedoch standen gerade für diese Dynastie die Zeichen auf Sturm. War schon die Annahme des österreichischen Kaisertitels eine sehr fragwürdige Rangerhöhung gewesen, die unter dem Druck Napoleons vonstatten ging, so mußte man im dritten Koalitionskrieg militärisch wie politisch gewaltige Verluste hinnehmen. Der Friede von Preßburg am 25. Dezember 1805 verkleinerte Österreich um Venetien, Tirol, Vorarlberg und den vorderösterreichischen Streubesitz. Die drei Mittelstaaten Bayern, Württemberg und Baden, die sich auf die Seite Napoleons geschlagen hatten, wurden zu Königreichen bzw. zum Großherzogtum mit der Zusicherung der »plénitude de la souraineté« erhoben. Unter Berufung auf die Souveränität zog der nunmehrige König von Württemberg am 2. Januar 1806 alle Reichsposten in seinem Land ein und wandelte sie in die »königlich Württembergische Post« um.[254] Etwas behutsamer gingen der König von Bayern und in seinem Gefolge der Großherzog von Baden mit den Postrechten des Hauses Thurn und Taxis um. Beide nahmen zwar auch mit Berufung auf ihre Souveränität die Post unter staatliche Kontrolle, übertrugen sie jedoch offiziell dem Fürsten als ein königliches bzw. großherzogliches Lehen.[255]

Im Grunde genommen war diese Besetzung der Posten nur eine Vorwegnahme des Rheinbundes auf postalischem Gebiet, und das auch nur um ein paar Monate. Denn am 12. Juli 1806 gründeten 16 süd- und westdeutsche Fürsten unter dem Protektorat Napoleons den Rheinbund und erklärten ihren Austritt aus dem Reich. Damit war das Ende des Alten Reiches besiegelt und die offizielle Niederlegung der Kaiserkrone nur noch ein formaler Akt. Das Ende des Reiches be-

---

[252] HHStA Wien, RK, Reichsakten in specie 22 (1616–1804), Konv. 2, fol. 28v–29v.

[253] Eindeutig in Betrieb waren zu dieser Zeit die Postlogen in Augsburg und Nürnberg, wohl aber auch in Frankfurt. Bei MAYR, Briefdienst, S. 7, findet sich ein Hinweis auf die Art der Interzeptweiterleitung der Augsburger Loge für die Zeit um 1800. Im Jahr 1804 wurde in einer Punktation bezüglich des Geheimen Dienstes in Regensburg festgelegt, daß Protestanten grundsätzlich vom Logendienst auszuschließen seien. Zu weiteren Zusammenhängen siehe HHStA Wien, RK, Reichsakten in specie 21–22, und die Zusammenfassung bei KALMUS, Weltgeschichte, S. 437–439.

[254] Siehe dazu FZA Regensburg, Postakten 3034–3035; Karl GREINER, Die Post in Württemberg unter Herzog, Kurfürst und König Friedrich, in: ADP 10 (1962), S. 17–51.

[255] Bayerisches Post- bzw. Thronlehen vom 10. Februar 1806. FZA Regensburg, Posturkunden 532; Badisches Postlehen vom 2. Mai 1806, Posturkunden 525.

deutete unwiderruflich auch das Aus für die Reichspost. Die kleinen bis größten Staaten beanspruchten nun endgültig das Postregal für sich, soweit sie noch nicht über eine eigene Post verfügten.[256] Dadurch schrumpfte innerhalb kürzester Zeit das Thurn und Taxissche Postgebiet »von 3 922 qm mit 11 263 000 Einwohnern im Jahr 1790 auf 745 qm mit 2 112 000 Einwohnern«.[257]

Den führenden Köpfen im Hause Thurn und Taxis war klar, daß dies der Anfang vom Ende sein konnte. Der Geheime Rat Grub konstatierte bereits am 24. Dezember 1805 in einem ausführlichen Gutachten zur Lage des Hauses: »Nie war vielleicht das k[aiserliche] Postwesen, die Entstehungs- und Erhaltungsquelle des Hauses seinem Untergang näher als in diesem Augenblick«.[258] Man müsse daher alles versuchen und alle Argumente sammeln, um das Postmonopol – auch in völlig veränderter Form – für das Haus zu retten. »Erst wenn alle diese Ansichten im Vortrage nichts nüzen«, so fuhr Grub fort, »bleibt die lezte Zuflucht eine Entschädigungsforderung. Allein, wenn es dazu kommen sollte, so ist leyder! das fürstl[iche] Haus zu Grunde gerichtet. Wo in aller Welt soll eine Entschädigung an Land und Leuten für den Verlust einer reinen Revenue von ungefähr einer halben Million Gulden herkommen?« Daher galt das ganze Augenmerk den Postrechten, denn alles andere war eine Notlösung, um dem gesamten Haus Thurn und Taxis seinen Einfluß und seinen Reichtum zu erhalten. Aber mit dem Ende des Reiches standen diese Rechte grundlegend zur Disposition. Im Jahr 1823 resümierte der Postdirektionsregistrator Vischer daher zu Recht:

> »Das Hochfürstlich Thurn und Taxissche Postwesen ist ein Kunstgebäude, in welchem eine bewundernswürdige Summe von Erfahrungen, politischen Verhandlungen, historischen Interessen und Kraft- und Capitalaufwand, nebst den eigentlichen Schlüsseln zum deutschen Postwesen enthalten und vereinigt ist. Es unterscheidet sich durchaus und wesentlich von den Territorialposten. – Seit aber das taxische Postwesen besteht, hat es keine historisch wichtigere Periode gehabt, als die ersten zwei Jahrzehnte des 19. Jahrhunderts. Die ungeheu-

---

[256] Dabei wurden, grob gesagt, drei Wege eingeschlagen. Der erste Weg war die entschädigungslose Aufhebung der Taxisschen Posten und Übernahme des Postsystems in eigene Regie. Dies geschah unter der Schirmherrschaft Napoleons in Teilen Nordwestdeutschlands, aber auch im Königreich Westfalen. Ein zweiter Weg bestand in der offiziellen Übernahme des Postmonopols, das man jedoch zur Ausübung dem Fürsten als Landeslehen verlieh. Ein dritter Weg war die Übernahme der Post unter Anerkennung eines Entschädigungsanspruchs, der in den folgenden Jahren entweder durch eine Rente, eine einmalige Zahlung oder durch Domänenüberlassung abgegolten wurde. Das prominenteste Beispiel dafür war Preußen, worauf noch eingegangen wird. Allgemein zur Umstrukturierung der Post nach 1803 siehe Erwin PROBST, Das Zeitalter der Lehenposten im 19. Jahrhundert, in: LOTZ/IHLEFELD, Postgeschichte, S. 123–147.

[257] Diese Angabe bei Hans BADEWITZ, Der Zusammenschluß des Postwesens in Deutschland. Ein entwicklungsgeschichtlicher Rückblick unter besonderer Berücksichtigung Bayerns, in: APB 7 (1951), S. 244–249, hier: S. 245

[258] Siehe »Unmaßgebliche Bemerkungen über die gegenwärtige Lage des Hochfürstlichen Hauses von Thurn und Taxis«. FZA Regensburg, HFS, Akten 201, Konv. »Gutachten Grubs über die Lage des fürstlichen Hauses 1805.«

ren Erscheinungen dieser Zeit haben die Rechtsverhältnisse bis auf die tiefste
Wurzel erschüttert, zerrissen und geändert«.[259]

Wie tief der Einschnitt im Postbereich 1806 auch war, so wurde doch nicht alles »zerrissen und geändert«. Zwar war die Reichspost mit dem Ende des Reiches untergegangen, und in manchen Staaten bedeutete dies auch den endgültigen Verlust der Post für Thurn und Taxis, aber aus rein praktischen Überlegungen und Zwängen heraus knüpfte man vielfach an die alte Struktur an. Auch wenn Reformer wie Hardenberg die komplette Aufhebung der Thurn und Taxisschen Postanstalt forderten, so konnte man in den einzelnen Staaten doch nicht in aller Kürze die finanziellen Mittel und vor allem das Organisationswissen aufbringen, um die Post selbst zu organisieren.[260] Interessanterweise knüpfte man aber auch in rechtlicher Hinsicht an das erloschene Reichspostgeneralat an. Der Kurerzkanzler, der Großherzog von Baden und der König von Bayern sowie einige kleinere Fürstentümer ernannten den Fürsten zum »Erblandpostmeister« und übertrugen dem Haus die Postrechte in ihren Gebieten als neugeschaffene Landeslehen. Es ist faszinierend zu beobachten, wie sich rationales Kalkül der Beamtenschaft bei der Abwicklung der Postfrage mischte mit den Überlegungen zur angemessenen Lehenshuldigung nach dem »herkömmlichen Ceremoniel«.[261] Aber nur auf den ersten Blick erscheinen diese Dinge unvereinbar. Denn nicht nur in Postsachen, sondern im gesamten Bereich der Politik stritten zwischen 1789 und 1815 verschiedene Konzeptionen miteinander um die Vorherrschaft, gingen jedoch auch überraschende Mischungsverhältnisse zwischen alten und neuen Ordnungsprinzipien ein. In der Person Napoleons läßt sich die scheinbare Widersprüchlichkeit am besten ablesen. Hatte er einerseits mit dem *Code civil* die Grundlinien einer neuen Gesellschaftsordnung vorgelegt, durch seine militärischen Erfolge eine völlig veränderte Landkarte Europas geschaffen, versöhnte er sich andererseits jedoch mit den Mächtigen des Ancien Régime, heiratete in die alten Adelskreise hinein und bediente sich ihrer Symbole. Inmitten dieser Auseinandersetzungen stand auch die Post und damit das Haus Thurn und Taxis.

---

[259] Siehe die beiden handschriftlichen Manuskripte in FZA Regensburg, HB, LE 23: »Allgemeine Übersicht der Hochfürstlich Thurn und Taxisschen Posten und des Postpersonals von Christian Gottlob Vischer. Hochf. Thurn und Taxisscher Postdirectionsregistator« (Frankfurt am Main August 1825) und ders. »Übersicht der Hochfürstlich Thurn und Taxisschen Postverträge« (Frankfurt 1823, mit Nachträgen bis 1826).

[260] Hardenberg schrieb in einem Promemoria zur neuen Verfassung des Reiches vom 5. Februar 1806: »Die Reichspost ist nicht lebensfähig. Es empfiehlt sich, sie eingehen zu lassen und den Fürsten von Thurn und Taxis aus öffentlichen Mitteln zu entschädigen«. Zitiert nach Hermann SCHULZ, Vorschläge zur Reichsreform in der Publizistik von 1800 bis 1806, Diss. phil. Gießen 1926, S. 67.

[261] So beispielsweise bei den Überlegungen der führenden Beamten zur Erbhuldigung in Bayern, welche beim Kurerzkanzler anfragten, der sie schließlich auf die Zeremonialordnung aus kurmainzischer Zeit verwies. Zur Kontinuität im Zeremoniell, vor allem bei der Lehenvergabe, siehe ausführlicher Kapitel II.4.2 und II.5.2.

In dem umfangreichen Aktenmaterial zu den Postverhandlungen in den Jahren bis 1815 lassen sich klar verschiedene Konzepte herausstellen, welche die allgemeinen Konfliktleitlinien der europäischen Politik widerspiegeln. Da gab es Kräfte im Reformbeamtentum, welche von einer Thurn und Taxisschen Postanstalt nichts mehr wissen wollten. Nach ihnen galt es auf den Trümmern des Reiches etwas Neues zu errichten, das auf das »Herkommen«, auf »alte Gerechtigkeiten« und »ersprießliche Dienste« keine Rücksicht nehmen wollte. Dem Haus Thurn und Taxis wurde wohl das Verdienst zugesprochen, für die Entwicklung des Postwesens einiges geleistet zu haben, aber für den finanzstarken Monopolbetrieb gab es in ihrer Konzeption keine Zukunft mehr. Der Dienstleistungsbereich »Brief- und Personenbeförderung« sollte fortan nur noch dem Staat unterstehen und zum Nutzen aller von Staatsbeamten besorgt werden. Einige Staaten, allen voran Württemberg und die Napoleoniden, sahen auch nicht ein, warum man für die Übernahme der Reichspost an deren Inhaber eine Entschädigung zahlen sollte. Dies war aber durchaus eine radikale Position, die Mehrzahl der Regierungen, welche eine Staatspost installierten, erkannten die Verdienste des Hauses Thurn und Taxis durchaus an und billigten eine Entschädigung zu. Die gemäßigten Reformer und ihre Regierungen suchten in einem noch stärkeren Maße einen Mittelweg zu gehen: Auch sie hatten die souveräne Position bezogen und damit die Post uneingeschränkt als Staatsanstalt eingestuft. Jedoch knüpfte man an die Tradition an. Das Haus Thurn und Taxis wurde zum Lehenempfänger der Landesherren. Als »Vasall« durfte der Landespostmeister die Dienstleistungen ausüben, wofür er einen gewissen »Lehenkanon« zu entrichten hatte. Hier gingen Tradition und Modernität eine Symbiose ein: Die rational organisierte und ökonomisch geführte Postanstalt wurde in das lehenrechtliche Gewand à la Ancien Régime gekleidet. Noch traditionaler handelten kleinere Fürstenhäuser, welche nach Verhandlungen das Haus Thurn und Taxis unverändert die Post weiterführen ließen und nur in die Rechtsnachfolge des Kaisers als Inhaber der Postrechte eintraten. Die Souveränität, das war Charakteristikum der Zeit, beanspruchten alle, auch die noch so kleinen Landesherren. Aber die Argumente und damit die Kompromisse, die man aus diesem Anspruch und den bisherigen Grundlagen der Postpolitik ableitete, waren äußerst unterschiedlich. Das Haus als Träger der Postrechte wurde von manchen als legitimes Rechtssubjekt anerkannt, von anderen völlig abgelehnt. Auch intern gab es dabei einige Konflikte. Zuweilen vertraten die leitenden Beamten bedeutend radikalere Positionen als ihre fürstlichen Regenten, denen die »verwandtschaftlichen Bande«, die »erprobte Verbundenheit des hiesigen Hofes mit dem Hochfürstlich Thurn und Taxisschen Haus« nicht nur leere Worte, sondern verhandlungsbestimmende Leitlinien waren.[262] Das personale Moment zur Regulierung staatsrechtlicher

---

[262] In diesen Worten beispielsweise der Thurn und Taxissche Unterhändler Grub über die Verhandlungen mit den hessischen Höfen und deren Beamten, in FZA Regensburg, HFS, Akten 201–202.

Verhältnisse, wie es sich auch im Argument des »fürstlichen Hauses« findet, spielte auch bei einem besonderen Projekt der Thurn und Taxisschen Verwaltungsspitzen eine Rolle: der Bundespost. Warum sollte die Reichspost, die als überspannende postalische Klammer gedient hatte, nicht als eine übergeordnete Postanstalt des Rheinbundes wieder auferstehen? Eine Struktur des Alten Reiches wurde beschworen, um etwas Neues zu schaffen. Mit diesem Projekt trat Thurn und Taxis endgültig in den Brennpunkt der politischen Geschichte. Denn die Ausgestaltung des Rheinbundes über eine Militärgemeinschaft hinaus hätte den Bundespostplänen Vorschub geleistet, war aber nicht unbedingt im Sinne der Rheinbundstaaten. Napoleon stellte zur Verwirklichung einer Bundespost den Dreh- und Angelpunkt dar, aber es hing auch viel von der Zustimmung der einzelnen Mitgliedsstaaten ab. Bayern war dabei als einer der größten Staaten Orientierungspunkt für die übrigen Mittelstaaten.[263] Und ganz, das gilt es noch zu ergänzen, wollte man taxisscherseits trotz der Rheinbundpost den alten Seniorpartner Österreich nicht verärgern.

Damit ist das Spannungsfeld abgesteckt, in dem sich die Postpolitik des Hauses Thurn und Taxis zwischen Rheinbundgründung und Wiener Kongreß bewegte. Im folgenden sollen aus der nahezu unüberblickbaren Masse der archivalischen Überlieferung die wesentlichen Entwicklungen chronologisch nachgezeichnet und einzelne Vorfälle ausführlicher dargestellt werden.[264]

Man kann es nicht genug betonen: Auch wenn seit einigen Monaten die Entwicklung bereits vorhersehbar war, so bedeutete die Gründung des Rheinbundes und das Ende des Alten Reichs einen Schock für das Haus Thurn und Taxis. Wollte man sich die Monopolrechte sichern, so bedurfte es nun schnellen Handelns. Aufgrund zahlreicher und beständiger Beziehungen zu manchen Größen in der politischen Arena sah der Kampf auch nicht völlig aussichtslos aus.

Fürstprimas Dalberg, kurz zuvor als Kurerzkanzler und Erzbischof von Mainz auch der besondere Schutzherr der Reichspost (»protector postarum«), setzte sich für ein Fortbestehen einer Thurn und Taxisschen Postanstalt ein. In seinem Herrschaftsbereich übergab er die Postrechte am 10. August 1806 dem

---

[263] Zur bayerischen Postpolitik liegen umfangreiche Untersuchungen vor. Neben zahlreichen Aufsätzen im Archiv für Postgeschichte in Bayern, auf die noch näher einzugehen sein wird, haben sich dem Thema gewidmet: HEUT, Übernahme; in dessen Nachfolge Harry AUE, Die rechtliche Entstehung der bayerischen Staatspost in den Jahren 1805–1808, Diss. phil. (masch.) München 1949; und neuerdings – die gesamte ältere Forschung verzeichnend – Horst DIEDERICHS, Neue Macht – Neue Grenzen. Erster Teil: Bayern als souveräner Rheinbundstaat und sein Postwesen, in: Post- und Telekommunikationsgeschichte. Regionalbereich Süd/Bayern 1998, S. 36–70; 1999, S. 35–98.

[264] Aus den nahezu unerschöpflichen Akten des FZA Regensburg zu den Verhandlungen zwischen 1806 und 1815 wurden einzelne Faszikel detailliert ausgewertet, wie beispielsweise HFS, Akten 201 bis 205, und andere dazu ergänzend herangezogen und kursorisch durchgesehen. In Frage kamen die Bestände HFS, Akten (v. a. Geschäftskorrespondenz), Postakten (v. a. Äußeres), Posturkunden (v. a. Lehensverträge) und zum Teil HMA (v. a. Verwaltung). Dazu ergänzend die entsprechenden Gegenüberlieferungen in den Archiven zu Paris, Wien, München und Stuttgart.

Fürsten als Lehen.[265] Er trat damit zwar in die Souveränitätsrechte des Kaisers als Inhaber des Postmonopols ein, ließ ansonsten aber in seinem Herrschaftsgebiet in Sachen Post alles unverändert. Außerdem signalisierte er, sich für eine Thurn und Taxissche Rheinbundpost einsetzen zu wollen. Die Umwandlung der Postanstalt von einer kaiserlichen zu einer rheinbündischen hätte auch zum Regierungsprogramm des Fürstprimas gepaßt, der sich stets als »Hüter der Reichsverfassung« trotz veränderter Rahmenbedingungen verstand.[266] Die positive Haltung Dalbergs zur Thurn und Taxisschen Post zeigte bald ihre Wirkung: Bereits im Herbst 1806 folgten weitere kleine Landesherren seinem Vorbild und verliehen ihre Landespost dem ehemaligen Reichsgeneralpostmeister.[267] Daher setzte man auf den Fürstprimas große Hoffnungen, sowohl als Fürsprecher in Paris wie auch in seiner Vorbildfunktion gegenüber anderen Landesherren. Mit zahlreichen Schreiben versuchte man seine Gunst zu erhalten, was auch zu glücken schien, wie man dem internen Briefwechsel vom Frühsommer 1806 entnimmt:

> »Ich freue mich, daß im Vorgefühl dieses ewigen Drangs nach vorwärts in die diesseitigen Schriften welche durch den Cur-Erzkanzler nach Paris befördert worden sind, nichts was irgend eine römisch k[aiserliche] Maj[estät] so wenig an der Seine als an der Donau anstößig finden koennte. Wenn sich dieser Gedanke realisiert und von geschickt Geschäftsmännern benuzt wird, so ist das Post Institut gerettet«.[268]

Bei dem angesprochenen Projekt handelte es sich um die Errichtung einer Rheinbundpost unter der Leitung des Hauses Thurn und Taxis. Vrints-Berberich war z. B. der Meinung, man könne weiterhin eine »kaiserliche Post« verwalten, die nun unter dem Schutz des französischen *Empereur* stehe.

In einem Schreiben vom 29. Juli bat schließlich der Fürst von Thurn und Taxis den Protektor des Rheinbundes, ihn zum Chef einer Bundespost, zum »grand maitre héréditaire des Postes des Etats confédérés«, zu machen.[269] Hofrat Grub hingegen äußerte sich gegenüber diesen Plänen eher kritisch,

---

[265] Lehenvertrag über die fürstprimatischen Posten vom 7./10. Dezember 1806. FZA Regensburg, Posturkunden 718. Dalberg hatte bereits am 10. August die Post dem Fürstenhaus übertragen. Edition bei W. EISENBEISS, Briefe, Boten und Belege. Ein Beitrag zur Entwicklungsgeschichte des Botenwesens und der Post, dargestellt an der Geschichte der Stadt Regensburg bis zum Jahre 1920, Regensburg 1966, S. 150 f.

[266] Konrad Maria FÄRBER, Kaiser und Erzkanzler. Carl von Dalberg und Napoleon am Ende des alten Reiches, 2. Aufl. Regensburg 1994, S. 98–101.

[267] Siehe Rudolf TÖPFER/Herbert ORTMANN, Die wechselvolle Geschichte des Postwesens in Hechingen und im angrenzenden Württemberg seit etwa 1500, Hechingen 1986, S. 56; außerdem Wilhelm FLEITMANN, Die Fürstlich Lippische Reitende Post von 1806 bis 1808, in: Postgeschichtsblätter für den Bezirk der Oberpostdirektion Münster 1/2 (1966), S. 12 f.

[268] Eine Vielzahl ähnlicher Formulierungen gibt dieser Hoffnung Ausdruck, das Zitat aus einem Schreiben des Hofrats Grub vom 27. Juni 1806 an Fürstin Therese. FZA Regensburg, HFS, Akten 201.

[269] Siehe die Abschrift dazu in FZA Regensburg, Postakten 3180, dazu auch ausführliche Berichte zu den folgenden Überlegungen.

obwohl er grundsätzlich der Koalition mit Napoleon via Rheinbund zustimmte. Die neuen Souveräne, vor allem die süddeutschen Könige, würden – so seine berechtigte Befürchtung – nie einer Beschneidung ihrer Rechte durch eine Unterordnung ihrer Post unter eine übergeordnete Postanstalt zustimmen. Alles hing dabei von der weiteren Ausgestaltung des Rheinbundes ab.[270]

Es stellte sich bereits wenige Monate nach der Gründung des Staatenbundes unter napoleonischer Führung heraus, welch unterschiedliche Konzeptionen damit verbunden waren. Außenminister Talleyrand setzte von vornherein auf Verhandlungen mit den größeren Staaten Bayern und Württemberg, an einer verfassungsmäßigen Ausgestaltung war er wenig interessiert. Im Gegensatz dazu stand Dalberg, der die Richtlinie, in einem Fundamentalstatut eine Bundesverfassung auszuarbeiten, ernstnahm. Er rief zur konstituierenden Sitzung – bereits am 1. September 1806 hätte der Frankfurter Bundestag als Organ der Rheinbundverfassung zusammentreten sollen –, aber niemand kam. Die größeren und, ihnen schließlich folgend, die Mehrheit der Mitglieder verhielten sich zurückhaltend. Preußen bemühte sich gleichzeitig, einen Norddeutschen Bund und damit ein politisches Gegengewicht zu schaffen. Die Frage war natürlich auch, wie sich die bisher neutralen Staaten, beispielsweise Hessen-Kassel und Sachsen, verhalten würden – das sollte sich im vierten Koalitionskrieg jedoch bald zeigen. Vor allem wurde dadurch auch deutlich, wie sich Napoleon eine Rheinbundpost vorstellte.

Für den französischen Kaiser war die Postverwaltung kein nebensächliches Gebiet. Als glänzender Stratege wußte er um die Bedeutung der Kommunikationswege. Die Post zu kontrollieren, das hieß, die eigene Korrespondenz sicher und schnell besorgen zu können, die fremde dagegen zu Spionagezwecken heranzuziehen und außerdem durch sie finanzielle Ressourcen zu erschließen. »Mit Recht kann Bonaparte als der fähigste Postpolitiker dieser Zeit bezeichnet werden«, resümiert der ausgewiesene Kenner der Materie Ludwig Kalmus.[271] In den bis 1805 eroberten Gebieten wurden unverzüglich die Postanstalten in französische Hand genommen. Am Beispiel der bergischen Posten war überdeutlich abzulesen, welchen Weg Napoleon zur Regelung der Rheinbundpost einschlagen würde:[272] Ausgehend vom bergischen Postgebiet sollte allmählich eine Bundespost eingerichtet werden, und Ziel war dabei, soviele Postwege als nur möglich unter seine Kontrolle zu bringen. Bereits vor der Rheinbundzeit hatte Murat die Thurn und Taxisschen Posten aufgehoben und sich später auch

---

[270] Ebenda; außerdem zahlreiche Schreiben in dieser Sache in FZA Regensburg, HFS, Akten 201; siehe auch die zahlreichen Schreiben an die französische Regierung mit der Darlegung eines Postprojekts in AMAÉ Paris, Mém. et doc., Allemagne 97, fol. 239–270.

[271] KALMUS, Weltgeschichte, S. 431.

[272] Siehe neuerdings zusammenfassend DIEDERICHS, Neue Macht, Abschnitt 2, S. 36 f.; grundlegend zum Großherzogtum Berg Werner MÜNZBERG, Das Großherzogtum Berg 1806–1813, Seeshaupt 1982.

der Posten in einzelnen Fürstentümern bemächtigt.[273] In einem Vertrag zwischen Frankreich und Berg wurde schließlich der gesamte Transitverkehr über diese beiden Postanstalten abgewickelt, außerdem beauftragte Napoleon den Großherzog von Berg, eine einheitliche Post für das gesamte Bundesgebiet einzurichten.[274] Einen weiteren Aufschwung erhielt dieses Projekt durch die Siege bei Jena und Auerstedt. Bereits im Dezember 1806 nahm der Großherzog von Berg die Posten von Preußen, Hannover, Hessen-Kassel, Braunschweig und Oldenburg bzw. Mecklenburg in Besitz.[275] Als Begründung wurde angegeben, daß die Postämter in Gebieten lagen, die vom Kaiser besiegt worden seien.[276] Wer hätte gegen dieses Argument etwas erwidern sollen?

Zwischen dem Frieden von Tilsit im Juli 1807 und dem Erfurter Kongreß im Oktober 1808 stand Napoleon im Zenit seiner Macht; niemand in Europa konnte sich auch nur annähernd mit ihm messen, der zugleich »Kaiser der Franzosen«, »König von Italien« und »Protektor des Rheinbundes« war. Es war keine Frage, wer die Ausgestaltung des Rheinbundes und damit auch der Post in Händen hatte: Außer dem stark verkleinerten Preußen und dem politisch isolierten Österreich gehörten bald fast alle deutschen Gebiete dem Bund an.[277] Napoleons Ziel war es, eine französisch dominierte Post im gesamten Bundesgebiet zu installieren. Gegenspieler dieser Politik wurden die größeren Rheinbundfürsten, die einen Eingriff in die Postrechte als Eingriff in ihre Souveränitätsrechte ansahen. Und zwischen diesen beiden Antagonisten stand das Haus Thurn und Taxis. Fürstin Therese forderte im Namen des Hauses nicht nur eine Entschädigung für verlorene Posten, sondern sie wollte wie andere souveräne Landesher-

---

[273] Es handelt sich um die Posten in den Gebieten der Fürstentümer Salm-Salm, Salm-Kyrburg und Arenberg. Siehe MÜNZBERG, Großherzogtum Berg, S. 90 f.

[274] Zu dieser Entwicklung in Berg und Westfalen siehe auch die Überlegungen im Schriftwechsel der Thurn und Taxisschen Beamten in FZA Regensburg, Postakten 3178–3179; außerdem die protaxissche Schilderung bei Johann Ludwig KLÜBER, Das Postwesen in Teutschland, wie es war, ist und seyn könnte, Erlangen 1811, S. 58.

[275] Siehe Eugène VAILLE, La Politique napoléonienne et les Postes des Pays Allemands, in: Une poste européenne avec les grands maîtres des postes de la famille de la Tour et Tassis, Ausstellungskatalog, Paris 1978, S. 173–251, hier: S. 215. Diederichs hat kürzlich nachgewiesen, daß es sich nicht, wie Vaillé annimmt, um Oldenburg, sondern um Mecklenburg handeln muß. DIEDERICHS, Neue Macht, Abschnitt 2, S. 36, Fußnote 40.

[276] Auch in weiteren Gebieten mußten verschiedene Postanstalten den französisch dominierten bergischen Posten weichen. Für Thurn und Taxis bedeutete vor allem das Ende der Postbüros in Hamburg, Bremen, Lübeck und im Hessischen einen herben Verlust.

[277] Der Rheinbund erweiterte sich im Dezember 1806 um die gesamten sächsischen Herzogtümer (Sachsen-Coburg-Saalfeld, Sachsen-Gotha, Sachsen-Weimar, Sachsen-Hildburghausen und Sachsen-Meiningen). Am 18. April 1807 schlossen sich Anhalt-Dessau, Anhalt-Bernburg, Anhalt-Köthen, Schwarzburg-Sondershausen, Schwarzburg-Rudolstadt, Lippe-Detmold, Schaumburg-Lippe, Waldeck, Reuß-Greiz und Reuß-Gera dem Rheinbund an. Erst 1808 folgten dann noch Mecklenburg-Strelitz, Mecklenburg-Schwerin und Oldenburg-Lübeck. Siehe Ernst Rudolf HUBER, Deutsche Verfassungsgeschichte, Bd. 1, 2. Aufl. Stuttgart 1975, S. 76.

ren via Post in den Rheinbund aufgenommen werden.[278] In erster Linie war eine Rheinbundpost unter Taxisscher Führung von Bayern abhängig. Sollte Bayern zustimmen, würden andere Rheinbundfürsten und Napoleon folgen.[279] Dalberg schied immer mehr als Vermittler aus, da auch in Regensburg erkannt wurde, daß seine Karten im Spiel um den Rheinbund immer schlechter wurden. Daher galt es immer wieder, wie es Hofrat Grub formulierte, zu betonen: Das »Problem ist und bleibt Bayern«. In diesem neuen Königreich hatte es jedoch schon 1805 Stimmen gegeben, die sich für eine Umwandlung der Posten in eine Staatsanstalt aussprachen. Neben dem finanziellen Interesse an den Posterträgen sprachen auch organisatorische Gründe dafür.[280]

Seit Oktober 1806 bestanden in Bayern insgesamt drei Postverwaltungen, die weitgehend voneinander unabhängig organisiert waren: erstens die königlich bayerische »Lehenspost in fürstlich thurn und taxisscher Pacht« (W. Münzberg) mit ihrem Sitz in Regensburg[281]; zweitens die Königlich Bayerische Tirolische Post; drittens schließlich die Königlich Bayerische Post in Schwaben, die aus der ehemals vorderösterreichischen Post bestand, soweit diese auf nunmehr bayerischem Staatsgebiet lag. Natürlich kamen bald Bemühungen auf, diese drei Postgebiete zu vereinigen. Bayern hätte allerdings auch die Gesamtverwaltung aller Postbezirke an Thurn und Taxis geben können, worum sich der Generaldirektor Vrints-Berberich bemühte.

Im September 1807 machte das Haus Thurn und Taxis einige finanziell sehr interessante Angebote an Bayern, um auch das Postwesen in Tirol als bayerisches Lehen zu erlangen.[282] Grundsätzlich standen die Zeichen dafür nicht so schlecht, wie man vielleicht vermuten sollte. Denn Bayern war auf alle Fälle an einer Vereinheitlichung und Effektivierung seiner Postgebiete interessiert. Eine Möglichkeit war demnach durchaus, auch das tirolische und das vorder-

---

[278] Siehe beispielsweise AMAÉ Paris, Corr. pol., Petites principautés 83, fol. 119 f., und zahlreiche interne Denkschriften zu diesem Projekt. Die Literatur zur Rheinbundpost zusammenfassend siehe DIEDERICHS, Neue Macht, Abschnitt 2, S. 37.

[279] Zusammengefaßt durch Hofrat Grub in einem Brief vom 10. August 1807 an Fürstin Therese: »Wenn Bayern durchgreift, so sehe ich keine Rettung mehr für uns, denn die übrigen Staaten werden und müßen nachfolgen«. FZA Regensburg, HFS, Akten 201, fol. 430.

[280] In Bayern hatte man schon lange vor dem Rheinbund erkannt: »L'Article des Postes est un des plus important«. Siehe BHStA München, MA 127 (Verschiedene *Mémoires* 1805: »3, Die Mediatisierung des Adels und der Reichspost in Bayern«). Zu den Überlegungen im Herbst des Jahres 1805 siehe neuerdings DIEDERICHS, Neue Macht, Abschnitt 2, und vor allem weiterhin HEUT, Übernahme.

[281] Die Bezeichnung wurde von Werner Münzberg geprägt, um zu betonen, daß zwar eine Lehensübertragung beabsichtigt wurde, es aber nie zur Lehensmutung kam. Der Fürst von Thurn und Taxis sah dies auch als Nachteil für seine Rechtsstellung an. Werner MÜNZBERG, Bayern. Poststationskatalog, Teil 1: Geschichte – Postgeschichte, Weilheim 1984, S. 62.

[282] Siehe FZA Regensburg, Postakten 3181 und die Auswertung bei HEUT, Übernahme, S. 98. Außerdem StA OPD München, Verzeichnis 7. Dazu siehe VEH, Bayern. Zusammenfassend neuerdings DIEDERICHS, Neue Macht, Abschnitt 2, S. 45.

österreichische Postgebiet mit dem Thurn und Taxisschen Postbereich – natürlich unter Wahrung der uneingeschränkten Souveränität – zusammenzuführen. Nun kamen diese Angebote gerade zu einer Zeit, als man in Innsbruck verschiedene Unterschlagungen von Postsendungen feststellte, welche schließlich neue Argumente zugunsten einer Staatspost lieferten. Aufgrund genauerer Nachforschungen entdeckte man Spuren von Spionagetätigkeit der Innsbrucker Postmeister für das Haus Habsburg. Natürlich wurden die verantwortlichen Postspione sofort außer Dienst gesetzt, und man nahm diese Entdeckung zum Anlaß, in Innsbruck eine eigene, bayerische Postverwaltung einzusetzen. Interessant ist vor allem, daß man nur wenige Wochen nach Entdeckung der Briefspionage ein eigenes Briefüberwachungssystem in Tirol und Vorarlberg installierte.[283]

Nicht zuletzt diese Entdeckungen in Tirol waren Anlaß, den bereits eingeschlagenen Weg hinsichtlich der Thurn und Taxisschen Lehenpost weiterzugehen. Ab 1807 wurden endgültig die schon länger bestehenden Pläne umgesetzt, an allen Oberpostämtern Postkommissäre einzusetzen. Aufgabe dieser Kommissäre war es, die an Thurn und Taxis übergebenen Posten zu beaufsichtigen, um die Souveränitätsrechte sicherzustellen, außerdem sollten sie Einsicht in die Verwaltung und eine Übersicht der Erträge erlangen. Natürlich nur im Geheimen versuchte man daneben auch erste Vorkehrungen zu treffen, um eine eigene Briefüberwachung einzuführen. Die Einsetzung von Kommissären bedeutete für Thurn und Taxis eine Einmischung in interne Verwaltungsabläufe. Bereits im Lauf des Jahres 1806 war deutlich abzusehen, worauf der bayerische Plan hinauslief. Durch zahlreiche Erlasse wurden die Thurn und Taxisschen Postbeamten Schritt für Schritt zu Beamten in bayerischen Staatsdiensten unter direkter Kontrolle der Münchner Behörden. Einen Höhepunkt erreichte diese Entwicklung im Januar des Jahres 1807. Ein Befehl vom 5. Januar sah vor, daß der König in Zukunft sämtliche Mitglieder der Thurn und Taxisschen Generalpostdirektion benennen dürfe.[284] Natürlich hing viel von Bayern ab, das war den Beteiligten im Haus Thurn und Taxis klar. Aber man konnte nicht hinnehmen, daß Bayern die Thurn und Taxissche Verwaltung zu dominieren suchte. Denn der Fürst von Thurn und Taxis war nicht nur Lehensmann des bayerischen Königs, sondern auch Vasall in den Ländern Baden, den fürstprimatischen Staaten, Würzburg und Nassau.

Westerholt machte sich daher im Januar 1807 auf die Reise nach München, um die Eingriffe der königlichen Behörden, allen voran des obersten Postkom-

---

[283] Siehe dazu Otto VEH, Die geheime Postüberwachung im Königreich Bayern 1806–1817, in: APB 11 (1935), S. 185–198, und Georg RENNERT, Die geheime Briefüberwachung in Tirol und Vorarlberg 1806–1814, in: APB 12 (1936), S. 395–397.

[284] Außerdem sollten, so sah es eine Verfügung vom 29. Januar 1807 vor, die Postbeamten im bayerischen Bereich demselben Gerichtsstand wie alle anderen bayerischen Staatsbeamten unterworfen werden. Zu diesen Verhandlungen im Winter 1806/07 siehe FZA Regensburg, Postakten 3182, und die Auswertung bei HEUT, Übernahme, S. 81 f., 89 f.

missärs von Drechsel, einzuschränken.[285] Ziel war es auch, möglicherweise die für den Transit so wesentliche Tiroler Post ebenfalls in Pacht zu bekommen. Aber er mußte bald einsehen, daß er dabei keine großen Chancen hatte. Im Gepäck hatte er jedoch weitere Anträge, welche die Postverhältnisse in Bayern für das Haus Taxis befestigen sollten. In einem Schreiben vom 2. Januar erinnerte der Fürst daran, daß der König bereits vor einem Jahr »die Würde eines königlichen Erblandpostmeisters in Allerhöchst Dero Staaten [...] als ein erbliches MannsThronlehen huldvollst und zu meiner Nachkommenschaft stets unerlöschlichen devotesten Dankbarkeit zu verleihen beschlossen haben«, und es daher nötig sei, diesen Schritt zu sanktionieren: »so ergehet [...] meine submisseste Bitte, mir zu wirklicher Empfangung dieses Thronlehens und Ablegung der Vasallenpflicht den Tag allerhuldreichst zu bestimmen«.[286] Mit dieser »Muthung«, das heißt der Bitte des Vasallen um Übergabe des Lehensvertrages durch den Lehensherrn, war der nächste Schritt eingeleitet, um das Lehen rechtswirksam werden zu lassen. Denn erst mit der Übergabe des Lehens und der Ableistung des Lehenseides erhielt dieser Akt Rechtskraft. Der König stellte auch den »erforderlichen Muthschein mit dem Anhange, daß der Tag um wirklichen Empfang dieses Thronlehens und Ablegung der Vasallenpflicht näher bestimmt werden werde«, aus.[287]

Diese weitere Festigung der rechtlichen Grundlage war als dringend nötig eingestuft worden, um bei weiteren Verhandlungen über Postlehensverträge auf der sicheren Seite zu sein. In diesem Sinne war die Mission des Grafen Westerholt von Erfolg gekrönt. Das Lehen schien gerettet. Das Rechtsmittel »Lehen« galt als bedeutender und sicherer als das der »Pacht«. Die symbolträchtige Form der Lehenvergabe war jedoch unabhängig von den Verhandlungen der bürokratischen Spitzen.

Auf diesen Unterschied hatte Hofrat Grub immer wieder hingewiesen. Vor allem kritisierte er in diesem Zusammenhang Vrints-Berberich, der scheinbar dem Glauben anhing, es genüge, den König zu überzeugen, und dabei übersah, wie wichtig die Haltung der »Geschäftsmänner« war, die zu keinerlei Kompromissen »aus allergnädigster Huld« bereit waren.[288] Von bayerischer

---

[285] Zu seiner Person siehe mit einigen Ergänzungen zur Postgeschichte Otto VEH, Karl Joseph Graf von Drechsel. Kgl. Bayerischer Generalpostdirektor 1808–1817, in: APB 12 (1936), S. 326–332.

[286] Der Fürst fährt in diesem Schreiben fort: »Mit der trostvollsten Beruhigung sehe ich dem Glücke entgegen, die gegen [Eure Majestät] tragende mir heilige und bisher beobachtete Vasallentreue durch die feierliche Verpflichtung zu bestätigen, und für mich und mein fürstl[iches] Haus die neue Versicherung der allerhöchsten Gnade zu erhalten«. Edition bei MÜNZBERG, Poststationskatalog. Teil 1, S. 62.

[287] Grundlegend FZA Regensburg, Postakten 3182, bzw. HEUT, Übernahme, S. 90 f.

[288] Zahlreiche Einschätzungen wie die folgende in FZA Regensburg, HFS, Akten 201–224, hier: 201, fol. 430, in einem Schreiben an Fürstin Therese, Weimar 10. August 1807: »Möchte doch H[err] v[on] V[rints]-Berberich in München glücklich seyn, woran ich aber zweifle, weil er schwerlich vermögen wird, die dasigen Geschäftsmänner, die selbst dem H[errn] von Montgelas oft die Waage halten, eines beßeren zu überzeugen. Auf diese

Seite bestand man schließlich auch darauf, daß die Mitglieder der Taxisschen Generaldirektion dem König einen Eid ablegen mußten, in dem sie sich verpflichteten, »in allen vorkommenden Geschäften die Gerechtsamen des Souveräns und Obersten Lehensherrn schuldigst zu beobachten und das Allerhöchste Dienstinteresse getreulich zu besorgen«. Hofrat Grub versuchte den Generaldirektor Vrints-Berberich davon zu überzeugen, daß dieser Eid verhindert werden müsse, da er eine einseitige Parteinahme für Bayern symbolisiere.[289] Er selbst wies auf die Probleme der Mehrfachvasallität hin:

> »Wenn gleich die Besetzung der höchsten Postbehörden dem Vasallen, d. i., dem Herrn Fürsten von Thurn und Taxis überläßet bleibet, so kann der Dominus directus – ut exempla docent – doch allerdings mit Recht erwarten, daß Männer von deren Treue, Geschiklichkeit u. Geradheit Er überzeugt ist, hauptsächlich bei den oben genannten Stellen gebraucht werden. Dieser Grundsatz scheint um so mehr unter den gegebenen Umständen seine volle Anwendung zu leiden, als der gegenwärtig dirigierende fürstlich-Thurn und Taxissche geheime Rath zugleich Großherzogl[ich] hessischer und herzogl[ich] Nassauischer Oberpostmeister ist, folglich in fremdartigen Pflichten steht, die leicht mit denjenigen – des fürstl[ich] primatischen Herrn ErblandPostmeisters in Collission kommen können«.[290]

Aber Bayern war zu wichtig, um aufgrund dieser Bedenken etwas zu ändern. Nahezu die gesamte Spitze der Thurn und Taxisschen Postverwaltung legte schließlich den geforderten Eid gegenüber dem König schriftlich ab.[291]

Im Februar des Jahres 1807 wurde der bayerische Legationsrat Ernst von Axthelm als Postkommissär nach Nürnberg abgeordnet. Eine seiner ersten Amtshandlungen war – wie die seiner Kollegen bei den anderen Oberpostämtern auch – ein endgültiger Austausch der Hoheitssymbole.[292] Alle Wappen des Hauses Thurn und Taxis waren zu entfernen, und jegliche Formulare, die noch den Aufdruck »Kaiserliche Reichspost« oder dergleichen enthielten, wa-

---

Classe Menschen, macht bloses Sollicitiren und Bitten keinen Eindruck, wie Sie [sic!] dem H[errn] von Vrints ins Gesicht sagten«.

[289] In einem Schreiben des Hofrats Grub an Vrints-Berberich betonte dieser die Gefahren einer derartigen eidesstattlichen Verpflichtung. Denn es sei klar: »Dieses Rescriptum bleibt den anderen Souveränen sicher nicht unbekannt und es erscheint mir sehr unvorteilhaft, diese Erklärung gegenüber Bayern abzugeben«. Die Gefahr einseitiger Vereinnahmung sei zweifelsohne gegeben. Schreiben Grubs, Darmstadt 11. März 1807. FZA Regensburg, HFS, Akten 201.

[290] Anlage eines weiteren Schreiben Grubs an Vrints-Berberich. Ebenda.

[291] Dazu gehörten: Dirigierender Geheimer Rat und Generalpostdirektor von Vrints-Berberich, Geheimer Hofrat und Direktor von Epplen, Hofrat von Schönhammer, Hofrat und Kanzleidirektor Müller, Hofrat Grub, Hofrat Marx und die untergeordneten Beamten Jaumann und Vola (Revisor). Siehe FZA Regensburg, Postakten 3182, und die Auswertung bei HEUT, Übernahme, S. 96. Zum Folgenden zusammenfassend DIEDERICHS, Neue Macht, Abschnitt 2, S. 54.

[292] Zur Tätigkeit der Kommissäre siehe HEUT, Übernahme, S. 72 f. Zum folgenden Fall in Nürnberg siehe grundlegend FZA Regensburg, Postakten 3182; H. HARTMANN, Über schwarze Kabinette, und neuerdings zusammenfassend DIEDERICHS, Neue Macht, Abschnitt 2. Grundlegend dazu und im folgenden FZA Regensburg, Postakten 3184.

ren auszutauschen. Die bayerischen Symbole wurden als höchst bedeutend für die Manifestation des neuen Staatsgebildes eingeschätzt, ganz besonders in Nürnberg. Die ehemalige Reichsstadt galt weiterhin als österreichfreundlich, und Axthelm wurde mit besonderen Vollmachten ausgestattet, um alle regierungsfeindlichen Aktionen, die möglicherweise den Postweg nutzten, zu kontrollieren.[293] In Zusammenarbeit mit der Polizeidirektion versuchte er auch das Botenwesen, das heißt die Postbeförderung jeglicher Art außerhalb der bayerischen Lehenpost, einzudämmen. Sehr bald jedoch schöpfte der Postkommissär Verdacht, daß die Gefahr von den Postbeamten selbst ausging. Seine Nachforschungen und vor allem sein Erfolg, den Nürnberger Oberpostamtsverwalter Joseph von Blanck gefügig und schließlich gesprächig zu machen, führten zur Entdeckung des Geheimen Dienstes.[294] Am Abend des 8. Oktober 1807 berichtete Blanck dem bayerischen Postkommissär von der Existenz und der Struktur des Geheimen Dienstes bei der kaiserlichen Reichspost.[295] Wien sei die Zentrale des Spionagenetzes, von dort würden die einzelnen Postlogen organisiert, mit den nötigen Materialien ausgestattet, und an sie seien die Interzepte der verschiedenen Logen über Deckadressen geliefert worden. Jedoch habe man, so versuchte Blanck etwas zu beschwichtigen, die Briefspionage im Oktober 1805 eingestellt. Im Verlauf der weiteren Ermittlungen, welche Axthelm in den nächsten Tagen durchführte, stellte sich dies jedoch als nicht zutreffend heraus. Zwar wurde 1805 während der Kriegswirren die Logentätigkeit eingestellt, und der Postoffizial Heller brachte das Instrumentarium (Werkzeuge, Siegelnachdrucke etc.) persönlich nach Regensburg, aber sehr bald darauf nahm der Offizial die Briefspionage wieder auf, ob nun

---

[293] Zur Person siehe Robert STAUDENRAUS, Das Oberpostamt Nürnberg unter dem Oberpostmeister Ernst von Axthelm 1808–1838, in: APB 2 (1968), S. 169–181, außerdem zu den Vorfällen in Nürnberg VEH, Postüberwachung, S. 185–198, und zusammenfassend HEUT, Übernahme, S. 97 f., 116 f.

[294] Zu dieser Entdeckung und den Berichten Axthelms an Montgelas, in denen der Vorgang detailliert geschildert wird, siehe HEUT, Übernahme, S. 118 f. Ihm folgen AUE, Staatspost, und DIEDERICHS, Neue Macht. Inwieweit die exakte Terminierung des »Verrats« auf den 8. Oktober korrekt ist, müßte aufgrund eines Wiener Aktenbelegs nochmals überprüft werden. In einem Promemoria befiehlt der Staatskanzler dem Thurn und Taxisschen Residenten Wunsch, alle Reichslogisten sollten trotz Aufhebung der Logen weiter bezahlt werden, außer »Oberpostmeister von Planck zu Nürnberg, der das Geheimniß verrathen hat«. Dieses Schreiben ist am 7. Oktober in Preßburg abgefaßt worden. HHStA Wien, StK, Kleinere Betreffe 18, Konv. B, fol. 54.

[295] Blanck plauderte dabei die gesamte Organisationsstruktur der Briefspionage aus, möglicherweise wollte er dadurch auch vom Nürnberger Fall ablenken. Blanck (manchmal auch Planck oder Blank) war bereits während seiner Zeit als Regensburger Oberpostmeister in Kenntnis des Geheimen Dienstes gekommen, bis er 1792 nach Nürnberg wechselte. Dort (re)organisierte er die Postloge und stieg gleichzeitig seit der Verwaltungsreform von 1797 in den engeren Kreis der Generaldirektion der Reichs- und niederländischen Posten auf. Neben ihm arbeiteten in Nürnberg als Postspione die Postoffiziale Franz von Heller und Karl Oehl (auch Oel).

mit oder ohne Wissen des Oberpostamtsverwalter Blanck sei dahingestellt.[296] Vrints-Berberich als Leiter der Briefspionage war sogar noch im Juni 1807 nach Nürnberg gekommen, um die Briefspionage voranzubringen, zu einer Zeit also, als Axthelm bereits als Kommissär im Hause tätig war und als bayerischer Bevollmächtigter das Nürnberger Postamt visitierte, somit die Geheimhaltung immer schwieriger und das gesamte Unterfangen letztlich auch immer dreister wurde: Schließlich spionierten die Thurn und Taxisschen Postbediensteten für eine auswärtige Macht, die dem Land feindlich gegenüberstand. Die Sonderzahlungen aus Wien für den Geheimen Dienst wurden selbstverständlich an die Logenmitarbeiter auch über das Ende der Reichspost hinaus geleistet.[297] Und natürlich wurden auch die Briefe der bayerischen Behörden und sogar des königlichen Hauses weiterhin interzipiert.[298] Gerade die beiden letzten Tatbestände wogen besonders schwer: Schließlich waren die Thurn und Taxisschen Beamten waren seit September 1806 auf den bayerischen König als obersten Dienstherrn vereidigt. Die Fortführung der Briefspionage war daher zweifelsohne Landesverrat.

In aller Ausführlichkeit berichtete Postkommissär Axthelm zwischen dem 9. Oktober und dem 17. November 1807 von den Ergebnissen seiner Ermittlungen nach München. Nun hatte man den Beweis für ein seit den Kriegszeiten virulentes Gerücht: Bedienstete des Hauses Thurn und Taxis spionierten bei den Oberpostämtern für Habsburg.[299] Montgelas und auch der König waren vor allem über die kontinuierliche Spionagetätigkeit nach Ende der kaiserlichen Reichspost aufgebracht. Mit dieser Entdeckung fügte sich ein weiteres Glied in die Argumentationskette derjenigen, die längst für eine staatliche Postanstalt in Bayern plädierten.

Nun war die Entdeckung der Briefspionage keineswegs der einzige Grund für Bayern, eine Staatspost zu installieren. Verschiedene Faktoren spielten eine Rolle. Erstens der wirtschaftliche Faktor: Die Post galt als lukrative Ein-

---

[296] DIEDERICHS, Neue Macht, Abschnitt 2, S. 47, mutmaßt, daß Blanck möglicherweise nichts davon gewußt habe – eine Einschätzung, die nicht ganz überzeugt. Schließlich war er der Leiter der Nürnberger Loge und taucht bei den Überlegungen zur Organisation des Spionagedienstes als Partner auf.

[297] Dieser Anklagepunkt bestätigt sich aufgrund der Wiener Aktenlage. Siehe dazu HHStA Wien, StK, Kleinere Betreffe 18, Konv. B, fol. 54 f.

[298] Vor allem die diplomatische Korrespondenz zwischen dem Ministerium der auswärtigen Angelegenheiten und den Gesandten wurde systematisch kontrolliert; so gingen beispielsweise Interzepte von Schreiben des Gesandten Chevalier de Bray in Berlin und des Freiherren von Cetto in Paris nach Wien. HEUT, Übernahme, S. 118 f.

[299] Dieser Verdacht war seit den Koalitionskriegen immer häufiger geäußert worden. Dies lag aber nicht zuletzt daran, daß auch von französischer Seite die Briefspionage als ein allzu offenes Geheimnis behandelt wurde. Besonders empfindlich war man naturgemäß in Kriegszeiten, auch kleine Vorfälle wurden untersucht. Siehe beispielsweise BHStA München, MA 8400 (»Arretierung des Freiherrn von Hacke und v. Försch wegen erbrochener Briefe«). Allgemein dazu H. HARTMANN, Über schwarze Kabinette, und mit entsprechender Quellenedition HEUT, Übernahme, S. 126 f.

nahmequelle, umstritten war nur, ob man den meisten Gewinn abschöpfen konnte, wenn sie durch Staatsbeamte ausgeübt wurde oder wenn man sie in Pacht bei Thurn und Taxis beließ. Zweitens der organisatorische Faktor: Im Jahre 1806 wäre man schwerlich fähig gewesen, die Post sofort in allen Teilen mit eigenen Leuten zu besetzen, das Herrschaftswissen gerade der obersten Postmeister war vorerst unentbehrlich. Jedoch galt es auf kurz oder lang, die drei verschiedenen Postbereiche im Königreich Bayern einander anzugleichen und die Organisation zu vereinfachen. Drittens der polizeiliche Faktor: Der Postbetrieb wurde wie im 18. Jahrhundert als eine »Polizeyanstalt« (Justi) angesehen, die sich der Ordnungsmacht des Staates unterzuordnen hatte.[300] Natürlich mußte unter dieser Perspektive jeglicher Einfluß von außen eingeschränkt werden. Spionage war selbstverständlich unter allen Umständen auszuschließen. Bezeichnenderweise wollte Bayern jedoch die Post auch selbst zur Spionageabwehr und zur eigenen Informationsbeschaffung nützen. Viertens der hoheitliche Faktor: Die Brief- und Personenbeförderung galt als uneingeschränktes Hoheitsrecht, als ein Monopol des Staates. Mit dieser Einstufung war es in letzter Konsequenz unvereinbar, die Post an einen Dritten zu übertragen. Dieser Umstand wurde dadurch nicht einfacher, daß Thurn und Taxis kein Privatunternehmer, sondern ein Lehensvasall der Krone Bayerns wurde. Dieser hoheitliche Aspekt sollte erst recht zum tragenden Argument werden, wenn es darum ging, die Postrechte und damit ein Stück Souveränität an eine übergeordnete Instanz abzugeben. Und genau das forderte Napoleon im Winter des Jahres 1807.[301]

Die Frage, wie es denn mit dem Rheinbund weitergehen solle, beschäftigte die beteiligten Fürsten und ihre Staatsminister seit seiner Gründung. Vor allem Dalberg schwebte ein »drittes Deutschland« neben Österreich und Preußen vor, das durchaus Züge der Reichsverfassung wiederaufnehmen sollte. Im August 1807 legte Dalberg einen neuen Verfassungsentwurf in Paris vor, der eine deutliche Steigerung der Bundeskompetenzen vorsah.[302] Dem französischen Außenminister und auch Napoleon war klar, daß die wichtigen Staaten Bayern und Württemberg einer Rheinbundverfassung nie zustimmen würden,

---

[300] Siehe den Abschnitt: »Von denen Posten als einer Polizeyanstalt«, in: Johann Heinrich Gottlob von JUSTI, Die Grundfeste zu der Macht und Glückseeligkeit der Staaten oder ausführliche Vorstellung der gesamten Policey-Wissenschaft, Bd. 1: Welcher die vollkommene Cultur des Bodens, die Bevölkerung, den Anbau, Wachsthum und Zierde der Städte, desgleichen die Manufacturen, Fabriken und Commercien und den Zusammenhang des ganzen Nahrungsstandes abhandelt, Königsberg 1760. Vgl. dazu FZA Regensburg, HB, Collectanea von dem Postwesen 85.

[301] Die Frage, ob die Briefspionage nur zweitrangig war und damit nur als Vorwand diente, um die Souveränitätsrechte durchzusetzen, scheint mir weniger wichtig. Diskutiert wird diese Frage bei DIEDERICHS, Neue Macht, Abschnitt 2, S. 49. Er ist der Meinung, die Briefspionage sei ausschlaggebend gewesen, HEUT, Übernahme, hingegen sieht die Souveränität als dominierende Leitlinie, wobei die »Entdeckung« nur als Vorwand zur konkreten Umsetzung der Staatspostpläne diente.

[302] Siehe dazu K. M. FÄRBER, Kaiser, S. 103–105.

die ihre Souveränitätsrechte einschränkte. Und zu diesen Rechten gehörte das Postmonopol. Dalberg hingegen, der sich einer Stärkung des Rheinbundes verschrieben hatte, setzte sich daher auch für eine gemeinsame Rheinbundpost ein. In außenpolitischen Dingen war Freiherr von Eberstein seine rechte Hand, der früher in Diensten des Hauses Thurn und Taxis gestanden hatte.[303] Zur gleichen Zeit waren Fürstin Therese und Vrints-Berberich in Paris, um für die Rechte ihres Hauses bei Napoleon vorzusprechen.[304] Die Audienz der Fürstin bei Napoleon ist in unterschiedlichsten Überlieferungen greifbar. Der Kaiser trat ihr sehr zurückhaltend, wenn auch freundlich gegenüber. Er versprach zwar, das Haus Thurn und Taxis zu unterstützen, machte aber keinerlei Zugeständnisse, was das Postwesen im Rheinbund betraf. Er erklärte gegenüber der Fürstin: »Je veux l'unite des postes, mais ce ne sera pas la Maison de Tour, qui les aura«.[305]

Vrints-Berberich hingegen berichtete viel positiver vom Gang der Unterhandlungen nach Regensburg: Napoleon habe Interesse an einer Rheinbundpost und sei nicht abgeneigt, sie Thurn und Taxis zur Verwaltung anzuvertrauen.[306] Der Postkommissär Axthelm interzipierte in Nürnberg diese Briefe und berichtete von dieser Korrespondenz nach München, wo man die Meldung mit Schrecken aufnahm. Eine Rheinbundpost hätte die Unabhängigkeit der bayerischen (Staats-)Post zunichte gemacht. Montgelas ließ daher über den bayerischen Gesandten in Paris Erkundigungen einziehen, wie es denn wirklich mit dem Verhältnis Napoleons zum Haus Thurn und Taxis stehe. Von dort erfuhr man, daß der Kaiser und Protektor des Rheinbundes ganz andere Pläne hatte. Zwar sei er durchaus an einer Ausgestaltung einer einheitlichen Bundespost interessiert, aber nicht um sie den Thurn und Taxis zu verleihen. Viel eher sollte das Postwesen in Berg und Westfalen auf den ganzen Rheinbund ausgeweitet werden und damit dem direkten Zugriff des Protektors unterstehen. Erste Auswirkungen derartiger Absichten bekam währenddessen

---

[303] Zu Eberstein siehe StA Mainz, Nachlaß Karl von Eberstein 22–31. Die Verbundenheit zwischen ihm, Hofrat Grub und der Fürstin sicherte Thurn und Taxis einen immensen Informationsvorsprung über die Absichten Dalbergs. Siehe die zahlreichen Briefe in FZA Regensburg, HFS, Akten 201–202.

[304] Therese war am 13. August in Regensburg aufgebrochen und am 21. des Monats in Paris angekommen. Erst am 25. Oktober erhielt sie eine Audienz bei Napoleon. Nach weiteren Versuchen, Gehör zu finden, reiste sie am 13. Dezember wieder ab, um am 20. Dezember in Regensburg einzutreffen. Siehe ihre Tagebuchaufzeichnungen in FZA Regensburg, HFS, Akten 3819. Mit zahlreichen Schreiben an Napoleon hatte sie ihre Mission bereits vorbereitet. Siehe dazu AMAÉ Paris, Corr. pol., Petites principautés 83, konkret ihr Schreiben vom 21. Februar 1807 an Napoleon und die in Paris angefertigte Beilage: »Mémoire de poste en Empire« vom 2. September 1807. Ebenda, fol. 119 f. Interessanterweise hatten sich Fürst und Fürstin auch an Bayern mit der Bitte gewandt, ihr Postanliegen bei Napoleon zu unterstützen. Siehe BHStA München, MA 74653.

[305] »Ich will die Einheit der Post, aber es ist nicht das Haus Taxis, das sie besitzen wird«. Bericht vom 11. Juni 1811. BHStA München, OPD, Verz. 7, 1809, 1, fol. 4; DIEDERICHS, Neue Macht, Abschnitt 2, S. 52; dieser nach VEH, Bayern, S. 339.

[306] Siehe die zahlreichen Berichte des Generaldirektors Vrints-Berberich in FZA Regensburg, HFS, Akten 204–205, v. a. Konv. »c, Die Bewerbung um Souveränität«.

Dalberg zu spüren, als Berg und Westfalen in Frankfurt, also auf dem Territorium des Reichserzkanzlers, eigene Poststationen zu errichten beanspruchten. Dalberg verstand durchaus, daß das Haus Thurn und Taxis dadurch wieder ein Stück mehr aus dem Postbereich verdrängt und seine Souveränitätsrechte verletzt werden würden.[307] Daher verbot er allen fremden Territorialherren, Poststationen auf seinem Gebiet zu unterhalten. Die Postfrage war endgültig eine Frage des Rheinbundes geworden.

In eben diesem Zusammenhang sollte die Frage – mit weitreichenden Folgen – auch in Mailand zum Gegenstand der Beratungen werden. Dort trafen am Hof des Vizekönigs Napoleon und dessen Außenminister Champagny mit König Max Joseph und Montgelas zusammen. Der Protektor des Rheinbundes sprach sich dafür aus, zur verfassungsmäßigen Ausgestaltung des Bundes zu schreiten und vor allem eine Angleichung der verschiedenen Rechts- und Sozialverhältnisse in den einzelnen Bundesstaaten zu schaffen. Unter anderem gehöre zu dieser Vereinheitlichung auch eine »formation d'un grand établissement général des postes qui embrasserait tous les Etats de la confédération«.[308] Bayern antwortete auf diesen Druck, den Napoleon ausübte, mit zwei Aktionen, die beide das gleiche Ziel verfolgten, nämlich die Souveränität des Landes nicht durch einen Eingriff durch den Rheinbund und dessen Protektor zu gefährden. Zum einen erließ man in Eile eine Verfassung für das Königreich Bayern.[309] Damit konnte man eigene Verfassungspläne verwirklichen, und die Gefahr, die Verfassung eines der Modellstaaten und den *Code civil* annehmen zu müssen, war gebannt. Zum anderen schritt man zur Umwandlung der Thurn und Taxisschen Post in einen Staatsbetrieb.[310]

Als Ouvertüre zu dem für Thurn und Taxis tragischen Stück wandte sich Montgelas noch vor der Rückkehr nach München an Vrints-Berberich und teilte dem Generalpostdirektor mit, daß man von den Schwarzen Kabinetten erfahren habe, vor allem auch, daß die Briefspionage auch nach 1806 auf bayerischem Boden für Österreich weiter ausgeübt werde. Man wisse zwar, daß der Fürst unbeteiligt gewesen sei, ihn also keine Schuld treffe, und man sei daher bereit, das Schicksal des Hauses Thurn und Taxis nicht zu gefährden. Aber die Entdeckung habe natürlich Konsequenzen.[311] Vrints-Berberich

---

[307] Vgl. zu diesem Zusammenhang MÜNZBERG, Großherzogtum Berg, S. 94; außerdem allgemeiner zur Rheinbundpost VAILLÉ, Politique, S. 227–230, und, ihm folgend, KOCH, Postverwaltungen, S. 25–27.

[308] Nach DIEDERICHS, Neue Macht, Abschnitt 2, S. 54. Siehe dazu auch FZA Regensburg, Postakten 3184–3185 und Postakten 967–968.

[309] Siehe WEIS, Bayern und Frankreich, und Elisabeth FEHRENBACH, Verfassungs- und sozialpolitische Reformprojekte in Deutschland unter dem Einfluß des napoleonischen Frankreich, in: HZ 228 (1979), S. 288–316.

[310] Zum Folgenden grundlegend FZA Regensburg, Postakten 3184, ausgewertet bei HEUT, Übernahme, S. 124 f., und ihm folgend AUE, Staatspost, S. 79.

[311] Karl LINSEISEN, Joseph von Blanck und das Ende der Taxispost in Bayern, in: APB 1993, Nr. 1, S. 195–219, hier: S. 215.

versuchte sich in einem ausführlichen »mémoire justificatif« vom 14. Januar 1808 zu rechtfertigen und insgesamt zu retten, was noch zu retten war.[312] Der Fürst und die Fürstin, aber auch fast die gesamte Generalpostdirektion hätten demnach nichts von der Briefspionage gewußt. Er selbst habe nur aufgrund der Umstände diesem »service diabolique« zugestimmt. Denn aufgrund der kaiserlichen Vorrechte habe Habsburg die Briefspionage verlangen können, und als er an die Spitze der Verwaltung getreten sei, habe dieser Spionagedienst schon seit 100 Jahren bestanden. Er sei allerdings nie auf bayerischen Boden ausgeübt worden, sondern nur in den Reichsstädten. Die Postlogen hätten jedoch bereits mit dem Tod Fürst Carl Anselms 1805 ihren Dienst eingestellt, und er habe sich darum gekümmert, daß das gesamte Instrumentarium nach Wien geschickt worden sei, um eine weitere Tätigkeit zu verhindern. Die Weitergewährung von finanziellen Zuwendungen verstehe sich als eine Art Rente, die der Wiener Hof auch nach Ende der Spionagetätigkeit den ehemaligen Mitarbeitern zugebilligt habe.

Wie stark nun der Bericht von Vrints-Berberich geschönt war und damit weniger als der halben Wahrheit entsprach, mag dahingestellt bleiben. Interessant ist indes, wie in diesem Zusammenhang wieder einmal mit dem Begriff des Hauses jongliert wurde. Auf der einen Seite ist das Haus Thurn und Taxis als Rechtssubjekt Träger der Postrechte, der Fürst als Chef des Hauses und als designierter »Erblandpostmeister« Bayerns damit auch verantwortlich für die Ausübung seines Lehens. Die konkrete Veruntreuung des Postdienstes wird jedoch nicht dem Haus angelastet, sondern nur einzelnen Personen in die Schuhe geschoben. Schließlich wird der Postbereich von der Dynastie sogar völlig getrennt, das heißt, von Fürst, Fürstin und Vorfahren wie Nachkommenschaft ist keine Rechenschaft zu verlangen. Es ist bezeichnend für diese Zeit rascher Veränderungen, daß man mit derartigen Mehrdeutigkeiten zu tun hatte. Auch rationale Staatenlenker wie Montgelas mußten damit leben.

In der »geheimen Staatskonferenz« vom 20. Januar 1808 berichtete Montgelas den anderen Ministern von den Mailander Tagen und den Wünschen des französischen Kaisers. Man könne den Plänen Napoleons dadurch entgegenwirken, daß man erstens, ohne vorher bei Napoleon nachzufragen, eine Konstitution für das gesamte Königreich nach dem Vorbild der Westfälischen Verfassung entwerfe und zweitens das Postwesen verstaatliche, wie es in Berg, Westfalen und außerdem in Württemberg geschehen sei.[313] In einer weiteren Sitzung der »Geheimen Staatskonferenz« am 13. Februar wurden sowohl der Verfassungsentwurf als auch die Regelung der Postfrage durch Übernahme in

---

[312] Siehe AUE, Staatspost, S. 79, und HEUT, Übernahme, S. 124 f., nach FZA Regensburg, Postakten 3184. Das *Mémoire* befindet sich in einem eigenen Konvolut und ist dort (in Abschrift) auf den 15. Januar 1808 datiert.

[313] Ministerratsprotokoll vom 20. Januar 1808. BHStA München, Staatsraths- und Ministerial-Conferenz-protocolle 1808 und 1809, ausgewertet auch bei HEUT, Übernahme, S. 116 f.

staatliche Verwaltung abgesegnet.³¹⁴ Der Staatsminister berichtete in diesem Zusammenhang ausführlich von den Postlogen der Thurn und Taxis, vor allem auch über deren Struktur und ihre Ausrichtung auf Habsburg: »Montgelas zeigte alle Fäden, woraus dieses so schändliche Gewebe zusammengefüget war, und das gleißnerische Benehmen des Taxisschen Hofes überhaupt [...] und seine gänzliche Abhängigkeit von Österreich«.³¹⁵ Vor allem durch den Fortbestand der Spionage nach der Übernahme des Postamtes in Nürnberg durch Bayern sei der Tatbestand des Landesverrates eindeutig erfüllt. Dies berechtige Bayern, dem FürstnA die übertragene Verwaltung der Posten sofort und ohne jegliche Entschädigung zu entziehen und die beteiligten Beamten, allen voran den Leiter der Postlogen, Vrints-Berberich, wegen Hochverrats zu verurteilen. Überraschenderweise milderte Montgelas diesen Antrag jedoch sogleich wieder ab, »allein da nicht hergestellt, daß der gegenwärtige Fürst von Taxis um diese Verbrechen gewußt, da die Verhältnisse mit Österreich – und selbst jene mit Franck-Reich einige Schonung erforderten – S[eine] Königliche Majestät auch gegen das fürstlich Taxische Hauß einige allergnädigste Rücksichten eintreten laßen würden«.³¹⁶ Er schlug vor, die Sache nach außen als eine einvernehmliche Regelung erscheinen zu lassen. Auch wenn man von Staats wegen dazu berechtigt sei, wolle man das Haus Thurn und Taxis doch aus den genannten Gründen schonen. Als Grund für die Übernahme konnte offiziell der Sachzwang einer Vereinheitlichung des Postwesens angesprochen werden, im Zweifelsfall verwies man auf die Briefspionage der tirolischen Postbeamten. Vorwiegendes Ziel war die Erhaltung der Souveränitätsrechte gegenüber dem Rheinbund und Napoleon, und dazu gehörte unabdingbar auch die Postverwaltung.³¹⁷ Gegenüber dem Fürsten von Thurn und Taxis

---

³¹⁴ Das Protokoll zu dieser hochinteressanten Sitzung wurde bereits von Anton Heut ediert, in der eher Thurn und Taxissch orientierten Geschichtsschreibung ist dieses Thema hingegen nicht erwähnt worden. Siehe HEUT, Übernahme, Edition Nr. 3: »Protocoll über jene Gegenstände, die in der heute gehaltenen Geheimen Staats-Conferenz vorgetragen und entschieden worden«, S. 142–148. Die nachstehenden Zitate folgen dieser Transkription.

³¹⁵ Seine Informationen über Verbreitung und Organisation waren überraschend zuverlässig, wie man einschlägigen Arbeiten entnehmen kann. Er war beispielsweise auch über den Chef der gesamten österreichischen Spionage Kronenfels (1786 bis 1812 Chef der Wiener »Ziffernkanzlei«) und die Art und Weise der »Briefmanipulation« unterrichtet. Siehe zusammenfassend HUBATSCHKE, Organisation, zu Kronenfels S. 368, 370.

³¹⁶ Siehe zusammenfassend DIEDERICHS, Neue Macht, Abschnitt 2, S. 58, und HELBIG, Postgeschichte, S. 16 f. Dieser Umstand bestätigt sich auch in einem Schreiben des bayerischen Königs an den Gesandten in Paris vom 18. April 1808. Der König betonte, »daß Wir, um dem Taxisschen Hause und Postinstitute nicht zu schaden, mit der äußersten Schonung verfahren sind«. Man habe die wahren Gründe eher verschleiert: »Sollet Ihr aber jetzt schon oder in der Folge bemerken, daß der Agent Treitlinger oder die Fürstin bereits Schritte gemacht haben, um diese Maßregel in ein gehässiges Licht zu stellen, so habt ihr ohne weiteres den wahren Hergang der Sache und Unsere dabei beobachtete äußerste Mäßigung bekannt zu machen«. BHStA München, Gesandtschaft Paris 1404.

³¹⁷ Siehe die folgende Zusammenfassung: »La Direction, la surveillance, la régie des Postes dans chaque Etat ainsi que la perception des revenus provenants de cette partie, appar-

sollte die Briefspionage natürlich als übermächtiges Druckmittel eingesetzt werden, um »Ihme die freywillige Abtretung der Post-Regie an Baiern mit Beybehaltung des Titels eines Reichs-Ober-Postmeisters und Erhaltung einer jährlichen Entschädigungs-Summe« nahezulegen. Montgelas stellte schließlich den Antrag, Freiherrn von Drechsel nach Regensburg zu Unterhandlungen in diesem Sinne abzuschicken. Bereits vier Tage später eröffnete Drechsel dem Fürsten von Thurn und Taxis den Entschluß Bayerns.[318] Fürstin Therese und Westerholt reisten sofort nach München, um diesen Schritt noch abzuwenden. Zwar ließ Bayern bei den nun folgenden Verhandlungen eine überraschende Rücksicht auf die Belange des Hauses Taxis walten, zu einer Änderung der Konditionen war man allerdings nicht bereit.[319] Die Fürstin wollte es nicht glauben, daß Bayern unter der Regentschaft eines nahen Verwandten derart hart gegen das Haus Taxis vorgehen würde. Max Joseph verweigerte ihr jedoch sogar eine Audienz, solange die »freiwillige« Verzichterklärung des Fürsten nicht unterschrieben war. Westerholt erkannte viel früher, daß man mit der Verzichterklärung noch einiges retten konnte: Immerhin wurde eine umfangreiche Entschädigung zugesichert, der Ehrentitel blieb erhalten, und die Affäre um den Geheimen Dienst wurde nirgends offiziell zur Sprache gebracht. Auch wenn die Fürstin weiterhin versuchte, zusätzliche Zugeständnisse auszuhandeln, setzte sich Westerholt aufgrund der unnachgiebigen Haltung der Münchner Behörden durch.

Schließlich unterzeichnete Karl Alexander am 28. Februar 1808 seine Verzichterklärung: Das Thronlehen bestand nicht mehr, das Personal der Thurn und Taxisschen Lehenpost in Bayern wurde in den Staatsdienst übernommen.[320] Aber der Fürst und sein Haus erhielten die Würde eines »Erb-Reichs-Oberpostmeisters« als erbliches Kronlehen und eine jährliche Entschädigung von 100 000 fl. zugesagt.

Das Ende der bayerischen Post war zweifelsohne eine Katastrophe für das Haus Thurn und Taxis. Da nützte auch die riesige Entschädigungssumme nichts. Denn zum einen waren andere Postgebiete wie die Innviertelpost nun aufgrund ihrer isolierten Lage völlig uninteressant geworden, und zum anderen konnte die Tat des größten süddeutschen Bundesstaates als Vorbild verheerende Wirkungen haben. Intern sprach man daher zu recht vom »Ungewitter, das sich zusammenbraut«, und von der »Hiobsbotschaft, die aus Bayern

---

tiendront à chaque Souverain, sauf ceux que ne voudraient pas entretenir une régie particulière de prendre avec les Etats voisins les arrangements qui leur paraîtront convenables«. HEUT, Übernahme, S. 125. Siehe auch DIEDERICHS, Neue Macht, Abschnitt 2, S. 58, mit Verweis auf GREINER, Post, S. 41.

[318] Ein Faksimile des Schreibens (Entwurf) vom 17. Februar 1808 befindet sich als Beilage in APB 1 (1925).

[319] Siehe dazu FZA Regensburg, Postakten 3184.

[320] Am 3. März 1808 erfolgte die Ratifikation. Die »Zessionsakte« ist ediert bei HEUT, Übernahme, S. 149 f.

kam«.³²¹ Jedoch wußte man nicht, ob der Schritt Bayerns nun im Einvernehmen mit Frankreich erfolgt war. In einem Schreiben an Leykam vom 11. März stellte daher der in Weimar mit Postverhandlungen beschäftigte Hofrat Grub die Frage: »Wie hat sich denn der französ[ische] Gesandte in München bei dem Gewaltschritt Bayerns benommen? Der H[er]r kann ihn unmöglich billigen, weil es seinem Plane de l'unité des postes ganz entgegen läuft. Noch gebe ich nicht alle Hoffnung auf, daß das franz[ösische] Cabinet sich nicht noch eines anderen besinnt«.³²² Das Projekt Rheinbundpost unter der Führung Taxis war immer noch nicht völlig vom Tisch.³²³ Außerdem hoffte man auf den Erfolg einzelner Verhandlungen mit den Bundesstaaten.³²⁴ Bayerns Anweisungen an Cetto in Paris, die Schritte der Thurn und Taxis argwöhnisch zu beobachten, hatten daher durchaus ihre Berechtigung.

Der Traum von der Rheinbundpost war im Haus Thurn und Taxis noch lange nicht ausgeträumt. Ein letztes Mal schien er Realität werden zu können anläßlich der Verhandlungen zum Erfurter Fürstentag 1808.³²⁵ Napoleon lud, und alle 34 Rheinbundfürsten kamen. Noch einmal stand die Frage der Ausgestaltung des Bundes auf der Tagesordnung. Fürstin Therese sah nochmals die große Chance. Schon im Vorfeld hatte man sich dem französischen Generalpostdirektor la Valette empfohlen.³²⁶ Außerdem waren Noten um Unterstützung an Preußen und Rußland gegangen. Am 28. September und am 13. Oktober gewährte Napoleon der Fürstin Audienz.³²⁷ Wie schon mehrmals, äußerte er sich freundlich und unverbindlich: Grundsätzlich habe er sich schon immer für ein Bundespostwesen ausgesprochen. Dabei erkenne er das Recht des Hauses Thurn und Taxis durchaus an, man müsse jedoch abwarten, wie sich das Postwesen entwickle.³²⁸ Falls Thurn und Taxis das Bundespostwesen erhalten solle,

---

321 Verschiedene Belege in FZA Regensburg, HFS, Akten 201–202.

322 Schreiben vom 11. März. FZA Regensburg, HFS, Akten 202, fol. 101.

323 Siehe Rudolf FREYTAG, Die Beziehungen des Hauses Thurn und Taxis zu Napoleon im Jahre 1804, in: APT 48 (1920), S. 6–19.

324 Vor allem Grub konnte, was den hessischen und sächsischen Bereich betraf, einige Erfolge bei den Verhandlungen erzielen. Er war auch bedeutend realistischer bei seinen Einschätzungen als sein oberster Chef: Vrints-Berberich glaubte beispielsweise noch bis ins Jahr 1808, daß man auch Württemberg wieder für sich gewinnen könne. Am 11. März 1807 hatte er Grub den Auftrag erteilt, »verläßige Nachrichten über das Postwesen im Württembergischen und ob es keine Hofnung mehr zu diesseitiger Aquierierung desselben vorhanden seye, einzuziehen«. FZA Regensburg, HFS, Akten 206, fol. 20.

325 Zum Aufenthalt in Erfurt und den dort entwickelten Überlegungen zur Rheinbundpost und den damit zusammenhängenden Verhandlungen siehe die zahlreichen Akten und Denkschriften in FZA Regensburg, HFS, Akten 208–209, 215 und die zusammenfassenden Hinweise und Aktenexzerpte in FZA Regensburg, Rübsamiana 10.

326 Schreiben vom 29. Juni 1808: Thurn und Taxis bot sich an, alles zu tun, um den Wünschen Napoleons zu entsprechen. Siehe dazu vor allem die Eingaben der Fürstin vom 8. und 9. Oktober 1808 und den weiteren Schriftwechsel in AMAE Paris, Corr. pol., Petites principautés 83, fol. 131 f.

327 Siehe auch VEH, Bayern, S. 337–353.

328 Napoleon versprach in der ersten Konferenz bereits folgendes: »Je sais, que la Mai-

so müßte natürlich das Haus seinen Sitz nach Frankreich, konkret nach Paris, verlegen. Vorerst könne es bereits mit den einzelnen Höfen in Verhandlung treten, um so die Vorarbeit für ein vereintes Bundespostwesen zu schaffen.[329]

Begleitet durch publizistische Arbeiten, wurde nun das Bundespostprojekt forciert. Im Haus Thurn und Taxis verkannte man aber völlig die Lage. Bayern, Württemberg, aber auch Westfalen waren keineswegs daran interessiert, ihr Postwesen an eine übergeordnete Institution abzutreten.[330] Man hätte sich also die Unterstützung einiger dieser Gegner sichern müssen, um das Bundespostprojekt durchzusetzen. Napoleon war natürlich ein geschickter Schachzug geglückt – er überließ dem Haus Thurn und Taxis die Verhandlungen mit den einzelnen Fürstenhäusern. Sollten diese gegen deren Widerstand Erfolg haben, so konnte er sich auch über die Thurn und Taxis die Kontrolle der Post sichern. Fürstin Therese leitete bereits von Erfurt aus Verhandlungen über das Postwesen mit Sachsen, Westfalen und Berg ein.[331] Gerade im Fall Berg zeigte sich, wie aussichtslos das Projekt im Grunde war. Denn nicht einmal Napoleon selbst war als Landesherr bereit, Kompetenzen seiner Post an eine übergeordnete Postanstalt abzugeben. Die zahlreichen Briefe, mit denen der Fürst von Thurn und Taxis den verschiedenen Landesherren die Vorteile einer Bundespost unter Führung seines Hauses nahebringen wollte und die als Begründung auf die Unterstützung Napoleons verwiesen, entsprachen daher wenig der Realität.[332]

Vielleicht, so könnte man spekulieren, wäre den Bemühungen mehr Erfolg beschieden gewesen, wenn man im Haus Thurn und Taxis eine einheitliche Linie verfolgt hätte. Die Zustände in der Führung des Hauses als chaotisch zu

son de la Tour a des droits sur les postes – elle les aura – je sais qu'il dépend de moi, de les donner à une famille française, mais je veux les donner à une allemande. Je souhaite que votre Maison s'arrange avec les souverains afin que je trouve moins de difficultés à l'époque de l'organisation«. Zitiert nach dem Vortrag vom 11. Juni 1811. BHStA München, OPD Verz. 7, 1809, 1, fol. 4, ähnlich überliefert nach FZA Regensburg, Rübsamiana 10.

[329] Siehe den Vortrag von Westerholt, Regensburg 2. November 1808. FZA Regensburg, HFS, Akten 208, fol. 43–48: Westerholt faßte den Stand der Dinge nach Erfurt wie folgt zusammen: »1. Der Kaiser will die Einheit der Posten im Rheinbund. 2, Er will sie dem fürstlich Taxischem Hause zu Lehen geben. 3. sich dessen durch die Residenz in Paris versichern und 4, darüber eine eigene Übereinkunft treffen: Unterdessen solle 5, das Taxische Haus mit den Souverains fortfahren zu negociren, damit er weniger Schwierigkeiten finde«. Ebenda, fol. 43.

[330] Siehe auch VEH, Bayern, S. 341.

[331] Siehe ebenda, S. 340 f.; VAILLE, Politique, S. 173–251.

[332] Siehe das Schreiben Fürst Karl Alexanders an den französischen Botschafter Reinhardt in Westfalen: »D'après ce que S. M. a bien voulu dire à ma femme à sujet, déclarait-il – car la Princesse de Tour et Tassis paraît avoir été un des éléments les plus actifs des négociations du Généralat des Postes avec Napoléon – je suis autorisé pour arriver avec moins de difficultés au but où tend cette unité des Postes à entrer en négociation avec les gouvernements confédérés, sur l'objet de l'administration des Postes cédées à ma maison«. Dieser Brief und weitere Briefeditionen zu diesem Bereich bei VAILLÉ, Politique, S. 231; siehe dazu auch KOCH, Postverwaltungen, S. 28.

bezeichnen ist nämlich noch recht milde. Verschiedene Parteien bekämpften sich, und es gab letztlich keine Stelle mehr, wo die Fäden zusammen liefen. Oder in den Worten des Hofrates Grub: »Ja wohl es geht bei uns wie beim babylonischen Thurmbau zu – aber wer in aller Welt ist daran Schuld? – In der wichtigsten und gefährlichsten Periode ist man ohne ConcentrationsPunkt«.[333] Von einer Informationspolitik konnte in keiner Weise die Rede sein, in der Verwaltung wußte die rechte Hand wirklich nicht, was die linke zur gleichen Zeit tat.[334] Der Fürst fiel als Entscheidungsträger nahezu völlig aus. Selbst kränklich und entscheidungsschwach, ging er lieber auf die Jagd, als sich mit politischen Dingen zu beschäftigen, welche er vor allem seiner Frau und Westerholt überließ.[335] Der dirigierende Geheime Rat Westerholt hatte jedoch zu wenig Erfahrung im Postbereich und war von der Meinung seiner Kollegen Leykam, Grub und Vrints-Berberich abhängig. Vrints-Berberich war nach seinem Rücktritt vom Posten des dirigierenden Rates aufgrund der Spionage-Affäre schwer in seiner Autorität angeschlagen.[336] Von unerschütterlichem Selbstbewußtsein und maßloser Eitelkeit geprägt, übersah er vielfach neugeschaffene Realitäten.[337] In dieses Vakuum spielte sich vor allem Grub hinein,

---

[333] Schreiben Grubs vom 29. Dezember 1807. FZA Regensburg, HFS, Akten 201. Derartige Formulierungen finden sich immer wieder, Grub fährt hier bezüglich der wichtigen Postverhandlungen fort: »Wenn sie mich fragen, was denn eigentlich hier geschehen seye, so muß ich Ihnen antworten – ich weiß es nicht«. Siehe zur Verwaltungsgeschichte Kapitel II.2.2 und die dort zitierte Einschätzung von KALMUS, Weltgeschichte, S. 430. Obwohl er nur aus Kenntnis der Wiener Bestände argumentiert, trifft seine Aussage, bei Thurn und Taxis sei »ein Kampf aller gegen alle entbrannt«, vollauf zu.

[334] Unzählige Male beschwerten sich Leykam, Westerholt und vor allem Grub (»Von Bayern weiß ich nichts, da mich Vrints-Berberich wie einen Livre-Bediensten in Kenntnis der Dinge setzt«) über fehlende Informationen. Außerdem war zwischen den einzelnen Verhandlungsträgern überhaupt kein Vertrauen mehr vorhanden, wodurch Intrigen und Indiskretionen zunahmen. Grub schrieb beispielsweise Eberstein: »H[err] v[on] V[rints-Berberich] versucht, dieß im höchsten Vertrauen, den Fürsten und die Fürstin unter sich zu trennen u. diesem Scandal soll u. muß ich vorbeugen. H[err] v[on] V[rints-Berberich] spielt ein [höchst gefährliches] Stück, das entdeckt worden ist u. ihm für seine Person sogar höchst gefährlich werden kann«. Siehe dazu die zahlreichen Korrespondenzakten (FZA Regensburg, HFS, Akten 200–242), die Zitate aus FZA Regensburg, HFS, Akten 202, fol. 102 f.

[335] Siehe die Schilderung des Fürsten als eines unpolitischen Menschen durch KRÄMER, Rückblick, und die zahlreichen Verhandlungsakten, in denen Karl Alexander nur selten als Akteur auftritt. Sehr oft war er auch nicht in Regensburg, sondern auf den schwäbischen Besitzungen. Grub berichtet beispielsweise einmal, der Fürst werde wohl trotz der politischen Veränderungen nicht nach Regensburg kommen: »Wohl gerade da jetzt die Jagdvergnügungen wieder anfangen«. Grub an Fürstin Therese, 19. August 1806. FZA Regensburg, HFS, Akten 201.

[336] Beim Rücktritt handelte es sich jedoch nur um ein kurzes Intermezzo. Zwar trat er die oberste Leitungsfunktion als »dirigierender geheimer Rat« an Westerholt ab, als Generalpostdirektor gewann er jedoch bald schon wieder an Macht. Vom Amt des Oberpostmeisters zu Frankfurt ist er indes nie zurückgetreten. Siehe dazu auch FZA Regensburg, PA 9795, fol. 48 f.: Entlassungsschreiben und darauf bezugnehmende Regelungen (Mai 1808).

[337] Seine Eitelkeit wird aus zahlreichen Berichten an den Fürsten deutlich. Nie wird er müde, die Verhandlungserfolge als persönliche Erfolge herauszustellen und Negatives als Folge der Umstände zu interpretieren. Zum gleichen Ergebnis kommt HEUT, Übernahme, S. 79.

der aufgrund seiner langjährigen Verhandlungstätigkeit die Gesamtlage des Postwesens gut überblickte. Er setzte zwar auf Napoleon und eine Rheinbundpost, sah aber durchaus die Abhängigkeit, in die man sich damit manövrierte. Und dann war da die Fürstin. Selbst nicht mit politischer Weitsicht, allerdings mit Charme, Esprit und guten Beziehungen in der Welt des Adels ausgestattet, beherrschte sie das Feld. Nicht zuletzt durch ihren Intrigengeist kam es in der Verwaltung – wie bereits erwähnt – zu einem Kampf aller gegen alle, der seltsame Formen annahm. Grub schlug sogar vor, den Fürsten als Parteigänger Österreichs bei Napoleon zu verleumden, damit dieser die Bundespost der Fürstin übertrage. Grub war bei all der Kabale, wobei auch die Liebe eine gewisse Rolle spielte, meines Erachtens nicht der treibende Faktor, sondern die Fürstin vervielfachte das Chaos, auch wenn Grub schließlich den ganzen Auseinandersetzungen zum Opfer fiel.[338] Im Frühjahr 1809 wechselte nämlich die Fürstin wieder einmal die Koalition und ließ Grub fallen.

In einem ausführlichen Rechtfertigungsschreiben, das er der Fürstin vorlegte, resümierte Grub nochmals die Hintergründe der Situation, in der sich das Haus Thurn und Taxis nun befinde.[339] In den letzten Monaten habe sich deutlich gezeigt, daß Vrints-Berberich von der Geschäftsleitung entfernt werden müsse. Die Fürstin und einige Räte teilten diese Überzeugung, und zwar aus folgenden Gründen:

> »Herr von Vrints-Berberich habe die Correspondenz an den römischen Kayser verraten, und was noch mehr ist, auch nach der Aufhebung der römischen Kayser-Krone habe er die Brieferbrechung fortgeführt und habe dabei sogar selbst die Briefe Ihrer Durchlaucht erbrochen [...], wozu er wahrscheinlich vom österreichischen Hofe nicht beauftragt gewesen ist. Der Herr Baron von Vrints-Berberich habe einmal in einem leidenschaftlichen Augenblick Ihrer Durchlaucht der Frau Fürstin dieses Verbrechen in Paris selbst eingestanden, und Ihre Durchlaucht haben dieses Geständniß, so hart es ihm auch ankam, den andern Morgen beim Déjeuner mit allermöglicher Kaltblütigkeit geflißentlich wiederholen laßen. [...] Der Verlust der bayerischen Posten sei sein Werk, worüber Ihre Durchlaucht die Frau Fürstin eigenhändige Briefe S[eine]r Majestät des Königs von Bayern besasen«.

Außerdem sei Vrints-Berberich in Paris als ein österreichischer Spion bekannt gewesen, was zweifellos die Verhandlungsbasis zerstört habe. Schließlich seien alle Beschuldigungen in anderen Zusammenhängen nachzulesen und zu beweisen. Aufgrund dieser Zusammenhänge könnten eindeutige Schlußfolgerungen gezogen werden: »Der Herr Baron von Vrints-Berberich hat seine Absichten nicht undeutlich zu erkennen gegeben, sich zum Generaldirektor der Lehnsposten aufzuwerfen; dieß ist actenmäßig«, und man könne sich gern

---

[338] Der negativen Beurteilung Grubs in der Literatur folgt ohne Benennung seiner Grundlage DIEDERICHS, Neue Macht, Abschnitt 2, S. 60. Sie muß aber meines Erachtens korrigiert werden. Siehe dazu FZA Regensburg, HFS, Akten 200–242; Postakten 2819–2820 et al.

[339] Siehe zu den folgenden Auszügen FZA Regensburg, HFS, Akten 20, fol. 85–90: »Verbalnote im März 1809«.

davon überzeugen. Aber es dürfte auch genügen, daß man einzelne Äußerungen, wie »folgende ›daß S[erenissi]mus die Posten in der Länge nicht behalten würden‹, in Verbindung setzet, so dürfte der Gedanke, daß Herr von Vrints-Berberich bei einem solchen unglücklichen Schiffbruch des fürstlichen Hauses, gerne in Teutschland die Rolle des Grafen Lavalette spielen möchte, eben nicht zu den abentheuerlichen gehören«. Da sich also Vrints-Berberich mehr um »seinen eigenen – nicht eben für das Intereße des fürstlichen Hauses berechneten – Gang« kümmere, müsse sowohl die Verwaltungsstruktur wie auch die Politik des Hauses geändert werden.[340]

Der Hofrat argumentierte in seinen zahlreichen Schriften und Briefen immer mit der Bedeutung des Ganzen, das heißt der Erhaltung des Hauses und der Postanstalt. Dieser Institution hatten sich nach seiner Überzeugung persönliche Interessen unterzuordnen, sowohl die des Generaldirektors wie auch die des Fürstenpaares.[341] Im Zweifelsfall war er bereit, einzelne Personen auch politisch zu opfern, um dieses Ganze zu retten. Dabei unterschätzte er jedoch zunehmend die Bedeutung der personalen Komponente: Eine Politik für das Haus Thurn und Taxis war nur mit dem Fürstenpaar als dessen Repräsentanten zu machen. Dieses Konfliktpotential entlud sich schließlich, als die Fürstin wieder einmal ihren Kurs dahingehend änderte, Vrints-Berberich trotz langer Rivalität zu protegieren und damit Grub endgültig zu stürzen. Dieser wollte sich jedoch nicht fügen. Als er schließlich drohte, im Zweifelsfall einige prekäre Details aus dem politischen Intrigenspiel, aber auch aus dem Privatleben der Fürstin ans Tageslicht zu bringen, war sein Untergang besiegelt.[342] Die bayerische Regierungsspitze, die eigentlich an weiteren Einblicken hätte Interesse haben müssen, um die eigene Position gegen die Bundespostpläne zu stärken, konnte durch das persönliche Eingreifen des Königs gegen Grub mobilisiert werden. Die Fürstin hatte sich an »mon cher oncle« gewandt, ihn um Nachsicht gebeten, »da jeder Mensch fehlen kann«, und um die Intervention gegenüber dem ehemaligen Hofrat Grub nachgesucht.[343] Der ehemalige Ver-

---

[340] Die ganze Auseinandersetzung stand im Zusammenhang mit einer Verwaltungsänderung, die bereits in Kapitel II.2.2 näher beschrieben wurde. Siehe ausführlicher dazu FZA Regensburg, HFS, Akten 1 und 20.

[341] Siehe dazu die ausführlichen Zitate in Kapitel II.2.2. Stark gehäuft finden sich Formulierungen wie: Der Fürst müsse gezwungen werden, »etwas für das Haus zu tun«; er solle »weniger an sich, als an das Haus« denken. Vrints-Berberich bereite »den Untergang des Hauses« vor, ihn gelte es »zugunsten des Hauses zu entfernen« etc. in FZA Regensburg, HFS, Akten 202.

[342] BHStA München, MA 9754: »Die von dem ehemal. fürstl. Taxisschen Conferenzrath Grub angedrohte Veröffentlichung von Papieren über PrivatVerhältnisse des Fürstl. Hauses, 1810«.

[343] Der Landeskommissär in Regensburg übermittelte am 6. Dezember 1810 einige Bittschreiben der Fürstin an den König, die »in der dringensten Verlegenheit« sei und ihrer unterbreiteten Bitte »um Nachsicht dem Oheim um Schutz bei dem Regenten« solle doch – so unterstützte er ihre Schreiben – entsprochen werden, denn: »Wer in der Welt hat nicht

traute Grub wurde zum Nachgeben gezwungen, und Bayern ließ ihn der Fürstin zuliebe in den nächsten Jahren nicht mehr aus dem Auge; noch im Jahr 1811 konfiszierte man seine Papiere, um »Entdeckungen« zu vermeiden.[344]

Mit Grub hatte ein dezidierter Vertreter einer Thurn und Taxisschen Rheinbundpost wider Willen die Kommandobrücke und damit »das sinkende Schiff verlassen«.[345] In seinen zahlreichen Denkschriften läßt sich sein Kurswechsel nachzeichnen. »Ehemals im Gewande eines Kaiserl[ichen] Reservates und teutschen Reichs-Institutes stiegen und fielen die Vorrechte der fürstl[ich] Thurn und Taxisschen Posten im Verhältniß mit dem Einfluß, welchen das römisch kaiserl[iche] Ansehen hier oder da ausübte«[346], schrieb er resümierend 1806, ab jetzt müsse man sich aber an die stärkere Macht, im gegenwärtigen Moment sei das nun einmal Frankreich, halten. Dieser Ausrichtung der Politik auf Paris hin blieb Grub in den folgenden Jahren treu, obwohl nicht einmal er die Beziehungen zu anderen Fürstenhäusern und vor allem zu Österreich ganz abreißen lassen wollte.[347] Bedeutend intensiver pflegte die Partei um Westerholt den Kontakt mit Wien. Immer wieder gingen Schreiben an »Seine kaiserliche Majestät von Österreich« und den österreichischen Staatskanzler. Der Thurn und Taxissche Resident in Wien, Freiherr von Wunsch, berichtete auch stets von seinen Bemühungen, sich in der Hofburg in Erinnerung zu halten und dabei »die Devotion und die Anhänglichkeit an das Allerhöchste Österreichische Kaiserhauß« zu betonen.[348]

Während jedoch in Regensburg allmählich Pläne reiften, das *renversement des alliances* wieder rückgängig zu machen und zu Habsburg zurückzukehren, verhandelte die Fürstin nochmals in Paris. Sie hoffte mit ihren Bundespostplänen voranzukommen und Napoleon zum Eingreifen zu bewegen.[349] In einer

---

gefehlt; das Mehr oder Weniger hängt von dem Temperamente ab, das uns die Natur gab – von den Verhältnißen, in die man nur zu oft geschleudert wird«. Ebenda.

[344] Siehe ebenda und ergänzend HStA Stuttgart, Bestand E 9, Bü 124. Die Konfiskation bildete für Bayern jedoch einen willkommenen Anlaß, um durch die Grubschen Unterlagen Einsicht in Interna der Thurn und Taxisschen Verhältnisse zu nehmen. In Stuttgart, wohin sich Grub mit einer Klage gewandt hatte, sah man die Konfiszierung der Grubschen Papiere anders, »da er die Stelle eines Württembergischen Residenten in der Stadt Köln ausgeübt« habe und damit auch eine gewisse Immunität genießen sollte.

[345] In einem Schreiben vom 3. März an die Fürstin in Erfurt hatte Grub davon gesprochen, daß er im Zweifelsfall das sinkende Schiff verlassen würde. In zahlreichen Schreiben in diesem Zusammenhang wurde zwischen den einzelnen Briefpartnern überlegt, in welche Postdienste, in bayerische oder württembergische, man wechseln sollte. Siehe FZA Regensburg, HFS, Akten 201–202, das Zitat in HFS, Akten 202, fol. 305. Nur kleine Hinweise in PA 2819–2820.

[346] Siehe Konv. »Gutachten Grub über die Administration der Thurn und Taxisschen Posten und deren Kosten – 1806«. FZA Regensburg, HFS, Akten 201.

[347] Siehe zu Grub FZA Regensburg, HFS, Akten 201–202 und allgemeiner dazu HFS, Akten 194.

[348] Siehe ebenda, das Zitat aus einem Schreiben an Wunsch vom 18. Juni 1807.

[349] Siehe AMAÉ Paris, Corr. pol., Petites principautés 83, fol. 144 f. In einem Schreiben vom 20. Januar 1810 strich die Fürstin nochmals die Bedeutung des Hauses Thurn und

Audienz vom 12. Januar 1811 betonte dieser jedoch, daß sich seit Erfurt vieles verändert habe.[350] Vor allem würden die Souveräne einer Bundespost niemals zustimmen. In einer weiteren Audienz betonte er wiederum diese Widerstände der Rheinbundstaaten. Bayern, Westfalen, Baden würden nie einer Abtretung ihrer Postrechte zustimmen, von Württemberg ganz zu schweigen: »quant à Würtemberg, vous n'y réussirez jamais et vous sentez bien, dit-il en riant, que je ne vous aime pas assez encore pour faire marcher une armée pour vous«?[351] Trotz der zahlreichen und wohl auch geradezu penetranten Bitten der Fürstin ließ sich der Kaiser nicht auf eine klare Absage oder Zusage ein. Alle Angebote und finanziellen Zuwendungen nützten nichts.[352] Er wollte sich die Pläne für eine Rheinbundpost offenlassen und ermunterte die Fürstin, mit ihren Bemühungen durchaus fortzufahren.[353]

Interessanterweise liegt von den Audienzen der Fürstin und ihren Bemühungen in Paris in den Jahren 1810 und 1811 eine prägnante Zusammenfassung aus der Feder des bayerischen Ministers Montgelas vor. In einem Bericht vom 11. Juni 1811 stellte er die ganze Entwicklung von 1806 bis zu den jüngsten Verhandlungen der Fürstin dar.[354] Am Ende seiner ausführlichen Schilderung

---

Taxis heraus. Doch bemühten sich andere Höfe, die Aktionen zu durchkreuzen. Siehe etwa das Schreiben von Reisach und weitere Briefwechsel zur Causa Taxis ebenda, fol. 146 f.

[350] Siehe dazu die Beobachtung Bayerns: »Que depuis Erfurth il avait eu lieu beaucoup de changements, que l'unité des postes loin de s'arranger trouvait journellement plus d'opposition, que chaque souverain voulait s' isoler«. Bericht vom 11. Juni 1811. BHStA München, OPD, Verz. 7, 1809, 1, fol. 4. In den Berichten Vrints-Berberichs nach Regensburg wurden die Verhandlungen bedeutend positiver dargestellt. Siehe zusammenfassend FZA Regensburg, Rübsamiana 10.

[351] Bericht über die Audienz der Fürstin bei Napoleon vom 24. Juni 1810, zitiert nach dem Bericht vom 11. Juni 1811. BHStA München, OPD, Verz. 7, 1809, 1, fol. 4 f. Eine Übersicht der Audienzen bietet FZA Regensburg, Rübsamiana 10.

[352] Natürlich wurden auch bei dieser Reise immense Mittel aufgewendet, um zum einen eine angemessene »Hofhaltung« zu betreiben und zum anderen verschiedene Leute von Einfluß mit kleinen Geschenken freundlich zu stimmen. Siehe dazu Kapitel II.2.3.1, nach FZA Regensburg, Generalkasse, Rechnungen. Interessant wäre vor allem, ob folgender Hinweis des späteren Postdirektors Drechsel stichhaltig ist, den Otto Veh dem Privatarchiv der Grafen von Drechsel entnahm. Nach dessen Aufzeichnungen soll das Haus Thurn und Taxis in den Jahren 1808 und 1809 versprochen haben, eine Briefüberwachung für Frankreich zu organisieren, wenn es mit der Rheinbundpost beauftragt werde. Denkbar wäre es, denn die Briefspionage stellte zweifellos einen Angelpunkt der napoleonischen Postbemühungen dar. Leider erhielt ich von dem jetzt lebenden Graf Drechsel auf Karlstein in der Nähe von Regensburg auf meine Anfrage keine Antwort und damit nicht die Möglichkeit, diese »Geheimakten«, die Veh benützt hat, eingehend durchzusehen. Siehe daher weiterhin VEH, Postüberwachung, S. 190, Anm. 5.

[353] »Il faut voir, avec le temps beaucoup pourra s'arranger, en attendant j'assure votre Altesse, que je ne ferai jamais contraire aux Arrangements, que pourra faire le Prince de la Tour, au contraire, je le ferais avec plaisir«. Zitiert nach Bericht vom 11. Juni 1811. BHStA München, OPD, Verz. 7, 1809, 1, fol. 5.

[354] Die Informationen wurden übrigens den privaten Berichten und Abschriften des Hofrats Grub entnommen, die man aufgrund einer »Mautdefraudation« aufgefunden hatte. Siehe BHStA München, MA 9754.

forderte er, den bayerischen Gesandten in Paris zu instruieren, genauestens über die Schritte der Thurn und Taxisschen Unterhändler in Paris zu wachen. Ein frühzeitiges Einschreiten gegen derartige Pläne sei für ihn »das einzige Mittel, der drohenden Gefahr mit Erfolg zu begegnen, mit der Einziehung eines der ersten Regalien nicht den Grundstein der Souveränität untergraben zu sehen«.[355] Vor allem müsse auch auf den Fürstprimas geachtet werden, der diese Absichten unterstütze.

Aber nicht nur Bayern beobachtete mit Bangen die Aktionen der Fürstin von Thurn und Taxis in Paris, auch die anderen Souveräne wollten sich »ihre« Post nicht nehmen lassen. Es ist sicher kein Zufall, daß Baden das Lehenverhältnis gerade zu der Zeit löste, als die Verhandlungen über eine Bundespost noch in der Luft lagen. Thurn und Taxis versuchte auch immer wieder in Verhandlungen mit den süddeutschen Staaten zu treten, um als Pächter des Postwesens eingesetzt zu werden, natürlich ohne jeglichen Erfolg.[356] Vor allem war nie ganz klar, was Dalberg in Sachen Rheinbund unternehmen würde. Auch wenn man taxissicherseits durch Freiherrn von Eberstein äußerst gut über Dalbergs Aktionen informiert war, so deckten sich die Vorstellungen des Fürstprimas keineswegs immer mit den Interessen des Hauses Thurn und Taxis.[357]

Jedoch waren die Befürchtungen unbegründet: Napoleon mußte sich in den folgenden Monaten um andere Dinge kümmern, das Postprojekt hatte nicht erste Priorität, und vor allem war er nie bereit, militärische Bundesgenossen deswegen zu verärgern.[358] Auch wenn die Fürstin noch in den Jahren 1810 und 1811 für das Haus Thurn und Taxis in Paris verhandelte, so waren doch bereits die Weichen gestellt, um sich in Zukunft wieder an Österreich anzuschließen.

Mit einer Denkschrift vom Herbst des Jahres 1810 lenkte das Haus Thurn und Taxis endgültig wieder auf Kurs Richtung Habsburg. Westerholt beklagt darin die verhängnisvolle Orientierung des Hauses in den letzten Jahren. Er

---

[355] Die hohe Bedeutung, die man dem Postmonopol zuschrieb, darf auf keinen Fall unterschätzt werden. Montgelas formulierte dies bereits zu Beginn seines Berichts an den König: »Das Postregal ist eines der schönsten und ausgezeichnetesten Kleinode in der Krone eines Monarchen«. BHStA München, OPD, Verz. 7, 1809, 1, fol. 4.

[356] Siehe dazu »Bemerkungen über das von dem Herrn G[ra]f[en] von Westerholt übergebene Memoiré, welches den Antrag erhält, die Administration der Posten im Kgr. Bayern von neuem dem fürstl[ich] taxisschen Hause zu übergeben« vom 5. September 1810 an den bayerischen König. Mit diversen Begleitschreiben in BHStA München, MA 74659–74660.

[357] Eberstein spielte im Informationsaustausch zwischen Dalberg und dem Haus Thurn und Taxis eine ungeheuer wichtige Rolle. Er selbst betonte mehrfach, daß er »ein Freund des Hauses« sei. Intern überlegte man sogar, ob man ihn abwerben sollte. Schließlich leuchtete jedoch ein, daß er in fremden Diensten mehr für das Haus Taxis leisten könne. Dafür war man auch bereit, sehr fragwürdige Pensionsansprüche anzuerkennen. Siehe FZA Regensburg, PA 1708; HFS, Akten 201–202.

[358] Nach dem Vortrag von Montgelas hatte Freiherr von Cetto am 14. Juni 1811 einen entsprechenden Auftrag erhalten. Er berichtete am 26. Juli 1811 aus Paris: »Das Postwesen ist für den Kayser Napoleon von der Wichtigkeit nicht, als daß er darum die rheinischen Bundes-Staaten mißvergnügt und mißtrauisch machen wollte«. Die Bedenken seien daher unbegründet. BHStA München, Bayerische Gesandtschaft Paris 1404 (7. Stück).

zählt zu Beginn sogar auf, was man leider alles getan habe, »um die mächtige Gunst S[eine]r Majestät des Kaisers der Franzosen, für sich zu gewinnen«:[359] Vrints-Berberich habe in Paris verhandelt, bei der Anwesenheit Napoleons in München habe man um Audienz gebeten, die Fürstin sei nach Paris, dann nach Erfurt gefahren, man habe angeboten, nach Paris umzuziehen, und nochmals habe sich die Fürstin auf den Weg in die französische Metropole gemacht. »Kann wohl nach allen diesen Vorgaengen, und Thatsachen, ein vernünftiges, für das Wohl des Taxisschen Fürsten Hauses gutgesinntes Wesen, noch von S[eine]r Majestät dem Kaiser Napoleon etwas günstiges für belobtes Fürsten Haus erwarten? Wie koennte man sich mehr in die Französisch Kaiserl[ichen] Arme werfen«?

Aber auch von Rußland, Preußen und England sei nichts als »schoene, leere Worte, ohne die mindeste Erfüllung derselben« zu erhalten. Deshalb gelte es jetzt, in Verhandlungen mit Wien zu treten, denn »Oestreich allein, ist zu einer würksamen Unterstützung des Fürstl[ichen] Thurn und Taxisschen Hauses geeignet«. Österreich habe stets die schützende Hand über das Haus gehalten. Daran sei in Verhandlungen wieder anzuknüpfen, die Instruktionen dazu sollten in einem weiteren Promemoria formuliert werden.[360]

Thurn und Taxis war zweifellos ein Spielball auf den Wellen der bewegten Zeit zwischen Rheinbund und Wiener Kongreß. Die Entscheidungen über die Zukunft der Reichspost wurden von anderen, nicht von den führenden Köpfen des Hauses gefällt. Auf eine einheitliche Richtung hätte man sich indes auch nie einigen können. Hofrat Grub formulierte zu Recht: »Auch wenn der Hauptsturm von außen kam, so sind doch auch innerhalb des Postgeneralates Fehler begannen worden«.[361] Als der Stern Napoleons seinen Glanz verlor und spätestens mit dem Desaster im Rußlandfeldzug im Untergang begriffen war, stellte es sich für Thurn und Taxis als Glücksfall heraus, sich nicht völlig auf die Seite des französischen Kaisers gestellt zu haben. Schließlich griff man auf das Organisationswissen der Postunternehmer zurück, als es galt, die Post für die Befreiungskriege zu organisieren. Als die verbündeten Heere die Streitkräfte Napoleons über den Rhein zurückschlugen und schließlich siegreich in Paris einzogen, war es der ehemalige Reichsgeneralerbpostmeister,

---

[359] Zu Beginn verwies Westerholt wieder einmal auf den »drohenden Untergang« des Hauses: »Das vor kurzem noch blühende, so viele Menschen beglückende Hochfürstl[iche] Thurn und Taxische Haus, hat durch den in Verlauf von wenigen Jahren her ergebenden Drang der Umstände, und die allgemeine Staats-Umwelzung in unserem teutschen Vaterlande, so harte Schläge und blutende Wunden in seinem ganzen innern empfangen, die diesem erlauchten Hause, beynahe den gänzlichen Untergang drohten«. Siehe »Erste Denkschrift, uebergeben den 11. October 1810«, gebundenes Konv. FZA Regensburg, HFS, Akten 194.

[360] Siehe die vagen Ausführungen für Unterhandlungen in Wien in »Zweite Denkschrift, uebergeben den 21. October 1810«, 20 pag., gebunden. Ebenda.

[361] Siehe Konv. »Gutachten Grubs über die Lage des f. Hauses 1805«. FZA Regensburg, HFS, Akten 201.

welcher den Briefverkehr – nicht nur auf dem rechten Rheinufer – organisierte. Allein diese Leistung war ein Argument, um bei der künftigen Neugestaltung Deutschlands auf dem Wiener Kongreß nicht vergessen zu werden.

4.2. Reichstagsgeschehen und Politik des »eigenen Weges«

Der Immerwährende Reichstag zu Regensburg wurde als Organ der Reichsverfassung und damit als politisches Entscheidungs- und Kommunikationszentrum lange Zeit nicht gerade positiv beurteilt: Häufig war von »Bedeutungslosigkeit, Ineffektivität und Machtlosigkeit« die Rede.[362] Diese Einschätzung hat sich in den letzten Jahrzehnten grundlegend verändert. Für die Endphase des Reichstags hat Karl Härter ein monumentales Werk vorgelegt, das der negativen Beurteilung grundlegend widerspricht:

> »Als zentrale Institution der Reichsverfassung nahm der Immerwährende Reichstag seit August 1789 bis zu seinem Ende im Jahr 1806 zumeist aktiv und keineswegs nur als passiver Zuschauer am Rande, sondern inmitten des politisch-diplomatischen Geschehens an der Auseinandersetzung des Reiches mit der Revolution teil. Die Reichspolitik gegenüber dem revolutionärem Frankreich wurde folglich keineswegs ausschließlich und allein an den einzelnen deutschen Höfen gemacht«.[363]

Unabhängig davon, welche Bedeutung der Reichstag bei konkreten politischen Weichenstellungen auch immer hatte, ist von Interesse, was Regensburg als Sitz des Immerwährenden Reichstages dem Haus Thurn und Taxis bot. In Kapitel I.4.2 der vorliegenden Arbeit wurden die Handlungsräume dargestellt, die Regensburg in der zweiten Hälfte des 18. Jahrhunderts dem Postfürsten in vielfältiger Hinsicht gewährte: Durch die Übernahme des Prinzipalkommissariats war man nicht nur am Ort des Immerwährenden Reichstages, sondern auch vor den Augen der Gesandten präsent und damit auch an den Höfen, an welche die Gesandtschaften berichteten. Als Vertreter des Kaisers fiel bei den Audienzen, Antrittsbesuchen und den Feiern für das Kaiserhaus auch immer ein wenig Glanz auf den Fürsten von Thurn und Taxis und seinen Hof. Und die öffentlichen Auftritte verankerten das Haus Thurn und Taxis nach und nach im gesellschaftlich-politischen Leben der Stadt, wovon zahlreiche Reiseberichte Zeugnis ablegen. Hier dürfen auch die Bedeutung des »Reichstags-Ceremoniells« und die Außenwirkung der zahlreichen, vom Prinzipalkommissar veranstalteten Feierlichkeiten nicht unterschätzt werden. Und nicht zuletzt war die Stadt an der Donau eine oftmals unterschätzte Informationszentrale mit breiter Publikationsmöglichkeit und eine insgesamt fruchtbare

---

[362] Besonders prägnant in der Beurteilung Friedrich Meinecke: »Nicht auf den Reichstagen, sondern an den Fürstenhöfen fallen die Entscheidungen«, die lange Zeit die historische Forschung bestimmte. Siehe dazu mit der älteren Literatur HÄRTER, Reichstag und Revolution, S. 22. Siehe zur Bewertung des Reichstages auch die Ausführungen in Kapitel I.4.2.

[363] Eingeleitet wurde die Neubewertung nicht zuletzt durch die Arbeiten Aretins. Das Zitat bei HÄRTER, Reichstag und Revolution, S. 643.

(informelle) Nachrichtenbörse. In diesem vielfältigen Netzwerk institutioneller und personaler Beziehungen befand sich das Haus Thurn und Taxis, vor allem durch den Fürsten als Prinzipalkommissar, wie die Spinne im Netz.

In den bewegten Jahren nach 1789 mußte sich erweisen, wie tragfähig dieses Beziehungs- und Informationsnetz war und natürlich auch, wie gekonnt die Vertreter des Hauses Thurn und Taxis es verstanden, jeweils an den richtigen Fäden zu ziehen. Eine detaillierte Netzwerkanalyse, wie sie gerade für die Erforschung von Eliten immer wieder gefordert wurde, könnte hier große Dienste leisten, ist jedoch aufgrund der Menge der Archivmaterialien von einem Einzelnen nicht zu bewerkstelligen.[364] Aber schon ein kursorischer Blick in die unglaubliche Masse der Überlieferung kann die hohe Bedeutung des Netzwerkes »Immerwährender Reichstag« für das Haus Thurn und Taxis hinlänglich belegen. Bevor nun verschiedene Beispiele geschildert werden, werden die Archivbestände kurz vorgestellt. Innerhalb der »Haus- und Familiensachen« liegt in der Untergruppe »Staatsrechtliche Verhältnisse« ein Bestand »ReichstagsActen« vor. Er enthält die Berichte der Reichstagsgesandten des Hauses Thurn und Taxis mitsamt den zahlreichen gedruckten und ungedruckten Beilagen. Jedoch wird auch in den benachbarten Beständen wie den Akten zu »StandesErhöhungen« auf die Verhandlungen am Reichstag Bezug genommen.[365] Besonders ergiebig für Fragen der persönlichen Netzwerke sind die Akten der Untergruppe »Geschäftsverwaltung«, denn sowohl im Rahmen der »Geschäfts-Correspondenz« als auch bei den »Agenten-Berichten« tauchen die informellen Wege politischer Einflußnahme auf.

Neben den »ReichstagsActen« und anderen Beständen innerhalb der »Haus- und Familiensachen« gibt es noch eine weitere Überlieferung zum Geschehen am Reichstag: Es handelt sich um die eigenständige Repositur »Comitialia«, die ebenfalls Berichte mit zahlreichen gedruckten und ungedruckten Beilagen vereint. Diese »Comitial-Nachrichten«, wie sie zum Teil auch genannt wurden, dürften innerhalb der Prinzipalkommission entstanden sein – sie richteten sich also an den Fürsten als Prinzipalkommissar, wogegen die »ReichstagsActen« für den Fürsten als Reichsstand bestimmt waren.[366] An Informationen zum

---

[364] Bereits 1979 hat Wolfgang Reinhard einen Fragenkatalog zur Erforschung von Netzwerken empfohlen (REINHARD, Freunde), den er als »Appendix 2: Raster für die Prosopographie« im Sammelband Jean-Philippe GENET/Günther LOTTES (Hrsg.), L'état moderne et les élites. XIIIe–XVIIIe siècles. Apports et limites de la méthode prosopographique. Actes du colloque international CNRS-Paris I, 16–19 octobre 1991, Paris 1996, nochmals gebündelt hat. Bleibt zu ergänzen, daß im Sammelband von MĄCZAK, Klientelsysteme, ebenfalls aus unterschiedlichen Blickwinkeln auf die Wirkungsmächtigkeit von Patronage und Klientel hingewiesen wurde.

[365] Hier sind noch zu nennen die »Introductions-Acten«, die »KreistagsActen« und der eigene Unterbestand »Principal-Commissariat«, der – wie noch ausgeführt wird – nicht mit dem gesonderten Bestand »Comitialia« verwechselt werden darf. Siehe dazu die entsprechenden Repertorien in FZA Regensburg.

[366] Der Bestand FZA Regensburg, Comitialia 1–86 (1654–1796) entspricht zwar von der Anlage den entsprechenden Überlieferungen in anderen Archiven, ist jedoch von Dichte

Reichstag, so kann man aufgrund dieses Quellenbefundes schließen, hat im Haus Thurn und Taxis zweifellos kein Mangel geherrscht. Vor allem standen diese Informationsquellen nicht nur dem Fürsten zur Verfügung, an den sie zum Teil offiziell adressiert waren, sondern bildeten – ganz im Gegenteil – vor allem die Informationsbasis für die ranghöchsten Beamten und Unterhändler. Der Fürst dürfte diese Berichte nur in den seltensten Fällen zu Gesicht bekommen haben, er wählte den weitaus bequemeren Weg und ließ sich die Entwicklungen auf der politischen Bühne resümierend vortragen.[367] Für das »Reichstagszeremoniell« liegen für die letzten Jahre des Immerwährenden Reichstages auch die »Ceremonial-Protokoll-Bücher« vor. Entsprechend ihres Verwendungszusammenhangs gehören diese Bände zum Bestand »Hofmarschallamt«.

Jedoch tauchen verschiedene Fragen nach der richtigen Etikette auch in anderen Bereichen und damit in anderen archivalischen Zusammenhängen immer wieder auf. Der Thurn und Taxissche Archivar Rübsam vermerkte nach einer Durchsicht der Akten zum Prinzipalkommissariat dementsprechend: »Den Hauptbestandteil der Akten der letzten Jahre bilden Beglaubigungsschreiben, Notificationen, Ceremoniellfeierlichkeiten, Zollstreitigkeiten«.[368] Die Tatsache, daß man mit dem Amt eines Prinzipalkommissars vorwiegend repräsentative Aufgaben zu übernehmen hatte, die kostspielig und zeitraubend sein konnten, war im Haus Thurn und Taxis von Anfang an bekannt. In einem Schreiben aus den sechziger Jahren wurde das Prinzipalkommissariat als »cet-

---

und Umfang her schwerlich mit ihnen zu vergleichen. Siehe z. B. die Überlieferung der Reichstagsberichte der Fürsten Schwarzenberg in SOA Krummau, RAS, Comitialia, außerdem die Anmerkungen bei Hans GSTETTNER, Regensburger Reichstags-Korrespondenzen. Ein Stück Pressepolitik des Heiligen Römischen Reiches Deutscher Nation, München 1936. Daher liegt es nahe, darin eine Überlieferung der Prinzipalkommission zu sehen. Nach einer kurzen Prüfung scheint es, als deckten sich diese Berichte zum Teil mit den »Berichten der Prinzipalkommission«, die in Wien als eigener Bestand vorliegen und seit nunmehr einigen Jahren als Microfiche-Edition greifbar sind. Von der Vernichtung des Archivmaterials der Kommission, die Lothar Groß beschrieben hat, dürften daher nur die letzten Jahre, in denen Karl Alexander die Stelle des Prinzipalkommissars innehatte (1797–1806), betroffen sein. Lothar GROSS, Zur Geschichte der Gesandtschaftsarchive am Regensburger Reichstag, in: Archivalische Zeitschrift 36 (1926), S. 216–220, hier: S. 216 ff. Die Vernichtung der Akten ist auch beschrieben bei DORDA, Hügel, S. 226.

[367] Das belegen zumindest die zahlreichen Berichte »ad Serenissimum«, die Vrints-Berberich und Westerholt den Fürsten Carl Anselm bzw. Karl Alexander vorlegten. Der Chefunterhändler Vrints-Berberich berichtete allerdings stets von seinen Beobachtungen, auch den Reichstag betreffend, direkt an den Fürsten. Inwieweit aber auch diese Berichte nicht hauptsächlich für die anderen Mitglieder der Geheimen Kanzlei geschrieben waren, das muß dahingestellt bleiben. Siehe z. B. FZA Regensburg, HFS, Akten 203–205, außerdem den Bestand HMA, hier konkret HMA 17.

[368] Archivar Rübsam hat Aktenexzerpte in Karteikartenform zu einzelnen Themen angefertigt, unter anderem auch zum Prinzipalkommissariat. Siehe FZA Regensburg, Rübsamiana 10 »Aktenexzerpte über die ehemalige Souveränität des Hauses seit 1806; Prinzipalkommissariat 1716–1806«, das Zitat Karte 8,4. Die erwähnten Zollstreitigkeiten ergaben sich übrigens aus der Immunität des Prinzipalkommissars, da von städtischer Seite behauptet wurde, Angehörige des Hofstaates schmuggelten Lebensmittel unversteuert in die Stadt.

te penible charge« bezeichnet; wobei das Amt für den Fürsten nur »pour nous sacrifier« und für den Konkommissär »pour traites les affaires« bestehe.[369] Dennoch bemühte man sich, von der Ernennung des Fürsten Alexander Ferdinand 1748 bis zum Ende des Reichstags die Stellvertreterwürde dauerhaft für das Haus zu sichern. Konkurrenten »um die hohe charge« warf man mit dem Hinweis aus den Rennen, man werde weiterhin einen adäquaten Hofstaat in Regensburg unterhalten können. Die Fürsten machten sich zur Bestätigung des Amtes auch persönlich auf den Weg nach Wien.[370]

Einen besonders guten Einblick in Hintergründe und Bedeutung des Prinzipalkommissariats für Thurn und Taxis ermöglichen Akten aus dem Jahr 1790. Nach dem Tod des Kaisers am 20. Februar 1790 stand auch das Amt des kaiserlichen Stellvertreters zur Disposition. Der Fürst, so entnimmt man einem Schreiben vom 10. März 1790, wollte das Amt aus verschiedenen Gründen nicht mehr übernehmen: Die übermäßig großen Kosten, die zweimal jährlich nötigen Reisen, das »être terrassée d'une gêne, qui l'incommode et à laquelle Elle se voit exposée la moitié de chaque année par le cérémoniel des audiences, des grands dîners et de tant d'autres occurences facheuses ...«. Natürlich dauerte es nicht lange, bis das Gerücht in Regensburg kursierte, daß der Fürst »keine Lust mehr bezeige«, das Amt zu bekleiden. Er sei des Ganzen überdrüssig und wolle sich auf seine Güter in Schwaben oder nach Frankfurt bzw. Augsburg zurückziehen. Anscheinend hatte der Fürst eingehende Gutachten zu dieser Frage von seinen leitenden Beamten gefordert. Das ausführlichste stammt aus der Feder des dirigierenden Geheimen Rates Schneid. Zwar sei es durchaus richtig, so führte der leitende Beamte aus, daß das Prinzipalkommissariat kostspielig und aufwendig sei, aber abgesehen davon sprächen alle anderen Argumente für eine Fortführung des Amtes. Vor allem müsse man sich doch vor Augen halten, was es dem Haus Thurn und Taxis erbringe: »Die hohe charge hat zum Glanz des Hauses ganz außerordentl[ich] beigetragen. Das P[rincipal] C[ommissariat] hat die Allianzen mit den Häusern Lothringen, Württemberg und Mecklenburg erleichtert, ihm verdankt man die Ertheilung

---

[369] Siehe dazu die Exzerpte in FZA Regensburg, Rübsamiana 10, Prinzipalkommissariat, Karte 6,7; außerdem HMA 1.

[370] Im Jahr 1773, dem Todesjahr Fürst Alexander Ferdinands, befürchtete man im Haus Thurn und Taxis, andere Fürsten, wie der Kardinal zu Passau, der Bischof zu Eichstätt, Franz von Liechtenstein oder Carl Egon von Fürstenberg, würden sich um die Stelle bewerben. Carl Anselm argumentierte, daß sein Vater das Amt stets zur Zufriedenheit ausgefüllt habe und der aufgebaute Hofstaat in Regensburg ohne die Amtsführung zusammenbrechen würde. Außerdem könne man durch das Amt dem »Allerdurchlauchtigsten Erzhauße Österreich die vorhin schon zugeschworene allertreueste Devotion, noch thätiger [...] bestättigen«. Siehe HHStA Wien, RK, Kleinere Reichsstände 520, das Zitat (Fürst Carl Anselm an Kaiserin Maria Theresia, 24. März 1773) fol. 8 f. Einzelne Hinweise auch bei FZA Regensburg, Rübsamiana 10, Prinzipalkommissariat, Karte 9,3, und in den Tagebüchern des Fürsten Khevenhüller, in: Rudolf Graf KHEVENHÜLLER-METSCH/Hanns SCHLITTER (Hrsg.), Aus der Zeit Maria Theresias. Tagebuch des Fürsten Johann Josef Khevenhüller-Metsch, Kaiserlicher Oberhofmeister 1742-1776, Bde. 1-8, Wien/Leipzig 1907-1972.

des Postgeneralats zum Thronlehen, Sitz und Stimme im Reichsfürstenrath, die glückliche Erwerbung von Friedberg-Scheer, seine Erhebung zu einem Reichsfürstentum«, seine Zulassung zum »cercle de cette qualité la prolongation de l'admodiation des Postes aux Pays-bas, l'acquisition de celles de l'Autriche antérieure, la conservation de celles de l'Innviertel, et tant d'autres avantages, dont on aurait été frustré«, und außerdem »droit d'un libre droit de passage de la douane et d'accise, qui la qualité de P[rincipal] Commissaire nous a procuré entre autres grands avantages«, was zu berücksichtigen sei, »des révolutions imminentes«. Zu guter Letzt gelte es noch die praktische Seite anzusprechen. Außer in Regensburg verfüge man über keine Winterresidenz, die ähnlich preiswert zu unterhalten sei; auch die eigene Jurisdiktion über die Dienerschaft sei nur hier gewährt. Dem Gutachten Schneids vom 12. März 1790 stimmten die anderen Räte Westerholt und Eberstein vorbehaltlos zu.[371] Schließlich gab »der politische Nutzen, den die Stelle dem hochf[ürstlichen] Haus« verschaffe, den Ausschlag. Reichsvizekanzler Colloredo-Mansfeld antwortete im August auf die Bewerbung des Fürsten, dem designierten Kaiser werde es sicher »zum besonderen Wohlgefallen gereichen, wenn E[uer] L[iebden] gedachten von Ihro und Ihren Herren Vater und Vorfahren mit sovielem Ruhm becleidete ansehnliche Stelle bei der künftigen kaiserl[ichen] Regierung neuerdings übernehmen«, sobald die Wahl erfolgt sei.[372]

Die Überlegungen, das Amt niederzulegen, waren nach Lage der Akten eher eine Laune des manchmal mimosenhaften Fürsten Carl Anselm. Die Berater des Hauses bewiesen in diesem Zusammenhang wieder einmal bedeutend mehr Weitblick als ihre Herrschaften. Sie waren bemüht, das fürstliche Haus Taxis auch durch das Prinzipalkommissariat im Gefüge des Alten Reiches zu verankern und sich weiterhin als verdienter Juniorpartner des Kaiserhauses zu empfehlen. Carl Anselm schrieb übrigens fünf Jahre später wieder an den Kaiser, er möge ihn doch aus Gesundheitsgründen von seinen Amtsgeschäften entbinden, dafür jedoch seinen Sohn, den Erbprinzen Karl Alexander, zum Prinzipalkommissar ernennen.[373] Dieser Bitte wurde schließlich im Frühjahr

---

[371] Eberstein betonte besonders: »Alle regierenden Fürsten haben Residenzen in ihren Besitzungen bei ihren Unterthanen, [aber] der Fürst neigte sehr zur Melancholie. Der Fürst war lebensmüde, Feind der Etiquette, Frankfurt oder Augsburg hatte der Fürst im Auge«. FZA Regensburg, Rübsamiana 10, Prinzipalkommissariat, Karte 9,4.

[372] Colloredo-Mansfeld an Fürst Carl Anselm, Wien 18. August 1790. Ebenda.

[373] Eine Zusammenstellung der mehrfachen Bittschreiben in FZA Regensburg, Rübsamiana 10, Prinzipalkommissariat, Karte 9,6–8. Gegenüber dem Kaiser gab der Fürst stets gesundheitliche Gründe an. Seine Ärzte beteuerten bezüglich seiner Gesundheit, so der Fürst am 14. Juni 1795 an den Kaiser, daß er »nur durch stille ruhige Lebensart und gegenwärtig sehr benötigte Erholung, dieselbe wiederherstellen und meinen Jahren noch in etwas verlängern könne. Einen vorzüglichen Grund dieser Anfälle bemerkten sie von jeher in der Regensburger Stadt Luft, welche meiner Gesundheit immer nachtheilig gewesen sein solle. Ich bitte mir den Trost zu gönnen, daß mein Sohn und Erbprinz« in das Amt des Prinzipalkommissars eintrete.

1797 entsprochen – das Amt blieb dadurch bis zum Ende des Reichstags in Thurn und Taxisschen Händen.

Durch diese Kontinuität wurde das Haus Thurn und Taxis zum vielleicht sogar einzigen Bewahrer des »ReichstagsCeremoniells«. Schon 1785 hatte Trauttmannsdorff an Kaunitz geschrieben, für politische Verhandlungen komme Fürst Taxis »in keine Betrachtung«, aber es sei zu beachten:

> »Da übrigens eben bei dem Prinzipalkommissarius noch der einzige Ort ist, wo Rang- und Etiketteanstände sich ereignen können, und solche wohl immer nur Unannehmlichkeiten nach sich ziehen, ist es jederzeit erwünschlich, die persönliche Gewogenheit des Fürsten zu gewinnen, und sich andurch in Stand zu setzen, derlei Irrungen gütlich beizulegen, ehevor sie ordentlich zur Sprach kommen, Erbitterung erwecken und das der Reichsversammlung in diesem Betracht ohnehin allgemein beigelegte Ridiculi vermehren«.[374]

Diese Rangstreitigkeiten machten den österreichischen Vertretern am Reichstag das Leben in Regensburg zum Teil recht schwer. Konkommissar Leykam und die anderen kaiserlichen Gesandten hatten stets ihre Probleme im Umgang mit dem Prinzipalkommissar. Der kurböhmische Gesandte Graf Seilern wurde im April 1795 sogar aufgrund seiner permanenten Auseinandersetzungen mit dem Prinzipalkommissar von seinem Posten abberufen.[375] Die Situation entspannte sich vor allem durch das Wirken des Freiherrn von Hügel, der als Nachfolger des 1793 verstorbenen Baron Leykam ab 1794 das Amt des Konkommissars am Reichstag einnahm und einen einigermaßen gedeihlichen Umgang mit den Thurn und Taxis pflegte.[376] Jedoch blieben die Rangstreitigkeiten, wie sie seit Mitte des 18. Jahrhunderts in Regensburg an der Tagesordnung waren, auch in den letzten Jahren des Reichstags bestehen. Weiterhin wurde wegen jeder protokollarischen Kleinigkeit in Wien nachgefragt – so beispielsweise, ob der russische Resident Struwe an der Tür des Audienzzimmers vom Prinzipalkommissar zu empfangen sei oder doch eher ein paar Schritte davor im Vorzimmer.[377] Hügel war als Konkommissar stets bemüht, derartigen Streitigkeiten aus dem Wege zu gehen und bereits im Vorfeld prekäre Situationen zu vermeiden. Allerdings mußte selbst er sich den Gepflo-

---

[374] Trauttmansdorff an Kaunitz, Regensburg 20. Mai 1785, in: ARETIN, Heiliges Römisches Reich, Bd. 2, S. 109 f., hier: S. 110.

[375] Siehe allgemein dazu HHStA Wien, Berichte der Prinzipalkommission, hier: 162c. Zahlreiche Hinweise dazu liefert aufgrund ihrer Auswertung des Bestandes DORDA, Hügel, S. 31, 41.

[376] Zum Amtsantritt Hügels siehe ebenda, S. 23 f. Der Konkommissar erfreute sich sehr früh nach seiner Ankunft in Regensburg der Sympathie des Fürsten, was die zuvor angespannte Situation entschärfte. Siehe Carl Anselm an Reichsvizekanzler Colloredo-Mansfeld, 8. März 1794, nach ebenda, S. 31.

[377] Der konkrete Fall in einer Anfrage von Hügel an Colloredo am 25. Juli 1797, nach ebenda, S. 47. Zumeist liefen die Anfragen m. E. direkt vom Thurn und Taxisschen Hofmarschallamt nach Wien. Siehe dazu die entsprechenden Bände der Ceremonial-Protokoll-Bücher und die dazugehörigen Korrespondenzen in FZA Regensburg, HMA, HFS, Akten.

genheiten und dem »herkömmlichen Ceremoniel« am Thurn und Taxisschen Hof beugen.[378]

Freiherr von Hügel gehörte zu den einflußreichsten Gestalten am Reichstag im letzten Jahrzehnt seines Bestehens.[379] Er war einer der Kristallisationspunkte des politischen Geschehens und durch sein Amt als Konkommissar auch mit dem Fürsten von Thurn und Taxis verbunden, dessen Hof als Mittelpunkt des gesellschaftlichen-kulturellen und auch zeremoniellen Geschehens bezeichnet werden darf.[380] Wie stark diese Verbundenheit genutzt werden konnte, sollte sich vor allem bei den Verhandlungen der Reichsdeputation in den Jahren 1802/03 zeigen. Hügel spielte jedoch auch auf einem anderen Feld eine bedeutende Rolle, auf dem das Haus Thurn und Taxis sich ebenfalls stark engagierte – auf dem Gebiet der Presse und Publizistik.[381]

»Gerade durch die Reichstagskorrespondenzen [...] war der Reichstag zur konzentriertesten und zugleich breitesten Publikationsmöglichkeit im damaligen deutschen Reich und darüber hinaus geworden. [...] Die Folge dieser großen Publikationsmöglichkeit war, daß alles nach Regensburg strebte, was beachtet werden wollte, besonders in politisch bewegten Zeiten«.[382] Dieses Urteil des Historikers Gstettner, der sich ausführlich mit den Regensburger Reichstags-Korrespondenzen auseinandergesetzt hat, wird jeder, der einmal den Blick in Archivbestände wie die »Berichte der Prinzipalkommission« im HHStA Wien oder die »Comitialia« im FZA Regensburg bzw. im Familienarchiv Schwarzenberg geworfen hat, nur bestätigen.[383] Den Gesandtschaftsberichten war eine Fülle an gedruckten und ungedruckten »Comitial-Nachrichten«, Flug- und Streitschriften, Auszügen aus Zeitungen und Journalen beige-

---

[378] Hügel berichtete darüber verärgert an Reichsvizekanzler Colloredo: Bericht vom 18. Juni 1795. HHStA Wien, Berichte der Prinzipalkommission 163b, zitiert nach DORDA, Hügel, S. 32: »Meines Orts erkläre ich sehr freymüthig, daß ich lieber meine Stelle – so sehr ich mich dadurch geehrt halte – mit jeder geringeren zu vertauschen bereit seye, als wenn mein Verhältnis zu dem ersten Repraesentanten Ihrer Kayserlichen Majestät immer so bleiben wolle, wie es bis jetzt war, daß ich z. B. um Ihnen über Dienst-Geschäfte zu reden, gleichsam um Audienz bei seinen Hofleuten bitten solle – daß man mir den Zutritt zu Ihnen unter dem Vorgeben erschwert, daß sonst auch die anderen Gesandten das gleiche verlangten, und daß ein höchst ungeschickter Ceremoniarius, und ein sehr grober Hofmarschall den Con-Commissarius und die k. k. Minister, wenn diese mit Degen und ohne Huth erscheinen, unanständiger und schlimmer als diejenigen Reichstags-Individuen behandelt, die sich in Bündel-Schuhen und in Frack in den Gesellschaften einzufinden pflegen«.

[379] Siehe dazu DORDA, Hügel, und die detaillierte Aufschlüsselung seines Anteils an den Verhandlungen bei HÄRTER, Reichstag und Revolution.

[380] Siehe dazu die Ausführungen in den Kapiteln I.4.2 und I.5.2 sowie die folgende Darstellung in Kapitel II.5.2.

[381] Siehe dazu die Ausführungen im Kapitel »Hügel und die Publizistik« in: DORDA, Hügel, S. 108–115. Hügel war der Meinung, daß es nirgends mehr Gerüchte gebe als in Regensburg, die von dort ihren Weg in das Reich nähmen. Ebenda, S. 47.

[382] GSTETTNER, Reichstags-Korrespondenzen, S. 30.

[383] In Übereinstimmung mit Gstettner und auf seine Ergebnisse sich stützend, argumentieren ebenso NEUBAUER, Leben, S. 20, und HÄRTER, Reichstag und Revolution, S. 23.

fügt. Durch diese Form der Berichterstattung an die »heimatlichen« Höfe der Gesandten wurde Regensburg zu einer Drehscheibe der publizistischen Öffentlichkeit im Reich. Das Fürstenhaus Thurn und Taxis verfügte jedoch nicht nur über dieses angesammelte Wissen, sondern nutzte natürlich diese Chance auch, um auf publizistischem Weg für die eigenen Belange zu streiten.[384] Die Tatsache, daß man über die posteigenen Organe wie die *Frankfurter Oberpostamtszeitung* und über den Vertrieb der kleineren Druckschriften sowie Zeitungen und Periodika durch die Post Einfluß ausüben konnte, erweiterte die diesbezüglichen Möglichkeiten erheblich. Wie sehr die Postfürsten über Kommunikationswege gebieten konnten, das wurde auch auf dem Gebiet der Pressezensur um 1800 deutlich. Bereits bei den Verhandlungen über die Wahlkapitulation wurde die Reichspost verpflichtet, einzelne Druckschriften wie das *Journal für Menschenrechte* und das *Journal général de l'Europe* nicht ins Reich zu befördern. Art. 1, § 8 der Wahlkapitulation sah außerdem vor, daß »aufrührerische Schriften« von Reichs wegen verboten werden sollten.[385] Im Frühsommer 1791 kam es schließlich zu einer größeren Auseinandersetzung um die Pressezensur.[386] Reichserzkanzler Friedrich Karl von Erthal hatte sich mehrmals beim Fürsten von Thurn und Taxis beschwert, es seien durch das Reichspostamt zu Kehl verschiedene revolutionäre Propagandaschriften ins Reich gebracht worden.[387] Der Generalpostmeister gab darauf Anweisungen an die Postämter, revolutionäre Schriften nicht mehr zu befördern. Auf diesen Befehl hin gingen jedoch zahlreiche Drohbriefe bei Carl Anselm ein, weshalb dieser die Zensurfrage vor den Reichstag und den Kaiser brachte. Neben dem Mainzer Erzkanzler bemühten sich auch zahlreiche Fürsten des Reiches wie der bayerische Kurfürst um eine Kontrolle verschiedener Zeitungen. Der preußische Gesandte Görtz bemängelte den schleppenden Fortgang dieser Sache, denn »durch die täglich zunehmende Frechheit der aufrührerischen Schriften« wachse permanent der »Empörungsgeist im Innern Teutschlands«.[388] Eine

---

[384] Auf die Auseinandersetzungen bezüglich des Postgeneralats anläßlich der Wahlkapitulationen wurde bereits hingewiesen: Siehe dazu das vorhergehende Unterkapitel. Verschiedene Sammlungen liegen vor, wie beispielsweise die Exzerpte in FZA Regensburg, HB, Collectanea von dem Postwesen, und das »Verzeichnis der das fürstliche Haus- und Postwesen betreffenden Schriften welche beim Archiv noch vorhanden sind«, in HFS, Akten 716. Siehe dazu vor allem die umfangreichen Bestände im FZA Regensburg, Postakten.

[385] Siehe FZA Regensburg, Postakten 2128, und die Ausführungen dazu in VOLLRATH, Thurn und Taxis, S. 17.

[386] Siehe zu dieser Auseinandersetzung um die Pressezensur HÄRTER, Reichstag und Revolution, S. 318 f.; einige Hinweise auch in HHStA Wien, RK, Kleinere Reichsstände 520.

[387] Es handelte sich um das in Straßburg erscheinende Periodikum *Geschichte der gegenwärtigen Zeit*, das von Andreas Meyer und Johann Friedrich Simon herausgegeben wurde, und um die weitverbreitete Flugschrift *Der Kreuzzug gegen die Franken* von Karl Clauer.

[388] Auch im folgenden Jahr beschäftigte dieses Problem den Reichstag. Solange der Kaiser kein offizielles Verbot ausgesprochen hatte, konnte der Fürst den Vertrieb der Zeitun-

einheitliche Regelung konnte jedoch auch durch die Beratschlagung in den Gremien des Reichstags nicht gefunden werden.

Die Diskussion um die Pressezensur ist nur ein kleiner Vorfall, der indes anzudeuten vermag, in wie viele formelle und informelle Netzwerke das Haus Thurn und Taxis verwoben war. Allein durch das Postgeneralat und das Amt des Prinzipalkommissars kamen die Thurn und Taxis auf verschiedenen Ebenen immer wieder in Kontakt mit den politischen Führungsschichten des Reichs.[389] Außerdem verfügte man gerade durch diese beiden Funktionen über einen erheblichen Informationsvorsprung im Reich. Und das nicht nur am Reichstag, sondern darüber hinaus auch durch die »Residenten und Agenten« in zahlreichen Residenzstädten.[390] Dieses dichte Informations- und Beziehungsnetz konnte natürlich gerade in stürmischen Zeiten genutzt werden – und eine solche war zweifellos die Verhandlungszeit der außerordentlichen Reichsdeputation.

Wahrscheinlich erfuhr der Thurn und Taxissche Resident in Wien, Freiherr von Wunsch, als einer der ersten, daß zur Umsetzung des Friedens von Lunéville eine besondere Deputation zusammengestellt werden sollte. Er berichtete davon sofort nach Regensburg, wo man prompt reagierte, die nötigen informellen Kontakte aufnahm und zur gezielten Einflußnahme zahlreiche Denkschriften über die Lage des Hauses entwarf.[391] Am 9. November 1801 konnte sich die Geheime Kanzlei resümierend an den Fürsten wenden:

> »Euer Hochfürstlichen Durchlaucht wird es schon bekannt geworden seyn, daß die hiesige ReichsStadt von Kaiserl[icher] Majestät zum Zusammentritt der außerordentlichen ReichsDeputation zu Beendigung des Lüneviller Friedens-Geschäfts ausersehen, und vorläufig bestimmt worden ist. Es naht also ein für die künftige ReichsVerfassung höchstwichtiger Zeitpunkt heran, welcher auch für Eure Hochfürstl[iche] Durchlaucht und das fürstliche Haus, so wie auf die Grundstütze desselben, das Kaiserl[iche] ReichsErbPostGeneralat, einen entschiedenen Einfluß haben wird«.

---

gen, Zeitschriften und Journale jedoch nicht verbieten. Siehe dazu HÄRTER, Reichstag und Revolution, S. 326 f., das Zitat ebenda.

[389] Auch hier vertiefte man diese Verbundenheit durch das durchaus als politisch zu bezeichnende Mittel der Patenschaften. Der Fürst von Thurn und Taxis fungierte beispielsweise auch als Pate eines Sohnes des Konkommissars Hügel. Dazu nähere Hinweise in Kapitel II.5.1.

[390] Die Durchsicht seiner Agentenberichte fördert Erstaunliches zu Tage. Durch den Residenten war man stets über die neuesten Entwicklungen am Wiener Hof informiert, vor allem auch über wechselnde Stellenbesetzungen und die Einflußmöglichkeiten der einzelnen Mitglieder des Hofes. Nicht selten verweist er »auf eine sichere und geheime Quelle«, aus der er seine Informationen schöpfe. Siehe FZA Regensburg, HFS, Akten 455–457.

[391] Der Thurn und Taxissche Resident hatte bereits am 13. Februar 1801 aus Wien über die Unterhandlungen zu Lunéville gegenüber Vrints-Berberich berichtet: »Euer Hochwohlgebohren ertheile ich in engen Vertrauen zur eigen stillen Wissenschaft die Nachricht«. FZA Regensburg, Postakten 2224, fol. 25. In der Anlage zu einem weiteren Brief folgten der Vertragstext und zahlreiche diesbezügliche Schreiben.

Im Vorfeld habe daher Vrints-Treuenfeld bereits in Berlin verhandelt, vor allem mit dem preußischen Gesandten Graf von Görz, mit dem er schon lange in Regensburg freundschaftlichen Verkehr pflegte. Gleichzeitig habe sich sein Sohn Alexander von Vrints-Berberich in Paris bemüht, die französischen Minister und Bevollmächtigten bei den Regensburger Unterhandlungen geneigt zu stimmen. »In gleicher Absicht sucht genannter Herr Geheimer Rath auch die russisch- kaiserliche Verwendung« zu sichern. Außerdem kümmerte man sich um »den, bey dem Deputationsgeschäfte in großen Einfluß kommenden, und den Interessen Euer Hochfürstl[ichen] Durchlaucht ergebenen kaiserl[ichen] Herrn ConCommissar Freiherrn von Hügel«. Ihm habe man bereits ein Manuskript übergeben, das die wohlbegründeten Interessen und Rechte des Hauses Thurn und Taxis herausstelle. Ähnliche Schreiben mit der Bitte um Unterstützung gingen darüber hinaus an Reichsvizekanzler Colloredo-Mannsfeld und an den Hof- und Staatsvizekanzler Cobenzl sowie an die Kurfürsten und Fürsten, welche in die Reichsdeputation berufen worden waren.[392]

Im Vorfeld der Verhandlungen brachte man sich nochmals in Erinnerung durch Empfehlungs- und Legitimationsschreiben an sämtliche Mitglieder der außerordentlichen Deputation.[393] Von verschiedenen Deputierten kamen beruhigende Antworten. So betonte z. B. der russische Bevollmächtigte Bühler in einem Schreiben vom 7. September 1802, er werde sich bemühen, »alles, was in meinen Kräften stehen kann, beyzutragen, und mit Vergnügen werde ich den Herrn Baron von Vrints-Berberich zum Zeugen meiner dahin abzielenden Bemühungen machen«.[394] Der Vertreter des Hauses Thurn und Taxis am Reichstag verstand es, sich sowohl offiziell als auch informell mit den einflußreichen Männern in Regensburg in Kontakt zu setzen. Oftmals berichtete er von Gesprächen, die am Rande von Versammlungen, Festessen und dergleichen stattgefunden hatten. Natürlich boten hier gerade die wöchentlichen Veranstaltungen des Thurn und Taxisschen Hofs als Sitz des Prinzipalkommissars hinreichend Gelegenheit.[395] Interessant ist vor allem, wie gut und wie frühzeitig er über den jeweiligen Stand der Verhandlungen informiert war.[396]

---

[392] FZA Regensburg, Postakten 2224, fol. 394.

[393] Konzepte der Schreiben in FZA Regensburg, HFS, Akten 2225, fol. 237–244.

[394] Ebenda, fol. 284.

[395] Siehe u. a. FZA Regensburg, Postakten 2225, 2226. Die Vermutung, daß durch die Veranstaltungen Raum gegeben war für informellen Gedankenaustausch, ist mehr als naheliegend. Der Reichstagsalmanach für die Jahre 1795–1796, S. 211, verweist darauf, daß der Prinzipalkommissar täglich Diners gebe, sonntags Assembleen und donnerstags Konzerte. HELLWIG, Rechtsstellung, ist auf diesen Zusammenhang nur kurz in einem Unterkapitel (»3: Der inoffizielle Verkehr: a, Verhandlungen ›unter der Hand‹ b, Verhandlungen bei Festen und Tafeln«, S. 112–133) eingegangen.

[396] Siehe dazu die gedruckten Protokolle; als erstes liegt den Berichten Vrints-Berberichs bei: »Sessio Secunda. Actum Regensburg auf dem Rathause, den 24sten August 1802«. FZA Regensburg, HFS, Akten 2225, fol. 255–268. Die weitere Berichterstattung in HFS, Akten 2226.

Die obersten Verwaltungsbeamten, so darf man zusammenfassend sagen, konnten anknüpfen an bewährte Beziehungen, um den Akteuren auf der politischen Bühne die Interessen des Hauses einzuflüstern.[397] Vor allem bei den Verhandlungen im Jahr 1802 griff man ergänzend auf ein ebenfalls sehr wirksames und erprobtes Mittel zurück, um die einzelnen Unterhändler auf die eigenen Interessen aufmerksam zu machen: auf »Geschenke« und »Verehrungen«. Ein Blick in die jährlichen »Generalkassen-Rechnungen« gibt hier aufschlußreiche Hinweise. Der Posten in der Bilanz »Geschenke und Gelegenheits-Ausgaben« taucht über die Jahre hinweg mit teilweise beachtlichen Summen auf. Vollkommen üblich war es beispielsweise, den kurmainzischen Gesandten in Regensburg pro Jahr 550 fl., den »Prinzipalkommissariat-Secretaire[n]« 220 fl. für ihre Verdienste um das Haus Thurn und Taxis zu verehren.[398] Auch die »ständigen [bzw.] ausserordentlichen Gratificationen«, »Unterstützungen« und zum Teil die »ausserordentlichen Ausgaben«, die Jahr für Jahr ausgezahlt wurden, dürften diesem übergeordneten Ziel gedient haben. 1802 wurde jedoch ein absoluter Höhepunkt erreicht: Der Haushaltsposten »Ausgaben an Geschenke und Gelegenheits-Ausgaben« machte in diesem Jahr insgesamt 50 899 fl. aus. Dazu zählten der nicht näher aufgeschlüsselte Ausgabenposten »für die bey Gelegenheit der ReichsDeputation von S[erenissi]mo bewilligte[n] Geschenke 30 535 fl. 16x« und für »den Herrn Minister von Albini das gewöhnliche Geschenk von 560 fl.«.[399] Im Jahr 1803 werden (wohl aufgrund ihrer Höhe) einzelne Ausgaben näher aufgeschlüsselt, so die Beträge für das Geschenk an den »französischen Legatsecretaire Marandel 2 226 fl.«, »für ein paar Ohrgehänge, welche der Frau des franz[ösischen] Ministers La Forest verehrt worden 6 556 fl.« und »dem Baron von Wunsch für ein geheimes Geschenk 1 200 fl.«.[400] Natürlich sind derartige Zahlungen nichts Außergewöhnliches. Sogar ein Mann mit ehernen Grundsätzen wie

---

[397] Es sollte sich für Thurn und Taxis unter anderem als vorteilhaft erweisen, daß Konkommissar Hügel zum kaiserlichen Bevollmächtigten bei der Reichsdeputation ernannt wurde; dadurch wurde das habsburgische Interesse an Thurn und Taxis und der Aufrechterhaltung des Geheimen Dienstes bei der Reichspost vertreten. Siehe zur Tätigkeit Hügels bei der Reichsdeputation DORDA, Hügel, S. 152 f.

[398] Siehe beispielsweise FZA Regensburg, Generalkasse, Rechnungen 66 (1799), wo für »Geschenke und Gelegenheits-Ausgaben« insgesamt 6 046 fl. verzeichnet sind, wobei ein Geschenk für den Baron von Hügel in Höhe von 2 240 fl. und für »übliche Neujahrsgeschenke« in Wien mit 192 fl. zu Buche schlagen. Ebenso sind verzeichnet »die üblichen 550 fl. für den Staatsminister Albini« und die Zuwendung für den Prinzipalkommissionssekretär.

[399] FZA Regensburg, Generalkasse, Rechnungen 69 (1802), pag. 57. Jedoch tauchen dabei auch 3 000 fl. auf, die man anläßlich der Geburt des Erbprinzen auszahlte. Allerdings müssen in diesem Zusammenhang auch die »ExtraGratifikationen« (11 896 fl.), »Unterstützungen« (2 817 fl.) und »Pensionen an Fremde« (18 812 fl.) berücksichtigt werden. Ebenda, pag. 60 f., 79.

[400] FZA Regensburg, Generalkasse, Rechnungen 70 (1803), pag. 57: »Geschenke und Gelegenheitszahlungen«. Der Resident in Wien hatte außerdem wie üblich »für Neujahrsgelder auf das Jahr 1803 458 fl.« zur Verfügung.

Freiherr von Hügel mußte sich dem Gesetz beugen, daß die Korruption während der Verhandlungen als übliches Mittel galt.[401] Jedoch sind die Summen faszinierend, die man taxisscherseits für Bestechungen aufbrachte. Sogar das Kaiserhaus Habsburg wollte nicht mehr als 100 bis 150 000 fl. für einen Verhandlungserfolg in diesem Bereich investieren.[402]

Diese Zahlen zeigen wieder einmal, daß Thurn und Taxis, allein von den finanziellen Möglichkeiten her betrachtet, zu den »Großen« des Reiches gehörte. Und diese immensen finanziellen Ressourcen eröffneten einen weiten Handlungsspielraum im politischen Bereich – gerade der Reichstag wurde als Podium der Selbstvergewisserung und Manifestation des Verfassungsgefüges im Alten Reich auch von den Prinzipalkommissaren und Postfürsten genutzt. Es ist daher auch leicht verständlich, wie tief der Einschnitt des Jahres 1806 empfunden wurde. Das Ende des Reiches mitsamt seiner »immerwährenden« Versammlung zerstörte das Regensburger Kommunikations- und Informationsnetz. Für das Fürstenhaus Thurn und Taxis war die Folge ein als Einschränkung empfundenes Ende einer exponierten Stellung in Regensburg, von dem zugrundegerichteten Selbstverständnis durch Degradierung zu einem Fürsten ohne Souveränitätsrechte ganz zu schweigen. Die Bitterkeit des Fürsten von Thurn und Taxis angesichts der Befehle eines nahen Verwandten, der kurz zuvor mit ihm auf der Fürstenbank des Reichstages gesessen hatte, er müsse sich, »wie auch andere Unterthanen«, nach seinen Verordnungen richten, überrascht daher wenig.[403]

Natürlich hat man sich nach 1806 im Haus Thurn und Taxis nie als »gewöhnlicher Unterthan« gefühlt und die Mediatisierung auch nicht als unabänderliche Tatsache hingenommen. Sogar im Vergleich zu den Standesgenossen sah man sich stets in einer Sonderrolle. Dreh- und Angelpunkt der besonderen Stellung waren dabei die Postrechte. Alle die schier zahllosen Denkschriften zur Lages des Hauses, in denen sich die Thurn und Taxisschen Beamten den Kopf über den richtigen politischen Kurs zerbrachen, kreisen um diesen Bereich. Jedes Attribut einer weiterhin nahezu souveränen Stellung, wie beispielsweise die Unterhaltung eigener Agenten an auswärtigen Höfen, wurde zäh – mit dem Argument der Sonderstellung des Postfürstentums – verteidigt. Am Ende des Jahres 1809 wies der bayerische König den Fürsten von Thurn und Taxis verärgert auf Folgendes hin: »Wir haben in unserer Declaration vom 19. Mai 1807 für die mediatisierten Grafen und Fürsten eindeutig festgesetzt, daß sie keine eigenen Agenten an fremden Höfen unterhalten dür-

---

[401] Siehe DORDA, Hügel, S. 160. Hügel schob die Schuld an der Zunahme der Korruption den anderen Mitständen und deren unkollegialem Verhalten zu, denn es gab für ihn »zwischen einem diplomatischen oder anderm Räuber« keinen Unterschied.

[402] Ebenda.

[403] Es handelt sich um König Friedrich von Württemberg, der sich besonders hart gegenüber den Mediatisierten, seinen ehemaligen Standesgenossen, verhielt. Siehe dazu ausführlicher das folgende Unterkapitel und Kapitel II.5.3.

fen«.[404] Dieser Anordnung scheine Thurn und Taxis bisher nicht nachgekommen zu sein, was bei weiteren Verstößen zu Sanktionen führen werde.[405] Der Fürst erwiderte, daß es mit seinem Personal an auswärtigen Höfen eine andere Bewandnis habe: »Mein ehemaliger bevollmächtigter geheimer Rath am kaiserlichen Oesterreichischen Hofe, Freiherr von Wunsch, ein in dieser Eigenschaft grau gewordener langjähriger Diener meines fürstlichen Hauses, befindet sich zwar noch in Wien, allein seine ehemaligen diplomatischen Geschäfte haben aufgehört«; er werde nur noch mit Geldgeschäften betraut. In Stuttgart versehe ein »Justiz-Procurator« nur die rechtlichen Angelegenheiten. »Dieser fällt wohl nicht unter diese Classe«. Schließlich habe er noch »einen Commissaire in Paris, der in Sachen der Post« dort unterhandle und mit der Abrechnung mit der französischen Post betraut sei. Der Fürst unterließ es auch nicht, auf seine ehemals besondere Amtsführung hinzuweisen: »Sonst habe ich keine Geschäftsmänner an fremden Höfen. Aber ich habe noch immer die drückende Last ehemals reichsgerichtlicher Diener, die mir niemand abnehmen möchte«. In München sah man die Sache anders. Das Wohnhaus des Thurn und Taxisschen Residenten Wunsch habe folgende Aufschrift getragen: »Baron Wunsch – resident d. S. A. M. le prince de la Tour et Tassis – Général des postes de la confédération Rhenane«. Und auch wenn Wunsch bezüglich der Innviertelpost mit Österreich verhandeln sollte, so könne es nicht angehen, daß Thurn und Taxis einen eigenen Agenten habe. Auch »Kommissär Treutlinger ist wegen Abrechnung mit fr[anzösischen] Posten in Paris nicht nötig, aber da er von F[rankreich] in dieser Eigenschaft anerkannt ist, ist eine Abänderung wohl nicht thunlich«. Am 12. Januar 1810 erging an den Fürsten deshalb nochmals die Aufforderung, seine Agenten zurückzuziehen. Die angebrachten Gründe reichten nicht aus, um eine Ausnahme von der Regel zu genehmigen. Man solle sich zur Regelung von Geschäften doch gefälligst der bayerischen Gesandten bedienen. Obwohl sich Thurn und Taxis der Anordnung nicht fügte, blieben die angedrohten Sanktionen durch den König von Bayern aus. Bedeutend konsequenter ging dagegen sein württembergischer Amtskollege vor, der keines der noch bestehenden Privilegien der Standesherren unangetastet ließ.[406]

Diese rauhe Behandlung war nicht zuletzt ein wesentlicher Anstoß für die mediatisierten Grafen und Fürsten im Schwäbischen, über ein gemeinsames

---

[404] König Max Joseph an Fürst Karl Alexander, 2. Dezember 1809. BHStA München, MA 74656.

[405] Die Nachricht beruhte übrigens auf einem Hinweis des bayerischen Gesandten Cetto in Paris. Siehe zum Folgenden das Antwortschreiben Fürst Karl Alexanders an den König vom 22. Dezember 1809. Ebenda.

[406] Dies trifft auch für den erwähnten Fall der Agententätigkeit zu. Freiherr von Wunsch berichtete am 28. März 1807 aus Wien, daß er zwar im Moment noch alle Immunitäten genieße, »allein es könnte doch wohl der Fall eintreten, daß auf dießfallsige Einstreuungen des königlich württembergischen Hofes, dessen Heftigkeit und Animosität leider! hinlänglich bekannt sind, meine hiesige politische Existenz in der Folge gefährdet werden könnte«. FZA Regensburg, HFS, Akten 457.

Vorgehen nachzudenken. Im Vergleich mit den protestantischen Adelshäusern fand man sich im katholischen Südwesten des Reiches jedoch spät zusammen.[407] Die »Schwäbische Union« folgte erst mit einiger Verspätung als jüngere Schwester der »Frankfurter Union« vom 29. August 1803. Den Frankfurter Assoziierten gelang es immerhin, gemeinsame Gesandtschaften in Paris, Berlin, Wien und Petersburg einzurichten. Jedoch war es hier wie dort schwierig, ein gemeinsames Vorgehen abzustimmen, auch wenn das gemeinsame Ziel, die Tradition des Reichsgedankens und des Assoziationswesens fortzuführen, beschworen wurde.[408] Die Thurn und Taxis hielten sich bei derartigen gemeinschaftlichen Unternehmungen dezent zurück. Soweit dies aufgrund eines kursorischen Blickes in die »KreistagsActen« zu beurteilen ist, waren sie auf der politischen Ebene der Reichskreise nie sonderlich aktiv.[409] Auch wenn man die Sitzungen des Schwäbischen Kreises besuchte und die entsprechenden Abgaben entrichtete – bis zum Ende des Reiches wurde übrigens auch stets der Beitrag an den Kurrheinischen Kreis abgeführt –, hat Thurn und Taxis Kreispolitik nicht aktiv mitgestaltet.[410] Viel mehr vertraute man stets auf die eigenen Verhandlungserfolge und hob die besondere Stellung als Postinhaber heraus. Dies änderte sich auch nach dem Ende des Reiches und damit zugleich des Schwäbischen Kreises nicht. Zwar stand der dirigierende Geheime Rat von Westerholt im Briefaustausch mit den schwäbischen Standesgenossen, aber er war schwer für ein gemeinsames Vorgehen auch im Namen des fürstlichen Hauses Thurn und Taxis zu gewinnen.[411]

Dies galt auch noch zu der Zeit, als die Aussichten auf Erfolg relativ gut schienen.[412] Max von Waldburg-Zeil-Trauchburg wandte sich 1813 an Westerholt: Vor zwei Jahren habe er bereits die Ehre gehabt, mit ihm »über das un-

---

[407] Siehe dazu Eva KELL, Die Frankfurter Union (1803–1806). Eine Fürstenassoziation zur »verfassungsmäßigen Selbsterhaltung« der kleineren weltlichen Adelsherrschaften, in: ZHF 18 (1991), S. 71–97.

[408] Siehe ebenda, S. 74 f., und die Ausführungen bei MÖSSLE, Maximilian Wunibald.

[409] Der Bestand »KreistagsActen/Verhandlungen des Schwäbischen Kreises«, in: FZA Regensburg, HFS, Akten 1013–1088, wurde von mir nur stichprobenartig durchgesehen. Eine Analyse der Kreistagspolitik der Thurn und Taxis steht noch aus. Siehe allgemein dazu die einschlägige Literatur: Hanns Hubert HOFMANN, Reichsidee und Staatspolitik. Die vorderen Reichskreise im 18. Jahrhundert, in: ZBLG 33 (1970), S. 969–985; Heinz-Günther BORCK, Der Schwäbische Reichskreis im Zeitalter der Französischen Revolutionskriege (1792–1806), Stuttgart 1970; und Fritz KALLENBERG, Spätzeit und Ende des schwäbischen Kreises, Eßlingen 1968.

[410] Siehe ebenda; zur Beitragszahlung und zur Aufwandsentschädigung für Agenten siehe die entsprechenden Jahreseinträge in FZA Regensburg, Generalkasse, Rechnungen. Der jeweilige »Beitrag zum oberrheinischen Kreis« machte immerhin 4 000 fl. pro Jahr aus.

[411] Siehe dazu beispielsweise FZA Regensburg, HFS, Akten 866. Ulrich Graf von Fugger-Gloett bestätigte die Korrespondenztätigkeit auch aufgrund der Aktenlage im Dillinger Archiv des Gesamthauses Fugger. Einer wie auch immer gearteten »Vernetzung« der Standesherren müßte allerdings noch näher nachgegangen werden. Auf der Basis des FZA Regensburg ist sie nicht nachweisbar.

[412] Zum Folgenden siehe FZA Regensburg, HFS, Akten 866.

glückliche Schicksal der mediatisierten Fürsten, und Grafen patriotische Hertzergießungen zu wechseln«. Aber nun sei die Zeit des Handelns gekommen, denn »der getrettene Wurm windet sich, so lange er noch athmen kan! Das fürstl[iche] Haus Taxis, gewiß dermal das am härtest betrofene unter Allen anderen! hat viehle Relationen in die Erbstaaten, so gute Kanäle, und Korrespondenz, daß es wohl nicht schwer fallen dürfte, bey dem K[aiserlich] K[öniglich] Ö[sterreichischen] Ministerium, und vorzüglich bey dem StaatsMinister Grafen von Metternich einen Versuch zu machen«, ob nicht etwas zugunsten der Mediatisierten erreicht werden könnte. Als »ehemaliger Direktor der reichsgräflich-schwäbischen Kurie« verfolge er zwar alles, könne aber wenig tun. »Aber Ihr Fürst, vielleicht kann er doch mal an die Thüre klopfen«. Westerholt antwortete jedoch ausweichend und vertröstete den Fürsten von Waldburg-Zeil, da »vor der Hand nichts übrig bleibe, als ruhig die Entwicklung der Verhältnisse abzuwarten«.[413] Dieser blieb indes hartnäckig in seiner Bitte um Unterstützung. Ähnlich wie er argumentierte auch der Fürst von Fugger-Babenhausen in einem Schreiben an Thurn und Taxis. »Von alter verehrlicher Freundschaft und Verehrung beseelt«, wage er auf die Vereinigung der Mediatisierten und die Notwendigkeit gemeinsamen Handelns hinzuweisen.[414] In einer Antwort verwies Westerholt jedoch nur ausweichend auf die Post: »Wenn ich mich Eurer [Durchlaucht] gegenwärtig hierüber nicht näher äußern kann, so belieben Eurer [Durchlaucht] die Ursache hievon in den Postal Verhältnissen gefälligst zu suchen«. Schließlich wurde Westerholt noch deutlicher:

> »Gemeinschaftliche Schritte erregen Aufsehen und können gefährlich werden, wenn sie nicht einigermaßen durch das von den hohen aliierten Kräften aufgestellt werdende System authorisiert werden. Wir haben uns daher von solchen gemeinschaftlichen Verbindungen fern gehalten und uns bisher auf die Wiederauflebung und Ausdehnung unserer Postal Verhältniß beschränkt – was uns auch durch das Zutrauen der hohen aliierten Mächte auf die ausgezeichnetste Weise gelungen ist«.

---

[413] Antwortschreiben Westerholts vom 25. August. Im weiteren Schriftverkehr bleibt er – trotz des Drängens des Fürsten Waldburg – bei dieser Meinung: »Ueberhaupt scheint es, daß dermalen wenigstens gemeinschaftl[ich]er Schritte der Mediatisierten weder erwartet werden, noch in dem rechten Zeitpunct erscheinen möchten, ia daß man sich dadurch, falls man den gewünschten Zweck nicht erreichen sollte, nur in ein noch mißlicheres Verhältnis setzen könnte«. Ebenda.

[414] »Euer Durchlaucht und Liebden sind durch höhrliche Verdienste, durch ihren teutschpatriotischen Sinn, durch Ihre hohe und durch die hoch Ihnen von dem allerhöchsten Häuptern befugte Huld und Rücksichten, als der würkliche Mittelpunct zu betrachten, auf Hoch Ihnen ruhet mit Recht die Hofnung, und das Vertrauen aller Mediatisierten, und der alte nie heuchelnde Freund sagt Ihnen, das wenn wir auch diesmahl vereinzelt handeln, so werden wir auch diesmahl den nie mehr Zurückkehrenden Zeitpunkt, für uns und unsere Nachkommen fruchtlos vorübergehen sehen«. Ebenda. Das folgende Zitat aus einem Schreiben Westerholts an Fürst Maximilian Wunibald von Waldburg-Zeil-Trauchburg vom 17. Februar 1814. Ebenda.

Auch wenn man ab 1806 das gemeinsame Schicksal teilte, so suchte man weiterhin eine Politik des eigenen Weges zu gehen. Das darf jedoch über eines nicht hinwegtäuschen: Die Fürsten Thurn und Taxis waren nicht nur als Träger des Postgeneralats mediatisiert worden, sondern auch als Landesherren.

4.3. Verlorene Landeshoheit: Mediatisierung als Trauma

Die Mediatisierung[415] war für die Betroffenen ein »willkührlicher Gewaltakt«, eine »Unterjochung« und ein »Rechtsbruch« durch ihre Mitstände, ermöglicht durch Napoleon, den mächtigen Gestalter der europäischen Verhältnisse.[416] Wohl in allen standesherrlichen Archiven finden sich zuhauf Äußerungen, die belegen, wie sehr man diesen Vorgang als tiefste Zäsur in der Geschichte der Dynastie sah. »Schmerzlich ist es für uns«, so legten die Löwenstein-Wertheimer in einer Denkschrift für ihre Nachfahren nieder, »ohne alle Veranlassung die Hoheits Rechte zu verliehren, welche von Gott und Unsern Vorältern auf Uns gebracht worden sind«. Im Haus Oettingen-Wallerstein sprach man »vom Zeitalter des Faustrechts«, in das man zurückgefallen sei, und daß »nichts in dieser Zeit noch Bestand« habe. Und Fürstin Elisabeth von Fürstenberg stellte einige Jahre später in einem Schreiben an ihren Sohn fest: »Die alles zerstörende Hand der Zeit hat manchen Nimbus zerstreut, der Deine Vorältern umgab – ausgelöscht aus der Zahl der Immediaten Reichsfürsten, bist Du nunmehr nur ein Gutsbesitzer, wie so viele andre«.[417]

Das Jahr 1806 bildete fortan den Dreh- und Angelpunkt der Reflexionen und Bemühungen der Mediatisierten. Stets blieb diese Jahreszahl ein Symbol für den Verlust der exponierten politischen Stellung. Ein paar Jahre früher war jedoch in keinster Weise absehbar gewesen, daß man zu den Verlierern der politischen Umwälzungen in der Mitte Europas gehören sollte, ganz im Ge-

---

[415] Hier bleibt zu betonen, daß sich die Ausführungen zur Mediatisierung stets auf die mediatisierten Grafen und Fürsten beziehen, die 1806 durch die Rheinbundakte ihre Herrschaftsrechte verloren. Natürlich kann sich dieser Begriff auch auf zeitlich wie sozial gesehen andere Bereiche beziehen. Siehe dazu einführend den Beitrag in HRG, Bd. 3, 1984, Sp. 412.

[416] Siehe zusammenfassend Martin FURTWÄNGLER, Die Standesherren in Baden (1806–1848). Politische und soziale Verhaltensweisen einer bedrängten Elite, Frankfurt a. M. 1996, S. 47; SCHIER, Standesherren; und weiterhin grundlegend GOLLWITZER, Standesherren.

[417] Siehe dazu die Urkunde im Hause Löwenstein-Wertheim vom 12. September 1806, zitiert nach STOCKERT, Adel, S. 161. Zu Oettingen-Wallerstein siehe BHStA München, MA 4015, pag. 178. Das Zitat steht im Zusammenhang mit den Verhandlungen zum *plan général*, den Legationsrat Hochstetter im Namen der Fürstin angreift: »Der Entschädigungsplan würde eine chimaire werden, und Teutschland [...] in das so verwünschte Zeitalter des Faustrechts zurückfallen«. In ähnlicher Argumentation aber auch in Briefen der Fürstin Oettingen-Wallerstein an benachbarte Mitstände mit der Bitte um Unterstützung. Siehe Fürstin Wilhelmine von Oettingen-Wallerstein an Kurfürst Max IV. Joseph von Bayern, 11. Oktober 1802. BHStA München, MA 5136. Zum Schreiben der Fürstin Elisabeth von Fürstenberg vom 4. Mai 1817 siehe Alexander von PLATEN, Karl Egon II. Fürst zu Fürstenberg. 1796–1854. Eine Gedenkschrift, Stuttgart [1954], S. 23.

genteil: Bei der Neugliederung der europäischen Landkarte zu Beginn des 19. Jahrhunderts konnten Grafen und Fürsten wie die Löwenstein-Wertheimer, die Fürstenberger und eben auch die Thurn und Taxis beachtliche Erfolge erzielen. Der Vergleich mit den Standesgenossen zwingt dazu, den Blick auf die »Landesherren« Thurn und Taxis zu richten und damit auch auf die Geschichte ihrer Besitzungen. Zwar stand der Landbesitz sowohl in der Historiographie als auch in den zeitgenössischen Denkschriften stets im Schatten der Post, aber dennoch waren in diesem Bereich zwischen 1790 und 1806 beachtliche Veränderungen vor sich gegangen; man kann sogar sagen, eine Erfolgsgeschichte war fortgeschrieben worden.

Erst 1786 hatte das Fürstenhaus mit der »gefürsteten Reichsgrafschaft Friedberg-Scheer« einen ansehnlichen und in den Augen der Standesgenossen nennenswerten Grundbesitz erlangt. In den Jahren gegen Ende des Jahrhunderts erweiterte man diesen Besitz durch den Ankauf weiterer Gebiete im Wert von mehreren Millionen Gulden. Damit erfüllte man die Forderungen der Geheimen Räte Moser und Eberstein, die auf den gezielten Aufbau eines standesgemäßen Fürstentums drängten.[418] Ein besonderes Augenmerk solle man stets – so der Rat der beiden Autoren in ausführlichen Denkschriften aus dem Jahr 1789 – auf weitere Aquirierungsmöglichkeiten fremder Gebiete innerhalb oder in der Nachbarschaft der gefürsteten Grafschaft haben. Von besonders großem Interesse waren die umfangreichen Anrainergebiete unter geistlicher Oberhoheit, konkret die Besitzungen der beiden Reichsabteien Marchthal und Neresheim sowie des gefürsteten Damenstiftes Buchau samt den dazugehörigen Gebietssplittern im Thurn und Taxisschen Gebiet.

Mit den Entwicklungen um 1800 eröffnete sich die Möglichkeit, sich dieser geistlichen Güter zu bemächtigen. Als der Generalpostdirektor und dirigierende Rat Vrints-Berberich nach Paris aufbrach, hatte er nämlich genau diese Gebiete auf seiner Wunschliste, die er den französischen Unterhändlern vorlegte.[419] Sie sollten einen adäquaten Ersatz bieten für den Verlust der Post im Linksrheinischen. Da der französische Postdirektor und spätere Beauftragte bei der außerordentlichen Reichsdeputation La Forest dem Haus Thurn und Taxis wohlgesinnt war, wurden die Wünsche in den maßgeblichen »plan général« übernommen. Das sollte in Regensburg für Überraschung und Ärger sorgen.

---

[418] Siehe zu dieser Entwicklung und konkret zum Promemoria der beiden Räte Kapitel I.4.3.

[419] Siehe dazu AMAÉ Paris, Corr. pol., Petites principautés 83, konkret fol. 85. Von Thurn und Taxisscher Seite brachte man sehr bald diese Gebiete als Entschädigung ins Spiel. In einem Schreiben an den Generaldirektor La Forest vom 29. Oktober 1802 schilderte Vrints-Berberich nochmals die Wünsche seines Fürsten, und in der Anlage wurden die konkreten Entschädigungsobjekte genannt (Marchtal, Neresheim, Buchau und Ostrach mit Sallmansweiler). Diese ergäben einen Ertrag von 170 000 fl., und damit wäre der Territorialverlust von 174 499 fl. ausgeglichen. Vrints-Berberich fügte außerdem eine Karte der entsprechenden Gebiete, konkret der Grafschaft Friedberg-Scheer mit den Entschädigungsgebieten, bei. Siehe ebenda, fol. 89, und die Beschreibung der einzelnen Objekte fol. 90 f.

Vrints-Berberich berichtete am 26. August 1802 dem Fürsten, »daß die Höchstderenselben in der erschienenen Rußisch-kaiserlichen und französischen Deklaration enthaltenen Entschädigungen großes Aufsehen und Mißgunst bey mehreren Mitgliedern der Reichsdeputation sowohl, als auch der Reichs Versammlung erregen«. Überwiegend halte man Thurn und Taxis nicht einmal für »entschädigungsfähig«, da der Lunéviller Frieden Entschädigung nur für verlorene Lande und Leute vorsehe, nicht aber für verlorene Revenuen. Vor allem werde beklagt, daß auch die niederländischen Posteinnahmen in Anschlag gebracht würden, obwohl diese nur pachtweise vergeben gewesen seien »und die Post eben zu Ende gegangen sey«. Am meisten ärgere sich der Herzog von Württemberg, da er die beiden Reichsprälaturen für sich haben wolle.[420] Der Länderschacher war im vollen Gange, jeder wollte ein beachtliches Stück vom Kuchen haben, den letztlich Frankreich verteilte. Vrints-Berberich sollte mit seiner Aussage recht behalten, daß es hauptsächlich darauf ankam, »von der russischen und der fr[anzösischen] Gesandtschaft angenehme Zusicherung erhalten« zu haben.

Da immer deutlicher wurde, daß Frankreich die genannten Gebiete dem Fürstenhaus Thurn und Taxis zusprechen würde, wollte man mit der Besitzergreifung nicht mehr warten. Man befürchtete, die größeren Teilnehmer im Mächtespiel der Gebietsneuordnung wie Bayern und Württemberg könnten vollendete Tatsachen schaffen und die fraglichen Territorien besetzen. Gegen einen solchen Schritt war erfahrungsgemäß auf diplomatischem Wege nichts mehr auszurichten. Am 20. September legte die Geheime Kanzlei einen Plan zur Besitzergreifung vor: Alle Gründe sprächen für diesen Schritt, allen voran das Beispiel der anderen und der Umstand, daß in den Protokollen der Reichsdeputation festgehalten worden sei, daß nur die Reichsstände entschädigt werden sollten, die Land und Leute verloren hätten. Eine Besitznahme müsse daher vor einer definitiven Auslegung dieser Aussage erfolgen. Vor Ort sollte schließlich permanent eine Person anwesend sein, die »Höchstdero Souveränitäts Rechte handhabte«.[421] So geschah es denn auch: Die Thurn und Taxisschen Hofräte reisten ins Schwäbische, um die Gebiete in Besitz zu nehmen. Die Proteste

---

[420] Siehe zum Folgenden die Berichte Vrints-Berberichs an den Fürsten in FZA Regensburg, HMA 16. Der Herzog von Württemberg gab die Hoffnung auf die Gebiete nicht so schnell auf, »so daß Höchstdieselbe sich, nach sehr vertrauten Nachrichten, so gar nach Wien deswegen gewendet, und den bestimmtesten Antrag auf Marchthal gemacht haben sollen«. Aber es wurde sehr bald klar, daß Wien in dieser Angelegenheit wenig mitzureden hatte, wie der österreichische Beauftragte Hügel einsehen mußte. Siehe DORDA, Hügel, S. 160.

[421] Der Hinweis, man müsse sich gegen alle Eingriffe verwehren, ist fast schon amüsant, denn weder hätte man über Militär verfügt, noch hätte man anderweitig gegen einen Übergriff der größeren Staaten etwas ausrichten können, zudem wollte man es sich mit niemand verscherzen: »Es bedarf keiner weiteren Ausführung, daß diese Besitznahme nicht militärisch, sondern Civil seyn dürfe, und daß solche nach den Verhältnißen, in welchem Eure Hochfürstliche Durchlaucht gegen den allerhöchst kaiserlichen Hof und gegen die Reichs Stände stehen, mit aller möglichen Vorsicht und mit dem wenigsten Aufsehen, doch aber mit Würde und Erfolg geschehen müße«. FZA Regensburg, HMA 16.

sollten daran nichts mehr ändern: Auch wenn sich der Kanzler des Reichsstiftes Sulmannsweiler im Namen der Schwäbischen Reichsprälaten an die Reichsdeputation wandte, die Kanzler der Fürsten von Fürstenberg und Oettingen-Wallerstein sich für den Fortbestand des Damenstiftes Buchau einsetzten und einzelne Bittschreiben der Betroffenen um Fortgewährung ihrer Rechte an den Fürsten von Thurn und Taxis gingen, die geistlichen Gebiete gelangten unter Thurn und Taxissche Herrschaft.[422] Der Vorwurf des Rechtsbruchs wurde mit dem Verweis auf die veränderte politische Situation zurückgewiesen.[423]

Es ist wirklich eine Ironie der Geschichte, daß die Thurn und Taxis – und in gleicher Weise handelten auch andere Fürsten – den ehemaligen Mitständen 1802/03 das Schicksal zuteil werden ließen, das sie selbst nur knapp drei Jahre später ereilen sollte. Ein später Nachfahre des mediatisierten Hauses Castell-Castell hat diese Dynamik in einen treffenden Vergleich gekleidet: »Beim Essen wächst der Appetit. So war es auch mit der Annektion der in Franken säkularisierten Gebiete. Bayern fand nicht genug an den ihm zugewiesenen Ländereien, sondern war nicht abgeneigt, bei dieser Gelegenheit, einige kleinere und kleinste Mitstände mit zu verspeisen«.[424] Noch aber stand Thurn und Taxis nicht auf dem Speiseplan jenes Festessens, das zu gestärkten Mittelstaaten führen sollte. Im Haus des Prinzipalkommissars freute man sich uneingeschränkt über die Vergrößerung des herrschaftlichen Besitzes. Noch lange vor der Verkündigung des Reichsdeputationshauptschlusses kümmerte man sich bereits voller Tatendrang um die hinzugewonnenen Herrschaftssymbole. Da die Geheimen Räte in der Heraldik »gar nicht bewandert sind, und diese Abänderung doch um so mehr mit Kenntniß und Gründlichkeit geschehen muß, weil solche ein bleibendes Denkmal der Vergrößerung und des Lustre des hochfürstlichen Hauses ist«, wurde einem Experten, dem sogenannten »Wappen-König« in Wien, die Sache übertragen. Vorsorglich wies die Geheime Kanzlei darauf hin, »daß die Führung der neuen Titulatur und des Wappens nicht vor dem ReichsBeschlusse [...] stattfinden könne«.[425]

---

[422] Durch den vorhergesehenen Übergang des Damenstifts Buchau »fühlte sich das Gremium der schwäbischen Reichsgrafen, nebst dem Nachtheile, der ihm durch den Verlust dieselben in Hinsicht der Versorgung der Töchter aus den gräflichen Häusern zuwuchs«, beeinträchtigt. Deshalb wurde am 11. Februar 1802 eine Verwahrung eingelegt. BHStA München, MA 4015, fol. 34 f. Zur Versorgung der ehemaligen Klosterfrauen siehe die Schreiben der Geheimen Kanzlei vom 4. April 1804. FZA Regensburg, HMA 17.

[423] Intern betonte man außerdem, daß die Säkularisation sowohl den Reichsgesetzen als auch der Religion entspreche, schließlich habe auch der Papst der Veränderung zugestimmt. FZA Regensburg, HMA 18.

[424] Siehe dazu Prosper Graf zu CASTELL-CASTELL, Die Immediatisierung der Grafschaft Castell, in: Mainfränkisches Jahrbuch für Geschichte und Kunst 2 (1950), S. 246–268, hier: S. 247.

[425] Am 16. Dezember 1802 berichtete die Geheime Kanzlei über die Abänderung des fürstlichen Wappens. Siehe FZA Regensburg, HMA 16, und die Agentenberichte des Freiherrn von Wunsch in dieser Sache in HFS, Akten 456.

Im Reichsdeputationshauptschluß wurden schließlich nicht nur die bereits in Besitz genommenen Gebiete dem Fürsten von Thurn und Taxis bestätigt, sondern er erhielt für diese Gebiete, konkret für das Reichsstift Buchau, sogar eine weitere Virilstimme im Reichsfürstenrat.[426] Damit hatte man es geschafft, bei der Neuordnung des Reichstags die eigene Position zu stärken, was kein einfaches Unterfangen war, denn gerade die Verteilung der geistlichen Stimmrechte war höchst umstritten.[427] Das Mißverhältnis zwischen den einzelnen Stimmen und den realen Machtverhältnissen im Reich war seit langem offensichtlich und wurde bei der Neuregelung auch nicht verändert. Kritische Beobachter wie der österreichische Direktorialgesandte Fahnenberg sprachen dies auch deutlich aus: »bedenkt man [...], daß die Duodezfürsten Dietrichstein, Liechtenstein unnd Thurn und Taxis, die kaum zusammen 9 Quadratmeilen Land besitzen, soviel im Fürstenrath als der Erzherzog von Oesterreich [mit 3 534 Quadratmeilen und 9 200 000 Einwohnern] zu sagen haben, so ist es schwer, des Lachens sich zu enthalten«.[428] Jedoch, wie lächerlich auch manches erscheinen mag, der Reichsdeputationshauptschluß war ein großangelegter Versuch, die verfassungsrechtlichen Strukturen des Alten Reiches, »dieses gotische Gewölbe«, zu retten und gleichzeitig die Expansionswünsche der weltlichen Herrscher zu befriedigen.[429] Für das Fürstenhaus Thurn und Taxis war der dabei gemachte Gewinn, sowohl an ökonomischem Besitz als auch an politischem Prestige, immens.[430] Der Postfürst war ein Stückchen mehr Landesherr geworden, des Hauses »Lustre und Flor« konnte gesteigert werden.

---

[426] Der Reichsdeputationshauptschluß vom 25. Februar 1803, ediert bei HUBER, Dokumente, Bd. 1, S. 1–26, im Wortlaut: »Die Austheilung und endliche Bestimmung der Entschädigungen geschieht, wie folgt [...] § 13: Dem Fürsten von Thurn und Taxis zur Schadloshaltung für die Einkünfte der Reichsposten in den an Frankreich abgetretenen Provinzen: das gefürstete Damenstift Buchau, nebst der Stadt; die Abtheyen Marchthal und Neresheim, das zu Salmannsweiler gehörige Amt Ostrach im ganzen Umfange seiner gegenwärtigen Verwaltung, mit der Herrschaft Schemmerberg und den Weilern Tiefenthal, Frankenhofen und Stetten; [...] § 32: Neue Virilstimmen in dem Reichsfürstenrathe erhalten [...] Der Fürst von Thurn und Taxis für Buchau eine Virilstimme; [...] § 35: Alle Güter der fundirten Stifter, Abtheyen und Klöster [in der gefürsteten Gafschaft Friedberg-Scheer lagen die Frauenklöster Sießen und Ennetach; S. G.] [...] werden der freien und vollen Disposition der respectiven Landesherrn [...] überlassen«.

[427] Siehe dazu auch die zahlreichen Bittschreiben um Unterstützung zur Erlangung einer Virilstimme beim Kaiser in den entsprechenden Faszikeln HHStA Wien, RK, Kleinere Reichsstände, sowie beim Prinzipalkommissar in FZA Regensburg, HMA 17, aber auch, wie beispielsweise Fugger am 6. Oktober 1803 bei Bayern, in BHStA München, MA 4031.

[428] Die Beurteilung Fahnenbergs befindet sich am Rande einer detaillierten Aufstellung über territoriale Bedeutung und politischen Einfluß (»Staatskräfte«) der einzelnen Reichsstände vom 16. Oktober 1802, zitiert nach HÄRTER, Reichstag und Revolution, S. 40.

[429] Siehe die zeitgenössische Arbeit von GASPARI, Deputations-Recess; außerdem Klaus Dieter HÖMIG, Der Reichsdeputationshauptschluß vom 25. 2. 1803 und seine Bedeutung für Staat und Kirche, Tübingen 1969.

[430] Zur umfangreichen Diskussion bezüglich der Vermehrung der Virilstimmen für einzelne Landesherren siehe in FZA Regensburg, HMA 17. STRAMBERG, Rheinischer Antiqua-

Aber bald mischten sich in die Freude erste Wehmutstropfen. Die weiterhin turbulenten politischen Ereignisse verhießen nichts Gutes. Napoleons hegemoniale Stellung in Europa bedurfte der Bündnispartner zur Erschließung weiterer Ressourcen und Absicherung der militärischen Überlegenheit. Dieses Ziel war vor allem mit gestärkten Mittelstaaten zu erreichen, die durch ein straffes Allianzsystem an Frankreich gebunden waren. Die mindermächtigen Reichsstände, zumal sie zur traditionellen österreichischen Klientel im Reich gehörten, konnte man dafür gerne opfern.[431] Vor allem war der Korse auf die beiden süddeutschen Staaten Bayern und Württemberg angewiesen. Es war eine Laune des politischen Schicksals, daß die Gebiete des Fürsten von Thurn und Taxis genau in deren Einflußbereich lagen.[432] Denn ebenfalls sehr kleine Gebiete, beispielsweise die sächsischen Fürstentümer, blieben nicht zuletzt deshalb von der Mediatisierung verschont, weil sie nicht im Interessengebiet erweiterungshungriger Mittelstaaten lagen. Auch eine andere Möglichkeit, der großen politischen Flurbereinigung Napoleons zu entkommen, war dem Fürstenhaus Thurn und Taxis versperrt. Verschiedene Fürstenhäuser profitierten vom Ehrgeiz des Korsen, mit seiner eigenen Familie in den europäischen Hochadel einzuheiraten.[433] Das relativ kleine Hohenzollern-Sigmaringen konnte durch ein Heiratsprojekt und die Freundschaft zwischen der Fürstin und Josephine Bonaparte »la plénitude de la souveraineté« für sich retten, während große Nachbarn ihre Selbständigkeit verloren.[434] Es trifft daher nicht nur auf die Fürsten von Fürstenberg zu, was der leitende fürstenbergische Minister feststellte: Man werde die Souveränität nicht erhalten, da man »zur Zeit keine heiratsfähige Prinzessin zur Verfügung« habe.[435]

---

rius, S. 775, listet den gesamten Besitz des Hauses Thurn und Taxis auf und gibt als jährliches Einkommen (allein der neuen Besitzungen) 234 000 fl. an.

[431] Siehe dazu mit ausführlichen Literaturbelegen STOCKERT, Adel, S. 148–155; grundlegend: Elisabeth FEHRENBACH, Vom Ancien Régime zum Wiener Kongreß, 3. Aufl. München 1993, S. 74; GOLLWITZER, Standesherren, S. 19; FURTWÄNGLER, Standesherren, S. 38.

[432] Andere Gebiete, die bedeutend kleiner als z. B. das Fürstentum Fürstenberg waren, blieben von der Flurbereinigung verschont, wie beispielsweise Liechtenstein, Isenburg und die sächsisch-thüringische »Staatenwelt«. Siehe zur politischen Konzeption Napoleons und seiner politischen Flurbereinigung Thomas SCHULZ, Die Mediatisierung des Adels, in: Baden und Württemberg im Zeitalter Napoleons, Bd. 2, Stuttgart 1987, S. 157–174, hier: S. 164; Georg SCHMIDT, Der napoleonische Rheinbund – ein erneuertes Altes Reich?, in: Volker PRESS (Hrsg.), Alternativen zur Reichsverfassung in der Frühen Neuzeit, München 1995, S. 227–246, hier: S. 231; und Friedrich FACIUS, Zwischen Souveränität und Mediatisierung. Das Existenzproblem der thüringischen Kleinstaaten von 1806 bis 1813, in: Peter BERGLAR (Hrsg.), Staat und Gesellschaft im Zeitalter Goethes. Festschrift Hans Tümmler, Köln/Wien 1977, S. 163–206.

[433] Siehe zu diesem Zusammenhang SAUER, Heiraten, Bd. 2, S. 55–80.

[434] Siehe KALLENBERG, Hohenzollern im Alten Reich, S. 119–121.

[435] Siehe allgemeiner zur Mediatisierung Fürstenbergs TUMBÜLT, Fürstenberg. Von Fürstenberger Seite versuchte man Talleyrand und Napoleon für den Plan zu gewinnen, mit einem vergrößerten Fürstentum einen weiteren Mittelstaat im Südwesten zu schaffen. Siehe ebenda, S. 220 f.

Auf kurz oder lang würde Napoleon keine Rücksicht mehr auf die kleineren Reichsstände und damit auch die Reichsverfassung nehmen, um seine eigenen Ziele durchzusetzen. Diese Entwicklung sah man auch im Haus Thurn und Taxis gegen Ende des Jahres 1805 voraus, jedoch gab man sich bis zum Schluß der Hoffnung hin, die souveräne Position bewahren zu können. Noch am 1. Juli 1806 berichtete der dirigierende Rat Westerholt von einem verheißungsvollen Brief aus Wien mit der Nachricht, »das Mediatisieren werde ietzt aufhören« und Napoleon werde die kleinen Fürsten erhalten.[436]

Am 12. Juli 1806 wurde dieser Hoffnung durch die Unterzeichnung der Rheinbundakte ein jähes Ende bereitet. Insgesamt sechzehn Staaten erklärten darin ihre Loslösung vom Reich, beanspruchten in ihren Gebieten die volle Souveränität und erkannten Napoleon als Protektor des neugegründeten Staatenbundes an. Die kleineren Landesherren fielen unter die Herrschaft der dadurch vergrößerten Mittelstaaten, sie wurden von Herrschenden zu Beherrschten. Jedoch wurden sie nicht aller Privilegien beraubt, es blieb einiges bestehen, was sie zu »ersten Untertanen der Krone« oder auch »Unterlandesherren« machen sollte. Somit schuf die Rheinbundakte eine historische Sonderform, die sogenannten Standesherren. In den Mediatisierungsbestimmungen, wie sie namentlich in den Artikeln 26 und 27 der Akte festgelegt wurden, zeichnet sich das Janusgesicht dieser Epoche zwischen Ancien Régime und moderner Staatlichkeit in aller Widersprüchlichkeit ab.[437] Zum einen beanspruchten die Rheinbundfürsten »la plenitude de la souveraenite«, das heißt die uneingeschränkte Staatsgewalt mit allen Hoheitsrechten, für sich, zum anderen sollten den »bisher regierenden Grafen und Fürsten« einige Sonderrechte weiterhin zugestanden bleiben, beispielsweise die mittlere und niedere Gerichtsbarkeit, das Schul- und Kirchenpatronat und alle Zehnten und Feudalgefälle.[438] Zu aller Widersprüchlichkeit gesellte sich außerdem die französische Sprache, die viele Bestimmungen in den Bereich der Textauslegung verwies. Wie war das Recht der »impôts«, das den souveränen Reinbundmitgliedern zustand, gegen die

---

[436] Siehe die Beilage Nr. 6 (es handelt sich wohl um einen Agentenbericht des Freiherrn Wunsch) zum Schreiben Westerholts vom 1. Juli 1806: »Auszug aus einem Schreiben de dato Wien, 26 Junius 1806 – E[urer] Excellenz melde ich unterthänig, daß vorgestern ein Geschäftsmann grossen Ansehens sich hier geäussert, das Mediatisieren werde ietzt aufhören, mit dem Beisatze, daß auch dieienigen Stände, die sich darauf zu voreilig eingelassen hätten, wieder in die Immedietät eingesetzt werden könnten; es liege die Beibehaltung kleiner reichsunmittelbarer Glieder im neuen Plan des grossen Napoleons p.p«. FZA Regensburg, HFS, Akten 203.

[437] Zum Text der Rheinbundakte siehe die Edition bei HUBER, Dokumente, Bd. 1, S. 26–32. Allgemeiner dazu SCHMIDT, Rheinbund, S. 227–246; H. H. HOFMANN, Adelige Herrschaft, S. 249–274; und der Überblick zur älteren Literatur bei FEHRENBACH, Ancien Régime.

[438] Den »princes et comtes actuellement regnans« wurde folgendes zuerkannt: »chacun comme propriété patrimoniale et privée tous les domaines sans exception qu'Ils possèdent maintenant« und die »droits seigneuriaux et féodaux non-essentiellement inhérens à la souveraineté«.

»préstations féodales« der mediatisierten Grafen und Fürsten abzugrenzen?[439] Konnte man einen Unterschied ausmachen zwischen »souveraenite« und »Landeshoheit«? Und vor allem: Was waren (staatsrechtliche) »Souveränitätsrechte«, und was waren (privatrechtliche) »Eigentumsrechte«, oder konnte man das eine ohne weiteres in das andere überführen? »Jedenfalls«, so resümiert Gollwitzer, »trat in einer Reihe deutscher Staaten für die Mediatisierten mindestens bis zum Jahr 1815 ein Zustand völliger Rechtsunsicherheit ein«.[440] Denn die Rheinbundakte hatte einen weiten Interpretationsrahmen und damit auch einen politisch-rechtlichen Handlungsspielraum abgesteckt, den die einzelnen Landesherren ebenso wie die Standesherren für sich zu nutzen suchten.

Die Reaktion auf die Degradierung, wenn nicht zum »gewöhnlichen Unterthanen«, so auf alle Fälle zum »Unterlandesherren«, verlief zweigleisig. Zum einen versuchten die Mediatisierten wieder zurückzukehren in den Kreis der regierenden, souveränen Häupter Europas. Dafür wurden unterschiedliche Strategien gewählt. Die Fürstenberger verwiesen zweifellos zu Recht darauf, daß ihr ehemaliges Herrschaftsgebiet größer als manches Rheinbundgebiet war, und versuchten – wie viele andere – über das Kaiserhaus Habsburg ihr Glück. Die Löwenstein-Wertheimer erinnerten sich, daß sie gemeinsame Vorfahren mit dem regierenden Haus Wittelsbach hatten und daher die gleichen Rechte beanspruchen konnten. Die Thurn und Taxis, wie sollte es anders sein, versuchten über die besondere Stellung der Post zur Souveränität zurückzufinden.[441] Zum zweiten versuchten die Mediatisierten in Einzelverhandlungen mit den Herrschenden, unter die ihre Gebiete gefallen waren, günstige Konditionen auszuhandeln. Durch die Interpretation des Artikels 27 galt es, soviel als möglich zu retten oder, wie es der dirigierende Geheime Rat Westerholt formulierte: »Ein schrecklicher Vulkan hat unsre Verfassung zerstört, es bleibt uns nichts übrig als die Trümmer zu sammeln und zu retten, was noch gerettet werden kann«.[442] Durch umfangreiche Gutachten und Diskussionen versuchten Westerholt und seine Kollegen im »Kampf zwischen Übermacht und Ohnmacht« einen »Faden« zu finden, »der das fürstl[iche] Haus aus dem schreckl[ichen] Labyrinth der Zeitumstände erretten kann«. Die zentrale Frage war

---

[439] Siehe zur Widersprüchlichkeit der Akte neuerdings STOCKERT, Adel, S. 156 f.; außerdem Gisela HERDT, Der württembergische Hof im 19. Jahrhundert. Studien über das Verhältnis zwischen Königtum und Adel in der absoluten und konstitutionellen Monarchie, Göttingen 1970, S. 34; Günther ZOLLMANN, Adelsrechte und Staatsorganisation im Königreich Württemberg 1806 bis 1817, Tübingen 1971, S. 22 f.; Wolfgang WEBER, Die Veränderungen in der staatsrechtlichen Lage der Deutschen Standesherren zwischen Rheinbundakte, Deutscher Bundesakte und Gegenwart, Jena 1904, S. 13–17.

[440] Siehe GOLLWITZER, Standesherren, S. 21.

[441] Diese Überlegungen standen Pate bei all den Postprojekten, die im vorhergehenden Kapitel bereits vorgeführt wurden. Die anderen Argumente erschienen stets nachgeordnet.

[442] Siehe zum Folgenden die umfangreichen Überlegungen zur Lage des Hauses in FZA Regensburg, HFS, Akten 9. Außerdem die zahlreichen Denkschriften in FZA Regensburg, Postakten 950–951.

dabei: »Was für ein Benehmen ist von Seiten Ser[enissi]mi gegen die neuen Souveränen nach erfolgter Civilbesitznehmung zu beobachten?« Freiwillig unterwerfen wollte man sich auf keinen Fall, jedoch durfte man mit Rücksicht auf die Postverhältnisse nicht zu forsch auftreten.[443] Auf alle Fälle müsse sich – so die Geheime Kanzlei – der Fürst gegen das Vorgehen der Mittelstaaten verwahren und Reservationen einlegen, »auf die man sich in dem Falle einer glücklichen Umwälzung des jetzigen Systems berufen könnt«. Große Chancen räumte man dieser Möglichkeit jedoch nicht ein.[444] Alles in allem befand man sich in einer Situation, die Handeln verlangte:

> »Getheilt unter einer dreyfachen Staatsgewalt [die Könige von Bayern und Württemberg sowie die Fürsten von Hohenzollern-Sigmaringen; S. G.], wovon eine jede ihre eigenen Grundsätze hat und fast eine jede ihren eigenen Druck empfinden läßt, In einem Zeitpunkt wo alle Grundsäze schwanken und selbst die gefaßten sich keiner gewissen Dauer zu erfreuen haben, war es wohl unmöglich die bisherige Administration schnell aufzulösen, ohne überall anzustoßen, und die Individuen selbst der Marter vollester Ungewißheit Preis zu geben«.[445]

Diesen »eigenen Grundsätzen« soll nun nachgegangen werden. Dabei gab es verschiedene Ebenen der Auseinandersetzung: erstens die persönlichen Ehrenrechte, wie die »Courtoisie« und die Ebenbürtigkeit, zweitens die gerichtlichen Hoheitsrechte, konkret der Fortbestand der Patrimonialgerichtsbarkeit, und drittens der Problemkreis Wirtschaft, also die Ablösung oder Aufhebung der finanziell interessanten »Herrschaftsgefälle« wie Zehnten und Fronden.[446]

---

[443] »Sie [die Geheime Kanzlei; S. G.] hielt es jedoch ihrer Klugheit gemäß, dabey die Sprache so viel möglich zu mildern, um bey dem Gewaltigen, der unsre Teutsche Verfaßung zertrümmert hat, nicht anzustossen, und dadurch unserm Postal Interesse auf eine unwiderbringliche Weise zu schaden«. Ebenda.

[444] Auch Westerholt stellte wie viele der Mediatisierten die Frage, ob die neuen Souveräne nicht einfach in die Nachfolge des Kaisers eingetreten waren, damit also keine andere Staatsgewalt als die ehemals kaiserliche erworben hatten: »Ich glaube nicht, daß diese Frage von irgend einen billig denkenden Staatsrechtsgelehrten verneint werden kann, und halte die Unmittelbarkeit der teutschen Fürsten für ein wahres Eigenthum, daß ihnen um so weniger entrissen werden kann, als der Souveränitätsbegriff, nicht schlechterdings ein solches Opfer unbedingt fordert. Allein was helfen solche Erörterungen in einem Zeitalter, wo die Willkühr selbst mit dem Eigenthum schaltet und waltet«. Promemoria Westerholts vom 23. August 1806. Ebenda.

[445] Gutachten zur Lage des Hauses nach der Rheinbundakte. FZA Regensburg, HFS, Akten 10.

[446] Wegweisend hat Harald Stockert die Auseinandersetzungen zwischen den Souveränen und den Mediatisierten am Beispiel Löwenstein-Wertheim nachgezeichnet. Da die Güter dieser Fürstenfamilie unter insgesamt sechs Landesherren aufgeteilt wurden, konnte er die ganze Bandbreite dieses Spannungsgefüges nachzeichnen. Die zeitgenössische Literatur ist umfangreich und mannigfaltig, da die Frage nach dem staatsrechtlichen Charakter der Standesherren stellvertretend für grundlegende Rechtsfragen die Publizisten der Zeit bewegte. Eine Zusammenfassung – mit zahlreichen Tabellen und Übersichten – hat Karl Vollgraff in seinem umfangreichen Werk vorgelegt. STOCKERT, Adel, S. 156–193; Karl VOLLGRAFF, Die teutschen Standesherren. Ein historisch-publicistischer Versuch, Gießen 1824.

Zweifelsohne den angenehmsten Interessenausgleich erbrachten die Verhandlungen mit Hohenzollern-Sigmaringen. Dort stand man den Wünschen des ehemals regierenden Fürsten Thurn und Taxis recht aufgeschlossen gegenüber. Aus dem ersten Schreiben des Fürsten Anton Aloys an die nunmehrigen Standesherren unter seiner Herrschaft geht deutlich hervor, daß er am wenigsten an »Unterjochung« dachte: »Übrigens kann ich hierbei die aufrichtige Versicherung abzugeben nicht entstehen, daß wenn die höhere Politik es verstattet hätte, mein Herzenswunsch gewesen wäre, das meinem Hause widerfahrene Schicksal auch auf dero fürstliches Haus ausgedehnt zu sehen«.[447] Bereits in den ersten Wochen nach Gründung des Rheinbundes wurde immer deutlicher, daß vom fürstlichen Oberherrn im Gegensatz zu den königlichen wenig Gefahr drohte.[448] Das lag jedoch nicht nur daran, daß Hohenzollern-Sigmaringen dem Fürstenhaus wohlgesinnt war und keine Ambitionen hegte, den Nachbarn zu demütigen, sondern auch am unterschiedlichen Reformdruck und dem damit verbundenen Reformeifer innerhalb der süddeutschen Staaten. Bayern und Württemberg mußten ein erheblich erweitertes Gebietskonglomerat vereinigen, wozu die Abschaffung feudaler Rechte beste Dienste leisten konnte.[449]

Aufgrund der angenehmen Erfahrungen mit Hohenzollern-Sigmaringen zog der Fürst von Thurn und Taxis sogar in Erwägung, bereits kurz nach der Mediatisierung in Sigmaringen einen Besuch abzustatten. Die Geheime Kanzlei riet jedoch dringend davon ab. Denn es sei gegen die Würde des Fürstenhauses, dem neuen Souverän zum gegenwärtigen Zeitpunkt als Mediatisierter gegenüberzutreten. Vor allem müßte der Fürst dann wohl auch in Stuttgart einen Besuch abstatten. Besser wäre es daher, keinerlei Besuche in »der ersten Periode der Umwälzung« zu unternehmen, vor allem nicht vor Abschluß eines Vergleiches über die staatsrechtlichen Verhältnisse.[450] Die Vorsichtsmaßnahmen sollten sich als unbegründet herausstellen, Hohenzollern-Sigmaringen verhielt sich weiterhin entgegenkommend.[451] Die Ehrenrechte blieben unan-

---

[447] Zitiert nach Fritz KALLENBERG, Die Fürstentümer Hohenzollern im Zeitalter der Französischen Revolution und Napoleons, in: Zeitschrift für die Geschichte des Oberrheins 111 (1963), S. 357–472, hier: S. 417.

[448] Anfangs gingen identische Antwortschreiben auf die Occupationspatente an Württemberg und Sigmaringen, doch durch die daraus entstandene Korrespondenz wurde sehr schnell klar, daß aus Württemberg ein anderer Wind wehte. Siehe den Bericht der Geheimen Kanzlei vom 2. September 1806. FZA Regensburg, HFS, Akten 203. Siehe einführend dazu Volker PRESS, Südwestdeutschland im Zeitalter der französischen Revolution und Napoleons, in: Baden und Württemberg im Zeitalter Napoleons, Bd. 2, Stuttgart 1987, S. 9–24.

[449] Die Hechinger Linie unter Fürst Hermann Friedrich Otto hatte überhaupt keinen, Fürst Anton Aloys für Sigmaringen nur einen kleinen Gebietsgewinn erzielen können. Siehe dazu, die ältere Literatur zusammenfassend, Fritz KALLENBERG, Die Sonderentwicklung Hohenzollerns, in: Ders. (Hrsg.), Hohenzollern, Stuttgart 1996, S. 129–280, hier: S. 129 f. Außerdem war bei Hohenzollern-Sigmaringen keine aktive Reformbürokratie wie in Bayern und Württemberg vorhanden.

[450] Schreiben vom 22. August 1806. FZA Regensburg, HFS, Akten 203.

[451] Am 23. August 1806 hatte man noch festgehalten: Es kann das »Schreiben nach Sig-

Souveränität – rechtlicher Status und Verhandlungsgeschick

getastet, die Patrimonialgerichtsbarkeit bestehen, und die Abwicklung der Verwaltungsveränderung und der Ausgleich von Ansprüchen gingen reibungslos über die Bühne. Anläßlich der Überlegungen zum Stand der Verhandlungen bezüglich der Beamtenübernahme vermerkte die Geheime Kanzlei im Jahr 1808 daher: »Endlich kann man in Beziehung auf diese Tabelle die Bemerkung nicht unterlassen, daß man bisher von Seiten Hohenzollern-Sigmaringen so freundschaftl[ich] schonend, und rücksichtsvoll behandelt worden ist, daß man zur Zeit die Last der neuen Souveränität noch gerecht empfindet«.[452] Dies war natürlich alles relativ, vor allem in Hinblick auf Württemberg. Der »dikke Friz von Stutgard«, wie ihn seine Feinde in Oberschwaben nur nannten, ging mit derartiger Härte gegen die Standesherren vor, daß ihnen die Bedingungen unter der Oberhoheit des schwäbischen Hohenzollern geradezu paradiesisch erscheinen mußten.[453] Bayern galt wie viele andere Rheinbundfürsten im Vergleich zu Württemberg als »gemäßigt« und »liberal« im Umgang mit den Standesherren.[454]

Schon lange vor der Gründung des Rheinbundes bemühte sich die Reformbürokratie unter Montgelas um die Klärung verschiedener rechtlicher Probleme zwischen Bayern und Thurn und Taxis.[455] Bereits bei diesen Verhandlungen zwischen 1800 und 1806 zeichnete sich die Grundlinie der Politik ab, die Bayern auch in der Rheinbundzeit verfolgen sollte: Zum einen war oberstes Ziel, ein (rechtlich) vereinheitlichtes Staatsgebiet zu schaffen, zum anderen war man bestrebt, mit den bisherigen Herrschaftsträgern eine beiderseits akzeptable Lösung herbeizuführen. Die zunächst noch zaghaften Bemühungen konnten ab 1806 forciert werden, da nun durch die Rheinbundakte eine rechtliche Handhabe geschaffen war.[456] Bei der Besitzergreifung ging man – wie

---

maringen unbedenkl[ich] abgeschickt werden, indem darinn die Kennzeichen, daß man nur der Gewalt sich füge, das Recht zu den gewaltsamen Schritten aber nicht anerkenne, wenn gleich so delicat als mögl[ich], doch sogleich so unwidersprechlich enthalten sind, daß man im glücklichsten Fall dieser Erklärung, ohne sich in Widersprüche zu verwickeln, eine zweite, den veränderten Umständen angemäßene folgen lassen, und überhaupt alles weitere Sachdienliche einleiten könnte«. Ebenda.

[452] Bericht vom 18. März 1808. FZA Regensburg, HFS, Akten 10.

[453] KALLENBERG, Hohenzollern im Alten Reich, S. 119; GOLLWITZER, Standesherren, S. 54.

[454] Im Vergleich mit fünf weiteren Souveränen fällt dieses Urteil, übereinstimmend mit der älteren Forschung, STOCKERT, Adel, S. 169.

[455] Seit dem Tod Karl Theodors 1799 war die rechtliche Situation der Thurn und Taxisschen Herrschaft Dischingen, die im Lehensnexus zu Bayern stand, offen. In einem umfangreichen Schriftwechsel, in dem die gesamte Rechtsgeschichte der Herrschaft aufgerollt wurde, versuchte man eine Lösung zu finden. Das Problem löste sich schließlich durch die neugeschaffene Situation des Rheinbundes. Siehe BHStA München, MA 5557 (zwei Bände: 1800–1804/1804–1808); FZA Regensburg, HMA 18.

[456] Hierbei konnte man nun auf die bereits geleisteten Vorarbeiten zurückgreifen, wie beispielsweise die angefertigte Übersicht der Rechtsverhältnisse in den schwäbischen Landen. Bereits im Rahmen des Reichsdeputationshauptschlusses war am 17. Dezember 1802 an das »GenerallandesCommissariat in Schwaben« der Befehl ergangen, »eine ausführliche

alle anderen Rheinbundfürsten auch – nicht sonderlich zaghaft, sondern in großem Maßstab vor. Die Landeskommissare erhielten am 3. September 1806 ihre Vollmachten mit konkreten Anweisungen zur Besitzergreifung. Entsprechend Artikel 27 der Rheinbundakte sollten alle Hoheitsrechte in Anspruch genommen werden, die Eigentumsrechte der Standesherren jedoch unangetastet bleiben. Ein detaillierter Bericht über die Besitzergreifung und möglicherweise besondere Vorkommnisse sollten die Beauftragten baldmöglichst einreichen.[457] Interessanterweise war der zuständige Landeskommissar von Schwaben ein gewisser Graf Tassis, der Nachkomme einer Nebenlinie des Gesamthauses Taxis.[458] So durfte, salopp ausgedrückt, ein Vertreter der armen (gräflichen) Verwandtschaft dem reichen (fürstlichen) Haus die Herrschaftsrechte im Namen Bayerns abnehmen, was jedoch zu keinerlei Problemen oder Auseinandersetzungen führte. Graf Tassis berichtete in allen Einzelheiten, wie der Vereidigung der Beamten, der Aufstellung der Grenzpfähle (»weißblau auf der einen, mit Rheinischer Bund auf der anderen« Seite) oder der Übernahme des Archivgutes, von einer Besitzergreifung ohne besondere Vorfälle.[459] Bereits wenige Tage nach der Übernahme des Gebietes in die staatliche Oberhoheit Bayerns bemühte sich der Fürst von Thurn und Taxis um ein Sonderrecht, nämlich die Beibehaltung seiner Leibgarde. Dies würde in keinster Weise das Recht der militärischen Hoheit beeinträchtigen, da diese Garde nur zum Schutz seiner Sommerresidenz aufgestellt sei. Montgelas schlug dem König vor, man könne diese Bitte auf dem Gnadenweg ohne jeglichen weiteren Rechtsanspruch bewilligen. Am kommenden Tag erließ Max Joseph ein Schreiben an den Fürst Karl Alexander, in dem er den Fortbestand der Leibgarde als Gnadenbeweis genehmigte und anführte, daß er dessen ausgesprochene »Anhänglichkeit« dankend annehme.[460]

Besonders auffallend ist in diesem Zusammenhang, daß der Fürst so früh eine sehr unterwürfige Position einnahm. Im Briefwechsel mit dem neuen Souverän wurde signalisiert, daß man die Degradierung durchaus anerkenne, bereits das Schreiben vom 19. September war mit »gehorsamster Vetter und

---

Darstellung der staatsrechtlichen Verhältnisse Unserer schwäbischen Indemnitätslande gegen ihre Nachbarn baldmöglichst zu erhalten, damit das Ganze übersehen, ein festes System aufgestellt und [...] mit einer allgemeinen Instruktion versehen werden« kann. BHStA München, MA 5683.

[457] Siehe zum Folgenden den ausführlichen Faszikel »Besitzergreifung« in BHStA München, MA 74647.

[458] Siehe dazu die biographischen Angaben in NEBINGER, Thurn und Taxis, und BHStA München, Personenselect 451.

[459] Siehe »Allerunterthänigster Bericht des königlichen Generalkommissariats zu Neuburg den 2. Oktober 1806«. BHStA München, MA 74647. Vor diesem Abschlußbericht waren bereits verschiedene Berichte nach München gesandt worden.

[460] Schreiben vom 17. September 1806, ausgestellt durch Referent von Zentner. Der Fürst durfte die etwa 30 Mann mit den dazugehörigen Offizieren behalten, aber sie mußten dem König den Eid leisten, und im Zweifelsfall sollten sie »dem bayerischen Regiments-Kanton« zugeschlagen werden. BHStA München, MA 74647.

Diener Karl Alexander, Fürst von Thurn und Taxis« unterschrieben.[461] In dieser Haltung stand er jedoch nicht allein: Die Grafen von Fugger hatten sogar einige Tage vor der Rheinbundakte einen freiwilligen Vertrag mit Bayern geschlossen, um dadurch »einer Zwangsunterwerfung« ohne jegliche Rechtsverwahrung zuvorzukommen.[462] Zur Festschreibung der Rechtsverhältnisse reiste für das Haus Thurn und Taxis der Geheime Rat Westerholt von Regensburg nach München. Am 6. Oktober 1806 berichtete er erfreut über das Wohlwollen der Münchner, vor allem »als diese Gesinnungen und Stimmung mit dem Benehmen von einer andern Seite her in einem sehr auffallenden Contrast steht«. Daher sollte alsbald eine Deklaration abgeschlossen werden, um diese positive Grundstimmung auszunutzen.[463]

Eine solche Deklaration über die standesherrlichen Rechte des Adels ließ nicht mehr lange auf sich warten. In München hatte man sich jedoch entschlossen, die staatsrechtlichen Verhältnisse nicht mehr in Einzelverhandlungen zu klären, sondern für den gesamten Adel im Königreich Bayern eine Regelung zu schaffen und damit die Rheinbundakte verbindlich auszulegen.[464] Die Bestimmungen dieser Deklaration vom 19. März 1807 sollten zum Vorbild für andere Rheinbundstaaten hinsichtlich ihres Umgangs mit den Standesherren werden und sogar Aufnahme in die Wiener Schlußakte finden. Bayern trennte darin konsequent die Souveränitätsrechte der Krone von den Eigentumsrechten der Mediatisierten. Die Standesherren durften fortan zwar die Gerichtsbarkeit in erster und zweiter Instanz ausüben, ebenso die niedere Polizei- und Kirchengewalt, aber nur im Sinne einer delegierten Staatsgewalt, das heißt unter der Oberaufsicht des Staates. Auch die immer noch umfangreichen Privilegien wurden ihnen nunmehr von Staats wegen verliehen und rührten nicht aus althergebrachten Besitztiteln, jeglicher Hinweis auf »ein vormaliges Verhältniß zu dem deutschen Reiche« war deshalb strengstens untersagt.[465]

---

[461] Auf diesen Zusammenhang wird im folgenden Kapitel II.5.1 näher eingegangen.

[462] Siehe dazu Wolfgang ZORN, Fürst Anselm Maria Fugger zu Babenhausen, in: Lebensbilder aus dem bayerischen Schwaben, Bd. 2, Weißenhorn 1953, S. 329–348, hier: S. 335, und allgemeiner Walter DEMEL, Der bayerische Staatsabsolutismus 1806/08–1817. Staats- und gesellschaftspolitische Motivationen und Hintergründe der Reformära in der ersten Phase des Königreichs Bayern, München 1983, S. 281.

[463] Der Bericht Westerholts in FZA Regensburg, HFS, Akten 203.

[464] Siehe zur Deklaration BHStA München, M Ju 13836, konkret zum Gerichtsstand ebenda M Ju 13872. Eine Edition der »Königlich Baiersche[n] Declaration« befindet sich bei VOLLGRAFF, Standesherren, Beilage VI. Die Deklaration galt für den gesamten Adel, wodurch der landständische mit dem ehemals reichsständischen gleichgesetzt wurde, was zu massiven Protesten der Standesherren führte. Zum bayerischen Adel siehe Maria Carola SCHIMKE, Die Herrschaften Hohenaschau-Wildenwart und Tutzing-Pähl 1808–1818. Untersuchungen zu den Folgen der bayerischen Adelspolitik unter Montgelas, München 1995, welche die ältere Literatur verzeichnet.

[465] Zu den Privilegien gehörten ein besonderer Gerichtsstand, ein bevorrechtigtes Kanzleizeremoniell (Courtoisie, Anrede, Wappen) sowie Ehrenrechte wie Trauergeläut und Kirchengebet. Die Neudefinition des Adels, wie er sich in der Deklaration und dem späteren Edikt vom 28. Juli 1808 findet, war zweifelsohne »revolutionär«. Der Adelsstand mit

Die Familienverträge mußten in Zukunft dem König vorgelegt werden, und alle Mediatisierten hatten eine Subjektionsurkunde nach München einzusenden. Gleiches galt für ehemalige Reichslehen, sie waren dem neuen Landesherren innerhalb eines Jahres zu muten. Die ehemaligen Herrschaftsgefälle mit dem dazugehörigen wirtschaftlichen Ertrag sollten je nach ihrer Herkunft (als öffentliche oder private Rechte) getrennt und dementsprechend fortbestehen bzw. entschädigt werden.[466]

Mit dieser Deklaration war in Bayern eine Basis geschaffen worden, auf die sich Krone und Standesherren in Zukunft beziehen konnten. Vor allem für die Standesherren war damit – im Gegensatz zu den staatsrechtlichen Verhältnissen in anderen Staaten – Rechtssicherheit hergestellt worden. Auch wenn die Bestimmungen Bayerns im nachhinein als gemäßigt gewertet wurden, darf nicht übersehen werden, daß trotz der Privilegien die Mediatisierung im Sinne der Rheinbundakte definitiv festgeschrieben worden war. Die noch vor kurzem regierenden Grafen und Fürsten waren in der Zukunft »getreue und gehorsame Unterthanen« der Krone Bayerns, wie es wörtlich im Text hieß. Bayern hatte einen wahrhaften Spagat vollbracht: Der Adel war der eigenen Souveränität unterworfen und in das Staatswesen eingegliedert worden, gleichzeitig blieb er durch die belassenen Sonderrechte »als unersetzliche Elite der Monarchie« bewahrt.[467]

In der Praxis wurde die Deklaration flexibel gehandhabt, zumindest was das Haus Thurn und Taxis betraf. In konkreten Fällen war man von seiten Bayerns durchaus bereit, ein Auge zuzudrücken. Vor allem auf dem Gnadenweg konnte so manche Erleichterung wiedererlangt werden, die nicht unbedingt dem Buchstaben der Deklaration entsprach, wiewohl man bei den grundlegenden Dingen durchaus konsequent blieb.[468] Im Haus Thurn und Taxis war man mit den bayerischen Verhältnissen zu jener Zeit recht zufrieden, wie aus einem Schreiben Fürst Karl Alexanders an den König hervorgeht. Wenn ihn je etwas hinwegtröste – so der Fürst im Herbst des Jahres 1806 – über den »unabwendbaren und unverschuldeten Verlust meiner landesherrlichen Gerechtsame« und dessen Folgen für sein Haus, dann der Umstand, unter die Herrschaft des bayerischen Königs gekommen zu sein, von dem er »Merkmale von Huld,

---

seinen Privilegien galt nur noch als besondere Ehre, die aus staatlicher Machtvollkommenheit verliehen wurde und sich nicht mehr durch »Herkommen« etc. legitimierte. Siehe H. H. HOFMANN, Adelige Herrschaft, S. 278; Walter DEMEL, Der bayerische Adel von 1750–1871, in: Hans-Ulrich WEHLER (Hrsg.), Europäischer Adel 1750–1850, Göttingen 1990, S. 127–143, hier: S. 131; und SCHIMKE, Hohenaschau-Wildenwart, S. 7 f.

[466] Diese Regelung führte zu zahlreichen Auseinandersetzungen, da in der Praxis nicht so einfach auszumachen war, ob den Erträgen eher private oder öffentliche Rechte zugrunde lagen.

[467] DEMEL, Staatsabsolutismus, S. 283 f.; SCHIMKE, Hohenaschau-Wildenwart.

[468] Siehe dazu beispielsweise einzelne Fälle in BHStA München, MA 5556; Personenselect 456a (Freizügigkeit) und dagegen die konsequente Anwendung des Gerichtsstandes in M Ju 13872.

Theilnahme und Protection« erfahren habe und für die Zukunft erhoffe. »Ich bin davon so durchdrungen, daß ich wünschte es läge in meiner Wahl und der Möglichkeit der Dinge, mich mit allen meinen Besitzungen unter den königlichen Schutz Eurer Majestät begeben zu können«.[469] – Es war jedoch anders gekommen: Der Hauptteil der Besitzungen war unter die Herrschaft Friedrichs I. geraten, der in einer Biographie als »der schwäbische Zar« bezeichnet worden ist.[470]

In Württemberg traf es die Standesherren sicher am härtesten. Ein »Purgatorium« sei es für sie von 1806 an gewesen, so formulierte Gollwitzer, und Fürst Max Wunibald von Zeil-Trauchburg als Zeitgenosse und Betroffener kleidete es in den Stoßseufzer: »Lieber Sauhirt in der Türkei, als Standesherr in Württemberg«.[471] Im Gegensatz zu Bayern war es jedoch nicht die Reformbürokratie, die ihnen das Leben schwer machte, sondern hauptsächlich der Monarch selbst. König Friedrich von Württemberg sah in den Standesherren nur ein Hindernis, um sein politisches Ziel zu erreichen, nämlich die Schaffung eines zentralistischen, gesellschaftlich einheitlichen und wirtschaftlich prosperierenden Staatswesens. Der König machte von Anfang an kein Hehl daraus, daß seine ehemaligen Mitstände ab sofort »gewöhnliche Unterthanen« seien und deshalb sowohl die Jurisdiktionsrechte wie auch die persönlichen Vorrechte beschnitten würden. Auf die Rheinbundakte, die als staatsrechtliches Vertragswerk den Standesherren immerhin umfangreiche Rechte und Privilegien zugesprochen hatte, nahm der neoabsolutistisch denkende Monarch keine Rücksicht. Die Mediatisierten konnten ihre Rechte nach Art. 27 schließlich nirgends einklagen, die zahlreichen Beschwerden und Bittschriften an Napoleon und den Fürstprimas blieben ohne Folgen. Im Gegensatz zu Bayern erließ man in Württemberg auch keine Deklaration, um die standesherrlichen Rechte zu fixieren; durch zahlreiche Edikte und Verfügungen war es viel leichter, flexibel zu reagieren und die verbliebenen Hoheitsrechte und persönlichen Privilegien sukzessive abzubauen.[472] Da zur Geschichte der Mediatisierung und Rheinbundzeit in Württemberg zahlreiche Forschungsarbeiten vorliegen, werden im folgenden nur einzelne Punkte in der Auseinandersetzung zwischen Thurn und Taxis und dem Königreich exemplarisch beschrieben, um die Integrationsleistung darzustellen, die Stuttgart für das Staatswesen auf Kosten und zum Leidwesen der Standesherren erbrachte.[473]

---

[469] Schreiben vom 12. September 1806. BHStA München, MA 74647.

[470] Paul SAUER, Der schwäbische Zar. Friedrich, Württembergs erster König, Stuttgart 1984.

[471] GOLLWITZER, Standesherren, S. 54; MÖSSLE, Maximilian Wunibald.

[472] Anscheinend bestanden Überlegungen, eine Deklaration zu erlassen, wie die Vorarbeiten in HStA Stuttgart, Bestand E 31, Bü 999, belegen, sie wurden jedoch nie umgesetzt. Eine Sammlung aller Edikte, Verordnungen, Erlasse findet sich gebündelt in FZA Regensburg, HFS, Akten 1175, eine Edition hat vorgelegt Friedrich Freiherr von GAISBERG-SCHÖKKINGEN (Hrsg.), Das Königshaus und der Adel von Württemberg, Stuttgart 1908, S. 70–91.

[473] Die ältere Literatur hat kürzlich zusammengefaßt STOCKERT, Adel, S. 185 f.; neben

Im ersten Schriftwechsel zwischen dem neuen Souverän und seinen Standesherren wurde bereits deutlich, welchen Weg Württemberg einschlagen würde. Der König übernahm den ehemals Thurn und Taxisschen Titel »Fürst von Buchau«, benutzte ein als demütigend empfundenes Kanzleizeremoniell, und die Inhalte der Briefe, Erlasse und Edikte führten zu Bestürzung im Haus Thurn und Taxis, in den Worten des dirigierenden Rates Westerholt zusammengefaßt: »Wann wird denn das Elend aufhören? [...] Wo man hinblickt, nichts als Druck und Noth – und keine Hilfe«.[474] Es wundert daher nicht, daß der Rat von Göppingen aus nach Regensburg schrieb: »Werde wohl heute in Stuttgart eintreffen. Sie können sich vorstellen, mit welchen Gefühlen und Hoffnungen ich mich dem nähere«. Seine Bemühungen, einige Vorrechte des fürstlichen Hauses zu sichern, sollten in Stuttgart – wie befürchtet – völlig scheitern. Die Hoffnungen des Fürsten, wie er sie im Begleitschreiben für Westerholt ausgedrückt hatte, erfüllten sich nicht.[475]

Unterdessen waren die Thurn und Taxisschen Gebiete längst in Besitz genommen worden. Die Regierung, welche zuvor völlig verwirrt ob der sich überstürzenden Ereignisse nachgefragt hatte, wie man sich denn verhalten sol-

---

übergreifenden Arbeiten zu Württemberg in der Rheinbundära (SAUER, Der schwäbische Zar; Th. SCHULZ, Mediatisierung; HERDT, Der württembergische Hof; ZOLLMANN, Adelsrechte) liegen auch Untersuchungen zu den einzelnen Mediatisierten (STOCKERT, Adel; Hans Bernhard Graf von SCHWEINITZ, Hohenlohe und die »Mediatisierung« in Franken und Schwaben. Ein Beitrag zur Geschichte der durch die Rheinische Bundesakte in Südwestdeutschland geschaffenen Verhältnisse, Tübingen 1953; MÖSSLE, Maximilian Wunibald; DORNHEIM, Adel) vor.

[474] Schreiben Westerholts vom 30. August 1806. FZA Regensburg, HFS, Akten 203. Siehe dazu eingehender das folgende Unterkapitel. Diese von Anfang an rüde Behandlung betraf natürlich alle Standesherren, siehe beispielsweise SCHWEINITZ, Hohenlohe, S. 145; STOCKERT, Adel, S. 185. Trotz dieser Vorboten war man über den Inhalt der im Spätsommer folgenden Edikte schockiert, so beispielsweise Westerholt am 30. August: »Das königl[ich] württembergische Edict in dem Schwäbischen Merkur vom 27. d[ieses Monats] hat meinem Gemüth einen herben Stoß versetzt«. Siehe dazu zahlreiche Belege in FZA Regensburg, HFS, Akten 1185.

[475] Der Fürst wandte sich in einem eindringlichen Schreiben an den König. Seine Regierung in Buchau habe ihm das Besitzergreifungspatent ohne Begleitschreiben zustellen lassen, allein in dieser Situation möge sich »Eure Majestät« kurz in »meine Lage« versetzen, »so wird es Allerhöchstdenselben ein leichtes seyn, die Empfindungen zu ahnen, die mich bey der unabwendbaren Unterwerfung meiner unmittelbaren Besitzungen unter einer fremden Staatsgewalt, selbst in dem ich mir von Eurer [Majestät] gerechten und anverwandschaftlichen Gesinnungen die schonendste Behandlung verspreche, erfüllen müßen. Indem ich mich unter der Allgewalt des Verhängnißes ruhig füge, steht mir und meinem fürstlichen Haus dennoch der Trost und das Bewußtseyn zur Seite, von jeher allen meinen Reichs- und Kraysständischen Obliegenheiten mit Treue und Pünktlichkeit nachgekommen zu seyn, selbst dem französischen Gouvernement keinen Anlaß zu einem gerechten Unwillen über mein fürstl[iches] Haus gegeben, und die Wohlfahrt meiner guten und getrauen Unterthanen, so viel als immer in meinen Kräften lag, befördert zu haben«. Da der König sicher alles »für mich und mein fürstliches Haus Drückendes« entfernen wolle, bat der Fürst, einen Abgeordneten zu weiteren Unterhandlungen schicken zu dürfen. Entwurf in FZA Regensburg, HFS, Akten 1173.

le, bekam nur eine ausweichende Antwort.[476] Am 19. September wurde die offizielle Regierungsübernahme vollzogen. Der württembergische Regierungsrat von Bühler hielt vor der »versammelten Administration« eine ausführliche Rede, in der er die andere – die staatliche – Seite der Mediatisierung vertrat. Die Reichsverfassung mit ihren kleinen Staatsgebilden sei aufgrund der »großen Umwandlungen« dahin, und die ehemaligen staatsrechtlichen Verhältnisse der Thurn und Taxisschen Diener sollten fortan nur noch Erinnerung sein, wenn man sich den neuen Aufgaben der Zukunft widme: »Wir verarbeiten dann jedes Verhältnis unserer öffentlichen Beziehungen für das Geheimniß unseres staatsbürgerlichen Prinzips – das durch unser moralisches geheiligt, einfach das Wohl der ganzen Menschheit, die Ruhe unserer Zeitgenossen, und den Wohlstand unseres Vaterlandes zum schönen Ziel hat. [...] Einfache Menschen« würden diese Veränderungen nicht verstehen. »Aber Sie, meine Herren, folgen meinen Wünschen, die da sind, daß sie sich in das neue Vaterland als ein Teil einordnen. Hand in Hand werden wir unter der Souveränität Württemberg zusammenarbeiten zur Zufriedenheit ihres Fürsten«.[477] Im Anschluß an die Regierungsübernahme folgte die Abnahme der Huldigung »aller Diener, Bürger, Besitzer etc. über 16 Jahre« gegenüber dem neuen Souverän. Die Kosten der Landeshuldigung zu Buchau und Marchthal von insgesamt 2 937 fl. 31x ließ man den mediatisierten Fürsten und »Unterthanen« bezahlen.[478] Diese finanzielle Belastung war jedoch nur eine Kleinigkeit gegenüber der Demütigung, am 6. Januar 1807 in Stuttgart persönlich eine Huldigung vor dem König ablegen zu müssen.[479] Diese Demonstration der eigenen Macht und der Degradierung zu »gewöhnlichen Unterhanen« war jedoch nur der Anfang. Trotz der nahen Verwandtschaft der Häuser Thurn und Taxis und Württemberg sprach der König dem Fürsten die Ebenbürtigkeit ab, ließ Schreiben des Fürsten »ohne königliche Stempelgebühr« einfach zurückgehen, erkannte die Primogenitur- und Fideikommißregelung nicht an, verordnete statt dessen das bürgerliche Erbrecht, dekretierte die Militärpflicht für mindestens ein Mitglied der Familie und befahl ihr, ihren Wohnsitz in Württemberg zu nehmen.[480]

---

[476] In der Geheimen Kanzlei herrschte über die richtige Reaktion ebenfalls Unsicherheit. Die fürstlichen Beamten sollten sich bei der Kommission zwar »verwahren«, ansonsten aber »ihnen nichts in den Weg legen«.
[477] Der komplette Text der Rede des Staatsrats Bühler vom 9. September 1806 in FZA Regensburg, HFS, Akten 1173.
[478] Siehe dazu die Rechnungen und den Schriftwechsel. Ebenda.
[479] Der König hatte an diesem Tag alle mediatisierten Grafen und Fürsten unter Androhung der Sequestration persönlich nach Stuttgart zitiert, um sich huldigen zu lassen.
[480] Siehe allgemein FZA Regensburg, HFS, Akten 1175; grundlegend dazu HStA Stuttgart, Bestand E 9, Bü 86, darin die Auseinandersetzung wegen Wohnsitzfrage, Zeremoniell und Militärpflicht. Zu letzterem siehe das Schreiben vom 31. Januar 1812, in dem der König zum wiederholten Mal dem Fürsten mitteilen ließ, »daß er als Unterthan schuldig verbunden

Letztere Anordnung von 1808 führte, da der König bei Nichtbefolgung Sequester androhte, zu einem ausführlichen Schriftwechsel mit Thurn und Taxis. Im Oktober 1808 ging die »königliche Verordnung ein, daß die Patrimonial Herrschaften ohne königliche Dispens nicht länger als 6 Wochen außer dem Königreiche abwesend seyn dürfen«.[481] Westerholt war der Meinung, diese Regelung werde für Thurn und Taxis aufgrund der besonderen Umstände, welche dem König bereits früher vorgetragen worden waren, nicht gelten. Jedoch mußte er aufgrund der Agentenberichte aus Stuttgart einsehen, daß er sich hier geirrt hatte.[482] Um auf alle Fälle der Sequestrierung zu entgehen, brachte die Geheime Kanzlei im Namen des Fürsten in einem Schreiben an das königlich württembergische Ministerium des Innern nochmals alle Argumente für die Ausnahmegenehmigung aufgrund der »so verwikelten Verhältnisse« vor. Der Fürst sei nicht nur in Württemberg, sondern auch in Bayern, Frankreich und Sigmaringen begütert, außerdem habe er ein Kronamt in Bayern inne, und durch Postlehensverträge sei er verschiedenen Rheinbundstaaten verpflichtet. Doch befinde er sich sowieso so oft als nur möglich auf den schwäbischen Besitzungen, zumal »bei den anverwandschaftl[ichen] Banden die ihn an die geheiligte Person S[einer] Majestät und an das k[önigliche] Haus [binden,] künftig ihm nichts wünschenswerter seyn kann, als Ser[enissimum] Allerhöchst demselben seine submisseste Devotion zu bezeigen«. Weder der Hinweis auf die nahe Verwandtschaft noch auf die besonderen Postverhältnissen nützte etwas, der König bestand darauf, daß der Fürst von Thurn und Taxis seinen permanenten Wohnsitz in Württemberg nehme. Zahlreiche Bittschreiben in dieser Sache gingen in Stuttgart ein. Noch am 8. Januar 1812 berichtete das württembergische Innenministerium von der wiederholten Bitte des Fürsten, daß er »aus K[öniglicher] Wohlthat wenigstens nur 6 Monate« pro Jahr im Land sein müsse. Obwohl man betonte, trotz aller Einwände auf der Basis der Rheinbundakte »sei er, der Fürst, ausschließlicher, realiter et personaliter K[öniglich] Württemberg[ischer] Unterthan«, verfolgte man die Sache nicht weiter.[483]

---

sei, seine Söhne zunächst dem Dienst seines Souveräns zu widmen«. Siehe dazu auch die Ausführungen bei HERDT, Der württembergische Hof, und ZOLLMANN, Adelsrechte.

[481] Ebenfalls auf demütigende Weise hatte man diese Verordnung nicht einmal an die Fürstenfamilie selbst, sondern an die Thurn und Taxisschen Ämter in Schwaben (Dürmentingen, Buchau, Marchthal, Schemmerberg) gesandt, welche über den Aufenthalt ihrer Herrschaften berichten sollten. Siehe dazu FZA Regensburg, HFS, Akten 1183; die Gegenüberlieferung befindet sich in HStA Stuttgart, Bestand E 9, Bü 86.

[482] Thurn und Taxis unterhielt zur Regelung seiner Geschäfte einen »Agenten« in Stuttgart, es handelte sich um den »Ober-Justizprocurator Mörike«. Dieser stand im Austausch mit Westerholt und berichtete auch entsprechende Interna der Stuttgarter Bürokratie nach Regensburg; vor allem testete er vor Eingabe fürstlicher Schreiben die Stimmung der maßgeblichen Minister Reisach und Normann, was sehr hilfreich sein konnte. Mörike vertrat übrigens auch noch andere Fürsten, wie einem Schreiben an die bayerische Regierung zu entnehmen ist. Siehe u. a. FZA Regensburg, HFS, Akten 1183–1184; BHStA München, MA 74656.

[483] Bericht des Innenministeriums (Graf Taube und Normann von-Ehrenfelds) an König

Bedeutend hartnäckiger und völlig kompromißlos ging Württemberg hingegen bei der Einziehung der verbliebenen Herrschaftsrechte vor. Anfangs hatte man den Standesherren erlaubt, eine eigene Justizkanzlei zur Verwaltung der Gerichtsbarkeit beizubehalten, die zweite Instanz war jedoch bereits mit Einschränkungen versehen und mußte »beantragt« werden. Auch Thurn und Taxis hatte sich für die Beibehaltung der »Justizkanzlei II. Instanz« ausgesprochen.[484] Jedoch wurde sehr früh deutlich, daß Friedrich I. die Rechtsprechung als uneingeschränktes Hoheitsrecht des Staates sah und keine »Unterlandesherren«, die in seinem Namen Recht sprachen, dulden wollte. Völlig indiskutabel war für den König daher der Wunsch des Fürsten, die Justizkanzlei von Buchau nach Regensburg zu verlegen. Der Antrag wurde abgelehnt, und man zog sogar in Erwägung, dem Fürsten die Kanzlei völlig zu entziehen. In der Begründung hieß es:

> »Seine K[önigliche] Majestät haben sich bei Ihrer Bereisung dieses Theils des Königreichs überzeugt, daß die Justiz Administration der taxisschen Besitzungen äußert elend ist, daß die Unterthanen nirgends so sehr wie da gedrückt und geplagt werden; die Beamten sowohl als die buchausche Kanzley behandelt solche eigenmächtig und unrücksichtlich. Seine K[önigliche] Majestät sind es auch diesem Theil Ihrer Unterthanen schuldig, für Sie zu sorgen«.[485]

Auf die Bitte Karl Alexanders hin wurde die Justizkanzlei jedoch vorläufig unangetastet gelassen, bis der König 1809 die Abschaffung jeglicher standesherrlicher Gerichtsbarkeit in seinem Staat bekanntgab.[486]

Die Mitteilung, daß der König ein Dekret erlassen habe über die Aufhebung der Patrimonialgerichtsbarkeit und die Gleichstellung der Fürsten und Grafen mit gewöhnlichen Gutsbesitzern, führte zu höchster Panik bei den Verwaltungsbeamten in Schwaben, die befürchteten, »brodtlos zu werden«, und den Fürsten beschworen, er möge »einen jeden vor seinem Untergang rette[n]«.[487] Westerholt versuchte sie im Namen des Fürsten zu beruhigen, indem er darauf verwies, daß im Zweifelsfall der König von Württemberg »in seiner Milde, Weisheit, Güte die Beamten übernehmen oder für ihren Unterhalt sorgen« werde. Denn es könne nicht angehen, daß man die »Unterstützung von Justizbeamten fordert, wenn man den Fürsten besteuert, wie jeden anderen Gutsbesitzer«. Diese Feststellung war jedoch ein geringer Trost. Der Vorsitzende der Justizkanzlei zu

---

Friedrich I. vom 8. Januar 1812. HStA Stuttgart, Bestand E 9, Bü 86.

[484] Siehe dazu HStA Stuttgart, Bestand E 31, Bü 534, worin vermerkt wurde »Thurn und Taxis haben sich für eine Justizkanzlei erklärt«.

[485] Siehe eigenhändiges Signat König Friedrichs I. vom 14. Juli 1807; zum Folgenden siehe das Schreiben Fürst Karl Alexanders vom 20. Juli 1807 mit der Bitte um Beibehaltung der Justizkanzlei. HStA Stuttgart, Bestand E 31, Bü 534.

[486] Einzelne Unruhen und Vorfälle und der Ausbruch des Krieges mit Österreich wurden zum Vorwand genommen, um die Gerichtsbarkeit der Standesherren, wie sie ihnen eigentlich nach der Rheinbundakte zustand, aufzuheben. Siehe zum Edikt FZA Regensburg, HFS, Akten 1175; GAISBERG-SCHÖCKINGEN, Königshaus; sowie allgemeiner SCHWEINITZ, Hohenlohe, S. 126–136; ZOLLMANN, Adelsrechte, S. 76–81.

[487] Siehe zum Folgenden FZA Regensburg, HFS, Akten 1185.

Buchau befürchtete mit den anders ausgebildeten württembergischen Beamten nicht zusammenarbeiten zu können und stellte rhetorisch die Frage: »Würde ich nicht der immer thätigen Kabale, einer hämischen Kritik ausgesetzt seyn«?[488] Weniger resigniert schlug der Aktuar Sallwirk vor, man könne doch dem König von Württemberg vorschlagen, daß die ehemaligen Beamten in Zukunft gleichzeitig als württembergische Gerichtsschreiber des Amtsbezirkes und Thurn und Taxissche Verwalter der Vermietungen und Verpachtungen fungieren könnten. Genau das war jedoch mit der Staatsauffassung des Königs unvereinbar, und es sollten sich alsbald die Worte des Taxisschen Verwalters Grimm bewahrheiten: »[...] so ist voraus zusehen, daß alle Patrimonial Gerichts- und alle Unterthans-Gefälle verloren gehen, und nur noch die Eigenthums-Gefälle allein übrig bleiben werden«. Die Zukunftsängste der schwäbischen Verwalter sollten sich jedoch insofern nicht erfüllen, als ein Teil der Beamten in württembergische Dienste übernommen und andere in Thurn und Taxisschen Diensten bleiben sollten. Beide Teile hatten übrigens in den nächsten Jahren noch alle Hände voll zu tun, um die Trennung zwischen den einzelnen Rechten und die »Gefälls-Ausscheidung« zu vollziehen. Erste Probleme bereitete bereits die Aufforderung, alle Jurisdiktionsakten an Württemberg abzugeben: »Diese Ausscheidung von Acten und Registratur und Archiv sind sehr mühsam und delicat, und werden son darum zu vielen Collisionen Anlas geben, da die Jurisdiction mit dem Eigenthum so manchfältig in gleiche Berührung kommt, und von dem eint- und anderen Acten-Stück unzertrennbar sind«. Die endgültige Regelung sollte sich noch einige Jahre hinziehen.[489]

Der Fürst hatte sich jedoch mit der Situation nicht so schnell abgefunden wie seine Diener. Am 20. Juli 1809 bat der Fürst den König, »die alleruntertänigste Bitte eines mit ansehnlichen Gütern in Allerhöchstdero Staaten angesessenen fürstlichen [alleruntertänigsten] Vasallen allerhuldreichst aufzunehmen [...] und mir die fernere Ausübung der unter der allerhöchsten Staatsgewalt Euerer königl[ichen] Majestät genossenen Vorzüge und Gerechtsame« der Patrimonialgerichtsbarkeit weiterhin zu gewähren.[490] Trotz aller »Unterthänigkeit« antwortete Friedrich am 27. Juli 1809 sehr knapp aus Ludwigsburg: »Da die höhere

---

[488] Schreiben des Kanzleivorstehers Otto zu Buchau vom 26. Mai 1809. Auch sein Kollege Payr betonte in einem Schreiben vom 6. Juni 1809, daß man doch im voraus wisse, daß gerade die älteren Beamten nicht übernommen würden. »Man zieht sich doch in Württembergischen Schreibstuben lieber junge, eigene Leute«. Falls der Fürst sie nicht in Diensten behalte, werde er auf kurz oder lang von Württemberg entlassen »und dann zur Ergreifung des Bettelstabes sich genöthiget sehen [...]. Dieses ist das höchsttraurige Loos, welches mir wie jedem andern meines gleichen bevorsteht«. FZA Regensburg, HFS, Akten 1185.

[489] Die Auseinandersetzungen darüber betrafen jedes einzelne Recht, jedoch wurde bald deutlich, daß Württemberg zu wenig Entgegenkommen bereit war. Siehe die umfangreiche Überlieferung, auf die hier nicht näher eingegangen werden kann, in FZA Regensburg, HFS, Akten 1185–1187.

[490] Das Adjektiv »alleruntertänigst« wurde nachträglich dem Entwurf beigefügt. FZA Regensburg, HFS, Akten 1185.

StaatsMaxime, welche Mich bei der Aufhebung der bestandenen Patrimonialgerichtsbarkeit geleitet hat, nur in der allgemeinen Wirkung ihren Zweck sichern kann«, so werde der Fürst verstehen, warum er keine Ausnahme »für Ihre Besitzungen in Meinem Königreich« machen könne. Trotz der kurzen und abschlägigen Antwort war der Fürst froh, daß ihn der König wenigstens gut behandelt hatte: »Indessen haben Serenissimus bemerkt, daß dieses Schreiben das erste sey, das einiger masen in höflichen Ausdrücke abgefaßt sey«. Weiterhin bemühte sich die Geheime Kanzlei, die Gerichtsbarkeit zu retten. In zahlreichen Schreiben an Dalberg und Napoleon betonte man, daß dieser Schritt ein Bruch des Artikels 27 der Rheinbundakte war. Man befragte andere Standesgenossen nach ihren Erfahrungen und richtete weitere Schreiben an die württembergische Regierung. Diese war jedoch der Sache überdrüssig. Reisach antwortete dem Taxisschen Agenten Mörike als Überbringer, »daß er aber mit der Vorstellung nichts anderes anzufangen wisse, als solche ad acta zu legen«. Schließlich ließ der König die Bittschreiben des Fürsten ungeöffnet an ihn mit dem Hinweis zurückgehen, er werde nichts mehr annehmen, was sich auf die Gerichtsbarkeit beziehe. Der Fürst von Thurn und Taxis war aufgrund dieses Schreibens um den Schlaf gebracht, und seine Geheimen Räte kapitulierten endlich vor den Machtsprüchen des »schwäbischen Zaren«.[491] Ähnlich wie Westerholt formulierte es in einem Brief der Kanzler des Fürsten von Waldburg-Zeil-Trauchburg von Gimmi: Mittlerweile »scheint die Bundes Acte bereits allen practischen Werth verlohren zu haben. Ob der nunmehrige Friede in dieser Hinsicht für die Mediatisierten und in gewissen Betracht gleichfalls Bundes Verwandten besre Resultaten geben werde? Dies wolle Gott und Napoleon beschehren«.[492]

Falls überhaupt jemand den Mediatisierten etwas Gutes bescheren konnte, dann war es Napoleon. Denn er als Protektor des Rheinbundes war der einzige, der die Bestimmungen der Bundesakte hätte durchsetzen können. Natürlich bemühte man sich auch über Dalberg, etwas zu erreichen. Gerade in den Auseinandersetzungen mit Württemberg versuchte der Fürst von Thurn und Taxis ihn im Namen des Rheinbundes zum Eingreifen zu bewegen. »Gewöhnt in der Person Eurer Hoheit den edelsten und wärmsten Vertheidiger des Rechts, und den Beschüzer und ich darf sagen, den sich immergleichen Freund meines fürstlichen Hauses zu verehren, habe ich keinen Augenblick angestanden«, an ihn zu schreiben, so Fürst Karl Alexander an Dalberg.[493] Jedoch merkte man auch im

---

[491] Der Sekretär Dollé berichtete: »Serenissimus habe dieses Schreiben halber eine schlaflose Nacht gehabt, sind mehrmalen vom Bette aufgestanden, und haben sich dadurch einen Reumatismus in der Achsel zugezogen, der Sie am Selbstschreiben dieses Briefes gehindert hat«. Er formulierte ähnlich wie andere Mitglieder der Geheimen Kanzlei seine Entrüstung: »Es ist unverantwortlich, wie man heut zu Tage die Menschen behandelt, und auf die heiligsten Verträge ganz kein Rücksicht nimmt. Wo läßt sich Hilfe suchen, wo kann man Rettung finden«?! In der Anlage befand sich das Schreiben Reisachs vom 9. September 1809 mit den ungeöffneten Briefen. FZA Regensburg, HFS, Akten 1185.
[492] Schreiben an Westerholt vom 27. Oktober 1809. Ebenda.
[493] Schreiben Fürst Karl Alexanders an Dalberg vom 22. August 1806 und weiterer

Haus Thurn und Taxis, daß der Einfluß Dalbergs immer mehr im Schwinden begriffen war. Allmählich schien es sogar besser, von ihm Abstand zu nehmen, da ihm »priesterliche Herrschsucht« nachgesagt werde.[494]

Letztlich blieb also nur Napoleon. Die Hoffnungen und verschiedene Pläne zur Rückgewinnung einer souveränen Stellung, die permanent das Denken bestimmten, richteten sich zwischen 1806 und 1810 stets nach Paris.[495]

Jedoch, das sei kurz eingeräumt, wollte man auch das Kaiserhaus Österreich nie ganz außen vor lassen. Nach dem vierten Koalitionskrieg wandte sich der Fürst beispielsweise an den Kaiser von Österreich, um sich in Erinnerung zu bringen und um Unterstützung zu bitten bei den bevorstehenden Friedensverhandlungen zu Tilsit. Ihm möge geholfen werden, damit er entweder die Posten »oder doch eine Entschädigung, besonders aber die vorige Unmittelbarkeit wieder erhalte«. Er stellte als oberstes Ziel die Wiedergewinnung der Souveränität heraus, die andere Fürsten bewahrt hätten, »die sich weder einer so hohen Verwandschaft, noch so vieler mühsam erworbener Verdienste, noch einer so guten Hausverfassung und eines jederzeit gut geordneten innern Wohlstandes, als mein fürstl[iches] Haus zu erfreuen haben«.[496]

Zur gleichen Zeit, als die Briefe nach Wien gingen, bereitete die Fürstin eine Reise nach Paris vor, um dort bei Napoleon vorzusprechen. Es ging dabei nicht nur – wie im vorhergehenden Kapitel ausführlich geschildert – um die Post, sondern vor allem auch um Wiederherstellung der früheren unabhängigen politischen Existenz. Denn Thurn und Taxis fühlte sich aufgrund des Verlustes der Postbereiche und der Souveränität weit stärker betroffen als andere Mediatisierte.[497] Vrints-Berberich berichtete am 25. August 1807 dem Fürsten, Napoleon habe sich in der Audienz alle Bitten angehört und ihren Fall dem Fürstprimas zur Begutachtung übergeben. Deshalb sollte man mit diesem in Verbindung treten, da von Dalberg am meisten zu erhoffen sei. Als Gebietsentschädigung stehe jedoch nichts mehr zur Verfügung, nur ein Gebiet von 300 000 Seelen habe Napoleon zur freien Disposition, und das sei für Rheinbundmitglieder reserviert. Der Fürst möge – so habe Napoleon gesagt – es jedoch für einen Gewinn halten, »si dans les circonstances malheureuses qui accablent sa maison, elle

---

Schriftwechsel. Ebenda. Karl Alexander hatte betont, er werde seinen Rat befolgen, und legte als Anlage das Schreiben an den König von Württemberg zur Einsichtnahme bei. Siehe dazu auch die verschiedenen Schreiben in FZA Regensburg, HFS, Akten 203–204.

[494] So berichtete in einem internen Schreiben Grub. FZA Regensburg, HFS, Akten 201–202.

[495] Siehe zum Folgenden die hilfreichen Zusammenstellungen in FZA Regensburg, Rübsamiana 10.

[496] Der Kaiser möge sich außerdem in Erinnerung rufen, »daß ich mein verlohrenes Glück vorhin ganz alleine Euer [Majestät] und AllerhöchstIhro Allerdurchlauchtigsten Vorfahren schuldig gewesen bin«. Schreiben an Kaiser Franz I. sowie Begleitschreiben mit gleicher Argumentation an Stadion vom 18. Juni 1807. HHStA Wien StK, Kleinere Betreffe 18, Konv. B, fol. 26–29.

[497] Siehe zum Folgenden FZA Regensburg, HFS, Akten 205.

peut du moins conserver, ce qu'on a pu sauver du naufrage total, dont elle était menacée« – zumindest sei dies auch die Überzeugung aller hier in Paris. Trotz der eher ablehnenden Haltung gelang es schließlich Fürstin Therese, eine weitere Audienz bei Bonaparte zu bekommen.[498]

Von dieser Audienz am 30. August bei Napoleon in St. Cloud berichtete Vrints-Berberich wieder nach Regensburg. Napoleon habe zu ihr gesagt: »mais je n'ignore pas qu'elle est et qu'elle fut extrèmement dévouée à l'ancien ordre des choses«, worauf Therese schlagfertig antwortete »en qualité de son Protecteur souverain, l'hommage de la fidélité et de son dévouement«. Darauf nahm Napoleon nochmals grundsätzlich Stellung: »Les postes, Madame, sont une partie importante de la politique. J'ai songé à leur unité, quoique sans avoir encore arrêté mes idées la dessus, et j'avoue que mes vues n'étaient pas tombées jusqu'ici sur votre maison, – cependant nous verrons –. Votre oncle, le roi de Bavière et le prince Primat vous veulent du bien. Votre maison a eu des arrangemens avec eux«. Therese erwiderte, »que ces arrangemens d'abord très onéreux, ne pouvaient offrir de sécurité qu'autant qu'elle daignerait les honorer de son assentiment«. Napoleon versicherte während des Gesprächs mehrmals, daß er »n'avait rien contre la maison de la Tour«, verwies sie jedoch auf den Fürstprimas und beteuerte zum Schluß: »Je ne serai pas contraire à un arrangement nous verrons«.

In einem weiteren Promemoria, das Therese am 2. September 1807 Napoleon übergab, stellte sie die Frage der Souveränität stärker in den Mittelpunkt.[499] Neben der gefährdeten Post habe man mittlerweile auch die Souveränität verloren und sei dadurch mehrfach betroffen: Das Haus Thurn und Taxis »se trouve aujourd'hui dans la dépendance de trois souverains différents et réduite à une existence absolument précaire«. Daher sprach die Fürstin nochmals die Bitte um Entschädigung durch ein souveränes Gebiet aus, wodurch Taxis als ein gleichberechtigtes Mitglied in den Rheinbund aufgenommen werden könnte. Außerdem erinnerte sie an die Besitzungen in den ehemals Österreichischen Niederlanden, die noch immer unter französischem Sequester waren. Auf den letzten Punkt sollte Napoleon in einer zweiten Audienz am 25. Oktober 1807 in Fontainebleu eingehen: »En levant le sequestre, permettez, Madame, que ce soit une fleur que je vous offre«. Was jedoch die Posten betreffe, »je n'en investirai pas votre maison [...], je dédommagerai votre maison par des indemnités territoriales«.[500]

---

[498] Bereits am 28. August 1807 wurde Therese beim Minister für auswärtige Angelegenheiten Champagny empfangen, der ihr riet, eine Denkschrift einzureichen, die man dann näher untersuchen könnte. Ebenda.

[499] Natürlich wies die Fürstin auch auf das Reichspostlehen hin, das als »Eigenthum und Patrimonium des Hauses« anzusehen und daher auch im Lunéviller Frieden entschädigt worden sei. Ebenda.

[500] Mitte Dezember reisten die Fürstin und Vrints-Berberich wieder ab. In der Tasche hatten sie das Dekret zur Aufhebung des Sequesters, datiert zu Fontainebleau am 14. November 1807. In Sachen Post war hingegen wenig gewonnen; siehe dazu das vorhergehen-

Die Fürstin gab jedoch nicht auf und unternahm nochmals einen gewaltigen Anlauf beim Erfurter Fürstentag.[501] Es ging wieder um die ineinander verwobenen Fragen der Post und der Souveränität. In einem Gespräch am 29. September 1808 mit dem Minister für auswärtige Angelegenheiten wiederholte sie die Bitte »pour la possession d'une ville ou d'un territoire quelconque dont la maison de la Tour serait souveraine«.[502]

Aber dies alles blieben Hoffnungen. Als der Stern Napoleons versunken war, versuchte man wieder an die guten Beziehungen zum Kaiserhaus Österreich anzuknüpfen, um das langgehegte Ziel zu erreichen. Am 23. September 1815 wandte sich Karl Alexander mit einer Bitte an den Kaiser von Österreich und mit fast gleichem Wortlaut auch an den König von Preußen: Wenn es bei Abspaltung einiger Provinzen von Frankreich möglich wäre, die unabhängige Existenz des Hauses Thurn und Taxis auf irgendeine Parzelle zu radizieren, so wäre er dafür sehr dankbar. Schließlich sei damit auch Art. 17 der Wiener Kongreßakte erfüllt, der gewährleiste, Thurn und Taxis auf den Bestand von 1803 zurückzuführen.[503] Das Trauma der Mediatisierung sollte noch lange in den Köpfen die Trauer um die Souveränität wachhalten.

5. Metamorphosen von Haus und Hof

5.1. Adlige Verbundenheit: »Euer Liebden« und »treugehorsamster Unterthan«

Verbundenheit – mit diesem Wort ist ein konstitutives Merkmal des Hochadels ausgedrückt. Denn »verbunden« war der Adel über zahlreiche Heiratsverbindungen, und »verbunden« fühlte er sich darüber hinaus mit der gesamten europäischen Adelsschicht. Walter Demel ist kürzlich in einem Forschungsprojekt der Frage nachgegangen: »Inwieweit kann man von einem einheitlichen europäischen Adelsstand ausgehen, inwieweit gab es nur nationale oder gar nur regionale Adelsgesellschaften«?[504] Aufgrund zahlreicher genealogischer Auswertungen gelangt er zum Befund, daß es in der kulturellen Ausrichtung und im Selbstverständnis zwar so etwas wie »europäischen Adel« gebe, der deutschsprachige Adel sich in seinen Heiratskreisen jedoch eindeu-

---

de Unterkapitel.

[501] Siehe dazu die Berichte in FZA Regensburg, HFS, Akten 208.

[502] Fürstin Therese an Napoleon, 11. Februar 1810. FZA Regensburg, Rübsamiana 24. Bezüglich der Souveränität denke man – so Therese – an Erfurt und die dazugehörigen Besitzungen. Der Gedanke, dieses Gebiet als Entschädigung an die Thurn und Taxis zu geben, war bereits 1808 durch Außenminister Champagny angeregt worden.

[503] Siehe dazu Kapitel III.4.2.

[504] Walter DEMEL, Genealogische Verbindungen innerhalb des europäischen Hochadels, in: Skriptenheft des deutschen Historikertages in Frankfurt am Main unter dem Titel »Intentionen – Wirklichkeiten«, Frankfurt a. M. 1999, S. 7–12.

tig in den Grenzen des Reiches bewege. Dies läßt sich am Beispiel Thurn und Taxis durchaus bestätigen. Die Heiratspolitik zielte seit der Erhebung in den Reichsfürstenstand eindeutig auf eine Integration ins Reich ab, denn die Heiratspartner entstammten zunehmend den namhaften und »altfürstlichen Häusern« des Reiches. Der Verweis, »mit den vornehmen Geschlechtern« des Reiches »anverwandt zu sein«, taucht allenthalben in den Akten und Urkunden des 18. Jahrhunderts auf. Durch die verwandtschaftlichen Beziehungen gehörte man zum großen Kreis des Adels im Reich und damit auch zur Herrschaftselite, war also zur politischen Machtausübung berechtigt. Aus dieser Zugehörigkeit schöpften die Thurn und Taxis ihr Selbstverständnis, wie es deutlich in einigen Quellengattungen hervortritt. Am prägnantesten sprechen es die Fürsten in ihren Testamenten aus: Der eigene Adelsstand ist Verpflichtung für die nächste Generation in Sachen Partnerwahl und Lebensführung.[505] Die Verbundenheit mit der exklusiven Adelsschicht sollte durch geeignete Eheschließungen vertieft werden, unstandesgemäße Ehen führten deshalb folgerichtig zum Ausschluß aus dem Familienverband. Ebenfalls zur Vertiefung und permanenten Vergegenwärtigung des Zusammengehörigkeitsgefühls diente der Austausch sogenannter »Notificationsschreiben«, in welchen den Standesgenossen vor allem die wichtigen Familienereignisse wie Taufe, Vermählung und Tod mitgeteilt wurden.[506] Die Beschwörung, »verbunden zu sein«, bzw. Formeln wie »als Zeichen der Verbundenheit mit Eurem fürstlichen Haus« tauchen übrigens in geradezu standardisierter Form in diesen Texten auf. Das Netz der Familienbande wurde durch die Schreiben fester geknüpft und der Stammbaum in seinen Verästelungen vorgeführt. Allein durch die Heirat des Erbprinzen Karl Alexander mit Prinzessin Therese von Mecklenburg-Strelitz trat man 1789 zum Beispiel in enge verwandtschaftliche Beziehungen zum preußischen und bayerischen Königshaus und dadurch in Kontakt zu einem erweiterten Kreis »vornehmer Geschlechter« und »altfürstlicher Häuser«.[507] Aber auch wenn die feinsten Verästelungen der Blutsverwandtschaft nicht mehr ausreichten, so konnte man sich der »Verbundenheit« innerhalb des hochadeligen Standes sicher sein. Auf seiner Kavalierstour hatte Erbprinz Karl Alexander auch bei den regierenden Häuptern Europas Eintritt »bei Hofe« erhalten, mit denen das Haus Thurn und Taxis nicht direkt verwandt war.[508] Eine weitere Möglichkeit, dieses Familiennetzwerk zu vertiefen, waren Patenschaften. Schon lange vor der Geburt drängte zum Beispiel im Jahr 1802 Fürst

---

[505] Siehe dazu die ausführliche Auswertung der Testamente in Kapitel I.2.1. und II.1.
[506] Siehe dazu die ausführliche Beschreibung dieser Quellengattung in Kapitel II.1.5. Grundlage dazu sind die »Notificationsschreiben« in FZA Regensburg, HFS, Akten 1595–1737, die von »Ahelefeld« bis »Zinsendorf« reichen.
[507] Siehe dazu Martha SCHAD, Fürstin Therese von Thurn und Taxis, in: Die Turmschreiber, Pfaffenhofen 1998, S. 87–89.
[508] Siehe die Berichte zur Reise in J. C. G. SCHÄFFER, Briefe, und FZA Regensburg, HFS, Akten 1905: »Manuskript eines Tagebuchs«, und die Ausführungen dazu in Kapitel II.1.5.

Carl Anselm seine Schwiegertochter, man müsse sich Gedanken über einen angemessenen Paten machen. Die Wahl fiel schließlich auf Kurfürst Max Joseph von Bayern, den der Fürst bat, die Patenschaft zu übernehmen, »um die Verbundenheit mit Eurem kurfürstlichen Haus desto mehr zu begründen«.[509]

Natürlich gab es noch viele andere Ebenen, welche die Adeligen als Angehörige des exquisiten Zirkels auswiesen, stets mit der Funktion, den Kreis des regierenden Hochadels nach innen zu befestigen und nach außen abzugrenzen. An erster Stelle sind die Orden zu nennen: Seit dem Ende des 17. Jahrhunderts war der jeweils regierende Fürst von Thurn und Taxis Träger des Goldenen Vlieses und zahlreicher fürstlicher Orden. Aber auch der Zutritt und die Ehrenämter bei Hof manifestierten den hochadeligen Stand. Ebenso wie die Fürsten den ranghöchsten Orden über das ganze Jahrhundert hinweg trugen, wurden sie stets zum »kaiserlichen Rat« ernannt.[510] Beides zeigt natürlich auch die Ausrichtung des Hauses Thurn und Taxis nach Wien. In den Schreiben an das Oberhaupt des Hauses Habsburg wurde stets die Anrede »Euer Majestät« gebraucht, in den Schreiben an die Fürsten des Reiches neben »Eurer Durchlaucht« immer »Euer Liebden« und »Hochgeehrter Vetter«.

Interessant ist in diesem Zusammenhang, daß Napoleon sehr schnell in das »Familienkartell« (B. Engelmann) integriert wurde. Um die eigene Position zu sichern, war der Hochadel, allen voran das »allerdurchlauchtigste Kaiserhaus Habsburg«, schon bald nach dem Aufstieg Napoleons vom Soldaten zum Kaiser bereit, ihn als seinesgleichen anzuerkennen. Thurn und Taxis stand dieser Entwicklung nicht nach und nahm den Korsen in die Empfängerliste der »Notificationsschreiben« auf.[511] Im Frühling des Jahres 1805 wechselte Napoleon mit dem Fürstenhaus anläßlich der Geburt des Prinzen Friedrich Wilhelm einige Schreiben. Er verwendete dabei die vertraulich-adelige Anrede »mon cousin« und beglückwünschte zur Geburt des Prinzen »à votre satisfaction personnelle et à la prospérité de votre Maison«. Die gesamten Schreiben, unterzeichnet mit »Votre Cousin, Napoleon«, sind inhaltlich deckungsgleich mit den Antwortschreiben der Fürsten im Reich, nur schrieben diese zumeist auf deutsch und unterzeichneten mit »Euer Vetter«.

Wie brüchig diese adelige Verbundenheit allerdings werden konnte, wenn es um Fragen der Macht und der persönlichen Bereicherung ging, darauf hatte bereits 1783 ein Eingeweihter wie Johann Pezzl hingewiesen:

---

[509] Fürst Carl Anselm an Max Joseph von Bayern, 23. November 1802. BHStA München, MA 5554. Siehe dort auch die weitere Korrespondenz in dieser Sache, außerdem die Gegenüberlieferung in FZA Regensburg, HFS, Akten 1606.

[510] Siehe dazu die entsprechenden Überlieferungen, vor allem in FZA Regensburg, HFS, Akten 1858, 1859, 1863, 1864.

[511] Die pejorative Beschreibung der Familienbande des öfteren in ENGELMANN, Wir Untertanen. Die Notifikationsschreiben an Napoleon finden sich zum Teil in den Berichten der Geheimen Kanzlei an den Fürsten, die Antwortschreiben wurden hingegen als besondere Dokumente abgelegt in FZA Regensburg, HFS, Akten 688; siehe auch HMA 16 und als Vergleichsbasis andere »Notificationsschreiben« in HFS, Akten 1595–1737.

»Die europäischen Vettern nennen alle einander Vettern. Das Prädikat ist an sich sehr erbaulich und schmeichelhaft; aber es hat schlimme Folgen. Alle diese Vettern sind sterblich. Ihre Köche und Freudenmädchen haben dafür gesorgt, daß einige manchmal ohne Erben aus der Welt gehen. Die übrigen Vettern sehen, daß es sich lohne, zuzugreifen. Einige Genealogisten und Diplomatiker beweisen dem, der sie am besten bezahlt, daß er der nächste Vetter sei und daß ihm vor allen übrigen die Erbschaft von Rechts wegen gehöre. Die übrigen Vettern haben ebenfalls Genealogisten. Es kömmt nun darauf an, wer mehr Advokaten auftreibt«.[512]

Um 1800 kam es allerdings weniger auf die »Genealogisten« als vielmehr auf die realen Machtverhältnisse an, die mehr zählten als die vielfach beschworene »adelige Verbundenheit«. Daß Mitglieder des Adels schnell bereit waren, diese adelige Ideologie zugunsten des eigenen Vorteils aufzugeben, mußte die Unterlegenen hart treffen. Denn es ging schließlich um den Ausschluß aus dem exklusiven Kreis des regierenden Hochadels, mit dem man sich über Jahrhunderte »verbunden« fühlte. Auch nebensächlich anmutende Veränderungen wie die Verweigerung des Prädikats »Durchlaucht« oder »regierend« trafen daher die Mediatisierten ins Zentrum des eigenen Selbstverständnisses. Unter diesem Gesichtspunkt muß der Schock der Mediatisierung ebenfalls betrachtet werden.

Am 15. Januar 1806, also nur zwei Wochen nach der Erhebung zum König, wandte sich Max Joseph von Bayern an Karl Alexander von Thurn und Taxis. Nachdem schon immer die »angestammte Würde Baierns« danach verlangt habe, habe er nun den Titel eines Königs von Bayern angenommen. »Indem Wir uns überzeugt halten, daß Euer Liebden an dieser den Glanz Unseres Hauses und das Wohl Unserer Staaten betreffenden Gegebenheiten aufrichtigen Antheil nehmen, verbleiben Wir denselben zu angenehmer Willens Erweisung wohl beigethan. München, Max Joseph«. Im Antwortschreiben benützte der Fürst das neue Prädikat »Majestät«, bedankte sich und empfahl sein Haus dem Wohlwollen des bayerischen Königs.[513] Die Rangerhöhung der beiden Kurfürsten von Bayern und Württemberg war jedoch nur das Vorspiel zur Degradierung, die nach der Gründung des Rheinbundes folgen sollte. Ab sofort verboten die Könige von Napoleons Gnaden ihrem ehemaligen Standesgenossen die Formeln »Euer Liebden«, »Vetter« und »regierender Fürst« im Schriftwechsel. Sogar der Fürst von Hohenzollern-Sigmaringen, der sehr behutsam gegenüber den Mediatisierten vorging, strich sofort das »regnants« aus der Anredeformel.[514] Der Fürst von Thurn und Taxis legte in Zukunft alle seine

---

[512] Johann Pezzl (1756–1838) konnte durch seine Tätigkeit als Bibliothekar und Sekretär des Staatskanzlers Kaunitz einige Einblicke in die Welt des Adels nehmen. Bekannt wurde er durch Reisebeschreibungen und satirische Romane im Geist der Aufklärung. Das Zitat aus Jost HERMAND (Hrsg.), Von deutscher Republik. 1775–1795, Bde. 1–2, Frankfurt a. M. 1968, hier: Bd. 1, S. 78.

[513] Der Schriftwechsel mit Bayern in FZA Regensburg, HFS, Akten 1606.

[514] Westerholt vermerkte bei einem Antwortschreiben vom 3. September 1806 verbittert, daß in der letzten Adresse noch »regnant« gestanden habe. FZA Regensburg, HFS, Akten 203.

Schreiben »allerunterthänigst« vor und unterzeichnete mit »allerunterthänigst treugehorsamster [Diener] Karl Alexander«, eine Formel, die bis dahin seine eigenen Untertanen im Schriftwechsel mit ihm benutzt hatten. Als besonders ärgerlich empfand man es im Haus Thurn und Taxis, daß der König von Württemberg den Titel »Fürst von Buchau« führte, der eigentlich seit 1803 Bestandteil der eigenen Titulatur gewesen war.[515] Jedoch hatte auch der Fürst von Thurn und Taxis, noch bevor die Besitzungen der Reichsabtei Marchthal und des gefürsteten Damenstiftes Buchau durch den Reichsdeputationshauptschluß an ihn übergegangen waren, die Titel »Graf zu Marchthal« und »Fürst von Buchau« voller Stolz in Titulatur und Wappen geführt.[516]

Aber der König sollte noch bedeutend weitergehen: Er sprach den mediatisierten Grafen und Fürsten die Ebenbürtigkeit ab und erklärte »alle adelichen Fidei-Commisse, sie rühren vom ehemals unmittelbaren oder vom mittelbaren Adel her«, für aufgehoben.[517] Diese beiden Entscheidungen dürfen nicht nur unter wirtschaftlichen und staatspolitischen Gesichtspunkten betrachtet werden, sondern es gilt vielmehr die soziokulturelle Dimension dieser Entscheidung hervorzuheben. Das Ende der Ebenbürtigkeit bedeutete den definitiven Ausschluß aus dem Kreis des noch regierenden Hochadels und damit den Entzug der eigenen Identitätsgrundlage.

Eine weitere Basis des adeligen Selbstverständnisses bildete die Zugehörigkeit zu einer Dynastie, einem »fürstlichen Haus«. Um diese übergeordnete Einheit aufrechtzuerhalten, bedurfte es allerdings der »Primogenitur-Constitution« und der darin festgeschriebenen »Fideikommisregelung«. Nur wenn das Familiengut ungeteilt und unantastbar von Erstgeborenem zu Erstgeborenem weitergegeben wurde, konnte sich das Haus erhalten. Karl Alexander von Thurn und Taxis bemühte sich daher nach Gründung des Rheinbundes, seine »Primogenitur-Constitution« von den Königen in München und Stuttgart als geltendes Recht anerkennen zu lassen. Bayern handelte gemäß der Rheinbundakte und gewährte diese Sonderregelung für das Fürstenhaus. In Württemberg kam es aufgrund der Bitte des Fürsten zu einem interessanten Schriftwechsel. Die Staatsministerien des Innern und der Justiz, denen die »causa Taxis« zur Begutachtung vorgelegt worden war, empfahlen dem König, die »Primogenitur des fürstlichen Hauses [...] mittels einer ConfirmationsUrkunde

---

[515] Westerholt schrieb am 4. September 1806 an die Geheime Kanzlei: »Welchen Eindruck der Beisatz: Fürst von Buchau in dem neuen königlich Württembergischen Titel bei Ser[enissi]mo gemacht haben müssen, kann ich mir vorstellen, da ich weiß, was ich selbst dabei empfand. Inzwischen kann man dies nicht abwenden, so wenig als Ser[enissi]mus verhindert werden können, diesen Beisatz auch in HöchstIhrem Titel beizubehalten«. FZA Regensburg, HFS, Akten 203.

[516] Auf die Bitten der Prälaten und Kanzler der ehemals geistlichen Herrschaften um Fortgewährung einiger Sonderrechte wurde im Zusammenhang mit der Säkularisation ebenfalls wenig Rücksicht genommen. Siehe dazu das vorhergehende Unterkapitel II.4.3; außerdem PIENDL, Wappen.

[517] HStA Stuttgart, Bestand E 31, Bü 1040.

allergnädigst zu bestätigen«. Denn der Schutz der mediatisierten Häuser und ihrer Fürsten als »erste Classe der k[öniglichen] Unterthanen« dürfte auch dem »Glanz des Thrones« förderlich sein.[518] Der König jedoch ließ keinen Zweifel daran, daß er »über die Bitte des Fürsten von Thurn und Taxis um Bestättigung der Primogenitur-Constitution seines Hauses [...] ganz anderer Meinung« als seine Reformbürokratie war. Denn es sei, so betonte Friedrich I., »keineswegs für den Staat von Nutzen, wenn die grossen Familien in Einheit erhalten werden, sondern geradezu die Trennung ihrer Besitzungen in mehrere kleine Theile die Absicht«. Die Bitte wurde entsprechend des eigenhändigen Vermerks des Königs abgelehnt, es durfte fortan keine Fürstenhäuser mit außergewöhnlichen Rechten mehr geben. Das junge Königreich Württemberg sollte als Staatsgebilde nur noch den König und die Untertanen kennen, und damit auch in dieser Hinsicht eine andere Form der Staatlichkeit verwirklichen, als es die Bedingungen des Ancien Régime je ermöglicht hatten.

König Friedrich ließ während der gesamten Rheinbundzeit keine Gelegenheit aus, um den Standesherren zu zeigen, daß sie keine bevorrechtete Stellung mehr hatten. Voller Entrüstung mußten die Thurn und Taxisschen Bediensteten Demütigungen hinnehmen und berichteten davon ausführlich nach Regensburg.[519] Als zum Beispiel im Jahr 1811 bekannt wurde, daß der König in die Nähe des Thurn und Taxisschen Oberamtes Neresheim kommen würde, herrschte bei den württembergischen Beamten reges Treiben. Sie hoben Erdreich zur Verbesserung der Straßen aus, schlugen zahlreiche Bäume und gaben Anweisungen zur Reparatur fürstlicher Gebäude, »ohne nach Ersatzleistungen« zu fragen, wie der Thurn und Taxissche Oberamtmann Welz erbittert feststellte. Ihm wurde sogar befohlen, das fürstliche Wappen abzunehmen und den fürstlichen Beamten zu sagen, daß sie Erlaubnis hätten, der Majestät mit Degen, aber ohne frühere Uniformzeichen Spalier zu stehen. »Auf die von dem Unterzeichneten gemachte Frage ›ob diese Aufwartung seyn müsse‹ erfolgte die Württemberg[ische] Antwort ›Das dürfen sei für Patrimonial Herrschaften schon eine allerhöchste Gnade‹«. Schließlich kam der König am 11. Juli 1811 nach Neresheim. Alle Tore waren geschmückt, auf der (durch die Thurn und Taxis reparierten) Orgel spielte man zu des Königs Ehre, und »das

---

[518] Die Mitglieder der beiden Staatsministerien waren der Meinung, »daß die Bestätigung der Primogenituren und Majorate weder in politischer – noch in staatspolizeilicher Rücksicht – für bedenklich zu halten, vielmehr die Einführung der Primogenituren und Majorate zu Erhaltung der Familien, der AltVäterlichen StammGüter, und des Ansehens des Hauses und den denselben verliehenen Würde beförderlich und nüzlich sey, auch selbst den Glanz des Thrones zu fördern und dem Zwecke einer guten StaatsVerwaltung es gemäß zu seyn scheine, daß der Fürsten und GrafenStand, und die erste Classe der K[öniglichen] Unterthanen durch dieses Mittel bey ihrem Stande und Wesen erhalten werde«. Gutachten vom 18. Januar 1808 zum Gesuch des Fürsten Thurn und Taxis vom 23. Dezember 1807. HStA Stuttgart, Bestand E 31, Bü 1040. Siehe dazu auch die folgenden Zitate aus dem Signat Friedrichs vom 23. Januar 1808.

[519] Siehe zum Folgenden die Berichte des Oberamtes Neresheim. FZA Regensburg, HFS, Akten 1201.

salvum fac regem wurde gesungen«. Nachmittags schloß sich eine Jagd an, »wozu die fürstlichen Unterthanen bereits 2 Tage Frohn leisten mußten«. Schon am nächsten Tag kam allerdings der württembergische Oberamtmann Spittler und eröffnete Welz, daß der König anläßlich seines Besuches folgende Befehle erteilt habe: Die ehemaligen Stiftsgebäude wie Kirche und Ruine müßten auf Kosten des Fürsten Thurn und Taxis unterhalten werden, die Bezeichnung Ober-Rentamt sei nicht mehr zu gebrauchen, und die Gefängnisse seien in württembergischen Besitz zu nehmen. Welz fügte seinem Bericht noch hinzu, daß diese Befehle trotz des dadurch erfolgten Bruchs der Bundesakte und der Verletzung der Eigentumsrechte nicht so schlimm seien wie die Demütigungen, welche die benachbarte Fürstin von Oettingen-Wallerstein hinnehmen mußte.[520]

So schlimm wie in Württemberg traf es die Standesherren in den anderen Rheinbundstaaten nicht, obwohl ihnen auch dort klargemacht wurde, daß sie eben nicht mehr zum Kreis der regierenden Häupter gehörten. Auch in Bayern waren die Thurn und Taxis degradiert worden zur Adelsschicht »von Königs Gnaden« und auf eine Stufe mit dem ehemals landständischen Adel gestellt.[521] Für den Fürsten von Thurn und Taxis mußte es ein einschneidendes Erlebnis sein, als er am 27. November 1812 schrieb: »entsprechend allerhöchster Verordnung vom 22. Mai wird die Bitte um Eintragung in Adelsmatrikel gehorsamst« vorgelegt; und als Beilage würden die Belege eingereicht, um den Nachweis des adeligen Standes zu erbringen.[522] Dem ehemaligen »Vetter« hatte man somit nachzuweisen, daß man adeliger Herkunft war.

5.2. Die Abwicklung des Hofstaates als Intermezzo

Während man in Paris um den Fortgang der Revolution stritt und mordete, kümmerte man sich am Hof des Prinzipalkommissars in Regensburg um das »angemessene Ceremoniel«. Anhand der »Ceremonialprotokollbücher« und der konstanten Ausgaben für den Hofstaat mitsamt Hofmusik, Theater etc. läßt sich die Kontinuität des gesellschaftlich-kulturellen Lebens nachweisen. Wie in der gesamten zweiten Hälfte des 18. Jahrhunderts unterhielt das Haus Thurn und Taxis auch in den Jahren ab 1789 zwei prächtige Hofhaltungen: Während der Sitzungsperiode des Reichstages befand sich der Hofstaat des Prinzipalkommissars überwiegend in Regensburg, ansonsten in Trugenhofen, der Thurn und Taxisschen Hauptresidenz in Schwaben. Im Mittelpunkt stand dabei Fürst Carl

---

[520] Der König war einfach an ihrem Schloß vorbeigefahren, da sie ihm nicht in gebührender Weise entgegengekommen war. Ebenda.

[521] Zur rechtlichen Definition des Adels, wie sie sich in der Deklaration und dem späteren Edikt vom 28. Juli 1808 findet, siehe das vorhergehende Kapitel und grundlegend dazu H. H. HOFMANN, Adelige Herrschaft, S. 278; DEMEL, Adel, S. 131; und SCHIMKE, Hohenaschau-Wildenwart, S. 7 f.

[522] Schreiben Fürst Karl Alexanders vom 27. November 1812. BHStA München, Adelsmatrikel Fürsten T 1, Beilage, fol. 1.

Anselm. Der unpolitische Geist an der Spitze des Hauses gab sich vorwiegend den adeligen Freuden hin: der Jagd und allen anderen Formen des standesgemäßen Zeitvertreibs, wie Fahrten auf das Land, Festbanketten bzw. Festbällen und natürlich auch der Unterhaltung durch das weibliche Geschlecht.

In Trugenhofen wurden die herrschaftlichen Gebäude weiter ausgebaut, die man zum Teil erst in den achziger Jahren erworben hatte. Der fürstliche Wohnstil nach der Mode der Zeit, wie man ihn in Schwaben pflegen konnte, und vor allem die umfangreichen Jagdmöglichkeiten machten Trugenhofen und die kleineren Schlösser als Aufenthaltsorte so attraktiv. In Regensburg hatte man sich dagegen mit den beengten Verhältnissen in der angemieteten Residenz zu begnügen. Als das Erbprinzenpaar nach seiner Hochzeit in die Stadt des Immerwährenden Reichstags kam, mußte ein weiterer Teil der Emmeramer Klosteranlage angemietet werden, um wenigstens einigermaßen standesgemäß zu wohnen. Für Regensburg bedeutete die Anwesenheit des Prinzipalkommissars sehr viel, denn durch ihn war ein ähnlicher Glanz in die Stadt eingezogen, wie er in Residenzstädten zu finden war. Er wurde gerade im letzten Jahrzehnt des 18. Jahrhunderts nochmals erheblich gesteigert. Das fürstliche Engagement in Sachen Hofbibliothek, Theater, Unterhaltung der Allee wurde ebenso weitergeführt wie die feierliche Gestaltung von besonderen Festtagen wie den Galatagen zu den Geburts- und Namenstagen des Kaisers. Zusammengefaßt stand das kulturelle Leben am Hofe und damit auch in der Stadt Regensburg ganz im Zeichen der Kontinuität höfischer Prachtentfaltung, wie sie das Fürstenhaus seit der Mitte des 18. Jahrhunderts entwickelt hatte.[523]

Für diese Kontinuität stand auch die Person des Fürsten. Carl Anselm wurde in den zeitgenössischen Schilderungen stets als prachtliebender und prachtvoller Repräsentant des Kaisers beschrieben. Ernst Wilhelm Martius schilderte einen der »Galatage«:

> »Am Namenstage des Kaisers Joseph hielt Fürst Carl Anselm eine feierliche Auffahrt in den Dom. Er trug bei diesem Anlasse die prächtige Tracht eines Granden von Spanien, schwarz-seidenen Mantel, Agraffe und Knöpfe reich von Brillanten und saß in einer von acht Rossen gezogenen Staatskutsche, welche mit dem Pferdegeschirre von karmoisinrother Seide, stark mit Gold durchwirkt, 80 000 fl. gekostet hat«.[524]

Aus den zahlreichen Schreiben nach Wien in Zeremonialfragen wird deutlich, daß Carl Anselm seine Anwesenheit in Regensburg als Pflichterfüllung seiner Repräsentationsaufgaben ansah. Nichts wurde ausgelassen, um den Glanz des

---

[523] Aus diesem Grund wird hier nicht ausführlicher auf den Hof und das kulturelle Engagement des fürstlichen Hauses eingegangen. Aufgrund der Kontinuität im höfischen Leben sei auf das umfangreiche Kapitel I.5 verwiesen.

[524] MARTIUS, Erinnerungen. Siehe zur konkreten Schilderung Herbert HAUPT, Der Prunkwagen als Bestandteil höfischen Zeremoniells, in: Blätter für Kunst und Sprache 30 (1978), S. 15–21; außerdem die zahlreichen zeitgenössischen Schilderungen in E. DÜNNINGER, Regensburg, und MÖSENEDER, Feste.

Kaiserhauses Habsburg in Regensburg durch den Hof seines Repräsentanten sichtbar werden zu lassen. Hinsichtlich der Prachtentfaltung war man dabei in mancher Hinsicht sozusagen »kaiserlicher« als der Kaiser. Das spanische Mantelkleid galt beispielsweise als herrschaftliches Gewand mit hoher protokollarischer Bedeutung.[525] Seit dem 17. Jahrhundert trugen es die Kaiser bei öffentlichen Veranstaltungen wie Empfängen und Huldigungen. Der Kuß dieses Mantels stellte sogar einen rechtskräftigen Akt bei Belehnungen dar. Als Vertreter des Kaisers trug dieses symbolträchtige Gewand auch der Prinzipalkommissar bei offiziellen Anlässen. Bald nach dem Antritt der Mitregentschaft wollte Joseph II. dieses Kleid abschaffen, was in den Augen des Wiener Hofs gegen die »von so vielen allerglorwürdigsten röm[ischen] Kaisern geübten Sitte« sprach.[526] Im Lauf seiner Regierung setzte er seine Entscheidung jedoch durch, was dazu beitrug, daß die Uniform allmählich hoffähig wurde. In Regensburg hingegen blieb man vorerst beim »spanischen Kleid«, da dies dem »Herkommen« entsprach.[527]

Als der Fürst in den neunziger Jahren allmählich der Aufgaben eines Prinzipalkommissars müde wurde, bemühte er sich mit Erfolg, seinem Sohn das Amt übertragen zu lassen.[528] Ab 1797 konnte sich Carl Anselm nur noch seinen adeligen Unterhaltungen, allen voran der Jagd, hingeben, während der Sohn die zeremoniellen Aufgaben am Reichstag erledigte. Als die Revolutionskriege den Aufenthalt auf den schwäbischen Besitzungen nicht mehr ratsam erscheinen ließen, mußte der Fürst nahezu gezwungen werden, von dort in die sichere Stadt Regensburg zu kommen. Erst als ihm zugesichert wurde, daß auch in Regensburg sein gewohnter Tagesablauf nicht gestört würde, willigte er ein.[529] Er beabsichtigte aber, baldmöglichst nach Schwaben zurückzukehren, und wollte dort nichts verändert wissen: »Jedoch befehlen Höchstderselbe mir ganz ausdrücklich, der hochlöblichen Stelle zu berichten; daß diese Maßregeln keineswegs hinderlich seyn dürften, den künftigen Sommer in der Residenz Marchthal, mit gewöhnlicher Suite, die schöne Jahreszeit zuzubringen«.[530]

---

[525] Siehe zu diesem Bereich die Hintergrundinformationen in Herbert HAUPT, Die Aufhebung des spanischen Mantelkleides durch Kaiser Joseph II. – Ein Wendepunkt im höfischen Zeremoniell, in: Österreich zur Zeit Kaiser Josephs II. Mitregent Kaiserin Maria Theresias, Kaiser und Landesfürst, Ausstellungskatalog, 2. Aufl. Wien 1980, S. 79–81.

[526] Zitiert nach ebenda, S. 79. Siehe außerdem Georg Johannes KUGLER, Die Hofkleidung. Katalog zur Ausstellung »Austrian and Hungarian Costumes«, New York 1979.

[527] Siehe dazu die Überlegungen hinsichtlich des Zeremoniells in FZA Regensburg, HMA 16, und die Zusammenfassung in Rübsamiana 10.

[528] Siehe dazu die Denkschrift Schneids und die Betonung der politischen Bedeutung des Amtes für das Haus Thurn und Taxis in Kapitel II.4.2.

[529] Reskript Fürst Carl Anselms, Trugenhofen undatiert [Anfang Oktober 1805]: »Wiederholen Wir hier ausdrücklich, daß wir während des Aufenthalts zu Regensburg bei Unsrer bishero eingeführten Ordnung und Lebensweise ruhig verbleiben, und auch in Unsern Fahrten zum Frühstücken, sowie in Unsern Land Parthien nicht gestört seyn wollen«. FZA Regensburg, HMA 279.

[530] Bericht an die Hofökonomiekommission vom 24. September 1805. Ebenda.

In den letzten Jahren seines Lebens gab dieser Fürst keinerlei Impulse mehr für das politische Geschehen und das Leben am Hof. Es war ihm nur wichtig, daß »alles in seiner gewohnten Ordnung« verbleibe und »der Würde eines Prinzipalkommissars« und des »hochfürstlichen Hauses« entspreche. Deshalb sind die Berichte der Geheimen Kanzlei und des Hofmarschallamts angefüllt mit Fragen des höfischen Zeremoniells und der standesgemäßen Lebensführung.[531] Die Anzahl der Empfänge und die richtige Rangfolge bei den Geladenen, außerdem wer an welchen Tagen Zutritt zu den verschiedenen Tafeln hatte, wurde ständig überwacht und immer wieder neu geregelt. Vor allem mußten stets genügend Hofdamen anwesend sein, »welche die Ehre Unseres Hauses« ausmachten. Ein Lieblingsprojekt des Fürsten war die Schaffung eines eigenen Kurortes auf seinen schwäbischen Besitzungen, der standesgemäß eingerichtet und doch bequem zu erreichen sein sollte.[532] Auch in Regensburg mußte weiterhin das kulturelle Engagement dem Haus entsprechen. So berichtete die Geheime Kanzlei vom Bau des neuen Theaters: »Bey dem hiesigen Theater ist in Ansehung der hier anwesenden Fürtreflichen Comitialgesandschaften vorzügliche Rücksicht auf Errichtung von Logen genommen, und eine solche Loge immer auf 4 Personen hergerichtet worden, wovon der Abonnementpreis auf 36 Carolins jährlich zu stehen kommt«. Der Kurerzkanzler habe für seine Loge jedoch eine Summe von 8 000 fl. bereitgestellt.[533] Daher solle man dem Erbprinzenpaar ein Theaterabonnement für 1 200 fl. jährlich genehmigen, und es wurde konkret angefragt, ob für »Höchstdieselbe eine doppelte Loge, wobei noch eine Retraite und ein kleines Wärmezimmer befindlich, zubereitet werden solle, [...] wobei sich von selbst versteht, daß diese doppelte Loge in der neuen Decoration ganz der fürstlichen Würde Ihro des Herrn Erbprinzen H[ochfürstliche] D[urchlaucht] und jener als kaiserlicher Prinzipalcommissarius angemeßen sein wird«. Der Fürst genehmigte den Antrag, da er ihn als »der Würde des P[rinzipal]C[ommissariats] und des Hauses angemessen« befand.

Diese Beispiele aus dem Jahre 1804 belegen, daß man sich an der Spitze des Hauses wenig Gedanken um Einsparungen aufgrund der Zeitereignisse machte. Fürst Carl Anselm freute sich uneingeschränkt an der indirekten Rangerhö-

---

[531] Zu den Berichten der Geheimen Kanzlei an den Fürsten siehe FZA Regensburg, HMA 17–18, daraus auch die folgenden Beispiele.

[532] Der Fürst wollte einen Kurort wie Eglingen in der Nachbarschaft von Marchthal eingerichtet bekommen. Vrints-Berberich mußte jedoch eingestehen, daß dies beim besten Willen nicht möglich sei, da es keinen Ort mit Mineralwasserquellen gebe. Trotz der Bitte um Nachsicht und der Versicherung, »die zur Kur nötigen Dinge werden im Schloßpark von Marchthal zur Verfügung gestellt«, war Carl Anselm »anfangs nicht wenig ungehalten«. Marchthal sollte nach den Wünschen des Fürsten in eine Hauptresidenz umgewandelt werden, was jedoch sein Nachfolger nicht mehr weiterverfolgte. Siehe den Bericht vom 14. April 1804 (FZA Regensburg, HMA 17), außerdem Max HIRMER/Max PIENDL, Schloß Obermarchthal des Fürsten Thurn und Taxis, München 1971, S. 18.

[533] Bericht der Geheimen Kanzlei vom 5. März 1804. FZA Regensburg, HMA 17.

hung, die er durch die Übernahme der säkularisierten Gebiete erfahren durfte. Das Jahr 1803 war soziokulturell gesehen ein voller Erfolg. Seine Beamten sahen hingegen viel deutlicher die politischen und wirtschaftlichen Gefährdungen des Hauses und mahnten daher seit den neunziger Jahren des 18. Jahrhunderts zu einer gewissen Sparsamkeit. Etwas offenere Ohren fanden sie dabei beim Erbprinzenpaar, da vor allem Erbprinzessin Therese die Zeitereignisse aufmerksamer verfolgte als ihr Schwiegervater. Daher wollte Therese 1804 mit der Anstellung einer Gouvernante und einer weiteren Hofdame abwarten. Vielleicht, so gab sie gegenüber Vrints-Berberich an, könne man sogar grundsätzlich von einer zweiten Hofdame absehen. Diese Bescheidenheit, so merkte die Geheime Kanzlei erfreut an, könne, vor allem auch hinsichtlich der räumlichen Enge in St. Emmeram, nur als löblich angesehen werden.[534] Auf diesen Bericht reagierte der Fürst jedoch leicht verärgert: »Was die Aufnahme einer 2ten Hofdame anbelangt bemerkten S[eine] Durch[laucht], diese wäre |: ob zwar überflüßig:| dem Wohlstand und dem Glanze des Erbprinzl[ichen] Hofes angemeßen«.

Diese Grundeinstellung, den Glanz und das Ansehen des Hofs über jegliche ökonomische Überlegungen zu stellen, die über Jahrzehnte das Handeln bei Thurn und Taxis bestimmt hatte, sollte recht abrupt verändert werden. Mit dem Untergang des Reiches und durch den Schock der Mediatisierung wurde verfügt, daß der Hofstaat – da das Amt des Prinzipalkommissars erloschen war – als »unangemesen« und »überflüssig« abgeschafft werde. Diese Entwicklung sollte Fürst Carl Anselm allerdings nicht mehr erleben. Er starb am 13. November 1805, übrigens auf einer seiner beliebten »Landparthien«, in der Nähe von Winzer. Sein Nachfolger wandte sich kurz nach der Niederlegung der Kaiserkrone an Franz II. und bat darum, ihm die Aufwandsentschädigung als Prinzipalkommissar auch weiterhin zukommen zu lassen. Sie sei zur Versorgung des ehemaligen Hofstaats dringend nötig, »zumal da die Lage des hochfürstlich Thurn und Taxisschen Haußes leider! von Tag zu Tag bedenklicher wird«.[535] Vor allem müsse er die Angehörigen seines Hofstaates weiter

---

[534] Das Erbprinzenpaar betonte die Bedeutung der Stelle: »Beyde Durchlauchten wünschen daher, daß, weil keine Gefahr auf den Verzug hafte, nicht eher mit Ernennung einer Gouvernante vorgeschritten werde, bis eine solche aufgefunden sei, welcher mit voller Beruhigung und mit verläßiger Überzeugung von denen zu einen so wichtigen Stelle besitzenden Vollkommenen Kenntnißen, Fähigkeiten, und guten moralischen Karakter, die Prinzessin Therese anvertraut werden könne«. Bericht der Geheimen Kanzlei vom 20. Februar 1804 und das Reskript, eingelegt, Trugenhofen 29. Februar 1804. FZA Regensburg, HMA 17.

[535] Siehe zu den wirtschaftlichen Verhältnissen Kapitel II.3. Zahlreiche Schreiben in dieser Sache in HHStA Wien, StK, Kleinere Betreffe 18, Konv. B, fol. 2–30. Bereits am 30. Oktober 1806 hatte Karl Alexander den Kaiser an sein Versprechen, die kaiserlichen Diener weiterhin zu besolden, erinnert und gebeten: »Ob ich mich gleich vorzüglich mit in die Klaße dieser Allerhöchsten kaiserlichen Diener zählen und auch auf diese allerhöchste Gnade meine feste Hoffnung stützen darf«. Ebenda, fol. 2. Das obige Zitat aus einem Schreiben vom 9. März 1806. Ebenda, fol. 24.

unterhalten, der nur deshalb so groß gewesen sei, weil er das Amt des kaiserlichen Stellvertreters in Regensburg bekleidet habe.[536] Dies war nicht nur Antragslyrik, um finanzielle Gewinne einzuheimsen, sondern entsprach der Selbsteinschätzung des Fürsten. Gleichzeitig wurden nämlich radikale Einschnitte vollzogen, wie die Aufhebung der Hofmusik und die drastische Reduktion des gesamten Hofetats. In den Schreiben im Frühsommer 1806 kann man daher sehr deutlich einen nachträglichen Beweis für die Bedeutung des Prinzipalkommissariats für das Haus Thurn und Taxis erkennen. Man verstand sich selbst als Filiale des Kaiserhauses am Immerwährenden Reichstag, die durch das Ende des Reichstages aufgelöst werden sollte. Noch im Januar 1807 vermerkte der Fürst, es wäre wohl das Beste, »den ungeeigneten bisherigen Hofstaat sogleich abzuschaffen«.[537]

Wie bereits im Rahmen der wirtschaftlichen Verhältnisse muß jedoch auch in der kulturellen Dimension diese Entscheidung relativiert werden. Denn eine Verminderung des Hofstaates um einige dutzend Personen, die zwischenzeitliche Abschaffung der Hofmusik und ähnliche Einschränkungen nahmen zwar der Hofhaltung einiges an Glanz und Pracht, eine fundamentale Veränderung der Lebensgewohnheiten ist damit allerdings nicht auszumachen. Vor allem ab dem Zeitpunkt, als sich die ökonomische Situation wieder einigermaßen konsolidiert hatte, knüpfte man an alte Projekte wie den Ausbau der Residenzen an, und alle Einschränkungen wurden Schritt für Schritt aufgehoben.

Die Veränderung im Zeremoniell und das eingeschränkte kulturelle Engagement hatten vor allem mit zwei Umständen zu tun. Zum einen war gerade auch für Regensburg die Phase nach der Auflösung des Reichstags eine Zeit des Umbruchs. Feste Termine wie die wöchentlichen Tanz- und Theaterabende wurden vorerst gestrichen. Es mußte erst die Zeit erbringen, ob und wie das Fürstenhaus hier heimisch werden sollte. Zum anderen lag es sicher auch an der Person des Fürsten. Karl Alexander war kein Freund großer Feste und Empfänge, lieber hielt er sich im kleinen Kreis und im familiären Umfeld auf.[538] Neben dem eigenen Musizieren als Zeitvertreib besuchte er besonders gerne die Lesegesellschaft »Harmonie«, deren Zweck es war, »das Band des geselligen Umgangs ihrer Mitglieder unter sich enger zu knüpfen«. Vor allem betonte dieser Kreis, der seine Entsprechung in zahlreichen Städten des deutschsprachigen Raumes hatte, man »macht keinen Unterschied zwischen

---

[536] »Bekanntlich mußte der mir anvertraute, so höchstansehnliche Posten eines Allerhöchst Kaiserlichen Repräsentanten mit äußerlicher Pracht und Würde begleitet werden; Ich mußte einen ansehnlichen und zahlreichen Hofstaat halten, der mir in meiner gegenwärtigen Lage, ganz entbehrlich und überflüssig ist«. Fürst Karl Alexander an Kaiser Franz I., 30. Oktober 1806. HHStA Wien, StK, Kleinere Betreffe 18, Konv. B, 2 f.

[537] So der Fürst in einem Schreiben vom 24. Januar 1807. FZA Regensburg, HMA 362. Siehe dazu auch die Überlegungen Westerholts in HFS, Akten 9.

[538] Siehe zu seinem Familiensinn, den er gerade im Bemühen um seine Kinder zeigte, meine Quellenedition im Anhang zu GRILLMEYER, Prinzessin. Außerdem die Charakteristik durch seinen Biographen KRÄMER, Rückblick.

Stand, Rang und Würde. Jeder selbständige Mann von Kultur des Geistes [...] eignet sich«, daran teilzunehmen.[539] Interessant ist dabei, daß die Mitglieder der Geheimen Kanzlei es nicht gerne sahen, daß sich der Fürst durch diesen Geselligkeitsverein mit den vorwiegend bürgerlichen Mitgliedern »verbrüderte«. Über Dritte gelangte die Kunde über das, was der Fürst bei den geselligen Treffen berichtete, natürlich stets zu den Beamten.[540]

Neben der »Harmonie« war Fürst Karl Alexander seit 1789 ein aktives Mitglied in der Freimaurerloge, die im Lauf der Zeit stark durch den Einfluß der Fürsten von Thurn und Taxis geprägt wurde. Das höfische Element nahm dadurch mehr und mehr zu. Dies kann an der Mitgliederstruktur abgelesen werden. Die Zahl der Mitglieder aus bürgerlichen Berufen nahm deutlich ab; dagegen waren fast die gesamten Thurn und Taxisschen Hofräte und weitere fürstliche Beamte über Jahrzehnte hinweg in der Loge vertreten. Auch waren die Ziele und Inhalte des Logenprogramms in Regensburg auf das fürstliche Haus zugeschnitten. Diese Entwicklung läßt sich anhand der Akten der Regensburger Freimaurerloge gut dokumentieren.[541] Edmund Neubauer, der diesem Phänomen nachgegangen ist, kommt zu dem Schluß, daß um die Jahrhundertwende die Loge »ein Treffpunkt des fürstlichen Hofes« wurde, um in einer modern gewordenen Form gesellschaftliches Leben zu pflegen.[542] Damit schließt er sich der These in der Geheimbundforschung an, die Freimaurerei sei im Übergang vom 18. zum 19. Jahrhundert »integrierender Bestandteil der höfischen Gesellschaft« geworden.[543] Die Loge verdankte ihre Blüte haupt-

---

[539] Siehe dazu Revidierte Verfassung und Gesetze der Harmonie zu Regensburg. Im ersten Entwurf angenommen in der Generalversammlung vom 18. November 1801, Regensburg 1820.

[540] Siehe die Berichte des Sekretärs Joseph Klein an den Geheimen Rat Grub in FZA Regensburg, HFS, Akten 202, fol. 35, 70, 80, 202. Karl Alexander war im Frühjahr 1808 Mitglied der Gesellschaft geworden: »Unser Fürst hatte sich dienstags in die Harmonie aufnehmen lassen. Mittwochs war ihm zu Ehren großes Diner in der Harmonie zu 56 Gedecken. Er kam tägl. Abends nun dahin u. war sehr fröhlich da«. Vor allem plauderte der Fürst – zum Leidwesen seiner Beamten – über Interna der Verhandlungen mit Bayern. Besonders verärgert war man über die Beurteilung der Beamten durch den Fürsten, die als Gerücht bald in ganz Regensburg bekannt wurde. Klein berichtete darüber verständlicherweise verstimmt in einem Brief vom 10. März 1808: Der Fürst gehe jetzt immer sehr gern in die »Harmonie«. Dort sage er »ganz unbefangen, wie HöchstSie bedauerten, bey verschiedenen Catastrophen die Meinung Ihrer Herrn geheimen Räthe angehört zu haben, die nur die Reduction von Ihrer niederen Dienerschaft beabsichteten u. ins Werk gerichtet hätten, wobey unmöglich ein Segen Gottes seyn könne: wenn aber wieder die Rede u. die Anträge von einer Reduction Ihrer ärmeren Dienerschaft seye, so wollten Sie von oben an zu reduciren anfangen«.

[541] Im Stadtarchiv Regensburg sind im Bestand »Akten der Regensburger Freimaurerloge« die jeweiligen Mitgliederverzeichnisse vorhanden. Außerdem sind Reden, Bittschriften und vor allem der Briefwechsel mit anderen Logen erhalten. Siehe neuerdings die archivalisches Neuland betretende Arbeit von Th. BAUER, Freimaurerei.

[542] NEUBAUER, Leben, Kapitel IV: »Die Freimaurerloge«, S. 123–131, hier: S. 131. Neubauer untersucht die Mitgliederstruktur und das Programm der Regensburger Loge, das er im Rahmen der Freimaurerei als gemäßigt charakterisiert.

[543] Diese These hat Richard van Dülmen bereits 1973 in einem Aufsatz zu den Illuminaten

sächlich ihrem führenden Kopf Karl Alexander. Nach den Verboten von 1785 hatten die Mitglieder durch die Aktivität des Fürsten ab 1789 »wieder einen ruhenden Pol gefunden, um den sie sich sammeln konnten«.[544] Nicht zuletzt durch ihn wurde es möglich, daß die Organisation gute Verbindungen zu auswärtigen Logen aufbauen konnte und innerhalb Deutschlands einen hohen Ruf erwarb. Ihm zu Ehren wurde die Loge 1799 von »Die wachsende Loge zu den drei Schlüsseln« in »Carl zu den drei Schlüsseln« umbenannt.

Nun dürfen allerdings die Bemühungen des Fürsten »für das Edle und Wahre« in brüderlicher Gemeinschaft »ohne Betrachtung des Standes« im geselligen Kreis der »Harmonie« und im aufgeklärten Zirkel der Freimaurer nicht als Zeichen einer fundamental veränderten kulturellen Orientierung angesehen werden. Ganz im Gegenteil, gerade in den Formen des sozialen Umgangs und der Geselligkeit lassen sich die Widersprüchlichkeiten der Zeit wiederfinden. Da seine Beschreibung so pointiert diesen Zusammenhang beleuchtet, soll hier nochmals der zeitgenössische Beobachter Hermann Hauff zitiert werden:

> »Die conventionelle Welt war von der idealen rein geschieden: in jener spielte man wie im Carneval die übernommene Rolle, im Maskencostüm sich schmiegend und brüstend, complimentirend und salutirend; in dieser schwärmte man nur in der Schlafmütze und am Schreibtisch. Jeder hatte die Beweise für das, was er war, auf dem Leib oder im Kleiderschrank; das warme Gefühl der Menschenliebe trug er in sich, aber friedlich daneben oder darüber das Bewustseyn, wie viele über, wie viele unter ihm waren. Die aufgeklärte Gesinnung vertrug sich mit dem schuldigen Respekt gegen die Obern und der Amts- oder Gönnermiene gegen die Niedrigern; der Kosmopolitismus verminderte nicht die Tiefe des Bücklings nach oben, und der Philanthropismus brachte das sich in die Brust Werfen und den gnädigen Knick nach unten keineswegs aus der Uebung«.[545]

Besonders deutlich werden diese Phänomene kultureller Parallelität von Ancien Régime und Moderne in den zeremoniellen Formen und den zugrundeliegenden Verhandlungen. Als 1806 das Lehen eines kaiserlichen Erbgeneralpostmeisteramtes des Reichs untergegangen war, griff man zur Gestaltung der Lehensverleihung eines Erblandpostmeisteramtes auf die Formen des »herkömmlichen Ceremoniels« zurück. Innerhalb der bayerischen Verwaltung überlegte man beispielsweise im Jahr 1807, in welcher Form das bayerische Kron-

---

vorgetragen: Richard VAN DÜLMEN, Der Geheimbund der Illuminaten?, in: ZBLG 36 (1973), S. 793-833, hier: S. 796. Siehe darüber hinaus seine neueren Arbeiten, besonders ders., Der Geheimbund der Illuminaten. Darstellung, Analyse, Dokumentation, Stuttgart 1975. Allgemeiner dazu ders., Die Gesellschaft der Aufklärer. Zur bürgerlichen Emanzipation und aufklärerischen Kultur in Deutschland, Frankfurt a. M. 1986; und Horst MÖLLER, Vernunft und Kritik. Deutsche Aufklärung im 17. und 18. Jahrhundert, Frankfurt a. M. 1986.

[544] NEUBAUER, Leben, S. 127. Dort auch die Belegstellen zu den folgenden Ausführungen, welche die Bedeutungszunahme unter Karl Alexander betreffen.

[545] Hauff schrieb diese Beurteilung rückblickend (»Noch vor fünfzig Jahren«) als zeitgenössischer Beobachter im Jahr 1840. Siehe zu Hauff die Ausführungen und Zitate in Kapitel I.5.2; hier: HAUFF, Moden, S. 37 f.

postmeisteramt verliehen werden sollte.[546] Zum einen suchte man zu diesem Zweck in den Archiven, wie unter den Vorgängern, konkret unter Karl Theodor, die Sache geregelt worden war, zum anderen bat man den Fürstprimas Dalberg um Auskunft hinsichtlich des kürzlich verwendeten Zeremoniells bei der Postlehensvergabe. Dalberg übermittelte auch bereitwillig und ausführlich die entsprechenden Zeremonialvorgaben. Er selbst hatte sich an die Regelungen aus kurmainzischer Zeit angelehnt und »des Ceremoniels [bedient], welches bey Empfangung des großherzoglich badischen Post-Lehens am 4. Mai 1807 in Carlsruhe stattfand«.[547] In einem ausführlichen »Diarium«, das den Akten beiliegt, wurde schließlich jedes zeremonielle Detail genauestens geregelt: Vrints-Berberich wurde als Vertreter des Fürsten von Hofkavalieren abgeholt, ein »Hofwagen in Galla« mit sechs Pferden brachte ihn zur Residenz. Dort erfolgte ein einfacher Empfang durch die Garde, dem sich ein Zusammentreffen mit den »sämmtlichen Räten und Kammerherrn« im zweiten Vorzimmer anschloß. Nach einiger Wartezeit im ersten Vorzimmer, wo der Hofmarschall den Abgesandten empfing, gelangte die Abordnung mit den Räten und Kammerherrn in das Thronzimmer, wo ihn unter Anwesenheit der höchsten Hofränge der Fürstprimas »mit bedecktem Haupt auf dem Thronsessel sitzend« erwartete. Vrints-Berberich hatte als Vertreter des Vasallen sich nähernd drei Verbeugungen zu machen, bis er schließlich mit gebührendem Abstand vor dem Thron die »Lehensangelobung« vernahm, der schließlich die »Bestabung« folgte. Abschließend wurde der »auf einer goldenen Schüssel befindliche Lehenbrief« überreicht.

Neben den zeremoniellen Formen sind es vor allem einzelne Texte wie der »Vasallenschwur« oder der »Mut[ungs]brief« mit ihrer antiquierten Terminologie, die eher an das Mittelalter als an das 19. Jahrhundert erinnern.[548] Im Gegensatz dazu stehen die Verhandlungen, welche die Beamten zur Verleihung der Postlehen mit den Beamten der einzelnen Länder führten. Hier dominieren rationale Überlegungen und Kosten-Nutzen-Kalkulationen. In der internen Korrespondenz wiesen die Thurn und Taxisschen Unterhändler immer wieder darauf hin, daß man stets beachten müsse, ob man mit den Beamten oder den Monarchen am Hof in Unterhandlungen trete. Das eine erfordere gute Vorbereitung und detaillierte Sachkenntnis und sei letztlich oftmals das ausschlaggebende Moment, das andere erfordere angemessene Umgangsformen und Kenntnis des Lebens bzw. der Umgangsformen am Hof.

---

[546] Die Überlegungen wurden anscheinend ab 1807 angestellt, obwohl das Lehen erst nach 1815 erstmals offiziell an Thurn und Taxis verliehen wurde. Siehe dazu BHStA München, MA 74654, 74679 und die Hinweise dazu in DIEDERICHS, Neue Macht, Abschnitt 2, S. 35–98.

[547] Einen Überblick zu den verschiedenen Lehenübertragungen und zum dabei verwendeten Zeremoniell bietet BHStA München, MA 74654.

[548] Neben dem Diarium finden sich in der Akte auch alle anderen Texte in Kopie, so die Rede von Vrints-Berberich. Ebenda.

Am Rande seiner Unterhandlungen an den hessischen Höfen, die vor allem mit der Verwaltungsbürokratie geführt wurden, schrieb Hofrat Grub an seinen Kollegen Geiger auf Schloß Trugenhofen:

> »Was doch aus dem Menschen werden kann! Stellen sie sich vor, vergangenen Montag mußt ich mit dem Herzog eine par force Jagd machen – noch bin ich wie gerädert, da ich seit 4 Monaten auf kein Pferd kam; es ging übrigens glücklich ab, nur der Cammerherr von Senbach hat sich einen Fuß gebrochen und außer ihm sind noch 4 Personen jedoch ohne Schaden zu nehmen gestürzt. Übrigens, wenn ich ein großer Herr wäre, hätte ich Freude daran, es ist ein eigenes Gefühl, einen geängstigten Hirschen nachzurennen«.[549]

Das Leben am Hof in seinen zeremoniellen Formen spielte weiterhin eine gewichtige Rolle. Vor allem erkannten die Könige von Württemberg und Bayern, daß sie damit ein seit der Einbindung des Adels im Versailles des Sonnenkönigs bewährtes Mittel zur Verfügung hatten, den Adel an ihren Hof zu binden und damit auch zu domestizieren. Daher sahen die Mediatisierten verschiedene Ehrenämter, wie sie zum zeremoniellen Glanz der neuen Throne installiert wurden, mit sehr gemischten Gefühlen. Der Fürst Thurn und Taxis war froh über die Lehen des »Erblandpostmeisters« oder »Kronpostmeisters«, da man dadurch nicht nur zeremonielle Funktionen bei besonderen Anlässen am Hof übernahm, sondern auch seine Postrechte auf Dauer zu sichern glaubte. Auch gegen das württembergische Amt eines Kammerherrn, das dem Anspruch der Ebenbürtigkeit wenig entsprach, legte man daher keinen Widerspruch ein.[550] Weit weniger glücklich und zufrieden waren dagegen die Löwenstein-Wertheimer, die von Württemberg mit einem der neugeschaffenen Kronerbämter betraut wurden und sich erfolgreich weigerten, dieses anzunehmen.[551] Derartige Ehrenämter sollten auch nach 1815 noch eine wesentliche Rolle spielen, vor allem in der Auseinandersetzung zwischen Souveränen und Mediatisierten um Ebenbürtigkeit und Sonderstellung. Auf Rang und Vortritt wurde übrigens noch in den letzten Jahrzehnten des 19. Jahrhunderts streng geachtet.[552]

---

[549] Schreiben vom 4. November 1807. FZA Regensburg, HFS, Akten 202.

[550] In verschiedenen Schreiben wurde betont, daß ein Lehen bedeutend positiver anzusehen sei als ein Pachtvertrag, vor allem aufgrund der höheren rechtlichen Wertigkeit. Siehe dazu das vorhergehende Kapitel II.4.1. Zum württembergischen Ehrenamt siehe FZA Regensburg, HFS, Akten 1864.

[551] Siehe dazu STOCKERT, Adel, S. 189, und die dort zitierten Äußerungen der Löwenstein-Wertheimer. Grundlegend zur Funktion der Erbämter siehe Theodor KNAPP, Die württembergischen Erbkronämter, in: Württembergische Vierteljahrshefte für Landesgeschichte 42 (1936), S. 301–322. Siehe auch die »MinisterialVerfügung über die Uniformierungsweise«. FZA Regensburg, HFS, Akten 1193.

[552] Als eines von unzähligen Beispielen sei das Schreiben von Fürst Karl zu Löwenstein an Fürst Maximilian Karl vom 10. August 1867 erwähnt. Er berichtete, daß die gräflichen mediatisierten Häuser vom König von Bayern den zukünftigen Vortritt der Chefs der gräflichen Häuser vor den Prinzen der fürstlichen Häuser verlangt hätten, wogegen man unbedingt einschreiten müsse. StA Regensburg, DN 191.

Zu dieser Zeit, spätestens ab dem Wiener Kongreß, hatten die Thurn und Taxis längst wieder einen eigenen Hof mit allen dazugehörigen Einrichtungen aufgebaut. Schon bald nach dem großen Schock der Mediatisierung und der verminderten Einnahmen kehrte man wieder zur Hofhaltung in einem Umfang zurück, wie man sie – vor allem im Schwäbischen – vor der Jahrhundertwende betrieben hatte. Jedoch war lange Zeit nicht absehbar, ob die Achse Schwaben – Regensburg als »Heimat« der Postdynastie bestehen bleiben würde. Einige Zufälle bestimmten die Entscheidung des fürstlichen Hauses, den Hof an diesen Orten zu behalten.

5.3. In guter Nachbarschaft: Zwischen Schwaben und Bayern

Etwas überspitzt könnte man formulieren, daß die Fürsten von Thurn und Taxis ab 1806 sozusagen »unbehaust« waren. Denn die verschiedenen Wohnorte der fürstlichen Familie und ihrer Beamten- und Dienerschaft standen alle in irgendeiner Weise zur Disposition. Es fällt bezüglich der Fürsten von Thurn und Taxis jedoch schwer, von einem »Wohnsitz« zu sprechen, zumindest gab es gegen Ende des 18. Jahrhunderts gleichzeitig mehrere »Wohnsitze«. Regensburg spielte – trotz der prächtigen Hofhaltung – eine eher untergeordnete Rolle. Seit der Übernahme des Prinzipalkommissariats kam das Haus Thurn und Taxis zwar nicht umhin, sich in dieser Stadt eine standesgemäße Unterkunft zu suchen; aufgrund der rechtlichen Beschränkungen der Reichsstadt war es jedoch nicht möglich, ein eigenes Palais zu erwerben, geschweige denn zu bauen. So residierte man mietweise im Freisinger Hof, später im westlich davon gelegenen Äußeren Palais am Emmeramsplatz.[553] An dieser Situation änderte sich im Lauf des 18. Jahrhunderts nichts Grundlegendes: Das Haus Thurn und Taxis hatte weder in der Stadt noch im Regensburger Umland Grund- und Herrschaftsbesitz.

Im Gegensatz dazu konnte man vor allem unter dem zweiten Prinzipalkommissar Carl Anselm im Schwäbischen ansehnliche Besitzungen erwerben, welche den Postfürsten Taxis gegen Ende des 18. Jahrhunderts allmählich von einem »Fürsten ohne Land« zum Landesherrn in Schwaben werden ließen.[554] Die Residenzen dort, allen voran das Schloß Trugenhofen, wurden zum beliebten Aufenthaltsort der fürstlichen Familie.[555] Hier verbrachte man mindestens die Sommermonate, feierte die wichtigsten Familienfeste, wie beispielsweise die Hochzeit des Erbprinzenpaares 1789, und hier wollte gerade Fürst Carl Anselm seinen neuen Untertanen ein guter Landesvater sein, hier gründe-

---

[553] Siehe, die ältere Literatur zusammenfassend, den Artikel von Hermann REIDEL, Die Residenzen der kaiserlichen Prinzipalkommissare am Immerwährenden Reichstag, in: DALLMEIER [u. a.], Reichsstadt, S. 165–174. Grundlegend dazu Max PIENDL, Die fürstliche Residenz in Regensburg im 18. und beginnenden 19. Jahrhundert, Kallmünz 1963.

[554] Einen Überblick zur Geschichte des Grundbesitzes bietet DALLMEIER, Grunderwerbspolitik.

[555] Siehe dazu und zu den folgenden Ausführungen PIENDL, Hofhaltung.

te er eine Schule, ließ Kodifikationen erstellen und legte einen Garten »im neuen Stil« an.⁵⁵⁶ Gerade unter diesem Fürsten bildete Schwaben mit den Schlössern zu Trugenhofen und Marchthal den eigentlichen »Wohnort« der Familie. Regensburg hingegen war eindeutig mit seinen Amtsverpflichtungen als Prinzipalkommissar verknüpft. Die weiteren Besitzungen mit ihren Residenzen spielten kaum eine Rolle. Zum einen verfügte man weiterhin über das Stadtpalais in der Eschenheimer Gasse in Frankfurt, das jedoch nur zu besonderen Anlässen wie den Kaiserkrönungen bewohnt wurde. Zum anderen gab es da noch den ehemaligen »Stammbesitz«, der am Ende des 17. Jahrhunderts erworben worden war. Jedoch hatte man im Lauf des 18. Jahrhunderts schon des öfteren überlegt, ob man die Herrschaften Braine-le-Château, Haut-Ittre und Impden in den Österreichischen Niederlanden nicht veräußern sollte.

Als nun im Jahr 1806 das Prinzipalkommissariat erlosch und die Mediatisierung die Fürsten zu Untertanen degradierte, stand ab sofort die »Wohnsitzfrage« auf der Tagesordnung. Denn einen Grund, in Regensburg zu bleiben, gab es eigentlich nicht mehr, wie es später rückblickend der Fürst von Thurn und Taxis richtig feststellte, und Württemberg wirkte nicht gerade einladend.⁵⁵⁷ Eigentlich wäre es naheliegend gewesen, nun die Zelte in Regensburg endgültig abzubrechen, um sich auf die Schwäbischen Besitzungen zu begeben – wäre da nicht Friedrich von Württemberg gewesen. Wie dargestellt, verleidete er durch seine schroffe und demütigende Politik gegenüber den Mediatisierten auch dem Fürsten von Thurn und Taxis den Aufenthalt auf seinen schwäbischen Besitzungen.

Ganz anders gestaltete sich das Verhältnis zum Reichserzkanzler und Fürstprimas Dalberg. Dieser war dem Haus Thurn und Taxis wohlgesinnt, und ihm lag viel daran, den ehemaligen Prinzipalkommissar in Regensburg zu behalten. Als Dalberg 1803 die Landesherrschaft über Regensburg antrat, fand er eine nicht gerade florierende Kommune vor, welche der französische Bevollmächtigte La Forest wie folgt charakterisierte: »Das völlige Fehlen jeglicher öffentlicher Wohlfahrt, der schlechte Zustand der Straßen und Wege, der mehr und mehr zunehmende Mangel finanzieller Ressourcen lassen diese Stadt in einen wahrhaft erbärmlichen Zustand fallen«.⁵⁵⁸ Als nun wenige Jahre später die Reichstagsgesandten – und damit ein nicht unwesentlicher Wirtschaftsfaktor – die Stadt verließen, bemühte sich der Fürstprimas, das Fürstenhaus in

---

⁵⁵⁶ Siehe zu den Reformprojekten im Sinne einer »aufgeklärt-absolutistischen Regierung« unter Carl Anselm weiterhin NORDMANN, Kodifikationsbestrebungen; zum Ausbau der Residenz siehe PIENDL, Hofhaltung, und ANDRÄ, Englischer Wald.

⁵⁵⁷ So Maximilian Karl in einem Brief an den bayerischen König Ludwig I. vom 23. Mai 1830. BHStA München, MA 74657.

⁵⁵⁸ Dalberg war bereits am 30. Dezember 1802 in seine neue Residenzstadt Regensburg gekommen, die ihm durch den Reichsdeputationshauptschluß als Entschädigung zugewiesen worden war. Eine Besitznahme erfolgte bei fast allen Territorien schon vor dem offiziellen Inkrafttreten dieses Vertrags im Februar 1803. Siehe dazu K. M. FÄRBER, Kaiser. Das Zitat aus dem Schreiben Laforests an Talleyrand, Regensburg 8. Oktober 1802, in: Ebenda, S. 51.

Regensburg zu halten, und stellte ihm unter der Hand zahlreiche und wesentliche Vergünstigungen in Aussicht.[559]

Innerhalb der Thurn und Taxisschen Geheimen Kanzlei begann man aufgrund dieses inoffiziellen Angebots detaillierte Gutachten mit den Wünschen des Fürstenhauses auszuarbeiten.[560] Es wurde darin deutlich herausgestellt, daß ein Verbleiben in Regensburg einer regelrechten Niederlassung oder »neuen Ansässigmachung« gleichkommen würde. Denn bisher hatte sich der Fürst schließlich nur »als erster Gesandter des Kaisers« in dieser Stadt aufgehalten. »Durch die Niederlegung der Kaiserkrone hat der diplomatische Charakter des kaiserlichen Prinzipalkommissarius notwendigerweise aufhören müssen«.[561] Da man aufgrund der »Vorteile, welche der fürstliche Hof durch vermehrte Geldzirkulation bringe«, dem Staat des neuen Landesherrn nütze, sei man durchaus berechtigt, Privilegien für ein Verbleiben in Regensburg zu fordern – obwohl dafür keine Rechtsgrundlage vorhanden war, denn im Haus Taxis war man sich klar darüber, »daß alle Vergünstigungen, welche das fürstliche Haus nachsuchen kann, weder aus dem ehemaligen gesandschaftlichen Charakter, noch aus der von dem fürstlichen Haus besitzendene fürstliche Würde, sondern ganz allein aus der freiwilligen Concession Seiner Hoheit des Herrn Fürstenprimas herzuleiten seien, und daher nicht in rechtlichen Anspruch genommen, sondern nur bittlich nachgesucht werden könne«. Es kam also darauf an, wie geschickt Vrints-Berberich als Unterhändler vorging und zu welchen Zugeständnissen man auf fürstprimatischer Seite bereit war. Vrints-Berberich forderte im Namen des Fürsten sehr umfangreiche Privilegien als Gegenleistung für einen Verbleib in Regensburg: Erstens die Zivilgerichtsbarkeit über die Dienerschaft in erster und zweiter Instanz, ebenso die Gerichtsbarkeit über die Mitglieder der Generalpostdirektion.[562] Zweitens die Befreiung des gesamten Thurn und Taxisschen Hofs von den üblichen Staatsabgaben und Belastungen wie Steuer, Nachsteuer und militärische Einquartierung.

In einer kurz darauf erlassenen Deklaration, die in fast allen Punkten den Taxisschen Forderungen entsprach, genehmigte der Fürstprimas dem Fürsten-

---

[559] Die Frage, ob der Abzug der Gesandten wirklich negativ auf die Wirtschaftssituation wirkte, muß vorerst dahingestellt bleiben. Aufgrund vielfältiger Exemtionen und dadurch florierendem Schmuggelhandel scheint ihre Bedeutung für die wirtschaftliche Prosperität eher zweifelhaft. Außerdem zogen nicht alle Gesandten ab bzw. hatten viele auch vorher nur einen Teil des Jahres in Regensburg zugebracht. Zur bisher gültigen Meinung siehe SCHÖNFELD, Studien.

[560] Vgl. zum Folgenden zwei Rechtsgutachten der beiden Hofräte von Epplen und von Kayser, Oktober 1806. FZA Regensburg, HFS, Akten 1094.

[561] Rechtsgutachten, §§ 3–5. Ebenda. Zu den folgenden Zitaten die Paragraphen 1 und 2 des Rechtsgutachtens sowie die Instruktion vom 10. November 1806, § 1: Ebenda.

[562] Zu den rechtlichen Bezügen dieser Privilegien ist nunmehr eine neue Arbeit heranzuziehen, in der ein interessantes Kapitel Rechtsgeschichte aufgedeckt wurde: RUHNAU, Privatgerichtsbarkeit.

haus den gewünschten Sonderstatus.⁵⁶³ Die Entscheidung war also gefallen, Regensburg blieb vorerst Wohnsitz der fürstlichen Familie. Damit hatte man sich auch gegen zwei weitere Optionen ausgesprochen, denn neben den Residenzorten in Schwaben wären auch Frankfurt und Paris Möglichkeiten gewesen. In Frankfurt wäre schließlich das sehr ansehnliche Taxissche Palais bereitgestanden, das man erst Mitte des 18. Jahrhunderts in standesgemäßer Pracht errichtet hatte.⁵⁶⁴ Während die Unterhandlungen mit Dalberg wegen der Konditionen für das Verweilen in Regensburg im Gange waren, hatte der Thurn und Taxissche Unterhändler Freiherr von Grub aus Darmstadt berichtet, daß Dalberg selbst Interesse an dem repräsentativen Gebäude habe. Grub war der Meinung, daß man das Palais auf keinen Fall verkaufen dürfe, schließlich »muß wohl gesagt werden, daß Frankfurt wohl Sitz irgendeines Organs bleiben wird und das es die einzige wirklich schickliche Residenz des Fürsten ist, und er wohl dahin zurückkehren wird«.⁵⁶⁵ Er sollte sich ebenso täuschen wie diejenigen, welche den durch die Fürstin hervorgerufenen Gerüchten folgten, denn sie war es hauptsächlich, die aus politischem Kalkül überlegte, ob man nicht besser an die Seine ziehen sollte. Schließlich wäre man in Paris dem großen Gestalter der europäischen Politik näher und das Projekt der Rheinbundpost nur dort zu verwirklichen gewesen.⁵⁶⁶ Bei einem Blick hinter die Kulissen wird deutlich, warum man sich bei Thurn und Taxis vorerst damit begnügte, in einer angemieteten Residenz zu leben, Fürst Karl Alexander schrieb: »weil der leyder! so tief herabgesunkene Zustand meiner Finanzen mir es unmöglich machen würde, die Kosten einer Veränderung meines Aufenthaltes zu bestreiten«.⁵⁶⁷ Die ungesicherte Existenz der noch verbliebenen Postrechte trug – wie dargestellt – zu dieser Einschätzung bei.

Als Bayern kurze Zeit später die Post unter eigene, staatliche Regie nahm, eröffnete sich hinsichtlich der »Wohnsitzfrage« eine weitere Option. Aufgrund erheblicher Liquidationsschwierigkeiten beschloß die Münchner Bürokratie, geeignete Gebiete auszusuchen, die dem Fürstenhaus als Entschädigung überlassen werden konnten. Von seiten Thurn und Taxis war man daran inter-

---

⁵⁶³ Die Deklaration vom 27. Dezember 1806 im Original in FZA Regensburg, HFS, Urkunden 75; in Abschrift u. a. in Gerichtsakten 362 etc.

⁵⁶⁴ Weiterhin dazu LÜBBECKE, Palais.

⁵⁶⁵ Hofrat Grub in einem Schreiben aus Darmstadt nach Regensburg (wohl an Fürstin Therese), 21. Oktober 1806. FZA Regensburg, HFS, Akten 201.

⁵⁶⁶ Allein die zahlreichen Reisen der Fürstin nach Paris ließen dieses Gerücht aufkommen. Einige mißverständliche Hinweise, beispielsweise an den Unterhändler Grub, gaben ihm weitere Nahrung. Ebenda. Weiterführend dazu AMAÉ Paris, Corr. pol., Petites principautés 83. Vielleicht hörte die Fürstin letztlich auf ihre Geheimen Räte, die empfahlen, nicht alles auf die französische Karte zu setzen. So z. B. der genannte Hofrat Grub, der sich dafür aussprach, »auf keiner Seite zuviel« zu wagen, sondern gleichzeitig gute Beziehungen zu Habsburg und Napoleon zu pflegen. Siehe FZA Regensburg, HFS, Akten 201–202 und das vorhergehende Kapitel.

⁵⁶⁷ Schreiben vom 21. März 1807. BHStA München, MA 74647. Siehe dazu auch die Überlieferung in FZA Regensburg, HFS, Akten 1094.

essiert, Gebiete in der Nähe der schwäbischen Besitzungen zu bekommen. Das sollte sich jedoch schlagartig ändern, als Regensburg im Jahre 1810 bayerisch wurde. Bei einem weiteren Verbleiben am ehemaligen Sitz des Reichstages gab es nunmehr über die in Aussicht gestellten Entschädigungsgebiete eine Möglichkeit, sich in und um Regensburg zu begütern.[568]

Aber um 1810 standen andere Möglichkeiten zur Diskussion. Bereits 1808 hatte der Geheime Rat Grub der Fürstin berichtet, daß man an den hessischen Höfen über den künftigen Aufenthaltsort der Fürstenfamilie spekuliere, und dabei »wird von München oder Bayern gesprochen«.[569] Einige Monate später berichtete der aufmerksame Beobachter der Regensburger Verhältnisse Roman Zirngibl jedoch:

> »Der Fürst Taxis will, und muß nach dem Vorschlage seiner Frau, in Frankfurth seine künftige Wohnung aufschlagen. Dadurch erhält Regensburg den Herzensstoß. Auch [das umliegende] Baiern wird es empfinden. Dieser zwar sehr eingeschränkte Hof verzehrte doch noch vieles Geld. Drey, bis vier Stunden weit trug der Landmann alle seine Produkte Regensburg zu: und trug baar Geld dafür nach Haus, welches nach Abzug des taxischen Hofes, als noch des lezten Restes des vormaligen Reichstages in Regensburg der Fall nicht mehr seyn wird«.[570]

Daher wundert es nicht, daß der neuentsandte bayerische Landeskommissär Freiherr von Weichs von den weitverbreiteten Gerüchten hörte, die Thurn und Taxis wollten Regensburg verlassen und nach Hanau oder Frankfurt, also in das Gebiet des Fürstprimas, ziehen.[571]

Eindringlich beschwor Landeskommissär von Weichs am 13. April die bayerische Regierung, daß »man alles tun sollte, um den Fürsten Thurn und Taxis in Regensburg zu behalten«. Der Fürst allein gebe 200 000 fl. aus, außerdem sichere er das Einkommen von bis zu hundert Familien. Die Privilegien, welche Dalberg zugebilligt habe, könne man ohne großen Verlust weiterhin gewähren. Auch wenn der Fürst offiziell angebe, er wolle Regensburg verlassen, so habe von Weichs unter der Hand erfahren, daß Karl

---

[568] Bayern hatte es nach Jahrhunderten vergeblichen Bemühens mit Hilfe Napoleons erreicht: Regensburg wurde Teil des bayerischen Gebietes. Siehe Martin DALLMEIER, Der Markt Donaustauf und das fürstliche Haus Thurn und Taxis im 19. Jahrhundert, in: VHVO 135 (1995), S. 161–181, hier: S. 163.

[569] Grub an Fürstin Therese, 4. August 1808. FZA Regensburg, HFS, Akten 202, fol. 235.

[570] Roman Zirngibl an Westenrieder, 15. November 1808. Ediert bei Andreas KRAUS (Hrsg.), Die Briefe Roman Zirngibls von St. Emmeram in Regensburg, Kallmünz 1965, S. 164.

[571] »Gleich bei meiner Ankunft dahier [in Regensburg] machten mich das allgemein verbreitete Gerücht von der bevorstehenden Verpflanzung des Wohnsitzes des Fürsten nach Hanau, und die lebhaften Besorgniße welche die hiesige Bürgerschaft darüber äußerten auf diesen Gegenstand aufmerksam«. Der Landeskommissär betonte dabei, »der Fürst werde von dem Großherzog von Frankfurt umworben dorthin zu gehen«. Berichte des Freiherrn von Weichs an König Max I. Joseph vom 15./19. April 1810. BHStA München, MA 74657, fol. 3 f.

Alexander dem fürstprimatischen Minister Albini gesagt habe, er solle doch Bayern in Kenntnis setze, daß die Exemtionen Voraussetzung für einen Verbleib in Regensburg seien.[572] König Max Joseph ging schließlich auf die Empfehlung seines Landeskommissärs ein und beauftragte ihn, er solle sich bezüglich der Exemtionen »unter der Hand erkundigen«, vor allem inwieweit »sie sich mit der Souveränität vereinbaren lassen«.[573]

In seinem Antwortschreiben plädierte der bayerische Landeskommissär nochmals eindringlich für einen Verbleib der fürstlichen Familie.[574] Es gelte neben den wirtschaftlichen Verlusten zu bedenken, daß die hiesige Bürgerschaft dem »Regierungswechsel nicht wie geschildert so düster entgegen [sehe]. Aber wie sieht er aus, wenn gleich am Anfang der Wegzug eines wichtigen Brotgebers steht. Sollte es also wirklich so sein, daß die Universität von Landshut nach Regensburg verpflanzt wird, wie es die hiesige Bürgerschaft erhofft, so wäre damit nur ein Teil geschaffen. Der Nachtheil eines Wegzugs Thurn und Taxis damit aber nicht wettgemacht«. Außerdem werbe Dalberg intensiv um das Haus Taxis. »Man warnt ihn vor dem Vorgehen der bayerischen Behörden und macht ihm das Leben in der Nähe von Frankfurt schmackhaft«. Dalberg biete weiterhin den Besitz der Post, persönliche Vorrechte wie den Bezug des Schlosses zu Hanau, Steuerfreiheiten, privilegierte Gerichtsinstanz und andere Immunitäten; außerdem billige er einen Hof zu, »wie ihn regierende Fürsten besitzen«.

Freiherr von Weichs war der Meinung, daß man als Preis für den Verbleib der Thurn und Taxis in Regensburg die umfangreichen Privilegien zubilligen sollte. Er selbst habe sich davon auch in einem Gespräch mit dem Fürsten überzeugt: »Der Herr Fürst erwiederte nur hierauf, daß die Gerüchte von seiner bevorstehenden Auswanderung durchaus ungegründet seyen, daß er viele Anhänglichkeit an die Stadt Regensburg als seinen Geburtsort besitze, daß er nichts sehnlicher wünsche, als daß es ihm möglich gemacht würde, sich daher dauerhaft zu fixieren, und anzukaufen«. Von anderen Bediensteten hörte er jedoch auch gegenteilige Stimmen, zum einen, daß der Fürst doch nach Hanau gehen werde, zum anderen, daß er weiterhin Ausschau nach einem souveränen Land halte.[575]

---

[572] Weichs an König Max I. Joseph, 13. April 1810. Ebenda, fol. 1.

[573] König Max I. Joseph an Weichs, 17. April 1810. Ebenda, fol 4.

[574] Zu Beginn des vierzehnseitigen Berichtes hob Freiherr von Weichs die wirtschaftliche Bedeutung hervor: »Die Anwesenheit des Hauses«, so schrieb er, »hat zu einem Theil das Gedeihen der Stadt ausgemacht, schon allein die Gewerbe profitierten durch die Hofhaltung. Man kann wohl mit 200 Familien rechnen, die bei einen Wegzug des Fürsten die Stadt verlassen würden. [...] Für die Stadt Regensburg wäre es endgültig der härteste Schlag [...]. Regensburg, diese alte Hauptstadt Bojariens würde unausweichlich zu Grunde gehen«. Dieses und die folgenden Zitate entstammen alle dem Bericht vom 19. April 1810. BHStA München, MA 74657.

[575] Ein Mitarbeiter des Fürsten teilte ihm mit: »Übrigens, sprach er, macht man sich noch immer Hoffnung auf einen günstigen Ausgang der Unterhandlungen zu Paris, und auf

Nur wenige Tage nach diesem ausführlichen Plädoyer entschied König Max Joseph, man solle dem Fürsten eröffnen, »daß Wir gerne jede Verfügung treffen werden, welche desselben Aufenthalt in Regensburg angenehmer zu machen beitragen kann«.[576] Ehrenvorrechte und finanzielle Zugeständnisse könnten gewährt werden, sofern jedoch die Rede auf die Post komme, solle man versuchen, »auf schickliche Art auszuweichen«. In München blieb man während der folgenden Verhandlungen überwiegend der Meinung, daß durch Gewährung besonderer Privilegien »dem Staate durchaus kein Nachtheil daraus erwachsen kann, der die auffallenden Vortheile aufwiegen würde, welche mit dem Aufenthalt des taxischen Hofes in Regensburg für diese Stadt und ihre Umgebung verbunden sind«.[577]

Aber es gab auch andere Stimmen. Die finanziellen Privilegien waren einigen innerhalb der Münchner Bürokratie angesichts leerer Staatskassen ein zu hoher Preis für eine Niederlassung des Fürstenhauses in Regensburg. Postsekretär von Drechsel beispielsweise war der Ansicht, die hohen Entschädigungssummen, die man aus dem Postertrag abschöpfen wollte, gingen »auf Costen des publicums«. Außerdem seien die Angaben doch wohl unrealistisch:

> »Der Fürst mag 100 000 fl. in Regensburg verzehren, mehr kann er nicht nach seiner Einkunft zu seinem Unterhalt verwenden. [...] Von 100 000 hängt noch nicht der Ruin der Stadt, viel weniger des Regenkreises ab. Ein einziges Regiment des GeneralkreisCommissariats, oder gar die Universität wäre reichlich Ersatz für Regensburg und den Kreis, wenn der Fürst von Taxis wegziehen würde«.[578]

Die Verhandlungen über besondere Privilegien des Hauses Taxis traten erst am 20. Juli 1811 durch die offizielle Bitte des Fürsten an den König um »definitive« Regelung der Rechte und Vorzüge des Hauses in eine neue Phase ein. Als Unterhändler wurde nun der dirigierende Geheime Rat Westerholt nach München gesandt, der besonders die wirtschaftlichen Vorteile hervorheben

---

Erhaltung eines unmittelbaren Gebiethes, an welchem letzteren ich jedoch zweifle«. Ein anderer Mitarbeiter, Westerholt, »sagte das Nämliche und fügte hinzu, wenn man dem Fürsten den Aufenthalt angenehm macht, so bleibt er sicher in Regensburg«. Weichs an König Max I. Joseph, 19. April 1810. BHStA München, MA 74657.

[576] König Max I. Joseph an Weichs, München 22. April 1810. Ebenda, fol. 6.

[577] Im Lauf des Monats April erfolgte ein umfangreicher Briefwechsel in dieser Sache zwischen Regensburg und München. Dabei gelang es auch nicht, die noch ungeklärten Fragen der Postabfindung aus den Verhandlungen herauszuhalten. Neben Dalberg, der das Schloß in Hanau anbot, tauchte nun auch noch Baden auf, das Rastatt als Wohnsitz empfahl, und beide argumentierten, daß der Fürst schließlich in ihren Landen noch im Besitz der Posten sei. Auch Weichs berichtete einschränkend, der Fürst werde in Regensburg bleiben, aber »da seine und seines Hauses Existenz eigentlich am Besitze der Posten hänge«, könne er noch nicht sagen, was er unternehmen werde, wenn einer der Staaten ihn zwingen sollte, dorthin zu ziehen, wo ihm die Post gehöre. Bericht von der Audienz bei Fürst Karl Alexander, 27. April 1810. Zum folgenden Zitat siehe das Schreiben vom 26. April 1810. BHStA München, MA 74657, fol. 7.

[578] Drechsel auf ein weiteres Plädoyer des Landeskommissärs vom 2. Juni 1810. Ebenda, fol. 18.

sollte, welche durch den fortgesetzten Aufenthalt der Stadt zugute kommen würden.[579] Eine größere Diskussion löste bei den Verhandlungen nur die Frage der Wirkungsdauer der Vergünstigungen aus. Freiherr von Aretin war der Meinung, eine unbefristete Ausdehnung auf den ganzen Mannesstamm würde »den Staatsgrundsätzen in Baiern ganz zuwiderlaufen«. Aber auch hier einigten sich die Verhandlungspartner, die stets Wohlwollen und Verständnis gegenüber den Wünschen des anderen an den Tag legten.[580] Westerholt konnte nach Regensburg berichten, wie erfolgreich die Verhandlungen trotz der Nichterfüllung dieses Punktes gewesen seien, da es sich schließlich nur um eine königliche »Verwilligung zu Gunsten des hochfürstlichen Hauses« handle, die man erreicht habe.[581] Schließlich verabschiedete die bayerische Regierung im März des Jahres 1812 die königlich bayerische Deklaration, welche jene Rechte und Vorzüge des Hauses, die Dalberg gewährt hatte, weiterhin dem Haus Taxis zusprach.[582]

Die Verhandlungen um besondere Rechte und Vorzüge des Hauses müssen indes in Verbindung mit der Postentschädigungsfrage gesehen werden. Denn aufgrund der veränderten Konstellation wurde die Suche nach Entschädigungsgebieten auf den Umkreis der Regensburger Mietresidenz gelenkt. Im Postentschädigungsvertrag vom 18. März 1812 übertrug man von bayerischer Seite als Entschädigungsobjekte an den Fürsten unter anderem die Klostergebäude von St. Emmeram in Regensburg samt Brauerei, Brunnstube, Bauhof; außerdem die Untertanenrenten, Zehnten und Domänen der Herrschaften Wörth und Donaustauf.[583] Kurz zuvor war am Rande der Verhandlungen ein weiterer Vertrag geschlossen worden: Max Joseph hatte für knapp eine halbe Million Gulden die Waldungen um Donaustauf und Wörth als Privatbesitz an das Fürstenhaus verkauft.[584] Als sich Karl Alexander Ende April bei Montge-

579 Instruktion vom Juli 1811. FZA Regensburg, HFS, Akten 1101.
580 Das Zitat aus einem Bericht Westerholts aus München vom 21. November 1811. Ebenda. Übereinstimmend dazu Max PIENDL, Die Gerichtsbarkeit des Fürsten von Thurn und Taxis in Regensburg, in: Bayern, Staat und Kirche, Land und Reich. Forschungen zur bayerischen Geschichte vornehmlich im 19. Jahrhundert, München 1961, S. 292–307, hier: S. 302. Zu den Verhandlungen bezüglich der Gerichtsbarkeit siehe RUHNAU, Privatgerichtsbarkeit.
581 Bericht Westerholts vom 26. März 1812. FZA Regensburg, HFS, Akten 1101.
582 Zum Text der Deklaration siehe ebenda; außerdem Regierungsblatt für das Königreich Bayern, Nr. 28 vom 6. Mai 1912, S. 841–849; außerdem teilediert bei RUHNAU, Privatgerichtsbarkeit.
583 Hier war es schon früh zu einer Begehung gekommen, wodurch die Regensburger Bevölkerung die Überlassung der Gebäude an den Fürsten erahnte. Siehe dazu die Schilderungen bei Zirngibl in den Briefen vom Juli 1811 und schließlich den Bericht von der Übergabe im Brief vom Mai 1812, jeweils an Westenrieder, in: KRAUS, Briefe Zirngibels, S. 66–69, 82 f. Siehe außerdem FZA Regensburg, Domänenkammer 16149 und dazu den Lehenbrief. FZA Regensburg, Besitzungen, Urkunden 517.
584 FZA Regensburg, Besitzungen, Urkunden 3589. Siehe zum Besitzstand in Wörth und Donaustauf DALLMEIER, Donaustauf.

las für seine Vermittlungstätigkeit bedankte, erwähnte er nicht umsonst die »Declaration, Entschädigungslande und Ankauf der Waldungen Donaustauf und Wörth« als gleichzeitige Verhandlungsgegenstände.[585]

Mit diesen bayerischen Erwerbungen und Entschädigungen war das Haus zu bedeutendem Grundbesitz in und um Regensburg gekommen, der in den folgenden Jahren noch erweitert werden sollte.[586] Vor allem wurde sehr bald die aufwendige Umgestaltung des ehemaligen Klosterbezirks St. Emmeram, wo man zum Teil schon mietweise gewohnt hatte, zur fürstlichen Residenz in Angriff genommen. Und mit dem Ausbau des Hofstaates in Regensburg wurde das Haus Taxis zu einem wichtigen kulturellen und wirtschaftlichen Faktor der Stadt.[587] Damit hatte sich gewissermaßen zur Sicherung des Wirtschaftsstandorts Regensburg ausgezahlt, daß man von staatlicher Seite bereit gewesen war, einem bevorzugten Untertan immense Geldmittel und erhebliche Vergünstigungen zu gewähren.

Die Zeit, in der man »unbehaust« war, ging spätestens 1815 zu Ende, und man kann etwas überspitzt formulieren: Der Fürst von Thurn und Taxis wurde erst im 19. Jahrhundert zum »Regensburger«. Zwar hätten sich die Fürsten sicher gegen diese Bezeichnung gewehrt. Denn schließlich hatte man nicht nur diesen »Wohnsitz« zur Verfügung, sondern man war weiterhin in Schwaben begütert und erwarb in den folgenden Jahrzehnten Besitzungen in Böhmen und Polen. Vor allem aber fühlte man sich – trotz der Mediatisierung, die alles überschattete – als Mitglied des länderübergreifenden europäischen Hochadels.

6. Zwischenfrage:
Ein Repräsentant der Mediatisierten zwischen 1790 und 1815?

»Der Adlige sinkt auf der sozialen Stufenleiter, der Bürger steigt auf. Alle fünfzig Jahre sind sie einander näher gekommen, und bald werden sie sich berühren. Diese Entwicklung ist keine Besonderheit Frankreichs. Wohin wir unsere Blikke auch wenden, in der gesamten christlichen Welt sehen wird die gleiche Revolution sich unaufhaltsam vollziehen«. Mit diesen Worten beginnt Alexis de Tocqueville im Jahr 1835 sein Werk *De la démocratie en Amérique*, in dem er

---

[585] Fürst Karl Alexander an Montgelas, 8. April 1812. BHStA München, MA 74657, fol. 56.

[586] In den folgenden Jahrzehnten wurde nahezu alles angekauft, was zur Arrondierung der Besitzungen nützlich oder als Geldanlage lukrativ erschien. Siehe zu den umfangreichen Ankäufen in der Stadt und im Umland von Regensburg DALLMEIER, Grunderwerbspolitik.

[587] Wie erst kürzlich Claus Zernetschky ausführlich dargelegt hat, flossen in den städtischen Wirtschaftskreislauf in den zwanziger bis vierziger Jahren bereits jährlich ca. 230 000 fl. Man hatte sich also bei der Schätzung um 1810 nicht verrechnet. ZERNETSCHKY, Regensburg, S. 248.

eine Sozialanalyse seiner Gegenwart vorlegt.[588] Zeit seines Lebens sollte diesen kritischen Zeitgenossen der Prozeß der Transformation zwischen Ancien Régime und Moderne nicht mehr loslassen. Von sich selbst schrieb Tocqueville:

> »Ich kam am Ende einer langen Revolution zur Welt, die den alten Staat zerstörte und nichts Dauerhaftes begründet hatte. [...] Ich befand mich, mit einem Wort gesagt, zwischen Vergangenheit und Zukunft so gut im Gleichgewicht, daß ich von Natur und Instinkt aus keiner von beiden zuneigte, und brauchte keine großen Anstrengungen zu machen, um beide Seiten mit ruhigen Augen betrachten zu können«.[589]

Tocqueville war 1805 geboren, und es gab für ihn im Lauf seiner historischen Betrachtungen einen doppelten Begriff der Revolution. Zum einen waren damit die Ereignisse von 1789 gemeint, die zu einer Revolution der gesellschaftlichen und politischen Verhältnisse geführt hatten und als eine historische Zäsur anzusehen waren. Zum anderen bezeichnete das Wort Revolution den Transformationsprozeß zwischen einer alten Ordnung und einer neuen, noch nicht absehbaren staatlichen und gesellschaftlichen Verfassung.[590] Die Jahre um 1789 waren innerhalb dieses Veränderungsprozesses nur besonders revolutionär und wirkten auf die Folgezeit katalysatorisch.

Für das Fürstenhaus Thurn und Taxis ist die Zäsur eindeutig auf das Jahr 1806 zu datieren. Zwar war auch schon einige Jahre vorher deutlich geworden, daß ein »Sturm, der alle politischen Verhältnisse erfaßt«, aufziehen würde und man vorsorglich auf die Grundsätze achten solle, »um das Haus vor dem Untergang zu retten«; das Revolutionäre – im Sinne einer Umwälzung der Staats- und Gesellschaftsverfassung – erfaßte die Postfürsten jedoch erst 1806. Im Gegensatz zu der von Alexis de Tocqueville beschriebenen Annäherung auf der sozialen Stufenleiter war es jedoch weniger eine Auseinandersetzung zwischen Adel und Bürgertum, nicht einmal zwischen Adel und Reformbürokratie, sondern vielmehr zwischen regierenden, mächtigen Fürstenhäusern und den im Kampf um die Macht und die Begründung eines Fürstenstaates unterlegenen Standesgenossen. Die grundsätzliche Spannung dieser Zeit zwischen Altem und Neuem läßt sich hingegen auf allen dargestellten Ebenen wiederfinden. In den Jahren 1790 bis 1815 bündelt sich dieser Widerstreit alter und neuer Prinzipien, der die Transformation vom Ancien Régime zur bürgerlichen Gesellschaftsverfassung über die Jahrhunderte hinweg bestimmte,

---

[588] Siehe Alexis de TOCQUEVILLE, Über die Demokratie in Amerika, Stuttgart 1956 (frz. Erstausgabe 1835), S. 19 (Einleitung zum ersten Band). Zu Tocqueville siehe einführend Effi BÖHLKE, Alexis Henri Clérel de Tocqueville, in: Bernd LUTZ (Hrsg.), Metzler Philosophen Lexikon, 2. Aufl. Stuttgart/Weimar 1985, S. 891–895, mit weiterführender Literatur.

[589] Souvenirs, zitiert nach ebenda, S. 891.

[590] Dargelegt hatte er dies in seinem 1856 erschienen Werk *L'Ancien Régime et la Revolution*. Die dort formulierten Ansichten zur Bedeutung der Revolution wurden bereits 1836 in einem Essay unter dem Titel *L'Etat social et politique de la France avant et après 1789* vorgelegt, der den Zäsurcharakter hervorhob.

wie in einem Brennglas in aller Deutlichkeit. Zwei Beispiele mögen dies nochmals vor Augen führen.

Bei den Verhandlungen am Reichstag lassen sich zum einen die Verhandlungswege und Verhandlungsweisen finden, wie sie sich spätestens seit Beginn des Immerwährenden Reichstags herausgebildet hatten; zum anderen nutzten die einzelnen Verhandlungsführer durchaus die veränderte Konstellation, um ihre andersartigen Vorstellungen von Staatlichkeit durchzusetzen. Auch wenn das Reichstagszeremoniell bis zum Ende der Versammlung weitergeführt wurde, so entstanden gleichzeitig neue Formen des politischen Verkehrs, nicht zuletzt die veränderte Form und Funktion der Publizistik. Vor allem darf nicht übersehen werden, daß gerade der Reichstag zwischen 1800 und 1806 ein Treffpunkt der Eliten blieb und damit eine Gemengelage der alten und neuen Eliten in Regensburg schuf. Um es anders auszudrücken: Die Seilschaften aus dem 18. Jahrhundert versuchten erfolgreich, Beziehungsnetze auch zu den neu emporgestiegenen Führungsschichten anzuknüpfen.

Von besonderer Faszination sind in den Jahrzehnten um 1800 die Verhandlungen in Postangelegenheiten. Hier treffen vermeintlich traditionale und moderne Momente in bunter Mischung aufeinander. Auch im Lauf des 18. Jahrhunderts verhandelte man durchaus nach rationalem Kalkül, wenn es um Posterträge und konkrete Organisationsrichtlinien ging, auch wenn man dazu die vorgegebenen Bahnen der Verhandlungsführung an den wichtigen Höfen einhielt. In den Jahren 1807/1808 wurden gerade von Mitgliedern der Reformbürokratie wie Montgelas die Postlehensrechte als »nicht der Zeit gemäß« erkannt, und dennoch war man nicht bereit, jene Rechte, »die allein auf dem Herkommen beruhen«, ohne weiteres abzuschaffen. Der Rückgriff auf die antiquierten Formen der Lehenvergabe nach vorhergehenden rationalen Überlegungen und Verhandlungen lassen die Doppelbödigkeit staatsrechtlicher Maximen erkennen.[591]

Vor allem das letzte Beispiel führt zum Ausgangspunkt der zweiten Zwischenfrage dieser Arbeit zurück: Inwieweit waren die Thurn und Taxis vergleichbar mit ihren Standesgenossen? Können sie als repräsentativ für ihre Schicht gelten? Wie im 18. Jahrhundert, war es auch in der Umbruchszeit die Post mit ihren finanziellen Möglichkeiten und politisch-rechtlichen Bezügen, die einen außergewöhnlichen Status ermöglichte und definierte. Keine der ab 1806 standesherrlichen Familien konnte sich auch nur annähernd mit den finanziellen Möglichkeiten des Postfürsten messen. Und niemand hatte so gute Argumente wie das Postwesen mitsamt dem integrierten Spionagebereich, um die Aufmerksamkeit der einflußreichen Gestalten in der europäischen Politik um 1800 auf sich zu ziehen.

---

[591] Siehe dazu die parallelen Überlegungen zum Postvertrag, zur Entschädigungsfrage und zur Lehenvergabe mitsamt den zeremoniellen Vorgaben in den Kapiteln II.4.1 und II.5.3.

Und dennoch bietet die Post einen zwar außergewöhnlichen, aber dennoch vergleichbaren Blickwinkel auf die grundsätzlichen Auseinandersetzungen zwischen Mediatisierten und Souveränen. Darüber hinaus rückte gerade zu dieser Zeit in den Blickpunkt, was in der bisherigen Forschung zumeist am Rande behandelt wurde: Die Thurn und Taxis wurden durch den Verlust der Post und durch die Erweiterung und Bedeutungszunahme des Grundbesitzes in den Jahren um 1800 ihren Vettern, den Fürstenbergern, Löwenstein-Wertheimern und vielen anderen, immer vergleichbarer.

Vor allem treten bei all den gräflichen und fürstlichen Leidensgenossen im Jahrzehnt ihrer Mediatisierung ähnliche Argumentationsmuster zur Legitimierung ihrer privilegierten Stellung zutage. Der Begriff des »Hauses« taucht dabei allenthalben auf. Alexis de Tocqueville hatte sich bereits in der Einleitung zu *De la démocratie en Amérique* mit dem Problem beschäftigt, daß neue Phänomene mit tradierten Begriffen zu beschreiben waren, denn: »Eine völlig neue Welt bedarf einer neuen politischen Wissenschaft«.[592] Der Quellenbegriff des »Hauses« ist ein wesentlicher Bestandteil dieser Schwierigkeit, denn so wie verschiedene Phänomene widerstreitend zwischen alten und neuen Inhalten oszillierten, trafen sich hierin alte und neue Bedeutungsdimensionen. Die Geschichte der Revolution war, wie Tocqueville feststellte, noch nicht zu einem Ende gekommen. Nach den stürmischen Jahren um 1800 galt dies ebenso für die Transformation des »fürstlichen Hauses« – als Begriff und Konzept zugleich.

---

[592] TOCQUEVILLE, Demokratie, S. 19. Siehe dazu auch BÖHLKE, Tocqueville, S. 894.

Abb. 10: Fürst Maximilian Karl von Thurn und Taxis (1827–1871).
Gemälde von M. Bauer

DRITTES KAPITEL

ENTWICKLUNGSLINIEN IM 19. JAHRHUNDERT

1. Einleitung: Ein Gang durch den Bildersaal

Wer der Geschichte des Fürstenhauses Thurn und Taxis zwischen 1750 und 1850 nachgeht und sich in die Akten vertieft, der wird mit einem besonderen Phänomen konfrontiert. Im Thurn und Taxisschen Zentralarchiv hängen Bilder jener Fürsten an den Wänden, die die Geschicke des Hauses gerade zu der Zeit bestimmten, mit der sich der Historiker beschäftigt. Fürst Carl Anselm (1733–1805) dominiert den ersten Raum durch ein lebensgroßes Abbild, Fürst Karl Alexander (1770–1828) und Fürst Maximilian Karl (1802–1871) sind in einem weiteren Benutzerraum durch Portraits präsent.

Die Lektüre der Akten ermöglicht erst allmählich, sich ein Bild der Zeit zu machen. Zu fragmentarisch ist oftmals der Einblick, den das einzelne Aktenstück bietet; zu widersprüchlich seine für sich allein genommene Aussage. In den Bildern hingegen, obwohl sie ebenfalls nur einen zweifelsohne fragmentarischen und manipulierbaren Ausschnitt der Realität bieten, scheint sich das Charakteristische der Zeit, der Epoche in einem Punkt zu verdichten. Ein Gang durch den »Bildersaal der Geschichte« kann hier im wahrsten Sinne des Wortes eine historische Entwicklung anschaulich machen, und durch die Gegenüberstellung von Abbildungen dreier Fürsten werden kulturelle Veränderungen ablesbar.[1]

Im Haus Thurn und Taxis sind zahlreiche Bilder angefertigt worden. Die immensen finanziellen Ressourcen machten es möglich, daß man dieses Mittel der Selbstdarstellung, aber auch der Dokumentation und Familientradition ausgiebig nutzen konnte. Aus diesem reichen Fundus sollen im folgenden einzelne Darstellungen herausgegriffen und sowohl das Typische als auch das Außergewöhnliche in kurzen Bildinterpretationen vorgeführt werden.[2]

---

[1] Siehe dazu die Überlegungen in Arthur E. IMHOF, Im Bildersaal der Geschichte oder: Ein Historiker schaut Bilder an, München 1991, Einleitung.

[2] Siehe beispielhaft die den einzelnen Kapiteln vorangestellten Bilder der Fürsten Carl Anselm, Karl Alexander und Maximilian Karl. Siehe zum Folgenden PIENDL, Das fürstliche Haus; DALLMEIER/SCHAD, Das Fürstliche Haus; BEHRINGER, Thurn und Taxis; und Martin DALLMEIER/Manfred KNEDLIK/Peter STYRA, »Dieser glänzende deutsche Hof ...«. 250 Jahre Thurn und Taxis in Regensburg, Ausstellungskatalog, Regensburg 1998.

Fürst Carl Anselm wurde fast immer in einer für das 18. Jahrhundert recht typischen Haltung abgebildet. Mit weißer Perücke, gekleidet in einen weit ausfallenden roten Mantel, tritt er dem Betrachter aufrecht stehend, den linken Fuß etwas vorgestellt, entgegen.[3] Kleinere Herrschaftszeichen unterstreichen die majestätische Erscheinung. Der Mann in fürstlicher Haltung und im Ornat der Ritter des Goldenen Vlieses ist zweifelsohne zur Herrschaft berechtigt, so die Aussage des Bildes. Aber es sind nicht nur Details der Darstellung, welche die Außergewöhnlichkeit der Person unterstreichen, sondern es ist der Gesamteindruck, den das Bild dem Betrachter vermittelt. Denn welcher Zeitgenosse dürfte sich nicht sofort an andere Abbildungen erinnert haben? Zahlreiche geistliche und weltliche Herrscher ließen sich im 18. Jahrhundert in dieser Weise darstellen.[4] Und der kunsthistorisch Bewanderte wird auch unschwer das Vorbild dieser Bildgestaltung erkennen: In gleicher Pose ließ sich Ludwig XIV., der Wegbereiter absolutistischer Staatsauffassung, von seinem Hofmaler in Szene setzen.[5] Von Frankreich wurde nicht nur eine Staatsauffassung vorgegeben, sondern auch die dazugehörige Mode und eine spezifische Weise, sich durch Gemälde zu präsentieren.[6]

Noch gegen Ende einer Zeit absolutistischer Herrschaftsauffassung und deren Verkörperung im Bild, als längst auch kleinere Fürsten aufklärerisches Gedankengut verinnerlichten, wurde Fürst Carl Anselm bemerkenswerterweise weiterhin in dieser Tradition des Herrscherbildes dargestellt. Ein Gemälde im Besitz des Hauses hebt sich jedoch deutlich von der üblichen Darstellungsform ab.[7] Zwar wissen wir nichts von der Entstehungsgeschichte des Bildes, aber aufgrund der nicht typisierten bzw. standardisierten, sondern sehr persönlichen Darstellung scheint es durch besonderen Auftrag entstanden zu sein. In keinem anderen Gemälde der Zeit bietet sich ein derart persönlicher und damit interessanter Einblick in Selbstdarstellung und Selbstverständnis eines Repräsentanten des Hauses Thurn und Taxis. Der Fürst erscheint hier nicht im fürstlichen Ornat oder im Gewand eines spanischen Granden, wie er dies bei Feierlichkeiten als Prinzipalkommissar zu tun pflegte.[8] Sein Äußeres hat im

---

[3] Siehe dazu das Gemälde von Johann Wilhelm Hoffnas, abgebildet in PIENDL, Das fürstliche Haus; außerdem DALLMEIER/SCHAD, Das Fürstliche Haus.

[4] Siehe beispielsweise die Darstellungen in MÖSSLE, Maximilian Wunibald; Gerhard BOTT (Hrsg.), Die Grafen von Schönborn. Kirchenfürsten, Sammler, Mäzene. Ausstellungskatalog des Germanischen Nationalmuseums, Nürnberg 1989.

[5] Eine ausführliche Bildinterpretation findet sich in: Praxis Geschichte 1988/4: Themenheft Absolutismus. Zur Bedeutung der Bildgestaltung für das Herrschaftsverständnis siehe Peter BURKE, Ludwig XIV. Die Inszenierung des Sonnenkönigs, Berlin 1993.

[6] Siehe ebenda. Der Zeitgenosse Hermann Hauff betonte, daß »die deutsche Nation [...] die Schneiderei den Franzosen gleichsam als ein Erbamt zu Lehen gab«. HAUFF, Moden, S. 6.

[7] Zur folgenden Bildbeschreibung siehe die Reproduktion des Bildes in BEHRINGER, Thurn und Taxis, S. 337.

[8] Siehe dazu u. a. HAUPT, Aufhebung.

Vergleich zu den üblichen Darstellungen vielmehr wenig Spektakuläres. Weste und Gehrock sind schlicht gehalten, der Hut klemmt fast lässig unter dem Arm – nur das weiße Haar und die Haltung der stattlichen Figur verleihen Würde und lenken den Blick auf sie. Denn die Person steht nicht im Mittelpunkt, sondern ist einem Landschaftsbild gegenübergestellt, das zwei Drittel des Gesamtgemäldes ausmacht. Das Bild lebt von der Gegenüberstellung der Person im Vordergrund und der ausgearbeiteten Tiefenstruktur. Die Verbindung zwischen diesen beiden Bildbereichen stellt die Kopfhaltung des Fürsten dar, der halb dem Betrachter, halb der Hintergrunddarstellung zugewandt ist. Mit wachsamem Auge, unterstrichen durch die Benutzung eines Monokels, überblickt er eine Szenerie, die ihn bedeutend mehr kennzeichnet als das kleine an die Brust geheftete Ornament mit einem Dachs, das auf die Familie Taxis verweist. Auf der ersten, sehr dunkel gehaltenen Ebene der Landschaftsdarstellung ist eine vierspännige Postkutsche zu sehen. Der Bezug zur Person im Vordergrund, die bis zu ihrem Lebensende Reichsgeneralerbpostmeister war, ist offensichtlich. Das Kloster und die auf einem Hügel angesiedelte Burg auf einer zweiten, durch einen Fluß von der ersten getrennten Ebene ergeben zusammengenommen das zweite Kennzeichen der dargestellten Person: Sie verweisen auf die Landesherrschaft des Fürsten Carl Anselm über seine schwäbischen Besitzungen. Postbetrieb und Landeshoheit, die beiden Bildelemente des Hintergrundes, prägen nicht nur Carl Anselm, sondern ebenso das von ihm repräsentierte Fürstenhaus.

Besonders interessant sind an diesem Gemälde die Pose und die Kleidung, in der sich der Fürst hier abbilden ließ. Der Gehrock, der Hut und das Monokol haben recht wenig mit fürstlichem Habitus zu tun und können schwerlich als Attribute adeligen Selbstverständnisses dienen. Diese eher »bürgerliche« Darstellung ist bei den Abbildungen Fürst Carl Anselms noch die Ausnahme, dies ändert sich bei seinem Nachfolger Karl Alexander.

Zahlreiche Portraits aus dem ersten Drittel des 19. Jahrhunderts zeigen den Fürsten in einer Weise, die keinen Unterschied mehr erkennen läßt zwischen Adeligen und Bürgerlichen.[9] In gleicher Weise ließen sich die Honoratioren aus Wirtschaft und Bildung portraitieren.[10] Ohne Perücke und besonderen Schmuck ist hier Fürst Karl Alexander abgebildet. Manchmal verweist der eher unauffällig ans Revers geheftete Orden vom Goldenen Vlies auf die außergewöhnliche Stellung dieses Menschen, ansonsten könnte er auch Unternehmer, Apotheker oder einfach bürgerlicher Rentier sein.

---

[9] Siehe die nahezu identischen Abbildungen bei Ulrike STAUDINGER, Die Bildergalerie Maximilian Karls von Thurn und Taxis. Fürstliches Mäzenatentum im bürgerlichen Zeitalter, Kallmünz 1990, S. 147; BEHRINGER, Thurn und Taxis, S. 152; und den Kupferstich von Ph. von Stubenrauch in PIENDL, Das fürstliche Haus, S. 65.

[10] Siehe dazu Hans OTTOMEYER (Hrsg.), Biedermeiers Glück und Ende, Ausstellungskatalog, München 1987; Rainer SCHOCH, Das Herrscherbild in der Malerei des 19. Jahrhunderts, München 1975.

Offenbar hat Wilhelm Hauff recht, der als rückblickender Zeitgenosse feststellte, daß zu Beginn des 19. Jahrhunderts das Zeitalter des Gehrocks eingeläutet wurde. Die Standesunterschiede, die in der Kleidung von weitem abzulesen waren, wurden damit zunehmend verwischt. Adel und Bürgertum näherten sich in ihren Gemälden an. Dieser Prozeß, der sich in Kleidung und Darstellungsform wiederfindet, ist Ausdruck der sozialgeschichtlichen »Brüche und Vorwegnahmen« des Jahrhunderts.[11]

Abzulesen ist dies in aller Deutlichkeit an den Gemälden, die Fürst Maximilian Karl zeigen. Ähnlich wie bei seinen Vater finden wir ihn mit bürgerlichem Gehrock, ohne Schmuck und Zierat, den Zylinder auf dem Kopf.[12] Es gibt allerdings auch andere Darstellungen. Ein bekanntes Portrait zeigt den noch jugendlichen Fürsten in selbstbewußter Haltung, gekleidet in die Uniform eines Unterleutnants der bayerischen Armee.[13] Dies hat jedoch wenig zu tun mit adeliger Präsentation à la 18. Jahrhundert, sondern vielmehr mit Traditionspflege, denn ein Mitglied des Hauses Taxis war stets in führender Position im Chevauxlegers-Regiment Taxis präsent, das seit Mitte des 18. Jahrhunderts Teil der bayerischen Armee war. Außerdem stellt dieses Bild eher die Ausnahme dar. Es überwiegen vielmehr die unspektakulären Portraits und Genrebilder, zum Teil wirken sie auch wie Momentaufnahmen: Fürst Maximilian Karl sitzt da recht unprätentiös in einfacher Kleidung auf einem Stein, oder die fürstliche Familie wird beim Ausreiten im Bild festgehalten.

Bürgertum und Adel scheinen sich in der Darstellungsform ihrer Bilder die Hand zu reichen. Gemeinsam teilen sie die Vorliebe für Genrebilder und Landschaftsdarstellungen, und in gleicher Weise lassen sie sich abbilden. Jedoch: Überblickt man einige Bilder, die Adel und Bürgerliche anfertigen ließen, so bleibt doch immer wieder eine gewisse Differenz. Die adelige Familie läßt sich zwar in bürgerlicher Kleidung abbilden, befindet sich jedoch vor ihrem Schloß.[14] Kleine Symbole verweisen weiterhin auf die exponierte Stellung, die trotz aller Gemeinsamkeiten verteidigt wird. Die Spannung zwischen Distanzierung und Annäherung, die jeweilige Bedeutungsverteilung in der adelig-bürgerlichen Symbiose, bleibt spürbar durch das gesamte 19. Jahrhundert hindurch.

---

[11] So der französische Titel (»prologues et ruptures«) des Bildbandes von W. HOFMANN, Das entzweite Jahrhundert.

[12] Siehe beispielsweise die Abbildung Maximilian Karls mit seiner Familie auf der Hasenjagd in STAUDINGER, Bildergalerie, S. 63.

[13] Siehe BEHRINGER, Thurn und Taxis, S. 315.

[14] Paradigmatisch dazu das bekannte Bild aus dem Jahr 1828 von Johann Georg Primavesi (1774–1855): Blick auf Löwenburg und Oktogon. »Die kurfürstliche Familie vor der Löwenburg«. Landgraf Wilhelm IX. von Hessen-Kassel ließ ein Wohnschloß im Stile einer mittelalterlichen Burg errichten, in dem die Familie ab 1801 lebte. Vor dem Schloß sieht man die bürgerlich-biedermeierlich kurfürstliche Familie beim Picknick. Siehe dazu die Abbildung in: Hermann FILLITZ (Hrsg.), Der Traum vom Glück. Die Kunst des Historismus in Europa, Ausstellungskatalog, Wien 1996, S. 320.

2. Die Architektur des Hauses im 19. Jahrhundert

2.1. Veränderungen am Fundament

Zwei Jahre, nachdem man die Jahrhundertwende gefeiert hatte, erblickte Maximilian Karl das Licht der Welt. Ohne dem Geburtsdatum etwas von seiner Zufälligkeit nehmen und dem Jahr 1800 zuviel an Bedeutung beimessen zu wollen, kann es doch als symptomatisch gelten, daß er in ein neues Jahrhundert hineingeboren wurde. Das Heilige Römische Reich war im Untergang begriffen, und zugleich hatten sich die Leitbilder der Gesellschaft verändert.[15] Politisch-rechtliche und wirtschaftliche Behauptung erforderte nach 1789 oder spätestens nach 1815 nicht mehr dieselben Wege und Verhaltensstrategien wie im Ancien Régime.

Natürlich knüpfte Maximilian Karl bei der Leitung des Hauses Thurn und Taxis an seine Vorgänger an, aber sehr früh war erkennbar, daß der neue Fürst schon in den Anfangsjahren den Geschicken des fürstlichen Hauses seinen persönlichen Stempel aufdrückte. Dies gilt nicht nur für die Unternehmensführung, sondern auch für seinen Lebensstil, der sich zum Beispiel in Bereichen wie Hofhaltung und Mäzenatentum ablesen läßt.

Bereits vor der Amtsübernahme hatte er die Weichen für seine weitere familiäre wie unternehmerische Zukunft gestellt. Diese Weichenstellung ergab sich aus dem engen Kontakt zum freiherrlichen Haus Dörnberg. Wilhelmine von Dörnberg wurde – obwohl nicht standesgemäß und protestantisch – von Maximilian Karl als Gemahlin auserwählt.[16] Noch vor der Vermählung war der Bruder Wilhelmines durch Maximilian Karl in fürstliche Dienste berufen worden. Damit begann zwischen dem jungen Fürsten und seinem zukünftigen Schwager eine sehr enge Zusammenarbeit und auch Freundschaft, die bis zum Tod des Fürsten 1871 andauern sollte. Welche besondere Stellung dem nur ein Jahr älteren Ernst Friedrich von Dörnberg eingeräumt wurde, zeigen seine Befugnisse und Aufgaben in der Verwaltung des fürstlichen Hauses, auf die noch näher eingegangen wird.

Grundsätzlich war in die Führung des Hauses durch den Generationswechsel ein »frischer Wind« gekommen. Denn anders als Karl Alexander nach dem Tod

---

[15] Zu diesem Bereich allgemein Helmut BERDING/Hans Peter ULLMANN, Veränderungen in Deutschland an der Wende vom 18. zum 19. Jahrhundert, in: Dies. (Hrsg.), Deutschland zwischen Revolution und Restauration, Königstein i. Ts. 1981, S. 11–40; zu Bayern: BLESSING, Umbruchkrise; außerdem spezieller zum Adel: Rudolf BRAUN, Konzeptionelle Bemerkungen zum Obenbleiben. Adel im 19. Jahrhundert, in: WEHLER, Europäischer Adel, S. 87–95, und Volker PRESS, Adel im 19. Jahrhundert. Die Führungsschichten Alteuropas im bürgerlichen Zeitalter, in: REDEN-DOHNA/MELVILLE, Adel, S. 1–19.

[16] Siehe Wolfgang SCHMIDT, Zur Geschichte der Grafen von Dörnberg in Regensburg 1817–1897, in: Die Grafen von Dörnberg und ihre Geschichte, Regensburg 1991, S. 9–49, hier: S. 16.

Carl Anselms wechselte Maximilian Karl das gesamte Führungspersonal des Hauses recht zügig aus. Bis zum Jahr 1827 hatte Fürst Karl Alexander mit seinem leitenden Geheimen Rat von Westerholt die Geschicke des Hauses gelenkt. Ihnen standen Vrints-Berberich als Generalpostdirektor und Müller als Kanzleichef zur Seite. Nach dem Tod des Fürsten am 15. Juli 1827 trat Westerholt von seinem Amt zurück, und die flankierenden Personen von Einfluß auf die Hauspolitik, inklusive der in den letzten Jahrzehnten so umtriebigen Fürstin Therese, wurden ebenso auf das Altenteil geschickt. Neben diesen personalen Veränderungen in der Führungsspitze veränderte sich aber auch das Charakteristikum des Hauses Thurn und Taxis. Die Postdynastie verlor Schritt für Schritt ihre noch verbliebenen Postrechte. An die Stelle der Post als Fundament des Hauses trat immer stärker der Grundbesitz. Er nahm in der Verwaltung, in der wirtschaftlichen Ausstattung, aber auch in der politischen Bedeutung des Hauses stets an Bedeutung zu. Im Selbstverständnis und auch in der Außenwahrnehmung blieb die Post natürlich weiterhin ein wesentlicher Bezugspunkt, aber der Weg führte für die Fürsten im 19. Jahrhundert von einem Postmeister mit Herrschaftsbesitz über einen Landespostmeister mit Grundbesitz zu einem Großgrundbesitzer ohne Post. Neben Maximilian Karl an der Spitze des Hauses war Freiherr von Dörnberg der Lotse auf diesem Weg.

2.2. Freiherr von Dörnberg – Mitglied und Manager des Hauses

Die Freiherren von Dörnberg stammten aus dem Hessischen und kamen durch ihre Gesandtentätigkeit am Immerwährenden Reichstag nach Regensburg.[17] Konrad Heinrich von Dörnberg ließ sich schließlich endgültig in Regensburg nieder und war zu Beginn des 19. Jahrhunderts elf Jahre lang der Chef der Regierung des Regenkreises, also einer Region, die im groben dem heutigen bayerischen Regierungsbezirk Oberpfalz entspricht. Spätestens in dieser Funktion hatte er mit dem Haus Thurn und Taxis zu tun, und er dürfte wohl öfters am Hofe des ehemaligen Prinzipalkommissars verkehrt haben. Er hatte acht Kinder, von denen insgesamt vier in ein unmittelbares Verhältnis zum fürstlichen Haus Thurn und Taxis traten. Die Tochter Wilhelmine war – nach einigen Beschreibungen – von besonders auserlesener Schönheit und erregte wohl dadurch bald die Aufmerksamkeit des jungen Fürsten.[18] Wann die Liaison der

---

[17] Die Geschichte des Hauses Dörnberg von den Anfängen über die Erhebung in den Reichsfreiherrnstand bis zur Niederlassung in Regensburg zusammengefaßt ebenda, S. 9 f. Die Akten zur Geschichte der Freiherren, die später in den Grafenstand erhoben wurden, werden heute im Stadtarchiv Regensburg gelagert. Der Bestand enthält auch Akten zur Geschichte des Hauses Thurn und Taxis, da Ernst von Dörnberg 43 Jahre lang Chef der Gesamtverwaltung des fürstlichen Hauses war. Sein Sohn gründete kurz vor seinem Tod mit dem Vermögen des Hauses eine Stiftung; die Akten der Familie wurden als Depositum dem Stadtarchiv übergeben.

[18] Siehe die Zitate aus zeitgenössischen Schilderungen ihrer Schönheit und die Abbildungen in W. SCHMIDT, Dörnberg, S. 16.

beiden begann, läßt sich aufgrund der Quellenlage nicht feststellen, aber gegen Ende des Jahres 1826 mußte sie schon weit gediehen sein, denn in einem Brief an das Freifräulein sprach der Fürst die Hoffnung aus, daß der gemeinsame Ehewunsch bald in Erfüllung gehe und von den Eltern befürwortet werde.[19] Zur gleichen Zeit – noch sechs Monate vor der Vermählung – erkor Maximilian Karl den Bruder seiner späteren Gemahlin zum Lenker der Thurn und Taxisschen Geschäfte. Ernst Friedrich von Dörnberg hatte neben der allgemeinen Ausbildung im elterlichen Hause und damit der Kenntnis der Regensburger bzw. bayerischen Verhältnisse den Verwaltungsbereich in der Forstwirtschaft von der Pike auf gelernt:[20] Der dritte Sohn des Generalkommissärs von Dörnberg, am 16. April 1801 zu Ansbach geboren, wurde in Würzburg auf eine Laufbahn in der Forstverwaltung vorbereitet. Ab 1822 bekleidete der junge Forstpraktikant eine Stelle als Kreisforstoffiziant bei der Kammer der Finanzen innerhalb der Regierung des Regenkreises. Einige Jahre später stand er als Revierförster im Forstamt Kelheim dem Revier Hohengebraching vor. Hier dürfte er sich die Kenntnisse angeeignet haben, die ihm später bei der Verwaltung des Thurn und Taxisschen Landbesitzes zugute kamen. Überraschend ist allerdings, daß ihm der junge Fürst vom ersten Tag an zutraute, die gesamten Geschäfte des Hauses zu regeln. Im Frühjahr 1828 übertrug Maximilian Karl dem 27jährigen die Reform des gesamten Verwaltungsapparates und stattete ihn mit Prokura für alle Entscheidungen aus.[21] Dörnberg ging mit einem wohldurchdachten Plan zur Reorganisation des gesamten Verwaltungsapparates an die Arbeit, der in einvernehmlicher Absprache mit dem Fürsten entwickelt worden war. Ernst Friedrich und Maximilian Karl avancierten in kürzester Zeit zur erfolgreichen Thurn und Taxisschen Doppelspitze: In den zwei Jahrzehnten zwischen der Vermählung 1828 und dem Einschnitt durch die Revolution von 1848 zeigte der Fürst eine erstaunliche Schaffenskraft. Er engagierte sich in allen Bereichen seines fürstlichen Hauses und koordinierte gleichzeitig zahlreiche unterschiedliche Projekte. Seine rechte Hand war dabei immer mehr sein Schwager Ernst, den er 1833 zum »Chef der thurn und taxisschen Gesamtverwaltung« mit einem jährlichen Gehalt von 12 000 fl. machte.[22] Neben ihm waren ab 1829 seine Brüder Friedrich Karl als Leiter einer neu eingerichteten Ökonomiekommission und August von Dörnberg als Nachfolger des Generalpostdirektors Vrints-Berberich in fürstlichen Diensten tätig.[23]

---

[19] Erbprinz Maximilian Karl an Wilhelmine von Dörnberg, 2. Januar 1827, StA Regensburg, Dörnberg Nachlaß 94.

[20] Zum Werdegang des Freiherrn von Dörnberg siehe im folgenden die Kurzbiographie bei W. SCHMIDT, Dörnberg, S. 22–38.

[21] Als der Fürst im Frühsommer für einige Zeit verreiste, hinterließ er Ernst von Dörnberg eine Vielzahl von Blankoschecks mit seiner Unterschrift. Die Reform der Verwaltung ab dem Jahr 1828 lag schließlich völlig in den Händen des Freiherrn. Auf die Verwaltungsstruktur und dessen Reformen wird besonders im folgenden Unterkapitel eingegangen.

[22] Reskript vom 26. Dezember 1832. FZA Regensburg, PA 1556.

[23] Siehe zu Position, Anstellung und Bezügen die entsprechenden Personalakten.

Die größte Herausforderung für das Haus Thurn und Taxis war die strukturelle Veränderung seiner wirtschaftlichen Basis. Neben dem traditionellen Postsektor wurde durch die Zunahme der Ländermasse der Bereich der Güterverwaltung auch finanziell immer wichtiger. Deshalb wurde eine Neuordnung der gesamten Verwaltung und insbesondere des Rechnungswesens zwingend notwendig.[24] Durch die Postentschädigungen und die Ablösungsgesetzgebung der dreißiger Jahre war ein riesiges Kapital angefallen, welches zum Nutzen des Hauses angelegt werden mußte.[25] Dies geschah zu einem Großteil in Domänen, wodurch die Domänenkammer innerhalb der Verwaltung stetig an Bedeutung zunahm.[26] Verwaltung und Kassenführung wurden diesen vermehrten Anforderungen nicht mehr gerecht. Ein Wirrwarr an Kassen führte zum Beispiel zu abstrusen Folgen: Es geschah, daß an einer Stelle Kapital aufgenommen wurde, obwohl an anderer Stelle genügend Geld liquide gewesen wäre.[27]

Man erreichte eine Neuorganisation durch drei Reformen: Erstens wurde eine zentrale Verwaltungsstelle eingerichtet, das sogenannte Immediatbüro, das dem Chef der Gesamtverwaltung unterstand. Dort sollten alle Fäden der Verwaltung zusammenlaufen und dadurch Übersichtlichkeit gewährleistet und der Geschäftsgang beschleunigt werden. Zweitens wurde eine geregelte Kassenführung eingerichtet. Alle Kassenstellen mußten ein tägliches Kassenbuch führen und ihre Überschüsse an eine zentrale Kasse abgeben. Zum dritten führte man eine Trennung von Privathaushalt (also der Hofhaltung) und Unternehmenshaushalt ein.[28]

Damit war man verwaltungstechnisch für eine Vielzahl von Großprojekten der dreißiger Jahre gerüstet. Die Fäden liefen dabei stets beim Chef der Gesamtverwaltung zusammen. Mit verwaltungstechnischem Verstand, einschlägiger Fachkenntnis und Verhandlungsgeschick gelang es ihm, die Geschäfte des Hauses zur höchsten Zufriedenheit seines Dienstherren zu führen. Wie sehr Maximilian Karl seinen Schwager schätzte, ist den ab 1837 einsetzenden

---

FZA Regensburg, PA 1558; 1553.

[24] Eine Verwaltungsgeschichte des Hauses Thurn und Taxis steht noch aus. Wesentliche Vorarbeiten dazu haben Erwin Probst und Harald Winkel geleistet. Siehe deshalb zu den folgenden Ausführungen WINKEL, Entwicklung, und PROBST, Verwaltungsstellen.

[25] Die Ablösungsverhandlungen zogen sich in den einzelnen Ländern sehr unterschiedlich in die Länge. Ihren Abschluß fanden sie erst im Zusammenhang mit der Revolution von 1848. Siehe dazu WINKEL, Ablösungskapitalien; allgemeiner dazu Christof DIPPER, Die Bauernbefreiung in Deutschland 1790–1850, Stuttgart 1980.

[26] Interessant ist dabei, daß die Postdynastie ihre Einnahmen ab 1830 zu etwas mehr als der Hälfte aus der Renditeabschöpfung der Herrschaften bezog. Diese Entwicklung kann aus den »Generalkassen-Rechnungen« ersehen werden. Einen Einblick gibt auch eine Übersicht, die in den fünfziger Jahren angelegt worden ist. Siehe FZA Regensburg, IB 1187; StA Regensburg, Dörnberg Nachlaß 184. Eine detaillierte Auswertung erfolgt in Kapitel III.3.1.

[27] Kurz zusammengefaßt bei BEHRINGER, Thurn und Taxis, S. 312–314.

[28] Die Ergebnisse der Verwaltungsreform bei PROBST, Verwaltungsstellen, S. 303–308.

Bemühungen abzulesen, ihm bei König Ludwig I. das Großkreuz zum Orden vom Heiligen Michael zu erwirken.

Eine besonders glückliche Hand entwickelte Dörnberg auf einem für das Haus Thurn und Taxis recht neuen Gebiet – dem Finanzgeschäft. Rat holte er sich in diesem Bereich von dem Bankier Raphael Erlanger und dem Bankhaus Rothschild.[29] Fürst Maximilian Karl übertrug seinem Schwager die alleinige Verwaltung aller Staats- und Wertpapiere, die seit den Ablösungskapitalien in beachtlichem Umfang angefallen waren. Dörnberg mußte dabei nicht den Dienstweg einhalten, sondern konnte ohne Geschäftsformalitäten darüber verfügen. Bereits im ersten Rechnungsjahr erwirtschaftete Dörnberg mit dem anfänglichen Effektenstand von 1,3 Mio. fl. einen Gewinn von 127 345 fl., was sich auch in den nächsten Jahren in ähnlicher Höhe fortsetzen sollte. Der Fürst beteiligte Dörnberg aufgrund des Erfolges recht umfangreich am Gewinn: Von 1 bis 6,99 Prozent an Zinsen und Gewinn sollte er ein Prozent erhalten, für jedes weitere ein halbes Prozent.[30] Wie geschickt Dörnberg auch in den folgenden Jahren dieses Geschäft betrieb, ist daher an seinem Anteil abzulesen, der sich zwischen 1861 und 1866 auf 1 440 669 fl. belief.[31]

Aber nicht nur in verwaltungstechnischer und wirtschaftspolitischer Hinsicht formte Dörnberg ganz wesentlich das Profil des Hauses Thurn und Taxis. Auch auf der politischen Ebene war er ein wesentlicher Impulsgeber. Der österreichisch-preußische Dualismus wurde auch im Bereich der Post ausgetragen, wodurch Thurn und Taxis automatisch in dieses Spannungsfeld hineingezogen wurde. Auf welcher Seite sich das Haus befand, steht außer Frage.[32] Die Postorganisation, die *Frankfurter Oberpostamtszeitung* und nicht zuletzt die Thurn und Taxissche Dependance in Frankfurt standen im Dienst der österreichischen Sache. August von Dörnberg trat dabei als Generalpostdirektor in Frankfurt ganz in die Fußstapfen seines Vorgängers Vrints-Berberich. Otto von Bismarck berichtete als preußischer Gesandter am Bundestag, daß Dörnberg sehr enge Beziehungen zur Frau von Vrints-Berberich pflege, »deren täglich offener Salon eine Art von österreichischem weiblichen Haupt-

---

[29] Zu diesem Bankier siehe Norbert G. KLARMANN, Unternehmerische Gestaltungsmöglichkeit des Privatbankiers im 19. Jahrhundert dargestellt am Beispiel des Hauses Erlanger Söhne, in: Bankherren und Bankiers. Büdinger Vorträge, Lüneburg 1978, S. 27–44.

[30] Siehe das Schreiben Fürst Maximilian Karls an Dörnberg, 8. Dezember 1858. StA Regensburg, Dörnberg Nachlaß 185, zitiert bei W. SCHMIDT, Dörnberg, S. 30.

[31] Siehe dazu die Übersicht in StA Regensburg, Dörnberg Nachlaß 173.

[32] Darauf wird in Kapitel III.3.4 noch näher eingegangen. Bereits GOLLWITZER, Standesherren, S. 138 f., bezeichnet die Thurn und Taxis als eindeutige Parteigänger Habsburgs und betont die »hohe Bedeutung des fürstlichen Personals« in ihrem Ansehen und Einfluß auf Reichsebene (ebenda, S. 80). Seine Bemerkung, daß die Thurn und Taxisschen Angestellten auch in der Reichspublizistik aufgetreten seien, bezieht sich auf die Schriften Dörnbergs und die Aktivitäten seines Nachfolgers Franz von Gruben. Außerdem ist noch das Werk *Die deutschen Standesherren* zu nennen, das zwar anonym erschien, aber verfaßt wurde von dem Thurn und Taxisschen Rechtskonsulenten Vahlteich. Zur Wirkung des Werks siehe ebenda, S. 213.

quartier bildet«.³³ Ernst Friedrich von Dörnberg bekannte jedoch noch deutlicher Farbe. In den sogenannten »Dörnbergschen Denkschriften« trat der Chef der Gesamtverwaltung im Namen des Hauses Thurn und Taxis dezidiert für eine großdeutsche und damit proösterreichische Politik ein.³⁴ Er vergaß bei seinen Ausführungen zur Neuorganisation der Bundesordnung natürlich nicht, die Verdienste und damit die erworbenen Ansprüche des Hauses Thurn und Taxis zu erwähnen.

Auch wenn Dörnberg nicht der Urheber dieser Schriften gewesen sein sollte, sondern sein späterer Nachfolger Franz Joseph von Gruben, prägte er in dieser Zeit ganz wesentlich die politische Ausrichtung des Hauses mit. Es ist daher auch verständlich, daß es nach dem deutsch-deutschen Krieg von 1866 und seinen Folgen, die nicht zuletzt im Ende der Post und der proösterreichischen *Oberpostamtszeitung* bestanden, ruhiger wurde. Aber auch die nicht für die Öffentlichkeit bestimmten Memoranden zur Zukunft des Hauses Thurn und Taxis nach 1868 entstammten seiner Feder.

Als Fürst Maximilian Karl am 10. November 1871 starb, reichte Dörnberg noch am selben Tag seine Entlassungsurkunde ein. Eine Ära, in der diese beiden Männer das Profil des Hauses Thurn und Taxis gestaltet hatten, war zu Ende.

2.3. »... das Abschneiden alter Zöpfe« – Strukturierung der Verwaltung

Abschließend sollen nun einige vertiefende Erläuterungen zur Behördenstruktur im 19. Jahrhundert gegeben werden. Mit dem Tod des Fürsten Karl Alexander sowie seines Verwaltungschefs Westerholt im gleichen Jahr und der Regierungsübernahme durch Maximilian Karl, der Dörnberg an die Spitze der Verwaltung brachte, zeichnete sich sehr bald eine Zäsur in der Verwaltungsorganisation ab.³⁵ Auch wenn durch die kontinuierliche Zusammenarbeit von Fürst und dirigierendem Rat das Haus über zwei Jahrzehnte bis 1827 erfolgreich geführt worden war, hatten sich durch das Fortbestehen konkurrierender Behörden manche Verzögerungen innerhalb des Verwaltungsgangs ergeben, die in vielen Bereichen zu einer Unübersichtlichkeit geführt hatten. Diesem Sachverhalt trug der jugendliche Fürst Rechnung, indem er Dörnberg bereits im ersten Dienstjahr den Auftrag gab, eine durchgreifende Verwaltungsreform in Angriff zu nehmen. Wie systematisch und tiefgreifend die Verwaltungsreform angegangen wurde und zu welchen Ergebnissen sie führte, zeigt ein Ver-

---

[33] Bericht Bismarcks an Manteuffel, 26. Mai 1851, in: Heinrich von POSCHINGER (Hrsg.), Preußen im Bundestag 1851 bis 1859. Dokumente der K. Preuß. Bundestagsgesandtschaft, Bde. 1–4, Leipzig 1882–1884, hier: Bd. 4, S. 4.

[34] Siehe die Edition in Heinrich von SRBIK (Hrsg.), Quellen zur deutschen Politik Österreichs 1859–1866, Bde. 1–5, Oldenburg 1934–1938, ND Osnabrück 1967, hier: Bde. 2–3. Ausführlicher dazu Kapitel III.4.3.

[35] Zu den Verwaltungs- und Organisationsformen seit Fürst Maximilian Karl siehe im folgenden PROBST, Verwaltungsstellen, S. 303 f.

weis auf die Vorgänge des Jahres 1828. Dörnberg legte in einem Promemoria die Grundlinien seiner Reform dar und begründete die notwendige Erfassung einer Gesamtübersicht über sämtliche Verwaltungsbereiche und deren Zuständigkeiten. Die Ergebnisse dieser Inventur im fürstlichen Haus haben sich in zahlreichen Statistiken und einem Generaltableau niedergeschlagen.[36] Die Zäsur in der Gesamtverwaltung bestand in einer grundlegenden Neuorganisation. Das Hofmarschallamt und die Geheime Kanzlei wurden aufgelöst, die Domänenoberadministration grundlegend reformiert. Sämtliche Fäden aller Verwaltungsbereiche sollten in Zukunft beim neugeschaffenen »Immediatbüro« liegen. Doch diese Reformen zogen sich in die Länge, was aufgrund ihres Umfangs nicht verwundert. Wie groß die Verfügungsgewalt des Chefs der Gesamtverwaltung war, zeigt sich daran, daß der Fürst ihm allein die Reformarbeit überließ und ihm dazu, wie bereits erwähnt, während einer Reise im Frühsommer 1828 eine große Anzahl von blanko unterschriebenen Briefbögen zurückließ.[37] Die Verwaltung zeigte sich in vielen Bereichen anfangs noch wenig kooperationsbereit. Bei allen Erleichterungen des Verwaltungsgangs aufgrund der Reformen mußte Dörnberg doch feststellen, daß »die alten Hasen oft recht zähe werden. Welche Mühe es kostet, die nöthigen Papiere und Akten zusammenzufinden, ist kaum zu beschreiben, denn die Akten der Registratur sind durchgehend nicht vollständig, u[nd] stets hat Müller das fehlende, wovon er sich immer nur mit schwerem Herzen trennt«. Einige dieser »alten Hasen« wurden sogar zu erklärten Gegnern ihres neuen Chefs, und die Erfassung der unterschiedlichen Statistiken ging nur schleppend voran.[38] Interessant ist dabei, daß beim Generationswechsel innerhalb der Verwaltung beide Seiten überzeugt waren, nur das Beste für das Haus Thurn und Taxis zu wol-

---

[36] Das Generaltableau von 1828 wurde hinsichtlich der Personenstruktur des Unternehmens von BEHRINGER, Thurn und Taxis, S. 318–322, ausgewertet. Da diese Aufstellung eine komplette Übersicht aller Thurn und Taxisschen Angestellten mit Angaben zu Person, Lebenslauf etc. bietet, können daraus auch wesentliche Rückschlüsse auf die gesamte Unternehmensgliederung gezogen werden. Neben dieser wohl bedeutendsten Statistik wurden eine Reihe von Aufstellungen über Besitz, Einkünfte und Ausgaben etc. angefertigt. Siehe z. B. FZA Regensburg, IB 1187 und DK 14805.
[37] Zur Verwaltungsreform Dörnbergs in den Anfangsjahren seiner Tätigkeit siehe W. SCHMIDT, Dörnberg, S. 22 f.; außerdem PROBST, Verwaltungsstellen, S. 304 f.
[38] Das Zitat aus: Ernst von Dörnberg an Fürst Maximilian Karl, 1. Mai 1828. StA Regensburg, Dörnberg Nachlaß 46. Siehe zum Folgenden W. SCHMIDT, Dörnberg, S. 23 f. Bei den »alten Hasen« handelt es sich natürlich um die weiterhin in der Verwaltung tätigen Beamten, die schon unter Karl Alexander ihren Dienst verrichtet hatten. Der genannte Müller war als Geheimer Rat in der Zentralverwaltung tätig. Siehe dazu FZA Regensburg, Generaltableau 1828; Personalakten 6366. Einen Einblick in den schleppenden Gang der Inventarisierung des Besitzes etc. ergibt sich aus vielfältigem Aktenmaterial. Immer wieder fordert dabei der Fürst, oder zum Teil als Stellvertreter auch Dörnberg, die Einsendung der angeforderten Aufzeichnungen. Oft sind zu einem Vorgang drei bis vier Schriftwechsel mit wechselnder Mahnung und Bitte um Fristaufschub vorhanden. Siehe zum Beispiel FZA Regensburg, IB 1187; DK 14805 u. a.; außerdem zu Leykam PA 5483–5484.

len. Der langjährige Generalpostdirektor Vrints-Berberich schrieb daher dem Kanzleidirektor Müller: »Mit gebrochenem Herzen« habe er nun ersehen, daß

> »Sie aber zum größten Nachtheile des fürstl[ichen] Hauses aller Theilnahme an den wichtigsten Angelegenheiten des Hauses, denen Sie mit so vieler Ehre und zu dessen nüzlicher Erhebung während ein Vierteljahrhundert vorgestanden sind, entzogen werden. [...] Übrigens, bester Freund, erwarte ich keinen Dank von denen jetzigen Rathgebern unseres Fürsten, denn sie scheinen überzeugt zu sein, daß unser ehemaliges eifriges Bestreben und unsere bisherigen Anstrengungen keinen verdienen. [Die Veränderungen sind beschlossene Sache,] so beschränke ich mich Gott zu bitten, daß Er alles zum Besten, dießes uns so theueren Hauses lenke«.[39]

Das Haus als übergeordneter Bezugspunkt, dem sich die Vertreter der Verwaltung mehr verpflichtet fühlten als dem Fürsten, taucht in den Briefwechseln immer wieder auf. Allerdings kann dies nicht darüber hinwegtäuschen, daß trotz dieser Beteuerungen der Abschied von der Macht und damit verbundenen Privilegien einigen persönlich schwerfiel. So wurde beim Machtwechsel auch eine Übersicht der Sonderzuwendungen erstellt, wobei man merkte, daß man einige in Zukunft weglassen könne, wie beispielsweise die Frankfurtzulage für Vrints-Berberich: »Denn so zieht H[er]r B[aron] von Vrints-Berberich gegenwärtig 4 000 fl. Tafelgelder um diese für den Anstand und Lustre des Hauses zu verwenden«.[40] Alles in allem verlief der Übergang zwischen alter und neuer Garde daher verständlicherweise nicht ganz reibungslos. Vor allem die Tatsache, daß ein völlig neues Gesicht innerhalb der Reihen die Macht bündelte, trug dazu wesentlich bei. Auch das Verhältnis Dörnbergs zur Fürstinmutter, welche die Eheschließung ihres Sohnes kategorisch ablehnte, war eher angespannt.[41] Doch durch die Unterstützung des Fürsten und die Berufung zweier Brüder Dörnbergs in zentrale Stellen der fürstlichen Verwaltung wurde seine Position gefestigt, und die Reformen konnten bereits 1833 zu einem ersten Abschluß geführt werden. In diesem Jahr kam es zur endgültigen Definition des Immediatbüros. Unter dem Chef Dörnberg wurde es zur zentralen Schaltstelle aller Vorgänge im fürstlichen Haus und unterstand als letzte Instanz direkt dem Fürsten. In den Akten des Immediatbüros finden sich deshalb Materialien zu den unterschiedlichsten Vorgängen, wie Verhandlungen über Gebietsankäufe, die Abwicklung der Postverhältnisse bis hin zu Überlegungen, die Hofhaltung oder Kapitalanlagen betreffen.[42] Dem Imme-

[39] Vrints-Berberich an Müller, Frankfurt 21. Februar 1829. FZA Regensburg, PA 6366, Konv. »Bitte um Geschäftserleichterung bzw. Pensionierung«.
[40] Übersicht durch Liebel. Ebenda.
[41] Am 15. Februar 1828 teilte Dörnberg der Fürstinmutter Therese mit, daß er zum Bevollmächtigten des Fürsten Maximilian Karl ernannt worden sei. Therese schrieb daraufhin am 17. Februar an ihn zurück, daß sie davon schon in Kenntnis gesetzt sei, es aber bevorzuge, ihre Geschäfte wie gewohnt mit ihrem Sohn selbst abzuwickeln. StA Regensburg, Dörnberg Nachlaß 182.
[42] Siehe dazu FZA Regensburg, »Repertorium der reponirten und currenten Registratur

diatbüro unterstanden folgende Administrationsbereiche: erstens die Generalpostdirektion in Frankfurt, die ab den dreißiger Jahren von August von Dörnberg geführt wurde[43]; zweitens das Rechnungs- und Kassenwesen (bestehend aus Obereinnehmerei und Liquidationskommission), das durch grundlegende Reformen zu einer Organisationsform gelangt war, die sich mit dem bedeutend später entstehenden Handelsgesetzbuch durchaus messen lassen kann[44]; drittens die neugegründete Ökonomiekommission, welche die Aufgaben des früheren Hofmarschallamtes übernommen hatte. Unter der Leitung Friedrich Karl von Dörnbergs war diese Ökonomiekommission allgemein für Gärten, Schlösser und Personal zuständig. Viertens schließlich unterstand dem Immediatbüro die Domänenoberadministration, die aufgrund der politisch-rechtlichen wie unternehmensstrukturellen Veränderungen deutlich an Gewicht gewonnen hatte. Im Bedeutungszuwachs dieser Stelle spiegelt sich der Übergang vom Postunternehmer zum Großgrundbesitzer auf das deutlichste wieder. Wie groß der Einfluß Dörnbergs auf die Gesamtgeschicke des fürstlichen Hauses war, zeigt seine Präsenz bei allen Beratungen und Entscheidungen, die eigentlich dem Chef des Hauses vorbehalten waren. In Meinungsverschiedenheiten mit dem Freiherrn Franz von Gruben kündigte sich das Ende seiner Ära an. Als Dörnberg zeitgleich mit dem Tod Maximilian Karls die Bühne der fürstlichen Gesamtverwaltung verließ, wurde Gruben sein Nachfolger.[45]

Abschließend muß, um das Bild nicht zu verfälschen, auf die Gestaltung der Hauspolitik durch Maximilian Karl verwiesen werden. Zwar kann konstatiert werden, daß innerhalb der Hauspolitik von 1827 bis 1871 Dörnberg die zentrale Rolle spielte. Aber dabei darf nicht übersehen werden, daß der Fürst selbst in vielfacher Hinsicht Anstöße für Projekte und Ziele gab. Auch wenn Dörnberg die Prokura innehatte, wurde der Fürst über das Vorgehen seines Schwagers jederzeit gut unterrichtet, und er war die letzte Instanz im Ent-

des Fürstlich Thurn und Taxisschen Immediatbureau«, Bde. 1–5, Signatur 37 B 2.0.2 -(1-5).

[43] August von Dörnberg sollte die Nachfolge des renommierten Generalpostdirektors Baron von Vrints-Berberich in Frankfurt antreten. Schon zu dessen Amtszeit wurde er in die fürstliche Verwaltung berufen, um sich auf die Stelle vorzubereiten. Siehe W. SCHMIDT, Dörnberg, S. 27; außerdem FZA Regensburg, PA 1553.

[44] Die Reform des Kassen- und Rechnungswesens hat Winkel untersucht. Er betont den fortschrittlichen Stand der gesamten Buchhaltung. Durch die Reformen wurde viel vorweggenommen, »was erst wesentlich später Inhalt des Handelsgesetzbuches oder heute Bestandteil der Grundsätze ordnungsgemäßer Buchführung geworden ist«. Winkel ist zusammenfassend der Meinung, daß dadurch ein wesentliches Werkzeug geschaffen worden sei, um die Veränderungen in der Unternehmensstruktur zu meistern. Siehe WINKEL, Entwicklung, S. 9. Im Anhang hat Winkel die einschlägige »Verordnung Nr. IV vom 30. April 1829, die Buchführung bei den fürstlichen Rentämtern betreffend«, ediert.

[45] Die von ihm geschaffene Verwaltungsstruktur blieb jedoch auch unter dem nachfolgenden Fürsten Maximilian Maria, der bis 1888 unter Vormundschaft seiner Mutter stand, erhalten. Die Neuorganisation des Kassen- und Rechnungswesens blieb bis zur Mitte des 20. Jahrhunderts bestehen. Siehe zur Verwaltungsstruktur unter den nachfolgenden Fürsten PROBST, Verwaltungsstellen, S. 308 f.; zur Bedeutung der Kassenreform WINKEL, Entwicklung, S. 12.

scheidungsfindungsprozeß. Zusammenfassend kann man sicher von der Dörnbergschen Ära unter dem Fürsten Maximilian Karl sprechen: Gemeinsam machten sie Hauspolitik.

3. Märchenhafter Reichtum: Ökonomische Verhältnisse im 19. Jahrhundert

3.1. Die Finanzen im »Strudel der Ereignisse«

Am 14. Mai 1851 fühlte sich der Chef der Thurn und Taxisschen Gesamtverwaltung veranlaßt, einen Kassensturz durchzuführen. In der Einleitung seiner umfangreichen Übersicht schrieb er: »Die im Jahr 1848 eingetretenen großen politischen Erschütterungen und Umwälzungen, welche auch die fürstlichen Interessen in den Strudel der sich schlagenden und überstürzenden Ereignisse mit hineingezogen haben [...] geben Anlaß zu einem Rechenschaftsbericht«.[46]

Dörnberg unterteilt seinen Bericht in zwei gleichgroße Zeiträume: zum einen vor (1809 bis 1827) und zum anderen nach seiner Übernahme (1828 bis 1846/47) der Thurn und Taxisschen Geschäfte. In der ersten Phase waren insgesamt 22 102 038 fl. eingenommen worden, was jährlichen Einnahmen von 1 163 265 fl. entsprach. Dem standen im gleichen Zeitraum Ausgaben in Höhe von 9 420 000 fl., also 495 789 fl. pro Jahr, gegenüber. Somit konnte ein reiner Überschuß von 10 252 760 fl., also durchschnittlich 539 618 fl. pro Jahr, erwirtschaftet werden.[47] In der zweiten Phase blieb die Bilanz bei steigender Tendenz im gleichen Verhältnis: Einnahmen von über einer Million Gulden standen Ausgaben von knapp einer halben Million pro Jahr gegenüber.

In der Übersicht ist jedoch eine eindeutige Veränderung ablesbar: Zwischen 1830 und 1840 stiegen die Erträge aus den Domänen kontinuierlich an und erreichten schließlich die Höhe der Posteinnahmen.[48] Daher ist leicht verständlich, warum das Jahr 1848 einen deutlichen Einschnitt in den Finanzverhältnissen des Postimperiums herbeiführte. Die an Bedeutung zunehmenden Einnahmen aus Landbesitz wurden durch die veränderte Rechtslage geschmälert. Im Bilanzjahr 1848/49 mußte im Vergleich zu den Vorjahren ein Einnahmeverlust von insgesamt 196 968 fl. verzeichnet werden.[49] Der Chef der Gesamtverwaltung vermerkte zu Recht: »In den MaerzEreignissen des Jahres 1848 liegt die Ursache, welche diese Wunde geschlagen und bedeutenden

---

[46] Siehe zu den folgenden Ausführungen »Gehorsamster Rechenschaftsbericht des Ernst F. von Dörnberg über die fürstliche Gesamtverwaltung«. StA Regensburg, Dörnberg Nachlaß 184, pag. 1–105.

[47] Ebenda, pag. 43 f.

[48] Ebenda, pag. 58. Der Grundbesitzertrag stieg von 340 000 auf 635 000 fl. im Jahr, die Posteinnahmen bewegten sich schwankend zwischen 540 000 und 620 000 fl. pro Jahr.

[49] Ebenda, pag. 98. Siehe allgemeiner den Abschnitt »1847/48–März 1848« (pag. 89 f.). Dörnberg listete in seiner Übersicht (pag. 90) die veränderte Gesetzgebung mit der Ablösung von grundherrlichen Rechten detailliert auf.

Ausfall herbeigeführt hat«. Allerdings betonte Dörnberg im darauffolgenden Satz, daß bereits jetzt – also im Jahr 1851 und damit nur knapp drei Jahre später – von einer Konsolidierung der Finanzen gesprochen werden könne.

Damit war das Haus Thurn und Taxis wieder einmal dem »Strudel der Ereignisse« glücklich entronnen. Denn nicht nur 1848, sondern auch zu Beginn des Jahrhunderts und später im Jahr 1866 gab es, durch die politischen Turbulenzen herbeigeführt, deutliche Veränderungen in der Einnahmenstruktur. Doch durch geschicktes »Haushalten« mit den immensen Ressourcen, welche Post, Grundbesitz und Kapitalanlagen boten, und durch einige glückliche Umstände, die man nicht zuletzt der Protektion Habsburgs verdankte, konnte man die finanzielle Basis nicht nur sichern, sondern, die Kapitalressourcen aus dem 18. Jahrhundert nutzend, das Haus im 19. Jahrhundert zu einem geradezu märchenhaften Reichtum führen.

Einnahmen Thurn und Taxis
1833–1837 (100 % = 6 Millionen Gulden)

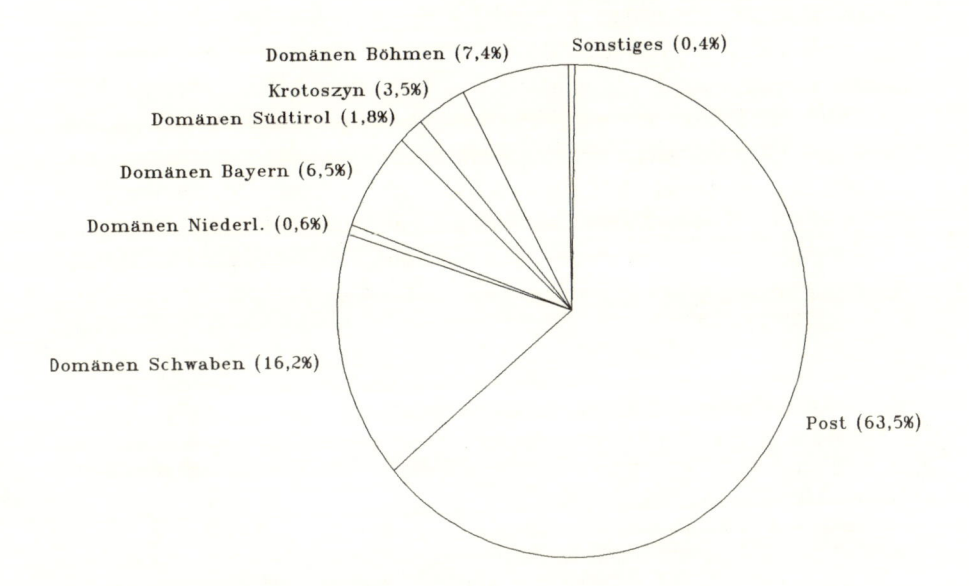

- Domänen Böhmen (7,4%)
- Sonstiges (0,4%)
- Krotoszyn (3,5%)
- Domänen Südtirol (1,8%)
- Domänen Bayern (6,5%)
- Domänen Niederl. (0,6%)
- Domänen Schwaben (16,2%)
- Post (63,5%)

Abb. 11: Einnahmen Thurn und Taxis 1833–1837

3.2. Gliederung der Gesamteinnahmen

Die von Dörnberg in seinem Rechenschaftsbericht angegebenen Einschnitte für den Thurn und Taxisschen Gesamthaushalt in den Jahren 1829 und 1848 haben ihre volle Berechtigung. Denn mit der »Instruktion für die Obereinnehmerei zur Rechnungsführung vom 30. April 1829«, die Fürst Maximilian Karl nach einer Vorlage seiner Verwaltungschefs erließ, wurde die gesamte Kassenführung erstmals auf eine solide und damit überschaubare Basis gestellt.[50] Ab sofort wurden die gesamten Aktiv- und Passivposten der fürstlichen Ökonomie in einer Jahresbilanz zusammengetragen und einander gegenübergestellt. Dies war eine beachtliche Neuerung, denn zuvor wurden Einnahmen und Ausgaben bereits in unterschiedlichen Kassenbeständen verrechnet, wodurch eine Jahresbilanz nahezu unmöglich wurde.[51] Die ab 1829 eingeführten Grundsätze der Rechnungsführung waren dem Gesamtunternehmen Thurn und Taxis angemessen und sollten sich als so brauchbar erweisen, daß sie bis zur Mitte des 20. Jahrhunderts angewendet werden konnten.[52] Den zweiten Einschnitt für die ökonomischen Verhältnisse brachten die Veränderungen infolge der Märzrevolution. Im Rechnungsjahr der Revolution sanken die Einnahmen um fast die Hälfte der sonstigen Durchschnittswerte auf 770 304 fl., außerdem war ab sofort die Einnahmenstruktur aufgrund wichtiger Vorgänge deutlich verändert. Wie jedoch Dörnberg bei seinem Rechenschaftsbericht vermerkte, konsolidierten sich die Einnahmen recht schnell wieder.[53] Sie erreichten bereits in den folgenden Jahren den Stand vor der Revolution, als die Gesamteinnahmen zwischen 1,0 und 1,4 Mio. fl. lagen. Ein sehr deutliches und kontinuierliches Anwachsen der Einnahmen ist dann ab der Mitte der fünfziger Jahre des 19. Jahrhunderts auszumachen. Im Rechnungsjahr 1857 erreichten die Einnahmen eine Höhe von 1 846 188 fl. und blieben auch im folgenden Jahrzehnt weiterhin in diesem Bereich, konkret zwischen 1,7 und 1,8 Mio. fl., angesiedelt. Mit dem nächsten großen Einschnitt für das Haus Thurn und Taxis, dem Verlust der Post im Jahr 1867, sanken die Einnahmen unter die Millionengrenze. Woher diese immensen Summen kamen, liegt auf der Hand: aus dem Ertrag der Post und des Landbesitzes. An der Verteilung

---

[50] Zum Rechnungswesen siehe grundlegend die Arbeit von WINKEL, Entwicklung, und die Zusammenfassung bei ZERNETSCHKY, Regensburg, S. 131 f.

[51] Denn zuvor gab es eine Vielzahl unterschiedlicher Kassen, die eine reale Bilanzierung ungemein erschwerten oder sogar verhinderten. Siehe WINKEL, Entwicklung; grundlegend dazu auch PROBST, Verwaltungsstellen, S. 296 f.

[52] Siehe dazu die Ausführungen in Kapitel III.2.3; grundlegend WINKEL, Entwicklung, S. 9.

[53] Soweit nichts anders angegeben, wurden die folgenden Zahlen aus dem Bestand FZA Regensburg, Generalkasse, Rechnungen der entsprechenden Jahrgänge entnommen. Eine Auswertung bietet – ebenfalls auf der Basis dieses umfangreichen Quellenbestands – außerdem ZERNETSCHKY, Regensburg.

der Einnahmen ist eine Bedeutungsveränderung innerhalb des Gesamtunternehmens Thurn und Taxis gut abzulesen.

Die Einnahmen aus dem Bereich der reitenden und fahrenden Post betrugen im Rechnungsjahr 1815 insgesamt 688 022 fl., in den nächsten drei Jahren gingen sie fast um die Hälfte zurück, bis sie dann wieder die Höhe von knapp 400 000 fl. erreichten. Bei diesen Zahlen ist jedoch zu berücksichtigen, daß die badische und bayerische Postentschädigung, die in den zwanziger Jahren 56 000 fl. pro Jahr betrug, nicht mitgerechnet worden ist. Im Rechnungsjahr 1829/30 erbrachte der Postbetrieb dem Haus Thurn und Taxis eine Summe von 549 145 fl., die in den folgenden Jahren kontinuierlich anstieg. Bis zum Einschnitt der Revolution lag der Postertrag schließlich zwischen 700 000 und 800 000 fl. pro Jahr. Einen Tiefstand markiert das Jahr 1848 mit nur 359 465 fl. Einnahmen aus der Post. Von da an fehlten die Einnahmen aus der württembergischen Post, die in den vierziger Jahren etwa 150 000 fl. pro Jahr abgeworfen hatte – obgleich das Haus Thurn und Taxis mit einer Summe von 1,3 Mio. fl. für die Übernahme der Postanstalt von Württemberg entschädigt wurde. Erst im Lauf der fünfziger Jahre erholten sich die Einnahmen wieder, und die Thurn und Taxissche Post konnte im letzten Jahrzehnt ihres Bestehens absolute Spitzenwerte zwischen 900 000 und 1,1 Mio. fl. an Einnahmen pro Jahr verbuchen. Will man allerdings den realen Ertrag der Posten errechnen, so gilt es, verschiedene Ausgaben und Abgaben von den Posteinnahmen abzuziehen. Denn der sogenannte »Postlehenscanon«, also die Summe, welche für die Ausübung der Landesposten an die entsprechenden Landesregierungen bezahlt werden mußte, konnte in manchen Jahren über ein Drittel der Posteinnahmen verschlingen.[54] Jedoch blieb auch der Reinertrag aus dem Postbereich in ansehnlicher Höhe: Bis zur Revolution warfen die Posten pro Jahr zwischen 400 000 und 550 000 fl. an Reingewinn ab. Nach den Einbrüchen um 1848, als sogar Defizite verbucht werden mußten, schwankte der Postertrag zwischen 500 000 und 600 000 fl. in den fünfziger Jahren und konnte im letzten Jahrzehnt des Bestehens der Post an die 700 000 fl. im Jahr heranreichen.

Insgesamt gesehen, konnte sich die Post als wichtige wirtschaftliche Säule des Hauses Thurn und Taxis behaupten. In ihrem Gefolge, vor allem aufgrund der Posterträge und -entschädigungen, die überwiegend in Landbesitz investiert wurden, wuchs jedoch, anfangs noch im Schatten stehend, eine zweite, gleich starke Säule heran. Die Anfänge waren allerdings bescheiden: Einnahmen aus dem Grundbesitz traten erst ab 1809 in einer eigenen Rubrik der »Generalkassen-Rechnungen« hervor und lagen zunächst noch unter 10 000 fl. im Jahr. Kurzfristig belief sich bis zum Jahr 1818 dieser Einnahmeposten auf über 300 000 fl., fiel allerdings in den folgenden Rechnungsjahren wieder auf

---

[54] Siehe beispielsweise das Rechnungsjahr 1834/35, als von den Gesamteinnahmen von 777 930 fl. aufgrund des hohen Lehenskanons »nur« 470 823 fl. als Reinertrag übrigblieben. Die Daten – wie stets – aus FZA Regensburg, Generalkasse, Rechnungen 1835.

die Hälfte zurück und erreichte dann bis 1829 wieder knapp die 300 000 fl.-Marke. Bis zur Revolutionszeit stiegen die Einnahmen aus den Domänen dann auf über 700 000 fl. an. Die Jahre um 1848 brachten eine grundlegende Vermögensumschichtung. Umfangreiche grundherrliche Rechte gingen verloren, die immense Summe von insgesamt über 6 Mio. fl. Entschädigungsleistungen floß als Ersatz dafür in die fürstlichen Kassen.[55] In den folgenden Jahrzehnten setzten sich daher die Einnahmen aus dem Domänenbereich, aus den Überschüssen der Domänenverwaltung und den Zinsen aus dem Ablösekapital zusammen. Bis zur Mitte der fünfziger Jahre sanken diese Einnahmen auf eine Viertelmillion fl. im Jahr, stiegen dann jedoch bald wieder zu einer Höhe von einer halben Million fl. und erreichten im Rechnungsjahr 1868/69 einen Spitzenwert von 860 880 fl. Von diesen Einnahmen gilt es, will man den reinen Ertrag berechnen, die Kosten für die Domänenverwaltung abzuziehen. Nach nur sehr mäßigen Anfängen beliefen sich die reinen Erträge aus dem Landbesitz in den zwanziger Jahren auf 88 000 bis 212 000 fl. pro Jahr. Von 1829 bis zum Vorabend der Märzereignisse stiegen die Erträge von 340 456 fl. auf 633 360 fl. an. Nach den Einbrüchen nach 1848 pendelten sich die jährlichen Erträge bald wieder im Bereich zwischen 500 000 und 570 000 fl. ein und erreichten zum Teil Spitzenwerte wie 769 720 fl. im Rechnungsjahr 1867/68.

Die sonstigen Einnahmen sind bis 1851 zu vernachlässigen. Als Kuriosum ist zu erwähnen, daß die Bezüge des Prinzipalkommissars Karl Alexander bis zu seinem Tod im Jahr 1827 von Habsburg weiterhin in fast gleicher Höhe weiterbezahlt wurden. Neben dem Postunternehmen und dem Landbesitz, die in ihrer Bedeutung allmählich gleichrangig geworden waren, begann Fürst Maximilian Karl in den fünfziger Jahren einen dritten Bereich zu etablieren. Das Haus Thurn und Taxis wandte sich nun verstärkt dem Kapitalmarkt zu.[56] Vorherrschend war dabei die Anlage des freien Kapitals in sicheren Staatsobligationen, aber im Lauf des Jahrzehnts öffnete man sich auch anderen Bereichen des Wertpapierhandels. Das Regensburger Fürstenhaus begann somit bereits zu einer Zeit in das Aktiengeschäft einzusteigen, in der die überwiegende Mehrheit der Standesgenossen dies noch entschieden als unstandesgemäß ablehnte.[57] Investitionen im industriellen Sektor begegnet man im Vergleich

---

[55] Ausführlich dazu WINKEL, Ablösungskapitalien, S. 62–69.

[56] In der ersten Hälfte des Jahrhunderts kann man im engeren Sinne noch nicht von einem Kapitalmarkt sprechen. Dafür fehlte ein entwickeltes Banken- und Kreditsystem. Zu verfügbarem Kapital, das in Staatsobligationen ausbezahlt wurde, führte nicht zuletzt die Ablösungsgesetzgebung. Winkel betont den katalysatorischen Effekt dieses Vorgehens: Der Handel mit Wertpapieren wurde entscheidend durch die Staatsobligationen vorangetrieben. Zu diesem Resümee kommt WINKEL, Ablösungskapitalien, S. 64 f., sowie ders., Kapitalquellen im Industrialisierungsprozeß, in: Otto BORST (Hrsg.), Wege in die Welt. Die Industrie im deutschen Südwesten seit Ausgang des 18. Jahrhunderts, Stuttgart 1989, S. 107–125, hier: S. 120 f.

[57] Siehe dazu WINKEL, Ablösungskapitalien, S. 68; GOLLWITZER, Standesherren, S. 254 f.; und Max BRUNNER, Die Hofgesellschaft. Die führende Gesellschaftsschicht Bayerns während der Regierungszeit König Maximilians II., München 1987, S. 153 f.

zum regen Ankauf von Staatsobligationen äußerst selten.[58] Zwei Bereiche nehmen dabei aber bei den Thurn und Taxis eine Ausnahmestellung ein: Erstens förderte man »industrielles Engagement« auf den eigenen Besitzungen. Bereits 1831 nahm die Zuckerfabrik in Dobrawitz ihre Produktion auf, die im gleichen Jahr von einer Nebenlinie des Hauses gegründet worden war. Im Lauf der kommenden Jahre entwickelte sie sich zum größten Zuckerproduzenten Böhmens, und weitere Fabrikanlagen folgten. Außerdem wurden auf den Gütern befindliche Brauereien, Ziegelhütten etc. weiterbetrieben oder sogar neu aufgebaut.[59] Zweitens war man einem Bereich der allmählich beginnenden Industrialisierung besonders aufgeschlossen, da er in das Aufgabengebiet der Post fiel: Von den ersten Anfängen an investierte man in den Eisenbahnbau. Zwar war bis zur Mitte des 19. Jahrhunderts die Postkutsche in der Personenbeförderung führend, aber die Herausforderung durch die Bahn wurde von Thurn und Taxis bald als ein lohnendes Investitionsfeld erkannt.[60]

Der wohl größte Einschnitt in der Geschichte des Hauses Thurn und Taxis im Jahr 1867, das Ende seiner Post, bedeutete auch eine grundlegende Veränderung der ökonomischen Verhältnisse. Zwar zahlte Preußen eine Entschädigung von 3 Mio. Reichstalern, umgerechnet etwa 5 Mio. fl., aber ansonsten war es mit dem Einnahmebereich Post endgültig vorbei. Der bereits stark angewachsene Bereich der Land- und Forstwirtschaft und das mehr und mehr ausgebaute Feld der Finanzwirtschaft konnten diesen Verlust jedoch bald wettmachen. Vor allem konnte man in Zukunft mit dem angewachsenen Kapital arbeiten, das Post, Landbesitz und Wertpapierhandel abgeworfen hatten. Nach Berechnungen von Claus Zernetschky ist der Einnahmeüberschuß, der in der Ära des Fürsten Maximilian Karl und seines Sachwalters Dörnberg angelaufen ist, auf insgesamt 21 Mio. fl. zu veranschlagen.[61]

---

[58] Ebenda. Dies stellt keine Besonderheit dar, denn in der ersten Hälfte des 19. Jahrhundert waren – mit wenigen Ausnahmen – Kapitalbesitzer nicht bereit, in den industriellen Sektor zu investieren. Siehe zusammenfassend WINKEL, Kapitalquellen. Dort auch eine Auseinandersetzung mit der Kapitalmangelthese, wobei Winkel die geminderte Industrialisierung (Bosl) nicht auf Kapitalmangel (Pohl), sondern auf mangelnde Investitionsbereitschaft zurückführt.

[59] Inwieweit man für diesen Bereich die Bezeichnung »industrielles Engagement« anwenden kann, ist zu hinterfragen. Neben dem Aufbau der genannten Zuckerfabrik in Dobrawitz – die im Lauf der Zeit durchaus »industrielle« Ausmaße annahm – müssen die kleineren Zuckerproduzenten wie auch die häufig betriebenen Brauereien, Schnapsbrennereien und Ziegelöfen vielmehr als Grundversorgung ohne Marktbezug angesehen werden. Zur Zuckerfabrik siehe WINKEL, Ablösungskapitalien, S. 68.

[60] Die Postkutsche war bis zur Mitte des 19. Jahrhunderts schlechthin das anerkannte Fortbewegungsmittel. Erst mit einem stärker flächendeckenden Ausbau der Eisenbahnen geriet sie ins Hintertreffen. Siehe Klaus BEYRER, Die Postkutschenreise, Tübingen 1985; Wolfgang SCHIVELBUSCH, Geschichte der Eisenbahnreise. Zur Industrialisierung von Raum und Zeit im 19. Jahrhundert, München 1977. Besonders für den Regensburger Raum siehe Emma MAGES, Eisenbahnbau, Siedlung, Wirtschaft und Gesellschaft in der südlichen Oberpfalz 1850–1920, Kallmünz 1984, S. 22.

[61] ZERNETSCHKY, Regensburg, S. 153.

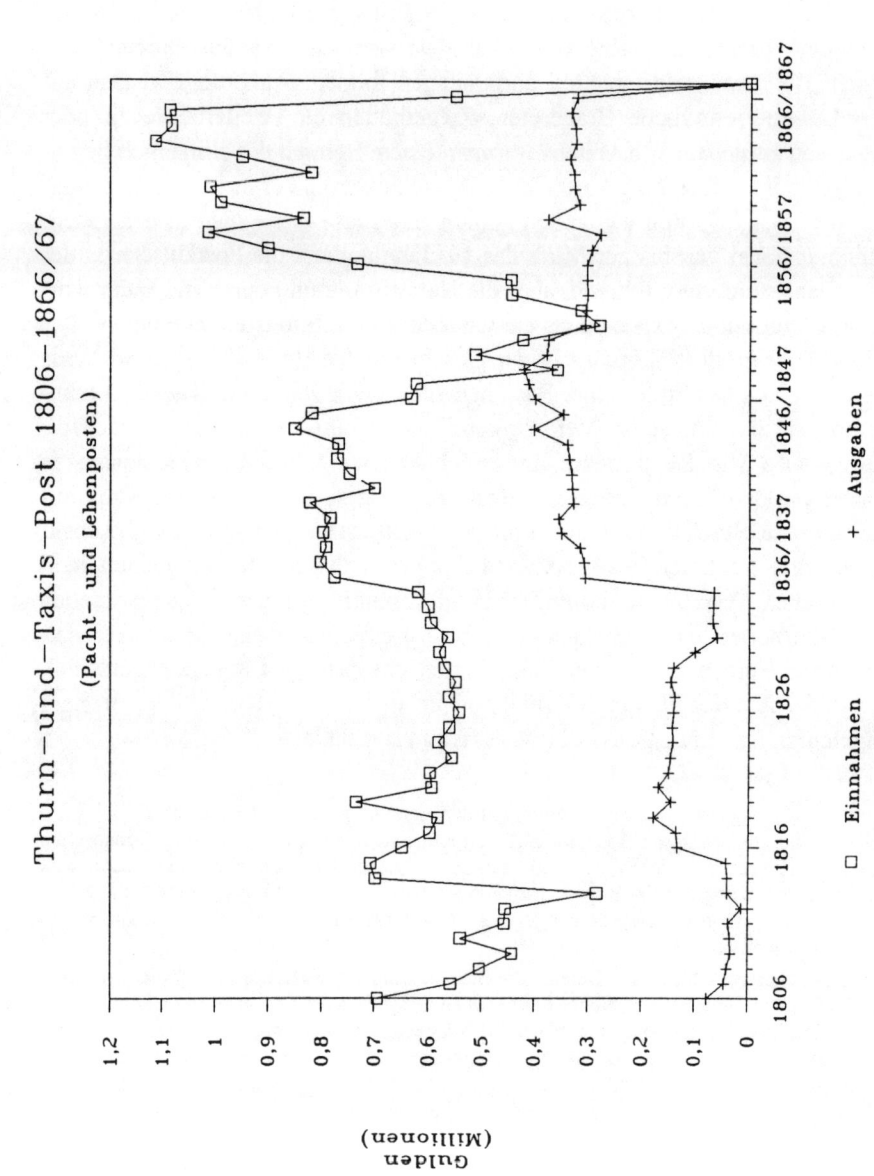

Abb. 12: Posteinnahmen Thurn und Taxis 1806–1866/67

Nun bleibt bei diesen riesigen Kapitalmengen das Problem der Vergleichbarkeit. Multimillionäre waren und sind die Thurn und Taxis allemal, aber was bedeutet diese Aussage im Vergleich zu anderen adeligen Häusern? Der englische Historiker Dominic Lieven hat den Versuch unternommen, den Adel in den Ländern Großbritannien, Deutschland und Rußland im 19. Jahrhundert zu vergleichen.[62]

Mit dem Reichtum einiger englischer Adelsfamilien konnte sich auf dem Kontinent fast niemand messen. Insgesamt gab es um 1800 in England etwa 400 adelige Großgrundbesitzer, die jährlich über durchschnittlich 10 000 Pfund verfügten und sich damit einen aristokratischen Lebensstil inklusive einer vollen Londoner Gesellschaftssaison und dem Unterhalt eines herrschaftlichen Landsitzes leisten konnten, was etwa 5 000 bis 6 000 Pfund pro Jahr verschlang.[63] Die reichsten Adeligen, wie die Herzöge von Bedford, Bridgewater, Devonshire und Northumberland, verfügten bereits um 1800 über Jahreseinkommen von mehr als 50 000 Pfund. Im Verlauf des 19. Jahrhunderts konnten diese Einnahmen aufgrund der einträglichen Beteiligungen an Industrieanlagen auf das Doppelte gesteigert werden. Im preußischen Vergleich konnten sich nur einige schlesische Magnaten mit englischen Aristokraten messen. Von den insgesamt sechsundzwanzig Besitzungen in ganz Preußen, die mit einem Wert von über 300 000 Talern, umgerechnet 45 000 Pfund, veranschlagt wurden, lagen zwanzig (77 %) in Schlesien.[64] Zwischen dem Reichtum der schlesischen Magnatenfamilien wie Hohenlohe-Öhringen oder Henckel von Donnersmarck und der Masse des preußischen Landadels lag eine gewaltige Kluft. Eine große Anzahl preußischer Adliger verfügte über Besitzungen, die nicht mehr als 5 000 bis 20 000 Taler, umgerechnet etwa 750 bis 3 000 Pfund, wert waren. Eine ähnliche Schere zwischen äußerst reichen Magnaten und der Masse von minderbemittelten Adeligen tat sich im 19. Jahr-

---

[62] Dominic LIEVEN, Abschied von Macht und Würden. Der europäische Adel 1815–1914, Frankfurt a. M. 1995, gibt in der Einleitung eine Begründung für seine Auswahl.

[63] Siehe im folgenden zu den englischen Verhältnissen die Auswertungen von Mingay und Thompson, insbesondere Gordon Edmund MINGAY, English Landed Society in the eighteenth century, London 1963; ders./Jonathan David CHAMBERS, The Agricultural Revolution. Changes in Agriculture 1650–1880, London 1977; Francis M. L. THOMPSON, English Landed Society in the nineteenth century, London 1963; ders., The landed aristocracy and business elites in Victorian Britain, in: Les Noblesses Européennes au XIX Siècle, Collection de L'Ecole Française de Rome, Rom 1988, S. 267–279; und ders., Aristocracy, Gentry and the Middle class in Britain 1750–1850, in: Adolf M. BIRKE/Lothar KETTENACKER (Hrsg.), Bürgertum, Adel und Monarchie. Wandel der Lebensformen im Zeitalter des bürgerlichen Nationalismus, München 1989, S. 15–35. Eine Zusammenfassung bei LIEVEN, Abschied, S. 57.

[64] Siehe dazu die Zusammenfassung bei LIEVEN, Abschied, die vor allem auf den Arbeiten von Schissler ruht. Vgl. Hanna SCHISSLER, Preußische Agrargesellschaft im Wandel. Wirtschaftliche, gesellschaftliche und politische Transformationsprozesse von 1763 bis 1847, Göttingen 1978; dies., »The Junkers«: Notes on the social and historical significance of the agrarian elite in Prussia, in: Robert G. MOELLER (Hrsg.), Peasants and Lords in modern Germany: recent studies in agricultural history, London 1986, S. 24–51.

hundert auch in Rußland auf. Ähnlich wie in England konnten einige Familien wie die Demidows, Scheremetjews und Jussupows über ein Einkommen von umgerechnet mehr als 100 000 Pfund pro Jahr verfügen.[65] Eine größere Bandbreite gestufter Vermögensverhältnisse gab es dagegen in anderen deutschen Gebieten. Auch wenn die Vertreter des ehemaligen Reichsadels im Rheinland und in Westfalen sich nicht als adelige Magnaten bezeichnen lassen, so verfügten doch einige aus ihren Reihen über ansehnliche Jahreseinkommen zwischen 10 000 und 40 000 Talern, umgerechnet also 1 500 bis 6 000 Pfund.[66] Deutlich minderbemittelter waren die Vertreter der Ritterschaft. Die hessische Ritterschaft läßt sich beispielsweise hinsichtlich ihres Einkommens nur schwer mit dem Münsteraner Stiftsadel vergleichen. Eine Ausnahme stellten schließlich die Standesherren dar, die zwar ebenso in ihren Besitzverhältnissen stark differierten, sich jedoch noch am ehesten mit den Spitzen des preußischen Adels an Reichtum messen konnten. Die reichsten unter den Standesherren waren mit großem Abstand die Fürsten von Thurn und Taxis. Die meisten standesherrlichen Familien hatten aufgrund der Mediatisierung riesige Schuldenberge aufgehäuft, die erst durch die Ablösezahlungen zur Mitte des 19. Jahrhunderts abgetragen werden konnten, so daß sie wieder liquide und handlungsfähig wurden. Die Thurn und Taxis hingegen waren bereits mit schwarzen Zahlen in das neue Jahrhundert eingetreten und profitierten ebenso von den gewaltigen Entschädigungen für landesherrliche und Postrechte. Dominic Lieven resümiert daher: »Die riesigen Summen, die aus Entschädigungszahlungen in die Kassen der Thurn und Taxis flossen und von den Rothschilds schlau investiert wurden, machten die fürstliche Familie zu einer der ganz wenigen in Europa, deren Reichtum jenem der reichsten Mitglieder der englischen Aristokratie gleichkam«.[67]

Nach diesem Befund, der die Thurn und Taxis in die Reihen der reichsten europäischen Adelsfamilien stellt, erscheint es besonders reizvoll, danach zu fragen, warum das Haus in vordergründiger Kontinuität in Grund und Boden investiert hat. Diese Frage soll im folgenden diskutiert werden, bevor im nächsten Kapitel dargestellt wird, welche politischen Wege man einschlug und welchen politischen und kulturellen Handlungsraum man sich mit den immensen finanziellen Ressourcen eröffnete.

---

[65] Siehe zusammenfassend LIEVEN, Abschied, S. 87.

[66] Zu den Vergleichszahlen siehe die entsprechenden Angaben bei REIF, Westfälischer Adel; Reinhold K. WEITZ, Der niederrheinische und westfälische Adel im ersten preußischen Verfassungskampf 1815–1823/24, Bonn 1970; und Friedrich KEINEMANN, Soziale und politische Geschichte des westfälischen Adels 1815–1945, Hamm 1975. Eine knappe Zusammenfassung bei LIEVEN, Abschied, S. 65.

[67] Ebenda, S. 69.

3.3. Geldanlage in Grundbesitz – Motivation und Praxis

Im Mittelpunkt der Geldanlage stand für das Haus Thurn und Taxis seit dem 18. Jahrhundert stets die Erweiterung des Grundbesitzes. Die »thurn und taxissche Domänenoberadministration« nahm daher im Vergleich zur Postverwaltung stetig an Bedeutung zu. Dabei ging es natürlich nicht nur um verwaltungstechnische Angelegenheiten. Denn unter einer »Domäne« verstand man noch das ganze 19. Jahrhundert hindurch nicht nur bloßen Grundbesitz, sondern, wie dies Franz Günther 1883 definierte, »einen in der Regel ausgebreiteten, in rechtlicher Hinsicht ein Ganzes bildenden Gebäude- und Grundkomplex, mit dessen Besitze allerdings in mancher, hauptsächlich aber in politischer und socialer Hinsicht gewisse besondere Rechte und Vorzüge verbunden sind«.[68] Diese »besonderen Rechte und Vorzüge« wurden zwar ab 1806 bis zum Ende des Jahrhunderts immer stärker beschnitten, aber trotz dieses einschneidenden Wandels von einem souveränen Landesherrn zum Großgrundbesitzer blieb die erste Option der Geldanlage weiterhin Grund und Boden.

Auf den ersten Blick scheint daher eine ungebrochene Tradition hinsichtlich der Motivationslage zu bestehen: »Arrondierung« war offenbar vom 18. bis zum Ende des 19. Jahrhunderts der Schlüsselbegriff der Thurn und Taxisschen Grunderwerbspolitik.[69] Ausgehend von einem Besitzmittelpunkt versuchten die Fürsten einen geschlossenen Güterkomplex aufzubauen. Damit blieb man anscheinend den bereits in den Promemorien von 1789 formulierten Gestaltungsmaximen bei Grunderwerbungen auch im 19. Jahrhundert treu.[70] Es sollte nicht um eine effektive Geldanlage, sondern um politische Vorteile gehen, wenn Besitz erworben wurde. Der erste Kern, den es aus politischen Gründen zu arrondieren gegolten hatte, war die gefürstete Grafschaft Friedberg-Scheer gewesen. Der völlig überteuerte Kauf wurde zur Grundlage der politischen Legitimation der reichsrechtlichen Stellung. Unter Fürst Karl Alexander ergaben sich insgesamt drei neue Mittelpunkte für die Schaffung eines zusammenhängenden Güterkomplexes: in Bayern das Zentrum Regensburg, in Polen das Zentrum Krotoszyn und in Böhmen das Zentrum Chotieschau. Auch in diesen

---

[68] Franz GÜNTHER, Der Oesterreichische Großgrundbesitzer. Ein Handbuch für den Großgrundbesitzer und Domainebeamten, Wien 1883, S. 5. Siehe dazu BEHRINGER, Thurn und Taxis, S. 262. Zur Entwicklung des Begriffs und Rechtscharakters siehe außerdem Gerold NEUSSER, Art. »Domänen«, in: HRG, Bd. 1, 1971, Sp. 750–753.

[69] Die Möglichkeit, durch eine Besitzerwerbung den bereits vorhandenen Gebietskomplex abzurunden, bildete eines der Hauptargumente zum Ankauf einer entsprechenden Herrschaft. In vielen Fällen wurde eine Erwerbung nur dadurch zur »convenablen Acquisition«, weil sie sich zur Erweiterung des bereits bestehenden Güterkomplexes eignete. Siehe dazu die folgenden Belegstellen.

[70] Siehe Moser, »Pro Memoria. Über die weiteren Länder Erwerbungen des Hochfürstlichen Hauses Thurn und Taxis«; Eberstein, »Über die Vergrößerungen des Hochfürstlichen Thurn und Taxisschen Hauses durch weitere Erwerbungen an Ländern nach einen festgesetzten zweckmäßigen Plan«, beide 1789. FZA Regensburg, IB 380; HFS, Akten 261.

Fällen wurde mit dem Erwerb bestimmter Landgüter »Politik gemacht«, das heißt, die finanziellen Überlegungen bei einer Geldanlage mußten hinter den politischen Motiven deutlich zurückstehen. Auf die Hintergründe und die Bedeutung dieser Vorgänge wird unten eingegangen.[71]

Auch unter dem Nachfolger scheint man ab 1827 der Maxime, durch die Geldanlage in Immobilien den bestehenden Landbesitz zu arrondieren, treu geblieben zu sein. Die Rahmenbedingungen und Leitlinien beim Erwerb von Grund und Boden unter Fürst Maximilian Karl unterschieden sich von den Bestimmungselementen seines Vaters allerdings wesentlich. Die Vermutung täuscht nämlich, daß nicht zu vernachlässigende Gründe für den jeweiligen Kaufentscheid darin lagen, durch den Grundbesitzerwerb Herrschaftsrechte miterwerben zu können, um dadurch eine Machtbasis auszubauen.[72] Hinsichtlich der Grunderwerbspolitik Fürst Maximilian Karls kann dies nicht bestätigt werden. Der Erwerb von Herrschaftsrechten wie Patrimonialgerichtsbarkeit, Patronatsrechte etc. taucht in den Verhandlungsakten nur am Rande auf und spielte bei der Kaufentscheidung ebenfalls eine marginale Rolle. Vielmehr stellte hier die Höhe der Rendite den bestimmenden Faktor dar. Ohne hier sämtliche Entscheidungsfaktoren einem völlig eindimensionalen Erklärungsmuster unterordnen zu wollen, kann konstatiert werden, daß bei Besitzankäufen das Hauptaugenmerk auf den Ertrag derselben gelegt wurde.[73] Die Verzinsung des Kapitals wurde zum ausschlaggebenden Faktor. Sogar bei kleineren Parzellen wurde nicht darauf verzichtet, einen exakten Ertragswert zu ermitteln. Und vorhandenen Ökonomiegebäuden wurde mehr Wert beigemessen als auf den Besitzungen befindlichen Herrschaftssitzen (wie z. B. einem Landschloß) und Herrschaftsrechten. Eine Vielzahl von Indizien lassen zusammenfassend den Schluß zu, daß dem Grunderwerb hauptsächlich der Stellenwert der Kapitalanlage zugemessen wurde.

Nun scheint die Anlage von Kapital in Grund und Boden bei einem Adeligen keine Besonderheit darzustellen. Im Gegenteil, eine derartige Praxis war naheliegend, da sie als standesgemäß für einen ehemaligen Reichsfürsten galt. Aber in der Bedeutungszuweisung läßt sich im Fall der Thurn und Taxis eben eine deutliche Verschiebung ausmachen. Für die Mehrzahl der Mediatisierten konnte Harald Winkel nach Auswertung einer breiten Quellenbasis folgende

---

[71] Siehe Kapitel III.4.3.

[72] Diese Vermutung deutet DALLMEIER, Grunderwerbspolitik, S. 234, an, der sie jedoch in Übereinstimmung mit den hier vorzulegenden Ergebnissen stark einschränkt: »Das mit den Ankäufen übernommene oder neu begründete Privileg der adligen Herrschafts- und Patrimonialgerichte spielte zwar zusammen mit den unständigen Einnahmen aus den grund- und gerichtsherrlichen Rechten für den Kaufentscheid aus dem fürstlichem Selbstverständnis eines souveränen Landesherrn vor 1806 eine nicht zu vernachlässigende Rolle, nahm aber parallel zu der einschränkenden Gesetzgebung in Bayern [...] immer mehr ab«.

[73] In einzelnen Fällen ergaben sich durchaus Abweichungen von dieser auf Verzinsung angelegten Maxime, die jedoch insgesamt als Regel angesehen werden kann. Im folgenden werden die Abweichungen näher untersucht.

Grundeinstellung zum Landbesitz nachweisen: »Als einzige mögliche Erwerbsquelle galt weit bis in das 19. Jahrhundert hinein die Land- und Forstwirtschaft, obwohl auch sie jahrhundertelang nur als notwendiger Rahmen einer standesgemäßen Lebensführung, nicht aber als Erwerbsobjekt, als Lebensunterhalt, angesehen wurde«.[74] Dadurch entstand nach Winkel »aus Pietät gegenüber der Standestradition« ein Adel, der nicht kapitalistisch wirtschaften wollte, auch wenn die Mittel zur Verfügung standen.[75] Das Haus Thurn und Taxis stand nicht in einer derartigen Standestradition und war aufgrund seines Postunternehmens von jeher darauf angewiesen, »kapitalistisch« zu wirtschaften. Darin mag der Grund liegen, warum sich das Haus Thurn und Taxis bereits ab dem ersten Drittel des Jahrhunderts dem zuwandte, was Ferdinand Tönnies allgemein erst für die zweite Jahrhunderthälfte als Charakteristikum bezeichnet hat, nämlich der Umstellung der Landwirtschaft auf »ein auf Reinerträge und Gewinn berechnetes Geschäft«.[76] Die Thurn und Taxis stellten auch deshalb eine Ausnahme dar, da sie aufgrund der Postentschädigungen und des Ertrags der Lehenposten in den zwanziger Jahren über ein riesiges Kapital verfügten. Maximilian Karl war regelrecht gezwungen, nach Möglichkeiten der effektiven Kapitalanlage Ausschau zu halten. Daß er sich dabei nicht nur der eher standesgemäßen Form der Kapitalanlage in Grund und Boden bediente, beweist der Einstieg in das Wertpapiergeschäft ab der Mitte der dreißiger Jahre.[77]

Und dennoch stellt sich die Frage, warum der Investitionsbereich Land- und Forstwirtschaft favorisiert wurde, obwohl diese Geldanlageform in der Zeit beginnender Industrialisierung obsolet erscheint. Es müssen dabei folgende Rahmenbedingungen in Betracht gezogen werden: Zum einen haben Wolfgang Zorn und Karl Bosl hinreichend bewiesen, daß man in Bayern für die ersten zwei Drittel des 19. Jahrhunderts nur von einer »geminderten Industrialisierung« sprechen kann[78], zum anderen konnten die Sicherheit und die in ihrer

---

[74] WINKEL, Ablösungskapitalien, S. 29.

[75] Ebenda.

[76] Ferdinand TÖNNIES, Deutscher Adel im 19. Jahrhundert, in: Die neue Rundschau 23 (1912), S. 1050.

[77] Die »Thurn und Taxissche Obereinnehmerey« wies 1836 auf einen disponiblen Kassenüberschuß in Gold- und Silbermünzen von knapp einer halben Million Gulden hin. Über das mit dem fürstlichen Haus in Verbindung stehende Bankhaus Rothschild wurde daraufhin begonnen, in größerem Maß österreichische und bayerische Staatsobligationen anzukaufen. Siehe FZA Regensburg, IB 680. Die österreichischen Staatsobligationen, die seit 1816 von der Staatsbank ausgegeben wurden und in Metallmünze zu 5 % verzinslich angeboten wurden, waren im fürstlichen Haus besonders aufgrund ihrer Stabilität beliebt. Bereits zum Ankauf der Herrschaft Chotieschau hatte man versucht, einen Teil dieser Metalliques-Obligationen als Zahlungsmittel zu verwenden. Siehe FZA Regensburg, IB 1945.

[78] Karl BOSL, Die ›geminderte‹ Industrialisierung in Bayern, in: Claus GRIMM/Johannes ERICHSON (Hrsg.), Aufbruch ins Industriezeitalter, Bd. 1, München 1985, S. 22–39, hier: S. 22; Wolfgang ZORN, L'Industrialisation de l'Allemagne du Sud au XIXe Siècle, in: Pierre LÉON/Richard GARSON (Hrsg.), L'Industrialisation en Europe au XIXe Siècle. Cartog-

Außenwirkung auch standesmäßige Form dieser Geldanlage verbunden werden mit hohem Gewinn, der sogar die Erträge aus dem sich erst entwickelnden Wertpapiergeschäft überstieg. Rückblickend bewertete der Ökonom Heinrich Ditz 1868 die Situation um die Jahrhundertmitte folgendermaßen: »Glücklich wurde nicht der gepriesen, der durch Verkauf einen schönen Gewinn erzielt hatte, sondern jener, welcher durch Ankauf die Möglichkeit bekommen hatte, sein Gut zu einer Goldgrube zu machen, und eine Goldgrube sollte in Zukunft jedes Gut werden«.[79] Aufgrund steigender Rentabilität durch intensivere Bearbeitung, Fruchtwechselwirtschaft, zunehmende Düngung, Melioration etc. und nicht zuletzt aufgrund einer höheren Nachfrage durch das Bevölkerungswachstum konnten hohe Renditen erzielt werden, die Wilhelm Abel dazu veranlaßten, die Zeit zwischen 1840 und 1870 als das »goldene Zeitalter« der deutschen Landwirtschaft zu bezeichnen.[80] Daher war es im Sinn einer effektiven Geldanlage durchaus sinnvoll, in Grund und Boden zu investieren. Erst – wie es der Fürst formulierte – »in Ermangelung passender Gelegenheit zur Erwerbung gleich gut rentierlichen Grundbesitzes«[81] kam man von dieser Geldanlagepraxis ab und wandte sich in geringem Maß der Industriefinanzierung[82] und in größerem Stil dem Wertpapiergeschäft[83] zu.

Der These, Fürst Maximilian Karl und sein Manager Dörnberg hätten den Erwerb von Grundbesitz in erster Linie als eine besonders effektive Form der Geldanlage betrachtet, soll im folgenden nachgegangen werden. Bereits bezüglich der Verhandlungen, die zum ersten großen Landerwerb unter ihrer Leitung führten, läßt sich exemplarisch nachvollziehen, daß Besitz nicht mehr vorrangig aus politischem Kalkül, sondern aus ökonomischen Überlegungen heraus erworben wurde. Es handelt sich um den Ankauf der Herrschaft Falkenstein.

raphie et typologie, Paris 1972, S. 379–389; an einem Beispiel exemplifiziert bei Carl A. HOFFMANN, Aspekte des sozialen und wirtschaftlichen Wandels im ländlichen Bereich Altbayerns. Dargestellt am Beispiel des Bezirks Bruck im 19. Jahrhundert, in: ZBLG 54 (1991), S. 439–488, hier: S. 439 f.

[79] Heinrich DITZ, Die landwirtschaftliche Krise in Bayern, in: Jahrbücher für Nationalökonomie und Statistik 10 (1868), S. 141–155, hier: S. 142.

[80] Wilhelm ABEL, Agrarkrisen und Agrarkonjunktur, 2. Aufl. Hamburg/Berlin 1966, S. 253.

[81] Maximilian Karl an Ernst von Dörnberg anläßlich des Auftrags, die Effektenverwaltung intensiver in völlig selbständiger Weise zu betreiben. FZA Regensburg, IB 696.

[82] Die Industriefinanzierung setzte – wie beschrieben – vor allem auf den böhmischen Besitzungen allmählich ein. Neben der Zuckerfabrik, die bereits 1831 betrieben wurde, kam es zu einem entscheidenden Engagement im Bergbau erst in den sechziger Jahren. Aber auch zuvor hatte man im Rahmen der Versorgung eines Lokalmarktes die »Kleinindustrie« auf den eigenen Besitzungen gefördert, um die eigenen Ressourcen und Rohstoffe ausnützen zu können. Ein anhaltenderes Engagement erfuhr die Beteiligung an den Eisenbahngesellschaften durch die Nähe zum traditionellen Sektor Nachrichten und Verkehr.

[83] Die Hinwendung zum Wertpapiermarkt begann verstärkt in den fünfziger Jahren. Die Gründe lagen in der Verknappung des Angebots von Grundbesitz und den guten Erfahrungen, die man bereits ab den dreißiger Jahren mit dieser als sicher eingestuften Anlageform gemacht hatte. Siehe FZA Regensburg, IB 696.

Am 7. Dezember 1825 legten die beiden Geheimen Räte Ritter von Seyfried und Franz Xaver Clavel Fürst Karl Alexander ein Gutachten über den Erwerb der Herrschaft Falkenstein vor.[84] Die beiden Hofräte nahmen dies zum Anlaß, um »einige allgemeine Bemerkungen [...] zur Beurkundung unserer Ansichten für die Zukunft, beyzufügen«. Zwei Bedingungen sollten demnach bei Gebietserwerbungen in Betracht gezogen werden, beide seien bei der Herrschaft Falkenstein erfüllt.

> »Nach diesen [Ansichten] scheint uns nun bey so großen Acquisitionen, als sie das hochfürstliche Haus schon gemacht hat, und vielleicht noch weiter machen dürfte, der Unterschied, der gegenwärtig zwischen den Staaten Deutschlands und seiner Nachbarstaaten in Bezug auf Regierungsform und ihre Verfaßung besteht, von der größten Erheblichkeit zu seyn. Baiern, Württemberg und mehrere andere Staaten erfreuen sich ihrer [...] Verfaßungen. Sie gewähren dem Gutsbesitzer vielleicht weniger Rechte, aber, die sie gewähren, sind sicher, und entbehren sie auch des größeren Prunkes von Vorzügen und Befugnißen, die anders wo scheinbar einen Theil der landesherrlichen Gewalt auf die Gutsherrschaft übertragen, in Wahrheit aber dem Eigenthümer nur nachtheilig sind, so dürfte das Verhältniß im Allgemeinen, in den constitutionellen Staaten, doch der Wesenheit nach, nicht ungünstiger seyn, als in Ländern, wo scheinbar dem Gutsbesitzer selbst ein Theil der Regierungs Gewalt abgetreten ist«.[85]

Ein Vergleich der konkreten Herrschaftsrechte in konstitutionellen Monarchien mit anderen Staaten ohne Verfassung, so die beiden Hofräte weiter, belege diese Feststellung. Damit sollte nach der Meinung der Domänenoberadministration Erwerbungen in den Staaten des Deutschen Bundes der Vorzug gegeben werden. »Ein nicht weniger erheblicher Gesichtspunkt ist ferner der pekunäre Ertrag«. Unter diesem »pekunäre[n] Ertrag«, der die zweite Bedingung für eine vorteilhafte Erwerbung ausmache, verstanden die Hofräte aber nicht nur die Verzinsung des nötigen Kapitals, sondern im weiteren Sinne die Gründe, welche eine hohe Rendite besonders im vorliegenden Fall gewährleisteten, da

> »in Rücksicht ihrer Lage und Angrenzung, der Sicherheit ihres Rechtszustandes gegen die Landesherrschaft wie gegen den Unterthan und in Rücksicht des moralischen Karakters und des in einer größeren Arbeitsamkeit und Einfachheit der Sitten begründeten beßeren Vermögensstandes der Einwohner, Vortheile zur Seite stehen, wie sie sich nicht leicht wieder darbiethen dürften und nach den örtlichen Verhältnißen theilweise nicht mehr darbiethen können«.

Da die beiden wesentlichen Gesichtspunkte im Fall der Herrschaft Falkenstein erfüllt seien, baten die beiden unterzeichnenden Räte den Fürsten um den Auftrag, die Gutsüberschläge erstellen zu lassen. Karl Alexander versah dieses Gutachten jedoch mit der Marginalie: »Soll nicht darauf eingegangen werden«, und ließ die Verhandlungen für die nächsten Jahre auf Eis legen.[86]

---

[84] FZA Regensburg, IB 3213, fol. 1. Die Akten sind zweifach paginiert. Die Angaben übernehmen die Neupaginierung (Bleistift) und geben die Altpaginierung (Rötel) nur in Zweifelsfällen an.
[85] Zu diesem und den folgenden Zitaten siehe Gutachten vom 7. Dezember 1825. Ebenda.
[86] Reskript vom 27. Dezember 1825. Ebenda.

Sein Nachfolger Maximilian Karl nahm die Verhandlungen – obschon unter bemerkenswert anderen Vorzeichen – wieder auf. In einem Reskript vom 6. November 1829 legte der seit einem halben Jahr als Chef der Gesamtverwaltung tätige Ernst von Dörnberg ein abschließendes Gutachten über den Ankauf der Herrschaft Falkenstein vor, in dem er wie einige Jahre vor ihm die beiden Hofräte für den Erwerb plädierte.[87] Dörnberg führte in seinem Gutachten, das schließlich die Ratifikation des Vertrages durch den Fürsten zur Folge hatte, andere Gründe an als seine Amtsvorgänger:

> »Die geographische Lage und der gute Zustand dieser Besitzungen in Bezug auf Ordnung, Wohlstand und Sittlichkeit der Unterthanen, das unzweifelhafte Daseyn mehrerer noch nicht gehörig benützter Einkommens Quellen und manche andere sehr erleichternde Umstände, unter denen ich nur die Übernahme von 9 2887 fl. 37 kr. von zu eigenen herrschaftlichen Stiftungen schuldigen Passiv Kapitalien [...], bemerke, machten diese Acquisition sehr wünschenswerth«.[88]

Von der Vorteilhaftigkeit, sich in einem konstitutionellen Staat niederzulassen, ist nicht die Rede, und zum erstenmal tauchen nutzbare »Einkommes Quellen« als zentrales Argument auf, die den Erwerb »sehr günstig« machen. In einer kurzen Zusammenfassung des Bestandes der Herrschaft werden die Ökonomiegebäude wie Brauerei, Ziegelofen und das Wirtshaus hervorgehoben, und an zweiter Stelle werden Flächeninhalt und Bonität der nutzbaren Wiesen und Waldungen aufgelistet. Erst danach erfolgt die Erwähnung von Herrschaftsrechten. Es wird das Patronatsrecht, das Benefizium sowie das Nominationsrecht zu allen Schul- und Meßnerdiensten erwähnt; daran schließt sich, in der Reihenfolge den Einkommensquellen untergeordnet, ein Verweis auf Schloßruinen an, und am Ende nimmt Dörnberg die zentrale Aussage des Gutachtens seiner Vorgänger auf:

> »Bey beyden Herrschaften befinden sich alte Schloßruinen mit den schönsten Fernsichten und die Patrimonialgerichtsbarkeit II.er Claße. Die Unterthanen zeichnen sich durch wahre Anhänglichkeit an ihre Herrschaft, durch Friedfertigkeit, Regsamkeit und Ordnungsliebe aus, und es vereinigen sich alle Umstände, welche die augenblicklichen Vortheile der Erwerbung auch für die Zukunft mit Sicherheit erwarten lassen«.[89]

---

[87] Bericht Dörnbergs vom 6. November 1829. Ebenda, fol 1. Zwischenzeitlich hatte Liebel zu den Besitzern, einer Erbengemeinschaft des Grafen von Törring, Kontakt aufgenommen, und es war gelungen, einen Vorvertrag abzuschließen. Die Törringischen Erben hatten nicht zuletzt aufgrund des Ansehens des Hauses Thurn und Taxis zugestimmt: Sie wären abgeneigt, »wenn nicht der Wunsch und die Voraussetzung auf Seite der hohen Verkäufer den Ausschlag gegeben hätte, eine bey ihrem über 1000 Jahre zählenden Hause seit der ältesten Zeit befindliche Stammbesitzung auf Höchstdero fürstliches Haus übergehen zu sehen, wo sie sich der Hoffnung überlaßen dürfen, daß sie in ihrem gegenwärtigen Bestande erhalten und fortbestehen werde«. Ebenda.

[88] Ebenda.

[89] Ebenda, fol. 2.

Dem Gutachten war bereits die Ratifikationsurkunde des Kaufvertrages beigelegt, welche vom Fürsten »im gesamten Umfang« gebilligt wurde.[90]

Die Herrschaft Falkenstein ging am 22. Oktober 1829 für 150 000 fl. in ihrem gesamten Umfang, mit allen Rechten und Gerechtigkeiten, an den Fürsten von Thurn und Taxis über. Der Kaufvertrag enthält eine ausführliche Beschreibung der Herrschaft Falkenstein und der dazugehörigen Herrschaft Neuhaus, außerdem ist ein detaillierter Gutsanschlag beigefügt. Jeder einzelne Bestandteil der Herrschaft und alle mit ihr verbundenen Rechte und Gerechtigkeiten werden darin bezüglich Aufwand und Ertrag aufgelistet. Der Weg, der zu diesen Angaben führte, läßt sich aus den Akten des Immediatbüros nachvollziehen. Der »Manualact« des Unterhändlers Liebel enthält ausführliche Hinweise auf den Umfang, den Bestand, das Inventar etc. der Herrschaften.[91] Nur ein paar einleitende Sätze verweisen auf die Argumentationslinie Dörnbergs, ansonsten handelt es sich um eine rein betriebswirtschaftliche Bilanzierung. »Das Landgut ist allodial, die Hintersassen sind nach ihrem Besitzstande und ihrer Regsamkeit die wohlhabendsten der Umgebung und es ist daher kein Umstand vorhanden, welcher befürchten ließe, daß die Summe des Kapitals Anschlages jedmals vermindert werden könnte«.[92] Dieser Gutsanschlag ließe sich äußerst gut zur Wirtschaftsgeschichte einer Herrschaft in Niederbayern heranziehen, denn es wurde jeder einzelne Posten aufgerechnet. Überraschend ist die Genauigkeit und Detailtreue. Zu allen Erträgen werden Durchschnittsberechnungen angestellt, wie zu »Brauhaus, Inventarien, Ökonomie, Waldungen, Jagd, Fischerey, Ziegelofen, Gerätschaften«.[93] Sämtliche Herrschaftsrechte werden ebenfalls nach ihrem Ertrag umgerechnet. Auch noch ausstehende Erträge und schwebende Verfahren um Scharwerksverbindlichkeiten wurden in ihrer Auswirkung auf den Gesamtwert und -ertrag hochgerechnet.[94]

Die straffe Gliederung der einzelnen Sparten im Gutsanschlag läßt auf das Vorhandensein einer Erstellungsdirektive schließen. Vergleicht man den detaillierten Gutsanschlag mit entsprechenden Gutsanschlägen anderer Erwerbungen der folgenden Jahre, läßt sich ein System feststellen. Drei Jahre später

---

[90] Ratifikationsurkunde Fürst Maximilian Karls, Schloß Neresheim am 31. Oktober 1829. Ebenda, ad Fol. 1 (fol. 6). Im folgenden Briefwechsel wurde die weitere Verwaltung und Eingliederung in den Herrschaftsbezirk Wörth und Donaustauf geklärt. Siehe ebenda; der Orginalkaufbrief in: FZA Regensburg, Besitzungen, Urkunden 872.

[91] FZA Regensburg, IB 3217. Darüber hinaus gibt Aufschluß das äußerst umfangreiche Aktenmaterial zu den Verkaufsverhandlungen, das sich in zwei Konvoluten »Akten zum Gutsanschlag der Herrschaft Falkenstein« befindet. Siehe FZA Regensburg, IB 3213.

[92] Siehe ebenda, Konv. »Gutsanschläge«.

[93] Ebenda. Zu Falkenstein fol. 125–156; Hauptberechnung der Hofmark Neuhaus fol. 157–160.

[94] In einem Reskript machte der Fürst deutlich, daß alle Streitfälle und Ausstände noch bereinigt werden sollten, entsprechend den Richtlinien des »Organisations-Rescripts vom 30. März 1829«. Schreiben Fürst Maximilian Karls vom 13. Februar 1830. Ebenda. Siehe allgemein WINKEL, Entwicklung.

wurde bei Verhandlungen zum Erwerb der Herrschaft Schwebheim eine fürstliche Direktive ausgegeben, welche völlig dem System entsprach, nach dem auch die anderen Gutsanschläge erstellt wurden. Da bei den Kaufverhandlungen über diese Herrschaft weitere Gestaltungslinien deutlich werden, die auch nach ihren Resultaten die Ergebnisse anderer Verhandlungen prägten, soll auf diese Bemühungen um den Kauf der Herrschaft Schwebheim eingegangen werden.[95]

In einem Schreiben vom 15. April 1833 teilte der Taxissche Hofrat Hofherr die Möglichkeit der Erwerbung des Rittergutes Schwebheim vom Freiherrn von Bibra mit.[96] Als Argumente für einen Ankauf führte er in diesem Reskript folgende an: erstens die gute Lage, da sich das Rittergut in der Nähe von Sulzheim befinde; zweitens die reichen Erträge durch den hohen Holzpreis in der Gegend und drittens die Nähe von Schweinfurt als Absatzmarkt der eigenen Produkte.[97] Aufgrund dieser drei Punkte wurde der Schluß gezogen: »Das oben aufgezählte, sowie im Vorbeigehen gesagt, die unübertreffliche Niederjagd, machen dieses Rittergut zu einem der Schönsten in Franken«. Nach diesem Angebot forderte Maximilian Karl einen Wertanschlag an.[98] Obwohl der Verkäufer Freiherr von Bibra lieber einen informellen Weg gewählt hätte, um die Verhandlungen in Gang zu bringen, bestand der Fürst nachdrücklich auf einer derartigen Veranschlagung des Wertes von Verkäuferseite.[99] Als der Wertanschlag endlich eintraf, erwies er sich bei einer ersten Überschlagsprüfung durch die fürstlichen Beamten in Traustadt als völlig überhöht. Obwohl manche Argumente für eine Erwerbung sprachen, stellte sich nach Meinung der Beamten die Frage, ob man überhaupt auf ein solches Geschäft eingehen solle. Maximilian Karl schloß sich dem Rat seiner Beamten an und gab dementsprechend die Anordnung, »bey diesem Stand der Sache die Absicht auf weitere Unterhandlungen einzugehen in ganz entfernte Aussicht zu stellen«.[100] Erst nachdem der Verkäufer nach längerer Unterbrechung der Gespräche eine geringere Forderung stellte und sich ein weiterer Interessent einfand, nahm der Fürst die Verhandlungen wieder auf.[101] In einem Reskript vom 23. Mai 1834

---

[95] Siehe dazu im folgenden FZA Regensburg, IB 561.

[96] Ebenda, fol. 1.

[97] Die fränkische Herrschaft Sulzheim war durch den zweiten Teil der bayerischen Postentschädigung an das Haus Thurn und Taxis gekommen. Die Vorstellungen hinsichtlich der Forstwirtschaft gingen so weit, daß man durch die Erwerbung der Holzrechte von Schwebheim ein Monopol auf den Holzpreis aufstellen konnte, da man bereits über die zusammenhängenden Waldflächen von Traustadt und Sulzheim verfügte.

[98] Reskript Fürst Maximilian Karls an die Domänenoberadministration, 1. Mai 1833. FZA Regensburg, IB 561, fol. 2.

[99] Freiherr von Bibra bat den Fürsten um Kontakt, »vielleicht bei der Winterjagd«, da es sich für ihn um ein so wichtiges Geschäft handle. Schreiben vom 24. Dezember 1833 und fürstliches Reskript an die Domänenoberadministration wegen des »immer noch nicht« eingegangenen Gutachtens. Ebenda, fol. 3.

[100] Bericht und Vorlage des Gutachtens. Ebenda, fol. 5.

[101] Siehe dazu die ausführlichen Schilderungen, wobei die Summe von 239 961 fl. auf 200 000 fl. vermindert wurde. Ebenda.

an die Domänenoberadministration gab Maximilian Karl den Auftrag, die Verhandlungen fortzuführen. Dazu müsse, so der Fürst in diesem Reskript, an erster Stelle »betreffend des Ankaufs des Rittergutes Schwebheim« eine Vorarbeit geleistet werden: Binnen einer Frist von vier Wochen solle ihm in diesem Fall vom Rentamt Sulzheim ein Gutsanschlag vorgelegt werden.

Bei der Anfertigung eines Gutsanschlags seien, so wird betont, die nachfolgenden Direktiven zu beachten. Durch diesen Hinweis wird der exemplarische Charakter der konkreten Handlungsanweisungen deutlich, vor allem deshalb, weil sie sehr allgemein gehalten sind und in den einzelnen Punkten sogar manchmal der Bezug zum konkreten Kaufgeschäft fehlt. Nicht zuletzt in der Anlage dieser Direktiven zeigt sich eine klare Gliederung und Handlungsanweisung, welche die bestimmenden Werte in der Weise erfaßt, wie sie auch beim Ankauf anderer Herrschaften, wie z. B. Falkenstein, zugrunde gelegt wurden. Auch wenn im vorliegenden Fall diese Direktiven auf das Gut Schwebheim bezogen sind, kann nicht davon ausgegangen werden, daß die 19 Punkte umfassende Liste nur einen rein singulären Aussagewert besitzt, sondern daß bei einem Gutsanschlag allgemein »folgende Direktiven zu beachten sind«.[102]

Diese Direktive, die Fürst Maximilian Karl am 23. Mai 1834 als Grundlagenpapier zur Erstellung von Gutsanschlägen seiner Domänenoberadmini-

---

[102] Fürst Maximilian Karl an die Domänenoberadministration, 23. Mai 1834. FZA Regensburg, IB 561: »1, Die Jahre der Durchschnittsberechnung müssen repräsentativ sein. 2, Bei der Rentenveranschlagung muß eine Trennung in ständige und unständige Gefälle, die mit dem Faktor von 25 bzw 20 kapitalisiert werden, vorgenommen werden. 3, Die Getreidegefälle sind nach Steuerkatasterpreisen umzurechnen. 4, Die Naturalküchendienste werden ebenfalls nach Steuerkatasterpreisen umgerechnet. 5, Die unständigen Naturalgefälle wie Geldgefälle werden faktoriert, Grundlage sind dabei die Steuerkatasterpreise. 6, In einem Jahr wo die Zehent Erträgnisse in Regie genommen werden, ist nur der Netto Betrag anzusetzen. 7, Naturalfrondienste sind auf 1/3 des ortsüblichen Lohns gleichwertigen Dienstes in der freien Concurrenz zu veranschlagen. 8, Es muß eine Berücksichtigung finden, ob im Gutsanschlag nicht solche Personal Auflagen aufgenommen wurden, die vom Staat eingezogen sind. 9, Wenn in Folge des Gesetzes vom 28. Oktober 1831 die Gerichtsbarkeit an den Staat abgetreten wurde, so dürfen Jurisdiktionsgefälle nicht veranschlagt werden. Es ist desfalls im Anschlag die erforderliche Bemerkung beizufügen. 10, Landschlösser welche nichts rentieren und als Wohnungen der Gutsherren nur in geringem Nutzungsanschlag zu bringen sind, werden bei Veräußerungen der Landgüter in der Regel ausser Anschlag gelassen, daselbst ist auch in den anzufertigenden Anschlag kein Werth anzusetzen. 11, Ökonomiegebäude können als zu den Betrieb gehörig und bei Veranschlagung des Grundstückes schon berücksichtigt, nicht gesondert berechnet werden. 12, Die Berechnung der Ökonomie erfolgt erst nach Durchschnittsberechnung mit Rücksicht auf Bonität und Lage des Grundstückes, dann nach den Absatzverhältnissen. 13, Der Werth der Waldungen ist zu berechnen, zur Veranschlagung sind in diesem Fall die Veranschlagung des Oberförsters Hofherr heranzuziehen. 14, Der Flächeninhalt ist nach dem Grundbuch zu ermitteln. 15, Die Jagd muß nach bisherigen wirklichen Erträgnissen bewertet werden. 16, Der Werth der Gutgerechtigkeit ist nach Umfang der Ausübung zu berücksichtigen. 17, [fehlt – falsche Numerierung]. 18, Alte ständige Abgaben und Kosten sind nach wirklichen Größen anzusetzen und mit Faktor 25 zu kapitalisieren. 19, Die unständigen Abgaben sind nach aussagekräftigen Jahresübersichten zu berechnen und werden mit zwanzig kapitalisiert. 20, Verwaltungs- und Erhebungskosten sind mit 3 pct. [%] der Brutto Erträgnisse in Abzug zu bringen; auch ist die mannlehnbare Eigenschaft des Gutes in Abzug zu bringen«.

stration übergab, vermittelt also einen aufschlußreichen Einblick, aus welchem Blickwinkel der Fürst die Erwerbung von Grund und Boden sah. Es ging Maximilian Karl darum, exakt festzustellen, welchen Ertrag eine Herrschaft abwarf und welche Rendite somit eine Investition in Landbesitz erbringen würde. Landbesitzerwerbung wurde bis ins Detail zur kalkulierbaren Kapitalanlage. Sämtliche Bereiche wurden einer Kosten-Nutzen-Rechnung unterzogen. Dies gilt nicht nur für den landwirtschaftlichen Ertrag, sondern auch für Gefälle und Frondienste und sogar für die Jagd.[103] Bei der Ermittlung der Werte ist der Marktbezug festzustellen. Die Absatzverhältnisse mußten mitberücksichtigt werden, die Umrechnung von Frondiensten fand »nach ortsüblichen Lohn gleichwertigen Dienstes in der freien Concurrenz« statt.

Dem Rentamt, in diesem Fall Schwebheim, wurde außerdem aufgetragen, die Liquidität der Gutsrenten zu überprüfen und die Zweckmäßigkeit des Kaufs hinsichtlich einer Zusammenlegung mit bereits vorhandenem Grundbesitz (hier Traustadt) zu eruieren. Nach längerem Verstreichen der Frist konnte am 2. Juni 1835 endlich Bericht erstattet werden. Für den Kauf könne man, so die Rentbeamten, einige Gründe anführen: erstens die Qualität des Bodens, den Fleiß der Bewohner und die guten Absatzmöglichkeiten; zweitens die gute Arrondierungsmöglichkeit; damit verbunden drittens die Senkung der Verwaltungskosten; viertens bezüglich des Waldes die mögliche Schaffung eines Monopols für die Holzverarbeitung und die Jagd.[104] Schließlich spreche fünftens die Aussicht auf Erlaubnis zur Errichtung der Patrimonialgerichtsbarkeit erster Klasse im angrenzenden Sulzheim aufgrund der Entschädigung der Postrenten dafür.

Gegen einen Kauf sprächen zwei Gründe: hauptsächlich der Preis und, damit zusammenhängend, daß im Kaufpreis »die mannlehnbare Eigenschaft des Gutes« nicht veranschlagt worden sei.[105] Anschließend wurde die Überhöhung des Kaufpreises verdeutlicht. Ein Wert von 91 571 fl. 15 kr. wurde errechnet. Nach Abzug der Lehnsänderungsgebühren von 1 795 fl. blieben nur 89 775 fl. 35 kr. Dem standen die alte Forderung des Freiherrn von Bibra in Höhe von 259 651 fl. und die neue Forderung von 140 000 fl. gegenüber. Unter diesen Voraussetzungen war nach Meinung der Beamten in Traustadt »an ein Übereinkommen gar nicht zu denken«. Nach dieser Schlußfolgerung wurden in vier Punkten weitere interessante Bemerkungen bezüglich der üblichen Renditenerrechnung ausgeführt. Grundsätzlich ging man von einer Ren-

---

[103] Keine Erwähnung fand – anders als noch bei Karl Alexander – der Wildbestand. Siehe dazu besonders die aufschlußreichen Verhandlungen zum Ankauf eines Waldbestandes zur Erweiterung des Tierparks Duttenstein in FZA Regensburg, DK 13295.

[104] Bezüglich der Waldverhältnisse und der Jagd wurden dem Schreiben zwei Gutachten von Sachverständigen beigefügt. FZA Regensburg, IB 561.

[105] Wie bereits früher erwähnt, so das Gutachten weiter, wäre es jedoch bei einem normalen Preis beim gegenwärtigen Familienstand nicht nachteilig, die mannlehnbare Eigenschaft zu übernehmen. Ebenda.

dite von 5 % aus, aufgrund der steigenden Preise ließ sich jedoch ein höherer Gewinn erwarten. Bringe man diese Entwicklung mit in die Rechnung ein, komme man »von dem Gesichtspunkte der Zinsgewährung« der Offerte schon näher: »Daß man gegenwärtig, wo der Realbesitz im Werthe mehr und mehr steigt, um viel niedrigere Prozente Güter zu erwerben sucht, ist Eurer Hochfürstlichen Durchlaucht bekannt, und es dürften daher auch ungeachtet der mannlehnbaren Eigenschaft des Gutes ohne Nachtheil obige 95 000 Gulden als Minimum des Kaufpreises anzunehmen seyn«.[106]

Die Verhandlungen um die Herrschaft Schwebheim zogen sich in die Länge, brachten aber keine Entscheidung. Interessant ist hierbei die Möglichkeit, durch die Aktenlage detailliert nachzuvollziehen, wie sich der Gang der Verhandlungen gestaltete. Und nicht zuletzt ergeben die vorgestellten Direktiven eine Matrix, vor der auch die folgenden Verhandlungen besser verständlich werden. Vergleicht man die Direktive, welche den Ankauf der Herrschaft Schwebheim bestimmte, mit den Verhandlungen um andere Ländereien, zeigen sich in der Erstellung der Gutsanschläge die gleichen Leitlinien.

Sie waren bestimmend für die Ankäufe, die in den folgenden Jahrzehnten bis zum Einschnitt des Jahres 1848, der sich auch auf die Grunderwerbspolitik auswirkte, in großem Stil getätigt wurden. In Bayern erfolgten wesentliche Gebietsankäufe nördlich und südlich der Donau wie auch in der näheren und weiteren Umgebung von Regensburg und im Zentrum der Stadt.

Nördlich der Donau gelang es durch den Ankauf der nahe an den Besitzungen Wörth und Donaustauf gelegenen Herrschaft Falkenstein mit Neuhaus, einen fast geschlossenen Güterkomplex aufzubauen. Zwischen diesen Herrschaften lag als territoriale Halbinsel das Rittergut Oberbrennberg. Zeitgleich mit den Verkaufsverhandlungen zum Erwerb der Herrschaft Falkenstein leitete man Verhandlungen mit den Erben des Freiherrn Max von Gumppenberg ein, die gemeinschaftlich Besitzer der Herrschaft Oberbrennberg waren. Zu diesem Zweck erarbeitete die Domänenoberadministration einen Gutsanschlag, der nach den erwähnten Richtlinien gestaltet war.[107] So sah er wie bei anderen Erwerbungen zur Berechnung der Gutserträge bei unständigen Erträgen den Faktor 25 und bei ständigen den Faktor 20 vor. Die Verkäuferseite veranschlagte hingegen einen Faktor von 30 bzw. 25. Da man von fürstlicher Seite von den

---

[106] FZA Regensburg, IB 561. Dieser Betrag lasse sich vor allem rechtfertigen, da sich auch ein weiterer Interessent eingefunden habe, »besonders wenn, wie das Rentamt Sulzheim in den letzten Bericht vom 11 ten v[ergangenen] M[ona]ts anzeigt, sich bereits die Gemeinde Schwebheim sich zu einem Offert von 140 000 Gulden herbeigelassen hat, welche Nachricht wir nicht anders als in der Art zu deuten vermögen, daß die Gemeinde für das Gut Schwebheim in allodialer Eigenschaft, also unter der Voraussetzung, daß die Krone das Lehen allodifizieren lasse – was indessen ediktmäßig nicht geschehen kann – den obigen Betrag geboten habe«. Falls dem aber so wäre, würde Freiherr von Bibra nur 3/4 des Kaufpreises bekommen, da 1/4 für die Lehenallodifizierung zu rechnen wäre, »wie bei den gesetzlich allodificablen Lehen zu 1/4 des Lehenwerths (hier des Kaufwerths) zu rechnen sei«.

[107] FZA Regensburg, IB 3220.

üblichen Bewertungsmaßstäben nicht abrücken wollte, ergaben sich hinsichtlich des Kaufpreises einige Differenzen. Da jedoch die Erben an einem Verkauf interessiert waren und auch von Thurn und Taxisscher Seite aufgrund der guten Arrondierungsmöglichkeit die Verhandlungen über das anfänglich kritische Stadium hinweg aufrechtgehalten wurden, kam es gegen Ende 1831 zum Vertragsabschluß.[108] Mit Kaufvertrag vom 28. April 1832[109] erwarb Maximilian Karl das Rittergut Oberbrennberg von den Erben des Freiherrn Max von Gumppenberg für 55 000 fl.[110] Neben diesem Erwerb der Schloßanlage wurden in den folgenden Jahren noch weitere Gebiete, welche an den Thurn und Taxisschen Gebietskomplex nördlich der Donau angrenzten, angekauft. Bereits 1836 konnte das fürstliche Forstgebiet im Osten erweitert werden.[111] 1840 erfolgte die letzte Abrundung des nördlichen Besitzes durch den Ankauf der Herrschaft Bernhardswald.[112]

Neben diesen Ankäufen nördlich der Donau kam es zur gleichen Zeit zur Erwerbung eines nach und nach sich schließenden Besitzkomplexes südlich des Flusses. In nur einem Jahrzehnt, vom Regierungsantritt Maximilian Karls bis 1840, wurden dafür insgesamt 1 528 000 fl. ausgegeben. Am Anfang dieser Erwerbungen stand ein Kaufvertrag, der aus persönlichen Gründen von den üblichen Verhandlungsmodalitäten abweicht. Seit 1829 war Friedrich von Dörnberg als Leiter der neu eingerichteten Ökonomiekomission im fürstlichen Haus tätig. Nebenbei verwaltete Friedrich von Dörnberg das väterliche Gut, das trotz einiger Investitionen nicht mehr zum »convenablen Besitz« wurde.[113] Der Geheime Rat Wilhelm von Benda riet dem Fürsten, dieses Landgut Haus oder Neueglofsheim, das zu gleichen Teilen den Brüdern seiner Gemahlin gehörte, zu kaufen.[114]

---

[108] Siehe zu den Verhandlungen ebenda.

[109] Der Besitz wurde bereits zum 1. Januar 1832 von der fürstlichen Domänenoberadministration in fürstliche Verwaltung übernommen. FZA Regensburg, Besitzungen, Urkunden 257.

[110] Von der Erwerbung ausgeschlossen war das Schloß zu Unterbrennberg. Es konnte einige Jahre später ebenfalls erworben werden. FZA Regensburg, Besitzungen, Urkunden 261.

[111] Es handelt sich um den Ankauf der Saulburger Waldungen am 15. Januar von Ludwig von Krapp für 52 000 fl. Diese Waldungen, bestehend aus dem Forst Nierenberg und Forst Spitzberg, schlossen im Kaufvertrag die hohe und niedere Jagd des Rittergutes Saulburg mit Jagdscharwerk und Patrimonialjurisdiktion über diesen Forstbereich mit ein. FZA Regensburg, Besitzungen, Urkunden 3318.

[112] Mit Kaufvertrag vom 17. Januar 1840 ging die Besitzung mit Grundholden und Patrimonialgerichtsbarkeit II. Klasse für 24 500 fl. von Ludwig Karl August Reichlin Freiherrn von Meldegg in den Besitz des Hauses Thurn und Taxis über. Siehe FZA Regensburg, Besitzungen, Urkunden 256, zu den Verhandlungen siehe DK 15476.

[113] Siehe zur Erwerbung des Landgutes Haus FZA Regensburg, IB 2760. Der bayerische Regierungspräsident Ernst Friedrich von Dörnberg hatte das Gut erst 1817 erworben. Nach seinem Tod ging es zu gleichen Teilen an die Erben über.

[114] Siehe zum Ratschlag des Direktors der fürstlichen Oberadministration von Benda, das Gut zu kaufen, FZA Regensburg, HFS, Akten 325.

Maximilian Karl folgte diesem Ratschlag und erwarb das Gut am 30. Juni 1829 für 150 000 fl. Zwar gingen die Nutzungsrechte sogar rückwirkend zum 1. Mai 1829 an das fürstliche Haus über, das Gut wurde aber weiterhin unter dem Namen der Dörnbergischen Erben geführt. Der Kaufvertrag von 1829 war nämlich »nicht zur Publizität« bestimmt gewesen, da man ihn nur als vorläufige Lösung ansah und das Gut später weiterverkaufen wollte. Da diese Pläne nicht realisiert wurden, kam es am 4. April 1835 zu einem zweiten, nunmehr öffentlichen Kaufvertrag, wodurch Neueglofsheim endgültig in den Besitz des Fürsten überging.[115] Der Grund für die Aufgabe der Pläne, das Landgut weiterzuverkaufen, lag sicher unter anderem darin, daß zur gleichen Zeit erhebliche Besitzerwerbungen in diesem Gebiet südlich der Donau angestrebt wurden. An das ehemals Dörnbergische Gut grenzte auf der einen Seite die Herrschaft Alteglofsheim und auf der anderen Seite die Herrschaft Paring an. Östlich von Paring lagen die Herrschaften Laberwainting und Rain. Diese vier Güter im inneren Donaubogen wurden fast gleichzeitig angekauft. Nach und nach wurde dadurch ein neuer Gebietskomplex geschaffen. Die Verkaufsverhandlungen über den Erwerb der Herrschaften Paring, Rain und Laberwainting begannen fast zeitgleich 1832/33. Am schnellsten ging die Erwerbung von Paring vonstatten, da es sich um eine öffentliche Versteigerung handelte und keine Verhandlungen geführt werden mußten. Wegen Überschuldung mußte das ehemals zum Kloster Andechs gehörende Brauerei- und Ökonomiegut von den bürgerlichen Eheleuten Georg und Franziska Zirngibl öffentlich zum Verkauf angeboten werden.[116] Mit Vertrag vom 26. Juni 1833 ging es für 41 000 fl. und 50 Dukaten Douceur in den Besitz des Fürsten über.[117] Der relativ hohe Preis für ein derart kleines Gut läßt sich nur aus der wirtschaftlichen Konstellation erklären. Durch den Ankauf der Brauerei von Paring konnte man eine monopolartige Stellung in diesem Raum erreichen. Denn zur gleichen Zeit war man bereits im Besitz der Brauerei zu Neueglofsheim und stand in Verhandlungen mit dem Grafen von Montgelas zur Erwerbung der Brauerei Schierling (Laberwainting).[118] Das Fehlen jeglicher Jurisdiktionsbefugnisse aufgrund der bürgerlichen Abstammung der Besitzer trat gegenüber den ökonomischen Interessen völlig in den Hintergrund.

Im gleichen Jahr begannen die Verhandlungen zur Erwerbung der Herrschaft Rain bei Straubing. Was zu den Überlegungen, diese Herrschaft, immerhin »neun Stunden von Regensburg entfernt«, anzukaufen, geführt hatte,

---

[115] Siehe FZA Regensburg, Besitzungen, Urkunden, Haus 1353. Bei LOHNER, Geschichte, S. 31, findet sich, offenbar aufgrund der Geheimhaltung, nur der Verweis auf den zweiten Vertrag von 1835.
[116] Siehe FZA Regensburg, IB 2761.
[117] FZA Regensburg, Besitzungen, Urkunden 2214.
[118] Zu den Überlegungen, durch die Brauereierwerbungen einen Verbund und ein Brauereimonopol zu schaffen, siehe FZA Regensburg, IB 2761.

läßt sich nicht eindeutig klären.[119] Wie bereits Martin Dallmeier aufgezeigt hat, war nur entfernt ein territorialer Bezug zu den Gebieten nördlich der Donau gegeben.[120] Obwohl es sich um eine ausgedehnte Herrschaft mit Patrimonialgerichtsbarkeit handelte, haben offenbar ökonomische Gründe den Ausschlag gegeben. Die Äcker und Wiesen waren von hoher Bonität. Die Lage im westlichen Gäuboden machte sie durch ihren hohen Ertrag besonders interessant.[121] Dies spiegelt sich auch im höheren Wertanschlag im Vergleich zu Erwerbungen nördlich der Donau wider. Allerdings besaß insgesamt die ebenfalls sehr lukrative Forstwirtschaft den höchsten Stellenwert. Von hoher Bedeutung war der Erwerb von Brauereien. Der Unterhändler und Gutachter Jäger befürwortete aus diesem Grund den Ankauf: »Lassen sie Rain nicht aus! Es ist der Schlüssel zu Sünching, und dieses seiner Zeit mit Rain in Besitz des Fürsten bildet in Beziehung auf Jagden und Forsten ein herrliches Arrondisement, und die zwei Brauhäuser Rain und Sünching werden die fürstlichen Monopolien dieser Gegend«.[122] Der Vorvertrag wurde schon am 31. Dezember 1833 abgeschlossen und die Kaufsumme von 188 000 fl. bereits in den zwei folgenden Jahren bezahlt.[123] Doch erst der Erwerb eines weiteren, in sich bereits arrondierten Herrschaftsbezirkes ergab einen geschlossenen Thurn und Taxisschen Grundbesitzkomplex südlich der Donau. Der ehemalige bayerische Staatsminister Graf Maximilian Joseph von Montgelas hatte im ersten Drittel des 19. Jahrhunderts in diesem Gebiet zwischen Rain und Paring einen Herrschaftsbezirk, bestehend aus den Hofmarken Laberwainting, Zaitzkofen und Neufahrn, erworben.[124] Die ersten Bemühungen Fürst Maximilian Karls, diesen Gutskomplex zu kaufen, begannen bereits 1832.[125] Der detaillierte Gutsanschlag gibt einen Einblick in die ökonomische wie rechtliche Zusam-

---

[119] Der Kaufvertrag in FZA Regensburg, Besitzungen, Urkunden 2544.

[120] Im Norden schlossen die Ausläufer der Waldungen Wörth und Donaustauf, welche über die Donau übergriffen, an die Herrschaft Rain an. Siehe DALLMEIER, Grunderwerbspolitik, S. 228.

[121] Bei dem Gutsanschlag wurde betont, daß sich die Herrschaft Rain »in einer der fruchtbarsten Gegenden« befinde. Daher wurden auch relativ hohe Preise für Äcker, 114 fl. pro Tagwerk, und Waldflächen, 80 fl. pro Tagwerk, veranschlagt. Siehe FZA Regensburg, IB 2762; außerdem WINKEL, Preisentwicklung, S. 569.

[122] Reskript vom 18. Dezember 1833. FZA Regensburg, IB 2765.

[123] Die Nutzung durch das fürstliche Haus begann am 1. Oktober 1834. Siehe FZA Regensburg, IB 2765. Den endgültigen Kaufvertrag unterzeichneten die Parteien jedoch erst am 1. März 1840 aufgrund der Zugehörigkeit zum Fideikommiß der Grafen von Gravenreuth und der dadurch nötigen Einholung der Zustimmung aller Fideikommißanwärter. Siehe FZA Regensburg, Besitzungen, Urkunden 2544.

[124] Die einzelnen Besitzungen kamen durch Tausch und Ankauf in den Besitz des Grafen von Montgelas, bis sie schließlich ein zusammenhängendes Gebiet ergaben. Siehe zur Schaffung dieses Komplexes Jutta LOEWAG, Der Montgelas'sche Güterkomplex in Niederbayern und sein Übergang an das Haus Thurn und Taxis, Diplomarbeit (masch.) München 1962.

[125] Unter anderen war der auch beim Ankauf der Herrschaft Falkenstein federführende Oberjustizrat Dr. Liebel tätig. Siehe FZA Regensburg, IB 2762.

mensetzung der drei Hofmarken.¹²⁶ Ebenso wie beim Erwerb der Herrschaft Rain wurden exakte Aufstellungen der Bonitätsunterschiede angefertigt, welche den hohen Ertragswert der Besitzungen hervorhoben.¹²⁷ Insgesamt konnten im Etatsjahr 1833/34 über 28 000 fl. erwirtschaftet werden. Nach dem bereits in einem Vorvertrag anvisierten Preis von 640 000 fl. ergab damit die Rendite eine Verzinsung von etwa 4,5 %.¹²⁸ Zum 1. Juli 1833 wurden die Güter bereits unter die Regie der fürstlichen Domänenoberadministration genommen und am 1. Mai 1834 der endgültige Kaufvertrag unterzeichnet.¹²⁹

Während der Oberjustizrat und Postrat Liebel die Gespräche mit Graf Montgelas führte, hatte Maximilian Karl den altgedienten Generalpostdirektor Baron von Vrints-Berberich dazu ausersehen, die Verhandlungen zum Erwerb der Herrschaft Alteglofsheim und Triftling einzuleiten. Bereits 1833 wurden nach erfolgreicher Nachfrage beim Eigentümer Freiherrn Anton von Cetto Gutsanschläge erstellt.¹³⁰ Die Verhandlungen zogen sich zwei Jahre in die Länge. Da verschiedene Berechnungsgrundlagen angewendet worden waren, hatte sich eine Differenz von 345 377 fl. zwischen der Preisvorstellung des Verkäufers (652 696 fl.) und dem Angebot (307 319 fl.) ergeben. Nach Verhandlungen im Frühjahr blieb eine Differenz von fast einer Viertelmillion Gulden bestehen. Die Thurn und Taxisschen Unterhändler gingen auch auf das Angebot des Verkäufers von 471 047 fl. nicht ein. Andererseits wollte man sich diese Herrschaften nicht entgehen lassen, denn besonders interessant zu einer Absicherung einer Monopolstellung war die Miterwerbung der Brauerei, die »schon alleine 80 000 fl.« wert war.¹³¹ Erst als Freiherr von Cetto einem Preis von 415 000 fl. zustimmte, kam es Ende 1835 zum Vertragsabschluß.¹³²

---

¹²⁶ Zur Hofmark Zaitzkofen gehörten die gutsherrliche Gerichtsbarkeit, Schloß und Ökonomiegebäude und Benefiziatenhaus zu Zaitzkofen, ein zweites Schloß mit zwei Getreidekästen und Stadel zu Eggmühl, Brauhaus und Taverne zu Schierling und Waldungen; zur Herrschaft Laberweinting gehörten die Hofmarken Laberweinting und Sallach mit Hainsbach, Habelsbach und Greilsberg, Gut Neuhofen und dem Sitz Sallach; zur Herrschaft Neufahrn mit dem Patrimonialgericht II. Klasse gehörten Schloß, Brauhaus und Ökonomiegebäude, Feldgründe und Waldungen. Siehe ebenda.

¹²⁷ Bei der Ermittlung des Waldwertes der Herrschaft Zaitzkofen unterschied man zwei Gruppen. 698 Tagwerk Wald »mit Föhren, Fichten, Birken und Buchen in sehr gutem Zustand« wurden mit je 50 fl. veranschlagt; weitere 3 810 Tagwerk Wald, »die jährlich einen Klafter Holz bringen«, wurden mit 55 fl. angesetzt. FZA Regensburg, Besitzungen, Urkunden 3976. Die Äcker hatten durchgehend eine »gute Bonität«, wurden jedoch nur mit 60 fl. veranschlagt. Der Grund dafür lag darin, daß sie zur Zeit der Übernahme in einem schlechten Zustand waren. FZA Regensburg, IB 2764. Siehe dazu auch WINKEL, Preisentwicklung, S. 569 f.

¹²⁸ Siehe LOEWAG, Güterkomplex, S. 33; Eventualvertrag mit Ratifikationen vom 2. März 1833. FZA Regensburg, IB 2762.

¹²⁹ FZA Regensburg, Besitzungen, Urkunden 3976.

¹³⁰ FZA Regensburg, IB 2764.

¹³¹ Ebenda.

¹³² Mit Kaufvertrag vom 22. Dezember 1835 gingen die Güter Alteglofsheim und Triftling in den Besitz des Fürsten über. Siehe zu den langwierigen Verhandlungen, die schließ-

Die Differenzen, die sich bei der Ermittlung der Kaufsumme zwischen dem Freiherrn von Cetto und den Thurn und Taxis ergeben hatten, spiegeln die hohe Wertsteigerung bei Grund und Boden in der ersten Hälfte des 19. Jahrhunderts wider. Harald Winkel hat nach Aktendurchsicht des Thurn und Taxisschen Archivs hinsichtlich der Grunderwerbungen des Fürstenhauses betont, daß sich bei Ankäufen von Grundstücken in Niederbayern die ansteigenden Preise der dreißiger und beginnenden vierziger Jahre deutlich bemerkbar machten. Dies hatte für das Vorgehen bei der Wertermittlung Folgen: »Die allgemeinen höheren Forderungen zwingen [das Haus Thurn und Taxis; S. G.] dazu, bei der Taxation schärfer als bisher zu differenzieren«.[133]

Von 1835 bis 1840 erfolgten zwei kleinere Arrondierungen durch den Ankauf des Ökonomie- und Brauanwesens Oberhaselbach und der kleinen Hofmark Eberstall für insgesamt 47 500 fl.[134] 1840 schließlich kam es zur letzten Erweiterung des nunmehr ausgedehnten Besitzes südlich der Donau.[135] Der hohe Preis, der bei der letzten großen Erwerbung in Form der Herrschaft Niedertraubling zu zahlen war, ergab sich im Gegensatz zu den meisten anderen Ankäufen nicht nur aus den angestiegenen Bodenpreisen, sondern auch aus dem hohen Wertanschlag der grundherrlichen Rechte. Sie machten 77 344 von insgesamt 275 601 fl. aus.[136] Die Hofmark Niedertraubling wurde schließlich zu einem deutlich geringeren Preis als im Gutsanschlag vorgesehen gekauft. Für 200 000 fl. veräußerte sie Wilhelm Freiherr von Berchem an den Fürsten.[137]

---

lich doch zu einer Übereinkunft hinsichtlich des Preises führten, FZA Regensburg, IB 2764; zum Kaufvertrag Besitzungen, Urkunden 698. Die Landgüter Alteglofsheim und Triftling wurden laut Vertragstext mit Patrimonialgerichtsbarkeit I. Klasse, allen Gebäuden, Grundstücken, Renten und Gerechtigkeiten, außerdem mit zahlreichen Patronatsrechten verkauft.

[133] WINKEL, Preisentwicklung, S. 571. Zum Teil ergaben sich Schwankungen zwischen den untergliederten Bonitätsstufen um 100 %.

[134] Am 9. Oktober 1837 wurde das Gut Oberhaselbach von dem Braumeister Anton Weber für 40 000 fl. angekauft. Es bestand aus dem in den Schloßgebäuden Oberhaselbach untergebrachten Ökonomie- und Brauanwesen mit Hopfengärten, Weihern, Herrschaftsholz und sämtlichem Inventar (FZA Regensburg, Besitzungen, Urkunden 2107). Die Hofmark Eberstall befand sich im Besitz einer gewissen Anna Wiener, geborene Pongratz zu Pfaffenberg. Mit Kaufvertrag vom 17. August 1838 erwarb das Haus Thurn und Taxis die Hofmark für 7 500 fl.

[135] Eigentlich handelt es sich um die vorletzte Erwerbung in diesem Gebiet. Der letzte Kauf war jedoch nur eine kleinere Abrundung – in Form des Landguts Oberellenbach. Am 17. August 1843 wurde der Kaufvertrag über das Landgut Oberellenbach von Fürst Maximilian Karl und Ritter von Kobell unterzeichnet. Es ging mit allen Rechten und Gerechtigkeiten, darunter der Patrimonialgerichtsbarkeit II. Klasse, für 13 400 fl. an den Fürsten. FZA Regensburg, Besitzungen, Urkunden 2073. Bei LOHNER, Geschichte, S. 31, findet sich als Datum des Kaufvertrags der 22./29. Dezember 1840.

[136] Siehe den Gutsanschlag in FZA Regensburg, IB 2766. Die Bodenpreise waren jedoch deutlich höher als bei den weiter entlegenen Besitzungen. Es wurden für Äcker 200 fl., für Wiesen 300 fl. und für die Waldflächen 130 fl. pro Tagwerk bezahlt. Siehe FZA Regensburg, Besitzungen, Urkunden 1991.

[137] Kaufvertrag vom 24. März 1839. FZA Regensburg, Besitzungen, Urkunden 1991.

Am Ende der dreißiger Jahre war damit die Schaffung zweier großer Besitzkomplexe in der weiteren Umgebung von Regensburg, nördlich und südlich der Donau, abgeschlossen. Ein direkter Anschluß der Güter an die Residenz in Regensburg scheiterte, obwohl man derartige Verhandlungen eingeleitet hatte.[138]

Zugleich mit diesen Ankäufen hatte Maximilian Karl die unter Karl Alexander begonnenen Erwerbungen in der Stadt Regensburg weitergeführt. Wie sich aus der geographischen Lage der Häuser und Grundstücke sehr gut erkennen läßt, stand dabei das Ziel, die Residenz in den Mauern des ehemaligen Reichsstifts St. Emmeran besitzmäßig zu erweitern, im Vordergrund. Allein bis 1848 wurden unter Maximilian Karl für ein Haus bei St. Emmeram, einen Garten und einen Stadtgrabenanteil insgesamt 11 900 fl. ausgegeben.[139] Aber seit seinem Regierungsantritt wandte man sich auch Erwerbungsmöglichkeiten vor den Toren der Stadt zu. Für die Gebiete nahe bei Regensburg war sowohl der Absatzmarkt als auch die Anbindung an die Residenz und den Verwaltungssitz des Fürsten gegeben. In den dreißiger und vierziger Jahren erwarb das fürstliche Haus daher vier Ökonomieanwesen bei Regensburg: den Ziegelhof bei Weinting, das Ökonomieanwesen Karthaus-Prüll sowie den Ökonomiehof Stolzenhof, außerdem noch verschiedene einzelne Äcker in der Steuergemeinde Regensburg und Burgweinting für den Preis von insgesamt 373 519 fl.[140] Die Verhandlungen, welche zum Erwerb des Stolzenhofes führten, veranschaulichen die hohe Preissteigerung bei landwirtschaftlichen Gütern in den vierziger Jahren. Der Verkäufer hatte dieses Anwesen selbst erst vor drei Jahren angekauft. In dieser kurzen Zeitspanne stieg der Preis um 20 %. Dabei war vor allem ausschlaggebend, daß die geplante Zuckerfabrik in Regensburg die Abnahme von Zuckerrüben garantierte und somit die ertragreichen Böden in der Nähe Regensburgs wirtschaftlich noch interessanter

---

Ebenfalls vom Freiherrn von Berchem wurden am 4. Mai 1839 das Wirtsanwesen in Auburg für 13 000 fl. und am 15. August 1846 die Sandinger Waldungen für 13 500 fl. gekauft. Siehe LOHNER, Geschichte, S. 31.

[138] Siehe dazu DALLMEIER, Grunderwerbspolitik, S. 232.

[139] Vertrag mit Barbara und Anna Bühler über das Haus Lit. C Nr. 199 samt Zubehör bei St. Emmeram, 17. September 1829, Preis: 5 050 fl. FZA Regensburg, Besitzungen, Urkunden 2637; Vertrag mit Werner Freiherr von Leykam über einen Gartenzwinger und Turm in Regensburg, 27. April 1830, Preis: 2 500 fl. Besitzungen, Urkunden 2638; Vertrag mit Maria E. Goetz über einen Stadtgrabenanteil am Prinzengarten, 5. Dezember 1832, Preis: 1 900 fl. Besitzungen, Urkunden 2639; Vertrag mit Johann A. Vogler über einen Zwinger beim Petrustor, 23. Oktober 1834, Preis: 2 450 fl. Besitzungen, Urkunden 2640.

[140] Und zwar im einzelnen: das Anwesen Ziegelhof beim Dorf Weinting von Georg Penzing für 20 500 fl. am 19. April 1836; das Ökonomiegut Karthaus-Prüll von Heinrich von Fallot-Gemeiner für 68 000 fl. am 13. September 1842; den Einödhof Einhausen, den sog. »Pürklgut«, von dem Gutsbesitzer Hamminger für 115 000 fl. am 28. Dezember 1844; das Ökonomiegut Stolzenhof von Freiherrn Reichlin-Meldegg für 65 000 fl. am 1. März 1845; verschiedene Äcker in der Steuergemeinde Burgweinting für 15 302 fl. im Jahr 1847; verschiedene Äcker in der Steuergemeinde Regensburg für 89 717 fl. im Jahr 1847. Siehe LOHNER, Geschichte, S. 31.

machte.[141] Die Preissteigerung war nicht nur auf das Regensburger Gebiet beschränkt, sondern sie kann auf den gesamten niederbayerischen Raum bezogen werden, wie Harald Winkel gezeigt hat.[142]

Die politischen Entwicklungen von 1848 führten schließlich zu einschneidenden Beschränkungen in der Grunderwerbspolitik des Hauses Thurn und Taxis. Mit dem Verlust der Herrschaftsrechte verlor das Fürstenhaus einen erheblichen Einnahmefaktor, der durch die Ablösezahlungen nicht ausgeglichen werden konnte. Aber aufgrund der gewaltigen Höhe der Ablösegelder, die insgesamt die Millionengrenze weit überschritten, war Maximilian Karl genötigt, nach Anlagemöglichkeiten Ausschau zu halten.[143] Die Zielrichtung ging dabei wieder in Richtung Grunderwerb. Aber das Haus Thurn und Taxis war nicht der einzige Empfänger von Entschädigungsgeldern. Mit ihm hatten zahlreiche Grundherren große Kapitalmengen liquide, wodurch das Angebot an Grund und Boden drastisch zurückging und die Bodenpreise in die Höhe schnellten. Ab 1848 lassen sich keine großen Grunderwerbungen des Hauses unter Maximilian Karl im Gebiet des Deutschen Bundes mehr ausmachen, abgesehen davon, daß weiterhin einzelne Häuser und Grundstücke in und um Regensburg angekauft wurden und 1855 der böhmische Besitz durch den Erwerb der Herrschaft Leitomischl noch vergrößert wurde. Dabei läßt sich immer deutlicher der drastische Anstieg der Bodenpreise verfolgen. Immerhin wurden für diese kleineren Erwerbungen von 1859 bis 1870 über eine Dreiviertelmillion Gulden ausgegeben.

Die immensen Geldmittel, die dem Haus Thurn und Taxis zur Verfügung standen, mußten in den Jahrzehnten nach 1848 anderweitig angelegt werden. Da in dieser Situation »in Ermangelung passender Gelegenheit zur Erwerbung gleich gut rentierlichen Grundbesitzes das Geschäft und der Umsatz in Staats und sonstigen Werth Papieren die günstigste Aussicht auf Ertrag«[144] versprach, wandte man sich in erster Linie dem Kapitalgeschäft zu. Dabei dominierte die Anlage des Kapitals in Staatsobligationen. Durch geschickte Anlagepolitik erwirtschaftete Dörnberg in der ihm übertragenen Wertpapierverwaltung 8 549 903 Gulden und 24,5 Kreuzer.[145] Der Bereich der Industriefinanzierung beschränkte sich auf wenige Gebiete: den Eisenbahnbau und den

---

[141] Bei den Verkaufsverhandlungen ging die Domänenoberadministration beim Gutsanschlag sogar so weit, den gesamten Bestand an Äckern und Wiesen in vier verschiedene Bonitätsstufen einzuteilen und dementsprechend den Wert exakt zu ermitteln. Siehe FZA Regensburg, IB 2744.

[142] Harald Winkel hat dargelegt, daß sich in den dreißiger Jahren eine Steigerung der Preise von durchschnittlich 150–200 fl. pro Tagwerk auf 250–300 fl. ergab. In Stadtnähe wurden sogar Preise um 400 fl. akzeptiert. Zur Preisentwicklung landwirtschaftlicher Grundstücke in Niederbayern siehe WINKEL, Preisentwicklung, S. 560 f.

[143] Siehe WINKEL, Ablösungskapitalien, Kapitel C.1: »Das fürstliche Haus Thurn und Taxis«, S. 62–69.

[144] Siehe FZA Regensburg, IB 696.

[145] StA Regensburg, Dörnberg Nachlaß 173.

Ausbau und die Förderung bereits bestehender Industrieanlagen auf den Besitzungen. Die Kapitalmasse, welche Thurn und Taxis zu den großen unternehmerischen Initiativen zur Verfügung hatte, kam aus den Postentschädigungen, dem Postertrag der Lehenposten, den Grundbesitzerträgen und den Ablösegeldern. Einen kleinen Teil steuerte aber auch die Veräußerung der niederländischen Besitzungen bei.[146]

Unter dem Strich kann festgehalten werden, daß sich die Geldanlage in Grundbesitz für das Haus Thurn und Taxis auch auf längere Sicht mehr als ausgezahlt hat. Wie vor kurzem in einer betriebswirtschaftlichen Diplomarbeit exemplarisch für einzelne Objekte berechnet worden ist, lagen die jährlichen Renditen zwischen vier und sechs Prozent und fielen selten unter fünf Prozent des investierten Kapitals.[147] Damit bestätigte sich für einzelne Käufe, was bereits früher festgestellt wurde: Die Kapitalanlagepraxis des Hauses Thurn und Taxis in Immobilien, vor allem in Grund und Boden, erfolgte nach wohlüberlegten und betriebswirtschaftlich sinnvollen und erfolgreichen Kriterien.[148]

4. Sonderrechte und die Trauer um die Souveränität

4.1. Ein »überdauerndes Reichsregal«: die Lehenposten

»Das fürstliche Haus Taxis hat sich mit Anstrengung und Kostenaufwand das große bleibende Verdienst erworben, der Erfinder und Stifter des teutschen Postwesens zu seyn. Einige Jahrhunderte hat dieses Haus das weitumfassende teutsche Postwesen mit Ruhm geleitet und nach und nach zu seiner jetzigen Vollkommenheit gebracht«. Mit diesen Sätzen beginnt eine 97seitige Denkschrift von 1814 zur Schaffung einer Bundespost unter Thurn und Taxisscher Leitung.[149] Durch die Anwesenden auf dem Wiener Kongreß könnte – so der Verfasser – diese Postanstalt »unter Oberaufsicht der obersten Bundesbehör-

---

[146] Bereits im 18. Jahrhundert hatten die Fürsten von Thurn und Taxis den Verkauf der Stammlande in den Niederlanden ins Auge gefaßt. Maximilian Karl war es schließlich, der sie in den dreißiger Jahren des 19. Jahrhunderts veräußerte. Zwar lagen keine Geldsorgen vor, die den Verkauf erfordert hätten, und vom finanziellen Standpunkt aus wäre es demnach nicht nötig gewesen, das letzte Band zu den ehemaligen Stammlanden abzuschneiden. Unter betriebswirtschaftlichen Gesichtspunkten waren die Besitzungen allerdings seit langem nicht mehr interessant. Bisher hatten aber wohl Gründe der Pietät gegenüber den Vorfahren von einer Veräußerung absehen lassen. 1835 wurde darauf nicht mehr Rücksicht genommen und die ehemalige Principauté de Tour et Tassis, das Fürstentum Braine le Château, bis auf kleine Parzellen, die schlecht zu veräußern waren, verkauft. Siehe FZA Regensburg, Generalkasse, Akten 119, außerdem LOHNER, Geschichte, S. 11 f.

[147] Lars TÖLPE, Langzeitrenditen von land- und forstwirtschaftlichen Grundbesitzungen des fürstlichen Hauses Thurn und Taxis, Wirtschaftswissenschaftl. Diplomarbeit (masch.) Regensburg 1995, hier das Fazit, S. 62.

[148] Siehe DALLMEIER, Grunderwerbspolitik, S. 229 f.; WINKEL, Preisentwicklung, S. 571.

[149] HHStA Wien, StK, Kleinere Betreffe 18, Konv. B, fol. 119–171.

de« zum Nutzen aller und zur »bessere[n] Einrichtung des teutschen Postwesens« genehmigt werden, wodurch außerdem »das fürstliche Haus Taxis die Wiedererlangung seiner rechtmäßig erworbenen und angeerbten Gerechtsame« erreichen würde.

Mit dieser Denkschrift im Gepäck reisten Fürstin Therese und der Generalbevollmächtigte Freiherr von Vrints-Berberich nach Wien. Kurzfassungen ihres Anliegens wurden allen einflußreichen Personen auf dem Wiener Kongreß vorgelegt.[150] Und es sah anfangs auch so aus, als würden wichtige Vertreter wie Metternich, Münster, Wrede, Humboldt und Hardenberg die »Herstellung eines einförmigen deutschen Postwesens [...] begünstigen«.[151] In den nächsten Monaten wurden von den beiden Vertretern des Hauses Thurn und Taxis alle ihnen zur Verfügung stehenden Mittel versucht, um ihre Ziele durchzusetzen. Einladungen, kleine Aufmerksamkeiten und zahlreiche Unterhandlungen und Denkschriften folgten einander.[152] Natürlich können hier die einzelnen Verhandlungen nicht im Detail vorgeführt werden, aber aufgrund der Bedeutung des Wiener Kongresses für die Geschichte des Hauses Thurn und Taxis im 19. Jahrhundert sollen entsprechend den einzelnen Unterkapiteln die wesentlichen Gegenstände und der Verlauf der Verhandlungen skizziert werden.[153]

An erster Stelle stand das Bemühen, eine zentrale Bundespost zu schaffen, die alle Staaten des Deutschen Bundes umfassen sollte. Jene Staaten, welche dazu nicht bereit waren und ihre eigenen Postanstalten behalten bzw. aufrichten wollten, sollten dafür an Thurn und Taxis eine angemessene Entschädigung zahlen. Allein für die Verluste auf dem linken Rheinufer berechnete Vrints-Berberich gegenüber Verhandlungspartnern wie Hardenberg, Stein und Wrede einen Entschädigungsanspruch von über 800 000 fl.[154] Nicht zuletzt durch die guten Beziehungen, die sowohl Fürstin Therese aufgrund hoher

---

[150] Neben der Denkschrift in 31 §§ ebenda, fol. 119–171, liegen in der Wiener Überlieferung auch einige kürzere und leicht modifizierte Fassungen in deutscher und französischer Sprache vor. Siehe dazu ebenda, fol. 172–177, die Kurzfassung mit Datierung »Wien 16. September 1814«, außerdem fol. 178–190. Die Denkschriften, der dazugehörige Briefwechsel und zahlreiche Berichte über den Verlauf der Verhandlungen befinden sich in FZA Regensburg, Postakten 2228–2230.

[151] So Vrints-Berberich in einem Bericht an Fürst Karl Alexander nach den ersten Antrittsbesuchen in Wien am 16. September 1814. FZA Regensburg, Postakten 2228.

[152] Eine Auswertung der wesentlichen Korrespondenz hat – ohne Einsicht der Wiener Akten – Emanuela Wilm vorgelegt. Siehe daher im folgenden auch Emanuela WILM, Das Haus Thurn und Taxis auf dem Wiener Kongreß. Der Kampf um die Posten und die Remediatisierung, Magisterarbeit (masch.) München 1985.

[153] Der Wiener Kongreß und die dortigen Aktionen der Thurn und Taxisschen Unterhändler sind in mehrfacher Hinsicht interessant. In diesem Unterkapitel sollen vor allem die postalischen Verhandlungen untersucht werden. Auf die Entwicklung hinsichtlich der Frage einer Remediatisierung wird im folgenden Unterkapitel, auf die Bedeutung der Festigung der soziokulturellen Stellung in der Adelsgesellschaft wird in Kapitel III.5.1 eingegangen.

[154] Siehe dazu zahlreiche Schreiben an die entsprechenden Unterhändler in FZA Regensburg, Postakten 2229–2230.

Verwandtschaft und weiblichem Charme als auch Vrints-Berberich mit Verhandlungsgeschick und Sachverstand pflegen konnten, sah es anfangs recht verheißungsvoll für das Haus Thurn und Taxis aus. Jedoch sollte sich bald zeigen, daß man außer allgemeiner Fürsprache und Bekenntnissen des Wohlwollens im konkreten Fall zu wenig Entgegenkommen bereit war. Erste Probleme tauchten beispielsweise frühzeitig mit Bayern auf. Der König forderte vom Fürsten, er müsse sämtliche Postakten der in Besitz genommenen Gebiete im Großherzogtum Würzburg und im Fürstentum Aschaffenburg herausgeben. Karl Alexander wollte auf Anraten der Fürstin und Vrints-Berberichs jedoch abwarten, bis die Gebietsübertragung am Wiener Kongreß abgesegnet war. Interessant ist dabei, daß hier Metternich vermittelnd eingriff und die Sache somit vorerst auf die lange Bank geschoben werden konnte.[155]

Als die Verhandlungen offiziell aufgenommen wurden, zeichnete sich bereits in der ersten Sitzung, die sich mit dem künftigen Postwesen beschäftigte, ab, daß keiner der Staaten den gewonnenen Besitzstand hinsichtlich der Posten aufgeben würde. Der Plan, eine einheitliche Bundespost zu schaffen, den Metternich persönlich eingebracht hatte, wurde sehr schnell abgeschmettert.[156] Die zweite Variante, Thurn und Taxis wenigstens in den Restgebieten die Post zu belassen und für die verlorenen Postbereiche angemessene Entschädigungen zu zahlen, wurde nicht einmal diskutiert. Man vertagte die Sache erst einmal, schuf eine Kommission, die sich mit Postfragen beschäftigen sollte, und kümmerte sich um wichtigere Dinge.[157] So sehr auch die Vertreter des Hauses Thurn und Taxis enttäuscht waren von der mangelnden Unterstützung durch Metternich, aber auch durch den preußischen König und den russischen Zaren, der Wiener Kongreß beschäftigte sich vorrangig mit der territorialen, konkret der polnisch-sächsischen Frage. Während sich die Groß- und Mittelmächte mit diesem Problem auseinandersetzten, mußte man sich – so Vrints-Berberich in einigen Schreiben nach Regensburg – bemühen, in Zukunft nicht nur das Interesse der Großmächte für das Taxissche Postwesen wachzuhalten, sondern auch die kleineren und mittleren Staaten als Fürsprecher zu gewinnen.

---

[155] Zum Streit wegen der Würzburger und Aschaffenburger Posten siehe zusammenfassend WILM, Thurn und Taxis, S. 43–45; Johann Ludwig KLÜBER, Acten des Wiener Kongresses in den Jahren 1814 und 1815, Bde. 1–9, Erlangen 1815–1835, ND Osnabrück 1966, hier: Bd. 6, S. 218; Bd. 7, S. 149; außerdem die Berichte in FZA Regensburg, Postakten 2228.

[156] Vor allem Bayern in der Person Wredes hatte die Unterstützung Metternichs für Thurn und Taxis heftig kritisiert. Siehe zusammenfassend WILM, Thurn und Taxis, S. 51 f., und die entsprechenden Berichte Vrints-Berberichs an Karl Alexander vom 18./23. November 1814. FZA Regensburg, Postakten 2228.

[157] Siehe die Berichte Vrints-Berberichs vom 23. November 1814. Ebenda. Der Kommission sollten als kompetente Berater jeweils ein Vertreter der österreichischen, der bayerischen (konkret Oberpostrat Schönhammer) und der Thurn und Taxisschen Postverwaltung (Vrints-Berberich) angehören.

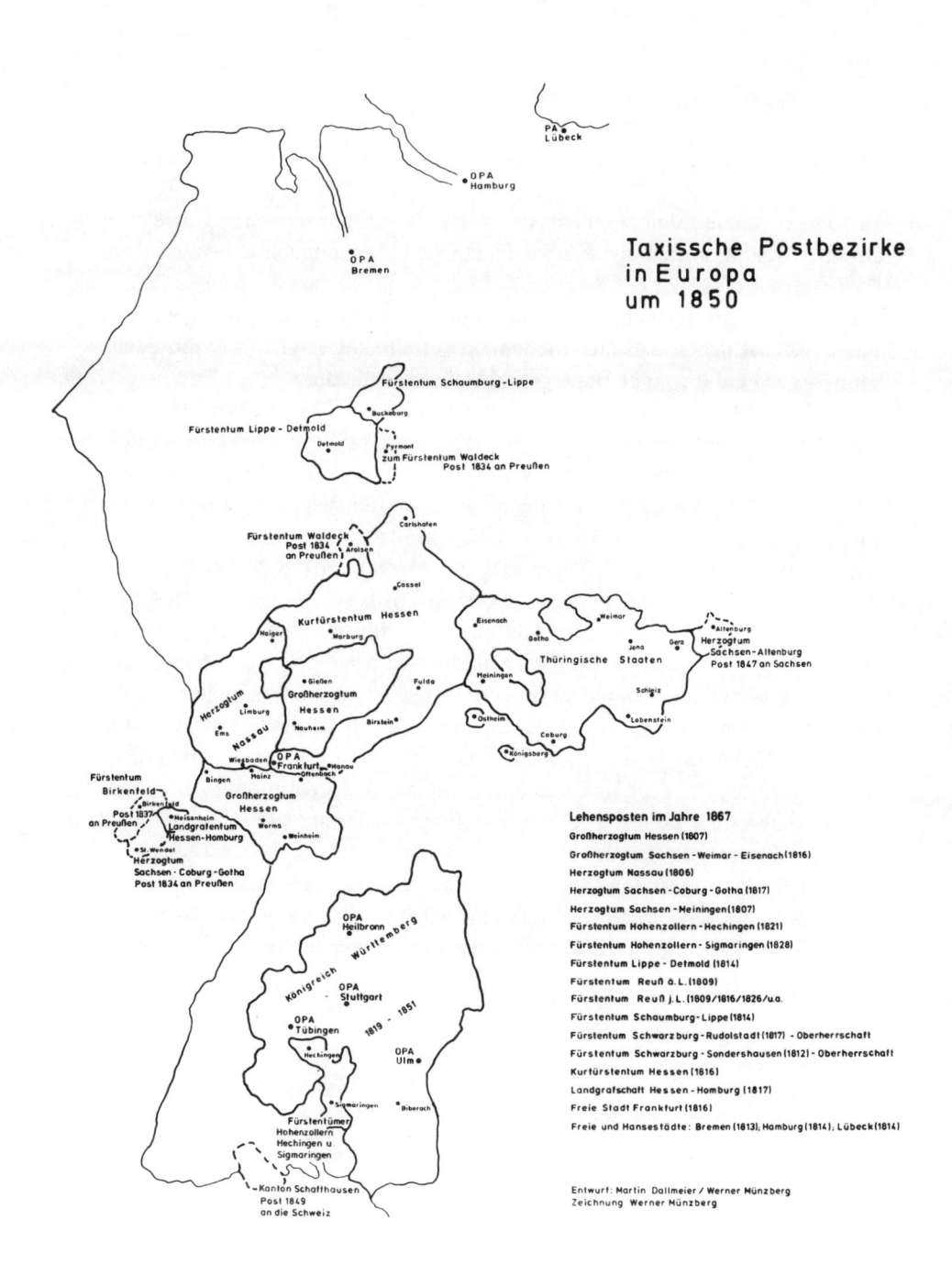

Abb. 13: Postbezirke Thurn und Taxis um 1850

Gerade in diese Zeit platzte eine publizistische Bombe. Der ehemals einflußreiche Thurn und Taxissche Rat Grub meldete sich mit einer anonym veröffentlichten Schrift zurück, die in Wien im November kursierte.[158] Er zählte genüßlich auf, wie die ehemals unbedeutende Familie Tassis von der Betreibung der Postanstalt, die doch eigentlich dem Gemeinwohl dienen sollte, über die Jahrhunderte hinweg profitiert hatte. Vor allem aber prognostizierte er für die Zukunft, daß eine Thurn und Taxissche Bundespost nicht dem Publikum, sondern eher dem Nutzen der Betreiber dienen würde. Vrints-Berberich und die Fürstin konnten mit ihrer Überzeugungsarbeit wieder von vorne beginnen: Durch zahlreiche Briefe, Erklärungen, Gespräche und eine Gegenschrift versuchten sie die Vertreter am Wiener Kongreß zu überzeugen, daß es sich hier nur um eine »Schmähschrift« handle, die »giftig, lügenhaft und recht unwahr« sei.[159] Zwar beteuerten maßgebliche Gesandte wie Hardenberg, Wrede und Münster, sie würden dem Pamphlet kein Vertrauen schenken, sondern sich weiterhin für die Thurn und Taxissche Sache einsetzen, aber daß die anfangs hochgesteckten Ziele zurückgeschraubt werden mußten, wurde immer klarer. Die bayerischen Unterhändler ließen beispielsweise Fürstin Therese wissen, daß München auf alle Fälle die Post auch in den neugewonnenen Gebieten selbst verwalten werde und dafür auch keine Entschädigungen zu zahlen bereit sei.[160] Fürst Wrede wie auch sein Dienstherr, der bayerische König, rieten der Fürstin, das Haus Thurn und Taxis solle sich doch eher bemühen, ein kleines Gebiet aus der noch verbliebenen Verfügungsmasse als Gesamtentschädigung zu bekommen. Die Fürstin verfolgte diesen Plan, ein Stückchen Land und damit Souveränität zu erhalten, weiter, worauf noch einzugehen sein wird.[161] Erfolgversprechender schien es allerdings, einen allgemeinen Anspruch in der Wiener Schlußakte zugesprochen zu bekommen, der alle Länder verpflichtete, die von ihnen übernommenen Postgebiete zu entschädigen. Und viel wichtiger war es, die noch bestehenden Postgebiete auch für die Zukunft zu sichern. Vrints-Berberich begann daher in den nächsten Monaten von allen Vertretern am Wiener Kongreß die Anerkennung des grundsätzlichen »Rechtes auf Entschädigung« bzw. die Zustimmung dazu einzuholen. Dies fand auch Unterstützung von vielen Regierungsvertretern, allerdings nur hinsicht-

---

[158] »Patriotische Wünsche das Postwesen betreffend, zur Berichtigung der öffentlichen Meinung über diesen gemeinnützigen, oft einseitig beurteilten Gegenstand. Von einem Dritten beurteilt und mit Anmerkungen versehen«. Als Autor gilt eindeutig der ehemalige Thurn und Taxissche Konferenzrat Grub. Besonders heikel war allerdings, daß man vermutete, der Koautor sei der bayerische Postrat Schönhammer, der wesentlichen Einfluß auf Wrede nehmen könnte. Schönhammer bestritt dies allerdings und gab nur zu, daß er einige Exemplare in Wien verteilt habe.

[159] Siehe FZA Regensburg, Postakten 2228, außerdem zusammenfassend WILM, Thurn und Taxis, S. 54–57.

[160] Siehe die Berichte über den Verlauf der Verhandlungen in FZA Regensburg, Postakten 2228.

[161] Siehe dazu das folgende Unterkapitel.

lich der rechtsrheinischen Postgebiete. Bezüglich der linksrheinischen war man der Meinung, die Entschädigung sei bereits im Zuge des Reichsdeputationshauptschlusses erfolgt. Wilhelm I. von Oranien, dessen Königreich der Niederlande erst 1813 entstanden war, sah überhaupt nicht ein, warum er Entschädigungen an Thurn und Taxis zahlen sollte. Österreich und Bayern waren auch der Meinung, daß für die Pacht in den linksrheinischen Gebieten keine Entschädigung mehr anstehe. Preußen schließlich, konkret Hardenberg, knüpfte eine Unterstützung in dieser Frage an eine stichhaltige Begründung und Auflistung, um zu ersehen, ob das Haus Thurn und Taxis zu wenig an Entschädigung für das linksrheinische Gebiet bekommen hätte. Und das war, das mußte auch der geschickte Unterhändler Vrints-Berberich zugestehen, ein schwieriges Unterfangen. Fürstin Therese hoffte weiterhin auf die Unterstützung durch Österreich und erbat sich daher eine offizielle Audienz bei Metternich, um ihm nochmals alle Wünsche des Hauses Thurn und Taxis vorzutragen. Der Staatskanzler beteuerte, sie hinsichtlich eines einheitlichen Postbereichs in den kleineren Staaten zu unterstützen und das Recht auf Entschädigung durchzusetzen. Ansonsten sei allerdings gegen den Status quo der Posten wenig auszurichten, alles andere sei Verhandlungssache zwischen Thurn und Taxis und den einzelnen Staaten.[162] Eine besondere Stellung würde das Haus Thurn und Taxis durch die Posten allemal einnehmen, allerdings ließe sich daraus schwerlich eine souveräne Rechtsstellung ableiten. Während der gleichzeitig laufenden Verhandlungen mit Bayern über gegenseitige Postrechte und die Entschädigungsfrage wurde sehr deutlich, daß auch die Mittelstaaten, neben Bayern auch Württemberg, dem Haus Thurn und Taxis keine Souveränität zubilligen würden.[163] Die Idee, durch die Postanstalt einen Sitz als unabhängiges Fürstenhaus im Bundestag zu bekommen, war ein Luftschloß, an das nur die Fürstin manchmal noch glaubte. Erfolgreich hingegen waren die Einzelverhandlungen mit den kleineren Fürstentümern. Das unablässige Werben für die Thurn und Taxissche Sache trug Früchte, da immer mehr Staaten ihre Zusage schriftlich niederlegten, die Post entweder weiterzubetreiben oder den Grundsatz der Entschädigung anzuerkennen. Ein weiterer Erfolg war schließlich, daß Humboldt die Ansprüche des ehemaligen Reichsgeneralerbpostmeisters in seinem Verfassungsentwurf niederlegte.[164] In ähnlicher Weise formulierte schließlich auch Metternich einen besonderen

---

[162] Bericht Vrints-Berberichs vom 5. März über die Audienz vom 3. März. FZA Regensburg, Postakten 2230. Ausführlich dazu WILM, Thurn und Taxis, S. 74.

[163] Zu den Verhandlungen mit Bayern siehe FZA Regensburg, Postakten 2230; WILM, Thurn und Taxis, S. 84–87; außerdem die grundlegende Überblicksliteratur: BADEWITZ, Zusammenschluß; DIEDERICHS, Neue Macht, Abschnitt 1, S. 36–70; Heinrich HARTMANN, Die staatspolitische Bewertung einer Landespost in Bayern, in: APB 6 (1930), S. 65–106; HELBIG, Postgeschichte.

[164] Zum Entwurf siehe KLÜBER, Acten, Bd. 2, H. 5, S. 55 f. Siehe dazu die Berichte Vrints-Berberichs in FZA Regensburg, Postakten 2230–2231, und deren Auswertung bei WILM, Thurn und Taxis, S. 90–92.

Verfassungsartikel für das Postimperium Thurn und Taxis. Natürlich hätten sich die Thurn und Taxisschen Vertreter noch mehr gewünscht, aber die Verankerung ihrer Rechte in einem eigenem Artikel der künftigen Bundesakte war eine solide Basis für die Zukunft des Hauses.

In den Verhandlungen sollte es im Vergleich zu den Entwürfen noch Einschränkungen geben, die vor allem von jenen Staaten kamen, die bereits Entschädigungen gezahlt hatten und nicht wieder zu grundlegend neuen Verhandlungen mit Thurn und Taxis gezwungen werden wollten. Bedeutender war allerdings der Protest der freien Städte, die sich die Thurn und Taxissche Post nicht durch Bundesbeschluß aufoktroyieren lassen wollten und dies mit Hinweis auf ihre Souveränität auch durchsetzen konnten.[165]

Schließlich wurde der redigierte Artikel 13 des Verfassungsentwurfs gebilligt und als Artikel 17 Bestandteil der Kongreßakte. Aufgrund seiner Bedeutung sei er im Wortlaut zitiert:

> »Das fürstliche Haus Thurn und Taxis bleibt in dem durch den Reichsdeputationshauptschluß vom 25. Februar 1803 oder spätere Verträge bestätigten Besitz und Genuß der Posten in den verschiedenen Bundesstaaten, so lange als nicht etwa durch freie Übereinkunft anderweitige Verträge abgeschlossen werden sollten. In jedem Falle werden denselben infolge des Artikels 13 des erwähnten Reichsdeputationshauptschlusses vom 25. Februar 1803 seine auf Belassung der Posten oder auf eine angemessene Entschädigung gegründeten Rechte und Ansprüche versichert. Dieses soll auch da stattfinden, wo die Aufhebung der Posten seit 1803 gegen den Inhalt des Reichsdeputationshauptschlusses bereits geschehen wäre, insoferne diese Entschädigung nicht schon durch Verträge definitiv festgesetzt ist«.[166]

Mit diesem Artikel hatte das Haus Thurn und Taxis ein sicheres, staatsrechtliches Fundament für die Zukunft bekommen.[167] Gleichzeitig wurde die besondere Stellung des ehemaligen Reichsgeneralerbpostmeisters festgeschrieben: Die Post in den Händen der Thurn und Taxis wurde weiterhin in einer Art »bundesunmittelbarer Stellung« belassen.[168] Oder um mit den zusammenfassenden Worten Heinz Gollwitzers zu sprechen: »So erfreute sich das Haus Thurn und Taxis noch für die gesamte Zeit des deutschen Bundes einer Gerechtsame, die man als überdauerndes Reichsregal ansprechen kann«.[169] Das persönliche und auch finanzielle Engagement während des Wiener Kongresses hatte sich auf verschiedenen Ebenen ausgezahlt.

[165] Siehe dazu KLÜBER, Acten, Bd. 2, H. 5, S. 443–453; WILM, Thurn und Taxis, S. 101–103; grundlegend dazu FZA Regensburg, Postakten 2230–2231.

[166] Zum nahezu identischen Entwurf als Artikel 13 siehe KLÜBER, Acten, Bd. 2, H. 8, S. 455; zum Text der Bundesakte siehe die Edition bei HUBER, Dokumente, Bd. 1, S. 75–81.

[167] Zur Zeit der Thurn und Taxisschen Post nach 1815 siehe die komprimierte Zusammenfassung bei PROBST, Zeitalter.

[168] BEHRINGER, Thurn und Taxis, S. 157 f., geht so weit, darin die Anerkennung als »Privatunternehmer« zu sehen. Bei den schwierigen Grenzfällen zwischen Feudalrechten und bürgerlichen Eigentumsrechten ist m. E. diese Bewertung problematisch.

[169] GOLLWITZER, Standesherren, S. 31.

Natürlich gaben die größeren Staaten, konkret Österreich, Preußen, Bayern und Baden, die Postanstalt auf ihrem Gebiet nicht mehr zurück. Aber der rückwirkende Entschädigungsanspruch verpflichtete sie, in Verhandlungen mit dem Haus Thurn und Taxis zu treten. Interessanter gestalteten sich die Verhältnisse in Württemberg.[170] Eigentlich hatte auch Friedrich I. kein Interesse, die Post wieder dem Haus Thurn und Taxis zu überlassen, aber er konnte die nötige Entschädigungssumme nicht aufbringen und verfügte noch nicht über eine tragfähige Poststruktur, um den Dienstleistungsbereich ohne das Organisationswissen der ehemals Thurn und Taxisschen Postbediensteten aufrecht zu erhalten. Der Fürst von Thurn und Taxis wurde daher zum Erblandpostmeister im Königreich Württemberg ernannt, der das Postwesen als Erbmannthronlehen gegen eine jährliche Gebühr verwalten durfte.[171] Ähnliche Gründe lagen bei den übrigen Mittel- und Kleinstaaten vor: Sie verfügten weder über die Mittel, um die Postrechte abzulösen, noch waren sie auch nur ansatzweise fähig, ein eigenes Postwesen aufzubauen. In den folgenden Jahren wurden in bilateralen Verträgen die Postrechte des Hauses Thurn und Taxis festgeschrieben, und man konnte bereits einige Jahre nach dem Wiener Kongreß von einer Konsolidierung der Postverhältnisse sprechen.[172] Auch wenn das verbliebene Gebiet sich keineswegs mehr vergleichen ließ mit dem umfangreichen Reichspostgeneralat, so war es immer noch sehr ansehnlich und warf entsprechend hohe Renditen ab. Neben Württemberg gehörten dazu die drei Hansestädte, das Fürstentum Hohenzollern, die beiden Fürstentümer Lippe (Lippe-Detmold, Schaumburg-Lippe), der hessische Bereich um das Zentrum der Generalpostdirektion in Frankfurt (Großherzogtum Hessen, Kurhessen, Hessen-Homburg, Nassau, Frankfurt) sowie die Kleinstaaten im sächsisch-thüringischen Raum. Das Taxissche Postkommissariat Eisenach verwaltete die Post in Sachsen-Weimar, Sachsen-Meiningen, Sachsen-Coburg-Gotha, Sachsen-Hildburghausen, außerdem in den Fürstentümern Reuß-Ebersdorf, Reuß-Greiz, Reuß-Lobenstein, Reuß-Schleiz und Schwarzburg-Rudolstadt sowie Schwarzburg-Sondershausen (Arnstadt).

Ein Blick auf eine Landkarte mit den einzelnen Postgebieten in der ersten Hälfte des 19. Jahrhunderts macht verschiedene Entwicklungslinien deutlich: Erstens blieb Thurn und Taxis ein wichtiger Verhandlungspartner für Postver-

---

[170] Zu Württemberg siehe im folgenden Erwin PROBST, Thurn und Taxis und die Post in Württemberg. Zur Vorgeschichte und Geschichte der »Württembergischen Staatspost« von 1851, in: Naposta 81, Ausstellungskatalog, Stuttgart 1981, S. 261–271; dort ist die ältere Literatur verzeichnet.

[171] Der Vertrag wurde erst am 27. Juli 1819 endgültig ausgestellt. Der Fürst hatte als »Lehenskanon« jährlich 70 000 fl. und 4 500 fl. zusätzliches Weggeld zu zahlen.

[172] Siehe die beiden handschriftlichen Manuskripte in FZA Regensburg, HB, Lit 23 »Allgemeine Übersicht der Hochfürstlich Thurn und Taxisschen Posten und des Postpersonals von Christian Gottlob Vischer, Hochf. Thurn und Taxisscher Postdirectionsregistator, Frankfurt am Main im August 1825« und, von dems., »Übersicht der Hochfürstlich Thurn und Taxisschen Postverträge, Frankfurt 1823, mit Nachträgen bis 1826«.

hältnisse im Deutschen Bund, den man nicht einfach übergehen konnte. Bayern mußte zum Beispiel die Beförderung der Briefpost über Thurn und Taxissches Gebiet leiten, wollte man nicht weite Umwege und damit Verzögerungen in Kauf nehmen. Für den Transit zwischen dem Kerngebiet Preußens und seinen Westprovinzen galt dasselbe.[173] Zweitens wurde der Kampf der verschiedenen Postanstalten um gewinnbringende Postlinien und Transite immer heftiger. Der Grund dafür war sicher auch politischer Natur, denn der Besitz von Post- und Transitlinien bedeutete auch die Schaffung von Einflußbereichen. Im Vordergrund stand allerdings der wirtschaftliche Aspekt. Durch die Zunahme der Brief- und Personenbeförderung im Lauf des 19. Jahrhunderts entwickelte sich die Post zu einer wichtigen Einnahmequelle des Staates, die es zu effektivieren galt. Ergänzend kam die Kritik am privaten Postunternehmer hinzu, der dem Staat ein Hoheitsrecht und die damit verbundenen Einnahmen schmälerte. Drittens verlangte der postalische Flickenteppich, der nicht zuletzt durch die kleinräumigen Thurn und Taxisschen Postgebiete so bunt war, nach Vereinheitlichung. Im Gegensatz zur Zollverein-Entwicklung, die zum allmählichen Zusammenschluß einzelner Binnenmärkte im Deutschen Bund bereits ab den dreißiger Jahren führte, dauerte dieser Prozeß zur Schaffung eines gemeinsamen Postraumes jedoch länger. Thurn und Taxis war dabei als Juniorpartner Habsburgs ein klarer Gegenspieler Preußens. Viertens schließlich führten technische Veränderungen, allen voran der Ausbau des Eisenbahnnetzes, zu einer wesentlichen Beschleunigung und damit auch Veränderung der Kommunikationswege. Diese vier Entwicklungsstränge, welche die Geschichte der Thurn und Taxisschen Post bis zu ihrem Ende 1867 bestimmten, sollen nun anhand einiger Beispiele dargestellt werden.

Nach einer Konsolidierungsphase in den zwanziger Jahren begann die Generalpostdirektion wieder stärker in die Offensive zu gehen. Vor allem der Thurn und Taxissche Oberjustizrat und Oberpostrat Dr. Johann Baptist Liebel erwies sich als treibende Kraft für perspektivreiche Projekte im Postbereich.[174] Als sich beispielsweise abzeichnete, daß man den Postamtsbezirk Schaffhausen pachtweise erwerben könnte, unternahm er erhebliche Anstrengungen, um dieses Projekt zum Erfolg zu führen.[175] Schaffhausen könnte – so führte er in einer Denkschrift aus – zu einem bedeutenden Thurn und Taxisschen Stützpunkt werden, der vor allem gegenüber Baden einen gewaltigen Vorteil bräch-

---

[173] Siehe dazu beispielsweise die Karte der Postgebiete im Deutschen Bund bei PROBST, Zeitalter, S. 131.

[174] Siehe FZA Regensburg, Personalakten 5504–5507. Liebel entwickelte zahlreiche Projekte in den Bereichen Post, Justiz und Besitzerwerbung, die er jeweils in ausführlichen Denkschriften fixierte. Siehe zu den Postprojekten Schaffhausen und Bayern PROBST, Zeitalter, S. 132 f., und Max PIENDL, Das bayerische Projekt der Thurn und Taxis Post 1831–1842, in: ZBLG 33 (1970), S. 272–306, zu Liebel S. 280.

[175] Siehe zum Schaffhauser Projekt PROBST, Zeitalter, S. 132 f., und seine Beiträge im Sammelband Rudolf C. REHM (Hrsg.), Postgeschichte und klassische Philatelie des Kantons Schaffhausen, Schaffhausen 1987.

te. Auf »pecuniaere Vorteile« dürfe man dabei nicht bedacht sein, sondern man müsse »vom politischen Standpuncte aus« die Angelegenheit bewerten. Nach zahlreichen Verhandlungen mit den Schweizer Kantonen ging am 1. Januar 1834 die Schaffhauser Kantonalpost offiziell an den Fürsten über. Damit hatte man im »Postkrieg« zwischen Baden und Thurn und Taxis einen bedeutenden Sieg errungen.[176] Denn das von Baden umkreiste Postgebiet von Schaffhausen bildete künftig einen guten Stützpunkt für Transite und erweiterte den Thurn und Taxisschen Postbereich im Südwesten. Natürlich wurden derartige Aktionen von anderen Postverwaltungen und Regierungen mit Argwohn betrachtet, da man – wie im konkreten Fall Baden – zu Recht befürchtete, daß die Thurn und Taxissche Erweiterung letztlich auf Kosten der eigenen Posteinnahmen gehen würde. Es ist aus diesem Grund erstaunlich, daß man in Regensburg und Frankfurt hoffte, man könne die bayerische Post auf dem Verhandlungsweg wieder zurückgewinnen.[177] Finanziell, da waren sich Vrints-Berberich und Unterhändler Liebel völlig einig, war dieses Projekt auf alle Fälle »nicht als vorteilhaft« einzustufen. Aber die Überlassung der bayerischen Post würde, so der Generalpostdirektor in einem Gutachten an Dörnberg,

> »das höchste Vertrauen zum Haus Thurn und Taxis öffentlich beurkunden, alle Umtriebe der Feinde desselben öffentlich niederschlagen, selbst dessen Verhältnis zu seinem jetzigen Postlehensherrn befestigen, die Stellung des Fürstlichen Hauses in Deutschland und gegen die benachbarten Staaten sehr erhöhen und seinen vorigen Glanz wahrscheinlich wieder herbeiführen, überhaupt aber würden dadurch die Gesamtverhältnisse des Fürstlichen Hauses wohl für eine lange Zukunft auf eine Weise konsolidiert werden, daß dadurch selbst bedeutende pecuniäre Opfer aufgewogen werden möchten«.[178]

Der Oberpostrat Johann Baptist Liebel reiste aufgrund der Bedeutung dieses Projekts für längere Zeit nach München. Bald mußte er jedoch erkennen, daß die Unterhandlungen auf Widerstand stießen und sich in die Länge zogen. Vor allem standen sowohl Vertreter der bayerischen Postverwaltung wie des Außenministeriums gerade in dieser Zeit auch in Verhandlungen mit Preußen über eine mögliche Vertiefung der gegenseitigen Postbeziehungen. Vor allem Armannsperg und sein preußischer Amtskollege Nagler vertrauten der Thurn und Taxisschen Postanstalt wenig – wie noch zu zeigen wird, mit voller Berechtigung – und wollten lieber ihre Korrespondenzen über das nordöstlich gelegene Postamt Hof als über den Transitbereich des Thurn und Taxisschen

---

[176] Siehe ebenda.

[177] Dieses Projekt wurde ausführlich dargestellt durch PIENDL, Das bayerische Projekt, S. 272–306. Grundlage dazu bilden die Verhandlungsakten des Verwaltungschefs Ernst von Dörnberg und des Unterhändlers Johann Liebel in FZA Regensburg, HFS, Akten 331, 332, wovon Piendl einige Stücke teilediert hat.

[178] Siehe »Gutachten, die Rätlichkeit oder Unrätlichkeit der Acquisition der Königlich bayerischen Posten betreffend« vom 26. März 1831. FZA Regensburg, HFS, Akten 321; siehe dazu Postakten 3246; sowie PIENDL, Das bayerische Projekt, S. 282 f.

Postgebietes (letztlich über Frankfurt) austauschen.[179] Ihnen schloß sich auch der bayerische Minister des Äußeren von Gise an, der ebenso um die Sicherheit der Posten besorgt war und zugleich betonte, daß eine Staatsanstalt nicht wieder in die Hände eines Privatunternehmens gelegt werden sollte.[180] Im Hintergrund taucht allerdings in der internen Korrespondenz bereits in den dreißiger Jahren der Dualismus zwischen den Großmächten als Argument auf. Preußen war auf keinen Fall bereit, dem prohabsburgischen Fürstenhaus Thurn und Taxis neue postalische Einflußmöglichkeiten zu eröffnen. Bayern war dazu ebensowenig geneigt, sondern tendierte eher dahin, die preußische Post auf Kosten des Hauses Thurn und Taxis zu unterstützen. Postunterhändler Liebel sah daher bereits 1832 immer deutlicher, »wie unendlich wichtig diese Angelegenheit ist und welch außerordentlichen Wert sie für die ersten Interessen des fürstlichen Hauses hat«. Sollte die Unterstützung der Mittelstaaten wegfallen, so war die Postanstalt der proösterreichischen Thurn und Taxis ganz wesentlich gefährdet.[181] Im Gegensatz zu anderen Postplänen, wie beispielsweise der Wiedergewinnung eines Teils der braunschweigischen Post, wurden daher in den folgenden Jahren immer wieder Anläufe unternommen, um das bayerische Projekt zu verwirklichen.[182] Vor allem versuchte Fürst Maximilian Karl auf Anraten seines ersten Mitarbeiters Dörnberg die Postfrage immer wieder mit der Frage des Wohnsitzes in Verbindung zu bringen.[183] Warum, so fragte man bis zur Mitte des Jahrhunderts immer wieder, sollte man sich durch den Ankauf zahlreicher Güter immer fester in Bayern verwurzeln, obwohl man hier nicht über die Postrechte verfügte? Aber auch wenn gerade das bayerische Königshaus durchaus bereit war, Privilegien für den Verbleib der Fürsten Thurn und Taxis in Regensburg zu verleihen, vom Prinzip der Staatspost wollte man nicht abrücken.[184]

---

[179] Siehe dazu den internen Schriftwechsel in BHStA München, MH 12907, zum Teil herangezogen durch HELBIG, Postgeschichte, S. 22.

[180] Auf den Verdacht, die Thurn und Taxis würden weiterhin Briefspionage für Habsburg betreiben, den nicht nur Armannsperg und Nagler, sondern auch von Gise vertraten, wird weiter unten noch näher eingegangen.

[181] Liebel fährt in seinem Bericht vom 3. Februar 1832 fort: »Die Hauptsache ist, daß der Besitz der fürstlichen Posten dadurch ein Bollwerk erhält, an dem notwendig alle feindlichen, auf dessen nahen oder entfernteren Untergang berechneten Pläne scheitern müssen, ohne das aber die fürstliche Postanstalt beständig diesen Angriffen ausgesetzt bleibt und wenn Deutschland, wie fast nicht zu zweifeln, in seinem Inneren großen Veränderungen entgegengeht, zuletzt unvermeidlich unterliegen müßte«. FZA Regensburg, HFS, Akten 331; teilediert bei PIENDL, Das bayerische Projekt, S. 292.

[182] Siehe dazu die Überlegungen Dörnbergs in FZA Regensburg, HFS, Akten 331, 341, 371, und die entsprechenden Hinweise im Briefwechsel von Gises in FZA Regensburg, Postakten 3265.

[183] Siehe dazu PIENDL, Das bayerische Projekt, sowie die Berichte dazu in FZA Regensburg, HFS, Akten 332, 346, 371.

[184] Siehe dazu die Ausführungen in Kapitel III.5.2. Zu den juristischen Privilegien, die bis 1900 gewährt wurden, siehe RUHNAU, Privatgerichtsbarkeit.

Das Prinzip der Staatspost spielte ebenso bei der Entwicklung der Post in Württemberg eine entscheidende Rolle. Hier waren es vor allem die Stände, welche auf eine Ablösung der Thurn und Taxisschen Post durch eine württembergische Staatspost drängten. Als sich König Friedrich I., der nach dem Ende des Rheinbunds die Posten mit größter Schärfe und Schnelligkeit in eigene Regie übernommen hatte, den Beschlüssen des Wiener Kongresses beugen mußte und dem Fürstenhaus die Posten als Erb-Mann-Thronlehen zum 1. Oktober 1819 wieder zurückgab, setzten bereits Proteste der Stände ein.[185] In der Abgeordnetenkammer kam es immer wieder zu Eingaben, die gegen eine Thurn und Taxissche Post gerichtet waren. Thurn und Taxis mußte sich bei der Verwaltung in Württemberg auch von Anfang an auf einige Sonderregelungen einlassen, die einen immensen Mehraufwand bedeuteten. Grundsätzlich hatte sich die oberste Verwaltung der Bezeichnung »Generaldirektion der Königlich Württembergischen Posten« zu bedienen, es gab für Württemberg eine eigene Oberpostkasse mit Sitz in Stuttgart, und die Oberaufsicht über die Posten als staatliches Hoheitsrecht blieb weiterhin beim Ministerium des Innern, das mit Thurn und Taxis über einen Verbindungsmann in Kontakt stand. Die Argumente, die Thurn und Taxis immer wieder vorbrachte, seien sie nun grundsätzlicher Art wie die Behauptung, »daß aber der Staat für sich am wenigsten geeignet ist zu Selbst-Verwaltungen – und in administrativer Hinsicht sind die Posten nichts anderes als ein privilegiertes Gewerbe – wird wohl als entschieden angenommen werden können«, oder praktischer Art, wie der Hinweis auf die Effektivität größerer Posteinheiten und das Erfahrungswissen der Thurn und Taxisschen Postbediensteten, zählten nichts gegenüber dem »StaatsInteresse«.[186] Die Kritik und die Auseinandersetzungen spitzten sich durch eine wesentliche Neuerung noch zu: Durch den Ausbau der Eisenbahn entstand ein bedeutender Konkurrent im Güter- und Personentransport.[187]

---

[185] Die Übernahme erfolgte äußerst rasch und auch konsequent bis hin zur Regelung der neuen Schilder, Vordrucke und Uniformen. Siehe beispielsweise die Mahnung vom 7. Januar 1806 durch den Geheimen Rat und Vizepräsident von Ende, »daß an der fahrenden Post zu Cannstadt das Reichspostwappen noch nicht abgenommen, und durch das Königliche ersetzt worden«. HStA Stuttgart, Bestand E 9, Bü 119. Auch während der Verhandlungen am Wiener Kongreß war man von seiten Württembergs zu keinerlei Zugeständnissen bereit. Fürst Karl Alexander mußte sich trotz frühzeitiger Eingaben an den König auch nach 1815 sehr gedulden, bis seiner Bitte, »mich und mein fürstliches Haus vorläufig in den Rechtszustand eintretten zu lassen, den mir und meinen Nachkommen der XIV. Artikel der neuesten Teutschen Constitution gewähret«, entsprochen wurde. Siehe HStA Stuttgart, Bestand E 31, Bü 1003, sowie E 9, Bü 1003.

[186] Siehe zur zitierten Formulierung verschiedene Schreiben des Fürsten, konkret die Eingabe vom 22. August 1817. HStA Stuttgart, Bestand E 31, Bü 806. Ergänzend siehe dazu die Kabinettsakten in E 10, Bü 122.

[187] Siehe zu diesem Themenkomplex Klaus HERMANN, Thurn und Taxis Post und die Eisenbahnen. Vom Aufkommen der Eisenbahnen bis zur Aufhebung der Thurn und Taxis Post im Jahre 1867, Kallmünz 1981; außerdem Herrmann KUNZE, Das Wegeregal, die Post und die Anfänge der Eisenbahnen in den Staaten des Deutschen Bundes, Diss. Bochum 1982.

Württemberg verbot Thurn und Taxis die Benutzung der Bahn, und die Postanstalt klagte wegen verlorener Einkünfte trotz unverminderter Pachtzahlung. Diese Situation führte zu dem Kuriosum, daß auf manchen Wegen die Linien der Bahn und der Post zum gegenseitigen Schaden parallel liefen. In den vierziger Jahren wurde die Kritik an Thurn und Taxis als Postinhaber immer stärker, wurden die Eingaben durch die Kammer der Abgeordneten immer drängender. Interessant ist dabei festzustellen, wie sich das Ministerium des Innern diese Proteste durchaus für seine Wünsche zu eigen machte. Durch die Publizistik sei das Thema Post, so berichtete das Ministerium an den König, wieder aufgerollt worden.[188] Dies sei ein glücklicher Umstand, denn es dürfte nicht einfach sein,

> »Collision-Fälle zwischen den Interessen der Staats- und der Postanstalt, wie ein solcher, und zwar ein sehr richtiger, jetzt eben bei den Eisenbahnen eintritt, sich billig und nachgiebig finden zu lassen. In dieser Hinsicht dürfte es nicht als unerwünscht zu betrachten seyn, wenn die Diskussionen, durch welche die Rechtmäßigkeit des taxischen Besitzes in Frage gestellt wird, von dem Gebiet der Presse nunmehr auch in das der ständischen Verhandlungen übergeht«.

Im Zuge der Revolution von 1848, in der verschiedene Lehensverbindungen zur Disposition standen, stellte die Abgeordnetenkammer endgültig den Antrag, den Postlehensvertrag zu lösen. Fürst Maximilian Karl legte gegen dieses Vorgehen durch Württemberg in der Nationalversammlung zu Frankfurt Klage ein, wodurch dieses Thema sogar auf nationaler Ebene Beachtung fand.[189] Die Behandlung der Frage in Frankfurt stellte allerdings in Bezug auf die württembergische Entwicklung nur ein Intermezzo dar. Am 22. März 1851 wurde der Ablösungsvertrag zwischen Thurn und Taxis und Württemberg unterzeichnet. Gegen eine Entschädigung von 1,3 Mio. fl. ging die Post endgültig in den Besitz des württembergischen Staates über. Thurn und Taxis hatte damit im Fall Württemberg den Kampf gegen das »Staatsprinzip« und damit fast ein Drittel des Postgebietes verloren.

Natürlich spielte die Postfrage auch sonst bei den Verhandlungen der Frankfurter Paulskirche eine Rolle. Das Vorgehen Württembergs gegen Thurn und Taxis war dabei nur ein kleiner Teil der Diskussion. In einigen Eingaben an die Nationalversammlung bzw. an den Reichsverweser wurde viel allgemeiner die Forderung erhoben, zum Nutzen der Nation auch ein »gemeinsames deutsches Postinstitut« zu schaffen.[190] Inwieweit dann die Thurn und Taxissche

---

[188] Bericht des Ministeriums des Innern an den König vom 1. Juni 1844: »Nach einem Zeitraum von 25 und mehr Jahren hat sich neuerlich die schriftstellerische Thätigkeit wieder mit den Verhältnissen der vormaligen taxischen Reichspost aus welchen der Postlehenvertrag hervorgegangen ist zu beschäftigen angefangen und Tatsachen und Beziehungen zur Sprache gebracht, welche der jetzigen Zeit und Generation ganz neu zum Bewußtein kommen«. HStA Stuttgart, Bestand E 9, Bü 76.
[189] Siehe dazu die folgenden Ausführungen. Als Quellengrundlage dient neben der Thurn und Taxisschen Überlieferung BA Frankfurt, DB 54,23.
[190] Siehe zur Postfrage während der Frankfurter Nationalversammlung die bibliographi-

Post weiterbestehen könne, wurde in verschiedenen Varianten durchgespielt. Thurn und Taxis trat den publizistischen Forderungen nach einer dadurch legitimierten Verstaatlichung der Post in ebenso zahlreichen Denkschriften und persönlichen Eingaben entgegen. Interessant ist dabei, wie man wieder einmal mit dem Doppelcharakter des Postrechtes jonglierte. Auch wenn man intern immer dem Lehenrecht eine starke Verbindlichkeit und Rechtsicherheit zugesprochen hatte, konnte man nun auf den privatrechtlichen Charakter der Postverwaltung verweisen:

> »Die ursprünglich aus kayserlicher Belehnung und dem Rechte der ersten Gründung eines Unternehmens hervorgegangene Postgerechtsame des fürstlichen Hauses Taxis beruhen seit Auflösung des Deutschen Reiches noch weiter auf den, seitdem mit den einzelnen deutschen Staaten abgeschlossenen, zweiseitigen Postlehensverträgen und sind somit ein, auf privatrechtlichen Erwerbstitel beruhendes, wohlerworbenes, nutzbares Eigenthum, welches in seinem vollen reichsmäßigen Umfange nicht nur reichsgesetzlich und bundesgrundgesetzlich bestätigt worden ist, sondern dessen Erhaltung auch sämtliche Staaten Deutschlands dem fürstlichen Haus Taxis zu zwei verschiedenen Malen, in zwei wichtigen Epochen der deutschen Geschichte, feierlich garantiert haben«.[191]

Die Ausübung des landesherrlichen Hoheitsrechtes in der Form eines delegierten Staatsbetriebs war dementsprechend durch Reichsgesetz sanktioniert. Folgerichtig war es kein Widerspruch, daß die Thurn und Taxissche Postanstalt weiterhin bestand, auch wenn in der Frankfurter Paulskirchenverfassung vom 28. März 1849 vorgesehen war, daß die Reichsgewalt das Recht der Gesetzgebung und die Oberaufsicht über das Postwesen habe.[192] Im Rahmen der Paulskirchenverhandlungen wurde dem Thema Post und Kommunikation große Aufmerksamkeit geschenkt. Auch das Zeitungswesen, durch die 48er Ereignisse extrem politisiert, wurde verstärkt in den Blick genommen.[193] Vor allem aber sollte der Impuls von 1848, den Weg zur Vereinheitlichung des Postwesens einzuschlagen, in den nächsten Jahren fortwirken.[194] Erste Ansätze waren bereits auf der Deutschen Postkonferenz in Dresden diskutiert worden und bildeten die Grundlage für den Preußisch-Österreichischen Postver-

---

sche Übersicht in: H. BOBERACH/H. ZIMMERMANN (Bearb.), Publizistische Quellen zur Geschichte der Revolution von 1848 und ihre Folgen, Koblenz 1996, konkret S. 449; außerdem Rüdiger MOLDENHAUSEN/Hans SCHENK (Bearb.), Findbücher Vorparlament, Fünfzigerausschuß, Deutsche Nationalversammlung 1848/9, Koblenz 1980; und Hans SCHENK unter Mitwirkung von Elfriede EISSELT (Bearb.), Reichsministerium der Provisorischen Zentralgewalt, Koblenz 1986. Konkret zu den Eingaben siehe BA Frankfurt, DB 54,23.

[191] Denkschrift, Frankfurt 20. November 1848. Ebenda.

[192] HUBER, Dokumente, S. 304–324; konkret zum Artikel VIII, §§ 41–44, S. 309.

[193] Auf die Bedeutung der Thurn und Taxisschen *Frankfurter Oberpostamtszeitung* als offizielles Organ der Nationalversammlung wird im folgenden Unterkapitel näher eingegangen.

[194] Siehe dazu die zahlreichen Schriften zur Vereinheitlichung des Postwesens bei Hermann WOLPERT, Schrifttum über das deutsche Postwesen, Bde. 1-3, München 1937–1952, hier: Bd. 2, S. 220 f., die gerade in den Jahren 1848/49 vorgelegt wurden.

trag vom 6. April 1850. Ab diesem Vertragswerk, das in gewisser Analogie zum Zollverein einen deutschen Postverein begründete, sollten die Ziele – Schaffung eines gemeinsamen Postgebiets mit gleicher Gesetzgebung und gleichen Verwaltungsvorschriften sowie einem einheitlichen Tarifsystem – durch fünf Postkongresse allmählich erreicht werden.[195] Die besondere Stellung des Hauses Thurn und Taxis zeigte sich bei den Verhandlungen in aller Deutlichkeit. Denn als einziges privates Postunternehmen konnte die Generalpostdirektion Verträge nicht einfach ratifizieren, sondern mußte stets mit den Regierungen der 19 Staaten und Städte in Verbindung treten, in dem eine Thurn und Taxissche Postverwaltung bestand. Andererseits bot der Postverein für das zersplitterte Taxissche Postgebiet ein Mittel der Integration und damit der Stabilisierung der eigenen Poststruktur.

Auch im Rahmen der Diskussion um die Postrechte und Postverträge zwischen den einzelnen deutschen Staaten erwies sich die kontinuierliche Linie der Thurn und Taxisschen Hauspolitik als segensreich: Im Zweifelsfall konnte man sich auf die schützende Hand des Hauses Habsburg verlassen. Die gegenseitigen Interessen waren in vielfacher Weise miteinander verwoben. Die *Frankfurter Oberpostamtszeitung* wurde beispielsweise als habsburgisches Sprachrohr im Bund genutzt, die habsburgischen Vertreter am Bundestag, die übrigens im Thurn und Taxisschen Palais in Frankfurt tagten, setzten sich für die Interessen des Hauses Thurn und Taxis ein. Auf welcher Seite Thurn und Taxis auch im 19. Jahrhundert stand, war kein Geheimnis. Diese eindeutige Parteinahme konnte allerdings auch zur Gefahr werden, wie sich bei der Zuspitzung des deutsch-deutschen Dualismus zeigen sollte.

Die Abneigung, wenn nicht sogar der Haß Preußens auf die Thurn und Taxissche Post wurde vor allem durch einen Vorwurf genährt: den Verdacht der Spionage für den Erzrivalen Habsburg. In der anekdotenhaft geschriebenen Arbeit *Schwarze Cabinette. Eine Geschichte der Briefgeheimniß-Entheiligungen, Perlustrationen und Brieflogen, des postalischen Secret-dienstes, des »kleinen Cabinets«, der »Briefrevisionsbureaus« und sonstiger Briefgeheimnißverletzungen* beschreibt Bruno Emil König, wie sich Bismarck verschiedener Tricks bediente, um während seiner Zeit als preußischer Bundestagsgesandter der Spionagetätigkeit der Thurn und Taxisschen Oberpostamtsdirektion in Frankfurt zu entgehen.[196] So ließ er geheime Post von einem Fischhändler verschicken, um die Autorenschaft zu verbergen. Der Reichskanzler soll rückblickend gesagt haben: »Geschickt sei die Sache [der Briefspionage] damals unter Thurn und Taxis gemacht worden; da habe es ein besonderes Bureau gegeben, in dem mehrere geübte Herren ständig im Auftrage verschiedener Regierungen gearbeitet hätten«.[197] Für König, den Publizisten und tages-

---

[195] Siehe dazu zusammenfassend PROBST, Zeitalter, S. 136–140.
[196] KÖNIG, Schwarze Cabinette.
[197] Ebenda, S. 124.

politischen Kämpfer um den Schutz des Briefgeheimnisses, stand es außer Frage, daß Thurn und Taxis seit dem 18. Jahrhundert stets für Habsburg spioniert habe. Aber sein Urteil darf nicht ungeprüft übernommen werden, darin sind sich alle Historiker einig, die sich seitdem mit dem Thema der Briefspionage beschäftigt haben.[198] Die archivalischen Belege sind zwar recht spärlich, aber es lassen sich doch einige Mosaiksteine zusammentragen, welche die Briefspionage eindeutig belegen. Wie bereits beschrieben, stand in den turbulenten Jahren um 1800 das Thema der Briefspionage immer wieder auf der Tagesordnung. Reichsvizekanzler Colloredo-Mansfeld drängte Thurn und Taxis bereits 1804 dazu, die Spionage wiederaufzunehmen, Vrints-Berberich stolperte schließlich 1808 gegenüber Bayern über die Spionageaffäre, und Napoleon interessierte sich nicht nur für die Rheinbundpost, sondern besonders für die damit verbundenen Spionagemöglichkeiten.[199] Natürlich war gerade in Kriegszeiten die Tätigkeit der Agenten und Briefspione besonders intensiv. Die Frage war allerdings, wie es nach 1815 mit dem sogenannten Geheimen Dienst weitergehen würde. Die Thurn und Taxissche Postanstalt war nunmehr nicht mehr dem Kaiserhaus Habsburg verpflichtet, sondern stand in Form von Pacht oder Landeslehen im Dienst von fast zwanzig Städten und Staaten. Der Vorwurf der Spionage bezog sich allerdings darauf, daß Thurn und Taxis entweder zum eigenen Vorteil oder aber weiterhin für Habsburg spionierte. Letzteres wog als Rechts- und Vertrauensbruch besonders schwer, war aber aufgrund der Konstellation im Europa der Ära Metternich naheliegend. Ab dem Wiener Kongreß trat nämlich die österreichische Briefspionage unter der Oberaufsicht des Staatskanzlers Metternich in eine neue Phase. War bereits während des Wiener Kongresses die Spionage zur Blüte gebracht worden, sollten auch nach 1815 jährlich mehr als 15 000 Interzepte angefertigt werden, und die Geheimdienste in Europa wetteiferten in der Kunst des (De-)Chiffrierens.[200] Durch intensive Archivforschungen konnte Josef Mayr nachweisen, wie wichtig für Metternich dieser Zweig der Spionage war und welche Per-

---

[198] Siehe KALMUS, Weltgeschichte, S. 405; MAYR, Briefdienst, S. 6; HUBATSCHKE, Prantner, S. 1119 f. Besonders unbrauchbar ist die erste Auflage des Werkes: Bruno Emil KÖNIG, Schwarze Cabinette. Mit Anlagen: Geschichte der Thurn und Taxis'schen Postanstalt und des österreichischen Postwesens, und über die gerichtliche Beschlagnahme von Postsendungen in Preußen-Deutschland, Braunschweig 1875. Aber auch die gemäßigte zweite Auflage ist in vielen Abschnitten eine Streitschrift, welche Anekdotensammlung und historisches Material ohne deutliche Kennzeichnung vermengt.

[199] Siehe dazu die entsprechenden Kapitel, Quellengrundlage dazu vor allem: FZA Regensburg, HFS, Akten 216; HHStA Wien, RK, Reichsakten in specie 22 (1616–1804), Konv. 2, fol. 28v–29v, etc.

[200] Siehe Enthüllte Geheimnisse der Wiener Polizei. Herausgegeben und bearbeitet nach den aufgefundenen Papieren eines Vertrauten. Nebst einem Anhange: Ein Beispiel furchtbarer Gesetzlosigkeit, o. O. 1848; FOURNIER, Geheimpolizei; Emil VAILLÉ, Le Cabinet noir, Paris 1950; KAHN, Codebreakers; Ernst DRÖSCHER, Die Methoden der Geheimschriften (Zifferschriften) unter besonderer Berücksichtigung ihrer geschichtlichen Entwicklung, Leipzig 1921; sowie die entsprechenden Passagen bei HUBATSCHKE, Prantner.

fektion er im Zeitalter der Restauration erreichte.[201] Die Anzahl und personelle Ausstattung der Logen im österreichischen Einflußbereich wurde deshalb unter dem mächtigen Staatskanzler ständig vermehrt.[202] Kongreßorte wie z. B. Karlsbad wurden sogar nach der Leistungsfähigkeit der dortigen Logen ausgewählt.

Mayr läßt in seiner vorzüglichen Archivstudie keinen Zweifel daran, daß auch die Thurn und Taxisschen Postämter in das österreichische Spionagenetz integriert waren. Vor allem für Frankfurt, den Sitz der Bundesversammlung, läßt sich eine Logentätigkeit nachweisen, die sogar über die Revolution von 1848 und damit über das Ende der Metternichzeit hinausreicht. Damit wurde auch dieses Postgebiet – so ist es zumindest für die Zentrale Frankfurt eindeutig nachweisbar – in das engmaschige und weit ausgreifende Netz der österreichischen Postspionage einbezogen.

Bereits ab 1816 wurde durch den Thurn und Taxisschen Postoffizial Heller der Geheime Dienst wiederaufgenommen. Die Interzepte gingen direkt nach Wien, und man unterließ es, Vrints-Berberich zu unterrichten, da man seine Intervention gegen die neuerliche Einbindung in das Spionagesystem fürchtete.[203] Die Hinweise auf Briefspionage können allerdings vor allem konkrete Aktionen und weniger die permanente Überwachung des Briefverkehrs in Frankfurt belegen.[204] Allerdings läßt beispielsweise die Aufforderung an den Postoffizialen Heller, er solle nicht nur die dienstliche, sondern auch die private Korrespondenz der Gesandten am Bundestag interzepieren, auf eine intensive Spionagetätigkeit schließen.

Ebenso kann als Beleg dienen, daß im Lauf des 19. Jahrhunderts immer wieder Beschwerden und Gerüchte auftauchten, gerade bei der Frankfurter Oberpostamtsdirektion würden Briefe aufgebrochen. Dementsprechend sensibel reagierte man von Thurn und Taxisscher Seite auf diese Vorwürfe. Der Postamtsverwalter zu Weimar berichtete zum Beispiel am 23. Januar 1819 von einer Unterredung mit dem Großherzog und seinem Minister, der am Ende eines vertraulichen Gespräches darauf drängte, die Generalpostdirektion von entsprechenden Gerüchten in Kenntnis zu setzen.[205] Nur ein halbes Jahr spä-

---

[201] Dazu grundlegend MAYR, Briefdienst.

[202] Als Postlogenorte sind ebenda angegeben: Temesvar, Semlin, Kostajnica, Spalato, Triest, Venedig, Zara, Udine, Padua, Vicenza, Verona, Badia del Polesine, Mantua, Mailand, Bregenz, Innsbruck, Salzburg, Linz, Prag, Marienbad, Karlsbad, Teplitz, Peterswalde, Brünn, Teschen, Podgorze bei Krakau, Lemberg, Brody, Wien, Graz, Kaschau, Budapest, Debreczin, Esseg, Hermannstadt, Klausenburg, Laibach, Troppau, Preßburg-Bratislava.

[203] Ebenda, S. 12.

[204] Nachweisbar sind verschiedene konkrete Anweisungen. Im Jahr 1820 wird beispielsweise der Akzessist Schweiger in geheimer Mission nach Frankfurt, anscheinend zur Unterstützung Hellers, gesandt. Am 16. Dezember 1823 ergeht eine Weisung an Puz, Heller solle neben offiziellen Schreiben auch die Privatschreiben der Gesandten in Frankfurt interzepieren. Siehe MAYR, Briefdienst, S. 23; HUBATSCHKE, Briefüberwachung, S. 380.

[205] Der Minister berichtete: »Nun muß ich Ihnen noch etwas sagen, was die Welt, die

ter beschwerten sich die Stuttgarter Gesandten, allen voran der Freiherr von Wangenheim, und warfen der Generalpostdirektion ganz konkret vor, ihre mit Papieroblaten versiegelten Briefe geöffnet zu haben. Vrints-Berberich hatte als Generalpostdirektor seine Mühe, diese Vorwürfe und konkreten Anklagen aus dem Weg zu räumen. Besonders prekär war, daß die Vorwürfe auch in der Bundesversammlung erhoben wurden und außerdem den Weg zur Presse fanden. Postverwalter Diez berichtete am 6. September 1819 aus Eisenach von einem Beitrag in der Weimarer Zeitung vom 3. September 1819: »Man versichert, daß einige Teutsche Fürsten die Uebereinkunft getroffen, sich für gewisse Routen nicht mehr der gewöhnlichen Posten zu bedienen. Dadurch würde einigermaßen bestätiget was hinsichtlich des Postgeheimnisses von einer gewissen Stadt laut behauptet wird. o tempora o mores«. Bei einem Treffen mit dem Großherzog wurde nur bestätigt, daß es sich um Frankfurt handle und man Mißtrauen gegen Vrints-Berberich hege, »der Gesandte Wangenheim sagte es laut – wenn er haben will, daß eine Nachricht ans Publickum komme, so gebe er den Brief nur in Frankfurt auf die Post. [...] Ja man wisse auch, wer das Geschäft der BriefEröffnung besorge – es wäre der Neffe des Baron Vrints, der bei der OPostamtsdirektion angestellt sei«.[206]

Trotz aller Beteuerung, es handle sich nur um »schändlichste Verleumdung«, konnte der Verdacht bei Bedarf ein stichhaltiges Argument zur Verstaatlichung der Post liefern. Denn in beiden Fällen, sowohl bei Sachsen-Weimar wie bei Württemberg, wäre der Tatbestand der Felonie, also des Vergehens gegen das Lehenrecht, durch Briefspionage erfüllt gewesen. Aber auch allein das Gerücht genügte, um die Position der Thurn und Taxisschen Postanstalt zu schwächen. Dies wog um so schwerer, als die Bemühungen, die Postrechte zu beschränken, zwischen 1815 und 1866 eher zu- als abnahmen.

Dadurch ist verständlich, daß Thurn und Taxis auch aus Eigeninteresse zum Mittel der Spionage griff. Völlig eindeutig ist dies für die Postverhandlungen der dreißiger Jahre nachweisbar. Bereits 1831 nahm die königlich bayerische Postadministration mit ihrem Pendant in Berlin Kontakt auf, um die gemeinsame Zusammenarbeit zu vertiefen. Ziel war es dabei, in Zukunft den gegenseitigen Postaustausch ohne den Transit über Thurn und Taxissches Gebiet zu vollziehen. Der preußische Generalpostdirektor Nagler schrieb an seinen bayerischen Kollegen Armannsperger: »Daß die fürstl[ich] Th[urn] u[nd] T[axissche] Postanstalt, der es ganz gleichgültig, ob der Handel und Verkehr des Landes befördert werde oder nicht, und die stets nur das pecuniäre Interesse ihres Herrn im Auge hat, eine solche Ab- und Umleitung des Kourses vorge-

---

böse Welt, gewiß die schändlichste Verleumdung, ja gewiß, aushecke, sagt, nein, ich will es zur Ehre des Vrinz Berberich, des Fürsten von Taxis selbst nicht glauben, ich kann es nicht glauben, weil es zu schändlich, ja es wäre eine Felonie,– die böse Welt sagt – auf den taxisschen Posten würden die Briefe geöffnet. Schreiben Sie dies ihrer Direction«. Schreiben an die Generaldirektion, 23. Januar 1918. FZA Regensburg, Postakten 980.

[206] Ebenda.

schlagen hat, darf nicht befremden«.[207] Während der Verhandlungen argwöhnte man auf beiden Seiten, daß Thurn und Taxis über das gemeinsame Vorgehen informiert sei. Konkret verdächtigten Nagler und Armannsperger den Generalpostdirektor Vrints-Berberich, daß er ihre Korrespondenz überwachen lasse.[208] Auffallend war vor allem, daß Thurn und Taxis stets über den Verhandlungsgang informiert schien, da von dieser Seite gezielte Schachzüge kamen, um das bayerisch-preußische Postprojekt zu durchkreuzen. Als verhängnisvoll und kontraproduktiv sollte sich erweisen, daß just zu der Zeit, als das Projekt bereits in Geheimverhandlungen gediehen war, sich Fürst Maximilian Karl an den bayerischen König wandte und ihn um Unterstützung bat. Vor allem sein Hinweis, man solle doch den alten Gerüchten um Brieferöffnung keinen Glauben schenken, lenkte erst recht das Augenmerk darauf und schien den erneuten Verdacht, daß Thurn und Taxis über diesen Kanal informiert war, zu bestätigen.[209] Während der Verhandlungen verstärkte und erhärtete sich sowohl für die bayerische wie die preußische Seite der Verdacht der Thurn und Taxisschen Briefspionage. Dieser Verdacht, so kann heute aufgrund der archivalischen Überlieferung bestätigt werden, war völlig berechtigt. Mit dem Aktenvermerk »Geheime Papiere« versehen, befinden sich Abschriften der Schreiben zwischen Nagler und Armannsperger sowie zwischen dem bayerischen Gesandten zu Berlin und dem bayerischen König im fürstlichen Archiv Thurn und Taxis. Dieser Umstand erklärt hinreichend, warum man von Thurn und Taxisscher Seite so gut über die Verhandlungen unterrichtet war.

Der Verdacht der Spionage, der sich im Lauf der dreißiger und vierziger Jahre verstärkte, hatte noch Langzeitfolgen für das Haus Thurn und Taxis. Bayern nahm in den folgenden Jahren keinerlei Rücksichten mehr, wenn es in Postangelegenheiten um die Interessen der verschwägerten Dynastie in Regensburg ging.[210] Und Preußen vergaß nie, daß sich das Haus Thurn und Taxis – wie dieser Fall der Briefspionage erneut bewies – vorwiegend um den Gegner Habsburg verdient machte.

---

[207] Schreiben Naglers an die königlich Bayerische Postadministration vom 30. Oktober 1831, Abschrift. FZA Regensburg, Postakten 8236.

[208] Siehe dazu den Schriftwechsel und die entsprechenden Andeutungen gegenüber Vrints-Berberich in BHStA München, MH 12907.

[209] Siehe BHStA München, MH 12877. Maximilian Karl führte unter anderem an, daß man doch die Spionagedienste vergessen solle, die einst zur Last gelegt worden seien. Ludwig erbat sich daraufhin einen Bericht über die Angelegenheit von Freiherrn von Gise. Dieser beschrieb am 4. September 1832, daß unter König Maximilian I. eine Depesche in Staatsangelegenheiten von München nach Würzburg, wohin der König geflohen war, in Augsburg geöffnet und eine Abschrift davon nach Wien gesandt worden sei.

[210] Ludwig I. sprach sich noch am 2. September 1845 im Rahmen von Postunterhandlungen dafür aus, »zu verhindern, vorzubeugen, daß namentlich nicht die taxische Post begünstigt werde, Bayern zum Schaden«. BHStA München, MH 12927.

Verschiedene Faktoren führten in der zweiten Hälfte des 19. Jahrhunderts zu einer prekären Situation für die Thurn und Taxissche Post. Sie trat in Konkurrenz zum staatlich betriebenen Eisenbahnausbau, wirkte gegenüber den postalischen Einheitsbestrebungen als Anachronismus, verlor nach 1848 mit Schaffhausen und Württemberg ein strategisch hochbedeutendes Drittel ihres Gebietes und geriet immer stärker in die Kritik als Privatunternehmen, die flankiert wurde durch den Verdacht der Spionage. Eine existentielle Gefahr drohte allerdings nur von preußischer Seite.[211] Preußen würde eine Möglichkeit, gegen Thurn und Taxis vorzugehen, auch nutzen, sobald sie sich bot. Das Fürstenhaus und sein Postunternehmen waren zu sehr mit Habsburg verwoben, um nicht in den Strudel des deutsch-deutschen Dualismus mit hineingezogen zu werden. Als Juniorpartner im Deutschen Bund kämpfte Thurn und Taxis in den sechziger Jahren zusehends auf verlorenem Posten.[212] Der Kampf um die Vormachtstellung im Deutschen Bund wurde schließlich auf dem Schlachtfeld von Königgrätz entschieden, und aufgrund der militärischen Überlegenheit bot sich für Preußen die Möglichkeit, auch das Thurn und Taxissche Unternehmen zu zerschlagen.[213] Am 3. Juli 1866 hatte das preußische Heer über die sächsisch-österreichischen Gruppen bei Königgrätz gesiegt, in den nächsten Tagen wurden Schritt für Schritt weitere Staaten des Deutschen Bundes, die sich nicht auf die Seite Preußens geschlagen hatten, besetzt. Am Abend des 16. Juli 1866 rückten preußische Truppen in die freie Stadt Frankfurt am Main ein und besetzten sofort die Thurn und Taxisschen Kommunikationszentralen: das Frankfurter Generalpostamt mit Fahr- und Briefpost, die Generaldirektion der Thurn und Taxisschen Postanstalt sowie die Zeitungsexpedition und die Redaktion der *Frankfurter Oberpostamtszeitung*. Die Zeitung wurde sofort eingestellt, die Thurn und Taxissche Post unter preußische Oberhoheit und Verwaltung genommen. In ausführlichen Berichten schilderte der Generalpostdirektionsassessor Wilhelm Ripperger das preußische Vorgehen: »Damit hatte Preußen die gesamte fürstliche Postverwaltung [...] in die Gewalt bekommen; [...] Ein wirksames Mittel hingegen anzukämpfen, gab es für die Diesseite nicht, vielmehr mußte dieselbe äußerst vorsichtig zu Werke gehen, um nicht den höchst feindselig gesinnten Gewalthaber zu

---

[211] Siehe dazu die vorhergehenden Kapitel, zum Verhältnis zu Preußen siehe insbesonders FZA Regensburg, HFS, Akten 4046–4047; Wolfgang BEHRINGER, Das »postalische Königgrätz«. Stephan und die Übernahme der Thurn-und-Taxis-Post durch Preußen, in: Klaus BEYRER (Hrsg.), Kommunikation im Kaiserreich. Der Generalpostmeister Heinrich von Stephan, Heidelberg 1997, S. 53–56.

[212] Besonders bedeutend ist dabei die Funktion der *Frankfurter Oberpostamtszeitung* als habsburgisches Sprachrohr, das sich stets für eine großdeutsche Lösung und ein politisch aktives Österreich im Deutschen Bund einsetzte. Siehe dazu die Ausführungen im folgenden Unterkapitel.

[213] Siehe zum Ende der Thurn und Taxisschen Post und den Frankfurter Ereignissen im folgenden PROBST, Zeitalter, S. 142–145; PIENDL, Das fürstliche Haus, S. 92–96; BEHRINGER, Das »postalische Königgrätz«, S. 53–56.

noch nachteiligeren Schritten zu veranlassen«.²¹⁴ Ripperger ließ rückblickend keinen Zweifel an der Skrupellosigkeit des preußischen Handelns: »Preußen ist einseitig, rücksichts- und schonungslos zum Teil auf, wie ihm nachgewiesen worden, durchaus unrichtigen Grundlagen vorgegangen; es hat nicht gewährt, was es rechtlicher- und billigerweise hätte gewähren sollen und was es, ohne Schaden zu erleiden, hätte gewähren können«.²¹⁵ Preußischerseits war man von Anfang an wahrlich zu wenig Entgegenkommen bereit. Die gewaltsame Besetzung war der erste Schritt zur Enteignung. Erschwerend kam hinzu, daß die Gegenseite von einem Mann angeführt wurde, der von Ehrgeiz, Tatendrang und dem Bewußtsein, eine historische Mission zu erfüllen, durchdrungen war. Es war der spätere Generalpostmeister des Deutschen Reiches Heinrich (von) Stephan, der am 21. Juli 1866 als preußischer Administrator die Thurn und Taxissche Postverwaltung übernahm.²¹⁶ Er trat mit dem Ziel an, »in einem großen Wurf dem fürstlichen Leheninstitute für alle Zeiten in Deutschland ein Ende zu machen«, und setzte dementsprechend den Thurn und Taxisschen Beamten ein Ultimatum zur Unterwerfung.²¹⁷ Bereits einen Tag später konnte Stephan nach Berlin melden: »Ich hatte die Thurn und Taxissche Postverwaltung übernommen; es war ein historischer Akt, der Fall eines 300jährigen Instituts. [...] Die Kassen, die Archive, die ganze Verwaltungsmaschine befindet sich in unseren Händen«. Er hatte, nach seinen Worten, einen »350 Jahre alten Krebsschaden Deutschlands« beseitigt. Noch deutlicher beschrieb er glorifizierend seine Mission in einem Brief vom 20. September 1866, nämlich

> »daß es sich darum handelt, ein 400jähriges Institut zu stürzen, das mit allen alten deutschen Reichs- und Rechtsurkunden, mit allen kleinen Höfen verwachsen, und mit Österreichs und Bayerns Einfluß umgeben ist. [...] Ja, diese Tage werden der Geschichte angehören! Es ist das postalische Königgrätz, was hier geschlagen wird, und ich bin der Feldherr und der kämpfende Soldat zugleich! Nie hat die preußische Post, so lange sie besteht, eine größere und für sie wichtigere Zeit gesehen«.²¹⁸

Die Formel vom »postalischen Königgrätz« macht ganz offenkundig, wie es schließlich zum Ende der Thurn und Taxisschen Postanstalt kam, nämlich durch ein militärisches, handstreichartiges Vorgehen Preußens. Der gewaltsamen Okkupation folgte der von Heinrich Stephan diktierte »Postablösungs-

---

²¹⁴ Wilhelm Ripperger war ein bedeutender Sachbearbeiter in Postfragen, seine Handakten im FZA Regensburg ergeben einen detaillierten Einblick in die Zeit der Lehenposten. Siehe PROBST, Zeitalter, S. 143, und mit einer Teiledition des Abschlußberichtes Rippergers vom 17. Februar 1867, PIENDL, Das fürstliche Haus, S. 92 f., 95 f.
²¹⁵ Ebenda.
²¹⁶ Zu Heinrich (von) Stephan liegt zahlreiche Forschungsliteratur vor, siehe neuerdings zusammenfassend BEYRER, Kommunikation, einleitend zur Person S. 13–17.
²¹⁷ Zu den Zitaten aus seinem Briefwechsel nach Berlin siehe DALLMEIER, 500 Jahre Post, S. 41 f., S. 113 f.
²¹⁸ Ebenda, S. 114.

vertrag«, der natürlich sehr zuungunsten der Unterlegenen ausfallen sollte.[219] Bismarck und Maximilian Karl, der sich damit dem Gesetz des Stärkeren beugte, ratifizierten diesen Vertrag im Januar 1867. Aufgrund des Vertrages übernahm Preußen in den Folgemonaten die Post in den annektierten Gebieten Kurhessen, Hessen-Homburg, Nassau, Teilen Hessen-Darmstadts und nach diplomatischen Verhandlungen auch in den übrigen verbündeten Staaten. Nur die süddeutschen Königreiche sollten in der Zukunft ihre Posthoheit und damit eine selbständige Poststruktur behalten. Mit dem Stichtag 1. Juli 1867 ging schließlich die gesamte Thurn und Taxissche Post samt Personal und Inventar an den preußischen Staat über. Die Entschädigung dafür war, obschon in der in absoluten Zahlen nicht unbedeutenden Höhe von drei Millionen Talern, gemessen am tatsächlichen Wert eher lächerlich. Auf Taxisscher Seite hatte man die Entschädigungssumme mit etwa zehn Millionen veranschlagt und noch lange gehofft, wenigstens vier Millionen erhalten zu können. Aber der bereits zitierte Wilhelm Ripperger hatte zum Schluß seines Berichtes ganz klar die Situation benannt:

> »Aus dem politischen Umsturz des vorigen Jahres ist durch den Vertrag und das Schlußprotokoll für das fürstliche Haus gerettet, was nach Lage der Umstände und namentlich bei der für die gewichtigen und umfangreichen Veranderungen gegebenen kurzen Spanne Zeit und der gewalttätigen, diktatorischen Haltung der Gegenseite zu retten möglich war. Es ist das in der Hauptsache, der Entschädigung, aus dem Sturm Gerettete zu wenig für die Erwartungen, die man in Hinblick auf die vertraglichen Schutzzusicherungen, königliche Worte, hohe Erträgnisse der letzten Jahre und steigenden Verkehr hegen durfte und sogar hegen mußte, allein immerhin repräsentiert es, an sich betrachtet, eine nicht unbedeutende und daher zugleich sichere Summe«.[220]

Damit ging in jenem Jahr, in dem die Thurn und Taxis den 350. Todestag ihres Ahnherren Franz von Taxis begehen konnten, der als Postmeister im Dienst der Habsburger den Grundstein gelegt hatte, dem Haus das Postunternehmen endgültig verloren. Mit dem Ausschluß Österreichs aus dem Deutschen Bund wurde folgerichtig auch der habsburgische Juniorpartner verdrängt. Eine Thurn und Taxissche Post hatte keinen Platz mehr im nationalstaatlich strukturierten Deutschland unter preußischer Dominanz. Damit war der Schlußstrich gezogen worden unter eine Entwicklung, die sich seit der Wende zum 19. Jahrhundert angebahnt hatte.

4.2. Bemühungen um eine »souveräne Stellung«

Die Post war und blieb im 18. und 19. Jahrhundert für Thurn und Taxis der Ausgangspunkt, um auf der politischen Bühne eine gewichtige Rolle zu spielen. Allerdings hatte bis 1806 auch die Position des Fürsten als Vertreter des

---

[219] Siehe zu den Verhandlungen und den Modalitäten des Ablösungsvertrags FZA Regensburg, Posturkunden 716, mit Beilagen; PROBST, Zeitalter, S. 142–146.

[220] FZA Regensburg, Handakten Ripperger; zit. nach PIENDL, Das fürstliche Haus, S. 95 f.

Kaisers am Reichstag und die Stellung als unmittelbarer Reichsfürst die Bedeutung des Hauses gefestigt. Außerdem gehörte es ganz wesentlich zum Selbstverständnis, daß man als unabhängiges, gleichberechtigtes Mitglied zur Adelsschicht zählte. Diese Position galt es zurückzugewinnen. Mit dieser Ansicht waren die Thurn und Taxis natürlich nicht allein, die wenigsten Standesherren hatten sich nach 1806 mit ihrer Mediatisierung abgefunden, und sie versuchten auf unterschiedlichen Wegen wieder eine souveräne Position zu erlangen. Gemeinsame Wege gingen sie dabei allerdings selten, zumeist verließen sie sich lieber auf ihr eigenes Verhandlungsgeschick und waren grundsätzlich der Meinung, man könne leichter für sein eigenes Haus als für die gesamte Gruppe der Mediatisierten etwas erreichen.

Ganz besonders ausgeprägt war diese Haltung bei den Vertretern des Hauses Taxis. Der Besitz der Postanstalt hob sie aus der Masse der Mediatisierten heraus, und die guten Beziehungen, die man über Jahrzehnte zu den jeweils Mächtigen gepflegt hatte, konnten geschickt eingesetzt werden. Man war gut gerüstet für gezieltes Handeln auf der politischen Bühne, und in den Jahren 1814/15 war es in erster Linie Wien, das unter dem Regisseur Metternich alle Vertreter der Politik zum Gastspiel einlud.

Während des Wiener Kongresses wirkte sich die Kontinuität der alten Netzwerke segensreich für Thurn und Taxis aus. Der Chefunterhändler Vrints-Berberich traf fast ausschließlich mit alten Bekannten zusammen, die er während seiner Tätigkeit am Immerwährenden Reichstag zu Regensburg, beim Gesandtenkongreß in Rastatt und bei seinen zahlreichen Einzelverhandlungen mit verschiedenen Regierungen kennengelernt hatte. Bereits bei seinen Antrittsbesuchen konnte er daher meistens ein offenes Ohr für die Belange des Hauses finden. Außerdem bewegte er sich äußerst sicher auf diesem Parkett. Er überlegte genau, wann und an wen eine Denkschrift sinnvollerweise einzureichen war, wann man lieber das persönliche Gespräch und damit informelle Wege wählte und wann es vorzuziehen war, offizielle Eingaben des Fürsten einzureichen.[221] Es gibt sicher aus den Reihen der Mediatisierten keinen vergleichbaren Unterhändler, der während des Wiener Kongresses auch nur annähernd eine derartige Flut von Denkschriften entwarf und eine so hohe Besuchsfrequenz entwickelte. Flankierend, wenn nicht sogar ausschlaggebend für den Erfolg war die Rolle, welche die Fürstin spielte. Ihr Haus am Graben wurde zu einem der gesellschaftlichen Zentren der Stadt. Es verging fast keine Woche, in der nicht eine der ausschlaggebenden Persönlichkeiten des Kongresses ihrer Einladung zum Essen folgte. Überdies kam sie selbst etlichen Einladungen nach und ließ kein gesellschaftliches Ereignis wie Festtafel, Ball

---

[221] Das geschickte Vorgehen läßt sich aus den Berichten ablesen, die Vrints-Berberich regelmäßig nach Regensburg sandte. Auch wenn man bei einer Interpretation dieser Quellen aufgrund seiner Autorenschaft eine gewisse Schönfärberei berücksichtigen muß, zeigen sich in aller Deutlichkeit die feingesponnenen Netzwerke, derer man sich bediente. Siehe FZA Regensburg, Postakten 2228–2231.

und Soiree aus. Die Berichte über Gespräche der Fürstin mit einflußreichen Persönlichkeiten lesen sich wie ein »Who is who?« des Wiener Kongresses. Vor allem die höchsten Entscheidungsträger waren an ihrer Seite und kannten sie bereits aufgrund verwandtschaftlicher Beziehungen oder früherer Begegnungen. Talleyrand und Zar Alexander dürften die Fürstin beispielsweise noch vom Erfurter Fürstentag in Erinnerung gehabt haben, als sie sich im angemieteten Haus der Fürstin zu geheimen Verhandlungen trafen.[222] Vor allem Zar Alexander war ihrem weiblichen Charme erlegen und setzte sich immer wieder für die Interessen ihres Hauses ein. So mündeten gemeinsame Überlegungen auch in eine offizielle Denkschrift an den Wiener Kongreß, in der sein Mitarbeiter Freiherr vom Stein die Forderungen des Hauses Thurn und Taxis nach einer Bundespost aussprach.[223] Besonders verbunden fühlte sich der Fürstin auch ihr Schwager, der König von Preußen. Er verkehrte häufig in ihrem Haus am Graben, und sein Wohlwollen dürfte sich auch auf seine Mitarbeiter Hardenberg und Humboldt positiv ausgewirkt haben. Nicht zu vergessen natürlich Metternich, der ebenfalls in Kontakt mit der Fürstin stand, ihr häufiger als allen anderen Mediatisierten eine Audienz gewährte und zahlreiche Eingaben auch an Kaiser Franz I. weiterleitete.

In den Gesprächen und Schreiben an die Unterhändler in Wien tauchten neben der Schaffung einer Bundespost stets auch die Bitten um Wiederherstellung einer reichsunmittelbaren Stellung und einer Entschädigung durch Landgebiete, die diesem Ziel angemessen waren, auf. Natürlich wurden die beiden Fragen, die der Zukunft des Postregals und die einer Rückgängigmachung der Mediatisierung, immer wieder vermengt. Vor allem Wrede setzte Fürstin Therese diesbezüglich einen Floh ins Ohr. Ohne Beschönigungen teilte er ihr mit, von bayerischer Seite sei man nicht bereit, weitere Entschädigungen für die neuen Postgebiete zu bezahlen. Aber man solle sich doch bemühen, »von der gesamten Entschädigungsmasse« etwas von den Großmächten zugesprochen zu bekommen. In der Gegend um Fulda sei schließlich »noch genug vorhanden, um [...] eine kleine Souveränität zu begründen, und er verspreche, daß Bayern dieses [...] Gesuch unterstützen wolle«.[224] Obwohl nicht einmal seine bayerischen Kollegen Graf Rechberg und Montgelas an die Verwirklichung dieses Plans glaubten, sah Fürstin Therese nun einen Weg vor sich, die Mediatisierung für ihr Haus rückgängig machen zu können. Der »Gegenstand der Indemnität für den Verlust unserer ausgedehnten postalischen großen Existenz mittels der Anweisung eines independenten Strich Landes« wurde zum ersehnten

---

[222] Charles Maurice de TALLEYRAND-PERIGORD, Mémoires du Prince de Talleyrand, hrsg. vom Duc de Broglie, Paris 1891, S. 313 f.

[223] Siehe die Denkschrift Steins vom 27. Januar 1815, in: Karl Freiherr VOM STEIN, Briefe und amtliche Schriften, Bde. 1–10, Stuttgart 1957–1974, hier: Bd. 5, S. 255. Siehe dazu WILM, Thurn und Taxis, S. 59 f.

[224] Bericht Vrints-Berberichs, 28. November 1814. FZA Regensburg, Postakten 2228; siehe dazu WILM, Thurn und Taxis, S. 58.

Eckstein »der künftigen Existenz des fürstlichen Hauses«.[225] Trotz höchster Protektion durch Zar Alexander und vor allem auch Metternich war die Erfüllung dieses Wunsches allerdings von vornherein illusorisch. Letztgenannter teilte ihr bereits zu Anfang Dezember mit, daß die Aussichten nicht gerade erfolgversprechend seien, da »für jeden disponiblen Strich Landes wenigstens zehn Kompetenten vorhanden wären«.[226] In einem Brief vom 8. Februar 1815 erklärte Vrints-Berberich schließlich, daß man vom Ziel, einen souveränen Besitz zu erlangen, ganz abgekommen sei und sich lieber auf andere Forderungen konzentrieren solle.[227] Die Fürstin ließ allerdings nicht locker und bat Metternich in einer Audienz nochmals eindringlich um die Erfüllung ihres Herzenswunsches: »l'indépedance totale [...] sans influence etrangère«.[228] Metternich hielt diesen Wunsch zwar für angemessen, aber unerfüllbar. Die einzige Quelle ihrer Unabhängigkeit könne einzig und allein das Postwesen sein, das allerdings nicht die Souveränität begründen könne.[229] Den Vorschlag, den Vrints-Berberich in verschiedenen Schreiben machte, man könnte etwa die Hälfte der Entschädigungssumme an den Fürsten auszahlen und als Äquivalent für die andere Hälfte der verlorengegangenen Gerechtsame dem Haus Thurn und Taxis einen Sitz im künftigen Bundestag zusprechen, würde niemand unterstützen.[230] Dennoch nährte die Hoffnung auf Souveränität zahlreiche Aktionen der beiden Unterhändler.

Das Ziel war eindeutig die Rückgewinnung einer immediaten Stellung. Zwar waren die Thurn und Taxis mit diesem Ziel nicht allein, fühlten sich jedoch stets in einer Sonderrolle. Von Anfang an betonte Vrints-Berberich, daß man keine »öffentlichen und gemeinschaftlichen Schritte« mit anderen Mediatisierten unternehmen sollte.[231] Der Weg, dieses Ziel über die Postanstalt zu

---

[225] Siehe ebenda; FZA Regensburg, Postakten 2228.

[226] Bericht Vrints-Berberichs, 6. Dezember 1814. Ebenda; siehe WILM, Thurn und Taxis, S. 59.

[227] Vrints-Berberich berichtete, daß »die Hoffnung auf eine Zuteilung einer unmittelbaren Besitzung bei dem Stand der Dinge von Tag zu Tag mehr abnimmt, [...] da man sogar ältere Zusagen nicht mehr befriedigen könne«. FZA Regensburg, Postakten 2229. Siehe dazu ausführlicher WILM, Thurn und Taxis, S. 72.

[228] Bericht Vrints-Berberichs, 5. März 1815. FZA Regensburg, Postakten 2230. Ausführlich dazu WILM, Thurn und Taxis, S. 74.

[229] »Zwar halte der Staatskanzler diesen Anspruch für »sehr billig und für das allgemeine Wesen sehr nützlich«, aber er sehe keinen anderen Weg, als »daß unsere künftige Unabhängigkeit aus einem anderen Grunde als aus dem einer allgemeinen unabhängigen Postalverwaltung nachgesucht und erhalten werden könnte, denn es handle sich sogar darum, die kleineren bisherigen immediaten Fürsten auch zu beschränken, und es würden demnach zuverlässig keine neueren unabhängigen Fürsten im Lande mehr aufgenommen werden«. Ebenda.

[230] Insgesamt, so berechnete Vrints-Berberich, bestünden allein für die Post auf dem linken Rheinufer Ansprüche von über 800 000 fl. Davon könnte ein Teil durch eine Remediatisierung abgegolten werden. Siehe dazu zahlreiche Schreiben an die entsprechenden Unterhändler in FZA Regensburg, Postakten 2229–2230.

[231] Siehe dazu zahlreiche Belege in den Berichten Vrints-Berberichs an Fürst Karl Alex-

erreichen, erscheine verheißungsvoller, da »die Lage E[urer] H[ochfürstlichen] D[urchlaucht] und die Ihres Hauses ganz verschieden von der der übrigen mediatisierten Fürsten sich darstellet und Höchstdero Verhältnisse in Rücksicht des Postwesens ein Mittel darbietet zur persönlichen Immediatität wiederum zu gelangen«.[232]

Der Wiener Kongreß wurde natürlich auch von anderen Mediatisierten genutzt, um eine rechtliche Sicherung ihrer Position zu erreichen. Aber den gemeinsamen Aktionen, wie sie beispielsweise im Auftrag einer Vielzahl mediatisierter Häuser der neuwiedsche Rat von Gärtner am Kongreß voranbrachte, wollten sich die Thurn und Taxis nicht anschließen.[233] Auch den Aktionen der Fürstin Elisabeth von Fürstenberg standen sie vorerst abwartend gegenüber.[234] Die Tante der Thurn und Taxisschen Fürstin hatte sich ebenfalls für nahezu die gesamte Dauer des Wiener Kongresses in der Donaumetropole einquartiert.[235] Fürstin Elisabeths Versuche, die Stellung ihres Hauses zu retten, zielten vor allem auf die Person des Kaisers, des »rechtmäßigen Oberhaupts« Deutschlands. In Audienzen und persönlichen Noten betonte sie die gemeinsame Abstammung, die Verdienste und wohlgegründeten Rechte:

»Fürstenberg hat mit dem durchl[auchtigsten] Hause Habsburg mütterlicherseits eine Abstammung. Rudolph I. der Graf von Habsburg und Heinrich I. Graf von Fürstenberg hatten Berthold den Herzog von Zähringen zum gemeinschaftlichen mütterlichen Urgroßvater. [...] Von den frühesten Zeiten an hielten die vom Namen F[ürstenberg] immer vest und unzertrennlich bei Oesterreich. 17 fielen in den Schlachten dieses Hauses und des deutschen Reiches, [...] darf F[ürstenberg] nicht hoffen, dass der Monarch, [...] sich der alten Dienste, der alten Treue mit Wohlwollen erinnert und diesem Hause zu seinem gewaltsam entrissenen Eigentum wieder verhelfen werde«?[236]

Der Kaiser war zwar von den Worten der Fürstin tief gerührt – es »fielen vatter Franz die hellen thränen aus den Augen u[nd] er ergrif und drückte die Hände dieser deutschen Fürstin mit heftigkeit«[237] – dies änderte aber nichts

---

ander in FZA Regensburg, Postakten 2228–2229.

[232] Vrints-Berberich an Fürst Karl Alexander, 23. Oktober 1814. FZA Regensburg, Postakten 2228. Siehe dazu auch die Schilderungen bei WILM, Thurn und Taxis, S. 35 u. a.

[233] Siehe dazu allgemeiner Johann Kaspar KOHLER, Die staatsrechtlichen Verhältnisse des mittelbar gewordenen vormals reichsständischen Adels in Deutschland, Sulzbach 1844, S. 187 f.; Johann Friedrich HOFF, Die Mediatisiertenfrage in den Jahren 1813–1815, Berlin/Leipzig 1913.

[234] In zwei Aufsätzen wurden die Bemühungen der Fürstin Elisabeth eingehend gewürdigt; siehe zum Folgenden daher Karl Siegfried BADER, Fürstin Elisabeth zu Fürstenberg im Kampf um die Rechte ihres mediatisierten Hauses, in: Schriften des Vereins für Geschichte und Naturgeschichte der Baar 24 (1956), S. 119–153; KURZEL-RUNTSCHEINER, Leben.

[235] Dazu auch einige Hinweise bei FOURNIER, Geheimpolizei, und KLÜBER, Acten.

[236] Note Fürstin Elisabeths von Fürstenberg an Kaiser Franz I., Juli 1814, ediert bei BADER, Fürstin Elisabeth, S. 140 f.

[237] Zitiert nach KURZEL-RUNTSCHEINER, Leben, S. 87.

daran, daß die kleinen Häuser keinen Platz mehr fanden in der politischen Landschaft Europas.

Die geborene Prinzessin von Thurn und Taxis hatte sich allerdings nicht nur für Fürstenberg allein in Wien engagiert, sondern die Mediatisiertenfrage ganz allgemein zu ihrer Sache gemacht.[238] Bei den weiteren Verhandlungen der Mediatisierten zeigte sich das Doppelspiel der Thurn und Taxis ganz deutlich. Auf der einen Seite nahmen sie durchaus an den Verhandlungen ihrer Standesgenossen teil und verfolgten auch die Schritte Gärtners, auf der anderen Seite wollten sie auf keinen Fall mit den anderen gleichgestellt werden, um ihre Sonderrolle aufgrund der Post nicht zu gefährden. Daher gaben sie auch dem Wortführer der Mediatisierten, Freiherrn von Gärtner, kein Mandat, um auch in ihrem Namen sprechen zu können. Im Verlauf des Wiener Kongresses zeigte sich allerdings, daß diese Rechnung der Thurn und Taxis aufging. Zwar war der Kaiser tiefgerührt ob des ungerechten Schicksals der ehemaligen Reichsstände, der allgemeinen Beteuerung des Wohlwollens folgten allerdings keine Taten.[239]

Einzig der Freiherr vom Stein nahm sich immer wieder des Schicksals der Mediatisierten an. Neuen Schwung in deren Aktionen brachte das Verfassungsprojekt des württembergischen Königs, das die Standesherren nicht als integralen Bestandteil der Konstitution vorsah.[240] Man traf sich wieder bei Fürstin Elisabeth von Fürstenberg und entschloß sich, ein Komitee zum weiteren Vorgehen zusammenzustellen.[241] Aber auch da zeigte sich, daß die Vertreter der Mächte am Wiener Kongreß nur schwer zu einem nachhaltigen Eintreten für die Mediatisierten bereit waren. Interessant ist in diesem Zusammenhang vor allem, daß Fürstin Therese durch Metternich oder sogar den Zaren persönlich meist früher über konkrete Verhandlungen informiert wurde als die anderen Vertreter des Komitees. Besonders enttäuscht waren die Mitglieder des Komitees vom Humboldtschen Verfassungsplan, der in Art. 10 nur sehr vage einige Rechte der Standesherren formulierte. Allerdings brachte die Note der Mediatisierten zur »Bestimmung ihrer Rechte« keine große Veränderung.[242] Mehr als vage Zugeständnisse machte man nicht, dies galt dann ebenso für den Metternichschen Verfassungsentwurf. Wieder versuchte der Kreis um Fürstin Elisabeth von Fürstenberg durch eine Note an den »hohen Kon-

---

[238] Vrints-Berberich berichtete in einigen Schreiben an den Fürsten von den Aktionen der anderen Mediatisierten, konkret auch der verwandten Fürstin Elisabeth. FZA Regensburg, Postakten 2228.

[239] Siehe dazu KLÜBER, Acten, Bd. 1, H. 1, S. 38.

[240] Siehe dazu ebenda, Bd.1, H. 2, S. 124 f., außerdem WILM, Thurn und Taxis, S. 68.

[241] Dieser Gruppe gehörten an: Fürst Metternich (Vater des Staatskanzlers), Fürst von Löwenstein, Graf von Solms-Lauterbach, Graf Bentheim und der Geheime Rat Gärtner. Siehe die Berichte Vrints-Berberichs in FZA Regensburg, Postakten 2230; außerdem die Zusammenfassung bei WILM, Thurn und Taxis, S. 68.

[242] Diese Note des Rates von Gärtner vom 22. April 1815 befindet sich als Beilage in FZA Regensburg, Postakten 2230. Siehe dazu auch WILM, Thurn und Taxis, S. 92.

greß« auf die Ansprüche der Mediatisierten hinzuweisen. Thurn und Taxis hielt sich bei diesen Bemühungen eher zurück, und Vrints-Berberich kümmerte sich mehr um die Postfrage.[243] In den letzten Wochen des Kongresses gab es hinsichtlich des Mediatisiertenparagraphen noch zahlreiche Änderungen. Zwar wollten die wenigsten Kongreßteilnehmer den ehemaligen Mitständen eine Kuriatstimme zusprechen, aber man billigte ihnen eine verfassungsmäßig verankerte Sonderrolle durch Festschreibung der Ebenbürtigkeit mit den regierenden Häusern zu.[244] Negativ wirkte sich letztendlich aus, daß man das bayerische Mediatisiertengesetz als Grundlage der Regelungen auf Bundesebene genommen hatte. Eine Rückgewinnung sämtlicher Standesrechte und die freie Verfügungsgewalt innerhalb ihrer Landesverwaltung waren damit von vornherein ausgeschlossen. Besonders enttäuschend war neben dem äußerst mager ausgefallenen Paragraphen zu den Mediatisierten außerdem der 13. Artikel, der lapidar vorsah: »In allen Bundesstaaten wird eine landständische Verfassung statt finden«. Von den Rechten der Standesherren war dabei keine Rede. Mehr war nicht zu erreichen, alles andere blieb der Bundesversammlung in Frankfurt vorbehalten. Bezeichnenderweise begann Vrints-Berberich bereits seine Abschiedsbesuche, bevor der Paragraph über die Mediatisierten verabschiedet worden war.[245]

Die bittere Einsicht, daß man nicht mehr werde zurückkehren können in den Kreis der regierenden Häuser Europas, fand allmählich Eingang in das Bewußtsein der mediatisierten Grafen und Fürsten. Auch wenn sie noch Jahrzehnte später das »schreiendste Unrecht«, die »Entreißung des angestammten Besitzes«, den »Willkürakt« und die »Unterdrückung« anprangerten, mußten sie sich doch in die neue politische Konstellation fügen.[246] Die Rückgewinnung einer souveränen Stellung war nicht zu erreichen. Thurn und Taxis wollte sich mit dieser politischen Tatsache aber auch nach dem Wiener Kongreß noch lange nicht zufrieden geben. Nachdem der Versuch gescheitert war, als Inhaber einer deutschen Bundespost eine souveräne Stellung zu erlangen, mußte man nunmehr andere Wege einschlagen. Bereits im September 1815 trat Karl Alexander an den Kaiser von Österreich und den König von Preußen mit der Bitte heran, wenn bei »Abspaltung einiger Provinzen von Frankreich es möglich wäre, die unabhängige Existenz des Hauses Thurn und Taxis auf irgendeine Parzelle zu radizieren«, möge man sich doch dafür einsetzen.[247]

---

[243] Siehe dazu das vorhergehende Unterkapitel.

[244] Siehe zu den Verhandlungen die Überlieferung bei KLÜBER, Acten, konkret Bd. 2, H. 8, S. 487 f.

[245] Siehe die Berichte in FZA Regensburg, Postakten 2231; WILM, Thurn und Taxis, S. 106.

[246] Siehe dazu mit verschiedenen Belegen STOCKERT, Adel, S. 235 f.; GOLLWITZER, Standesherren, S. 67 f.; FURTWÄNGLER, Standesherren, S. 108–113.

[247] Brief Fürst Karl Alexanders, 23. September 1815. FZA Regensburg, HFS, Akten 867. Siehe zu den folgenden Bemühungen um Rückgewinnung der Souveränität auch die Zusammenstellung bei Rübsam in FZA Regensburg, Rübsamiana 10.

Interessant ist dabei, daß man nunmehr über die verwandtschaftlichen Beziehungen der Fürstin verstärkt auf die preußische Karte setzte. Einen besonderen Auftrieb bekamen die Bemühungen um die Erlangung der Souveränität durch das Bekanntwerden, daß der Landgraf von Hessen-Homburg nachträglich wieder in seine Rechte und Privilegien eingesetzt worden war.[248] Fürstin Therese schrieb daher an den in Berlin weilenden Unterhändler Müller:

> »Setzen sie Ihren Verdiensten die Krone auf, indem sie eine neue politische Existenz, das heißt, einen Zustand, der unserer vorigen Unabhängigkeit gleichkömmt, unserm Hause zu verschaffen suchen. Nach dem Beispiele des Landgrafen von Homburg, der seine Souveränität auf Befehl der großen Mächte wieder erhalten hat, kann von der Ausnahme von der Regel für uns keine Rede mehr sein. Haben die Söhne des ehrwürdigen Landgrafen für Teutschland gefochten, so hat das Haus Taxis sich seit 300 Jahren durch sein Postinstitut nicht weniger um Teutschland sich verdient gemacht«.[249]

Hofrat Müller sollte gemeinsam mit dem Bruder der Fürstin beim König von Preußen vorsprechen, um dem »Hauß einige Strahlen seines ehemaligen Glantzes« wieder zu verleihen.[250] Ein Tauschprojekt sollte schließlich die Souveränität verschaffen. Denn der Vater der Fürstin hatte von Preußen noch ein kleines Stückchen Land zugesichert bekommen, das Thurn und Taxis mitsamt der darauf ruhenden Bundesunmittelbarkeit ankaufen könnte.[251] Ihr Bruder Prinz Karl von Mecklenburg-Strelitz war der Meinung, es wäre schon hilfreich, wenn Taxis dadurch »ein paar Tausend Seelen zur Erlangung der Unmittelbarkeit erhielte«. Er schrieb seiner Schwester am 11. April 1816:

> »An deiner Stelle würde ich den König um seine Zustimmung und um seine bona officia beim Bundestage bitten, wenn es dir irgend möglich wäre, von irgend jemand ein souveraines Stückchen Land zu erkaufen, daß dieses dann als

---

[248] Fürstin Therese nimmt darauf öfters Bezug; siehe FZA Regensburg, HFS, Akten 867; zur Wiedererlangung der Souveränität durch Hessen-Homburg siehe HUBER, Verfassungsgeschichte, S. 578, 582–584.

[249] Fürstin Therese an Müller; 16. Februar 1816. FZA Regensburg, HFS, Akten 867.

[250] Fürstin Therese schrieb am 18. März 1816 an den König von Preußen: »Euer Majestät gnädigstem Wohlwollen stelle ich gäntzlich anheim, ob unser tief gedrücktes Hauß einige Strahlen seines ehemaligen Glantzes Allerhöchst Ihrer Huld verdanken sollen, oder fortfahren muß, in unverdienter Dunkelheit zu schmachten«. Wie widersprüchlich das Unterfangen war, durch Preußen wieder Landesherr zu werden, zeigt sich in der Bitte Thereses, man möge nach Ankauf eines Gebietes »derselben, eine lehnbare Souveränität [sic!], zu reduciren« geneigt sein. Ebenda.

[251] Prinz Karl von Mecklenburg-Strelitz unterstützte seine Schwester im Frühjahr 1816 tatkräftig. Bei einer Unterredung mit Müller am 4. März 1816 äußerte er sich: »Sie wissen, daß mein Vater von dem Könige von Preußen 10 000 Seelen Unterthanen erhalten muß. Wir glaubten diese würden als für das Herzogtum gelegen angewiesen, oder wenigstens so ausgetauscht werden können. Dieses geschieht nun nicht, sondern mein Vater soll diese Besitzung mit 10 000 Seelen über den Rhein erhalten, und hat schon beschlossen, daß er sie dort nicht behalten, sondern auf jede gute Art vertauschen oder sonst veräußern wolle. Auf diesen Besitzungen und Seelen haftet nun die Souveränität, und für das Haus Taxis wäre es vielleicht schon genug, wenn es nur zu seiner übrigen Existenz ein paar Tausend Seelen zur Erlangung der Unmittelbarkeit erhielte«. Ebenda.

ein Euch gehörige Souveränität vom Bunde anerkannt und genehmigt würde, durch welche ihr (wie früherhin durch den Ankauf von Scheer) Sitz und Stimme im Bunde, also Reichsunmittelbarkeit erhalten könntet. Der Ankauf eines solchen Stücks Land ist nicht ganz unmöglich, und meines Erachtens die einzige Art, wie eine Souveränität unter den gegebenen Umständen wieder zu gewinnen ist«.[252]

Die Bemühungen der Fürstin wurden auch während ihres Kuraufenthaltes in Karlsbad und Franzensbad fortgesetzt. Trotz aller verwandtschaftlichen Beziehungen sollte das Mecklenburg-Projekt im Verlauf des Jahres 1817 jedoch scheitern.

Aber auch dadurch ließ man sich nicht entmutigen: Einen nächsten großen Anlauf zur Wiedererlangung der Souveränität unternahm das Fürstenhaus Thurn und Taxis beim Aachener Kongreß.[253] Nachdem der Gebietstausch mit Mecklenburg-Strelitz gescheitert war, hatte man im Vorfeld ein ähnliches Tauschgeschäft mit dem Fürsten von Hohenzollern-Sigmaringen eingefädelt.[254] Fürstin Therese reiste zum Aachener Kongreß und überreichte den einflußreichen Gestalten der europäischen Politik ein Promemoria.[255] Da der souveräne Fürst zu Hohenzollern-Sigmaringen bereit sei, zugunsten der Thurn und Taxis auf die Souveränität über »le grand-baillage de Straßberg« und über die »Herrschaft Achberg« zu verzichten, wäre man im Besiz eines »territoire absolument degagé de toute souverainité étrange« und damit berufen, »être readmise au nombre des princes souveraines«. Um diese Rückgewinnung der Souveränität zu erlangen, wurden die Adressaten gebeten, sich der Angelegenheit beim Bundestag in Frankfurt anzunehmen. Der österreichische Kaiser, der russische Zar und der preußische König versprachen der Fürstin in Antwortschreiben und bei persönlichen Audienzen am Randes des Aachener Kongresses, sich für das Haus Thurn und Taxis einzusetzen.[256] Fürstin The-

---

[252] Ebenda.

[253] Siehe zum Folgenden den ausführlichen Faszikel »Sollicitationen am Congresse zu Aachen« in FZA Regensburg, HFS, Akten 868. Eine Gegenüberlieferung befindet sich in GstA PK BERLIN, III. HA 2.4.1 I Ministerium der Auswärtigen Angelegenheiten, Nr. 1670 (Aachener Kongreß: Souveränität Thurn und Taxis).

[254] Die Verhandlungen wurden zwischen den Geheimen Hofräten Westerholt und Huber geführt. Es wurde von sigmaringischer Seite betont, daß die Überlassung der Souveränität nur über den Ort Aschberg möglich sei, um »dem hochfürstl[ichen] Hause zu Ausgleichung eines höchst bedeutenden Opfers solche Erwerbungen zukommen [zu lassen], welche diesen gewiß einzigen Schritt gegen die Nachkommenschaft und das Land rechtfertigen werden«. Das Angebot sei daher das äußerste, was man verantworten könne, und stehe unter dem Vorbehalt der Zustimmung durch Preußen und Österreich. Siehe das Schreiben Hubers vom 4. September 1818. FZA Regensburg, HFS, Akten 868.

[255] Siehe ebenda und die Zusammenfassung bei Rübsam. FZA Regensburg, Rübsamiana 10, Karte 30.

[256] Am 13. November 1818 antwortete Metternich im Namen des Kaisers auf das Promemoria, am 15. November folgten die Antwort des preußischen Königs und das Handschreiben des russischen Zaren. Siehe FZA Regensburg, HFS, Akten 868.

rese schöpfte daher während des Kongresses wieder Hoffnung.[257] Trotz aller Bemühungen und wohlwollender Unterstützung der drei maßgeblichen Mächte war man sich auf Taxisscher Seite jedoch klar darüber, daß eine verfassungsmäßige Verankerung des Hauses als gleichberechtigtes Mitglied im Deutschen Bund ohne die Zustimmung der Mittelstaaten, allen voran Bayerns, nicht zu erreichen war.[258] Im Verlauf des Jahres 1819 rieten die einflußreichen Politiker auf österreichischer wie auf preußischer Seite von einer offiziellen Eingabe beim Bundestag ab, wodurch das am Aachener Kongreß so verheißungsvoll betriebene Projekt im Sande verlief.[259]

Politik am Bundestag in Frankfurt zu betreiben erwies sich als schwieriges Geschäft. Auch wenn es sich die Fürstin nicht anmerken ließ, war sie doch mit ihrem Versuch, über verwandtschaftliche Beziehungen eine verfassungsmäßige Aufwertung für ihr Haus zu erreichen, gescheitert.[260] Erfolgreicher agierten hingegen die jeweiligen Oberpostamtsdirektoren in Frankfurt und nutzten den Bundestag als Informations- und Kontaktbörse. Diese Position konnten sie natürlich hauptsächlich aus ihrer Sonderstellung als Postinhaber in verschiedenen Teilen des Deutschen Bundes heraus nutzen.

Der politischen Bühne auf Landesebene blieben die Vertreter des Hauses Thurn und Taxis dagegen fern. Aufgrund vertraglicher Verankerung waren die Fürsten von Thurn und Taxis erbliche Mitglieder der ersten Kammer in Bayern und Württemberg, später auch im preußischen Herrenhaus.[261] Wie das

---

[257] Die Fürstin hatte ihre Erlebnisse in einer Art Tagebuch unter dem Titel »Souvenirs – Aix la chapelle« zusammengefaßt. Siehe ebenda, fol. 22.

[258] Gutachten Vrints-Berberichs vom 18. Dezember 1818. Ebenda.

[259] Der österreichische Gesandte Buol(-Schauenstein) hatte Vrints-Berberich gegenüber bereits am 27. Januar 1819 geraten, noch keine offiziellen Schritte ohne die vorherige Zustimmung Bayerns und Württembergs einzuleiten. Am 22. Mai 1819 ließ der preußische Außenminister Graf von Bernstorff den Bruder der Fürstin Therese unmißverständlich wissen, »in einem Augenblicke, wo das staatsrechtliche Verhältnis der Standesherren zu den souveränen deutschen Regierungen noch in lebhafter Erörterung steht und erst seine Erledigung sucht«, solle man lieber abwarten. Er werde sich diesbezüglich mit Metternich besprechen. Ebenda.

[260] Siehe dazu die Einschätzung des Fürsten Pückler und die entsprechende Beurteilung bei Wilm: »Le corps diplomatique se doublait d'un aérogage feminin, ou la Princesse de Tour et Tassis, Madame Lieven, la Comtesse Chouvalov et Lady Castlereagh montraient plus d'ardeur encore aux dèbats et surtout aux cabales politiques«. Kasimierz WALISZWESKI (Hrsg.), La Russie il y a cent Ans. La Regne d'Alexandre, Bd. 3, Paris 1823, S. 34; WILM, Thurn und Taxis, S. 114.

[261] Siehe zusammenfassend STOCKERT, Adel, S. 280 f.; GOLLWITZER, Standesherren, S. 97–115; Peter Michael EHRLE, Volksvertretungen im Vormärz. Studien zur Zusammensetzung, Wahl und Funktion der deutschen Landtage im Spannungsfeld zwischen monarchischem Prinzip und ständischer Repräsentation, Bde. 1–2, Frankfurt a. M. 1978. Zu den ersten Kammern liegen mittlerweile einige Einzeldarstellungen vor: Hubert OSTADAL, Die Kammer der Reichsräte in Bayern von 1819 bis 1848. Ein Beitrag zur Geschichte des Frühparlamentarismus, München 1968; Bernhard LÖFFLER, Die Ersten Kammern und der Adel in den deutschen konstitutionellen Monarchien. Aspekte eines verfassungs- und sozialge-

Beispiel anderer Standesherren zeigt, konnte man diese Position durchaus für eine eigene politische Karriere wie auch für die Interessen des eigenen Hauses nutzen.[262] Allerdings waren die Thurn und Taxis mit ihrer Abstinenz auf dieser politischen Ebene, die ihnen durchaus die Möglichkeit gegeben hätte, aktiv in die Legislative der einzelnen Staaten einzugreifen, nicht allein. Die Abneigung und das Desinteresse gegenüber der aktiven Politik überwog bei den meisten Mediatisierten. Bei den Thurn und Taxis mag noch hinzukommen, daß ein beherrschendes Thema, um das sich in den Landtagen die Standesherren kümmerten, die Reform der feudalen Agrarverfassung war und der Landespostmeister diesen Bereich als eher zweitrangig ansah.

Grundsätzlich war und blieb es auf den verschiedenen politischen Ebenen schwierig, die Gruppe der Standesherren zu einem gemeinsamen Vorgehen zu einigen. Lieber vertraute man auf Einzelverhandlungen oder setzte sich mit einzelnen Eingaben für die singulären Interessen des eigenen Hauses ein. Dies gilt vor allem auch für die gemeinsame Politik am Bundestag.[263] Immerhin war in der Bundesakte verankert, daß sich die Standesherren mit Beschwerden und Eingaben an den Bundestag wenden konnten, außerdem war ihnen eine Kuriatstimme in Aussicht gestellt worden. Da man sich aber nicht zu einem gemeinsamen Vorgehen durchringen konnte, verliefen die Bemühungen um die Kuriatstimme im Sande, und die Petitionsmöglichkeit wurde von den einzelnen Grafen und Fürsten hauptsächlich zum Verfolgen von Eigeninteressen genutzt.[264]

Das Haus Thurn und Taxis setzte dieses Instrument auch erfolgreich zugunsten der Postrechte ein. Als ihm im Zuge der 1848er Entwicklung die württembergische Lehenpost entzogen werden sollte, führte man dagegen am Bundestag Klage.[265] Im Rahmen dieser Auseinandersetzung ist klar abzulesen, wie vorteilhaft es für Thurn und Taxis war, die Hauptverwaltung in Frankfurt, und damit am Ort des Geschehens, zur Verfügung zu haben. Spätestens ab den Paulskirchenverhandlungen rückte dabei ein Instrument der Thurn und Taxis in den Mittelpunkt, mit dem man zunehmend Politik beeinflussen konnte: die *Frankfurter Oberpostamtszeitung*.

Die Frankfurter Postzeitung, seit 1615 in Verbindung mit dem Oberpostamt Frankfurt herausgegeben und vertrieben, war von jeher ein konservatives Or-

---

schichtlichen Problems, in: HZ 265 (1997), S. 29–76; Heinrich KLUMPP, Geschichte und Reform der Zusammensetzung der Kammern der Standesherren, Stuttgart 1903.

[262] Siehe beispielsweise Karl-Heinz ZUBER, Der »Fürst Proletarier« Ludwig von Oettingen-Wallerstein (1791–1870), München 1978; STOCKERT, Adel, S. 280–287.

[263] Siehe zur Politik am Bundestag GOLLWITZER, Standesherren, S. 119–124; FURTWÄNGLER, Standesherren, S. 113–120; Wolfgang HILGER, Die Verhandlungen des Frankfurter Bundestages über die Mediatisierten von 1816 bis 1866, München 1956.

[264] Zu einem Vorkämpfer in Sachen Kuriatstimme hatte sich Löwenstein-Wertheim gemacht; siehe dazu STOCKERT, Adel, S. 287–291.

[265] Siehe dazu HStA Stuttgart, Bestand E 9, Bü 76, Konv. »Unterhandlungen mit Thurn und Taxis wegen Entschädigung für verlohrene Postgefälle«, fol. 1–48.

gan, das sich »zur Hauspostille des kaiserlich-habsburgischen Hofes« entwickelte.[266] Allein der Titel *Kayserliche Reichs-Ober-Post-Amts-Zeitung* und der kaiserliche Doppeladler verwiesen darauf. Aber auch nach 1806, und damit ohne den kaiserlichen Adler auf dem Titelblatt, blieb sie der konservativen Grundeinstellung weiterhin verpflichtet. Ein reitender Postillion als Titelvignette war deutliches Symbol für die Thurn und Taxis und ihre Postanstalt als Herausgeber einer Zeitung, die ab 1814 wieder den Titel *Frankfurter Oberpostamtszeitung* trug.[267] Die oberste Leitung der Zeitung wurde durch den Fürsten in Absprache mit der Generalpostdirektion bestellt. In der Auswahl der Leiter wurde ganz deutlich, welche Linie das Blatt verfolgte. Von 1827 bis 1830 übernahm beispielsweise Johann Baptist von Pfeilschifter, den man als »publizistischen Agenten des Staatskanzlers Metternich« bezeichnen kann, die Führung der Geschäfte.[268] Durch diese bewußt proösterreichische Besetzungspolitik blieb der Zeitung der Ruf einer »reaktionären Hauspostille« Wiens stets erhalten, sie fungierte zunehmend als Sprachrohr gegen die Politik Preußens und die kleindeutsche Partei. Daneben wurde sie vom Herausgeber aber auch bewußt zur eigenen Öffentlichkeitsarbeit genutzt. Als am 17. August 1840 Heinrich Malten als Chefredakteur eingestellt wurde, verpflichtete er sich in einem geheimen Zusatzvertrag, »irrige und böswillige Meinungen über Tendenz, Mittel und Zweck und die Geschäftsführung des fürstlichen Postinstituts, über sein Verhältnis zu den deutschen Regierungen, über seine politische und volkswirtschaftliche Stellung« auszuräumen.[269] Im Revolutionsjahr wurde das Blatt in einen besonderen Rang erhoben, da es zum offiziellen Organ der Zentralgewalt ernannt wurde.[270] Chefredakteur war zu dieser Zeit Albert Ritter von Vahlkampf, der mit Fürst Maximilian Karl darin übereinstimmte, daß sich die Zeitung »von allen radikalen Tendenzen fern halten, kein Tummelplatz der Partheien, keine Verbreiterin solcher Ansichten seyn [solle], die mit der friedlichen Entwicklung, mit der Herstellung und Begründung der Ordnung und mit den Standesinteressen des Fürstlichen Eigen-

---

[266] Siehe dazu Barbara BRUGGER-ALBEL, Die Frankfurter Postzeitung. Eine Chronik, in: BEYRER/DALLMEIER, Zeitung, S. 110–116, hier: S. 112, sowie die weiterführende Literatur in diesem Sammelband.

[267] Siehe zum Folgenden Günther ARNECKE, Die Frankfurter Oberpostamtszeitung 1814–1848. Zur Typologie der Biedermeier-Presse, Diss. phil. München 1941; außerdem die prägnante Zusammenfassung bei Martin DALLMEIER, Die Frankfurter Oberpostamtszeitung im 19. Jahrhundert. Ein konservatives Presseorgan im Deutschen Bund, in: BEYRER/DALLMEIER, Zeitung, S. 185–193.

[268] Pfeilschifter, der zuvor bei der oppositionellen Weimarer Zeitung gearbeitet hatte, wechselte überraschenderweise die Fronten; siehe dazu DALLMEIER, Oberpostamtszeitung, S. 187.

[269] Zitiert nach ebenda, S. 188.

[270] BA Frankfurt, Deutscher Bund (DB) 54,8. In der Sitzung vom 30. bzw. 31. August 1848 wurde die *Frankfurter Oberpostamtszeitung* »offizielles Organ der Reichsregierung«. Unter anderem hatte sich auch der Verleger Brockhaus beworben, um die *Deutsche Allgemeine Zeitung* als »amtliches Blatt« zu installieren.

thümers in Widerspruch stehen«. Nach der Wiedereröffnung des Bundestages blieb man dieser Linie treu, trat aber immer offensiver für die österreichische Politik ein. Wirtschaftliche Interessen mußten hinter dem übergeordneten Ziel, Sprachrohr des österreichischen Kaiserhauses zu sein, deutlich zurückstehen.[271] Natürlich blieb die Tatsache, daß die Thurn und Taxissche Zeitung letztlich inoffiziell die Bundespolitik Österreichs verkündete, keinem zeitgenössischem Beobachter verborgen. Bismarck prangerte das »wohlverzweigte Berieselungssystem« an, das »kaum einen anderen Zweck als den, am Ansehen Preußens zu nagen«, habe.[272] Den deutlichen Worten Bismarcks entsprach die Einschätzung der Gegenseite. So war der österreichische Bundespräsidialgesandte Freiherr von Kübeck noch beim Ausbruch des deutsch-deutschen Krieges der Meinung, die Zeitung dürfe in ihrem »ehrlichen Kampfe nicht erlahmen«.[273] Die Besetzung der Postzentrale und die sofortige Einstellung des Erscheinens durch preußische Truppen ist daher nur verständlich, das »postalische Königgrätz« war gleichzeitig und folgerichtig auch ein journalistisches.

Auf politischer Ebene hatte sich das Haus Thurn und Taxis in den sechziger Jahren durch die Postzeitung, aber auch durch verschiedene andere publizistische Aktionen eindeutig als Juniorpartner Österreichs ausgewiesen. Neben Vahlteich war es vor allem der Chef der Gesamtverwaltung Dörnberg, der zugunsten Habsburgs zur Feder griff.[274] Zu nennen sind hier die »Dörnbergischen Schriften«, die eindeutiger nicht hätten ausfallen können.[275] Interessant ist die Außenwahrnehmung dieser Schriften, denn Dörnberg war wohl nicht der alleinige Verfasser dieser Streitschriften, sondern sie entstanden innerhalb eines »großdeutschen Kreises« in Regensburg, der nicht zuletzt durch den späteren Nachfolger Dörnbergs, den konservativ-reaktionären Franz Joseph von Gruben, bestimmt wurde. Damit galten sie als Ausdruck des politischen

---

[271] Die Zeitung wurde im Verlauf des Jahrhunderts immer mehr zum Subventionsunternehmen; siehe dazu die Angaben bei DALLMEIER, Oberpostamtszeitung, S. 190.

[272] Der Kampf zwischen Bismarck als Vertreter Preußens und Thurn und Taxis als Vertreter Habsburgs nahm in den sechziger Jahren an Härte zu. Die *Oberpostamtszeitung* polemisierte offen gegen Preußen und die kleindeutsche Lösung, Bismarck strengte dagegen eine Untersuchung gegen Mißstände der Taxisschen Post an und verbreitete darüber Gerüchte in der propreußischen Publizistik; siehe dazu DALLMEIER, Oberpostamtszeitung; sowie zusammenfassend BEHRINGER, Thurn und Taxis, S. 182.

[273] Kübeck hielt es für wichtig, »daß die Frankfurter Postzeitung gerade jetzt in ihrem Kampfe nicht erlahme, vielmehr ihre Anstrengung verdopple. Weil sie diesen Kampf mit ehrlichen und anständigen Mitteln führt, ist sie dem Gegner gefährlich und unangenehm, in demselben Maße gewinnt sie an Gewicht bei den aufrichtigen Freunden einer konservativen und föderativen Ordnung Deutschlands«. Zitiert nach PROBST, Zeitalter, S. 140.

[274] Vahlteich hat mit großer Wahrscheinlichkeit das anonyme Werk *Die deutschen Standesherren* geschrieben. Siehe dazu GOLLWITZER, Standesherren, S. 213. Gollwitzer verweist allgemein auf die »hohe Bedeutung des fürstlichen Personals« in der Publizistik. Ebenda, S. 138 f., 80 (Zitat).

[275] Siehe die Edition in SRBIK, Quellen, Bde. 2–3.

Willens im Haus Thurn und Taxis, das offen gegen die kleindeutsche Lösung der deutschen Frage durch Preußen polemisierte.[276]

Aber auch in einem anderem Bereich suchte man immer wieder die Nähe zu Habsburg. Trotz aller Möglichkeiten und auch einzelner neuer Wege im Rahmen der Grunderwerbspolitik versuchte das Haus Thurn und Taxis auch im 19. Jahrhundert, »ein Band zum Hause Österreich« zu knüpfen.

5. Ein Band zum Hause Österreich

Grundbesitz und die daran haftenden Rechte bildeten für die Standesherren auch im Verlauf des 19. Jahrhunderts einen Angelpunkt für ihre gesellschaftliche und politische Stellung. Es gab bei den Thurn und Taxis auch Grundbesitzerwerbungen, die rein auf wirtschaftlichen Ertrag berechnet waren; darauf wurde bereits ausführlich eingegangen. Darüber hinaus gab es allerdings auch Überlegungen, wie man mit Grundbesitz und dessen Erwerb ganz bewußt »Politik machen«, das heißt seinen Handlungsspielraum an Einfluß und Prestige erweitern, konnte. In diesem Unterkapitel sollen zwei besonders prägnante Projekte, der Kauf der Herrschaft Chotieschau und der Erwerbungsplan Liechtenstein, vorgestellt werden. Außerdem werden die staatsrechtlichen Verhältnisse und damit auch politischen Rahmenbedingungen für die Niederlassung in zwei anderen Staaten, konkret in Bayern und Württemberg, beschrieben.

Württemberg, das hatte sich bereits zwischen 1806 und 1815 gezeigt, war nicht gerade ein Land, das einen Standesherren zum Verbleiben einlud. König Friedrich machte keinen Hehl daraus, daß er den ehemaligen Standesgenossen nicht viel mehr an Rechten einräumen wollte als jedem anderen Großgrundbesitzer und Untertanen auch. Bereits während des Wiener Kongresses ließ er daher eine Ständeversammlung einberufen, um damit einer Intervention des Bundes und somit einer Vermehrung der standesherrlichen Privilegien zu seinen Ungunsten zuvorzukommen.[277] Die Standesherren akzeptierten allerdings diese Regelung nicht. Der Artikel 14 der Bundesakte garantierte ihnen zahlreiche Rechte, die sie nun einforderten. Da der König den Forderungen auch in einem Adelsstatut vom 3. März 1817, das am 7. Februar 1818 in Kraft trat, kaum nachkam, verweigerten sie diesem die Zustimmung. Als schließlich ein halbes Jahr später noch ein königliches Edikt erlassen wurde, das alle Grundabgaben zwangsweise für abgelöst erklärte, war auch für die Thurn und

---

[276] Siehe zusammenfassend BEHRINGER, Thurn und Taxis, S. 182 f., und grundlegend dazu Heinz W. SITTA, Franz Joseph Freiherr von Gruben. Ein Beitrag zur Geschichte des Katholizismus im 19. Jahrhundert, Würzburg 1953.

[277] Siehe Walter GRUBE, Der Stuttgarter Landtag. 1457–1957. Von den Landständen zum demokratischen Parlament, Stuttgart 1957, S. 489–498; außerdem zusammenfassend STOCKERT, Adel, S. 269–276.

Taxis das Maß voll.[278] Vrints-Berberich reichte im Namen Fürst Karl Alexanders eine offizielle Klage gegen dieses Edikt bei der Bundesversammlung ein.[279] Spätestens ab diesem Zeitpunkt war deutlich, daß man wieder einmal auf das eigene Verhandlungsgeschick vertraute und nicht bereit war, mit den Standesgenossen gemeinsame Sache zu machen. Der sogenannte Stuttgarter Mediatisiertenverein hatte sich als Zusammenschluß einiger Standesherren zum Ziel gesetzt, ein akzeptables Adelsstatut zu erzwingen. Dafür war es natürlich nötig, daß »die Rechte einzelner der Rettung des Ganzen zum Opfer gebracht« wurden.[280] Dazu waren die Thurn und Taxis nicht bereit, und vor allem war man daran interessiert, sobald als möglich eine sichere Rechtsgrundlage zu schaffen. Nach relativ zügigen Verhandlungen, denen die bayerische Deklaration zugrunde gelegt wurde, einigten sich beide Seiten: Am 2. September 1819 wurde im *Königlich-Württembergischen Staats- und Regierungsblatt* die »Deklaration, die staatsrechtlichen Verhältnisse des fürstlichen Hauses Thurn und Taxis betreffend, vom 8. August 1819« veröffentlicht.[281] Gegenüber den Forderungen des Mediatisiertenvereines hatte die Stuttgarter Regierung jetzt einen Trumpf in der Hand, denn sie konnte nun auf erfolgreiche Vereinbarungen verweisen, die weit unter deren Forderungen lagen. Es ist leicht verständlich, daß andere Standesherren daher nicht gut auf die Thurn und Taxis und deren Alleingang zu sprechen waren.[282] In Regensburg war man allerdings äußerst froh, eine gesicherte Rechtslage gefunden zu haben. Der Domänenrat und Unterhändler Clavel dankte dem König für die Umsetzung der Regelung nach der Deklaration vom 8. August 1819: »Ich darf diesen Tag den schönsten meines Leben nennen – der Fürst durch die politischen Stürme, welche über Deutschland hergingen, im Jahr 1809 seiner äußeren Würde entkleidet, erhält sie jetzt wieder von der Gerechtigkeit und Gnade seines Königs, angebetet von seinem biedern getreuen Volke und bewundert vom Ausland«.[283] So groß mag das Lob des Fürsten wohl nicht ausgefallen sein, aber man war zufrieden, einen *modus vivendi* mit dem herrschsüchtigen König in Stuttgart gefunden zu haben. Außerdem bleibt festzuhalten, daß man

---

[278] Das Edikt vom 18. November 1818 ist ediert bei VOLLGRAFF, Standesherren, Beilage XI. Zu anderen Eingaben von standesherrlicher Seite siehe ebenda, S. 579–605; KOHLER, Verhältnisse, S. 164.

[279] FZA Regensburg, HFS, Akten 1105–1106; siehe HILGER, Verhandlungen, S. 36–45.

[280] Zum Mediatisiertenverein siehe MÖSSLE, Maximilian Wunibald, S. 225–258; Hartmut WEBER, Die Fürsten von Hohenlohe. Politische und soziale Verhaltensweisen württembergischer Standesherren in der ersten Hälfte des 19. Jahrhunderts, Schwäbisch Hall 1977, S. 85–88; STOCKERT, Adel, S. 269–272.

[281] HStA Stuttgart, Bestand E 9, Bü 76; FZA Regensburg, HFS, Akten (Württemberg).

[282] Vor allem folgten bald darauf zwei weitere Häuser, konkret Waldeck-Pyrmont und Isenburg-Büdingen-Meerholz. Siehe dazu HERDT, Der württembergische Hof, S. 144.

[283] Schreiben des Domänenrats Clavel an König Wilhelm I., 16. Juni 1823. HStA Stuttgart, Bestand E 9, Bü 76, Konv. »Unterhandlungen mit Thurn und Taxis«, fol. 1–48 (1817–1845).

in Regensburg keinen großen Wert mehr legte auf die Privilegien, die mit dem Landbesitz in Württemberg verbunden waren, zumal es diesbezüglich auch immer wieder Ärger gegeben hatte.[284] Als einer der ersten bot der Fürst im Jahr 1848 von sich aus der Stuttgarter Regierung an, auf die noch verbliebenen Rechte wie die Gerichtsbarkeit freiwillig zu verzichten.[285] Württemberg war – trotz der dortigen Besitzungen – keine politisch-geographische Option, der Lebensmittelpunkt des Hauses Thurn und Taxis hatte sich eindeutig verlagert, und ein Anreiz, sich weiter im Südwesten auszubreiten, war in keiner Weise gegeben.

Ganz anders gestalteten sich die Verhältnisse in Bayern. Staatskanzler Montgelas und König Maximilian hatten bereits nach 1806 unter Wahrung der eigenen Souveränität eine relativ gemäßigte Adelspolitik verfolgt. Das allgemeine Adelsedikt und das Edikt über die Sonderrechte des Hauses Taxis bei einem Verbleib in Regensburg verhießen weiterhin ein privilegiertes Leben und boten damit einen Anreiz, sich in Bayern noch stärker zu begütern.[286] Daran sollte sich auch nach 1815 nichts ändern: Zum einen übernahm das Edikt über die staatsrechtlichen Verhältnisse der Standesherren vom 26. Mai 1818 als Beilage zur Verfassung größtenteils die Bestimmungen des Edikts von 1807.[287] Insgesamt fiel es für die Standesherren und deren Privilegien sogar noch etwas günstiger aus. Zum anderen blieb die *lex taxiana*, die Sonderrechte zubilligte wie die Gerichtsbarkeit über die Thurn und Taxisschen Bediensteten und zahlreiche steuerliche Exemtionen, auch nach dem Tod des Fürsten Karl Alexander im Jahr 1827 in Kraft.[288] Ludwig I. erneuerte trotz der Einwände seiner Beamten einen Großteil der Privilegien. Der Regent Bayerns äußerte mehrmals seine Freude darüber, daß sich Fürst Maximilian Karl von Thurn und Taxis weiterhin in Regensburg aufhielt und sich mit immer ausge-

---

[284] Siehe beispielsweise den Bericht des Ministeriums des Innern an den König über die Bitte der Gemeinderäte des Amts Obersulmentingen um Aufhebung der Vereinigung des Polizeiamtes und der Rentbeamtung vom 19. September 1835. Ebenda. Die Gemeinderäte klagten gegen Thurn und Taxis und hoben »die Unzulänglichkeiten hervor, welche daraus entstehen können, wenn eben derselbe Beamte, welcher sich der Gemeinden und Grundholden gegen Hemmnisse und Übertreibungen von Seiten der Grundherrschaften annehmen sollte, zugleich Verwalter derjenigen Rechte dieser Grundherrschaft ist, mit welcher die Interessen jener Schützlinge mehr oder weniger collidieren«. Schließlich sei doch mit der Deklaration der Grundsatz der Trennung ausgesprochen worden.

[285] Das Innenministerium wollte nach einem Bericht vom 15. Oktober 1848 sofort der »Eingabe des Fürsten wegen Verzichtleistung der Ausübung der Patrimonialgerichtsbarkeit und der Polizeiverwaltung« zustimmen, hätte der Fürst nicht die Übernahme seiner Bediensteten in diesem Bereich daran geknüpft. HStA Stuttgart, Bestand E 9, Bü 76.

[286] Siehe dazu die Ausführungen in Kapitel II.5; außerdem grundlegend RUHNAU, Privatgerichtsbarkeit.

[287] Siehe dazu die Edition bei VOLLGRAFF, Standesherren, Beilage XXIV; grundlegend dazu HOFMANN, Adelige Herrschaft, S. 379–409.

[288] Zur Gerichtsbarkeit siehe RUHNAU, Privatgerichtsbarkeit.

dehnterem Grundbesitz versah.[289] Das fürstliche Haus Taxis verkörperte innerhalb des bayerischen Staates einen Garanten der gesellschaftlichen Ordnung im Jahrhundert des monarchischen Prinzips.[290] König Ludwig schrieb um die Mitte des 19. Jahrhunderts seiner Schwägerin, der Fürstenwitwe Thurn und Taxis, wie festgegründet die Freundschaft der Häuser sei.[291] Das Wohlwollen des bayerischen Königshauses gegenüber dem fürstlichen Haus in Regensburg zeigte sich darüber hinaus auf vielfältige Weise und bot Anreiz genug, sich weiterhin in Bayern, vor allem um das neue Zentrum Regensburg herum, mit Grundbesitz zu versehen.

Sicher war die Integration in das Königreich Bayern unter Fürst Maximilian Karl am weitesten gediehen. Dies belegen nicht zuletzt auch symbolische Formen wie die Hofbesuche in München, auf die im folgenden Kapitel noch näher einzugehen sein wird. Und dennoch sollte dieser wie sein Vater immer wieder auch einen Blick in Richtung Österreich werfen. Zweitrangig blieben dagegen etwa die neuen polnischen Besitzungen, auf die der Vollständigkeit halber dennoch kurz eingegangen werden soll.

Aufgrund des Entschädigungsanspruchs in Artikel 17 der Deutschen Bundesakte vom 8. Juni 1815 wurde Thurn und Taxis – nämlich durch die preußische Postentschädigung – zum Gutsbesitzer in Polen.[292] Zwar bestand in den preußischen Kernlanden seit Jahrhunderten eine eigene Landespost, aber die von Preußen bei den Annexionen im Rheinland beschlagnahmten Posten mußten nach der Bestimmung der Bundesakte entschädigt werden. Der preußische König Friedrich Wilhelm übergab deshalb die Ämter Adelnau, Krotoszyn, Orpiszewo, Rozdrazewo im Großherzogtum Posen dem Fürsten am 1. Mai 1819 als Erbmannlehen.[293] Dieses Gebiet wurde am 25. Mai 1819 zur Standesherrschaft Krotoszyn vereint, und schließlich erfolgte mit königlichem Diplom vom 29. Mai 1819 die Erhebung Krotoszyns zum Fürstentum unter preußischer Souveränität.[294] Damit war jedes Oberhaupt des Hauses Thurn und Taxis Fürst von Krotoszyn unter preußischer Landeshoheit und hatte

---

[289] Siehe dazu die Bewertung bei Heinz GOLLWITZER, Ludwig I. von Bayern. Eine politische Biographie, München 1997. Zur Niederlassung siehe BHStA München, Abt. Geheimes Hausarchiv, NL Ludwig I. 48/4/30.

[290] In dieser Bewertung, wiewohl in anderem Zusammenhang, auch Michael GROBLEWSKI, Die Gruftkapelle des Fürstlichen Hauses Thurn und Taxis im Kreuzgang von St. Emmeram. Überlegungen zum Verständnis der Gotikrezeption im fürstlichen Mausoleumsbau, in: Max PIENDL (Hrsg.), Beiträge zur Baugeschichte des Reichsstiftes St. Emmeram und des Fürstlichen Hauses in Regensburg, Kallmünz 1986, S. 99–132.

[291] BHStA München, Abt. Geheimes Hausarchiv, NL Ludwig 85/1/3; siehe ebenso FZA Regensburg, HFS, Akten 1606, 4091.

[292] Die deutsche Bundesakte vom 8. Juni 1815 ediert bei HUBER, Dokumente, Bd. 1, S. 75–81.

[293] Diese Herrschaften im Großherzogtum Posen hatte das Königreich Preußen erst durch die dritte Teilung Polens erhalten.

[294] Siehe dazu LOHNER, Geschichte, S. 26; außerdem PROBST, Verwaltungsstellen, S. 376–378.

einen Sitz im preußischen Herrenhaus inne. Als der Fürst 1820 die Reise zu seinem neuen Fürstentum antrat, stattete er seinem Schwager Wilhelm III. von Preußen einen Besuch ab und bekam von ihm den Schwarzen Adler-Orden verliehen. Beim ersten Besuch besichtigte Karl Alexander seine neue Herrschaft und ordnete den Ausbau des Schlosses Krotoszyn an.[295] Als sich eine Gelegenheit bot, wurden die Besitzungen im heutigen Polen noch durch die Ankäufe des Gutes Chwaliszewo für 85 000 Reichstaler von Thomas von Galkiewitz am 11. Mai 1822 sowie der Herrschaft Glogowo arrondiert.[296]

Vom ökonomischen Standpunkt aus betrachtet, waren diese polnischen Besitzungen für das fürstliche Haus sehr interessant. Immerhin erstreckte sich das preußische Fürstentum auf einer Fläche von 25 316 Hektar, wovon 50 % landwirtschaftlich genutzt werden konnten. Auch die Forstwirtschaft war rentabel. Nach Angaben bei Mehler erbrachten diese Besitzungen in der zweiten Jahrhunderthälfte 20 % der gesamten Grundbesitzerträge.[297] Von Bedeutung für das fürstliche Haus waren sie jedoch nur in ökonomischer Hinsicht. Zwar hatte Karl Alexander die Herrschaft 1820 in Augenschein genommen, aber besondere Initiativen, das Schloß wirklich zu einer Sommerresidenz oder dergleichen auszugestalten, blieben aus. Bei einem zweiten und letzten Besuch 1824 zeichnete sich schon deutlich ab, worauf sich das fürstliche Interesse richtete.[298] Denn auf der Rückreise von einem kurzen Aufenthalt auf Krotoszyn blieb der Fürst einige Zeit auf den neuerworbenen böhmischen Besitzungen. Diese westböhmischen Lande waren es, welche das gesamte Interesse an weiteren Grunderwerbungen in den zwanziger Jahren bündelten. Wieder begegnet man einem Grundzug in der Geschichte des Hauses Thurn und Taxis. Zwar lagen die großen Besitzkomplexe in den neuen Königreichen Württemberg und Bayern, wobei Bayern eine große Bedeutung zukam, und man war durch die preußische Postentschädigung neuerdings auch in Polen begütert, was die Beziehungen zum preußischen Königshaus vertiefte. Der Kontakt zum österreichischen Kaiserhaus und die Aufrechterhaltung der guten Beziehungen zu Habsburg aber führten über Besitzungen in Böhmen.

Am 28. Januar 1822 erwarb Karl Alexander die Herrschaft Chotieschau samt Przestawlk und Blattnitz für 1 089 200 fl. von der »k[aiserlich] k[öniglichen] Staatsgüter Veräußerungskommission«.[299] Kurz darauf wurde der neue

---

[295] Siehe MEHLER, Thurn und Taxis, S. 181 f.; KRÄMER, Rückblick, S. 82 f.; zur Rekonstruktion der Reise FZA Regensburg, HMA 186.

[296] Siehe LOHNER, Geschichte, S. 28; KRÄMER, Rückblick, S. 85. Am 13. November 1823 erwarb der Fürst das allodiale Rittergut Glogowo für 70 000 Reichstaler von König Max Joseph von Bayern; siehe ebenda; PIENDL, Das fürstliche Haus, S. 99.

[297] MEHLER, Thurn und Taxis, S. 181 f.

[298] Nach dem Besuch des Fürsten Karl Alexander in Begleitung seiner Gemahlin und des Erbprinzen Maximilian Karl sahen die polnischen Besitzungen ihre Besitzer bis 1897 nicht wieder. Ebenda, S. 224 f.

[299] FZA Regensburg, Besitzungen, Urkunden, Böhmen 2; siehe LOHNER, Geschichte, S. 27.

böhmische Besitz entscheidend erweitert.[300] In der älteren Literatur wurde mehrmals die Vermutung angestellt, daß man durch diese Ankäufe den Kontakt zum habsburgischen Kaiserhaus wiederaufzunehmen suchte.[301] Denn im Gegensatz zu den anderen Erwerbungen, welche vor allem in den Königreichen Württemberg, Bayern und Preußen zu einer gewissen Integration in das jeweilige Staatsgebiet geführt hatten, handelte es sich hierbei um bewußte Investitionen, die man mit akkumuliertem Kapital bestritt und die nicht mit Postentschädigungen in Verbindung standen. Diese Vermutung hinsichtlich einer beabsichtigten stärkeren Anbindung an Habsburg über den Weg des Grunderwerbs wird bestätigt, wenn man sich die Verhandlungen und Überlegungen vor Augen vergegenwärtigt, welche zum Erwerb der Herrschaften in Böhmen führten.[302] Am 19. Oktober 1820 erließ der Fürst eine Weisung an Vrints-Berberich, die am Anfang der langwierigen Verhandlungen um die Erwerbung der Herrschaft Chotieschau stand:

> »Euch [...] ist ohnhin bekannt, daß das h[ochfürstliche] Haus seit der Auffassung seiner politischen Existenz in Deutschland sich des besonderen ausgezeichneten Schutzes und Wohlwollens des Allerdurchlauchtigsten Erzhauses Oesterreich zu erfreuen gehabt hat, und daß alle dessen merkwürdigeren Schicksale sich unter dem mächtigen Einflusse des erwähnten allerd[urchlauchtigsten] Erzhauses erweitert und befestigt haben. Diesseitiges hochfürstliches Haus hat dagegen von jeher den besagtem Erzhause die reinste Anhänglichkeit, die unerschütterlichste Treue und die zutrauensvollste Gesinnungen gewidmet. Selbst diese Deutschlands Verfassung ganz umgestaltenden Ereignisse vermochten nie die dankbaren Gefühle und Rückerinnerungen des h[ochfürstlichen] Hauses zu schwächen, und wenn schon sein loyales und treues Benehmen ihm manches schwerliche politische Ungewitter zugezogen hat, so konnte es dennoch nie dazu gebracht werden, seine seit Jahrhunderten tief gegründete Angehörigkeit zu verläugnen. Die neue Ordnung der Dinge hat indessen gebietig die manfaltigen ehrenvollen und erfreulichen Verhältnisse, welche das fürstliche Haus an das Allerd[urchlauchtigste] Erzhaus knüpften, gewaltsam abgeschnitten [...]. Dieser schmerzliche Rückblick auf die Vergangenheit und die noch bestehende tiefgewurzelte Anhänglichkeit haben bey Ser[enissi]mo nostro den lebhaften Wunsch erzeugt zumal weilen Sie im Preussischen eine sehr ansehnliche Besitzung mit vielen Prärogativen [als Postentschädi-

---

[300] Mit Kaufvertrag vom 8. März 1823 Erwerb der Herrschaften Richenburg für 550 000 fl. und Chraustowitz mit Holegschowitz für 450 000 fl. vom Grafen Kinsky; siehe LOHNER, Geschichte, S. 28; PIENDL, Das fürstliche Haus, S. 99.

[301] So zusammenfassend bei BEHRINGER, Thurn und Taxis, S. 268: »Die Erwerbspolitik des Hauses Thurn und Taxis zielte von nun an – abgesehen von Bayern – in großem Stil auf das Kaiserreich Österreich-Ungarn, die damals größte politische Macht im deutschsprachigen Raum [...]. Ausschlaggebend waren aber wohl die guten Beziehungen zu Habsburg«.

[302] Die Verhandlungen lassen sich aufgrund des regen Schriftverkehrs zwischen den Bevollmächtigten und dem Fürsten rekonstruieren. Als Sonderbeauftragter fungierte Vrints-Berberich. Neben ihm waren die seit langem in den Diensten der Domänenkammer stehenden Hofräte Freiherr von Müller und Freiherr Ritter von Seyfried beteiligt. Der dirigierende Rat Alexander von Westerholt taucht dabei aufgrund seiner exponierten Stellung innerhalb der Verwaltung ebenfalls immer wieder auf. Siehe im folgenden FZA Regensburg, IB 1945; HHStA Wien, StK, Kleinere Betreffe 18.

gung; S. G.] zu erlangen das Glück gehabt haben – auch in der österreichischen Monarchie eine ansehnliche Besitzung zu erwerben, vorausgesetzt, daß S[eine] k[öniglich] k[aiserliche] Majestät aus allerhuldreichstem Wohlwollen und in allergnädigster Beherzigung der älteren gegenwärtigen Verhältnisse des fürstl[ichen] Hauses geneigt wären dazu die Hand wohlwollend und erleichternd zu bieten. Die Wahl Ser[enissi]Mi nostri würde in diesem Fall vorzüglich auf die Religionsfonds Herrschaft Chotieschau im Pilsener Kreis fallen, welche unterm 8. August 1819 wiederholt feilgeboten, aber, soviel man hierorts weiß noch nicht veräussert worden ist«.303

Der Fürst hoffte allerdings auf ein finanzielles Entgegenkommen, da auch er feststellen mußte: der »bestimmte Kaufpreis ist freylich sehr groß«.304 Die Gründe, die für ein günstiges Angebot des Hauses Habsburg sprachen, wurden in diesem fürstlichen Reskript in drei Punkten aufgeschlüsselt. Erstens bestehe die Möglichkeit der Berücksichtigung der immer noch nicht erledigten, aber zugesicherten Entschädigung für die Posten im Innviertel. Zweitens profitiere Habsburg durch das Entgegenkommen des Hauses Thurn und Taxis durch »devoteste Überlassung des Fürstl[ichen] Palais in Frankfurth zum Gebrauch der allerh[öchsten] Präsidialgesandschaft bey dem Bundestage«. Und zum dritten sprächen für ein wohlgesinntes Angebot die »Zusicherungen seiner kaiserlichen Majestät in dem leider! nicht zu Stande gekommenen Staatsvertrag v[om] 21. September 1805 [...] die damals ausgedrückten wohlwollenden Gesinnungen und Anerkenntniß der Verdienste des fürstl[ichen] Hauses bey Erwerbung der Herrschaft Chotieschau zu bewähren und zu würdigen«.305

Nach diesem Erlaß des Fürsten kam es zu einem regen Schriftwechsel zwischen den Thurn und Taxisschen und den österreichischen Verwaltungsspitzen.306 Zuerst legte man den Erwerbungsplan dem Bundestags-Präsidialgesandten Graf von Buol-Schauenstein vor, der ihn an Staatskanzler Metternich und Finanzminister Stadion weitervermittelte. Bald stellte sich heraus, daß trotz allen Wohlwollens der österreichischen Seite einige Wünsche nicht erfüllt werden würden. Bei einem Treffen zwischen Vrints-Berberich und Metternich wurde der Thurn und Taxisschen Seite nahegelegt, erstens den Gegenstand der Innviertelpostenschädigung bis zu einem Zusammentreffen in Wien besser auf

---

303 Reskript an Vrints-Berberich in Frankfurt, Regensburg 19. Oktober 1820. Ebenda.

304 Das Haus Habsburg könnte doch, so der Fürst, »in Anbetracht der für das fürstl[iche] Haus sprechenden Motive den Kaufschilling bedeutend mässigen, und zur Abtragung der sich hiernach ergebenden Kaufsumme erleichternde Bedingungen zuzugestehen geneigt seyn«. Reskript an Vrints-Berberich in Frankfurt, Regensburg 19. Oktober 1820. FZA Regensburg, IB 1945.

305 Ebenda; siehe außerdem die Gegenüberlieferung in HHStA Wien, StK, Kleinere Betreffe 18.

306 Dabei kam Vrints-Berberich die Rolle des Vermittlers auf höchster Ebene zu, er sollte beim Präsidialgesandten und später im Namen des Fürsten beim Kaiser höchstpersönlich vorsprechen. Der Domänenrat von Müller und zum Teil auch einer seiner Amtskollegen wurden dagegen beauftragt, die konkreten Vorverhandlungen zu führen und die Besitzungen zu inspizieren. Siehe FZA Regensburg, IB 1945.

sich beruhen zu lassen und zum zweiten die Entschädigungsfrage von der Frage der Erwerbung zu trennen.[307] Stadion machte außerdem deutlich, daß es nicht möglich sei, besondere Konditionen beim Verkauf von Chotieschau einzuräumen, da der Erlös dringend zur Deckung des Finanzbedarfs benötigt würde.[308]

Aber trotz dieser Einschränkungen kristallisierte sich heraus, daß sich die Herrschaft Chotieschau »auf das vorzüglichste zu einem Ausbau eines fürstlichen Besitzes eignen würde«.[309] Der Grund liege darin, daß diese Herrschaft den Wunsch nach standesgemäßer Niederlassung in der habsburgischen Monarchie ermöglichen würde, wodurch man auch das böhmische Incolat erreichen könnte. Daher sei auch ein höherer Kaufpreis in Betracht zu ziehen. Müller berichtete von einer Ortsbegehung am 28. November 1821 nach Regensburg: »Die Herrschaft Chotieschau ist zweifellos eine der herrlichsten in den ganzen böhmischen Landen. Der Anschlag ist aber erhöht und hier stellt sich die Frage: a, wie hoch ist das Opfer, das man für den Erwerb einer solchen Herrschaft bringen will, oder b, soll man lieber davon absehen«.[310] Seines Erachtens könne man einen Preis von bis zu 1 100 000 fl. akzeptieren, obwohl der Wert 800 000 fl. nicht übersteige. Der Fürst fügte diesem Gutachten handschriftlich hinzu: »Unter obigen Bedingungen will ich mich auf eine Million hundert zwanzig Tausend Gulden einlassen«.[311] Während der Unterhändler Müller in Prag Einzelheiten klärte, konnte Vrints-Berberich von einer höchst erfreulichen Audienz beim Kaiser berichten.[312] Ausführlich schilderte er dem Fürsten, daß auch die einflußreichsten Kreise des Wiener Hofs erfreut über das Interesse des Hauses Thurn und Taxis an böhmischen Besitzungen seien.[313] Karl Alexander konnte sich über derartige Botschaften aus Wien »recht herzlich freuen«.[314]

---

[307] Reskript an Vrints Berberich in Frankfurt, 29. Juni 1821. Ebenda.

[308] Der Geheime Rat Rau erklärte auch die Gründe, die gegen eine Ermäßigung des Kaufpreises sprachen: »Das im Licitations Wege erlöste Geld für alle Staats- und Religionsfonds Güter ist zum Staatsschuldentilgungsfonds bestimmt. Alle Staatsgüter müssen daher nach dem bekannten Staatsgrundsatze durch öffentliche Versteigerungen veräußert werden«. Beilage eines Briefes Vrints-Berberichs nach Regensburg vom 4. Juli 1821, in der Rau aus Wien über die Modalitäten der Veräußerungskommission berichtet. Ebenda.

[309] Rau an Vrints-Berberich, 10. Juni 1821 (in Abschrift). Ebenda. Es sollte eine Auflistung angefertigt werden, welche Besitzungen in Böhmen zum Verkauf standen.

[310] Brief Müllers nach Regensburg, 28. November 1821. Ebenda. Dort auch zu den folgenden Ausführungen.

[311] Müller an Fürst Karl Alexander, 28. November 1821. Ebenda.

[312] Bericht von der Audienz. Ebenda. Nach dem Austausch von Höflichkeiten betonten Seine Majestät der Kaiser, »daß sie gerne bey jeder Gelegenheit dem fürstlichen Hause, Ihre rücksichtsvolle Geneigtheit angedeihen lassen würden, daß übrigens, wie ich wohl selbst wüßte, bey dem Verkaufe der Staatsrealität alles in dem vorgeschriebenen Gang verbleiben müsse, zumahlen der Erlös zu dem Staats Tilgungsfond verwendet werden müsse«.

[313] Zum Bericht über weitere Audienzen ebenda.

[314] Fürst Karl Alexander an Vrints Berberich in Wien, Regensburg 3. Dezember 1821. Ebenda. Der Fürst bedankt sich für den Bericht über die Audienz, dem zu entnehmen ist, daß die Thurn und Taxis sich »der kaiserlichen Huld und Gewogenheit schmeicheln dürfen,

Währenddessen wurde die finanzielle Seite von den Geheimen Räten Benda und Müller nochmals geprüft.³¹⁵ Natürlich waren den Räten »ohnhin die politischen und anderen Gründe hinlänglich bekannt, die uns eine so bedeutende Erwerbung wünschenswert machen«, dennoch warnten sie vor dem finanziellen Verlust.³¹⁶ Grundsätzlich aber war man sich klar darüber, daß man den Versteigerungstermin nicht untätig verstreichen lassen sollte, da sich »eine Gelegenheit [bietet] die, wenn sie jetzt fruchtlos verschwändet, nicht sobald wieder herbeyzuführen seyn dürfte«. Als abschließende Bemerkung sprach der Rat die Hoffnung aus, daß diese Erwerbung dem »Flor und Lustre« des Hauses diene, und das auch mit Blick auf die Zukunft, da »ein solcher ansehnlicher Grundbesitz doch immer wahre Sicherheit als Capitalanlage gewährt«.

Zwar blieben die Vorbehalte der Geheimen Räte unwiderlegt, aber der Fürst hielt an der Erwerbungsabsicht fest, denn »Wir haben Uns daher bestimmt, hiebey nicht so sehr auf die volle Verzinsung des Aufwand Capitals, als auf die übrigen Vortheile derselben und die Absichten, die Uns dabey beleben zu sehen«.³¹⁷ So konnte man, wie dies Müller bereits am 6. Dezember 1821 feststellte, der Versteigerung gelassen entgegensehen und »nun in Ruhe den 17. abwarten«. Nach Akteneinsicht hatte sich am Schätzungspreis von

---

und wir begründen hierauf die Hoffnung, daß d. Unterhandlungen, in Wien den erwünschten Ausgang haben und wir dadurch in Unserer unerschütterlichen und dankbaren Anhänglichkeit gegen das allerhöchste Kaiserhaus neuerdings werden bestärkt werden«.

³¹⁵ Benda an Fürst Karl Alexander (»Nachträgliche Bemerkungen zur Herrschaft Chotieschau«), Regensburg 3. Dezember 1821. Ebenda.

³¹⁶ Es wird dazu geraten, den Ankauf von drei Bedingungen abhängig zu machen, »a, daß die Entschädigungsverhandlungen unter der Führung des Vrints-Berberich die Erwartungen erfüllt; b, daß wir 100 000 fl. in Metallique Obligationen bezahlen dürfen; c, daß mit dem Hause Rothschild ein gutes und mit der Benützung Unserer eigenen Kräfte in Harmonie stehendes Abkommen getroffen werden könne«. Die Preisvorstellungen blieben dabei gleich: Man sollte nach Meinung der Räte »bey der Licitation bis auf die Kaufsumme von 1 100 000 und höchstens noch 20 000 weiter bieten«. Metallique Obligationen waren im 19. Jahrhundert äußerst beliebte Staatsobligationen der österreichischen Monarchie. Sie gewährten eine stabile Rendite von durchgängig 5 % und wurden häufig als Zahlungsmittel anerkannt. Im vorliegenden Fall wurde jedoch nicht darauf eingegangen, da die österreichische Finanzkammer daran interessiert war, den Preis in »klingender Conventions-Münze« zu erhalten. Siehe FZA Regensburg, IB 1945; außerdem WINKEL, Die Ablösungskapitalien, S. 155.

³¹⁷ Die Entschädigungsverhandlungen gestalteten sich schleppend, außerdem vermied es Vrints-Berberich, sie in direktem Zusammenhang mit dem Erwerbungsplan vorzubringen. Aber der Unterhändler blieb zuversichtlich, da nach seiner Meinung die Entschädigungsverhandlungen noch im Gange seien, und »sowohl Fürst Metternich als auch Graf von Stadion sind der Sache geneigt [...] auch auf den Kaiser ist in dieser Beziehung zu hoffen«. Doch die Bezahlung in Form von Staatsobligationen wurde ausgeschlagen, da »die Bezahlung durchaus in klingender Conventionsmünze geschehen muß, und es findet somit der gehoffte Vortheil mit den Metallique Obligationen nicht statt«. Immerhin: »die Verhandlungen mit dem Haus Salomon Rothschild haben sich ausdrücklich glücklich erwiesen. Er fordert nicht einmal Sicherheiten, eine Unterschrift genügt ihm«. Außerdem blieb die Rückzahlungsmodalität offen, und Rothschild verlangte nur den üblichen Prozentsatz von 5 %. Siehe Bericht Vrints-Berberichs vom 7. Dezember 1821. FZA Regensburg, IB 1945.

1 086 712 fl. 13x nichts geändert. Nebenbieter waren keine bekannt.[318] Diese Tatsache stellte aber plötzlich ein Problem dar, da die Versteigerung nur in Gegenwart von zwei Bietern vonstatten gehen konnte. Für die Rolle des Gegenbieters sprang Herr Ballabene vom gleichnamigen Bankhaus als ein Bieter »pro forma« ein.[319]

Am 17. Dezember 1821 berichtete Müller schließlich vom erfolgreichen Ankauf der Herrschaft. Außer ihm hatte nur »Herr Banquir Kleinrichter von dem hiesigen Handelshause Ballabene und Comp.« bei der Versteigerung mitgeboten. Nach Ausrufung des Kaufpreises von 1086 712 fl. 13x wurde das Gebot auf 1 089 200 fl. erhöht, und Thurn und Taxis erhielt den Zuschlag. »Entsprechend der Gewohnheit bei einem so großen Verkauf etwas für die Armen zu geben, wurden tausend Gulden angewiesen. Die Anwesenden gratulierten zum Kauf, versprachen die Zusendung des Protokolls an den Kaiser und dessen Zustimmung«.[320]

Im gleichen Schreiben gratulierte Müller dem Fürsten zur Erwerbung. In den folgenden Tagen überhäuften sich die Glückwunschadressen anläßlich des Kaufes.[321] Wie hoch Karl Alexander diesen neuen Besitz bewertete, zeigt ein eigenhändiger Brief an Müller, in dem er seine Freude über die gelungenen Verhandlungen ausdrückte: »Könnte ich königliche Belohnungen austheilen, Sie wären ihrer aller werth«.[322] Darüber hinaus wurden ihm als Sondergratifikation für den erfolgreichen Kauf 100 Louisdor angewiesen.[323]

In diesen gegenseitigen Glückwunschschreiben wurde bereits auf die Modalitäten der über das Haus Rothschild abzuwickelnden Zahlungen eingegan-

---

[318] Müller an Fürst Karl Alexander, den Stand der Geschäfte betreffend, Prag 14. Dezember 1821. Ebenda.

[319] Ebenda. Außer dem Grafen von Rey hatten sich im Lauf der Verhandlungen zwei Interessenten eingefunden, die aber schließlich von einem Kauf Abstand nahmen.

[320] Brief Müllers, Prag 17. Dezember 1821. Ebenda; siehe dazu auch HHStA Wien, StK, Kleinere Betreffe 18.

[321] Siehe Westerholt an Vrints-Berberich, 18. Dezember 1821; Fürst Karl Alexander an Müller, 18. Dezember 1821; ders. an Vrints-Berberich; Westerholt an Müller, 20. Dezember 1821; Vrints-Berberich an Fürst Karl Alexander, Wien 21. Dezember 1821. FZA Regensburg, IB 1945. Im letztgenannten Schreiben teilte der Geheime Rat mit, daß sich die österreichischen Beamten »indessen recht sehr freuten, daß selbiger dem fürstlich Thurn und Taxis'schen Hause zu Theil geworden und die österreichische Monarchie Sich des Vorzuges nunmehr erfreuen könne, Eure hochfürstliche Durchlaucht zu den Ihrigen rechnen zu können«.

[322] Fürst Karl Alexander an Müller, Regensburg 20. Dezember 1821 (Konzept). Ebenda; das Original in FZA Regensburg, HFS, Akten 4000.

[323] Der Louisdor, eigentlich Louis d'or, ist eine französische Goldmünze, die von 1640 bis 1794 geprägt wurde. Er wurde zur Hauptgoldmünze des Heiligen Römischen Reiches Deutscher Nation und blieb während des gesamten 19. Jahrhunderts als europäisches Zahlungsmittel anerkannt. Die Verwendung als besondere Form von Gratifikation war in den Kreisen des europäischen Adels üblich. Siehe Helmut KAHNT/Bernd KNORR, Alte Maße, Münzen und Gewichte, Mannheim/Wien 1987.

gen.³²⁴ Der Fürst hoffte außerdem, daß »das Entschädigungsgeschäft ebenfalls vorangetrieben wird und zu einem guten wie erhofften Abschluß kommt«.³²⁵ Eine weitere Angelegenheit war dem Fürsten jedoch noch wichtiger, auf sie wies er mehrmals mit Nachdruck hin:³²⁶ »Was die Verleihung des kön[iglich] böhmischen Indignats und die landschaftlichen Rechte mit Sitz und Stimme auf der Reichs Fürsten Bank anbelangt, so liegt Uns allerdings die Erlangung dieser wesentlichen Vorzüge und Annehmlichkeiten sehr am Herzen«.³²⁷

Der Fürst versuchte, die Taxe für die Aufnahme auf die böhmische Fürstenbank von immerhin 12 000 fl. durch geschickte Verhandlungen des erfahrenen Vrints-Berberich erlassen zu bekommen, die schließlich in einem Gesuch des Fürsten an Kaiser Franz mündeten. Darin wurden nochmals explizit die Absichten des Hauses Thurn und Taxis dargelegt:

> »Die allertreueste, devote Anhänglichkeit, und die allerunbegränzte Verehrung, welche mich und meine Vorfahren während dem bestandenen Reichsverbande bei Verleihung und Ausübung des Reichs General OberpostmeisterAmtes, des kaiserlichen Prinzipal Commissariats beim Reichstage zu Regensburg, und anderer ersten Hof- und StaatsÄmter seit Jahrhunderten an das allerdurchlauchtigste Erzhaus Österreich gebunden, welche Verhältnisse aber durch die letzten, gewaltsamen Umwälzungen in Teutschland zu meinem empfindlichsten Schmerz aufgelöst wurden, haben einzig und allein mich veranlaßt, die Religionsfondherrschaft Kotieschau im Königreich Böhmen zu kaufen, sie hierdurch die frühere, aufgelöste Bande ein der österreichischen Unterthanschaft zu begründen, und so das fürstlich Thurn und Taxis'sche Haus in die altgewohnte Verbindung mit Österreich, worin es immer seinen höchsten Stolz und sein größtes Glück Nutzen gesetzt u[nd] gefunden hat, wieder zu versetzen. [...] So glaube ich doch, dem Drang meines Herzens: mich in dem ausgedehnten Umfange an den österreichischen Staat anzuschließen, folgen zu müssen, und unterlege daher Eurer kaiserlich, königlich, apostolischen Majestät die allerunterthänigste Bitte, mir auch das Incolat in Böhmen mit Sitz und Stimme auf der Fürstenbank allergnädigst verleihen und die oben ausgesprochene Absicht meiner Ansässigmachung, und meines erneuerten, vollständigen Unterthan Verbandes [...] genehmigen zu wollen«.³²⁸

Der Kaiser hatte gegen die Aufnahme nichts einzuwenden, und auch die Zustimmung der aufnehmenden Fürstenbank erfolgte umgehend. Daher wurde

---

³²⁴ Das Haus Thurn und Taxis stand schon längere Zeit in Kontakt mit dem bekannten Bankhaus. Die Beziehungen verdichteten sich aber erst um die Mitte des 19. Jahrhunderts; siehe Heinrich SCHNEE, Rothschild. Geschichte einer Finanzdynastie, Göttingen 1961, S. 81–85.
³²⁵ Fürst Karl Alexander an Vrints-Berberich, 31. Dezember 1821. FZA Regensburg, IB 1945.
³²⁶ Fürst Karl Alexander an Vrints-Berberich, 27. und 31. Dezember 1821, sowie einige andere Schreiben ähnlichen Inhalts. Ebenda.
³²⁷ In ähnlicher Formulierung ebenfalls gegenüber Vrints-Berberich geäußert, der dieses Anliegen in Wien vorantreiben sollte. Fürst Karl Alexander an Vrints-Berberich, 3. Januar 1822. Ebenda.
³²⁸ Gesuch Fürst Karl Alexanders an Kaiser Franz I. (Entwurf). Ebenda; Original in HHStA Wien, StK, Kleinere Betreffe 18.

der Fürst von Thurn und Taxis noch im gleichen Jahr Mitglied des böhmischen Fürstenrats.[329] Verbunden mit der Aufnahme war die Verleihung des Großkreuzes des königlich ungarischen St. Stefans-Ordens in Brillanten.[330] Der Weg zu Habsburg hatte zum Ziel geführt.

Bereits ein Jahr später erweiterte Karl Alexander den böhmischen Besitz durch die Ankäufe der Herrschaften Chraustowitz und Richenburg erheblich.[331] Als sich der Fürst 1826 zwei Monate in Chotieschau aufhielt, wurde auch der weiter entfernte westböhmische Besitz durch den Ankauf der Herrschaft Koschumberg nochmals arrondiert.[332]

Welch hohe Bedeutung die böhmischen Besitzungen für Karl Alexander hatten, kann aus dem Aktenmaterial ersehen werden, das zeigt, daß ökonomische Überlegungen letztlich immer in den Hintergrund traten, wenn es darum ging, die Beziehungen zum Haus Habsburg durch einen Ankauf aufzubauen und zu festigen. Die böhmischen Besitzungen lagen aufgrund der Verbindung zum Haus Habsburg dem Fürsten Karl Alexander mehr am Herzen als die bayerischen. Dies sollte sich unter seinem Nachfolger Maximilian Karl ändern. Er investierte im Laufe der dreißiger und vierziger Jahre riesige Summen im bayerischen Raum.[333] Aber auch er und sein Verwaltungschef Dörnberg richteten mit einem Großprojekt ihre Hoffnung auf das österreichische Kaiserhaus.

Auslöser war das Jahr 1867 – Maximilian Karl hatte den Übergabevertrag der Post an das Königreich Preußen zu unterschreiben. Damit war der Schlußstrich unter eine jahrhundertealte Tradition gezogen. Die immensen Kapitalressourcen aus Grundbesitzerträgen, Postentschädigung und Ablösegeldern dürfen nicht darüber hinwegtäuschen, daß die Post bis zu diesem Jahr ein wesentliches Standbein des Hauses dargestellt hatte. In politisch-rechtlicher Hin-

---

[329] Vrints-Berberich an Fürst Karl Alexander, 10. März 1822. FZA Regensburg, IB 1945: Die »böhmischen Stände äussern sich, daß es ihnen vorzügliches Vergnügen seyn wird, Eure hochfürstliche Durchlaucht als Mitglied ihres Collegii zu besitzen: das k[aiserlich] k[önigliche] Gubernium erstattet demnach an S[eine]r k[aiserlich] k[öniglichen] Majestät sein Gutachten dahin, daß allerhöchstdieselben sich dem Gesuch Eurer hochfürstlichen Durchlaucht willfahrig bezeugen möchten«. Auf diese Meldung hin habe Vrints-Berberich sich zum Grafen von Sauter begeben, um den Vortrag vor dem Kaiser zu beschleunigen. Er habe dies zugesagt und zugesichert, daß von kaiserlicher Seite wohl keine Probleme mehr auftreten dürften.

[330] Siehe zur Verleihung des St. Stephans-Ordens KRÄMER, Rückblick, S. 84. Dieser Orden war bis 1918 der ranghöchste österreich-ungarische Zivildienstorden. Siehe Roman von PROCHÁZKA, Österreichisches Ordenshandbuch, Große Ausgabe, Bde. 1–4, München 1979, hier: Bd. 4, S. 223.

[331] Am 8. März 1823 wurden die Herrschaften Richenburg für 550 000 fl. und Chraustowitz mit Holegschowitz für 450 000 fl. vom Grafen Kinsky erworben. FZA Regensburg, Besitzungen, Urkunden, Böhmen 3.

[332] Nach längeren Verhandlungen wurde am 13. August 1826 die Herrschaft Koschumberg für 83 333 fl. von Leopold Freiherrn von Laing mit allen Rechten und Gerechtigkeiten gekauft. FZA Regensburg, Besitzungen, Urkunden, Böhmen 1, 4.

[333] Siehe dazu Kapitel III.3.3; außerdem grundlegend DALLMEIER, Grunderwerbspolitik.

sicht hatte man durch die Post während der gesamten Zeit des Deutschen Bundes eine Art bundesunmittelbare Stellung eingenommen.[334] Das »Postfürstentum« und damit die exponierte Stellung des Hauses Thurn und Taxis waren gefallen. Es war klar, daß durch die veränderten politischen Konstellationen an eine neue Herrschaftsbasis mittels der neuerworbenen Besitzungen nicht zu denken war. Schließlich war man 1806 vom Landesherrn zum Großgrundbesitzer geworden, und eine Umkehrung dieses Prozesses war illusorisch.

Der Verlust der Post war für das Selbstverständnis der Postdynastie erschütternd. Und so verwundert es nicht, daß man sich im Haus Thurn und Taxis keineswegs mit der Situation ab 1866 – wie dies Heinz Gollwitzer vermutete – abfand.[335] Unterstützung zur Wiedererlangung einer exponierten politisch-gesellschaftlichen und nicht nur ökonomischen Stellung erhoffte man sich aus Wien. In dem alten Weggefährten Habsburg wünschte man einen Mitstreiter zu finden, um ein sehr ehrgeiziges Projekt zu verwirklichen: die Erwerbung des souveränen Fürstentums Liechtenstein.

Das Haus Liechtenstein gehörte zu jenen jungen Fürstenhäusern, denen es schwerfiel, zu »fürstenmäßigem Besitz« zu kommen. Auch der Weg des Hauses Liechtenstein hatte wie bei Thurn und Taxis über die Fürstenbank im Schwäbischen Reichskreis und über die ebenso umfangreiche wie überteuerte Gebietserwerbung zur Mitgliedschaft im Reichsfürstenrat mit Stimmrecht geführt.[336] Aber das Haus Liechtenstein hatte es geschafft, sich über die Rheinbundzeit zu retten und die Souveränität seines kleinen Fürstentums in der Wiener Schlußakte festschreiben zu lassen.[337] Unter Fürst Johann I. erfuhr das Fürstentum in den ersten Jahrzehnten des 19. Jahrhundert eine umfassende Modernisierung, und die souveräne Stellung konnte behauptet werden. Dessen Nachfolger Fürst Alois II., der das fürstliche Haus von 1836 bis 1858 führte, stand im Schatten des reformfreudigen und tatkräftigen Vaters.[338] Er hatte zwei nicht undelikate Aufgaben vor sich, die er am Ende der Regierung seinem Sohn weitgehend ungelöst hinterließ. Zum einen gab es keine Primogeniturordnung im fürstlichen Haus Liechtenstein. Zum anderen war dieses Fürstentum zum »Staat« geworden, bildete jedoch keinen Fideikommiß.[339] Zusammen mit der fehlenden Pri-

---

[334] Siehe dazu GOLLWITZER, Standesherren, S. 31.

[335] Die Bewertung Gollwitzers wie folgt: Die »Thurn und Taxis hatten sich nach 1866 auf den Boden der Tatsachen gestellt; es folgte eine preußische Postentschädigung und man verhielt sich von Regensburg aus loyal gegenüber Preußen«. Ebenda, S. 147.

[336] Siehe den Abschnitt »Das Fürstenhaus Liechtenstein als Beispiel« bei Th. KLEIN, Erhebungen.

[337] Siehe Georg SCHMIDT, Fürst Johann I. (1760–1836): ›Souveränität und Modernisierung‹ Liechtensteins, in: Volker PRESS/Dietmar WILLOWEIT (Hrsg.), Liechtenstein – Fürstliches Haus und staatliche Ordnung. Geschichtliche Grundlagen und moderne Perspektiven, 2. Aufl. München 1988, S. 383–418.

[338] Siehe dazu Volker PRESS, Das Haus Liechtenstein in der europäischen Geschichte, in: Ebenda, S. 15–86, hier: S. 65 f.

[339] Siehe ebenda, S. 68 f.

mogeniturerbfolge konnte dies zu einer Zersplitterung des Besitzes führen. Johann II., der das Haus bis 1917 führte, wurde von Volker Press als »der einsame Grandseigneur« charakterisiert. Das Fürstentum überstand den Konflikt zwischen Preußen und Österreich im Jahr 1866. Die Zurückhaltung des Grandseigneurs in allen politischen Fragen hatte sich als weise erwiesen. Aber »mit seiner Distanz zum [Wiener] Hof überschritt Johann jedes Maß«. Er war mit zunehmenden Alter immer weniger an Politik interessiert, »dafür umso mehr an Wissenschaft und Kunst«.[340]

Das Haus Thurn und Taxis hatte im Gegensatz zu Liechtenstein seine Beziehungen zu Habsburg gepflegt. Dörnberg war über die Verhältnisse des fürstlichen Hauses wie auch des souveränen Staates Liechtenstein unterrichtet. Es finden sich einige Anhaltspunkte, warum Dörnberg auf die Idee kam, den Erwerb des Fürstentums ins Auge zu fassen, ohne daß seitens des potentiellen Verkäufers eine konkrete Veranlassung dafür gegeben war. Erstens war das Fürstentum wirtschaftlich nicht von besonderem Interesse für das Haus Liechtenstein. Das Fürstentum bildete eine der Einnahmequellen des Hauses, war aber bei weitem nicht der einträglichste Grundbesitz. Zweitens machte die fehlende Zugehörigkeit des Staatsgebietes Liechtenstein zum Fideikommiß einen Verkauf möglich. Drittens war die Erbfolge im Haus Liechtenstein nicht exklusiv für den Erstgeborenen bestimmt, die Gefahr einer Zersplitterung war, wie bereits erwähnt, demnach gegeben.

In ausführlichen Denkschriften wurde das Projekt beschrieben. Da sie aus der Feder Ernst von Dörnbergs stammen, liegen sie in dessen Nachlaß in verschiedenen Ausfertigungen vor. Die Originale, die man beim Kaiser eingereicht hatte, befinden sich ohne weiteren Schriftwechsel in den Beständen des Haus-, Hof- und Staatsarchivs in Wien.[341] Aufgrund ihrer Aussagekraft zur Situation und Selbstwahrnehmung des Hauses Thurn und Taxis sollen die Denkschriften im folgenden ausführlich dargestellt werden.

In einer ersten Denkschrift des Jahres 1868 baute Dörnberg eine Brücke zwischen den Interessen des Hauses Thurn und Taxis und den Verhältnissen des Hauses Liechtenstein.[342] Gemäß dem Titel – »Denkschrift betreffend die Möglichkeit der Aufrechterhaltung der Primogenitur-Erbfolge Ordnung« – charakterisierte Dörnberg eingangs die Bedeutung und die Bestimmungen der Erbfolge im Haus Thurn und Taxis. Demnach seien die Erbfolgeprinzipien

---

[340] Ebenda, S. 70.

[341] Es handelt sich um Kopien dreier Denkschriften (FZA Regensburg, HB, Korrespondenz, Laufende Registratur 56/42, fol. 1–3). Die Originale befinden sich im Bestand »Dörnberg Nachlaß« im Stadtarchiv Regensburg. Nach Durchsicht konnte festgestellt werden, daß die Regensburger Kopie (fol. 2) und das Wiener Original (HHStA Wien, Thurn und Taxis, Karton 2, Stück 3) identisch sind.

[342] Zum Folgenden siehe »Denkschrift betreffend die Möglichkeit der Aufrechterhaltung der Primogenitur-Erbfolge Ordnung im fürstlichen Haus Thurn und Taxis« (mit einer Marginalie versehen: »S[eine]r M[ajestät] dem Kaiser übergeben im Monate April 1868«). Ebenda.

das »feste und glückliche Fundament« zum Aufstieg und zur Wahrung des Ansehens und des Reichtums des fürstlichen Hauses. Sie bewahrten das Fürstenhaus vor allen Gefahren einer Zersplitterung und vor dem gesellschaftlichen Abstieg. Die Besonderheit der Erbfolgeregelung liege darin, daß sich die Primogenitur nicht nur auf das unbewegliche, sondern auch auf das bewegliche Vermögen des Hauses erstrecke. Aber dieses Fundament erscheine nun aufgrund der veränderten Zeitverhältnisse, so Dörnberg, gefährdet, und mit ihm die Stellung des gesamten Hauses Taxis. Seit der Mediatisierung hätten sich erhebliche Einschränkungen in der rechtlichen Situation des Hauses ergeben, auch wenn diese aufgrund der Deutschen Bundesakte noch einigermaßen gesichert gewesen seien. Mit der Auflösung des Deutschen Bundes sei es aber noch fraglicher geworden, ob die Landesregierungen, welchen das Haus unterstehe, nicht verstärkt in die Rechte des Fürstenhauses eingreifen würden. Die Lage war um so prekärer, als Erbprinz Maximilian Anton am 26. Juni 1867 gestorben und dessen Sohn erst fünf Jahre alt war:

> »Seit dem Unglücksjahr 1866 hat das fürstliche Haus ganz außerordentlich tiefe Erschütterungen zu erleiden gehabt. Durch preußische Gewalttätigkeit – ja fast 2/3 seines eigentlichen historischen Stammvermögens in Folge der bekannten Postablösung entfremdet; und nachdem es hiermit zugleich jene besondere öffentliche Stellung, welche seit mehr als drei Jahrhunderten die historische Grundlage seines Ansehens gebildet hatte verloren geben mußte wurde durch einen unerforschlichen Rathschluß der Vorsehung jene Persönlichkeit in ein tiefes Grab gesenkt, welche doch ganz hervorragende Eigenschaften in besonderer Weise besaß und es gewesen wäre, diese herben Schicksalsschläge auszugleichen und des Hauses alten Gang neu zu begründen«.[343]

Durch den Verlust der exponierten Stellung aufgrund des Postbesitzes und durch den Tod des Erbprinzen sei es nun fraglich, ob man das Haus retten könne. »Ohne den mächtigen und huldvollen Schutz S[einer]r k[aiserlich] k[öniglichen] Majestät des Kaisers würde wahrscheinlich jetzt schon das Werk einer solchen Zerstörung ein volles Ganzes sein«. Die Gefahren bestünden, so betonte Dörnberg eindringlich, in der Schutzlosigkeit vor dem Zugriff der Landesregierungen. So stellte sich die drängende Frage: »Wie aber wird so großen Gefahren, welche leider durch die auflösenden Forderungen und Bestrebungen erscheinen zu begegnen sein«? Dörnberg selbst gab die Antwort: »Ein glückliches momentanes Zusammentreffen von Umständen scheint einen Weg zu eröffnen, auf welchem für das fürstliche Haus ein Sicherheitshafen zu erreichen wäre«.[344]

Die Aufrechterhaltung der Primogeniturordnung und auch die ungestörte Führung der Vormundschaft werde aller Voraussicht nach nur durch die Schaffung einer souveränen Stellung sicherzustellen sein. Und hier biete sich einzig und allein die Erwerbung des Fürstentums Liechtenstein an. Es besitze

---

[343] FZA Regensburg, HB, Korrespondenz, Laufende Registratur 56/42, fol. 1.
[344] Ebenda.

die uneingeschränkte Souveränität, und seine rechtliche Stellung sei ungefährdet, da es aufgrund »seiner geographischen Lage unter den Fittichen des kaiserlichen Doppeladlers der einzige Kleinstaat der Welt [ist], dessen Fortexistenz nicht gefährdet erscheint, weil es keinen Nachbarn hat, der darin ein Annektierungsobjekt erblicken möge«.

Ein Kauf erscheine möglich, da sich das Haus Liechtenstein ohne große Schwierigkeiten von dem Fürstentum trennen könnte: »Für den Fürsten Liechtenstein hat das kleine Land keinen Werth. Für das fürstliche Haus Taxis aber würde dieses kleine souveräne Ländchen obschon kaum so groß wie eine einzige seiner Herrschaften von ganz unberechenbarem Werth sein können«. Denn mit dem Erreichen einer souveränen Stellung wären die Primogenitur und andere Rechte – wie z. B. der gefährdete Fideikommißstatus des beweglichen und unbeweglichen Vermögens[345] – und somit der Fortbestand des Hauses Thurn und Taxis gesichert. Aufgrund der souveränen Stellung müßten auch dort die Hausgesetze anerkannt werden, wo die fürstlichen Besitzungen lägen, und es wäre möglich, sie »dem einseitigen Einfluß der constitutiven Landesgesetzgebung zu entziehen«. Abschließend ging Dörnberg auf die Folgen eines Herrschaftswechsels für die Bevölkerung und auf die Mittlerfunktion des Kaiserhauses Habsburg ein. »Da das Haus [...] 600 000 fl. vorausgibt, so würde sich das kleine Städtchen Vaduz sich bald in einen recht wohlhabenden Ort verwandeln und das ganze Ländchen so sehr an Wohlstand gewinnen, daß ohne Zweifel die Bevölkerung über diesen Wechsel der Dynastie sehr glücklich sich fühlen müßte«. Die Finanzkraft des Hauses Thurn und Taxis würde aber nicht nur zu bedeutenden Investitionen im Fürstentum führen, sondern auch die nötigen Mittel bereitstellen, dem Haus Liechtenstein eine sehr hohe Summe für die Abtretung zu bieten. Falls es aber nicht gelingen sollte, den Fürsten Johann und seine Agnaten zum Verkauf zu bewegen, hoffte Dörnberg auf die Intervention des Kaisers. Denn der Verkauf könnte auch an den Kaiser selbst erfolgen, der das Fürstentum dann an das Haus Thurn und Taxis weiterverkaufen könne, um die Fürsten anschließend »in die Souveränität einzusetzen«.

Die Denkschrift des Freiherrn von Dörnberg wurde dem Kaiser im April 1868 übergeben.[346] In den darauffolgenden Monaten nahm die österreichische

---

[345] Dörnberg verwies darauf: »Die bayrische und württembergische Landes-Gesetzgebung haben bereits Proben solcher Gewalttätigkeit aufgewiesen, daß davon das Schlimmste befürchtet werden kann«. Ebenda. Bereits seit 1806 hatte vor allem Württemberg versucht, die Fideikommisse aufzuheben. Vrints-Berberich und später Dörnberg legten gegen derartige Schritte Klage bei der deutschen Bundesversammlung in Frankfurt ein. Siehe dazu das vorhergehende Unterkapitel.

[346] Wie bereits erwähnt, konnten keine weiteren Aktenstücke im HHStA Wien zum Verhandlungsgang in dieser Angelegenheit gefunden werden, und im fürstlichen Archiv Thurn und Taxis haben diese Überlegungen keinen Niederschlag in den Akten gefunden. Auch eine Kontaktaufnahme mit dem Fürstenhaus Liechtenstein ist nicht nachweisbar.

Staatskanzlei zur Denkschrift Dörnbergs in einem an ihn gerichteten Memorandum Stellung:[347]

> »Das fürstliche Haus Thurn und Taxis besitzt aus alter und neuer Zeit zu viele Ansprüche auf das Wohlwollen des österreichischen Kaiserhauses, und die persönlichen Gefühle seiner k[aiserlich] k[öniglichen] apostolischen Majestät stimmen mit diesen Ansprüchen zu vollständig überein, als daß nicht bei seiner Majestät die aufrichtige Geneigtheit bestehen sollte, das fürstliche Haus in Allem, was zur ungeschwächten Wahrung seines Ansehens und zur Sicherung seiner Zukunft geeignet sein kann, nach Möglichkeit zu begünstigen und zu unterstützen«.[348]

Nach dieser einleitenden Zusicherung des Wohlwollens des Kaiserhauses Habsburg gegenüber den Souveränitätsbestrebungen des Hauses Thurn und Taxis werden die möglichen Optionen erörtert. Um »für den in Folge der Ereignisse von 1866 erlittenen Verlust des Postregals, der Basis seines historischen Glanzes in gewissem Grade einen Ersatz bieten« zu können, scheint ausschließlich »in dieser Acquistion [Liechtensteins] das einzige unter den gegenwärtigen Zeitverhältnissen noch möglich gebliebene Mittel [...] die Unabhängigkeit des fürstlichen Hauses von fremder Gesetzgebung, und damit den Fortbestand der seitherigen autonomen Successionsordnung auch für die Zukunft sicher zu stellen«. Damit stimmt die Staatskanzlei völlig mit den Ansichten Dörnbergs überein. Soweit dies auch immer möglich sein werde, werde sich der Kaiser darum bemühen, den Vermittler zu spielen, aber es müßten »die unverkennbar vorhandenen Schwierigkeiten genau erwogen werden«.

> »Was vor Allem in Betracht kommen muß, ist der Umstand, daß unter den Verhältnissen der Gegenwart eine Übertragung von Souveränitätsrechten durch Kauf, Cession oder in irgendeiner anderen Vertragsform von mehr als unsicherer Wirkung sein würde, wenn nicht zugleich die Übereinstimmung der Bevölkerung des betreffenden Landes mit einer solchen Veränderung der Regierungsverhältnisse in irgendeiner der möglichen Formen konstatiert würde«.[349]

Auch wenn die Anwesenheit des finanzstarken Hauses Thurn und Taxis in Vaduz sicher Vorteile für die Bevölkerung brächte, bedürfte es »eines förmlichen Aktes der Zustimmung der Bevölkerung«. Diese Schwierigkeit träte auch dann auf, wenn der Verkauf nicht an das Haus Taxis direkt erfolgte, sondern »das Fürstenthum der Allerhöchsten Person Seiner Majestät des Kaisers« überlassen würde. Falls das Kaiserhaus die Rolle des Unterhändlers übernehmen sollte, ergäbe sich eine grundlegend andere Konstellation. »So bald einmal das Fürstenthum zur Disposition des Kaisers stünde, würde sich die Vereinigung des kleinen Ländchens mit Vorarlberg als die natürlichste Art der

---

[347] Zu den Ausführungen siehe im folgenden die Denkschrift »Memoire der k. k. Staatskanzlei betr. Kauf des Fürstentums Liechtenstein Thurn und Taxis« (mit einem späteren Vermerk: »zwischen April u. September 1868«). FZA Regensburg, HB, Korrespondenz, Laufende Registratur 56/42, fol. 2.

[348] Ebenda, fol. 1–3.

[349] Ebenda, ebenso das folgende Zitat.

Verfügung über dessen Zukunft darstellen«, und der Fürst von Thurn und Taxis könnte zwar Eigentümer der Herrschaft werden, aber an eine »Retrocession der Souveränität über Liechtenstein seitens seiner Majestät des Kaisers an das fürstliche Haus Taxis« sei dann nicht mehr zu denken.

Abschließend wird in diesem Memorandum nochmals das Wohlwollen des Kaisers betont, aber ein konkretes Vorgehen bedürfe noch einiger Vorarbeiten. Die nähere Erörterung der prinzipiellen Durchführbarkeit fand in einer weiteren Denkschrift statt.[350] Im Mittelpunkt der Auseinandersetzung mit dem Memorandum der Staatskanzlei stand die Frage nach der Regelung der Einbeziehung der Bevölkerung bei einem Regierungswechsel. »Man hat diesen Punkt nicht übersehen, sondern ist nur nicht darauf eingegangen, weil es sich vorerst nur darum handelte, ob seine Majestät überhaupt, dem ganzen Plan Allerhöchst seine Sympathie zuzuwenden geneigt sei«.[351]

Es war auch den Thurn und Taxisschen Unterhändlern klar, daß die »Mitwirkung der Bevölkerung gar nicht zu umgehen sein wird«. Aber sie sahen darin kein Hindernis für den Erwerb des Fürstentums Liechtenstein. Ausführlich wurden einzelne Möglichkeiten, die Zustimmung der Bevölkerung entweder zu umgehen oder in den Herrschaftswechsel mit einzubeziehen, durchgespielt. Am Ende dieser relativ kurzen Ausführungen stand die Erkenntnis, daß vor allen weiteren Überlegungen »erst einmal [...] die Verhandlungen abgewartet werden« müßten.

Doch dieser Denkschrift folgte keine weitere, in der Fragen einer möglichen Souveränitätserwerbung durch den Kauf Liechtensteins diskutiert wurden. Möglicherweise lag es auch daran, daß am 10. November 1871 Fürst Maximilian Karl starb und Dörnberg gleichzeitig von seinem Amt zurücktrat. Unter seinem Nachfolger investierte man in großem Umfang in Kroatien. »Der Wunsch des österreichischen Kaiserhauses hat die Familie Thurn und Taxis veranlaßt, sich als staatserhaltendes Moment in Kroatien anzukaufen«.[352] Diese Bewertung von Heinz Gollwitzer trifft wohl den Hauptgrund, aus dem der großdeutsch gesinnte Franz von Gruben die Zielrichtung der Erwerbungspolitik des Hauses Thurn und Taxis im letzten Drittel des 19. Jahrhundert nach Kroatien lenkte. Von einem Erwerb des Fürstentums Liechtenstein war keine Rede mehr.[353]

---

[350] Siehe im folgenden die Denkschrift: »Bemerkungen betreff der Möglichkeit der Aufrechterhaltung der Primogeniturordnung im Hause Thurn und Taxis«, Regensburg September 1868. FZA Regensburg, HB, Korrespondenz, Laufende Registratur 56/42, fol. 3.
[351] Ebenda.
[352] GOLLWITZER, Standesherren, S. 147.
[353] In den siebziger Jahren hatte Fürst Johann II. die Verhältnisse im Fürstenhaus Liechtenstein durch Hausgesetze geregelt. Dabei kam es auch zur Festlegung der Primogenitur. Auch aus dieser Konstellation heraus erscheinen mögliche Verkaufsabsichten, auf welche Thurn und Taxis baute, illusorisch. Siehe dazu PRESS, Liechtenstein, S. 66 f.

Das Projekt Liechtenstein war ein ehrgeiziges Unterfangen, um die exponierte Stellung, deren Grundlage bis 1867 die Post gewesen war, zu behaupten. Denn das, was man mit der Post verloren hatte, wollte man mit dem Fürstentum Liechtenstein wiedergewinnen: eine »von fremdem Willen unabhängige Stellung«. Dies sollte nicht mehr gelingen, aber im kulturellen Bereich fand man Wege und Mittel, eine exklusive gesellschaftliche Position zu festigen.

6. Neuer Hofstaat und bürgerliche Tugenden

6.1. »Fürst Taxis bleibt in Bayern« – Regensburg als Zentrum

Die Adelslandschaft hatte sich durch die Jahre der Revolutionserschütterungen und die nicht minder bewegende Rheinbundzeit nachhaltig verändert.[354] Die politischen Umwälzungen hatten dazu geführt, daß zahlreiche adelige Häuser ihre Zelte nunmehr an anderen Orten aufgeschlagen hatten. Neben regelrechten »Verpflanzungen« wie beispielsweise bei den Aremberg, Croy und Salm kam es allerdings auch vor, daß nur der Lebensmittelpunkt verlagert wurde. Denn gerade die Gruppe der vormals regierenden Häuser verfügte oftmals über einen ausgedehnten Streubesitz mit einer Mehrzahl von Residenzen, wodurch ein Ausweichen möglich wurde. Ein Beispiel dafür bietet auch das Haus Thurn und Taxis, obwohl dies häufig, übrigens bereits von den Zeitgenossen, nicht in dieser Weise wahrgenommen wurde. Denn die »Wohnsitzfrage« hatte sich schließlich erst 1812 endgültig entschieden.[355] Regensburg war zuvor noch eine Option unter vielen gewesen, wobei an Beliebtheit und auch Aufenthaltsdauer die schwäbischen Residenzen mit dem Hauptort Trugenhofen dem Dienstsitz als Prinzipalkommissar in Regensburg eindeutig den Rang abgelaufen hatten. Aber, wie bereits dargestellt, war durch das weitreichende Entgegenkommen in Sachen Gerichtsbarkeit und Steuerbefreiung durch Bayern die Entscheidung für Regensburg erleichtert worden. Den Ausschlag gab schließlich die Überlassung der großräumigen Klosteranlage von St. Emmeram im Zentrum der Stadt als Postentschädigung und die gleichzeitige Erwerbung umfangreicher Gebiete in der Nähe von Regensburg, vor allem um Wörth und Donaustauf. Damit verfügte man nun über ansehnliche Besitzungen dort, wo man bereits seit über einem halben Jahrhundert die Pflichten des Prinzipalkommissars wahrgenommen hatte und nur wenige Kilometer entfernt der Jagdleidenschaft nachgegangen war. Schon früh begannen erste Bauarbeiten, um sowohl das »Staufer Schloß« als auch das Regens-

---

[354] Siehe grundlegend GOLLWITZER, Standesherren; allgemein die entsprechenden Beiträge in WEHLER, Adel.
[355] Siehe dazu Kapitel II.4.

burger Kloster St. Emmeram zu standesgemäßen Residenzen auszubauen.[356] Besonderer Schwung kam durch Maximilian Karl in die Bautätigkeit des fürstlichen Hauses. Ab 1828/29 wurden gleichzeitig umfangreiche An- und Neubauten in Regensburg und Donaustauf in Angriff genommen.[357]

Im Jahr seines Amtsantritts hatte Maximilian Karl eine stattliche Anzahl von auserlesenen Reitpferden angekauft, für die der Platz zur Unterbringung langsam knapp wurde. Nachdem der Fürst im folgenden Jahr weitere Ankäufe getätigt hatte, reichten auch die provisorisch errichteten Ställe nicht mehr aus, und er gab am 14. Juli 1829 den Befehl, einen neuen Marstall zu erbauen. Nach einem Entwurf des königlichen Baurats und Hofbau-Dekorateurs Jean-Baptiste Métevier wurde eine Dreiflügelanlage mit Reitschule in der Mitte und den Stallungen zu den Seiten errichtet. Die Ausarbeitung der umfangreichen Reliefs übernahm kein geringerer als der in München tätige Schwanthaler.[358] Welche Ausmaße das neue Bauwerk annahm, kann ein Kostenvergleich verdeutlichen. Die Gesamtkosten beliefen sich auf 238 089 fl.; für weniger als ein Viertel der Summe wurde zur gleichen Zeit die Herrschaft Oberbrennberg – ein Rittergut mit dazugehörigem Schloß und ausgestattet mit Patrimonialgerichtsbarkeit – gekauft. Unter Maximilian Karl nahmen die Ausgaben im Bereich des Marstalls stetig zu, vor allem durch die permanente Erwerbung von edlen Pferden und einer Vielzahl von Kutschen.[359]

Einen kleinen Einblick in das neue höfische Leben in der ehemals reichsfreien Stadt gibt die gut überlieferte Einweihungsfeierlichkeit der neuen Reitschule am 13. Mai 1832. Der »hiesige Adel, die königlichen Civil- und Militärbeamten, der städtische Magistrat, die Offiziere des hiesigen Landwehrregiments und die fürstlichen Beamten« wurden zu dieser Feier geladen. Nach einer Vorführung der fürstlichen Pferde und Galawagen kündigten Wappenherolde den Einzug einer »ritterlichen« Reitergruppe an, welche eine besonders kunstvolle Form des Schaureitens ausführte. Diesen acht Reitern, welche zusammen das sogenannte »Karussel« bildeten, gehörten der Fürst selbst sowie die Brüder Ernst und Friedrich von Dörnberg an. Einen Tag spä-

---

[356] Möglicherweise setzte eine erste Bauphase bereits 1812 ein, was allerdings nach der Aktenlage im FZA Regensburg nicht nachweisbar ist. Siehe Hermann HAGE, Der Markt von 1802/03 bis zum Ende des II. Weltkrieges, in: Donaustauf. Moderne Marktgemeinde mit großer Vergangenheit, Regensburg 1994, S. 30–32; DALLMEIER, Donaustauf.

[357] Siehe im folgenden ebenda und PIENDL, Marstall; zum Marstall des Fürsten Maximilian Karl siehe ebenda, S. 24–67.

[358] Siehe den Kostenvoranschlag und die Abbildungen der Reliefs in PIENDL, Marstall, S. 37–46.

[359] Maximilian Karl war der erste, der nach den Sparmaßnahmen während der Krisenzeit zwischen 1806 bis 1815 sein Augenmerk auf den Ausbau des Marstalls legte. Siehe allgemein PIENDL, Marstall. Dort auch ein ausführlicher Katalog der Kutschen und Wagen. Zum Neubau siehe ebenda, S. 24–48. Grundlegend dazu FZA Regensburg, HMA 696–760. Zur Person des Architekten und dessen Wirken am fürstlichen Hof siehe Hans DÜNNINGER, Jean-Baptiste Métevier und Karl Viktor Keim in ihrer Bedeutung für das fürstliche Bauwesen, in: PIENDL, Beiträge [1963], S. 299–323.

ter wurde dieses »Caroussel für das hiesige Publikum gegen unter magistratische Erhebung gestellte bestimmte Eintrittsgelder für den hiesigen Armenfond« wiederholt, allerdings nicht in der neuen Reithalle, sondern im Innenhof der Residenz.[360]

Diese karitative Tat – die Eintrittsgelder in Höhe von 726 fl. dem Armenfond zur Verfügung zu stellen – blieb nicht die einzige. Wie seine Vorgänger, gewährte der Fürst vielfältige Zuwendungen und Spenden. So wurde Bitten der fürstlichen Angestellten um besondere Gratifikationen bei Geburt oder Erstkommunionfeier der Kinder etc. meist stattgegeben und der städtische Armenfonds immer wieder aufgefrischt.[361] Neben der Regensburger Bevölkerung wurden dabei auch die Untertanen der eigenen Herrschaften nicht vergessen. Ein Anlaß für eine Stiftung zugunsten der Armen der Herrschaft Donaustauf ergab sich 1830. Der Regierungspräsident der Oberpfalz Eduard von Schenck berichtete am 17. Oktober nach München: »Der Herr Fürst von Taxis hat durch Dörnberg bei mir anzeigen lassen, daß er zum besten Donaustaufs und zum Andenken an die Grundsteinlegung der Walhalla einen Betrag von 8 000 fl. stiften möchte. Auf Nachfrage wurde klar, daß der Betrag zu einer Stiftung einer Hilfskasse für dürftige Bewohner Donaustaufs verwendet werden sollte«.[362] Der König fühlte sich geehrt durch das Ansinnen des Fürsten und befürwortete die Stiftung in der gewünschten Weise. Ein Jahr später begannen die ersten Zahlungen aus der Thurn und Taxisschen Hilfskasse für die Bewohner Donaustaufs. Diese Tat des Fürsten war nicht die einzige, die im Zusammenhang mit der Errichtung der Walhalla stand. Neben den Auszahlungen wurden bei der Jahresfeier der Grundsteinlegung z. B. die Offiziere der Landwehr im nahegelegenen Donaustauf fürstlich bewirtet. Die mehrmalige Anwesenheit des Königs in Donaustauf, um die Baustelle zu besichtigen, führte ihn meist auch an den Hof des Fürsten. Als die Walhalla 1842 schließlich eingeweiht wurde, trug Maximilian Karl durch einen grundlegenden Umbau seines Schlosses Donaustauf zur Bereitstellung des räumlichen Rahmens für die Festveranstaltung bei.[363]

---

[360] Zu den Feierlichkeiten siehe Ulrike STAUDINGER, Die Eröffnung der Reitschule des Fürsten von Thurn und Taxis 1832, in: MÖSENEDER, Feste, S. 460–464. Dort auch die entsprechenden Zitate nach: Bericht der Regensburger Zeitung Nr. 116 vom 16. Mai 1832.

[361] Auf das ebenso interessante wie aufschlußreiche Verfahren des Fürsten, auch auf direkte Bitten um Gehaltserhöhungen der unteren und mittleren Angestellten nicht einzugehen, statt dessen aber immer wieder Sonderzuweisungen zu gewähren, die letztlich umgerechnet einer Gehaltserhöhung entsprachen, hat mich aufgrund seiner Durchsicht der »Generalkassen-Rechnungen« Claus Zernetschky aufmerksam gemacht. Siehe ZERNETSCHKY, Regensburg.

[362] Brief des Regierungspräsidenten Eduard von Schenk an König Ludwig I., 17. Oktober 1830, in: Max SPINDLER (Hrsg.), Briefwechsel zwischen Ludwig I. von Bayern und Eduard Schenk 1823–1841, München 1930, S. 161.

[363] In vielen Briefen zum Thema Walhalla taucht das Haus Thurn und Taxis auf. Siehe SPINDLER, Briefwechsel; zum Stiftungsprojekt siehe FZA Regensburg, HMA 2339.

Wie eng die Beziehungen zum Münchner Hof waren, läßt sich mit den bisher erschlossenen Quellen nicht in allen Bereichen eindeutig nachweisen.[364] Einige Kunstaktivitäten des Fürsten wurden in einen Zusammenhang mit dem kulturellen Engagement des Königs gestellt[365], so zum Beispiel auch die Errichtung eines Kupferstichkabinetts und einer Bildergalerie, in die ausschließlich Gemälde der zeitgenössischen Münchner Schule aufgenommen wurden.[366] Neben dem persönlichen Umgang der nahe verwandten Adeligen ging es dabei natürlich auch immer um die generelle Frage, wie sich die Standesherren in die noch jungen Königreiche integrieren ließen. Bayern ließ dabei die ehemaligen Grafen und Fürsten des Reiches relativ wenig spüren, daß sie eigentlich nur Untertanen, wenn auch privilegierte, waren. Besonders umwarb man die Thurn und Taxis, um dieses Haus mit seinen immensen Finanzressourcen von einem Verlassen des Königreichs abzuhalten. Ein entsprechendes Gerücht tauchte immer wieder auf. Fürst Maximilian Karl setzte es auch bewußt als Druckmittel ein, um seinem Schwager Ernst Friedrich von Dörnberg eine außerordentliche Auszeichnung zu verschaffen: das Großkreuz des bayerischen Ordens vom Heiligen Michael.[367] Die Fürsprache des Fürsten beim König über den Regierungspräsidenten Eduard von Schenk läßt sich sehr gut aus dem Briefwechsel rekonstruieren. Ludwig zeigte sich der Verleihung anfangs völlig abgeneigt und verwies darauf, wie selten diese Auszeichnung vergeben werde. Doch Maximilian Karl, der die Bitte übrigens nie persönlich vorbrachte, ließ nicht locker.[368] Schließlich gewährte der König die erbetene

---

[364] Siehe SPINDLER, Briefwechsel. Aus dem Briefwechsel ergibt sich, daß der König jeweils gut unterrichtet über die Vorkommnisse im fürstlichen Haus war.

[365] Diese Vermutung äußert DÜNNINGER, Métevier, S. 310, nach STAUDINGER, Reitschule, S. 460.

[366] Die Geschichte des Kupferstichkabinetts bei Hans K. RAMISCH, Das fürstliche Kupferstichkabinett in Regensburg. Eine Auswahl von Handzeichnungen des 15.-18. Jahrhunderts, in: PIENDL, Beiträge [1963], S. 325-355; zur Bildergalerie mit einem ausführlichen Katalog siehe STAUDINGER, Bildergalerie. Zur Bildergalerie siehe eingehender Kapitel III.5.3.

[367] Bei dem Großkreuz zum Orden vom Heiligen Michael handelt es sich um eine der höchsten Auszeichnungen des jungen Königreichs Bayern, die nur bei besonderen Verdiensten verliehen wurde; siehe dazu Georg SCHREIBER, Die bayerischen Orden und Ehrenzeichen, München 1964, S. 94-102. Der König betonte in einem Brief vom 9. Oktober 1838, daß bisher nur »3 Inländer und 2 Ausländer dasselbe empfangen«. SPINDLER, Briefwechsel, S. 321.

[368] Schenk lag sicher nicht falsch, wenn er zusammenfassend die Beweggründe in einem Brief an Ludwig I. vom 6. Oktober 1838 schilderte und damit auf die schwierige Situation Maximilian Karls aufgrund seiner unstandesgemäßen Heirat anspielte: »Es handelt sich hier nicht um den Ehrgeiz oder um die Eitelkeit des Freiherrn von Dörnberg; die Sache liegt tiefer, sie wurzelt in dem Herzen des Fürsten, der bei aller scheinbaren Trockenheit, eine höchst liebende, fast schwärmerische Natur ist. Sein Gemüt ist noch versenkt in das Andenken der schwer errungenen, heiß geliebten Gefährtin seiner Jugend, – seiner ihm so bald entrissenen Gemahlin. In diesem Sinne betrachtet er eine dem Bruder derselben huldvollst bewilligte Auszeichnung nicht bloß als einen Beweis allerhöchster Gnade für seine Person, sondern auch als ein wohltuendes Zeichen der Aussöhnung Euerer Majestät mit seiner

Auszeichnung und übergab sie dem Fürsten, der sie an seinem Geburtstag Dörnberg überreichen sollte. Als Hauptgrund, der für eine Verleihung spreche, führte Maximilian Karl wiederholt an, daß Dörnberg als Chef der Gesamtverwaltung wesentlich dazu beigetragen habe, die Ablösegelder und Postentschädigungsgelder verschiedener Territorialherren in Bayern anzulegen, womit er die Integration des Fürsten in das Königreich vorangetrieben habe. Maximilian Karl gab auch zu erkennen, daß andere Landesherren darüber nicht gerade erfreut seien, sondern die Thurn und Taxis gerne in ihrem Territorium sehen würden.[369] Die Andeutungen, die der Fürst in Richtung auf eine mögliche Übersiedlung in ein anderes Land vorbrachte, bewirkten den stärksten Druck auf den König, denn wie dieser völlig unvermittelt in einem Postskriptum feststellt: »Fürst Taxis bleibt doch in Bayern, daran liegt mir viel«.[370] Die vielen Hinweise auf diesen Sachverhalt scheinen hinreichend zu belegen, daß der Fürst nicht nur aus taktischen Gründen das Werben Württembergs, Österreichs und Preußens um die Übersiedlung seiner Familie in ihr Territorium erwähnte, sondern derartige Möglichkeiten wirklich in Betracht zog; zumindest ist festzuhalten, daß sich der Fürst nie als bayerischer Adeliger, sondern als Adeliger, der unter anderem in Bayern begütert war, gesehen hat und auch so gesehen werden wollte.

Interessant sind in diesem Zusammenhang auch ein weiteres Bauprojekt Fürst Maximilian Karls und eine auf den ersten Blick recht eigenwillige Interpretation des Kunsthistorikers Michael Groblewski.[371] Die Bauarbeiten einer Gruftkapelle im neugotischen Stil ab 1836 – durch das persönliche Interesse des Fürsten vorangetrieben – verweisen auf den großen Einschnitt in dessen Leben.[372] Am 15. Mai 1835 verstarb seine Gemahlin Wilhelmine von Dörnberg. Maximilian Karl, der dadurch sein »theuerstes Glück zertrümmert« sah, verewigte ihr Andenken durch eine Marmorbüste und ließ ihr Herz, das in

---

ersten Heirat, als eine Ehrung des Namens seiner Gattin noch in ihrem Grabe«. Ebenda, S. 319 f.

[369] Auf diesen Zusammenhang der Gebietserweiterung in Bayern mit dem Werben von seiten Württembergs und Preußens verweist Schenk immer wieder in seinen Briefen an den König: »Allem, was ich ihm dagegen in einer längeren Unterredung einwendete, stellte er immer die Ansicht entgegen, daß er am meisten durch seinen Schwager nicht bloß bestimmt, sondern auch in die Möglichkeit gesetzt worden sei, sich und sein Haus mit allen Nachkommen für immer an den Aufenthalt in Bayern zu knüpfen und allen Lockungen und Versprechen anderer Staaten, namentlich Preußens und Württembergs, zu widerstehen; die Millionen, welche er aus seinen Postertägnissen in mehrern teutschen Landen beziehe, lege er sämtlich nach und nach in Bayern an und glaube daher ohne Vermessenheit den Wunsch [nach Ordensverleihung] hegen zu dürfen«. Briefe vom 23. Dezember 1837 und 24. Januar 1838. Mit gleichem Inhalt siehe die Briefe vom 6. Oktober 1838 und 9. Oktober 1838. Ebenda, S. 298–300, 301–303, 319 f., 321, Zitat S. 302 f.

[370] Ludwig I. an Schenk, Bad Brückenau 17. Juli 1838, in: Ebenda, S. 315.

[371] Siehe zum Folgenden GROBLEWSKI, Gruftkapelle.

[372] Siehe zur Familiengruft FZA Regensburg, HMA 821–825.

einer neuen Gruft im Schloßbereich zur letzten Ruhe gebettet werden sollte, getrennt von ihrem Körper bestatten.[373]

Interessant ist nun, daß man wohl ganz bewußt – so hat Michael Groblewski überzeugend herausgearbeitet – die staufischen Pfalzkapellen, wie wir sie in Nürnberg oder Eger antreffen, als Vorbild für ein fürstliches Mausoleum wählte. Denn zur gleichen Zeit wurde im Rahmen einer intensiven Beschäftigung mit dem Mittelalter festgestellt, daß dieser Sondertyp staufischer Sakralbaukunst so aufgebaut war, daß sich oben ein Andachtsraum, unten die Gruft befand. Diese Reminiszenz an eine Bauform des untergegangenen Reiches ist zu werten als ein Bekenntnis der Verbundenheit der hier bestatteten Dynastie zum Reich und manifestierte gleichzeitig ihr Selbstverständnis als Reichsfürstengeschlecht, trotz der erfolgten Mediatisierung.[374] Eine Bestätigung der Interpretation findet sich in den Wappenscheiben der Fenster. Hier wird die Genealogie des Hauses vom 13. Jahrhundert an mit allen Standeserhebungen vorgeführt und werden auch die Wappen der erworbenen Besitzungen gezeigt, die den Aufstieg zum Reichsfürsten belegen. So kann man resümierend feststellen:

> »Die Gruftkapelle der fürstlichen Familie Thurn und Taxis im Kreuzgang von St. Emmeram ist nicht nur ein dynastisches Mausoleum, sondern erhebt zugleich den Anspruch einer programmatischen Architektur, eines politischen Monuments seiner Zeit. Ihre veranschaulichte Mittelalterrezeption ist im höchsten Grade bedeutungsvoll und für die damalige Zeit keineswegs nur geschmäcklerisch modern«.[375]

Verständlich ist diese kunstgeschichtliche Interpretation aufgrund der sozialgeschichtlichen Zusammenhänge allemal. In vielen Bereichen wollte man deutlich machen, daß man aufgrund seiner Zugehörigkeit zu den etwa siebzig Standesherren über die gleiche Tradition, die gleiche Dignität verfügte wie die mehr als dreißig regierenden Häuser.[376]

---

[373] So Ernst von Dörnberg an Hofrat Liebel, 22. Mai 1835. FZA Regensburg, HFS, Akten 1993. Dieses Monument, in dem das Herz der geliebten »Mimmi« ruhte, sollte in der Nähe des Fürsten, also im Schloßbereich, seinen Platz finden. Nach der Fertigstellung der Gruftkapelle wurde das kunstvoll ausgestattete Memorial dementsprechend dorthin übertragen. Die Umstände, welche zu diesem Herzbegräbnis führten, und ein höchst interessanter Einblick in den Totenkult des 19. Jahrhunderts auch allgemeiner Art bei Ulrike STAUDINGER, Das Herzbegräbnis der Fürstin Wilhelmine von Thurn und Taxis. Ein Beitrag Christian Daniel Rauchs zur Funeralkunst der Biedermeierzeit, in: Münchner Jahrbuch der bildenden Künste 42 (1991), S. 148–167.

[374] Siehe dazu die ausführlichere Beweisführung der Argumentation bei GROBLEWSKI, Gruftkapelle, S. 129–132.

[375] Ebenda, S. 132.

[376] Siehe dazu die entsprechenden Belege bei GOLLWITZER, Standesherren, und die entsprechenden Hinweise in Monographien zu einzelnen Fürstenhäusern im 19. Jahrhundert wie STOCKERT, Adel; Erwein H. ELTZ, Die Modernisierung einer Standesherrschaft. Karl Egon III. und das Haus Fürstenberg in den Jahren nach 1848/49, Sigmaringen 1980.

Trotz des eigenen Selbstverständnisses, ein Mitglied des übergreifenden europäischen Hochadels zu sein, war man jedoch in Bayern ansässig geworden, und eine gewisse Integration im Königreich und in der ehemaligen Reichsstadt an der Donau ist eindeutig feststellbar. Aber sowohl das Verhältnis zum Landesherren wie zur Bevölkerung blieb ambivalent. Einige Beispiele mögen dies verdeutlichen.

Als Maximilian Karl vom Tod des Staatsrats und Regierungspräsidenten von Schenck hörte, wandte er sich an König Ludwig, um seine Anteilnahme auszusprechen.[377] Obwohl der Fürst sich anläßlich der Verleihung des Goldenen Vlieses in Wien aufhielt, wollte er es nicht versäumen, sofort zu schreiben. Der Verstorbene habe sich, so der Fürst, immer um ein »äußerst gutes Verhältnis zu mir und meinem Haus« verdient gemacht und damit auch um das allgemeine Interesse.

> »So werden Eure Majestät auch die Bitte, welche [...] ich mir zu stellen erlaube, mit gewohnter Huld aufnehmen, daß Allerhöchstdieselben bei der Wahl seines Nachfolgers, der Erwägung der Verhältnisse meines Hauses und des Aufenthaltes in Regensburg, die beide ich so genau für immer befestigt zu sehen wünsche, eine Stelle einzuräumen und ihnen in dem Nachfolger dieselben Beachtung zu sichern geruhen wollen«.

König Ludwig war etwas irritiert über dieses Schreiben und übergab es seinem Ersten Minister zur Beantwortung mit dem Randvermerk, ob man wohl die Glückwünsche zur Ordensverleihung unterlassen habe. In einem ausführlichen Bericht des Ministeriums des Innern an den König nahm Abel dazu Stellung. Zur Ordensverleihung sei zu sagen, daß bisher noch keine Anzeige gemacht worden sei. Erst nach einer Bekanntgabe werde dazu gratuliert, das habe man auch im Fall Oettingen-Wallerstein so gehalten.[378] Zum weiteren Inhalt des Briefes sei allerdings anzumerken: »Wenn Standesherren das Begehren stellen, daß Eure k[öni]gl[iche] Majestät auf sie bey Ernennung allerhöchster Regierungspräsidenten Rücksicht nehmen [...], so müßte dieses allerdings als eine arge Sache anerkannt werden«. Es könne Maximilian Karl nur zugute gehalten werden, daß ihn wohl »die eigenthümlichen Verhältnisse« zu diesem Schritt verleitet hätten. Schließlich wohne der Fürst nicht nur selbst in Regensburg, sondern die Stadt sei auch Amtssitz vieler seiner Beamten, die in Kontakt mit dem Regierungspräsidenten stünden. Außerdem werde durch ihn sehr viel Geld nach Regensburg gebracht, und aufgrund von Grunderwerbungen um Regensburg und seiner Bedeutung für die Stadt sei er nicht mit anderen Standesherren vergleichbar. Daher könne man diesen Antrag des Fürsten

---

[377] Fürst Maximilian Karl an König Ludwig I., Wien 3. März 1841. BHStA München, NL Ludwig, Kabinettsakten Ludwig I., I XVI 277.

[378] München 9. Mai 1841. Ebenda. Abel wies interessanterweise darauf hin, daß er vorsichtshalber Ernst von Dörnberg in Kenntnis setzen werde, daß es üblich sei, eine offizielle Eingabe zu machen.

verstehen, obgleich der König in der bereits getroffenen Wahl dadurch wohl nicht beeinflußt werde.

Das Spannungsfeld, so belegt dieser Schriftwechsel aufs neue, blieb bestehen. Zwar war München bereit, gewisse Sonderrechte zu gewähren, doch eine politische Mitsprache war man nicht gewillt einzuräumen. Aber auch nach weiterer Einsichtnahme in die Akten, die belegen, daß man manchmal gleichberechtigt und jovial, manchmal fürsorglich und doch barsch miteinander umging, bleibt das Verhältnis zwischen den Thurn und Taxis und Bayern schwer zu beurteilen. Ebenso schwierig ist es, das Verhältnis des Fürstenhauses zur Stadt Regensburg auszuloten. Natürlich nahm man die Anwesenheit eines Standesherren mitsamt Hofstaat als wesentlichen Wirtschaftsfaktor wahr, das hat Claus Zernetschky hinreichend bewiesen.[379] Auch das soziale und kulturelle Engagement darf nicht in seiner Wirkung unterschätzt werden. In einer Huldigung anläßlich des 100jährigen Residenzjubiläums schrieben die Stadtväter am 8. November 1848 an den Fürsten: »Ein an seltenen Ereignissen inhaltschweres Jahrhundert ist vorüber gegangen und Alles hat sich umgestaltet, die Liebe und Anhänglichkeit der Bewohner Regensburgs an das Hochfürstliche Haus ist aber stets dieselbe geblieben und dankbar gedenken wir aller der vielen Wohlthaten, deren sich unsere Stadtgemeinde zu allen Zeiten von dem hohen Fürstlichen Hause zu erfreuen hatte«.[380] Und dennoch darf derartige Panegyrik nicht darüber hinwegtäuschen, daß die Thurn und Taxis nie eine Verankerung in der Bevölkerung in einem Maße erfuhren wie andere Standesgenossen. Im Gegensatz zu den Untertanen der Fürstenberger beispielsweise, die über Jahrhunderte den gleichen Stammsitz hatten, waren die Bürger von Regensburg und umliegender Flecken nie Untertanen dieser Adelsfamilie gewesen.[381]

Vielleicht mag dazu auch beigetragen haben, daß die Gebäude der Thurn und Taxis im Stadtbild Regensburgs nicht hervortraten wie vergleichbare Bauten anderer Standesherren. Trotz des umfangreichen Ausbaus der Residenz hatte das Schloß keine Schauseite; die Pracht blieb weitgehend hinter den Mauern des Reichsstiftes St. Emmeram bzw. der angrenzenden Allee verborgen. Ausgleich dafür bot das in zwei Bauphasen erheblich erweiterte Schloß Donaustauf, das, unweit der Walhalla gelegen, fürstlichen Glanz ausstrahlte.

---

[379] Siehe ZERNETSCHKY, Regensburg.

[380] FZA Regensburg, Ehrenbezeugungen 245, zitiert nach DALLMEIER/KNEDLIK/STYRA, »Dieser glänzende deutsche Hof ...«, S. 197.

[381] Diese Bindekraft betont für zahlreiche standesherrliche Familien GOLLWITZER, Standesherren, S. 68; siehe auch ELTZ/STROHMEYER, Fürstenberger. Die Löwenstein-Wertheimer kämpften deshalb so verbittert um die verbliebenen Herrschaftsrechte, weil sie das einzige Mittel seien, »das gesunkende Ansehen eines Standesherren bey den Unterthanen seines Gebietes wieder aufzurichten«. Daher müßten, so schrieb Konstantin von Löwenstein-Wertheim an Ludwig von Erbach-Schönberg am 4. April 1833, die Rechte »wie Reliquien aufbewahrt werden«. Zitiert nach STOCKERT, Adel, S. 237.

»Dieses Gebäude, welches die höchste Eleganz mit aller nur wünschenswerthen Bequemlichkeit in sich vereiniget, ist vier Stockwerke hoch und im Mittelbau, welcher seine Hauptfronte der Donau zuwendet, 216 Fuss lang. Im Innern enthält es neben zwei Speisesälen, einem Billard-, einem Badezimmer und den Appartements für die hohen Herrschaften, noch vier Gesellschaftszimmer, 18 Gast-Zimmer und die nöthigen Räume für die Dienerschaft«.[382]

Dieser Reisebericht von 1852 läßt erahnen, welche Ausmaße dieses Gebäude hatte, das nach einem Brand am Ende des 19. Jahrhunderts abgetragen wurde.[383] Nach derartigen Schilderungen, die in ähnlicher Weise auch die Residenz in Regensburg rühmten, mag es nicht verwundern, wenn Max Brunner behauptet, daß sich in Bayern hinsichtlich der Hofhaltung im Verlauf des 19. Jahrhunderts nur noch das bayerische Königshaus mit dem Fürsten von Thurn und Taxis messen konnte.[384]

Eine Frage bleibt allerdings bei der Betrachtung dieser Entwicklung zur Niederlassung und Fundierung des Hauses Thurn und Taxis in Regensburg offen. Warum zog es die finanzstarken Postmeister nicht in die kleineren und größeren Metropolen, warum baute man sich kein Stadtpalais in Wien, München oder auch in Berlin oder Stuttgart? Der württembergische Hof war zwar aufgrund der adelsfeindlichen Grundhaltung nicht sonderlich einladend, und Preußen gegenüber verhielt man sich auch nach 1866 zwar nicht feindselig, aber zurückhaltend. Doch München und Wien warben schließlich gewissermaßen um das Haus, und zahlreiche Besuche der Fürstenfamilie sind dort nachweisbar. Vielleicht lebte man nach der Devise »Lieber der erste in der Provinz als der zweite in der Hauptstadt«. Jedenfalls blieb man der Stadt an der Donau trotz aller Alternativen treu.

6.2. »... wie ein regierender Hof« – der Kampf um die Ebenbürtigkeit

Der »Kampf ums Obenbleiben« wurde nicht zuletzt auf dem soziokulturellen Gebiet geführt. Nach der Mediatisierung galt es für die Standesherren von ihren Herrschaftsrechten sowie von den persönlichen Ehrenrechten so viel als möglich zu retten. Eine Restitution, also eine Wiederaufnahme in den Kreis der regierenden Häuser, wurde immer mehr zur Illusion, und daher war es immer wichtiger, die persönlichen Rechte mit aller Macht zu verteidigen, denn sie gewährten den Anschluß an die regierende Adelsgruppe. Aus diesem Zusammenhang heraus wird deutlich, warum es so bedeutend war, daß Bedienstete das standesherrliche Wappen auf ihren Knöpfen tragen durften, daß ein Trauergeläut und Kirchengebet für die standesherrliche Familie möglich war, daß man auf den Briefbögen die frühere Titulatur führen konnte und daß man

---

[382] Adalbert MÜLLER, Donaustauf und Walhalla, 8., mit den kurzgefaßten Biographien der Walhalla-Genossen vermehrte Auflage, Regensburg 1952, S. 11.
[383] Siehe dazu ausführlich DALLMEIER, Donaustauf.
[384] Siehe M. BRUNNER, Hofgesellschaft, S. 168.

viele als Nebensächlichkeiten erscheinende Privilegien für sich retten konnte. Für die jungen Königreiche bedeutete der Umgang mit den Standesherren eine Gratwanderung. Auf der einen Seite galt es, eine Staatsbürgergesellschaft herzustellen, auf der anderen Seite wollte man die Standesherren nicht verlieren und sie als integrativen Bestandteil der Gesellschaft bewahren. Ebenbürtigkeit war das Zauberwort; es bestätigte den Standesherren die grundsätzliche Standesgleichheit mit den regierenden Fürsten, mit der verschiedene Rechte verbunden waren. In Artikel 14 der Bundesakte war sie den Mediatisierten ausgesprochen worden, eine konkrete Ausgestaltung der Herrschaftsrechte und persönlichen Ehrenrechte blieb allerdings den einzelnen Ländern vorbehalten, welche die Gratwanderung zu ihren Gunsten meistern wollten.

In Bayern konnte man sich auf das Edikt von 1807 beziehen, das bereits einmal die Rechte des mediatisierten Adels grundlegend festgesetzt hatte.[385] Eine Beilage zur Verfassungsurkunde vom 26. Mai 1818 verbesserte die Situation der Standesherren in einigen Punkten beträchtlich.[386] Sie hatten wieder ein höheres Verfügungsrecht bei den Familienverträgen, das Kirchengebet durfte nunmehr im gesamten standesherrlichen Gebiet angeordnet werden, und eine Ehrenwache vor den Residenzen war fortan erlaubt. Natürlich war auch die Aufnahme als erbliches Mitglied in die Kammer der Reichsräte eine besondere Auszeichnung. In diesen Unterschieden der Edikte von 1807 und 1818 zeigt sich der grundlegende Versuch Bayerns, alles weiterhin einzuschränken, was die Souveränität der Monarchie gefährden könnte, andererseits aber recht entgegenkommend mit den ehemaligen Standesgenossen umzugehen.

Als beispielsweise Elisabeth von Train, die morganatische Gemahlin Fürst Carl Anselms, 1807 gegen Thurn und Taxis wegen Kürzung ihres »wittiblichen Unterhalt[s]« klagte, ließ das Hofgericht beim König nachfragen, welchen Gerichtsstand der Fürst habe. Obwohl sich Karl Alexander persönlich an den König wandte, entschied dieser, daß der normale Rechtsweg einzuhalten sei.[387] Ebenso klar war die Antwort auf die Frage, ob es angehen könne, daß sich Westerholt im Namen des Fürsten des Prädikates »Durchlaucht« bediene. Der König entschied, Westerholt solle auf die Deklaration vom 19. März 1807 hingewiesen werden, welche dies ausdrücklich verbot.[388]

Bei den Verhandlungen über besondere Privilegien des Hauses Taxis zeigte sich Bayern dagegen sehr entgegenkommend. Nach längerem Briefwechsel

---

[385] Zu den Verhandlungen entsprechend der Ausgestaltung des Adelsrechtes siehe BHStA München, M Ju 13836, 13871–13875, wobei auf den Sonderstatus durch die Deklaration für Thurn und Taxissche Sonderrechte in Regensburg in M Ju 13873 f. eingegangen wurde.

[386] Zur Bedeutung siehe H. H. HOFMANN, Adelige Herrschaft, S. 379–409; eine Edition findet sich bei VOLLGRAFF, Standesherren, Beilage XXIV.

[387] Siehe Schreiben Fürst Karl Alexanders an König Max I. Joseph in Sachen der Klage der Frau von Train, 12. Juni 1807; Erlaß des Königs an das Hofgericht in Neuburg vom 18. Juni 1807. BHStA München, M Ju 13872.

[388] Siehe den Schriftwechsel dazu in BHStA München, MA 74668.

unterbreitete Fürst Karl Alexander am 20. Juli 1811 dem bayerischen König die offizielle Bitte um »definitive« Regelung der Rechte und Vorzüge des Hauses bei einem Verbleib in Regensburg.[389] Zwischen den Verhandlungspartnern herrschte stets ein Wohlwollen und Verständnis gegenüber den Wünschen des anderen.[390] Uneinigkeit ergab sich mit dem Verhandlungspartner Freiherrn von Aretin nur in einem Punkt: der Wirkungsdauer der Vergünstigungen. Aretin war der Meinung, eine unbefristete Ausdehnung auf den ganzen Mannesstamm würde »den Staatsgrundsätzen in Baiern ganz zuwiderlaufen«.[391] Aber hier konnte man sich aufgrund des Einwirkens Montgelas' auf einen Kompromiß einigen. Westerholt betonte, wie erfolgreich die Verhandlungen trotz der Nichterfüllung dieses Punktes gewesen seien, da es sich schließlich um eine königliche »Verwilligung zu Gunsten des hochfürstlichen Hauses« handle, die man erreicht habe.[392] Schließlich wurde im März des Jahres 1812 die königlich bayerische Deklaration verabschiedet, welche die Rechte und Vorzüge des Hauses, welche Dalberg gewährt hatte, weiterhin dem Haus Taxis zusprach.[393]

Nicht nur in diesem Fall konnten die Thurn und Taxis ihre ehemalige und auch fortwirkende Sonderrolle ins Spiel bringen. Bereits im Edikt über das Lehenwesen behielt sich der König vor, vier Hofämter zu besetzen, denen vor allem zeremonielle Funktion zukam. Das »Kron-Oberst-Postmeisteramt« wurde Thurn und Taxis verliehen, der damit die Oberaufsicht über besondere Auffahrten zu Staatsfeiern hatte und den Reichsapfel auf einem Samtkissen tragen durfte. Bereits am 2. Januar 1807 trat Fürst Karl Alexander an den König heran, um das verliehene Kronoberpostmeisteramt in der

> »den Lehensrechten und Gewohnheiten gebührenden Frist allerunterthänigst zu muthen und zu requirieren. So ergehet an E[ure] M[ajestät] meine submisseste Bitte, mir zu wirklichen Empfangung dieses Thronlehens und Ablegung der Vasallen Pflicht den Tag allerhuldreichest zu bestimmen. Mit der trostvollesten Beruhigung sehe ich dem Glücke entgegen, die gegen E[ure] M[ajestät] tragende mir heilige und bisher beobachtete Vasallentreue durch die feyerliche Verpflichtung zu bestätigen und für mich und mein Haus die neue Versicherung der allerhöchsten Gnade zu erhalten«.[394]

Auch in den nächsten Jahrzehnten legten die Fürsten des Hauses Thurn und Taxis großen Wert auf dieses Amt, das stets frühzeitig und »allerunterthä-

---

[389] Instruktion vom Juli 1811. FZA Regensburg, HFS, Akten 1101.

[390] So auch die Bewertung bei PIENDL, Gerichtsbarkeit, S. 302. Zu den Verhandlungen bezüglich der Gerichtsbarkeit siehe RUHNAU, Privatgerichtsbarkeit.

[391] Bericht Westerholts, München 21. November 1811. FZA Regensburg, HFS, Akten 1101.

[392] Bericht Westerholts, München 26. März 1812. Ebenda.

[393] Zum Text der Deklaration siehe ebenda, außerdem das Regierungsblatt für das Königreich Bayern Nr. 28 vom 6. Mai 1912, S. 841–849, teilediert bei RUHNAU, Privatgerichtsbarkeit.

[394] BHStA München, MA 74679. Siehe dazu auch die folgenden Ausführungen.

nigst« gemutet wurde. Der Ehrenposten erwies auch in anderen Zusammenhängen seine Bedeutung. Als es um die Beibehaltung des Amtszeremoniells ging, ließ König Ludwig beispielsweise vermerken: »Dem dermaligen Kronoberstpostmeister F[ürst] von Thurn und Taxis wird eine bisherige Courtoisie bewilliget«.[395] Ebenso wurde deshalb eine weitere Bitte Maximilian Karls durch den König genehmigt. Da nach »allerhöchstem Rescriptum vom 22. Juni 1829« nur adelige Frauen bei Hof erscheinen können, deren Gatten Kammerherrn oder Kammerjunker sind, »mit Ausnahme jener, welchen entweder die Hoffähigkeit oder eine dieselbe mit sich bringende Würde verliehen ist«, hatte er angefragt, ob dies auch für seine Gattin zutreffe.[396] Er appellierte an das »Zartgefühl« des Monarchen und verwies auf alte Rechte sowie auf die zugesagte Ebenbürtigkeit durch die Bundesakte und die ehemalige Reichsverfassung. Ludwig vermerkte: »Ich habe keinen Anstand, der Gemahlin des Fürsten von Taxis den Zutritt an meinem Hofe nach dem Rang desselben als Fürst zugestatten. Dieses ist demselben in einem von mir zu unterzeichnenden Kanzleischreiben mit zarter Umgehung aller weiteren Ansprüche desselben auszudrücken«.[397] Die Adelsranghöhe richtete sich natürlich nach dem Gemahl, »da der Fürst ein oberstes Amt bekleidet«.

Insgesamt entsprach man zumeist den Wünschen des Regensburger Verwandten, und größere Verstimmungen, wie bei anderen Standesherren, sind nicht nachweisbar. Fürst Chlodwig von Hohenlohe hatte beispielsweise dem Prinzen Ludwig von Bayern provozierend ins Gesicht gerufen: »Was sie sind, das bin ich auch!«, und einige Jahre später war König Ludwig sehr verärgert, als er in der Zeitung von einem »Prinzen von Oettingen-Wallerstein« lesen mußte. Er ordnete am 2. Dezember 1837 an, daß in Zukunft nur die Bezeichnung »Fürst« zulässig sei, denn »in Bayern gibt es keine Prinzen außer den bayerischen«.[398] Aber auch diese Auseinandersetzungen waren gemäßigt im Vergleich zu dem Ton, der in Württemberg vorherrschte. Allein die Tatsache, daß den zahlreichen standesherrlichen Klagen gegen Württemberg über Rechtsverletzungen am Bundestag in Frankfurt keine einzige gegen Bayern gegenüberstand, kann dies verdeutlichen.[399] Das württembergische Adelsstatut vom 3. März 1817 hatte zwar ein paar kleinere Zugeständnisse bei den Ehrenrechten erbracht, aber nur soweit diese aufgrund der Bundesakte unumgänglich waren.[400]

---

[395] Vermerk Ludwigs I., 2. Juni 1829. BHStA München, MA 74668.
[396] Schreiben Fürst Maximilian Karls vom 17. Juni 1830. Ebenda.
[397] Randvermerk Ludwigs I., Bad Brückenau 2. Juli 1830. Ebenda.
[398] Siehe BHStA München, M Ju 13836.
[399] Siehe zusammenfassend zur Situation in Württemberg STOCKERT, Adel, S. 269 f.; grundlegend HERDT, Der württembergische Hof, S. 133–220; Ulrich NETH, Standesherren und liberale Bewegung. Der Kampf des württembergischen standesherrlichen Adels um seine Rechtsstellung in der zweiten Hälfte des 19. Jahrhunderts, Stuttgart 1970, S. 11–31.
[400] Das Adelsstatut wurde zwar am 3. März 1817 von König Wilhelm vorgelegt, aber

Thurn und Taxis wählte wieder einmal den Alleingang und hatte bereits am 19. Februar 1817 den Bevollmächtigten Leykam nach Stuttgart gesandt, um entsprechend der Bundesakte über die staatsrechtlichen Verhältnisse des Hauses zu verhandeln.[401] Als Grundlage verwandte man schließlich die bayerische Deklaration von 1807. Sehr ausführlich prüften die Ministerialbeamten die insgesamt 57 Paragraphen. Dabei wurde ganz besonderer Wert auf die Begrifflichkeit gelegt. Beispielsweise war »statt durchlauchtigst zu setzen durchlauchtig [...] statt Herr Haupt des Hauses, statt Gebiete Besitzungen zu setzen«.[402] Die Verhandlungen führten schließlich zum Erfolg. Durch die »Deklaration, die staatsrechtlichen Verhältnisse des fürstlichen Hauses Thurn und Taxis betreffend vom 8. August 1819« konnte man sich nun schriftlich zahlreiche Herrschafts- und Ehrenrechte zusichern lassen.[403] Im Zusammenhang der Verhandlungen kam es bald danach auch zur »Übertragung der Würde und des Amts eines K[öniglich] Württembergischen Erb-Landpostmeisters [...] als Erb-Mann-Thronlehen«.[404] Im Gegensatz zu Bayern blieben die Beziehungen zu Württemberg aber zurückhaltend bis frostig. Stets vermerkte man, wie bei Verhandlungen im Jahr 1822, die Thurn und Taxisschen Unterhändler sollten bei Württemberg versuchen, »zur Erzielung eines gütlichen Übereinkommens« zu gelangen.[405] Anfragen wie die des Fürsten, ob die Forstbeamten auf den Knöpfen »TT« statt des Wappens führen dürften, können schon als gewagt gelten.[406]

---

erst zum 7. Februar 1818 in Kraft gesetzt. Siehe die Edition bei VOLLGRAFF, Standesherren, Beilage XI. Besser war es, einen Dritten einzuschalten, wie beispielsweise den Großherzog von Mecklenburg-Strelitz, der beim württembergischen König darum bat, daß seine Tochter Therese Mathilde von Thurn und Taxis den Titel »Hoheit« führen dürfe. Einem regierenden Standesgenossen konnte er diese Bitte schlecht abschlagen. Schreiben vom 10. August 1817. FZA Regensburg, HFS, Akten 1863.

401 Siehe das Schreiben Fürst Karl Alexanders an König Wilhelm I., 19. Februar 1817. Der König antwortete am 11. März 1817 und kündigte an, er werde sich von seinen Ministerien Vorträge machen lassen und dann in Verhandlungen eintreten. HStA Stuttgart, Bestand E 9, Bü 76, vor allem Konv. fol. 1–40.

402 Siehe unbeschriftetes Konv. mit Entwurf der Deklaration. Ebenda.

403 Am 2. September 1819 wurde im *Königlich-Württembergischen Staats- und Regierungsblatt* die »Deklaration, die staatsrechtlichen Verhältnisse des fürstlichen Hauses Thurn und Taxis betreffend, vom 8. August 1819« veröffentlicht. HStA Stuttgart, Bestand E 9, Bü 76.

404 Siehe »Kgl. Verordnung, die Übertragung der Würde und des Amts eines Kgl. Württembergischen Erb-Landpostmeisters mit dem nutzbaren Eigentum und der Verwaltung der Posten im Königreich als Erb-Mann-Thronlehen an den Fürsten von Thurn und Taxis betreffend«, veröffentlicht im *Königlich-Württembergischen Staats- und Regierungsblatt* Nr. 64 vom 27. September 1819. Zahlreiche Kopien in HStA Stuttgart, Bestand E 9, Bü 76.

405 Schreiben vom 16. Februar 1822. HStA Stuttgart, Bestand E 9, Bü 76, Konv. »Reclamationen wegen epavisierter Güter und Gefälle«.

406 Schreiben Fürst Maximilian Karls an König Wilhelm I., 20. Oktober 1846. HStA Stuttgart, Bestand E 9 Bü 76.

Diese Kleinigkeiten waren es allerdings, die den eigenen Status immer wieder ausloten halfen. Entsprechend diffizil waren die Rangunterschiede bei Hofe. Abschließend sollen daher noch einige Beispiele anhand des Wiener Kongresses und der Ordensverleihungen vorgeführt werden, um die Wirkmächtigkeit der höfischen Welt und ihrer Umgangformen im 19. Jahrhundert wenigstens streiflichtartig anzudeuten.

Bekannt ist das Verdikt über den Wiener Kongreß, wie es Fürst de Ligne formulierte: »Der Kongreß schreitet nicht vor, sondern er tanzt«.[407] Fürstin Therese spielte dabei vom ersten Tag an eine gewichtige Rolle.[408] Besondere Bedeutung hatten ihre Stellung als geborene Herzogin von Mecklenburg-Strelitz und ihre direkte Verwandtschaft mit dem preußischen König über ihre Schwester Luise. Der Beobachter des Wiener Kongresses, Auguste de la Garde, bezeichnete Therese daher als »Leiterin eines preußischen Salons«.[409] Denn, so berichtete Fürstin Therese ihrem Gatten in Regensburg: »[Es] betrachten des Königs von Preußen Majestät noch immer unser hiesiges Haus als das auserwählte zu ihrer Erholung. [...] Hier legen sie ohne Zurückhaltung das Lästige des Äußerlichen und der Größe ab und glauben sich im Zirkel ihrer Familie«.[410]

Die Teilnahme an Diners, Bällen und Soireen bot die beste Möglichkeit, die eigene Position in der Adelsgesellschaft herauszustreichen, besonders empfindlich war daher die Reaktion auf »Zurücksetzung«. Am 12. Januar 1815 begab man sich beispielsweise zu einem der üblichen Kammerbälle, zu dem die Kaiserin geladen hatte. Der Oberhofmeister Fürst von Trauttmans wollte Fürstin Therese und ihre Begleiterin Fürstin Isenburg an die sechste Tafel setzen. Nach ihrem Rang als Tochter des regierenden Hauses Mecklenburg-Strelitz und als Fürstin des Hauses Thurn und Taxis stand ihr die erste oder zweite Tafel zu, auf keinen Fall konnte sie sich zur sechsten, an der unverheiratete Damen der Gesellschaft saßen, gesellen. »Zu einem Entschluß gezwungen, faßte sie den einzigen, welcher ihrer Geburt, ihrer Würde und den Verhältnissen angemessen war« – so berichtete Vrints-Berberich an den Fürsten über diesen Vorfall und die Entscheidung der Fürstin, den Ball nicht zu besuchen.[411] Dies bedeutete

---

[407] Zitiert nach Hilde SPIEL (Hrsg.), Der Wiener Kongreß in Augenzeugenberichten, Düsseldorf 1965, S. 1.

[408] Noch bevor die ersten Verhandlungen aufgenommen wurden, reiste die Fürstin Therese nach Wien, um eine angemessene Wohnung zu beziehen. Sie wählte das »Kollersche Haus auf dem Graben« inmitten der Altstadt und unweit der Hofburg. Eine Übersicht über die Ausgaben von insgesamt 185 580 fl. ergibt die »Gesamtabrechnung über die Kosten der Fürstin Thurn und Taxis auf dem Wiener Kongreß«, die Graf Klenau zusammenstellte. FZA Regensburg, HMA 182. Siehe dazu auch die Ausführungen bei WILM, Thurn und Taxis, S. 40.

[409] Siehe dazu Auguste de LAGARDE, Gemälde des Wiener Kongresses 1814–1815. Erinnerungen, Feste, Sittenschilderungen, Anekdoten, 2. Aufl. München 1914, S. 95 f.

[410] Bericht Vrints-Berberichs über die Besuche der Fürstin in Wien vom 4. November 1814. FZA Regensburg, Postakten 2228.

[411] Bericht Vrints-Berberichs an Fürst Karl Alexander, 14. Januar 1815. FZA Regensburg, Postakten 2229; siehe WILM, Thurn und Taxis, S. 62 f.

allerdings einen Affront gegenüber der Gastgeberin. Vielleicht hätte die Kaiserin auch mit Ärger reagiert, hätte nicht der Bruder der Fürstin, Erbprinz Georg von Mecklenburg-Strelitz, die Wogen bei Hofe geglättet und um Verständnis gebeten. Wahrgenommen wurden dementsprechend auch besondere Auszeichnungen. So lud der König von Preußen seine Schwägerin an ihrem 43. Geburtstag ins Kloster Neuburg zur Mittagstafel ein. Begleitet wurde Fürstin Therese außer durch ihren Hofstaat durch ihre Tochter und den Schwager Fürst Paul Esterhazy. Der König von Preußen ließ den Thurn und Taxis nicht nur diese Ehre zuteil werden, sondern sagte dafür eine Mittagstafel bei Hofe ab, die zum Abschied des bayerischen Königs gegeben wurde.[412] Ehre wurde eben nicht zuletzt durch Sitzordnung und Empfangsreglements verteilt; dies sollte das gesamte Jahrhundert so bleiben.

Besondere Ehre wurde auch durch ein sehr diffiziles Mittel der Adelsgesellschaft verliehen – durch Orden. Durch die Vielfalt und die Abstufungen von der einfachen Ausführung bis zur Brillantfassung konnte eine genaue Rangfolge der Ehrbezeugung abgelesen werden. Vor allem aber ist ihre Bindekraft an die verleihende Dynastie nie zu unterschätzen, zumal diese Auszeichnungen öffentlich getragen wurden. Daher konnte es auch zu einem Problem werden, wenn man mit verschiedenen Orden gleichzeitig bedacht wurde. Bereits 1807 fragte der Fürst beim österreichischen Staatskanzler an, ob es aufgrund der Verleihung des württembergischen Hausordens Probleme geben würde beim Tragen des Goldenen Vlieses.[413] Besonders prekär war schließlich die Anfrage durch Karl Alexander, ob man neben dem Goldenen Vlies auch den preußischen Roten und Schwarzen Adlerorden tragen dürfe.[414] Vor allem sollte »alles Kompromittierende vermieden« werden, und man bevorzugte inoffizielle Anfragen – die in diesem Fall positiv beschieden wurden.[415]

Die Symbolkraft eines Ordens wird auch ablesbar, wenn Karl Alexander in einem Zug die Erwerbung der Herrschaft Chotieschau und die gleichzeitige Verleihung des Stephansordens erwähnt: »Wenn die neueren Zeitereignisse leider! das glückliche Band auflösten, das mich und meine Urvorfahren seit Jahrhunderten an das allerdurchläuchtigste Kaiserhaus [...] durch beschworene Treue und Anhänglichkeit knüpfte«, so sei es doch möglich geworden, durch die Erwerbung Chotieschaus »in die Reihe der erstern allerhöchst Ihrer Vasallen und Untertanen« zu treten. Vor allem gelte es für die damit verbundene Verleihung des Großkreuzes des St. Stefansordens zu danken; es »soll als ein Heiligtum bei meinem fürstlichen Hause aufbewahrt bleiben«, denn es stelle

---

[412] Bericht Vrints-Berberichs an Fürst Karl Alexander, 6. April 1815. FZA Regensburg, Postakten 2230; siehe auch WILM, Thurn und Taxis, S. 82.
[413] Brief Fürst Karl Alexanders an Fürst Stadion, 21. August 1807. HHStA Wien, StK, Kleinere Betreffe 18, fol. 36.
[414] Siehe die entsprechende Bitte ebenda, fol. 284.
[415] Siehe dazu den Schriftwechsel in FZA Regensburg, HFS, Akten 1895.

die Verbundenheit der Dynastien dar.[416] Hinter den Kulissen sah die Sache allerdings anders aus. Von österreichischer Seite hätte man gerne mit dem Herrschaftskauf die leidige Entschädigungsangelegenheit erledigt. Es hätte schließlich nicht gut ausgesehen, wenn der Kaiser »Höchstdenselben eine Summe Geldes, als gleichsam eine Erkenntlichkeit, anbieten möchte«.[417] Daher verfiel man auf die Idee, als Entschädigung den Stefansorden als Großkreuz in Brillanten zu verleihen. Metternich, der das Geschäft mit Vrints-Berberich eingefädelt hatte, betonte in einem Glückwunschschreiben, daß der Orden helfen möge, »die reine Anhänglichkeit zu befestigen, auf welche das Österreichische Kaiserhaus bey den Fürsten von Thurn und Taxis von jeher zu zählen gewohnt war«.[418]

Wie stark auf der einen Seite ein Anspruch des Hauses auf einen Orden und damit hohe Symbolkraft beschworen und andererseits die Verleihung ins tagespolitische Kalkül gezogen wurde, zeigt sich besonders deutlich bei den Verhandlungen um eine Ordensverleihung für den jugendlichen Fürsten Maximilian Karl.[419] In einem Brief vom 25. Juni 1830 erfuhr der Fürst inoffiziell davon, daß man ihm den österreichischen Leopoldsorden verleihen wolle; »Graf Bray und Metternich haben diese Sache ausgeheckt«. Die beiden Fürsprecher für eine Ordensverleihung sähen es allerdings gerne, wenn das Haus Thurn und Taxis die Pension für die Witwe des ehemaligen Gesandten Leykam in nicht beträchtlicher Höhe übernähme. Maximilian Karl war über diese Meldung nicht sonderlich erfreut, wie er einem Unterhändler in Wien schrieb, und er verstehe nicht, ob es besser wäre, gleich den Leopoldsorden, »quasi als Pfand für das dereinst zu erhaltende Vließ, zu bekommen, oder die Zeit abzuwarten, bis ich das Vließ so erhalten würde«.[420] Wieder in einem inoffiziellen Schreiben wurden die Hintergründe dargelegt: Metternich hatte in einer Unterredung die Gründe des Kaisers genannt, warum der Fürst noch nicht das Vlies »als Zeichen der allerhöchsten Gnaden« bekommen solle. Seine Jugend sei der Hauptgrund, außerdem habe er neben einer Oberleutnantstelle in bayerischen Diensten und der Ernennung zum Commandeur eines Ritterordens noch keine Auszeichnungen vorzuweisen. Grundsätzlich werde der Kaiser natürlich dem Fürsten das Vlies verleihen, »eine Auszeichnung, auf welche das Haupt des Hauses Taxis ein Recht und angeerbte Ansprüche habe«. Metternich fügte auch an, warum der Kaiser ihm nicht den Stefansorden

---

[416] Fürst Karl Alexander an Kaiser Franz I., 28. März 1822. HHStA Wien, StK, Kleinere Betreffe 18, fol. 266; siehe auch das besondere Dankschreiben ebenda, fol. 285.

[417] Siehe zu den Verhandlungen um den Stephansorden FZA Regensburg, HFS, Akten 1892.

[418] Siehe HHStA Wien, StK, Kleinere Betreffe 18, und die entsprechende Gegenüberlieferung in FZA Regensburg, HFS, Akten 1898.

[419] Siehe zu diesem Vorgang FZA Regensburg, HFS, Akten 1896.

[420] Ebenda, fol. 2. Bei dem Unterhändler handelt es sich möglicherweise um Vrints-Berberich.

anbiete, denn der sei für die Leute im Staatsdienst und die Souveräne, denen man wegen der Religion das Vlies nicht anbieten könne, reserviert. »Der allermächtige Minister« sprach auch von dem Glanz des Leopoldsordens und sicherte zu, daß es in der Ausstellungsurkunde wunschgemäß heißen werde, der Orden werde »nur« als Pfand verliehen. Da Maximilian Karl daraufhin zufrieden war, konnten die Formalitäten zur Annahme des Großkreuzes des St. Leopoldsordens in die Wege geleitet werden. Nebenbei genehmigte man noch die Rente der Witwe Leykam, sicherte der österreichischen Präsidialgesandtschaft die weitere Benutzung des Thurn und Taxisschen Palais in Frankfurt zu und kümmerte sich darum, daß es zu keiner Überschneidung kommen würde, wenn zwischenzeitlich Bayern den Hubertusorden verleihen sollte. Am 22. Dezember 1830 überreichte Graf A. Friedrich Mittrowsky die Unterlagen zur Ordensübergabe, und Maximilian Karl bedankte sich bereits am 31. Januar 1831 für die Verleihung und vergaß nicht zu betonen, daß es sich nur um Vorläufiges handle und er die »Hoffnung auf [den] ToisonOrden aussprechen« wolle.

Natürlich beherrschten auch die kleineren Dynastien dieses Spiel, Orden und Ehre zu verteilen.[421] Gerade dies erwies sich als äußerst wichtig, um die eigene Position zwischen persönlichen Entscheidungen und den Verpflichtungen des Hauses auch im bürgerlichen Zeitalter zu bewahren.

6.3. Persönliche Entscheidungen und die Verpflichtung des adeligen Hauses

Adel im bürgerlichen Zeitalter – das bedeutete, gesellschaftlich und kulturell gesehen, einen oftmals verdeckt geführten Kampf zur Verteidigung bzw. Aufrechterhaltung der exponierten Position. In der Lebensführung und der Welt der symbolischen Formen ergaben sich dabei vielfache Überschneidungen. Fürstenethos mit adeligen Attributen wie Mildtätigkeit und Mäzenatentum findet sich in einer Gemengelage mit Entdeckung von Innerlichkeit, Geselligkeit und Rationalität, die als bürgerliche Tugenden gelten. Aus diesem Bereich sollen nun exemplarisch einzelne Facetten vorgeführt werden.

Nirgends konnte man die exponierte Stellung besser dokumentieren als im Verhältnis zu den (ehemaligen) Untertanen. Mildtätigkeit und eine Zuwendung, die zwischen Paternalismus und Herablassung schwankte, betonten ein Herrschaftsverhältnis auch dann, als es im 19. Jahrhundert formal-rechtlich nicht mehr bestand. Nach dem Kauf der böhmischen Besitzungen ließ man dort ein Herrschaftsverhältnis wiederaufleben, das eben mehr sein wollte als der Umgang zwischen Großgrundbesitzer und Pächter. In den zwanziger Jah-

---

[421] Siehe dazu auch FZA Regensburg, HFS, Akten 1850 (Hausorden des Fürstentums Hohenzollern-Sigmaringen) und 1893 (Hausorden Thurn und Taxis). Thurn und Taxis verlieh den eigenen Hausorden allerdings sehr selten.

ren deutete der gebürtige Prager Josef Vojtěch Sedláçik dies in seiner Reisebeschreibung an:[422]

> »Die Regensburger Einwohner [...] sind über alle Maßen zuvorkommend, leutselig und gastfreundlich [...] und die Seele alldessen ist vor allem das allererlauchteste Fürstliche Thurn und Taxissche Haus, in dem auch der Autor einige unvergeßliche Tage verbrachte. Seine Fürstl[iche] Durchlaucht Karl Alexander und Seine Fürstliche Gemahlin [...] sind besonders den Böhmen sehr geneigt, indem sie sehr loben, und selbst unter sie sozusagen ›eingevolkt‹ zu werden wünschen«.[423]

Bevor Sedláçik wieder abreiste, mußte er der Fürstin versprechen, sie auf den böhmischen Besitzungen zu besuchen, um den bereits begonnenen Unterricht in tschechischer Sprache fortzusetzen. Er löste das Versprechen vier Monate später ein und unterrichtete sie vierzehn Tage – sechs Stunden täglich – in seiner Muttersprache; außerdem blieb die Fürstin mit ihrem Tschechischlehrer in Briefkontakt.[424]

Die Hintergründe für das Interesse lassen sich leicht erklären. Karl Alexander war 1821 Gutsherr in Böhmen geworden. Mit der Erwerbung der Herrschaft Chotieschau nahm auch das Interesse an den böhmischen Landen zu. Bereits kurz nach dem Kauf entschloß er sich, das neuerworbene Gut selbst zu besichtigen.[425] In Begleitung seiner Gattin und seines Sohnes, des Erbprinzen Maximilian Karl, unternahm er 1824 schließlich die geplante Reise nach Chotieschau, wo er sich zwei Wochen aufhielt und die Besitzungen und die dor-

---

[422] Josef Vojtěch Sedláçik gehört zu den böhmischen Intellektuellen des 19. Jahrhunderts, die sich durch ihre Vielseitigkeit auszeichneten. Er war Prämonstratenser und lehrte seit 1810 Mathematik und Naturwissenschaft in Pilsen. Bekannt wurde Sedláçik durch sein pädagogisches Engagement, das sich hauptsächlich in der Abfassung von Lehrbüchern in tschechischer Sprache niederschlug. Die Verbreitung der tschechischen Sprache und Kultur war sein Hauptanliegen, was ihn als Vertreter der »tschechischen Wiedergeburt« kennzeichnet. Die Beziehung zum Hof des Fürsten von Thurn und Taxis verfestigte sich seit dem ersten Besuch in Regensburg. Siehe Walter ANNUSS/Winfried BAUMANN, Eine Reise von Pilsen nach Regensburg. Der Bericht des böhmischen Pädagogen J. V. Sedláçik (1785–1836), in: VHVO 125 (1985), S. 373–385.

[423] Josef Vojtěch Sedláçiks »Zlomky z popsáni cesty do Rezna, l. 1826 vykonané«. Dieser Reisebericht wurde von ANNUSS/BAUMANN, Reise, S. 375–385, hier: S. 385, ediert.

[424] Sedláçik betonte die raschen Fortschritte der Fürstin: »[Sie] übte so fleißig, daß sie bald danach bei ihrer Ankunft in Böhmen mich zu meiner nicht geringen Überraschung bereits auf böhmisch willkommen hieß und sich beinahe vierzehn Tage lang täglich sechs Stunden mit mir in der böhmischen Sprache übte«. Ebenda, S. 385. Der umfangreiche Briefwechsel zwischen Fürstin Therese und Sedláçik wurde von J. Volf beleuchtet, und Walter Annuß hat eine Edition desselben angekündigt. Ebenda, S. 374, Fußnote 4.

[425] Der Domänenrat Benda berichtete in einem Schreiben an den Fürsten aus Chotieschau vom 1. März 1822, daß er die Ehrerbietungen der neuen Untertanen gegenüber dem Fürsten entgegengenommen habe. Sie bezeugten nach dessen Ausführungen Treue, Hochachtung und Liebe gegenüber dem neuen Landesherrn. Und »sie hoffen nur seine Duchlaucht selbst einmal zu sehen«. Bereits ein Vierteljahr früher hatte der Fürst seinem Geheimen Rat Müller mitgeteilt, daß er erfreut sei über all das Positive, was er von der Herrschaft Chotieschau hören könne, und daß er sich bald selbst davon überzeugen wolle. Siehe FZA Regensburg, IB 1945.

tigen Verhältnisse aus eigener Anschauung kennenlernte.[426] Zwei Jahre später begab sich die fürstliche Familie auf eine weitere Reise nach Böhmen und verbrachte im Herbst zwei Monate dort.[427] In diese Zeit fallen auch der Besuch Josef Vojtěch Sedláçiks und sein Tschechischunterricht.[428] Von diesen Bemühungen der Fürstin haben sich einige Aufzeichnungen unter dem Titel: »Fürstin Therese von Thurn und Taxis – Übungen zur Erlernung der böhmischen Sprache« erhalten.[429] Eine Aufzeichnung nimmt dabei eine Sonderstellung ein. Im Gegensatz zu den anderen Vokabelnotizen wurde mit sauberer Handschrift eine Auflistung von Sätzen zur Konversation zusammengestellt.[430] Während sich auf den kleineren Zetteln grammatikalische Übungen mit einem notwendigen Grundwortschatz vermischen und sie daher, für sich allein genommen, nur einen geringen Aussagewert über die Absichten der Fürstin ergeben, wird anhand dieser Aufzeichnung deutlich, für welche Zielgruppe die Sätze bestimmt waren. Die Fürstin, bereits Mitte vierzig, bemühte sich, die Sprache ihrer neuen Untertanen zu erlernen. Für die Kommunikation mit den Adeligen auf den angrenzenden Herrschaften wären diese Mühen nicht nötig gewesen. Zum einen war die gängige Sprache der Adeligen vorwiegend Deutsch, wenn nicht zum Teil noch Französisch, oder man konnte sich, wie dies auch bei Verwaltungsgeschäften geschah, ohne Probleme eines Dolmetschers bedienen.[431] Es ging der Fürstin aber darum, in der Sprache des »einfachen Mannes« zumindest eine Grundkonversation führen zu können: beim Einkauf, auf der Reise. Für welche Lebensbereiche sich die Fürstin interessierte, wird außerdem deutlich durch Sätze wie »Hat die Armut hier zugenommen?« oder »Ich thue was ich kann«; hier wollte man eine Brücke schlagen zur Lebenswelt der »kleinen Leute«, von denen man a priori annahm, daß ihr Lebensstandard nicht sehr hoch sei. Dieser Interessenbereich spiegelt sich

---

[426] Siehe KRÄMER, Rückblick, S. 88.
[427] Ebenda, S. 92.
[428] ANNUSS/BAUMANN, Reise, S. 385.
[429] Es handelt sich dabei um eine völlig ungeordnete Sammlung einzelner Schriftstücke, zum großen Teil im Schmalfolio-Format. Zur Sammlung gehören auch kleine Zettel, auf denen die Fürstin Vokabeln aufzeichnete. Diese über 50 Zettel wurden mit flüchtiger Hand geschrieben und lassen kein System erkennen. Neben Deklinationsreihen sind eine Vielzahl von Vokabeln aufgeführt, ohne daß sich dabei eine didaktische Systematik zum Erlernen der Sprache erkennen ließe. Siehe FZA Regensburg, HFS, Akten 4008.
[430] Siehe ebenda, fol. 1, als Umschlag verwendet: »Ich freue mich wieder hier zu seyn; Ist das Ihr Kind? Wie heißt es? Ist es ein Knabe oder ein Mädchen? Ist ihr Mann ein Kaufmann? Geht der Handel gut? Was bin ich schuldig? Was kostet eine Fahrt? Ihre Sprache ist zu reich. Wie hoch kommt Eure [R]eise? Hat die Armuth hier zugenommen? Das ist mir leid. Ich bin mager geworden. Sie werden mich mager finden. Es ist nicht zu [än]dern nach so großem Kummer. Ich lerne 4 Monathe. Ich thue was ich kann«.
[431] Die Sprachgewohnheiten des böhmischen und deutschen Adels lassen sich aus der Briefkorrespondenz ablesen. Die deutsche Sprache war dabei vorherrschend, wenn auch vereinzelt Französisch auftaucht. Bei Verwaltungsoperationen wurde verfügt, automatisch zu einem tschechischen Original eine Kopie anfertigen zu lassen. Siehe FZA Regensburg, IB 1876–1877.

ebenfalls in den weiteren Vokabelaufzeichnungen wider. Neben dem unerläßlichen grammatikalischen Grundgerüst bestimmen Wortfelder wie Ernährung, Wohnen und allgemeine Lebenshaltung das Vokabular.[432]

Die Fürstin hielt sich auch noch als Fürstinwitwe auf den böhmischen Besitzungen auf, wie einige an sie datierte Bittschriften belegen.[433] Ihr Sohn schenkte dagegen dem böhmischen Besitz über den wirtschaftlichen Aspekt hinaus keine größere Aufmerksamkeit.[434] Allerdings ließ sich Maximilian Karl stets über die Verhältnisse vor Ort Bericht erstatten und war in der Folgezeit auch nicht daran interessiert, seine böhmischen Herrschaften zu veräußern. Derartige »Kaufsanerbieten« wurden entschieden abgelehnt, entweder durch den Fürsten persönlich oder durch den Chef der Gesamtverwaltung Dörnberg. »Nicht nur daß keine Rede von diesem Verlaufe sey, habe er noch den Auftrag, eine große Besitzung zu kaufen, wenn eine zu haben wäre«.[435] Maximilian Karl wies bei diesem Vorgang seine Domänenoberadministration an, bei Verhandlungen in tschechischer Sprache Übersetzungen anfertigen zu lassen, wie dies bereits früher als generell verbindlich angeordnet worden sei; sofern »dieser Auflage aber nicht gehörig Folge geleistet wird: so überlassen wir es unserer Domänenoberadministration gegen die ungehorsamen Behörden in derley vorkommenden Fällen mit angemessenen Ordnungsstrafen ein-

---

[432] Es ist unsicher, wie diese Aufzeichnungen zu datieren sind. Auf dem Akt wurde zuerst 1822 angeführt, später mit anderer Schrift durch 1825 bzw. 1823 ersetzt. Eine Datierung vor 1822 scheint ausgeschlossen, denn erst 1822 wurde Chotieschau gekauft, und die erste Reise dorthin erfolgte zwei Jahre später. Möglich wäre eine noch spätere Datierung, wenn man die letzten Sätze (Abmagerung in Verbindung mit Kummer) des oben zitierten Zettels auf den Tod ihres Gatten im Jahr 1827 bezieht. Nach dem Tod Karl Alexanders hatte die Fürstin offenbar eine weitere Reise zu den böhmischen Besitzungen angetreten.

[433] Siehe FZA Regensburg, IB 1905. Zur Datierung der Reisen lassen sich auch die Reiserechnungen in FZA Regensburg, HMA 186, heranziehen.

[434] Bereits kurz nachdem Maximilian Karl die Regierung des fürstlichen Hauses angetreten hatte, verordnete er die Aufstellung eines Rechenschaftsberichtes über die Besitzungen in Böhmen durch den Domänenrat Benda. FZA Regensburg, IB 1877–1878.

[435] Antwortschreiben Ernst von Dörnbergs auf ein Angebot zum Kauf der böhmischen Herrschaften von Joseph Graf Dietrichstein an den Fürsten, 1. Februar 1833. FZA Regensburg, IB 1876. Der Fürst betonte in ähnlichen Schreiben, daß es sich nur um Gerüchte handeln könne, wenn von Verkaufsabsichten gesprochen werde. Die von Dörnberg angedeutete Absicht des Fürsten, sogar böhmische Güter ankaufen zu wollen, scheint jedoch nur ein argumentatorisches Manöver gewesen zu sein. Denn auf ein Angebot des Kanzleiinhabers am Fleischmarkt in Wien, Bruno Berger, wurde nicht eingegangen. Falls der Fürst eine große Herrschaft in Böhmen suche, hatte dieser geschrieben, so könne er folgendes anbieten: eine für 480 000 fl. (»zwei Posten von Wien entfernt«), eine ebenso prächtige für 500 000 fl. und schließlich eine für 600 000 fl. Falls Interesse bestehe, werde er unverzüglich die Anschläge schicken. Ebenda. Obwohl Maximilian Karl bis zur Mitte der fünfziger Jahre keine Arrondierung seiner Besitzungen um Chotieschau in Angriff nahm, war er daran interessiert, über die Verhältnisse dort stets persönlich unterrichtet zu werden. Sogar relativ unwesentliche Einzelheiten wie der Verkauf des Schulhauses im Bezirk Richenburg wurden dem Fürsten angezeigt. Siehe FZA Regensburg, IB 1887.

zuschreiten«.⁴³⁶ Als sich der Fürst, nach dem Aktenbefund wohl 1828, wieder auf eine Reise nach Chotieschau machte, erwartete ihn dort eine Anzahl von Bittschriften der Untertanen.⁴³⁷ Zum großen Teil waren sie in deutscher Sprache, zum Teil in tschechischer verfaßt. Es handelte sich um Bitten um Nachlaß der Robot (Scharwerksleistungen) oder einzelner Schulden oder um Anfragen zur Gewährung bestimmter Rechte, wie der Fischerei. Außerdem finden sich Anstellungs- und Beförderungsgesuche. Die ersteren Bitten wurden nach einem allgemeinen Reskript vom 13. Dezember 1828 entsprechend dem Umfang der erbetenen Vergünstigungen und den angeführten Gründen reguliert; sie bedürften, so ordnete der Fürst an, keiner spezifischen Verfügungen. Bezüglich der zweiten Art von Bittschreiben gab Maximilian Karl die Order, bei einer Neuorganisation im Personalstatus diese Leute zu berücksichtigen. Dies bedeute aber nicht, daß sie bei Einstellungen automatisch anderen Leuten vorgezogen würden, und sowohl bei Anstellung als auch Beförderung müsse betont werden, »daß Wir bey allen Fällen [...] einen ganz tadellosen moralischen Karakter als unerläßliche Bedingung voraussetzen«.⁴³⁸ Der Ton, der in diesen Bittschriften angeschlagen wurde, unterscheidet sich deutlich von Bitten um Gehaltserhöhungen aus dem Kreis der Regensburger Bediensteten. Maximilian Karl wird als »Gütigster Vater seiner Unterthanen«, noch 1828 als »Hoch und Wohlgeborener Reichs Fürst« angesprochen. Eine Anna Marsching bat den Fürsten, der »ein Freund der Armen, ein Walter der Witwen und Weisen« sei, sich ihrer zu erbarmen. Sie sei seit 17 Jahren Witwe und außerdem von vielen Krankheiten heimgesucht. Für ein Almosen werde sie den Fürsten in ihr Gebet einschließen. Und Gott der Allmächtige werde ihm dies sicher reichlich vergelten.⁴³⁹

Wie die Mehrzahl der Schreiben, ist auch der Brief der Anna Marsching in deutscher Sprache verfaßt. Die Bittschreiben in tschechischer Sprache richteten sich hauptsächlich an die Fürstin. Es scheint, als hätten die Untertanen für die Gewährung von Bitten mehr Vertrauen in ihre frühere Landesherrin gesetzt. Die Bittschriften beginnen mit folgenden Anreden: »Vyvysenost kralovska«! (»Königliche Hoheit«!) – »Nejosvicenejsi knezno«! (»Aufgeklärteste Fürstin«!) – »Nejmilostivejsi pani a pani«! (»Allergnädigste Frau und Frau«!)⁴⁴⁰ In diesen Anreden zeigt sich, daß die Bittsteller über die Herkunft

---

⁴³⁶ Reskript Fürst Maximilian Karls an die Domänenoberadministration vom 27. März 1828. Ebenda. Die Anordnung bezog sich auch auf Verhandlungen in polnischer Sprache, also auf dem Gebiet der Herrschaft Krotoszyn.
⁴³⁷ FZA Regensburg, IB 1905.
⁴³⁸ Reskript vom 17. Dezember 1828. Ebenda.
⁴³⁹ Siehe verschiedene Bittschriften, unpaginiert: FZA Regensburg, IB 1905. Zum Zitat siehe das Schreiben der Anna Marsching, ohne Jahr, präsentiert am 21. Dezember 1828, mit dem Vermerk Dörnbergs: »beruht bey dem Mangel aller Nachwirkung und gänzlicher Unbekanntschaft des Wohnorts, ad acta«.
⁴⁴⁰ Siehe verschiedene Bittschriften in FZA Regensburg, IB 1905.

der fürstlichen Herrin aus königlichem Haus Bescheid wußten. Natürlich waren diese Bittsteller keine Analphabeten, konnten sich mit Ihrem Anliegen somit an die Fürstin wenden und gehörten nicht zur untersten Stufe der »einfachen Leute«. Diese Schreiben zeigen aber, daß ein Kontakt zwischen mildtätiger Landesherrin und Untertanen zumindest ansatzweise geschaffen worden war. Die Bemühungen der Fürstin, die Landessprache zu erlernen, hatten dazu vielleicht einen Beitrag geleistet.

Die Sorge um die Untertanen durch den Landesherrn bzw. die Landesmutter und damit verbunden die Mildtätigkeit ihnen gegenüber manifestierten als eines der Bestimmungsmerkmale adeligen Verhaltens und adeliger Ideologie die Stellung des Adels. Ebenso stellen Aktivitäten im Bereich von Kunst und Kultur ein Kennzeichen adeligen Selbstverständnisses dar. Der erste Prinzipalkommissar in Regensburg, Alexander Ferdinand, hatte entscheidend das Theaterwesen gefördert.[441] Sein Nachfolger Carl Anselm trat in seine Fußstapfen. Neben der Theaterleidenschaft war vor allem seine bibliophile Neigung stark ausgeprägt; er gilt als der »eigentliche Begründer« der fürstlichen Hofbibliothek.[442] Aber auch die Pflege der Hofmusik wurde nicht vernachlässigt.[443] Die finanziell kritischen Jahre während der Regierung Karl Alexanders führten zu einschneidenden Kürzungen im Kulturetat. Der Fürst war ein passionierter Pianist, und seine Vorliebe galt vor allem der Musik, die trotz aller Sparmaßnahmen weiterhin gepflegt wurde.[444] Mit Maximilian Karl hielt eine neue Art des Mäzenatentums im Haus Thurn und Taxis Einzug. Er wurde zum Begründer einer bedeutenden Gemäldesammlung.[445] Bis in das 19. Jahrhundert hatten die Fürsten des Hauses nur in bescheidenem Maße Bilder angekauft, eine Ausnahme bilden allerdings die erwähnten 45 Wirkteppiche, die sich bestens zu Repräsentationszwecken eigneten. »Die Fürsten sammelten nicht in erster Linie aus Kunstliebe, sondern ihre Sammlungen sind für sie der Ausdruck ihrer Macht. Sammeln bedeutet dasselbe wie bauen: eine Bestätigung, eine Steigerung, eine Erhebung ihrer selbst«.[446]

---

[441] Siehe NEUBAUER, Leben, S. 70 f.; S. FÄRBER, Hoftheater.

[442] PIENDL, Bibliotheken, S. 40.

[443] Eine bedeutende Gestalt innerhalb der zu Ruhm gelangten Hofmusik war Karl Pokorny, der unter Carl Anselm in der zweiten Hälfte des 18. Jahrhundert angestellt war. Siehe Murray J. BARBOUR, Pokorny und der »Schacht-Katalog«. Ein Beitrag zur Geschichte der fürstlichen Hofmusik, in: PIENDL, Beiträge [1963], S. 269–298, hier: S. 271.

[444] Krämer berichtet von dessen virtuoser Beherrschung des Pianos. Außerdem sind zwei eigene Kompositionen Fürst Karl Alexanders erhalten. Siehe KRÄMER, Rückblick; REISER, Stadtleben.

[445] Einen kompletten Katalog der Bildergalerie des Fürsten Maximilian Karl hat Ulrike Staudinger vorgelegt. In der Einleitung zum Katalog hat sie die Zwitterstellung dieser Bildersammlung zwischen fürstlicher Sammlerleidenschaft und bürgerlichem Zeitgeist untersucht. Siehe STAUDINGER, Bildergalerie, S. 1–29.

[446] Helmut SELING, Die Entstehung des Kunstmuseums als Aufgabe der Architektur, Diss. (masch.) Freiburg i. Br. 1952, zitiert nach STAUDINGER, Bildergalerie, S. 5.

In besonderer Weise verweisen die Themen der Teppiche im Haus Thurn und Taxis auf diese Funktion: Herrschaftsereignisse, Wappenmehrung und Abstammung wurden – künstlerisch aufwendig umgesetzt – als Legitimationsmittel der eigenen Herrschaft dargestellt.[447] Eine ganz andere Funktion hatten die Bilder, die Maximilian Karl kaufte. Ab 1830 erwarb der Fürst zahlreiche Gemälde, bis 1865 durchschnittlich fünf pro Jahr.[448] Daher kann angenommen werden, daß der Fürst bereits ab den dreißiger Jahren plante, eine Bildergalerie einzurichten, die sich auf zeitgenössische Maler konzentrierte[449], insbesondere auf die sogenannte Münchner Schule.[450] Aufgrund dieser Ausrichtung wurde in der Literatur vielfach eine Parallele zu König Ludwigs I. Sammlertätigkeit gezogen.[451] Zum Mittelpunkt der Münchner Schule wurde der Münchner Kunstverein, und Maximilian Karls Mitgliedschaft in diesem Verein ab 1830 zeigt seine Nähe zu dieser Malerei. Ulrike Staudinger sieht darin »ein beredtes Beispiel für die zunehmende Orientierung des Adels am bürgerlichen Geschmack«.[452] Denn damit wurde der Fürst zum Mitglied der guten Gesellschaft, die sich durch den gegenseitig bestätigten »guten Geschmack« auszeichnete, einer Gesellschaft, welche nicht mehr durch die Geburt, sondern durch die Gemeinsamkeit ihrer Urteile legitimiert wurde. Doch der Eintritt in den Kreis des Münchner Kunstvereins allein belegt nicht hinreichend die Zuwendung des Fürsten von Thurn und Taxis zum bürgerlichen Geschmack. Will man den Spuren einer »Verbürgerlichung des Adels« im Rahmen der Kunstleidenschaft nachgehen, so erbringt eine Übersicht der über 150 Gemälde Maximilian Karls einen viel deutlicheren Beweis. Die Genremalerei ist das bestimmende Element.[453] Ländliche Idyllen sind ein beliebtes Motiv, daneben ganz allgemein die Landschaftsmalerei.[454] Ein bedeutender Teil der Bilder

---

[447] Siehe HAGER, Wirkteppiche, S. 12.

[448] Von 1830 bis 1834 kaufte der Fürst jährlich zwischen sieben und elf Gemälde, danach kontinuierlich etwa fünf pro Jahr. Siehe STAUDINGER, Bildergalerie, S. 6.

[449] Schriftwechsel über verschiedene Ankäufe, die vor allem den Ankauf »von Gemälden neuerer, noch lebender Meister für Ihr [Maximilian Karls] Bilderkabinett dahier im Auge« halten. FZA Regensburg, HMA 633, hier: Reskript vom 21. September 1841. Siehe auch STAUDINGER, Bildergalerie, S. 7.

[450] Bis auf wenige Ausnahmen zählen sämtliche in der Bildergalerie des Fürsten vertretenen Maler zur Münchner Schule. Siehe Ulrike STAUDINGER, Carl Rottmanns »Golf von Bajae«. Ein wiederentdecktes Gemälde in der »Bildergalerie« des Fürsten Maximilian Karl von Thurn und Taxis, in: Franz KARG (Hrsg.), Regensburg und Ostbayern. Max Piendl zum Gedächtnis, Kallmünz 1991, S. 167–176.

[451] Siehe zusammenfassend bei STAUDINGER, Bildergalerie, S.7.

[452] Ebenda. In gleicher Bewertung bei Niels von HOLST, Künstler, Sammler, Publikum, Stuttgart 1960, S. 215.

[453] Siehe allgemein Ute IMMEL, Die deutsche Genremalerei im 19. Jahrhundert, Heidelberg 1967.

[454] Zur Funktion der Hinwendung zum Idyll in der Malerei Hans SEDLMAYR, Verlust der Mitte. Die bildende Kunst des 19. und 20. Jahrhunderts als Symptom und Symbol ihrer Zeit, Frankfurt a. M./Berlin/Wien 1977.

verweist auf die große Leidenschaft des Fürsten: Pferde. Mit dieser hippologischen Vorliebe taucht ein typisches Motiv auf, mit dem sich der Adel von jeher schmückte. Aber das Pferd dient hier eben nicht als Kulisse zur adeligen Selbstdarstellung.[455] Insgesamt über zwanzig Gemälde umfaßt der Bestand, der ausschließlich Pferde ohne weitere Bildelemente abbildet. Maximilian Karl trat selbst als Reiter in Erscheinung, aber nicht im Sinne eines Reiterstandbildes, sondern der Fürst ist Mitglied einer Reitergesellschaft, die gemeinsam einen Ausflug unternimmt.[456] Neben der Landschaftsmalerei und der Abbildung ländlicher Idyllen gehören mit nur wenigen Bildern Gemälde der fürstlichen Familie zum anwachsenden Bestand der Bildergalerie. Auch sie verweisen auf den »privaten Charakter« der Sammlung. Im Gegensatz zu großen Projekten der Zeit wie der Errichtung der Pinakothek in München verfolgte die Regensburger Sammlung keine politischen Ziele. Dies zeigt sich nicht nur im Vergleich zu regierenden Häusern wie Wittelsbach, sondern auch zu mediatisierten Familien wie Oettingen-Wallerstein und Fürstenberg, welche in ihrer Sammelleidenschaft den regierenden Häusern nacheiferten.[457] Es ging nicht darum, die Bevölkerung zu integrieren. Auch der didaktische oder pädagogische Anspruch war gering ausgebildet. Denn die Galerie war nicht in einem speziell dafür eingerichteten, der Bevölkerung zugänglichen Haus untergebracht, sondern befand sich im Nordflügel des fürstlichen Schlosses. Auch wurde sie vorerst nicht allgemein zugänglich gemacht, obwohl es Interessierten aus dem »gebildeten Stande« nach Anfrage bereits in den Anfangsjahren möglich war, die Bilder zu betrachten. Seit 1835 wurde zu diesem Zweck ein eigener Galeriediener angestellt, der die interessierten Personen einzulassen hatte. Erst in den sechziger Jahren kam es zu einer weiteren Öffnung. Ab 1863 wurde die Bildergalerie schließlich täglich von 11 bis 12 Uhr der Öffentlichkeit zugänglich gemacht: »Mit dem Besuche des Kreuzganges von St. Emmeram verbindet sich meist ein Besuch in der fürstlichen Gemäldegalerie [...]. Auf dem Rückwege mögen die neuen fürstlichen Marställe und die Reitschule – auf deren oberen Feldern die Hauptreliefs von Schwanthaler – sowie der wappenreiche Kaiserbrunnen näher betrachtet werden«.[458] Aber dieser Hinweis aus einem zeitgenössischen Kunstführer darf nicht den Eindruck entstehen lassen, es habe sich um ein Kunstmuseum im heutigen Sinn gehandelt. In erster Linie blieb der private Charakter gewahrt. Das bindende

---

[455] Siehe SCHOCH, Herrscherbild. Schoch sieht in der Darstellung als Reiter immer noch eine politische Absicht. Diese politische Absicht der Reiterbilder wird von Staudinger hinsichtlich zweier Bilder des Fürsten angezweifelt. Siehe STAUDINGER, Bildergalerie, Katalogteil.
[456] Siehe ebenda.
[457] Staudinger hat die Sammelleidenschaft des Fürsten im Vergleich zu den Bildergalerien im Haus Oettingen-Wallerstein und Fürstenberg untersucht. Ebenda, S. 24–27.
[458] Andreas NIEDERMAYER, Künstler und Kunstwerke der Stadt Regensburg. Ein Beitrag zur Kunstgeschichte Altbayerns, Landshut 1857, S. 143.

Moment war der Geschmack des Fürsten selbst, der über den Ankauf der Bilder entschied.[459] Aufgrund der zahlreichen Zukäufe wurde der Platz zur angemessenen Unterbringung immer enger. Einzelne Bilder überführte man aus den Galerieräumen in den Wohnbereich. Einen eigenen Bestand bildeten ab den vierziger Jahren Kupferstiche.[460] Im Jahr 1840 wurden die von der Fürstinmutter gesammelten Kupferstiche und Lithographien von Schloß Taxis nach Regensburg transferiert. Sie nahmen zusammen mit weiteren Stichen der fürstlichen Hofbibliothek den Rang einer neuen Sammlung unter der Bezeichnung »Kupferstichkabinett« ein, das von Maximilian Karl in den folgenden Jahren erweitert wurde.[461] Zweimal tauchten Pläne auf, ein eigenes Galeriegebäude zu errichten. Aber vor allem der Unwille des Fürsten, die Bilder aus ihrem privaten Rahmen zu lösen, ließ die Realisierung dieser Überlegungen trotz einiger Vorarbeiten der dazu beauftragten Architekten scheitern.[462] Es ging dem Fürsten nicht darum, seine private Bildergalerie zur »Bildungsanstalt« auszubauen. Zwar waren kleine Tafeln mit Erklärungen angebracht, aber die enge Begrenzung der Bilderauswahl belegt den Zuschnitt auf den Fürsten. Der »private Charakter« der Sammlung sollte gewahrt bleiben.

In einer zusammenfassenden Bemerkung kann man das Spannungsfeld zwischen einer Hinwendung zum »bürgerlichen Kunstgeschmack« und »feudaler

---

[459] Sein Unterhändler war dabei eine der zentralen Gestalten der fürstlichen Beamtenschaft: der Justizrat Liebel. Er war zu den unterschiedlichsten Sondermissionen auserkoren und stand neben Ernst von Dörnberg in einem sehr engen Verhältnis zu seinem Vorgesetzten. Siehe FZA Regensburg, PA 5504–5506.

[460] In dem literarischen Wochenblatt, den *Hosangs Nebenstunden*, wurde auf einen weiteren Bereich eingegangen, zumindest verweist darauf eine Abschrift in den Akten. Ein handschriftlicher Eintrag berichtet über ein vom Fürsten geplantes Wachsfigurenkabinett. Siehe FZA Regensburg, HFS, Akten 4087.

[461] Die bedeutendste Erweiterung erfuhr dieses Kabinett durch den Ankauf der Kupferstichsammlung des Regierungspräsidenten der Oberpfalz, Eduard von Schenck. Maximilian Karl gab allein dafür 6 000 fl. aus. Eine Expertise zu dieser Sammlung, die von dem kunstliebenden Fürsten aufgekauft wurde, gibt einen Eindruck von ihrer Bedeutung: »Da ich die Sammlung [des Eduard von Schenck; S. G.] sehr genau kenne, so glaube ich den Werth derselben zum wenigsten auf 6 000 fl. anschlagen zu können. Denn aus allen Schulen sind die Blätter von und nach den trefflichsten Meistern ausgewählt, und zwar, was den Werth sehr erhöht, in den besten und ausgezeichnetsten Abdrücken. So findet man hier die eigenhändig radierten kostbaren Blätter von Rembrandt, Ostade, Livens, Bega, Both, Fyt, P. de Laer, Schwandefelt, Potter, Waterloo, Du Jardin, Milet van Dyck und anderer«. Siehe RAMISCH, Kupferstichkabinett, konkret die Edition eines Briefes des Direktors der Münchner Pinakothek Robert von Langer vom 20. August 1841, S. 325 f. Insgesamt zählte die 1844 in den Besitz des Fürsten übergegangene Sammlung etwa 3 000 Blätter.

[462] Staudinger sieht im Unwillen des Fürsten, seine private Bildersammlung außerhalb der Residenz unterzubringen, den Hauptgrund für das Scheitern der Baupläne für ein Museum, obwohl in diesem Zusammenhang auch andere Zeitumstände mitberücksichtigt werden müssen: Zum Beispiel war der beauftragte Baumeister Viktor Keim während der Planungen zu einem Galeriegebäude abberufen worden zum Bau des Schlosses Donaustauf, das in einer Bauzeit von nur knapp zwei Jahren errichtet werden mußte, um zur Einweihung der Walhalla dem König und seiner Begleitung ein adäquates Quartier anbieten zu können. Siehe PIENDL, Residenz; STAUDINGER, Bildergalerie.

Kunsthandhabung« konstatieren. Die Auswahl der Bilder entsprach dem »guten Geschmack« bürgerlicher Kreise.[463] Aber nicht nur die Thematik der Bilder verweist auf den bürgerlichen Umgang mit Kunst. Auch die Betonung des Privaten der Sammlung, ihre Ausrichtung auf den Geschmack des Fürsten, belegen dies. Andererseits widerspricht es zu einem Teil dem »Bürgerlichen« der Sammlung, daß die Galerie nicht zum Aufklärungs- oder konkreten Bildungsinstrument wurde. Die Unterbringung in den Räumen des fürstlichen Schlosses stand den Absichten des gebildeten und kunstinteressierten Bürgertums diametral entgegen. In diesem Spannungsfeld ist die Sammelleidenschaft des Fürsten zu bewerten. Und ein Weiteres läßt sich bemerken: Im Fokus der Bildergalerie zeigt sich das Wechselspiel zwischen dem, was man gemeinhin als »bürgerlich« und »adelig« bezeichnet. Erst durch das Zusammenwirken eines neuen Kunstverständnisses von Bürgerlichen und der Vorliebe eines Fürsten für zeitgenössische Malerei ergab sich eine Veränderung im Umgang mit Kunst. Um diese Transformation des Kulturbetriebs im 19. Jahrhundert beschreiben zu können, genügt es nicht, den Blick auf eine der beiden Kräfte im synergetischen Spiel der Veränderung zu werfen.

Auch eine andere grundlegende Veränderung im kulturellen Bereich spiegelt sich bei Thurn und Taxis wider: die bürgerliche Entdeckung der Familie. Von einer Liebesheirat kann bei den Vermählungen im Haus Thurn und Taxis des 18. Jahrhunderts nur schwerlich die Rede sein. Politisches Kalkül und wirtschaftliches Interesse bestimmten die Partnerwahl, die Kinder wurden frühzeitig an professionelle Erzieher übergeben.[464]

Ein verändertes Verhalten läßt sich anhand eines außergewöhnlichen Vorgangs ablesen. Im Archivbestand »Besitzungen, Urkunden« befindet sich ein Pachtvertrag, der sich als fingiertes Aktenstück herausstellt.[465] Der Vertrag ist nach den üblichen Gestaltungskriterien gestaltet, nur die kolorierte Tuschezeichnung des zu verpachtenden Meierhofs auf der ersten Seite zeigt, daß der Vertrag von anderen abweicht. Durch die Beilagen zum Vertrag, das »Gedicht der Pächterin« und eine Bildcollage »Regensburger Zeitung vom 16. Mai 1814« wird der private Charakter dieses Pachtvertrags deutlich, der eigentlich dem Aktenbestand »Haus- und Familien Sachen« angehören würde. Fürst Karl Alexander schreibt im Vertragstext:

> »Die besondere Liebe und Ergebenheit, welche Uns Unsere geliebte Tochter die Prinzeß Sophia Dorothea von jeher bewiesen hat [...] haben Uns veranlaßt [...] ein besonderes, ausgezeichnetes Merkmal Unserer gegenseitigen Liebe und Anhänglichkeit zu geben. Und nachdem Wir [...] ersehen haben, welche

---

[463] Zur Verdeutlichung siehe die Bilder der Galerie in OTTOMEYER, Biedermeiers Glück, wobei sich deutliche Parallelen aufzeigen lassen.

[464] Siehe dazu die von mir zusammengetragene Literatur in GRILLMEYER, Prinzessin.

[465] FZA Regensburg, Besitzungen, Urkunden 2631: »Pachtkontrakt Karl Alexander mit Tochter Sophia Dorothea über den Meierhof Sophiental in Regensburg im Stadtgraben und dessen Einrichtung betr[effend]«.

vorzügliche Freude alle ländliche Beschäftigung Derselben verursachen, so haben Wir beschlossen hiezu einen vollkommenen eingerichteten Mayerhof errichten zu lassen, zu instruiren [...] und in Pacht zu geben«.[466]

In § I wird der Umfang des Meierhofs beschrieben, »bestehend in einem Kühstall mit zwey Kühe, nebst 2 stolze Kühe [...], eine Milchkamer, ein Hühnerstall mit 15 Hühner, ein Weyer mit 2 Enten, eine Dungstelte« etc. Die §§ V bis VII regeln die Finanzverwaltung hinsichtlich Aufwand und Ertrag. Zwar wird das Personal gestellt: »Unseren Rath Zeiller [geben Wir] als Ökonomie Verwalter bey, mit dem sie sich im vorkommenden Fällen benehmen könne, dann zur Besorgung der ökonomischen Geschäfte N. N«.; aber »die Ausgaben sollen vom Gewinn bestritten werden«. Bei weiterem Kapitalbedarf muß sich die Pächterin an den Vater wenden. Der Pachtschilling wird wie folgt festgelegt: Er besteht in »täglich eine halbe Maas Rahm zum Frühstück von der besten Qualität ohnentgeltlich«, sofern der Vater sich in Regensburg aufhält. Nach einem ausführlichen Inventarverzeichnis, findet sich ein Gedicht mit dem Titel »Sophie an einen schönen Maymorgen 1814«. Die junge Sophie entdeckt bei einem Spaziergang den Meierhof »Sophiental« und erkennt: »Mein ist also das kleine Elysieum, Mein! Wer kann wohl froher und beglückter seyn. Mein ist die Hütte, und mein die Flur, die Hühner, die Tauben, die Enten all [...] und die Kuh, und auch die Magd dazu«.[467] Im folgenden setzt sich das lyrische Ich mit der Verwendung des Bauernhofs auseinander. Sophie will das Anwesen pflegen und zu einem rentablen Betrieb ausbauen. Vor allem Butter und Wolle könnten sich gut verkaufen lassen, »und auch die Bienen, müssen helfen verdienen«. Im Mittelpunkt steht also das Ziel, Geld zu verdienen (»Und in kurzem bin ich wie Krösus so reich«). Am Ende wird nochmals der Dank an die Spender des Anwesens ausgesprochen, die eigenen Eltern. Dieser Dank wird noch unterstrichen durch ein dem Gedicht beigefügtes Lied, dessen Refrain lautet: »die Mutter so liebevoll, der Vater so gut, bei diesem Gedanken wallt freudig mein Blut«.[468]

In diesem Pachtvertrag, einem Namenstagsgeschenk an die fünfzehnjährige Tochter, lassen sich typische Versatzstücke dessen finden, was Paul Münch als »bürgerliche Tugenden« charakterisiert hat: Liebe, Empfindsamkeit, Erwerbsstreben.[469] Dieser Verweis auf bürgerliche Tugenden innerhalb einer

---

[466] Ebenda.

[467] Ebenda.

[468] Das letzte beigefügte Aktenstück zu diesem Vertrag verdeutlicht den Zusammenhang, in welchem es zu diesem Pachtvertrag kam. In einem fotorealistischen Stil ist ein Auszug aus der Regensburger Zeitung vom 16. Mai 1814 dargestellt: Eine freudige Überraschung hat – nach dieser fingierten Pressemeldung – der Prinzessin zu ihrem Namenstag einen Meierhof beschert. Die Prinzessin war hocherfreut und dankte mit vielen »Tränen der Überraschung, wobey Niemand ohne Rührung blieb«. FZA Regensburg, Besitzungen, Urkunden 2631.

[469] Siehe Paul MÜNCH, Einleitung, in: Ders. (Hrsg.), Ordnung, Fleiß und Sparsamkeit. Texte zur Entstehung der »bürgerlichen Tugenden«, München 1984, S. 9–38.

fürstlichen Familie belegt die Vereinbarkeit bzw. die Verschränkung von fürstlichem und bürgerlichem »Verhaltenskodex«. Der Bereich Familie und Ehe war mehr als nur ein Baustein zur Aufrechterhaltung des fürstlichen Hauses, mehr als Nutzenkalkül in der Hauspolitik geworden. Die Ehe war mehr als eine, frei nach Clausewitz, Fortsetzung der Politik mit anderen Mitteln. Nur kannte dieser Handlungsspielraum seine Grenzen. Fürst Maximilian Karl hatte durch seine Liebesheirat mit Wilhelmine von Dörnberg über Standeskonventionen hinweg derartige Grenzen gesprengt.[470] Mit der Heirat seiner geliebten »Mimmi« setzte sich der Fürst gegen den massiven Widerstand nicht nur seiner eigenen Familie durch. Besonders stark hatte König Ludwig I. von Bayern interveniert. Im engeren Sinne war diese Verbindung unstandesgemäß und stellte daher einen Affront gegen die Konventionen der Adelsschicht dar.[471] Die Entscheidung des Fürsten für eine Frau aus reichsfreiherrlichem Haus ließ sich in keiner Weise in die Heiratspolitik der Familie Thurn und Taxis einreihen.[472] Hier siegte das Konzept der romantischen Liebe über die Konventionen feudaler Heiratspraxis.[473] In den Jahren ihrer Ehe gebar Fürstin Wilhelmine fast jährlich ein Kind. Nach nur knapp sieben Jahren verstarb sie am 14. Mai 1835 an einer plötzlichen Krankheit. Der Tod seiner geliebten Frau brachte den jungen Fürsten an den Rand des körperlichen Zusammenbruchs, er sah »sein theuerstes Glück zertrümmert«.[474] Aus dieser psychischen Verfassung heraus entstand der Wunsch, mit einem besonderen Akt die Grenze zwischen Tod und Leben zu verwischen, der sich in einem außergewöhnlichen Herzbegräbnis erfüllte.[475]

---

[470] Zu den Verwicklungen, die mit dieser Heirat verbunden waren, siehe den folgenden Abschnitt. Grundlegend dazu W. SCHMIDT, Dörnberg, S. 16 f.

[471] Die Ehe gehörte zur Politik eines adeligen Hauses. Deshalb drängte die Fürstinmutter Therese auch bei der Wahl der Gemahlin ihres Sohnes auf eine standesgemäße Verbindung. Die evangelische Konfession bildete zwar allgemein einen weiteren Grund der Ablehnung, war aber nicht ausschlaggebend. Schließlich gab es dafür Vorläufer (Hohenzollern, Württemberg) im Haus Thurn und Taxis, und auch Therese selbst (Mecklenburg-Strelitz) hatte ihre Konfession nie abgelegt, sondern sich sogar im Ehevertrag zusichern lassen.

[472] Neben den bereits erwähnten Interventionen sei noch auf die testamentarisch ausdrücklich gebotene Pflicht zur standesgemäßen Vermählung durch Carl Anselm und Karl Alexander verwiesen.

[473] Zum Konzept der »romantischen Liebe« siehe auch die interessante Charakterisierung bei Anthony Giddens. Der Soziologie vergleicht die bürgerliche, »romantische Liebe« jedoch nicht mit der Partnerschaftspraxis in feudalen Gesellschaften, sondern mit der »modellierbaren Sexualität« im 20. Jahrhundert. Siehe Anthony GIDDENS, Wandel der Intimität, Sexualität, Liebe und Erotik in modernen Gesellschaften, Frankfurt a. M. 1993, S. 48 f.

[474] Siehe dazu FZA Regensburg, HFS, Akten 1933. Das Zitat stammt aus einem Brief des Schwagers Ernst von Dörnberg an den Oberjustizrat Johann Baptist Liebel vom 22. Mai 1835.

[475] Siehe zu den folgenden Ausführungen die Arbeit von STAUDINGER, Herzbegräbnis. Staudinger hat nicht nur die kunsthistorischen Aspekte der Errichtung dieses eigenartigen Monuments beleuchtet, wie der Untertitel vermuten ließe, sondern die Hintergründe dieses Herzbegräbnisses eingehend dargestellt.

Bereits im Rahmen der Obduktion wurden die ersten Vorbereitungen für eine spätere separate Bestattung des Herzens getroffen. Den Leichnam brachte man in einem besonders dazu abgeordneten Wagen zur fürstlichen Residenz.[476] Maximilian Karl befahl, auf einen Leichenkondukt zu verzichten und die Bestattung zur abendlichen Stunde in aller Stille zu vollziehen.[477] In dieser Anordnung spiegelt sich eine Veränderung im Umgang mit dem Tod wider, der sich nicht mehr im rituellen Ausdruck der Trauer erschöpfte, sondern andere Formen suchte.[478]

Schon Anfang Juni gab der Fürst einen außergewöhnlichen Auftrag zur Errichtung eines persönlichen Trauerdenkmals. In einem Plan, der dem Kunstgießer und Bildhauer Jacob Burgschmit zugesandt wurde, legte Maximilian Karl dafür persönlich die Gestaltungsmerkmale fest: Burgschmit sollte eine Gipsbüste der Verstorbenen anfertigen, um sie in einen kleinen Bronzesarkophag zu legen, wo auch das Herz bestattet werden sollte.[479] Diese Büste wurde in relativ kurzer Zeit angefertigt, sollte jedoch bis zur endgültigen Herzbestattung nur eine Interimslösung darstellen. Denn der Fürst wollte Wilhelmine in einem Zustand des Schlafes abgebildet sehen. Die Arbeit Burgschmits war jedoch hauptsächlich nach der Totenmaske gefertigt und entsprach nicht diesen Vorstellungen. Deshalb wurde auf Anraten der Fürstinmutter Therese der Bildhauer Christian Daniel Rauch mit der Anfertigung einer weiteren Büste in Marmor betraut. Rauch arbeitete dabei nach einem stilisierten Portrait Wilhelmines von Joseph Stieler und verlieh der Bildnisbüste mehr Leben. Den Entwurf dazu ließ er zuvor »von einem Beurtheiler der Ähnlichkeit« gutheißen. Nach einigen Jahren erst wurde die Büste fertiggestellt, und Maximilian Karl spendete »Dank und Beyfall über dieses preiswürdige Kunstwerk«, da er nun nach fünf Jahren das gipserne Abbild der toten Gemahlin durch ein marmornes einer sanft Schlummernden austauschen konnte.[480]

---

[476] Die Ökonomiekommission schickte einen Wagen nach Nürnberg, um den Leichnam abzuholen. Siehe Reskript vom 14. Mai 1835. FZA Regensburg, HMA 1477.

[477] Die Anordnung dazu in der Traueranzeige vom 15. Mai 1835. FZA Regensburg, HFS, Akten 1993.

[478] Siehe dazu Thomas NIPPERDEY, Deutsche Geschichte 1800–1866. Bürgerwelt und starker Staat, 5. Aufl. München 1985, S. 560, der diese Veränderung ab der ersten Hälfte des 19. Jahrhunderts konstatiert.

[479] Siehe STAUDINGER, Herzbegräbnis, S. 149 f., nach FZA Regensburg, HMA 817. Die Anfertigung dieser ersten Gipsbüste stand jedoch nur am Anfang einer langwierigen Entstehungsgeschichte der endgültigen Marmorbüste. Insgesamt zog sich die Umsetzung des Herzbegräbnisses fast zehn Jahre hin.

[480] Der Berliner Bildhauer hatte auch das Grabmonument der Königin Luise von Preußen, heute im Schloß Charlottenburg Berlin, angefertigt. Daher dürfte Fürstin Therese als Schwester der Königin Christian Daniel Rauch gekannt haben. Die endgültige Ausführung der Büste Wilhelmines zog sich nicht zuletzt deshalb in die Länge, da der Bildhauer eine Begutachtung durch einen Nahestehenden der Toten abwartete, bevor er die Marmorbüste anfertigte. Abbildungen und Werdegang der Entwürfe bei STAUDINGER, Herzbegräbnis.

Der Regensburger Gürtlermeister Christian Karg hatte während der Arbeiten an der Büste durch Christian D. Rauch den Bronzesarkophag fertiggestellt. Es handelte sich um einen mit Fackeln, Sternen, Blütenkränzen und Rosetten verzierten Cippus. Auf der kleineren Schmalseite befindet sich in kapitalen Lettern die Aufschrift: »Hier ruht mein Glück, hier schläft ihr Herz, hier klagt die Liebe ew'gen Schmerz«. Im Innern dieses Sarkophags ist ein Zwischenboden eingezogen. Im unteren Teil befindet sich die Urne, in der das Herz Wilhelmines ruht. Im oberen Bereich wurde nach Fertigstellung die Büste der schlafenden Wilhelmine auf roten Samt gebettet. Sobald er den Deckel öffnete, konnte sich Maximilian Karl somit die schlafende Wilhelmine vergegenwärtigen, deren Herz in diesem Monument bestattet war. Der Sarkophag wurde auf seinen ausdrücklichen Willen hin zu seinem alleinigen Eigentum bestimmt, das unter seiner »persönlichen Verwahrung zu bleiben hatte«.[481]

Die Motive, die hinter dieser ungewöhnlichen Art der Herzbestattung stehen, bedürfen der Erklärung.[482] Separate Herzbegräbnisse haben seit dem Mittelalter eine lange Tradition.[483] Das Herz wurde häufig in einer dem jeweiligen Herrscherhaus nahestehenden Kirche bestattet, so z. B. bei den Wittelsbachern in Altötting. Neben der besseren Konservierung des Leichnams nach Entnahme der Eingeweide lag der Hauptgrund dafür in der seit jeher hohen Bewertung dieses Organs als »Kräftezentrum«, als »Inbegriff der seelisch-geistigen Substanz« und nicht zuletzt als Sitz der Gefühle.[484] Seit dem 18. Jahrhundert war die separate Bestattung des Herzens keine exklusive Angelegenheit des Adels mehr, und die Bedeutungsmächtigkeit der Herzmetapher nahm entschieden zu.

Der Wunsch des Fürsten, das Herz der geliebten »Mimmi« in seiner unmittelbaren Nähe zu haben, war wohl ausschlaggebend für das Herzbegräbnis – die Urne stand direkt innerhalb der fürstlichen Mauern in der Gruftkapelle im nördlichen Schloßteil. Damit blieb mit dem Herz als pars pro toto der wesentlichste Teil der Verstorbenen präsent. Die innige Verbundenheit zweier sich liebender Menschen blieb durch die Gegenwart des Herzens, welches der Träger dieses Gefühls war, über den Tod hinaus bestehen.[485]

Zur konkreteren Vergegenwärtigung eignete sich jedoch am besten ein Bildnis. Die Büste mußte aber dazu fähig sein, das Andenken an die Lebende her-

---

[481] Reskript vom 20. Juli 1836. FZA Regensburg, HFS, Akten 1760.

[482] Siehe mit Hinweisen auf die einschlägige Literatur STAUDINGER, Herzbegräbnis, S. 155 f.

[483] Siehe zum Folgenden die Beiträge in der Reihe: Das Herz. Eine Monographie in Einzeldarstellungen, vor allem Ernst W. ESCHMANN, Das Herz in Kult und Glauben, Biberach an der Riss 1967, und Albert WALZER, Das Herz im christlichen Glauben, Biberach an der Riss 1967.

[484] Zur Bedeutungszuweisung des Herzens siehe Gerhard BOTT, Von ganzem Herzen. Kleine Kulturgeschichte des Herzens, Nürnberg 1984.

[485] Den Wandel des Umgangs mit dem Tod im 19. Jahrhundert hat eindrucksvoll Phillipe ARIÈS, Geschichte des Todes, Frankfurt a. M. 1982, S. 600, beschrieben.

vorzurufen, das zeigt sich in der Ablehnung der ersten Büste, die nach der Totenmaske gearbeitet war. Es ging nicht um Authentizität, sondern um Idealisierung der geliebten Person und ihre (bildliche) »Präsenz« über den Tod hinaus. Aus dieser mentalen Konstellation läßt sich auch der Umgang mit dem Sarkophag erklären. Der Fürst mußte »aktive Trauerarbeit« leisten, wenn er sich der Urne genähert hatte, indem er den Sarkophag öffnete.[486] Dieser Besuch am Grab bot die Möglichkeit, eine Verbindung zwischen zwei Liebenden über den Tod hinaus zu schaffen, das Bildnis und das Herz waren das Medium dafür.

Noch bevor die neue Gruftkapelle fertiggestellt war, vermählte sich Fürst Maximilian Karl zum zweiten Mal. Die Wahl der Gattin – Mathilde von Oettingen-Spielberg – reihte sich in das Heiratsverhalten der Thurn und Taxis wieder ein und entsprach den adeligen Konventionen.[487] Überraschend sind die einschlägigen Bestimmungen in seinem Testament. Dort verpflichtet er seine Nachfolger auf eine standesgemäße Heirat.[488] Die entsprechenden Bestimmungen kennen keinerlei Ausnahme – wer sich ihnen entzog, wurde mit Enterbung bis hin zum Ausschluß aus dem Familienverband bedacht. Die Unterordnung des Individuums unter das Hausgesetz duldete keine Kompromisse. Seine eigene erste Heirat wäre unter diesen Bestimmungen völlig indiskutabel gewesen. Aber immerhin schlägt er in seinen testamentarischen Bestimmungen eine Brücke zwischen Liebesheirat und Fürstenvermählung: Sein Leichnam sollte zwischen den beiden Ehefrauen, einer unstandesgemäßen und einer standesgemäßen, bestattet werden.[489]

In den nachfolgenden Generationen befolgten die Erbprinzen von Thurn und Taxis das Gebot der standesgemäßen Heirat. Maximilian Anton vermählte sich am 24. August 1858 mit Helene Carolina Therese Herzogin in Bayern. Deren Sohn Albert Maria Lamoral gelang die Einheirat in die Kaiserdynastie Habsburg, am 15. Juli 1890 ehelichte er Erzherzogin Margarethe Clementine. Dieser Fürst stand bis zur Mitte des 20. Jahrhunderts an der Spitze des Hauses und lenkte dessen Geschicke über sechs Jahrzehnte, in denen sich das Gesicht Europas grundlegend verändern sollte.

---

[486] Siehe, wie bereits zu den vorhergehenden Ausführungen, STAUDINGER, Herzbegräbnis, S. 159, und im Zusammenhang mit der etwas befremdenden Praxis der Erinnerung Wilhelm MESSERER, Zu extremen Gedanken über Bestattung und Grabmal um 1800, in: Probleme der Kulturwissenschaft 1, Berlin 1963, S. 172–194, hier: S. 188.

[487] Siehe zur Vermählung Maximilian Karls mit Mathilde FZA Regensburg, HMA 287.

[488] Maximilian Karl ging bei der Erstellung seines Testamentes sehr gründlich zu Werk. Zum ersten ließ er sich diesbezüglich Gutachten von bedeutenden Rechtsgelehrten des 19. Jahrhunderts einholen. Zum anderen ließ er eine Übersicht erstellen, um vergleichen zu können, welche Bestimmungen in den Testamenten seiner drei Vorgänger getroffen worden waren. Er übernahm die Bestimmungen seiner Vorfahren bis auf kleine Erweiterungen und erwähnte dies immer wieder im Testament. Siehe FZA Regensburg, HFS, Urkunden 1404 (Testament vom 28. Juni 1870) und HFS, Akten 2170 (Synopse der Testamente).

[489] »Erstens bestimmen Wir, was Unser Begräbnis anlangt, daß Unsere irdische Hülle dereinst in Unserer Familiengruft zwischen Unseren Gemahlinnen erster und zweiter Ehe ruhen soll«. FZA Regensburg, HFS, Urkunden 1404.

7. Zwischenfrage: Repräsentant oder Exponent des Adels im 19. Jahrhundert?

Das Jahr 1806 warf für die Standesherren einen Schatten über das gesamte 19. Jahrhundert. Die Degradierung, die sie durch die Mediatisierung erfahren hatten, bestimmte ihr Handeln nicht nur in den stürmischen Jahren bis 1815, sondern weit darüber hinaus.[490] So wurden die Rückzugsgefechte weniger gegen das aufstrebende Bürgertum, sondern vielmehr gegen die ehemaligen Standesgenossen, die auf den verbliebenen Thronen der deutschen Bundesstaaten saßen, geführt. Ins Bewußtsein rückte daher auch bei allen die Bedeutung des adeligen Familienverbands als Garant für das Fortbestehen einer exponierten Stellung.

Als sich Fürst Maximilian Karl am 26. Dezember 1864 daran machte, sein Testament zu formulieren, ließ er zuerst eine Synopse aller vorhergehenden Testamente zusammenstellen. Die Aussage in der Einleitung, die Bestimmungen der Vorfahren »als Richtschnur« zu nehmen, war dementsprechend kein Lippenbekenntnis.[491] Nachdem er die Verfügungen der vorhergehenden Testamente bekräftigt hatte, verpflichtete er in einer sehr verbindlichen und bestimmten Weise seine Nachkommen, die Hauspolitik in diesem Sinne fortzuführen. Denn die Erhaltung des Hauses und damit der exponierten Stellung trotz »schwere[r] Stürme« sei nur dadurch erreicht worden, »daß Seine Mitglieder stets mehr das Wohl der Gesamtheit wie das Interesse des Einzelnen vor Augen hatten und sich den vorelterlichen Anordnungen und Satzungen stets mit der größten Pietät ergeben haben«.[492]

Natürlich war auch dieses Testament, das dem Rang nach zu den »Hausgesetzen« gezählt wurde, nicht ohne den wesentlichen Einfluß der Geheimen Räte bzw. der obersten Verwaltungsspitze formuliert worden. Wie stark diese Gruppe die Politik und damit das Profil des Hauses Thurn und Taxis formte, wird gerade im 19. Jahrhundert überdeutlich. Der Modernisierungsschub, der mit der Nachfolge Maximilian Karls einsetzte, ist ohne Freiherrn von Dörnberg als Chef der Gesamtverwaltung nicht vorstellbar.[493] Die Konflikte mit den ehemaligen Verwaltungsspitzen, die sich der richtigen Politik zum »Besten des Hauses« gewiß waren, sind nur zu verständlich. Der Generalpostdi-

---

[490] Siehe dazu weiterhin die brillante Zusammenfassung bei GOLLWITZER, Standesherren.

[491] »In der Erinnerung der Vergänglichkeit dieses irdischen Daseins und an die Ungewißheit der Stunde, wo es dem Allmächtigen gefallen wird, Uns aus dem zeitlichen Leben abzuberufen, haben Wir das nach dem rühmlichen, Uns allezeit als Richtschnur dienenden Beispiele Unserer in Gott ruhenden Eltern und Voreltern entschlossen, nachzeitig bei aller Gesundheit [...] eine letztwillige Disposition« zu verfassen. FZA Regensburg, HFS, Urkunden 1404.

[492] Ebenda. Siehe dazu auch den Vergleich mit anderen Testamenten in Kapitel I.2.1.

[493] Siehe dazu auch die ähnlichen Prozesse bei Fürstenberg, wie sie ELTZ, Modernisierung, ausführlich dargestellt hat.

rektor Vrints-Berberich schrieb zum Beispiel in einer Mischung aus Resignation und Haß seinem Kollegen Müller bezüglich dessen Rücktrittsabsichten, er könne es immer noch nicht fassen, »daß Sie ihren Entschluß wahr machen« wollen. »Der Schutzgeist des fürstl[ichen] Hauses erleuchte und leite Sie zu unserem Besten«.[494] Dörnberg setzte sich allerdings erfolgreich gegen die »alten Hasen« und damit die Vertreter des Hauses bis 1827 durch. Aber auch ihn sollte nach 1871 ein ähnliches Schicksal ereilen. Nach dem Tod des Fürsten Maximilian Karl gab es wieder Richtungskämpfe um die Politik des Hauses, wobei auch nicht davor zurückgeschreckt wurde, in aller Öffentlichkeit »schmutzige Wäsche zu waschen«. Anlaß dazu war der Vorwurf, Dörnberg habe sich als Sachwalter des Hauses Thurn und Taxis persönlich bereichert. In einer gedruckten Mitteilung an die Presse wurde daher kein Blatt vor den Mund genommen:

> »Wieder scheint sich hier eine jener tragischen und widerlichen Scenen abspielen zu wollen, die als eine Warnung anzusehen sein dürften, den Gliedern selbst fürstlicher Familien, nicht immer volles Vertrauen auf ihr Wort zu schenken und sich dem Wahne hinzugeben, als müsse diesen heutzutage noch, die makellose Ehre, mehr denn anderen Menschen, über alles stehen! [...] Freilich ist dies nicht der erste Fall der Art in diesem fürstlichen Hause, in dem man sich nach und nach an das Ertragen jeder Schmach, jedes Schimpfes, jeder Unehre zu gewöhnen scheint, wenn es gilt, ein pecuniäres Opfer zu vermeiden oder eingegangene Verpflichtungen von sich abwälzen zu können«.[495]

Im Kampf um »die Ehre dieses fürstlichen, reichbegüterten Hauses« wurde auch deutlich, wie stark der Hausgedanke zur Ideologie schrumpfte, wenn persönliche Interessen dagegen standen. In einem vertraulichen Brief wandte sich Theodor von Taxis an Dörnberg (»Lieber Ernstl«) und versprach, »zu Gunsten des minderjährigen, jetzt regierenden Fürsten Max Taxis, oder zugunsten seines jüngeren Bruders Albert, meiner zwei Neffen, oder aber zu Gunsten unseres fürstlichen Hauses – falls es ohne Nachtheil für mich geschehen kann« – auszusagen und einzutreten.[496] Diese Auseinandersetzungen dürfen allerdings nicht darüber hinwegtäuschen, daß der Bezugspunkt, einem »adeligem Haus« anzugehören, im Verlauf des 19. Jahrhunderts vor allem nach außen eingesetzt werden konnte, um die eigene Exklusivität zu sichern. Dies ist aber sicher nicht nur ein Kennzeichen der Thurn und Taxis, sondern trifft auf andere standesherrliche Häuser in gleicher Weise zu.[497]

Der ausschlaggebende Grund für die exponierte Stellung dieses Hauses innerhalb der Gruppe der Standesherren lag nach wie vor im Besitz der Post.

---

[494] Schreiben vom 26. April 1827. FZA Regensburg, PA 6366.

[495] Mitteilung an die Presse vom 12. Oktober 1878 (Einblattdruck). StA Regensburg, Dörnberg Nachlaß 195.

[496] Schreiben vom 21. Januar 1871. StA Regensburg, Dörnberg Nachlaß 192.

[497] Aufgrund der Wertheimer Aktenlage wurde mir dies für Löwenstein-Wertheim bestätigt. Siehe aber auch die entsprechenden Hinweise bei ELTZ, Modernisierung; STOCKERT, Adel.

Nahtlos wurde hier eine Linie von der Aufstiegsgeschichte über die Gefährdungen um 1800 fortgeführt. Die Sicherung der Position eines »überdauernden Reichsregals« am Wiener Kongreß war weniger eine verhandlungstechnische Meisterleitung als ein Kennzeichen der einsetzenden Reaktionszeit unter der Führung Österreichs. Hatte Metternich 1815 bereits seinen mächtigen Arm segensreich über Thurn und Taxis ausgebreitet, wurde die Verbindung zu Habsburg in den kommenden Jahrzehnten immer stärker gefestigt. Der große Einschnitt, der schließlich die Thurn und Taxis dieser Exklusivität beraubte, war 1867. Mit dem Verlust der Post waren sie ihren Standesgenossen ähnlicher geworden als je zuvor.

Verständlicherweise wurde versucht, diesen Verlust rückgängig zu machen oder ihn zumindest zu verdrängen. Das Projekt Liechtenstein war daher ein ebenso folgerichtiges wie faszinierendes Unterfangen. Noch immer hoffte man, durch eine einzelne Aktion die Souveränität zurückgewinnen zu können. Aber auch wenn dies scheiterte – das Bewußtsein, eine ganz exklusive Position einzunehmen und damit immer noch Exponent statt Repräsentant der standesherrlichen Adelsschicht zu sein, blieb bis ins 20. Jahrhundert bestehen. Als zum 1. Januar 1900 das Bürgerliche Gesetzbuch eingeführt werden sollte, wandte sich der Fürst von Thurn und Taxis an den bayerischen Regenten.[498] Dieser möge sich doch dafür einsetzen, daß seine Sonderrechte, konkret die Gerichtsbarkeit über seine Bediensteten in Regensburg, in einem Sonderartikel des BGB verankert würden. Schließlich stünden ihm diese Rechte gemäß der bayerischen Deklaration zu. Prinzregent Luitpold hatte volles Verständnis, konnte aber seine Beamten nicht überzeugen, ihren Einfluß am Reichstag zugunsten einer *lex taxiana* geltend zu machen. Um den Fürsten, der sich schwer gekränkt fühlte, in einer gewissen Weise zu entschädigen, verlieh ihm Bayern kurz darauf den Titel eines »Herzogs von Wörth und Donaustauf«. Es war die letzte Rangerhöhung des Hauses Thurn und Taxis, nur knapp zwei Jahrzehnte, bevor der Adelsstand offiziell als privilegierte Klasse abgeschafft wurde.

---

[498] Siehe zum Folgenden den ausführlichen Briefwechsel in BHStA München, MA 7446.

SCHLUSSBEMERKUNG UND ZUSAMMENFASSUNG: EIN FÜRSTENHAUS IM »ENTZWEITEN JAHRHUNDERT«

1. Schlußbemerkung: Ein persönlicher Rückblick als Resümee

Im Vorwort dieser Arbeit wurde der historiographische Forschungsprozeß als Blick durch ein Kaleidoskop umschrieben.[1] Wie man durch genaues Beobachten die einzelnen Steinchen dieses optischen Spielzeugs voneinander unterscheiden kann, so ließen sich nach einem Blick in die Forschungsliteratur und die archivalische Überlieferung allmählich die bestimmenden Elemente des historischen Geschehens ausmachen. Aber die wechselnden Beziehungen der einzelnen Elemente zueinander machten es oftmals schwierig, das Gesamtgeschehen zu beschreiben und richtig zu beurteilen. Erst allmählich kristallisierte sich zum Beispiel heraus, welche Rolle ein Geheimer Rat wie der Freiherr von Lilien oder ein Amt wie das Prinzipalkommissariat für das Gesamtgefüge des Fürstenhauses Thurn und Taxis spielte. Vor allem tauchten einzelne Faktoren, ob nun Strukturen oder Personen, in den unterschiedlichsten und manchmal widersprüchlichen Zusammenhängen auf. Die klare Übersicht und chronologische Vergleichsmöglichkeit lassen die Entscheidung, im Rahmen der drei zeitlichen Querschnitte jeweils die klare Unterteilung in Einführung, Bürokratie, Wirtschaft, Politik (Post, Institutionen, Grundbesitz), Kultur und Zwischenresümee zu wählen, alles in allem als richtig erscheinen.

Die in der Einleitung entwickelten Leitfragen, um die einzelnen Sachbereiche gemäß der übergeordneten Fragestellung nach der gesellschaftlichen Veränderung der bzw. durch Eliten im Transformationsprozeß zwischen Ancien Régime und bürgerlicher Gesellschaft zu untersuchen, haben sich bei der Niederschrift der Arbeit als hilfreich erwiesen und blieben stets Bezugspunkt der Darstellung. Es ist zu hoffen, daß die Gratwanderung zwischen abstrakter Analyse und historischem Erzählen auch für den Leser erfolgreich verlaufen ist.[2] Der archivalische Einzelbefund, sozusagen der Bildausschnitt im Kalei-

---

[1] Siehe dazu die im Vorwort erwähnte Definition in Meyers Neues Lexikon, Mannheim 1979, Bd. 4, S. 314: »Kaleidoskop; optisches Spielzeug, durch mehrfache Spiegelung von Gegenständen in einer Röhre erscheinen [...] bei Bewegung wechselnde Figuren; auch übertragen gebraucht im Sinne von ›lebendig-bunte Bilderfolge‹«.

[2] Treffend wurde diese Gratwanderung mit der Gefahr, eine Seite überzubewerten, durch Derrida beschrieben: »Aber was geschieht, wenn derjenige, der Mnemosyne liebt, nicht die Gabe der Erzählung empfangen hat? Wenn er nicht weiß, wie man eine Geschichte erzählt?

doskop, war sehr oft entweder reizvoll genug, um ihn ausführlich zu schildern, oder aber zu widersprüchlich, um ihn in eine knappe These zu kleiden.

Sehr bald allerdings nahmen im Kaleidoskop der archivalischen Quellen, aus denen die Arbeit geschöpft wurde, einige Elemente eine zentrale Rolle ein. Wie unterschiedlich die Konstellationen auch waren und wie sehr das Kaleidoskop auch gedreht wurde, es haben sich immer wieder zwei zentrale Bezugspunkte finden lassen: die Thurn und Taxisschen Beziehungen zum Haus Habsburg und das Postinstitut – sie überschreiben daher auch zu Recht die gesamte Arbeit. Der Titel «Habsburgs Diener in Post und Politik« stellt übrigens auch die Zusammenfassung einiger vielfach vorkommender Quellenbegriffe dar. Die Fürsten bezeichneten sich immer wieder selbst als »treugehorsamste Diener des Allerdurchläuchtigsten Erzhauses Habsburg« oder als »Vasallen Seiner apostolischen Majestät« und stellten die Ausübung eines Amtes oder das Postinstitut »in Euren allerhöchsten Dienst«. Durch die pointierte Zuspitzung im Titel scheinen auf den ersten Blick andere Aspekte der Geschichte dieses Fürstenhauses zwischen 1745 und 1867 in den Schatten gestellt zu werden, aber die Bindung an Habsburg und die Post ließen die Thurn und Taxis zur Elite im Reich aufsteigen und verhalfen ihnen über alle Umbrüche hinweg zum »Obenbleiben«. Die wirtschaftliche und politisch-rechtliche Basis des Hauses war und blieb die Post, die stets eng mit den Interessen des Kaiserhauses verbunden war. Diese beiden Momente bildeten die Grundlage für die politische wie gesellschaftliche Behauptung in einer Zeit der Veränderung und sagen dabei selbst vieles über die Art der gesellschaftlichen Veränderung aus. In der folgenden Zusammenfassung sollen die Hauptlinien dieser Entwicklung und damit der Ertrag dieser Arbeit in knapper Form resümiert werden.

Neben diesen zum Teil eher positivistischen Ergebnissen gilt es am Ende dieser Arbeit auch einige historiographische Beobachtungen vorzutragen. Bereits am Anfang des Forschungsvorhabens tauchte bei einem ersten Sichten des Archivmaterials der Begriff des »fürstlichen Hauses« auffallend oft in den Quellen auf. Daraus konnte in der Einleitung die Hypothese entwickelt werden, daß es reizvoll und erkenntnisgewinnend sein müsse, als Untersuchungsgegenstand dieses »Haus« zu fixieren und damit auch den Versuch zu wagen, sozialgeschichtliche Fragestellungen mit begriffsgeschichtlichen zu verbinden. Daher wurde in jeder chronologischen Querschnittsuntersuchung zu Wirtschaft, Herrschaft und Kultur eine Definition dessen angestrebt, was personell wie begrifflich das »Haus« Thurn und Taxis beinhaltete, bildlich gesprochen, seine »Architektur« ausmachte. Der Begriff des Hauses tauchte jedoch im Verlauf der Arbeit in unterschiedlichen Bereichen in oft schillernder Verwendung auf.

Wenn er, genau weil er das Gedächtnis bewahrt, die Erzählung verliert?« Jacques DERRIDA, Memoires I: Mnemosyne, Wien 1988, S. 17 f.

Neben einer allgemeinen Zusammenfassung soll daher abschließend gesondert auf das begriffsgeschichtliche Ergebnis der Arbeit eingegangen werden.

2. Zusammenfassung: *Habsburgs Diener in Post und Politik*

Bereits bei einem Rückblick auf die Entwicklung vor 1750 wird überdeutlich, welche beiden Faktoren die exponierte Stellung des Hauses Thurn und Taxis bestimmten. Die Verbindung der (Thurn und) Taxis zu Habsburg hatte den rechtlichen Schutz geboten, um das Monopolunternehmen Post aufbauen und aufrechterhalten zu können. Der Erfolg in der Organisation eines europäischen Kommunikationsnetzes eröffnete einen großen wirtschaftlichen Spielraum und führte fast zwangsläufig auch zur Etablierung des Familienverbandes in der gesellschaftlichen Hierarchie. Die Geschichte einer oberitalienischen Familie, deren Mitglieder als Briefträger begannen und zu Monopolinhabern und Fürsten wurden, läßt sich trotz einzelner Einschränkungen als recht ungebrochene Erfolgsgeschichte beschreiben.

Die Entwicklungen der Jahre 1742 bis 1745, die aufgrund der reichspolitischen Vorgänge den Fürsten von Thurn und Taxis zu einem gefährlichen Spiel verleiten sollten, machen bereits manche Spielregeln des politischen Auf- und Abstiegs deutlich. Als Inhaber der kaiserlichen Reichspost schlug man sich auf die Seite des Wittelsbachers auf dem Kaiserthron. Damit wurde ein eindeutiges Signal gegeben, daß man nicht nur Juniorpartner der Habsburger war, sondern sich, wie stets in der Publizistik betont, dem Reich verpflichtet fühlte. Die Erhebung des Postregals zum Thronlehen und die Verleihung der Würde des Prinzipalkommissars durch Karl VII. waren die Belohnung für die politische und vor allem finanzielle Unterstützung des Wittelsbachers. Mit dem politisch katastrophalen Ende Karls VII. hätte es zweifellos auch zu einem Fall des Hauses Thurn und Taxis kommen können. Aber zwei Dinge retteten die Postfürsten: Zum einen das Organisationswissen und die reichsrechtliche Verankerung der Post, wodurch sie sich für das Kaiserhaus und damit in gewisser Weise auch für das Reich unentbehrlich gemacht hatten. Wer hätte in absehbarer Zeit eine ebenso leistungsfähige Kommunikationsstruktur schaffen sollen? Und wem hätte man das Reichspostregal ohne Proteste der Reichsstände sonst verleihen können? Zum anderen das personale Netzwerk, das die politische Führungsschicht auf vielfache Weise mit dem Haus Thurn und Taxis verband. Eine zentrale Rolle nahm dabei der Freiherr von Lilien ein. Er war es, der in zahlreichen Missionen und Verhandlungen politische Beziehungen knüpfte, die Fäden zur habsburgischen Partei erneut aufnahm und damit den Weg ebnete, Thurn und Taxis wieder als Inhaber der kaiserlichen Reichspost und des Prinzipalkommissariats zu etablieren. Allerdings hatte der Reichsgeneralpostmeister dafür auch seinen Preis zu zahlen: Habsburg war daran interessiert, die Poststruktur auch für die eigenen Interessen, konkret auch für die Briefspionage, zu nutzen. Man hatte also zu akzeptieren, daß man letztlich Juniorpartner des Hauses Habsburg war. Die Rahmenbedingungen waren damit für die zweite Hälfte des 18. Jahrhunderts klar abgesteckt. Habsburg und Thurn und Taxis verband auf vielen Ebenen eine für beide Seiten nützliche Symbiose.

Die wirtschaftlichen Daten des Postunternehmers Thurn und Taxis versetzten nicht nur den zeitgenössischen Beobachter immer wieder in Staunen. Durch die immense Zunahme der Beförderungsmengen wurde die Post in der zweiten Hälfte des 18. Jahrhunderts zu einer wahrhaften Goldgrube. Die Vergleiche haben gezeigt, daß man sich an Einnahmen durchaus mit einem Kurfürsten von Bayern messen konnte. Die zunehmende Kritik aus kameralistischer Sicht ist damit leicht verständlich. Dieser finanzielle Hintergrund darf bei der Betrachtung der politischen und kulturellen Ebene nie aus den Augen verloren werden. Denn der ökonomische Spielraum, den das Postunternehmen schuf, war entsprechend groß und machte es möglich, daß der Fürst von Thurn und Taxis gleichzeitig zwei Hofhaltungen, darunter die des Prinzipalkommissars, unterhielt, umfangreichen Landbesitz erwarb, die Virilstimme im Reichstag finanzierte, in ein eigenes Netz von Residenten und den Aufbau guter Beziehungen investierte und dabei unter dem Strich sogar noch Rücklagen schuf. Die barocke Verschwendung, das kann nach ausführlicher Diskussion um »symbolisches Kapital« oder »kulturelle Hegemonie« nicht weiter verwundern, war stets auch ein Mittel der Distinktion und festigte die Zugehörigkeit zur gesellschaftlichen Führungsschicht.[3] Vor allem, das zeigte sich in den unterschiedlichsten Zusammenhängen, profitierte auch Wien von den finanziellen Ressourcen, die der Fürst von Thurn und Taxis beispielsweise zur Prachtentfaltung als Prinzipalkommissar am Reichstag einsetzen konnte. Die Formulierung, man könne die Post zwar nicht selbst verwalten, sich aber »in proportionierter Weise schadlos halten«, bezeichnet treffend die symbiotische Beziehung zwischen Habsburg und Thurn und Taxis in finanzieller Hinsicht.[4]

Auf der politischen Ebene ergänzten sich daher die Interessen des Kaiserhauses und seines Postfürsten auf nahezu ideale Weise. Wien legte stets schützend seine Hand über das Thurn und Taxissche Postmonopol, und Thurn und Taxis sträubte sich nicht, die Briefspionage aufzubauen. Der führende Kopf war dabei in der zweiten Hälfte des 18. Jahrhunderts Freiherr von Lilien, der schon nach dem wittelsbachischen Intermezzo die gegenseitigen Interessen in Einklang gebracht hatte. Im reichspolitischen Bereich entwickelte sich der Thurn und Taxissche Hof zu einer habsburgischen Filiale im Reich. Die Bedeutung des Prinzipalkommissariats darf dabei auf keinen Fall unterschätzt

---

[3] Siehe dazu den erfrischenden Essay von Eric MENSION-RIGAU, Distinktion durch Distinguiertheit. Wie sich Eliten bilden in: Ruthard STÄBLEIN (Hrsg.), Höflichkeit. Tugend oder schöner Schein, Darmstadt 1993, S. 143-157.

[4] Siehe die Denkschrift mit dem Titel »Unmaaßvorschreibliche Gedanken« in HHStA Wien, Reichsakten in specie 22 (1616-1804), Konv. 1, fol. 43-53, und die entsprechende Interpretation in Kapitel III.4.1.

werden. Die zeremoniellen Formen, wiewohl auch diese in den letzten Jahren eine Neubewertung erfahren haben, sind eben nur die eine Seite der Medaille. Der Aufbau eines Kommunikationsnetzes, das im Thurn und Taxisschen Hof ein Zentrum in Regensburg fand, ist die politisch durchaus relevante andere Seite des Prinzipalkommissariats. Habsburg war daher auch gerne bereit, ein kleines Manko seines Prinzipalkommissars zu beseitigen. Denn trotz Fürstentitel war es den Thurn und Taxis immer noch nicht gelungen, in den Reichsfürstenrat aufgenommen zu werden und ein standesgemäßes Fürstentum zu finden. Obwohl es einige Zeit in Anspruch nahm, so war Wien gerne bereit, auch hier unterstützend einzugreifen.

Diese Rangerhöhungen waren zwar auch für die Stellung als Prinzipalkommissar und damit die Führung des kaiserlichen Amtes nützlich, aber in diesem Bereich wurde am stärksten deutlich, daß Thurn und Taxis auch aus dem Schatten Habsburgs heraustreten konnte. Der Aufbau eines Reichsterritoriums, wohlgemerkt erst ab 1786, rückte die Postmeisterdynastie vollends in die Nähe der »altehrwürdigen Geschlechter« des Reiches. Vor allem aber begegnete man sich auf dem gleichen Heiratsmarkt und teilte kulturelle Vorlieben und adeligen Lebensstil. Am Ende des Jahrhunderts waren die Thurn und Taxis zweifellos etabliert in der Adelsgesellschaft des Reiches.

»Es gibt nun Zeiten«, so versucht Hermann Hesse in seinem »Steppenwolf« eine Umbruchsphase zu beschreiben, »wo eine ganze Generation so zwischen zwei Zeiten, zwischen zwei Lebensstile hineingerät, daß ihr jede Selbstverständlichkeit, jede Sitte, jede Geborgenheit und Unschuld verlorengeht«. Als ähnlich tiefgreifend beschrieben Mitglieder des Hauses Thurn und Taxis den Umbruch um 1800. Interessant ist aus der Retrospektive vor allem, daß sich menschliche Grundhaltungen, Einstellungen und konkrete Verhaltensweisen aufgrund externer Veränderungen unter extremem Anpassungsdruck befanden und doch immer wieder auf traditionelle Muster zurückgegriffen wurde. Darin äußert sich um 1800 die oft genannte Unsicherheit zu erkennen, was »dem Geist der Zeit entspricht«.[5] Es waren Ereignisse, Reaktionen und Erfahrungen, so hat sich immer wieder gezeigt, die es erlauben, von einem »entzweiten Jahrhundert« zu sprechen.[6] Allerdings deuteten sich diese Veränderungsprozesse, wie sie sich für den Übergang vom Ancien Régime in die bürgerliche Gesellschaft ausmachen lassen, schon lange vor 1800 an, und ebensolang wirkten sie nach 1800 nach. Wenn Lothar Gall beispielsweise als Kennzeichen des Übergangs nicht zuletzt den Wechsel vom geburtsständischen zum berufsständischen Prinzip der Gesellschaftsgliederung sieht, so muß auch er betonen, »daß sich die von jenem ständischen Prinzip bestimmte hierarchische Struktur der Gesell-

---

[5] Der Begriff »modern« taucht, wie ich auch anhand der Quellen feststellen konnte, erst später auf. Siehe dazu: Herbert ANTON, Modernität als Aporie und Ereignis, in: Hans STEFFEN (Hrsg.), Aspekte der Modernität, Göttingen 1965, S. 7–30.

[6] Siehe W. HOFMANN, Das entzweite Jahrhundert, und die Bewertung dazu in Abschnitt 1.3 der Einleitung.

schaft weit weniger rasch änderte, als die zeitgenössischen und die späteren Theoretiker [...] meinten«.[7] Die vielfachen Veränderungen, wie sie sich in der Geschichte der Thurn und Taxis und ihres Postunternehmens widerspiegeln, traten allerdings zwischen 1790 und 1815 in eine beschleunigte Phase der Transformation ein. Das napoleonische System in Europa wirkte wie ein Katalysator auf gesellschaftliche Veränderungen, das erwies sich auch in dieser Fallstudie allenthalben. Von Thurn und Taxisscher Seite reagierte man zum Teil mit hektischer Betriebsamkeit, zum Teil mit fassungsloser Erstarrung. Ziel war dabei vor allem, die eigene Position im Rahmen der europäischen Poststruktur und der europäischen Adelsgesellschaft zu sichern, indem man sich den veränderten Rahmenbedingungen anpaßte. Die Fürsten und ihre Diener zeigten sich dabei als überraschend flexibel und anpassungsfähig.[8]

Wirtschaftlich sah man mit schlimmsten Befürchtungen auf die Veränderungen, die kurzfristig auch mit einschneidenden Sparmaßnahmen einhergingen. Zwar war es aufgrund der Kapitaldecke für die Thurn und Taxis kein Problem, einige magere Jahre durchzuhalten, aber der Schock, zur standesgemäßen Lebensweise nicht mehr selbstverständlich auf schier unbegrenzte Kapitalressourcen zugreifen zu können, darf nicht unterschätzt werden. Vor allem war zwischenzeitlich nicht absehbar, ob die Posteinkünfte nicht vollständig verlorengehen würden.

Die Sicherung der Post als wirtschaftliche Basis des Hauses bestimmte daher die politische Szenerie. Erst danach folgte die Sorge, die reichsrechtliche Position eines souveränen Fürstenhauses zu verteidigen. Es ist leicht verständlich, daß man zur Rettung des Postmonopols auch ein *renversement des alliances* ins Kalkül zog. Sollte Napoleon eine Thurn und Taxissche Bundespost schaffen, war man gerne bereit, die Verbindung mit Habsburg zu lösen. Interessant ist aber, daß man über weite Strecken versuchte, sich alle Optionen offen zu halten. Nach den Verhandlungen zu Lunéville die Unterstützung der beiden kriegführenden Mächte in Europa erhalten zu haben kann ohne Einschränkung als diplomatische Meisterleistung bezeichnet werden. Aber es war ein gefährliches Spiel, beruhte es doch nicht zuletzt auch darauf, die Briefspionage als Grund für eine Unterstützung in die Diskussion zu bringen. Über dieses Doppelspiel sollte man schließlich, konkret im bayerischen Fall, auch stolpern. Trotz der Sogwirkung der einzelstaatlichen Poststruktur wurde die Thurn und Taxissche Seite nicht müde, die Bundespostidee weiterhin zu vertreten. Da vielfach das Organi-

---

[7] GALL, Stand, S. 5.

[8] Flexibilität ohne Aufgabe der eigenen Identität erscheint in vielen Adelsbeschreibungen überraschenderweise als Kennzeichen des Adels. Der Fürst Salina drückt es so aus: »Wir sind nicht blind, lieber Pater, wir sind nur Menschen. Wir leben in einer beweglichen Wirklichkeit, der wir uns anzugleichen suchen, so wie die Algen dem Druck des Meeres nachgeben«. LAMPEDUSA, Der Leopard, S. 49. Siehe dazu auch NOSTITZ, Versuch, S. 231 f.; SIMMEL, Exkurs, S. 827 f.

sationswissen der Postverwalter unentbehrlich war, hatte man im diplomatischen Verkehr immer wieder einen Trumpf in der Hand.

Wie tragfähig die diplomatischen Netzwerke, die man sich im Lauf des 18. Jahrhunderts aufgebaut hatte, auch in Zeiten der Bedrängnis waren, zeigte sich an der Verhandlungsführung durch den Generalpostdirektor Vrints-Berberich und seine Dienstherrin, Fürstin Therese von Thurn und Taxis. Es ist äußerst spannend nachzuvollziehen, wie sicher sich diese beiden Thurn und Taxisschen Sachwalter auf dem diplomatischen Parkett bewegten. Besonders erfolgreich agierten sie bei den letzten großen Verhandlungen am Reichstag. Alle Kontakte wurden genutzt, um die Postrechte im Reichsdeputationshauptschluß zu verankern. In dieser letzten Phase der »immerwährenden« Versammlung zeigte sich nochmals in aller Deutlichkeit, wie bedeutend das Prinzipalkommissariat und damit das Informations- und Beziehungsnetz Regensburg für das Haus Thurn und Taxis war. Daher markiert das Jahr 1806 für den Postfürsten in vielfacher Weise einen gravierenden Einschnitt. Das Reichspostgeneralat hatte sein Ende gefunden, die exponierte Position in Regensburg und damit auf reichspolitischer Ebene war verloren, und die Mediatisierung wurde als Degradierung empfunden, die man nicht akzeptieren konnte, ohne die eigene Identität aufzugeben.

Der Schock der Mediatisierung war im Fall der Thurn und Taxis nicht deshalb so groß, weil ihnen die Landesherrschaft über etwa 8 000 Untertanen entzogen wurde, sondern weil die Mediatisierung einen grundsätzlichen Ausschluß aus dem exklusiven Kreis der höchsten Adelsschicht bedeutete. Diese Degradierung verlief sehr unterschiedlich: Württemberg unter Friedrich I. kostete sie in vollen Zügen aus, Bayern ging konsequent, aber zurückhaltend zu Werk, und Hohenzollern-Sigmaringen war die Mitteilung an Thurn und Taxis, nun der Souverän zu sein, regelrecht peinlich. Die Kämpfe um einzelne Privilegien und Rechte, wie sie andere Standesherren führten, verliefen bei Thurn und Taxis eher gemäßigt. Aber auch wenn stets die Sorge um die Postgebiete im Vordergrund stand, sann man ab 1806 stets darüber nach, wie man wieder zurückkehren könnte in die Reihen der regierenden Häuser Europas.

Die Mediatisierung zeitigte überdeutlich auch Folgen im kulturellen Bereich. Der Hof zu Regensburg wurde auf ein Mindestmaß eingeschränkt, und Überlegungen kursierten, wohin man für die Zukunft den Hauptwohnsitz verlegen sollte. Letztlich wurden die Thurn und Taxis erst nach 1806 zu »Regensburgern«, auch wenn man dies nie so bezeichnet hätte – fühlte man sich doch weiterhin dem Kreis des europäischen Hochadels angehörig.

Seilschaften – dieser Begriff aus dem Alpinismus wurde in der Bundesrepublik in den 1990er Jahren zu einem gern benutzten Schlagwort. Es bezeichnete Beziehungs- bzw. Solidargemeinschaften, die sich über den Umbruch von 1989 hinweg erhalten hatten und durch die es sich Funktionsträger des alten Systems gegenseitig leichter machten, auch in der bundesrepublikanischen Ordnung Fuß zu fassen. Aus soziologischer Sicht wurde kürzlich darauf verwiesen, daß dieses Verhaltensmuster sehr stark dem Ordnungssystem entspreche, das Norbert Elias in seiner Studie *Die höfische Gesellschaft* beschrieben hat.[9] Verwendet man den weniger negativ konnotierten Begriff des Netzwerks, so kann scheinbar unabhängig von den jeweiligen gesellschaftlichen Umbrüchen festgehalten werden, daß sich Eliten über Krisen, seien sie auch noch so gravierend, hinwegretten können, wenn sie über tragfähige Netzwerke verfügen. Diese Vermutung bestätigt sich, wenn man einen Blick auf die Verhandlungen des Wiener Kongresses wirft. Die Vertreter des Hauses Thurn und Taxis trafen dort auf ihre alten Bekannten und konnten ihre Beziehungen zu den neuen Mächtigen, die zum großen Teil auch die alten waren, spielen lassen. Die in vielerlei Bereichen einsetzende Restauration der alten Verhältnisse kam dem Fürstenhaus Thurn und Taxis sehr zugute. Es sollte ihm gelingen, an der Seite seines alten und neuen Partners Habsburg bis zum Ausscheiden Österreichs aus der deutschen Politik nach 1866 eine Sonderrolle einzunehmen.

Natürlich bildete die prosperierende finanzielle Situation dafür eine nicht zu unterschätzende Rolle. Nach den ökonomischen Einbrüchen um 1800 konsolidierte sich die Lage sehr schnell. Durch die Postentschädigungen und die bald höchst ertragreichen Postgebiete, die noch verblieben waren, avancierten die Thurn und Taxis zu einer der reichsten Familien im deutschen Sprachraum. Ihr Vermögen ließ sich im Rahmen der europäischen Adelsschicht nur mit englischen Verhältnissen oder den schlesischen Magnaten vergleichen. Im Rahmen der Geldanlagepraxis, so konnte überraschend festgestellt werden, investierte man nicht aus Standesverpflichtung sondern zunehmend aus rein ökonomischen Gründen heraus in Grund und Boden.

Postpolitisch befand man sich nach 1815 erst einmal auf sicherem Boden. Die Wiener Schlußakte hatte das Kuriosum geschaffen, daß ein ehemaliges Reichsregal als bundesrechtlich verankertes Privileg fortgeschrieben wurde. Bis zur Mitte des Jahrhunderts mußte sich das Thurn und Taxissche Postgebiet jedoch den Herausforderungen einer Vereinheitlichung des Verkehrswesens und technischer Neuerungen stellen. Gefährlich wurde es allerdings durch die immer stärker zutage tretende Parteinahme für Österreich. Bereits während der Paulskirchendebatten verteidigte die Thurn und Taxissche *Frankfurter Oberpostamtszeitung* die habsburgischen Anliegen im Reich, und der Vorwurf der Spionage zugunsten Habsburgs tauchte verstärkt auf. So war es nur folgerichtig, daß durch den preußischen Postmeister Stephan das »postalische Königgrätz« geschlagen wurde. Mit Habsburg wurde auch dessen Juniorpartner aus Deutschland verdrängt. Es ist daher kein Zufall, daß man gerade nach dem Ende der Post, die weiterhin eine Sonderstellung im Deutschen Bund begründet hatte, mit einem ehrgeizigen Projekt nach der Souveränität griff.

---

[9] Siehe dazu Eike EMRICH/Vassilios PAPATHANASSIOU/Werner PITSCH, Klettertechnik für Aufsteiger. Seilschaften als soziales Phänomen, in: Kölner Zeitschrift für Soziologie und Sozialpsychologie 48 (1996), S. 141–155, hier: S. 150.

Dieser Versuch war jedoch nicht der einzige. Bereits während des Wiener Kongresses waren einzelne Möglichkeiten durchgespielt worden. Der Versuch, durch den Kauf oder Tausch einiger kleiner Gebiete, an denen die Souveränität eines anderen Fürsten haftete, politische Unabhängigkeit zurückzugewinnen, nahm dabei allerdings recht skurrile Formen an und gleicht eher dem bereits geknickten Strohhalm, an den man sich noch klammerte. Andere politische Ebenen, konkret die Möglichkeit, über den Sitz in der ersten Kammer der Landesparlamente Politik zu gestalten, blieben völlig ungenützt. Stets haftete der Blick auf der Reichs- bzw. Bundesebene. Interessant ist beim Umgang mit Grund und Boden das Projekt Chotieschau. Diese Herrschaft wurde nicht zur Geldanlage, sondern mit dem eindeutigen Ziel erworben, »ein Band zum Hause Österreich« zu knüpfen. Ein letzter Versuch, zurückzukehren in den Kreis der regierenden Häuser, wurde mit dem Kaufsangebot für Liechtenstein unternommen. Für die damit erworbene Souveränität hätte man sofort auch den Wohnsitz in Regensburg aufgegeben.

Die Stadt an der Donau profitierte von der weiteren Anwesenheit des Fürstenhauses vor allem in ökonomischer Sicht, war sie doch durch die Integration ins Königreich Bayern zu einer Provinzstadt herabgesunken und in einen Dornröschenschlaf gefallen. Dennoch blieb das Verhältnis zu Bayern ambivalent. Trotz der umfangreichen Sonderrechte, welche die Wittelsbacher dem Fürstenhaus bei einem Verbleib in Regensburg zusicherten, versuchte man, keinesfalls als Untertan der Krone Bayern zu erscheinen. Die diesbezüglichen Auseinandersetzungen waren allerdings milde im Vergleich zu den württembergischen Demütigungen. Gegenüber Stuttgart mußte man sich die verbliebenen persönlichen Ehrenrechte durch anstrengende Verhandlungen erstreiten. Der Kampf um die Ebenbürtigkeit, der auch in kleinsten Etikettefragen geführt wurde, sollte vor allem auf kulturellem Gebiet demonstrieren, daß man weiterhin zum Hochadel gehörte. Wien zollte diesem Anspruch nicht zuletzt durch die Verleihung der wichtigsten Orden der Monarchie immer wieder volle Anerkennung.

Die Auseinandersetzungen zwischen den Standesherren und den regierenden Fürsten dürfen allerdings nicht darüber hinwegtäuschen, daß die zweifellos interessantere Annäherung zwischen Adel und Bürgertum nur schwer auszuloten ist. Durch gemeinsamen Kunstgeschmack, durch die Entdeckung des Privaten, wie es sich in der Liebesheirat und der Kindererziehung zeigte, näherten sich Fürst und Bürger an. Aber die Differenz der beiden Lebenswelten blieb stets erhalten. Bei den Thurn und Taxis kam verstärkend hinzu, daß sie neben Regensburg auch andere Wohnsitze hatten und bis zum Ende des Jahrhunderts als relativ wenig in das städtische Leben der ehemaligen Reichsstadt integriert erscheinen. Warum sie allerdings offenbar nach dem Motto lebten: »Lieber der erste in der Provinz als der zweite in der Hauptstadt«, bleibt unbeantwortet. Obwohl der Weg immer wieder nach München und auch

Wien führte, ließ man sich dort nie auf Dauer nieder oder errichtete sich ein standesgemäßes Stadtpalais.

Der letzte Fürst von Thurn und Taxis, der im 19. Jahrhundert zur Welt kam, holte allerdings ein wenig »habsburgischen Glanz« nach Regensburg. Am 15. Juli 1890 heiratete Fürst Albert I. von Thurn und Taxis die österreichische Erzherzogin Margarethe Clementine. Damit hatte ein Nachfahre des in habsburgische Dienste aufgenommenen Botenmeisters in das altehrwürdige Geschlecht eingeheiratet.

3. Begriffsgeschichtliches Ergebnis: Ein erfolgreiches Konzept

Der Begriff des »Hauses« begleitete den gesamten Forschungsprozeß.[10] Denn als Quellenbegriff nahm er innerhalb der archivalischen Überlieferung eine sowohl quantitativ wie auch qualitativ hohe Bedeutung ein. Daher galt es auszuloten, was dieser Begriff im jeweiligen Kontext umschrieben hat.[11] In der Einleitung wurde darauf hingewiesen, daß bei einer Analyse stets auf die verschiedenen Bedeutungsebenen geachtet werden muß. Dabei wurden vier Ebenen benannt.[12]

Die rechtlich-politische Ebene des Begriffes stellt einen zentralen Bezugspunkt der alten Ordnung vor 1789 dar, und so nimmt es nicht wunder, daß er trotz inhaltlicher Modifikation im Rahmen restaurativer Bemühungen auch nach 1815 wieder Achtung und Berücksichtigung fand. Die Anerkennung der Ebenbürtigkeit, aber auch die Stellung als »Unterlandesherren« und das Recht auf Sitz und Stimme in verschiedenen Landesparlamenten wurde nicht einzelnen Personen, sondern dem Personenverband, dem »fürstlichen Haus«, verliehen. Auch in der Argumentation, um die verlorene Souveränität wieder zuückzugewinnen, wird das Haus als berechtigter, »angestammter« Träger politischer

---

[10] In knapper Form wurden die begriffsgeschichtlichen Ergebnisse bereits während einer Tagung des Forschungsprojektes »Eliten zwischen Ancien Régime und bürgerlicher Gesellschaft« als Hypothese vorgetragen. Siehe GRILLMEYER, Adel.

[11] Daher wurde – wie in der Einleitung dargelegt – der Versuch gewagt, eine kritische Hausgeschichte des Hauses Thurn und Taxis »in allgemeiner Absicht« zu schreiben (die Terminologie entlehnt bei Lothar GALL, Bürgertum in Deutschland, Frankfurt a. M. 1991, S. 11). Dabei sollte ein nichtstaatlicher Blickwinkel eingenommen und damit die Integration von verfassungs- und landesgeschichtlichen Interessen sowie wirtschafts- bzw. sozialgeschichtlichen Zugängen geleistet werden. Eine kritische Hausgeschichte darf vor allem nicht verwechselt werden mit adeliger Haus- und Familienhistoriographie, wie sie zahlreiche Apologeten adeliger Dynastien verfaßt haben.

[12] Erstens das Haus als konkrete räumliche und bauliche Erscheinung. Zweitens die ökonomische Bedeutungsdimension des Begriffs. Es kann den Haushalt umfassen, aber auch nur Besitz, Vermögen und allgemein Verwaltung im Sinne von »Haushalten« meinen. Drittens das Haus im sozialen Sinne als adelige Familie, Hausgenossen oder größere Gruppe. Und viertens das Haus als politisches Element, wobei an Hausherrschaft, Vaterland und im erweiterten Sinne an Staat zu denken ist. Siehe dazu Abschnitt 1.4 der Einleitung sowie grundlegend DERKS, Faszination.

Rechte ins Feld geführt. Übrigens, das sei nur am Rande erwähnt, baute man auch am real-räumlichen Haus, dabei spielte zweifellos das Motiv der Machtdemonstration eine erhebliche Rolle. Die wirtschaftliche Ebene des Begriffs erfuhr die stärkste Bedeutungsverschiebung. Gelöst von paternalistischen Fesseln, eingeleitet durch den Übergang von Allod- und Lehengut in Privateigentum, mutierte das Haus bzw. der Hausbesitz zum rentablen Unternehmen. Der Fürst und vor allem seine Diener sahen voller Sorge auf die wirtschaftlichen Gefährdungen des Hauses um 1800, im konkreten Fall auf den Untergang des Postunternehmens, das ihre Existenz sicherte. In diesem wirtschaftlichen Zusammenhang taucht auch so etwas wie eine »corporate identity« auf. Die fürstlichen Diener argumentierten für »ihr« Haus, dem sie sich angehörig fühlten und für das sie das Beste »zur Steigerung von Flor und Lustre« wollten. Damit wurde auch manch Bürgerlicher, der in Diensten eines Fürstenhauses stand, zum Bewahrer und Pfleger einer wirkungsmächtigen adeligen Ideologie. Denn der kulturell-soziale Hausbezug wurde ebenso nach innen, konkret durch die Hausgesetze, gefestigt wie nach außen hin gepflegt, wodurch die Exklusivität des Adels unterstrichen werden konnte. Wie sehnsuchtsvoll blickten manche, die kein Haus hatten, auf diese Tradition. Der Adel und nicht zuletzt sein Haus waren Vorbild für die bürgerlichen Unbehausten. Das Ziel, nobilitiert zu werden, ist nur ein kleiner Teil dieser Wirkungsgeschichte, die Pflege der eigenen Vergangenheit, die Suche nach der Genealogie der weitaus interessantere.

Der Begriff und das damit verbundene Konzept des adeligen Hauses erwiesen sich als eine Stütze der exponierten Stellung während einer Umbruchsphase. Der adlige Personenverband war mit seinem Haus gut gerüstet für die Herausforderungen der bürgerlichen Gesellschaft. Denn auch im Bedeutungsschwund des Geburtsstandes zugunsten des Berufsstandes war es von Vorteil, erstens einem Haus anzugehören, das viele Freunde hatte, und zweitens ein Distinktionsmittel gegenüber den bürgerlichen Familien zur Verfügung zu haben. Zumindest der Hochadel verfügte durch die regierenden und mediaten Häuser über Beziehungsnetze und Verflechtungen, die tragfähig genug waren, auch über Krisen und Herausforderungen hinwegzuhelfen.

Im Begriff und im Konzept des Hauses und seiner Veränderung bietet sich ein Erklärungspotential für das »lange 19. Jahrhundert« (Franz Schnabel). Hier läßt sich das lange Nachwirken einer alten Ordnung in einer neuen Zeit im Spiegelbild eines dynamischen Begriffs nachzeichnen.[13] Noch Eduard von Keyserling beispielsweise versuchte in seinen Romanen das adelige Haus als intakten Personenverband den bürgerlichen Familien entgegenzustellen, als der Glanz der beschriebenen Häuser längst verschwunden war.[14]

---

[13] Der Entwurf des »ganzen Hauses« hat den Blick auf diese dynamische Kategorie verstellt. Brunner hat mit seinem Versuch, einen Quellenbegriff mit einem historiographischen zu verbinden, eine Geschichte des Begriffs daher erschwert, wenn nicht sogar verhindert. Siehe dazu die ausführlichen Literaturangaben ebenda.

[14] Siehe beispielsweise Eduard von KEYSERLING, Abendliche Häuser, München 1914.

ABBILDUNGSVERZEICHNIS

Abb. 1: Doppelwappen der Torriani und Visconti. Wandteppich. Sign. Brüssel, François Van den Hecke. Regensburg, Fürstliches Schloß 29
Abb. 2: Fürst Carl Anselm von Thurn und Taxis im spanischen Mantelkleid. Gemälde von Johann Wilhelm Hoffnas 66
Abb. 3: Hochzeits- bzw. Reiterdarstellung. Wandteppich. Regensburg, Fürstliches Schloß 71
Abb. 4: Allegorie: Gräfin Alexandrine von Thurn und Taxis als Witwe. Wandteppich. Regensburg, Fürstliches Schloß 72
Abb. 5: Einnahmen Thurn und Taxis 1733–1806 101
Abb. 6: Postbezirke Thurn und Taxis um 1650 115
Abb. 7: Fürst Karl Alexander von Thurn und Taxis (1805–1827). FZA, HMA 638 212
Abb. 8: Einnahmen Thurn und Taxis 1733–1866/67 249
Abb. 9: Postbezirke Thurn und Taxis um 1800 263
Abb. 10: Fürst Maximilian Karl vonThurn und Taxis (1827–1871). Gemälde von M. Bauer 384
Abb. 11: Einnahmen Thurn und Taxis 1833–1837 399
Abb. 12: Posteinnahmen Thurn und Taxis 1806–1866/67 404
Abb. 13: Postbezirke Thurn und Taxis um 1850 428

Abb. 1–13: Vorlage Fürst Thurn und Taxis Zentralarchiv

ABKÜRZUNGSVERZEICHNIS

ADB	Allgemeine deutsche Biographie
ADP	Archiv für deutsche Postgeschichte
APB	Archiv für Postgeschichte in Bayern
APT	Archiv für Post und Telegraphie
BDLG	Blätter für deutsche Landesgeschichte
DPG	Deutsche Post Geschichte
fl.	Gulden
GGr	Geschichtliche Grundbegriffe
GuG	Geschichte und Gesellschaft
GWU	Geschichte in Wissenschaft und Unterricht
HRG	Handwörterbuch zur deutschen Rechtsgeschichte
HZ	Historische Zeitschrift
IASL	Internationales Archiv für Sozialgeschichte der Literatur
kr.	Kreuzer
MBM	Miscellanea Bavarica Monacensia
NDB	Neue Deutsche Biographie
ScrM	Scripta Mercaturae
VHVO	Verhandlungen des historischen Vereins für Oberpfalz und Regensburg
VSWG	Vierteljahrschrift für Sozial- und Wirtschaftsgeschichte
ZBLG	Zeitschrift für bayerische Landesgeschichte
ZHF	Zeitschrift für historische Forschung
ZWLG	Zeitschrift für württembergische Landesgeschichte

QUELLEN- UND LITERATURVERZEICHNIS

1. Ungedruckte Quellen

GEHEIMES STAATSARCHIV PREUSSISCHER KULTURBESITZ BERLIN (GStA PK BERLIN)
III. HA 2.4.1 I Ministerium der Auswärtigen Angelegenheiten, Nr. 1670 (Aachener Kongreß: Souveränität Thurn und Taxis)

BUNDESARCHIV AUSSENSTELLE FRANKFURT/MAIN (BA FRANKFURT)
Deutscher Bund (DB) 1,293 (Beschwerde Mediatisierte), 1,329 (Postwesen), 1,471 (Thurn und Taxissches Palais), 51,86 (Ausschuß Kommunikation, Post), 53,6 (Portobefreiung), 54,8 (Oberpostamtszeitung), 54,23 (Verstaatlichung der Post in Württemberg), 57,9 (Portofreiheiten), 58,162 (Antrag auf Posteinheit)

STATNI OBLASTNI ARCHIV POBOCKA CESKY KRUMLOV/KREISARCHIV KRUMMAU (SOA KRUMMAU)
Rodiný archiv Schwarzenberský/Familienarchiv Schwarzenberg (RAS), FF 13 (Korrespondenz mit Fürstenberg), FF 55 (Korrespondenz mit Thurn und Taxis); Comitialia 319 (Berichte vom Reichstag 1799), 320 (Berichte vom Reichstag 1800)

STADTARCHIV MAINZ (STA MAINZ)
Nachlaß Karl von Eberstein 1–8 (Staatsrechtliches), 9–10 (Staatswissenschaftliches), 11–14 (Gesetzesentwürfe), 15–19 (Sozialpolitisches), 20–21 (Pädagogisches), 22–23 (Reisebeschreibungen), 24–31 (Politisches, Sammelkonvolut der Korrespondenzen)

BAYERISCHES HAUPTSTAATSARCHIV MÜNCHEN (BHStA MÜNCHEN)
Adelsmatrikel Fürsten T 1 (Thurn und Taxis)
Archiv der Oberpostdirektion (OPD) München, Verz. 7 (Akten des Außen- und Handelsministeriums 1783–1871), Jahrgang, Schachtel 1–14 (Taxis)
Fürstensachen 64 (Korrespondenz mit Thurn und Taxis 1762–1771), 603 (Glückwunschschreiben), 775 (Max Joseph III. von Bayern)
Ministerium des Äußeren (MA) 127 (Verschiedene Mémoires 1805), 4015 (Reichsfriedensdeputationsverhandlungen 1802), 4031 (Reichsversammlung in Regensburg 1803), 5136 (Acta Oettingen-Wallerstein), 5139 (Landesgrenzen Oettingen-Wallerstein), 5537 (Schwarzenberg), 5554 (Thurn und Taxis, Notificatorien der Familienereignisse 1800), 5555 (Thurn und Taxis, Freypässe 1799–1804), 5556 (Thurn und Taxis, Freyzügigkeit), 5557 (Thurn und Taxis, Lehenakten), 5558 (Thurn und Taxis, Erbregiment in der Curfürstl. Bayer. Armee betr. 1799), 5562 (Thurn und Taxis, Gerichtssache), 5683 (Staatsrechtliche Verhältnisse der schwäbischen Vorlande), 5699 (Fürstenberg, Territoriumsfragen 1803), 5724 (Schwarzenberg), 8040, 8044 (Rückforderung eines Thurn und Taxisschen Darlehens 1793), 8399 (Rheinpfälzisches Postwesen), 8400 (Rheinpfalz, Brieferbrechung), 9590 (Flucht verschiedener Personen aus Frankreich), 9591 (Geheime Polizei, Rechnungen 1806/1807), 9592 (Sicherheitsanstalten, Kistenbeschlag), 9593 (Sicherheitsanstalten, Geheime Polizei 1807), 9594 (Sicherheitsanstalten 1807, Aufruf), 9595 (Sicherheitsanstalten, Verfügungen gegen Verbreitung falscher Gerüchte 1807–1811), 9596 (Polizeisachen, Spione in Bayern), 9597 (Angeordnete Surveillance 1811–

1813), 9598 (Korrespondenz Surveillance 1812/1813, Fasc. II), 9598 (Untersuchung von Aufruhrzetteln), 9599 (Surveillance der Correspondenz, Fasc. III), 9600 (Surveillance 1814/1815), 9601 (Surveillance 1815), 9754 (Privatverhältnisse Thurn und Taxis), 74647 (Thurn und Taxis, Staatsrechtliche Verhältnisse 1806), 74654 (Erblandpostmeisteramt), 74655 (Thurn und Taxis, Graf Westerholt), 74656 (Thurn und Taxis, Agenten), 74657 (Immunitäten Thurn und Taxis in Regensburg), 74666 (Thurn und Taxis, Gesundheit der Fürstin), 74668 (Thurn und Taxis, Courtoisie), 74679 (Kron Oberst Postmeisteramt als Thronlehen), 74680 (Thurn und Taxis, überlassene Jagden), 74688 (Reclamationen des Fürsten von Thurn und Taxis), 74691 (Postwesen Thurn und Taxis 1848)

Ministerium der Justiz (M Ju) 13836 (Standesherren, Allgemeines), 13871 (Verhältnisse des vormaligen reichsunmittelbaren Adels), 13872 (Regelung der Verhältnisse der Fürsten, Grafen und Herren), 13873–13875 (Standesherrliche Gerichte)

Personenselect, Carton 450–451 (Thurn und Taxis), 452–453 (Thurn und Taxis – Valsasina)

Staatsrat (Protocolle der geheimen Staatsratsconferenz 1799–1808) Staatsrat 8, Protokoll vom 20. Februar 1808 (Postorganisation in Bayern), 13. Februar 1808 (Postlehensvertrag), 30. Juni 1808 (Jurisdiktionsrechte der Mediatisierten), 18. August 1808 (Diskussion um Adelsvorrechte), 25. August 1808 (Gesetzbuch), 26. September 1808 (Gehälter für Postbeamte)

Geheimes Hausarchiv München (GHSA München)
53/6/1 GH Kabinettskasse Ludwig I. (Notificationen über Familienereignisse), 85/1/3 NL Ludwig (Briefe Adalbert von Bayern 1839–1848), 89/4/IV (Auftragszettel und Briefe König Ludwig I. an Egid von Kobell), I XVI 277 Kabinettsakten Ludwig I. (Korrespondenz mit Taxis), I XVI 190 Kabinettsakten Ludwig (Postverhandlungen), 48/4/30 NL Ludwig (Thurn und Taxis, Leiningen)

Archives des Affaires Étrangeres Paris
Correspondance politique, Allemagne – Petites principautés, vol. 83 (concerne les principautés commençant par les lettres T – U – V, de 1644 à 1818 et, plus particulièrement, la famille de Tour et Tassis pour les années 1734–1818, fol. 9–156)

Mémoires et documents, Allemagne, vol. 97 (1744–1806) (concerne les postes de l'Empire et contient de nombreuses lettres du Prince de Tour et Tassis ainsi que de son envoyé extraordinaire, le Baron de Vrints-Berberich, directeur général des Postes de l'Empire)

Stadtarchiv Regensburg (StA Regensburg)
Dörnberg-Nachlaß (DN), Nr. 181 (Ernennungsurkunde), 182 (Korrespondenz mit Fürstin Therese, 1828), 183 (Verwaltungskonzepte), 184 (Rechenschaftsbericht vom 14. Mai 1851), 186 (Promemoria wegen Erziehung Theodors 1847), 187 (Hofetat), 188 (Theater), 189 (Evakuierung, 1866), 190 (Erwerbung Liechtensteins 1868), 191–193 (Auseinandersetzungen Dörnberg – Gruben), 195 (Mitteilung an die Presse vom 12. Oktober 1878), 197 (Rechnungen Dörnberg), 198 (Schriftwechsel der sechziger Jahre), 201 (Personallisten)

Fürst Thurn und Taxis Zentralarchiv Regensburg (FZA Regensburg)
Besitzungen, Urkunden 256 (Bernhardswald), 257 (Brennberg), 261 (Schloßrealitäten zu Unterbrennberg), 517 (Donaustauf und Wörth), 698 (Alteglofsheim und Triftling), 872 (Falkenstein), 1353 (Landgut Haus, Neueglofsheim), 1376 (Wiesent zu Heilsberg und Ettersdorf), 2073 (Oberellenbach), 2107 (Oberhaselbach), 2214 (Paring) 2544 (Rain), 2625 (Emmeramer Bastei), 2626 (Emmeramer Thorwerk), 2627 (Stadtgrabenanteil), 2628 (Haus Lit C 96), 2629 (Stadtgrabenteil), 2630 (Sternberg'scher Garten), 2631 (Pachtvertrag mit Tochter Sophie), 2632 (Haus Lit. C 97), 2633 (Stadel Lit. C 184), 2634 (Schanzacker Lit. I 32), 2635 (Grundbeschreibungstabelle Emmeram), 2636 (Haus Lit. C 181), 2637 (Haus Lit. C 199), 2638 (Gartenzwinger), 2639 (Stadtgrabenteil), 2640 (Zwinger beim Petrustor), 3318 (Waldungen Saulburg), 3375 (Schönberg), 3589 (Waldungen

Wörth und Donaustauf), 3590 (Waldungen Dachsberg), 3976 (Alteglofsheim und Triftling), 5681 (Öpfingen); Böhmen 1 (Koschumberg), 2 (Chotieschau), 3 (Chraustowitz), 4 (Koschumberg), 5 (Chotieschau), Dischingen-Trugenhofen, Duttenstein, Eglingen, Friedberg-Scheer, Göffingen, Grunzheim, Heudorf, Rechtenstein, Sulmetinger Urkunden

Comitialia Comitalia 1–86 (1654–1796)

Domänenkammer (DK) 13295 (Tiergarten zu Duttenstein), 14805 (Statistische, topographische Beschreibung der Besitzungen), 14831 (Statistische Beschreibung), 14991 (Patronate Böhmen), 15476 (Ankauf Bernhardswald), 16149 (Akten zum Lehenbrief), 19274 (Mathildenzeche), 19314 (Mathildenzeche), 21089 (Umwandlung der Postrenten in Domänen, Vol. 1), 21090 (Umwandlung der Postrenten in Domänen, Vol. 2), 21091 (Umwandlung der Postrenten in Domänen)

Frankfurter Akten 1–6 (Frankfurter Palais)

Freytagiana 126 (Pagerie)

Generalkasse, Akten 47 (Den Stand der laufenden Einnahmen und Ausgaben im Jahre 1848 betreffend), 119 (Verkauf der fürstlichen Herrschaften in Belgien)

Generalkasse, Rechnungen 1 (1749–1806) (Hauptrechnungen. Einnahmen und Ausgaben)

Immediatbüro (IB) 380 (Manualacten Eberstein; Moser), 543 (Riedhof bei Frankfurt), 561 (Schwebheim), 654 (Kassenwesen), 680 (Zahlungsmodalitäten), 696 (Effektenverwaltung), 1187 (Übersicht über Grundeigentum und Erträge), 1876 (Kaufsanerbieten Böhmen), 1877 (Inspizierung Böhmen), 1878 (Inspizierung Böhmen), 1887 (Übersetzungen; Richenburg), 1905 (Bittgesuche in Böhmen), 1945 (Erwerbung Chotieschau), 2053 (Mathildenzeche), 2744 (Stolzenhofen), 2758–2759 (Schönberg), 2760 (Dörnbergbesitz), 2761 (Erwerbung Paring), 2762–2763 (Montgelasgüter), 2764 (Alteglofsheim und Triftling), 2765 (Rain), 2766 (Niedertraubling), 2769 (Bernhardswald), 2771 (Oberellenbach), 2772 (Püklgut), 2773 (Prüll), 2774 (Stolzenhof), 2786 (Oberhaselbach), 2808 (Arrondierung Regensburg), 3204 (Erwerbung der Herrschaft Heilsberg zu Wiesent), 3213 (Falkenstein und Neuhaus), 3217 (Manualacten Liebel; Erwerbung Falkenstein), 3217 (Manualacten Liebel; Falkenstein), 3220 (Erwerbung Oberbrennberg), 3229 (Gerichtsakten; Falkenstein), 3236 (Patrimonialgerichtsbarkeit Falkenstein), 3339 (Scharwerksverbindlichkeiten Falkenstein), 3340 (Leibrechtsgüter Falkenstein)

Haus- und Familiensachen (HFS), Akten 1 (Aufteilung der Geschäfte 1786), 4 (Allgemeines), 9 (Verwaltungsänderungen 1806), 15 (Allgemeine Verwaltung), 20 (Verwaltungsänderungen 1809), 41–78 (Konferenzprotokolle 1760–1815), 155–166 (Manualacten Lilien), 169–183 (Manualacten Schneid), 189 (Korrespondenz Carl Anselm), 194–196 (Postentschädigung 1795/1805/1806 etc.), 196–199 (Berichte aus Paris), 200–230 (Verhandlungsakten: Berichte Grub, Vrints-Berberich etc.), 261 (Denkschrift Moser, Eberstein), 321 (Kgl. bayer. Posten 1830), 325 (Brief Bendas an Maximilian), 331–332 (Postverhandlungen Bayern), 440–441 (Manualacten Michael Florenz Lilien), 455–457 (Agentenberichte, Freiherr von Wunsch), 460–483 (Manualacten Freiherr von Wunsch), 688 (Sammlung Autographen), 716 (Verzeichnis Postschriften), 866 (Standesherrliche Verbindung 1811–1814), 913 (Huldigung für Kaiser Leopold II.), 925, 927, 928 (Prinzipalkommissariat), 937 (Schriftenverzeichnis, Reichstag), 1013–1088 (Kreistagsakten), 1094 (Rechtsgutachten), 1095 (Westerholt – Rheinbund), 1101 (Gerichtssachen, Verhandlungen Westerholt), 1129 (Standesherren, Schriftwechsel ab 1838), 1130 (Standesherren, Allg. Korrespondenz), 1131 (Status in Württemberg), 1132 (Korrespondenz Standesherrentum), 1173 (Mediatisierung), 1175 (Dass., Edikte, Verordnungen, Erlasse), 1177 (Rechtliche Verhältnisse Thurn und Taxis nach 1806), 1183 (Mediatisierung), 1185 (Patrimonialgerichtsbarkeit Württemberg), 1201 (König von Württemberg bei Thurn und Taxis), 1246 (Denkschriften etc.), 1397 (Testament Carl Anselm), 1399 (Testament Karl Alexander), 1474–1476 (Korrespondenz Karl Alexander), 1595–1733 (Notificationsschreiben, alphabetisch geordnet), 1760 (Marmorbüste Wilhelmine), 1809–1811 (Briefe des Erbprinzen Maximilian Karl), 1850 (Hausorden des Fürstentums Hohenzollern-Sigmaringen), 1864 (Ernennung des Fürsten zum württembergischen Kammerherrn etc.), 1893 (Hausorden Thurn und Taxis), 1905 (Tagebuch 1788–1790), 1933 (Korrespondenz

Dörnberg), 1969 (Leichenzug Alexander Ferdinand), 1977 (Leichenzug Carl Anselm), 1993 (Trauerfall Wilhelmine von Dörnberg), 2081 (Ehevertrag vom 18. August 1787), 2164 (Errichtung eines Testaments durch Carl Anselm), 2165 (Errichtung eines Testaments durch Karl Alexander), 2166 (Errichtung eines Testaments durch Maximilian Karl), 2170 (Synoptik der fürstlichen Testamente), 2225–2226 (Reichsdeputationsverhandlungen), 2339 (Walhalla Stiftung), 2355 (Hofökonomie), 2358–2362 (Fürstliche Hofökonomie), 2365–2369 (Pagerie), 2371 (Bibliotheksordnung), 2398 (Kataloge der Bibliothek), 2440–2443 (Hoftheater), 2461–2463 (Hatztheater), 3749 (Briefe Klopstocks und Jean Pauls an die Fürstin Therese), 3819 (Tagebuchaufzeichnungen Therese), 3954 (Testamentshinterlegung Vrints-Berberich), 3960 (Schreiben an die Bundesversammlung), 3966 (Korrespondenz König Max I. an Fürstin Therese), 4000 (Brief Fürst Karl Alexanders an Müller), 4008 (Fürstin Therese: Übungen zur Erlernung der böhmischen Sprache), 4039 (Dankschreiben des Fürsten an den Kg. von Württemberg), 4087 (Hosangs Nebenstunden, Auszüge), 4091 (Briefwechsel Schenk und Kg. Ludwig)

- Haus- und Familiensachen (HFS), Urkunden 33 (Fürstenstandserhebung), 57 (Prinzipalkommissar Karl Alexander), 1387 (Testament Anselm Franz 1739), 1397 (Testament Carl Anselm), 1399 (Testament Karl Alexander), 1404 (Testament Maximilian Karl)
- Hofmarschallamt (HMA) 1–3 (Allgemeine Verwaltungsreglements), 15–18 (Schriftwechsel Kanzlei, Regierung, Hofökonomiekommission–1800), 139–146 (Reichstags-Ceremonial-Protokollbücher 1773–1805), 147 (Schriftwechsel Ceremonialsachen), 148 (Feierlichkeiten Kaiserkrönung), 182 (Gesamtabrechnung Wiener Kongreß), 186 (Reiserechnungen 1822/23), 189 (Ständeversammlung München 1837–1851), 195 (Reiserechnungen 1824–1827), 286 (Vermählung Maximilian Karl mit Wilhelmine), 287 (Vermählung Maximilian Karl mit Mathilde), 279 (Berichte der Hofökonomiekommission), 283 (Ksl. Verordnung, Trauerordnung 1767), 291 (Vermählung Erbprinz Maximilian mit Helene), 362 (Hofstaat, Einsparungen), 618 (Journal der Bibliothek Thereses) 633 (Gemäldegalerie), 696–760 (Marstall), 821–825 (Familiengruft), 1472 (Leichenzug), 1477 (Hoftrauersache: Wilhelmine), 2339 (Donaustauf-Stiftung)
- Personalakten (PA) 97 (Nikolaus Amya), 942 (Breyer), 1553 (August von Dörnberg), 1556 (Ernst von Dörnberg), 1558 (Friedrich Karl von Dörnberg), 1536 (Ernst von Dörnberg), 1708–1709 (Eberstein), 2819–2820 (Grub), 5483–5484 (Werner von Leykam), 5504–5506 (Liebel), 5525–5527 (Baron Lilien), 5531–5533 (Die Freiherrn von Lilien), 6366 (Müller), 8498–8499 (Manualacten Schneid), 9795–9799 (Vrints-Berberich), 10190 (Westerholt)
- Postakten 935 (Vorschläge zur Vermehrung der Posteinkünfte), 949–954 (Schriften zum Postregal um 1790), 957 (Denkschrift Grubs über die Entschädigung 1798), 958 (Denkschrift über das Postwesen in den an Frankreich gefallenen Ländern 1799), 967–968 (Verschiedene Denkschriften zur Lage der Post und des Hauses), 969–975 (Manualakten Lilien), 1497 (Postvisitation), 2124–2128 (Interregni und Wahlkapitulation 1790), 2217–2223 (Rastatter Friedenskongreß), 2224 (Manualacten Vrints-Berberich zu Lunéville 1800/02), 2225–2226 (Verhandlungen der Reichsdeputation), 2228–2231 (Wiener Kongreß), 2256–2257 (Ksl. Anordnungen 1681), 2259 (Lehenrevers 1747), 2292 (Postvertrag Arenberg 1803), 3034–3035 (Verhandlungen mit Württemberg), 3178 (Postübernahme Bayerns), 3181 (Anträge zur Tiroler Post), 3182–3184 (Postübernahme Bayerns), 3246 (Postverhandlungen Bayern), 4817 (Postvertrag mit Bern 1743), 5105 (Postvertrag Maaseick/Dordrecht 1738)
- Posturkunden 73 (Verleihung des Erbpostmeisteramtes 1615), 98 (Ksl. Schreiben 1627), 166 (Ksl. Schreiben 1670), 188 (Ksl. Erlaß 1690), 241 (Lehenbrief 1741), 242 (Lehenbrief 1741), 243 (Brieffreitum 1742), 243–244, 246–247, 251 (Thronlehenerhebung), 244 (Lehenbrief 1743), 245–250 (Ksl. Mandate 1744), 251 (Standeserhöhung), 252–258 (Ksl. Mandate 1746), 259 (Lehenbrief 1747), 261 (Pachtvertrag ndl. Post 1753), 305 (Postvertrag mit Frankfurt 1789), 320 (Postvertrag mit Hessen-Darmstadt 1744), 322 (Postvertrag mit Hessen-Darmstadt 1804), 388 (Postverhältnisse Nassau 1740), 395 (Postvertrag mit Nassau 1804), 490 (Postvertrag mit Baden-Baden 1743), 493 (Postverträge mit Baden 1805), 523 (Postvertrag Oldenburg 1805), 525 (Badisches Postlehen

vom 2. Mai 1806), 532 (Bayerisches Post- bzw. Thronlehen 1806), 570–571 (Postvertrag zw. Nürnberg und Brandenburg-[Onolzbach] 1744/45), 576 (Postvertrag mit Braunschweig-Lüneburg 1661), 577 (Braunschweig-lüneburgischer Postvertrag 1703), 608 (Postvertrag mit Hannover 1738), 609 (Postvertrag mit Hannover 1748), 677 (Postvertrag mit Kurpfalz 1743), 696 (Postvertrag zu Wesel 1755), 697 (Postvertrag mit Preußen 1803), 716 (Ablösevertrag Preußen), 718 (Lehenvertrag über die fürstprimatischen Posten 1806), 754 (Postvertrag Salm 1803), 767 (Postvertrag mit Trier 1790), 828 (Postvertrag mit Frankreich 1740), 840–841 (Postverträge mit Frankreich 1801, 1803), 930 (Postvertrag mit Amsterdam 1740)

Rübsamiana 10 (Aktenexzerpte)

Hofbibliothek (HB), Collectaneae von dem Postwesen 58, 85, 99, 139, 148 156, 167

Hofbibliothek (HB), Korrespondenz, Laufende Registratur 56/42

Hofbibliothek (HB), Lit 23 (a) (»Allgemeine Übersicht der Hochfürstlich Thurn und Taxisschen Posten und des Postpersonals von Christian Gottlob Vischer, Hochf. Thurn und Taxisscher Postdirectionsregistator, Frankfurt am Main im August 1825«), Lit 23 (b) (»Übersicht der Hochfürstlich Thurn und Taxisschen Postverträge, Frankfurt 1823, mit Nachträgen bis 1826«)

HAUPTSTAATSARCHIV STUTTGART (HSTA STUTTGART)
Kabinett, Geheimer Rat, Ministerien 1806–1945 (E-Bestände), E 7 Bü 103 (Dt. Bund, standesherrliche Verhältnisse), E 9 Bü 119 (Briefwechsel mit Thurn und Taxis wg. Postsachen), E 9 Bü 124 (Verhandlungen mit Generalpostdirektor Grub, 1811), E 9 Bü 50 (Beschwerde Thurn und Taxis beim Bundestag), E 9 Bü 68 (Beschwerde wegen Buchau, Übernahme der Schulden bei Dischingen), E 9 Bü 76 (Staatsrechtliche Verhältnisse Thurn und Taxis 1817–1872), E 9 Bü 85 (Verhältnisse Gutsherrschaften etc.), E 9 Bü 86 (Aufenthalt im Königreich), E 10 Bü 122 (Ablösung der Thurn und Taxisschen Post), E 31 Bü 1002–1003 (Wohnsitzpflicht für Adelige), E 31 Bü 1004 (Waldburg-Zeil-Trauchburg), E 31 Bü 1006 (Verhandlungen mit dem hohen und niederen Adel in Württemberg, 1817/1818), E 31 Bü 1008 (Bewilligung besonderer Uniformen an Standesherren), E 31 Bü 1009 (Grundsätze der Besteuerung des Adels und Grundbesitzer), E 31 Bü 1010 (Bitte von Oettingen-Wallerstein wegen Festlegung seiner staatsrechtlichen Verhältnisse 1817), E 31 Bü 1011 (Verhandlungen wegen staatsrechtlicher Verhältnisse mit ehemals reichständischen Adel), E 31 Bü 1013 (Ablehnung einer Beschwerde Fürstenbergs), E 31 Bü 1026 (Standesherrliche Rechte und Vermögensangelegenheiten Thurn und Taxis, 1806–1817), E 31 Bü 1039 (Stellung der adeligen Hintersassen zu ihren Gutsherrschaften 1810–1813), E 31 Bü 1040 (Gesetzliche Regelung der Erbfolge – Thurn und Taxis), E 31 Bü 1232 (Einspruch des Fürsten Thurn und Taxis), E 31 Bü 139 (Auseinandersetzung wegen Huldigungssatzung 1807), E 31 Bü 534 (Justizkanzleien II. Instanz, 1807), E 31 Bü 796 (Postkonvention 1803), E 31 Bü 797 (Berichte Wintzingerodes über Postkonvention), E 31 Bü 798 (Promemoria zur Postkonvention), E 31 Bü 799 (Verhandlungen Postkonvention 1805), E 31 Bü 805 (Entwürfe der Postkonvention 1805), E 31 Bü 806 (Kronoberpostmeisteramt und Entschädigungen, 1816–1818), E 105 Bü 3 (Staatsrechtliche Verhältnisse, 1819–1823), E 105 Bü 102 (Entschädigung beanspruchter Realitäten, Gefälle und Rechte 1864–1872), E 105 Bü 40 (Jagd- und Waldtausch, 1817), E 141 Bü 128 (Huldigung Thurn und Taxis, 1807), E 141 Bü 255/256 (Königliche Edikte etc.), E 146 Bü 224 (Oettingen-Wallerstein), E 146 Bü 325 (Fürstenberg), E 146 Bü 326 (Fugger-Fugger-Babenhausen), E 146 Bü 587 (Sequester Ertingen), E 146 Bü 588 (Konvent zu Marchthal), E 146 Bü 589 (Ostrach, Kreis Sigmaringen), E 156 Bü 64 (Adelsmatrikel Thurn und Taxis), E 157 Bü 140 (Adelsmatrikelkommission)

ÖSTERREICHISCHES STAATSARCHIV, ALLGEMEINES VERWALTUNGSARCHIV WIEN (ÖSTA, AVA WIEN)
Reichsadel (RA), Eugen Alexander 1695

HAUS-, HOF- UND STAATSARCHIV WIEN (HHSTA WIEN)
Mainzer Erzkanzlerarchiv, Reichstagsakten (MEA, RTA) 649, 656 (Herrschaft Friedberg-Scheer und Thurn und Taxis), 714, 716–719 (Prinzipalkommission)
Reichshofrat (RHR), Obere Registratur 897 (Oettingen-Wallerstein), 1670 (Thurn und Taxis), 1671 (Thurn und Taxis); Reichslehensakten, deutsche Expedition 223 (Thurn und Taxis); Lehenbuch
Staatskanzlei (StK), Adelsakten und Familiaria, Karton 1 (Adel allgemein); Kleinere Betreffe 16 (Postwesen), 18 (Thurn und Taxis 1797–1831); Deutsche Akten 207 (Adel allgemein), 211 (Bundesversammlung); Administrative Registratur F 3, Karton 3 (Konvolut: Thurn und Taxis), Karton 4 (Konvolut: Thurn und Taxis)
Reichskanzlei (RK), Kleinere Reichsstände 120 (Fürstenberg), 121 (Fugger), 123 (Fugger), 391 (Oettingen-Wallerstein), 489 (Schönborn), 502 (Schwarzenberg), 519 (Thurn und Taxis), 520 (Thurn und Taxis); Ministerialkorrespondenz 219; Große Korrespondenz 403 (Schwarzenberg, Thurn und Taxis), 482 (Schwarzenberg); Reichsakten in specie, Fasz. 21–26
Familienarchiv Habsburg Lothringen (FaHL), Thurn und Taxissche Sache, Karton 1–4 (Vormundschaft für Thurn und Taxis, etc.); Sammelbände, Karton 55 (Korrespondenzen mit dem Kaiser)
Reichskrieg gegen Frankreich, Fasz. 45 (Postorganisation)
Rastatter Friedensakten, Fasz. 17 (Postwesen)
Württembergisches Gesandtschaftsarchiv Stuttgart, Karton 3

2. Gedruckte Quellen

An seine Hochfürstliche Durchlaucht Herrn Karl Anselm des H. R. R. regierenden Fürsten von Thurn und Taxis [...] am Abend HöchstIhres feyerlichen Einzuges in Regensburg den 26. October 1790 von den Höchstdieselben bedienenden Handelsleuten, Gewerben und Lieferanten, [Regensburg] 1790.
ANNUSS, Walter/Winfried BAUMANN, Eine Reise von Pilsen nach Regensburg. Der Bericht des böhmischen Pädagogen J. V. Sedláçik (1785–1836), in: VHVO 125 (1985), S. 373–385.
ARNDT, Ernst Moritz, Geist der Zeit, 6. Aufl. Altona 1877.
BAADER, Klement Alois, Reisen durch verschiedene Gegenden Deutschlands in Briefen, Bde. 1–2, Augsburg 1808.
BAUMGARTEN, E. von, Erinnerung an den Festzug zum 150. Residenz-Jubiläum des Fürstl. Thurn und Taxisschen Hauses in Regensburg. Regensburg 1899.
Bei der in der kaiserl. freien Reichsstadt Regensburg am 31. März im Namen Sr. itzt glorwürdigst regierenden Kaiserlichen Majestät Leopold II. von Ihre hochfürstl. Durchlaucht dem regierenden Fürsten Karl Anselm von Thurn und Taxis eingenommenen Huldigung. Allen Einwohnern Regensburgs, hohen und niedern Standes gewidmet, [Regensburg] 1791.
BERGIUS, Johann H., Von dem Postwesen, in: Polizey- und Cameralmagazin 7 (1773), S. 142–180.
BEUST, Joachim Ernst von, Des Versuchs einer ausführlichen Erklärung des Post-Regals und was deme anhängig, überhaupt und ins besondere in Ansehung Des Heil. Röm. Reichs Teutscher Nation Zweyter Theil, Jena 1748.
Beyträge zur Kenntniß des Salariatszustands der Reichsstadt Regensburg, [Regensburg] 1801.
BIRGHDEN, Johann von den, Bericht von der ehemaligen Beschaffenheit des Postwesens im Heiligen Römischen Reich, in: BEUST, Des Versuchs, S. 567–589.
BOBERACH, Heinz/Horst ZIMMERMANN (Bearb.), Publizistische Quellen zur Geschichte der Revolution von 1848 und ihren Folgen, Koblenz 1996.
Die Carl-Taxische Allee oder Gedanken über ein Denkmal, Regensburg 1780.

CHIFLETIUS, Julius, Les marques d'honneur de la maison de Tassis, Antwerpen 1645.
CUNIBERT, August Franz de, Dissertatio de iuribus Electori Moguntino intuito postarum imperialium, qua S. R. J. per Germaniam Archicancellario, titulo protectionis, directionis, inspectionis, alliundeque competentibus, Mainz 1784 (deutsch: Regensburg 1785).
DALLMEIER, Martin (Hrsg.), Quellen zur Geschichte des europäischen Postwesens 1501–1806, Bde. 1–3, Kallmünz 1977.
DIMPFEL, Christian Gottlieb, RatisBona Nov-Antiqua: Kurtze, wiewohlen gründliche Beschreibung Des H. Römisch. Reichs Teutscher Nation Freyen Stadt Regenspurg in XIV. Theilen, Bde. 1–4, [Regensburg] 1740–1774.
DITZ, Heinrich, Die landwirtschaftliche Krise in Bayern, in: Jahrbücher für Nationalökonomie und Statistik 10 (1868), S. 141–155.
DÖHLER, Jacob Friedrich, Kurzgefaßte Abhandlung von den Regalien, o. O. 1775.
DÜNNINGER, Eberhard (Hrsg.), Begegnungen mit Regensburg. Stadt und Landschaft im Erlebnis der Jahrhunderte, 2. Aufl. Regensburg 1982.
Empfindungen der reinsten Freude und tiefsten Unterwürfigkeit am frohen Tage des Regierungsantritts des Durchlauchtigsten Fürsten und Herrn Herrn Johann Aloys, des Zweyten, des heil. Röm. Reichs Fürsten zu Oettingen-Oettingen und Oettingen-Spielberg und Höchstdero in Regensburg feyerlichst vollzogenen Vermählung mit der Durchlauchtigsten Fürstinn und Frau, Frau Henriette Dorothea Karoline, des heil. Röm. Reichs gebohrnen Fürstin zu Thurn und Taxis Sr. regierenden Hochfürstl. Durchlaucht geweiht von Höchstdero Regierungs- und Rentkammerkollegien und übrigen Departements, Oettingen 1783.
Enthüllte Geheimnisse der Wiener Polizei. Herausgegeben und bearbeitet nach den aufgefundenen Papieren eines Vertrauten. Nebst einem Anhange: Ein Beispiel furchtbarer Gesetzlosigkeit, o. O. 1848.
Entwurf eines Sitten- und Straf-Gesätzbuchs für einen deutschen Staat, Ulm 1793.
ETHEREGE, Sir George, Letterbook, hrsg. von S. Rosenfeld, London 1928.
FABER, Johann H., Topographische, politische und historische Beschreibung der Reichs-, Wahl- und Handelsstadt Frankfurt am Mayn, Bde. 1–2, Frankfurt a. M. 1788.
FLACCHIO Engelbert, Généalogie de la très-illustre, très-ancienne et autrefois souveraine maison de la Tour, Bde. 1–3, Brüssel 1709.
FRIDERICH, Trauerkantate auf das tödliche Hinscheiden des Durchlauchtigsten Fürsten und Herrn Herrn Karl Anselm von Thurn und Taxis den 13ten November 1805, Regensburg 1805.
FRIDERICI, Johann B., Cryptographia oder Geheime schrifft-, münd- und würckliche Correspondentz [...], Hamburg 1685.
GASPARI, Adam Christian, Der Deputations-Recess mit historischen, geographischen und statistischen Erläuterungen und einer Vergleichungs-Tafel, Bde. 1–2, Hamburg 1803.
Ders., Der Französisch-Russische Entschädigungs-Plan mit historischen geographischen und statistischen Erläuterungen und einer Vergleichungstafel, Regensburg 1802.
GEMEINER, Carl Theodor, Regensburgische Chronik, Regensburg 1800–1824, bearb. und neu hrsg. von Heinz Angermeier, München 1971.
GIULINI, Giorgio conte di, Memorie spettanti alla storia, al governo ed alla descrizione della città e della campagna di Milano nei secoli bassi, Milano 1760, ND Milano 1973.
GOETHE, Johann Wolfgang von, Aus meinem Leben. Dichtung und Wahrheit, Frankfurt a. M. 1993.
Ders., Wilhelm Meisters Lehrjahre, in: Ders., Werke, 1, 21–1, 23, Weimar 1899–1901.
GÜNTHER, Franz, Der Oesterreichische Großgrundbesitzer. Ein Handbuch für den Großgrundbesitzer und Domainebeamten, Wien 1883.
GUMPELZHAIMER, Christian Gottlieb, Regensburg's Geschichte, Sagen und Merkwürdigkeiten von den ältesten bis auf die neuesten Zeiten in einem Abriß aus den besten Chroniken, Geschichtsbüchern, und Urkundensammlungen, Bde. 1–4, Regensburg 1830–1838.
HANDEL, Franz Lothar, Das Jubelfest der fünfzigjährigen Amts-Wirksamkeit Seiner Excellenz des Fürstlich Thurn und Taxis'schen wirklichen Geheimen Raths und General-Post-

Directors Herrn Alexander Freiherrn von Vrints-Berberich. Als Manuscript für Post-Beamte und zum Besten der Postillons Hilfs-Kasse zusammengestellt, Frankfurt a. M. 1835.
HAUFF, Hermann, Moden und Trachten. Fragmente zur Geschichte des Costüms, Stuttgart 1840.
HEIGEL, Karl Theodor von (Hrsg.), Das Tagebuch Kaiser Karl's VII. aus der Zeit des österreichischen Erbfolgekriegs, München 1883.
HERMAND, Jost (Hrsg.), Von deutscher Republik. 1775–1795, Bde. 1–2, Frankfurt a. M. 1968.
HIRSCHING, Friedrich C., Versuch einer Beschreibung sehenswürdiger Bibliotheken Teutschlands, Bd. 3, Erlangen 1788, ND Hildesheim 1971.
HOLLAND, Benedikt, Trauerrede zum Gedächtniß weyland des durchlauchtigsten Fürsten und Herrn Herrn Karl Anselm, des heil. röm. Reichs regierenden Fürsten von Thurn und Taxis, gehalten am 28ten November 1805 als das Herz des Höchstseeligen in der Kirche zu Neresheim beigesetzt wurde, Dillingen 1806.
HUBER, Ernst Rudolf, Dokumente zur deutschen Verfassungsgeschichte, Bd. 1: Deutsche Verfassungsdokumente 1803–1850, Stuttgart 1961.
HÜSGEN, Heinrich Sebastian, Nachrichten von Franckfurter Künstlern und Kunst-Sachen, Frankfurt a. M. 1780.
[IMHOF-SPIELBERG, Alexander von], Germania II. Über die deutsche Postwelt; nebst allerley Adressen. Als ein Noth- und Hülfsbüchlein für die zum ewigen Frieden versammelten Nationen in Rastatt, Hamburg 1798.
JUSTI, Johann Heinrich Gottlob von, Die Grundfeste zu der Macht und Glückseeligkeit der Staaten oder ausführliche Vorstellung der gesamten Policey-Wissenschaft, Bd 1: Welcher die vollkomme Cultur des Bodens, die Bevölkerung, den Anbau, Wachsthum und Zierde der Städte, desgleichen die Manufacturen, Fabriken und Commercien und den Zusammenhang des ganzen Nahrungsstandes abhandelt, Königsberg 1760.
Ders., System des Finanzwesens, Halle 1766.
[KAYSER, Albrecht Christoph], Beschreibung der Feierlichkeiten welche des Regierenden Herrn Reichsfürsten Carl Anselm von Thurn und Taxis [...] bey Ankunft des Neuvermählten Ehepaars [...] auf dem Schloße Trugenhofen zu geben geruhten, [Regensburg] 1789.
Ders., Beschreibung der im allerhöchsten Namen Ihro Römisch.Kayserlichen Majestät Herrn Franz des Zweyten durch Se. Hochfürstliche Durchlaucht Karl Anselm des H. R. R. Fürsten von Thurn und Taxis c. c. von der des H. R. R. Stadt Regensburg am 11. April 1793 eingenommenen Huldigung, [Regensburg] 1793.
Ders., Beschreibung der im allerhöchsten Namen [...] Leopold des Zweyten [...] am 31. März 1791 eingenommenen Huldigung, [Regensburg] 1791.
Ders., Über die Manipulation bey der Einrichtung einer Bibliothek und der Verfertigung der Bücherverzeichnisse, Bayreuth 1790.
Ders., Versuch einer kurzen Beschreibung der Kaiserlichen freyen Reichsstadt Regensburg. Reprint der Auflage von 1797. Mit einem Vorwort von Peter Styra, Regensburg 1995.
KHEVENHÜLLER-METSCH, Rudolf Graf/SCHLITTER, Hanns (Hrsg.), Aus der Zeit Maria Theresias. Tagebuch des Fürsten Johann Josef Khevenhüller-Metsch, Kaiserlicher Obersthofmeister 1742–1776, Bde. 1–8, Wien/Leipzig 1907–1972.
KLÜBER, Johann Ludwig, Acten des Wiener Congresses in den Jahren 1814 und 1815, Bde. 1–9, Erlangen 1815–1835, ND Osnabrück 1966.
Ders., Kryptographik. Lehrbuch der Geheimschreibekunst (Chiffrir- und Dechiffrirkunst) in Staats- und Privatgeschäften, Tübingen 1809.
Ders., Merkwürdiger Rangstreit zwischen einem teutschen Reichsfürsten und einem päpstlichen Nuntius, in: Ernst Ludwig POSSELT (Hrsg.), Wissenschaftliches Magazin für Aufklärung. Bd. 2, H. 1, Leipzig 1786, S. 143–148.
Ders., Das Postwesen in Teutschland, wie es war, ist und seyn könnte, Erlangen 1811.
KÖNIG, Bruno Emil, Geschichte der Briefgeheimnißverletzungen. Supplementband zu Schwarze Cabinette, 2. Aufl. Berlin 1878.
Ders., Schwarze Cabinette. Eine Geschichte der Briefgeheimniß-Entheiligungen, Perlustrationen und Brieflogen, des postalischen Secret-dienstes, des »kleinen Cabinets«, der

»Briefrevisionsbureaus« und sonstiger Briefgeheimnißverletzungen, 2. Aufl. Berlin/ Leipzig 1899.
KOHLER, Johann Kaspar, Die staatsrechtlichen Verhältnisse des mittelbar gewordenen vormals reichsständischen Adels in Deutschland, Sulzbach 1844.
Kommun-Ordnung für die Gefürstete Reichsgrafschaft Fridberg-Scheer vom 9ten July 1790, Riedlingen 1790.
KRÄMER, August, Rückblick auf das Leben Karl Alexanders von Thurn und Taxis, Regensburg 1828.
Ders., Taxis Ehre oder die Umwandlung des Namens: Schloss Trugenhofen in Schloss Taxis. Eine Dichtung mit beigefügten Erläuterungen zur Geschichte des Hochfürstlichen Hauses Thurn und Taxis, Regensburg 1823.
KRAUS, Andreas (Hrsg.), Die Briefe Roman Zirngibls von St. Emmeram in Regensburg, Kallmünz 1965.
KRÜNITZ, Johann Georg, Oekonomische Encyclopädie, oder allgemeines System der Staats-, Stadt-, Haus- u. Landwirthschaft: in alphabetischer Ordnung, Bde. 1–242, Berlin 1782–1858.
LAGARDE, Auguste de, Gemälde des Wiener Kongresses. 1814–1815. Erinnerungen, Feste, Sittenschilderungen, Anekdoten, 2., verm. u. verb. Aufl. München 1914.
LANG, Karl Heinrich Ritter von, Die Memoiren des Ritters von Lang. 1764–1835, hrsg. von Hans Haussherr, Stuttgart 1957.
LAUFS, Adolf [u. a.] (Hrsg.), Die Reichskammergerichtsordnung von 1555, Köln/Wien 1976.
LÜNIG, Johann Christian, Theatrum ceremoniale historico-politicum, oder historisch und politischer Schau-Platz aller Ceremonien, Bde. 1–2, Leipzig 1719–1720.
MARTIN, Rudolf, Jahrbuch des Vermögens und Einkommens der Millionäre in Bayern, Berlin 1914.
MARTINI, Carl Anton, Da Thurn und Taxis Hof ob einem Enkel lacht, So hat dieß schlechte Blat in Demuth dargebracht C. A. Martini, Regensburg 1759.
MARTIUS, Ernst Wilhelm, Erinnerungen aus meinem neunzigjährigen Leben, Leipzig 1847.
MERTENS, Johann A., Beleuchtung der in dem ersten Hefte der Erörterungen und Beispiele des deutschen Staats- und Fürstenrechtes von dem Herrn geheimen Justizrath Pütter enthaltenen Abhandlung von dem Reichspostwesen, [Jena] 1792.
MOLDENHAUSEN, Rüdiger/Hans SCHENK (Bearb.), Findbücher Vorparlament, Fünfzigerausschuß, Deutsche Nationalversammlung 1848/9, Koblenz 1980.
MOSER, Johann Jacob, Grundriß der heutigen Staats-Verfassung des teutschen Reichs, Tübingen 1748.
Ders., Persönliches Staats-Recht derer teutschen Reichs-Stände: Nach denen Reichs-Gesezen u. d. Reichs-Herkommen, wie auch aus denen Teutschen Staats-Rechts-Lehrern, u. eigener Erfahrung [...], Frankfurt a. M. 1775.
Ders., Teutsches Staats-Recht, Bde. 1–53, Nürnberg et. al. 1737–1754.
Ders., Von den teutschen Reichsständen, Leipzig/Frankfurt a. M. 1767.
Ders., Von denen Teutschen Reichs-Taegen: Nach denen Reichsgesezen und dem Reichsherkommen, wie auch aus denen Teutschen Staats-Rechts-Lehren und eigener Erfahrung, Frankfurt a. M. 1774.
Ders., Von der teutschen Craysverfassung, Frankfurt a. M./Leipzig 1773.
MÜLLER, Johann Bernhard, Beschreibung des gegenwärtigen Zustands der Freien Reichs-Wahl- und Handels-Stadt Franckfurt am Mayn, Frankfurt a. M. 1747.
NICOLAI, Friedrich, Beschreibung einer Reise durch Deutschland und die Schweiz im Jahre 1871. Nebst Bemerkungen über Gelehrsamkeit, Industrie, Religion und Sitten, Bde. 1–12, Berlin 1783–1796.
NIEDERMAYER, Andreas, Künstler und Kunstwerke der Stadt Regensburg. Ein Beitrag zur Kunstgeschichte Altbayerns, Landshut 1857.
OMPTEDA, Friedrich von, Neue vaterländische Literatur. Eine Fortsetzung älterer historisch-statistischer Bibliotheken der Hannoverschen Lande bis zum Jahr 1807, Hannover 1807.

PASSY, Bernhard, Trauerrede auf den Durchleuchtigsten Fürsten und Herrn, Herrn Alexander Ferdinand, des heiligen Römischen Reichs Fürsten von Thurn und Taxis, Regensburg 1773.

PEZZL, Johann, Reise durch den Baierischen Kreis, Salzburg/Leipzig 1784.

PFEFFER, Maria, Flugschriften zum Dreißigjährigen Krieg. Aus der Häberlin-Sammlung der Thurn und Taxis Hofbibliothek, Frankfurt a. M. 1993.

PFEIFFER, Christoph Ludwig, Ode an Seine Hochfürstliche Durchlaucht Herrn Herrn Alexander Ferdinand des H. R. R. Fürsten zu Thurn und Taxis etc. bey der höchsterfreulichen Gebuhrt ihres Durchlauchtigsten Enkels, Regensburg 1759.

PLATO, Georg G., Sammlung verschiedener Nachrichten, den Ursprung, Erbauung und Anwachs der Stadt Regensburg auch deren Namen betr., Regensburg 1776.

POSCHINGER, Heinrich von (Bearb.), Preußen im Bundestag 1851 bis 1859. Dokumente der K. Preuß. Bundestagsgesandtschaft, Bde. 1–4, Leipzig 1882–1884.

POSSELT, Ernst Ludwig, Ueber das Postwesen, besonders in Teutschland, dessen Geschichte, Rechte und Mängel, in: Wissenschaftliches Magazin für Aufklärung 1, 3 (1785), S. 298–321.

Privatmeinung des Churf. geheimen Referendars in landschaftlichen Angelegenheiten über den gegenwärtigen Zustand der bayerischen Staatswirtschaft, [München] 1799.

PROSCH, Peter, Leben und Ereignisse des Peter Prosch, eines Tyrolers von Ried im Zillerthal, oder Das wunderbare Schicksal. Geschrieben in den Zeiten der Aufklärung, München 1789, Neuausgabe, hrsg. von Karl Pörnbacher, München 1964.

PÜCKLER-MUSKAU, Fürst Hermann von, Briefe eines Verstorbenen: Ein fragmentarisches Tagebuch aus England, Wales, Irland und Frankreich 1828–1829, Bde. 1–4, Stuttgart 1988.

PÜTTER, Johann Stephan, Erörterungen und Beyspiele des Teutschen Staats- und Fürstenrechts, Erstes Heft: Vom Reichspostwesen, Göttingen 1790.

Ders., Ob es als eine allgemeine Regel angenommen werden könne, daß Erbverträge reichsständischer Häuser ohne kaiserliche Bestätigung nicht zu Recht beständig seyen?, in: Ders., Beyträge zum Teutschen Staats- und Fürsten-Rechte, Bd. 2, Göttingen 1779, ND Hildesheim 2001, S. 179–219.

Ders., Über den Unterschied der Stände, besonders des hohen und niederen Adels in Deutschland. Zur Grundlage einer Abhandlung von Mißheiraten Teutscher Fürsten und Grafen, Göttingen 1795, ND Königstein 1979.

Revidierte Verfassung und Gesetze der Harmonie zu Regensburg. Im ersten Entwurf angenommen in der Generalversammlung vom 18. November 1801, Regensburg 1820.

[RIESBECK, Johann Kaspar], Briefe eines reisenden Franzosen durch Bayern, Pfalz und einen Theil von Schwaben, Zürich 1783.

ROHR, Julius Bernhard von, Einleitung zur Ceremoniel-Wissenschaft der großen Herren, Berlin 1729.

ROTHAMMER, Wilhelm, Das gräßliche Bild der Verwüstung bei dem schrecklichen Eisgange 1784: ein Denkmal für Regensburg und die Menschheit, Augsburg 1784.

Ders., Der Hochfürstlich Thurn und Taxische Spaziergang um die freie Reichstadt Regensburg, ein Denkmal der Freuden für Regensburg, [Regensburg] 1784.

Ders., Josef der Zweete Germaniens grosser Kaiser gesungen von Wilhelm Rothammer den 19ten im Märzmonde 1781, [Regensburg] 1781.

Ders., Karl Anselms von Turntaxis Sommerreise nach dem neuen Fürstentum Scheer. Eine Ode von Wilhelm Rothammer, [Regensburg] 1787.

SCHÄBLEN, Georg Jakob, Trauerrede, über den schmerzlichstbetrübenden frühen Tod der Durchlauchtigsten Fürstin und Frau, Frau Henriette Dorothea Karoline, des Heil. Röm. Reichs regierenden Fürstin zu Oettingen-Oettingen, und Oettingen-Spielberg, gebohrner Reichsfürstinn von Thurn und Taxis den 13. May 1784 bey höchster Gegenwart der Hochfürstl. gnädigsten Herrschaft, in der evangelischen St. Jakobskirche zu Oettingen gehalten, Oettingen 1784.

SCHÄFFER, Jakob Christian Gottlieb, Briefe auf einer Reise durch Frankreich, England, Holland und Italien in den Jahren 1787/88, Bde. 1–2, Regensburg 1794.

Ders., Versuch einer medicinischen Ortsbeschreibung der Stadt Regensburg, Regensburg 1787.
SCHENK, Hans, unter Mitwirkung von Elfriede EISSELT (Bearb.), Reichsministerium der Provisorischen Zentralgewalt, Koblenz 1986.
SCHILLING, A., Wie man vor 100 Jahren einen neuen Landesfürsten empfing, in: Literarische Beilage des Staatsanzeigers für Württemberg, [Stuttgart] 1888, S. 31 f.
SCHMIDTER, Georg Christoph, Dem feyerlichen Einzug Sr. Durchlaucht des Herrn Erbprinzen von Thurn und Taxis Carl Alexander als neuen und aus diesem Hochfürstlichen Hause dritten höchst ansehnlichen Kaiserlichen Prinzipal-Kommissär, Regensburg 1797.
SCHNELL, Eugen, Festschrift zur 100jährigen Jubelfeier der Stiftung des Landschaftlichen Hausarmen- und Schulfonds zu Scheer vom Jahre 1775, Sigmaringen 1874
Schulordnung für die Jugend der reichsgefürsteten Grafschaft Friedberg-Scheer und der andern dazugewandten Reichsherrschaften, Stadtamhof 1798.
SCHULZE, Hermann (Hrsg.), Die Hausgesetze der regierenden deutschen Fürstenhäuser, Bde. 1–3, Jena 1862–1883.
SCHWARZKOPF, Joachim von, Über Staats- und Adress-Calender. Ein Beytrag zur Staatenkunde, Berlin 1792.
SCHWEIGER, Franz, Devoteste, und innigste Theilnahme an dem Jubel und der Freude über die glückliche Ankunft und Antritt der höchst Kais. Königl. Prinzipal-Kommissariats-Würde des Durchlauchtigsten Herrn Herrn Karl Alexander, des heil. röm. Reichsfürsten von Thurn und Taxis. Gegeben den 4ten April 1797, [Regensburg] 1797.
Sinngedichte Bey dem [...] In Höchstfeyerlichster Pracht vollzogenen Vermählungsfeste Des Durchlauchtigsten Fürsten und Herrn Herrn Alexander Ferdinand [...] Mit Der Durchlauchtigsten Fürstin und Frau Frauen Maria Henrica Des H. R. R. Fürstin zu Fürstenberg, o. O. 1750.
SPIEL, Hilde (Hrsg.), Der Wiener Kongreß in Augenzeugenberichten, Düsseldorf 1965.
SPINDLER, Max (Hrsg.), Briefwechsel zwischen Ludwig I. von Bayern und Eduard Schenk 1823–1841, München 1930.
SRBIK, Heinrich von (Hrsg.), Quellen zur deutschen Politik Österreichs, Bde. 1–5, Oldenburg 1934–1938, ND Osnabrück 1967.
VOM STEIN, Karl Freiherr, Briefe und amtliche Schriften, Bde. 1–10, Stuttgart 1957–1974.
STIELER, Kaspar, Zeitungs Lust und Nutz. Oder derer so genanten Novellen oder Zeitungen wirckende Ergetzlichkeit [...], Hamburg 1695, ND Bremen 1969.
STRAMBERG, Christian von, Denkwürdiger und nützlicher Rheinischer Antiquarius, Abt. 3, Bd. 13: Das Rheinufer von Coblenz bis Bonn, Coblenz 1867.
TALLEYRAND-PERIGORD, Charles Maurice de, Mémoires du Prince de Talleyrand, hrsg. vom Duc de Broglie, Paris 1891.
TOCQUEVILLE, Alexis de, Memoirs, Bd. 1, London 1861.
Ders., Über die Demokratie in Amerika, Stuttgart 1956.
ULRICHS, Karl, Das Deutsche Postfürstenthum, sonst reichsunmittelbar: jetzt bundesunmittelbar. Gemeinrechtliche Darstellung des öffentlichen Rechts des Fürsten von Thurn und Taxis als Inhaber der gemeinen Deutschen Post, Gießen 1861.
Verzeichnis der Standesherren, [Frankfurt a. M.] 1843.
VISCHER, Christian Gottlob, Allgemeine Übersicht der Hochfürstlich Thurn und Taxisschen Posten und des Postpersonals von Christian Gottlob Vischer. Hochf. Thurn und Taxisscher Postdirectionsregistator, Frankfurt am Main 1825.
Ders., Übersicht der Hochfürstlich Thurn und Taxisschen Postverträge, Frankfurt a. M. 1823 [mit Nachträgen bis 1826].
VOLLGRAFF, Karl, Die teutschen Standesherren. Ein historisch-publicistischer Versuch, Gießen 1824.
Volständige Darstellung der Gründe, womit in Sachen Herrn Fürsten von Turn und Taxis, als Kayserlichen Reichserbgeneralpostmeisters Hochf. Durchlaucht wider Herrn Bürgermeister und Rath der kayserlichen und des heil. Reichsstadt Frankfurt am Mayn, praetensi mandati S. C. die Ausübung der Civil- und Territorialgerichtbarkeit über die Kayserl. Postofficianten in causis non officialibus betreffend, Frankfurt a. M. 1786.

WALISZWESKI, Kasimierz (Hrsg.), La Russie il y a cent Ans. La Regne d'Alexandre, Bd. 3, Paris 1823.
WEBER, Karl Julius, Reise durch Bayern, o. O., o. J., ND München 1980.
WEINZIERL, Cölestin, Trauerrede auf den Durchlauchtigsten Herrn Herrn Karl Anselm, des Heil. Röm. Reichs Fürsten von Thurn und Taxis [...] bey dem ersten Trauergottesdienste in der fürstlichen Stiftskirche zu St. Emmeram in Regensburg den 21. November 1805, Regensburg 1805.
WERKMEISTER, Benedikt Maria, Trauerrede, zum Gedächtnis weyland der Durchlauchtigsten Fürstin und Frau, Frau Henriette Dorothea Karoline, des Heil. Röm. Reichs regierenden Fürstin zu Oettingen-Oettingen, Oettingen-Spielberg, gebohrene Reichsfürstinn von Thurn und Taxis den 10. May 1784 bey höchster Gegenwart der Hochfürstl. gnädigsten Herrschaft, in der katholischen Pfarrkirche zu St. Sebastian in Oettingen gehalten, Oettingen 1784.
Wie sichert man sich vor Brief-Erbrechung und deren Verfälschung? In drey verschiedenen Abhandlungen. Nebst Siegel- und Schrift-Cabinetten für den Liebhaber, Lübeck/Leipzig 1797.
WITTMANN, Reinhard (Hrsg.), »Die Post will fort, ich muß schließen«. Briefe aus dem 18. Jahrhundert, München 1985.
WURZBACH, Constantin von (Hrsg.), Biographisches Lexikon des Kaiserthums Oesterreich, Bde. 1–60, Wien 1856–1923.
ZAZZERA, Francesco, Della nobiltà dell'Italia, Napoli 1628.
ZEDLER, Johann Heinrich, Grosses vollständiges Universal Lexikon aller Wissenschaften und Künste, Bde. 1–64, Leipzig 1732–1754
ZEUMER, Karl (Hrsg.), Quellensammlung zur Geschichte der Deutschen Reichsverfassung in Mittelalter und Neuzeit, Leipzig 1904.

3. Darstellungen

ABEL, Wilhelm, Agrarkrisen und Agrarkonjunktur, 2. Aufl. Hamburg/Berlin 1966.
ABT, Emil, Mißheiraten in den deutschen Fürstenhäusern unter besonderer Berücksichtigung der standesherrlichen Familien, Heidelberg 1911.
ADAM, Wolfgang, Privatbibliotheken im 17. und 18. Jahrhundert. Fortschrittsberichte (1975–1988), in: IASL 15 (1990), S. 123–173.
ADLHOCH, Gabriele, Die Ankunft von Alexander Ferdinand von Thurn und Taxis und seiner Mutter in Regensburg 1748, in: MÖSENEDER, Feste, S. 351 f.
AGULHON, Maurice, Der vagabundierende Blick. Für ein neues Verständnis politischer Geschichtsschreibung, Frankfurt a. M. 1995.
ALBRECHT, Dieter, Regensburg im Wandel. Studien zur Geschichte der Stadt im 19. und 20. Jahrhundert, Regensburg 1984.
Ders. (Hrsg.), Regensburg – Stadt der Reichstage, Regensburg 1980
Allgemeine deutsche Biographie, Bde. 1–56, Leipzig 1875–1912, ND Berlin 1967–1971.
ALTMANNSPERGER, Hans-Joachim, Die rechtlichen Gesichtspunkte des Streites um das Postregal in den Schriften des 17. und 18. Jahrhunderts, Diss. jur. Frankfurt a. M. 1954.
Ders., Ursprung und Entwicklung der staatlichen Alleinrechte auf dem Gebiet des Postwesens. Eine postrechtsgeschichtliche Betrachtung, in: Jahrbuch des Postwesens 19 (1969), S. 236–266.
ANDRÄ, Christine, »Im Park muß alles Ideal sein ...«. Englischer Wald und Karlsbrunnen bei Schloß Taxis (Trugenhofen), in: Franz KARG (Hrsg.), Regensburg und Ostbayern. Max Piendl zum Gedächtnis, Kallmünz 1991, S. 127–166.
ANTON, Herbert, Modernität als Aporie und Ereignis, in: Hans STEFFEN (Hrsg.), Aspekte der Modernität, Göttingen 1965, S. 7–30.
ARETIN, Karl Otmar von (Hrsg.), Der aufgeklärte Absolutismus, Köln 1974.
Ders., Heiliges Römisches Reich 1776–1806. Reichsverfassung und Staatssouveränität, Bde. 1–2, Wiesbaden 1967.

Ders., Das Reich. Friedensgarantie und europäisches Gleichgewicht 1648–1806, Stuttgart 1986.
ARIÈS, Philippe, Geschichte der Kindheit, München/Wien 1975.
Ders., Geschichte des Todes, Frankfurt a. M. 1982.
ARNDT, Johannes, Das Fürstentum Lippe im Zeitalter der Französischen Revolution 1770–1820, Münster 1992.
ARNECKE, Günther, Die Frankfurter Oberpostamtszeitung 1814–1848. Zur Typologie der Biedermeier-Presse, Diss. phil. München 1941.
ARNETH, Alfred Ritter von, Geschichte Maria Theresias, Bd. 4: Maria Theresia's letzte Regierungszeit 1763–1780, Wien 1879.
AUE, Harry, Die rechtliche Entstehung der bayerischen Staatspost in den Jahren 1805–1808, Diss. phil. (masch.) München 1949.
BADER, Karl Siegfried, Fürstin Elisabeth zu Fürstenberg im Kampf um die Rechte ihres mediatisierten Hauses, in: Schriften des Vereins für Geschichte und Naturgeschichte der Baar 24 (1956), S. 119–153.
Ders., Zur Lage und Haltung des schwäbischen Adels am Ende des Alten Reiches, in: ZWLG 5 (1941), S. 335–389.
BADEWITZ, Hans, Der Zusammenschluß des Postwesens in Deutschland. Ein entwicklungsgeschichtlicher Rückblick unter besonderer Berücksichtigung Bayerns, in: APB 7 (1951), S. 244–249.
BARBOUR, Murray J., Pokorny und der »Schacht-Katalog«. Ein Beitrag zur Geschichte der fürstlichen Hofmusik, in: PIENDL, Beiträge [1963], S. 269–298.
BARFUSS, W., Hausverträge und Hausgesetze fränkischer reichsgräflicher Familien (Castell, Löwenstein-Wertheim), Diss. jur. Würzburg 1972.
BAUER, Karl, Regensburg. Aus Kunst-, Kultur-, und Sittengeschichte, 4. Aufl. Regensburg 1988.
BAUER, Thilo, Freimaurerei in Regensburg. Ein Beitrag zum literarischen und geistig-kulturellen Leben Regensburgs im 18. und 19. Jahrhundert, Staatsexamensarbeit (masch.) Universität Regensburg 1997.
BAUER, Volker, Die höfische Gesellschaft in Deutschland von der Mitte des 17. bis zum Ausgang des 18. Jahrhunderts. Versuch einer Typologie, Tübingen 1993.
BAUER, Wilhelm, Die Taxis'sche Post und die Beförderung der Briefe Karls V. in den Jahren 1523 bis 1525, in: MIÖG 27 (1906), S. 436–459.
BAUMANN, Wolfgang/Elisabeth FENDL/Burgi KNORR, Barocke Feste, in: MÖSENEDER, Feste, S. 68–77.
BEHRINGER, Wolfgang, Fugger und Taxis. Der Anteil Augsburger Kaufleute an der Entstehung des europäischen Kommunikationssystems, in: Johannes BURKHARDT (Hrsg.), Augsburger Handelshäuser im Wandel des historischen Urteils, Berlin 1996, S. 241–248.
Ders., Post, Zeitung, Reichsverfassung. Machtkämpfe zu Beginn des Zeitungswesens, in: BEYRER/DALLMEIER, Zeitung, S. 40–63.
Ders., Das »postalische Königgrätz«. Stephan und die Übernahme der Thurn-und-Taxis-Post durch Preußen, in: BEYRER, Kommunikation, S. 53–56.
Ders., Thurn und Taxis. Die Geschichte ihrer Post und ihrer Unternehmen, München 1990.
BELLOC, Alexis, Les postes françaises: recherches historiques sur leur origine, leur développement, leur législation, Paris 1886.
BERDING, Helmut/Hans Peter ULLMANN, Veränderungen in Deutschland an der Wende vom 18. zum 19. Jahrhundert, in: Dies. (Hrsg.), Deutschland zwischen Revolution und Restauration, Königstein 1981, S. 11–40.
BERNS, Jörg-Jochen [u. a.] (Hrsg.), Erdengötter. Fürst und Hofstaat in der frühen Neuzeit im Spiegel von Marburger Bibliotheks- und Archivbeständen, Marburg 1997.
BEYME, Klaus von, Art. »Elite«, in: Sowjetsystem und demokratische Gesellschaft, Bd. 2, Freiburg i. Br. 1968, Sp. 103–128.
BEYRER, Klaus (Hrsg.), Kommunikation im Kaiserreich. Der Generalpostmeister Heinrich von Stephan, Heidelberg 1997.
Ders., Die Postkutschenreise, Tübingen 1985.

BEYRER, Klaus/DALLMEIER, Martin (Hrsg.), Als die Post noch Zeitung machte. Eine Pressegeschichte, Frankfurt a. M. 1994.
BIRKE, Adolf M. (Hrsg.), Bürgertum, Adel und Monarchie. Wandel der Lebensformen im Zeitalter des bürgerlichen Nationalismus, München 1989.
BIRTSCH, Günter, Der Idealtyp des aufgeklärten Herrschers. Friedrich der Große, Karl Friedrich von Baden und Joseph II. im Vergleich, in: Aufklärung 2 (1987), S. 9–47.
BLESSING, Werner K., Umbruchkrise und ›Verstörung‹. Die ›Napoleonische‹ Erschütterung und ihre sozialpsychologische Bedeutung. Bayern als Beispiel, in: ZBLG 42 (1979), S. 75–106.
BLUMENBERG, Hans, Schiffbruch mit Zuschauer. Paradigma einer Daseinsmetapher, Frankfurt a. M. 1979.
BÖHLKE, Effi, Alexis Henri Clérel de Tocqueville, in: Bernd LUTZ (Hrsg.), Metzler Philosophen Lexikon, 2. Aufl. Stuttgart/Weimar 1985, S. 891–895.
BOGUMIL, Sieghild, Die Parkkonzeption bei Rousseau oder die Natur als Lenkung und Ablenkung, in: Park und Garten im 18. Jahrhundert, Heidelberg 1978, S. 100–112.
BORCK, Heinz-Günther, Der Schwäbische Reichskreis im Zeitalter der Französischen Revolutionskriege (1792–1806), Stuttgart 1970.
BOSL, Karl, Die ›geminderte‹ Industrialisierung in Bayern, in: Claus GRIMM/Johannes ERICHSON (Hrsg.), Aufbruch ins Industriezeitalter, Bd. 1, München 1985, S. 22–39.
BOTT, Gerhard (Hrsg.), Die Grafen von Schönborn. Kirchenfürsten, Sammler, Mäzene. Ausstellungskatalog des Germanischen Nationalmuseums, Nürnberg 1989.
Ders., Von ganzem Herzen: Kleine Kulturgeschichte des Herzens, Nürnberg 1984.
BOURDIEU, Pierre, Entwurf einer Theorie der Praxis auf der ethnologischen Grundlage der kabylischen Gesellschaft, Frankfurt a. M. 1976.
Ders., Ökonomisches Kapital, kulturelles Kapital, soziales Kapital, in: Reinhard KRECKEL (Hrsg.), Soziale Ungleichheiten, Göttingen 1983, S. 183–198.
Ders., Sozialer Sinn. Kritik der theoretischen Vernunft, Frankfurt a. M. 1987.
BOURDIEU, Pierre/Lutz RAPHAEL, Über die Beziehungen zwischen Geschichte und Soziologie in Frankreich und Deutschland. Pierre Bourdieu und Lutz Raphael im Gespräch, in: GuG 22 (1996), S. 62–89.
BRAUN, Rudolf, Konzeptionelle Bemerkungen zum Obenbleiben. Adel im 19. Jahrhundert, in: WEHLER, Adel, S. 87–95.
BRUGGER-ALBEL, Barbara, Die Frankfurter Postzeitung. Eine Chronik, in: BEYRER/DALLMEIER, Zeitung, S. 110–116.
BRUNNER, Max, Die Hofgesellschaft. Die führende Gesellschaftsschicht Bayerns während der Regierungszeit König Maximilians II., München 1987.
BRUNNER, Otto, Adeliges Landleben und europäischer Geist. Leben und Werk Wolf Helmhards von Hohberg 1612–1688, Salzburg 1949.
Ders., Das »ganze Haus« und die alteuropäische »Ökonomik«, in: Ders., Neue Wege der Sozialgeschichte, 2. Aufl. Göttingen 1965, S. 33–61.
Ders., Land und Herrschaft. Grundfragen der territorialen Verfassungsgeschichte Südostdeutschlands im Mittelalter, 3. Aufl. Brünn 1943.
BRUNNER, Otto/Werner CONZE/Reinhart KOSELLECK (Hrsg.), Geschichtliche Grundbegriffe. Historisches Lexikon zur politisch-sozialen Sprache in Deutschland, Bde. 1–8, Stuttgart 1972–1997.
BURKE, Peter, Ludwig XIV. Die Inszenierung des Sonnenkönigs, Berlin 1993.
CASTELL-CASTELL, Prosper Graf zu, Die Immediatisierung der Grafschaft Castell, in: Mainfränkisches Jahrbuch für Geschichte und Kunst 2 (1950), S. 246–268.
CONZE, Werner, Art. »Adel, Aristokratie«, in: GGr, Bd. 1, 1972, S. 1–48.
CURL, James Stevens, The Art and Architecture of Freemasonry, London 1991.
DALLMEIER, Martin, Il casato principesco dei Thurn und Taxis e le poste in Europa, in: Le Poste dei Tasso, un'impresa in Europa, Bergamo 1984, S. 2–12.
Ders., Die Frankfurter Oberpostamtszeitung im 19. Jahrhundert. Ein konservatives Presseorgan im Deutschen Bund, in: BEYRER/DALLMEIER, Zeitung, S. 185–193.
Ders. (Hrsg.), 500 Jahre Post – Thurn und Taxis. Ausstellung anläßlich der 500jährigen Wiederkehr der Anfänge der Post in Mitteleuropa 1490–1990, Regensburg 1990.

Ders., Fürstliches Marstallmuseum, Regensburg 1996.
Ders., Die Grunderwerbspolitik des Hauses Thurn und Taxis in und um Regensburg bis zur Mitte des 19. Jahrhunderts, in: Winfried BECKER/Werner CHROBACK (Hrsg.), Staat, Kultur, Politik. Beiträge zur Geschichte Bayerns und des Katholizismus. Festschrift für Dieter Albrecht zum 65. Geburtstag, Kallmünz 1992, S. 219–235.
Ders., Der Markt Donaustauf und das fürstliche Haus Thurn und Taxis im 19. Jahrhundert, in: VHVO 135 (1995), S. 161–181.
Ders. [u. a.] (Hrsg.), Reichsstadt und Immerwährender Reichstag 1663–1806. 250 Jahre Thurn und Taxis in Regensburg, Regensburg 2001.
DALLMEIER, Martin/Manfred KNEDLIK/Peter STYRA, »Dieser glänzende deutsche Hof ...«. 250 Jahre Thurn und Taxis in Regensburg, Ausstellungskatalog, Regensburg 1998.
DALLMEIER, Martin/Clemens MAYER, Fürstliche Museen Thurn und Taxis Regensburg, Schloßmuseum, Kreuzgang, Regensburg 1998.
DALLMEIER, Martin/Martha SCHAD, Das Fürstliche Haus Thurn und Taxis. 300 Jahre Geschichte in Bildern, Regensburg 1996.
DAMKOWSKI, Wulf, Die Entstehung des Verwaltungsbegriffes. Eine Wortstudie, Köln/Berlin 1969.
DEMEL, Walter, Der bayerische Adel von 1750–1871, in: WEHLER, Adel, S. 127–143.
Ders., Der bayerische Staatsabsolutismus 1806/08–1817. Staats- und gesellschaftspolitische Motivationen und Hintergründe der Reformära in der ersten Phase des Königreichs Bayern, München 1983.
Ders., Genealogische Verbindungen innerhalb des europäischen Hochadels, in: Skriptenheft des deutschen Historikertages in Frankfurt am Main unter dem Titel »Intentionen – Wirklichkeiten«, Frankfurt a. M. 1999, S. 7–12.
DERKS, Hans, Über die Faszination des »Ganzen Hauses«, in: GuG 22 (1996), S. 221–242.
DERRIDA, Jacques, Memoires I: Mnemosyne, Wien 1988.
DIEDERICHS, Horst, Neue Macht – Neue Grenzen. Erster Teil, Bayern als souveräner Rheinbundstaat und sein Postwesen, in: Post- und Telekommunikationsgeschichte. Regionalbereich Süd/Bayern 1998, S. 36–70; 1999, S. 35–98.
DILCHER, Gerhard, Der alteuropäische Adel – ein verfassungsgeschichtlicher Typus?, in: WEHLER, Adel, S. 57–86.
DIPPER, Christof, Die Bauernbefreiung in Deutschland 1790–1850, Stuttgart 1980.
Ders., Otto Brunner, in: Annali dell'Istituto storico italo-germanico in Trento 13 (1987), S. 73–96.
DOHR, Ferdinand, Das Postwesen am linken Niederrhein 1550–1900, Viersen 1972.
DORDA, Ulrike M., Johann Aloys Joseph Reichsfreiherr von Hügel, 1754–1825. Ein Leben zwischen Kaiser und Reich im napoleonischen Deutschland, Würzburg 1969.
DORNHEIM, Andreas, Adel in der bürgerlich-industrialisierten Gesellschaft. Eine sozialwissenschaftlich-historische Fallstudie über die Familie Waldburg-Zeil, Frankfurt a. M. 1993.
DOTZAUER, Winfried, Die deutschen Reichskreise in der Verfassung des Alten Reiches und ihr Eigenleben (1500–1806), Darmstadt 1989.
DREITZEL, Hans Peter, Elitebegriff und Sozialstruktur. Eine soziologische Begriffsanalyse, Stuttgart 1962.
DREITZEL, Horst, Absolutismus und ständische Verfassung in Deutschland. Ein Beitrag zu Kontinuität und Diskontinuität der Politischen Theorie in der Frühen Neuzeit, Mainz 1992.
DRÖSCHER, Ernst, Die Methoden der Geheimschriften (Zifferschriften) unter besonderer Berücksichtigung ihrer geschichtlichen Entwicklung, Leipzig 1921.
DUCHHARDT, Heinz/Anja HARTMANN/Małgorzata MORAWIEC/Peter VOSS, Kontinuitäten und Wandel in der »Sattelzeit«. Ein Projekt des Instituts für europäische Geschichte, in: Jahrbuch der historischen Forschung in der Bundesrepublik Deutschland. Berichtsjahr 1997, München 1998, S. 24–29.
VAN DÜLMEN, Richard (Hrsg.), Fischer Lexikon Geschichte, Frankfurt a. M. 1991.
Ders., Der Geheimbund der Illuminaten?, in: ZBLG 36 (1973), S. 793–833.
Ders., Der Geheimbund der Illuminaten. Darstellung, Analyse, Dokumentation, Stuttgart 1975.

Ders., Die Gesellschaft der Aufklärer. Zur bürgerlichen Emanzipation und aufklärerischen Kultur in Deutschland, Frankfurt a. M. 1986.

Ders., Kultur und Alltag in der Frühen Neuzeit, Bd. 1: Das Haus und seine Menschen. 16. bis 18. Jahrhundert, 2. Aufl. München 1995.

DÜNNINGER, Eberhard, Regensburg. Das Bild der Stadt im Wandel der Jahrhunderte, Amberg 1995.

DÜNNINGER, Hans, Jean Baptiste Métevier und Karl Viktor Keim in ihrer Bedeutung für das fürstliche Bauwesen, in: PIENDL, Beiträge [1963], S. 299–323.

EBEN, Thomas, Der Beginn des Siebenjährigen Krieges, dargestellt anhand der Komitialberichte des Hauses Thurn und Taxis, Magisterarbeit (masch.) Regensburg 1998.

ECKHARDT, Hans Wilhelm, Herrschaftliche Jagd, bäuerliche Not und bürgerliche Kritik. Zur Geschichte der fürstlichen und adeligen Jagdprivilegien vornehmlich im südwestdeutschen Raum, Göttingen 1976.

EFFENBERGER, Eduard, Aus alten Postakten. Quellen zur Geschichte der österreichischen Post, ihrer Einrichtungen und Entwicklungen. Nach Materialien alphabetisch und chronologisch geordnet und verfaßt, Wien 1918.

Ders., Die österreichische Post und ihre Reformen unter Kaiserin Maria Theresia und Kaiser Josef II., Wien 1915.

EHRLE, Peter Michael, Volksvertretungen im Vormärz. Studien zur Zusammensetzung, Wahl und Funktion der deutschen Landtage im Spannungsfeld zwischen monarchischem Prinzip und ständischer Repräsentation, Bde. 1–2, Frankfurt a. M. 1978.

EISENBEISS, Wilhelm, Briefe, Boten und Belege. Ein Beitrag zur Entwicklungsgeschichte des Botenwesens und der Post, dargestellt an der Geschichte der Stadt Regensburg bis zum Jahre 1920, Regensburg 1966.

ELIAS, Norbert, Die höfische Gesellschaft. Untersuchungen zur Soziologie des Königtums und der höfischen Aristokratie, Darmstadt/Neuwied 1969.

Ders., Über den Prozeß der Zivilisation. Soziogenetische und psychogenetische Untersuchungen, Bde. 1–2, 16. Aufl. Frankfurt a. M. 1991.

ELTZ, Erwein H., Die Modernisierung einer Standesherrschaft. Karl Egon III. und das Haus Fürstenberg in den Jahren nach 1848/9, Sigmaringen 1980.

ELTZ, Erwein H./Arno STROHMEYER (Hrsg.), Die Fürstenberger. 800 Jahre Herrschaft und Kultur in Mitteleuropa, Korneuburg 1994.

EMRICH, Eike/Vassilios PAPATHANASSIOU/Werner PITSCH, Klettertechnik für Aufsteiger. Seilschaften als soziales Phänomen, in: Kölner Zeitschrift für Soziologie und Sozialpsychologie 48 (1996), S. 141–155.

ENDRES, Rudolf, Adel in der frühen Neuzeit, München 1993.

ENDRUWEIT, Günter, Elite und Entwicklung. Theorie und Empirie zum Einfluß von Eliten auf Entwicklungsprozesse, Frankfurt a. M. 1986.

Ders., Elitebegriffe in den Sozialwissenschaften, in: Zeitschrift für Politik 26 (1979), S. 30–46.

ENGELMANN, Bernt, Wir Untertanen. Ein deutsches Anti-Geschichtsbuch, München 1974.

ENGELSING, Rolf, Analphabetentum und Lektüre. Zur Sozialgeschichte des Lesens in Deutschland zwischen feudaler und industrieller Gesellschaft, Stuttgart 1973.

ERDMANNSDÖRFFER, Bernhard, Deutsche Geschichte vom Westfälischen Frieden bis zum Regierungsantritt Friedrich des Großen 1648–1740, Bde. 1–2, Berlin 1892–1893.

ERNSTBERGER, Anton, Post und Politik. Zum Abwehrkampf Kaiser Leopolds I. gegen König Ludwig XIV., München 1960.

ESCHMANN, Ernst W., Das Herz in Kult und Glauben, Biberach an der Riss 1967.

FABER, Karl-Georg, Literaturbericht. Mitteleuropäischer Adel im Wandel der Neuzeit, in: GuG 7 (1981), S. 276–296.

FACIUS, Friedrich, Zwischen Souveränität und Mediatisierung. Das Existenzproblem der thüringischen Kleinstaaten von 1806 bis 1813, in: Peter BERGLAR (Hrsg.), Staat und Gesellschaft im Zeitalter Goethes. Festschrift Hans Tümmler, Köln/Wien 1977, S. 163–206.

FÄRBER, Konrad Maria, Kaiser und Erzkanzler. Carl von Dalberg und Napoleon am Ende des alten Reiches, 2. Aufl. Regensburg 1994.

FÄRBER, Sigfrid, Der Fürstlich Thurn und Taxissche Hofkomponist Theodor von Schacht und seine Opernwerke, in: Hermann BECK (Hrsg.), Studien zur Musikgeschichte der Stadt Regensburg, Bd. 1, Regensburg 1979, S. 11–122.

Ders., Das Regensburger Thurn und Taxissche Hoftheater und seine Oper 1760–1786, in: VHVO 86 (1936), S. 3–155.

FAULHABER, Bernhard, Geschichte des Postwesens in Frankfurt am Main nach archivalischen Quellen, Frankfurt a. M. 1883, ND Leipzig 1973.

FEHRENBACH, Elisabeth (Hrsg.), Adel und Bürgertum in Deutschland 1770–1848, München 1994.

Dies., Verfassungs- und sozialpolitische Reformprojekte in Deutschland unter dem Einfluß des napoleonischen Frankreich, in: HZ 228 (1979), S. 288–316.

Dies., Vom Ancien Régime zum Wiener Kongreß, 3. Aufl. München 1993.

FEIGL, Helmuth/Willibald ROSNER (Hrsg.), Adel im Wandel, Wien 1991.

FENDL, Elisabeth, »Alhier sehr übel unter Babeles einfältigen Knechten zu leben«. Der Protestant Christian Gottlieb Dimpfel und die »Römisch-Catholischen«, in: VHVO 133 (1993), S. 99–104.

Dies., Volksbelustigungen in Regensburg im 18. Jahrhundert. Das »Curiöse« in der Chronik des Christian Gottlieb Dimpfel, Vilseck 1988.

FILLITZ, Hermann (Hrsg.), Der Traum vom Glück. Die Kunst des Historismus in Europa, Ausstellungskatalog, Wien 1996.

FISCHER, Wolfram, Armut in der Geschichte. Erscheinungsformen und Lösungsversuche der ›sozialen Frage‹ in Europa seit dem Mittelalter, Göttingen 1982.

FLEITMANN, Wilhelm, Die Fürstlich Lippische Reitende Post von 1806 bis 1808, in: Postgeschichtsblätter für den Bezirk der Oberpostdirektion Münster 1/2 (1966), S. 12 f.

FOURNIER, August, Die Geheimpolizei auf dem Wiener Kongreß. Eine Auswahl aus ihren Papieren, Wien/Leipzig 1913.

FREYER, Hans, Weltgeschichte Europas, Wiesbaden 1948.

FREYTAG, Rudolf, Das Aufkommen der Aufgabestempel und die Postkonvention zwischen zwischen Thurn und Taxis und Frankreich vom 14. Dezember 1801, in: APT 54 (1926), S. 29–39.

Ders., Aus der Geschichte der Fürstlich Thurn und Taxisschen Hofbibliothek in Regensburg, in: Zentralblatt für Bibliothekswesen 40 (1923), S. 323–350.

Ders., Die Beziehungen des Hauses Thurn und Taxis zu Napoleon im Jahre 1804, in: APT 48 (1920), S. 6–19.

Ders., Die fürstlich Thurn und Taxisschen Expektanzdekrete. Eine Quelle der deutschen Post- und Familiengeschichte, in: APB 9 (1933), S. 52–80.

Ders., Max Freiherr von Lütgendorf. Ein Beitrag zur Geschichte der Luftschiffahrt, in: Das Bayerland 28 (1915), S. 12–18.

Ders., Die Postmeisterfamilie Somigliano. Ein Beitrag zur Postgeschichte Hamburgs und Nürnbergs, in: APT 50 (1922), 217–222.

Ders., Das Prinzipalkommissariat des Fürsten Alexander Ferdinand von Thurn und Taxis, in: Jahrbuch des Historischen Vereins Dillingen 25 (1912), S. 250–274.

Ders., Über Postmeisterfamilien mit besonderer Berücksichtigung der Familie Kees, in: Familiengeschichtliche Blätter 13 (1915), S. 1–6.

Ders., Vom Sterben des Immerwährenden Reichstags, in: VHVO 84 (1934), S. 185–235.

FRÖSCHL, Thomas, »Das organisierte Chaos«. Lehnswesen und Feudalstruktur als Ordnungsprinzipien im Heiligen Römischen Reich, in: ELTZ/STROHMEYER, Fürstenberger, S. 39–44.

FÜRNROHR, Walter, Das Patriziat der Freien Reichsstadt Regensburg zur Zeit des Immerwährenden Reichstags. Eine sozialgeschichtliche Studie über das Bürgertum der Barockzeit, in: VHVO 93 (1952), S. 153–308

Ders., Die Vertreter des habsburgischen Kaisertums auf dem Immerwährenden Reichstag, in: VHVO 123 (1983), S. 71–139; 124 (1984), S. 99–148.

FURTWÄNGLER, Martin, Die Standesherren in Baden (1806–1848). Politische und soziale Verhaltensweisen einer bedrängten Elite, Frankfurt a. M. 1996.

GAISBERG-SCHÖCKINGEN, Friedrich Freiherr von (Hrsg.), Das Königshaus und der Adel von Württemberg, Stuttgart 1908.
GALL, Lothar, Bürgertum in Deutschland, Frankfurt a. M. 1991.
Ders., Vom Stand zur Klasse? Zu Entstehung und Struktur der modernen Gesellschaft, in: HZ 261 (1995), S. 1–21.
Ders., Von der ständischen zur bürgerlichen Gesellschaft, München 1993.
GATTERMEYER, Hans, Die Mutterloge »Carl zu den drei Schlüsseln« im Orient Regensburg, in: Quatuor Coronati Jahrbuch 25 (1988), S. 245–253.
GENET, Jean-Philippe/Günther LOTTES (Hrsg.), L'état moderne et les élites. XIIIe–XVIIIe siècles. Apports et limites de la méthode prosopographique. Actes du colloque international CNRS-Paris I, 16–19 octobre 1991, Paris 1996.
GIDDENS, Anthony, Wandel der Intimität, Sexualität, Liebe und Erotik in modernen Gesellschaften, Frankfurt a. M. 1993.
GÖLLER, Karl Heinz, Sir George Etherege und Hugh Hughes als englische Gesandte am Reichstag, in: ALBRECHT, Stadt der Reichstage, S. 143–166.
GÖTSCHMANN, Dirk, Die Kuchenreuter und ihre Zunftgenossen: Das Oberpfälzer Büchsenmacherhandwerk von seinen Anfängen bis um 1850, Regensburg 1991.
GOLLWITZER, Heinz, Ludwig I. von Bayern. Eine politische Biographie, München 1997.
Ders., Die Standesherren. Die politische und gesellschaftliche Stellung der Mediatisierten 1815–1918. Ein Beitrag zur deutschen Sozialgeschichte, 2. Aufl. Göttingen 1964.
GRAUS, Frantisek, Die Einheit der Geschichte, in: HZ 213 (1980), S. 631–649.
GREINER, Karl, Die Post in Württemberg unter Herzog, Kurfürst und König Friedrich, in: ADP 10 (1962), S. 17–51.
GRIESSINGER, Andreas, Das symbolische Kapital der Ehre. Streikbewegungen und kollektives Bewußtsein deutscher Handwerksgesellen im 18. Jahrhundert, Frankfurt a. M. 1981.
GRILLMEYER, Siegfried, Der Adel und sein Haus. Die Geschichte eines Begriffes und eines erfolgreichen Konzeptes, in: Anja Victorine HARTMANN/Małgorzata MORAWIEC/Peter VOSS (Hrsg.), Eliten um 1800. Erfahrungshorizonte – Verhaltensweisen – Handlungsmöglichkeiten, Mainz 2000, S. 355–370.
Ders., »... bei der Theuerung aller Verhältnisse«. Ein kleiner Beitrag zur Wirtschafts- und Sozialgeschichte Regensburgs um 1800, in: Peter STYRA/Thilo BAUER (Hrsg.), Aus Stadt und Land. Festschrift Dünninger, Regensburg 1999, S. 12–32.
Ders., Habsburgs langer Arm ins Reich – Briefspionage in der Frühen Neuzeit, in: Klaus BEYRER (Hrsg.), Geschichte der Briefspionage, Frankfurt a. M. 1999, S. 55–66.
Ders., Eine Prinzessin als Bäuerin? Bemerkungen zum Adel im frühen 19. Jahrhundert. Ein ungewöhnlicher Pachtvertrag im Fürstlich Thurn und Taxisschen Zentralarchiv, in: VHVO 137 (1997), S. 105–123.
Ders., »Wie steht es mit dem Gerücht, daß der Fürst Regensburg verläßt?« – Das Fürstenhaus Thurn und Taxis und die »Wohnsitzfrage« nach 1800, in: DALLMEIER [u. a.], Reichsstadt, S. 77–87.
GROBLEWSKI, Michael, Die Gruftkapelle des Fürstlichen Hauses Thurn und Taxis im Kreuzgang von St. Emmeram. Überlegungen zum Verständnis der Gotikrezeption im fürstlichen Mausoleumsbau, in: Max PIENDL (Hrsg.), Beiträge zur Baugeschichte des Reichsstiftes St. Emmeram und des Fürstlichen Hauses in Regensburg, Kallmünz 1986, S. 99–132.
GROEBNER, Valentin, Außer Haus. Otto Brunner und die »alteuropäische Ökonomik«, in: GWU 46 (1995), S. 69–80.
GROSS, Lothar, Zur Geschichte der Gesandtschaftsarchive am Regensburger Reichstag, in: Archivalische Zeitschrift 36 (1926), S. 216–220.
GRUBE, Walter, Der Stuttgarter Landtag. 1457–1957. Von den Landständen zum demokratischen Parlament, Stuttgart 1957.
GSTETTNER, Hans, Regensburger Reichstags-Korrespondenzen. Ein Stück Pressepolitik des Heiligen Römischen Reiches Deutscher Nation, München 1936.
HÄRTER, Karl, Reichstag und Revolution. 1789–1806. Die Auseinandersetzungen des Immerwährenden Reichstags zu Regensburg mit den Auswirkungen der Französischen Revolution auf das Alte Reich, Göttingen 1991.

HAGE, Hermann, Der Markt von 1802/03 bis zum Ende des II. Weltkrieges, in: Donaustauf. Moderne Marktgemeinde mit großer Vergangenheit, Regensburg 1994, S. 30–32.

HAGER, Luise, Die dynastischen Wirkteppiche des Hauses Thurn und Taxis, in: PIENDL, Beiträge [1963], S. 1–39.

HALBWACHS, Maurice, Les cadres sociaux de la mémoire, Paris 1976.

Ders., Das kollektive Gedächtnis, Stuttgart 1967.

HALKE, H., Handwörterbuch der Münzkunde und ihrer Hilfswissenschaften, Berlin 1909.

HALTERN, Utz, Die Gesellschaft der Bürger, in: GuG 19 (1993), S. 100–134.

HAMPE, Heinrich, Postgeschichtliche Sippenkunde?, in: DPG 3 (1941/42), S. 34–46.

HANTSCH, Hugo, Reichsvizekanzler Friedrich Karl Graf von Schönborn (1674–1746). Einige Kapitel zur politischen Geschichte Kaiser Josefs I. und Karls VI., Augsburg 1929.

HARDTWIG, Wolfgang, Der deutsche Weg in die Moderne. Die Gleichzeitigkeit des Ungleichzeitigen als Grundproblem der deutschen Geschichte 1789–1871, in: Wolfgang HARDTWIG/Harm-Hinrich BRANDT (Hrsg.), Deutschlands Weg in die Moderne, München 1993, S. 9–31.

HARTMANN, Heinrich, Metternichs geheimer Briefdienst, Postlogen und Postkurse, in: APB 12 (1936), S. 392–394.

Ders., Die staatspolitische Bewertung einer Landespost in Bayern, in: APB 6 (1930), S. 65–106.

Ders., Über schwarze Kabinette und ihren Zusammenhang mit der Taxischen Post in Bayern, in: APG 1 (1925), S. 68–78.

HARTMANN, Peter Claus, Der bayerische Reichskreis (1500–1803). Strukturen, Geschichte und Bedeutung im Rahmen der Kreisverfassungen und der allgemeinen institutionellen Entwicklung des Heiligen Römischen Reiches, Berlin 1997.

Ders., Karl Albrecht. Glücklicher Kurfürst, unglücklicher Kaiser, Regensburg 1995.

Ders., Zur Entwicklung der Staatsschulden in Baden und Bayern im 18. und im ersten Drittel des 19. Jahrhunderts, in: Hans-Peter BECHT/Jörg SCHADT (Hrsg.), Wirtschaft – Gesellschaft – Städte. Festschrift für Bernhard Kirchgässner zum 75. Geburtstag, Ubstadt-Weiher 1998, S. 201–208.

HARTUNG, Fritz, Der aufgeklärte Absolutismus, in: HZ 180 (1955), S. 15–42.

HAUPT, Herbert, Die Aufhebung des spanischen Mantelkleides durch Kaiser Joseph II. – Ein Wendepunkt im höfischen Zeremoniell, in: Österreich zur Zeit Kaiser Josephs II. Mitregent Kaiserin Maria Theresias, Kaiser und Landesfürst, Ausstellungskatalog, 2. Aufl. Wien 1980, S. 79–81.

Ders., Der Prunkwagen als Bestandteil höfischen Zeremoniells, in: Blätter für Kunst und Sprache 30 (1978), S. 15–21.

HAUSSHERR, Hans, Verwaltungseinheit und Ressorttrennung vom Ende des 17. bis zum Beginn des 19. Jahrhunderts, Berlin (Ost) 1953.

HEBERLE, Gerhard, Der Übergang der Grafschaft Friedberg-Scheer vom Hause Waldburg an das Haus Thurn und Taxis, Iserlohn 1969.

HEIMANN, Heinz-Dieter, Hausordnung und Staatsbildung. Innerdynastische Konflikte als Wirkungsfaktoren der Herrschaftsverfestigung bei den wittelsbachischen Rheinpfalzgrafen und den Herzögen von Bayern. Ein Beitrag zum Normenwandel in der Krise des Spätmittelalters, Paderborn [u. a.] 1993.

Ders., Neue Perspektiven für die Geschichte der Post. Zur Methode der Postgeschichte und ihrem operativen Verhältnis zur allgemeinen Geschichtswissenschaft in Verbindung mit einem Literaturbericht zum »Postjubiläum 1490–1990«, in: HZ 253 (1991), S. 661–674.

Ders., Postgeschichte und Geschichtswissenschaft. Ein Rückblick auf das »Postjubiläum 1490–1990« als Ausblick, in: ADP 1993/1, S. 91–98.

HELBIG, Joachim, Bayrische Postgeschichte 1806–1870. Grundlagen zur Interpretation altdeutscher Briefe, Nürnberg/München 1991.

HELBOK, Claudia, Die Reichspost zur Zeit Kaiser Karls VII., in: APB 16 (1940), S. 61–68.

Dies., Zur Geschichte des deutsch-österreichischen Postvereins, in: DPG 4 (1943), S. 49–83.

HELLWIG, Karl-Heinz, Die Rechtsstellung des kaiserlichen Prinzipal- und Konkommissars am Reichstag, München o. J.

HERBERHOLD, Franz, Das fürstliche Haus Thurn und Taxis in Oberschwaben. Ein Beitrag zur Besitz-, Verwaltungs- und Archivgeschichte, in: ZWLG 13 (1954), S. 262–300.
HERDT, Gisela, Der württembergische Hof im 19. Jahrhundert. Studien über das Verhältnis zwischen Königtum und Adel in der absoluten und konstitutionellen Monarchie, Göttingen 1970.
HERMANN, Klaus, Thurn und Taxis Post und die Eisenbahnen. Vom Aufkommen der Eisenbahnen bis zur Aufhebung der Thurn und Taxis Post im Jahre 1867, Kallmünz 1981.
HETTLING, Manfred (Hrsg.), Was ist Gesellschaftsgeschichte? Positionen, Themen, Analysen. Hans-Ulrich Wehler zum 60. Geburtstag, München 1991.
HETTLING, Manfred/Stefan-Ludwig HOFFMANN, Der bürgerliche Wertehimmel. Zum Problem individueller Lebensführung im 19. Jahrhundert, in: GuG 23 (1997), S. 333–359.
HEUT, Anton, Die Übernahme der Taxischen Reichsposten in Bayern durch den Staat, München 1925.
HILDEBRANDT, Reinhard, Die »Georg Fuggerischen Erben«. Kaufmännische Tätigkeit und sozialer Status 1550–1600, Berlin 1966.
HILGER, Wolfgang, Die Verhandlungen des Frankfurter Bundestages über die Mediatisierten von 1816 bis 1866, München 1956.
HIRMER, Max/Max PIENDL, Schloß Obermarchthal des Fürsten Thurn und Taxis, München 1971.
HOBSBAWM, Eric J., The Age of Capital 1848–1875, London/New York 1975.
Ders., The Age of Empire 1875–1914, London/New York 1987.
Ders., The Age of Revolution 1789–1848, London/New York 1962.
Ders., Introduction, Inventing Traditions, in: Ders. (Hrsg.), The Invention of Tradition, Cambridge 1984, S. 1–14.
Ders., Das Zeitalter der Extreme. Weltgeschichte des 20. Jahrhunderts, München 1995.
HÖLLER, Hans Jürgen, Ballonflieger und Bibliothekare, in: Gelehrtes Regensburg. Stadt der Wissenschaft. Stätten der Forschung im Wandel der Zeit, Regensburg 1995, S. 149–153.
HÖMIG, Klaus Dieter, Der Reichsdeputationshauptschluß vom 25. 2. 1803 und seine Bedeutung für Staat und Kirche, Tübingen 1969.
HOFF, Johann Friedrich, Die Mediatisiertenfrage in den Jahren 1813–1815, Berlin/Leipzig 1913.
HOFFMANN, Carl A., Aspekte des sozialen und wirtschaftlichen Wandels im ländlichen Bereich Altbayerns. Dargestellt am Beispiel des Bezirks Bruck im 19. Jahrhundert, in: ZBLG 54 (1991), S. 439–488.
HOFMANN, Hanns Hubert, Adelige Herrschaft und souveräner Staat. Studien über Staat und Gesellschaft in Franken und Bayern im 18. und 19. Jahrhundert, München 1962.
Ders., Eliten und Elitentransformation in Deutschland zwischen der französischen und der deutschen Revolution, in: ZBLG 41 (1978), S. 607–631.
Ders. (Hrsg.), Die Entstehung des modernen souveränen Staates, Köln 1967.
Ders., Reichsidee und Staatspolitik. Die vorderen Reichskreise im 18. Jahrhundert, in: ZBLG 33 (1970), S. 969–985.
HOFMANN, Werner, Das entzweite Jahrhundert. Kunst zwischen 1750 und 1830, München 1995.
Ders., Das irdische Paradies. Kunst im 19. Jahrhundert, München 1960.
HOLENSTEIN, André, Die Huldigung der Untertanen. Rechtskultur und Herrschaftsordnung (800–1800), Stuttgart 1991.
HOLST, Niels von, Künstler, Sammler, Publikum, Stuttgart 1960.
HUBATSCHKE, Harald, Die amtliche Organisation der geheimen Briefüberwachung und des diplomatischen Chiffrendienstes in Österreich. (Von den Anfängen bis etwa 1870), in: MIÖG 83 (1975), S. 352–413.
Ders., Ferdinand Prantner (Pseudonym Leo Wolfram) 1817–1871. Die Anfänge des politischen Romans sowie die Geschichte der Briefspionage und des geheimen Chiffrendienstes in Österreich, Bde. 1–6, Diss. phil. (masch.) Wien 1975.
HUBER, Ernst-Rudolf, Deutsche Verfassungsgeschichte, Bd. 1, 2. Aufl. Stuttgart 1975.
HÜBNER, Hans/Mirjam KASPERL (Hrsg.), Postgeschichte auf Landkarten. Kartographische Dokumente zur deutschen Postgeschichte 1704–1993, Berlin 1996.

HÜTTINGER, Eduard, Der Schiffbruch. Deutungen eines Bildmotivs im 19. Jahrhundert, in: Ludwig GROTE (Hrsg.), Beiträge zur Motivkunde des 19. Jahrhunderts, München 1970, S. 211–244.
IHLEFELD, Heli/Wolfgang LOTZ (Hrsg.), Deutsche Postgeschichte. Essays und Bilder, Berlin 1989.
IMHOF, Arthur E., Im Bildersaal der Geschichte oder: Ein Historiker schaut Bilder an, München 1991.
IMMEL, Ute, Die deutsche Genremalerei im 19. Jahrhundert, Heidelberg 1967.
JACOBY, Henry, Die Bürokratisierung der Welt, 2. Aufl. Frankfurt a. M. 1984.
JAEGGI, Urs, Die gesellschaftliche Elite, 2. Aufl. Bern/Stuttgart 1967.
JOHANEK, Peter (Hrsg.), Vorträge und Forschungen zur Residenzenfrage, Sigmaringen 1990.
JÜNGLING, Hans Jürgen, Die Heiraten des Hauses Liechtenstein im 17. und 18. Jahrhundert. Konnubium und soziale Verflechtungen am Beispiel der habsburgischen Hocharistokratie, in: PRESS/WILLOWEIT, Liechtenstein, S. 329–345.
JÜTTE, Robert, Zwischen Ständestaat und Austrofaschismus. Der Beitrag Otto Brunners zur Geschichtsschreibung, in: Tel Aviver Jahrbuch des Instituts für deutsche Geschichte 13 (1984), S. 237–262.
JUNGENFELD, Edmund G. von, Das Thurn und Taxissche Erbgeneralpostmeisteramt und sein Verhältnis zum Postamt Mainz. Die Freiherren von Jungenfeld und ihre Vorfahren als Mainzer Postbeamte, in: Quellen und Studien zur Postgeschichte 4 (1981), S. 1–39.
KAHN, David, Codebreakers. The story of secret writing, London 1966.
KAHNT, Helmut/Bernd KNORR, Alte Maße, Münzen und Gewichte, Mannheim/Wien 1987.
KALLENBERG, Fritz, Die Fürstentümer Hohenzollern im Zeitalter der Französischen Revolution und Napoleons, in: Zeitschrift für die Geschichte des Oberrheins 111 (1963), S. 357–472.
Ders., Hohenzollern im Alten Reich, in: Ders. (Hrsg.), Hohenzollern, Stuttgart 1996, S. 48–125.
Ders., Die Sonderentwicklung Hohenzollerns, in: Ders. (Hrsg.), Hohenzollern, Stuttgart 1996, S. 129–280.
Ders., Spätzeit und Ende des schwäbischen Kreises, Eßlingen 1968.
KALMUS, Ludwig, Weltgeschichte der Post. Mit besonderer Berücksichtigung der des deutschen Sprachgebietes, Wien 1937.
KAMM, R., Die Gehaltsverhältnisse des ehemaligen Taxischen Postbeamtenpersonals in Bayern (1615-1808), in: APT 38 (1910), S. 430–441.
KAMMERHOFER, Leopold, Die kaiserliche Prinzipalkommission und der Immerwährende Reichstag in Regensburg 1663 bis 1806, in: Österreichisches Staatsarchiv (Hrsg.), Akten der Prinzipalkommission des Immerwährenden Reichstages zu Regensburg 1663 bis 1806. Berichte – Weisungen – Instruktionen, Begleitband zur Microfiche-Edition, München 1993, S. 11–20.
KEINEMANN, Friedrich, Soziale und politische Geschichte des westfälischen Adels 1815–1945, Hamm 1975.
KELL, Eva, Die Frankfurter Union (1803–1806). Eine Fürstenassoziation zur »verfassungsmäßigen Selbsterhaltung« der kleineren weltlichen Adelsherrschaften, in: ZHF 18 (1991), S. 71–97.
Dies., Das Fürstentum Leiningen. Umbruchserfahrungen einer Adelsherrschaft zur Zeit der französischen Revolution. Kaiserslautern 1993.
KELSCH, Wolfgang, Die Emblematik der Barockzeit und ihr Einfluß auf die Ikonographie der Freimaurer, in: Quatuor Coronati Jahrbuch 16 (1979), S. 245–253.
KEYSERLING, Eduard von, Abendliche Häuser, München 1914.
KIESSKALT, Ernst, Die Entstehung der Post, Bamberg 1930.
KLARMANN, Norbert G., Unternehmerische Gestaltungsmöglichkeit des Privatbankiers im 19. Jahrhundert dargestellt am Beispiel des Hauses Erlanger Söhne, in: Bankherren und Bankiers. Büdinger Vorträge, Lüneburg 1978, S. 27–44.
KLEIN, Ernst, Der Staatshaushalt des Fürstentums Nassau-Saarbrücken unter der Regierung Wilhelm Heinrichs (1741-1768), in: Jahrbuch für westdeutsche Landesgeschichte 3 (1977), S. 237–276.

KLEIN, Thomas, Die Erhebungen in den weltlichen Reichsfürstenstand 1550–1806, in: BDLG 122 (1986), S. 137–192.
KLINGENSTEIN, Grete, Der Aufstieg des Hauses Kaunitz. Studien zur Herkunft und Bildung des Staatskanzlers Wenzel Anton, Göttingen 1975.
KLOCKE, Friedrich von, Das Patriziatsproblem und die Werler Erbsälzer, Münster 1965.
KLUGE, Friedrich, Etymologisches Wörterbuch, Berlin 1989.
KLUMPP, Heinrich, Geschichte und Reform der Zusammensetzung der Kammern der Standesherren, Stuttgart 1903.
KNAPP, Theodor, Die württembergischen Erbkronämter, in: Württembergische Vierteljahrshefte für Landesgeschichte 42 (1936), S. 301–322.
KNEDLIK, Manfred, Bürgerliche Lebenswelt und Hofkultur. Die fürstlichen Bibliothekare Wilhelm Rothammer und Albrecht Christoph Kayser als Schriftsteller, in: DALLMEIER [u. a.], Reichsstadt, S. 95–107.
Ders., Das fürstliche Hoftheater, in: DALLMEIER/KNEDLIK/STYRA, »Dieser glänzende deutsche Hof ...«, S. 42–44.
KOCH, Alfred, Die deutschen Postverwaltungen im Zeitalter Napoleons I. Der Kampf um das Postregal in Deutschland und die Politik Napoleons I. (1798–1815), in: ADP 15 (1967), S. 1–38.
KOCKA, Jürgen, Bürgertum und bürgerliche Gesellschaft im 19. Jahrhundert. Europäische Entwicklungen und deutsche Eigenarten, in: Ders. (Hrsg.), Bürgertum im 19. Jahrhundert. Deutschland im europäischen Vergleich, Bd. 1, München 1988, S. 1–65.
KOPITZSCH, Franklin, Aufklärung, Absolutismus und Bürgertum in Deutschland, München 1976.
KORETZKI, Gerd Rüdiger, Leichenpredigten und ihre Druckherstellung. Ein Beitrag zur Untersuchung der materiellen Voraussetzungen einer gesellschaftlichen Modeerscheinung, in: Leichenpredigten als Quelle historischer Wissenschaften, Bd. 2, Marburg 1979, S. 333–359.
KOSELLECK, Reinhart, Das 18. Jahrhundert als Beginn der Neuzeit, in: Reinhart KOSELLECK/Reinhart HERZOG (Hrsg.), Epochenschwelle und Epochenbewußtsein, München 1987, S. 269–282.
Ders., Begriffsgeschichtliche Probleme der Verfassungsgeschichtsschreibung, in: Helmut QUARITSCH (Red.), Gegenstand und Begriffe der Verfassungsgeschichtsschreibung, Berlin 1983, S. 7–21.
Ders., Einleitung, in: GGr, Bd. 3, 1982, S. XIII–XXVII.
Ders., »Neuzeit«. Zur Semantik moderner Bewegungsbegriffe, in: Ders., Vergangene Zukunft. Zur Semantik geschichtlicher Zeiten, 2. Aufl. Frankfurt a. M. 1999, S. 300–348.
Ders., Preußen zwischen Reform und Revolution, 2. Aufl. Stuttgart 1975.
Ders., Wie neu ist die Neuzeit?, in: HZ 251 (1990), S. 539–553.
KRUCHEM, Heinrich Mathias, Die Brücke der Erbsälzer. Europäische und westfälische Postdokumentation 1600–1900, Werl 1975.
Ders., Die Freiherren von Lilien und die Post des Heiligen Römischen Reiches Deutscher Nation, in: Ebenda, S. 7–49.
KRUEDENER, Jürgen von, Die Rolle des Hofes im Absolutismus, Stuttgart 1973.
KUGLER, Georg Johannes, Die Hofkleidung. Katalog der Ausstellung »Austrian and Hungarian Costumes«, New York 1979.
KUNISCH, Johannes (Hrsg.), Der dynastische Fürstenstaat. Zur Bedeutung von Sukzessionsordnungen für die Entstehung des frühmodernen Staates, Berlin 1982.
Ders., Hausgesetzgebung und Mächtesystem. Zur Einbeziehung hausvertraglicher Erbfolgeregelungen in die Staatenpolitik des Ancien régime, in: Ebenda, S. 49–80.
Ders. (Hrsg.), Staatsverfassung und Mächtepolitik. Zur Genesis von Staatenkonflikten im Zeitalter des Absolutismus, Berlin 1979.
KUNZE, Hermann, Das Wegeregal, die Post und die Anfänge der Eisenbahnen in den Staaten des Deutschen Bundes, Diss. Bochum 1982.
KURZEL-RUNTSCHEINER, Monica, Ein Leben zwischen Politik und Liebe – Fürstin Elisabeth von Fürstenberg als Frau und als Kämpferin für die Rechte ihres mediatisierten Hauses, in: ELTZ/STROHMEYER, Fürstenberger, S. 78–89.

LAMPEDUSA, Giuseppe Tomasi di, Der Leopard, Bergisch-Gladbach 1994.
LANKES, Otto, Die Geschichte der Post in Augsburg von ihren Anfängen bis zum Jahre 1808, Diss. TH München 1914.
LENTNER, Josef, Die Taxisschen Postmeister aus dem Hause Oexle, in: APB 14 (1970/72), S. 263-283.
LEPSIUS, M. Rainer, Bürgertum als Gegenstand der Sozialgeschichtsschreibung, in: Wolfgang SCHIEDER/Volker SELLIN (Hrsg.), Soziale Gruppen in der Geschichte, Göttingen 1987, S. 61-80.
LHOTSKY, Alphons, Was heißt »Haus Österreich«?, in: Anzeiger der österreichischen Akademie der Wissenschaften, Phil.-hist. Klasse 93 (1956), S. 155-174.
LIEVEN, Dominic, Abschied von Macht und Würden. Der europäische Adel 1815-1914, Frankfurt a. M. 1995.
LINK, Richard, Verwaltung und Rechtsprechung im Fürstentum Fürstenberg in den letzten Jahrzehnten vor der Mediatisierung (1744-1806), Freiburg i. Br. 1942.
LINSEISEN, Karl, Joseph von Blanck und das Ende der Taxispost in Bayern, in: APB 1993/1, S. 195-219.
LÖFFLER, Bernhard, Die Ersten Kammern und der Adel in den deutschen konstitutionellen Monarchien. Aspekte eines verfassungs- und sozialgeschichtlichen Problems, in: HZ 265 (1997), S. 29-76.
LOEWAG, Jutta, Der Montgelas'sche Güterkomplex in Niederbayern und sein Übergang an das Haus Thurn und Taxis, Diplomarbeit (masch.) München 1962.
LOHNER, Anton, Geschichte und Rechtsverhältnisse des Fürstenhauses Thurn und Taxis, Regensburg 1895.
LÜBBECKE, Fried, Das Palais Thurn und Taxis zu Frankfurt am Main, Frankfurt a. M. 1955.
LURKER, Manfred (Hrsg.), Wörterbuch der Symbolik, 5. Aufl. Stuttgart 1991.
LUTTENBERGER, Albrecht P., Das Haus Fürstenberg vom frühen Mittelalter bis ins 19. Jahrhundert, in: ELTZ/STROHMEYER, Fürstenberger, S. 1-38.
Ders., Pracht und Ehre. Gesellschaftliche Repräsentation und Zeremoniell auf dem Reichstag, in: Alfred KOHLER/Heinrich LUTZ (Hrsg.), Alltag im 16. Jahrhundert. München 1987, S. 290-326.
Ders., Reichspolitik und Reichstag unter Karl V. Formen zentralen politischen Handelns, in: Alfred KOHLER/Heinrich LUTZ (Hrsg.), Aus der Arbeit an den Reichstagen Karls V., Göttingen 1986, S. 18-68.
MĄCZAK, Antoni (Hrsg.), Klientelsysteme im Europa der Frühen Neuzeit, München 1988.
MAGES, Emma, Eisenbahnbau, Siedlung, Wirtschaft und Gesellschaft in der südlichen Oberpfalz 1850-1920, Kallmünz 1984.
MATTHEIER, Klaus J., Madame als Briefschreiberin, in: Sigrun PAAS (Hrsg.), Liselotte von der Pfalz. Madame am Hofe des Sonnenkönigs, Heidelberg 1996, S. 95-97.
MAYER, Arno, Adelsmacht und Bürgertum. Die Krise der europäischen Gesellschaft 1848-1914, München 1984.
MAYR, Josef Karl, Metternichs Geheimer Briefdienst, Postlogen und Postkurse, Wien 1935.
MEHLER, Johann Baptista, Das fürstliche Haus Thurn und Taxis in Regensburg. Zum 150jährigen Residenzjubiläum, Regensburg 1898.
MELVILLE, Ralph, Adel und Grundherrschaft in Böhmen an der Schwelle des bürgerlichen Zeitalters 1780-1850, in: Helmuth FEIGL/Willibald ROSNER (Hrsg.), Adel im Wandel. Vorträge und Diskussionen des 11. Symposiums des NÖ Instituts für Landeskunde in Horn, Wien 1991, S. 75-90.
MENSION-RIGAU, Eric, Distinktion durch Distinguiertheit. Wie sich Eliten bilden, in: Ruthard STÄBLEIN (Hrsg.), Höflichkeit. Tugend oder schöner Schein, Darmstadt 1993, S. 143-157
MESSERER, Wilhelm, Zu extremen Gedanken über Bestattung und Grabmal um 1800, in: Probleme der Kulturwissenschaft, Bd. 1, Berlin 1963, S. 172-194.
MEYER, Jean, La noblesse bretonne au XVIIIe siècle, Bde. 1-2, Paris 1966.
MINGAY, Gordon Edmund, English Landed Society in the Eighteenth Century, London 1963.

MINGAY, Gordon Edmund/Jonathan David CHAMBERS, The Agricultural Revolution. Changes in Agriculture 1650–1880, London 1977.
MÖCKL, Karl (Hrsg.), Hof und Hofgesellschaft in den deutschen Staaten im 19. und beginnenden 20. Jahrhundert, Boppard 1990.
MÖLLER, Horst, Vernunft und Kritik. Deutsche Aufklärung im 17. und 18. Jahrhundert, Frankfurt a. M. 1986.
MÖSENEDER, Karl (Hrsg.), Feste in Regensburg. Von der Reformation bis in die Gegenwart, Regensburg 1986.
Ders., Das Heraustreten des Festlichen kann nur geschehen durch Kunst, in: Ebenda, S. 11–24.
Ders., Zeremoniell und monumentale Poesie. Die »Entrée solennelle« Ludwigs XIV. 1660 in Paris, Berlin 1983.
MÖSSLE, Wilhelm, Fürst Maximilian Wunibald von Waldburg-Zeil-Trauchburg, 1750–1818. Geist und Politik des oberschwäbischen Adels vom 18. zum 19. Jahrhundert, Stuttgart 1968.
MOHNHAUPT, Heinz, Die Lehre von der »Lex Fundamentalis« und die Hausgesetzgebung europäischer Dynastien, in: KUNISCH, Fürstenstaat, S. 3–33.
MÜLLER, Adalbert, Donaustauf und Walhalla, 8., mit den kurzgefaßten Biographien der Walhalla-Genossen vermehrte Auflage, Regensburg 1952.
MÜNCH, Paul, Einleitung, in: Ders. (Hrsg.), Ordnung, Fleiß und Sparsamkeit. Texte und Dokumente zur Entstehung der »bürgerlichen Tugenden«, München 1984, S. 9–38.
Ders., Die »Obrigkeit im Vaterstand« – zu Definition und Kritik des »Landesvaters« in der frühen Neuzeit, in: Daphnis 11 (1982), S. 15–40.
MÜNZBERG, Werner, Bayern. Poststationskatalog, Teil 1: Geschichte – Postgeschichte, Weilheim 1984.
Ders., Das Großherzogtum Berg 1806–1813, Seeshaupt 1982.
NEBINGER, Gerhart, Die Thurn und Taxis zu Rohrenfels, Unterdiessen und Obergriesbach. Eine vergessene Linie des Hauses Thurn und Taxis, in: Jahresbericht der Stiftung Aventinum über das Jahr 1987, Abensberg 1989, S. 53–58.
NETH, Ulrich, Standesherren und liberale Bewegung. Der Kampf des württembergischen standesherrlichen Adels um seine Rechtsstellung in der zweiten Hälfte des 19. Jahrhunderts, Stuttgart 1970.
NEU, Richard, Die Organisation der Thurn und Taxis Post. Eine Dokumentenanalyse, Diplomarbeit (masch.) BWL Universität München 1985.
NEUBAUER, Edmund, Das geistig-kulturelle Leben der Reichstadt Regensburg 1750–1806, München 1978.
NEUHAUS, Helmut, Das Reich in der frühen Neuzeit, München 1997.
NIEDHART, Gottfried, Aufgeklärter Absolutismus oder Rationalisierung der Herrschaft, in: ZHF 6 (1979), S. 199–211.
NIPPERDEY, Thomas, Deutsche Geschichte 1800–1866. Bürgerwelt und starker Staat, 5. Aufl. München 1985.
Ders., Probleme der Modernisierung in Deutschland, in: Saeculum 30 (1979), S. 292–303.
Ders., Wehlers »Kaiserreich«. Eine kritische Auseinandersetzung, in: Ders., Gesellschaft, Kultur, Theorie. Gesammelte Aufsätze zur neueren Geschichte, Göttingen 1976, S. 360–389.
NORDMANN, Jürgen, Kodifikationsbestrebungen in der Grafschaft Friedberg-Scheer am Ende des 18. Jahrhunderts, in: ZWLG 28 (1969), S. 265–342.
NOSTITZ, Oswalt von, Versuch über den Adel. Ein Vortrag, in: Ders., Präsenzen. Kritische Beiträge zur europäischen Geistesgeschichte, Nürnberg 1967, S. 218–244.
OBERKROME, Willi, Volksgeschichte. Methodische Innovation und völkische Ideologisierung in der deutschen Geschichtswissenschaft 1918–1945, Göttingen 1983.
OBPACHER, Josef, Das königlich bayerische Chevaulegers-Regiment Taxis, München/Regensburg 1926.
OESTREICH, Gerhard, Das persönliche Regiment der deutschen Fürsten am Beginn der Neuzeit, in: Ders., Geist und Gestalt des frühmodernen Staates. Ausgewählte Aufsätze, Berlin 1969, S. 201–234.

OETTERMANN, Stephan, Vor seinem Löwengarten das Kampfspiel erwarten. Tierhetzen im 17. und 18. Jahrhundert, in: Journal für Geschichte 1982/6, S. 28–47.
OEXLE, Otto Gerhard, Aspekte des Adels im Mittelalter und in der Frühen Neuzeit, in: WEHLER, Adel, S. 19–56.
Ders., Sozialgeschichte – Begriffsgeschichte – Wissenschaftsgeschichte. Anmerkungen zum Werk Otto Brunners, in: VSWG 71 (1984), S. 305–341.
OHMANN, Fritz, Die Anfänge des Postwesens und die Taxis, Leipzig 1909.
OPITZ, Claudia, Neue Wege der Sozialgeschichte? Ein kritischer Blick auf Otto Brunners Konzept des »ganzen Hauses«, in: GuG 20 (1994), S. 88–98.
OSTADAL, Hubert, Die Kammer der Reichsräte in Bayern von 1819 bis 1848. Ein Beitrag zur Geschichte des Frühparlamentarismus, München 1968.
OTTOMEYER, Hans (Hrsg.), »Biedermeiers Glück und Ende«, Ausstellungskatalog, München 1987.
PAPPENHEIM, Haupt Graf zu, Geschichte des Hauses, München 1940.
PARAVICINI, Werner (Hrsg.), Alltag bei Hofe. 3. Symposium der Residenzen-Kommission der Akademie der Wissenschaften zu Göttingen, Sigmaringen 1995.
Ders. (Hrsg.), Zeremoniell und Raum. 4. Symposium der Residenzen-Kommission der Akademie der Wissenschaften zu Göttingen, Sigmaringen 1997.
PFAEHLER, Dietrich, Orientierung vor und auf der Reise. Gedruckte karthographische Hilfsmittel zur Reiseplanung vom 16. bis zum 18. Jahrhundert, in: IHLEFELD/LOTZ, Postgeschichte, S. 105–122.
PFEIFER, Wolfgang (Hrsg.), Etymologisches Wörterbuch des Deutschen, Bde. 1–3, Berlin (Ost) 1989.
PIENDL, Max (Hrsg.), Das bayerische Projekt der Thurn und Taxis Post 1831–1842, in: ZBLG 33 (1970), S. 272–306.
Ders., Beiträge zu Kunst- und Kulturpflege im Hause Thurn und Taxis, Kallmünz 1963.
Ders., Beiträge zur Geschichte, Kunst und Kulturpflege im Hause Thurn und Taxis, Regensburg 1978.
Ders., Bibliotheken zu St. Emmeram in Regensburg. Klosterbibliothek – Hofbibliothek des Fürsten Thurn und Taxis, in: Hans-Joachim GENGE/Max PAUER (Hrsg.), Wissenschaftliche Bibliotheken in Regensburg. Geschichte und Gegenwart, Wiesbaden 1981, S. 9–76.
Ders., Das fürstliche Haus Thurn und Taxis. Zur Geschichte des Hauses und der Thurn und Taxis Post, Regensburg 1980.
Ders., Die fürstliche Hofhaltung in Schloß Trugenhofen, in: Ders., Beiträge [1978], S. 125–139.
Ders., Der fürstliche Marstall in Regensburg, Kallmünz 1966.
Ders., Die fürstliche Residenz in Regensburg im 18. und beginnenden 19. Jahrhundert, Kallmünz 1963.
Ders., Das fürstliche Wappen, in: Ders., Beiträge [1978], S. 108–123.
Ders., Die fürstlichen Wirkteppiche und ihre Geschichte, in: Ders., Beiträge [1978], S. 1–107.
Ders., Die Gerichtsbarkeit des Fürsten von Thurn und Taxis in Regensburg, in: Bayern, Staat und Kirche, Land und Reich. Forschungen zur bayerischen Geschichte vornehmlich im 19. Jahrhundert, München 1961, S. 292–307.
Ders., Das Prinzipalkommissariat der Fürsten von Thurn und Taxis, in: Andreas KRAUS/Wolfgang PFEIFFER (Hrsg.), Regensburg. Geschichte in Bilddokumenten, 2. Aufl. München 1986, S. 126–129.
Ders., Prinzipalkommissariat und Prinzipalkommissare am Immerwährenden Reichstag, in: ALBRECHT, Stadt der Reichstage, S. 131–150.
Ders., Schloß Thurn und Taxis Regensburg, 4. Aufl. München/Berlin 1991.
PIES, Eike, Prinzipale. Zur Genealogie des deutschsprachigen Berufstheaters vom 17. bis 19. Jahrhundert, Ratingen 1973.
PIGGE, Helmut, Theater in Regensburg, vom fürstlichen Hoftheater zu den Städtischen Bühnen, Regensburg 1998.
PLATEN, Alexander von, Karl Egon II. Fürst zu Fürstenberg. 1796–1854. Eine Gedenkschrift, Stuttgart [1954].

POWIS, Jonathan, Der Adel, München 1986.
Praxis Geschichte 1988/4: Themenheft Absolutismus.
PRERADOVICH, Nikolaus von, Die Führungsschichten in Österreich und Preußen (1804–1918), Wiesbaden 1955.
PRESS, Volker, Adel im 19. Jahrhundert Die Führungsschichten Alteuropas im bürgerlichen Zeitalter, in: REDEN-DOHNA/MELVILLE, Adel, S. 1–19.
Ders., Das Haus Fürstenberg in der deutschen Geschichte, in: Ders., Adel im Alten Reich. Gesammelte Vorträge und Aufsätze, hrsg. von Franz Brendle und Anton Schindling in Verbindung mit Manfred Rudersdorf und Georg Schmidt, Tübingen 1998, S. 139–166.
Ders., Das Haus Liechtenstein in der europäischen Geschichte, in: PRESS/WILLOWEIT, Liechtenstein, S. 15–86.
Ders., Reichsgrafenstand und Reich. Zur Sozial- und Verfassungsgeschichte des deutschen Hochadels in der Neuzeit, in: Jürgen HEIDEKING/Gerhard HUFNAGEL/Franz KNIPPING (Hrsg.), Wege in die Zeitgeschichte. Festschrift zum 65. Geburtstag von Gerhard Schulz, Berlin/New York 1989, S. 3–29.
Ders. Südwestdeutschland im Zeitalter der französischen Revolution und Napoleons, in: Baden und Württemberg im Zeitalter Napoleons, Bd. 2, Stuttgart 1987, S. 9–24.
Ders., Das Wittelsbachische Kaisertum Karls VII. Voraussetzungen von Entstehung und Scheitern, in: Andreas KRAUS (Hrsg.), Land und Reich, Stamm und Nation. Probleme und Perspektiven bayerischer Geschichte. Festschrift Max Spindler, Bd. 2: Frühe Neuzeit, München 1984, S. 201–234.
PRESS, Volker/WILLOWEIT, Dietmar (Hrsg.), Liechtenstein – Fürstliches Haus und staatliche Ordnung. Geschichtliche Grundlagen und moderne Perspektiven, 2. Aufl. München 1988.
PROBST, Erwin, Die Entwicklung der fürstlichen Verwaltungsstellen seit dem 18. Jahrhundert, in: PIENDL, Beiträge [1978], S. 267–386.
Ders., Fürstliche Bibliotheken und ihre Bibliothekare 1770–1834, in: PIENDL, Beiträge [1963], S. 127–228.
Ders., Art. »Thurn und Taxis«; in: Karl BOSL/Gustav FRANZ (Hrsg.), Biographisches Wörterbuch zur deutschen Geschichte, Bd. 3, 2. Aufl. München 1975, Sp. 2898–2905.
Ders., Thurn und Taxis und die Post in Württemberg. Zur Vorgeschichte und Geschichte der »Württembergischen Staatspost« von 1851, in: Naposta 81, Ausstellungskatalog, Stuttgart 1981, S. 261–271.
Ders., Das Zeitalter der Lehenposten im 19. Jahrhundert, in: IHLEFELD/LOTZ, Postgeschichte, S. 123–147.
PROCHÁZKA, Roman von, Österreichisches Ordenshandbuch, Große Ausgabe, Bde. 1–4, München 1979.
PRÜSENER, Marlies, Lesegesellschaften im 18. Jahrhundert. Ein Beitrag zur Lesergeschichte, München 1971.
QUINDT, Wolfgang, Souveränitätsbegriff und Souveränitätspolitik in Bayern. Von der Mitte des 17. Jahrhundert zur ersten Hälfte des 19. Jahrhundert, Berlin 1971.
RAMISCH, Hans K., Das fürstliche Kupferstichkabinett in Regensburg. Eine Auswahl von Handzeichnungen des 15.–18. Jahrhunderts, in: PIENDL, Beiträge [1963], S. 325–355.
RAUH, Rudolf, Das Hausrecht der Reichserbtruchsessen Fürsten von Waldburg, Bde. 1–2, Kempten 1971–1972.
REDEN-DOHNA, Armgard von/Ralph MELVILLE (Hrsg.), Der Adel an der Schwelle des bürgerlichen Zeitalters 1780–1860, Stuttgart 1988.
REHM, Rudolf C. (Hrsg.), Postgeschichte und klassische Philatelie des Kantons Schaffhausen, Schaffhausen 1987.
REIDEL, Hermann, Mauritio Pedettis Neubauprojekt für das fürstliche »Äußere Palais« am Emmeramsplatz in Regensburg von 1794, in: Max PIENDL (Hrsg.), Beiträge zur Baugeschichte des Reichsstiftes St. Emmeram und des Fürstlichen Hauses in Regensburg, Kallmünz 1986, S. 79–98.
DERS., Die Residenzen der kaiserlichen Prinzipalkommissare am Immerwährenden Reichstag, in: DALLMEIER [u. a.], Reichsstadt, S. 165–174.
REIF, Heinz, Adel in der Sozialgeschichte, in: Wolfgang SCHIEDER/Volker SELLIN (Hrsg.), Sozialgeschichte in Deutschland, Bd. 4, Göttingen 1987, S. 34–60.

Ders., Westfälischer Adel 1770–1860. Vom Herrschaftsstand zur regionalen Elite, Göttingen 1979.
REINHARD, Wolfgang, Freunde und Kreaturen. Verflechtung als Konzept zur Erforschung historischer Führungsgruppen. Römische Oligarchie um 1600, München 1979.
REISER, Rudolf, Adeliges Stadtleben im Barockzeitalter. Internationales Gesandtenleben auf dem Immerwährenden Reichstag zu Regensburg. Ein Beitrag zur Kultur- und Gesellschaftsgeschichte der Barockzeit, München 1969.
Ders., Mathilde Therese von Thurn und Taxis (1773–1839), in: ZBLG 38 (1975), S. 739–748.
Ders., Die Thurn und Taxis: das Privatleben einer Fürsten-Dynastie, Regensburg 1998.
RENNERT, Georg, Die geheime Briefüberwachung in Tirol und Vorarlberg 1806–1814, in: APB 12 (1936), S. 395–397.
RICHARZ, Irmintraut, Oikos, Haus und Haushalt. Ursprung und Geschichte der Haushaltsökonomik, Göttingen 1991.
RIEDEL, Manfred, Art. »Bürger, Staatsbürger, Bürgertum«, in: GGr, Bd. 1, 1972, S. 672–725.
Ders., Art. »Gesellschaft, bürgerliche«, in: GGr, Bd. 2, 1975, S. 719–800.
RIEHL, Wilhelm Heinrich, Die Naturgeschichte des Volkes als Grundlage einer deutschen Social-Politik, Bd. 3: Die Familie, Stuttgart/Augsburg 1856.
ROGALLA VON BIEBERSTEIN, Johannes, Adelsherrschaft und Adelskultur in Deutschland, Frankfurt a. M. [u. a.] 1989.
RUHLAND, Armin, Das Leichenbegängnis von Alexander Ferdinand, Fürst von Thurn und Taxis, in: MÖSENEDER, Feste, S. 383–385.
Ders., Das Leichenbegängnis von Fürst Karl Anselm von Thurn und Taxis 1805, in: Ebenda, S. 441 f.
RUHNAU, Ralph, Die Fürstlich Thurn und Taxissche Privatgerichtsbarkeit in Regensburg 1748–1900. Ein Kuriosum der deutschen Rechtsgeschichte, Diss. jur. Regensburg 1998.
SAALFELD, Diedrich, Lebensstandard in Deutschland. Einkommensverhältnisse und Lebenshaltungskosten städtischer Populationen in der Übergangsperiode zum Industriezeitalter, in: Wirtschaftliche und soziale Strukturen, S. 417–443.
SANDL, Marcus, Ökonomie des Raumes. Ökonomisches Wissen zwischen Alteuropa und Moderne, Diss. phil. Gießen 1997
SAUER, Josef, Finanzgeschäfte der Landgrafen von Hessen-Kassel. Ein Beitrag zur Geschichte des kurhessischen Haus- und Staatsschatzes und zur Entwicklungsgeschichte des Hauses Rothschild, Fulda 1930.
SAUER, Paul, Heiraten aus Staatsraison. Napoleon und seine Beziehungen zu den Regentenhäusern Badens, Württembergs und Hohenzollerns, in: Baden und Württemberg im Zeitalter Napoleons, Stuttgart 1987, Bd. 2, S. 55–80.
Ders. (Hrsg.), Im Dienst des Fürstenhauses und des Landes Württemberg. Die Lebenserinnerung der Freiherrn Friedrich und Eugen von Maucler (1735–1816), Stuttgart 1985.
Ders., Der schwäbische Zar. Friedrich, Württembergs erster König, Stuttgart 1984.
SAUTTER, Guido, Die Reichspost beim Einbruch der Franzosen in das Reich 1792 bis 1793, in: APT 41 (1913), S. 1–16, 43–53, 85–92.
SCHAD, Martha, Fürstin Therese von Thurn und Taxis, in: Die Turmschreiber, Pfaffenhofen 1998, S. 87–99.
SCHÄFER, Günther, Modernisierung der Vergangenheit. Geschichtswissenschaft in der Industriegesellschaft, Hamburg 1990.
SCHAEFER, Gustav, Geschichte des Sächsischen Postwesens vom Ursprunge bis zum Übergang in die Verwaltung des Norddeutschen Bundes, Dresden 1879.
SCHÄFER, Wolf, Ungleichzeitigkeit als Ideologie. Beiträge zur historischen Aufklärung, Frankfurt a. M. 1994.
SCHIEDER, Theodor, Zur Theorie der Führungsschichten in der Neuzeit, in: Günther FRANZ/ Hanns Hubert HOFMANN (Hrsg.), Deutsche Führungsschichten in der Neuzeit, Boppard 1980, S. 13–28.
SCHIER, Rolf, Standesherren. Zur Auflösung der Adelsvorherrschaft in Deutschland 1815–1918, Heidelberg 1977.

SCHILLY, Ernst, Verkehrs- und Nachrichtenwesen, in: Kurt JESERICH/Hans POHL/Georg Christoph von UNRUH (Hrsg.), Deutsche Verwaltungsgeschichte, Bd. 1, Stuttgart 1983, S. 448–467.
SCHIMKE, Maria Carola, Die Herrschaften Hohenaschau-Wildenwart und Tutzing-Pähl 1808–1818. Untersuchungen zu den Folgen der bayerischen Adelspolitik unter Montgelas, München 1995.
SCHINDLING, Anton, Die Anfänge des Immerwährenden Reichstags zu Regensburg. Ständevertretung und Staatskunst nach dem Westfälischen Frieden, Mainz 1991.
SCHISSLER, Hanna, »The Junkers«. Notes on the social and historical significance of the agrarian elite in Prussia, in: Robert G. MOELLER (Hrsg.), Peasants and Lords in modern Germany. Recent studies in agricultural history, London 1986, S. 24–51.
Dies., Preußische Agrargesellschaft im Wandel. Wirtschaftliche, gesellschaftliche und politische Transformationsprozesse von 1763 bis 1847, Göttingen 1978.
SCHIVELBUSCH, Wolfgang, Geschichte der Eisenbahnreise. Zur Industrialisierung von Raum und Zeit im 19. Jahrhundert, München 1977.
SCHLIP, Harry, Die neuen Fürsten. Zur Erhebung in den Reichsfürstenstand und zur Aufnahme in den Reichsfürstenrat im 17. und 18. Jahrhundert, in: PRESS/WILLOWEIT, Liechtenstein, S. 249–292.
SCHLUCHTER, Wolfgang, Der Elitebegriff als soziologische Kategorie, in: KZSS 15 (1963), S. 233–256.
SCHMELZLE, Hans, Der Staatshaushalt des Herzogtums Bayern im 18. Jahrhundert. Mit besonderer Berücksichtigung der wirtschaftlichen, politischen und sozialen Verhältnisse des Landes, Stuttgart 1900.
SCHMIDT, Georg, Fürst Johann I. (1760–1836), Souveränität und Modernisierung Liechtensteins, in: PRESS/WILLOWEIT, Liechtenstein, S. 383–418.
Ders., Der napoleonische Rheinbund – ein erneuertes Altes Reich?, in: Volker PRESS (Hrsg.), Alternativen zur Reichsverfassung in der Frühen Neuzeit, München 1995, S. 227–246.
SCHMIDT, Wolfgang, Zur Geschichte der Grafen von Dörnberg in Regensburg 1817–1897, in: Die Grafen von Dörnberg und ihre Geschichte, Regensburg 1991, S. 9–49.
SCHNABEL, Franz, Deutsche Geschichte im 19. Jahrhundert, Bd. 2: Monarchie und Volkssouveränität, Freiburg i. Br. 1933.
SCHNEE, Heinrich, Rothschild. Geschichte einer Finanzdynastie, Göttingen 1961.
SCHOCH, Rainer, Das Herrscherbild in der Malerei des 19. Jahrhunderts, München 1975.
SCHÖNFELD, Roland, Studien zur Wirtschaftsgeschichte der Reichsstadt Regensburg im 18. Jahrhundert, in: VHVO 100 (1959), S. 5–147.
SCHREIBER, Georg, Die bayerischen Orden und Ehrenzeichen, München 1964.
SCHULZ, Hermann, Vorschläge zur Reichsreform in der Publizistik von 1800 bis 1806, Diss. phil. Gießen 1926.
SCHULZ, Thomas, Die Mediatisierung des Adels, in: Baden und Württemberg im Zeitalter Napoleons, Bd. 2, Stuttgart 1987, S. 157–174.
SCHULZE, Winfried, Deutsche Geschichtswissenschaft nach 1945, Göttingen 1996.
Ders., Von den Anfängen des großen Welttheaters. Entwicklung, neuere Ansätze und Aufgaben der Frühneuzeitforschung, in: GWU 44 (1993), S. 3–18.
SCHULZE-GÄVERNITZ, Hermann Johann Friedrich von, Das Recht der Erstgeburt in den deutschen Fürstenhäusern und seine Bedeutung für die deutsche Staatsentwicklung, Leipzig 1851.
SCHUMPETER, Joseph A., Business Cycles, New York 1939.
SCHWARZ, Konrad, Die Entwicklung der deutschen Post. Ein Überblick, Berlin 1931.
SCHWARZENBERG, Karl zu, Geschichte des reichsständischen Hauses Schwarzenberg, Neustadt a. d. Aisch 1963.
SCHWEINITZ, Hans Bernhard Graf von, Hohenlohe und die »Mediatisierung« in Franken und Schwaben. Ein Beitrag zur Geschichte der durch die Rheinische Bundesakte in Südwestdeutschland geschaffenen Verhältnisse, Tübingen 1953.
SCHWEMMER, Wilhelm, Die Schulden der Reichsstadt Nürnberg und ihre Übernahme durch den bayerischen Staat, Nürnberg 1967.

SCHWENNICKE, Detlev (Hrsg.), Europäische Stammtafeln. Stammtafeln zur Geschichte der europäischen Staaten, N. F. Bd. 5, Marburg 1988.
SEDLMAYR, Hans, Verlust der Mitte. Die bildende Kunst des 19. und 20. Jahrhundert als Symptom und Symbol ihrer Zeit, Frankfurt a. M./Berlin/Wien 1977.
SELING, Helmut, Die Entstehung des Kunstmuseums als Aufgabe der Architektur, Diss. (masch.) Freiburg i. Br. 1952.
SERNA, Pierre, Der Adlige, in: Michel VOVELLE (Hrsg.), Der Mensch der Aufklärung, Frankfurt a. M. 1996, S. 42–97.
SIMMEL, Georg, Exkurs über den Adel, in: Ders., Soziologie. Untersuchungen über die Formen von Vergesellschaftung, Frankfurt a. M. 1992, S. 816–831.
SITTA, Heinz W., Franz Joseph Freiherr von Gruben. Ein Beitrag zur Geschichte des Katholizismus im 19. Jahrhundert, Würzburg 1953.
SKALWEIT, Stephan, Der Beginn der Neuzeit. Epochengrenze und Epochenbegriff, Darmstadt 1982.
SOMBART, Werner, Der moderne Kapitalismus. Bd. 2.1, München/Leipzig 1917.
STAUDENRAUS, Robert, Das Oberpostamt Nürnberg unter dem Oberpostmeister Ernst von Axthelm 1808–1838, in: APB 2 (1968), S. 169–181.
Ders., Die Postmeisterfamilie Haysdorff, in: APB 16 (1940), S. 20–26.
STAUDINGER, Ulrike, Bilder vom idealen Reich. Die Huldigungen, in: MÖSENEDER, Feste, S. 47–56.
Dies., Bilder vom idealen Reich – Das Verhältnis einer Reichsstadt zu ihrem Kaiser, in: Regensburg im Licht seines geschichtlichen Selbstverständnisses, Regensburg 1997, S. 109–118.
Dies., Die Bildergalerie Maximilian Karls von Thurn und Taxis. Fürstliches Mäzenatentum im bürgerlichen Zeitalter, Kallmünz 1990.
Dies., Carl Rottmanns »Golf von Bajae«. Ein wiederentdecktes Gemälde in der »Bildergalerie« des Fürsten Maximilian Karl von Thurn und Taxis, in: Franz KARG (Hrsg.), Regensburg und Ostbayern. Max Piendl zum Gedächtnis, Kallmünz 1991, S. 167–176.
Dies., Die Eröffnung der Reitschule des Fürsten von Thurn und Taxis 1832, in: MÖSENEDER, Feste, S. 460–464.
Dies., Das Herzbegräbnis der Fürstin Wilhelmine von Thurn und Taxis. Ein Beitrag Christian Daniel Rauchs zur Funeralkunst der Biedermeierzeit, in: Münchner Jahrbuch der bildenden Künste 42 (1991), S. 148–167.
STEINHAUSEN, Georg, Geschichte des deutschen Briefes. Zur Kulturgeschichte des deutschen Volkes, Bde. 1–2, Berlin 1889–1891.
STEKL, Hannes, Österreichs Aristokratie. Herrschaftsstil und Lebensformen der Fürstenhäuser Liechtenstein und Schwarzenberg, München 1973.
STEKL, Hannes/Marija WAKOUNIG, Windisch-Grätz. Ein Fürstenhaus im 19. und 20. Jahrhundert, Wien 1992.
STEPHAN, Heinrich, Geschichte der preußischen Post. Von ihrem Ursprunge bis auf die Gegenwart; nach amtlichen Quellen, Berlin 1859.
STERNBERGER, Dolf, Hohe See und Schiffbruch, in: Ders. (Hrsg.), Gerechtigkeit für das 19. Jahrhundert, Frankfurt a. M. 1975, S. 151–164.
STIX, Franz, Die Geheimschlüssel der Kabinettskanzlei des Kaisers, in: Berichte und Studien zur Geschichte Karls V., Bd. 1, Göttingen 1936, S. 208–226; Bd. 2, Göttingen 1937, S. 62–70.
STOCKERT, Harald, Adel im Übergang, Die Fürsten und Grafen von Löwenstein-Wertheim zwischen Landesherrschaft und Standesherrschaft (1780 bis 1850), Diss. phil. Mannheim 1999.
STOLLBERG-RILINGER, Barbara, Zeremoniell als politisches Verfahren. Rangordnung und Rangstreit als Strukturmerkmale des frühneuzeitlichen Reichstags, in: Johannes KUNISCH (Hrsg.), Neue Studien zur frühneuzeitlichen Reichsgeschichte, Berlin 1997, S. 91–132.
STONE, Lawrence, The Crisis of Aristocracy 1558–1641, London 1965.
STOOB, Heinz (Hrsg.), Deutscher Städteatlas, Blatt Regensburg, Größchen 1973.
STROBEL, Richard, Die Allee des Fürsten Carl Anselm in Regensburg, in: PIENDL, Beiträge [1963], S. 229–267.

TÄUBRICH, Hans-Christian, Wissen ist Macht. Der heimliche Griff nach Brief und Siegel, in: Klaus BEYRER/Hans-Christian TÄUBRICH (Hrsg.), Der Brief. Eine Kulturgeschichte der schriftlichen Kommunikation, Frankfurt a. M. 1996, S. 46–53.

TENBRUCK, Friedrich H., Bürgerliche Kultur, in: Friedhelm NEIDHARDT [u. a.] (Hrsg.), Kultur und Gesellschaft. Festschrift für René König zum 80. Geburtstag, Opladen 1986, S. 263–285.

THIEME, Ulrich, Art. »Cotte«, in: Allgemeines Lexikon der bildenden Künstler von der Antike bis zur Gegenwart, begr. von Ulrich Thieme und Felix Becker, Bd. 7, Leipzig 1912, S. 560–562.

THOMPSON, Edward P., Patrizische Kultur, plebeische Kultur, in: Ders., Plebeische Kultur und moralische Ökonomie, Frankfurt a. M. 1980, S. 168–202.

THOMPSON, Francis M. L., Aristocracy, Gentry and the Middle Class in Britain 1750–1850, in: Adolf M. BIRKE (Hrsg.), Bürgertum, Adel und Monarchie. Wandel der Lebensformen im Zeitalter des bürgerlichen Nationalismus, München 1989, S. 15–35.

Ders., English Landed Society in the Nineteenth Century, London 1963.

Ders., The landed aristocracy and business elites in Victorian Britain, in: Les Noblesses Européennes au XIX Siècle, Collection de L'Ecole Française de Rome, Rom 1988, S. 267–279.

TÖLPE, Lars, Langzeittrenditen von land- und forstwirtschaftlichen Grundbesitzungen des fürstlichen Hauses Thurn und Taxis, Wirtschaftswissenschaftliche Diplomarbeit (masch.), Regensburg 1995.

TÖNNIES, Ferdinand, Deutscher Adel im 19. Jahrhundert, in: Die neue Rundschau 23 (1912), S. 1050.

TÖPFER, Rudolf/Herbert ORTMANN, Die wechselvolle Geschichte des Postwesens in Hechingen und im angrenzenden Württemberg seit etwa 1500, Hechingen 1986.

TRAEGER, Jörg, Der Weg nach Walhalla. Denkmallandschaft und Bildungsreise im 19. Jahrhundert, Regensburg 1987.

TROSSBACH, Werner, Das »ganze Haus« – Basiskategorie für das Verständnis ländlicher Gesellschaften in der frühen Neuzeit?, in: BDLG 129 (1993), S. 277–314.

TUMBÜLT, Georg, Das Fürstentum Fürstenberg von seinen Anfängen bis zur Mediatisierung im Jahre 1806, Freiburg i. Br. 1908.

ULLMANN, Hans-Peter, Staatsverwaltung an der Wende vom 18. zum 19. Jahrhundert, in: Reinhard MUSSGNUG (Red.), Wendemarken in der deutschen Verfassungsgeschichte. Tagung der Vereinigung für Verfassungsgeschichte in Hofgeismar vom 11. 3.–13. 3. 1991, Berlin 1993, S. 123–138.

VAILLE, Eugène, Le Cabinet noir, Paris 1950.

Ders., La Politique napoléonienne et les Postes des Pays Allemands, in: Une poste européenne avec les grand maîtres des postes de la famille de la Tour et Tassis, Ausstellungskatalog, Paris 1978, S. 173–215.

VEC, Miloš, Zeremonialwissenschaft im Fürstenstaat. Studien zur juristischen und politischen Theorie absolutistischer Herrschaftsrepräsentation, Franfurt a. M. 1998.

VEH, Otto, Bayern und die Bemühungen des Hauses Thurn und Taxis um die Rückgewinnung der deutschen Reichsposten. 1806–1815, in: APB 15 (1939), S. 337–353.

Ders., Die geheime Postüberwachung im Königreich Bayern 1806–1817, in: APB 11 (1935), S. 185–198.

Ders., Karl Joseph Graf von Drechsel. Kgl. Bayerischer Generalpostdirektor 1808–1817, in: APB 12 (1936), S. 326–332.

VETTER, Klaus, Kurmärkischer Adel und preußische Reformen, Weimar 1979.

VIERHAUS Rudolf/Kurt KLUXEN (Hrsg.), Der Adel vor der Revolution. Zur sozialen und politischen Funktion des Adels im vorrevolutionären Europa, Göttingen 1971.

VOGT, Ludgera/Arnold ZINGERLE (Hrsg.), Ehre. Archaische Momente in der Moderne, Frankfurt a. M. 1994.

Dies., Zur Aktualität des Themas Ehre und zu seinem Stellenwert in der Theorie, in: Ebenda, S. 9–34.

Dies., Ehre in traditionalen und modernen Gesellschaften. Eine soziologische Analyse des ›Imaginären‹ am Beispiel zweier literarischer Texte, in: Ebenda, S. 291–314.

VOLLRATH, Wolfgang, Das Haus Thurn und Taxis, die Reichspost und das Ende des Heiligen Römischen Reiches 1790–1806, Diss. phil. Münster 1940.
WALLNER, Emil, Die kreissässigen Reichsterritorien am Vorabend des Luneviller Friedens, Innsbruck 1929.
WALZER, Albert, Das Herz im christlichem Glauben, Biberach an der Riss 1967.
WATANABE-O'KELLY, Helen, Festival books in Europe from Renaissance to Rococo, in: The Seventeenth Century 3 (1987), S. 181–201.
WEBER, Hartmut, Die Fürsten von Hohenlohe. Politische und soziale Verhaltensweisen württembergischer Standesherren in der ersten Hälfte des 19. Jahrhunderts, Schwäbisch Hall 1977.
WEBER, Wolfgang, Die Veränderungen in der staatsrechtlichen Lage der Deutschen Standesherren zwischen Rheinbundakte, Deutscher Bundesakte und Gegenwart, Jena 1904.
WEHLER, Hans-Ulrich, Deutsche Gesellschaftsgeschichte, Bd. 2: Von der Reformära bis zur industriellen und politischen Deutschen Doppelrevolution 1815–1848/49, München 1989.
Ders. (Hrsg.), Europäischer Adel 1750–1850, Göttingen 1990.
WEIS, Eberhard, Bayern und Frankreich in der Zeit des Konsulates und des Ersten Empire (1799–1815), München 1984.
Ders., Das neue Bayern – Max I. Joseph, Montgelas und die Entstehung und Ausgestaltung des Königreichs 1799 bis 1825, in: Hubert GLASER (Hrsg.), Krone und Verfassung. König Max I. Joseph und der neue Staat. Beiträge zur bayerischen Geschichte und Kunst 1799–1825, München 1992, S. 49–64.
Ders. (Hrsg.), Reformen im rheinbündischen Deutschland, München 1984.
WEITZ, Reinhold K., Der niederrheinische und westfälische Adel im ersten preußischen Verfassungskampf 1815–1823/24, Bonn 1970.
WEITZEL, Jürgen, Die Hausnormen deutscher Dynastien im Rahmen der Entwicklungen von Recht und Gesetz, in: KUNISCH, Fürstenstaat, S. 35–48.
WIESFLECKER, Angelika, Die ›oberösterreichischen‹ Kammerraitbücher zu Innsbruck 1493–1519. Ein Beitrag zur Wirtschafts-, Finanz- und Kulturgeschichte der oberösterreichischen Ländergruppe, Graz 1987.
WIESFLECKER, Hermann, Kaiser Maximilian I. Das Reich, Österreich und Europa an der Wende zur Neuzeit, Bde. 1–5, München 1971–1986.
WILM, Emanuela, Das Haus Thurn und Taxis auf dem Wiener Kongreß. Der Kampf um die Posten und die Remediatisierung, Magisterarbeit (masch.) München 1985.
WIMMER, Clemens Alexander, Geschichte der Gartentheorie, Darmstadt 1989.
WINKEL, Harald, Die Ablösungskapitalien aus der Bauernbefreiung in West- und Süddeutschland. Höhe und Verwendung bei Standes- und Grundherren, Stuttgart 1968.
Ders., Die Entwicklung des Kassen- und Rechnungswesens im Fürstlichen Haus Thurn und Taxis im 19. Jahrhundert, in: ScrM 7 (1973), S. 3–19.
Ders., Kapitalquellen im Industrialisierungsprozeß, in: Otto BORST (Hrsg.), Wege in die Welt. Die Industrie im deutschen Südwesten seit Ausgang des 18. Jahrhunderts, Stuttgart 1989, S. 107–125.
Ders., Zur Preisentwicklung landwirtschaftlicher Grundstücke in Niederbayern 1830–1850, in: Wirtschaftliche und soziale Strukturen, S. 565–577.
WINTERLING, Aloys, »Hof« – Versuch einer idealtypischen Bestimmung anhand der mittelalterlichen und frühneuzeitlichen Geschichte, in: Mitteilungen der Residenzen-Kommission der Akademie der Wissenschaften zu Göttingen 5 (1995), S. 16–21, auch in: Ders. (Hrsg.), Zwischen »Haus« und »Staat«. Antike Höfe im Vergleich, München 1997, S. 11–25 (ergänzt um einen wissenschaftlichen Apparat).
Wirtschaftliche und soziale Strukturen im säkularen Wandel. Festschrift für Wilhelm Abel zum 70. Geburtstag, Hannover 1976.
WOLPERT, Hermann, Schrifttum über das deutsche Postwesen, Bde. 1–3, München 1937–1952.
WUNDER, Bernd, Geschichte der Bürokratie in Deutschland, Frankfurt a. M. 1986.
Ders., Privilegierung und Disziplinierung. Die Entstehung des Berufsbeamtentums in Bayern und Württemberg (1780–1825), München 1978.

WURTH, Rüdiger, Die Erblandpostmeister Paar. Drei Jahrhunderte postalisches Wirken, Familienwappen und Münzprägungen, Klingenbach 1987.
Ders., Die Tiroler Taxis. Das Postlehen der Thurn und Taxis in Tirol und Vorderösterreich, Klingenbach 1990.
ZERNETSCHKY, Claus, Die Stadt Regensburg und das fürstliche Haus Thurn und Taxis unter wirtschaftlichen Aspekten in den ersten sieben Jahrzehnten des 19. Jahrhunderts, Diss. phil. Regensburg 1995.
ZOLLINGER, Manfred, Banquiers und Pointeurs. Geschichte des Glücksspiels zwischen Integration und Ausgrenzung vom 18. bis zum 20. Jahrhundert, Diss. phil. Wien 1990.
ZOLLMANN, Günther, Adelsrechte und Staatsorganisation im Königreich Württemberg 1806 bis 1817, Tübingen 1971.
ZORN, Wolfgang, Deutsche Führungsschichten des 17. und 18. Jahrhunderts. Forschungsergebnisse seit 1945, in: IASL 6 (1981), S. 176–197.
Ders., Fürst Anselm Maria Fugger zu Babenhausen, in: Lebensbilder aus dem bayerischen Schwaben, Bd. 2, Weißenhorn 1953, S. 329–348.
Ders., L'Industrialisation de l'Allemagne du Sud au XIXe Siècle, in: Pierre LEON/Richard GARSON (Hrsg.), L'Industrialisation en Europe au XIXe Siècle. Cartographie et typologie, Paris 1972, S. 379–389.
ZUBER, Karl-Heinz, Der »Fürst Proletarier« Ludwig von Oettingen-Wallerstein (1791–1870), München 1978.
ZUNKEL, Friedrich, Art. »Ehre, Reputation«, in: GGr, Bd. 2, 1975, S. 1–64.

PERSONENREGISTER

Abel, Karl von 483
Adami, Familie 59*
Ahlfeld-Langeland-Rixingen, Ferdinand Graf von 201*, 203 f.
Albini, Franz Joseph Freiherr von 328
Amya, Nikolaus 261
Arco, Familie 6*
Arenberg, Ludwig Engelbert Herzog von 288*
Aretin, Christoph Freiherr von 264*, 379, 487
Armannperg, Familie 434, 435*, 442 f.
Axthelm, Ernst von 300–302, 304

Ballabene, Familie 468
Bartenstein, Johann Christoph Freiherr von 91*
Bayern, Karl Albrecht Kurfürst von (= Karl VII., römisch-deutscher Kaiser) 39, 46*, 47–50, 52–54, 62, 96*, 112, 513
Bayern, Karl Theodor Kurfürst von 107*, 203, 222*, 370
Bayern, Ludwig I. König von 393, 443, 461 f., 479 f., 483, 488, 499, 504
Bayern, Luitpold, Prinzregent von 510
Bayern, Maximilian I., König von (= Maximilian IV. Joseph, Kurfürst) 104, 305, 308, 330, 333*, 344, 358 f., 362 f., 377–379, 443*, 461, 463*, 486*
Becker, Franz Peter Vicomte de 119, 220, 251*
Bedford, Familie 405
Beer, Jacob, Baron von 148*
Benda, Wilhelm 418, 494*, 496*
Bentheim, Ferdinand, Graf von 451*
Berberich, Christoph von 98, 114*, 144
Berberich, Franz Ludwig von 221, 251*
Berchem, Wilhelm Freiherr von 422 f.

Berenger, Laurent von 131*
Bernstorff, Andreas P. von 455*
Bibra, Christian Ernst Heinrich, Freiherr von 414, 416 f.
Birgdhen von der, Familie 79*
Birghden, Johannes von/van der 33*, 88*
Bismarck, Otto Fürst von 446, 458
Blanck, Joseph 227*, 301 f.
Bombelle(s), Marc Marie Marquis de 204
Bonaparte, Napoleon I., Kaiser der Franzosen 6, 239 f., 261, 274, 276, 278*, 279, 287, 289–291, 293, 295 f., 303–307, 309 f., 312, 315*, 316 f., 338 f., 353–356, 358, 376*, 440
Borié, Egid Valentin Freiherr von 97*, 202*
Bors, Eugène Freiherr von 96, 98, 114*
Bourbon, Ludwig XIV., König von Frankreich 561 f.
Bourbon, Ludwig, Herzog von Bourgogne 136, 138
Brandenburg, Friedrich Wilhelm I. Kurfürst von 42
Brandenburg-Bayreuth, Familie 69*
Brandenburg-Bayreuth, Christian Friedrich Markgraf von 159*
Brandenburg-Bayreuth, Sophie, Markgräfin von 201
Braunschweig, Karl I. Herzog von 88
Bray, François Gabriel Graf von 131*, 302*, 492
Breyer, Karl Ludwig Friedrich 198
Bridgewater, Familie 405
Buch, Adolf Friedrich von 85
Büchler, Baron von 203
Bühler, Albrecht Jacob von 279*, 285, 327, 349*
Bühler, Anna 423*
Bühler, Barbara 423*

Personenregister

Buol-Schauenstein, Johann Karl R. Freiherr von 455*, 465
Cetto, Anton Freiherr von 302*, 309, 316*, 330*, 421 f.
Champagny, Jean-Baptiste Nonpère, Graf von 305, 355*, 356*
Chifletius, Julius (Chiflet, Jules) 28, 63*
Clavel, Franz Xaver 96*, 156–158, 411, 460
Cobenzl, Ludwig Graf von 123*, 124, 265, 274, 280, 327
Colloredo-Mansfeld, Franz de Paula Gundaker Graf von 52*, 121, 204 f., 228–233, 265, 288, 322, 323*, 324*, 327, 440
Colloredo-Waldsee, Franz Graf von 147, 151, 154, 282 f.
Cotte, Charles de 36*
Cotte, Robert de 36 f.
Crecy, Louis Verjus, Comte de 136
Crescenti, Pietro 28*

Dalberg, Carl Theodor Freiherr von, Kurfürst von Mainz, Fürstprimas 181, 230, 233*, 282*, 293–295, 297, 303–305, 316, 353 f., 370, 373, 375–379, 487
Devaux, Abbé 198*
Devonshire, Familie 405
Dietrichstein, Josef Graf von 496*
Dietz, Franz Maximilian 123, 441 f.
Ditterich, Franz Georg von 227
Dollé, Franz Anton von 227, 236*, 353*
Dörnberg, August von 390 f., 393, 397
Dörnberg, Friedrich Karl von 390 f., 397, 418
Dörnberg, Ernst Friedrich von 389–400, 403, 410, 412 f., 418*, 423, 434 f., 458, 470, 472–476, 478, 480–483, 496, 504*, 508 f.
Dörnberg, Konrad Heinrich von 390
Doria, Prinzessin von 198
Drechsel, Joseph Karl Graf von 299, 308, 315*, 378

Eberstein, Josef Karl Theodor Freiherr von 61*, 96*, 108*, 157–162, 197*, 222, 224, 228*, 230, 232, 233*, 238, 239*, 242*, 273, 282*, 304*, 311*, 316, 322, 334, 407*

Ende, Heinrich Ferdinand Freiherr von 436*
Epplen, Joseph Xaver von 96*, 157 f., 245, 300*
Erlanger, Raphael 393
Erthal, Friedrich Karl von, Kurfürst von Mainz 325
Esterhazy, Paul Fürst von 491
Etherege, George Sir 135 f.

Fahnenberg, Egid Joseph K. Freiherr von 186, 337
Fallot-Gemeiner, Heinrich von 423*
Flacchio, Engelbert 63*
Forest, René Charles Mathurin la 278*, 279 f., 284–287, 328, 334, 373
Fürstenberg, Familie 6, 16, 83*, 184 f. 188*, 201*, 340, 383, 484
Fürstenberg, Carl Egon Fürst von 321*
Fürstenberg, Elisabeth Fürstin von, geb. Thurn und Taxis 260, 333, 450 f.
Fürstenberg-Heiligenberg, Anna Adelheid Fürstin von 201
Fürstenberg-Stühlingen, Familie 69*
Fugger, Jakob 206
Fugger-Babenhausen, Anselm Maria Joseph Fürst von 332, 345
Fugger zu Kirchberg, Eustachius Maria Graf von 145*

Gärtner, Friedrich von 450–452
Geiger, Franz Xaver 227*, 371
Gise, August Friedrich Freiherr von 435, 443*
Görtz, Johann E. Graf von 122, 270, 273, 285, 325, 327
Goetz, Maria E. 423*
Grafenegg, Gottfried Anton Dominik Graf von 144*
Gravenreuth, Familie 420*
Grimm, Ferdinand 352
Grub, Ludwig Friedrich 213–215, 223, 234 f., 237–242, 272*, 288, 290, 292*, 294, 297, 299 f., 304*, 309, 311–314, 315*, 317, 354*, 368*, 371, 375 f., 429
Gruben, Franz (Joseph) Freiherr von 393*, 397, 476
Grund, Philipp Moritz 227
Gumppenberg, Max 417 f.

Habsburg, Ferdinand II., römisch-deutscher Kaiser 32, 87 f.
Habsburg, Ferdinand III., römisch-deutscher Kaiser 28
Habsburg, Ferdinand Joseph, Erzherzog von Österreich 138
Habsburg, Franz II./I., römisch-deutscher/österreichischer Kaiser 191, 354, 356, 366 f., 448, 450*, 469*, 492*
Habsburg, Friedrich III., römisch-deutscher Kaiser 30*
Habsburg, Joseph II., römisch-deutscher Kaiser 62*, 124, 155, 156*, 171*, 180, 190*, 205, 264, 266, 270*, 282, 364
Habsburg, Karl V., römisch-deutscher Kaiser (= Karl I., König von Spanien) 31 f., 55, 79
Habsburg, Karl VI., römisch-deutscher Kaiser 35, 46 f., 59, 74
Habsburg, Karl, Erzherzog von Österreich 244
Habsburg, Leopold I., römisch-deutscher Kaiser 33, 51, 56 f., 63, 88
Habsburg, Leopold II., römisch-deutscher Kaiser 191*, 271
Habsburg, Maria Theresia, Kaiserin, Königin von Ungarn 49, 51, 60, 91, 112 f., 116, 124, 126, 321*
Habsburg, Matthias, römisch-deutscher Kaiser 32, 47, 52
Habsburg, Maximilian I., römisch-deutscher Kaiser 30*, 31
Habsburg, Philipp II., König von Spanien 62*
Habsburg, Philipp IV., König von Spanien 28
Habsburg, Rudolph II., römisch-deutscher Kaiser 32
Hacke, Hans Christoph, Freiherr von 302*
Häberlin, Franz Dominikus 177, 267
Hänlein, Carl von 285
Handel, Maximilian Freiherr von 121
Hardenberg, Karl August Freiherr von 291, 426, 429 f., 448
Hardouin-Mansart, Jules 36*
Haye, Peter Josef de la 57*
Haysdorff, Familie 59*, 84–86, 90*, 95, 98, 123, 220, 241
Haysdorff, Georg Franz 85, 118
Haysdorff, Heinrich Hansen 85 f.
Haysdorff, Johann Heinrich 85
Haysdorff, Lorenz Robert 85
Heger, Ignaz Jacob 283
Heller, Franz von 301, 441
Henckel von Donnersmarck, Familie 405
Herrfeldt, Ignaz Edmund 227*, 252, 283
Heyer, Theodor 227
Hillebrand, Elisabeth 203
Hochstetter, Ludwig Freiherr von 333
Hofmann, Karl von 227
Hohenlohe, Chlodwig Fürst von 488
Hohenlohe-Langenburg-Schillingsfürst, Anna Augusta Fürstin von 201
Hohenlohe-Öhringen, Fürst von 405
Hohenzollern, s. Brandenburg, Preußen
Hohenzollern, Karl I. Graf von 73
Hohenzollern-Sigmaringen, Familie 7, 341–343, 359
Hügel, Johann A. Freiherr von 128, 226, 228–232, 277, 283*, 286, 288, 323 f., 326*, 327–329, 335
Humboldt, Wilhelm Freiherr von 426, 430, 448, 451

Ickstadt, Johann Adam Freiherr von 177
Imhof, Alexander, Freiherr von 93*, 94*, 186, 209*, 226*, 227, 234, 265*
Imsland, Baron von 186
Isenburg-Büdingen-Meerholz, Familie 460*, 490

Jaumann, Ignaz von 300*
Jett, Wilhelm Karl Graf von 132, 227

Karg, Christian 506
Karl der Große, Kaiser 27
Kaunitz, Wenzel Anton Fürst von 20, 52*, 111, 121, 123*, 126, 224, 265, 282, 323
Kayser, Albrecht Christoph 174, 176, 178*, 191
Keim, Viktor 501*
Kinsky, Familie 464*, 470*
Kirchmaier, Ägid 59*
Klein, Carl Franz Xaver 192*, 242*, 261
Klein, Joseph 227*, 368*
Kleinschmid, Johann Baptist 227*

Klenau, Johann, Graf von 490*
Kobell, Franz, Ritter von 422*
Koch, Ignaz von 113, 121*, 122
Krämer, August 147*, 215*
Krapp, Ludwig 418*
Kronenfels, Joseph Franz Stephan von 230, 281–284, 307*
Kübeck, Alois K. Freiherr von 458
Kurzrock, Freiherr von 114*, 219*

Laing, Leopold Freiherr von 470*
Langer, Robert von 501*
Lannoy-Wignacourt, Familie 201*
Lehrbach, Konrad Ludwig von und zu 154, 226, 233, 274, 288
Leiningen, Familie 104
Leykam, Werner Freiherr von 220, 228, 230*, 233–235, 265, 270, 277, 288, 309, 311 f., 323, 395*, 423*, 489, 492 f.
Liebel, Johann Baptist 236*, 412*, 413, 420*, 421, 433–435, 482*, 501*, 504*
Liechtenstein, Familie 11*, 143, 153*, 321*
Liechtenstein, Alois II. Fürst von 471
Liechtenstein, Johann I. Fürst von 471
Liechtenstein, Johann II. Fürst von 472, 476*
Lilien, Familie 84, 90, 93, 95, 114*
Lilien, Alexander Ferdinand Freiherr von 92 f., 97 f., 99*, 116*, 118, 153 f., 192, 219 f., 223, 225, 227 f., 230, 232–234, 240*, 251, 252*, 265*, 267–269, 274, 280, 282–284, 288
Lilien, Christoph 92
Lilien, Franz Michael Florenz Freiherr von 52–54, 58*, 59 f., 61*, 90–94, 97 f., 112 f., 117–124, 140*, 148, 205*, 209, 218 f., 221, 225, 511, 513 f.
Lind, Georg Friedrich 35
Lingauer, Johann 184
Lobkowitz, Familie 69*, 153*, 201*, 207
Lobkowitz, Maria Ludovica Fürstin von 201
Löwenstein-Wertheim, Familie 103, 109, 147, 333 f., 340, 371, 383, 451*, 484*
Lopez de Hara, Alonso 28*
Lothringen, Franz I. (Stephan) von, römisch-deutscher Kaiser 51 f., 60*, 84*, 113*

Lütgendorf, Joseph Maximilian Baron von 183

Malten, Heinrich 457
Manderscheid-Falkenstein, Familie 201*
Marx, Anton 300*
Maucler, Friedrich von 186
Mecklenburg-Strelitz, Familie 69*
Mecklenburg-Strelitz, Karl Prinz von 453
Métivier, Jean-Baptiste 478
Metternich, Clemens Fürst von 332, 426 f., 430, 440, 447–449, 451, 454*, 457, 465, 467*, 492, 510
Mörike, Karl 350*, 353
Montgelas, Maximilian Graf von 234, 299*, 301*, 302, 304–308, 316*, 343 f., 380*, 382, 419–421, 448, 461, 487
Moser, Alexander 47*, 159*, 160*, 334
Moser, Johann Jacob 38 f., 47*, 77, 127, 129, 135, 142 f., 170, 266
Müller, Georg Friedrich Freiherr von 108*, 123, 124*, 236*, 300*, 390, 395 f., 453, 464–468, 494*, 509
Münster, Ernst Graf von 426, 429
Murat, Joachim, Großherzog von Berg/ König von Neapel 295

Nagler, Carl Friedrich von 434, 435*, 442 f.
Nassau-Usingen, Familie 288*
Nassau-Weilburg, Familie 288*
Normann (von Ehrenfels), Philipp Christian Dietrich Gottfried Freiherr von 350*
Northumberland, Familie 405

Oehl, Karl 301*
Oettingen-Oettingen, Henriette Dorothea Karoline Fürstin von, geb. Thurn und Taxis 189
Oettingen-Oettingen, Johann Aloys Fürst von 189
Oettingen-Spielberg, Familie 201*
Oettingen-Wallerstein, Familie 16, 103, 154, 184, 201*, 333
Oettingen-Wallerstein, Kraft Ernst Fürst 135

Oettingen-Wallerstein, Wilhelmine Friederike Fürstin 135
Öxle (Öchsle), Familie 86, 95
Öxle, Johann Jakob Graf von 86 f.
Öxle, Wolfgang Anton Graf von 87
Oldenburg, Familie 288*
Oranien, Wilhelm I. von, König der Niederlande 430
Oxenstierna, Carl Gustaf Baron von 133

Paar, Familie 43*
Penzing, Georg 423*
Pfalz, Karl Philipp Kurfürst von der 47
Pfalz, Karl Theodor Kurfürst von der, s. Bayern
Pfalz, Liselotte von der, Herzogin von Orléans 141
Pfalz-Zweibrücken, Karl Herzog von 107
Pfeilschifter, Johann Baptist von 457
Pokorny, Karl 498*
Preußen, Friedrich II. König von 111, 120*, 156*
Preußen, Friedrich Wilhelm III. König von 287, 462 f.
Preußen, Luise Königin von, geb. Mecklenburg-Strelitz 505*
Preysing, Familie 6*

Radziwill, Hieronymus Vinzenz Fürst von 186, 201*, 204
Radziwill, Sophie Friederike Dorothea Fürstin von, geb. Thurn und Taxis 170*
Rauch, Christian Daniel 505 f.
Rechberg, Alois Franz Graf von 448
Reichlin von Meldegg, Ludwig Karl August Freiherr von 418*, 423*
Reisach, Johann Adam Christoph Graf von 350, 353
Rey, Graf von 468*
Ripperger, Wilhelm 444–446
Rohan, Louis A. de 123*
Rothammer, Wilhelm 191
Rothschild, Familie 393, 406, 409*, 467–469
Rußland, Alexander I. Kaiser von 138, 448 f.
Rußland, Maria Feodorowna, Großfürstin von 186
Rye, Alexandrine von 201

Sachsen, Friedrich August König von 47*
Salm-Kyrburg, Familie 288*
Salm-Reifferscheid, Familie 201*
Salm-Salm, Familie 288*
Sauter, Ignaz Josef Maria, Graf von 470*
Schacht, Theodor von 174 f., 227
Schäffer, Jakob Christian 197
Schenk, Eduard von 479–481, 483
Schenk von Castell, Marquard Willibald Graf von 145*
Schneid, Johann Jakob Heinrich Baron von 148*, 151*, 152, 156 f., 192, 218–220, 222 f., 228, 230*, 233 f., 242, 251*, 265, 268, 270 f., 274, 277, 282, 321 f., 364*
Schneid, Joseph Baron von 218
Schönborn, Graf von 58 f.
Schönhammer, Ludwig 227, 300*, 427*, 429*
Schuster, Franz Xaver Philipp Freiherr von 251*
Schwachmüller, Claus 227*
Schwarzenau, Karl von 148
Schwarzenberg, Familie 11*, 161, 184
Schwenck, Eduard 501*
Seilern, Josef Johann Graf von 135, 148, 323
Seilern, Marie Christine Gräfin von 135
Seyfried, Eugen Ritter von 411, 464
Sickenhausen, Familie 114*
Sickenhausen, Georg Ignaz von 86*
Solms-Lauterbach, Familie 451*
Somigliano, Giovanni Abondio Freiherr von 44, 57, 86 f.
St. Vincent, Albert Sebastian Freiherr von 145 f.*
St. Vincent, Johann Rupert Freiherr von 146*
Stadion, Johann Philipp Karl Graf von 465–467, 491*
Starhemberg, Georg Adam Graf 121*
Stein, Karl Freiherr vom 426, 448, 451
Stephan, Heinrich von 445
Stieler, Joseph 505
Stolzingen, Wilhelm 159*

Talleyrand, Charles Maurice de 274, 276 f., 278*, 295, 338, 373*, 448
Tassis (= Taxis), Familie 27, 344

Tassis, Franz 30 f.
Tassis, Janetto de 30
Tassis, Johannes Baptista 31 f.
Tasso, Homodeus de 28*
Taube, Karl August Ludwig Graf von 350*
Taxis, Franz von 39, 61, 79,
Taxis, Leonhard von 32, 33*, 88,
Thurn und Taxis, Albert Maria Lamoral Fürst von 507, 509, 520
Thurn und Taxis, Alexander Ferdinand, Fürst von 39, 46 f., 49 f., 61*, 62*, 77*, 91, 120–126, 138 f., 145, 149–151, 177, 189*, 201, 204*, 207, 209*, 218*, 219 f., 223, 321, 498
Thurn und Taxis, Anna Adelheid Fürstin von, geb. Fürstenberg-Heiligenberg 62 f.
Thurn und Taxis, Anselm Franz Fürst von 35, 37, 39, 49, 58 f., 75, 77*, 144, 165
Thurn und Taxis, Carl Anselm Fürst von 62*, 76*, 77 f., 99*, 108, 122, 124–126, 129, 135*, 151, 156, 159, 162 f., 166 f., 169–172, 175–181, 183 f., 186, 188*, 189–192, 201–203, 207 f., 210*, 215, 220, 222–225, 228, 231 f., 234–236, 244, 265, 267*, 285*, 287, 306, 320*, 322, 323*, 325, 358, 363–366, 372, 385–387, 390, 486, 498, 504*
Thurn und Taxis, Eugen Alexander Fürst von 33, 35, 37, 56*, 58, 62 f., 70, 74 f., 201
Thurn und Taxis, Franz Prinz von 206*, 446
Thurn und Taxis, Friedrich Wilhelm Prinz von 358
Thurn und Taxis, Helene Carolina Therese Fürstin von, geb. Herzogin in Bayern 507
Thurn und Taxis, Karl Alexander Fürst von 90*, 127*, 129, 162*, 165, 182, 190*, 197 f., 215*, 216, 222, 224 f., 234–236, 238–240, 248, 255*, 261, 277, 308, 310*, 320, 322, 330*, 344–346, 351, 353 f., 356 f., 359 f., 364, 366–369, 375–380, 385, 387, 389 f., 394, 395*, 402, 407, 411, 416*, 423, 426*, 436*, 449 f., 452, 460 f., 463 f., 466–470, 486 f., 489*, 490, 498, 502, 504*

Thurn und Taxis, Lamoral Claudius Graf von 27 f., 56*, 73, 88
Thurn und Taxis, Margarethe Clementine Fürstin von, geb. Erzherzogin von Österreich 507, 520
Thurn und Taxis, Maria Henriette Fürstin von, geb. Fürstenberg-Stühlingen 201, 204*
Thurn und Taxis, Maria Theresia Prinzessin von 204
Thurn und Taxis, Mathilde Fürstin von, geb. Oettingen-Spielberg 507
Thurn und Taxis, Maximilian Prinz von 509
Thurn und Taxis, Maximilian Anton Prinz von 473, 507
Thurn und Taxis, Maximilian Karl Fürst von 162*, 216, 371*, 385, 388–394, 397 f., 400, 402 f., 408–410, 412–416, 418–425, 435, 437, 443, 446, 457, 462, 463*, 470, 476, 478–481, 483, 488, 489*, 492–494, 496–501, 504–509
Thurn und Taxis, Maximilian Maria Fürst von 397
Thurn und Taxis, Sophie Dorothea Prinzessin von 502 f.
Thurn und Taxis, Theodor Prinz von 509
Thurn und Taxis, Theresa Prinzessin von 259
Thurn und Taxis, Therese (Mathilde) Fürstin von, geb. Mecklenburg-Strelitz 124*, 213, 223 f., 229–231, 233–238, 240 f., 248, 256*, 260, 277, 288, 294*, 296, 297*, 299*, 304, 307*, 308–316, 354–357, 366, 375, 376*, 390, 396, 426 f., 429 f., 447 f., 451, 453–455, 462, 489*, 490 f., 494–496, 504*, 505, 517
Thurn und Taxis, Wilhelmine Fürstin von, geb. Dörnberg 389 f., 481, 504–506
Törring, Familie 412*
Törring, Maximilian Prokop Graf von 169*
Torre, Pagano della 27
Torriani (= della Torre / de la Tour / Thurn und Taxis), Familie 26–29
Train, Elisabeth von 486
Train, Nicolaus Joseph von 203
Trauttmansdorff, Ferdinand Fürst von 131*, 204, 224, 323*, 490
Treitlinger, François Louis Freiherr von 234, 237*, 241 f., 307*, 330

Ulfeld, Anton C. 52

Vahlkampf, Albert Ritter von 457
Vahlteich, A. 393*, 458
Valette, Marie Chamas la 287
Vischer, Christian Gottlieb 290
Visconti, Familie 26 f., 29
Vogler, Johann A. 423*
Vrints (-Treuenfeld), Familie 44, 59*, 84, 87, 89 f.
Vrints, Conrad Alexander 88
Vrints, Gerard 88
Vrints, Jean Baptiste 87 f.
Vrints, Johann 87*,
Vrints, Johann Gerhard 88
Vrints, Theobald Georg 88, 220 f.
Vrints-Berberich, Alexander Conrad Freiherr von 61*, 93, 97*, 107*, 203–205, 218*, 221, 223 f., 227, 228*, 231–241, 244 f., 247, 253 f., 259*, 260, 265, 272*, 273 f., 276–280, 283–289, 294, 297, 299 f., 302, 304–307, 309*, 311–313, 315*, 317, 320*, 326*, 327, 334 f., 354 f., 365*, 366, 370, 374, 390 f., 393, 396, 397*, 421, 426 f., 429 f., 434, 440–443, 447, 448*, 449–452, 455 f., 460, 464–470, 474*, 490, 491*, 492, 509, 517
Vrints-Berberich, Henriette Freifrau von, geb. Berberich 221
Vrints-Treuenfeld, Alexander Konrad Freiherr von 89
Vrints-Treuenfeld, Karl Optatus Freiherr von 89, 95, 97
Vrints-Treuenfeld, Theobald Maximilian Heinrich 88, 218*, 221, 276, 287, 327

Waldburg-Zeil, Familie 104, 152
Waldburg-Zeil-Trauchburg, Max Fürst von 331 f., 347, 353

Waldeck-Pyrmont, Familie 460*
Wangenheim, August Freiherr von 442
Weber, Anton 422*
Weichs, Freiherr von 376–378
Weitersheim, Baron von 186
Welz, Ivo 121–124
Welz, Valentin von 220, 228, 230–233, 282 f., 361 f.
Westerholt, Alexander Graf von 176, 221–227, 234–242, 245, 247, 253 f., 256*, 308, 310*, 311, 314, 316 f., 320*, 322, 331 f., 339, 341*, 345, 348, 350 f., 353, 359, 360*, 367*, 378 f., 390, 394, 454*, 468*, 486 f.
Westerholt, Johann Jakob Baron von 167*, 170*, 172*, 191, 220
Wetzel, Eugen Alexander Freiherr von 59
Wied, August, Graf von 149 f.*
Wiener, Anna, geb. Pongratz 422*
Wittelsbach, s. Bayern, Pfalz
Wrede, Karl Philipp Fürst von 426, 427*, 429, 448
Württemberg, Familie 69*, 73
Württemberg, Auguste Elisabeth Herzogin von 201–203
Württemberg, Friedrich I. König von 329, 343, 347, 350 f., 432, 436, 459
Württemberg, Wilhelm I. König von 460*, 488*, 489
Wunsch, Franz Lorenz Freiherr von 127*, 129, 140, 215*, 227, 234, 237*, 265*, 272, 277, 280*, 283*, 301*, 314, 326, 328, 330, 336*, 339*

Zazzera, Francesco 28*
Zeiller, Franz Edler von 503
Zentner, Carl von 344*
Zirngibl, Franziska 419
Zirngibl, Georg 419

WEITERE VERÖFFENTLICHUNGEN DES INSTITUTS FÜR EUROPÄISCHE GESCHICHTE
Abteilung für Universalgeschichte

Band 183
ANJA VICTORINE HARTMANN, MAŁGORZATA MORAWIEC UND PETER VOSS (Hrsg.)

Eliten um 1800
Erfahrungshorizonte, Verhaltensweisen, Handlungsmöglichkeiten
(Historische Beiträge zur Elitenforschung Nr. 1)
2000. X, 442 Seiten mit 4 Schwarzweißabb.; Ln. mit Schutzumschlag
ISBN 3-8053-2669-6 € 45,–

Dieser Band dokumentiert die Vorträge, die auf dem Abschlußkolloquium des von der Gerda Henkel Stiftung geförderten Projekts »Kontinuitäten oder revolutionärer Bruch? Eliten im Übergang vom Ancien Régime zur Moderne (1750–1850)« im März 1999 in Mainz gehalten wurden. In vier Sektionen zu den Themen »Person – Lebensentwürfe und Lebensläufe«, »Familie – Tradition und Dynamik«, »Gruppe – Integration und Abgrenzung« und »Konzepte« untersuchen die Autoren die Wechselwirkungen zwischen verschiedenen Elitegruppen – etablierten Eliten ebenso wie Aufsteigern – und den fundamentalen Veränderungen in Staat und Gesellschaft in der »Sattelzeit« zwischen 1750 und 1850.

VERLAG PHILIPP VON ZABERN · MAINZ AM RHEIN

WEITERE VERÖFFENTLICHUNGEN DES INSTITUTS FÜR EUROPÄISCHE GESCHICHTE

Abteilung für Universalgeschichte

Band 189

GUNTER MAHLERWEIN

Die Herren im Dorf

Bäuerliche Oberschicht und ländliche Elitenbildung in Rheinhessen 1700–1850

(Historische Beiträge zur Elitenforschung Nr. 2)

2001. XII, 468 Seiten mit 5 Schwarzweißabb.; Ln. mit Schutzumschlag
ISBN 3-8053-2823-0   € 45,–

Gunter Mahlerwein beschreibt Wandlungsprozesse innerhalb der ländlichen Gesellschaft des 18. und 19. Jahrhunderts. Er untersucht die Rolle der bäuerlichen Oberschicht als Träger und Nutznießer dieser Entwicklungen, wobei seine durch den Wechsel zwischen mikro- und regionalgeschichtlichem Ansatz geprägte Studie stets die gesamte Dorfgesellschaft im Blick behält. Im dörflichen Kontext behandelt sie das demographische und familiale Verhalten der Oberschichtbauern. Über die Erkenntnisse der Schichtungsanalyse hinaus wird die sich verschärfende soziale Differenzierung an der Ausprägung unterschiedlicher Lebensstile deutlich gemacht. Unter kommunikationsgeschichtlichen Aspekten bestimmt die Untersuchung, eine Mainzer Dissertation, die Rolle der bäuerlichen Oberschicht im Prozeß der Agrarintensivierung und kontrastiert sie mit der weiterhin funktionierenden Logik der traditionell subsistenzwirtschaftlich orientierten Produzenten.

VERLAG PHILIPP VON ZABERN · MAINZ AM RHEIN

WEITERE VERÖFFENTLICHUNGEN DES INSTITUTS FÜR EUROPÄISCHE GESCHICHTE

Abteilung für Universalgeschichte

Band 200

ANJA VICTORINE HARTMANN

Reflexive Politik im sozialen Raum
Politische Eliten in Genf zwischen 1760 und 1841
(Historische Beiträge zur Elitenforschung Nr. 3)

2004. X, 607 Seiten mit 57 Tabellen, 34 Grafiken, 11 Abbildungen; Ln. mit Schutzumschlag; ISBN 3-8053-3351-X € 59,50

Nur wenige europäische Städte erlebten in den Jahrzehnten um 1800 eine wechselvollere Geschichte als Genf. In rascher Folge mutierte die patrizische Stadtrepublik zur revolutionären Republik, dann zur französischen Departementshauptstadt und schließlich zum Schweizer Kanton. Am Genfer Beispiel geht die vorliegende Untersuchung der Frage nach, wie die politischen Eliten der »Sattelzeit« den Veränderungen in Politik und Gesellschaft begegneten. Zentral für die Beantwortung dieser Frage ist die hier vertretene These, daß erfolgreiche Politik im Zeitalter der Französischen Revolution in der Regel reflexive Politik war, die aktiv Modifikationen der politischen Strukturen anstieß, ohne jedoch die Institution des souveränen Staats an sich in Frage zu stellen. Chancen und Grenzen einer solchen reflexiven Politik waren dabei stets von den Koordinaten des sozialen Raums und der sozialen Zeit und damit von einer Vielzahl politischer, sozialer und lebensweltlicher Rahmenbedingungen abhängig; die Erfolge und Mißerfolge der reflexiven Politik konnten aber ihrerseits die Grenzen im sozialen Raum und in der sozialen Zeit verschieben. Anhand der Entwicklungen im politischen Feld, der Netzwerke im sozialen Raum und der Wahrnehmungen in der Lebenswelt zeichnet die Arbeit nach, in welchen Foren sozialer Integration das durch die revolutionären Umbrüche bedrohte Machtpotential der politischen Eliten in Genf bewahrt werden konnte und ob, wie und wann es nach den revolutionären Wirren erfolgreich wieder in das politische Feld zurückgeführt wurde.

VERLAG PHILIPP VON ZABERN · MAINZ AM RHEIN

WEITERE VERÖFFENTLICHUNGEN DES INSTITUTS FÜR EUROPÄISCHE GESCHICHTE
Abteilung für Universalgeschichte

Band 196

MARTIN WREDE

Das Reich und seine Feinde
Politische Feindbilder in der reichspatriotischen Publizistik zwischen Westfälischem Frieden und Siebenjährigem Krieg

2004. XII, 669 Seiten mit 13 Schwarzweißabb.; Ln. mit Schutzumschlag
ISBN 3-8053-3431-1 € 55,50

Das Buch analysiert und illustriert die von öffentlichen Debatten, reichspatriotischen Bekundungen und auch von Feindbildern gekennzeichnete politische Kultur des Alten Reiches im Jahrhundert zwischen Westfälischem Frieden und Siebenjährigem Krieg. Nach der Krise des Dreißigjährigen Krieges erlebte das Reich trotz aller fortbestehenden inneren Spannungen eine Phase der Konsolidierung, die getragen wurde von einer beispiellosen Welle des Reichspatriotismus. Ausschlaggebend dafür waren in besonderer Weise die kriegerischen Auseinandersetzungen mit den verschiedenen Reichsfeinden jener Zeit – mit Schweden, Türken und Franzosen. Diese Reichskriege schufen Reichserfahrung, und sei es solche, die »aus zweiter Hand« einer weiteren Öffentlichkeit durch zahllose Flugschriften vermittelt wurde; sie erzwangen eine politische, mediale und auch emotionale »Verdichtung«, die Kaiser, Stände und Untertanen beider Konfessionen als Solidar- und Erinnerungsgemeinschaft beisammen hielt. Reich und deutsche Nation definierten sich in aggressiver Abgrenzung vor allem durch ihren Gegensatz zu Frankreich und durch die Siege über die Türken, durch die wirksame und politisch nutzbare Feindbilder erzeugt und unterhalten wurden. Der kurbrandenburgische Versuch, auch Schweden zu einem solchen »Feindbild« aufzubauen, schlug demgegenüber fehl. Selbst hier zeigt sich aber, wie als Symbol des Reiches Amt und Person des Kaisers Bezugspunkt und Kristallisationskern von Patriotismus und Identität der gesamten, multikonfessionellen, »föderalen« Nation wurden. Mit den unter kaiserlicher Ägide erzielten Teilerfolgen bei Reichsreformen und Reichskriegen war das Modernisierungspotential des Reiches jedoch ausgeschöpft. Als Folge der Abnahme der unmittelbaren Bedrohung durch auswärtige Feinde lockerte sich der Zusammenhalt; Rekonfessionalisierung und »Europäisierung« der Reichspolitik ließen neue Konfliktlinien hervortreten, die sich in der dynastischen Krise des habsburgischen Kaiserhauses als nicht mehr überbrückbar erwiesen. Ohne gemeinsame »Feinde« und ohne »Feindbilder«, die über die territorialen wie konfessionellen Grenzen hinweg internalisiert werden konnten, traten Kaiser, Reich und Nation nach 1740 mehr und mehr auseinander.

VERLAG PHILIPP VON ZABERN · MAINZ AM RHEIN